Friede im Betrieb?

Europäische Hochschulschriften
Publications Universitaires Européennes
European University Studies

Reihe II
Rechtswissenschaft

Série II   Series II
Droit
Law

Bd./Vol. 4325

PETER LANG
Frankfurt am Main · Berlin · Bern · Bruxelles · New York · Oxford · Wien

Patrick Ayad

Friede im Betrieb?

Alternative Konfliktbehandlungen für Rechtskonflikte am Arbeitsplatz

PETER LANG

Europäischer Verlag der Wissenschaften

Bibliografische Information Der Deutschen Bibliothek
Die Deutsche Bibliothek verzeichnet diese Publikation in der
Deutschen Nationalbibliografie; detaillierte bibliografische
Daten sind im Internet über <http://dnb.ddb.de> abrufbar.

Zugl.: München, Univ., Diss., 2005

Gedruckt auf alterungsbeständigem,
säurefreiem Papier.

D 19
ISSN 0531-7312
ISBN 3-631-54518-5

© Peter Lang GmbH
Europäischer Verlag der Wissenschaften
Frankfurt am Main 2006
Alle Rechte vorbehalten.

Printed in Germany 1 2 3 4 5   7

www.peterlang.de

Meinem Vater

Vorwort

Die vorliegende Arbeit wurde im Sommersemester 2005 von der *Ludwig-Maximilians-Universität München* als Dissertation angenommen. Sie befindet sich auf dem Stand vom 1. September 2005.

Meinem verehrten Doktorvater, Herrn Prof. Dr. *Michael Coester*, der meine wissenschaftliche Ausbildung maßgeblich gefördert hat, bin ich zutiefst zu Dank verpflichtet. Dies gilt für die Betreuung meiner Promotion, aber auch dafür, dass ich an seinem Lehrstuhl drei lehrreiche Jahre als wissenschaftlicher Mitarbeiter verleben durfte.

Zu Dank verpflichtet bin ich auch Herrn Prof. Dr. *Horst Eidenmüller* für die Erstellung des Zweitgutachtens meiner Dissertation sowie Herrn Prof. Dr. *Martin Franzen* als Prüfer in der mündliche Prüfung.

Den Rechtsanwälten Dr. *Wolfgang Büchner*, Dr. *Christoph Hiltl* und Dr. *Stefan Schuppert* im Münchner Büro der internationalen Sozietät *Lovells* schulde ich Dank dafür, dass sie es mir ermöglicht haben, den Anwaltsberuf neben meiner Promotion auszuüben.

Von ganzem Herzen Dank schulde ich auch meiner langjährigen Lebensgefährtin, Frau Rechtsanwältin Dr. *Annabel Hasenkamp*, die meine Arbeit von Anfang bis Ende aufopferungsvoll begleitet und mir dabei viel Liebe entgegengebracht hat.

Meiner geliebten Schwester, *Sophie Ayad*, und ihren beiden lieben Kindern, *Karim* und *Ioana*, danke ich herzlich für das Verständnis, das sie dafür aufgebracht haben, dass ich allzu oft mit meiner Arbeit und weniger mit ihnen beschäftigt war.

Ein ebenso herzlicher Dank gilt insbesondere auch meiner lieben Mutter, *Elisabeth Ayad*, die meine juristische Ausbildung mit großer Aufmerksamkeit verfolgt und mich stets tatkräftig unterstützt hat.

Widmen möchte ich diese Arbeit meinem Vater, *Safa Ayad*, den ich für das, was er seit seiner Ankunft in Deutschland im Jahr 1959 geleistet hat, bewundere. Er hat mich vor allem zwei Dinge gelehrt. Erstens: interkulturelle Konflikte friedlich zu meistern. Zweitens, dass alles, was einem im Leben widerfährt, nicht von ungefähr kommt. Das Thema meiner Dissertation auch nicht.

München, den 1. November 2005

9

Inhaltsverzeichnis

10

11

13

14

Abkürzungsverzeichnis

Die üblichen Abkürzungen folgen den Vorschlägen von *Kirchner, Hildebert / Butz, Cornelie*, Abkürzungsverzeichnis der deutschen Rechtssprache, 5. Auflage, Berlin 2003

a.A.	anderer Ansicht
a.a.O.	am angegeben Ort
a.F.	alte Fassung
Abs.	Absatz
AcP	Archiv für die civilistische Praxis (Zeitschrift)
ADR	Alternative Dispute Resolution
AG	Die Aktiengesellschaft (Zeitschrift)
AGB	Allgemeinen Geschäftsbedingungen
AGBG	Gesetz zur Regelung des Rechts der Allgemeinen Geschäftsbedingungen
AiB	Arbeitsrecht im Betrieb (Zeitschrift)
AP	Arbeitsrechtliche Praxis (Nachschlagewerk des Bundesarbeitsgerichts)
Anm.	Anmerkung
AnwBl	Anwaltsblatt
AnwGH	Anwaltsgerichtshof
AGB	Allgemeine Geschäftsbedingungen
ARB	Allgemeine Bedingungen für die Rechtsschutzversicherung
ArbG	Arbeitsgericht
ArbGG	Arbeitsgerichtsbarkeitsgesetz
ArbNErfG	Gesetz über Arbeitnehmererfindungen
ArbSchG	Arbeitsschutzgesetz
AuA	Arbeit und Arbeitsrecht (Zeitschrift)
AuR	Arbeit und Recht (Zeitschrift)
BAG	Bundesarbeitsgericht
BArbBl	Bundesarbeitsblatt
BayVerfGH	Bayerischer Verfassungsgerichtshof
BAV-Mitt.	Mitteilungen des Berliner Anwaltvereins
BB	Betriebs-Berater (Zeitschrift)
BBiG	Berufsausbildungsgesetz
BDI	Bundesverband der Deutschen Industrie e.V.
BDU	Bundesverband Deutscher Unternehmensberater

BerlVerfGH	Berliner Verfassungsgerichtshof
BetrVG	Betriebsverfassungsgesetz
BeschFG	Beschäftigungsförderungsgesetz
BeschSchG	Beschäftigtenschutzgesetz
BFH	Bundesfinanzhof
BGB	Bürgerliches Gesetzbuch
BGBl	Bundesgesetzblatt
BGH	Bundesgerichtshof
BGHZ	Entscheidungen des Bundesgerichtshofes in Zivilsachen
BMWA	Bundesverband Mediation in Wirtschaft und Arbeitswelt e.V.
BORA	Berufsordnung für Rechtsanwälte
BVerfG	Bundesverfassungsgericht
BVerwG	Bundesverwaltungsgericht
BRAGO	Bundesrechtsanwaltsgebührenordnung
BRAO	Bundesrechtsanwaltsordnung
BRAK	Bundesrechtsanwaltskammer
BRAK-Mitt.	Mitteilungen der Bundesrechtsanwaltskammer
BSG	Bundessozialgericht
BT-Drucks.	Drucksache des Deutschen Bundestags
BUrlG	Bundesurlaubsgesetz
BVerfG	Bundesverfassungsgericht
BVerfG	Entscheidungen des Bundesverfassungsgerichts
CR	Computer und Recht (Zeitschrift)
DB	Der Betrieb (Zeitschrift)
DAG	Deutsche Angestelltengewerkschaft
DAV	Deutscher Anwaltverein
DAV-Mitt. Mediation	Mitteilungsblatt der Arbeitsgemeinschaft Mediation im Deutschen Anwaltverein
DGB	Deutscher Gewerkschaftsbund
DGRI	Deutsche Gesellschaft für Recht und Informatik e.V.
DIS	Deutschen Institution für Schiedsgerichtsbarkeit
DRiG	Deutsches Richtergesetz
DRiZ	Deutsche Richterzeitung (Zeitschrift)
DStR	Deutsches Steuerrecht (Zeitschrift)
DStRE	Deutsches Steuerrecht Entscheidungsdienst (Zeitschrift)
ders.	derselbe
dies.	dieselbe bzw. dieselben

DZWIR	Deutsche Zeitschrift für Wirtschafts- und Insolvenzrecht
E	Entwurf
EGMR	Europäischer Gerichtshof für Menschenrechte
EGV	Vertrag zur Gründung der Europäischen Gemeinschaft
EGZPO	Gesetz betreffend die Einführung der Zivilprozessordnung
Emp Law & Lit	Employment Law & Litigation (Zeitschrift)
Emp LJ	Employment Law Journal (Zeitschrift)
EU	Europäische Union
EuGH	Europäischer Gerichtshof
EuZW	Europäische Zeitschrift für Wirtschaftsrecht
EStG	Einkommenssteuergesetz
EWiR	Entscheidungen zum Wirtschaftsrecht
EzA	Entscheidungssammlung zum Arbeitsrecht
f.	folgende Seite
ff.	fortfolgende Seiten
Fn.	Fußnote
FTD	Financial Times Deutschland (Zeitung)
gem.	gemäß
GewO	Gewerbeordnung
GG	Grundgesetz
GKG	Gerichtskostengesetz
GS	Großer Senat
GWMK	Gesellschaft für Wirtschaftsmediation und Konfliktmanagement e.V.
GVG	Gerichtsverfassungsgesetz
h.M.	herrschende Meinung
HAG	Heimarbeitsgesetz
HausTWG	Gesetz über den Widerruf von Haustürgeschäften und ähnlichen Geschäften
HB	Handelsblatt (Zeitung)
HGB	Handelsgesetzbuch
Hrsg.	Herausgeber
Hs.	Halbsatz
i.V.m.	in Verbindung mit
ICC	International Chamber of Commerce
IDR	Journal of International Dispute Resolution (Zeitschrift)

IG BAU	Industriegewerkschaft Bauen-Agrar-Umwelt
IG BCE	Industriegewerkschaft Bergbau, Chemie, Energie
IG Metall	Industriegewerkschaft Metall
ILJ	Industrial Law Journal (Zeitschrift)
JA	Juristische Ausbildung (Zeitschrift)
JR	Juristische Rundschau (Zeitschrift)
JurBüro	Das Juristische Büro (Zeitschrift)
JuS	Juristische Schulung (Zeitschrift)
JZ	Juristische Zeitung (Zeitschrift)
KG	Kammergericht
KRG	Kontrollratsgesetz
KSchG	Kündigungsschutzgesetz
L	Leitsatz
LAG	Landesarbeitsgericht
m.w.N.	mit weiteren Nachweisen
MAV-Mitt.	Mitteilungen des Münchner Anwaltvereins
MDR	Monatsschrift für Deutsches Recht (Zeitschrift)
MittBayNot	Mitteilungen des Bayerischen Notarvereins, der Notarkasse und der Landesnotarkammer Bayern
n.F.	neue Fassung
n.v.	nicht veröffentlicht
NachwG	Nachweisgesetz
NJ	Neue Justiz (Zeitschrift)
NJOZ	Neue Juristische Online Zeitschrift
NJW	Neue Juristische Wochenschrift (Zeitschrift)
NJW-RR	NJW-Rechtsprechungsreport Zivilrecht (Zeitschrift)
NLJ	New Law Journal (Zeitschrift)
NZA	Neue Zeitschrift für Arbeitsrecht
NZA-RR	NZA-Rechtsprechungsreport Arbeitsrecht (Zeitschrift)
NZI	Neue Zeitschrift für das Recht der Insolvenz und Sanierung
PatG	Patentgesetz
RAK-Mitt. OLG München	Mitteilungen der Rechtsanwaltskammer für den Oberlandesgerichtsbezirk München
RBerG	Rechtsberatungsgesetz
RdA	Recht der Arbeit (Zeitschrift)
RDG	Rechtsdienstleistungsgesetz
RIW	Recht der Internationalen Wirtschaft (Zeitschrift)
Rn.	Randnummer

Rs.	Rechtssache
RuP	Recht und Politik (Zeitschrift)
RVG	Gesetz über die Vergütung der Rechtsanwältinnen und Rechtsanwälte
S.	Seite
SAE	Sammlung arbeitsrechtlicher Entscheidungen
SchiedsVZ	Zeitschrift für Schiedsverfahren
SJ	Solicitors Journal (Zeitschrift)
StPO	Strafprozessordnung
SZ	Süddeutsche Zeitung
TVG	Tarifvertragsgesetz
TzBfG	Teilzeit- und Befristungsgesetz
UKlaG	Unterlassungsklagegesetz
UNCITRAL	United Nations Commission on International Trade Law
UWG	Gesetz gegen den unlauteren Wettbewerb
ver.di	Vereinte Dienstleistungsgewerkschaft e.V.
VVG	Versicherungsvertragsgesetz
VwGO	Verwaltungsgerichtsordnung
WSI-Mitt.	Mitteilungen des Wirtschafts- und Sozialwissenschaftlichen Instituts
WM	Wertpapier Mitteilungen (Zeitschrift für Wirtschafts- und Bankrecht)
WpÜG	Gesetz zur Regelung von öffentlichen Angeboten zum Erwerb von Wertpapieren und von Unternehmensübernahmen
ZAP	Zeitschrift für die Anwaltspraxis
ZfA	Zeitschrift für Arbeitsrecht
ZGS	Zeitschrift für das gesamte Schuldrecht
ZIP	Zeitschrift für Wirtschaftsrecht
ZKM	Zeitschrift für Konfliktmanagement
ZPO	Zivilprozessordnung
ZRP	Zeitschrift für Rechtspolitik
ZZP	Zeitschrift für Zivilprozeß

> Ich war in meinem Leben zweimal ruiniert, das erste Mal als
> ich einen Prozeß verlor – zum zweiten Mal als ich einen ge-
> wann.
>
> *Voltaire*[1]

A. Einführender Teil

Die Aussage des französischen Schriftstellers und Philosophen *Voltaire* fordert den von unserem Rechtssystem überzeugten Juristen zum Widerspruch heraus. Offensichtlich versucht *Voltaire* durch diesen tragisch anmutenden Satz aufzuzeigen, dass ein Gerichtsverfahren zwangsläufig in den Ruin führen muss – und zwar unabhängig von Obsiegen oder Niederlage im Prozess[2]. Damit stellt er letztlich die These auf, dass es allemal besser sei, einen Prozess zu vermeiden, als zu führen. Auf den Punkt gebracht mündet dies in die allgemeine (volkstümliche) Kritik, dass Recht haben nicht gleich Recht bekommen ist. In bestimmten Fällen hat diese Sichtweise jedoch einen Rechtsverzicht zur Folge, was der Befriedung eines Konflikts im Regelfall nicht dienlich ist. Bekanntlich wird das materielle Recht durch das Verfahrensrecht realisiert und erst hierdurch der Rechtsfrieden wiederhergestellt[3]. Wenngleich dem Einzelnen auch Freiheitsräume zum Rechtsverzicht belassen werden müssen, ist damit von großer Bedeutung, dass sich die Leitbildfunktion des Privatrechts wesentlich im Urteil verwirklicht[4]. Anders gewendet lässt sich sagen: Was nützt es, Recht zu haben, wenn man es nicht auch bekommt? Deshalb ist im Rechtsstaat die Existenz eines wirksamen gerichtlichen Findungs- und Durchsetzungsprozesses garantiert. Eine funktionsfähige Justiz gehört zu den wichtigsten Elementen eines Rechtsstaates. Der Staat muss Möglichkeiten zur verbindlichen Streitentscheidung einschließlich der zwangsweisen Durchsetzung des gerichtlichen Spruchs zur Verfügung stellen[5]. Das gilt gerade auch im Verhältnis zu

---

[1] Zitiert bei *Zimmermann* (1998), S. 180.

[2] Ähnlich der deutsche Jurist und Schriftsteller *Adolph Freiherr von Knigge*, zitiert bei *Zimmermann* (1998), S. 269: „Man weiche auf alle mögliche Weise jedem Prozesse aus und vergleiche sich lieber, auch bei der sichersten Überzeugung vom Recht, gebe lieber die Hälfte dessen hin, was uns ein anderer streitig macht, bevor man es zum Schriftwechsel kommen läßt."; banaler drückt es der US-amerikanische Satiriker und Journalist *Ambrose Bierce* aus, ebenda, S. 180: „Prozeß: Eine Maschine, in die man als Schwein hineingeht, um als Wurst wieder herauszukommen."

[3] *Stürner*, DRiZ 1976, 202 (203): „Verwirklichung subjektiver Rechte", die zu einer „Bewährung des objektiven Rechts" führt; daneben werden als Prozesszwecke die Fortbildung des Rechts, die Sicherung des Rechtsfriedens und die Lösung privater Konflikte angegeben, *P. Gottwald*, ZZP 95 (1982), 245, und *Rosenberg/Schwab/Gottwald* (2004), § 1 Rn. 5 ff.; ferner *MünchKommZPO/Lüke*, Einleitung Rn. 7 ff.; *Zöller/Vollkommer*, Einleitung Rn. 39; *Katzenmeier*, ZZP 115 (2002), 51 (83 ff.); zum Recht als Rahmenordnung für die allgemeine Rechtsdurchsetzung noch im allgemeinen Teil unter B. II. 6.

[4] Vgl. *Stürner*, JR 1979, 133 (135); ähnlich bereits ders., DRiZ 1976, 202 (204), wonach der freiheitliche Staat seinen Bürgern als Konsequenz der Handlungsfreiheit (Art. 2 Abs. 1 GG) grundsätzlich auch die Freiheit belässt, Rechte nicht wahrzunehmen und ihre Lebensverhältnisse ohne Ausschöpfung aller vorgeformter Rechte zu gestalten.

[5] *P. Gottwald*, ZZP 95 (1982), 245 (246 f.); *Jauernig* (2003), § 1 I.; *Krugmann*, ZRP 2001, 306 (307): Befriedung der streitenden Parteien zählt zu den wichtigsten Aufgaben gerichtlicher Entscheidungen; *Kramer*, NJW 2001, 3449 (3451): herausragende Stellung des Individualrechtsschutzes innerhalb des Rechtsstaatsprinzips; zum Justizgewährleistungsanspruch noch im allgemeinen Teil unter B. III. 1.

alternativen Konfliktbehandlungen[6]. Wäre dem nicht so, käme dies letztlich einer Verweigerung unseres Rechtsstaates gleich.

Auf dem Gebiet des hier interessierenden Arbeitsrechts gilt dies umso mehr. Die Arbeitsgerichtsbarkeit wurde von Anfang an vor allem als Mittel zur Entwicklung des materiellen Rechts angesehen und als Ersatzgesetzgebung in Anspruch genommen[7]. Dem arbeitsgerichtlichen Verfahren kommt damit eine herausragende Bedeutung zu. Dabei entspricht es seit jeher einhelliger Rechtsüberzeugung, dass Rechtsstreite in Arbeitssachen in einem einfachen, schnell und effektiv arbeitenden, kostengünstigen und gütlichen Verfahren durchgeführt werden sollen[8]. Ob sich *Voltaires* persönliche Erfahrung überhaupt verallgemeinern und insbesondere auf die deutsche Arbeitsgerichtsbarkeit übertragen lässt, soll im Rahmen dieser Abhandlung mittels einer Analyse herkömmlicher Konfliktbehandlungen untersucht werden. Darüber hinaus geht es in der hiesigen Arbeit darum, etwaige Alternativen aufzuzeigen, mit denen Rechtskonflikte am Arbeitsplatz keinesfalls ruinös, sondern zumindest befriedigend behandelt werden können. Es soll nicht nur danach gefragt werden, ob und inwieweit solche Alternativen gerade auch unter rechtlichen Gesichtspunkten möglich sind[9]. Vielmehr wird zu beurteilen sein, ob und inwieweit sich diese sogar empfehlen. Im Fokus dieser Abhandlung steht also der verfahrenstechnische Teil des Arbeitsrechts, wenngleich dabei auch materielle Aspekte nicht unberücksichtigt bleiben dürfen. Ohne vorzugreifen kann bereits an dieser Stelle festgehalten werden, dass es durchaus empfehlenswerte Möglichkeiten betreffend den Einsatz alternativer Konfliktbehandlungen gibt. Gleichwohl ist das Ergebnis damit nicht zwingend vorgegeben, sondern die Thematik soll eher unbefangen angegangen werden, zumal ohnehin eine differenzierte Betrachtungsweise geboten ist.

Insgesamt ist Ziel dieser Arbeit, einen Beitrag zur Förderung einer neuen Streitkultur in der Arbeitswelt in Bezug auf Rechtskonflikte am Arbeitsplatz zu leisten, sei es durch eine Optimierung bereits bestehender *oder* durch die Einführung neuer bzw. noch nicht bekannter alternativer und vereinzelt sogar innovativer Konfliktbehandlungen, wobei sich letztere lediglich als *Ergänzung* zu ersteren verstehen.

Im Rahmen dieser Einführung bedarf es Ausführungen sowohl terminologischer als auch thematischer Art, um ein einheitliches Verständnis der hier behandelten Materie

---

[6] Vgl. *Ritter*, NJW 2001, 3440 (3447); vgl. auch *Grunsky*, NJW 1978, 1832 (1835), in Bezug auf die Schiedsgerichtsbarkeit in arbeitsrechtlichen Streitigkeiten.

[7] *Hanau*, NZA 1986, 809 (810).

[8] Siehe etwa *Leinemann*, BB 1997, 2322 (2326 und 2327); *Düwell* (1999), S: 745; *Müller-Glöge*, RdA 1999, 80 (und 86).

[9] Skeptisch, aber ohne nähere Erläuterung noch *Prütting*, JZ 1985, 261 (265), in seinem vielbeachteten Aufsatz „Schlichten statt Richten?" zur Alternativdiskussion in den 80er Jahren: „Seltener ist im Arbeitsrecht außergerichtliche Schlichtung möglich."; ähnlich bereits *Preibisch* (1982), S. 327 f., zum außergerichtlichen Vorverfahren.

zu gewährleisten; von nicht unerheblichem Interesse ist zudem die Historie alternativer Konfliktbehandlungen (I.). Schließlich wird die Vorgehensweise näher dargelegt (II.).

I. Untersuchungsgegenstand

Der Untertitel dieser Arbeit – Alternative Konfliktbehandlungen für Rechtskonflikte am Arbeitsplatz – ist in mehrfacher Hinsicht erläuterungsbedürftig; die Ausführungen sind dabei teils terminologischer, teils thematischer Natur (1.). Im Anschluss daran folgt ein historischer Überblick über die – zumindest vermeintliche – Aktualität der alternativen Konfliktbehandlungslehre (2.).

1. Thematisches und Terminologisches

Zunächst ist eine thematische Konkretisierung im Hinblick auf den Begriff „alternativ" erforderlich (a.)[10]. Sodann bedarf es einer terminologischen Klärung bezogen auf den Begriff der Konfliktbehandlung, zumal dieser nicht einheitlich verwendet wird (b. und c.)[11]. Es folgen zwei weitere thematische Klarstellungen im Hinblick auf die Begriffe „Rechtskonflikte" (d.) und „Arbeitsplatz" (e.).

a. Alternativ

„Alternative Konfliktbehandlungen" ist dem amerikanischen Begriff „Alternative Dispute Resolution" entnommen und findet seine Abkürzung in dem Akronym ADR[12]. Hinsichtlich der thematischen Konkretisierung bereitet das Fremdwort „alternativ" auf den ersten Blick weniger Schwierigkeiten. Im richtigen Sinne verstanden bedeutet dies, dass etwas im Gegensatz zum Herkömmlichen steht[13]. Gleichwohl ist man bisweilen versucht, diesem Begriff eine andere Bedeutung zu geben, indem man ihn mit „außergerichtlich" übersetzt[14].

In der Tat könnte man meinen, dass es allein um Alternativen zur richterlichen Streitentscheidung durch Urteilsspruch geht, die sich noch dazu ausschließlich im vorgerichtlichen Bereich abspielen. Dies wäre indes zu kurz gegriffen. Insofern kann bestenfalls davon gesprochen werden, dass der Kern der Alternativdiskussion die richterliche

---

[10] Vgl. *Prütting*, JZ 1985, 261 (262).
[11] Siehe zu einer solchen terminologischen Vorklärung auch *Rottleuthner* (1980), S. 263 ff.; *Breidenbach* (1995), S. 4 ff.; *D. von Hoyningen-Huene* (2000), S. 3 ff.; vgl. *K. Wagner*, NJW 2001, 2128 (2129).
[12] Bisweilen „Appropriate Dispute Resolution" genannt, *Dendorfer*, DB 2003, 135 (138); siehe näher zu ADR noch im allgemeinen Teil unter B. I. 6. c.
[13] *Duden* (1997), S. 53.
[14] *Bünger/Moritz* (1983), S. 172, wonach man bei alternativen Konfliktlösungsinstitutionen vor allem an außergerichtliche Instanzen denke; *Böckstiegel*, DRiZ 1996, 267 (272), demzufolge ADR überwiegend in einem ähnlichen Sinne verstanden werde wie bei uns die außergerichtliche Streiterledigung; siehe zum Begriffsmerkmal „außergerichtlich" bereits *Preibisch* (1982), S. 34 ff.; aus jüngerer Zeit *Zimmer* (2001), S. 29 ff.

Vergleichstätigkeit oder besondere vor Gericht durchgeführte Güteverfahren einerseits und außergerichtlich institutionalisierte Streitschlichtungsverfahren andererseits betrifft. Darüber hinaus können auch andere Formen der Konfliktbehandlung, wie etwa der Beschwerdebrief an eine hierfür zuständige Beschwerdestelle bis hin zum Leserbrief an eine Zeitung oder Zeitschrift, das direkte Verhandeln mit dem Kontrahenten, die Beratung durch Rechtsanwälte oder sonstige Rechtsberatungsstellen, die Nichtgeltendmachung oder das Vergleichen von Ansprüchen, ja sogar die Qualitätsverbesserung von Gesetzen (im Sinne der Konflikt- bzw. Prozessvermeidung[15]) oder auch nur die Veränderung wirtschaftlicher oder psychologischer Faktoren des Prozessierens als eine Alternative zur Streitbeilegung durch Urteilsspruch angesehen werden[16]. Mit alternativen Konfliktbehandlungen sind zudem nicht nur Alternativen *zum* herkömmlichen Gerichtsverfahren gemeint, sondern auch solche Alternativen, die *im* Gerichtsverfahren eingesetzt und (noch) nicht als herkömmlich bezeichnet werden können[17]. Dementsprechend unterscheidet man in den USA zwischen „private-related" und „court-related" ADR-Verfahren, wobei insbesondere die gerichtsbezogenen alternativen Konfliktbehandlungsverfahren in den USA eine ausgeprägte Rolle einnehmen; sie sind mittlerweile integraler Bestandteil der amerikanischen Ziviljustiz[18]. Folge davon ist eine „ungeheuere Breite der Thematik"[19].

Schließlich muss man sich nochmals vor Augen führen, dass mit Alternativen lediglich das im Gegensatz zum Herkömmlichen Stehende gemeint ist. Daraus folgt, dass bereits bestehende Konfliktbehandlungen selbst einer kritischen Betrachtung unterzogen werden müssen sowie möglicherweise einer weiteren Ausgestaltung und einer damit verbundenen Verbesserung bedürfen. Diese Aspekte sollen im Rahmen dieser Abhandlung ebenfalls näher beleuchtet werden.

Eine erweiterte Sichtweise im Zusammenhang mit Alternativen zur bzw. in der Justiz ist gerade in Bezug auf die Behandlung von Rechtskonflikten am Arbeitsplatz geboten. Es wird sich zeigen, dass solche Konflikte zu einem Großteil bereits in den Betrieben oder aber auch durch Hinzuziehung von außerbetrieblichem Rechtsrat behandelt wer-

---

[15] Vgl. zum Begriff der „Streitvermeidung" *K. Wagner*, NJW 2001, 2128 (2129); siehe dazu noch im allgemeinen Teil unter B. I. 3. b. ff. (1).

[16] Vgl. zum Ganzen *Prütting*, JZ 1985, 261 (262), mit folgender Schlussfolgerung: „Im Grunde kann jedes auf die Prozeßhäufigkeit einwirkende Merkmal ... als eine solche Alternative zum Richterspruch verstanden werden."

[17] Auch die Abhandlung von *Blankenburg/Gottwald/Strempel* (1982) unterscheidet zwischen Alternativen *zur* Justiz und *im* gerichtlichen Verfahren; vgl. *W. Gottwald*, ZRP 1982, 28 (29 f.), zu der Anfang der 80er Jahre vom damaligen Bundesministerium der Justiz initiierten Arbeitsgruppe „Alternativen im gerichtlichen Verfahren"; *Rottleuthner* (1982), S. 147: „Alternativen zur Justiz" heißt oft nur „Alternativen zum Richten"; *Frommel*, ZRP 1983, 31: informelle Vorhaben *neben* oder *vor* dem formellen Verfahren; vgl. schließlich *Jauernig* (2003), § 1 IV. 2.

[18] Dazu zuletzt *W. Gottwald*, AnwBl 2000, 265 ff; vgl. schon ders. (1981), S. 266 ff., zum „Einbau nichtrichterlicher Vermittlung in das justizielle Verfahren".

[19] *Prütting*, JZ 1985, 261 (262).

den, ohne dass die Arbeitsgerichtsbarkeit darauf unmittelbar Einfluss nehmen könnte. Es fragt sich deshalb, ob bzw. inwieweit auch zu diesen von vornherein außergerichtlichen Verfahren Alternativen denkbar sind.

b. Konflikt

Frei übersetzt steht *dispute* für Streit und *resolution* für Lösung, so dass an sich von Streitlösung gesprochen werden könnte. Anstelle des Worts „Streit" findet man bei der Übersetzung von ADR ins Deutsche häufig auch das Wort „Konflikt". Dies mag daran liegen, dass man im deutschsprachigen Raum mit einem Streit eine allzu eskalierte Form eines Konflikts assoziiert. Während das Wort Streit in einem negativen Kontext gebraucht wird, beinhaltet der Konflikt – vor allem wenn er konstruktiv ausgetragen wird – auch Möglichkeiten der Veränderung, der Verbesserung, des Fortschritts, der Meinungsvielfalt, der Diskussion und Lösung von Problemen, so dass man einen Konflikt auch als etwas Positives, als Chance begreifen kann[20]. In diesem Sinne wird auch hier der Ausdruck Konflikt vorgezogen. Zu eng wäre dagegen der Begriff der Streitigkeit, der sich eher als Unterfall des Konflikts erweist[21].

In Bezug auf arbeitsrechtliche Konflikte sei darauf hingewiesen, dass sich solche Konflikte allgemein als interpersonale (auch interpersonell oder interindividuell genannt)[22] oder soziale[23] Konflikte bezeichnen lassen. Eine weitere Differenzierung zwischen personen-, rollen- und normenbezogenen Konflikten lässt Arbeitskonflikte als eher rollenbezogen erscheinen, die in einem mittelkomplexen Beziehungsgeflecht stehen und mit sozialen, namentlich beruflichen Rollen und Positionen verknüpft sind[24]. Dabei gilt indes zu berücksichtigen, dass für den Arbeitnehmer die persönliche Betroffenheit durch das Arbeitsverhältnis viel stärker ist als für den Arbeitgeber, darüber hinaus verdichten sich insbesondere in Vertrauenspositionen die Beziehungen zwischen Arbeitgeber und Arbeitnehmer, so dass dort auch Elemente einer personenbezogenen Interaktion auftreten[25]. Aus der rein konflikttheoretischen Perspektive ist für normative Konflikte das Richten die typische Regelungsinstitution, während sich für rollenbezogenen Konflikte die Schlichtung und für personenbezogene Konflikte die Vermittlung als geeignet erweist[26]. Ferner können sich bei arbeitsrechtlichen Konflikten sowohl Meinungs- bzw. als auch Verteilungskonflikte ergeben. Mit ersteren sind

---

[20] *Reitemeier* (2001), S. 24 f.; *Klein* (2002), S. 13 f.; weiterführend *Röhl* (1987), S. 445 ff.
[21] So *Berger*, RIW 2001, 881 (882), in Bezug auf die Schiedsgerichtsbarkeit, wobei eine genaue Grenze zwischen beiden kaum zu ziehen sei und die Übergänge fließend seien.
[22] *Röhl* (1987), S. 448 f.; *Reitemeier* (2001), S. 24; vgl. *Breisig* (1996), S: 84 f., im Gegensatz zu intrapersonalen Konflikten.
[23] *Reitemeier* (2001), S. 25.
[24] *Falke/Gessner* (1982), S. 300; *Röhl* (1987), S. 459 f.; *Raiser* (1999), S. 281 f.; weiterführend *Gessner* (1976), S. 170 ff.
[25] So zu Recht *Bünger/Moritz* (1983), S. 175; vgl. *Schönholz* (1982), S. 166.
[26] *Falke/Gessner* (1982), S. 303; *Bünger/Moritz* (1983), S. 175; *Raiser* (1999), S. 282.

solche in Bezug auf unterschiedliche Wertschätzungen gemeint (beispielsweise im Fall des Widerstreits zwischen ökonomischen und familiären Gesichtspunkten bei der Festlegung der Arbeitszeit), während letztere aus einer Mangellage entspringen (etwa bei der Frage der unterschiedlichen Lohngestaltung)[27].

c.   Behandlung

Weitaus umfassender sind die für den letzten Teil von ADR verwendeten Synonyme[28]. Nicht ohne Grund, denn aus soziologischer Sicht bestehen z.B. zwischen der Lösung eines Konflikts und seiner bloßen Behandlung durchaus Unterschiede. Ein Konflikt mag befriedigend behandelt werden, ob er allerdings auch befriedigend gelöst wird, bleibt oftmals unklar[29]. Entsprechende Vorbehalte bestehen gegen die Begriffe Beendigung, Beilegung und Erledigung, da damit suggeriert wird, dass der Konflikt sein Ende gefunden hat; auch diese Annahme erweist sich oftmals als trügerisch[30]. Inzwischen hat sich der deutsche Gesetzgeber im Rahmen der jüngsten Reform des Zivilprozesses für den Begriff der „Schlichtung" entschieden, ein Begriff, mit dem man bisher eher das Verfahren im Rahmen von Tarifverhandlungen zur Vermeidung eines Arbeitskampfes verband[31]. In einem neuen § 278 Abs. 5 Satz 2 ZPO heißt es nun: „In geeigneten Fällen kann das Gericht den Parteien eine außergerichtliche Streitschlichtung vorschlagen."[32]. Dabei hatte *Breidenbach* in seiner in Deutschland wegweisenden Habilitationsschrift über die „Mediation" schon früh den Begriff der Konfliktbehandlung vorgegeben[33]. Dieser treffend bezeichnete Begriff soll als Hauptbegriff aller alternativen Formen und zugleich als Untertitel dieser Abhandlung dienen. Sofern jedoch zur Vermeidung von Wiederholungen ein anderer Begriff verwendet wird oder andere Quellen mit unterschiedlichen Begriffsdefinitionen zitiert werden, ist damit in der Sache nichts anderes gemeint als die Konfliktbehandlung.

---

[27] Vgl. *Raiser* (1999), S. 280 f.; vgl. speziell zum betrieblichen Bereich *Reitemeier* (2001), S. 26 ff., der erstere als Zielkonflikte bezeichnet; *Klein* (2002), S. 10, der zudem die Rollenkonflikte nennt.

[28] Ohne Anspruch auf Vollständigkeit sind dies: Austragung; Bearbeitung; Beendigung; Behandlung; Beilegung; Bereinigung; Bewältigung; Erledigung; Handhabung; Management; Regelung; Regulierung; Schlichtung; Steuerung; Verarbeitung.

[29] Dazu *Breidenbach* (1995), S. 5 f.; vgl. *Röhl* (1987), S. 454, der die Konfliktregelung der Konfliktlösung generell vorzieht, da eine konfliktfreie Gesellschaft weder möglich noch wünschenswert sei; speziell in Bezug auf Konflikte im Arbeitsleben *Plänkers* (1999), S. 7 und S. 12 f.; *Bünger/Moritz* (1983), S. 172.

[30] Vgl. *Breisig* (1996), S. 94 f., zur vorläufigen Beendigung eines betrieblichen Konflikts.

[31] Vgl. *Söllner*, ZfA 1982, 1 (2 ff.); *Prütting* (1999), S. 748.

[32] Dazu *Duve*, Anwalt 3/2001, 16 (18), der den Begriff „Streitbeilegung" favorisiert; vgl. aber *K. Wagner*, NJW 2001, 2128 (2131), der zwischen beiden Begriffen insofern eine Parallele zieht, als es bei der Schlichtung um eine Streitbeilegungssituation (und nicht um einen Streitvermeidungsfall) gehe, zumal die Schlichtung dort beginne, wo das kooperative Verhandeln zu keiner Lösung geführt habe; ähnlich *Ritter*, NJW 2001, 3440 (3442), demzufolge der Schlichter den Parteien nach dem Verhandlungsprozess einen Entscheidungsvorschlag unterbreite; vgl. schließlich *Böckstiegel*, DRiZ 1996, 267, demzufolge die bloße Schlichtung die rechtliche Entscheidung auszuschließen scheine.

[33] (1995), S. 1 ff., jedoch unter dem Kapitel „Streitbehandlungslehre"; vgl. ders., AnwBl 1997, 135.

Dieser Begriff umfasst zugleich die vier unterschiedlichen Konfliktbehandlungsformen Aushandeln bzw. Verhandeln, Vermitteln bzw. Mediation, Schlichten und Richten (durch Schieds- oder Gerichtsspruch), wenngleich die einzelnen Verfahrensarten in der Praxis ohnehin nicht immer reinlich zu unterscheiden sind[34].

d. Rechtskonflikte

Die Einschränkung der Arbeit auf Rechtskonflikte bedeutet, dass die Thematik vorwiegend unter rechtlichen Gesichtspunkten zu behandeln ist. Dabei muss man sich aber vor Augen führen, dass Konflikte häufig ausgetragen werden, ohne rechtliche Regelungsformen zu bemühen. Dies gilt besonders für persönliche Interaktionen, in denen es als Bruch von Vertrauen bewertet werden kann, wenn sich die Beteiligten explizit auf rechtliche Regelungen berufen oder ankündigen, rechtliche Instanzen anzurufen[35]. Darüber hinaus kann auch aus einem zunächst rechtlich nicht relevanten Konflikt später ein Rechtskonflikt entstehen. Von daher bedarf es neben der Berücksichtigung rechtlicher und *rechtspolitischer* Aspekte auch solcher rechtssoziologischer und bisweilen rechtstheoretischer sowie sozialpsychologischer, mithin *sozialwissenschaftlicher* Natur, um die Dimension eines Rechtskonflikts am Arbeitsplatz angemessen zu erfassen.

In diesem Zusammenhang soll eine *rechtssoziologisch* motivierte Kritik nicht verschwiegen werden, die auch die hiesige Vorgehensweise nicht unberührt lässt. Auf den Punkt gebracht beanstandet der insoweit herausragende Rechtssoziologe *Rottleuthner* Folgendes: „In einschlägigen Arbeiten über die Regelung von Arbeitsstreitigkeiten finden wir meist ein Gemisch von Informationen über die Rechtslage und verstreuten empirischen Daten über Art, Häufigkeit und Wirkung der Handhabung der Regelungen."[36] Konkret wird die mangelnde Untersuchung über die *Geschichte von Arbeitskonflikten* vermisst. Für die empirische Erforschung eines Gesellschaftszustandes zu einem bestimmten Zeitpunkt seien Informationen über die Rechtslage eher von heuristischem Wert, ansonsten aber allenfalls bei historischen und eventuell internationalen Vergleichen interessant[37]. Auch die Analyse gerichtlich ausgetragener Konflikte lasse lediglich Vermutungen über gesellschaftliche Konflikte insgesamt zu[38]. Die zu favorisierende Vorgehensweise sei daher der Versuch, die Entstehung und Entwicklung von

---

[34] *W. Gottwald* (1981), S. 38 ff.; *Falke/Gessner* (1982), S. 290 ff.; *Röhl* (1987), S. 469 ff.; *Raiser* (2000), S. 286 ff.; *Prütting*, AnwBl 2000, 273 (274); *Jansen* (2001), S. 37 ff.; *Ritter*, NJW 2001, 3440 (3442); *Prütting* (2002), S. 951.
[35] *Blankenburg/Schönholz/Rogowski* (1979), S. 19.
[36] (1980), S. 277 Anm. 4.
[37] *Rottleuthner* (1980), S. 266; vgl. auch *Beck/Rosendahl/Schuster*, AuA 1992, 303 f.
[38] *Rottleuthner* (1980), S. 267, demzufolge klar sei, dass wir bei diesem Ansatz nur mehr oder weniger plausible Spekulationen darüber anstellen könnten, welche Konflikte nicht vor Gericht gelängen; und bei Konflikten, die vor Gericht gekommen seien, böten sich meist unterschiedliche Deutungen hinsichtlich ihrer Entstehung und Entwicklung an.

Konflikten zu verfolgen – und zwar von ihrem Ausgang im innerbetrieblichen Bereich an. Die Suche nach Alternativen zu arbeitsgerichtlichen Konfliktlösungen führe zur Frage nach der Konfliktentstehung im betrieblichen Bereich[39]. Dass diese Sichtweise vornehmlich (rechts-)soziologischer Art ist („Basis-Rechtssoziologie") und sich in erster Linie an die Adresse der Sozialwissenschaftler richtet, gesteht indes *Rottleuthner* selbst ein[40]. Eine solche Vorgehensweise würde ersichtlich den Rahmen dieser Arbeit sprengen[41]. Dabei müssten die hier in erster Linie interessierenden *rechtlichen* Fragen nahezu unbehandelt bleiben. Überdies soll insbesondere untersucht werden, welche gesetzgeberischen Möglichkeiten für eine Umsetzung alternativer Konfliktbehandlungen im Arbeitsrecht zur Verfügung stehen[42]. Gleichwohl wird man nicht umhin kommen, auch rechtssoziologische Aspekte in einer Abhandlung über Alternativen zur Ziviljustiz bzw. Arbeitsgerichtsbarkeit zu berücksichtigen. Dementsprechend wird beispielsweise im allgemeinen Teil ausführlich auf die Grenzen der gerichtlichen Konfliktbehandlung aus rechtssoziologischer Sicht eingegangen, die sich im besonderen Teil speziell beim arbeitsgerichtlichen Verfahren widerspiegeln. Darauf aufbauend werden im besonderen Teil die mit den Nachteilen gerichtlicher Konfliktbehandlungen korrespondieren Vorzüge alternativer Konfliktbehandlungen anhand konkreter Beispiele (z.B. im Rahmen der Mediation) verdeutlicht. Speziell die Geschichte von Arbeitskonflikten aus rechtssoziologischer Sicht wird schließlich im besonderen Teil zumindest ansatzweise aufgezeigt.

Wenn es um die Behandlung von Rechtskonflikten am Arbeitsplatz geht, dürfen auch *arbeitsmarktpolitische* Aspekte nicht außer Acht gelassen werden[43]. Zwar stehen insbesondere Auseinandersetzungen zwischen den Tarifvertragsparteien maßgeblich im Zeichen ihrer Auswirkungen auf den Arbeitsmarkt. Gerade in Zeiten einer fortwährend angespannten Beschäftigungssituation müssen aber auch individualrechtliche Streitigkeiten im Lichte der arbeitsmarktrechtlichen Gesamtsituation gesehen werden. Dar-

---

[39] *Rottleuthner* (1980), S. 273 und 276; vgl. *Blankenburg/Schönholz/Rogowski* (1979), S. 32; vgl. auch *Reitemeier* (2001), S. 25 f., zur Konfliktanalyse im betrieblichen Bereich.

[40] (1980), S. 273 und 275.

[41] Vgl. *Blankenburg* (1982), S. 33 f., demzufolge eine solche Untersuchung schwer sei und eine Analyse, was Gerichte nicht täten, eines Forschungsansatzes bedürfe, der hinter das gerichtliche Geschehen zurückgreife und sich frage, welche Selektion auf dem Weg zum Gericht stattfinde; man müsse zunächst bestimmen, wie groß das Universum der rechtlich-relevanten Konflikte sei, um dann die Gründe zu erforschen, warum ein großer Teil von diesen nicht vor die Gerichte gelange.

[42] Selbst von *Rottleuthner* (1980), S. 264, wird dies als „ganz anderer Themenkreis" angesprochen.

[43] Vgl. *I. Natzel*, NZA 2003, 835 ff., betreffend arbeitsmarktpolitische Aspekte in der arbeitsrechtlichen Normengebung und arbeitsgerichtlichen Rechtsprechung; vgl. auch *Kerscher*, ZRP 2000, 533 (535), zur Abteilung Arbeits- und Sozialrecht des 63. Deutschen Juristentages Leipzig 2000, wonach künftig bei arbeitsrechtlichen Regelungen stärker als bisher arbeitsmarktpolitische Effekte berücksichtigt werden sollten; die Themenstellung dieser Abteilung lautete „Welche arbeits- und ergänzenden sozialrechtlichen Regelungen empfehlen sich zur Bekämpfung der Arbeitslosigkeit?", siehe dazu den Bericht von *Engelmann*, NZA 2000, 1322 f.; siehe auch die Gutachten von *Kleinhenz* (2000) und *Hanau* (2000).

über hinaus können *betriebswirtschaftliche* Gesichtspunkte bei der Frage nach einem Einsatz alternativer Konfliktbehandlungen eine Rolle spielen. Zu Recht wird konstatiert, dass die wissenschaftliche Interdisziplinarität (zwischen Recht und Ökonomie) oft beschworen, jedoch selten praktiziert wird[44]. Unternehmen sind ständig um eine Optimierung von Absatz, Prozessen und Produktion bemüht; dieses Bestreben muss nicht zuletzt auch in Bezug auf eine sachgerechte Behandlung von Rechtskonflikten am Arbeitsplatz Berücksichtigung finden – und umgekehrt[45]. Im Rahmen dieser betriebswissenschaftlichen Analyse dürfen schließlich auch *personalwirtschaftliche* Aspekte nicht unberücksichtigt bleiben.

Im Ergebnis verfolgt diese Arbeit daher auch einen *interdisziplinären* Ansatz, indem sie die genannten Aspekte bei der Entwicklung alternativer Konfliktbehandlungen für Rechtskonflikte am Arbeitsplatz zu berücksichtigen versucht.

e. Arbeitsplatz

Aus der Eingrenzung dieser Abhandlung auf Rechtskonflikte am Arbeitsplatz folgt, dass die Behandlung von individualrechtlichen Konflikten im Fokus steht. Dies bedeutet indes nicht, dass vereinzelt nicht auch Konflikte kollektivrechtlicher Natur berücksichtigt werden müssen. Exemplarisch festmachen lässt sich dies am Betriebsrat, der bei Konflikten zwischen Arbeitgeber und Arbeitnehmer oftmals vermittelnd tätig wird. Hier müssen bisweilen auch kollektive Regelungen ausgehandelt werden, jedenfalls aber hat der Betriebsrat sein Verhalten bei der Behandlung von individuellen Konflikten auf sein kollektivrechtliches Vorgehen abzustimmen. Von vornherein ausgeschieden werden können jedoch Streitigkeiten zwischen Arbeitgeber und Betriebsrat, die nicht in einem unmittelbaren Bezug zu solchen zwischen Arbeitgebern und Arbeitnehmern stehen; damit gemeint sind im Wesentlichen Beteiligungsstreitigkeiten sowie beispielsweise die in der Praxis weit verbreiteten betrieblichen Bündnisse für Arbeit. Unberücksichtigt bleiben schließlich Auseinandersetzungen zwischen den Tarifvertragsparteien.

---

[44] Siehe *Feudner*, DB 2003, 2334 ff., zur Frage einer stärkeren Einbeziehung ökonomischer Gesichtspunkte bei der arbeitsgerichtlichen Rechtsfindung; vgl. *Hanau*, NJW 2005, 1173 f., zum Arbeitsrecht im ökonomischen (Zerr-)Spiegel; vgl. auch *Kreutz*, NZA 2001, 472 ff., *Reichold*, NZA 1999, 561 (564 f.), *Düll/Ellguth*, WSI-Mitt. 1999, 165 (166 ff.), und *Niehues*, DB 1995, 285 (286 ff.), am Beispiel der gesetzlichen Mitbestimmung; vgl. *Adomeit*, NJW 2001, 1033 ff.; vgl. bereits *P. Behrens*, ZfA 1989, 209 ff.; zur ökonomischen Analyse des Arbeitsrechts.

[45] So *Klein* (2002), S. 10, mit Verweis auf einen Bericht in der Wirtschaftswoche, wonach Unternehmen das „Miteinander" der Mitarbeiter sträflich vernachlässigen würden; beachtlich auch *Dendorfer/Breiter*, BB Beilage zu Heft 46/2002, 33 ff., zu *Basel II*, der Risikominimierung durch Konfliktmanagement im Unternehmen infolge der neuen Basler Richtlinien für die Ermittlung einer angemessenen Eigenkapitalausstattung von Banken zur Abdeckung von Kreditrisiken.

2. Historisches

> Die Frage „Schlichten oder Richten?" begleitet als Dauerthe-
> ma die Rechtsgeschichte. Es hat immer beide Formen der
> Konfliktlösung gegeben und verschiedene Epochen haben ih-
> ren Wert und Unwert unterschiedlich beurteilt.
>
> *Stürner*[46]

Verfehlt wäre es, bei dem Thema insgesamt von *innovativen* Konfliktbehandlungsverfahren im Arbeitsrecht zu sprechen. Damit suggerierte man, dass im Rahmen dieser
Abhandlung durchweg Neues behandelt würde (a.). Freilich sollen in dieser Arbeit
zugleich innovative Konflikterledigungsmechanismen vorgestellt werden (b.).

a. Aktualität der Alternativdiskussion

Bezüglich der Aktualität der Alternativdiskussion ist zwischen dem Bereich der Ziviljustiz (aa.) und dem des Arbeitsrechts (bb.) zu differenzieren.

aa. Die Situation im Bereich der Ziviljustiz

Die Diskussion um „Alternative Rechtsformen und Alternativen zum Recht"[47] bzw.
„Alternativen in der Ziviljustiz"[48], die sich insgesamt als „Alternativdiskussion" bezeichnen lässt, hat spätestens seit Anfang der 80er Jahren auch in Deutschland richtig
Fuß gefasst[49]. Sie lässt sich sogar auf eine Diskussion in den 60er Jahren zurückfüh-
ren, bei der es um Kommunikationsprobleme im Gerichtsverfahren und insbesondere
in der Gerichtsverhandlung ging[50], während in den 70er Jahren die „Chancengleichheit
vor Gericht" und der „Ausgleich sozialer Schwäche durch kompensatorischen Rechts-

---

[46] JR 1979, 133.

[47] So das Jahrbuch für Rechtssoziologie und Rechtstheorie von *Blankenburg/Klausa/Rottleuthner*
(1980); *Prütting*, JZ 1985, 261 (262) weist darauf hin, dass erst durch diese Abhandlung dem Thema
eine breitere wissenschaftliche Aufmerksamkeit vermittelt wurde.

[48] So die Rechtstatsachenforschung von *Blankenburg/Gottwald/Strempel* (1982); zu nennen sind diesem Kontext auch die Dissertation von *W. Gottwald* (1981) mit dem Titel „Streitbeilegung ohne Urteil" und die Rechtstatsachenforschung zum Prozessvergleich von *Gottwald/Hutmacher/Röhl/Strempel*
(1983).

[49] *Blankenburg*, ZRP 1982, 6, *de Wirth*, ZRP 1982, 188 (189) und *Röhl* (1982), S. 16 f., zu den Aussagen der ehemaligen Präsidenten des *BVerfG Benda* („Rechtsgewährung als knappes Gut"), DRiZ
1979, 357 (362), und des *BGH Pfeiffer* („knappe Ressource Recht"), ZRP 1981, 121; vgl. *Prütting*, JZ
1985, 261 f., der in diesem Kontext auf die Regierungserklärung des damaligen Bundeskanzlers *Kohl*
im Mai 1983 mit einem Passus über vorgerichtliche Schlichtung, den VII. Internationalen Kongress
für Prozessrecht in Würzburg im Herbst 1983 mit dem Generalthema „Das außergerichtliche Güteve-
fahren als Mittel zur Verhinderung und Lösung von Rechtskonflikten" und die Dissertation von *Preibisch* (1982) mit dem Titel „Außergerichtliche Vorverfahren in Streitigkeiten der Zivilgerichtsbarkeit"
verweist; aus neuerer Zeit *Strempel* (2002), S. 116 ff.

[50] *R. Wassermann*, NJW 1998, 1685, im Zusammenhang mit dem Begriff der „Streitkultur"; vgl. *Rottleuthner* (1982), S. 145; ferner *Stürner*, JR 1979, 133 (134), der als rechtsgeschichtliche Wurzeln der
Schlichtungswelle den Liberalismus des Privatrechtssystems und die tiefgreifende Krise des normativen Denkens ausmacht.

schutz" unter dem Gesichtspunkt der Verbesserung des Rechtsschutzes diskutiert wurde[51]. Infolgedessen ist der Verbesserung des Zugangs zum Recht und der Erfolgschancen für sozial Schwache ein starker Impuls für die Alternativbewegung beizumessen[52]. Die Betonung des freien Zugangs zur Justiz auf der einen und der Versuch auf der anderen Seite, Streitigkeiten soweit als möglich auf außerprozessuale Institutionen umzuleiten, ist freilich nicht ohne Widerspruch gewesen[53]. Jedenfalls wurde schon zu Beginn der 80er Jahre eingestanden, dass die Alternativdiskussion alles andere als neu sei[54] – und zwar sowohl hinsichtlich der Alternativen zum Recht als auch zur Justiz[55]. Des Weiteren wurde darauf hingewiesen, dass der Gegensatz von „Schlichten und Richten" im Grunde eine uralte Fragestellung der Rechtswissenschaft darstelle: Wenn dabei lange Zeit die wechselnden Tätigkeitsmerkmale des Richters im Vordergrund standen, so habe die moderne Suche nach den Alternativen in und zur Gerichtsbarkeit im Grunde nur das Blickfeld etwas erweitert und eine „Akzentverschiebung zu Gunsten vorprozessualer Möglichkeiten" herbeigeführt[56]. Auch der derzeitige Modebegriff der Mediation stammt an sich aus den Stammesgesellschaften Afrikas und anderen Länder der Dritten Welt, aus Gesellschaften ohne Staat und Herrschaft, in denen Streitschlichtung ohne Gericht die Regel war, und zwar aus dem einfachen Grund, weil es dort keine Gerichte gab[57].

Darüber hinaus ist die Alternativdiskussion in unserem Lande im gewissen Maße auf die Entwicklung in den USA im Zusammenhang mit ADR in den 70er Jahren zurückzuführen, die dort regelrecht zu einer Bewegung (,,movement") geführt hat[58], welche letztlich auch Deutschland vereinnahmte[59]. Wenngleich auf Grund der unterschiedlichen Prozesssysteme zumindest in den Einzelheiten ebenso unterschiedliche Motive für die Suche nach alternativen Konfliktbehandlungen bestanden, so war allein die

---

[51] *Frommel*, ZRP 1983, 31 (32); vgl. *Preibisch* (1982), S. 282 ff., zu den Schwierigkeiten beim Zugang zu den Gerichten und der Möglichkeiten außergerichtlicher Vorverfahren, dem entgegenzuwirken; vgl. bereits *Bender*, ZRP 1974, 235 (236 f.): Schutz der Schwächeren als neue Aufgabe der Justiz; weiterführend *Baumgärtel* (1976) und *Bierbrauer/Falke/Giese/Koch/Rodingen* (1978) unter dem Titel „Gleicher Zugang zum Recht für alle" bzw. „Zugang zum Recht"; aus neuerer Zeit *Raiser* (1999), S. 384 ff.
[52] *Röhl* (1982), S. 18; vgl. *Blankenburg* (1982), S. 34 ff., der die „Thesen zur Umverteilung von Rechtschancen" im Kontext mit Alternativen in der Ziviljustiz diskutiert.
[53] In diesem Sinne *Prütting*, JZ 1985, 261 (270); vgl. *P. Gottwald* (2001), S. 138.
[54] *Blankenburg/Gottwald/Strempel* im Vorwort ihrer Abhandlung „Alternativen in der Ziviljustiz" aus dem Jahr 1982.
[55] Zumindest missverständlich daher *Ritter*, NJW 2001, 3440.
[56] So *Prütting*, JZ 1985, 261 (262).
[57] So *Wesel*, NJW 2002, 415; weiterführen zum „Palaver" in traditionellen Gesellschaften *Hegenbarth* (1980). S. 55 ff.; *Haft* (1999), S. 255 ff.; *Hager* (2001), S. 3 ff.; siehe zu den Wurzeln der Mediation noch im besonderen Teil unter C. IV. 5. b. aa.
[58] Siehe nur *Goldberg/Green/Sander* (1985), S. 3 ff.; dort hatte ebenfalls kurz zuvor eine „Access to Justice"-Bewegung stattgefunden, *P. Gottwald* (2001), S. 138.
[59] *Prütting*, JZ 1985, 261 (262); *Breidenbach*, AnwBl 1997, 135; *Haft* (2000b), S. 391; *W. Gottwald*, AnwBl 2000, 265 (266); *Prütting*, AnwBl 2000, 273 (274); *Zimmer* (2001), S. 119 f.

Diskussion in den USA hierüber Anstoß für eine Debatte auch im hiesigen Lande. Insbesondere das Repertoire verschiedenster alternativer Konfliktbehandlungsverfahren ist nicht zuletzt der Kreativität der Amerikaner zu verdanken[60].

Auch in neuerer Zeit gab es wiederholt rechtspolitische Bestrebungen zur Ausgestaltung alternativer Konfliktbehandlungen. Im Rahmen einer Ende der 80er Jahre initiierten und Mitte der 90er Jahre abgeschlossenen *Strukturanalyse der Rechtspflege* wurde angenommen, dass neben einer Modernisierung der inneren Organisation der Gerichte der verstärkten Förderung der außergerichtlichen Streitbeilegung eine herausragende Bedeutung bei der Stärkung der Funktionsfähigkeit der Justiz zukomme[61]. Eine erste Umsetzung dieses Gedankens vollzog der Gesetzgeber im Jahr 1999 mit der Einführung des § 15a EGZPO[62]. Selbst dem bereits in den 80er Jahren umfassend diskutierten Thema „Alternativen zur Justiz" wurde auch auf dem Deutschen Richtertag 1995 eine eigene Abteilung mit dem Untertitel „Neue Wege der Konfliktbewältigung" gewidmet[63]. Zwei Jahre später fand der Anwaltstag unter dem Titel „Anwaltliche Schlichtung" statt[64]. Ein weiteres Jahr später beschäftigte sich der 62. Deutsche Juristentag in seinem aktuellen Forum mit der obligatorischen Streitschlichtung im Zivilprozess[65]. Außerdem setzte das Bundesministerium der Justiz im Zuge der jüngsten Reform des Zivilprozesses einen Schwerpunkt neben der Stärkung der streiterledigenden Funktion des gerichtlichen Verfahrens in erster Instanz bei der Erweiterung der Möglichkeiten einer einvernehmlichen Konfliktregelung[66]. Wenngleich dies bei der Umsetzung nicht wirklich zum Ausdruck kam[67], so zeigt es doch, dass der Ausgestaltung bzw. Förderung alternativer Konfliktbehandlungen auch weiterhin ein hoher rechtspolitischer Stellenwert beigemessen wird[68]. Auf dem Deutschen Richtertag 2003

---

[60] *Prütting*, JZ 1985, 261 (262), spricht insoweit von einer „bemerkenswerten Experimentierfähigkeit der amerikanischen Justiz"; vgl. *W. Gottwald*, AnwBl 2000, 265 (266); siehe dazu noch im allgemeinen Teil unter B. I. 6. c.

[61] *Leutheusser-Schnarrenberger*, NJW 1995, 2441 (2442); siehe auch *Strempel* (2002), S. 123 ff.

[62] Siehe dazu noch im besonderen Teil unter C. III. 4. a. und C. IV. 8. a.

[63] Dazu die Mitteilungen der NJW-Redaktion, NJW 1996, 106 (109), sowie die Vorträge von *Böckstiegel*, DRiZ 1996, 267 ff., mit dem Titel „Schlichten statt Richten" im Anschluss an den gleichnamigen Aufsatz von *Prütting*, JZ 1985, 261 ff., und *H.-B. Schäfer*, DRiZ 1995, 461 ff.

[64] Dazu die Mitteilungen der NJW-Redaktion, NJW 1997, 1760 (1762), und die Beiträge in AnwBl 1997, 520 ff.

[65] Dazu der Bericht von *Macke*, NJW Beilage zu Heft 23/1998, 28 f.

[66] *Däubler-Gmelin*, ZRP 2000, 33 (und 36); dies, ZRP 2000, 457 (460).

[67] *Ayad*, ZRP 2000, 229 (und 233 f.); ebenso *Duve*, Anwalt 3/2001, 16, mit dem insoweit bezeichnenden Titel: Chance für Mediation? ZPO-Reform wird zu eng angelegt; *Grisebach*, DAV-Mitt. Mediation 2/2001, 5 (7), spricht insoweit von „recht halbherzigen Vorschlägen"; siehe dazu noch im besonderen Teil unter C. IV. 9. b.

[68] Siehe etwa *Stünker*, ZRP 2003, 17, zu den „Schwerpunkten der rechtspolitischen Vorhaben in der 15. Legislaturperiode"; jüngst auch Bundesjustizministerin *Zypries*, AnwBl 2004, 407 (408 f.), auf dem 55. Deutschen Anwaltstag in Hamburg betreffend die Mediation; siehe bereits mediations-report 10/2002, 2 f., zu den Erwartungen an den 15. Deutschen Bundestag zur Förderung der Mediation.

war die außergerichtliche Konfliktbeilegung abermals ein Hauptthema[69]. Schließlich wird im Zuge der geplanten (abermaligen) „Großen Justizreform" erneut eine „Stärkung der außergerichtlichen Konfliktlösung" propagiert[70].

Unterstützt wird diese Entwicklung durch weitere intensive Bemühungen zur Förderung der vornehmlich außergerichtlichen Konfliktbehandlungskultur, vor allem durch eine mittlerweile unzählige und damit nahezu unüberschaubare Anzahl von Publikationen und Vorträgen, vornehmlich unter dem Titel der als noch innovativ zu bezeichnenden Konfliktbehandlung der Mediation[71].

bb.   Die Situation im Bereich des Arbeitsrechts

In der Alternativdiskussion wurde auch das Arbeitsrecht nicht ausgespart[72]. Man stößt insoweit auf zahlreiche rechtssoziologisch pointierte Abhandlungen insbesondere im Bereich der Arbeitsgerichtsbarkeit, die sich zwar überwiegend mit Beobachtungen in Arbeitsgerichtsverfahren beschäftigten[73], durchaus aber im Zusammenhang mit Alternativen zur oder in der Arbeitsjustiz zu sehen sind[74]. Die 80er Jahre zeichneten hier ebenfalls den Beginn einer breiten wissenschaftlichen Diskussion[75]. Vielmehr gaben diese Beobachtungen bisweilen den Anstoß für Alternativen zur oder in der Ziviljustiz[76]. Daneben fanden sich einzelne Beiträge über „Alternativen in Arbeitskonflikten"[77] oder die „Schlichtung im Arbeitsverhältnis"[78]. Die Diskussion ist im Bereich des Arbeitsrechts seit Mitte der 80er Jahre abgeflacht. Selbst im Rahmen der *Strukturanalyse der Rechtspflege* wurde sie nicht wieder aufgegriffen, da sich diese nicht auf

---

[69] Dazu die Mitteilung im mediations-report 11/2003, 3.

[70] *Heister-Neumann*, ZRP 2005, 12 (14); kritisch *Weth*, ZRP 2005, 119 (122); siehe dazu auch die Nachricht der Internetredaktion Verlag C.H. Beck vom 24.11.2004.

[71] *R. Wassermann*, NJW 1998, 1685 f., wonach sich für die außergerichtliche Schlichtung als Alternative zur staatlichen Justiz die Bezeichnung „Mediation" eingebürgert habe; vgl. *K. Wagner*, NJW 2001, 2128 (2131): Mediation als Marketing- und Oberbegriff für jede Art der außergerichtlichen Streitbeilegung; siehe zu den Innovationsanstößen der Alternativdiskussion sogleich unter A. I. 2. b.

[72] Die „Alleinzuständigkeit der staatlichen Gerichte zur Entscheidung arbeitsrechtlicher Konflikte" in Frage gestellt hatte bereits *Grunsky*, NJW 1978, 1832 ff., in seinem Aufsatz betreffend „Die Schlichtung arbeitsrechtlicher Streitigkeiten und die Rolle der Gerichte".

[73] Vgl. *Raiser* (1999), S. 394, demzufolge die empirische Prozessforschung den arbeitsrechtlichen Streitigkeiten besonders hohe Aufmerksamkeit gewidmet habe.

[74] Dies wird deutlich bei *Rottleuthner* (1983b), S. 93 und S. 96 Fn. 8.

[75] Siehe insbesondere *Blankenburg/Schönholz/Rogowski* (1979) betreffend die Soziologie des Arbeitsgerichtsverfahrens, *Falke/Höland/Rhode/Zimmermann* (1981) über Kündigungspraxis und Kündigungsschutz in der Bundesrepublik Deutschland, *Ellermann-Witt/Rottleuthner/Russig* (1983) über Kündigungspraxis, Kündigungsschutz und Probleme der Arbeitsgerichtsbarkeit sowie *Rottleuthner* (1984) zu rechtssoziologischen Studien zur Arbeitsgerichtsbarkeit; siehe auch die Habilitation von *Schönholz* (1984) über Alternativen im Arbeitsgerichtsverfahren und die Dissertation von *Ellermann-Witt* (1983) zu Chancengleichheit in Arbeitsgerichtsverfahren.

[76] Siehe *Rottleuthner* (1982) zu „Alternativen im gerichtlichen Verfahren" und *Schönholz* (1982) zum „Prozeßvergleich als Alternative zum Urteil" am Beispiel von Arbeitsgerichtsverfahren.

[77] *Rottleuthner* (1980).

[78] *Bünger/Moritz* (1983).

das arbeitsgerichtliche Verfahren bezog[79]. Die arbeitsrechtliche Alternativdiskussion ist erst Ende der 90er Jahre im Kontext mit der Mediation wieder aufgetaucht. Nach einer Vielzahl von Aufsätzen hierzu liegt inzwischen eine Monographie über die „Mediation im Arbeitsrecht" vor, die vor allem einen rechtsvergleichenden Ansatz mit Blick auf die Situation in den USA verfolgt[80]. Gleichwohl ist festzustellen, dass die Literatur zur Alternativdiskussion – abgesehen von derjenigen rechtssoziologischer Art – im Bereich der Zivilgerichtsbarkeit wesentlich umfangreicher ist als die zur Arbeitsgerichtsbarkeit[81].

b.   Innovationsanstöße der Alternativdiskussion

Die Tatsache, dass die Alternativdiskussion alles andere als neu ist, schließt indes nicht aus, dass von dieser neuerlichen Diskussion nicht auch *Innovationsanstöße* ausgehen können[82]. Demzufolge sollen hier auch innovative Konfliktbehandlungen behandelt werden. So ist etwa die in Deutschland erst seit wenigen Jahren bekannte *Mediation* als eine solche zu bezeichnen, zumal sie gerade im Arbeitsrecht nach wie vor nahezu ein Schattendasein führt[83]. Darüber hinaus kann den veränderten Arbeitsbedingungen möglicherweise nur mit neuen Konfliktbehandlungsverfahren begegnet werden; vor allem in innovativen Branchen kann eine „Bewegung in den Arbeitsbeziehungen" konstatiert werden, die tradierte Konfliktbehandlungsformen zwar nicht völlig verdrängt, zumindest aber anderweitige (neue) Verfahren in Aussicht stellt[84]. Selbst traditionsreiche, „fordistische" Konzerne sind vor innovativen Verhandlungsprojekten nicht gefeit[85].

Innovation steht nicht nur für die Einführung von etwas Neuem, sondern auch für eine Erneuerung. Soweit es also um die Optimierung bereits bestehender Konfliktbehandlungen geht, ist auch dies als innovativ zu bezeichnen.

---

[79] Dazu zu Recht kritisch gemessen am arbeitsgerichtlichen Geschäftsanfall *Grotmann-Höfling* (1995), S. 98 Fn. 462.

[80] *Lembke* (2001); siehe auch *Budde* (2003); siehe weiter *Altmann/Fiebiger/Müller* (2001) zum sozialpsychologischen Ansatz der Mediation in Unternehmen.

[81] Vgl. *Prütting* (1999), S. 744 f.

[82] So bereits *de Wirth*, ZRP 1982, 188; aus neuerer Zeit *Ritter*, NJW 2001, 3440 (3448), demzufolge sich die Justiz auf ihre innovativen Fähigkeiten besinnen solle.

[83] Vgl. *Eyer*, AuA 2000, 308, demzufolge die Wirtschaftsmediation insbesondere zu innovativen Betriebsvereinbarungen verhelfen könne; vgl. auch *Hommerich*, AnwBl 2001, 258, der die Mediation als innovative Dienstleistung der Anwaltschaft bezeichnet.

[84] Siehe *Baukrowitz/Boes*, Mitbestimmung 6/2001, 42 ff., am Beispiel der IT-Branche.

[85] Exemplarisch hierfür mag das im August 2001 zwischen der Volkswagen AG und der IG Metall abgeschlossene innovative (kollektive) VW-Projekt namens 5.000 mal 5.000 dienen, dazu *Haipeter*, Mitbestimmung 9/2001, 34 ff; *Schwitzer*, AuR 2001, 441 ff.; siehe auch den Bericht in der SZ vom 29.8.2001, S. 2: Musterbeispiel für die Schaffung neuer Arbeitsplätze.

c. Zusammenfassung

Zusammenfassend lässt sich für den Bereich der Ziviljustiz festhalten, dass zu Beginn der 80er Jahre eine erste *Schlichtungseuphorie* im Zusammenhang mit der Alternativdiskussion ausbrach[86]. Eine zweite Euphorie lässt sich knapp 20 Jahre später zum Ende der 90er Jahre festmachen, die nach wie vor andauert, und zwar vornehmlich unter dem Begriff der Mediation, mithin als *Mediationseuphorie* bezeichnet werden kann[87]. Im Bereich des hier besonders interessierenden Arbeitsrechts hat eine solche Euphorie bislang noch nicht stattgefunden. In den 80er Jahren ging es eher um Beobachtungen von Arbeitsgerichtsverfahren, die jedoch als Vorläufer einer arbeitrechtlichen Alternativdiskussion gelten können. In der Wissenschaft erlangt nun auch die Mediation im Arbeitsrecht zusehends Beachtung.

II.   Vorgehensweise

Mit diesen einleitenden terminologischen, thematischen und historischen Ausführungen ist der Aufbau dieser Abhandlung vorgegeben.

Um die Alternativdiskussion umfassend auf das Arbeitsrecht zu übertragen, ist es zunächst erforderlich, in einem allgemeinen Teil die Hintergründe der vornehmlich im Bereich der Ziviljustiz geführten Alternativdiskussion aufzuzeigen und dabei speziell die arbeitsrechtlichen Problemstellungen zu behandeln[88]. Dabei werden die Anlässe dieser Diskussion näher ergründet, d.h. die Motive für die Suche nach alternativen Konfliktbehandlungen, und damit die Frage, welche Vorteile diese generell bieten (B. I.). Zugleich sollen allerdings auch etwaige Hindernisse bzw. Nachteile aufgezeigt werden, die einer Durchführung und Etablierung alternativer Konfliktbehandlungen prinzipiell entgegenstehen können (B. II.). Hieraus können vorab allgemeine Schlussfolgerungen gezogen werden, die im besonderen Teil bei der Analyse bereits bestehender sowie bei der Beurteilung alternativer Konfliktbehandlungen zu beachten sind (B. III.). Der allgemeine Teil schafft also die Grundlage für die anschließende Deskription und darauf aufbauende Diskussion im besonderen Teil anhand konkreter Verfahren[89]. Von daher kommt schon dem allgemeinen Teil eine erhebliche Bedeutung zu.

---

[86] *Prütting*, JZ 1985, 261 (262); *Gilles* (1992), S. 158, spricht von einer „Alternativeneuphorie"; vgl. schon *Stürner*, JR 1979, 133: „Der gegenwärtige Zeitgeist ist ausgesprochen schlichtungsfreundlich."

[87] Vgl. *Görk*, NJW-Editorial Heft 40/2003, S. III, der insoweit von einem „Mediations-Hype" spricht; daraus erklärt sich auch die Aussage von *Wesel*, NJW 2002, 415, demzufolge die Mediation hierzulande in den 80er Jahren erschien; erstmals die Mediation mit der Vermittlung deutlich in Verbindung gebracht hat in Deutschland wohl *W. Gottwald* (1981), S. 1 ff., 82 ff. und 106 ff.

[88] Vgl. ansatzweise auch *Grotmann-Höfling* (1995) im Rahmen einer „Strukturanalyse des arbeitsgerichtlichen Rechtsschutzes"; zusammenfassend ders., BB 1996, 158 ff.

[89] Vgl. zu dieser Vorgehensweise bereits *W. Gottwald* (1981), S. 30.

40

Dem besonderen Teil ist eine Klärung gewisser Abgrenzungsfragen vorangestellt (C. I.). Im Anschluss daran folgt eine Rechtstatsachenforschung in Bezug auf Konflikte am Arbeitsplatz, um der von rechtssoziologischer Seite hervorgebrachten Kritik gerade auch an der unter rechtlichen Gesichtspunkten geführten Alternativdiskussion Genüge zu tun (C. II.). Hierbei kann auf umfangreiche empirische Untersuchungen aus den 80er Jahren zurückgegriffen werden, die durch solche aus neuerer Zeit bestätigt oder modifiziert werden.

Bevor zu etwaigen Alternativen betreffend die Behandlung arbeitsrechtlicher Konflikte Stellung genommen werden kann, ist es notwendig, sich zunächst das Herkömmliche, sozusagen die Ausgangslage, vor Augen zu führen. Erst dann kann das dazu im Gegensatz Stehende angemessen dargestellt werden. Eine solche Vorgehensweise führt zu einer *Bestandsaufnahme* der gewöhnlichen Konfliktbehandlungsverfahren de lege lata (C. III.). Dabei geht es auch um deren kritischen Bewertung, d.h. es wird untersucht, ob bzw. inwieweit sich diese traditionellen Verfahren bewährt haben. Eine solche „Bestandsaufnahme und kritische Analyse vor- und außergerichtlicher sowie nichtstreitiger Konfliktregelungsmöglichkeiten innerhalb des gerichtlichen Verfahrens" war letztlich auch Ausgangspunkt der Diskussion um etwaige Alternativen im Bereich der Ziviljustiz Anfang der 80er Jahre[90]. Im Anschluss an diese Bestandsaufnahme sollten konkrete, realisierbare Forschungsfragen formuliert werden, die vor einer rechtspolitischen Aktivität geklärt sein sollten und dieser zugleich Richtung und Impulse geben könnten[91]. Einen ähnlichen Ansatz verfolgte die *Strukturanalyse der Rechtspflege.* Zur Erforschung möglicher Entwicklungen im Zusammenspiel von außer- und innergerichtlicher Konfliktregelungen wurden dabei im Wesentlichen zwei Ziele ausgemacht: eine Darstellung und Bewertung der Infrastruktur der vor- und außergerichtlichen Konfliktregelungsangebote im Bereich der Zivilgerichtsbarkeit sowie das Herausarbeiten von Ansatzpunkten zur Verbesserung der Filterwirkung von vor- und außergerichtlichen Konfliktregelungsformen[92]. Dies hat für alternative Konfliktbehandlungen im Arbeitsrecht gleichermaßen zu gelten, zumal auf diesem Gebiet noch wenig Erfahrung besteht[93].

---

[90] Siehe dazu W. *Gottwald,* ZRP 1982, 28; *de Wirth,* ZRP 1982, 188 (189); siehe auch das Geleitwort des damaligen Bundesministers der Justiz *Schmude* in *Blankenburg/Gottwald/Strempel* (1982); vielmehr könne eine rechtspolitische Umsetzung erst am Ende einer solchen „langfristigen" Bestandsaufnahme erfolgen, *Strempel* (1983), S. 190; siehe aus neuerer Zeit auch die Bestandsaufnahme bei *Katzenmeier,* ZZP 115 (2002), 51 (65 ff.).
[91] W. *Gottwald,* ZRP 1982, 28.
[92] *Strempel/Rennig,* ZRP 1994, 144 (147).
[93] Vgl. *Hage/Heilemann,* AuA 2000, 26, in Bezug auf die betriebliche Konfliktbehandlung; vgl. auch *Dendorfer/Breiter,* BB Beilage zu Heft 46/2002, 33 (37), in Bezug auf die Implementierung eines betrieblichen Konfliktmanagements; allein auf eine solche Bestandsaufnahme beschränkt sich *Prütting* (1999), S. 743 ff., in seinem Aufsatz über die „Streitschlichtung und Mediation im Arbeitsrecht".

Sodann sollen etwaige alternativen Konfliktbehandlungen vorgestellt werden, die zu einer besseren Befriedung der gerade in arbeitsrechtlichen Beziehungen in vielfältiger Weise auftretenden Konflikte beitragen können; hierbei geht es vor allem auch um Vorschläge de lege ferenda (C. IV.). Die Wichtigkeit der zuvor durchgeführten kritischen Bestandsaufnahme bereits bestehender Verfahren wird nicht zuletzt auch insofern unterstrichen, als ebenfalls darauf eingegangen werden soll, ob bzw. inwieweit die herkömmlichen Verfahren optimiert werden können[94].

Abschließend soll der Frage nachgegangen werden, welche Rahmenbedingungen geschaffen werden müssen, um zu einer verstärkten Förderung alternativer Verfahren im Arbeitsrecht zu gelangen (D.).

Die Schwierigkeit – und zugleich Besonderheit – dieser Arbeit wird sein, die bisher überwiegend im Bereich der Ziviljustiz diskutierten Alternativen umfassend auf das Gebiet des Arbeitsrechts zu übertragen, wobei den zahlreichen arbeitsrechtlichen Eigentümlichkeiten in sachgerechter Weise Rechnung zu tragen ist.

---

[94] Vgl. *Müller-Glöge*, RdA 1999, 80.

B. Allgemeiner Teil

Bevor die herkömmlichen und alternativen Konfliktbehandlungsverfahren im besonderen Teil dargestellt werden, ist ganz allgemein danach zu fragen, weshalb angesichts einer – und dies sei an dieser Stelle unterstellt – relativ gut funktionierenden Arbeitsgerichtsbarkeit und etwaiger außergerichtlicher Konfliktregelungsinstitutionen nach Alternativen gesucht wird oder diese sich gar aufdrängen. Mit anderen Worten: Welche Motivation liegt der Suche nach alternativen Konfliktbehandlungen unter besonderer Berücksichtigung der Situation im Arbeitsrecht zu Grunde? Darunter verbirgt sich vor allem die Vorstellung, dass der Einsatz alternativer Verfahren Vorteile und umgekehrt die Durchführung traditioneller Verfahren Nachteile mit sich bringt (I.). Des Weiteren soll ebenso generell wie unter Berücksichtigung arbeitsrechtlicher Besonderheiten auf etwaige Hindernisse eingegangen werden, die einer Durchführung und Etablierung alternativer Konfliktbehandlungsverfahren von vornherein entgegenstehen können. Damit verbunden sind im Wesentlichen auch die nachteiligen Gesichtspunkte in Bezug auf solche Verfahren (II.). Wie noch an geeigneten Stellen aufzuzeigen sein wird, verhalten sich einzelne Aspekte bisweilen ambivalent, d.h. nicht immer ist ein bestimmter Umstand als durchweg vor- oder nachteilig anzusehen. Nicht zuletzt hieraus ergeben sich erste Schlussfolgerungen, die bei einem verstärkten Einsatz etwaiger Alternativen zu beachten sind und denen sowohl im besonderen Teil bei der Aufarbeitung arbeitsrechtlicher Alternativen als auch im abschließenden Teil im Zusammenhang mit der Schaffung geeigneter Rahmenbedingungen für eine Durchführung und Etablierung alternativer Konfliktbehandlungen Rechnung zu tragen ist (III.).

I. Motive für die Suche nach alternativen Konfliktbehandlungen unter besonderer Berücksichtigung der Situation im Arbeitsrecht

Die der Suche nach alternativen Konfliktbehandlungen innewohnenden Beweggründe sind vielfältig. Diese offenbaren zugleich die wesentlichen *Vorteile*, die mit der Durchführung solcher Verfahren verbunden sind. In ihrem Ausgangspunkt sind sie sowohl im Bereich der allgemeinen Ziviljustiz wie auch im Bereich des Arbeitsrechts weitgehend kongruent und weisen allenfalls in den Details Unterschiede auf. Die zwei herauszuhebenden Hauptgründe der Alternativdiskussion, die gleichermaßen als deren Ursprung betrachtet werden können, sind einerseits durch rechtssoziologische und andererseits durch rechtspolitische Überlegungen gekennzeichnet: Während es in rechtssoziologischer Hinsicht vornehmlich um die *Grenzen gerichtlicher Konfliktbehandlung* (2.) geht, steht in rechtspolitischer Hinsicht die *Entlastung der Justiz* (3.) im Vordergrund[95]. Hinzu treten nicht zu vernachlässigende gesellschaftspolitische (4.), rechtsübergreifende (5.) und rechtsvergleichende (6.) Aspekte.

---

[95] Siehe bereits *Gottwald*, ZRP 1982, 28, demzufolge aus der Sicht des Justizsystems eine Entlastung der Gerichte erwartet werde, während die Rechtssoziologie auf die Grenzen der Konfliktverarbeitungsfähigkeit von Gerichtsverfahren hinweise; ähnlich *Frommel*, ZRP 1983, 31, derzufolge bei Verfahren der Schlichtung und Vermittlung Juristen an die Entlastung der Gerichte dächten, während

1. Gewichtung der beiden Hauptmotive: Grenzen gerichtlicher Konfliktbehandlung und Entlastung der Gerichte

Der eigentliche Anstoß der Alternativdiskussion in Deutschland ist von der Rechtssoziologie ausgegangen[96]. Dass jedoch erst rechtspolitische Bestrebungen betreffend eine Entlastung der Justiz in der Rechtswissenschaft zu einer erhöhten Aufmerksamkeit geführt haben, ist nicht ungewöhnlich und braucht an sich nicht weiter kommentiert zu werden[97]. Für die Frage der Gewichtung der beiden Hauptmotive ist allerdings das Verhältnis dieser Beweggründe von Bedeutung.

Die durch die Rechtssoziologie initiierte Alternativdiskussion hätte freilich nicht ausgereicht, dem Thema die Publizität und die praktische Bedeutung zu vermitteln, die es seit Anfang der 80er Jahre bis heute tatsächlich hat. Verständlich wird der Umfang der anhaltenden Diskussion erst vor dem Hintergrund einer sich zuspitzenden Überlastung der Gerichte und der damit verbundenen rechtspolitischen Motivation einer Entlastung der Gerichte[98]. Exemplarisch hierfür mag folgende Aussage des ehemaligen hamburgischen Justizsenators und jetzigen Bundesverfassungsrichters *Hoffmann-Riem* anlässlich eines Vortrags dienen, der unter dem Titel „Streitbeilegung ohne Gerichte" im Jahre 1996 vor der Gesellschaft Hamburger Juristen im Zusammenhang mit einer Entlastung der Gerichte *und* einer verbesserten Konfliktbewältigung gehalten wurde: „Aktuell allerdings ist die außergerichtliche Streitbeilegung weniger durch solche Gerechtigkeitserwägungen als durch die Finanzkrise und die zunehmende Gerichtsüberlastung zum Modethema geworden. Dieser Herausforderung will ich mich hier stellen – aber nicht ohne Betonung, daß dieses Thema mich seit langem nicht aus dieser Perspektive, sondern aus einer inhaltlich angemessenen Konfliktbewältigung interessiert."[99] Es spielt auch keine große Rolle, dass der Öffentlichkeit vereinzelt unter dem Deckmantel rechtssoziologischer Aspekte die Diskussion über Alternativen in der Zi-

---

Soziologen die problemadäquatere Verarbeitung des einem Rechtsstreit zu Grunde liegenden Konfliktfelds interessierten.

[96] *Prütting*, JZ 1985, 261 (262); ders., AnwBl 2000, 273 (274); eindringlich *Strempel*, ZRP 1998, 319 (321): „Wir Rechtssoziologen waren es also, die diese Thematik gesellschaftsfähig gemacht haben, wenn davon auch heute kaum noch gesprochen wird."; siehe auch ders. (2002), S. 116; *Katzenmeier*, ZZP 115 (2002), 51 (58).

[97] *Strempel* (2002), S. 130, verweist insoweit auf die Forderungen einiger Landesjustizminister; gleichwohl wird bisweilen der rechtspolitische Aspekt der Alternativdiskussion übergangen, siehe etwa *Ritter*, NJW 2001, 3440 (3443).

[98] *Prütting*, JZ 1985, 261 (263).

[99] ZRP 1997, 190 (191); vgl. *de Wirth*, ZRP 1982, 188 (189 und 190), wonach der eigentliche Durchbruch jedoch erst kam, als der Präsident des *BVerfG* auf dem Richtertag in Essen 1979 das Stichwort von der „Begrenztheit der Rechtsfindungsressourcen" aufnahm und der Präsident des *BGH* die Rechtsgewährung als „knappes Gut" bezeichnete, vielleicht noch stärkere Impulse habe die Sorge über den steigenden Geschäftsanfall der Gerichte gegeben; siehe zur Historie der Alternativdiskussion im Zivilprozess bereits im einführenden Teil unter A. I. 2. a. aa.

viljustiz schmackhaft gemacht wird[100]. Bedenklicher scheint indes, dass es darüber hinaus Rechtspolitiker gibt, die die Alternativdiskussion allein unter dem Gesichtspunkt der Justizentlastung führen und sich somit eindeutig zu einer allein justizpolitisch motivierten Sichtweise bekennen[101]. Dass selbst Rechtswissenschaftler teilweise diesen Eindruck vermitteln, ist umso bedauerlicher[102].

Aber auch dies ist letztlich unerheblich. Dies gilt zumindest dann, wenn beide Bestrebungen in der Sache zum selben Ziel führen, nämlich zur Förderung einer alternativen Konfliktbehandlungskultur unter gleichzeitiger Aufrechterhaltung bzw. Verbesserung des bisherigen konfliktbehandelnden Repertoires. Damit ist gemeint, dass die Einführung alternativer Konfliktbehandlungen auf der einen Seite nicht den Abbau herkömmlicher – vornehmlich gerichtlicher – Konfliktbehandlungen auf der anderen Seite nach sich ziehen darf[103]. Bereits Anfang der 80er Jahre sah sich der damalige Bundesjustizminister dazu veranlasst, zu betonen, dass es bei der Diskussion um Alternativen für das zivile Justizverfahren nicht um einen Abbau des Rechtsschutzes oder gar um eine Rücknahme von Reformen, sondern um die Rückbesinnung auf Funktion, Leistungsvermögen und immanente Schranken öffentlicher Friedensstiftung durch staatliche Gerichte gehe[104]. Gut zehn Jahre später sollten im Rahmen einer *Strukturanalyse der Rechtspflege*, auf die noch näher einzugehen sein wird, realistische Ansätze für eine Optimierung der Rechtspflege herausgearbeitet werden, die auf eine quantitative Entlastung der Justiz hinausliefen, um neben einer Verfahrensbeschleunigung über eine Freisetzung von Arbeitskapazitäten eine weitere qualitative Verbesserung der Tätigkeit der Rechtspflegeorgane zu ermöglichen; dabei ging es ebenfalls um eine Förderung der außergerichtlichen Streitbeilegung[105]. Unabhängig davon, dass die Ausweitung der Streitschlichtungsstellen auch heute noch vereinzelt lediglich mit der Entlastung der Justiz begründet wird, muss entscheidungserheblich jedenfalls sein, ob dadurch insge-

---

[100] Vgl. *M. Weiß*, RAK-Mitt. OLG München II/2000, S. 6, der in der Einführung des § 15a EGZPO erstens eine Änderung in der Rechtskultur, zweitens ein neues, interessantes Betätigungsfeld für die Anwaltschaft und (erst) drittens ein nicht unerhebliches Entlastungspotenzial für die Gerichte sieht.

[101] Vgl. *Leutheusser-Schnarrenberger*, NJW 1995, 2441 f. (und 2444 ff.), zu den Erkenntnissen aus der *Strukturanalyse der Rechtspflege*; *Funke*, DRiZ 1998, 120 (121 f.), im Kontext mit dem „Schlanken Staat"; *Leeb*, BB Beilage 10 zu 40/1998, 3 (4), zur Entlastung der Justiz durch Stärkung der außergerichtlichen Streitbeilegung; vgl. auch *F. Behrens*, RuP 1997, 73, im Zuge der Einführung des § 15a EGZPO: Verknappung der finanziellen Ressourcen und Belastungssituation in der Zivilgerichtsbarkeit als vordergründiges Motiv; wie hier kritisch auch *Strempel*, ZRP 1998, 319 (322).

[102] Zumindest missverständlich *Prütting*, JZ 1985, 261 (266), unter dem Titel „Schlichten statt Richten?", der die Frage, ob Alternativen zur Ziviljustiz die ordentliche Gerichtsbarkeit nachhaltig entlasten können, als „zentralen Punkt des Themas" bezeichnet.

[103] *Frommel*, ZRP 1983, 31 (32), die unter „Alternativen zum Zivilverfahren" die „Verbesserung des Rechtsschutzes Privater" verstehen will, es gehe nicht nur um eine Erweiterung des Angebots an konfliktlösenden Institutionen durch einen Ausbau vor- und außergerichtlicher Einigungsmöglichkeiten, sondern auch um eine Erleichterung des Zugangs zu Gericht; vgl. *Strempel*, AnwBl 1993, 434 (435), demzufolge Hauptpunkt die „Verbesserung der Qualität der Streitbeilegung in Zivilsachen" sei.

[104] *Gottwald*, ZRP 1982, 28 (30).

[105] *Leutheusser-Schnarrenberger*, NJW 1995, 2441 (2442); siehe auch *Strempel* (2002), S. 123 ff.

samt Kosten eingespart werden können und auf diese Weise die Überlast der Justiz abgebaut werden kann, ohne dass die Qualität der Beratung und der Entscheidung absinkt[106]. Dies hat für eine Entlastung der Arbeitsgerichte gleichermaßen zu gelten[107]. Dass sich dies trotz gewisser Zielkonflikte prinzipiell bewerkstelligen lässt, steht außer Frage[108]. Nur unter diesem Gesichtspunkt ist eine solche, geradezu *symbiotische Beziehung zwischen den beiden Hauptmotiven* zu rechtfertigen. Die Diskussion darf also nicht dazu genutzt werden, den Rechtsschutz der Betroffenen vor den Gerichten zu verschlechtern – geschweige denn den verfassungsrechtlich verankerten Zugang zu Gericht in unverhältnismäßiger Weise zu erschweren[109]; darauf wird an geeigneter Stelle noch zurückzukommen sein. Auch bzw. gerade die Rechtspolitik hat rechtssoziologische, zumindest aber verfassungsrechtliche Grundsätze zu beachten.

2. Grenzen gerichtlicher Konfliktbehandlung aus rechtssoziologischer Sicht

Das erste Hauptmotiv wirft zugleich mehrere Fragen auf. Vorab bedarf es einer ganz allgemeinen Erläuterung dessen, was unter „Grenzen gerichtlicher Konfliktbehandlung" zu verstehen ist (a.). Sodann sollen anhand einzelner Aspekte die Grenzen gerichtlicher Konfliktbehandlung verdeutlicht werden, wobei gleichzeitig auf speziell im Arbeitsgerichtsverfahren getroffene Beobachtungen eingegangen werden soll (b.). Hieran schließt sich die Frage nach der Ungeeignetheit bestimmter Konflikte für das gerichtliche Verfahren an (c.).

a. Allgemeine Begriffsbestimmung

Das Gerichtsverfahren ist ein Mechanismus zur Bereinigung von Konflikten, wobei die entsprechenden Verfahrensordnungen ein konkretes Modell zur Lösung dieser Konflikte bereithalten. Zu Beginn der Alternativdiskussion Anfang der 80er Jahre haben vor allem Rechtssoziologen auf die Grenzen der gerichtlichen Konfliktbehandlung hingewiesen; in Frage stand die *Eignung* des Gerichtsverfahrens zur Lösung privater

---

[106] Vgl. *H.-B. Schäfer*, DRiZ 1995, 461 (467), und eindringlich mahnend (470): „Vor allem aber darf die Wirkung nicht darin bestehen, nur Kosten aus der Justiz heraus zu verlagern."; *R. Wassermann*, NJW 1998, 1685 (1686), im Zuge mit der Einführung des § 15a EGZPO: „Dabei kann die mögliche Entlastung der Gerichte nicht die entscheidende Rolle spielen. Das A und O demokratischer Justizpolitik muß vielmehr sein, wie sich die Neuerungen auf die Lage des Bürgers auswirken."

[107] Treffend *Heilmann*, AuR 1997, 424 (426): „Indes ist es wichtig, nicht allein oder in erster Linie die Überlastung der Arbeitsgerichte in den Mittelpunkt der Diskussion zu stellen, sondern die Wirksamkeit des Rechtsschutzes."

[108] Vgl. schon *Rottleuthner* (1982), S. 147; vgl. auch *R. Wassermann*, NJW 1999, 2646 (2647), im Zuge der jüngsten Reform des Zivilprozesses; den dortigen Widerstreit zwischen dem Ziel der „Optimierung des Rechtsschutzes" und dem Motiv der Justizentlastung durch einen „effektiveren Richtereinsatz" beschreibt *Ayad*, ZRP 2000, 229 ff.

[109] In diesem Sinne auch *Prütting*, JZ 1985, 261 (270), demzufolge nicht hingenommen werden könne, dass durch Alternativen zur Ziviljustiz ein gewisser (wenn auch natürlich meist nur faktischer) Abbau des Rechtsschutzes erfolge, wenngleich sich schwerlich leugnen lasse, dass eine solche Gefahr bestehe; vgl. *de Wirth*, ZRP 1982, 188 (190).

Konflikte[110]. Auch im Rahmen einer *Strukturanalyse der Rechtspflege* wurde im Forschungsbereich „Schnittstelle zwischen außergerichtlicher und innergerichtlicher Konfliktbearbeitung" unter anderem der Frage nachgegangen, ob es Konflikte gebe, die sinnvollerweise nicht durch ein Gericht entschieden werden sollten[111]. Die Erkenntnis, dass dem gerichtlichen Verfahren Grenzen gesetzt sind, kann als Ausgangspunkt für die Diskussion über Alternativen in der Ziviljustiz betrachtet werden[112]; dies gilt für die Arbeitsgerichtsbarkeit gleichermaßen. Jedoch darf dies nicht dahin gehend missverstanden werden, dass die deutschen Zivil- oder Arbeitsgerichte zu wenig effizient arbeiten würden, wenngleich sich zeigen wird, dass es durchaus Situationen gibt, in denen man sich ein effizienteres Vorgehen bei der Behandlung eines Konflikts wünscht. Vielmehr geht es insoweit um „die der streitigen, rechtförmigen Auseinandersetzungen *immanenten, strukturellen* Grenzen"[113]. Sofern von den Grenzen gerichtlicher Konfliktbehandlung die Rede ist, steht der *qualitative* Aspekt der Alternativdiskussion im Vordergrund[114]. Vereinfacht ausgedrückt lässt sich damit festhalten: Die Durchführung eines gerichtlichen Verfahren kann für die Befriedung eines Konflikts nachteilig sein, jedenfalls ist nicht für jeden Konflikt die gerichtliche Entscheidung angemessen.

b. **Nachteilige Aspekte bei der Durchführung gerichtlicher Verfahren**

> Bei aller Vorsicht sind in einer Reihe von Punkten die generellen Vorteile außergerichtlicher Schlichtung nicht zu leugnen.
>
> *Prütting*[115]

Vorstehende Aussage erscheint angesichts der im Folgenden darzustellenden Grenzen gerichtlicher Konfliktbehandlung untertrieben. Jedenfalls offenbaren diese Grenzen die Nachteile, die mit der Durchführung gerichtlicher Verfahren verbunden sind. Vielmehr resultieren hieraus die Vorteile einer außergerichtlichen bzw. alternativen Konfliktbehandlung. Allerdings wurde bereits eingangs dieses allgemeinen Teils darauf hingewiesen, dass sich ein grundsätzlich nachteiliger Aspekt eines Gerichtsverfahrens

---

[110] *Blankenburg*, ZRP 1982, 6 (8); vgl. *W. Gottwald*, ZRP 1982, 28; *P. Gottwald*, ZZP 95 (1982), 245 (246); aus neuerer Zeit *Hoffmann-Riem*, ZRP 1997, 190 (191); *Ritter*, NJW 2001, 3440 (3443); vgl. schon *Schackow*, AnwBl 1967, 258 (264); siehe zu den „Grenzen der Justiziabilität" speziell im Arbeitsgerichtsverfahren bereits *Blankenburg/Schönholz/Rogowski* (1979), S. 187 ff.

[111] *Leutheusser-Schnarrenberger*, NJW 1995, 2441 (2442); zum Begriff der Schnittstelle *Strempel*, ZRP 1989, 133.

[112] In diesem Sinne *de Wirth*, ZRP 1982, 188 (189); vgl. bereits die Ausführungen im einführenden Teil unter A. I. 2. aa.

[113] So *de Wirth*, ZRP 1982, 188 (189).

[114] *Blankenburg*, ZRP 1982, 6 (8); *Röhl* (1982a), S. 19; ders. (1987), S. 515; *Hage/Heilmann*, AuA 1997, 339 (340 f.); *D. von Hoyningen-Huene* (2000), S. 33; *Strempel* (2002), 120.

[115] JZ 1985, 261 (266); siehe auch ders., a.a.O. (271): „Trotz aller Kritik können gewisse Vorteile einer alternativen Streitschlichtung nicht geleugnet werden."

in Bezug auf alternative Konfliktbehandlungen im Einzelfall ambivalent verhalten kann[116].

Bei der Darstellung dieser Aspekte ist eine Einteilung in drei Phasen angebracht. Die erste Phase betrifft das gerichtliche Verfahren bis zur Streitentscheidung, also die Entscheidungsfindung (aa.). Sodann geht es um die richterliche Streitentscheidung selbst (bb.). Schließlich soll die Nachentscheidungsphase von Gerichtsentscheidungen untersucht werden (cc.). Sofern arbeitsrechtliche Besonderheiten festzustellen sind, soll jeweils im Anschluss an die Unterpunkte auch auf diese eingegangen werden.

aa. Die Entscheidungsfindung innerhalb gerichtlicher Verfahren

Die Entscheidungsfindung innerhalb gerichtlicher Verfahren ist insbesondere durch solche Umstände gekennzeichnet, die eine gütliche Einigung zwischen den Parteien erschweren.

(1) Starker Formalismus

Als erste Grenze lässt sich der starke Formalismus gerichtlicher Verfahren festmachen. Gerichtsverfahren sind traditionell stark formalisiert und damit häufig zu unflexibel. Man kann insoweit von einer rechtsstaatlich geforderten Förmlichkeit sprechen[117]. Nicht zuletzt auch aus Sicht der Parteien erscheinen die weit gehend formalisierten Gerichtsverfahren als schwerfällig[118]. An diesem Befund dürfte sich auch durch die jüngste Zivilprozessreform nicht viel geändert haben, vielmehr wird bisweilen die Formalisierung des Zivilverfahrens als Kennzeichen dieser Reform angesehen. Von „ausufernden Hinweispflichten des Richters" (siehe § 139 Abs. 1 bis Abs. 3 ZPO) und „neuartigen Dokumentationspflichten" (siehe § 139 Abs. 4 ZPO) ist die Rede, die zur Folge hätten, dass die „erste Instanz aufwendiger, aufgeblähter und langsamer" werde, als dies notwendig sei[119]. Andernorts wird prophezeit, dass der Zivilprozess nach der neuen ZPO sehr viel formaler geführt werde, wozu gehöre, dass in wesentlich größerem Umfang als bisher Vorgänge aktenkundig gemacht werden müssten[120]. Demgegenüber ist eine „größere Freiheit im Verfahren" wünschenswert, wie sie schon im Zuge der Alternativdiskussion in den 80er Jahren proklamiert wurde[121]. Nahezu allen alternativen Konfliktbehandlungsmechanismen ist gemeinsam, dass sie durch im We-

---

[116] Siehe dazu bereits unter B.

[117] *Röhl* (1987), S. 516.

[118] *Ritter*, NJW 2001, 3440 (3443).

[119] So *Goll*, BRAK-Mitt. 2000, 4 (5); ebenfalls kritisch *Flotho*, BRAK-Mitt. 2000, 107 (108 f.), der von einer „Aufblähung der ersten Instanz durch Formalisierung des Verfahrens" spricht, während *Dauster*, ZRP 2000, 338 (339), die „Überformalisierung der verstärkten Hinweispflichten" beklagt; siehe auch *Hartmann*, NJW 2001, 2577 (2583), zur Dokumentationspflicht; siehe zu den Hinweispflichten noch im besonderen Teil unter C. III. 5. a. cc.

[120] *Doms*, NJW 2002, 777 (778).

[121] Dazu *de Wirth*, ZRP 1982, 188 (189).

sentlichen frei gestaltbare Verfahren leben und zum Teil sogar im Bereich des Informalen existieren; dies erleichtert ersichtlich gütliche Einigungen[122].

Das arbeitsgerichtliche Verfahren weist insoweit keine Besonderheiten auf, zumal die neuen zivilprozessualen Hinweis- und Dokumentationspflichten auch auf die Arbeitsgerichtsbarkeit durchschlagen[123]. Selbst im Rahmen der Güteverhandlung war schon nach altem Recht eine gewisse Formalisierung bzw. „Ritualisierungen im Arbeitsgerichtsverfahren" zu konstatieren[124].

(2)   Öffentlichkeit und Gerichtsatmosphäre

Problematisch bei der Behandlung eines Konflikts erweisen sich auch die Öffentlichkeit und die Atmosphäre gerichtlicher Verfahren. Vereinzelt kann dies bei den Parteien gewisse Sprachbarrieren auslösen[125]. Das Gerichtsverfahren wird daher zum Teil als „Schauplatz verzerrter Kommunikation" bezeichnet oder es wird eine „Organisation der Sprachlosigkeit" beklagt[126]. Außerdem würden sich die Parteien vor Gericht eingeschüchtert fühlen[127]. Schließlich wird darauf hingewiesen, dass die (einst als Fortschritt) gesehene öffentliche Verhandlung heute unter den Bedingungen des Mediengeschehens bedrohlich wirken könne[128]. Dagegen bringe die Nichtöffentlichkeit außergerichtlicher Verfahren unstreitig Vorteile für die Vergleichsbereitschaft, es diene der Wahrung von Geschäftsgeheimnissen, spätere Beziehungen zwischen den Streitparteien oder zu Dritten würden weniger belastet und man sehe sich in gewichtigeren Streitfällen nicht sogleich der Berichterstattung durch die Presse ausgesetzt[129]. Dass dies wiederum gewisse Gefahren in Bezug auf das Recht als Rahmenordnung und die Transparenz des Rechts in sich birgt, wird noch zu thematisieren sein.

Vor allem bei individualarbeitsrechtlichen Güte- oder mündlichen Verhandlungen ist zu beobachten, dass sich Arbeitsparteien durch die Anwesenheit nachfolgender Prozessbeteiligter beeinträchtigt fühlen. Diese den Arbeitsparteien durchaus unangenehme Seite eines Arbeitsgerichtsprozesses wird nur selten als problematisch oder änderungsbedürftig dargestellt. Insbesondere in Kündigungsschutzprozessen kommen Tatsachen zur Erörterung, die manche Partei lieber für sich behalten würde. Beispielhaft seien Gesundheit, Pflichtverletzungen und Trunksucht (auf Seite des Arbeitnehmers)

---

[122] Vgl. *Ritter*, NJW 2001, 3440 (3442).
[123] Siehe auch dazu noch im besonderen Teil unter C. III. 5. b. aa.
[124] Dazu bereits *Blankenburg/Schönholz/Rogowski* (1979), S. 146 ff., anhand von Beispielsfällen.
[125] Vgl. *P. Gottwald*, ZZP 95 (1982), 245 (248).
[126] Siehe die Nachweise bei *Katzenmeier*, ZZP 115 (2002), 51 (62); siehe schon *Rogowski* (1982), S. 180, zur „Sprachlosigkeit in Zivilprozessen".
[127] *Rüssel*, NJW 2000, 2800 (2801).
[128] *Ritter*, NJW 2001, 3440 (3443).
[129] *Prütting*, JZ 1985, 261 (268); vgl. *Greger*, JZ 2000, 842 (843), demzufolge ein Schlichtungsgespräch außerhalb der Gerichtsatmosphäre bessere Erfolgsaussichten biete.

oder Gewinnverfall, Umsatzzahlen und Rationalisierungsmaßnahmen (auf Seite des Arbeitgebers) genannt[130]. Dabei besteht zumindest in arbeitsgerichtlichen Güteverhandlungen die Möglichkeit, die Öffentlichkeit allein schon aus Zweckmäßigkeitsgründen auszuschließen (§ 52 Satz 3 ArbGG), um Vergleichsgespräche zwischen den Parteien zu erleichtern[131]. Von dieser Regelung wird aber nur selten Gebrauch gemacht[132]. Dies ist insofern bedauerlich, als vertrauliche bzw. nicht Aufsehen erregende Konfliktbehandlungen gerade auch für arbeitsrechtliche Konflikte oftmals erstrebenswert sind[133]. Die Nichtöffentlichkeit fördert sinnvoll die Vergleichsbereitschaft der Parteien, da sie dazu dient, diesen die Möglichkeit zu geben, in aller Offenheit und ohne Sorge vor der Gefährdung von betriebsinternen Entwicklungen oder gar Betriebsgeheimnissen miteinander zu verhandeln[134]. Speziell zur Atmosphäre im Gerichtssaal hat schließlich eine Arbeitnehmerbefragung in den 80er Jahren ein eher durchwachsenes Bild ergeben: Über einem Viertel der Arbeitnehmer habe allein schon das Betreten des Gerichtssaals (etwas) Angst gemacht und fast zwei Drittel der Arbeitnehmer gaben an, dass während der Verhandlung eine weniger bzw. keine gelöste Atmosphäre herrschte[135].

(3)   Konfliktbehandlung außerhalb des vertrauten sozialen Umfelds: keine Konfliktnähe

Mit der Öffentlichkeit gerichtlicher Verfahren einher geht ein weiteres Manko, das Gerichtsverfahren in psychologischer Hinsicht nach sich ziehen. Insbesondere bei Sozialbeziehungen ist es problematisch, wenn die Konfliktbeteiligten zur Behandlung ihres Konflikts aus ihrem vertrauten sozialen Umfeld herausgerissen werden.

Erstrebenswert ist in der Regel eine gewisse „Konfliktnähe" bei der Behandlung eines Konflikts[136]. Darunter versteht man die jeweiligen spezifischen kulturellen, politischen, psychologischen und wirtschaftlichen Gegebenheiten, die sich im Konflikt und seiner Umwelt befinden[137]. Konflikte werden durch die Umwelt geprägt, in der sie stattfinden[138]. Die Nähe zum Konflikttypus drückt sich darin aus, dass das Entscheidungsprogramm des in den Streit eingeschalteten Dritten einen ähnlichen Komplexitätsgrad aufweist wie die Konfliktbeziehung zwischen den Parteien. Die Aufnahmefä-

---

[130] *Müller-Glöge*, RdA 1999, 80 (84); vgl. *Budde* (2000), S. 515; *Lembke* (2001), Rn. 187 f.
[131] *GMPM/Germelmann*, § 52 Rn. 26.
[132] *GMPM/Germelmann*, § 52 Rn. 26; *Müller-Glöge*, RdA 1999, 80 (84).
[133] Vgl. *Ponschab/Dendorfer*, BB Beilage 2 zu Heft 16/2001, 1 (2); *Dendorfer/Breiter*, BB Beilage 7 zu Heft 46/2002, 33 (35 und 37).
[134] So *Jansen* (2001), S. 155, zu den arbeitsrechtlichen Vorverfahren.
[135] *Falke/Höland/Rhode/Zimmermann* (1981), S. 433 ff.; vgl. *Budde* (2000), S. 514; auch Richter *Trossen* (2002), S. 471, spricht offen von der „Angst der Parteien im Gerichtssaal".
[136] *Falke/Gessner* (1982), S. 298 f., stellen den Zusammenhang zwischen Konflikt- und Bürgernähe her.
[137] Vgl. *W. Gottwald*, ZRP 1982, 28 (29); *Strempel* (2002), S. 120.
[138] *Falke/Gessner* (1982), S. 299.

higkeit für Konfliktkomplexität ist beim Vermitteln, Schlichten und Richten sehr unterschiedlich. Verallgemeinert lässt sich sagen, dass das richterliche Entscheidungsprogramm am wenigsten Komplexität verarbeiten kann. Insbesondere personenbezogene Konflikte erleiden demnach bei Richtern eine starke Reduktion ihrer Komplexität[139]. Dies wiederum führt bei nicht professionellen Parteien häufig zu der eben angesprochenen Sprachlosigkeit[140]. Bei solchen Konflikten ist eine Nähe zum Konflikt tendenziell vorteilhaft, wenngleich es durchaus auch Situationen gibt, in denen gerade der Abstand zum Konflikt Vorteile bereitet. Deshalb ist insoweit eine genaue Differenzierung abhängig vom konkreten Einzelfall angebracht. Generell aber ist es für eine gütliche Einigung vorteilhaft, wenn bei der Konfliktbehandlung Personen involviert sind, mit denen die streitenden Parteien auch sonst, d.h. außerhalb des Streitverfahrens, häufigen Kontakt haben[141].

Dahin gehende Beobachtungen können gerade in Auseinandersetzungen vor den Arbeitsgerichten gemacht werden. Konflikte am Arbeitsplatz als personen- bzw. rollenbezogene Konflikte sind hoch- bzw. zumindest mittelkomplex[142]. Vornehmlich in individualarbeitsrechtlichen Streitigkeiten ist immer wieder festzustellen, dass Arbeitnehmer die Behandlung ihres betrieblichen Konflikts außerhalb des sozial vertrauten Umfelds als unbefriedigend bzw. unangenehm empfinden[143]. Dies führt insbesondere bei Arbeitnehmern bisweilen zu nicht unerheblichen Darstellungs- und Verhaltensschwierigkeiten[144]. Dies mag zwar in Extremsituationen anders sein (etwa im Falle des Mobbing, da man endlich Gehör in einer leidigen Angelegenheit findet). Überwiegend aber passt das anonyme Gerichtsverfahren nicht zu den komplexen Beziehungen zwischen den Parteien im Betrieb. Auch hier wünscht man sich eine gewisse Konfliktnähe, die am ehesten durch eine betriebliche Konfliktbehandlung erreicht wird[145]. Dies gilt vor allem dann, wenn es einem Arbeitnehmer in einer Kündigungssache nicht darum geht, eine persönliche Genugtuung oder eine finanzielle Abfindung zu erhalten, sondern um eine Aufrechterhaltung bzw. Wiederherstellung des Arbeitsverhältnisses[146].

---

[139] Zum Ganzen *Falke/Gessner* (1982), S. 303; ohne nähere Erläuterung kritisch *M. Rehbinder* (2000), Rn. 157, demzufolge die Theorie der Konfliktnähe der Streitbehandlung ein gutes Stück Sozialromantik zu sein scheint.

[140] Vgl. *P. Gottwald*, ZZP 95 (1982), 245 (248), mit Blick auf die „Konfliktverschärfung", jedoch setzt sich ders., a.a.O. (256), insofern in einen gewissen Widerspruch, als er der oft betonten „Sprachbarriere" zwischen Parteien und Richtern im Zivilprozess keine große Bedeutung beimisst; siehe zur „Eskalation des Konflikts" noch unter B. I. 2. b. aa. (7).

[141] Vgl. schon *Zankl* (1972), S. 58; vgl. dazu bereits im einführenden Teil unter A. I. 1. b.

[142] Vgl. *Falke/Gessner* (1982), S. 300 und 303; *Raiser* (1999), S. 282.

[143] *Bünger/Moritz* (1983), S. 174, sprechen insoweit von „abstrakten Ängsten", die eine fern stehende Institution verursache.

[144] Vgl. bereits *Rottleuthner* (1978), S. 116.

[145] Vgl. *Hage/Heilmann*, AuA 2000, 26 (27).

[146] Vgl. *Raiser* (1999), S. 407.

(4) Unzureichende Berücksichtigung fachspezifischer Umstände: keine Sachnähe

Auch bei diesem Unterpunkt erlangt der Begriff der Konfliktnähe eine gewisse Bedeutung. In Bezug auf die unzureichende Berücksichtigung fachspezifischer Umstände bietet sich der Begriff der Sachnähe an[147].

Die eben beschriebene Konfliktbehandlung außerhalb des vertrauten sozialen Umfelds kann noch eine weitere, nachteilige Folge haben. Durch die fehlende Nähe zum Konflikt bzw. in der Sache können branchenspezifische Regeln oftmals nur bedingt berücksichtigt werden[148]. Folglich wird das bei den Gerichten bisweilen wenig spezialisierte Fachwissen in den für die Parteien wichtigen Sachbereichen bemängelt[149]. Gerade in Bereichen, in denen die gerichtliche Auseinandersetzung auf Sachverständige angewiesen ist, seien durch außergerichtliche Institutionen Verbesserungen zu erwarten[150]. Es dürfte außer Frage stehen, dass ein Vermittlungs- oder Schlichtungsgespräch, das von einer erfahrenen, vielleicht auch noch mit spezieller Sachkunde ausgestatteten Person geleitet wird, bessere Erfolgsaussichten bietet[151]. Ein anerkannter Vorteil außergerichtlicher Konfliktbehandlungen ist die häufig anzutreffende besondere Sachnähe der vermittelnden, schlichtenden oder auch schiedsrichtenden Person. Das kann sich etwa in der Weise auswirken, dass ein im gerichtlichen Verfahren notwendiges Sachverständigengutachten bei einer außergerichtlichen Konfliktregelung nicht erforderlich ist. Von daher ist das Element starker Laienbeteiligung und die dadurch erhoffte besondere Sachnähe des Vermittlers, Schlichters oder Schiedsrichters wünschenswert[152]. Im Rahmen der *Strukturanalyse der Rechtspflege* gelangte man ebenfalls zu der Erkenntnis, dass noch innerhalb des vorgerichtlichen Filterbereichs eine (erste) Schnittstelle existiert, die die Grenze zwischen primär sachlich fachlicher und primär rechtlicher Problem- und Konfliktbearbeitung markiert. Diese Schnittstelle zwischen inner- und außergerichtlicher Konfliktbearbeitung kann ferner zur Folge haben, dass sich die Entscheidungsgrundlage von der Realität entfernt[153].

Insoweit sind gerade im Arbeitsgerichtsverfahren Besonderheiten zu konstatieren. Es ist schon davon auszugehen, dass Arbeitsrichter, die der selbständigen Arbeitsgerichtsbarkeit entstammen, eine nicht unerhebliche Fachkompetenz aufweisen. Diese allgemeine Fachkompetenz wird nicht unwesentlich durch die Beteiligung ehrenamtlicher Richter unterstützt. Infolgedessen sind die eben gemachten Ausführungen in Be-

---

[147] *Prütting*, JZ 1985, 261 (268).

[148] So *de Wirth*, ZRP 1982, 188 (189).

[149] *Ritter*, NJW 2001, 3440 (3443).

[150] *Blankenburg*, ZRP 1992, 96 (99).

[151] So zutreffend *Greger*, JZ 2000, 842 (843).

[152] Zum Ganzen *Prütting*, JZ 1985, 261 (263 und 268); vgl. zur Akzeptanz der bestehenden alternativen Schlichtungsangebote noch unter B. II. 5. b.

[153] *Strempel/Rennig*, ZRP 1994, 144 (148).

zug auf arbeitsgerichtliche Verfahren etwas zu relativieren. Allerdings ist damit noch nicht zwingend gesagt, dass innerhalb arbeitsgerichtlicher Verfahren auch den *betrieblichen* Besonderheiten umfassend Rechnung getragen würde. Außerdem wird eine Vielzahl der Arbeitsgerichtsprozesse bereits im Gütetermin beendet, ohne dass ehrenamtliche Richter mitgewirkt haben.

(5) Berücksichtigung lediglich objektiver Entscheidungskriterien: Verrechtlichung

> Unser Klient hat das Recht, seine Probleme auch subjektiv zu sehen. Der Richter könnte und würde sie nur objektiv sehen. Der Anwalt muß also ebenfalls objektiv sehen, wenn er die richterliche Rechtsanwendung vorausberechnen will, aber er darf dies Objektive auch sehen durch das Temperament, das sich am Interesse seines Klienten an ihm entzündet hat.
>
> *Schackow*[154]

Diese Aussage, die der Rechtsanwalt und Notar *Schackow* auf dem Deutschen Anwaltstag in Bremen im Jahr 1976 bei seinem in der Folgezeit viel beachteten Festvortrag über „Die Kunst, Prozesse zu verhüten" tätigte, beschreibt an sich die verzwickte Lage, in der sich ein Anwalt innerhalb eines gerichtlichen Verfahrens befindet. Zugleich wird hierdurch die These aufgestellt, dass innerhalb eines Gerichtsverfahrens lediglich objektive Entscheidungskriterien berücksichtigt werden. Dies kann auch eine Konsequenz des Vorstehenden sein, nämlich der fehlenden Konfliktnähe bzw. unzureichenden Berücksichtigung fachspezifischer Umstände. Letztlich gelangt man damit zum Problem der sog. Verrechtlichung.

Durch die Konfliktnähe wird eher erreicht, dass die Konfliktregelung den subjektiven Vorstellungen der Parteien von einer gerechten Lösung entspricht und nicht lediglich das offizielle Entscheidungsprogramm reflektiert wird[155]. Gerichtsverfahren tendieren dazu, Lösungen zu suchen, die justiziabel sind. Aus diesem Grunde reduzieren sie den Streitstoff auf messbare, d.h. möglichst objektive Entscheidungskriterien, auf das „Schwarz-auf-weiß-Beweisbare" und das als Titel Vollstreckbare[156]. Das Ausgangsproblem muss auf die Sachverhaltsumstände reduziert werden, die für den Richter unter Rechtsnormen subsumierbar sind[157]. Durch die Klage wird der Konflikt der Parteien aus dem subjektiven Bereich herausgehoben. Er erhält eine professionelle, rationalisierte Gestalt. Der Konflikt wird objektiviert und letztlich verfremdet. Was vor Gericht verhandelt wird, hat mit dem, was private Parteien emotional gegeneinander auf-

---

[154] AnwBl 1976, 258 (264).
[155] *W. Gottwald*, ZRP 1982, 28 (29).
[156] *Blankenburg*, ZRP 1982, 6 (8).
[157] *W. Gottwald* (1981), S. 11, wobei dies für die Konfliktbehandlung schwerwiegende Konsequenzen habe; siehe auch *Jansen* (2001), S. 56, im Zusammenhang mit § 15a EGZPO.

bringen, daher oft wenig zu tun[158]. Das Urteil kann nur die durch das materielle Recht vorgegebene „Konfliktlösung" bekräftigen, auch wenn das materielle Recht an der Rechtswirklichkeit vorbeigeht, jedenfalls entspricht die Berücksichtigung lediglich objektiver Entscheidungskriterien zumeist nicht den subjektiven Gerechtigkeitsvorstellungen der Parteien[159]. Die im Rahmen der *Strukturanalyse der Rechtspflege* gefundenen Ergebnisse haben ebenfalls gezeigt, dass die Weichenstellung in Richtung einer Inanspruchnahme der Gerichte oft in einem frühen Stadium der Konfliktbearbeitung erfolgt, nämlich dann, wenn ein Konflikt nicht mehr als soziale Auseinandersetzung, sondern als Rechtsproblem definiert wird und Beratung daher nicht mehr primär unter sachlichen, sondern primär rechtlichen Gesichtspunkten nachgefragt und erteilt wird[160]. Schließlich treten Übergänge von einer sachlich-fachlichen zu einer rechtlichen Konfliktbearbeitung wesentlich häufiger auf als Übergänge in umgekehrter Richtung[161]. Dies liegt maßgeblich daran, dass der Richter normativen Aspekten notgedrungen eher Nachdruck verleiht und damit die Fronten verhärtet, welche der Vermittler gerade auflockern will[162]. Jedenfalls befindet sich der Richter in einem Rollenkonflikt zwischen der korrekten Erfüllung richterlicher Pflichten und der für die Parteien voll befriedigenden Erfüllung der Vermittlerrolle, der letztlich zugunsten der richterlichen Pflichten ausfallen muss[163].

Die vorstehende Problematik lässt sich am arbeitsgerichtlichen Verfahren besonders eindrucksvoll verdeutlichen. Zwar ist dort der Grad der Verrechtlichung nicht so hoch wie im Zivilprozess, aber immer noch hoch genug, um von einer „starken Verrechtlichung der Arbeitskonflikte" zu sprechen[164]. Dabei ist eine solche Verrechtlichung an sich eher unwahrscheinlich, wenn die Sozialbeziehung auf Dauer angelegt ist – es sei denn, es geht um Folgeprobleme ihrer Auflösung. Gerade diese Situation findet sich in arbeitsrechtlichen Streitigkeiten häufig wieder. Konflikte am Arbeitsplatz werden des Öfteren erst dann thematisiert, wenn die Auflösung des Arbeitsverhältnisses auf dem

---

[158] *P. Gottwald*, ZZP 95 (1982), 245 (248), der den Rechtsstreit als „Metakonflikt" beschreibt; vgl. *Freund*, DRiZ 1981, 221 (223 f.), zum Metakonflikt; vgl. auch *Falke/Gessner* (1982), S. 293 f.: selektive Realitätsverarbeitung sowie Unterdrückung der Emotionalität und der Partizipationschancen.

[159] *P. Gottwald*, ZZP 95 (1982), S. 245 (254); ähnlich *W. Gottwald*, ZRP 1982, 28 (29), wonach es fraglich erscheine, ob bzw. inwieweit Gerechtigkeit und Fairness in förmliche Verfahren einfließen könnten; *Ponschab*, AnwBl 2001, 591 (592), meint sogar, dass die juristische Methode von der falschen Annahme ausgehe, es gebe neben der subjektiven Wirklichkeit der Parteien eine objektive Wirklichkeit, die das Gericht erkennen könne.

[160] *Leutheusser-Schnarrenberger*, NJW 1995, 2441 (2445); auch *Falke/Gessner* (1980), S. 303, sprechen sich für die Teilnahme eines Dritten in einer frühen Phase der Auseinandersetzung aus.

[161] *Strempel/Rennig*, ZRP 1994, 144 (148).

[162] Siehe zur „Eskalation des Konflikts" noch unter B. I. 2. b. aa. (7).

[163] Vgl. schon *Stürner*, DRiZ 1976, 202 (205); vgl. auch *Röhl* (1987), S. 516, der im Zusammenhang mit Alternativen zur Justiz von einer Bindung des Richters an das materielle Recht spricht: Formulierung der Anwendung bestimmter Normen auf den Streitfall; siehe zur richterlichen Schlichtungsfunktion noch im besonderen Teil unter C. III. 5. a.

[164] So *Blankenburg/Schönholz/Rogowski* (1979), S. 172; vgl. *Rottleuthner* (1980), S. 276.

Spiel steht. Folgerichtig gelangen überwiegend Kündigungs- bzw. Bestandsstreitigkeiten vor die Arbeitsgerichte[165]. Die Verrechtlichung bzw. Versachlichung des Konflikts vor Gericht blendet die emotionalen Aspekte der interpersonalen Streitigkeit nahezu völlig aus, obwohl gerade diese für die Parteien selbst bedeutsamer als die mit der Klage verfolgten Ziele sind. Die Sozialbeziehung wird auf eine mehr formalisierte Ebene verschoben, was für viele Arbeitsbeziehungen zugleich ihr Ende bedeutet[166]. Vielmehr noch: Ein Anspruch auf hoheitliche Anordnung oder Fortsetzung von laufenden und relativ engen Sozialbeziehungen stellt zumeist unrealistisch hohe Ansprüche an das Recht, denn die Beachtung informeller, gegenseitiger Erwartungen ist in solchen Beziehungen wichtiger als die von formellen Normen[167]. Demgegenüber ist es vorzuziehen, wenn eine Verrechtlichung durch den Einsatz inner- oder außerbetrieblicher, jedenfalls aber außergerichtlicher und damit informeller Konfliktregelungsstellen weitgehend vermieden wird[168]. Elemente der Entrechtlichung in Verfahren vor den Arbeitsgerichten kommen nur insoweit zum tragen, als die Folgen der Rechtsentscheidung berücksichtigt werden und die gütliche Beilegung des Rechtsstreits durch einen Vergleichsabschluss angestrebt wird[169]. Die Verrechtlichung lässt sich auch durch die bloße Beteiligung ehrenamtlicher Richter, die laienhafte bzw. nichtprofessionelle und damit nichtformalisierte Elemente verkörpern, letztlich nicht vermeiden; das soeben zur Nichtberücksichtigung fachspezifischer Umstände Gesagte gilt auch insoweit.

---

[165] Siehe *Blankenburg* (1980), S. 85 f.; *Rottleuthner* (1980), S. 270 f; vgl. *Frommel*, ZRP 1983, 31 (33), derzufolge die Existenzwichtigkeit für die Frage der Verrechtlichung ambivalent sei; vgl. auch *Blankenburg/Schönholz/Rogowski* (1979), S. 50 ff. und 138 f.

[166] *Blankenburg* (1980), S. 85 f.; vgl. *W. Gottwald* (1981), S. 14 und 17: In Sozialbeziehungen sei die Thematisierung von Recht Tabu, Recht komme regelmäßig erst ins Spiel, wenn die Beziehung „schon unheilbar zerstört" bzw. „zerrüttet" sei, es diene dann nur noch der „Entflechtung" der sozialen Beziehung und „(gebe) ihr den Rest"; *Schönholz* (1982), S. 166: Die informelle Beziehung in Arbeitsverhältnissen werde durch die Austragung eines Prozesses noch mehr belastet; *Röhl* (1987), S. 489: Dauerbeziehungen seien zumeist schon vor Beginn des Prozesses ruiniert oder sie fänden spätestens durch die Klage ein Ende; aus neuerer Zeit *Raiser* (1999), S. 396 f.; *Jansen* (2001), S. 56 f.

[167] *Schönholz* (1982), S. 166, für den der im KSchG postulierte Anspruch auf Erzwingung der Fortsetzung von Arbeitsverhältnissen illusorisch sei.

[168] Vgl. *Blankenburg* (1980), S. 86 f., demzufolge zwar allein schon die Hinzuziehung eines Dritten dem Konflikt eine objektiviertere Qualität verleihe, beim Richter aber mehr noch als beim Vermittler.

[169] Dazu *Blankenburg/Schönholz/Rogowski* (1979), S. 172 ff.

(6)   Kommunikationsdefizite zwischen den Parteien infolge richterlicher Verhandlungsführung

> Richter üben in der Verhandlung nicht nur durch die Nutzung der strukturellen Steuerungschancen Macht aus, sondern auch darüber, daß sie Ausführungen anderer Verfahrensbeteiligter verhindern oder begrenzen (vielleicht um das Bild, das sie sich von dem Fall gemacht haben, unversehrt durch die Verhandlung zu bringen), Kritik an deren Verhalten über und/oder Suggestivfragen oder solche Fragen stellen, die mit ja oder nein zu beantworten sind (geschlossene Fragen). Das Abfragen und die Neigung, selbst viel zu reden, aber die anderen nicht oder wenig zu Wort kommen zu lassen, hält die Partizipationschancen der Verfahrensbeteiligten gering und den Informationsertrag der Verhandlung niedrig. Degradierende Äußerungen entmutigen. Kommen eine bis zur Unnahbarkeit gesteigerte Distanziertheit, Rigidität und Vorentschiedenheit hinzu, so kann man – zugespitzt – vom monologisierenden Richter sprechen, für den das Prozeßgeschehen ein richterlicher Befriedungsakt, die Verhandlung eine Bühne ist, um sich in Szene zu setzen.
>
> *R. Wassermann*[170]

Diese kritische Aussage stammt immerhin von einem ehemaligen Präsidenten eines Oberlandesgerichts. Sie mag etwas überzogen erscheinen, gleichwohl ist ihr eindrucksvoll zu entnehmen, dass innerhalb eines Gerichtsverfahrens allein der Richter im Mittelpunkt steht. Bereits im Zuge der Alternativdiskussion zu Beginn der 80er Jahre war von einer „situativen, strategischen Dominanz des Richters in der gerichtlichen Kommunikation" die Rede[171]. Auch in jüngerer Zeit wird die mangelnde Kommunikation der Parteien beklagt. Diese dienten lediglich als „rein passive Informationslieferanten", die sich nur in dem Maße äußerten, in dem es die professionellen Verfahrensbeteiligten, nämlich die Anwälte und Richter, zuließen. Sofern die Parteien überhaupt anwesend seien, werde jede Unterbrechung der eingespielten Verfahrensroutine als störend empfunden. Auf diese Weise komme es zwischen den Parteien kaum zu einer klärenden Kommunikation, sondern die Fronten würden sich eher noch verhärten[172]. An diesem Befund wird sich auch durch die jüngste Reform des Zivilprozesses nichts ändern, vielmehr steht zu befürchten, dass das Verfahren nach der neuen ZPO angesichts der modifizierten Hinweispflichten wesentlich mehr auf den Richter konzentriert ist[173]. Dies ist insofern zu bedauern, als eine Verbesserung von Kooperation und Kommunikation durch eine stärkere Einbeziehung der Parteien in den Prozess

---

[170] RuP 1998, 74 (75 f.).
[171] So *Rogowski* (1982), S. 171.
[172] Zum Ganzen *Jansen* (2001), S. 57; vgl. bereits *W. Gottwald* (1981), S. 15.
[173] Vgl. *Doms*, NJW 2002, 777 (778), der von einer „Eskalation eines Gerichtsverfahrens" spricht; siehe zur „Eskalation des Konflikts" sogleich unter B. I. 2. b. aa. (7).

zwar vorgeschlagen[174], dieser Vorschlag aber vom Gesetzgeber letztlich nicht aufgegriffen wurde.

In arbeitsgerichtlichen Verfahren lassen sich entsprechende Beobachtungen machen. Arbeitsrichter machen von ihrem Recht zur Verhandlungsführung reichlich Gebrauch. Sie unterbinden bisweilen den Vortrag der Parteien und wenden sich nur noch an deren anwaltlichen Vertreter, wenngleich sie überwiegend bemüht sind, Parteien ausreden zu lassen und diese über Dinge sprechen zu lassen, die nicht unmittelbar prozessrelevant sind[175]. Die Dominanz des Richters innerhalb arbeitsgerichtlicher Verfahren lässt sich bereits daraus ersehen, dass die Verhandlung oftmals mit der Einführung des Richters in den Sach- und Streitstand beginnt. Deutlicher als mit einem solchen Monolog zu Beginn der Verhandlung kann die Dominanz des Richters nicht demonstriert werden[176]. Zwar ist die diesen Monolog rechtfertigende Vorschrift des § 278 Abs. 1 ZPO a.F. durch die jüngste Zivilprozessreform ersatzlos gestrichen worden, in der Praxis macht sich dies aber bisher noch nicht bemerkbar. Überdies geht insbesondere in Verfahren vor den Arbeitsgerichten der Dialog zwischen Richter und Rechtsanwälten des Öfteren über die Parteien hinweg. Beobachtungen haben ergeben, dass Arbeitsrichter überdurchschnittlich häufig reden und die Güte-, zumindest aber die Kammerverhandlung ganz in der Hand der professionellen Teilnehmer ist[177]. In jedem Fall liegt die Aktivität des Arbeitsrichters weit über der Aktivität anderer Teilnehmer[178].

(7) Eskalation des Konflikts

Fehlende Konfliktnähe, Verrechtlichung und Kommunikationsdefizite münden in einen weiteren Aspekt, und zwar in eine Verschärfung bzw. Eskalation des Konflikts[179]. Dies bedeutet, dass die Behandlung eines Konflikts allein dadurch erschwert wird, dass dieser vor Gericht ausgetragen wird.

Schon früh hat *Ihering* in seiner noch heute viel beachteten Monographie „Der Kampf um's Recht" darauf hingewiesen, dass Ziel des Rechts der Friede sei, das Mittel dazu der Kampf, der Zivilprozess mithin geregelter und legaler Kampf der Parteien um ein streitiges Privatrecht[180]. Wer aber kämpfen will, rüstet zumindest psychologisch auf. Dies erklärt, dass das Drohen mit einer Klage und die Klage selbst den Konflikt nicht löst, sondern notgedrungen verschärft. Die Klage ist formelles Streitprogramm und

[174] *Greger*, JZ 2000, 842 (846 f.).
[175] Dazu bereits *Rottleuthner* (1978), S. 114 und 124 f.; siehe auch *Budde* (2000), S. 515.
[176] So schon *Blankenburg/Schönholz/Rogowski* (1979), S. 152 ff., unter Berufung auf die Vorschrift des § 278 Abs. 1 ZPO a.F.
[177] Weiterführend *Grüner* (1984), S. 169 ff., mit Verweis auf die Vorschriften der §§ 136, 139 ZPO unter dem Gesichtspunkt der „Bildung professioneller Cliquen".
[178] So schon *Schönholz* (1984b), S. 269.
[179] *Blankenburg*, ZRP 1982, 6 (8).
[180] (1877), S. 1 und 14; vgl. BVerfGE76, 171 (192).

führt zu einer Streitbefestigung, der im römischen Recht so bezeichneten „litis contestatio". Auch diese durch die Einleitung eines gerichtlichen Verfahrens hervorgerufene Konfliktverschärfung führt insbesondere bei nicht professionellen Parteien häufig zu der bereits oben angesprochenen Sprachlosigkeit. Sobald die Sache gerichtsmäßig wird, endet der Dialog zwischen den Parteien. Werden die Parteien zur Verhandlung geladen, so würdigen sie sich häufig keines Blicks und stehen nur dem Gericht Rede und Antwort. Dies ist nicht weiter verwunderlich. Denn sie führen den Prozess als letzte Möglichkeit der Streitbewältigung, nachdem eine außergerichtliche Einigung gescheitert ist. Darüber hinaus kann die Rationalisierung des Konflikts durch das prozessuale Streitprogramm neue Emotionen verletzen. Der Konflikt kann sich aufschaukeln[181]. Vor diesem Hintergrund führen gerichtliche Auseinandersetzungen zu einer Verhärtung der Fronten, erschweren eine gütliche Beilegung des Streitfalls oder schließen eine solche sogar aus. Für diese These spricht nicht zuletzt die hohe Zahl der in den Vorverfahren erzielten endgültigen Streitbeilegungen[182]. Schließlich legen sowohl Konzeption als auch Sprachgebrauch der ZPO die Vorstellung von einem Zweikampf nahe: Wie dort treten zwei „Parteien" gegeneinander an und tragen einen „Rechtsstreit" aus, haben möglicherweise „Streitgenossen" oder können anderen „den Streit verkünden", machen „Angriffs- und Verteidigungsmittel" gegeneinander geltend, bis endlich der eine „obsiegt" und der andere „unterliegt"[183]. Eine solche Polarisierungswirkung kann letztlich einen erheblichen Verschleiß an Zeit, Arbeitskraft, Nerven, gravierende Einbußen an Lebensqualität sowie nachhaltige Störungen menschlicher und sozialer Beziehungen verursachen[184]. Freilich sollten die eben dargestellten kämpferischen Elemente durch die jüngste Zivilprozessreform abgeschwächt werden, sie sind aber im Grundsatz nach wie vor vorhanden, wie noch an einigen Stellen aufzuzeigen sein wird.

Es gibt allerdings auch Stimmen, die annehmen, die Vergleichsbereitschaft der Parteien werde erst durch die Klage geweckt[185]. Unter Verweis auf die hohe Erledigungsquote durch Versäumnis- oder Anerkenntnisurteil sowie zahlreiche Klagerücknahmen ist insoweit von einer „willkommenen Eskalierungsmöglichkeit" die Rede[186]. Zwar sei das Vorverfahren bzw. der Beginn des Rechtsstreits ein eher weniger günstiger Zeit-

---

[181] Zum Ganzen *P. Gottwald*, ZZP 95 (1982), 245 (248 f.), unter dem Abschnitt „Konfliktverschärfung durch Klage"; ähnlich *Hegenbarth* (1980), S. 64, demzufolge die Einreichung einer Klage als Versuch der Kriminalisierung gelte, der den Konflikt zum Kampf mit allen Mitteln eskaliere; aus neuerer Zeit auch *Katzenmeier*, ZZP 115 (2002), 51 (63 ff.).

[182] So *Preibisch* (1982), S. 295, unter dem Abschnitt „Die Belastung der Parteibeziehungen durch gerichtliche Verfahren".

[183] So *Greger*, JZ 1997, 1077, ähnlich zu dem der ZPO zugrunde liegenden Kampfmodell *Strempel*, ZRP 1998, 319.

[184] So wiederum *Greger*, JZ 1997, 1077 (1079); vgl. *Ritter*, NJW 2001, 3440 (3443), der von einer „nach dem Konfrontationsschema angelegte bipolare Konstellation der Parteien" spricht.

[185] *Stürner*, JR 1979, 133 (137).

[186] *Falke/Gessner* (1982), S. 305.

punkt für eine friedliche Streitbeilegung, sehr wohl aber sei dies in einem späteren Stadium des gerichtlichen Verfahrens der Fall, wenn nämlich die Parteien durch richterliche Hinweise und ggf. Beweisaufnahmen ihre Prozesschancen und Risiken klar erkennen könnten[187]. Dies gilt jedoch nur, wenn das Verfahren bereits bei Gericht anhängig ist[188]. Unter dem Gesichtspunkt einer optimalen Konfliktbehandlung setzen Vergleichsbemühungen während des Gerichtsverfahrens viel zu spät ein[189]. Davon abgesehen ist der „Missbrauch" des Prozesses als Mittel zum Vergleichsabschluss nicht förderlich. Außerdem lässt sich dagegen einwenden, dass es zwar Fälle gibt, in denen es nicht gelingt, einen angestrebten Vergleich außerprozessual zustande zu bringen, etwa weil der Gegner sich einem Vergleichsgespräch nicht stellt oder weil er Prozessdrohungen nicht ernst nimmt, so dass in solchen Fällen ein Rechtsstreit den Vergleichsabschluss durchaus fördern kann; dabei handelt es sich aber eher um Ausnahmefälle[190]. Der Regelfall ist vielmehr der, dass die Konflikte, die schließlich zu den Gerichten gelangen, den „harten Kern" darstellen, also die letztmögliche Form der Streiterledigung, die in anderen Formen der Konfliktregelung, etwa vorprozessualen Verhandlungen, nicht beigelegt werden konnten[191]. Dies hängt letztlich auch mit der Frage der Eignung bzw. Nichteignung bestimmter Konflikte für gerichtliche Verfahren zusammen[192].

Für das arbeitsgerichtliche Verfahren gilt im Grundsatz nichts anderes[193]. Auf der einen Seite ist nicht zu verkennen, dass gerade das Arbeitsgerichtsverfahren den Gütegedanken traditionell hoch hält[194]. Auf der anderen Seite bedeutet es insbesondere in fortlaufenden Sozialbeziehungen in der Regel eine Eskalation des Konflikts und eine schwere Belastung für die zukünftige Fortsetzung von Beziehungen, wenn man Auseinandersetzungen auf die Ebene eines Rechtsstreits bringt. Wie schon oben im Kontext mit der Verrechtlichung gezeigt, gilt dies vor allem für arbeitsrechtlichen Auseinandersetzungen und ergibt sich daraus, dass solche erst vor Gericht gebracht werden, wenn die Sozialbeziehung schon abgebrochen ist und das Gerichtsverfahren lediglich

---

[187] *Prütting* (1998), O 30; *Stadler*, NJW 1998, 2479 (2482).
[188] Vgl. dazu auch noch im Zusammenhang mit der Rechtsbindung innerhalb gerichtlicher Verfahren im besonderen Teil unter C. III. 5. a. aa.
[189] So treffend *AK-ZPO/Röhl*, § 279 Rn. 3, unter Berufung auf das Problem der Verrechtlichung; vgl. *Breidenbach* (1995), S. 307 f., unter Berufung auf das „Alles-oder-Nichts-Prinzip"; siehe dazu bereits unter B. I. 2. b. aa. (5) bzw. noch unter B. I. 2. b. bb. (1).
[190] In diesem Sinne auch *Zankl* (1972), S. 64.
[191] So zu Recht schon *W. Gottwald* (1981), S. 64; *P. Gottwald*, ZZP 95 (1982), 245 (255).
[192] Siehe dazu noch unter B. I. 2. c.
[193] Vgl. *Henkel*, NZA 2000, 929; *Ponschab/Dendorfer*, BB Beilage 2 zu Heft 16/2001, 1 (2 f.).
[194] Exemplarisch *Greger*, JZ 1997, 1077 (1078), demzufolge für arbeitsrechtliche Streitigkeiten Gewerbe- und Kaufmannsgerichte geschaffen wurden, die unter sachkundiger Leitung ein mehr an Schlichtungs- als am Kampfesgedanken ausgerichtetes Verfahren praktizierten und Konflikte des Arbeitslebens innerhalb weniger Tage oder Wochen bereinigten; siehe zu den gütlichen Elementen des arbeitsgerichtlichen Verfahrens noch im besonderen Teil unter C. III. 5. b. bb.

der Regelung der Form und Folgen dieses Abbruchs dient[195]. Empirische Untersuchungen unterstützen diese Sichtweise. Denn auch aus Sicht der Arbeitnehmer scheint eine Klage vor dem Arbeitsgericht den Konflikt dergestalt zu verhärten, dass nur noch eine Trennung vom Arbeitgeber vorstellbar ist; dafür spricht, dass der Anteil der nichtklagenden Arbeitnehmer, die eine Rückkehr in den Betrieb anstreben, fast doppelt so hoch ist wie der der klagenden Arbeitnehmer[196].

(8) Streitgegenständliche Beschränkung des Konflikts

Ausgangspunkt der folgenden Überlegungen ist der prozessuale zweigliedrige Streitgegenstandsbegriff. Nach der prozessrechtlichen Auffassung ist Gegenstand des Rechtsstreits ein prozessualer Anspruch, der durch das allgemeine Rechtsschutzziel und die erstrebte konkrete Rechtsfolge bestimmt wird, wie sie sich aus dem Klageantrag ergeben, sowie durch den Lebenssachverhalt (Klagegrund), aus dem der Kläger die begehrte Rechtsfolge herleitet[197]. Abgesehen vom sog. punktuellen Streitgegenstandsbegriff im Kündigungsschutzprozess ergeben sich hierbei keine Besonderheiten für das arbeitsgerichtliche Verfahren[198].

Der Streitgegenstand bildet jedoch oft nicht das eigentliche Konfliktthema. Was vor Gericht verhandelt wird, hat in vielen Fällen nur noch sehr entfernt Ähnlichkeit mit dem, was die Parteien bewegt. Dies ist insbesondere für interpersonelle Konflikte von Bedeutung. Sie haben zumeist eine lange, zuweilen jahrelange Geschichte. Der Konflikt wird auf einer anderen Ebene als auf der bisherigen ausgehandelt. Auch dadurch besteht die Gefahr, dass der Konflikt noch weiter aufgeschaukelt und die Beziehung völlig zerstört wird, was wiederum in die eben beschriebene Eskalation des Konflikts vor Gericht mündet[199]. Demgegenüber besteht bei der außergerichtlichen Konfliktbehandlung die Möglichkeit, den Konflikt über den engeren gerichtlichen Streitgegenstand hinaus zu bearbeiten und dabei auch Probleme auf Ebenen einzubeziehen, die bei einer rein gerichtsförmigen Betrachtung weitgehend außer Ansatz bleiben müssen. Exemplarisch genannt seien in diesem Zusammenhang etwa die mit einem Streit verbundenen emotionalen Verletzungen[200]. Es geht hier allerdings nicht allein um die Berücksichtigung von emotionalen Aspekten bzw. noch nicht rechtsrelevanten Sachverhalten, vielmehr kann durch alternative Konfliktbehandlungen eine größere Flexibilität

---

[195] *Blankenburg* (1982), S. 33; auch *Bünger/Moritz* (1983), S. 173, nehmen an, dass das förmliche Arbeitsgerichtsverfahren den Konflikt zu sehr zu eskalieren scheint; siehe zur Verrechtlichung bereits unter B. I. 2. b. aa. (5).

[196] In diesem Sinne *Lewerenz/Moritz* (1983), S. 75.

[197] Siehe etwa *BGH*, NJW, 2001, 3713; NJW 2002, 1503; siehe auch *TP/Reichold*, Einl II Rn. 1 ff.

[198] Vgl. *GMPM/Prütting*, Einleitung Rn. 150.

[199] Zum Ganzen *W. Gottwald* (1981), S. 12 f., unter dem Gesichtspunkt der „Komplexitätsreduktion"; vgl. *Dendorfer*, DB 2003, 135 (136).

[200] Zu dem in diesem Kontext entwickelten „Streitbehandlungsgegenstand" *Breidenbach* (1995), S. 36 ff.; siehe auch *Heitmann*, DRiZ 1998, 124 (125); *Hoffmann-Riem*, JZ 1999, 421 (425); siehe schließlich bereits unter B. I. 2. b. aa. (5) zur Verrechtlichung.

bei der Auswahl der Lösungen durch Vergrößerung des Ermessens- bzw. Verhandlungsspielraums erreicht werden[201].

Insbesondere in arbeitsrechtlichen Streitigkeiten ist des Öfteren zu beobachten, dass noch eine Reihe anderer betrieblicher Probleme offen zu Tage treten, die an sich nicht Gegenstand des Verfahrens sind. Demnach entspricht auch in Arbeitsgerichtsverfahren häufig das, worüber tatsächlich im Prozess gestritten wird, nicht dem offiziellen Streitgegenstand[202]. Hier besteht das Bedürfnis, auch nicht rechtshängige Konflikte einer sachgerechten Behandlung zu unterziehen, ohne gleich den formalisierten Weg einer Klageerweiterung gehen zu müssen. Zudem wünschen sich die Betroffenen bisweilen, dass auch nicht rechtsrelevante Sachverhalte zur Sprache gebracht werden können[203]. Wenn § 54 Abs. 1 Satz 2 ArbGG bestimmt, dass der Richter zum Zwecke der arbeitsgerichtlichen Güteverhandlung das „gesamte Streitverhältnis" mit den Parteien zu erörtern hat, ist damit letztlich nichts anderes gemeint als der gerichtshängige Streitgegenstand[204]. Immerhin kann der Richter dies „unter freier Würdigung aller Umstände" tun und dabei auch wirtschaftliche, soziale und sonstige Erwägungen sowie Billigkeitserwägungen ansprechen[205]. Jedenfalls auf Initiative der Parteien sollen hier auch über den Streitgegenstand hinaus gehende Gesichtspunkte zur Sprache kommen können[206]. Vor allem wenn es um die Auflösung von Arbeitsverhältnissen geht, werden weitere Themen in den Prozess miteinbezogen, beispielsweise nehmen ökonomische Aspekte einen großen Einfluss auf Vergleichsverhandlungen[207]. Darauf wird im besonderen Teil noch näher zurückzukommen sein, wenn es um die richterliche Schlichtungsfunktion[208] und die kritische Würdigung arbeitsgerichtlicher Verhandlungen[209] geht.

(9) **Vergangenheitsbewältigung statt zukunftsorientierter Sichtweise und die damit verbundene Auflösung von Sozialbeziehungen**

> Die juristische Methode blickt in die Vergangenheit.
>
> *Ponschab*[210]

---

[201] Vgl. *Röhl* (1987), S. 516.

[202] So schon *Rottleuthner* (1978), S. 116.

[203] Vgl. *Ponschab/Dendorfer*, AnwBl 2000, 650 (651); dies., BB Beilage 2 zu Heft 16/2001, 1 (4).

[204] Vgl. *GMPM*, § 54 Rn. 20.

[205] *GMPM*, § 54 Rn. 20; vgl. *Ponschab/Dendorfer*, BB Beilage 2 zu Heft 16/2001, 1 (2).

[206] Vgl. *Grunsky*, § 54 Rn. 9; siehe auch *Kramer* (1999), S. 172 ff.; kritisch aber *van Venrooy*, ZfA 1984, 337 (357 ff.).

[207] Ausführlich zur „Überlagerung von Themenbereichen" und „Selektion von Themen" bereits *Blankenburg/Schönholz/Rogowski* (1979), S. 164 ff.

[208] Siehe dazu noch unter C. III. 5. a.

[209] Siehe dazu noch unter C. III. 5. b.

[210] AnwBl 2001, 591 (593).

Hier handelt es sich um einen Aspekt, der seinen Ursprung innerhalb der richterlichen Entscheidungsfindung hat und daher schon an dieser Stelle zu besprechen ist. Zugleich hat die vergangenheitsorientierte Sichtweise Auswirkungen auf die richterliche Streitentscheidung sowie auf die Nachentscheidungsphase, wie sich noch zeigen wird.

Im Gerichtsverfahren bildet das vergangene (streitgegenständliche) Geschehen den Ausgangspunkt für die Betrachtung. Die gerichtliche Form der Konfliktbehandlung ist strukturbedingt vergangenheitsorientiert[211]. Der Interessengegensatz zwischen den Parteien wird als Meinungsverschiedenheit über bestimmte Tatsachen in der Vergangenheit formuliert. Relevant für die Entscheidung ist ein enger Ausschnitt aus der Vergangenheit, der durch die Normen vorgezeichnet ist. Für die Parteien führt dies auf der einen Seite zu der Beschränkung, dass sie nicht in der Lage sind, die Vergangenheit zu ignorieren, obwohl die Ereignisse für sie inzwischen womöglich unwichtig geworden sind oder sie das Vergangene in der Hoffnung auf zukünftige Beziehungen nicht weiter ansprechen wollen. Dies mag für sich genommen nicht weiter zu beanstanden sein, da eine völlige Ausblendung vergangener Geschehnisse ebenso wenig zu einer sachgerechten Konfliktbehandlung beiträgt[212]. Auf der anderen Seite stellt sich aber das Problem, dass durch eine reine Vergangenheitsbewältigung, wie sie der Richter regelmäßig vorzunehmen hat, die in die Zukunft gerichteten Bedürfnisse und Wünsche der Parteien in den Hintergrund treten. Für eine Wiederaufnahme oder Fortsetzung von sozialen Beziehungen ist dieser Entscheidungsprozess eher schädlich als förderlich, da mit der Feststellung von Rechtsverstößen das Trennende zementiert wird, ohne Perspektiven, sprich Optionen oder Alternativen, für die Zukunft zu liefern. Insbesondere bei Konflikten innerhalb enger persönlicher Beziehungen ist das Urteil strukturell wenig geeignet, zur Erhaltung dieser Beziehungen beizutragen. Umso notwendiger sind in auf Dauer angelegten Sozialbeziehungen, bei denen beide Parteien an sich aufeinander angewiesen sein sollten, Formen friedensstiftender, zukunftsorientierter und vor allem „koexistenzieller" Regelungen[213]. Der einzelne Rechtsstreit ist somit oft nur Symptom, in Wirklichkeit steht der zukunftsgestaltende Ausgleich zwischen den Parteien in Frage[214]. Dagegen dient die Abkoppelung vom strikten Recht zugunsten flexiblerer Lösungswege außerhalb von Gerichtsentscheidungen nicht der reinen Vergangenheitsbewältigung, sondern einer zukunftsorientierten Konfliktbereinigung[215]. Insbesondere in kleineren Gemeinschaften, wo jeder auf den anderen ange-

---

[211] Ähnlich *Dendorfer*, DB 2003, 135, derzufolge es systemnotwendig sei, dass nur die Fehler der Vergangenheit betrachtet würden.

[212] Dem entspricht die Kritik, dass bei Vergleichsverhandlungen selten die Konfliktgeschichte, sondern eher die Folgeprobleme aufgearbeitet würden, vgl. *Rogowski* (1982), S. 179.

[213] Zum Ganzen *W. Gottwald* (1981), S. 16 f., unter dem Aspekt der „Retrospektivität"; siehe auch ders., ZRP 1982, 28 (29); *de Wirth*, ZRP 1982, 188 (190); *Hegenbarth* (1982), S. 48; *Falke/Gessner* (1982), S. 294; *Röhl* (1987), S. 516; *Risse*, BB Beilage 9 zu Heft 27/1999, 1 (2); *Ponschab/Dendorfer*, AnwBl 2000, 650 (651); *Ritter*, NJW 2001, 3440 (3443); *Katzenmeier*, ZZP 115 (2002), 51 (63).

[214] So schon *Stürner*, DRiZ 1976, 202 (204).

[215] *Prütting*, JZ 1985, 261 (262).

wiesen ist und nicht ausweichen kann, ermöglicht die gütliche Einigung den streitenden Parteien das weitere Zusammenleben[216].

Dieser Punkt hat wiederum für Arbeitskonflikte, also für Konflikte innerhalb einer auf Dauer angelegten Sozialbeziehung, eine erhebliche Bedeutung. Wie bereits erwähnt, begegnet man in arbeitsrechtlichen Auseinandersetzungen überwiegend Kündigungs- bzw. Bestandsstreitigkeiten; eine Vielzahl von Prozessen vor den Arbeitsgerichten dreht sich um die Auflösung von Arbeitsverhältnissen[217]. Zwar ist in den letzten Jahren die sog. Zukunftsprognose als allgemeines Prinzip des Kündigungsrechts zunehmend ins Blickfeld geraten.[218] Dies hat aber nichts an dem praktischen Befund geändert, dass es vor allem bei Kündigungsklagen nicht darum geht, das weitere Miteinander zu regeln, sondern die Trennung der Parteien in milderen als den vorgesehen Formen zu besiegeln[219]. Die Vergangenheit wird lediglich insofern aufbereitet, als es nötig ist, um die Auflösung des Arbeitsverhältnisses festzustellen. Zudem erfolgt eine zukunftsorientierte Sichtweise nur insoweit, als Folgeprobleme dieser Auflösung in Erwägung gezogen werden[220]. Die Fortsetzung des Arbeitsverhältnisses wird selbst bei Vergleichsverhandlungen nicht diskutiert[221]. Das Prozedere bei Vergleichs- bzw. Güteverhandlungen vor den Arbeitsgerichten wird noch im besonderen Teil näher zu betrachten sein[222].

bb. Die richterliche Streitentscheidung

Die richterliche Streitentscheidung bildet den Höhepunkt der gerichtlichen Tätigkeit. Es würde wohl zu weit gehen, wenn man allein schon die Tatsache als nachteilig ansehen würde, dass ein Richter den Streit entscheiden muss[223]. Dies ist auch nicht zwingend der Fall, denn es besteht die Möglichkeit, den Rechtsstreit durch einen gerichtlichen Vergleich gütlich zu beenden. Durch einen solchen Vergleich lassen sich zumindest die nachfolgenden Grenzen gerichtlicher Konfliktbehandlung in gewissem Umfang aus dem Weg räumen[224]. Zugleich kann freilich auch im Rahmen von Vergleichsverhandlungen eine Verrechtlichung durch die Einbeziehung außerrechtlicher

---

[216] Vgl. *Wesel*, NJW 2002, 415.

[217] Siehe dazu bereits im Zusammenhang mit der Verrechtlichung unter B. I. 2. b. aa. (5).

[218] Dazu etwa *MünchHdbArbR/Berkowsky*, § 134 Rn. 66 ff.

[219] So schon *P. Gottwald*, ZZP 95 (1982), S. 245 (257); vgl. jüngst *Notter*, DB 2004, 874.

[220] Dazu bereits *Blankenburg/Schönholz/Rogowski* (1979), S. 165; *Rogowski* (1982), S. 179.

[221] *Lewerenz/Moritz* (1983), S. 76.

[222] Siehe dazu noch unter C. II. 4. und C. III. 5. b. bb. (2).

[223] Siehe aber *P. Gottwald*, ZZP 95 (1982), S. 245 (255): „Während ein Schlichter in einer Tarifrunde das Handtuch werfen kann, muß der Richter jeden Konflikt entscheiden."

[224] Siehe *Rogowski* (1982), S. 175, *Strecker*, DRiZ 1983, 97 (100), und *P. Gottwald* (2001), S. 145, zur Streitbeilegung durch Vergleich, wo das Gesetz ein Nullsummenspiel bzw. eine Alles-oder-Nichts-Entscheidung vorsehe; siehe *Rottleuthner* (1983a), S. 187 ff., und *Egli* (1996), S. 35 ff., zur Befriedungsfunktion des Vergleichs bzw. zur eigenverantwortlichen Konfliktbehandlung; siehe *Röhl* (1980), S. 281, zur Nachentscheidungsphase des Vergleichs.

Umstände abgeschwächt, der Streitgegenstand erweitert und eine zukunftsorientierte Betrachtungsweise eingebracht werden[225]. Auf die richterliche Schlichtungsfunktion im Übrigen wird noch im besonderen Teil einzugehen sein[226].

(1) „Alles-oder-Nichts-Prinzip"

Dieser Punkt hängt insofern mit der streitgegenständlichen Beschränkung des Konflikts zusammen, als Kompromisslösungen oftmals eine Vergrößerung der Verhandlungsmasse bzw. – bildlich gesprochen – „Vergrößerung des Kuchens" erfordern[227]. Es folgt aus der Struktur des Rechts, dass vor Gericht, abgesehen von der Möglichkeit, bei teilbaren Streitgegenständen Teilentscheidungen zu erlassen, überwiegend „Alles-oder-Nichts-Entscheidungen" ergehen müssen[228]. Für eine gütliche Einigung ist es indessen vorteilhaft, wenn keine Bindung an die strikten Rechtsfolgen des Rechts besteht, so dass das „Alles-oder-Nichts-Prinzip" der richterlichen Entscheidungsfindung außerhalb gerichtlicher Verfahren häufig durchbrochen werden kann[229]. Das strikte „Ja oder Nein" bzw. „Entweder – Oder" zum Begehren des Klägers erscheint vor allem in den Fällen ungeeignet, in denen zwischen den Parteien eine Kompromisslösung angestrebt oder auch nur nahe liegend ist[230], jedenfalls aber verhindert es diffizile Lösungen[231]. In diesem Kontext spricht man auch vom „Nullsummenspiel"[232] bzw. „Nullsummeneffekt"[233], der sich bei der richterlichen Streitentscheidung ergibt.

Bezogen auf arbeitsrechtliche Streitigkeiten wird man dies ebenso sehen müssen. Die Angemessenheit einer Alles-oder-Nichts-Entscheidung wird vor allem dort zum Problem, wo es sich um soziale Beziehungen handelt, die auf Dauer angelegt sind[234]. Bei Konflikten innerhalb engerer Beziehungen ist es oft so, dass beide Seiten – wenn auch

---

[225] Siehe schon *Wolf*, ZZP 89 (1976), 260 (263 f. und 270), unter dem Aspekt der besseren Eignung des Vergleichs zur Konfliktlösung; *P. Gottwald* (2001), S. 144 f.; siehe *Blankenburg* (1980), S. 87, zur Verrechtlichung, einschränkend aber *Egli* (1996), S. 35; siehe *P. Gottwald*, ZZP 95 (1982), S. 245 (257), zur zukunftsorientierten Betrachtungsweise.

[226] Siehe dazu unter C. III. 5. a.

[227] Zurückzuführen auf eine Aussage des ehemaligen Wirtschaftsministers und Bundeskanzlers *Ludwig Erhard*: „Ein Kompromiß ist die Kunst, einen Kuchen so zu teilen, daß jeder meint, er habe das größte Stück bekommen.", zitiert bei *Zimmermann* (1998), S. 134.

[228] Siehe bereits *W. Gottwald* (1981), S. 18, der dies als „binäre Struktur der Entscheidung" bezeichnet; siehe auch *Falke/Gessner* (1982), S. 294; *P. Gottwald*, ZZP 95 (1982), 245 (255); *Röhl* (1987), S. 516; *P. Gottwald* (2001), S. 145; *Katzenmeier*, ZZP 115 (2002), 51 (63).

[229] *Prütting*, JZ 1985, 261 (267); siehe zur Bindung des Richters an das Recht noch im besonderen Teil unter C. III. 5. a. aa.

[230] Vgl. *Hoffmann-Riem*, ZRP 1997, 190 (191); *Jauernig* (2003), § 1 IV. 1. und § 48 VIII., zum Prozessvergleich.

[231] Vgl. *Ritter*, NJW 2001, 3440 (3444), am Beispiel vernetzter Beziehungen.

[232] *Blankenburg* (1982), S. 32: Was die eine Partei gewinne, müsse die andere verlieren; ähnlich *Breidenbach* (1995), S. 71; *Hoffmann-Riem*, ZRP 1997, 190 (195); jüngst *Dendorfer*, DB 2003, 135 (136): Der Gewinn des einen führe unmittelbar zum Verlust des anderen, das Ergebnis sei dabei Null.

[233] *Ponschab*, AnwBl 2001, 591 (593).

[234] *W. Gottwald* (1981), S. 19.

in unterschiedlichem Ausmaß – zu dem streitigen Geschehen beigetragen haben. Die Zuerkennung von Recht auf der einen und Unrecht auf der anderen Seite gibt diese Komplexität des Lebenssachverhalts nicht ausreichend wieder. Kommt es in persönlichen Sozialbeziehungen daher zu einer gerichtlichen Entscheidung, so wird das Problem durch die Rigorosität des Urteils häufig nicht aus der Welt geschafft[235]. Insbesondere bei den zahlreichen arbeitsgerichtlichen Kündigungsschutzklagen besteht das besondere Problem, dass die Arbeitsparteien mit unteilbaren Streitgegenständen konfrontiert sind[236]. Solche Klagen führen entweder zu einer Fortsetzung des Arbeitsverhältnisses – oder eben nicht[237]. Ein Kompromiss ist hier schwierig und wird in der Praxis allenfalls durch den Vergleich über die Höhe der Abfindungszahlung erreicht. Für das Gericht besteht auch aufgrund der eben kritisierten vergangenheitsorientierten Sichtweise kaum die Möglichkeit, etwa die Versetzung des Arbeitnehmers, die Durchführung eines Outplacement-Verfahrens oder eine Weiterbildungsmaßnahme anzuregen[238], geschweige denn anzuordnen. Mit den gerichtlichen Alles-oder-Nichts-Lösungen einher geht schließlich eine entsprechend klare Zustimmung oder Ablehnung (sprich Akzeptanz) arbeitsgerichtlicher Entscheidungen auf Seiten der Arbeitsparteien[239].

(2) Fremdbestimmung statt eigenverantwortlicher Konfliktbehandlung: geringe Akzeptanz

Innerhalb gerichtlicher Verfahren geben die Parteien das Problem zur „Lösung" an einen Dritten, nämlich das Gericht ab[240]. Damit hat die richterliche Streitentscheidung den Nachteil, dass die Parteien eines Rechtsstreits dem Richterspruch ausgeliefert sind, ohne ihn in letzter Konsequenz beeinflussen zu können. Es bestehen zwar gewisse Einflussmöglichkeiten der Parteien während des Gerichtsverfahrens etwa im Rahmen des Beibringungsgrundsatzes, spätestens bei der richterlichen Entscheidung aber ist ihnen jegliche eigenverantwortliche Konfliktbehandlung genommen. Das Ende des Konflikts wird somit fremdbestimmt[241]. Dies wiederum trägt nicht gerade zur Akzeptanz der richterlichen Streitentscheidung bei. Insbesondere bei gemeinschaftlichen Beziehungen oder gesellschaftlich komplexen Konflikten bleibt fraglich, ob die gerichtlichen Mechanismen ausreichen, um eine hinreichende Akzeptanz der Lösung zu si-

---

[235] Dazu auch *de Wirth*, ZRP 1982, 188 (189).
[236] Vgl. zu dieser Problematik bereits *Schönholz* (1982), S. 156 und 165.
[237] *Henkel*, NZA 2000, 929 f.
[238] Siehe zu diesen innovativen, innerbetrieblichen Konfliktbehandlungen noch im besonderen Teil unter C. IV. 3. e.
[239] Siehe dazu noch näher im besonderen Teil im Zusammenhang mit der Befriedungsfunktion arbeitsgerichtlicher Verfahren unter C. III. 5. b. bb. (2).
[240] So *Ponschab*, AnwBl 2001, 591 (593).
[241] Vgl. *Dendorfer*, DB 2003, 135 (136); relativierend aber *Wolf/Weber/Knauer*, NJW 2003, 1488, die die richterliche Tätigkeit als „Durchsetzung der zuvor durch Selbstbestimmung erzeugten Selbstverpflichtung" betrachten.

chern[242]. Zudem kann gerade hier die gedeihliche Zusammenarbeit in der Zukunft durch eine Entscheidung „von außen" empfindlich gestört werden[243]. Darauf wird sogleich im Zusammenhang mit der Implementation von Gerichtsentscheidungen zurückzukommen sein.

Demgegenüber fällt der spätere Umgang miteinander im Falle einer autonom getroffenen Entscheidung sichtlich leichter[244]. Mit Blick auf die bereits oben angesprochene zukunftsorientierte Konfliktbereinigung alternativer Konfliktbehandlungen ist bei diesen eine größere psychologische Bereitschaft zur Annahme des gemeinsam erarbeiteten Ergebnisses zu erwarten. Dies ist erklärbar. Eine psychologische Grundregel besagt, dass man leichter geneigt ist, das richterliche Urteil als eine fremde Entscheidung anzugreifen, während man die einverständliche Einigung als eigene Entscheidung empfindet und deshalb innerlich eher rechtfertigt, mag sie auch unerwünschte Konsequenzen haben. Dies gilt nicht zuletzt auch deshalb, weil man sich nur ungern zu seinem eigenen Verhalten in Widerspruch setzt[245].

Insoweit bestehen keine Besonderheit in Bezug auf Arbeitsgerichtsverfahren[246]. Am Beispiel einer Kündigungsschutzstreitigkeit lässt sich illustrieren, dass der Arbeitgeber ein Obsiegen des Arbeitnehmers und die damit verbundene Verpflichtung, diesen im Betrieb weiterzubeschäftigen, innerlich – zumal auf Dauer – regelmäßig nicht akzeptiert. Auch dies werden die Ausführungen sogleich zur Implementation von Gerichtsentscheidungen untermauern. Darüber hinaus wird man bei Betrieben ein nur zu verständliches Interesse vermuten können, die Regelung von Konflikten möglichst nicht aus der Hand zu geben, sondern selbst für deren Abwicklung zu sorgen[247].

cc.   Die Nachentscheidungsphase: Implementation von Gerichtsentscheidungen

> Je mehr Folgeprobleme der Auflösung sozialer Beziehungen durch den Richter entschieden werden müssen, desto eher lautet die Prognose, daß sich die Parteien über ihre Auflösung erneut zerstreiten werden.
>
> *Blankenburg/Voigt*[248]

---

[242] *Hoffmann-Riem*, ZRP 1997, 190 (191).

[243] *Böckstiegel*, DRiZ 1996, 267.

[244] Siehe *Wesel*, NJW 2002, 415 (416), am Beispiel der Wirtschaftsmediation, die es Firmen ermögliche, in Zukunft miteinander weiter Geschäfte machen zu können; vgl. *Stürner*, JR 1979, 133, der von einer „höheren Befriedungswirkung auf die beteiligten Parteien" spricht.

[245] Dazu *Prütting*, JZ 1985, 261 (263 und 267); *Röhl* (1987), S. 516 f.; *Hoffmann-Riem*, ZRP 1997, 190 (191); siehe auch noch zum gesellschaftspolitischen Hintergrund der Alternativdiskussion und zur (vermeintlichen) Überlegenheit der Justiz gegenüber alternativen Konfliktbehandlungen unter B. I. 4. bzw. B. I. 2. b. bb. (2).

[246] Vgl. *Ponschab/Dendorfer*, AnwBl 2000, 650 (651); dies., BB Beilage 2 zu Heft 16/2001, 1 (4).

[247] *Prütting*, JZ 1985, 261 (263).

[248] (1987), S. 11; ähnlich *Schönholz* (1987), S. 199.

Mit Implementation von Gerichtsentscheidungen ist die Nachentscheidungsphase gerichtlicher Konfliktbehandlungen gemeint. Dieser ebenfalls rechtssoziologische Forschungsansatz geht davon aus, dass gerichtliche Entscheidungen weitere Interaktionsprozesse in Gang setzen, in denen die richterliche Entscheidung verändert, zwischen den Parteien verhandelt und teils mehr oder teils weniger ausgeführt wird. Es geht also um die Frage, wie Gerichtsentscheidungen (im untechnischen Sinne) vollstreckt, vollzogen oder durchgeführt werden. Dieses Nachspiel wird als eigener Ablaufprozess von Entscheidungen verstanden[249]. Vereinfacht lässt sich sagen: Mit der richterlichen Streitentscheidung hat der Konflikt zwar vor dem Gericht sein Ende gefunden. Damit ist aber noch nicht gesagt, dass dieser auch tatsächlich beendet – geschweige denn gelöst – ist[250]. Freilich hängt dieser Punkt eng mit dem Aspekt der Vergangenheitsbewältigung innerhalb gerichtlicher Verfahren zusammen. Die Abgrenzung sollte aber dennoch klar sein. Die Vergangenheitsorientierung gerichtlicher Entscheidungen führt vielfach zu einer Auflösung von Sozialbeziehungen[251]. Davon zu unterscheiden ist die Frage, ob bzw. wie eine die Sozialbeziehung ausnahmsweise aufrechterhaltende Entscheidung tatsächlich umgesetzt wird[252].

Im Rahmen der Alternativdiskussion Anfang der 80er Jahre wurde darauf hingewiesen, dass das Urteil nur die durch das materielle Recht vorgegebene „Konfliktlösung" bekräftigen kann, auch wenn die Folgeprobleme beiden Seiten unerwünscht sind oder das materielle Recht an der Rechtswirklichkeit vorbeigeht. Das Urteil kann stets nur über konkrete rechtliche Forderungen entscheiden oder eine Rechtsstellung zuerkennen. Es beendet den Rechtsstreit und löst damit den durch die Klage entstandenen Metakonflikt. Ob es auch den Ursprungskonflikt löst, hängt davon ab, ob die Klage sinnvoll gewesen ist und ob das Urteil den Streit der Parteien vollständig oder nach deren Willen nur in Teilfragen regelt. Ein Urteil kann die Lebensumstände der Parteien nur selten grundlegend verändern und den Parteien nicht allgemeines Glück auf Erden schaffen. Die Aufgabe eines Urteils muss deshalb bescheiden formuliert werden. Es „löst" den Konflikt der Parteien bereits dann, wenn der konkrete Streit nicht in kaum veränderter Form fortdauert[253]. Im Rahmen eines umfassenderen Forschungsansatzes wurde der „Implementation von Gerichtsentscheidungen" Mitte der 80er Jahre größere Aufmerksamkeit geschenkt[254]; dabei wurde insbesondere auch das Arbeitsrecht nicht

[249] Zum Ganzen *Blankenburg/Voigt* (1987), S. 10.

[250] Siehe dazu oben unter A. I. 1. c.; vgl. auch *W. Gottwald* (1981), S. 203, unter dem Gesichtspunkt der kausalen und präventiven Konfliktregelung, wonach durch die Beendigung des Streits zugleich einem Wiederaufbruch des Konflikts vorgebeugt werde.

[251] Siehe dazu oben unter B. I. 2. b. aa. (9).

[252] Diese Abgrenzung wird selbst in der Implementationsforschung nicht durchweg befolgt, siehe etwa *Schönholz* (1987), S. 197 ff.

[253] Zum Ganzen *P. Gottwald*, ZZP 95 (1982), S. 245 (254 f).

[254] Siehe grundlegend aus rechtssoziologischer Sicht *Blankenburg/Voigt* (1987), S. 10 ff.; siehe auch aus rechtsethnologischer Sicht auch *von Benda-Beckmann* (1987), S. 23 ff.

ausgespart[255]. Richter wissen sehr wohl um ihre begrenzte Einflussmöglichkeit auf die Nachentscheidungsphase eines Konflikts. Gleichwohl haben sie im Grundsatz davon abzusehen, die Folgen ihrer Entscheidung zu berücksichtigen. Ebenso wenig haben sie Gestaltungsziele zu verfolgen, sondern sie sollen sich darauf beschränken, die an sie herangetragenen Fälle gerecht zu entscheiden; sie erfahren nicht einmal, ob bzw. wie ihre Entscheidung ausgeführt wird[256]. Aus der Sicht der Parteien stellt sich diese Situation oftmals als misslich dar. Wer im Prozess keine Chance der Durchsetzung sieht, kann allenfalls noch auf die Nichtimplementierbarkeit der gerichtlichen Entscheidung und neue Verhandlungen in der Nachentscheidungsphase hoffen[257]. Man muss sich also ebenso die Frage stellen, wie lange Gerichtsentscheidungen eigentlich implementiert werden[258]. Wenn schließlich beobachtet wird, dass Konflikte häufig auch nach einer gerichtlichen Entscheidung weiter schwelen und in anderem Gewand wieder aufgegriffen werden, dann führt auch dies zu der Frage nach etwaigen Alternativen[259].

Speziell im Arbeitsrecht interessieren hier vor allem die vielen Kündigungsschutzprozesse[260]. Erhebungen zufolge wurde der Anteil der Arbeitnehmer, die nach einer ohnehin seltenen rechtskräftigen Feststellung der Nichtauflösung des Arbeitsverhältnisses auf unbestimmte Zeit weiterbeschäftigt wurden, mit rund 40 % ermittelt; lediglich bei den noch selteneren Vergleichen, in denen die Fortsetzung des Arbeitsverhältnisses vereinbart wurde, ist es in ca. 90 % der Fälle auch tatsächlich zur Weiterbeschäftigung gekommen[261]. Wohlgemerkt geht es an dieser Stelle allein um die spärlich vorkommenden Fälle, in denen eine Fortsetzung des Arbeitsverhältnisses geurteilt oder vereinbart wird. Bezogen auf alle Erledigungsarten lässt sich festhalten, dass es in weniger als 10 % aller Fälle nach einem Prozess tatsächlich zu einer Weiterbeschäftigung im Betrieb kam[262]. Vielmehr noch: Unabhängig von der Erledigungsart sind Arbeitnehmer zu gut einem Drittel nach kurzer Zeit der Weiterbeschäftigung dann doch wieder aus dem Betrieb ausgeschieden[263]. Hier werden die Grenzen gerichtlicher Konfliktbehandlung besonders evident.

---

[255] *Blankenburg/Rogowski* (1987), S. 168 f.; *Moritz* (1987), S. 170 ff.; *Rottleuthner* (1987), S. 184 ff.; *Schönholz* (1987), S. 197 ff.

[256] *Blankenburg/Voigt* (1987), S. 16 f.

[257] *Blankenburg/Voigt* (1987), S. 17.

[258] *Rottleuthner* (1987), S. 193.

[259] In diesem Sinne *Hoffmann-Riem*, ZRP 1997, 190 (191).

[260] Außer Acht gelassen kann hier die Frage nach der Implementation regulativer Normen durch die Arbeitsgerichtsbarkeit selbst (sog. interne – im Gegensatz zur externen – Implementation von Gerichtsentscheidungen), siehe dazu *Moritz* (1987), S. 170 ff., und *Rottleuthner* (1987), S. 187 ff.

[261] Siehe dazu *Falke/Höland/Rhode/Zimmermann* (1981), S. 856 und 860; vgl. *Blankenburg/Voigt* (1987), S. 12; *Blankenburg/Rogowski* (1987), S. 168.

[262] Vgl. *Schönholz* (1987), S. 201 – freilich liegt der Anteil bezogen auf alle Arbeitnehmerklagen gegenüber den Kündigungsschutzklagen etwas höher.

[263] *Falke/Höland/Rhode/Zimmermann* (1981), S. 449.

Es besteht sogar Anlass zu einer weitergehenden Vermutung. Man kann davon ausgehen, dass so viele Arbeitsgerichtsprozesse deshalb durch einen Vergleich im Sinne
einer endgültigen Auflösung des Arbeitsverhältnisses nebst Zahlung einer Abfindung
enden, weil Arbeitsrichter antizipieren, dass jede andere Entscheidung kaum Erfolg
haben dürfte. Selbst wenn sie dem gekündigten Arbeitnehmer einen Weiterbeschäftigungsanspruch zuerkennen, können sie nicht ausschließen, dass der Arbeitnehmer
nicht doch am Ende „weich gemacht" wird und eine neuerliche Integration des Arbeitnehmers in dem Betrieb kaum noch gelingt: etwa durch einen langwierigen Rechtsweg
oder abschreckende Arrangements am Arbeitsplatz, auf den er vielleicht zurückkehrt.
Dies zeigen Fälle, in denen es trotz Wiedereinstellungsurteil letztlich doch zu einer
außergerichtlichen Auflösung des Arbeitsverhältnisses gekommen ist[264]. Es dürfte außer Frage stehen, dass eine Wiedereingliederung eines entlassenen Arbeitnehmers bei
einem entschlossen entgegensteuernden Arbeitgeber nahezu unmöglich ist[265]. Diese
Sichtweise geht sogar so weit, dass Arbeitsrichter bisweilen Arbeitnehmer unter Hinweis auf die Aussichtslosigkeit der Wiedereingliederung in den Betrieb zu einem Abfindungsvergleich drängen[266]. Damit ergibt sich eine Art negativer Zirkelschluss: Angesichts der Grenzen gerichtlicher Konfliktbehandlung entzweit der Kündigungsschutzprozesse die Arbeitsvertragsparteien in vielen Fällen endgültig. Gerade deshalb
sehen sich Arbeitsrichter dazu veranlasst, die Parteien in nicht minder vielen Fällen zu
einer vergleichsweisen Auflösung des Arbeitsverhältnisses zu bewegen. Freilich ist in
Großbetrieben eher mit einer Befolgung einer richterlichen Entscheidung zu rechnen,
zumal sich diese leichter vollziehen lässt (z.B. durch Zuweisung eines anderen Arbeitsplatzes im Betrieb). Allerdings wird auch hier nach einem Arbeitsgerichtsrechts-
streit das Arbeitsverhältnis überwiegend nicht fortgesetzt[267].

c.   Ungeeignetheit bestimmter Konflikte für gerichtliche Verfahren

Die vorstehenden Ausführungen haben gezeigt, dass es bestimmte Konflikte gibt, bei
denen die Grenzen gerichtlicher Konfliktbehandlung in besonderem Maße in Erscheinung treten. Insofern wurde bereits an mehreren Stellen deutlich, dass sich insbesondere *Sozialbeziehungen* für die Durchführung eines Gerichtsverfahrens tendenziell weniger eignen[268]. Je enger die Beziehungen zwischen den Parteien, je vielfältiger ihre all-
täglichen Kontakte, umso problematischer stellt sich die Berufung auf das Recht dar.
Andernfalls wird bezweifelt, dass der andere auch ohne rechtliche Verpflichtung das

---

[264] Zum Ganzen *Rottleuthner* (1982), S. 150 f., (1983b), S. 92 f., und (1987), S. 192; *Schönholz*
(1982), S. 156; auch *Blankenburg/Verwoerd*, DRiZ 1987, 169 (175), weisen darauf hin, dass sich das
Aushandeln von Vergleich und Abkaufen nach einem seltenen erfolgreichen streitigen Urteil auf Wie-
dereinsetzung außergerichtlich fortsetzt.
[265] So schon *Blankenburg/Schönholz/Rogowski* (1979), S. 130.
[266] Etwa mit dem richterlichen Hinweis, dass beim Erfolg der Kündigungsschutzklage das Betriebsklima nicht mehr günstig sein dürfte, *Rottleuthner* (1978), S. 122; ähnlich *Schönholz* (1982), S. 153.
[267] *Moritz* (1987), S. 176; *Schönholz* (1987), S. 199, 204 f., 212 und 214 f.
[268] Vgl. noch die Diskussion im besonderen Teil zur Mediation unter C. IV. 5. b. cc.

zu tun bereit ist, was man selbst in dieser Situation für angemessen und notwendig erachtet. Deshalb wirkt die Thematisierung des Rechts in engen sozialen Beziehungen konflikteskalierend und letztlich auch beziehungsauflösend. In solchen Beziehungen lassen sich Ansprüche auf Vertrauen, guten Willen oder kooperatives Verhalten kaum durch ein streitiges Urteil befriedigen. Hinzu kommt die Scheu, im Rahmen einer persönlichen Beziehung gegeneinander gerichtlich vorzugehen. Umgekehrt gilt: Je anonymer die Beziehung, desto näher liegt es, das anonymisierte Gerichtssystem zur Konfliktbewältigung einzusetzen; deshalb sind anonyme, bürokratisch gesteuerte Beziehungen prozessanfälliger als personale. Damit stellt sich insbesondere bei Streitigkeiten, die in existentiell bedeutsame Sozialbeziehungen eingreifen, die Frage nach Alternativen zum gerichtlichen Verfahren[269]. Lediglich der Vollständigkeit halber sei erwähnt, dass sich Gerichtsverfahren auch in *Wirtschaftsbeziehungen* regelmäßig als kontraproduktiv erweisen. Gerade hier drohen nicht nur finanzielle Einbußen bei der Durchführung eines im Übrigen langwierigen Gerichtsverfahrens[270], vielmehr steht die Auflösung der Geschäftsbeziehung auf dem Spiel. So ist es nicht weiter verwunderlich, dass sich gerade in Wirtschaftsstreitigkeiten alternative Konfliktbehandlungen bereits etabliert haben[271].

Freilich gibt es auch Konflikte, für die alternative Verfahren weniger geeignet sind. Rein quantitativ betrachtet ist die Ziviljustiz vorwiegend ein „Dienstleistungsbetrieb zur Bewältigung mittlerer privater Konflikte", etwa bei Familienangelegenheiten, Verkehrsunfällen, Mietsachen sowie Streitigkeiten aus Kauf- und Werkverträgen[272]. Vor den Amtsgerichten haben etliche Streitigkeiten um die Bezahlung von geleisteten Dienste oder gelieferten Waren vielfach keine konfliktentscheidende, sondern eine Rechtsdurchsetzungsfunktion, insbesondere fungieren Gerichte oftmals nur als „Titulierungsinstitute gegenüber leistungsunwilligen oder -unfähigen Schuldnern"[273]. Die Frage der „Geeignetheit zur Schlichtung" kann allerdings nicht allgemein als „Nachteil außergerichtlicher Schlichtung" eingeordnet werden[274]. Dies ist deshalb verfehlt, weil

---

[269] Vgl. zum Ganzen *de Wirth*, ZRP 1982, 188 (und 189); *Frommel*, ZRP 1983, 31; *Hoffmann-Riem*, ZRP 1997, 190 (191); *Ponschab*, AnwBl 1997, 520 (521); *Raiser* (1999), S. 406 f.
[270] Siehe aber noch unten zu Kosten und Dauer alternativer Konfliktbehandlungen unter B. II. 2.
[271] Vgl. *Böckstiegel*, DRiZ 1996, 267 (273); vgl. auch noch im besonderen Teil zur Wirtschaftsmediation unter C. IV. 5. b. cc.
[272] So bereits *P. Gottwald*, ZZP 95 (1982), S. 245 (254) m.w.N.
[273] So *Frommel*, ZRP 1983, 31 (34); *Greger*, JZ 2000, 842 (843), unter Verweis auf die hohe Zahl von Versäumnisurteilen im Zivilprozess; vgl. aber *P. Gottwald*, ZZP 95 (1982), 245 (248 und 253), wonach bereits der Zwang, einen Konflikt in prozessualen Formen und unter Beschränkung auf Rechtsfragen auszutragen, dazu führe, dass das Gerichtsverfahren für viele Alltagsangelegenheiten viel zu aufwendig und ungeeignet sei, so dass sich für solche Streitigkeiten Schlichtungsstellen als Alternativen zur Justiz anböten; in diesem Sinne auch *Prütting* (1998), O 29, zu Bagatellsachen, der allerdings den inzwischen eingeführten § 495a ZPO nicht erwähnt; *Jansen* (2001), S. 253.
[274] So aber *Prütting*, JZ 1985, 261 (268), der Fälle aufzählt, in denen Schlichtungsversuche zu einer Verlängerung der Verfahrensdauer statt zu einer Verkürzung führen würden; siehe zu Kosten und zur Dauer alternativer Konfliktbehandlungen noch unter B. II. 2.

sich vor dem Hintergrund der genannten Einzelaspekte hieraus kein genereller Nachteil ergibt, der mit der Durchführung alternativer Konfliktbehandlungsverfahren verbunden wäre. Infolgedessen besteht für eine pauschale Diskreditierung solcher Verfahren kein berechtigter Anlass. Richtigerweise bedarf es indes auch insoweit einer einzelfallorientierten Betrachtungsweise. Wenn daraus aber zu folgern ist, dass eine ebenso pauschale *obligatorische* Zuordnung der Konflikte zu alternativen Konfliktbehandlungen zu vermeiden ist[275], dann ist hiergegen nichts einzuwenden[276].

d. Zusammenfassende Beurteilung für das Arbeitsrecht

Auch bei arbeitsrechtlichen Streitigkeiten sind Sozialbeziehungen betroffen. Es hat sich an mehreren Stellen gezeigt, dass die dargelegten Grenzen gerichtlicher Auseinandersetzungen insbesondere bei arbeitsgerichtlichen Konflikten zu beobachten sind und eine innerbetriebliche, jedenfalls aber vorgerichtliche Konfliktbehandlung wünschenswert wäre, zumal vor Gericht oftmals nur die Auflösung von Arbeitsbeziehungen im Streit steht. Dabei sind Streitigkeiten im Arbeitsrecht durch die enge und häufig persönliche Bindung zwischen Arbeitgeber und Arbeitnehmer prinzipiell besonders schlichtungstauglich[277]. Die im Gegensatz zu Gerichtsverfahren angestrebte, konsensuale Konfliktbehandlung passt gut zu dem arbeitsrechtlichen Leitbild des Konsenses[278]. Im Bereich der Arbeitsgerichtsbarkeit stellt zwar die Güteverhandlung seit jeher ein besonders taugliches Schlichtungselement dar. Dass aber auch dort die eben beschriebenen Grenzen gerichtlicher Konfliktbehandlung zu beobachten sind, wurde bereits mehrfach deutlich und wird sich noch im besonderen Teil bei der Darstellung der arbeitsrichterlichen Schlichtungsfunktion zeigen[279].

3. Entlastung der Justiz aus rechtspolitischer Sicht

Wie eingangs bereits erläutert, hat die Alternativdiskussion den entscheidenden Antrieb erst durch rechtspolitische Bestrebungen erfahren. Man erwartet sich durch den Einsatz alternativer Konfliktbehandlungen eine nicht unwesentliche Entlastung der Justiz. Hier lässt sich von dem *quantitativen* Aspekt der Alternativdiskussion sprechen[280].

---

[275] So *Prütting*, JZ 1985, 261 (268 f.).
[276] Siehe zum Aspekt der Freiwilligkeit noch unter B. III. 6.
[277] Vgl. *Jansen* (2001), S. 155, zu den arbeitsrechtlichen Vorverfahren; vgl. auch *Strempel*, ZRP 1998, 319 (322), in Bezug auf die Mediation.
[278] Vgl. *Düwell* (1999), S. 754.
[279] Siehe dazu noch unter C. III. 5. b.
[280] *Hage/Heilmann*, AuA 1997, 339 (341); *D. von Hoyningen-Huene* (2000), S. 31; vgl. *Röhl* (1982a), S. 17, der das Interesse an einer Entlastung der Gerichte als „technokratisch" bezeichnet; vgl. auch ders. (1987), S. 514; *Rottleuthner* (1982), S. 147; siehe zu den Grenzen gerichtlicher Konfliktbehandlung als qualitativer Aspekt bereits unter B. I. 2. a.

Im Folgenden soll zunächst zur anhaltenden Finanzkrise des Staates als Hintergrund rechtspolitischer Erwägungen zur Entlastung der Justiz Stellung genommen werden (a.), bevor die Ursachen für die Überlast der Justiz aufgezeigt werden (b.). Daran anschließend fragt sich, inwieweit alternative Konfliktbehandlungen zur Entlastung der Justiz beitragen können (c.). Dabei ist jeweils den Besonderheiten des Arbeitsrechts Rechnung zu tragen.

a. **Anhaltende Finanzkrise des Staates als Hintergrund rechtspolitischer Erwägungen zur Entlastung der Justiz**

Die angestrebte Entlastung der Justiz hat ihrerseits wiederum einen Hintergrund. Die *anhaltende Finanzkrise des Staates* zwingt zu Einsparungen auch auf dem Gebiet des Justizwesens[281]. Dies führt vermehrt zu einer ökonomischen Analyse der Justiz. Die angestrengte Finanzsituation wird durch die oft propagierte *Überlast der Justiz* noch weiter verschärft[282]. Es wäre zwar prinzipiell denkbar, diese Überlast durch das Bereitstellen von mehr Ressourcen einzudämmen und ihr damit wirksam zu entgegnen. Dem Staat ist dies jedoch finanziell nicht möglich, insbesondere konnte der Personal- bzw. Richterbestand bedingt durch die Finanzsituation gerade auch der Länder nicht mehr der gestiegenen Geschäftsbelastung angepasst werden[283], und es erscheint unrealistisch bzw. illusorisch, dass sich dies in naher Zukunft ändert[284]. Wenngleich der Staat absolut gesehen immer mehr Geld für das Justizressort ausgibt, so halten sich diese Ausgaben in der Relation zum Anstieg der Geschäftsbelastung dennoch in Grenzen, so dass allenfalls ein proportionaler Anstieg vermerkt werden kann[285]. Abgesehen davon, dass jedenfalls die Zivilgerichtsbarkeit zu über 50 % kostendeckend arbeitet[286], sind die Kosten der Justiz im Vergleich zu anderen Haushaltmitteln ohnehin gering, da die Gesamtkosten des Justizsystems weniger als 1 % aller öffentlichen Ausgaben ausmachen[287].

---

[281] Treffend *H.-B. Schäfer*, DRiZ 1995, 461: „Wenn alle sparen müssen, so gilt das auch für die Justiz."; *Hoffmann-Riem*, ZRP 1997, 190 f., spricht von einer „Ebbe in der Justizkasse"; *Prütting* (2000), S. 7: Das Diktat der leeren Staatskassen zwinge zum Sparen in allen Bereichen, auch bei der Justiz; siehe auch den Bericht in der SZ vom 16.9.2003, S. 6: Justiz beklagt „Sparorgien".

[282] Siehe zur Gerichtsentlastung als Form der Staatsentlastung *Hoffmann-Riem*, ZRP 1997, 190 (192); ders., JZ 1999, 421, spricht von einer „Überforderung" des Staats, die sich zunächst als Überforderung seiner verschiedenen Aufgabenträger und darunter auch der Justiz darstelle.

[283] *Heitmann*, DRiZ 1998, 124; *Leeb*, BB Beilage 10 zu Heft 40/1998, 3; vgl. *R. Wassermann*, RuP 1998, 74 (76), wonach das Potenzial der Justiz weitgehend erschöpft sei und der Richtervermehrung finanzielle Grenzen gesetzt seien; ähnlich schon *Pfeiffer*, ZRP 1981, 121 (124).

[284] *E. Schmidt*, ZZP 108 (1995), 147 (148); *Däubler-Gmelin*, ZRP 2000, 458 (459), im Zuge der jüngsten Reform des Zivilprozesses.

[285] Dazu *H.-B. Schäfer*, DRiZ 1995, 461 (462 f.).

[286] Anders jedoch im Bereich der Arbeitsgerichtsbarkeit, wo die Kostendeckungsquote unter 10 % liegt, *Vultejus*, DRiZ 1994, 297 (300).

[287] *G. Wagner*, JZ 1998, 836 (838); *Jansen* (2001), S. 52 f.; siehe dazu auch den Bericht in der SZ vom 16.9.2003, S. 6.

Auch an dieser Stelle ist es sinnvoll, die Kontroverse betreffend die angespannte Finanzsituation (aa.) und die Überlast der Justiz (bb.) allgemein aufzuzeigen, bevor speziell auf die Situation im Bereich der Arbeitsgerichtsbarkeit eingegangen wird (cc.).

aa. Finanzpolitische Erwägungen als Dauerbrenner in der Rechtspolitik

Insoweit wird eine „seit Anfang der 80er Jahre bestehende Ressourcenknappheit in der Rechtsgewährung" konstatiert[288]. Auch im Rahmen der bereits mehrfach erwähnten *Strukturanalyse der Rechtspflege* wurden Möglichkeiten zur Justizentlastung erforscht, um etwaige Einsparungsmöglichkeiten im Justizsektor aufzudecken. Bei dieser Analyse handelte es sich um ein vom Bundesministerium der Justiz in Auftrag gegebenes Forschungsprogramm, welches von 1988 bis 1994 andauerte. Ziel war, die Gesamtzusammenhänge des Rechtspflegesystems durch eine Serie aufeinander abgestimmter Studien zu erforschen. „Rechtspflege" wurde dabei begriffen als Gesamtheit der Rechtsdienste zur Regelung rechtsbezogener Konflikte inner- und außerhalb der Gerichte. Unter „Strukturanalyse" verstand man die Bestimmung des Aufbaus der Rechtspflege, ihre Elemente und deren Zusammenhang[289]. Dadurch sollten realistische Ansätze für eine Optimierung der Rechtspflege herausgearbeitet werden, die auf eine *quantitative* Entlastung der Justiz hinausliefen, um neben einer Verfahrensbeschleunigung über eine Freisetzung von Arbeitskapazitäten eine *qualitative* Verbesserung der Tätigkeit der Rechtspflegeorgane zu ermöglichen[290].

Die Analyse brachte die Erkenntnis, dass neben einer Modernisierung der inneren Organisation der Gerichte auch eine Förderung der außergerichtlichen Streitbeilegung eine herausragende Bedeutung bei der Stärkung der Funktionsfähigkeit der Justiz zukomme. Zwar wurde bei dieser Analyse primär auf die Notwendigkeit justizentlastender Maßnahmen hingewiesen, ohne den eigentlichen Hintergrund dieser Maßnahmen anzusprechen. Bei genauerer Betrachtung konnte man aber erkennen, dass es letztlich doch im Wesentlichen um finanzielle Aspekte ging, wenngleich dies nicht vorbehaltlos eingeräumt wurde[291]. In die gleiche Richtung zielten Überlegungen des *Sachverständigenrats „Schlanker Staat"*, der im Jahr 1995 von der damaligen Bundesregierung eingesetzt wurde und seine Empfehlungen zur Modernisierung und Justizentlas-

---

[288] Zurückzuführen ist dies auf eine Aussage des ehemaligen Präsidenten des *BVerfG Benda*, DRiZ 1979, 35 (362); siehe *Strempel*, ZRP 1989, 133 (134); *E. Schmidt*, ZZP 108 (1995), 147 (148); siehe am Rande dazu bereits *Schackow*, AnwBl 1967, 258 (266); siehe zur Historie alternativer Konfliktbehandlungen bereits im einführenden Teil unter A. I. 2. a. aa.

[289] Zum Ganzen *Strempel/Rennig*, ZRP 1994, 144 f.; die Ergebnisse der Strukturanalyse der Rechtspflege zusammenfassend *Strempel* (2002), S. 123 ff.

[290] *Leutheusser-Schnarrenberger*, NJW 1995, 2441 (2442).

[291] Exemplarisch *Leutheusser-Schnarrenberger*, NJW 1995, 2441 f., wonach eine Vermehrung des Justizpersonals „in zweiter Linie" auf Grund der schwierigen öffentlichen Haushaltssituation nur in äußersten Ausnahmefällen in Betracht komme, „entscheidend" aber spreche gegen eine solche Vermehrung ein „gesellschaftspolitischer Aspekt", nämlich die zu hohe Richterdichte in Deutschland.

tung zwei Jahre später vorlegte[292]. Neben der Verschlankung der Rechtspflege, der Reduzierung der Kontrolldichte richterlicher Tätigkeit und der Abgabe von Zuständigkeiten sah der Sachverständigenrat einen wichtigen Ansatz zur Entlastung der Justiz in der Verstärkung der außergerichtlichen Streitbeilegung[293].

Eine anhaltende Finanzkrise des Staates wird von Seiten der (Rechts-)Politik auch in jüngerer Zeit konstatiert, wenngleich dies abermals nicht immer deutlich zum Ausdruck kommt. So war etwa eigentlicher Hintergrund der jüngsten Reform des Zivilprozesses weniger eine „Optimierung des Rechtsschutzes" als vielmehr ein „effektiverer Richtereinsatz"[294]. Dies wiederum ist unmittelbar im Kontext mit rechtspolitischen Bestrebungen zur Einsparung auf dem Gebiet des Justizwesens zu sehen, insbesondere war die Reform insoweit einem Zielkonflikt ausgesetzt, als unter Effizienz vornehmlich die Einsparung von Haushaltmitteln verstanden wurde[295]. Derzeit wird angesichts leerer Staatskassen sogar über eine Neukonzeption des Haushaltswesens nach betriebswirtschaftlichem Rechnungswesen diskutiert, vor allem bleibt auch die Justiz im Rahmen einer ökonomischen Analyse von Fragen nach deren Nutzen und Kosten nicht verschont[296]. Aufgrund dieser Entwicklung lässt sich resümieren, dass die anhaltende Finanzkrise des Staates zum Dauerbrenner für rechtspolitische Bestrebungen betreffend die Eindämmung des Geschäftsanfalls bei den Gerichten geworden ist.

---

[292] Dazu etwa *Meyer-Teschendorf/Hofmann*, ZRP 1998, 132 ff.; kritisch zu den Ergebnissen des *Sachverständigenrats „Schlanker Staat"* P. *Lindemann*, ZRP 1999, 200 ff.; kritisch zu den Begriffen „Schlanker Staat" und „Schlanke Justiz" *Dury*, DRiZ 1999, 160 (161 und 163).

[293] *Meyer-Teschendorf/Hofmann*, ZRP 1998, 132 (134 f.).

[294] *Ayad*, ZRP 2000, 229 ff.; vgl. E. *Schneider*, AnwBl 2002, 9, demzufolge inoffizielles Ziel der Reform das Bestreben war, Personalkosten einzusparen; vgl. auch *Münchbach/Lotz*, ZRP 1999, 374, die dem Bundesministerium der Justiz eher zynisch eine „gute Marketingstrategie" bescheinigten.

[295] Vgl. R. *Wassermann*, NJW 1999, 2646 (2647); vgl. bereits *Bartels*, ZRP 1996, 297, zu den vorangegangenen Entlastungsnovellen: „Ziel beider Gesetze ist nicht die Erreichung eines effektiveren Rechtsschutzes, sondern das eines kostengünstigeren, die Finanzkosten der Länder und des Bundes entlastenden Rechtsschutzes. Beide Ziele sind nicht unbedingt gegensätzlich und können auch durch die gleichen Maßnahmen erreicht werden."

[296] Ausführlich zur „Modernisierung der Justiz" durch das „Neue Steuerungsmodell" *Kramer*, NJW 2001, 3449 ff., skeptisch *Papier*, NJW 2001, 1089 (1093 f.), und NJW 2002, 2585 (2596); siehe auch *Ritter*, NJW 2001, 3440 (3447), und *Mackenroth*, DRiZ 2000, 301 (308 ff.), zu Managementinstrumenten wie „Controlling" und „Benchmarking"; speziell zur Arbeitsgerichtsbarkeit *Francken*, NZA 2003, 457 ff.; vgl. schon *Hendel*, DRiZ 1980, 376 ff.; weiterführend *Adams* (1981), S. 75 ff.; *Schmidtchen/Weth* (1999); vgl. schließlich zur ökonomischen Analyse des Rechts *Eidenmüller* (1995).

bb.   Die Überlast der Justiz

> Die Justiz hat es wirklich verstanden, ihren „gelähmten" Zu-
> stand unter die Leute zu bringen. Sie hat sich so erfolgreich
> als überlastet dargestellt, daß sie nachgerade in jeder Hinsicht
> als entlastet gilt. Die Justiz mag schleifen lassen, versäumen
> oder fehlen, doch sie ist unschuldig daran. Keiner schlampt,
> niemand ist rücksichtslos und alle verstehen ihr Handwerk; es
> ist allemal die Überlastung, die zuschlägt.
>
> *Mauz*[297]

An diesem heiklen Thema scheiden sich die Geister[298]. Die Rechtspolitik ist stets bemüht, im Kontext mit der soeben dargestellten, angespannten Finanzlage auf die Überlast der Justiz hinzuweisen. Denn nur so lassen sich Einsparungen im Bereich der Justiz gegenüber der Öffentlichkeit rechtfertigen. Der ansteigende Geschäftsanfall bei den
Gerichten dient damit als Rechtfertigung für jegliche rechtspolitische Maßnahmen auf
diesem Gebiet[299]. Man scheut dabei auch nicht vor dramatisch anmutenden Metaphern
zurück. Wenn es in neuerer Zeit wieder hieß, dass die Überlast der Justiz zum „allmäh-
lichen Untergang der Justizflotte" führe[300], dann erinnert das an frühere Aussagen[301].
Bereits zu Beginn der 70er Jahre war im Zuge der Diskussion um eine „Große Justizreform" von überlasteten Zivilgerichten die Rede, während in den 80er Jahren im
Rahmen der Alternativdiskussion sogar von einem „drohenden Zusammenbruch der
Justiz" bzw. einem „Stillstand der Rechtspflege" gesprochen wurde[302]. Auch im Zusammenhang mit der jüngsten Reform des Zivilprozesses wurde die Überlastung der
Justiz oft propagiert. Dabei wurde die Ausgangslage mit einer „erheblichen Belastung
und in weiten Teilen auch Überlastung der Ziviljustiz" beschrieben; dies sei „offenkundig"[303]. Dagegen wird eingewandt, dass die Justiz seit Jahrzehnten dazu neige, ihre
Überlastung zu dramatisieren[304], und eine Überlastung der Richter selbst in Richter-

---

[297] Zitiert bei *Zimmermann* (1998), S. 126.

[298] Nach Ansicht von *Weth*, NJW 1996, 2467, entspricht es indes allgemeiner Meinung, dass die Gerichte überlastet seien.

[299] *Jansen* (2001), S. 52, spricht von einer „Allzweckbegründung" staatlicher Sparzwänge; vgl. *Stadler*, NJW 1998, 2479.

[300] *Hoffmann-Riem*, ZRP 1997, 190; siehe auch das Vokabular bei *Gilles*, NJ 1998, 225; siehe schließlich die Aussage des Vorsitzenden des Deutschen Richterbunds *Arenhövel* auf dem Deutschen Richtertag 2003, SZ vom 16.9.2003, S. 6: „Wenn wir so weitermachen wie bisher, ist die Rechtsprechung
nicht mehr arbeitsfähig."

[301] Vgl. *Greger*, JZ 1997, 1077 (1078): Klagen über die Überlast der Justiz dauern an; vgl. bereits
Röhl/Röhl, DRiZ 1979, 33: Klagen über die Überlastung der Justiz hören nicht auf.

[302] *Blankenburg*, ZRP 1982, 6 f.; ähnlich *Rottleuthner* (1982), S. 149: Sisyphus kämpft mit der Prozesslawine; ferner *Prütting*, JZ 1985, 261 (263), zur geschichtlichen Entwicklung der Überlastung.

[303] So die damalige Bundesjustizministerin *Däubler-Gmelin*, ZRP 2000, 33 (34), im Zusammenhang
mit der jüngsten Reform des Zivilprozesses; vgl. die Diskussion betreffend die Überlast und Entlastung der Gemeinschaftsgerichte im Zuge der Europäischen Justizreform bei *Lipp*, NJW 2001, 2657.

[304] So *Kramer*, NJW 2001, 3449 (3450), unter Verweis auf *Hoffmann-Riem* (2001), S 254 f.; siehe
auch *Blankenburg*, ZRP 1992, 96 (97 und 98), wonach die Steigerung des erstinstanzlichen Geschäftsanfalls der Zivilgerichte in den vergangenen 20 Jahren stetig, aber nicht dramatisch gewesen sei und

kreisen immer häufiger bestritten werde[305]. Solche pauschale Behauptungen sind indes ebenso wenig von Wert wie die diesem Abschnitt vorangestellte, zweifelsohne literarisch wertvolle Kommentierung der Überlastung der Justiz durch den deutschen Journalisten und Autoren *Mauz*.

Größere Aufmerksamkeit verdienen jene Untersuchungen, die unter Berufung auf rückläufige Eingangszahlen eine Überlastung der Justiz vehement bestreiten[306]. In der Tat verdeutlicht ein Blick in die Statistik, dass in letzter Zeit eine quantitative Entspannung eingetreten ist. Die Zahl der Eingänge bei den staatlichen Gerichten ist in den letzten Jahren gleich geblieben bzw. zuletzt etwas gesunken[307]. Dies belegen schon die Eingangszahlen der Länder Bayern und Nordrhein-Westfalen aus den Jahren 1993 bis 1998 eindrucksvoll[308]. Aber auch die gesamtdeutschen Eingangszahlen zeigen, dass seit 1994 (alte Bundesländer) bzw. 1995 (neue Bundesländer) bis zum Jahr 1998 ein Rückgang der Eingangszahlen zu verzeichnen ist[309]. Man kann jedenfalls davon sprechen, dass in den letzten Jahren von einer „Stabilisierung der Neuzugänge auf hohem Niveau" auszugehen ist[310]. Während also bis vor einigen Jahren noch ein Zusammenwirken zwischen der ständig ansteigenden Prozessflut mit der allgemein bekannten Finanzsituation von Bund und Ländern zu verzeichnen war[311], hat sich die Situation durch die rückläufigen Eingangszahlen in den vergangenen Jahren etwas entspannt. Gleichwohl wurde der Justiz jüngst durch eine Unternehmensberatung eine chronische Überlastung bescheinigt[312]. Auch kann eine erhebliche – und wie noch aufzuzeigen wird: zumindest qualitative – Belastung der Ziviljustiz nicht ernstlich bestritten werden[313], so dass die Suche nach Alternativen zum Gerichtsverfahren nachvollziehbar ist[314]. Dabei gilt weiter zu bedenken, dass die Überlastung der Gerichte nicht nur aus der Sicht des Richters, sondern auch für die Anwaltschaft und deren Parteien ein wichtiger Gesichtspunkt ist, da sie dazu führt, dass sich die Prozessdauer verlän-

---

selbst bei konstantem Geschäftsanfall der Schluss nahe liege, dass die Gerichte von dem gesamten Potenzial an Konflikten einen sinkenden Anteil behandelten.

[305] So *Busse*, NJW 2000, 785.

[306] Siehe etwa *Kirchhof*, BRAK-Mitt. 2000, 14 ff.; vgl. jüngst *van Bühren*, AnwBl 2003, 619.

[307] *Ritter*, NJW 2001, 3440 (3441).

[308] *Kirchhof*, BRAK-Mitt. 2000, 14 (15).

[309] Siehe dazu die Stellungnahme des Ausschusses „Justizreform" des DAV zur jüngsten Reform des Zivilprozesses, AnwBl Sonderheft zu 5/2000, s. 6 f., und das DAV-Forum „Justizreform – Zivilprozess", AnwBl Sonderheft zu 5/2000, 113 f.; siehe auch *Jansen* (2001), S. 48 f.

[310] So *Meyer-Teschendorf/Hofmann*, ZRP 1998, 132 (135); vgl. *Leeb*, BB Beilage 10 zu Heft 40/1998, 3; relativierend auch *Katzenmeier*, ZZP 115 (2002), 51 (52 f.).

[311] So noch *Prütting*, JZ 1985, 261 (263).

[312] *Mackenroth/Teetzmann*, ZRP 2002, 337 (338); siehe dazu auch die Nachricht der Internetredaktion Verlag C.H. Beck vom 7.3.2002.

[313] So zu Recht *Hoffmann-Riem* (2001), S. 254.

[314] Vgl. *Ayad*, ZRP 2000, 229 (230), im Zuge der jüngsten Reform des Zivilprozesses; vgl. auch *Jansen* (2001), S. 50, im Zuge der Einführung des § 15a EGZPO.

gert und der Richter für den einzelnen Fall weniger Zeit zur Verfügung hat, als es vielleicht wünschenswert wäre[315].

cc.   Die Situation im Bereich der Arbeitsgerichtsbarkeit

Zwar kann die Situation in der Ziviljustiz nicht ausnahmslos auf den Bereich der Arbeitsgerichtsbarkeit übertragen werden[316]. Aber auch dort wird in Anbetracht der angespannten Finanzsituation des Staats und der Justizüberlast über etwaige Einsparungsmöglichkeiten nachgedacht[317]. So wird etwa die überlange Dauer und die große Anzahl von Arbeitsgerichtsprozessen seit langem von Justiz, Gewerkschaften und Arbeitgeberverbänden beklagt, insbesondere die gegenwärtige Dauer der Arbeitsgerichtsprozesse sei nicht mehr vertretbar[318]. Von Seiten der Gewerkschaften und Unternehmensverbänden als unerlässlich angesehen wird über bloße Korrekturen im Verfahrensrecht hinaus eine Aufstockung der Sach- und Personalmittel sowie eine Umstrukturierung und Besetzung freier Planstellen[319]. Diesbezüglich hat sich zwar in der Vergangenheit viel getan – nicht zuletzt auch aufgrund des Engagements vieler Arbeitsrichter. Inzwischen aber scheint auch die Arbeitsgerichtsbarkeit an ihre Grenzen gestoßen zu sein; weitere Rationalisierungspotenziale existieren kaum noch[320].

Zumindest in individualarbeitsrechtlichen Streitigkeiten kann eine solche Überlastung nicht von der Hand gewiesen werden. Auch an dieser Stelle bietet sich ein Blick in die Statistik an. Während bis zum Jahr 1996 die Eingangszahlen bei den Arbeitsgerichten auf 675.637 eingereichte Klagen dramatisch angestiegen waren, gingen sie in den folgenden Jahren stetig zurück, im Jahr 1997 auf 659.185, im Jahr 1998 auf 584.686 und im Jahr 1999 auf 568.469, sind aber zuletzt wieder im Jahr 2000 auf 569.161 und im Jahr 2001 auf 598.732 angestiegen[321]. Beispielsweise hatte im Jahr 2002 jeder Arbeitsrichter am *ArbG München* 860 Verfahren zu bearbeiten[322]. Hinsichtlich der Dauer der Arbeitsgerichtsprozesse ergeben die Zahlen aus dem Jahr 2000, dass die Verfahren in erster Instanz zu einem Großteil in drei bis sechs Monaten erledigt wurden, in zweiter

---

[315] *Böckstiegel*, DRiZ 1996, 267.

[316] *Düwell* (1999), S. 752; vgl. *Blankenburg*, ZRP 1992, 96 (98), demzufolge eine Prognose des Geschäftsanfalls nur nach Tätigkeitsbereich gesondert erstellt werden könne; vgl. bereits *Pfeiffer*, ZRP 1981, 121 (122).

[317] Vgl. *Kissel*, RdA 1994, 323 (325); *Düwell* (1999), S. 753; nach Ansicht von *Weth*, NJW 1996, 2467, entspricht es allgemeiner Meinung, dass alle Gerichtsbarkeiten überlastet seien.

[318] *Heilmann*, AuR 1997, 424 (und 426); siehe schon *Rottleuthner* (1980), S. 267 f.; *Preibisch* (1982), S. 272; siehe auch den Bericht in der SZ vom 7./8./9.6.2003, S. 26, mit dem Titel „Arbeitsrichter in Zeitnot: Es zwickt an allen Enden".

[319] *Heilmann*, AuR 2000, 424 (426).

[320] *Düwell* (1999), S: 752; *Heilmann*, AuR 2000, 424 (426).

[321] Quelle: BArbBl 9/1997, S. 132, 10/1998, S. 148, 11/1999, S. 72, 12/2000, S. 94, 1/2002, S. 12, und 11/2002, S. 160; die fortwährend späteren Veröffentlichungen dieser Statistiken sprechen auch für eine gewisse Überlastung des (ehemaligen) Bundesministeriums für Arbeit und Soziales, so wurde der Tätigkeitsbericht für das Jahr 1978 bereits im BArbBl 4/1979 veröffentlicht.

[322] So der Bericht in der SZ vom 7./8./9.6.2003, S. 26.

Instanz in sechs Monaten bis zu einem Jahr und in dritter Instanz in ein bis zwei Jahren; dabei sind bei Bestandsstreitigkeiten vor dem Hintergrund der §§ 61a und 64 Abs. 8 ArbGG „schnellere" Erledigungen zu konstatieren[323]. Auch die Belastung in der Arbeitgerichtsbarkeit ist also insgesamt hoch und es ist nicht gerade mit einer Entspannung der gegenwärtigen Situation zu rechnen. Dies lassen nicht zuletzt die vielen gesetzlichen Neuerungen im Zuge der Zivilprozess- und Schuldrechtsreform, insbesondere aber die arbeitsrechtlichen Gesetze zum Teilzeit- und Befristungsrecht sowie zum Betriebsverfassungsrecht und die ständigen sonstigen sozialpolitischen Korrekturen erkennen[324].

In diesem Zusammenhang ist darauf hinzuweisen, dass die vom *Sachverständigenrat* „*Schlanker Staat*" empfohlenen Maßnahmen auch die Arbeitsgerichtsbarkeit betreffen. Demzufolge sollen die „Hausgerichtsbarkeiten" aufgelöst werden, d.h. auch die Arbeitsgerichtsbarkeit soll in allen Ländern dem Justizministerium unterstellt werden. Des Weiteren spricht sich der Sachverständigenrat für eine Eingliederung der Arbeitsgerichtsbarkeit in die ordentliche Gerichtsbarkeit aus[325] und legt eine Zusammenführung der Verfahrensordnungen (ZPO, ArbGG) nahe[326]. Gegen eine Zusammenlegung der Fachgerichtsbarkeiten und den damit verbundenen Abschied von einer eigenständigen Arbeitsgerichtsbarkeit erhebt sich freilich heftiger Widerstand vor allem aus dem Lager der Arbeitsrechtler[327]. Nachdem verschiedentlich eine Auflösung des Ar-

---

[323] Quelle: BArbBl 1/2002, S. 125, 126 und 128; etwas längere Verfahrensdauern geben *Kittner/Kohler*, BB Beilage 4 zu Heft 13/2000, 1 (26 f.), an; siehe auch den Bericht in der SZ vom 7./8./9.6.2003, S. 26, zur Situation am *ArbG München*: Wer sich beim Gütetermin nicht einige, bekomme einen Verfahrenstermin häufig erst über ein halbes Jahr später.

[324] Vgl. *Heilmann*, AuR 1997, 424 (426); vgl. zu den Gesetzesmängeln und zum gesetzgeberischen Handlungsbedarf noch unter B. I. 3. b. ff. bzw. im besonderen Teil unter C. IV. 1.

[325] *P. Lindemann*, ZRP 1999, 200 (201), für den § 15 ArbGG hierfür die Grundlage böte; weiterführend *S. Franke*, ZRP 1997, 333 ff.; siehe zu den jüngsten rechtspolitischen Bestrebungen über eine Zusammenlegung der Gerichtsbarkeiten den Bericht in NJW Heft 42/2003, S. XII ff., und die Nachricht der Internetredaktion Verlag C.H. Beck vom 30.9.2003; siehe auch *Heister-Neumann*, ZRP 2005, 12 (13), im Zuge der geplanten „Großen Justizreform"; kritisch *Weth*, ZRP 2005, 119 (120 f.).

[326] *Meyer-Teschendorf/Hofmann*, ZRP 1998, 132 (133 f.); *Düwell* (1999), S. 747 f.; siehe auch *Däubler-Gmelin*, ZRP 2000, 485 (462), derzufolge eine „schrittweise Angleichung der Prozessordnungen" auch „Fernziel" der jüngsten Reform des Zivilprozesses gewesen sei.

[327] *Leinemann*, BB 1997, 2322 ff.; *Düwell* (1999), S. 745 ff.; *Thon/Roth*, AuR 2000, 161 ff.; *Düwell*, BB 2003, 2745 ff.; *Rolfs*, NJW-Editorial Heft 51/2003, S. III; *Aust-Dodenhoff*, NZA 2004, 24 ff.; *Nielebock*, NZA 2004, 28 ff.; *Schrader/Straube/Schubert*, NZA 2004, 899 f.; kritisch auch *P. Lindemann*, ZRP 1999, 200 (202): „Soll es wirklich Sinn machen, die Spezialisierung zu verdünnen und die Spruchkörper aufzublähen?"; vgl. bereits *Grunsky*, NJW 1978, 1832 (1836); anders als *BGH*-Präsident *Hirsch* sprechen sich auch der ehemalige *BAG*-Präsident *Wissmann*, Internetredaktion Verlag C.H. Beck vom 1.12.2003 und vom 11.5.2004, die derzeitige *BAG*-Präsidentin *I. Schmidt*, NZA 2005, 601 (602), die LAG-Präsidenten, Internetredaktion Verlag C.H. Beck vom 24.5.2004, der BDU, Internetredaktion Verlag C.H. Beck vom 14.5.2002, der DGB, NJW Heft 51/2003, S. XIV, Internetredaktion Verlag C.H. Beck vom 17.6.2004 und 29.9.2004, sowie der DAV, AnwBl 2004, 488, und Internetredaktion Verlag C.H. Beck vom 5.3.2004, gegen eine Abschaffung der Arbeitsgerichtsbarkeit aus.

beitsministeriums gefordert wurde[328], ist es zwischenzeitlich zu dessen Eingliederung in das Wirtschaftsministerium gekommen[329]. Weiter soll dies hier nicht kommentiert werden. Es zeigt jedenfalls, dass die Arbeitsgerichtsbarkeit um ihre Eigenständigkeit bangen muss und daher gut daran tut, die im Bereich der Ziviljustiz angestellten Überlegungen hinsichtlich einer Entlastung der Justiz auch für sich nutzbar zu machen. Dies wurde auch auf einem Kolloquium mit dem Thema „Europäischer Sozialraum und die Gerichtsbarkeit" deutlich[330].

b.   Ursachen für die Überlast der Justiz

Die Suche nach alternativen Konfliktbehandlungen auf Grund einer angestrebten Entlastung der Justiz führt unweigerlich zu der Frage nach den Ursachen für die Überlast der Justiz. Hieraus können nämlich wertvolle Erkenntnisse für etwaige Alternativen gewonnen werden.

Eine solche Vorgehensweise findet sich nicht nur auch in anderen einschlägigen Abhandlungen über alternative Konfliktbehandlungen[331], sie ist sogar geboten. Denn anstatt dem hohen Geschäftsanfall bei Gericht mit einer undifferenzierten Abschiebung auf alternative Verfahren zu begegnen, muss man die Überlast der Justiz analysieren und zunächst auf ihre Ursachen befragen[332]. Dies hat für etwaige Alternativen im Bereich der Arbeitsgerichtsbarkeit gleichermaßen zu gelten. Dabei darf nicht außer Acht gelassen werden, dass die Ursachen für die Überlast der Justiz ihrerseits vielfältig sind. Zu berücksichtigen ist weiter, dass die Gründe je nach Gerichtsbarkeit trotz genereller Gemeinsamkeiten in ihren Einzelheiten unterschiedlich ausfallen können[333]; auch insoweit muss den Besonderheiten der Arbeitsgerichtsbarkeit Rechnung getragen werden[334]. Mit Sicherheit kann nicht *eine* oder *die* Ursache für die Zunahme forensischer Konfliktregelung ausgemacht werden, sondern das Zusammen- und Gegeneinanderwirken der Vielzahl der aufgeführten Faktoren. Einer allzu differenzierten Betrachtungsweise bedarf es diesbezüglich aber nicht[335].

---

[328] So etwa der ehemalige BDI-Präsident *Henkel*, SZ vom 13.11.2000, S. 2.
[329] Eine solche Eingliederung befürwortend etwa *Rüthers*, NJW 2003, 546 (547).
[330] *Zumfelde*, NZA 2002, 374 f., wonach den Arbeitsgerichten in Europa neben der Frage der Eigenständigkeit noch eine weitere „Konkurrenz" erwachse, die der Mediatoren und der Schiedsgerichte.
[331] Siehe etwa *Strempel*, ZRP 1989, 133 (134).
[332] In diesem Sinne *Blankenburg*, ZRP 1982, 6 (7), im Hinblick auf die Steigerungsraten Anfang der 80er Jahre; vgl. auch *Witte*, DRiZ 1980, 201 (204): Ursachen für die anwachsende Prozessflut erforschen und – darauf aufbauend – Möglichkeiten zu ihrer Eindämmung entwickeln.
[333] Dazu *de Wirth*, ZRP 1982, 188 (190).
[334] *Düwell* (1999), S. 752.
[335] Siehe aber *Strempel*, ZRP 1989, 133 (134), zu einer Einteilung in zwei Gruppen, der „justiznahen Variablen" und der „allgemeinen Veränderungen in der Sozialstruktur", vgl. auch *W. Gottwald*, Betrifft JUSTIZ 1999, 117 (118 f.), der in Bezug auf die Gründe für ADR zwischen „justiznahen Gründen" und „nicht justizbezogenen Gründen" unterscheidet.

aa.   Prozessfreude der Rechtssuchenden

> Zu bedenken ist auch, daß die amtliche Justizpolitik jahrzehn-
> telang die Menschen ermutigt hat, ihr Recht zu behaupten und
> vertrauensvoll zu Gericht zu gehen. Es geht nicht an, Men-
> schen, die sich entsprechend diesen Appellen verhalten, jetzt
> als Prozeßhansel zu verunglimpfen, weil dem Staat die Wahr-
> nehmung seiner Rechtsschutzaufgabe zu teuer oder zu lästig
> wird.
>
> *R. Wassermann*[336]

Mit vorstehender Aussage wird die Antwort auf die Frage, ob auch eine Prozessfreude der Rechtssuchenden zu einer Überlast der Justiz beigetragen hat, bereits beantwortet: Ja, aber es ist ihnen nicht zu verdenken.

Dabei ist der Begriff „Prozessfreude" unglücklich bzw. verfehlt. Damit ist nicht ge-meint, dass es dem Rechtssuchenden Freude bereitet, einen Prozess zu führen. Gewiss gibt es Querulanten, die mit ihrer Uneinsichtigkeit und Hartnäckigkeit Nerven und Zeit der Richter oft über das Erträgliche hinaus strapazieren. Jedoch gab es die schon im-mer, zudem handelt es sich dabei um zu vernachlässigende Ausnahmefälle. Tatsäch-lich wird dem Rechtssuchenden nachgesagt, rechthaberisch zu sein und zu versuchen, selbst aus geringfügigen Anlässen sein vermeintliches Recht vor Gericht einzukla-gen[337]. Es sei eine „Selbstverständlichkeit", dass der Bürger seine privaten oder ge-schäftlichen Angelegenheiten vor Gericht bringe[338]. Aber: „Prozeßseeligkeit, wie sie zum Teil als Folge typisch bundesrepublikanischer Eigenschaften kritisiert wird, ist ein Mythos."[339] Mittlerweile hat auch die Rechtspolitik eingesehen, dass es allein mit einer pauschalen Verunglimpfung der Bürger nicht getan ist, vielmehr gehe es um Menschen, von denen „jedenfalls die meisten nicht als notorische Streithansel" vor Gericht zögen, sondern um dort Probleme zu bewältigen[340]. Unerwünscht sind allein Klagen, die mutwilligen oder schikanösen Charakter haben, mithin Klagen, die ohne hinreichende Erfolgsaussicht vor Gericht gebracht werden[341]. Statt einer allgemeinen

---

[336] RuP 1998, 74 (78); ähnlich ders., NJW 1995, 1943 (1944): „Jahrzehntelang wurden Bürger und Bürgerinnen dazu aufgerufen, um ihr Recht zu kämpfen, wie es sich für mündige Staatsbürger gehöre. Kann man sich da wundern, daß immer mehr Menschen von ihren Rechten Gebrauch machen?"

[337] *R. Wassermann*, NJW 1995, 1943; siehe auch den Einleitungssatz in der SZ vom 20.3.2001, S. 54, zum Thema Schlichtung, Mediation oder Schiedsgericht „Die Deutschen prozessieren gern" sowie den Schlusssatz mit Zitat von *Ponschab* „Die Deutschen streiten lieber und gehen vor Gericht"; siehe auch *Trossen*, ZKM 2001, 159 (160): „Deutsche streiten halt gerne."; siehe aber *Böckstiegel*, DRiZ 1996, 267 (268), demzufolge diese Tendenz sicher noch nicht US-amerikanische Ausmaße erreicht habe; siehe jüngst zur „Streitsucht der Deutschen" der Präsident des *AG München*, Internetredaktion Verlag C.H. Beck vom 28.2.3005.

[338] So *Greger*, ZRP 1998, 183.

[339] *H.-B. Schäfer*, DRiZ 1995, 461 (462); ähnlich *Heussen*, AnwBl 1998, 551 (558), der Klagen über die zu große Streitsucht der Deutschen angesichts rückläufiger Prozesszahlen für unberechtigt hält.

[340] So eine Aussage des bayerischen Ministerpräsidenten *Stoiber* im Zuge der jüngsten Reform des Zivilprozesses, SZ vom 3.11.2000, S. L8.

[341] Siehe jüngst *Kilian*, ZRP 2003, 90 (93), im Kontext mit anwaltlichen Erfolgshonoraren.

Prozessfreude steht eher ein gestiegenes Selbst- bzw. Rechtsbewusstsein der Bürger und deren damit verbundene wachsende Mündigkeit in Bezug auf den Zugang zum Gericht im Vordergrund[342].

Bereits Anfang der 80er Jahre wurde aufgezeigt, dass dies wiederum auf eine bildungsbedingt verbesserte Fähigkeit zur Inanspruchnahme von Rechtsinstitutionen zurückzuführen ist. Mit anderen Worten: Die wachsende Mündigkeit in Bezug auf den Zugang zum Gericht kann man als eine schlichte Folge der Verbreiterung der Bildungsschichten ansehen. Dabei gilt indes zu bedenken, dass die Parteien auch ohne Verfahrenszwang vor der gerichtlichen Auseinandersetzung Einigungsversuche unternommen haben. Man fand heraus, dass der größte Teil aller Konflikte im direkten Kontakt mit dem Konfliktgegner gelöst wurde, fast immer erfolgte nach dem Scheitern solcher Versuche zunächst der Gang zu anderen, bereichsspezifischen Einrichtungen. Dies galt als Beleg dafür, dass selbst die aktivsten aller Bürger nur einen Teil ihrer rechtsrelevanten Probleme tatsächlich vor die Gerichte tragen[343]. Aufklärung und Bewusstseinsbildung haben dazu geführt, dass sich der Bürger seiner rechtlichen Möglichkeiten bewusster geworden ist, das Wissen um sie zu nutzen versteht und sie daher intensiver als bisher verfolgt. Der Rechtssuchende legt inzwischen eine gewachsene Bereitschaft zu Kritik und Hinterfragung von Rechtsnormen an den Tag[344]. Die größere Konfliktbereitschaft ist damit Folge politischer und sozialer Aufklärung. Wer den demokratisch aufgeklärten Bürger will, muss auch akzeptieren, dass dieser nicht alles hinnimmt. Staatlich geförderte Rechtsberatung und Prozesskostenhilfe sowie Aktivitäten rechtsberatender Institutionen tun ihr Übriges[345]. Hinzu kommt, dass Werbung und Medien diesen Gedanken in den letzten Jahren zunehmend aufgegriffen haben. Die Ausstrahlung vereinzelter Werbespots für Rechtsschutzversicherungen und vor allem in jüngerer Zeit mehrerer Rechtsberatungssendungen sowie Gerichtsshows im Fernsehen mögen hierfür als Beleg dienen[346]. Die Wirkung dieser „Öffentlichkeitsarbeit" darf nicht unterschätzt werden[347].

---

[342] *Busse*, AnwBl 1994, 49 (52); *R. Wassermann*, NJW 1995, 1943 (1944); *Katzenmeier*, ZZP 115 (2002), 51 (54); vgl. bereits *P. Gottwald*, ZZP 95 (1982), 245 (250).

[343] Zum Ganzen *Blankenburg*, ZRP 1982, 6 (7 f.); ders., ZRP 1992, 96 (97), spricht insoweit von einer „zunehmenden Mobilität der Bevölkerung".

[344] So schon *Stürner*, JR 1979, 133 (134), demzufolge dies zu einer tief greifenden Krise des normativen Denkens geführt habe.

[345] *Pfeiffer*, ZRP 1981, 121 (122); *de Wirth*, ZRP 1982, 188 (190); *Schmidt-von Rhein*, ZRP 1984, 119; *R. Wassermann*, NJW 1995, 1943 (1944), unter Berufung auf die bereits in den 70er Jahren geführte Diskussion, sozial Schwachen den Zugang zum Recht und zum Gericht zu erleichtern; zutreffend weist *H.-B. Schäfer*, DRiZ 1995, 461 (467), allerdings darauf hin, dass auch eine unzureichende Aufklärung der Rechtsuchenden Ursache für eine vorschnelle gerichtliche Inanspruchnahme sein kann.

[346] Bezeichnend die jüngsten Urteile des *BGH*, NJW 2002, 2877 („Bürgeranwalt"), 2879 („Wie Bitte?!"), 2880 („WISO"), 2882 („Wir Schuldenmacher") und 2884 („Ohne Gewähr"); siehe *M. Steiner*, ZRP 2003, 245 ff., zum Bild der Justiz in Gerichtsshows.

[347] Vgl. *Zuck*, NJW 2001, 2055 (2056 f.), demzufolge eine sachgerecht vorgenommene Medienberatung eher dem verstärkten Rechtsbewusstsein des Bürgers diene, also die Einholung professionellen

Zugleich hat der Ausbau unseres Rechtssystems das „Anspruchsdenken" vieler Rechtssuchenden gefördert. Der Sozial- und Rechtsstaat hat für den Einzelnen eine zusätzliche große Zahl von Rechten begründet, welche ihm früher überhaupt nicht oder nicht in der heute festgelegten Weise zugestanden haben[348]. Damit einher ging ein Anwachsen legislativer und exekutiver Tätigkeit und damit verbundener potentieller neuer Konfliktquellen sowie eine im modernen Sozialstaat geweckte bzw. gestiegene „Anspruchsneigung", was unentrinnbar zu einem sich verstärkenden Geschäftsanfall der Gerichte geführt hat[349]. Insgesamt lässt sich dies als eine „Verrechtlichung des Anspruchsdenkens" bezeichnen. Je mehr der Staat die Konfliktbewältigung übernimmt und regelt, desto stärker wird die Vorstellung, er müsse die Bewältigung aller Konflikte leisten[350].

Insofern steht der Gesetzgeber vor einem Dilemma, welches er selbst zu verantworten hat, so dass es in der Tat nicht angebracht ist, nun den gemeinen Bürger zur Rechenschaft zu ziehen. Denn: „Es ist eingetreten, was vorauszusehen war."[351] Offenbar hat auch der Gesetzgeber dieses Problem erkannt. Andernfalls ist nicht zu erklären, weshalb durch die Einführung des § 15a EGZPO im Zivilprozess eine vorgerichtliche „Zwangsschlichtung" verankert wurde. Ziel ist dabei die Förderung einer außergerichtlichen Streitbeilegung, insbesondere habe der Bürger einzusehen, dass er „nicht gleich vor den Richter" müsse[352]. Ähnliche Erwägungen mögen den Gesetzgeber im Zuge der jüngsten Zivilprozessreform veranlasst haben, den Weg weg vom Gericht hin zur außergerichtlichen Streitschlichtung (§ 278 Abs. 5 ZPO) zu gehen. Mit gewissem Nachdruck will man nun dem Bürger ausreden, was man ihm jahrelang eingeredet hat[353]. Vor diesem Hintergrund verwundert es nicht, dass der Gesetzgeber eine „unzureichende Streitschlichtungskultur" im Lande konstatiert hat bzw. eine solche zur Rechtfertigung seiner Reformbestrebungen konstatieren musste[354].

Die vorstehenden Erwägungen lassen sich auch auf das Arbeitsrecht übertragen[355]. Vor allem individualarbeitsrechtliche Streitigkeiten haben von der wachsenden Mündigkeit der Arbeitnehmer insofern „profitiert", als diese ihre Rechte zunehmend auch

---

Rechtsrats fördere; vgl. bereits *P. Gottwald*, ZZP 95 (1982), 245 (250), wonach Rechtsaufklärung durch Rundfunk und Zeitungen das rechtliche Wissen verbessert und die Konfliktbereitschaft vergrößert hätten.

[348] *Schmidt-von Rhein*, ZRP 1984, 119; *Hoffmann-Riem*, ZRP 1997, 190 (191).

[349] So *de Wirth*, ZRP 1982, 188 (190).

[350] *Hoffmann-Riem*, ZRP 1997, 190 (191); siehe zur Verrechtlichung bzw. Vergerichtlichung als Ursache für die Überlast der Justiz noch unter B. I. 3. b. ee.

[351] *R. Wassermann*, NJW 1995, 1943 (1944).

[352] Vgl. BT-Drucks. 14/980, S. 5; siehe auch die gleichnamige Abhandlung von *Hehn* (1996) sowie die Informationsbroschüre des Bayerischen Justizministeriums „Schlichten ist besser als Prozessieren".

[353] Vgl. BT-Drucks. 14/4722, S. 83: nach dem Motto „Schlichten ist besser als Richten"; siehe auch *Hartmann*, NJW 2001, 2577 (2582).

[354] Siehe BT-Drucks. 14/4722, S. 58 f., im Zuge der jüngsten Reform des Zivilprozesses.

[355] Vgl. *Kissel*, RdA 1994, 323 (325).

gerichtlich verfolgen[356]. Auch der Umstand, dass der Großteil der eingereichten Klagen vor den Arbeitsgerichten von Arbeitnehmern stammt, ist weniger Ausdruck einer ausgeprägten Prozesslust derselben, sondern eher auf das betriebliche Kräfteverhältnis zurückzuführen[357]; hierauf wird im Zusammenhang mit den rechtstatsächlichen Ausführungen im besonderen Teil noch zurückzukommen sein[358]. Dass nicht zuletzt auch die rechtsberatende Tätigkeit der Gewerkschaften das Rechtsbewusstsein vieler Arbeitnehmer geschärft hat, dürfte außer Frage stehen[359]. Schließlich muss bedacht werden, dass Arbeitnehmern in Anbetracht verschiedenster Ausschlussfristen oft nichts anderes übrig bleibt, als eine Klage zu erheben; darauf wird noch mehrfach zurückzukommen sein.

bb. Prozessfreude rechtsberatender Institutionen

Der steigende bzw. fortwährend hohe Geschäftsanfall bei den Gerichten könnte auch durch die Tätigkeit der Anwaltschaft verursacht worden sein. Speziell im Arbeitsrecht sind insoweit noch die Gewerkschaften anzusprechen.

(1) Prozessfreude der Anwaltschaft

Zur Rolle der Anwaltschaft bei der außergerichtlichen Konfliktbehandlung wird noch im besonderen Teil ausführlich Stellung genommen[360]. An dieser Stelle geht es einzig darum, ob ein Zusammenhang zwischen anwaltlicher Aktivität und dem Ansteigen des Gerichtsaufkommens zu verzeichnen ist.

Jedenfalls in der Öffentlichkeit herrscht das Bild des Anwalts in schwarzer Robe vor, also in erster Linie des gerichtlichen Vertreters[361]. Verbreitet besteht in der Öffentlichkeit der Eindruck einer prozesstreibenden Wirkung der Anwaltschaft. Anwälten wird häufig nachgesagt wird, dass sie eher dazu neigten, einen Streit vor Gericht zu bringen, als ihn von dort fern zu halten. Nach einer Erhebung von Prognos/Infratest aus dem Jahr 1986 wird der Anwalt oftmals als „Prozesstreiber" bezeichnet, bei dem „alles in Richtung Prozess" gehe oder der „aus allem einen Fall" mache. Auch von Seiten Gelehrter wird kritisiert, je mehr Rechtsanwälte es gäbe, desto mehr rechtliche Probleme träten auf. Darüber hinaus wird unterstellt, dass Anwälte zur Deckung ihres eigenen finanziellen Bedarfs Streit schürten statt zu schlichten oder Streit gar erst entfachten[362].

---

[356] So *Grotmann-Höfling* (1995), S. 58 ff., unter dem Abschnitt „Bekanntheitsgrad und Arbeitsgerichtsbarkeit"; vgl. *L. Wenzel*, AuR 1979, 225.

[357] *Heilmann*, AuR 1997, 424; vgl. *Opolony*, JuS 2000, 894 (895).

[358] Siehe dazu noch unter C. I. 3.

[359] Siehe dazu sogleich unter B. I. 3. b. bb. (2).

[360] Siehe dazu noch unter C. III. 2. a.

[361] *Prütting*, AnwBl 1990, 346; *Budde*, ZAP 2000, 695.

[362] Zum Ganzen *Busse*, AnwBl 2001, 130; siehe auch ders., AnwBl 1994, 49, wonach Anwälte unnötige Prozesse anstrengten, sie hartnäckig bis zur Ausschöpfung aller Gebührentatbestände fortsetzten und verschleppten, statt sie im Benehmen mit dem Gericht einem schnellen Ende zuzuführen; zu ähn-

84

Anstatt dieses Bild in der Öffentlichkeit zu relativieren, wird diese Sichtweise bisweilen sogar von Seiten der Rechtspolitiker getragen[363].

Freilich gibt es unter den Rechtsanwälten Negativbeispiele: Anwälte, die aussichtslose Prozesse anstrengen oder sich gegen eine Klage mit aussichtslosen Argumenten verteidigen[364]. Es mag auch sein, dass Anwälte eher zu den ihnen vertrauten Gerichtsverfahren tendieren als zu den außergerichtlichen Optionen. In vielen Fällen wird aber entweder die Partei oder zumindest der Anwalt den Versuch einer Einigung mit der Gegenseite bereits unternommen haben oder von vornherein für aussichtslos ansehen[365]. Entscheidend jedenfalls ist, dass eine Parallelität zwischen dem dramatischen Anstieg der Zahl zugelassener Rechtsanwälte einerseits und einem Ansteigen der Prozesszahlen andererseits nicht festgestellt werden kann. Insbesondere dürfte aus anwaltlicher Sicht kein wirtschaftlicher Anreiz bestehen, Prozesse zu suchen, und zwar auch nicht vor dem Hintergrund nicht ausreichender außergerichtlicher Gebührenanreize. Vielmehr ist umgekehrt anzunehmen, dass infolge rückläufiger gerichtlicher Eingangszahlen Anwälte mehr denn je außergerichtlich tätig sind[366]. Schließlich ist der Behauptung zu entgegnen, Anwälte würden von Rechtsmitteln mutwillig Gebrauch machen bzw. hierdurch Prozesse verzögern[367]. Damit erweist sich der pauschale Vorwurf einer prozesstreibenden Wirkung der Anwaltschaft als ungerechtfertigt. Dass gleichwohl auf Seiten der Anwaltschaft weiteres, erhebliches Schlichtungspotenzial besteht, wird im besonderen Teil noch aufzuzeigen sein[368].

Auch der zumindest vorübergehend starke Anstieg des Geschäftsanfalls vor den Arbeitsgerichten entspricht nicht dem vergleichsweise dramatischen Anstieg der zugelassenen bzw. auf das Arbeitsrecht spezialisierten Rechtsanwälte[369]. Es kann allenfalls

---

lichen Vorwürfen bereits *Prütting*, AnwBl 1990, 346 (347); siehe schließlich aus rechtssoziologischer Sicht *Blankenburg* (1982), S. 33, demzufolge es immer schon eine Drohung mit möglichen Rechtsschritten bedeute, wenn man den Gang zum Anwalt dem Gegner signalisiere.
[363] Zumindest unglücklich daher die Aussage des damaligen hamburgischen Justizsenators und jetzigen Bundesverfassungsrichters *Hoffmann-Riem*, ZRP 1997, 190 (192): Berufsstände wie die Anwaltschaft lebten davon bzw. seien dafür geschaffen worden, gerichtliche Prozesse unterstützend zu begleiten.
[364] So *Busse*, AnwBl 1994, 49 (50).
[365] Vgl. *Böckstiegel*, DRiZ 1996, 267 (268); vgl. auch *Röhl* (1987), S. 496 f., demzufolge manches dafür spreche, dass es ohne Anwälte mehr Prozesse gebe, zumal Anwälte gem. § 1 BRAO nicht allein aus ideologischen Gründen „Organe der Rechtspflege" seien.
[366] Zum Ganzen *Busse*, AnwBl 1994, 49 (50 ff.), und AnwBl 2001, 130 (132); vgl. zum Kostenargument auch *Prütting*, JZ 1985, 261 (267), wonach fälschlicherweise immer wieder behauptet werde, Anwälte seien aus Kostengründen gezwungen, Klage zu erheben anstatt eine außergerichtliche Einigung zu erzielen; vgl. zu den anwaltlichen Gebührenanreizen noch im abschließenden Teil unter D. I. 2. c. aa.
[367] *Busse*, AnwBl 1994, 50 (53 f.).
[368] Siehe dazu unter C. IV. 6. a.
[369] *Busse*, AnwBl 1994, 49 (50); gleichwohl sind nach Ansicht von *Blankenburg* (1982), S. 39, die steigenden Prozesszahlen vor den Arbeitsgerichten in den 70er Jahren mit einem wachsenden Anteil

davon ausgegangen werden, dass anwaltliche Prozessbevollmächtigte, also wenn die Klage bereits bei den Arbeitsgerichten anhängig gemacht worden ist, Prozesse hartnäckiger führen, und zwar sowohl auf Arbeitnehmer- als auch Arbeitgeberseite[370]. Auch hier gilt schließlich zu berücksichtigen, dass Anwälte angesichts der arbeitsrechtlichen Ausschlussfristen oftmals gezwungen sind, für ihre Mandanten Klage beim Arbeitsgericht einzureichen.

(2) Prozessfreude der Gewerkschaften

Ebenso wenig kann eine übermäßig prozesstreibende Wirkung der Gewerkschaften konstatiert werden. Arbeitgeberverbände können hier unberücksichtigt bleiben, da ohnehin nur wenige Klagen von Arbeitgeberseite erhoben werden.

Man kann zwar davon ausgehen, dass Gewerkschaften das rechtliche Wissen der Arbeitnehmer verbessert und deren Konfliktbereitschaft vergrößert haben[371]. Dem entspricht, dass Gewerkschaften in der Vergangenheit stark mit ihrem Rechtsschutzangebot geworben haben, um ihren gewerkschaftlichen Organisationsgrad zu steigern[372]. Zudem sind sie weiterhin bemüht, einen etwaigen Mitgliederschwund in Grenzen zu halten[373]. Allein aus der Werbung mit Rechtsschutz kann aber auf eine prozesstreibende Wirkung der Gewerkschaften nicht geschlossen werden. Denn diese hat weder unmittelbar noch zwingend eine Klageerhebung zur Folge, zumal wenn man bedenkt, dass erfolgreicher Rechtsschutz auch außergerichtlich gewährt wird[374]. Gewerkschaften haben mehr noch als Rechtsanwälte eine schlichtende, einen Rechtsstreit vermeidende Funktion, mögen sie auch die Einschaltung von Anwälten fördern[375]. Jedenfalls übernehmen Gewerkschaften oftmals die Funktion einer Rechtsschutzversicherung[376]. Näheres zur Schlichtungsfunktion der Gewerkschaften bleibt wiederum dem besonderen Teil überlassen[377].

---

von rechtsanwaltlicher Vertretung einhergegangen, während der „Marktanteil" der Rechtsschutzsekretäre vor den Arbeitsgerichten gesunken ist.

[370] Siehe schon *Falke/Höland/Rhode/Zimmermann* (1981), S. 631 ff. und 649 ff., zu Kündigungssachen.

[371] So *P. Gottwald*, ZZP 95 (1982), 245 (250); vgl. *Pfeiffer*, ZRP 1981, 121 (122).

[372] Siehe dazu *Grotmann-Höfling* (1995), S. 69 ff., mit einigen anschaulichen Beispielen aus der Gewerkschaftspraxis.

[373] Vgl. etwa *Ulrich Fischer*, NZA 2000, 167 (175).

[374] A.A. offenbar *Prütting* (2002), S. 965, demzufolge im Falle des von den Gewerkschaften angebotenen organisierten Rechtsschutzes eine außergerichtliche Einigung eher selten zu erwarten sei, zumal der gewerkschaftliche Rechtsschutz mit dem der Rechtsschutzversicherungen vergleichbar sei; siehe aber zur prozesstreibenden Wirkung der Rechtsschutzversicherungen sogleich unter B. I. 3. b. cc.

[375] *Blankenburg* (1982), S. 38; auch *Camin* (1984), S. 146 und 148, spricht von einer „Rechtsvermeidungsfunktion" der Gewerkschaften.

[376] *Camin* (1984), S. 153 ff.; *Kittner/Kohler*, BB Beilage 4 zu Heft 13/2000, 1 (26).

[377] Siehe dazu unter C. III. 2. b.

cc. Prozesstreibende Wirkung der Rechtsschutzversicherungen

Im Jahr 2000 hatten rund 46 % der insgesamt etwa 42 Mio. deutschen Haushalte eine Rechtsschutzversicherung abgeschlossen. Innerhalb der rund 19,3 Mio. Versicherungsverträge wickelten die Versicherungen etwa 3,4 Millionen Mio. Fälle ab, von denen 570.000 Fälle arbeitsrechtliche Streitigkeiten betrafen, was einem Anteil von immerhin 16,9 % entspricht[378]. Hier stellt sich die Frage, ob Rechtsschutzversicherungen zur Überlast der Justiz beigetragen haben.

(1) im Allgemeinen

Schon eine ältere rechtstatsächliche Studie zu Beginn der 80er Jahre hatte die Vermutung widerlegt, Rechtsschutzversicherungen trügen wesentlich zu der Prozessflut bei, weil sie es den Versicherten erleichterten, im Vergleich zu Nichtversicherten häufiger, hartnäckiger und mit unsichereren Erfolgsaussichten zu prozessieren[379]. Im Rahmen der *Strukturanalyse der Rechtspflege* wurde der Einfluss der Rechtsschutzversicherungen auf das Streitverhalten wiederholt analysiert. Die Untersuchungsergebnisse lieferten abgesehen von den hier zu vernachlässigenden Verkehrsunfallstreitigkeiten wiederum keine Anhaltspunkte für den nach wie vor so oft behaupteten massiven prozesstreibenden Effekt rechtsschutzversicherter Personen[380].

Bei genauerer Betrachtung ergibt sich indes ein differenziertes Bild. Beispielsweise klagen in allgemeinen Zivilsachen rechtsschutzversicherte Privatpersonen deutlich häufiger als Nichtversicherte (46 % gegenüber 33 % aller Fälle) und erweisen sich auch als hartnäckiger. Dies lässt in der Tat den Schluss auf einen prozesstreibenden Effekt von Rechtsschutzversicherungen zu. Danach ist nicht zu bestreiten, dass Rechtsschutzversicherungen die Geschäftsbelastung der Gerichte in gewissem Umfang erhöhen. Entscheidend ist jedoch, ob dadurch auch nicht gerechtfertigte Prozesse betrieben werden. Und genau dies ist nicht der Fall. Rechtsschutzversicherte erzielen in der Klägerposition etwa genauso viele Prozesserfolge wie Nichtversicherte (61 % vs. 63 %). Dies bedeutet, dass die von rechtsschutzversicherten Personen zusätzlich vor die Zivilgerichte gebrachten Fälle sich nicht durch gesteigerte Prozessrisiken auszeichnen. Offensichtlich macht daher die Mehrzahl der Rechtsschutzversicherten von ihrem Versicherungsschutz verantwortungsvoll Gebrauch[381]. Es ist Rechtsschutzversi-

---

[378] Diese Zahlen wurden auf dem 52. Deutschen Anwaltstag 2001 in Bremen in der Sitzung der Arbeitsgemeinschaft Versicherungsrecht genannt, siehe NJW Heft 26/2001, S. X, und AnwBl 2001, 544.

[379] Siehe zu der entsprechenden Studie von *Blankenburg/Fiedler* aus dem Jahr 1982 etwa *Frommel* ZRP 1983, 31 (34); *Wasilewski* (1990), S. 65; *Prütting*, AnwBl 1990, 346 (348); *van Bühren*, AnwBl 1991, 501 (503); siehe aus rechtssoziologischer Sicht *Röhl* (1987), S. 495 f.

[380] Siehe zu der entsprechenden Studie von *Jagodzinski/Raiser/Riehl* aus dem Jahr 1994 etwa dies., NJW 1993, 2769 (2772 f.); *Busse* AnwBl 1994, 49 (52); zweifelnd aber *H.-B. Schäfer*, DRiZ 1995, 461 (466); zurückhaltend auch *Hoffmann-Riem*, ZRP 1997, 190 (192).

[381] So *Leutheusser-Schnarrenberger*, NJW 1995, 2441 (2445); ähnlich schon *Blankenburg* (1982), S. 37, wonach Untersuchungen nicht auf eine „unnütze" Inanspruchnahme der Gerichte (im Sinne des

cherten nicht zu verdenken, dass sie zwar auf der einen Seite mehr Prozesse verursachen, die aber auf der anderen Seite nicht weniger erfolgreich als durch nicht Rechtsschutzversicherte initiierte Prozesse sind. Jedenfalls darf dies in einem Rechtsstaat nicht als unerwünscht empfunden werden[382]. Dies hat auch insofern zu gelten, als eine geringere Zahl vergleichsfähiger Streitigkeiten bei rechtsschutzversicherten Parteien zu konstatieren ist[383].

Nur am Rande sei noch die Prozessfinanzierung angesprochen[384]. Auch insoweit kann keine prozesstreibende Wirkung behauptet werden, zumal nur solche Prozesse geführt werden, die sich durch eine erhöhte Erfolgsaussicht auszeichnen (ähnlich wie bei der Prozesskostenhilfe). Hiervon hängt letztlich die Existenz der prozessfinanzierenden Gesellschaften ab.

(2)   im Arbeitsrecht

Rechtsschutzversicherungen haben in arbeitsrechtlichen Auseinandersetzungen seit jeher eine große praktische Bedeutung[385]. Die Annahme, dass auch in Arbeitsgerichtssachen Rechtsschutzversicherungen zu einem erhöhten und nicht gerechtfertigten Prozessaufkommen beitragen, kann ebenfalls als weitgehend widerlegt betrachtet werden. Im Arbeitsrecht sind rechtsschutzversicherte Personen bei Leistungsansprüchen zwar generell klagefreudiger, hartnäckiger und sogar weniger erfolgreich als Nichtversicherte. Die entsprechenden Differenzen bewegen sich aber lediglich in einer Größenordnung von 5 bis 10 %. Dagegen erweisen sich in Kündigungsschutzverfahren beide Gruppen als sehr konfliktbereit[386]. Bemerkenswert dabei ist, dass Nichtversicherte insofern „erfolgreicher" sind, als sie deutlich häufiger an ihren Arbeitsplatz zurückkehren können, während Versicherte eher eine Abfindung erzielen[387]. Man kann allenfalls

---

Führens von mehr aussichtslosen Prozessen) hinweisen würden, zwar prozessierten Rechtsschutzversicherte geringfügig häufiger, dies stehe aber im Zusammenhang mit einer größeren Sozialaktivität insgesamt.

[382] Vgl. *van Bühren*, AnwBl 1991, 501 (503), in Bezug auf das Kostenargument bei Vergleichen; vgl. auch *Kilian*, ZRP 2003, 90 (93), betreffend die spekulative Kostenfinanzierung in Form von anwaltlichen Erfolgshonoraren.

[383] Siehe schon *Stürner*, JR 1979, 133 (136); dem entspricht die Feststellung von *Spörer*, ZKM 2001, 209 (210 f.), wonach die Schadensregulierung gem. § 5 Abs. 1d ARB betreffend die Gebühren eines Schieds- und Schlichtungsverfahrens bis zur Höhe der Gebühren, die im Falle der Anrufung des zuständigen staatlichen Gerichts erster Instanz entstehen, praktisch bedeutungslos sei.

[384] Dazu *Dethloff*, NJW 2000, 2225 ff.; weiterführend *Nitzsche* (2003) m.w.N.; siehe ferner die Beiträge in AnwBl 2001, 537 ff., betreffend Rechtsschutzversicherungen und alternative Prozessfinanzierungen; siehe schließlich den Bericht in der SZ vom 20./21.10.2001, S. 24.

[385] Erstmals thematisiert wohl von *Schaub*, NZA 1989, 865 ff.

[386] *Leutheusser-Schnarrenberger*, NJW 1995, 2441 (2445); siehe auch *Ennemann*, NZA 1999, 628 (635), der von einer nur unwesentlich zusätzlichen Belastung der Arbeitsgerichtsbarkeit durch rechtsschutzversicherte Parteien spricht; ausführlich dazu *Jagodzinski/Raiser/Riehl*, NJW 1993, 2769 (2773 ff.), und dies. (1994), S. 52 f. und 133 ff.

[387] *Jagodzinski/Raiser/Riehl*, NJW 1993, 2769 (2775).

davon ausgehen, dass Rechtsschutzversicherungen im Hinblick auf die Kostenvorschrift des § 12a ArbGG die Mobilisierung der Arbeitsgerichte fördern. Dies bedeutet allerdings nicht, dass deshalb auch vermehrt „unnötige" Prozesse angestrengt werden[388]. Einmal mehr bleibt an dieser Stelle schließlich der Hinweis auf die ohnehin prozesstreibenden arbeitsrechtlichen Ausschlussfristen.

Zu bemängeln ist freilich, dass es hinsichtlich des außergerichtlichen Beratungsrechtsschutzes im Zusammenhang mit der Voratmosphäre einer Kündigung oder mit Aufhebungsverträgen regelmäßig zu Irritationen über die Einstandspflicht von Rechtsschutzversicherungen kommt[389]. Auch dies kann letztlich zu einer vorschnellen Inanspruchnahme gerichtlichen Rechtsschutzes führen, weil ein solcher in jedem Fall durch die Rechtsschutzversicherungen gedeckt ist.

dd. **Komplexität der Lebensverhältnisse**

Schon früh wurde von einer „zivilisationsbedingten Komplizierung aller Lebensverhältnisse" und „gesteigerten Lebensbedürfnissen des einzelnen Bürgers" gesprochen[390]. Speziell in Bezug auf das Kündigungsschutzrecht war insoweit von einem „Strukturwandel der Konflikte" bzw. von „schwieriger zu bewältigenden Kündigungskonflikten" die Rede[391]. Auch in jüngerer Zeit wird die zunehmende „Komplexität der Lebensverhältnisse" als eine Ursache für die Überlast der Justiz ausgemacht. Die gesellschaftlichen Strukturen seien komplexer geworden und es werde zusehends schwieriger, sie noch mit dem bipolaren Grundschema unseres Prozessrechts zu erfassen[392]. Angesprochen ist damit die Überlastung der Gerichte in *qualitativer* Hinsicht[393].

ee. **Verrechtlichung bzw. Vergerichtlichung**

Die bereits in rechtssoziologischer Hinsicht behandelte Verrechtlichung hat auch einen rechtspolitischen Aspekt, nämlich die sog. Vergerichtlichung, und trägt damit ebenfalls zu einer Überlast der Justiz bei[394]. Zwar muss eine Verrechtlichung nicht zwingend zu einer Vergerichtlichung führen, dies wird aber in vielen Fällen so sein[395].

---

[388] In diesem Sinne *Grotmann-Höfling* (1995), S. 81 f.; vgl. *Jagodzinski/Raiser/Riehl*, NJW 1993, 2769 (2774).
[389] Siehe *Hümmerich*, AnwBl 1995, 321 (323), zur Voratmosphäre der Kündigung; *Küttner*, NZA 1996, 453 (458 f.), zum Beratungsrechtsschutz und zur Aufhebungsvereinbarung; ausführlich auch *Ennemann*, NZA 1999, 628 (629 ff.), zur Frage des Versicherungsfalls; siehe auch *Hümmerich*, NZA 2001, 1280 (1282) m.w.N., zum Aufhebungs- und Abwicklungsvertrag.
[390] *Stürner*, JR 1979, 133 (134).
[391] *Lewerenz/Moritz* (1983), S. 84.
[392] *Ritter*, NJW 2001, 3440 (3441 und 3442); vgl. *Gilles*, NJ 1998, 225.
[393] Vgl. zur Verrechtlichung bzw. Vergerichtlichung sogleich unter B. I. 3. b. ee.
[394] Vgl. *Voigt* (1983), S. 17, der die Verrechtlichung als Ausdehnung des Rechts zulasten rechtlich bisher nicht erfasster Bereiche einerseits und die Detaillierung und Spezialisierung des Rechts andererseits bezeichnet; ders., a.a.O. (S. 18), bringt insoweit noch den Begriff „Vergesetzlichung" ins

Man kann davon sprechen, dass die eben beschriebene zunehmende Komplexität der Lebensverhältnisse eine „gesteigerte Komplexität der Gesetzgebung" bedingt[396]. Die Rechte des Bürgers sind mittels einer verstärkten gesellschaftlichen Steuerung durch den Staat nicht zuletzt im Laufe des Ausbaus des sozialen Rechtsstaats immer komplexer und komplizierter geregelt worden[397]. Das Recht hat sich immer mehr ausgebreitet, es erfasst heute Bereiche, die früher rechtlich überhaupt nicht oder nur vereinzelt geregelt waren[398]. Diese „Verrechtlichung der Lebensverhältnisse" und die damit einhergehende Vergerichtlichung lässt sich wie folgt beschreiben: „Mit zunehmender Regelungsdichte wird dem Bürger jede Eigeninitiative und Eigenverantwortung abgenommen. Sie ist ihm geradezu nicht mehr möglich angesichts der Unüberschaubarkeit und der Komplexität und Kompliziertheit der Normen. Der Bürger muss glauben, nur mit Hilfe des Gesetzes und der Gerichte Konflikte lösen zu können."[399] So verwundert es nicht, dass im Zuge der Entwicklung zum „Schlanken Staat" sowie zur „Schlanken Rechtsprechung" der Verzicht des Gesetzgebers auf zukünftige Verrechtlichung in Aussicht gestellt wird[400]. Auch im Zuge der jüngsten Reform des Zivilprozesses wurde eine „immer weiter voranschreitende rechtliche Durchdringung bzw. Verrechtlichung von Lebenssachverhalten" konstatiert[401]. Dabei geht es auch hier nicht nur um bloße Eingangszahlen bei den Gerichten, sondern die zunehmende *qualitative* Überforderung macht den Gerichten zu schaffen. Denn mit der gewachsenen Verrechtlichung steigt regelmäßig auch die Komplexität der gerichtsförmig zu bewältigenden Streitigkeiten[402]. Darüber hinaus gilt zu bedenken, dass in den letzten Jahren eine Reihe von konfliktbewältigenden Sozialbeziehungen in der Auflösung begriffen sind, die früher zur Bewältigung von Konflikten einsetzbar waren und die Geltungskraft von Normen stützten[403]. Auch dies führt zu einer Verrechtlichung der Lebensbereiche und damit letztlich zu der die Überlast der Justiz bedingenden Vergerichtlichung.

Spiel; vgl. auch *Hehn* (1996), S. 2, der die „Vergesetzlichung" bzw. „Parlamentarisierung" der Legislative und die „Bürokratisierung" der Exekutive zuschreibt.

[395] Vgl. schon *Blankenburg* (1980), S. 88, und *Rottleuthner* (1980), S. 264, zum Zusammenhang zwischen Verrechtlichung und Vergerichtlichung; vgl. auch *Hehn* (1996), S. 2, der insoweit von der „Justizialisierung" spricht.

[396] Vgl. *Blankenburg*, ZRP 1992, 96 (97).

[397] *Hoffmann-Riem*, ZRP 1997, 190 (191); *Katzenmeier*, ZZP 115 (2002), 51 (53 f.) m.w.N.

[398] *R. Wassermann*, NJW 1995, 1943 (1944); dramatisierend *Gilles*, NJ 1998, 225 (und 226), der von einer Überflutung von Staat und Gesellschaft mit Gesetzen, Gerichtsentscheidungen, Rechtsinformationen und Rechtspublikationen von ungeahnten Ausmaßen und stetig steigender Komplexität sowie von einer ungebändigten Verrechtlichung spricht; vgl. bereits *W. Gottwald* (1981), S. 25, bei der von einem immensen Anwachsen legislativer und exekutiver Tätigkeit und den damit verbundenen neuen potenziellen Konfliktquellen die Rede ist.

[399] *Heitmann*, DRiZ 1998, 124 (125); zu den Mängeln im Gesetzesrecht sogleich unter B. I. 3. b. ff.

[400] *Pitschas*, ZRP 1998, 96 (97).

[401] So *Däubler-Gmelin*, ZRP 2000, 33 (34); zustimmend *Ayad*, ZRP 2000, 229 (230).

[402] *Hoffmann-Riem*, JZ 1999, 421.

[403] *Katzenmeier*, ZZP 115 (2002), 51 (54); *Hoffmann-Riem*, JZ 1999, 421; ders., ZRP 1997, 190 (191 f.); vgl. *Strempel*, ZRP 1989, 133 (134): Fortfall von Konfliktmoderatoren außerhalb der Justiz; *W. Gottwald* (1981), S. 25: Wegfall, Rückgang oder Versagen traditioneller Konfliktregelungsträger;

Die vorstehenden Ausführungen sind im Bereich der Arbeitsgerichtsbarkeit von erheblicher Bedeutung. Wie bereits erwähnt, sind Arbeitsverhältnisse zumindest mittelkomplex. Konfliktbewältigende Sozialbeziehungen bestehen daher gerade auch in Arbeitsverhältnissen. Diesbezüglich fällt auf, dass Klagen aus kleineren Betrieben gegenüber Großbetrieben überrepräsentiert sind. Zurückzuführen ist dies darauf, dass Konflikte in größeren Betrieben, zumal wenn sie eine Personalabteilung und einen Betriebsrat haben, viel stärker rechtlich strukturiert vor die Arbeitsgerichte kommen. Innerbetriebliche Konfliktregelungsinstitutionen haben in der Regel schon einen großen Teil von Streitigkeiten erledigt und tragen nur noch die Fälle vor Gericht, die in den formalisierten, vorgerichtlichen Verfahren nicht beigelegt werden konnten. Damit sind innerbetriebliche Verfahren zur Konfliktbeilegung eine Alternative zur Vergerichtlichung[404]. Zudem sollte auch die Diskussion zur Entlastung der Arbeitsgerichte nicht im Hinblick auf eine bloß quantitative Verringerung von Arbeitsgerichtsverfahren geführt werden, sondern es sollte danach gefragt werden, welche qualitative Möglichkeiten es gibt, die Entscheidungsfindung vor den Arbeitsgerichten effektiver und effizienter zu gestalten[405]. Die qualitative Überforderung der Arbeitsgerichtsbarkeit lässt sich schließlich auch aus Mängeln im Gesetzesrecht ersehen, wozu nun Stellung genommen werden soll[406].

ff. Mängel im Gesetzesrecht

Der Frage, ob bzw. inwieweit auch Mängel im Gesetzesrecht zu einer Überlast der Justiz beitragen, soll im Folgenden nachgegangen werden. Vorab geht es darum, allgemein aufzuzeigen, dass die Rechtssetzung Mittel zur Konflikt- bzw. Prozessvermeidung ist. Im Anschluss daran wird auf arbeitsrechtliche Gesetzesmängel eingegangen. Dass gesetzliche Mängel nicht nur eine Belastung der Justiz nach sich ziehen, sondern sich darüber hinaus in Bezug auf alternative Konfliktbehandlungen als hinderlich erweisen, leuchtet bereits an dieser Stelle ein[407]. Vor allem am Beispiel arbeitsrechtlicher Ausschlussfristen wird dies evident. Dabei bleibt es den Ausführungen im besonderen Teil überlassen, konkrete Vorschläge hinsichtlich gesetzgeberischer Maßnahmen im Arbeitsrecht zu unterbreiten[408].

Stürner, JR 1979, 133 (134), Fehlen verbindlicher außerrechtlicher Maßstäbe menschlichen Zusammenlebens.

[404] Zum Ganzen *Blankenburg* (1980), S. 88.

[405] *Heilmann*, AuR 1997, 424.

[406] Vgl. *Freitag*, NZA 2002, 294 f., zur „Verrechtlichung freiwilliger Leistungen": während das BGB für die Schenkung 19 Paragrafen zur Verfügung stelle, müssten freiwillige Leistungen im Arbeitsleben durch die Arbeitsgerichte judiziert werden.

[407] Siehe dazu auch noch unter B. II. 4. b.

[408] Siehe dazu unter C. IV. 1. a.

(1)   Rechtssetzung als Mittel zur Konflikt- bzw. Prozessvermeidung

Unter der Prämisse, dass jedes auf die Prozesshäufigkeit einwirkende Merkmal eine Alternative zum Richterspruch ist, also beispielsweise auch dass es bessere bzw. überhaupt Gesetze gibt[409], geht es an dieser Stelle um die Frage, ob bzw. inwieweit der Gesetzgeber durch die Ausgestaltung des materiellen Rechts selbst Konflikte induziert. Diese Frage war bereits Gegenstand einer zu Beginn der 80er Jahre vom Bundesministerium der Justiz initiierten Arbeitsgruppe „Alternativen im Gerichtsverfahren"[410]; sie ist nach wie vor aktuell[411]. Es geht also um eine Durchsicht der materiellen Rechtsordnung darauf hin, ob sie so verändert werden kann, dass sie weniger auf gerichtliche Konfliktbewältigung angewiesen ist[412].

Gemeint ist nicht notwendig eine *Konfliktvermeidung*, obschon eine Vermeidung von Konflikten die eleganteste Form der Konfliktbehandlung im weitesten Sinn ist, da ein Konflikt von vornherein nicht entsteht, der behandelt werden müsste[413]. Vielmehr steht die *Prozessvermeidung* im Vordergrund, zumal wenn man bedenkt, dass allein durch die Tatsache, dass Prozesse vermieden werden, in rechtspolitischer Hinsicht nicht nur eine Entlastung der Justiz eintritt, sondern auch in rechtssoziologischer Hinsicht die oben erläuterten Grenzen gerichtlicher Konfliktbehandlung umgangen werden können. Eine solche Unterscheidung zwischen Konflikt- und Prozessvermeidung ist insofern angebracht, als der Entstehung von Missverständnissen in Bezug auf eine nur vermeintliche Vermeidung von Konflikten vorgebeugt werden soll[414]. Denn: Konflikte, d.h. sachliche Entzweiungen, sind fast naturgesetzlich vorbestimmt[415]. Eine Prozessvermeidung kommt dabei in zweierlei Hinsicht in Betracht: Nach *Schackow* etwa ist die Prozessverhütung Folge einer auf sie gerichteten Rechtsgestaltung, die sich entweder in der Vorausschau auf erwartbare oder in der Rückschau auf bereits eingetretene Ereignisse vollzieht[416]. Während mit Letzterem vornehmlich Gerichtsverfahren ange-

---

[409] *Prütting*, JZ 1985, 261 (262).
[410] Dazu *W. Gottwald*, ZRP 1982, 28 (30).
[411] Vgl. *Greger*, JZ 2000, 842 (844): Beseitigung prozessträchtiger und Schaffung prozessvermeidender Regelungen des materiellen Rechts als wesentlicher Beitrag zur Entlastung der Justiz.
[412] So *Hoffmann-Riem*, ZRP 1997, 190 (197), denn die gegenwärtige Entscheidungsform gerichtlicher Konfliktbewältigung sei ein Abbild der materiellen Rechtsordnung und erweise sich in vielen Bereich als disfunktional.
[413] Vgl. *Wilke*, MittBayNot 1998, 1 (4): Streitvermeidung als vornehmste Form der Streitbeilegung; vgl. auch *Gans*, ZKM 2001, 66 (69), zur Konfliktvermeidung im Unternehmen; *Schoen*, ZKM 2004, 19 ff., zur Streitprävention als Bestandteil des unternehmerischen Konfliktmanagements.
[414] Vgl. *Hoffmann-Riem*, ZRP 1997, 190 (193), der zwischen Streitvermeidung und Streitbewältigung differenziert; ohne eine solche Differenzierung in Bezug auf die Vertragsgestaltung *K. Wagner*, NJW 2001, 2128 (2130), demzufolge in Verträgen auch die Streitvermeidung geregelt werden sollte, da dies zur Vermeidung gerichtlicher Auseinandersetzungen beitrage; ähnlich *Schott*, BRAK-Mitt. 2001, 202 (206), demzufolge die außergerichtliche Beratung zur Streitverhütung beitragen könne.
[415] *Haß*, AnwBl 1989, 462 (463); siehe auch noch zur „konfliktkranken Gesellschaft durch alternative Konfliktbehandlungen" unter B. II. 1.
[416] AnwBl 1967, 258 (260); ähnlich *Haß*, AnwBl 1989, 462 (463).

sprochen sind, lässt sich Ersteres wiederum zum einen durch die Rechtssetzung auf dem Gebiet des materiellen Rechts[417], zum anderen durch die Vertragsgestaltung[418] verwirklichen. Die Entstehung eines Konflikts kann zwar auch durch gesetzgeberische Maßnahmen im materiellen Bereich letztlich nicht immer verhindert, jedenfalls aber kann dessen Behandlung erleichtert werden. Selbst dies muss nicht zwingend eine Prozessvermeidung im engeren Sinne zur Folge haben. Zumindest kann dies Auswirkungen auf die Effizienz in der gerichtlichen Konfliktbehandlung insofern haben, als der Konflikt schneller – weil leicht entscheidbarer – behandelt werden kann. Die Suche nach Alternativen sollte deshalb nicht auf das Verfahren beschränkt bleiben, sondern auch potentiell legislativ induzierten Konflikten Aufmerksamkeit schenken. Denn letztlich ist die Zahl der geführten Prozesse ein Indikator für das Maß an Rechtsunsicherheit[419].

Unnütze Prozesse und damit eine Überlast der Justiz werden also auch durch Mängel im materiellen Gesetzesrecht verursacht. Als ein solcher Mangel kann es zunächst gelten, dass zu viele Gesetze erlassen werden[420]. Allgemeine Klagen über die Normenflut sind hinlänglich bekannt[421]. Diese Klagen finden zwar in dieser Allgemeinheit nicht immer ihre Berechtigung, denn zum einen wird die Wirksamkeit von Recht für das alltägliche Verhalten oftmals überschätzt, insbesondere geht der größte Teil der Gesetze ohne wirksame Verhaltensänderung über die meisten Bürger hinweg[422], und zum anderen müssen Gerichte die anstehenden Probleme gerade auch dann lösen, wenn der Gesetzgeber nicht tätig geworden ist[423]. Ihnen ist aber zuzugeben, dass mehr und gerade auch neue Gesetze zwangsläufig zu Auslegungsstreitigkeiten führen. Jedenfalls steht auch an dieser Stelle eher der *qualitative* Aspekt im Vordergrund, d.h. zu kritisieren ist oftmals weniger das Ob als vielmehr das Wie der Gesetzgebung. Beispielhaft genannt seien die durch schlechte Gesetzesredaktion bedingten häufigen redaktionellen Fehler, sachlichen Unstimmigkeiten oder mangelnde Abstimmung mit anderen

---

[417] Vgl. *P. Gottwald*, ZZP 95 (1982), 245 (246): Je besser die materielle Rechtsordnung für einen Ausgleich der Interessen sorge, desto eher würden Rechtsverletzung und Konflikte vermieden.
[418] Siehe dazu sogleich unter B. I. 3. b. gg. (1).
[419] *H.-B. Schäfer*, DRiZ 1995, 461 (466), allerdings mit einschränkendem Hinweis, dass absolute Rechtsunsicherheit auch Starrheit und Versteinerung des Rechts impliziere, gepaart mit der Unfähigkeit, auf neue gesellschaftliche Probleme mit neuen Problemlösungen zu reagieren, darüber hinaus könne Rechtsunsicherheit auch bedeuten, dass sich die Rechtsprechung in einer Innovationsphase befinde.
[420] Vgl. *R. Wassermann*, NJW 1995, 1943 (1944), zu *Montesquieus* Postulat, nur wirklich notwendige Gesetze zu erlassen; *Heitmann*, DRiZ 1998, 124 (125), verweist insoweit auf die vom *BVerfG* entwickelte Wesentlichkeitstheorie; *E. Schmidt*, ZZP 108 (1995), 147 (163), erkennt hierin den sparsamsten Gebrauch justizieller Ressourcen; ähnlich jüngst *Karpen*, ZRP 2002, 443 (444).
[421] Dramatisierend *Gilles*, NJ 1998, 225 (226), demzufolge der deutsche Rechtsstaat davon bedroht sei, durch ungebremste Gesetzesfluten sowie durch Lawinen von Gerichtsentscheidungen als Massenartikel einer auf Hochtouren laufenden Rechtsprechungsindustrie sich allmählich selbst aufzulösen oder zu ersticken, vgl. schon *Sendler*, ZRP 1979, 227.
[422] *Blankenburg* (1982), S. 29.
[423] *Pfeiffer*, ZRP 1981, 121 (122).

Gesetzen. Dabei kann es weise Abstinenz des Gesetzgebers sein, die Klärung vieler Rechtsfragen nicht selbst vorzunehmen, sondern der Rechtsprechung zu überlassen. Dadurch entstehen zunächst unvermeidbar unklare Rechtslagen und zusätzliche Prozesse. Dies ist für jene Bereiche unproblematisch, in denen der dezentrale Mechanismus der Rechtsprechung zur Erzeugung von Regeln dem parlamentarischen Zentralismus vorzuziehen ist. Die Flucht des Gesetzgebers in Generalklauseln und Formelkompromisse ist indes oft nur Ausdruck mangelnder Fähigkeit zur politischen Einigung. So wird das gesetzgeberische Problem vor den Toren der Justiz abgelagert, obwohl dies in der Regel eine vermeidbare Prozesslawine auslöst, bis sich die Rechtsprechung gefestigt hat. Hier ist der Gesetzgeber gefordert, da mehr Klarheit auf der Gesetzgebungsebene auch die Kosten der Rechtspflege vermindert[424]. Darüber hinaus entsteht eine unklare Rechtslage zumindest nach unserem Rechtsverständnis auch dann, wenn es insoweit an Gesetzen fehlt, als dies für ein geregeltes Miteinander notwenig ist[425]. Bisweilen macht auch die selbst für Experten unklare und kaum verständliche Rechtslage eine außergerichtliche Erledigung nahezu unmöglich, zumindest aber nur unter erschwerten Bedingungen durchführbar, und impliziert damit eine Anrufung der Gerichte. Komplizierte und intransparente Gesetze sind naturgemäß dazu prädestiniert, Konflikte bzw. Prozesse hinauf zu beschwören[426].

Mit anderen Worten: Sowohl zu viel als auch zu wenig, vor allem aber schlechte und intransparente Gesetze ziehen eine Überlastung der Justiz nach sich. Schließlich ist in diesem Zusammenhang darauf hinzuweisen, dass die Rechtshängigkeit einer Klage weitere, auch materiellrechtliche Wirkungen hat, die durch außergerichtliche Verfahren nicht erzielt werden können[427]. Auch dies führt zu einer verstärkten Inanspruchnahme der Justiz und damit zu deren Überlast.

(2) Arbeitsrechtsrechtliche Gesetzesmängel

Die vorstehenden Überlegungen lassen sich im Grundsatz auch auf das Arbeitsrecht übertragen[428]. Jedoch besteht hier die Besonderheit, dass allein schon die Frage, ob es zu wenig bzw. nicht einmal die notwendigen oder zu viel Gesetze gibt, Schwierigkeiten bereitet. Zu deren Beantwortung bedarf es einer differenzierten Betrachtungsweise.

Richtig ist, dass sich die arbeitsgerichtliche Rechtsprechung in vielen Bereichen infolge zu wenig Gesetzgebung zur richterlichen Normsetzung veranlasst sieht; der Gesetz-

---

[424] Zum Ganzen *H.-B. Schäfer*, DRiZ 1995, 461 (467).
[425] Vgl. *Pfeiffer*, ZRP 1981, 121 (122).
[426] *Redeker*, NJW 2002, 2756 (2757); vgl. *Ayad*, ZRP 2000, 229 (230), im Zuge der jüngsten Reform des Zivilprozesses.
[427] Z.B. das Entstehen eines Anspruchs auf Prozesszinsen oder eine gesteigerte Haftung der Gegenseite, *Prütting*, JZ 1985, 261 (270), und (1998), O 31.
[428] Vgl. *Grotmann-Höfling* (1995), S. 33 ff.

geber hält sich im Arbeitsrecht sehr zurück[429]. Dies gilt selbst in den Bereichen des Arbeitslebens, in denen der Gesetzgeber tätig geworden ist. Infolgedessen basiert das Arbeitsrecht weitgehend auf *Richterrecht*. Kein anderes Rechtsgebiet wird so von der Rechtsprechung beherrscht wie das Arbeitsrecht; ihr kommt daher eine ganz besondere Bedeutung zu. Das *BAG* fungiert dabei als Ersatzgesetzgeber[430]. Die Richter der Arbeitsgerichtsbarkeit sind nicht mehr Diener der Gesetze, sondern die eigentlichen Herren des deutschen Arbeitsrechts geworden[431]. Abgesehen von der damit verbundenen Belastung der Arbeitsgerichtsbarkeit hat dies wiederum den Nachteil, gewissermaßen aus der Natur der Sache heraus unsystematisch zu sein[432]. Hinzu kommt, dass eine Vielzahl der gleichwohl erlassenen Einzelgesetze punktuell in das Arbeitsleben eingreift, aber nicht Ordnung schafft, sondern Streit stiftet, weil Ratlosigkeit um sich greift[433]. Immer differenzierte Einzelfallregelungen leisten mit Nachteilen bei Rechtssicherheit und Rechtsklarheit einem Zerfall des Arbeitsrechts Vorschub[434]. Insbesondere aus Sicht juristischer Laien wirken das Arbeitsrecht und dabei vor allem die dazu ergangene Rechtsprechung oft schwer verständlich und stellenweise sogar unüberschaubar. Hierzu tragen die zahlreichen unbestimmten Rechtsbegriffe mit ihrer großen Interpretationsoffenheit und die für Nichtjuristen schwer nachvollziehbaren Feinheiten der Urteilsfindung im Prozessablauf wesentlich bei[435]. Dies gilt besonders im Kündigungsschutzrecht. So ist etwa die Sozialauswahl bei betriebsbedingten Kündigungen praktisch kaum durchführbar. Unterstützt wird diese Entwicklung durch die Rechtswissenschaft und den gesamten Fachliteraturbetrieb, die dankbar jedes Auslegungsproblem und jede Regelungslücke zur Diskussion annehmen und damit nicht in allen Fällen zur besseren Problemlösung beitragen, sondern auch die Unsicherheit über die Rechtsanwendung vervielfältigen[436].

---

[429] Siehe etwa *Düwell* (1999), S. 753; ähnlich bereits *Stürner*, JR 1979, 133 (134), demzufolge sich der Gesetzgeber in wesentlichen Bereichen des sozialen Zusammenlebens wie etwa im Arbeitsrecht in vornehmer Zurückhaltung ausübe.

[430] *Dütz*, RdA 1978, 291 (293); *Hanau*, NZA 1986, 809 (810); *Richardi* (1998), S. 935, *Weth*, NZA 1998, 680 (684); *Rüthers*, NJW 2002, 1601 (1602 und 1603 f.).

[431] So jüngst *Rüthers*, NJW 2003, 546.

[432] *Däubler*, NJW 2000, 2250, wonach erst im Laufe einer längeren Entwicklung ein „Gebäude", eine in sich halbwegs widerspruchsfreie Ordnung, entstehe, die dem Kenner auch Aussagen darüber ermögliche, wie verbleibende Lücken voraussichtlich gefüllt würden; prägnant zum „Problem des Richterrechts" im Vergleich zum angloamerikanischen Rechtssystem *Coester*, ZRP 1978, 176 m.w.N.

[433] So *Richardi* (1998), S. 935.

[434] So *Kröger/Rösler*, ZRP 2001, 473 (475); auch *Boecken*, ZRP 2000, 317 (320), spricht sich gegen eine solche „Atomisierung" aus; anders *Hanau* (2000), C 51 ff., der für die Einführung bzw. den Ausbau von Sonderregelungen für Problemgruppen eintritt.

[435] Siehe *Alewell/Koller*, BB 2002, 990, aus betriebswirtschaftlicher Sicht; *Röhl* (1987), S. 259 ff., aus rechtssoziologischer Sicht; einschränkend *Pfarr/Bothfeld/Kaiser/Kimmich/Peuker/Ullmann*, BB 2003, 2622 f.

[436] So schon *Stürner*, JR 1979, 133 (134).

Auf der anderen Seite wird behauptet, dass eine dauerhafte Entlastung der Arbeitsgerichte nur durch eine Verringerung der Normenflut erreichbar sei[437]. Forderungen nach einer *Deregulierung* des Arbeitsrechts[438] sind vor allem von Arbeitgeberseite weit verbreitet. Diese haben jedoch eine primär arbeitsmarktpolitische Bedeutung. Durch eine solche Deregulierung erhofft man sich Erfolge bei der Bekämpfung der Arbeitslosigkeit und damit eine Wende am Arbeitsmarkt[439]. Der beschäftigungspolitische Hintergrund dieser kontrovers geführten Diskussion ergibt sich nicht zuletzt auch daraus, dass einer solchen Deregulierung von Seiten der Arbeitnehmer bzw. Gewerkschaften aufgrund eines befürchteten Abbaus von Arbeitnehmerschutzrechten das Wort geredet wird[440]. Vor diesem Hintergrund erscheint die Kontroverse hinsichtlich einer „Deregulierung des angeblich überreglementierten Arbeitsrechts" unauflösbar[441].

Darüber hinaus gibt es selbst in den Bereichen, in denen arbeitsrechtliche Vorschriften bestehen, Gesetzesmängel, die zu einer Überlast speziell der Arbeitsgerichtsbarkeit führen. So ist beispielsweise bereits an mehreren Stellen die prozesstreibende Wirkung arbeitsrechtlicher *Ausschlussfristen* angeklungen. Als sich die Anfang der 80er Jahre vom Bundesministerium der Justiz initiierte Arbeitsgruppe „Alternativen im gerichtlichen Verfahren" Jahre mit der Frage nach der prozesstreibenden Wirkung des materiellen Rechts beschäftigte, wurde dabei insbesondere an Fristenregelungen gedacht, die oft zur Mobilisierung des Gerichts zwängen[442]. Zwei Jahrzehnte später stellt die neuerliche Alternativdiskussion immer noch fest, dass unzählige Klagen nur deswegen erhoben werden, weil das Gesetz es zur Rechtswahrung verlangt, obwohl sich solche vorsorglich erhobenen Klagen oft auf Grund der weiteren Entwicklung der Rechtsbeziehung zwischen den Parteien erledigen[443]. Im Bereich des allgemeinen Zivilrechts

---

[437] Siehe etwa die Aussage des Bayerischen Ministeriums für Arbeit, Sozialordnung, Familie, Frauen und Gesundheit in einer Pressemitteilung vom 18.5.1998 – 226/98 StMAS; vgl. die Aussage des Arbeitgeberpräsidenten *Hundt* mit Blick auf die jüngste Reform des Betriebsverfassungsrechts, wonach der „schon heute am dichtesten regulierte Arbeitsmarkt der Welt weiter zubetoniert" werde, SZ vom 2.1.2001, S. 21; auch *Breisig* (1996), S. 185, merkt aus betriebswissenschaftlicher unter dem Aspekt der „Verrechtlichung der Arbeitsbeziehungen" an, dass die arbeitsrechtliche Regelungsdichte im internationalen Vergleich ausgesprochen hoch sei.

[438] Instruktiv *Linnekohl/Kilz/Reh*, BB 1990, 2038 ff., zur arbeitsrechtlichen Bedeutung des Begriffs der Deregulierung; siehe zu den historischen Wurzeln der Deregulierung *Hanau*, NZA 1993, 338 (339 ff.); ausführlich zur „Entrümpelung des Arbeitsrechts" jüngst *Rüthers*, NJW 2003, 546 ff.

[439] Siehe etwa *Kröger/Rösler*, ZRP 2001, 473 (475); vgl. die Aussage des ehemaligen BDI-Chefs *Rogowski*, SZ vom 26.9.2001, S. 27: „Unser Hauptproblem ist die Regulierungsdichte."; vgl. auch die Ankündigung des ehemaligen Kanzlerkandidaten *Stoiber*, im Fall seiner Wahl den Arbeitsmarkt zu deregulieren, SZ vom 7.3.2002, S. 7.

[440] Stellvertretend *Gester* (1987), S. 64 f., am Beispiel des Beschäftigungsförderungsgesetz 1985, wobei sich diese Sichtweise ohne weiteres auch auf dasjenige aus dem Jahr 1996 übertragen lässt; weiterführend *Hanau* (2000), C 28; vgl. SZ vom 13.7.2001, S. 1 zu der Frage, ob man „amerikanische Verhältnisse" haben wolle, was Bundeskanzler *Schröder* ablehnt.

[441] So *Kissel*, RdA 1994, 323 (327).

[442] *Gottwald*, ZRP 1982, 28 (30).

[443] *Greger*, JZ 2000, 842 (844).

sind diesbezüglich vor allem die Verjährungsvorschriften angesprochen, die zu einer mehr oder minder eiligen Anrufung des Gerichts zwingen. Diese können hier weitgehend unberücksichtigt bleiben, da Verjährungsvorschriften im Arbeitrecht eine eher untergeordnete Rolle spielen. Vielmehr werden die Parteien im Arbeitsrecht durch kurze Ausschlussfristen jeglicher Art zu einer schnellen Anrufung des Gerichts angehalten. Ohne die Legitimation dieses Umstands näher zu hinterfragen[444], kann jedenfalls an dieser Stelle konstatiert werden, dass solche Ausschlussfristen ebenfalls erhöhte Eingangszahlen bei den Arbeitsgerichten verursachen[445].

Es gibt allerdings noch weitere Gesetzesmängel im Arbeitsrecht. Genannt seien etwa die sozialrechtlichen *Sperrfristen*, die in der Rechtspraxis eine erhebliche Unsicherheit hervorrufen und damit eine Anrufung der Arbeitsgerichte geradezu aufnötigen[446]. Schließlich trägt der Gesetzgeber durch seine jüngsten Reformprojekte gerade auch im Arbeitsrecht nicht dazu bei, der Rechtsunsicherheit Einhalt zu gebieten, die sich wiederum auf die Überlast der Arbeitsgerichtsbarkeit auswirkt bzw. künftig auswirken wird. Dabei geht es nicht darum, über das Ob der Reformen zu lamentieren. Der Reformbedarf im Befristungs- und Teilzeitrecht sowie im Betriebsverfassungsrecht stand angesichts gewandelter Lebens- und Arbeitsbedingungen außer Zweifel. Problematisch erscheint jedoch das Wie der Reformen[447]. Auch die Auswirkungen der Zivilprozess- und Schuldrechtsreform auf das Arbeitsrecht scheinen nicht durchdacht zu sein. Soweit dies im Rahmen dieser Abhandlung von Interesse ist, werden dazu im besonderen Teil nähere Ausführungen folgen.

gg. Mängel bei der Vertragsgestaltung

Mängel bei der Vertragsgestaltung können ebenfalls dazu beitragen, die Eingangszahlen bei den Gerichten in die Höhe zu treiben. Dies gilt insbesondere dann, wenn die Vertragsparteien es versäumt haben, einen gerechten Interessenausgleich im Vornherein – also im Vertrag – festzulegen. In diesem Fall hat sich das Gericht im Nachhinein um einen solchen Ausgleich zu bemühen.

---

[444] Siehe dazu noch im besonderen Teil unter C. IV. 1. a. aa.

[445] Vgl. *Düwell* (1999), S. 752; vgl. auch *Ulrich Fischer*, NZA 1995, 1133, zu § 4 KSchG.

[446] Exemplarisch *Däubler*, NJW 2000, 2250, zu den sozial- und steuerrechtlichen Schwierigkeiten für den Fall einer im Wege eines außergerichtlichen Vergleichs vereinbarten Abfindungszahlung; siehe jüngst ders., NJW 2004, 993 f.; vgl. *Gester* (1987), S. 65, zum „Tanz" um die Novelle des § 116 AFG a.F. betreffend die Sperrfrist; vgl. auch *Grotmann-Höfling* (1995), S. 47, zu § 128 AFG a.F. betreffend die Erstattungspflicht des Arbeitgebers.

[447] Exemplarisch der Bericht von *Fahl*, NJW 2002, 41 (42), über den kritischen Vortrag von *Backhaus* auf dem 15. Arbeitsrechtssymposium an der Universität Passau im Jahr 2001.

(1)   Vertragsgestaltung als Mittel zur Konflikt- bzw. Prozessvermeidung

Eine vorausschauende Rechtsgestaltung erfolgt nicht nur durch die Rechtssetzung, sondern auch durch die Vertragsgestaltung[448]. Idealerweise regelt der Vertrag die Interessen privater Parteien für die Zukunft in den Formen des Rechts so, dass die Parteien sich vertragen[449]. Gleichwohl steht auch hier weniger die Konflikt- als vielmehr die Prozessvermeidung im Vordergrund[450]. Insbesondere der anwaltliche Beruf ist nicht nur ein rechtsanwendender, sondern in hohem Maße auch ein rechtssetzender. Aufgabe des Anwalts ist es dann, aus seiner Rechtssetzung keine Prozesse entstehen zu lassen[451]. Mit *Abraham Lincoln* – seinerzeit selbst Rechtsanwalt – lässt sich sagen: „Nichts ist endgültig geregelt, was nicht auch gerecht geregelt ist."[452] Der Abschluss eines „gerechten" Vertrags sollte freilich oberstes Ziel aller seriösen Vertragsverhandlungen sein.

(2)   Arbeitsrechtliche Vertragsmängel

Ein wesentlicher arbeitsrechtlicher „Vertragsmangel" ergibt sich bereits daraus, dass der Vertragsgestaltung im Arbeitsrecht eine eher untergeordnete Bedeutung beigemessen wird[453]. Dies mag in konflikttheoretischer Hinsicht durchaus erklärbar sein. Arbeitsverhältnisse sind Dauerbeziehungen, die bisweilen von einer Vertrauensbeziehung überlagert werden[454]. Hier besteht das Bedürfnis, gegenseitige Erwartungen flexibel zu halten und bei Bedarf zur Disposition zu stellen. Dies kann so weit gehen, dass bereits die Ausmalung der Erwartungen bzw. die Fixierung der Erwartungen in einem schriftlichen Vertrag unterbleibt[455]. Nähere Ausführungen zur Vertragsgestaltung im Arbeitsrecht bleiben aber wiederum dem besonderen Teil überlassen[456].

hh.   Sonstige Ursachen

Man kann sogar behaupten, dass eine Ursache der Überlast der Justiz auch die fehlende Entlastung durch Alternativen ist[457]. Dies hätte im Arbeitsrecht vor dem Hintergrund des nahezu unmöglichen gänzlichen Ausschlusses der Arbeitsgerichtsbarkeit erst recht zu gelten[458]. Jedenfalls führt dies zu der sogleich zu behandelnden Frage, ob

---

[448] *Schackow*, AnwBl 1967, 258 (260); grundlegend zur Vertragsgestaltung *E. Rehbinder* (1993).
[449] *E. Rehbinder* (1993), S. 1; ähnlich *K. Wagner*, NJW 2001, 2128 (2129), zur Regelung von Interessengegensätzen als Mittel der vertraglichen Streitvermeidung.
[450] Vgl. *Haß*, AnwBl 1989, 462 (463); anders offenbar *E. Rehbinder* (1993), S. 32 f., der insoweit nur von Konfliktvermeidung spricht; vgl. auch *U. Preis* (1993), S. 97: Konfliktvermeidung und -lösung.
[451] So zutreffend *Haß*, AnwBl 1989, 462 (463).
[452] Zitiert bei *Schackow*, AnwBl 1967, 258 (262).
[453] *Küttner*, RdA 1999, 59; weiterführend zur gegenwärtigen Praxis der Vertragsgestaltung im Arbeitsrecht *U. Preis* (1993), S. 51 ff.
[454] Vgl. *BVerfG*, NJW 1998, 1475 (1476).
[455] *Hegenbarth* (1980), S. 63 f.
[456] Siehe dazu noch unter C. IV. 2. b.
[457] In diesem Sinne *Strempel*, ZRP 1989, 133 (134); *Hoffmann-Riem*, ZRP 1997, 190 (192).
[458] Siehe dazu noch unter B. II. 5. c.

durch alternative Konfliktbehandlungen überhaupt eine Justizentlastung zu erreichen ist.

Ferner wird zu Gunsten einer justizentlastenden Wirkung allseits gefordert, den Rückstand in der Modernisierung der Justizverwaltungen zu beseitigen und dabei vor allem die EDV-Ausstattung bei den Gerichten sowie die darauf zugeschnittene Instruktion sämtlicher Gerichtsverwaltungsbeteiligter zu verbessern[459]. Unter Entlastungsgesichtspunkten wurden Möglichkeiten zur Modernisierung der Justizverwaltungen bereits im Rahmen der *Strukturanalyse der Rechtspflege* analysiert. Im Zuge dieser Analyse wurde ebenfalls ein verstärkter Einsatz informationstechnologischer Mittel propagiert[460]. Dass durch die Einbeziehung leistungsfähiger EDV mit speziell auf die Justiz zugeschnittener Software im Bereich der Arbeitsgerichtsbarkeit ein entscheidender Beitrag zur Entlastung der Arbeitsgerichte geleistet werden kann, dürfte außer Frage stehen[461]. Mit dem am 1.4.2005 in Kraft getretenen Gesetz über die Verwendung elektronischer Kommunikationsformen in der Justiz hat der Gesetzgeber einen Schritt in die richtige Richtung gemacht[462].

Schließlich lässt sich speziell für den Bereich der Arbeitsgerichtsbarkeit anführen, dass diese stärker von den strukturellen und konjunkturellen Besonderheiten des Arbeitsmarkts abhängig ist[463]. Je nach Konjunkturlage werden jährlich zwischen 3,5 und 4,5 Mio. Arbeitsverhältnisse aufgelöst (und etwa ebenso viele wieder neu abgeschlossen)[464]. Auch dies trägt bisweilen und vor allem in Zeiten einer angespannten Arbeitsmarktlage zur Überlast der Arbeitsgerichtsbarkeit bei[465].

---

[459] Ausführlich *Hoffmann-Riem* (2001), S. 211 ff.; siehe auch *Weth*, NJW 1996, 2467 (2469); *Heitmann*, DRiZ 1998, 124 (128); *Hoffmann-Riem*, JZ 1999, 421 (422); *Greger*, JZ 2000, 842 (847); *Kramer*, NJW 2001, 3449 (3450); *Mackenroth/Teetzmann*, ZRP 2002, 337 (338); *Sodan*, NJW 2003, 1494 (1496); siehe schon *Pfeiffer*, ZRP 1981, 121 (125).

[460] *Leutheusser-Schnarrenberger*, NJW 1995, 2441 (2443 f.); ausführlich zu neuen Konzepten zur Gerichts- und Arbeitsorganisation in Verbindung mit dem Einsatz moderner Informationstechnik in der ordentlichen Gerichtsbarkeit *Viefhues/Volesky*, DRiZ 1996, 13 ff.

[461] *Heilmann*, AuR 1997, 424 (426); vgl. *Kissel*, RdA 1994, 323 (325).

[462] Siehe dazu *Viefhues*, NJW 2005, 1009 ff.; durchaus kritisch *Hähnchen*, NJW 2005, 2257 ff.

[463] Siehe zum Zusammenhang zwischen dem Ansteigen des Geschäftsanfalls für Arbeitsgerichte und der Arbeitslosigkeit bei Kündigungsschutzklagen bereits *Blankenburg/Schönholz/Rogowski* (1979), S. 54 ff.; *Falke/Höland/Rhode/Zimmermann* (1981), S. 559 ff.; siehe auch *Grotmann-Höfling* (1995), S. 85 ff.

[464] *Bielenski/Hartmann/Pfarr/Seifert*, AuR 2003, 81 (82).

[465] Vgl. *L. Wenzel*, ZRP 1978, 206; vgl. auch *Düwell* (1999), S. 752; vgl. schließlich die Berichte in der SZ vom 7./8./9.6.2003, S. 26, zum Zusammenhang zwischen Entlassungen und der Belastung der Arbeitsgerichte sowie vom 29.12.2003, S. 42, zur Hochkonjunktur am Arbeitsgericht.

c. **Alternative Konfliktbehandlungen zur Entlastung der Justiz unter besonderer Berücksichtigung der Strukturanalyse der Rechtspflege**

Eine der Hauptaussagen der *Strukturanalyse der Rechtspflege* war, dass alternative Konfliktbehandlungen zu einer Entlastung der Justiz und damit letztlich auch zu Einsparungen im Justizwesen beitragen können. Zunächst soll jedoch der Frage nachgegangen werden, welche Maßnahmen generell zu einer Justizentlastung beitragen können. Sodann soll kritisch hinterfragt werden, ob alternative Konfliktbehandlungen tatsächlich zu einer solchen Entlastung beitragen können.

aa. **Maßnahmen zur Entlastung der Justiz**

Zweifelsohne ist das Potenzial an rechtlich relevanten Konflikten im Allgemeinen wesentlich größer als die Zahl der Fälle, die tatsächlich anhängig gemacht werden. Zwischen dem möglichen und tatsächlichen Geschäftsanfall schiebt sich ein Bündel von Faktoren der Selektivität, die einerseits insbesondere als Barrieren des Zugangs zum Recht, andererseits aber auch als Filter außergerichtlicher und vorgerichtlicher Erledigungen beschrieben werden können[466]. Vereinfacht lassen sich Maßnahmen, die zu einer Entlastung der Justiz beitragen können, in solche unterscheiden, die den Ansatz im gerichtlichen Bereich selbst suchen, und solche, die außerhalb des gerichtlichen Bereichs ansetzen[467].

(1) **Ansatz im gerichtlichen Bereich**

Angesichts der eben beschriebenen Überlastung bzw. erheblichen Belastung der Justiz gehen die Überlegungen gesetzesinitiierender Institutionen seit jeher dahin, über Maßnahmen nachzudenken, wie die gerichtlichen Verfahren geändert, verkürzt, gestrafft oder sogar erspart werden können[468]. Diesbezüglich bieten sich in erster Linie einschränkende Reformen als Ansatzpunkt an. Denn was vor die Gerichte gelangt, ist Konsequenz einer Selektionsleistung im vorgerichtlichen Raum. Das Rechtssystem wirkt dabei insofern mit, als es die Bedingungen des Zugangs zu den Gerichten setzt, indem es Kosten auferlegt und Zeit sowie Verfahrensaufwand fordert[469].

Dies führt wiederum zur *Strukturanalyse der Rechtspflege*. Man ging davon aus, dass für die dringend erforderlichen Maßnahmen zur Entlastung der Justiz zwei Ansatzpunkte denkbar seien. Man könne zum einen versuchen, die Nachfrage nach der knappen Ressource Rechtsschutz im Rahmen des verfassungsrechtlich Zulässigen zu senken, zum anderen könne man die Kapazitäten des Justizsystems für das Erbringen die

---

[466] So *Blankenburg*, ZRP 1992, 96 (98); weiterführend zur Selektion justizieller Konflikte *Röhl* (1987), S. 482 ff.

[467] Vgl. schon *Rottleuthner* (1982), S. 148 f., zur internen und externen Strategie.

[468] *Schmidt-von Rhein*, ZRP 1984, 119; aus neuer Zeit *Krugmann*, ZRP 2001, 306; ausführlich zu den Entlastungsstrategien auch *Katzenmeier*, ZZP 115 (2002), 51 (55 ff.).

[469] *Blankenburg*, ZRP 1992, 96 (98).

ser Dienstleistung erhöhen oder besser ausschöpfen[470]. Eine Erhöhung der Kapazitäten etwa durch eine Vermehrung des Justizpersonals komme allerdings angesichts der schwierigen Situation der öffentlichen Haushalte „nur in äußersten Ausnahmefällen" in Betracht[471]. Dagegen spreche auch ein gesellschaftspolitischer Aspekt. Bezogen auf die Einwohnerzahl gebe es in Deutschland ohnehin wesentlich mehr Richter als in vergleichbaren europäischen Ländern[472].

Deshalb begnügte man sich bisher überwiegend mit Änderungen des Verfahrensrechts, um die Inanspruchnahme der Gerichte zu begrenzen, beispielsweise durch Aufstellen weiterer Zugangsbarrieren oder eine Verminderung der Attraktivität der gerichtlichen Streitentscheidung. Als entgegengesetzter Ansatzpunkt zu den einschneidenden Änderungen im Verfahrensrecht bot sich die Neuschaffung schneller und kostengünstiger Möglichkeiten gerichtlicher Streitbeilegung an[473]. Die vergangenen „Beschleunigungs-, Entlastungs-, und Vereinfachungsnovellen", namentlich die Vereinfachungsnovelle 1976, das Rechtspflegevereinfachungsgesetz 1990 und das Rechtspflegeentlastungsgesetz 1993 brachten jedoch, abgesehen von den mit diesen Reformen verbundenen verfassungsrechtlichen Problemen[474], allenfalls temporären Erfolg, das eigentliche Problem hingegen blieb im Kern bestehen[475]. Die Kritik an den vergangenen Verfahrensnovellen ging vor allem dahin, dass die Rechtssuchenden nicht ausreichend zu Wort kommen, unbefriedigt aus dem Verfahren entlassen und letztlich über Rechtsmittel doch wieder in einem aufwendigen Verfahren zurückkommen würden. Die deutsche Justiz unterscheide sich von den meisten europäischen Nachbarn durch einen besonders weitgehenden Ausbau dieser Kombination von Verfahrensangeboten: einem für den Kläger einfach zugänglichen Angebot, oft summarischer und stets relativ zügiger Verfahren, die jedoch durch ein gerade deshalb ausgebautes System der Rechtsmittel letztlich besonders aufwendig würden[476].

Selbst das damalige Bundesministerium der Justiz musste eingestehen, dass die bislang ergriffenen, auf eine Entlastung der Gerichte abzielenden Maßnahmen zwar nicht völlig wirkungslos geblieben seien, aber nicht den erwünschten Erfolg und in ihrer

---

[470] *Leutheusser-Schnarrenberger*, NJW 1995, 2441; vgl. *Blankenburg*, ZRP 1992, 96 (98), demzufolge in Verfahrensvereinfachungen die größten Chancen der Entlastung von Richterarbeit lägen.

[471] Siehe zur anhaltenden Finanzkrise des Staates bereits oben unter B. I. 3. a.

[472] *Leutheusser-Schnarrenberger*, NJW 1995, 2441 f.; einschränkend zur hohen Richterdichte aber *G. Wagner*, JZ 1998, 836 (838); *Jansen* (2001), S. 50 f.

[473] Siehe zu den einzelnen Maßnahmen *Leutheusser-Schnarrenberger*, NJW 1995, 2441 (2442); vgl. auch *Hoffmann-Riem*, ZRP 1997, 190 (193).

[474] Siehe zur Gewichtung der beiden Hauptmotive sowie zur Aufrechterhaltung des bisherigen Rechtsschutzsystems bereits unter B. I. 1. bzw. noch unter B. III. 1.

[475] Ebenfalls kritisch zu den genannten Novellen *Gilles*, NJ 1998, 225 (229); *Prütting* (2000), S. 9 ff.; ausführlich *Köster* (1995), S. 489 ff., 567 ff. und 597 ff.

[476] So *Blankenburg*, ZRP 1992, 96 (98).

Summe nicht die erhoffte Entlastung gebracht hätten[477]. Dies war dann auch der Grund dafür, die *Strukturanalyse der Rechtspflege* in Auftrag zu geben. Ähnliche Erwägungen haben das jetzige Bundesministerium der Justiz dazu verleitet, im Rahmen der jüngsten Reform des Zivilprozesses einen Schwerpunkt bei der Erweiterung der Möglichkeiten einer einvernehmlichen Konfliktregelung zu setzen. Zwar habe sich die Grundstruktur, auf der das deutsche Zivilprozessrecht basiere, im Großen und Ganzen bewährt, gleichwohl dürften die in der Folge der Entlastungs-, Beschleunigungs- und Vereinfachungsnovellen vergangener Jahrzehnte aufgetretenen Schwachstellen und Strukturmängel nicht übersehen werden; darüber hinaus gehe es gerade auch um eine Stärkung der streiterledigenden Funktion in der ersten Instanz[478]. Um mit den Worten des Gesetzgebers zu sprechen: „Der ... in den letzten Jahren eingeschlagene Weg der so genannten Rechtspflegeentlastungsgesetze hat sich als letztlich untaugliches Steuerungsinstrument erwiesen, weil nicht die Ursachen der Defizite angegangen wurden, sondern lediglich die Symptome."[479] Von daher scheinen die neuerlichen Reformbestrebungen betreffend eine Justizentlastung durch ein Justizmodernisierungs- oder Justizbeschleunigungsgesetz nicht recht verständlich[480].

Ferner ist in diesem Zusammenhang auf die langjährige Diskussion über die strukturelle Verbesserung des Rechtsmittelrechts im Zivilprozess hinzuweisen. Verschiedentlich wurde die Forderung erhoben, sich von dem Rechtsmittelverständnis zu lösen, das Urteil als bloßes Durchgangstor zur nächsten Instanz zu betrachten, insbesondere stelle das derzeitige Rechtsmittelsystem eine „maßlose Vergeudung von Rechtspflegeressourcen" dar[481]. Auch der *Sachverständigenrat „Schlanker Staat"* hatte vorgeschlagen, das Rechtsmittelsystem konsequent auf zwei Instanzen zu begrenzen, und sah darin ein erhebliches Justizentlastungspotenzial[482]. Gefordert wurde jedenfalls eine „lupenreine" dreistufige Gerichtsbarkeit[483]. Dies mündete letztlich in eine Neugestaltung des Rechtsmittelrechts im Zuge der jüngsten Reform des Zivilprozesses[484].

[477] *Leutheusser-Schnarrenberger*, NJW 1995, 2441 (und 2442).

[478] *Däubler-Gmelin*, ZRP 2000, 33; dies., ZRP 2000, 458 (459).

[479] So ausdrücklich BT-Drucks. 14/4722, S. 58, im Zuge der jüngsten Reform des Zivilprozesses.

[480] Siehe zum inzwischen in Kraft getretenen Ersten Justizmodernisierungsgesetz *Röttgen*, ZRP 2003, 345 ff.; *Lange/Müller*, ZRP 2003, 410 ff.; *Hirtz*, AnwBl 2004, 503 ff.; *Knauer/Wolf*, NJW-Editorial Heft 31/2004, S. III; dies., NJW 2004, 2857 ff.; siehe zur geplanten (abermaligen) „Großen Justizreform" *Heister-Neumann*, ZRP 2005, 12 ff.; *Weth*, ZRP 2005, 119 ff.

[481] *Greger*, JZ 1997, 1077 (1081 ff.), zur „Überwindung des Revanchegedankens" unter Berufung auf *Rimmelspacher*, ZZP 107 (1994), 421 ff., und *E. Schmidt*, ZZP 108 (1995), 147 ff.; ähnlich auch *R. Wassermann*, NJW 1995, 1943 (1944): Nötig sind vielmehr Reformen, die den Aufbau der Justiz vereinfachen sowie den Instanzenzug und das Verfahren des Gerichts verkürzen."; siehe schon *Pfeiffer*, ZRP 1981, 121 (124), wonach die Vielfalt der Rechtsmittel nicht tabuisiert werden sollte.

[482] *Meyer-Teschendorf/Hofmann*, ZRP 1998, 132 (136); vgl. *Heitmann*, DRiZ 1998, 124 (127).

[483] Siehe etwa *Kornblum*, ZRP 1999, 382 ff.; jüngst auch der Vorsitzende des Deutschen Richterbunds *Arenhövel* auf dem Deutschen Richtertag 2003, NJW Heft 40/2003, S. XII, der zugleich die so genannten Justizreformen als Fehlschlag bezeichnet.

[484] Zur Neugestaltung des Rechtsmittelrechts *Münchbach/Lotz*, ZRP 1999, 374 (376); *Greger*, JZ 2000, 842 (849 f.); *Musielak*, NJW 2000, 2669 (2773 ff.); zur Verfassungsmäßigkeit des geänderten

Auch die Arbeitsgerichtsbarkeit blieb von Verfahrensnovellen nicht verschont. Die bereits genannten Novellen aus den Jahren 1976, 1990 und 1993 hatten zum Teil auch Auswirkungen auf das arbeitsgerichtliche Verfahren[485], daneben sind das Gesetz zur Beschleunigung und Bereinigung des arbeitsgerichtlichen Verfahrens aus dem Jahr 1979[486] und das Gesetz zur Änderung des Arbeitsgerichtsgesetzes und anderer arbeitsrechtlicher Vorschriften aus dem Jahr 1990[487] zu nennen. Die mehrfachen Versuche, das Verfahren durch neue Regelungen zu vereinfachen und zu beschleunigen, bewirkten indes auch hier angesichts permanent steigender Zahl der Verfahren nur eine vorübergehende Entlastung[488]. Zuletzt brachten das Gesetz zur Vereinfachung und Beschleunigung des arbeitsgerichtlichen Verfahrens aus dem Jahr 2000 sowohl im materiellen als auch im Verfahrensrecht[489] sowie das im Jahr 2002 in Kraft getretene arbeitsmarktpolitische Job-AQTIV-Gesetz in Bezug auf die Beschleunigung des Einigungsstellenverfahrens[490] Änderungen mit sich. Auf diese Gesetze sowie auf die Auswirkungen der jüngsten Reform des Zivilprozesses auf das arbeitsgerichtliche Verfahren wird, soweit es für die hier behandelte Thematik von Interesse ist, noch im besonderen Teil zurückzukommen sein. Für den Ansatz im gerichtlichen Bereich lässt sich jedenfalls resümieren, dass die prozessrechtlichen Möglichkeiten in der Arbeitsgerichtsbarkeit ebenfalls weitgehend ausgereizt sein dürften[491].

(2)   Ansatz im außergerichtlichen Bereich

Ausgangspunkt des Ansatzes im außergerichtlichen Bereich ist die Überlegung, dass die Kapazität zur außergerichtlichen Streiterledigung entscheidend dafür ist, welche Auswahl aus dem gesamten Konfliktpotenzial vor die Gerichte gelangt[492]. Die Ergebnisse der *Strukturanalyse der Rechtspflege* sollten zeigen, dass abgesehen von Änderungen im Verfahrensrecht und neben einer Modernisierung der inneren Organisation der Gerichte auch eine Förderung der außergerichtlichen Streitbeilegung eine herausragende Bedeutung bei der Entlastung der Justiz und damit der Stärkung der Funkti-

---

Rechtsmittelrechts *N. Fischer*, AnwBl 2002, 139 ff.; *Dorn*, AnwBl 2002, 208 ff.; *Raeschke-Kessler*, AnwBl 2004, 321 ff.; *Piekenbrock*, AnwBl 2004, 329 ff.

[485] Siehe etwa *L. Wenzel*, AuR 1977, 257 ff., zur Vereinfachungsnovelle aus dem Jahr 1976.

[486] Kritisch *L. Wenzel*, ZRP 1978, 206 ff.; *Zitscher*, ZfA 1979, 559 ff.; *Barwasser*, AuR 1984, 171 ff.; differenzierend *Bichler*, AuR 1984, 176 ff.

[487] Kritisch *Berscheid*, ZfA 1989, 47 ff.; siehe auch *Hartmut Koch*, NJW 1991, 1856 ff., der die Gesetzesänderungen als marginal bezeichnet; siehe schließlich *Grotmann-Höfling* (1995), S. 109 f.

[488] Vgl. *Kissel*, RdA 1994, 323 (325); *Düwell* (1999), S. 753; kritisch auch *F. Müller*, AuA 2000, 204.

[489] Bezeichnend *Germelmann*, NZA 2000, 1017 ff., unter dem Titel „Neue prozessuale Probleme durch das Gesetz zur Beschleunigung des arbeitsgerichtlichen Verfahrens."

[490] Dazu *Düwell*, BB 2002, 98 ff.

[491] So schon *Kissel*, RdA 1994, 323 (325); siehe aber zur Optimierung gerichtlicher Verfahren noch im besonderen Teil unter B. IV. 9. a.

[492] Siehe *Blankenburg*, ZRP 1992, 96 (98); *W. Gottwald*, BRAK-Mitt. 1998, 60; vgl. *Pfeiffer*, ZRP 1981, 121 (125).

onsfähigkeit der Justiz zukomme[493]. Denn allein durch Rationalisierung und durch organisatorische Reformen sei eine dauerhafte Entlastung der Gerichte nicht zu erreichen. Sie könne letztlich nur gelingen, wenn eine weitere Steigerung der Eingangszahlen vermieden oder – noch besser – der Geschäftsanfall reduziert werde. Dabei spiele die außergerichtliche Streitbeilegung eine entscheidende Rolle[494]. Erreicht werden soll eine Verlagerung der Streitentscheidung außerhalb der Justiz durch eine Steigerung der Attraktivität alternativer Konfliktbehandlungen. Bezogen auf die Schnittstelle zwischen inner- und außergerichtlicher Konfliktbehandlung steht das Ziel der Entlastung der Justiz damit unter der Prämisse, dass der Geschäftsanfall bei den Gerichten insbesondere auch davon abhängt, in welcher Form und Qualität außerforensische Konfliktregelungsverfahren existieren und funktionieren[495]. Mit anderen Worten: Die Geschäftsbelastung der Gerichte wird wesentlich vom Funktionieren alternativer Konfliktbehandlung beeinflusst[496]. Man verspricht sich also von der außergerichtlichen Streitbeilegung eine „Senkung der Nachfrage nach gerichtlichen Entscheidungen"[497].

Nicht zuletzt vor dem Hintergrund dieser Überlegungen sind jüngste Reformbestrebungen im Bereich der Zivilgerichtsbarkeit zu sehen. Beispielsweise verfolgte man durch die Novellierung des Schiedsverfahrensrechts im Jahr 1998 u.a. das Ziel, das Ansehen der Schiedsgerichtsgerichtsbarkeit als Alternative zur staatlichen Justiz zu stärken bzw. der überlasteten staatlichen Rechtspflege Entlastung zu verschaffen[498]. In die gleiche Richtung zielten letztlich die Einführung einer obligatorischen Streitschlichtung durch § 15a EGZPO[499], die als „Meilenstein auf dem Weg zu einer Neugestaltung der Ziviljustiz" betrachtet wurde[500], sowie die Einführung einer Güteverhandlung im Zuge der jüngsten Reform des Zivilprozesses[501]. All diesen Maßnahmen ist eine Verlagerung der Konfliktbehandlung von den Gerichten auf alternative Streitschlichtungsstellen und damit eine Entlastung der Gerichte gemein[502].

---

[493] *Leutheusser-Schnarrenberger*, NJW 1995, 2441 (2442); demgegenüber lehnt *Weth*, NJW 1996, 2467 (2472 f.), unter Verweis auf *Prütting*, JZ 1985, 261, den Ansatz im außergerichtlichen Bereich ab und plädiert lediglich für organisatorische und personelle Maßnahmen.

[494] *Leutheusser-Schnarrenberger*, NJW 1995, 2441 (2444); siehe auch *Heitmann*, DRiZ 1998, 124 (125); *Hoffmann-Riem* (2001), S. 45 ff., unter dem Abschnitt „Justizentlastung durch Ausbau selbstregulativer Elemente bei der Konfliktbewältigung"; vgl. bereits *Prütting*, JZ 1985, 261 (263).

[495] Vgl. *Blankenburg*, ZRP 1992, 96 (97); vgl. auch *Strempel*, ZRP 1989, 133 (135), demzufolge der Geschäftsanfall bei den Gerichten sogar „in erster Linie" davon abhänge.

[496] Vgl. *Strempel/Rennig*, ZRP 1994, 144 (148).

[497] So ausdrücklich *Leutheusser-Schnarrenberger*, NJW 1995, 2441 (2442).

[498] BT-Drucks. 13/5274, S. 1; *Voit*, JZ 1997, 120; *Meyer-Teschendorf/Hofmann*, ZRP 1998, 132 (135), vor dem Hintergrund der Überlegungen des *Sachverständigenrats „Schlanker Staat"*.

[499] BT-Drucks. 14/980, S. 1; siehe auch *Leutheusser-Schnarrenberger*, NJW 1995, 2441 (2447), im Zuge der Strukturanalyse der Rechtspflege; *Meyer-Teschendorf/Hofmann*, ZRP 1998, 132 (135), vor dem Hintergrund der Überlegungen des *Sachverständigenrats „Schlanker Staat"*; siehe schließlich *Jansen* (2001), S. 47 m.w.N.

[500] So *Greger*, ZRP 1998, 183.

[501] BT-Drucks. 14/4722, S. ; siehe auch *Däubler-Gmelin*, ZRP 2000, 458 (459).

[502] Vgl. *Ritter*, NJW 2001, 3440 (3441).

Die eben benannten Vorschriften gelten nicht im Arbeitsrecht. Die §§ 1025 ff. ZPO finden ebenso wenig Anwendung wie § 15a EGZPO, und eine Güteverhandlung kennt das Arbeitsgerichtsverfahren bereits. Offenbar sind die Überlegungen zur Entlastung der Arbeitsgerichtsbarkeit noch nicht so weit gediehen wie im Bereich der Zivilgerichtsbarkeit. Insbesondere aber wird die Arbeitsgerichtsbarkeit bisweilen selbst als beispielgebend für alternative Konfliktbehandlungen angesehen; darauf wird noch näher einzugehen sein. Gleichwohl wird inzwischen auch im Bereich der Arbeitsgerichtsbarkeit damit begonnen, den Ansatz einer Entlastung der Arbeitsgerichte in „Alternativen zur gerichtlichen Konfliktlösung" zu suchen[503].

bb.   **Erwartungshaltung gegenüber einer Entlastung der Justiz durch alternative Konfliktbehandlungen**

Die *Strukturanalyse der Rechtspflege* prophezeit eine entlastende Wirkung der Justiz durch den Einsatz alternativer Konfliktbehandlungen; dies soll im Folgenden hinterfragt werden[504]. Insbesondere fragt sich, ob die hieran gesetzte Erwatungshaltung nicht zu hoch gegriffen ist.

(1)   Geschätztes Filterpotenzial

Im Forschungsbereich „Schnittstelle zwischen außergerichtlicher und innergerichtlicher Konfliktbearbeitung" wurde in der ersten der insgesamt sieben Untersuchungen der Frage nachgegangen, wie stark die Filterwirkung von Institutionen und Berufsgruppen im vor- und außergerichtlichen Bereich sei und welche Auswirkung eine Verbesserung des außergerichtlichen Angebots auf den Geschäftsanfall der Gerichte haben könne[505]. Dabei wurde zunächst eine Prognose unter der Annahme erstellt, dass der rechtliche Rahmen der Zugangsbedingungen und des Verfahrensangebots sowie die Infrastruktur außergerichtlicher Einrichtungen unverändert bleiben. Sodann wurden mögliche Einwirkungen durch Verstärkung außergerichtlicher Einrichtungen angenommen. Experten könnten einschätzen, bei welchen Streitgegenständen die Verstärkung der Filterwirkung von außergerichtlichen Einrichtungen möglich und wie hoch diese zu veranschlagen wäre[506].

---

[503] Siehe nur *Düwell* (1999), S. 753 ff.; vgl. auch *Kissel*, RdA 1994, 323 (325 f.), der sich jedoch allein für eine Reaktivierung des historischen Gütegedankens innerhalb der Arbeitsgerichtsbarkeit ausspricht.
[504] Vgl. bereits *W. Gottwald* (1981), S. 56 ff.: Erwartungen an Vermittlungseinrichtungen zur Reduzierung von Aufwand und Entlastung der Justiz; *Preibisch* (1982), S. 296: Entlastung der Gerichte durch außergerichtliche Vorverfahren; *Schuster* (1983), S. 118 f.: Entlastung der Eingangs- und Rechtsmittelgerichte sowie Vollstreckungsorgane durch Güteverfahren.
[505] *Leutheusser-Schnarrenberger*, NJW 1995, 2441 (2442); siehe noch *Grunsky*, DRiZ 1983, 390 (392), demzufolge hierüber lediglich Spekulationen angestellt werden könnten.

Diese erste Untersuchung – zugleich die erste Untersuchung der *Strukturanalyse der Rechtspflege* überhaupt – schätzte das Filterpotential außergerichtlicher Rechtsdienste auf gut 30 % der künftig anfallenden Zivilsachen; in anderen Gerichtszweigen – also auch in der Arbeitsgerichtsbarkeit – ergäben sich ebenfalls nennenswerte Größenordnungen. Dies bedeute, dass von einer Förderung außergerichtlicher Rechtdienste von der Schnittstelle direkte Auswirkungen auf den Geschäftsanfall der Gerichte erwartet werden könnten[507]. Daraus wurde der Schluss gezogen, dass der optimale Ausbau der vor- und außergerichtlichen Filterebene in allen untersuchten Gerichtsbarkeiten eine erhebliche Reduzierung des zu erwartenden Geschäftsanfalls verspreche[508]. Da die Eingänge bei den Gerichten in jüngerer Zeit gleich geblieben bzw. zuletzt etwas gesunken seien, obwohl die zunehmende Komplexität der Lebenssachverhalte eine Erhöhung des Konfliktpotenzials und somit eine Steigerung der gerichtlichen Streitfälle nahe gelegt hätte, gelangte man auch in neuerer Zeit zu der Erkenntnis, dass dieses Potenzial durch alternative Verfahren abgefangen worden sein müsse[509].

(2)   Überschätztes Filterpotenzial

Ob von alternativen Konfliktbehandlungen tatsächlich so viel Entlastung der Gerichte erwartet werden darf, bleibt auch unter Berücksichtigung der empirischen Untersuchung im Rahmen der *Strukturanalyse der Rechtspflege* zweifelhaft. Die Erwartungshaltung gegenüber einer entlastenden Wirkung alternativer Konfliktbehandlungen könnte letztlich überzogen sein[510]. Selbst die Initiatoren dieser Untersuchung sahen sich dazu veranlasst, darauf hinzuweisen, dass solche Schätzungen mit den unvermeidbaren Unsicherheiten jeder Prognose behaftet seien. Aber selbst wenn die Entlastungswirkung außergerichtlicher Streitbeilegung in einzelnen Bereichen tatsächlich geringer sein sollte als sie geschätzt wurde, so dürfe dieses (geringere) Entlastungspotenzial nicht außer Acht gelassen werden[511]. Vor allzu großen Erwartungen in dieser Hinsicht muss daher gewarnt werden[512]. Es ist sogar anzunehmen, dass sich in dem Maße, in dem Anwälte, Gerichte und Vollzugsorgane ihre Funktionsfähigkeit verbessern, auch der Geschäftsanfall erhöhen wird – oder mit anderen Worten: Der Ge-

---

[506] So *Blankenburg*, ZRP 1992, 96 (97); ders., a.a.O. (98), demzufolge eine solche Prognose nur nach Streitgegenständen gesondert erstellt werden könne, so dass die erste Aufgabe die Differenzierung nach Tätigkeitsbereichen der Gerichte sei, soweit es die Datenlage erlaube.

[507] *Stock/Wolff/Thünte* (1996), S. 37.

[508] *Strempel/Rennig*, ZRP 1994, 144 (147), siehe dort auch zur Ermittlung des Filterpotenzials in den einzelnen Gerichtszweigen.

[509] *Ritter*, NJW 2001, 3440 (3441).

[510] Kritisch bereits W. *Gottwald* (1981), S. 57, demzufolge mit der Austragung von Konflikten in Vermittlung kein merklich reduzierter Aufwand verbunden sei; auch *Prütting*, JZ 1985, 261 (269), beurteilt die Chance zur Entlastung der Justiz kritisch; ähnlich *Gilles*, NJ 1998, 225 (229), im Zusammenhang mit der Einführung des § 15a EGZPO.

[511] Stellvertretend *Leutheusser-Schnarrenberger*, NJW 1995, 2441 (2444).

[512] So ausdrücklich *Blankenburg*, ZRP 1982, 6; siehe auch ders., ZRP 1992, 96, demzufolge das heutige Prozessvolumen allenfalls stabilisiert werden könne.

schäftsanfall bei den Gerichten wird im Falle eines entsprechend verbesserten gerichtlichen oder außergerichtlichen Angebots noch weiter zunehmen[513].

Vielmehr steht zu „befürchten", dass alternative Konfliktbehandlungen in einigen Fällen keine gerichtsentlastende Wirkung haben, sondern auch Streitfälle heranziehen, die sonst nicht zu Gericht gekommen wären oder als latent gebliebe Konflikte bisher noch nicht in Erscheinung getreten sind[514]. Das Angebot von Schlichtung und Vermittlung bedeutet nämlich auch, Möglichkeiten zur Durchsetzung von Rechten zu schaffen, die ansonsten wegen allgemeiner Zugangsbarrieren nicht in Anspruch genommen werden können; damit könnte dann auch eine etwaige sozial ungleichgewichtete Schutzfunktion der Gerichte ausgeglichen werden[515]. Eine Justizentlastung durch alternative Konfliktbehandlungen erscheint also nicht ganz widerspruchsfrei[516]. Es wird sich somit nicht ausschließen lassen, dass aus dem Dunkelfeld nicht nur Fälle geholt, sondern anschließend – nach erfolglos versuchter Alternative – dann doch vor Gericht gelangen werden[517]. Demgegenüber stünden Fälle, die auch sonst vor Gericht gelangt wären und durch alternative Konfliktbehandlungen von ihnen ferngehalten werden sollen. Welche der beiden Effekte sich letztlich durchzusetzen vermag, ist trotz einer – unterstellt – relativ hohen Erfolgsquote alternativer Verfahren nicht abzusehen; die Entlastungswirkung alternativer Konfliktbehandlungen ist mithin kaum messbar bzw. schwer zu prognostizieren[518].

Indes gilt zu bedenken: Dass durch das Bereitstellen alternativer Konfliktbehandlungen auch bisher verborgen gebliebene Fälle angezogen werden, ist aus rechtssoziologischer Sicht nicht weiter zu beanstanden, sondern eher erfreulich[519]. Darüber hinaus kann es bei alternativen Konfliktbehandlungen auch darum gehen, noch nicht rechtlich relevante Konflikte zu behandeln; gerade dies wurde bereits als Grenze gerichtlicher Konfliktbehandlung unter dem Aspekt der Verrechtlichung und der streitgegenständli-

---

[513] Vgl. *Blankenburg*, ZRP 1992, 96.

[514] *W. Gottwald* (1981), S. 234, spricht diesbezüglich von einem „trojanischen Pferd"; siehe auch *Hegenbarth* (1982), S. 266; *Frommel*, ZRP 1983, 31 (35 f.); *Blankenburg*, ZRP 1992, 96 (99), *Hoffmann-Riem*, ZRP 1997, 190 (193 Fn. 28); *G. Wagner*, JZ 1998, 836 (839).

[515] Dazu *Blankenburg*, ZRP 1982, 6 (8); *Frommel*, ZRP 1983, 31 (34 und 36); vgl. *W. Gottwald* (1981), S. 220 ff., zur erhöhten Zugänglichkeit alternativer Verfahren; vgl. auch *Blankenburg*, ZRP 1992, 96 (99), demzufolge alternative Verfahren in manchen besonders hartnäckigen Fällen sogar das Vorfeld schaffen, von dem aus die Mobilisierung etwa für einen Musterprozess vor Gericht leichter falle; kritisch aber zur vorgerichtlichen Schlichtung bei Machtungleichgewichten *W. Gottwald* (1981), S. 257, der von einem „Exit aus der Justizsystem" spricht; ähnlich *Prütting*, JZ 1985, 261 (269): Hinterausgang der Justiz; vgl. zum strukturellen Ungleichgewicht zwischen Arbeitgeber und Arbeitnehmer noch unter B. II. 7.

[516] Darauf hinweisend bereits *Falke/Gessner* (1982), S. 296; *Rottleuthner* (1982), S. 147.

[517] In diesem Sinne *de Wirth*, ZRP 1982, 188 (190).

[518] In diesem Sinne *Frommel*, ZRP 1983, 31 (36).

[519] Vgl. *Röhl* (1987), S. 523 f., der die „Justizalternativen als Ausweitung der Justiz" versteht und diesbezüglich von einem „Funktionsgewinn" spricht.

chen Beschränkung des Konflikts ausfindig gemacht[520]. Rechtspolitiker sollten sich allerdings bewusst machen, dass zwar nicht alle, zumindest aber überzogene Hoffnungen einer Entlastung der Justiz durch den Einsatz alternativer Konfliktbehandlungen scheitern könnten. Dass die Chance zur Entlastung der Ziviljustiz kritisch beurteilt werden muss, stellt allenfalls in Bezug auf rechtspolitische Erwägungen einen etwaigen „Nachteil" alternativer Konfliktbehandlungen dar, nicht hingegen aus rechtssoziologischer Sicht[521]. Jedenfalls wird es im Ergebnis auf den Erfolg alternativer Konfliktbehandlungen ankommen, ob bzw. inwieweit sie auch in rechtspolitischer Hinsicht Rechtsstreitigkeiten von den Gerichten abziehen können[522].

Vor allem im Arbeitsrecht ist zu erwarten, dass sich durch einen verstärkten Einsatz alternativer Konfliktbehandlungen die Dunkelziffer innerbetrieblicher Konflikte in nicht unerheblichem Maße lichten wird[523]. Aber ist das denn so falsch und trägt dies nicht vielmehr zu einer weiteren Befriedung im Betrieb bei? Außerdem wurde beispielsweise den ehemaligen Schiedsstellen für Arbeitsrecht in den neuen Bundesländern eine erhebliche Entlastungsfunktion bescheinigt[524].

4. Gesellschaftspolitischer Hintergrund

Diesen vielfältigen Gründen und Motiven für eine Suche nach Alternativen zur Ziviljustiz mag schließlich noch – vielleicht etwas ketzerisch – angefügt werden, daß es in unserem Lande heute bekanntlich geradezu Mode geworden ist, nach Alternativen aller Art zu suchen. Warum sollte ausgerechnet die Jurisprudenz davon frei sein?

Prütting[525]

Es kann davon ausgegangen werden, dass auch die gesellschaftliche Entwicklung selbst die rechtliche Alternativdiskussion angetrieben hat. In den 80er Jahren war die Suche nach Alternativen in der Tat Mode. Heute spricht man eher von Innovation, in der Sache ist damit aber nichts anderes gemeint[526]. Der gesellschaftspolitische Hintergrund als Motiv für die Suche nach alternativen Konfliktbehandlungen kann jedoch

---

[520] Siehe dazu bereits unter B. I. 2. b. aa. (5) und (8).
[521] Zu undifferenziert daher *Prütting*, JZ 1985, 261 (269).
[522] Vgl. *Pitschas*, ZRP 1998, 96 (99); vgl. auch noch zur Wechselwirkung zwischen staatlicher und nichtstaatlicher Konfliktbehandlung im Zusammenhang mit der Frage der Überlegenheit der Justiz gegenüber alternativen Konfliktbehandlungen unter B. II. 5. a.
[523] In diese Dunkelziffer hat *Blankenburg* (1982), S. 34 f., mittels einer Befragung insofern etwas Licht gebracht, als schätzungsweise jeder vierte Arbeitnehmer gegen einen rechtsrelevanten innerbetrieblichen Konflikt nichts unternimmt bzw. im Falle eines solchen nachgibt; siehe dazu näher noch im besonderen Teil unter C. II. 3.
[524] *Hommerich/Niederländer/Stock*, AuA 1993, 175 (176); *Grotmann-Höfling* (1995), S. 172 ff.; siehe zu diesen Schiedsstellen noch im besonderen Teil unter C. IV. 3. d. cc. (2) (a).
[525] JZ 1985, 261 (263).
[526] Siehe zu Innovationsanstößen der Alternativdiskussion bereits im einführenden Teil unter A. I. 2. b.

auch umgekehrt bedeuten, dass das Interesse des rechtssuchenden Bürgers an solchen Alternativen zunehmend geweckt wurde.

Es leuchtet ein, dass die eben aufgezeigten rechtssoziologischen und rechtspolitischen Bemühungen auch in der Öffentlichkeit letztlich nicht ohne Wirkung geblieben sein können. In der von Rechtssoziologen initiierten, stark anschwellenden Diskussion über „Alternative Rechtsformen und Alternativen zum Recht" bzw. „Alternativen in der Ziviljustiz" wurde vor allem auf die Möglichkeit verwiesen, gerichtliche Zugangs- und Erfolgsbarrieren bei bestimmten Bevölkerungsgruppen und Rechtsmaterien auszugleichen oder zumindest abbauen zu helfen[527]. Ohnehin war die Suche nach andersartigen Formen von einem auch in anderen gesellschaftlichen Bereichen spürbaren Gefühl des Unbehagens gegenüber Spezialisten und großen bürokratischen Einheiten getragen[528]. Darüber hinaus war es jedoch erforderlich, dass sich auch die Rechtspolitik – freilich vorwiegend aus anderen Gründen – der Alternativdiskussion angenommen hat. Durch die von der Rechtspolitik mit Blick auf eine Entlastung der Justiz aufgestellten Zugangserschwernisse hinsichtlich der gerichtlichen Inanspruchnahme sollte das Interesse des rechtssuchenden Bürgers nach alternativen Konfliktbehandlungen weiter verstärkt werden. Die zunächst rein intern geführte Alternativdiskussion drang somit im Laufe der Zeit nach außen, was zwangsläufig eine entsprechende Außenwirkung nach sich ziehen musste. Jedenfalls sah sich die Rechtspolitik durch die gestiegene Nachfrage auf Seiten der zunehmend mündigeren Bürger dazu veranlasst, nach Alternativen zu suchen, um den erhöhten Bedarf an Rechtsverwirklichung zu decken. In jüngerer Zeit wurde die Suche nach Alternativen wiederholt zu einem Modethema gemacht, diesmal unter dem Deckmantel der „Mediation" bzw. unter dem Motto einer „neuen Streitkultur"[529].

Vielmehr noch entspricht der schlichtungsfreundliche Trend einer gewissen Grundströmung unserer Zeit. Zwang gilt heute vor allem aus pädagogischer bzw. psychologischer Sicht oft als schädlich und der Einsatz von Autorität deutet einen Mangel an Verständigungs- und Einigungsbereitschaft sowie Kooperation an, das richterliche Urteil sei nur noch als „ultima ratio", wenn nicht gar als „beklagenswerter gesellschaftlicher Betriebsunfall" zu verstehen. Man möchte „freie unverzerrte Kommunikation und Konsens erzielen, nicht die richterliche Entscheidung und autoritative Durchsetzung

---

[527] Z.B. hohe Verfahrenskosten, lange Verfahrensdauer, Rechtsunkenntnis, komplizierte juristische Fachsprache, Schwellenangst und Unkenntnis der zuständigen Institutionen, Rechte erfolgreich geltend zu machen, so *Prütting*, JZ 1985, 261 (262); vgl. zur Aktualität der Alternativdiskussion im Bereich der Ziviljustiz bereits im einführenden Teil unter A. I. 2. a. aa.
[528] *W. Gottwald*, ZRP 1982, 28; vgl. *Falke/Gessner* (1982), S. 297; siehe zum Unbehagen an der Justiz noch unter B. II. 5. a.
[529] Siehe zur Mediation sowie zur neuen Streitkultur noch im besonderen Teil unter C. IV. 5. b. bzw. im abschließenden Teil unter D. I. 3. a.; vgl. zum Begriff der „Schlichtungs- bzw. Mediationseuphorie" bereits im einführenden Teil unter A. I. 2. c.

des Rechts"[530]. Jeder Zwang zu normgemäßen Verhalten gilt entweder als schädlich oder doch als letztes Mittel, weil er angeblich zu Aggressionen, Persönlichkeitsverkümmerungen und Leistungsabfall führt. Wer bei Menschenführung zu autoritären Maßnahmen greift, setzt sich dem Vorwurf verfehlter Motivation aus. Rechtsbrüche werden nicht sanktioniert, sondern mit dem Appell an die Einsicht und Lernfähigkeit beantwortet. Es scheint als setzt sich dieses Bewusstsein mit seinen Wertungen auch im Rechtsleben nach und nach stärker durch als in der Vergangenheit: Das Urteil als autoritative Rechtsverwirklichung wird zum Kunstfehler, der geschickt motivierte Ausgleich zum sozialtherapeutischen Erfolgserlebnis vor allem des Richters, der die Parteien wie ein Lehrer durch Lernprozesse hindurch zur rechten Einsicht geführt hat[531]. In unserer Gesellschaft zeichnet sich seit längerem der Trend ab, einvernehmliche Lösungen autoritativen Methoden der Konfliktbehandlung vorzuziehen (sog. Konsensgesellschaft)[532]. Von ebenfalls entscheidender Bedeutung ist damit die hierdurch aufgeworfene gesellschaftspolitische Perspektive[533].

Nach wie vor gilt also: „Der gegenwärtige Zeitgeist ist ausgesprochen schlichtungsfreundlich – die gütliche Streitbeendigung gilt vielfach als modisches soziales Management, Streitentscheidung durch Urteil als biederes juristisches Handwerk, das eine überholte oder überhaupt untaugliche Normativität zelebriert."[534] Insgesamt lässt sich daraus entnehmen, dass nicht zuletzt der Rechtssuchende selbst – mehr oder weniger unbewusst – durch sein Interesse an Alternativen zur Justiz zur Förderung alternativer Konfliktbehandlungen beigetragen hat. Dazu in gewissem Widerspruch scheint freilich die mangelnde Akzeptanz der bereits vorhandenen Schlichtungsangebote zu stehen. Dies hat indessen andere Gründe, was noch näher zu belegen sein wird[535].

5. Alternative Konfliktbehandlungen in anderen Rechtsgebieten

Es fragt sich, weshalb gerade das Arbeitsrecht von alternativen Konfliktbehandlungen verschont bleiben sollte, wenn solche auf anderen Rechtsgebieten womöglich fortgeschrittener sind[536]. Dabei gilt jedoch zu bedenken, dass – wie bereits erwähnt – bisweilen das Arbeitsrecht selbst beispielgebend für gütliche Formen der Streitbeilegung ist,

---

[530] So *Prütting*, JZ 1985, 261 (263).
[531] So schon *Stürner*, JR 1979, 133 (135); vgl. auch *W. Gottwald* (1981), S. 27 ff., unter dem Abschnitt „Entfremdungserlebnisse"; aus neuerer Zeit *Trossen*, ZKM 2001, 159 (160): „Das Bedürfnis in der Bevölkerung nach interessengerechter Konfliktlösung und Stressabbau ist definitiv feststellbar."; nach *Böckstiegel*, DRiZ 1996, 267, gelte dies in der Sache oder zumindest hinsichtlich des Verfahrens, zumal bei Bagatellstreitigkeiten eine „Schwellenangst des kleinen Mannes" zu konstatieren sei.
[532] *R. Wassermann*, RuP 1998, 74 (76), vgl. auch *Ritter*, NJW 2001, 3440 (3444), zu den veränderten Funktionsbedingungen in Bezug auf eine „kooperierende Gesellschaft" und einen „kooperativen Staat".
[533] *F. Behrens*, RuP 1997, 73; *R. Wassermann*, NJW 1998, 1685; *Düwell* (1999), S. 754.
[534] *Stürner*, JR 1979, 133.
[535] Siehe dazu noch unter B. II. 5. b.
[536] Siehe dazu auch den Überblick zur „Entwicklung der Mediation" bei *Strempel*, NJ 1999, 461 ff.

so etwa bei der Einführung einer Güteverhandlung im Zuge der jüngsten Zivilprozessreform[537]. Im Übrigen gibt es im Arbeitsrecht bereits andere gütliche Streitbeilegungsformen[538].

Außerhalb des Arbeitsrechts ist vorrangig an die gesetzlich verankerten Schlichtungsbestimmungen zu denken. Herauszunehmen ist zunächst die erst im Jahr 1999 eingeführte Vorschrift des § 15a EGZPO, die für bestimmte zivilrechtliche Streitigkeiten die Anrufung einer vorgerichtlichen Gütestelle zwingend vorsieht[539]. Es zeichnet sich eine gesetzgeberische Tendenz auch in anderen Rechtsgebieten ab, alternative, vornehmlich vorgerichtliche Konfliktbehandlungen verstärkt einzusetzen. Dies zeigen etwa die Regelungen im Sachenrechtsbereinigungsgesetz über das notarielle Vermittlungsverfahren (§ 104 i.V.m. §§ 87 ff.) und in der Insolvenzordnung über die außergerichtliche Schuldbereinigung im Verbraucherinsolvenzverfahren (§ 305 Abs. 1 Nr. 1)[540] sowie ferner im Familienrecht die Vorschrift des § 52 FGG[541]. Schon seit einiger Zeit besteht zur Beilegung bürgerlicher Rechtsstreitigkeiten, in denen ein Anspruch aufgrund des UWG geltend gemacht wird, die Möglichkeit, gem. § 27a UWG eine Einigungsstelle anzurufen; § 27a UWG ist hinsichtlich des Verfahrensgangs recht präzise[542]. Ein solches Verfahren kann gem. § 12 UKlaG inzwischen auch für Unterlassungsansprüche bei verbraucherschutzgesetzeswidrigen Praktiken eingeleitet werden[543]. Daneben sieht § 14 UKlaG bei Streitigkeiten aus der Anwendung der §§ 675a bis 676g und 676h Satz 1 BGB eine fakultative Anrufung der Schlichtungsstelle bei der Deutschen Bundesbank vor (sog. Kundenbeschwerden)[544]. Schließlich gab es auch in aktueller Zeit Bestrebungen, den Gütegedanken weiter auszubreiten; im Zuge der Neuregelung des Urheberrechts wurde jüngst zur Aufstellung gemeinsamer Vergütungsregeln ein Schlichtungsverfahren in den §§ 36, 36a UrhG gesetzlich verankert[545].

---

[537] Siehe zur Vorbildfunktion der arbeitsgerichtlichen Güteverhandlung noch im besonderen Teil unter C. III. 3. b. bb. (1); vgl. *Ritter*, NJW 2001, 3440 (3441), allerdings weniger „für kollektive Verhaltenssteuerung und Konfliktregelung" in Bezug auf Verbandsklagemöglichkeiten, da eine solche Möglichkeit im Arbeitsrecht nicht existiert (§ 15 UKlaG); dazu noch im besonderen Teil unter C. IV. 9. c.

[538] Siehe zu den Schlichtungssausschüssen für Ausbildungsstreitigkeiten (§ 111 Abs. 2 ArbGG) und Arbeitnehmererfindungen (§§ 28 ff. ArbNErfG) noch im besonderen Teil unter C. III. 4. b.

[539] Siehe dazu noch im besonderen Teil unter C. III. 4. a. und C. IV. 8. a. aa.

[540] Dazu *Prütting* (1998), O 19; ders., AnwBl 2000, 273 (275); *Jansen* (2001), S. 156; zum notariellen Vermittlungsverfahren auch *Wilke*, MittBayNot 1998, 1 (6 f.); zur außergerichtlichen Schuldbereinigung auch *Schuhmacher/Thiemann*, DZWIR 1999, 441 (442 f.); ausführlich *Krüger*, NZI 2000, 151 ff.

[541] Dazu *Strempel*, ZRP 1998, 319 (320); *Coester*, Kind-Prax 2003, 79 (80 f.).

[542] Dazu *Jansen* (2001), S. 164 ff.

[543] Siehe zur bisherigen praktischen Bedeutungslosigkeit dieser Verfahren *UBH/Hensen*, § 22 Rn. 16, zu § 22 Abs. 6 AGBG.

[544] Dazu *Palandt/Bassenge*, § 14 UKlaG Rn. 1 ff.; zur Neufassung der Schlichtungsstellenverordnung BGBl 2002 Teil I, S. 2577 ff.

[545] Dazu *Flechsig/Hendricks*, ZUM 2002, 423 ff.; vgl. die §§ 14 ff. WahrnG (Gesetz über die Wahrnehmung von Urheberrechten und verwandten Schutzrechten), dazu zuletzt *BGH*, NJW 2001, 228 ff.

Auch abseits der formellen Gesetze gibt es schon jetzt vielfältige Schieds- und Schlichtungsangebote. Zu nennen sind die in vielen Bundesländern tätigen und auf eine lange Tradition zurückblickenden Schiedspersonen[546], die zahlreichen Schieds- und Schlichtungsstellen bei den Industrie- und Handelskammern, den Handwerkskammern sowie den Kammern der freien Berufe[547], neuerdings zunehmend die allgemeinen Schieds- und Gütestellen bei den Rechtsanwaltskammern und ferner die Selbstregulierung im Vereins- und Verbandswesen[548]. Nicht ohne Bedeutung ist zudem der aus Schweden übernommene Ombudsmann im Bankgewerbe[549]. Einen solchen Ombudsmann hält nun auch das Versicherungsgewerbe für seine Kunden bereit[550]. Schließlich lohnt in diesem Kontext ein Blick auf die Öffentliche Rechtsauskunfts- und Vergleichsstelle (ÖRA) in Hamburg[551]. Die ÖRA ist eine öffentlich-rechtlich organisierte Schlichtungseinrichtung der hamburgischen Arbeits- und Sozialbehörde, bei der sie ein besonderes Amt bildet. Die Rechtsauskunftsstelle der ÖRA richtet sich abgesehen von Fragen des Sozialrechts ausschließlich an mittellose Personen. Gegenstand der Beratung sind dabei auch arbeitsrechtliche Streitigkeiten. Demgegenüber ist die Güte- und Vergleichsstelle nicht auf sozial schwache Personen beschränkt, allerdings geht es auch hier in vielen Fällen um arbeitsrechtliche Konflikte. Die Vertrauensstelle berät und hilft in allen Fragen der partnerschaftlichen und familiären zwischenmenschlichen Beziehungen. Hier wird neuerdings auch die Mediation als besondere Form der Konfliktbehandlung durchgeführt[552].

Außerhalb dieses institutionellen Bereichs gelangt vor allem die Mediation vermehrt ins Blickfeld der Öffentlichkeit.[553] Sie scheint sich insbesondere bei familiären Konflikten etabliert zu haben, daneben finden auch die Wirtschaftsmediation und andere alternative Konfliktbehandlungsformen zusehends Zuspruch[554]. Wenn man bedenkt, dass nationale und internationale Wirtschaftsstreitigkeiten seit geraumer Zeit in nicht unerheblichem Umfang von Schiedsgerichten entschieden werden, vermag dies nicht weiter zu verwundern. Ferner ist auf verschiedene Vorschriften im öffentlichen

---

[546] Dazu *Väth*, ZKM 2000, 150 ff.; *Jansen* (2001), S. 131 ff. und 173; *Zimmer* (2001), S. 35 ff.

[547] Dazu *Jansen* (2001), S. 158 ff.; zu den Schieds- und Schlichtungsstellen für Verbraucherstreitigkeiten *Zimmer* (2001), S. 48 ff.; zu den Schlichtungsstellen für Kaufleute *Ponschab/Dudek*, AnwBl 2000, 308 f.; zu den Bauschlichtungsstellen *Frikell*, ZKM 2000, 158 ff., und *Schmidt-von Rhein*, ZKM 2000, 201 f.; zur neuen Schiedsstelle der pharmazeutischen Industrie *Balzer/Dieners*, NJW 2004, 908 f.

[548] *Ritter*, NJW 2001, 3440 (3441); instruktiv zur Vereins- und Verbandsgerichtsbarkeit *Schlosser* (1972).

[549] Dazu *Hoeren*, NJW 1992, 2727 ff.; *Zimmer* (2001), S. 62 ff.; zu den Änderungen der Verfahrensordnung seit 1992 *Scherpe*, WM 2001, 2321 ff.; zur Abgrenzung des Bankenombudsmanns- vom Kundenbeschwerdeverfahren *UBH/Hensen*, § 29 Rn. 2.

[550] Dazu *Knauth*, WM 2001, 2325 ff.

[551] Dazu *Zimmer* (2001), S. 73 ff.; zur ÖRA in Lübeck *Jansen* (2001), S. 177 f.

[552] Zum Ganzen *Zimmer* (2001), S. 73, 75 f., 77 f. und 79 f.

[553] Siehe zur Mediation noch im besonderen Teil unter C. IV. 5. b.

[554] Jüngst *Hobeck*, NJW-Editorial Heft 7/2003, S. III, wonach in Deutschland alternative Konfliktlösungsmodelle – und damit wesentlich auch die Wirtschaftsmediation – immer bedeutsamer würden.

Recht[555] und im Strafrecht[556] hinzuweisen, die ebenfalls den Gütegedanken zum Gegenstand haben.

6. Alternative Konfliktbehandlungen in anderen Ländern

Schließlich bietet sich an dieser Stelle ein rechtsvergleichender Überblick an. Denn eine gewisse „Schubkraft" bezüglich der Suche nach alternativen Konfliktbehandlungen erzeugt gerade auch die Rechtsentwicklung im Ausland, zumal im internationalen Rechtsvergleich generell auffällt, dass der Umfang der deutschen Justiz größer und ihr Geschäftsanfall höher als in allen bzw. den meisten vergleichbaren Ländern ist[557]. Erste Anstöße erfolgten insoweit bereits zu Beginn der 70er Jahre vor allem in den USA und den skandinavischen Ländern[558]. Dies hat dazu geführt, dass spätestens seit Beginn der 80er Jahre in nahezu allen westeuropäischen Ländern Überlegungen und Ansätze zu einer vor- und außergerichtlichen Beilegung von Streitigkeiten beträchtliches Interesse gefunden haben[559]. Der Trend setzt sich auch in jüngerer Zeit fort und gilt umso mehr vor dem Hintergrund der Globalisierung der letzten Jahre, die nicht nur eine „Globalisierung des Rechts", sondern speziell auch eine „Globalisierung des Rechtsschutzes" nach sich zieht[560]. Auf dieser globalen Ebene seien vorab lediglich die neuen ICC ADR Regeln[561] und das neue UNCITRAL Model Law on International Commercial Conciliation[562] genannt.

Die ausländische alternative Konfliktbehandlungskultur unter besonderer Berücksichtigung der arbeitsrechtlichen Situation soll an dieser Stelle lediglich skizziert werden; im Folgenden soll dabei ein Streifzug durch vier der fünf Kontinente erfolgen[563]. Im besonderen Teil wird auf konkrete ausländische Verfahren oder Aspekte einzugehen sein, die gerade für das deutsche Arbeitsrecht fruchtbar gemacht werden können.

---

[555] Dazu *Ritter*, NJW 2001, 3440 (3441 f.), dort auch zum Sozialrecht; zum Widerspruchsverfahren gem. §§ 68 ff. VwGO *Böckstiegel*, DRiZ 1996, 267 (268), und *Jansen* (2001), S. 131,
[556] Siehe *Ritter*, NJW 2001, 3440 (3442 f.), zum Täter-Opfer-Ausgleich gem. § 153a Abs. 1 Nr. 5 StPO und zum strafrechtlichen Sühneverfahren bzw. zu dem vor Einleitung einer Privatklage gem. § 380 StPO erforderlichen Schiedsmann; siehe auch *Jansen* (2001), S. 131 ff.
[557] Vgl. *Blankenburg*, ZRP 1992, 96; *G. Wagner*, JZ 1998, 836; vgl. auch *Katzenmeier*, ZZP 115 (2002), 51 (59 ff.).
[558] *Prütting*, JZ 1985, 261 (262); ders., AnwBl 2000, 273 (274).
[559] *W. Gottwald*, ZRP 1982, 28; *de Wirth*, ZRP 1982, 188.
[560] Vgl. *Ritter*, NJW 2001, 3440 (3445), demzufolge sich der Druck auf die nationalen Gerichtsbarkeiten verstärke; Paradebeispiel einer solchen Globalisierung ist der internationale Stahlstreit zwischen den USA und anderen Industrieländern, der durch eine Schlichtung bei der Welthandelsorganisation (WTO) beigelegt werden soll, siehe SZ vom 23.5.2002, S. 26 (18), und SZ vom 4.6.2002, S. 20; siehe zur WTO-Streitbeilegung *Schroeder/Schonard*, RIW 2001, 658 ff.; *H. Hohmann*, RIW 2003, 352 ff.
[561] Dazu *E. Schäfer*, ZKM 2002, 188 ff.
[562] Dazu *Hutner*, ZKM 2002, 201 (202 f.); *Sanders*, BB Beilage 7 zu Heft 46/2002, Die erste Seite.
[563] Siehe *Alexander*, ZKM 2001, 162 (163 f.), zur Mediation in Australien, *Funken*, ZKM 2002, 52 ff., zur Mediationspraxis in Australien, und *W. Gottwald*, ZKM 2003, 6 ff. und 109 ff., zur gerichtsbezogenen Mediation in Australien.

a. Asien

Der asiatische Raum und dabei vornehmlich China und Japan haben eine völlig andere Rechtskultur in Bezug auf die Behandlung von Konflikten. Die Zurückhaltung gegenüber rechtsförmiger Streitaustragung hat in diesen Ländern eine lange Tradition, so dass die einverständliche Schlichtung dort schon seit jeher eine besondere Rolle spielt[564]; dies gilt auch für den asiatischen Handelsverkehr[565]. Plakativ kann man insoweit zwischen der westlichen Konflikt- und der asiatischen Harmoniegesellschaft unterscheiden[566]. In der konfuzianisch geprägten Gesellschaft ist die friedliche und informelle Austragung von Konflikten gesellschaftliche Norm[567]. Mit anderen Worten: Die Anrufung des Gerichts ist keine juristische „ultima ratio", sondern eine kulturelle[568]. Vielmehr noch: Die förmliche Einleitung eines Gerichtsverfahrens ist geradezu verpönt und mit einem Gesichtsverlust verbunden[569].

Nur vor diesem Hintergrund[570] sind die in der Volksrepublik *China* Mitte der 90er Jahre erlassenen Regelungen zur Beilegung arbeitsrechtlicher Streitigkeiten zu verstehen. Nach § 77 des Arbeitsgesetzes der Volksrepublik China können Arbeitgeber und Arbeitnehmer bei auftretenden Streitigkeiten aus dem Arbeitsverhältnis zwischen Schlichtungs-, Schieds- oder Gerichtsverfahren wählen; die Verfahren stehen nebeneinander zur Auswahl. Allen Verfahrenvorschriften ist gemeinsam, dass sie einen besonderen Wert auf eine einvernehmliche Lösung der Streitigkeiten legen und in jeder Verfahrenssituation den Vorrang von Verhandlungslösungen vor Streitentscheidungen vorsehen. Sofern nicht schon – wie so oft – eine Einigung auf informellem Weg erreicht wird, leiten die Arbeitsparteien regelmäßig das (stark) formalisierte Schlichtungsverfahren vor einem im Betrieb eingerichteten Schlichtungsausschuss ein. Scheitert die Schlichtung, können beide Parteien einen Schiedsspruch beantragen oder direkt Klage vor dem Volksgericht erheben[571]. In jüngerer Zeit kommen jedoch Zweifel auf, ob an dem vorhandenen Aufbau insoweit festgehalten werden soll, als die Möglichkeit besteht, auch einen Schiedsspruch vor Gericht anfechten zu können; man diskutiert die Einführung eines dualen Systems (Schlichtung und danach Schieds- *oder* Gerichtsverfahren). Angesichts des stark ausgeprägten Schiedsverfahrens wird jedenfalls der Aufbau einer eigenständigen Arbeitsgerichtsbarkeit für nicht erforderlich gehalten[572]. Demgegenüber hat zwar die Republik China (Taiwan) eine Arbeitsge-

---

[564] Siehe *Hegenbarth* (1980), S. 58 f., zu China, und *Strempel*, JZ 1983, 596 (597 f.), zu Japan; siehe auch *Böckstiegel*, DRiZ 1996, 267 (272), zu Japan und anderen ostasiatischen Ländern.

[565] *Risse*, WM 1999, 1864, (1866 f.).

[566] Vgl. *Strempel*, JZ 1983, 596 (597); ders., ZRP 1998, 319 (321).

[567] So treffend *Geffken*, NZA 1999, 182 (183).

[568] So treffend *Geffken*, NZA 1999, 691.

[569] *Risse*, WM 1999, 1864 (1866).

[570] Siehe *Geffken*, NZA 1999, 691 f., als kritische Erwiderung auf die rechtsvergleichende Darstellung von *V. Schneider*, NZA 1998, 743 ff.

[571] Zum Ganzen *V. Schneider*, NZA 1998, 743 (744 ff.).

[572] Dazu *V. Schneider*, NZA 1998, 743 (746).

richtsbarkeit, die Anrufung der Arbeitsgerichte ist aber auch dort eher die Ausnahme, bevorzugt wird eher ein informeller Beschwerdeweg oder die Einschaltung einer staatlichen Behörde[573].

In *Japan* konnte sich trotz weit gehender Rezeption des deutschen Zivilprozessrechts ein institutionalisiertes und sehr gut funktionierendes Schlichtungswesen etablieren[574]. Besondere Bedeutung hat in Japan das „Chotei-Verfahren". Dieses stellt zwar formal ein gerichtliches Vorverfahren dar, das Schlichtungsgespräch wird aber zunächst lediglich von zwei Laien geführt, während der Richter meist nur am Ende des Verfahrens die Gesetzmäßigkeit des Schlichtungsergebnisses überprüft. Dadurch erhält auch dieses Verfahren ein sehr stark nichtrichterliches Element. Im Ergebnis wurden in den 80er Jahren fast 50 % aller eingereichten Zivilstreitigkeiten in einem solchen vorgeschalteten Verfahren erledigt[575]. Bemerkenswert ist, dass in Japan in den letzten Jahren der umgekehrte Trend verfolgt wurde, nämlich die Forderung nach mehr Verrechtlichung und Vergerichtlichung, also eine Ausweitung der Rechtsressourcen im materiellen wie im formellen Bereich; insbesondere geht es dabei um den Ausbau der formellen Gerichtskomponente des Justizsystems unter Beibehaltung der informellen außergerichtlichen Komponenten[576]. Gleichwohl bleibt die Einschaltung der Gerichte in Japan die Ausnahme. Japaner fühlen sich in einer Situation, wie sie ein Gerichtsprozess schafft, unwohl, weil es ihnen widerstrebt, dass ein Gericht oder eine Schiedsinstanz einen Streit unter Anwendung abstrakter Normen entscheidet. Vor allem in Arbeitsbeziehungen erlangt das Vertrauensverhältnis zwischen Arbeitgeber und Arbeitnehmer eine besondere Bedeutung. Das Arbeitsverhältnis beruht lediglich auf gegenseitigen Erwartungen ohne formelle vertragliche Grundlage oder schriftliche Fixierung, wird aber im Allgemeinen sehr genau eingehalten. Kommt es doch einmal zu Meinungsverschiedenheiten zwischen Arbeitgeber und Arbeitnehmer, wird eine Einigung vorrangig im Verhandlungswege zu erreichen versucht. Hier wird dann häufig ein Vermittler eingeschaltet, der den Arbeitsparteien Hilfestellung zu einer einvernehmlichen Lösung geben soll. Der Vermittlungsgedanke steht auch dann im Vordergrund, wenn sog. „unfair labour practices" vor arbeitsrechtliche Kommissionen gebracht werden. Der Anteil der Entscheidungen der ordentlichen Gerichte in Arbeitssachen ist verschwindend gering; eine eigenständige Arbeitsgerichtsbarkeit gibt es in Japan nicht[577].

---

[573] Dazu *Geffken*, NZA 1999, 182 (183 f.), und 248 (250); zur Schlichtung in der Republik China auch *Krapp* (1995), S. 85 ff.

[574] *Greger*, JZ 1997, 1077 (1079), der freilich auf den anderen historischen und gesellschaftlichen Hintergrund hinweist.

[575] Zum Ganzen *Prütting* (1998), O 20; *Risse*, WM 1999, 1864 (1866); zur zivilrechtlichen Schlichtung an japanischen Gerichten auch *Krapp* (1995), S. 77; dazu bereits *Rokumoto* (1980), S. 390 ff.

[576] *Strempel*, JZ 1983, 596 (598); ders. (1992), S. 792.

[577] Zum Ganzen *Schregle* (1999), S. 1029 ff.

b. Afrika

Das Konfliktpotenzial ist in afrikanischen Ländern nicht geringer. Der Unterschied liegt vielmehr in der Konfliktbehandlungskultur. Ein Konflikt wird auch in Afrika selten vor Gericht ausgetragen. Maßgeblicher Grund hierfür ist die nur halbwegs ausgebaute gerichtliche Infrastruktur. Gleichwohl hatten schon die Stammesgesellschaften Afrikas Normen, bei Normverstößen entstanden Konflikte und die Lösung solcher Konflikte war entweder private Gewalt, Rache, Selbsthilfe oder – sehr viel häufiger und im Grunde die Regel – eine Einigung der streitenden Parteien nach langen Verhandlungen, oft mit Schlichtern. Eine solche autonome Einigung ermöglichte den streitenden Parteien, weiter in kleinen Gemeinschaften zusammenzuleben, wo jeder auf den anderen angewiesen war und nicht in die Anonymität einer Massengesellschaft ausweichen konnte[578]. Daran dürfte sich zumindest in den unterentwickelten Ländern Afrikas wenig geändert haben.

Zumindest *Südafrika* kann wegen seiner im Gegensatz zu einigen anderen afrikanischen Ländern eher westlichen Ausrichtung in Bezug auf die Behandlung von Konflikten rechtsvergleichend herangezogen werden. Südafrika hat sich mit dem Labour Relations Act 66 aus dem Jahr 1995 für informelle und weitgehend außergerichtliche Konfliktlösungsmechanismen zur Beilegung arbeitsrechtlicher Streitigkeiten entschieden. Ziel war die Schaffung eines einfachen, informellen, zügigen und nicht legalistischen Systems. Kernstück dieses Systems ist die Commission of Conciliation, Mediation and Arbitration (CCMA). Das Verfahren vor der CCMA beginnt mit der Phase der „conciliation", innerhalb derer ein „commissioner" den Versuch einer gütlichen Einigung zu unternehmen hat; die Verfahrensführung steht dabei weitgehend in seinem Ermessen. Die Vergleichsquote in dieser Phase beträgt bis zu 70 %. Wird keine gütliche Einigung erzielt, können die Arbeitsparteien das Verfahren in die „arbitration" Phase überleiten oder die Streitigkeit dem Arbeitsgericht vorlegen. Am Ende des recht formalisierten Schiedsverfahrens steht ein Schiedsspruch. Sofern nicht direkt das Arbeitsgericht angerufen wird, kann dieser Schiedsspruch vor dem Arbeitsgericht nur dahin gehend überprüft werden, ob er rational nachvollziehbar und vertretbar erscheint. Gegen eine Entscheidung des Arbeitsgerichts ist nur ein Rechtsmittel vor dem Labour Appeal Court zulässig. Neben diesem staatlichen Weg kann jedoch zwischen den Arbeitsparteien die Einschaltung privater Schlichtungsinstitutionen durch Parteivereinbarung festgelegt werden. Wichtigste Organisation ist der Independent Mediation Service of South Africa (IMSSA), die bereits 1984 gegründet wurde. Das Verfahren ist ebenfalls weitgehend frei von Verfahrensvorschriften, Formalitäten und Fristen, und die Verfahrensführung steht im Ermessen des Schlichters. Die IMSSA arbeitet mit

---

[578] So *Wesel*, NJW 2002, 415; siehe ders. (2001), Rn. 14 und 27, zu den Konfliktlösungsmechanismen in Form von Diskussionen und Verhandlungen bei Sammlern und Jägern sowie segmentären Gesellschaften; siehe zum „Palaver" in traditionalen Gesellschaften auch *Hegenbarth* (1980), S. 55 ff.; *Haft* (1999), S. 255 ff.; *Hager* (2001), S. 3 ff.

großem Erfolg. Dabei darf jedoch nicht verschwiegen werden, dass eine Art Zweiklassensystem zwischen dem erfolgreichen, aber kostenträchtigen privaten Schlichtungsverfahren vor dem IMSSA und dem weniger effizienten, aber kostenfreien Verfahren vor der CCMA zu konstatieren ist[579].

c. Amerika

Mutterland alternativer Konfliktbehandlungen sind freilich die *USA*, die einmal mehr Vorbild bzw. Inspiration für die Rechtsentwicklung auch in Deutschland sein sollen[580]. Unter dem Titel „Alternative Dispute Resolution" (ADR) haben in den Vereinigten Staaten Mechanismen der außergerichtlichen Streitbeilegung in der Praxis schon länger Konjunktur, während sich ADR an den Universitäten als eigenständige wissenschaftliche Disziplin etabliert hat, von deren Erkenntnissen man in Deutschland lernen kann[581]. Bereits in den 60er Jahren hat es in den USA ein wachsendes Interesse an alternativen Formen der Streitbeilegung unter dem Eindruck der Bürgerbewegung, der Vietnamproteste sowie der Studentenunruhen gegeben. Dieses Interesse wurde von zahlreichen Kreisen, vom Präsidenten des Supreme Court über die Justitiare bis hin zur Bar Association und verschiedenen Gruppen von Nichtjuristen bekundet. In den 70er Jahren stieg die Verbreitung von ADR-Verfahren weiter an, was sich insbesondere in der Gründung von „Neighborhood Justice Centers" auf kommunaler Ebene manifestierte. Außerdem interessierte sich die Wissenschaft zusehends für alternative Konfliktbehandlungen. So entstand in dieser Zeit an der Harvard Law School das „Harvard Negotiation Project"[582] als interdisziplinäres Institut für Forschung und Lehre auf dem Gebiet von Verhandlungstechnik und Konfliktmanagement[583]. Resultat dieser Entwicklung war eine regelrechte Bewegung („movement") für ADR-Verfahren[584]. Freilich darf man einen wesentlichen Hintergrund dieser Bewegung nicht übersehen: das außerordentlich formalisierte, zeit- und kostenaufwendige amerikanische Prozessverfahren, das informelle Formen der Streitbehandlung und damit ADR geradezu herausgefordert hat[585]. Als Reaktion auf die oftmals beklagte „pathology of litigation" wurde beispielsweise in New York das Centre for Public Resources (CPR) mit der Aufgabe gegründet, Methoden der ADR zu fördern und zu verbreiten[586].

---

[579] Zum Ganzen *von Zelewski*, NZA 2001, 196 f.

[580] So auch *Stadler*, NJW 1998, 2479 (2482).

[581] *G. Wagner*, JZ 1998, 836.

[582] Dazu *Bühring-Uhle* (1995), S. 75 f.; *Fisher/Ury/Patton* (2000), S. 260 f.

[583] Zum Ganzen *Strempel*, ZRP 1998, 319 (321); *Duve*, BB Beilage 10 zu Heft 40/1998, 9 f.; siehe zur geschichtlichen Entwicklung in den USA bereits *Röhl/Röhl*, DRiZ 1979, 33 (35 ff.); *W. Gottwald* (1981), S. 82 ff.; *Strempel*, DRiZ 1983, 86 ff.

[584] *Goldberg/Green/Sander* (1985), S. 3 ff.; ausführlich *Zimmer* (2001), S. 119 ff., unter dem Abschnitt „Aufstieg und Blütezeit der ADR-Bewegung".

[585] Siehe nur *W. Gottwald*, BRAK-Mitt. 1998, 60 (62).

[586] *Weigand*, BB 1996, 2106; *Duve*, BB Beilage 10 zu Heft 40/1998, 9 (10); *Alexander*, ZKM 2001, 162 (163); *Zimmer* (2001), S. 124 und 132.

Die vielfältigen Formen alternativer Konfliktbehandlungen in den USA lassen zwei Grundstrukturen erkennen[587]. Auf der einen Seite stehen Verfahren, die entweder durch den Gesetzgeber bzw. die in der Ausgestaltung ihrer Verfahren sehr viel freieren amerikanischen Gerichte selbst angeordnet sind, also Verfahren aufgrund staatlicher Initiative. Diese werden überwiegend als gerichtsverbundene („court-related") ADR-Verfahren bezeichnet. Hierzu gehören die ADR-Klassiker wie Arbitration und Mediation sowie Med-Arb, ein Verfahren, das bei erfolgloser Mediation in die Arbitration mündet (oder umgekehrt: Arb-Med)[588], aber auch Verfahrenskombinationen wie Mini-Trial, Summary Jury Trial und Early Neutral Evaluation[589]. Ausgangspunkt dieser Verfahren ist oftmals das sog. Multi-Door Courthouse, das je nach Art des Falles den Parteien die soeben genannten Verfahrenstypen oder im Sinne sog. hybrider Verfahren eine Kombination aus ihnen zu Verfügung stellt[590]. Begünstigt wird die Implementierung dieser Verfahren durch mehrere gesetzgeberische Initiativen. Zu nennen ist zunächst der Civil Justice Reform Act von 1990, der von den Bundesgerichten (Federal Courts) eine Verringerung der Verfahrensdauer und -kosten verlangte[591]. Sodann verpflichtete der Alternative Dispute Resolution Act aus dem Jahr 1998 alle Bundesgerichte erster Instanz (Federal District Courts), gerichtseigene ADR-Programme einzuführen[592]. Schließlich ist auf den neuen Uniform Mediation Act 2002 hinzuweisen, einem bundeseinheitlichen Mediationsgesetz, dessen Hauptaugenmerk die Vereinheitlichung des einzelstaatlichen Mediationsrechts und dabei insbesondere die angemessene Sicherung der Vertraulichkeit des Mediationsverfahrens ist[593]. Auf der anderen Seite stehen ADR-Verfahren, die auf privater Initiative beruhen („private-related" ADR-Verfahren), also gerichtsunabhängige alternative Konfliktbehandlungen. Hier ist das Angebot noch reichhaltiger und umfasst neben den bereits genannten Verfahren z.B. auch das Rent-a-Judge-Verfahren, ein gewissermaßen privates Gerichtsverfahren. Aufgerufen werden diese Verfahren aufgrund entsprechender ADR-Klauseln in den Verträgen oder ad hoc. Freilich ist die Übertragbarkeit der Erfahrungen mit ADR in den USA auf Deutschland in Anbetracht der unterschiedlichen Prozesssysteme im Justizwesen sowie der ebenso unterschiedlichen sozialen Strukturen in der Bevölkerung

---

[587] Nach *W. Gottwald*, BRAK-Mitt. 1998, 60 (62 ff.).

[588] Dazu *W. Gottwald*, AnwBl 2000, 265 (270).

[589] Zu den ADR-Verfahren in den USA *Duve*, BB Beilage 10 zu Heft 40/1998, 9 (11 ff.); *Eidenmüller* (2000), S. 54 ff.; *Hay* (2001), S. 101 ff.; *Zimmer* (2001), S. 133 ff.; *Risse*, ZKM 2004, 244 ff.; siehe auch die Auflistung bei *Trossen* (2002), S. 459; die im Rahmen dieser Arbeit interessierenden Verfahren werden noch im besonderen Teil vorgestellt.

[590] *Ponschab/Kleinhenz*, DRiZ 2002, 430 (435), weisen darauf hin, das die Idee der gerichtsverbundenen Konfliktbehandlung im Wesentlichen auf den Harvard-Professor *Sander* zurückgehe, der den Begriff Multi-Door Courthouse geprägt habe; weiterführend zum Multi-Door Courthouse *Birner* (2003); siehe auch dies., ZKM 2003, 149 ff.

[591] *W. Gottwald*, BRAK-Mitt. 1998, 60 (62).

[592] *W. Gottwald*, AnwBl 2000, 265 (266).

[593] Dazu *Hutner*, ZKM 2002, 201 (202); ausführlich *Hilber*, BB Beilage 5 zu Heft 25/2003, 9 ff.

fraglich[594]. Gleichwohl können sich die US-amerikanischen Erfahrungen auch in unserem Land als wertvoll erweisen[595].

Die USA haben keine spezielle Arbeitsgerichtsbarkeit. Zuständig für arbeitsrechtliche Auseinandersetzungen sind die allgemeinen Zivilgerichte der jeweiligen Bundesstaaten und des Bundes[596]. Gleichwohl müssen die Arbeitsvertragsparteien auf einen effektiven Arbeitsrechtsschutz nicht verzichten[597]. Im Gegensatz zu Deutschland ist in den USA bereits der innerbetrieblichen Konfliktbehandlung eine hohe Bedeutung beizumessen. So gut wie alle zwischen einer Gewerkschaft und einem Arbeitgeber abgeschlossenen Tarifverträge („collective bargaining agreement") enthalten ein Beschwerdeverfahren („grievance procedure"), das als Herzstück ein Schema von Stufen („steps") vorsieht, entlang derer der Beschwerdeführer die Angelegenheit von unten nach oben bis zu einer letztinstanzlichen Entscheidung vorantreiben kann, wenn die Beschwerde auf der jeweils vorgelagerten Ebene nicht abschließend behandelt wurde. Als Stufen kommen der direkte Vorgesetzte, der Abteilungsleiter, die Personalabteilung und/oder ein Beschwerdekomitee („grievance committee") in Betracht[598]. An oberster Stelle der Stufenfolge steht das arbeitsrechtliche Schiedsverfahren („labor arbitration"); fast alle Tarifverträge enthalten entsprechende Schiedsklauseln[599]. Soweit es um die Verletzung bestimmter, den einzelnen Arbeitnehmern gewährter Rechte geht, wird das Verfahren als „grievance arbitration" bezeichnet[600]. Bemerkenswert dabei ist, dass die durch Tarifvertrag begründeten – letztlich aber individuellen – Rechte kollektiv geltend gemacht werden, d.h. der Rechtsschutz wird durch die Gewerkschaft wahrgenommen[601]. Als Schiedsrichter wird eine externe, erfahrene Person beauftragt, die nach eingehender Würdigung der Sache einen endgültigen und für die Parteien bindenden Entschluss zu fassen hat[602]. Grundlagen für dieses Verfahren bil-

---

[594] *Hoffmann-Riem*, ZRP 1997, 190 (195 Fn. 63) m.w.N.; kritisch *Böckstiegel*, DRiZ 1996, 267 (272 f.), zu der „ganze(n) Palette von konkret ausgearbeiteten Verfahrensoptionen und überwiegend professionell organisierten Institutionen" in Anbetracht der Besonderheiten des Zivilprozesses vor amerikanischen Gerichten, so dass mit einer Verbreitung der ADR in Deutschland wohl eher nicht zu rechnen sei; weiterführend *Zimmer* (2001), S. 145 ff.

[595] Vgl. *Ayad*, ZRP 2000, 229 (235), im Zuge der jüngsten Reform des Zivilprozesses; *Schumacher*, ZKM 2001, 19 ff., zu § 15a EGZPO und die Nutzung U.S.-amerikanischer Erfahrungen für die obligatorische außergerichtliche Streitbeilegung.

[596] *Gruber* (1998), S. 30 f.

[597] Siehe etwa *Dunlop/Zack* (1997) mit einem umfassend Überblick über die US-amerikanische Entwicklung von „Mediation and Arbitration of Employment Disputes".

[598] Zum Ganzen *Breisig* (1996), S. 114 ff., vor allem S. 115 mit einer Übersicht über die typische Grundstruktur eines Stufenverfahrens; ders., WSI-Mitt. 1996, 576 (577 f.); siehe auch *Kohler*, AuR 1998, 434 (436); siehe schon *Rogowski* (1983), S. 197 ff.

[599] Dazu *Gruber* (1998), S. 13, unter dem Abschnitt „Rechtstatsächliche Bedeutung"; siehe auch *Hay* (2001), S. 107.

[600] *Gruber* (1998), S. 3.

[601] Siehe dazu *Kittner/Kohler*, BB Beilage 4 zu Heft 13/2000, 1 (6 ff.), am Beispiel des Kündigungsschutzes.

[602] Dazu *Breisig* (1996), S. 117 ff.; ausführlich *Gruber* (1998), S. 53 ff.

den der National Labor Relations Act (NLRA), der Labor Management Relation Act (LMRA) und der Federal Arbitration Act (FAA)[603]. Unterstützt wird das Verfahren durch mehrere professionelle Organisationen, der American Arbitration Association (AAA), der National Academy of Arbitration (NAA) und dem Federal Mediation and Conciliation Service (FMCS)[604]. Dieser Rechtsschutz ist eines der wirkungsvollsten Argumente für eine Gewerkschaftsvertretung[605].

Der nichtgewerkschaftliche Sektor fällt in Sachen Konfliktbehandlung durch seine Heterogenität und Variabilität auf. Initiiert von den Arbeitgebern selbst gibt es auch dort prozedurale Beschwerdeverfahren im Sinne eines Stufensystems, die dem Typus des gewerkschaftlichen Sektors entsprechen. Daneben stehen personenzentrierte Beschwerdeverfahren, bei denen ein Ombudsmann im Konfliktfall als Ansprechpartner fungiert, und solche programmatischer Art, das sind von der Betriebsleitung initiierte Programme der Eruierung und Förderung von Beschwerden aus der Belegschaft durch Verfahren namens „Offene Tür" („open door") und „Offen gesagt" („speak up") sowie mittels eines Kummerkastens[606]. Großer Beliebtheit erfreuen sich in jüngerer Zeit auch sog. „peer review"-Verfahren, bei denen u.a. gleichgestellte Arbeitnehmer über die Beschwerde ihres Kollegen befinden[607]. Schließlich wird das arbeitsrechtliche Schiedsverfahren auch im nichtgewerkschaftlichen Bereich zunehmend eingeschaltet[608]. Dies alles dient als Ersatz für die hoch geschätzte Schutzfunktion des gewerkschaftlichen Beschwerde- und Schiedsverfahrens und soll gleichzeitig einer künftigen gewerkschaftlichen Einflussnahme Vorschub leisten[609]. Im Ergebnis lässt sich festhalten, dass das US-amerikanische Arbeitsrecht die private Streiterledigung durch die Arbeitsparteien prinzipiell vor staatlicher Intervention rechtlich bevorzugt[610].

Darüber hinaus haben sich in den USA innerbetrieblich weitere Formen von ADR wie beispielsweise die Mediation etabliert[611]. Als Pionier gilt dabei das Technologieunternehmen *Motorola*, das ein Konfliktmanagementsystem bereits im Jahr 1986 einführte,

---

[603] Dazu *Gruber* (1998), S. 20 ff., sowie S. 31 ff. zur Konkurrenz mit der Tätigkeit des National Labor Relation Board; vgl. *Beck/Rosendahl/Schuster*, AuA 1992, 303 (304).

[604] *Breisig* (1996), S. 118; *Gruber* (1998), S. 78 ff.

[605] Vgl. *Colvin*, WSI-Mitt. 2001, 743 (744).

[606] Zum Ganzen *Breisig* (1996), S. 134 ff.

[607] *Colvin*, WSI-Mitt. 2001, 743 (744 f.); auch „peer panel" genannt, *Thau* (1998), Rn. 30.

[608] Siehe dazu *Kittner/Kohler*, BB Beilage 4 zu Heft 13/2000, 1 (16 ff.), am Beispiel des Kündigungsschutzes.

[609] Vgl. *Colvin*, WSI-Mitt. 2001, 743 (744).

[610] So schon *Rogowski* (1983), S. 210; *Gruber* (1998), S. 16 f., spricht von einer Überlegenheit des US-amerikanischen Schiedsverfahrens über das Gerichtsverfahren; siehe auch *Kittner/Kohler*, BB Beilage 4 zu Heft 13/2000, 1 (18).

[611] Siehe zur arbeitsrechtlichen Mediation in den USA *Lembke* (2001), Rn. 8 ff. und Rn. 68 ff.; siehe auch *Breisig* (1996), S. 119, unter dem Abschnitt „Neuere Variationen im Stufensystem"; vgl. *Gruber* (1998), S. 56, zur „grievance mediation"; vgl. auch *Thau* (1998), Rn. 26 ff.

zunächst vornehmlich für externe, später aber auch für interne Konflikte[612]. Auch die US-amerikanische *Siemens*-Tochter nutzt solche Formen nach eigenen Angaben schon seit einigen Jahren mit Erfolg bei arbeitsrechtlichen Auseinandersetzungen[613]. Zudem stellte der einst von Präsident *Clinton* in Auftrag gegebene „Dunlop Report" fest, dass im Jahr 1994 ca. 52 % aller privaten Unternehmen alternative Konfliktbehandlungs-verfahren angewendet haben[614]. Allerdings gilt auch hier zu beachten, dass die Rechts-systeme und Rahmenbedingungen in den USA und in Deutschland erheblich divergie-ren. In Deutschland ist der „Leidensdruck" der Beteiligten einer Arbeitsstreitigkeit im Hinblick auf den mit arbeitsgerichtlichen Verfahren verbundenen Kosten- und Zeit-aufwand bei weitem nicht so hoch wie in den USA, wo es im Durchschnitt etwa zwei-einhalb Jahre dauern und ohne weiteres 50.000 bis 100.000 Dollar kosten kann, bevor ein Prozess in die Hauptverhandlung gelangt. Aus Sicht der Arbeitgeber kommt er-schwerend hinzu, dass die Gerichte den Arbeitnehmern beträchtliche Schadensersatz-summen zuerkennen können[615]. Außerdem gibt es in den USA keine spezialisierten Arbeitsgerichte. Hingegen sind Schiedsverfahren in Arbeitsstreitigkeiten in den USA anders als in Deutschland grundsätzlich erlaubt. Nach dem Alternative Dispute Reso-lution Act von 1998 ist es dem erstinstanzlichen Bundesgericht sogar erlaubt, „any civil action" im Einvernehmen mit den Parteien in ein Schiedsverfahren überzulei-ten[616]. Vor diesem Hintergrund wird die Mediation in den USA viel eher als in Deutschland als Alternative zu sonstigen Konfliktbehandlungsmethoden wahrgenom-men und von den Beteiligten gesucht[617]. Lediglich der Vollständigkeit halber sei noch erwähnt, dass alternative Konfliktbehandlungen gerade auch in kollektiven Streitigkei-ten wie z.B. bei Tarifauseinandersetzungen in den USA weitreichend zur Anwendung kommen[618].

Von Interesse ist schließlich der südamerikanische Raum. Stellvertretend hierfür lohnt ein Blick auf die Rechtslage in *Argentinien*. Freilich vor dem Hintergrund des weit verbreiteten Misstrauens der dortigen Bevölkerung gegenüber der Justiz wurde bereits im Jahr 1996 die Mediation als Zulässigkeitsvoraussetzung für eine nachfolgende Kla-geerhebung in zivilrechtlichen Streitigkeiten normiert[619]. Für das Arbeitsrecht wurde

---

[612] *Budde* (2000), S. 501; *Eidenmüller/Hacke*, Personalführung 3/2003, 20 (21); außerdem sind spe-ziell betreffend betriebsinterne Konflikte noch die Unternehmen *Shell, General Electric* und *US Postal Service* zu nennen, siehe *Eidenmüller/Hacke*, Personalführung 3/2003, 20 (23).
[613] *Zimmer* (2001), S. 139; zur dortigen Verankerung der Mediation *Gans*, ZKM 2001, 66 (67 ff.).
[614] *Budde* (2000), S. 500.
[615] *Colvin*, WSI-Mitt. 2001, 743 (746).
[616] *Hay* (2001), S. 107.
[617] Zum Ganzen *Lembke*, ZKM 2002, 111; vor diesem Hintergrund kritisch betreffend die Übertragung der US-amerikanischen Erfahrungen mit der Mediation im Arbeitsrecht auf Deutschland *Schubert*, AiB 2000, 524 (526).
[618] Siehe zu dem auf das Harvard-Konzept zurückzuführende „Interest Based Negotiation", welches vom amerikanischen Arbeitsministerium (Department of Labor) und vom Federal Mediation und Con-ciliation Service (FMCS) aufgegriffen wurde, *Reitemeier* (2001), S. 20, und *Zimmer* (2001), S. 117 f.
[619] Ausführlich dazu *Sievers* (2001), S. 47 ff.

die „conciliación" mit modifizierten Bestimmungen anhand eines eigenständigen Gesetzes zwingend eingeführt. Wesentlicher Grund für die eingeständige Regelung war, dass infolge der Besonderheiten im Arbeitsrecht und der regelmäßig bestehenden Machtungleichgewichte eine stärkere Kontrolle durch den neutralen Dritten gewährleistet werden sollte. Der hierfür zuständige „conciliador" verfügt über mehr Einwirkungsmöglichkeiten als der Mediator und ist aktiver an der Konfliktgestaltung beteiligt. Überdies besteht Anwaltszwang. Die in der „conciliación" getroffenen Einigungen müssen vom Ministerium für Arbeit und Soziale Sicherheit bestätigt werden. Erst wenn dieser Weg scheitert, steht es den Beteiligten frei, die Lösung des Konflikts durch einen Schiedsrichter oder durch ein ordentliches Gerichtsverfahren herbeizuführen[620].

d.   Europa

Nicht nur in außereuropäischen Ländern gibt es intensive Bestrebungen über den Einsatz alternativer Konfliktbehandlungsverfahren. Im Hinblick auf die sehr ähnliche oder zumindest vergleichbare soziale sowie wirtschaftliche Infrastruktur interessiert für eine Etablierung solcher Verfahren auch in Deutschland gerade der europäische Bereich. Dies vor dem Hintergrund der Überlegung, dass es in den meisten Nachbarländern sowohl vor dem Prozess als auch im Prozessgang besser gelingt, Prozessaufwand zu vermeiden. Dabei gibt es keinen Grund zu der Annahme, dass dies durch ein unterschiedliches Aufkommen an Konflikten in der Gesellschaft bedingt ist[621]. Die europäische Entwicklung in ihrer Gesamtheit ist dabei auch insoweit von Interesse, als es um die Europäische Union selbst geht.

aa.   Die europäischen Länder

Herausgenommen werden sollen hier Frankreich und England[622]. In diesen Ländern sind Alternativen zum und im Gerichtsverfahren schon etwas länger institutionalisiert, wenngleich konstatiert werden muss, dass der deutsche Gesetzgeber durch die Einführung des § 15a EGZPO und jüngst durch die Reform des Zivilprozesses alternative Konfliktbehandlungen in etwa auf das Niveau dieser Länder gebracht hat.

Frankreich favorisiert eine weitgehend fakultative vorgerichtliche Schlichtung in Zivilsachen, und auch das richterliche Schlichtungsverständnis im Prozess selbst scheint nicht allzu stark ausgereift zu sein. Soweit es aber um die Integration von externen Schlichtungselementen in den Zivilprozess geht, erweisen sich die Franzosen als fortschrittlicher. Bereits seit dem Jahr 1996 kennt das französische Recht die Befugnis, die Streitschlichtung einem „conciliateur" bzw. „médiateur" zu übertragen, falls die Par-

---

[620] Zum Ganzen *Sievers* (2001), S. 98 f.

[621] So *Blankenburg*, ZRP 1992, 96 (97).

[622] Vgl. zu den gerichtlichen und nichtgerichtlichen ADR-Verfahren in den Mitgliedstaaten der EU jüngst auch ADR-Grünbuch, Rn. 24 ff.

teien zustimmen. Hier werden zum Teil sehr detaillierte Regelungen getroffen: Benennung des Schlichters; zeitliche Befristung des Schlichtungsversuchs; fachliche und persönliche Qualifikation und Neutralität des Schlichters; Berichtspflicht des Schlichters an das Gericht; mündliche Verhandlung („audience"); eingeschränkte Sachaufklärungsmöglichkeit; Beurkundung der Einigung; Festsetzung der Vergütung und der Kostentragungspflicht durch das Gericht; Vollstreckbarkeit der Kostenentscheidung[623]. Auf eine schematische Zuordnung der Verfahren zum Schlichtungsversuch nach Streitwert oder Streitgegenstand wird verzichtet. Insbesondere für den Versuch der Mediation wird es dem Richter überlassen, in Absprache mit den Parteien nur die insoweit geeignet erscheinenden Verfahren auszuwählen[624].

Das neue *englische* Zivilprozessrecht erklärt es nunmehr zur gerichtlichen Aufgabe, die Parteien bei der vergleichsweisen Erledigung zu unterstützen bzw. den Parteien die Nutzung außergerichtlicher Streitschlichtung zu erleichtern. Dabei wird stärker auf eigene Vergleichsinitiativen der Parteien gebaut. Die erst im Jahr 1999 eingeführten „Civil Procedure Rules" (CPR)[625], die auf dem „Woolf Report" namens „Access to Justice" basieren[626], sehen ähnlich wie in Frankreich die Möglichkeit gerichtlicher Einschaltung eines Schlichters vor („stay to allow for settlement")[627]. Insgesamt lässt sich im englischen Zivilprozess vornehmlich unter dem Aspekt des „active case management" an mehreren Stellen im Gesetz das vorrangige Ziel festmachen, dass es Aufgabe des Gerichts ist, zwischen den Parteien streitige Punkte möglichst frühzeitig zu erkennen sowie auf eine Kooperation und gütliche Einigung, erforderlichenfalls mit Hilfe des Gerichts oder durch eine außergerichtliche Schlichtung, hinzuwirken[628]. Im Gegensatz zum französischen Recht geht es aber in England weniger um die Integration alternativer Streitbeilegungselemente in den Prozess als vielmehr um eine Ausweitung der richterlichen Kompetenzen im Bereich der Prozessleitung zur Förderung der außergerichtlichen Streitbeilegung; zudem sieht das englische Recht eine Stärkung kostenrechtlicher Anreize zur gütlichen Einigung vor[629]. Eine erste Bewertung der englischen Zivilprozessreform fällt jedenfalls sowohl in Bezug auf den Rückgang des Geschäftsanfalls als auch die erhöhte Vergleichsbereitschaft der Parteien äußerst positiv aus[630]. Neben diesen Prozessbestimmungen bieten gerade auch in England eine

---

[623] Zum Ganzen *Stürner* (2001), S. 9 ff.; siehe auch *Lacabarats*, ZKM 2003, 153 (154), zur „gerichtlichen Mediation"; siehe am Rande auch *Zumfelde*, NZA 2002, 374 (375).

[624] *Stadler*, NJW 1998, 2479 (2481).

[625] Dazu *Sobich*, JZ 1999, 775 ff.

[626] Dazu *Rumberg/Eicke*, RIW 1998, 19 ff.

[627] Weiterführend *Stürner* (2001), S. 10 ff.

[628] Ausführlich *Ayad*, IDR 2005, 123 ff.; siehe auch *Greger*, JZ 2002, 1020 (1022 ff.); *Sobich*, JZ 1999, 775 (777 und 779); ferner *Rumberg/Eicke*, RIW 1998, 19 (22), zum Woolf-Report.

[629] Siehe *G. Wagner*, JZ 1998, 836 (837); *Grisebach*, DAV-Mitt. Mediation 2/2001, 5 (6 f.); *Kisselbach/Smith*, AnwBl 2001, 593; siehe speziell zu den Kostenanreizen noch im abschließenden Teil unter D. I. 2. c. aa.

[630] Siehe nur *Greger*, JZ 2002, 1020 (1021 f. und 1023 f.).

Reihe von überwiegend kommerziell organisierten Institutionen sowohl Modelle für die Ausgestaltung von ADR-Verfahren nach US-amerikanischem Vorbild als auch die Vermittlung von Schlichtern an[631]. Genannt sei hier vor allem das Centre for Effective Dispute Resolution (CEDR), „the largest provider of specialist mediation services in the UK"[632].

Unterschiedlich ist die arbeitsrechtliche Situation in den vorgenannten europäischen Ländern. Auch das *französische* Recht kennt als erste Prozessphase im arbeitsgerichtlichen Verfahren den Güteversuch. Dabei handelt es sich um das „bureau de conciliation" vor dem traditionsreichen „conseil de prud'hommes"[633]. Die Besonderheit dieses Verfahrens ist die zunächst paritätische Besetzung des Gerichts ohne juristische Beteiligung. Hier hat sich das Prinzip der Gleichheit („égalité") zwischen beiden Seiten des Arbeitslebens als historische (und revolutionäre) Maßgabe durchgesetzt. Die Verhandlung verläuft nach einem ausgeprägten Mündlichkeitsprinzip. Kommt es in der Abstimmung unter den vier ehrenamtlichen Laienrichtern zu einer Stimmgleichheit, wird die Verhandlung vertagt. Dem Spruchkörper wird ein Berufsrichter („juge départiteur") hinzugefügt, dessen Stimme dann den Ausschlag für eine Seite gibt[634]. Die Schlichtungsfunktion französischer Arbeitsgerichte ist indes im Vergleich zu derjenigen der deutschen schwächer ausgeprägt[635].

In *England* ergibt sich ein differenziertes Bild. Während bis in die 60er Jahre für alle Verletzungen eines Arbeitsvertrags ausschließlich die ordentlichen Gerichte, namentlich die County Courts und der High Court, zuständig waren, liegt die Spezialzuständigkeit für arbeitsrechtliche Streitigkeiten seit 1964 bei besonderen Schlichtungsstellen, den Industrial Tribunals, die durch den Employment Rights (Dispute Resolution) Act 1998 in Employment Tribunals umbenannt wurden[636]. Seitdem der Industrial Relations Act 1971 die Jurisdiktion dieser arbeitsrechtlichen Spruchkörper auf Kündigungsschutzverfahren ausgedehnt hat, sind die Tribunals als eine eigenständige, den deutschen Arbeitsgerichten vergleichbare Gerichtsbarkeit anerkannt. Allerdings besteht noch heute eine konkurrierende Zuständigkeit zwischen den Tribunals und den Zivilgerichten. Diese begründet sich aus dem für das englische Rechtssystem charakteristischen Nebeneinander von Richterrecht („common law") und Gesetzesrecht („statu-

---

[631] Dazu bereits *Böckstiegel*, DRiZ 1996, 267 (272).

[632] *Newmark*, SchiedsVZ 2003, 23 (27).

[633] Dazu *Stürner* (2001), S. 9 und 16.

[634] Zum Ganzen *Binkert/Reber*, AuR 2000, 163 (164); siehe bereits *Bünger/Moritz* (1983), S. 176 ff.; *Kraushaar*, NZA 1987, 761 (762 f.); ders., NZA 1988, 123 f.

[635] *Binkert/Reber*, AuR 2000, 163 (164), wonach es den Arbeitsgerichten nur zu unter 10 % der Rechtsstreitigkeiten gelinge, eine gütliche Einigung zu erzielen; siehe zum Rückgang der Vergleichsrate von anfangs 30 % auf unter 20 % zu Beginn der 80er Jahre bereits *Bünger/Moritz* (1983), S. 175 und 179; siehe schließlich *Kraushaar*, NZA 1988, 123 (126).

[636] Siehe zur neuerlichen Reform der Employment Tribunals durch den Employment Act 2002 *Jones* (2003) Emp Law & Lit 8(1), 25 ff.

tory law"). So kann etwa der Kündigungsschutz zum einen nach „common law" unter dem Gesichtspunkt der „wrongful dismissal", zum anderen nach „statutory law" bzw. nach Maßgabe des Employment Rights Act 1996 unter dem Gesichtspunkt der „unfair dismissal" erlangt werden. Im Grundsatz fallen nur letztere Streitigkeiten in die Zuständigkeit der Tribunals, wenngleich in den letzten Jahren eine diese strikte Trennung aufbrechende Verschiebung der Zuständigkeiten zugunsten der Tribunals stattgefunden hat[637]. Der für die Arbeitsgerichtsbarkeit typische Praxisbezug wird auch in England durch ehrenamtliche Richter von Arbeitgeber- und Arbeitnehmerseite gewährleistet, die den Berufsrichter als Vorsitzenden des Tribunals bei der Entscheidungsfindung unterstützen sollen[638]. Den Tribunals vorgeschaltet ist zumeist ein Schlichtungsverfahren („conciliation") vor dem Advisory, Conciliation and Arbitration Service (ACAS), einer unabhängigen staatlichen Behörde, die mit der südafrikanischen CCMA durchaus vergleichbar ist[639]. Beamte dieser Stelle versuchen eine Beilegung des Konflikts im Wege eines außergerichtlichen Vergleichs, und zwar durchaus mit beachtlichem Erfolg[640]. Scheitern die Vergleichsgespräche, wird das Verfahren an das Tribunal abgegeben. Außerdem wurde die ACAS durch den Employment Rights (Dispute Resolution) Act 1998 beauftragt, ein außergerichtliches Schiedsverfahren („arbitration") als Alternative zum Gerichtsverfahren zu entwickeln[641]. Bemerkenswert ist schließlich die Entwicklung betreffend den innerbetrieblichen Bereich. Durch den Employment Act 2002 wird den Arbeitsvertragsparteien die Durchführung eines innerbetrieblichen Konfliktbehandlungsverfahrens gesetzlich auferlegt, das sich in ein vom Arbeitgeber zu initiierendes „dismissal and disciplinary procedure" sowie ein vom Arbeitnehmer zu initiierendes „grievance procedure" unterteilt[642]; letzteres ist wiederum mit dem US-amerikanischen „grievance procedure" vergleichbar[643]. Dass dieses innovative, bisweilen aber überformalisierte Verfahren indes auch auf gewissen Widerstand bzw. zumindest Vorbehalte in England stößt, lässt sich daran ersehen, dass der Starttermin dieses Verfahrens, welches nun durch die Employment Act 2002 (Dispute Resolution) Regulations 2004 flankiert wird, auf Oktober 2004 hinausgeschoben wurde[644].

---

[637] Zum Ganzen *Kilian*, NZA 1999, 1088 (1089); siehe zum gesetzlichen Schutz gegen „unfair dismissal" in Großbritannien bereits *Dickens/Hart/Jones/Weekes* (1983), S. 145 ff.

[638] *Binkert/Reber*, AuR 2000, 163 (165), zugleich darauf hinweisend, dass der Gesetzgeber in einer immer größeren Anzahl von Fällen die Möglichkeit einer Alleinentscheidung durch den Vorsitzenden eröffnet; siehe dazu und zu den weiteren Reformen des Verfahrensrechts nach dem Employment Rights (Dispute Resolution) Act 1998 auch *Kilian*, NZA 1999, 1088 (1090 f.).

[639] Siehe zur CCMA bereits unter B. I. 6. b.

[640] Nach *Binkert/Reber*, AuR 2000, 163 (165 f.), wurden im Jahr 1998 immerhin 42 % der Fälle durch außergerichtlichen Vergleich erledigt, in 31 % der Fälle kam es zu einer Klagerücknahme; vgl. die Übersicht zur Abwicklung der Anträge bei Industrial Tribunals wegen ungerechtfertigter Kündigung im Jahr 1980 bei *Dickens/Hart/Jones/Weekes* (1983), S. 149.

[641] Dazu *Kilian*, NZA 1999, 1088 (1091 f.); *Binkert/Reber*, AuR 2000, 163 (166).

[642] Siehe dazu noch im besonderen Teil unter C. IV. 3. b. bb. und C. IV. 3. d. cc. (1) (b).

[643] Siehe dazu bereits unter B. I. 6. c.

[644] *Hepple/Morris* (2002) ILJ 31, 245 ff.; *Jones* (2003) Emp Law & Lit 8(1), 27 ff.; *Atkinson* (2003) NLJ 153, 1638 f.; *Issac/Sanderson* (2004) SJ 148, 812 f.; *Moorman* (2004) Emp LJ 51(Jun) Supp, 5 ff.

bb. Die Europäische Union

Die Diskussion über alternative Konfliktbehandlungen wird auch auf dem Gebiet der Europäischen Union geführt. Allgemein gilt dabei zu beachten, dass die Schaffung materiellen europäischen Rechts einen starken Sog auch auf eine entsprechende Institutionalisierung des Rechtsschutzes ausüben wird[645]. Speziell im Arbeitsrecht mögen die Europäischen Betriebsräte hierfür als Beleg dienen[646]. In Bezug auf solche transnationalen, kollektiven Streitigkeiten im Arbeitsrecht sind konkrete Bestrebungen vorhanden, Streitschlichtungsmechanismen auf europäischer Ebene zur Anwendung kommen zu lassen[647]. Die Europäische Kommission hat jüngst ein Grünbuch über alternative Verfahren zur Streitbeilegung im Zivil- und Handelsrecht vorgelegt, das als Grundlage für eine weiterführende Diskussion dienen soll[648]. Speziell zur Mediation liegen inzwischen sogar ein Verhaltenskodex und ein Richtlinienvorschlag vor[649]. Vor allem in Verbraucherstreitigkeiten unterstützt die Europäische Kommission außergerichtliche Verfahren in den Mitgliedstaaten; der Verbraucher soll seine Rechte unkompliziert, rasch, wirksam und kostengünstig geltend machen können[650]. Hierzu soll ein europäisches Netzwerk für außergerichtliche Streitbeilegung beitragen. Vor diesem Hintergrund wurde in Kehl eine sog. Clearing-Stelle zur Beilegung grenzüberschreitender Streitigkeiten eröffnet[651]. Dies erinnert freilich an die dieser Abhandlung eingangs vorangestellte Aussage, wonach es alter, einhelliger Rechtsüberzeugung entspricht, dass Rechtsstreite in Arbeitssachen in einem einfachen, schnell arbeitenden Verfahren durchgeführt werden sollen[652]. Ebenfalls zu nennen sind in diesem Kontext Richtlinien der Europäischen Gemeinschaft, die Mitgliedstaaten zu einer Einführung neuer und Ausgestaltung vorhandener Konfliktbehandlungsverfahren anhalten. Sowohl die E-Commerce- als auch die Fernabsatzrichtlinie erwähnen ausdrücklich die alternative Streitbeilegung[653]. Überhaupt nimmt der Rechtsschutz auf dem Gebiet der Informationstechnologie insoweit eine gewisse Vorreiterrolle ein. Das Internet als globales, privates, dezentrales Kommunikationsnetzwerk unterliegt im besonderen Maße Selbstregulierungsprozessen, insbesondere spielen dort Verhaltenscodices eine wichtige Rolle. Aber selbst darüber hinaus haben sich nicht zuletzt mit Blick auf die Tatsa-

---

[645] *Ritter*, NJW 2001, 3440 (3445).

[646] Vgl. *Junker*, NZA 2002, 131 (und 132), zu einer betriebsverfassungsrechtlichen EG-Rahmenrichtlinie.

[647] Dazu *Zumfelde*, NZA 2002, 374 (375); vgl. auch ADR-Grünbuch, Rn. 52 f.

[648] KOM (2002) 196 endgültig; dazu *Duve*, BB Beilage 7 zu Heft 46/2002, 6 ff., und *Ewig*, ZKM 2002, 149 ff.

[649] Abgedruckt in ZKM 2004, 148 ff.; dazu *Mähler/Kerntke*, ZKM 2004, 151 ff.

[650] *Ritter*, NJW 2001, 3440 (3445); siehe auch ADR-Grünbuch, Rn. 35 ff.; siehe schon *Freedman* (1982), S. 285 ff., zur Situation Ende der 70er und Anfang der 80er Jahre.

[651] ADR-Grünbuch, Rn. 38; siehe auch NJW Heft 8/2000, S. LI, und NJW Heft 47/2001, S. LI, Internetredaktion Verlag C.H. Beck vom 4.1.2002 und 8.3.2002 sowie mediations-report 4/2002, 2; siehe schließlich mediations-report 7/2003, 3, zu einer einjährigen Bilanz der Clearing-Stelle in Deutschland.

[652] So *Müller-Glöge*, RdA 1999, 80.

che, dass dem Internet Landesgrenzen fremd sind, eigenständige und letztlich erfolgs-
versprechende Konfliktbehandlungsverfahren entwickelt, wie etwa die ICAAN oder
andere Cyber-Courts[654].

Auf der Prozessebene sind an dieser Stelle schließlich die Vorschläge für ein europäisches Zivilgesetzbuch zu nennen. Abschnitt 1 dieser anvisierten Kodifikation sieht in
vier Artikeln (Art. 1.1 bis 1.4) eine fakultative Streitbeilegung vor dem Prozessgericht
unter dem Titel „La conciliation" bzw. „Conciliation" vor[655]. Allein die systematische
Stellung dieses Abschnitts am Anfang des Gesetzbuchs spricht schon für sich. Die
Friedensherstellung zwischen den Parteien gehört sicherlich zu den wichtigsten Aufgaben der europäischen Prozessordnungen[656]. Allerdings werden lediglich, aber immerhin Programmsätze aufgestellt, die die Mitgliedstaaten zum Teil zu weiteren Maßnahmen anhalten sollen. Die Absage des Entwurfs an ein obligatorisches Schlichtungsverfahren vor Prozessbeginn wird mit den schlechten Erfahrungen begründet, die
man damit vor allem in Frankreich und Belgien gemacht hat[657].

7. Zusammenfassung

Hinsichtlich der Motive für die Suche nach alternativen Konfliktbehandlungen kann
ein Zusammenspiel rechtssoziologischer, rechtspolitischer und gesellschaftspolitischer
Aspekte verzeichnet werden, wobei zugleich eine entsprechende chronologische Reihenfolge leicht auszumachen ist: Am Anfang standen rechtssoziologische Gedanken
über die Verbesserung der Rechtsverwirklichung insbesondere mit Blick auf die Grenzen gerichtlicher Konfliktbehandlung. Diese wurden und werden „symbiotisch" von
rechtspolitischen Überlegungen hinsichtlich einer Entlastung der Justiz getragen und
an die Öffentlichkeit gebracht, wodurch sich diese wiederum dazu veranlasst sieht,
sich der Thematik mit zunehmendem Interesse anzunehmen. Flankiert wird dieses Zusammenspiel rechts- und gesellschaftspolitischer Elemente durch rechtsübergreifende
und rechtsvergleichende Entwicklungen, so dass letztlich die der Suche nach alternativen Konfliktbehandlungen zu Grunde liegende Motivation insgesamt nachvollzogen
werden kann. Für den Bereich des Arbeitsrechts ergeben sich dabei in dieser Allgemeinheit keine Besonderheiten. Lediglich in Einzelheiten können abweichende oder
weitergehende Hintergründe der Alternativdiskussion konstatiert werden.

---

[653] Dazu ADR-Grünbuch, Rn. 16 f.
[654] Dazu *Ritter*, NJW 2001, 3440 (3446).
[655] Der Text ist abgedruckt in ZZP 109 (1996), 345; dazu *Roth*, ZZP 109 (1996), 271 (277 f.); vgl.
Stürner (2001), S. 11.
[656] *Roth*, ZZP 109 (1996), 271 (278).
[657] *Roth*, ZZP 109 (1996), 271 (277).

II. Hindernisse bei der Durchführung und Etablierung alternativer Konflikt-behandlungen unter besonderer Berücksichtigung der Situation im Arbeitsrecht: Grenzen alternativer Konfliktbehandlung

Hindernisse bei der Durchführung und Etablierung alternativer Konfliktbehandlungen können sowohl allgemeiner als auch besonderer Natur sein. Mit ersteren sind solche Hindernisse gemeint, die alternativen Konfliktbehandlungen generell entgegenstehen können, während letztere spezifisch arbeitsrechtliche Erschwernisse betreffen. Dabei ist eine genaue Abgrenzung nicht immer möglich, zumal allgemeine Barrieren in besonderer Form auch im Arbeitsrecht vorkommen können. Aus den Hindernissen leiten sich letztlich etwaige *Nachteile* ab, die mit der Durchführung und Etablierung alternativer Konfliktbehandlungen im Arbeitsrecht verbunden sein können – dies muss allerdings nicht zwingend der Fall sein. Wenn bei der Suche nach Alternativen in rechtssoziologischer Hinsicht von den Grenzen gerichtlicher Konfliktbehandlung gesprochen wurde, so wird an dieser Stelle umgekehrt von den Grenzen alternativer Konfliktbehandlungen die Rede sein. Zumindest ist zu diskutieren, ob bzw. inwieweit solche Grenzen denkbar sind, des Weiteren gilt es auszuloten, wie etwaigen Hindernissen durch entsprechende Maßnahmen abgeholfen werden kann. Gewisse Abgrenzungsprobleme erschweren zwar einen logisch strukturierten Aufbau bei der folgenden Darstellung. Um aber dennoch eine gewisse Linie zu verfolgen, werden – analog der Suche nach den Ursachen der Überlastung der Justiz – zunächst allgemeine Hindernisse bzw. Nachteile angesprochen. Sodann wird auf arbeitsrechtsspezifische Umstände eingegangen.

1. Konfliktkranke Gesellschaft durch alternative Konfliktbehandlungen

Der Vorwurf der konfliktkranken Gesellschaft wurde schon früh im Zusammenhang mit der richterlichen Schlichtungsfunktion vorgezeichnet und etwa wie folgt beschrieben: „Die funktionsfähige Gesellschaft kann Konflikte nicht immer nur durch Appelle an Einsichtsfähigkeit und wechselseitige Kompromißbereitschaft ausklammern und überspielen. Sie bedarf *auch* der kompromißlosen Konfrontation und Entscheidung. Der fortlaufend geübte Kompromiß verschüttet das Empfinden selbst für unverzichtbare Verhaltensregeln und fordert letztendlich die zwangsweise Durchsetzung von Normen geradezu heraus. Eine Gesellschaft, die durch überlistende Motivation und Kompromißneigung dem Konflikt allzu häufig ausweicht, weckt verstärkte Aggressivität, die dann letztlich doch zur Konfrontation zwingt. Es ist nicht nur das Übermaß an Autorität, das Aggressionen erzeugt, sondern ebenso das Fehlen von Autorität. Jede Gesellschaftstheorie, die den Kompromiß der autoritativen Normverwirklichung grundsätzlich vorzieht, erscheint deshalb schon im Ansatz verfehlt."[658] Von den Kritikern alternativer Konfliktbehandlungen wird moniert, dass deren Einsatz die notwendige Konfliktaustragung insofern erschwere, als beispielsweise durch einen „faulen Kom-

---

[658] *Stürner*, JR 1979, 133 (135).

promiss" keinesfalls eine Befriedung des Konflikts eintreten könne. Außerdem werde durch Verfahren der Konfliktvermeidung das Streiten verlernt. Dabei ist im Falle eines verstärkten Einsatzes alternativer Konfliktbehandlungen von einer unerwünschten „Harmoniesuppe" die Rede[659].

Sofern jedoch solche Aussagen auf eine generelle Kritik an alternativen Konfliktbehandlungen zielen, sind sie bereits im Ansatz verfehlt und zeugen von einem grundsätzlichen Missverständnis der Alternativdiskussion[660]. Richtig ist, dass Konflikte, d.h. sachliche Entzweiungen, den Menschen durch die Vielfalt ihrer Veranlagungen und Gefühle, aber auch durch die Unzahl faktischer Kollisionsmöglichkeiten fast naturgesetzlich vorbestimmt sind[661]. Die Rechtssoziologie geht von der Beobachtung aus, dass Konflikte von Anbeginn an in jeder Gesellschaft alltäglich und unvermeidlich auftraten. Daher nimmt sie inzwischen an, dass sie zum Wesen der menschlichen Gesellschaft gehören[662]. Vielmehr noch: Eine konfliktfreie Gesellschaft ist weder möglich noch wünschenswert[663]. Dies gilt gerade auch in einem funktionierenden Sozialgebilde[664] und speziell für betriebliche Konflikte in der Arbeitswelt[665]. Durch alternative Konfliktbehandlungen werden diese Konflikte indessen keineswegs unter den Teppich gekehrt, sondern die verschiedensten alternativen Verfahren dienen gerade dazu, Konflikte sachgerecht auszutragen, also zu behandeln, wenn sie schon existent sind[666]. Man kann sogar davon sprechen, dass es einer gewissen „Freude am Konflikt" bedarf, um sich auf alternative Konfliktbehandlungen einzulassen[667]. Dabei wurde bei den Grenzen gerichtlicher Konfliktbehandlung aufgezeigt, dass sich der fremdbestimmte Gerichtsprozess in seiner traditionellen Form tendenziell nicht für eine befriedigende Behandlung insbesondere von Sozialkonflikten eignet, so dass es letztlich bei der eigenverantwortlichen außergerichtlichen Konfliktbehandlung um eine „Verbesserung

---

[659] *Bobisch*, AnwBl 2001, 459 (462), gewann u.a. mit diesen Aussagen immerhin den Rednerwettstreit des 52. Deutschen Anwaltstages 2001 in Bremen; vgl. *Eidenmüller* (2000), S. 62 f., zur „Harmonie-Ideologie"; *Zimmer* (2001), S. 25, zur „zwanghaften Pazifizierung von Konflikten".

[660] Vgl. *R. Schröder*, AnwBl 2003, 575.

[661] *Schackow*, AnwBl 1967, 258 (260); trivial *Altmann/Fiebiger/Müller* (2001), S. 32: „Konflikte sind normal."

[662] *Raiser* (1999), S. 275; mit *M. Rehbinder* (2000), Rn. 98, zugespitzt formuliert: „Das Recht lebt von Konflikten."

[663] *Röhl* (1987), S. 454, der zugleich darauf hinweist, dass aus diesem Grund von Konfliktregelung statt von Konfliktlösung die Rede ist; siehe bereits die Ausführungen zur terminologischen Unterscheidung zwischen Konfliktlösung und -behandlung im einführenden Teil unter A. I. 1. c.

[664] *W. Gottwald* (1981), S. 32: Konflikte als wichtiges Element sozialer Interaktion; *M. Rehbinder* (2000), Rn. 144: Konflikte sind im sozialen Raum allgegenwärtig; *Katzenmeier*, ZZP 115 (2002), 51 (91 f.): Der Konflikt als Motor des sozialen Wandels.

[665] *Breisig* (1996), S. 56; *Dendorfer*, ZKM 2001, 167 m.w.N.

[666] Vgl. *Reitemeier* (2001), S. 20; vgl. auch FTD vom 23.6.2000, S. 38, zu den negativen Folgen, wenn innerbetriebliche Konflikte unter den Teppich gekehrt werden.

[667] *Gräfin von Schlieffen*, ZKM 2000, 52; siehe auch den Bericht in der SZ vom 27./28.3.2004, S. 53, betreffend die Mediation mit dem Titel „Kein Kuschelverfahren".

der Konfliktfähigkeit der Parteien" geht[668]. Der oben erläuterte Begriff der Konfliktvermeidung besagt nichts anderes, als dass ein Konflikt von vornherein erst gar nicht entsteht, der behandelt werden müsste[669]. Streiten kann man nur dort, wo ein Konflikt tatsächlich zutage tritt, wird dieser verhindert, so sollte dies unzweifelhaft erwünscht sein. Konfliktvermeidung ist nicht zu verwechseln mit der nicht erstrebenwerten Meidung von Konflikten; diese soll durch alternative Konfliktbehandlungen gerade nicht erfolgen[670].

2. Verfahrensdauer und -kosten bei Scheitern alternativer Konfliktbehandlungen

Wenn zu Beginn des allgemeinen Teils davon die Rede war, dass gewisse Aspekte sowohl vor- als auch nachteilige Wirkungen in Bezug auf herkömmliche bzw. alternative Konfliktbehandlungen haben können, d.h. ambivalent sein können[671], dann zeigt sich das an dieser Stelle in besonderem Maße.

Zwar wird oftmals darauf hingewiesen, dass die Prozessdauer in Deutschland im europäischen Rechtsvergleich mit am kürzesten sei; vor allem im Zuge der jüngsten Reform des Zivilprozesses diente dies den Reformgegnern als Argument zur Verneinung des Reformbedarfs[672]. Dennoch halten die Klagen über die lange Dauer der Prozesse an[673]. Daraus macht selbst das Bundesministerium der Justiz keinen Hehl[674]. Neben der überlangen Prozessdauer wird das relativ starre Kostensystem beklagt, das Kostengerechtigkeit nicht immer gewährleiste und insbesondere die nichtmonetären bzw. indirekten Kosten wie Zeit- und Emotionsaufwand nicht abbilde, welche die Parteien häufig als besonders bedrückend empfänden[675]. In diesem Kontext wird auch darauf hingewiesen, dass in der kostenmäßig streitverschärfenden Wirkung des Prozesses

---

[668] Vgl. *Jansen* (2001), S. 59 f.; weiterführend zum emanzipatorischen Ansatz *Hegenbarth* (1982), S. 259 f.

[669] Siehe zur Rechtssetzung als Mittel zur Konflikt- bzw. Prozessvermeidung unter B. I. 2. b. ff. (1).

[670] Vgl. *Hegenbarth* (1980), S. 53 f.; *Falke/Gessner* (1982), S. 290.

[671] Siehe dazu bereits unter B.

[672] Siehe etwa *Goll*, BRAK-Mitt. 2000, 4; *Selbherr*, BRAK-Mitt. 2000, 11 (12); Stellungnahme des DAV, AnwBl Sonderheft zu 5/2000, s. 10 f.

[673] *Greger*, JZ 1997, 1077 (1078); siehe ders., JZ 2000, 842, demzufolge sich in der hohen Zahl relativ kurzfristiger Erledigungen die Masse unstreitiger oder einfacher Verfahren niederschlagen würde, die einer richterlichen Entscheidung zum Teil nicht bedürften, den Richtern aber die Zeit und die Arbeitskraft stählen, die sie zur Erledigung anspruchsvollerer Verfahren benötigten, so dass letztere gerade deshalb oft nicht zielstrebig bearbeitet werden könnten; zur Verfahrensdauer auch *Weth*, NJW 1996, 2467 (2468 f.).

[674] Stellvertretend *Däubler-Gmelin*, ZRP 2000, 457 (460), derzufolge man sich beim Amtsgericht auf eine Verfahrensdauer von über einem halben Jahr und beim Landgericht von fast einem Jahr einstellen müsse, übrigens mit steigender Tendenz.

[675] *Strempel*, ZRP 1998, 319 (322); *Ritter*, NJW 2001, 3440 (3443); *Dendorfer*, DB 2003, 135 (136); zum mittelbaren Aufwand und zu den psychologischen (negativen) Wirkungen des Rechtsstreits bereits *Zankl* (1972), S. 80 ff.; zu den psychischen und sozialen Kosten der Prozessführung auch *Röhl* (1987), S. 494; siehe schließlich *Adams* (1981), S. 49 ff., aus ökonomischer Sicht.

eine bewusste und richtige Entscheidung des Gesetzgebers liege, denn wer vor Gericht gehe, solle schließlich den voraussichtlichen Aufwand an Mühe, Aufregung und Kosten abschätzen[676]. Infolgedessen wird allgemein als Vorteil alternativer Konfliktbehandlungen und dabei insbesondere der Mediation deren wesentlich geringerer Zeit- und Kostenaufwand genannt[677].

Auf der anderen Seite wird betont, es dürfe nicht übersehen werden, dass die Vermittlung oder Schlichtung oftmals zeitaufwendig sei und viele Sitzungen nötig seien, um ein Ergebnis zu erreichen[678]. Zudem wird darauf hingewiesen, dass alternative Konfliktbehandlungsverfahren nicht billiger sein dürften, weil sonst der Eindruck entstehe, sie seien weniger wert[679]. Jedenfalls seien die Kosten eines Schlichtungsverfahrens nicht zwingend billiger als die eines Gerichtsverfahrens[680]. Vor allem aber kann ein vorgeschalteter außergerichtlicher Streitbeilegungsversuch den Gesamtkomplex der Streitentscheidung im späteren Prozess zumindest dann sowohl verlängern als auch verteuern, wenn keine Einigung zustande kommt. Scheitert eine solche Einigung, erweisen sich alternative Konfliktbehandlungen als zeit- und kostenraubender Stolperstein[681]. Die Frage, ob die Streitschlichtung zu einer kürzeren Verfahrensdauer und geringeren Verfahrenskosten führt, lässt sich also nicht einheitlich beantworten, sondern es kommt immer auf den jeweiligen Ablauf des konkreten Verfahrens an. Das Argument der Verfahrensdauer und -kosten verhält sich mithin ambivalent[682].

Dies zeigt, dass eher von der Neutralität des Zeit- und Kostenarguments ausgegangen werden muss. Letztlich hängt dies ganz entscheidend von der Erfolgsquote alternativer Konfliktbehandlungen ab. Die Zeit- und Kostenfrage relativiert sich, wenn die Quote – wie nach allen Erfahrungen – über 50 % liegt[683]. Die Einigungsquote bei alternativen Verfahren ist zwar recht unterschiedlich, in vielen Fällen wird aber von hohen Vergleichszahlen und großer Annahmebereitschaft des Vergleichsergebnisses berichtet[684]. Insbesondere mit der Wirtschaftsmediation scheinen in der Praxis positive Erfahrungen gemacht worden zu sein. Die aufgewendeten Mittel für Zeithonorare stünden in

---

[676] So *P. Gottwald*, ZZP 95 (1982), 245 (249); siehe zu den gerichtlichen Kosten- und anwaltlichen Gebührenanreizen noch im abschließenden Teil unter D. I. 2. c. aa.
[677] *Prütting*, JZ 1985, 261 (266 f.); *Böckstiegel*, DRiZ 1996, 267 (272); *Zimmer* (2001), S. 18 ff.; speziell zur Mediation *Strempel*, ZRP 1998, 319 (322); *Steinbrück*, AnwBl 1999, 574 (577 f.); *Risse*, NJW 2000, 1614 (1618); *P. Gottwald* (2001), S. 142 ff.; *Lemke*, ZKM 2002, 111; *Dendorfer/Breiter*, BB Beilage zu Heft 46/2002, 33 (39 f.); *Dendorfer*, DB 2003, 135 (137); weiterführend *Winterstetter* (2002), S. 510 ff., zu den ökonomischen Aspekten der Mediation.
[678] *R. Wassermann*, NJW 1998, 1685 (1686).
[679] *W. Gottwald* (1981), S. 235 f.
[680] *Trossen*, ZKM 2001, 159 (160).
[681] *Prütting*, JZ 1985, 261 (267 einerseits und 268 andererseits); *Rosenberg/Schwab/Gottwald* (2004), § 173 Rn. 13; *Risse*, NJW 2000, 1614 (1619); *Grisebach*, DAV-Mitt. Mediation 2/2001, 5 (8).
[682] In diesem Sinne auch *F. Weiß* (1998), O 40, im Zuge der Einführung des § 15a EGZPO.
[683] Vgl. *Ponschab*, AnwBl 1997, 520 (521).
[684] So bereits *Prütting*, JZ 1985, 261 (267).

einem äußerst günstigen Verhältnis zu den Chancen, den Streit über den engen gerichtlichen Streitgegenstand hinaus umfassend und in erheblich kürzerer Zeit als in einem
Gerichtsverfahren beizulegen[685]. Beispielsweise wird angenommen, dass zwei Drittel
aller Verfahren mit einem Vergleich enden. Dies lasse die Schlussfolgerung zu, dass es
sich immer lohne, eine Mediation einem Schieds- oder Gerichtsverfahren vorzuziehen[686]. Schließlich sei in diesem Kontext nochmals auf die Grenzen gerichtlicher Konfliktbehandlung hingewiesen, die das Zeit- und Kostenargument ohnehin in den Hintergrund treten lassen.

Die vorstehenden Überlegungen beanspruchen auch für das Arbeitsrecht Gültigkeit[687].
Freilich besteht die Besonderheit, dass vor den Arbeitsgerichten ohnehin viele Vergleiche geschlossen werden, so dass tendenziell eine hohe Erfolgsquote betreffend eine nichtstreitige Beendigung gerichtlicher Verfahren zu konstatieren ist[688]. Kommt es
jedoch zu einem Urteilsspruch, ist die Verfahrensdauer auch vor den Arbeitsgerichten
und selbst vor dem Hintergrund des Beschleunigungsgrundsatzes zu lang, zumal wenn
sich das Verfahren durch mehrere Instanzen zieht[689]. Speziell im Arbeitsrecht könnte
man daran denken, die arbeitsgerichtliche Güteverhandlung bei Durchführung etwa
eines innerbetrieblichen Güteverfahrens entfallen zu lassen, so dass bei Scheitern der
betrieblichen Güteversuche sofort die streitige Verhandlung im arbeitsgerichtlichen
Kammertermin folgen würde[690]. Dies hatte man auch im Kontext mit den ehemaligen
Schiedsstellen für Arbeitsrecht in den neuen Bundesländern unter Berufung auf den
ehemaligen § 111 Abs. 2 Satz 8 ArbGG so vertreten[691]. Dies gilt umso mehr, als ältere
Untersuchungen zu Lehrlings- und Erfindungsstreitigkeiten bei diesen eine Erfolgsquote von 85 % bzw. 60 % festgestellt hatten und sich die Kürzung der Prozessdauer
zumindest beim Vorverfahren nach § 111 Abs. 2 ArbGG wegen des ehemaligen Sat-
zes 8 eindeutig belegen ließ[692]. Gleichwohl wurde durch das Arbeitsgerichtsbeschleunigungsgesetz im Jahr 2000 § 111 Abs. 2 Satz 8 ArbGG ersatzlos gestrichen, um das
Verfahren zu beschleunigen; ein zunächst anzuberaumender Gütetermin könne sehr
viel schneller stattfinden als ein Kammertermin[693]. Auch das Kostenargument greift im

---

[685] So *Grisebach*, DAV-Mitt. Mediation 2/2001, 5 (8).

[686] *Eidenmüller*, RIW 2002, 1 (2), spricht daher von einem „positiven Optionswert" der Mediation;
vgl. ders. (2001a), S. 67 f.; vgl. auch *Dendorfer*, DB 2003, 135 (137), derzufolge die Erfolgsquote im
Durchschnitt über 80 % liegt.

[687] *Lemke* (2001), Rn. 191 ff.; vgl. *Dendorfer/Breiter*, BB Beilage zu Heft 46/2002, 33 (35 und 37).

[688] Dass der Vergleich gegenüber dem Urteil die beschleunigte und kostengünstigere Form der Konfliktbeilegung ist, dürfte außer Frage stehen, siehe bereits *Wolf*, ZZP 89 (1976), 270 (262 f. und
290 f.); siehe auch *P. Gottwald* (2001), S. 142; einschränkend aber *Prütting*, JZ 1985, 261 (267).

[689] Siehe zur Überlast der Arbeitsgerichtsbarkeit bereits unter B. I. 3. a. cc.

[690] *Hage/Heilmann*, AuA 2000, 26 (28).

[691] *Rieble*, NZA 1991, 841 (843); *Beck/Rosendahl/Schuster* (1992), S. 555, siehe auch *Grotmann-
Höfling* (1995), S. 170.

[692] Ausführlich dazu *Preibisch* (1982), S. 246 ff. (insbesondere S. 261).

[693] Dazu *GMPM/Prütting*, § 111 Rn. 43; für eine Streichung von § 111 Abs. 2 Satz 8 ArbGG schon
Thau, AuA 1996, 303 (305); *Müller-Glöge*, RdA 1999, 80 (85); auch *Lewerenz/Moritz* (1983), S. 80,

Arbeitsrecht Platz. Zwar zeichnet sich das arbeitsgerichtliche Verfahren durch eher bescheidene Verfahrenskosten aus, so dass der Motivation nach Kostenersparnis durch alternative Konfliktbehandlungen eine geringere Bedeutung beigemessen werden könnte[694]. Dabei blieben aber die nichtmonetären bzw. indirekten Kosten wie Zeit- und Emotionsaufwand außer Betracht, denen gerade im Arbeitsrecht eine große Bedeutung beizumessen ist.

3. Verfahrensrechtliche Ausgestaltung alternativer Konfliktbehandlungen

Hindernisse in Bezug auf alternative Konfliktbehandlungen können auch im Hinblick auf deren verfahrensrechtliche Ausgestaltung bestehen. Konkret geht es dabei um die Wahrung grundlegender Verfahrensgarantien, wie sie auch in Gerichts- bzw. sonstigen institutionalisierten Verfahren bestehen (a.). Zunächst stellt sich die Frage, inwieweit solche Verfahrensgarantien auch für alternative Konfliktbehandlungen Geltungskraft beanspruchen (b.), bevor speziell auf das Arbeitsrecht eingegangen wird (c.).

a. Verfahrensgarantien bei herkömmlichen Konfliktbehandlungen

Zu den grundlegenden Verfahrensgarantien herkömmlicher, vornehmlich gerichtlicher Konfliktbehandlungen gehört insbesondere der *Anspruch auf rechtliches Gehör*, den das *BVerfG* als unabdingbares „prozessuales Urrecht des Menschen" bezeichnet[695]. Unter dem Gebot rechtsstaatlicher Verfahrensgestaltung lassen sich für das gerichtliche Verfahren weitere Rechtsschutz- bzw. Prozessgrundrechte ausmachen, wie etwa das Recht auf effektiven Rechtsschutz, das Recht auf den gesetzlichen Richter, die Grundsätze der Zugangs-, Rechtsanwendungs-, Rechtsschutz- und Waffengleichheit, das Recht auf ein objektiv willkürfreies Verfahren und das Recht auf Verhältnismäßigkeit[696]. Pointiert lässt sich sagen: „Was das geltende Verfassungsrecht von dem Richter eines zivilprozessualen Erkenntnisverfahrens verlangt, ergibt sich aus dem

---

hatten sich früh gegen eine Ersetzung des Gütetermins durch eine außergerichtliche Schlichtung ausgesprochen, da dies zu einer Verzögerung einer gerichtlichen Entscheidung führen dürfte.

[694] So jedenfalls *Prütting* (2002), S. 965.

[695] *BVerfGE* 55, 1 (6); siehe zuletzt *BVerfG*, NJW 2003, 1924 (1926 f.), mit Kommentar *Redeker*, NJW 2003, 2956 ff.; *BVerfG*, NJW 2003, 3687; siehe auch *H.-F. Müller*, NJW 2002, 2743, zur Gehörsrüge gem. § 321a ZPO: Anspruch auf rechtliches Gehör als Grundpfeiler des Rechtsstaates; siehe jüngst *Bepler*, RdA 2005, 65 ff., *Gravenhorst*, NZA 2005, 24 ff., und *Treber*, NJW 2005, 97 ff., zum Anhörungsrügengesetz; vgl. jüngst *BAG*, NZA 2005, 1204, NZA 2005, 1204 (1205), und NZA 2005, 1205 (1206); vgl. auch *BAG*, NZA 2005, 316 (317 f.), NZA 2005, 596 (597), NZA 2005, 652 (653), NZA 2005, 654, und NZA 2005, 708 (710), zum Darlegungserfordernis.

[696] Siehe *Zöller/Vollkommer*, Einleitung Rn. 100 ff. m.w.N.; siehe auch aus rechtssoziologischer Sicht *Röhl* (1987), S. 159 f., unter dem Abschnitt „Verfahrensgerechtigkeit", der als Komponenten eines fairen Verfahrens folgende Regeln identifiziert: Konsistenzregel; Regeln für die Auswahl der das Verfahren durchführenden Personen; Grundregeln über die verfügbaren Belohnungen (keine Kadijustiz); Genauigkeitsregel; Effizienzregel; Repräsentativregel; Korrigierbarkeitsregel; ähnlich bereits *Bierbrauer* (1982), S. 322 ff.; vgl. *Rawls* (1975), S. 105 ff., zur „fairen Chancengleichheit und reinen Verfahrensgerechtigkeit"; *Luhmann* (1969), S. 55 ff., zur „Legitimation durch Verfahren" in Bezug auf Gerichtsverfahren.

allgemeinen Gleichheitssatz des Art. 3 Abs. 1 GG, dem Rechtsstaatsprinzip des Art. 20 GG, der Unabhängigkeit und Gesetzesgebundenheit des Richters (Art. 97 GG) und dem Gebot zur Gewährung des rechtlichen Gehörs in Art. 103 Abs. 1 GG. Man mag dies alles, wie es auch das Bundesverfassungsgericht gelegentlich getan hat, als Prinzip der Fairneß zusammenfassen."[697] Zuletzt hat das *BVerfG* aus Art. 2 Abs. 1 GG i.V.m. dem Rechtsstaatsprinzip als „allgemeines Prozessgrundrecht" den *Anspruch auf ein faires Verfahren* abgeleitet: „Der Richter muss das Verfahren so gestalten, wie die Parteien des Zivilprozesses es von ihm erwarten dürfen."[698] Verfahrensgarantien gelten freilich auch dann, wenn das Gericht im Rahmen von richterlichen Vergleichsbemühungen die gütliche Beilegung anstrebt[699]. Schließlich hat man in der Schiedsgerichtsbarkeit ebenfalls längst erkannt, dass nicht nur die Unabhängigkeit und Neutralität des Schiedsrichters, sondern auch die prozedurale Ausgestaltung des Schiedsverfahrens nach § 1042 Abs. 1 ZPO (Gleichbehandlung der Parteien und Gewährung rechtlichen Gehörs) unverzichtbar ist. Gerade dies hat die Schiedsgerichtsbarkeit zu ihrer heutigen weltweiten Akzeptanz geführt[700].

b.   Verfahrensgarantien bei alternativen Konfliktbehandlungen

Die Gewährleistung von Verfahrensgarantien stellt sich bei alternativen, zumeist weniger formalisierten Konfliktbehandlungen als zentrales Thema dar[701]. Diese beruhen zwar auf der Anerkennung der Individualfreiheit, insbesondere der rechtsgeschäftlichen Privatautonomie, d.h. ihr Geltungsbereich spiegelt das Ausmaß an Freiheit wider. Gleichwohl – oder gerade deshalb – lassen sich die soeben genannten Grundsätze auch für die nichtstaatliche Rechtsprechung aufstellen. Sie sind auf die nichtstaatliche *Schlichtung* gleichermaßen anzuwenden, ohne dass damit deren Einführung positiv vorentschieden würde. Denn je größer die Machtvollkommenheit des Entscheidenden ist, je mehr er sich von der Herrschaft der Normen löst, umso notwendiger ist es, ihn strengen Auswahl- und Verfahrensgrundsätzen zu unterwerfen[702]. Dies gilt für alle Formen alternativer Konfliktbehandlungen[703]. Insbesondere sind diese Grundsätze

---

[697] So *Benda*, ZZP 98 (1985), 365 (377), unter Berufung auf *Karwacki* (1984) über den Anspruch der Parteien auf einen fairen Zivilprozess.

[698] NJW 2001, 1343.

[699] *Wolf* (1983), S. 157 ff., zum rechtlichen Gehör und zu den richterlichen Aufklärungspflichten beim Prozessvergleich; vgl. *L. Wenzel*, NJW 1967, 1587 (1589 f.).

[700] *Berger*, RIW 2001, 881 (882); siehe zum rechtlichen Gehör im Schiedsverfahren auch *BGH*, NJW-RR 1993, 444 f.

[701] *Prütting*, JZ 1985, 261 (270), spricht insoweit von einem „zentralen Problem der Schlichtung"; vgl. *Röhl/Röhl*, DRiZ 1979, 33 (37); *W. Gottwald* (1981), S. 252 f.; aus neuerer Zeit *G. Wagner*, JZ 1998, 836 (845); *P. Gottwald* (2001), S. 148 ff.; *Katzenmeier*, ZZP 115 (2002), 51 (77).

[702] Zum Ganzen *Ramm*, ZRP 1989, 136 (142 f.), der in diesem Zusammenhang folgende Grundsätze aufstellt: Unabhängigkeit und Unparteilichkeit; rechtliches Gehör; Beschleunigungsgebot, Begründungserfordernis; Nachprüfungsmöglichkeit; Grundrechte als materiell-rechtliche Grundlage für jede Rechtsprechung.

[703] Siehe bereits *Preibisch* (1982), S. 120 ff., zu den Verfahrensgrundsätzen der außergerichtlichen Vorverfahrensstellen: Geltung des Grundsatzes des rechtlichen Gehörs; Geltung des Grundsatzes der

auch auf einen bloßen *Vermittler* anwendbar. Verfahrensgarantien mögen Rechtspre-chung umständlich machen, sie werden sich indessen auch im Bereich der vermitteln-den Tätigkeit nicht zuletzt aus verfassungsrechtlichen Gründen als unumgänglich er-weisen[704]. Dabei ist nicht entscheidend, ob der Vermittler einen Vorschlag zur gütli-chen Einigung unterbreitet und dieser Vorschlag die künftige Entscheidung der Strei-tigkeit zu beeinflussen vermag[705]. Am Beispiel der noch im besonderen Teil zu be-sprechenden Mediation lässt sich veranschaulichen, dass auch der Mediator, der grundsätzlich keinen Vorschlag zu einer gütlichen Einigung unterbreitet, sondern den Konfliktparteien lediglich dabei hilft, eine gemeinsame Entscheidung zu treffen, Min-deststandards in Bezug auf Verfahrensgrundsätze zu beachten hat. Fragen der Unab-hängigkeit und Neutralität des zur Behandlung des Konflikts hinzugezogenen Dritten sowie des fairen Verfahrens sind hier gleichermaßen von Bedeutung, darüber hinaus können sich im Zusammenhang mit alternativen Konfliktbehandlungen Fragen der Vertraulichkeit und späteren Verwertbarkeit der im alternativen Verfahren gefundenen Ergebnisse ergeben[706]. Deren sachgerechte Beantwortung stellt eine große Herausfor-derung nicht nur für die Mediation, sondern für alle innovativen Konfliktbehandlungs-verfahren dar[707].

Damit bleibt an dieser Stelle festzuhalten, dass alternative Konfliktbehandlungen zur Gewährleistung sachgerechter Ergebnisse gewissen Grundregeln unterstellt werden müssen, die sich als Äquivalent zu den aus Gerichtsverfahren bekannten Verfahrens-garantien darstellen[708]. Alternative Konfliktbehandlungen ohne eine solche sachge-rechte verfahrensrechtliche Ausgestaltung sind problematisch. Es mag sein, dass inso-weit manches im Argen liegt[709]. Aber auch an dieser Stelle kann nicht von einem *Nachteil* alternativer Konfliktbehandlungen gesprochen werden, wenn in diesem Be-reich Abhilfe geschaffen wird[710]. Gerechtigkeit lässt sich auch ohne Justiz herstel-len[711]. Dies scheint inzwischen der Gesetzgeber selbst erkannt zu haben, wie ein Blick

---

Mündlichkeit; Geltung des Verhandlungsgrundsatzes bzw. des Untersuchungsgrundsatzes, Geltung des Grundsatzes der Öffentlichkeit; Geltung des Beschleunigungsgrundsatzes.

[704] Vgl. *MKS/Classen*, Art. 92 Rn. 26.

[705] So offenbar *Ramm*, ZRP 1989, 136 (144).

[706] Vgl. *Hager* (2001), S. 112 ff., der diese Gesichtspunkte unter der Sicherung eines fairen Verfahrens und der Sicherung eines fairen Ergebnisses diskutiert; vgl. auch *Kracht* (2002), S. 377 ff., zur Garantie des Verfahrensrahmens der Mediation und zum Mediator als Garant für die Prinzipien der Mediation.

[707] Vgl. *Goldberg/Green/Sander* (1985), S. 115: „The question of fairness in the outcome of a dispute should be asked equally of all forms of dispute resolution…"

[708] Vgl. *Hoffmann-Riem*, ZRP 1997, 190 (197); ders., JZ 1999, 421 (425); *Jansen* (2001), S. 180 f.; vgl. auch *Hager* (2001), S. 111 f., wobei allerdings die Aussage, dass hier die Notwendigkeit von Ver-fahrensgarantien „in ungleich geringerem Maße" bestehe, selbst in den Verfahren bedenklich er-scheint, in denen Schlichtungen nur auf Konsens beruhende Ergebnisse erzielen, da selbst ein Konsens unfair herbeigeführt werden kann.

[709] So jedenfalls noch *Prütting*, JZ 1985, 261 (270); vgl. aber inzwischen ders. (1998), O 33 f.

[710] In diesem Sinne auch Greger, JZ 1997, 1077 (1079 Fn. 30), demzufolge sich *Prüttings* Bedenken bei einer entsprechender Verfahrensausgestaltung ausräumen lassen müssten.

[711] So zu Recht *Hegenbarth* (1982), S. 265.

in den § 14 UKlaG verrät. Für die Übertragung der Behandlung von Kundenbeschwerden auf außergerichtliche Schlichtungsstellen werden dort bestimmte Mindestverfahrensgarantien (Unabhängigkeit; Verfahrensregeln; rechtliches Gehör; Rechtsbindung) aufgestellt. Ferner sollen auch in der Europäischen Gemeinschaft auf der Grundlage der Vorschrift des Art. 65 EGV Mindestqualitätsanforderungen für die außergerichtliche Streitbeilegung in Zivil- und Handelssachen entwickelt werden[712]. Konkrete Abhilfevorschläge bleiben indes dem abschließenden Teil vorbehalten[713].

Außerdem fragt sich, ob bzw. inwieweit die *Vollstreckungsmöglichkeit* der Ergebnisse alternativer Konfliktbehandlungen gewährleistet werden kann. Die staatliche Rechtsprechung wird, einerlei ob sie Normdurchsetzung oder Billigkeitsregelung ist, durch die Zwangsgewalt, den Spruch vollstrecken zu können, charakterisiert. Hinter ihr steht die Macht des Staats, und zwar auch dann, wenn diese im Einzelfall, bei einer schlichtenden Tätigkeit des Richters, nicht in Anspruch genommen wird[714]. Vielmehr kann das Recht nur dann seine Ordnungsfunktion erfüllen, wenn es notfalls zwangsweise durchgesetzt werden kann[715]. Der nichtstaatlichen Rechtsprechung fehlt diese Zwangsgewalt[716]. Jedoch gilt zu bedenken, dass eine „Zwangsvollstreckung aus einer gütlichen Einigung"[717] angesichts der konsensualen Streiterledigung zumeist nicht erforderlich erscheint. Dies liegt maßgeblich daran, dass die Akzeptanz einer einvernehmlichen Entscheidung gegenüber einem fremdbestimmten Richterspruch erhöht ist[718]. Diesbezüglich ist auf obige Ausführungen zu verweisen, in denen die eigenverantwortliche Konfliktbehandlung gegenüber der fremdbestimmten aus psychologischen Gründen favorisiert wurde[719].

Zu beachten gilt schließlich, dass die Regeln über die *Prozesskostenhilfe* in alternativen Konfliktbehandlungsverfahren nicht zur Anwendung gelangen[720]. Allenfalls dann,

---

[712] *Ritter*, NJW 2001, 3440 (3445).

[713] Siehe dazu unter D. I. 2. a. bb.

[714] *Ramm*, ZRP 1989, 136 (139).

[715] *P. Gottwald*, ZZP 95 (1982), 245 (247), der zugleich darauf hinweist, dass deshalb die Gerechtigkeit in allegorischen Darstellungen Waage und Schwert führt; siehe auch *Ihering* (1877), S. 5 „Das Schwert ohne Waage ist die nackte Gewalt, die Waage ohne das Schwert die Ohnmacht des Rechts."

[716] Vgl. *Ritter*, NJW 2001, 3440 (3447), demzufolge es schwierig sei, Schlichtungssprüche und Schiedsentscheide, die nicht freiwillig befolgt würden, durchzusetzen; vgl. auch *Hager* (2001), S. 126 f., zur Durchsetzung des Verhandlungsergebnisses.

[717] So *Prütting*, JZ 1985, 261 (268).

[718] Zurückhaltend *Stürner*, DRiZ 1976, 202 (203), demzufolge sich ein Vergleich „unter Umständen" leichter vollstrecken lasse als ein Urteil; deutlicher aber *Schuster* (1983), S. 119, demzufolge die gütliche Beilegung eines Konflikts zu einer verminderten Inanspruchnahme der Vollstreckungsorgane führe, denn diese Form der Konfliktregelung habe im Ergebnis einen positiven Einfluss auf die Befolgungsbereitschaft der Beteiligten; ähnlich *Stadler*, NJW 1998, 2479 (2482).

[719] Siehe dazu bereits unter B. I. 2. b. bb. (2).

[720] *Prütting*, JZ 1985, 261 (270), und (1998), O 32, bezeichnet dies als eines der fünf zentralen Bedenken gegen die außergerichtliche Schlichtung; einschränkend *Blankenburg* (1982), S. 36, demzufolge Prozesskostenhilfe nur wenig dazu beitrage, dass sozial Schwächere ihr Recht in Anspruch nähmen.

wenn ein bereits anhängiges Verfahren außergerichtlich verglichen wird, kommt eine Bewilligung der Vergleichsgebühr des beigeordneten Rechtsanwalts in Betracht[721]. Ansonsten wird auf die außergerichtliche Rechtsberatung Minderbemittelter nach dem Beratungshilfegesetz verwiesen[722]. Nach einer Entscheidung des *BVerfG* wird jedoch durch die Versagung von *Beratungshilfe* im außergerichtlichen Verfahren der effektive Schutz durch die Gerichte oder die Gleichgewichtigkeit der prozessualen Stellung der Parteien vor dem Richter nicht beeinträchtigt[723]. Dies ist bedauerlich, wenn man bedenkt, dass außergerichtliche Verfahren letztlich nur denjenigen effektiv zur Verfügung stehen sollen, die sich diese leisten können[724]. Überdies ist dies deshalb zu kritisieren, weil es Gerichtsentscheidungen gibt, die die Gewährung von Prozesskostenhilfe von einer vorherigen außergerichtlichen Streitschlichtung oder Mediation abhängig machen[725]. Auch insoweit besteht ersichtlich Abhilfebedarf.

c. Bedeutung für das Arbeitsrecht

Die Gewährleistung von Verfahrensgarantien in Bezug auf alternative Konfliktbehandlungen hat speziell im Arbeitsrecht eine erhebliche Bedeutung. Auch hier empfinden die Beteiligten einen Streitbeilegungsprozess nur dann als gerecht, wenn wesentliche Verfahrensstandards eingehalten sind, insbesondere wenn sie die einbezogenen Dritten als unabhängig bzw. neutral erleben[726]. Darüber hinaus lässt sich vor dem Hintergrund des strukturellen Ungleichgewichts zwischen Arbeitgeber und Arbeitnehmer[727] verallgemeinernd sagen, dass rechtsstaatliche, verfahrensorientierte Grundsicherungen zugunsten der regelmäßig schutzbedürftigeren Arbeitnehmerseite in allen Streitbehandlungsformen einzuhalten sind[728]. Dass gerade im Arbeitsrecht solche Verfahrensgarantien auch außerhalb des Gerichtsverfahrens bereits anerkannt sind, zeigt sich am Beispiel des vornehmlich in kollektiven Streitigkeiten praktizierten Einigungsstellenverfahrens, welches anerkanntermaßen rechtsstaatlichen Grundsätzen genügen muss[729].

---

[721] Dazu *Zöller/Philippi*, § 119 Rn. 25; *TP/Reichold*, § 119 Rn. 9.

[722] Vgl. *Zöller/Philippi*, Vor § 114 Rn. 3; *TP/Reichold*, § 114 Rn. 1 und § 119 Rn. 10.

[723] NJW-RR 2001, 1006.

[724] Vgl. *Vester*, NJW 2002, 3225 ff., zur Problematik betreffend die analoge Anwendung des § 58 Abs. 2 Satz 2 GKG auf vom Gericht vorgeschlagene Vergleiche.

[725] Dazu *Zöller/Philippi*, § 114 Rn. 33; *TP/Reichold*, § 114 Rn. 8; ausführlich jüngst *Mankowski*, ZKM 2003, 197 ff.; kritisch auch *Prütting*, BB Beilage 9 zu Heft 27/1999, 7 (9).

[726] Vgl. *Hage/Heilmann*, AuA 2000, 26 (27), in Bezug auf die betriebliche Konfliktbehandlung und unter dem Aspekt der Verfahrensgerechtigkeit.

[727] Siehe dazu noch unter B. II. 7.

[728] In diesem Sinne *Heilmann*, AuR 1997, 424 (427), im Zusammenhang mit den Reformvorschlägen zur Entlastung der Arbeitsgerichte.

[729] *BAG* vom 11.2.1992, AP zu § 76 BetrVG 1972 Nr. 50, und *BAG* vom 27.6.1995, AP zu § 76 BetrVG 1972 Einigungsstelle Nr. 1: rechtliches Gehör; *BAG* vom 18.1.1994, AP zu § 76 BetrVG 1972 Nr. 51, und *BAG*, NZA 2001, 1154 (1156): Unabhängigkeit; zu den rechtsstaatlichen Verfahrensgrundsätzen der Einigungsstelle auch *Oechsler/Schönfeld* (1989), S. 7 f.; *Heinze*, RdA 1990, 262 (266 f.); *Hennige* (1996), S. 188 ff.; *ErfK/ArbR/Kania*, § 76 BetrVG Rn. 14 ff.; *Hunold*, NZA 1999, 785 ff.; vgl. *Ramm*, ZRP 1989, 136 (145), demzufolge die genannten Grundsätze sowohl für die Ent-

Vereinzelt werden hier sogar schiedsrichterliche Vorschriften der ZPO entsprechend angewandt[730]. Auch für das Verfahren in Ausbildungsstreitigkeiten vor den Schlichtungsausschüssen nach § 111 Abs. 2 ArbGG hat das *BAG* schon früh darauf hingewiesen, dass es „strengen rechtsstaatlichen Grundsätzen" entsprechen muss[731]. Für anderweitige Konfliktbehandlungsverfahren haben solche verfahrensrechtliche Mindestgarantien gleichermaßen zu gelten.

4.   Korrelation mit den Ursachen für die Überlast der Justiz

Wenn oben die Ursachen für die Überlast der Justiz aufgezeigt wurden, dann ist dies bisweilen auch in Verbindung mit den Grenzen alternativer Konfliktbehandlungen zu sehen.

a.   Verrechtlichung bzw. Vergerichtlichung

Allein schon gerichtsvorbereitende Maßnahmen wie etwa die Androhung einer Klage tendieren dazu, den Konflikt zu verrechtlichen. Zumindest dann, wenn der Konflikt bereits vor Gericht gelangt ist, werden außerrechtliche Konfliktbehandlungen erschwert.[732] Zudem wurde der Zusammenhang zwischen Verrechtlichung und Vergerichtlichung aufgezeigt[733]. Letztlich stellt also die Verrechtlichung bzw. Vergerichtlichung zugleich ein Hindernis in Bezug auf außergerichtliche Konfliktbehandlungen dar.

b.   Mängel im Gesetzesrecht

Mängel im Gesetzesrecht führen zur verstärkten Anrufung der Gerichte. Insbesondere das im Arbeitsrecht weit verbreitete *Richterrecht* trägt viel zur Überlast der Arbeitsgerichtsbarkeit bei[734]. Wenn nun aber Gesetzesmängel eine gerichtliche Inanspruchnahme bedingen, werden damit auch außergerichtliche Konfliktbehandlungen behindert.

Im Zusammenhang mit den Ursachen für die Überlast der Justiz wurde ebenfalls dargetan, dass *Ausschlussfristen* erhöhte Eingangszahlen bei den Arbeitsgerichten verursachen. Es leuchtet ein, dass sich solche Ausschlussfristen auch als Hinderungsgrund für eine Etablierung alternativer Konfliktbehandlungen insofern erweisen, als sie eine

---

scheidung von Rechtsstreitigkeiten als auch für die Entscheidung von Interessenstreitigkeiten gelten würden.

[730] *BAG* vom 9.5.1995, AP zu § 76 BetrVG 1972 Einigungsstelle Nr. 2, und *BAG* vom 11.9.2001, AP zu § 76 BetrVG 1972 Einigungsstelle Nr. 15, zur Ablehnung des Einigungsstellenvorsitzenden wegen Befangenheit; dazu auch *Schaub*, NZA 2000, 1087 (1088).

[731] *BAG* vom 18.10.1961, AP zu § 111 ArbGG 1953 Rn. 1.

[732] Siehe dazu bereits B. I. 2. b. aa. (5).

[733] Siehe dazu bereits B. I. 3. b. ee.

[734] Siehe dazu bereits B. I. 3. b. ff.

außergerichtliche Einigung erschweren[735]. Das geltende Recht macht es den Parteien oft nicht leicht, im Vorfeld eines Rechtsstreits (oder auch nach dessen Beginn) eine außergerichtliche Einigung zu versuchen, da dem Gläubiger der Rechtsverlust droht, wenn die außergerichtliche Konfliktbehandlung nicht zum Erfolg führt[736]. Ebenso erschwerend für alternative Verfahren stellen sich die sozialrechtlichen *Sperrfristen* dar. Vor allem bei der Änderung sozialrechtlicher Gesetze lässt der Gesetzgeber nichts unversucht, die gütliche Beilegung arbeitsrechtlicher Rechtsstreite zu erschweren[737].

Wohlgemerkt: Die genannten Aspekte erweisen sich nicht als *Nachteil*, der mit der Durchführung oder Etablierung alternativer Konfliktbehandlungen verbunden ist. Sie erweisen sich vielmehr insofern als nachteilig, als sie in Bezug auf eine Durchführung und damit letztlich auch Etablierung alternativer Konfliktbehandlungen hinderlich sind. Hier wird deutlich, dass sich aus einem Hindernis nicht zwingend ein Nachteil ableitet, der gegen einen Einsatz alternativer Konfliktbehandlungen sprechen könnte[738]. Infolgedessen kann diesbezüglich nicht von einem „zentralen Bedenken gegen außergerichtliche Schlichtung" gesprochen werden[739]. Dies vor dem Hintergrund der Überlegung, dass insoweit eine gesetzgeberische Abhilfe möglich und sogar geboten ist. In der hiesigen Abhandlung geht es gerade darum, in einer konstruktiven Art dazu beizutragen, Möglichkeiten für einen Einsatz alternativer Konfliktbehandlungen zu eruieren, wie sich noch im besonderen und abschließenden Teil zeigen wird.

5. Vertrauen der Allgemeinheit in die Justiz

> Wenn den Anstrengungen des Bundesjustizministeriums bezogen auf die Förderung insbesondere außergerichtlicher Konflikterledigung bisher der durchgreifende Erfolg versagt blieb, so vor allem deshalb, weil außergerichtliche Stellen bislang nicht in gleichem Maße Vertrauen genießen wie die unabhängigen Gerichte.
>
> *R. Wassermann*[740]

---

[735] In diesem Sinne jüngst auch *Opolony*, NZA 2004, 519 (524); vgl. auch *Prütting* (1999), S. 746 f., und BB Beilage 9 zu Heft 27/1999, 7 (12); vgl. weiter ders. (2002), S. 965, und *Wrede*, ZfA 2002, 455 (462), in Bezug auf die Mediation im Arbeitsrecht.

[736] Siehe zu den Problemen in Bezug auf die materielle Rechtsdurchsetzung bereits *Prütting*, JZ 1985, 261 (269).

[737] *Müller-Glöge*, RdA 1999, 80 (87); ebenfalls kritisch *Willemsen*, NJW 2000, 2779 (2787), in Bezug auf arbeitsgerichtliche Vergleichsverhandlungen.

[738] Siehe dazu bereits unter B. II.

[739] So aber *Prütting*, JZ 1985, 261 (269), unter dem Aspekt der Auswirkungen auf die materielle Rechtsdurchsetzung: Rechtsnachteil durch Fristablauf.

[740] NJW 1995, 1943 (1944).

Dennoch wäre es verfehlt, daraus zu schließen, alles sei im
besten Lot. Auch wenn man berücksichtigt, daß bei einer streitigen Entscheidung im Zivilprozeß notwendig eine Partei verliert, ist das Unbehagen an der Justiz weit verbreitet... Nicht
die Vorstellung „Dort bekomme ich mein Recht!", sondern
der Wunsch, nichts mit dem Gericht zu tun haben zu wollen,
bestimmt immer noch die Einstellung der Mehrheit unserer
Bevölkerung zur Rechtspflege.

P. Gottwald[741]

Die vorangestellten Aussagen zweier ehemaliger Richter am Oberlandesgericht stehen
im direkten Widerspruch zueinander. Im Folgenden soll zunächst im Zusammenhang
mit dem Vertrauen der angeblichen Allgemeinheit in die Justiz die daraus resultierende vermeintliche Überlegenheit der Justiz gegenüber alternativen Konfliktbehandlungen hinterfragt werden (a.). Sodann ist nach der Akzeptanz der bestehenden alternativen Schlichtungsangebote zu fragen (b.). Schließlich bedarf es einer gesonderten Darstellung der Situation im Arbeitsrecht (c.).

a.   Überlegenheit der Justiz gegenüber alternativen Konfliktbehandlungen

Unter Berücksichtigung der oben beschriebenen Grenzen gerichtlicher Konfliktbehandlung verwundert es, dass es dennoch Stimmen gibt, die eine Überlegenheit der
Justiz im Verhältnis zu alternativen Konfliktbehandlungen proklamieren. Dass die gerichtliche Konfliktbearbeitung Ausdruck der „spezifischen staatsgerichteten Streitkultur in Deutschland" ist, kann nicht abgestritten werden[742]. Daraus wird gefolgert, dass
es ein „starkes Vertrauen der Bürger in die Leistungen der staatlichen Justiz" gebe; die
Einschaltung staatlicher Gerichte sei aus der Sicht der Betroffenen meist der beste
Weg[743]. Im Zuge der Einführung des § 15a EGZPO war im Hinblick auf die starke
gerichtliche Inanspruchnahme sogar von einer „hohen Attraktivität des Zivilprozesses"[744] und einem „unbezahlbaren Kompliment an die Justiz"[745] die Rede; die deutsche
Zivilgerichtsbarkeit sei „konkurrenzlos gut"[746]. Schließlich sei unter betriebs- bzw.
volkswirtschaftlichen Aspekten das hohe Nachfrageniveau ein Indikator für die Güte
des Produkts[747].

---

[741] ZZP 95 (1982), 245 (250 und 252); siehe zum „Unbehagen an der Justiz" bereits *G. Wenzel*, DRiZ 1980, 161.
[742] *Hoffmann-Riem*, JZ 1999, 421 (425); *Ritter*, NJW 2001, 3440.
[743] *H.-B. Schäfer*, DRiZ 1995, 461 (470); *Hoffmann-Riem*, ZRP 1997, 190 (192 und 197 Fn. 88); ders., JZ 1999, 421 (425); *Katzenmeier*, ZZP 115 (2002), 51 (76 f.).
[744] *Stadler*, NJW 1998, 2479 (2480).
[745] *Peters*, AnwBl 1997, 531 (532).
[746] *Jansen* (2001), S. 231 und S. 352 f.
[747] *G. Wagner*, JZ 1998, 838; vgl. auch *Hoffmann-Riem*, ZRP 1997, 190 (192), der die Güte der Justiz als wichtigen Grund für deren Überlastung ausmacht; *Strempel*, ZRP 1989, 133 (134), zum Leistungsangebot der Justiz mit Verweis auf *Röhl*: Je besser das Angebot, je größer die Nachfrage.

Die Erkenntnis, dass Angebot und Nachfrage zueinander in einer komplexen Wechselwirkung stehen, gilt auch im Bereich der Justiz[748]. Für die freie Marktwirtschaft ist kennzeichnend, dass sich das Angebot nach der Nachfrage bestimmt. Eine solche freie Marktwirtschaft kann allerdings in unserem derzeitigen Rechtsschutzsystem kaum festgestellt werden, insbesondere steht die Justiz noch nicht im Wettbewerb zu alternativen Konfliktbehandlungen[749]; dies mag sich freilich nach einer ökonomischen Analyse der Justiz ändern[750]. Was also, wenn das Produkt eine Monopol- oder auch nur Oligopolstellung innehat? In der Tat ist der Begriff *Justizmonopol* als Unterbegriff der öffentlichen Monopole nicht unbekannt[751]. Und im juristischen Sinn liegt ein Monopol dann vor, wenn ein Ausschließlichkeitsrecht zu Gunsten eines Trägers durch Gesetz oder auch faktisch – aber mit dem Willen eines Trägers öffentlicher Gewalt – begründet ist[752]. In diesen Fällen steuert vielmehr das Angebot die Nachfrage, zumal dann, wenn die Bürger auf das Produkt angewiesen sind. Auch wenn man annimmt, dass die Nachfrage nach Konfliktbearbeitung steigen wird, so bestimmt doch das gerichtliche wie außergerichtliche Verfahrensangebot, wie aufwendig und wie befriedigend die Konflikte geregelt werden[753]. In faktischer Hinsicht gilt der Gedanke des Justizmonopols umso mehr, wenn man bedenkt, dass den Leuten von Seiten der öffentlichen Hand jahrelang der Gang zum Gericht regelrecht eingeredet wurde[754]. Folglich ist die Steuerung des Geschäftsanfalls durch Umfang und Güte außergerichtlicher Konfliktregelung nur dann möglich, wenn ein entsprechendes *Angebot* vorhanden ist. Allein in diesem Fall verspricht die außergerichtliche Streitbeilegung eine Senkung der Nachfrage nach gerichtlichen Entscheidungen[755]. Richtigerweise zieht dies eine angebots-

---

[748] Vgl. *Frommel*, ZRP 1983, 31 (32); vgl. auch *Gilles*, NJ 1998, 225 (227), mit Verweis auf die Wechselseitigkeit der immensen Nachfrage nach gerichtlichem Rechtsschutz auf der einen und das nicht minder immense staatliche Serviceangebot auf der anderen Seite.

[749] Siehe jetzt *Ritter*, NJW 2001, 3440 (3446 f.): Justiz als verspätete Gewalt in der Wettbewerbsgesellschaft; *Kramer*, NJW 2001, 3449 (3450): Richter als im Wettbewerb stehende kunden- und dienstleistungsorientierte Produktionseinheiten; vgl. *Viefhues/Volesky* DRiZ 1996, 13; *Hoffmann-Riem*, JZ 1999, 421 (422); vgl. auch *Bischof*, ZRP 1999, 353 (356), im Zuge der jüngsten Reform des Zivilprozesses, der bei einer radikaler Beschneidung des Zivilprozesses ein Abwandern der wirtschaftlich interessanten Verfahren in die Schiedsgerichtsbarkeit oder Mediation prophezeit; ähnlich jüngst *Egermann*, AnwBl 2003, 271 (272); auch nach *Trossen*, ZKM 2001, 159 (160), tritt die Mediation in eine offene Konkurrenz zur Justiz; siehe schon *Ramm*, ZRP 1989, 136 (142), zum Verdrängungswettbewerb der Schiedsgerichtsbarkeit; dagegen sehen *Zöller/Geimer*, Vor § 1025 Rn. 3, und *Böckstiegel*, DRiZ 1996, 267 (269), die Schiedsgerichtsbarkeit nicht als Konkurrenz zur staatlichen Gerichtsbarkeit an.

[750] Weiterführend *Ritter*, NJW 2001, 3440 (3446 f.); vgl. zur Finanzsituation bereits unter B. I. 3. a.

[751] *T. Langer* (1997), S. 36 (und S. 39 f.); vgl. *Ritter*, NJW 2001, 3440 (und 3446): Justizmonopol bzw. Rechtsdurchsetzungsmonopol; *Gilles*, NJ 1998, 225 (229); *Trossen*, ZKM 2001, 159; dies ist nicht zu verwechseln mit dem aus Art. 92 GG folgenden Rechtsprechungsmonopol, vgl. dazu *Kramer*, NJW 2001, 3449 (3452); unscharf daher *Freudenberg*, ZRP 2002, 79 (80).

[752] *T. Langer* (1997), S. 37.

[753] *Blankenburg*, ZRP 1992, 96: „Die Kapazität bestimmt hier die Produktion, nicht die Nachfrage."

[754] Siehe zur Prozessfreude der Rechtssuchenden bereits unter B. I. 3. b. aa.

[755] Vgl. dazu auch *Leutheusser-Schnarrenberger*, NJW 1995, 2441 (2442), im Zusammenhang mit der Strukturanalyse der Rechtspflege.

orientierte Sichtweise nach sich[756]. Der Geschäftsanfall der Gerichte ist nicht eine durch gesellschaftliche Determination vorweggegebene Größe, sondern er kann mit dem Angebot an gerichtlichem Verfahrensaufwand auf der einen Seite und der Ausgestaltung von außergerichtlicher Konfliktregelung auf der anderen Seite gesteuert werden[757].

Auch im Rahmen der *Strukturanalyse der Rechtspflege* wurde lediglich der Frage nachgegangen, welche Auswirkungen eine Verbesserung des außergerichtlichen Angebots auf den Geschäftsanfall bei den Gerichten haben kann[758]. Ganz allgemein wurden Nachfrage und Angebot an vorgerichtlicher Konfliktbehandlung im zivilrechtlichen Bereich vergleichend dargestellt und analysiert[759]. Wenn hinsichtlich des außergerichtlichen Angebots Verbesserungen angeregt wurden, ist damit nicht gesagt, dass das gerichtliche Angebot attraktiv wäre. Eine solche Schlussfolgerung verkennt, dass ein unattraktives Angebot auf der einen Seite nicht zwangsläufig zu einem attraktiven Angebot auf der anderen Seite führt. Es kann allenfalls davon ausgegangen werden, dass die Attraktivität der Gerichte in gewisser Hinsicht beispielsweise die Erledigungsstrategien der Anwaltschaft zu beeinflussen vermag[760]. Dies wiederum kann zur Folge haben, dass der Geschäftsanfall bei einem entsprechend verbesserten gerichtlichen Angebot noch weiter zunehmen wird. Mit anderen Worten: Wäre die Justiz attraktiver, nähme man sie noch mehr in Anspruch. Bezogen auf die bereits thematisierte Schnittstelle zwischen inner- und außergerichtlicher Konfliktbehandlung lässt sich sagen, dass die Geschäftsbelastung der Gerichte wesentlich vom Funktionieren der ersten Stufe beeinflusst wird, d.h. ob rechtsrelevante Konflikte tatsächlich vor die Gerichte gelangen oder vorweg geregelt werden, hängt davon ab, in welcher Form und Qualität außergerichtliche Konfliktformen existieren, wie gut sie funktionieren und welche Akzeptanz sie genießen[761]. Aber auch insoweit gilt: Das heißt nicht, dass die zweite Stufe funktioniert, zumal den Beteiligten zur Verwirklichung ihrer Rechtspositionen bei einem Versagen der ersten, vorgerichtlichen Stufe nichts anderes übrig bleibt, als diese zweite, forensische Stufe in Anspruch zu nehmen. Folge ist eine eher

---

[756] Siehe zur „angebotsorientierten Rechtsschutzordnung" *Hoffmann-Riem*, ZRP 1997, 190 ff.; vgl. ders. (2001), S. 52 ff.; siehe näher dazu noch unter B. III. 3.

[757] So *Blankenburg*, ZRP 1992, 96 (97).

[758] *Stock/Wolff/Thünte* (1996), S. 37.

[759] *Strempel/Rennig*, ZRP 1994, 144 (148).

[760] So *Stock/Thünte/Wolff* (1995), S. 75, im Rahmen der *Strukturanalyse der Rechtspflege* betreffend die angebotsseitige Erklärung der höheren außergerichtlichen Erledigungsquote in den neuen Bundesländern; vgl. *Blankenburg*, ZRP 1992, 96 (99), demzufolge längere Prozessdauer und steigender Prozessaufwand Parteien und Anwälte dazu bringen könnten, vermehrt nach Möglichkeiten außergerichtlicher Konfliktbehandlung Ausschau zu halten; vgl. *Böckstiegel*, DRiZ 1996, 267 (270), wonach die Schiedsgerichtsbarkeit eine ganz besondere Bedeutung bei dem Gerichtsaufbau in den neuen Bundesländern erhalten habe.

[761] *Blankenburg*, ZRP 1992, 96 (97); *Strempel/Rennig*, ZRP 1994, 144 (148); vgl. *Strempel*, ZRP 1989, 133 (135); zum Filterpotenzial alternativer Konfliktbehandlungen bereits unter B. I. 3. c. bb.; zur Akzeptanz der bestehenden alternativen Schlichtungsangebote sogleich unter B. II. 5. b.

unfreiwillige „Legitimation durch Verfahren"[762], d.h. die Parteien haben zwar durch die Anrufung des Gerichts die Prämissen der Entscheidungsfindung akzeptiert und eine Ablehnung des Ergebnisses wäre widersprüchlich[763]. Dies bedeutet aber nicht, dass das richterliche Ergebnis aus inhaltlicher Überzeugung heraus akzeptiert wird. Vielmehr wurde bereits aufgezeigt, dass eine größere Bereitschaft zur Annahme einer autonom erarbeiteten Lösung besteht, als eine fremde Entscheidung durch Urteil zu akzeptieren[764].

Das Argument, dass die überwältigende gerichtliche Inanspruchnahme als Beweis für die doch sehr positiv zu bewertende Funktionstüchtigkeit des deutschen Justizsystems zu sehen ist, lässt sich ebenso umkehren: Die Gründe für den Aufstieg zum Justizstaat könnten zu einem gewissen Grad in den Gründen für den Abstieg oder das Versagen als Rechtsstaat zu finden sein[765]. So wurde im Zusammenhang mit den Ursachen für die Überlast der Justiz bereits angemerkt, dass die Zahl der geführten Prozesse im Staat – bzw. um in der betriebswirtschaftlichen Gedankenwelt zu bleiben: die gerichtliche Nachfrage – eher ein Indikator für das Maß an *Rechtsunsicherheit* in einer Gesellschaft mangels klarer Rechtslage ist[766]. Zudem wurden die wahren Gründe für die Überlast der Justiz dargelegt[767]. Mit der Überlast unseres Justizsystems sollte daher besser nicht geprahlt werden, zumindest kann darin ein Hindernis für eine Etablierung alternativer Konfliktbehandlungen nicht gesehen werden. Wenngleich einerseits in der Rechtswirklichkeit gerade auch im Vergleich zu ausländischen Rechtsordnungen eine gewisse Akzeptanz und vor allem Effizienz unseres Justizsystems zu verzeichnen ist[768], und auch niemanden geholfen ist, wenn die Justiz in einer ungerechtfertigten

---

[762] So die Monographie von *Luhmann* (1969); aus neuerer Zeit *Katzenmeier*, ZZP 115 (2002), 51 (80 ff.); kritisch zur „Legitimation durch Verfahren" im Gegensatz zur „Legitimation durch Rechtsanwendung" *P. Gottwald*, ZZP 95 (1982), 245 (258 ff.); ähnlich *Gilles*, NJ 1998, 225 (227), der aus rechtstheoretischer Sicht eher die „Legitimation durch Recht" favorisiert; vermittelnd *Röhl* (1987), S. 418 ff.

[763] Angesichts der erheblichen praktischen Bedeutung der Zwangsvollstreckung indes nicht unüblich.

[764] Siehe dazu bereits unter B. I. 2. b. bb. (2).

[765] *Gilles*, NJ 1998, 225 (227); weiter heißt es, die traurige Wirklichkeit sei, dass Deutschland nicht nur als Rechtsstaat, sondern ebenso als Justizstaat in einer tiefen „Krise" stecke.

[766] Vgl. *H.-B. Schäfer*, DRiZ 1995, 461 (466).

[767] Siehe dazu bereits unter B. I. 3. b.; vgl. *P. Gottwald*, ZZP 95 (1982), 245 (250), der zwar konstatiert, dass gegen ein Vertrauensdefizit gegenüber der Justiz die steigende Zahl der Rechtsstreitigkeiten spreche, zugleich aber deren Hauptursachen aufzeigt, die nichts mit solchen Vertrauensdefiziten zu tun haben.

[768] Siehe *Blankenburg*, ZRP 1986, 262, (263 f.), und ZRP 1992, 96 (99 und 102); siehe auch *Heussen*, AnwBl 1998, 551 (558), demzufolge es kein Land auf der ganzen Welt gebe, in dem so schnell und so preiswert prozessiert werde und dadurch eine ganze Reihe von störenden Konflikten schnell und wirksam behoben würden; *Katzenmeier*, ZZP 115 (2002), 51 (78 f.): „Unser Zivilprozeßsystem aber wird allseits gelobt als eines der besten der Welt."; siehe aus rechtsvergleichender Sicht *Zuckerman* (1999), S. 12 ff.; gleichwohl gehen aktuelle Reformbestrebungen zur Modernisierung der Justiz dahin, deren Akzeptanz und Effizienz zu steigern, siehe dazu *Kramer*, NJW 2001, 3449; siehe speziell zum Begriff der Rechtsprechungseffizienz *Pitschas*, ZRP 1998, 96 (97 f.).

Negativsicht dargestellt wird[769], gilt es andererseits „derzeit wachsende Vertrauensein-
bußen gegenüber der Justiz innerhalb der Bevölkerung, wenn nicht schon eine *Justizverdrossenheit*" zu konstatieren[770]. Das „Unbehagen an der Justiz"[771] schlägt sich in
der Kritik nieder, wonach die Prozesse zu teuer seien, sie dauerten zu lange, ihr Ergebnis sei unkalkulierbar, die Richter übten Klassenjustiz, sie seien Sachverständigen
hilflos ausgeliefert und urteilten nicht volksnah genug, so dass im Ergebnis ein „kritisches, reserviertes Verhältnis der Bevölkerung zur Justiz" zutage tritt[772]. Diese Miss-
stimmung hat nicht zuletzt einen gesellschaftspolitischen Hintergrund[773]. Auch im Zuge der jüngsten Reform des Zivilprozesses wurde auf dem 63. Deutschen Juristentag
2000 in Leipzig darauf hingewiesen, dass die Reform auch der Versuch sei, den „An-
sehensverlust der Justiz zu beenden"[774]. Schließlich werden derzeit vor dem Hintergrund betriebswirtschaftlicher Kriterien Überlegungen zur „Kundenzufriedenheit" mit
der Rechtsprechung angestellt[775], die sich nur daraus erklären lassen, dass in diesem
Bereich offenbar Nachholbedarf besteht. Nach alledem entsteht der Eindruck, dass bei
der Allgemeinheit ein nicht zu vernachlässigendes Bedürfnis nach alternativen Konfliktbehandlungen besteht[776].

b.   Akzeptanz der bestehenden alternativen Schlichtungsangebote

Es ist nicht zu verkennen, dass die zahlreichen derzeit vorhandenen alternativen
Schlichtungsstellen nach wie vor nahezu ein Schattendasein fristen[777]. Versuche, mit

[769] So zu Recht *Trossen*, ZKM 2001, 159 (160).
[770] *Gilles*, NJ 1998, 225 (228); siehe zum Begriff der Justizverdrossenheit bereits *G. Wenzel*, DRiZ 1980, 161 (162).
[771] So bereits *G. Wenzel*, DRiZ 1980, 161; vgl. *Röhl* (1987), S. 509: Unzufriedenheit mit der Justiz; *Weth*, NJW 1996, 2467: Die Justiz – ein ungeliebtes Kind?; vgl. auch *P. Gottwald*, ZZP 95 (1982), 245 (250), wonach bereits in der Weimarer Zeit eine zunehmendes Unbehagen an der Justiz festge-stellt wurde.
[772] So *P. Gottwald*, ZZP 95 (1982), 245 (250); vgl. *Prütting*, JZ 1985, 261 (262), wonach im Rahmen der Alternativdiskussion auf die Möglichkeit verwiesen wurde, gerichtliche Zugangs- und Erfolgsbar-rieren bei bestimmten Bevölkerungsgruppen und Rechtsmaterien auszugleichen oder abbauen zu hel-fen: etwa die durch hohe Verfahrenskosten, lange Verfahrensdauer, Rechtsunkenntnis, komplizierte juristische Fachsprache, Schwellenangst und Unkenntnis der zuständigen Institutionen hervorgerufe-nen Barrieren, seine Rechte erfolgreich geltend zu machen; ähnlich *Röhl* (1987), S. 274; aus neuer Zeit *H.-B. Schäfer*, DRiZ 1995, 461 (469), der darauf hinweist, dass das *BVerfG* „bereits mehrfach die selbstherrliche Art einzelner Amtsrichter gerügt" habe; vgl. auch *Weth*, NJW 1996, 2467 (2470 ff.), demzufolge das Ansehen der Justiz wesentlich durch das *BVerfG* geprägt werde; *U. Steiner*, AnwBl 2004, 673 ff., zur Frage, ob Richter die Deutschen regieren.
[773] Siehe dazu bereits unter B. I. 4.
[774] So die damalige Bundesjustizministerin *Däubler-Gmelin*, SZ vom 29.9.2000, S. 12.
[775] Dazu *Freudenberg*, ZRP 2002, 79 ff.; siehe jüngst *Schubmann-Wagner*, ZRP 2003, 408 ff., mit einer „Kundenbefragung"; vgl. auch *Sodan*, NJW 2003, 1494 ff., zu Qualitätsmaßstäben für die Justiz.
[776] Vgl. schon *Prütting*, JZ 1985, 261 (262), mit Verweis auf gerichtliche Zugangs- und Erfolgsbarrie-ren, wonach tatsächlich nicht zu bezweifeln sei, dass es ein Bedürfnis für kostengünstige, schnelle, bürgernahe sowie leicht zugängliche und verständliche Institutionen zur Konfliktregelung gebe.
[777] *W. Gottwald* (1981), S. 227, bescheinigt diesen ein „geradezu kümmerliches Dasein", siehe dort auch zum drastischen Rückgang des Tätigkeitsvolumens des Schiedsmanns zwischen den Jahren 1880

144

solchen Stellen rechtlich relevante Konflikte auf einen alternativen Lösungsweg zu verweisen, sind bisher nicht von großem Erfolg gekrönt[778]. Es wäre aber vorschnell, dies auf deren mangelnde Akzeptanz im Sinne eines fehlenden Vertrauens in der Bevölkerung gegenüber diesen Einrichtungen zurückzuführen[779]. Die Gründe sind vielschichtig. Im Gegensatz zu den in der Vergangenheit viel beworbenen gerichtlichen Verfahren ist die Öffentlichkeitsarbeit in Bezug auf die alternativen Angebote zu bemängeln; die verschiedenen Streitbeilegungsverfahren sind in der Bevölkerung wenig bekannt[780]. Vielmehr bewegen sich diese Verfahren bisweilen an der Grenze zur Intransparenz. Die bis vor kurzem in § 29 AGBG und seit 1.1.2002 in § 14 UKlaG geregelte „Kundenbeschwerde" stellt Kunden, wenn sie denn von solchen Verfahren überhaupt Kenntnis erlangen, vor die schwierige Aufgabe, vorab herauszufinden, ob es sich bei ihrer Streitigkeit um eine solche „aus der Anwendung der §§ 675a bis 676g und 676h Satz 1 des Bürgerlichen Gesetzbuchs" handelt[781]. Die Rechtssuchenden machen von diesen Verfahren auch deshalb nicht Gebrauch, weil diese nicht ausreichend institutionalisiert sind[782]. Im Übrigen darf nicht außer Acht gelassen werden, dass es sich bei den Schlichtungsstellen abgesehen vom Schiedsmann in fast allen Fällen um Sachgebiete handelt, in denen der wesentliche Streit nicht unbedingt auf rechtlichem Gebiet, sondern im tatsächlichem Bereich begründet ist; es geht durchweg um technische oder fachspezifische Fragen[783]. Nicht ohne Grund wurde im Rahmen der *Strukturanalyse der Rechtspflege* herausgestellt, dass die Schnittstelle zwischen außer- und innergerichtlicher Konfliktbearbeitung die Grenze zwischen primär sachlich fachlicher und primär rechtlicher Problem- und Konfliktbearbeitung markiert[784]. Insoweit sind die bereits bestehenden vielfältigen Schlichtungsangebote durchaus als attraktiv zu bezeichnen[785], sie decken jedoch nur ein kleines Feld ab. Schließlich lässt sich auch

---

und 1980; vgl. *Falke/Gessner* (1982), S. 296; *Blankenburg*, ZRP 1982, 6 (8); aus neuerer Zeit *Zimmer* (2001), S. 41 f.; *Katzenmeier*, ZZP 115 (2002), 51 (75 f.).
[778] *Blankenburg*, ZRP 1992, 96 (99), wobei sich allerdings auf der anderen Seite dem Blick gerade des Justizjuristen die große Anzahl der Fälle verberge, die schon immer außergerichtlich erledigt wurden und damit für die Gerichte unsichtbar geblieben sind.
[779] Siehe zur Relevanz eines solchen Vertrauens *Preibisch* (1982), S. 245; vgl. *Zimmer* (2001), S. 43 f. und S. 71 f., zum Schieds- bzw. Ombudsmann.
[780] Siehe etwa *Preibisch* (1982), S. 243 f.; *Röhl* (1987), S. 274; *Böckstiegel*, DRiZ 1996, 267; *Zimmer* (2001), S. 42 f., 70 f. und 83 f.
[781] Beachtlich ist in diesem Kontext die Forderung von *UBH/Hensen*, § 29 Rn. 1, ein „Gesetz über außergerichtliche Einigungsverfahrens des Privatrechts" zu schaffen; dem ist freilich der Gesetzgeber im Zuge der jüngsten Reformen des Zivilprozess- und Schuldrechts nicht nachgekommen.
[782] *Greger*, ZRP 1998, 183 (184).
[783] So *Schmidt-von Rhein*, ZRP 1984, 119; ähnlich *Frommel*, ZRP 1983, 31 (35).
[784] *Strempel/Rennig*, ZRP 1994, 144 (148); siehe zur fehlenden Sachnähe gerichtlicher Konfliktbehandlung bereits unter B. I. 2. b. aa. (4).
[785] Vgl. *Falke/Gessner* (1982), S. 306; vgl. auch *M. Neumann*, ZRP 1986, 286 (287), der den Schieds- und Schlichtungsstellen der freien Wirtschaft bei privaten Streitfällen den unschätzbaren Vorzug spezialfachlicher Kompetenz bescheinigt; auch *Heitmann*, DRiZ 1998, 124 (125), beklagt die Inanspruchnahme der Gerichte für die Konfliktbewältigung vor dem Hintergrund der Überlegung, dass

aus rechtsvergleichender Sicht feststellen: Selbst wenn man annimmt, dass die schwache Infrastruktur außergerichtlicher Einrichtungen im „Vorhof" der Justiz hierzulande in Wechselwirkung damit steht, dass kaum ein Gerichtswesen so aufwendig und zuverlässig sowie kostengünstig arbeitet wie das deutsche, wenn also der relativ geringen Abschreckung durch Kosten- und Zugangsbarrieren eine relativ geringe Infrastruktur an außergerichtlichen Alternativen entsprechen soll, so erklärt dies nicht, warum einige der deutschen Nachbarländer, deren Justiz effizient, aber mit geringerem Aufwand arbeitet und die wirtschaftlich ebenso entwickelt sowie auf ebenso komplexe Regelungen angewiesen sind, den „Vorhof" außergerichtlicher Verfahren sehr viel weiter entwickelt haben als in Deutschland[786].

Aus der bisweilen geringen Inanspruchnahme alternativer Schlichtungsangebote kann also nicht darauf geschlossen werden, dass bereits bestehende entbehrlich wären und für neue kein Bedürfnis bestünde[787]. Dabei bliebe nicht zuletzt die hohe Erfolgsquote der vorhandenen Schlichtungsstellen unberücksichtigt[788]. Dieses Erledigungspotenzial darf nicht außer Acht gelassen werden[789]. Überdies zeigt das Beispiel der weitgehend anerkannten fachspezifischen Schlichtungsstellen, dass je spezieller die Zuständigkeit für bestimmte Konfliktarten geregelt ist, desto höher die Schlichtungskompetenz der Gütestellen bewertet zu werden scheint. Dies wirkt sich wiederum auf die Nachfrage auf Seiten der Bürger aus. Hieraus erklärt sich auch, dass der Laienschiedsmann in zivilrechtlichen Streitigkeiten überwiegend ohne Arbeit bleibt[790]. Schließlich gilt zu bedenken, dass jedenfalls die Schiedsgerichtsbarkeit im großen Umfang Wirtschaftsstreitigkeiten von der staatlichen Gerichtsbarkeit abzieht und sich großer Beliebtheit erfreut[791]. Seit der Schiedsverfahrensreform im Jahr 1998 ist sogar eine erhöhte Akzeptanz der deutschen Schiedsgerichtsbarkeit in der Praxis zu konstatieren[792].

Schlichtungs- und Schiedsstellen der verschiedensten Einrichtungen teilweise schon ausgezeichnete Arbeit leisteten; ähnlich *F. Behrens*, RuP 1997, 73.

[786] So *Blankenburg*, ZRP 1992, 96 (99).

[787] In diesem Sinne bereits *Falke/Gessner* (1982), S. 306; *Preibisch* (1982), S. 245.

[788] Siehe etwa *Väth*, ZKM 2000, 150 (152), zur vorgerichtlichen Streitschlichtung durch Schiedspersonen: Schlichtungsquote von 50 %; *Siegel* (1982), S. 58: in den 70er Jahren Erfolgsquote von durchschnittlich 60 %; *Zimmer* (2001), S. 78, zur Öffentlichen Rechtsauskunfts- und Vergleichsstelle (Ö-RA) in Hamburg: Erfolgsquote von 69 %; dagegen liegt die Erfolgsquote der ÖRA laut *Jansen* (2001), S. 177, bei 60 %; *Frikell*, ZKM 2000, 158 (159), zur Schlichtungsstelle der Bauinnung München: Erfolgsquote von 80 %; *F. Behrens*, RuP 1997, 73, zur Schlichtungsstelle und Gutachterkommission für ärztliche Behandlungsfehler in Nordrhein-Westfalen: Erfolgsquote von 87 % bzw. 86 %; siehe bereits *Preibisch* (1982), S. 245 ff., zur hohen Effektivität bzw. zu den Erfolgsquoten der Vorverfahrensstellen; siehe schließlich *Morasch/Blankenburg*, ZRP 1985, 217 (223).

[789] Siehe zum Filterpotenzial alternativer Konfliktbehandlungen bereits unter B. I. 3. c. bb.

[790] *Zimmer* (2001), S. 83; ebenfalls kritisch zum Einsatz von Laienschlichtern *Jansen* (2001), S. 143 ff.

[791] *Voit*, JZ 1997, 120 (121); auch der *Sachverständigenrat „Schlanker Staat"* bezeichnete die Schiedsgerichtsbarkeit bei internationalen und nationalen Handelsstreitigkeiten als unentbehrliche Alternative zur Justiz, *Meyer-Teschendorf/Hofmann*, ZRP 1998, 132 (134).

[792] Dazu *Berger*, RIW 2001, 7 (8 f.); *Kröll*, NJW 2003, 791 f.; siehe zur Bedeutung der Schiedsgerichtsbarkeit noch im besonderen Teil unter C. III. 3. a.

c. Die Situation im Arbeitsrecht: kein bzw. erschwerter Ausschluss der Arbeitsgerichtsbarkeit

> Das Ansehen der Arbeitsgerichtsbarkeit ist nicht besser und nicht schlechter als das der anderen Gerichtsbarkeiten auch, jedenfalls im allgemeinen. Wohl aber ist die inhaltliche Kritik an den Entscheidungen der Arbeitsgerichte ungleich heftiger als in den anderen Gerichtsbarkeiten üblich.
>
> *Kissel*[793]

Ein Bedürfnis nach etwaigen alternativen Konfliktbehandlungen ist letztlich auch im Arbeitsrecht nicht von der Hand zu weisen, zumal dort alternative Schlichtungsangebote weitgehend nicht vorhanden sind[794]. Die überlange Dauer und die große Anzahl von Arbeitsgerichtsprozessen wird seit langem von Justiz, Gewerkschaften und Arbeitgeberverbänden beklagt[795]. Dabei gilt zu bedenken, dass bloße Eingangszahlen bei den Arbeitsgerichten als Beleg für das Vertrauen in die Arbeitsgerichtsbarkeit schon deshalb ungeeignet sind, weil diese oftmals durch arbeitsrechtliche Ausschlussfristen erzwungen werden. So hat eine Arbeitnehmerbefragung vor gut zwanzig Jahren ein insgesamt befriedigendes, aber eben nicht durchweg vertrauenserweckendes Bild von der Arbeitsgerichtsbarkeit ergeben. Beispielsweise hatte etwa jeder dritte Arbeitnehmer zu dem Richter weniger bzw. kein Vertrauen und jeweils etwa die Hälfte der Arbeitnehmer gaben an, dass der Richter weniger bzw. kein Interesse an dem Fall gehabt und weniger bzw. nicht über den Verhandlungsablauf sowie die rechtliche Situation informiert hätte[796]. Gleichwohl lässt sich nicht leugnen, dass die deutsche Arbeitsgerichtsbarkeit eine nicht unerhebliche nationale Akzeptanz und internationale Anerkennung genießt[797].

Vor allem aber ist der Ausschluss der Arbeitsgerichtsbarkeit zumindest im Individualarbeitsrecht weitgehend unmöglich. Hier zeigt sich eindrucksvoll, was oben unter dem Begriff des Justizmonopols beschrieben wurde. So ist etwa gem. § 4 ArbGG die Schiedsgerichtsbarkeit in individualrechtlichen Streitigkeiten nahezu ausgeschlossen. Allenfalls in Ausbildungs- (§ 111 Abs. 2 ArbGG) und Arbeitnehmererfindungsstreitigkeiten (§§ 28 ff. ArbNErfG) macht der Gesetzgeber eine Ausnahme, wobei die Tätigkeit dieser Schlichtungsstellen als durchaus erfolgreich dargestellt werden kann[798].

---

[793] DB 1987, 1485 (1486); RdA 1994, 323 (332).

[794] Siehe aber *Preibisch* (1982), S. 327 f., der das Bedürfnis für die Einführung von Vorverfahren im Arbeitsrecht im Hinblick auf die Vorschriften der §§ 84 f. BetrVG und § 54 ArbGG verneint, jedenfalls bestehe dafür kein dringender Bedarf bzw. es bedürfe eines besonderen Rechtfertigungsgrunds für die Einführung solcher Verfahren.

[795] Siehe zur Überlast der Arbeitsgerichtsbarkeit bereits unter B. I. 3. a. cc.

[796] *Falke/Höland/Rhode/Zimmermann* (1981), S. 424 ff., zur Beurteilung der Gerichtssituation vor den Arbeitsgerichten.

[797] *Düwell* (1999), S. 745 f.

[798] Dazu bereits *Preibisch* (1982), S. 246 ff.: Erfolgsrate von 85 % (Lehrlingsstreitigkeiten) bzw. 60 % (Erfindungsstreitigkeiten).

Auch im Rahmen des betrieblichen Beschwerdeverfahrens bestimmt § 85 Abs. 2 Satz 3 BetrVG, dass bei Rechtsansprüchen ein verbindliches Einigungsstellenverfahren nicht stattfinden kann, so dass es nicht weiter verwundert, dass dieses Verfahren in der Praxis eine eher untergeordnete Bedeutung einnimmt[799]. Selbst in kollektivrechtlichen Streitigkeiten kann von einer Überlegenheit der Arbeitsgerichtsbarkeit gegenüber alternativen Instanzen nicht die Rede sein, wie sich am Beispiel der gegenüber den Arbeitsgerichten nicht minder erfolgreichen Tätigkeit der Einigungsstellen zeigen lässt[800]. Dennoch ist die Rechtsprechung restriktiv, wenn es beispielsweise darum geht, die Einigungsstelle als Alternative zur Anrufung des Arbeitsgerichts zuzulassen[801], gleichzeitig aber großzügig, wenn das Arbeitsgericht unter Umgehung der Einigungsstelle direkt angerufen wird[802]. Die Arbeitsgerichtsbarkeit „erfreut" sich somit weitgehender Konkurrenzlosigkeit. Hiermit verbunden ist allerdings eine gewisse Begrenztheit und Schwerfälligkeit des arbeitsgerichtlichen Verfahrens, so dass auch im Arbeitsrecht eine neuere Tendenz hin zu anderen flexiblen Streitschlichtungsformen erkennbar ist[803].

Es wird noch näher zu untersuchen sein, ob bzw. inwieweit sich der weitgehend unmögliche Ausschluss der Arbeitsgerichtsbarkeit rechtfertigen lässt. Jedenfalls führt dies an dieser Stelle zu der Feststellung, dass das Vertrauen der Allgemeinheit in die Arbeitsgerichtsbarkeit eher aufgezwungen ist. Dieser monopolistische Zustand behindert zugleich die Durchführung und Etablierung alternativer Konfliktbehandlungen im Arbeitsrecht; ein Nachteil in Bezug auf solche Alternativen ergibt sich hieraus jedoch nicht[804].

6. Das Recht als Rahmenordnung für die allgemeine Rechtsdurchsetzung

> Durch außergerichtliche Konfliktlösung kann sich ... die Gefahr ergeben, daß die Rechtsdurchsetzung auf das Ganze gesehen verhindert wird.
>
> *Prütting*[805]

Wie aus vorstehendem Zitat ersichtlich, wird man diesen Unterpunkt als ein weiteres zentrales Problem alternativer Konfliktbehandlungen ausmachen können. Konkret stellt sich die Frage, ob bzw. inwieweit die Durchführung und Etablierung alternativer

---

[799] Siehe dazu näher noch im besonderen Teil unter C. III. 1. c. bb.

[800] Siehe *Oechsler/Schönfeld* (1989), S. 12 ff., zur Funktionsweise des Einigungsstellenverfahrens in der betrieblichen Praxis, und S. 96 ff., zum konstruktiven Potenzial der Einigungsstelle sowie zur Einigungsstelle in der Einschätzung von Betriebspraktikern.

[801] Exemplarisch *LAG Hamburg*, NZA 1998, 1245, zur Einsetzung einer Einigungsstelle mit dem Thema „Mobbing"

[802] Exemplarisch *BAG*, NZA 2000, 271, zum Kündigungszustimmungserfordernis gem. § 102 Abs. 6 BetrVG.

[803] Vgl. *Zumfelde*, NZA 2002, 374 (375), im europäischen Kontext.

[804] Siehe dazu bereits unter II.

Verfahren die produktive Leistung der Justiz behindert (a.). Um dies zu verhindern, bedarf es womöglich einer Steuerung des Einsatzes alternativer Konfliktbehandlungen (b.). Sodann ist die Situation im Arbeitsrecht wiederum gesondert anzusprechen (c.).

a. Die produktive Leistung der Justiz insbesondere zur Gewährleistung der Rechtssicherheit

Auf die produktive Leistung der Justiz hat in neuerer Zeit vor allem der Wirtschaftswissenschaftler *H.-B. Schäfer* im Zusammenhang mit durchgeführten und geplanten Sparmaßnahmen aus den Justizministerien auf einem Vortrag vor dem Deutschen Richtertag im Jahr 1995 hingewiesen[806]: Demnach leiste die Justiz mehr als nur die Aufgabe, den Rechtsfrieden zu wahren. Gerichte produzierten über die Rechtsprechung und Rechtsfortbildung Regeln, die Verhaltensmaßstäbe für die Bürger setzten und die Sanktionen enthielten, die sich aus der Nichtbefolgung der Regeln ergäben. Durch die obergerichtliche Rechtsprechung werde nicht nur eine Rechtszersplitterung vermieden, sondern auch eine *Rahmenordnung* in Gestalt eines Regelwerks zur Verfügung gestellt, die Verhaltensstandards und Präzedenzfälle für den Rechtsverkehr insgesamt setze. Dies wirke konfliktvermeidend und führe letztlich zu mehr Rechtssicherheit. Die Rolle des Rechts als öffentliches Gut dürfe daher nicht verkannt werden. Die produktive Wirkung von Prozessen bestehe also nicht nur in der Leistung, die als Folge eines Urteils erbracht werde, sondern in den vielen Leistungen, die ohne Inanspruchnahme von Gerichten erbracht würden, weil die Bürger die Rechtslage kennen und einen Prozess für aussichtslos halten würden.

Diese Erkenntnis ist freilich nicht neu. Ältere Darstellungen zum Prozessvergleich hatten bereits darauf hingewiesen, dass der gerichtliche Vergleich gegenüber dem Urteil insofern nachteilig sei, als zweifelhafte Rechtsfragen für die Allgemeinheit ungeklärt blieben[807], während der Vorteil des Richterspruchs in der Rechtsbewährung und Rechtsfortbildung und damit zugleich in seiner Befriedungswirkung auf die Allgemeinheit liege[808]. Demnach setzten Gerichte Normen und Verfahren, innerhalb derer die Parteien selbst handeln und verhandeln könnten[809]. Dem entspricht, dass der klassische Zivilprozess ex definitione nicht nur der Durchsetzung subjektiver Rechte dient, sondern auch der Bewährung objektiven Rechts sowie seiner Fortentwicklung. Darüber hinaus gibt die materielle Rechtsordnung Richtlinien für soziales Handeln und

---

[805] JZ 1985, 261 (271).
[806] DRiZ 1995, 461 ff. (insbesondere 463 f.); für den damaligen hamburgischen Justizsenator und jetzigen Bundesverfassungsrichter *Hoffmann-Riem*, ZRP 1997, 190 f., führte dies zu der Frage, ob und wie die Justiz ihre Qualitätsstandards halten könne und was die Gesellschaft dafür aufwenden wolle; aus konflikttheoretischer Sicht *Hegenbarth* (1980), S. 71; aus rechtstheoretischer Sicht *Larenz/Canaris* (1995), S. 252 ff.; aus verfassungsrechtlicher Sicht *MKS/Classen*, Art. 92 Rn. 1.
[807] *Wolf*, ZZP 89 (1976), 260 (264 f.).
[808] *Stürner*, JR 1979, 133.
[809] *W. Gottwald* (1981), S. 216.

gestaltet eine Gesellschaft primär dadurch, dass ihre Regeln den Bürger motivieren und durch ihn freiwillig befolgt werden[810]. Infolgedessen birgt eine „Privatisierung der Konfliktregelung" unter gesamtgesellschaftlichen Gesichtspunkten in der Tat die Gefahr, dass die „Schutzlinie des staatlichen Rechts" unterlaufen wird[811]. Daran hat sich nichts geändert. Der einzelne Bürger muss effektiven Zugang zu den „Spielregeln" haben, die auch sein Verhalten bestimmen[812]. Auch im Zuge der jüngsten Reform des Zivilprozesses wurde herausgestrichen, dass die wesentliche Aufgabe der Obergerichte die Wahrung der Rechtsvereinheitlichung und Ermöglichung der Rechtsfortbildung sei. Im Vordergrund stand die Konzentration der Revisionsinstanz auf diese Aufgaben sowie die Berufungs- und Revisionsmöglichkeit bei Angelegenheiten von grundsätzlicher Bedeutung[813]. Man darf diese Funktionen sicher nicht überbewerten, zumal nicht jede obergerichtliche Entscheidung gleichermaßen produktiv im obigen Sinne ist[814]. In Zeiten allerdings, in denen die Fortentwicklung des Rechts der Legislative sichtlich Mühe bereitet, ist die Judikative besonders gefragt[815].

Diese Leistung vermögen alternative Konfliktbehandlungen nicht – zumindest nicht ohne weiteres – zu erbringen. Ihnen kommt keine – und zwar im Gegensatz zum Zivilprozess auch keine faktische – Wirkung „inter omnes" zu[816]. Selbst die allgemein anerkannte Schiedsgerichtsbarkeit kann das Rechtsbewusstsein der Allgemeinheit nicht derart stark beeinflussen wie der Zivilprozess, mag auch die gerichtliche Entscheidung für andere Verfahren keine bindende Wirkung haben[817]. Unternehmerisch gedacht lässt sich sagen: Alternative Konfliktbehandlungen ermöglichen dem Unternehmer, Fehler einzugestehen, Kulanz zu üben sowie von zweifelhaftem rechtlichem Vorgehen Abstand zu nehmen, ohne Geschäftsgebaren oder Marketingstrategien öf-

---

[810] So *P. Gottwald*, ZZP 95 (1982), 245; grundlegend zur Rechtsfortbildung *Larenz/Canaris* (1995), S. 187 ff.; siehe dazu auch schon im einführenden Teil unter A.

[811] So aus der Alternativdiskussion in den 80er Jahren *de Wirth*, ZRP 1982, 188 (191).

[812] So aus neuerer Zeit *Däubler*, NJW 2000, 2250.

[813] *Münchbach/Lotz*, ZRP 1999, 374 (376); *Greger*, JZ 2000, 842 (849 f.); *Musielak*, NJW 2000, 2669 (2773 ff.); zur Berufung *Stackmann*, NJW 2002, 781 ff.; *Gaier*, NJW 2004, 2041 ff.; *Lechner*, NJW 2004, 3593 ff.; zur Revision *Dethloff*, ZRP 2000, 428 ff.; *N. Fischer*, AnwBl 2002, 139 (140 f.); zu den neuen Zulassungsgründen *J. Wenzel*, NJW 2002, 3353 (3354 ff.), *Büttner*, BRAK-Mitt. 2003, 202 (207 ff.), *Scheuch/Lindner*, NJW 2003, 728 ff., und NJW 2005, 112 ff., *Nassall*, NJW 2003, 1345 ff., sowie *Seiler*, NJW 2005, 1689 ff., jeweils m.w.N. aus der jüngsten Rechtsprechung des *BGH*.

[814] Exemplarisch *Greger*, JZ 1997, 1077 (1082), wonach unter 17 willkürlich ausgewählten Urteilen aus dem Jahr 1997 nur zwei in die amtliche Sammlung des *BGH* aufgenommen wurden, also als echte Grundsatzentscheidungen angesehen werden könnten, so dass sich auch mit dem Gesichtspunkt der „Einzelfallgerechtigkeit" ein solcher „Fehlgebrauch der Revisionsinstanz" nicht rechtfertigen lasse.

[815] Vgl. zu dieser Verquickung zwischen Legislative und Judikative *Katzenmeier*, ZZP 115 (2002), 51 (84 f.).

[816] Vgl. *Schmittmann*, AnwBl 2000, 118 (120), betreffend das Verfahren vor dem Ombudsmann; vgl. auch *Ritter*, NJW 2001, 3440 (3447), wonach alternative Formen aus objektiver Sicht keine Kontrolle ausüben könnten.

[817] *Voit*, JZ 1997, 120 (121).

fentlich kundtun oder sogar ändern zu müssen[818]. Über den Bereich etwaiger Einsparungszwänge hinaus muss dies auch bei der Etablierung alternativer Konfliktbehandlungen Berücksichtigung finden. Die Verlagerung von Streitigkeiten hin zu außergerichtlichen Schlichtungsinstitutionen spart also gegebenenfalls nicht nur Kosten, sondern sie gibt auch einen Teil des von der Ziviljustiz generierten Nutzens preis[819]. Schließlich setzt der Richterspruch Maßstäbe für die gütliche Beilegung von Konflikten selbst, da sich Vergleichsverhandlungen ebenfalls an den von den Gerichten gesetzten Verhaltensstandards orientieren; insoweit kommt Gerichtsentscheidungen sogar eine doppelte Orientierungsfunktion zu[820].

b. Steuerung des Einsatzes alternativer Konfliktbehandlungen

Vor dem Hintergrund vorstehender Überlegungen stellt sich die Frage, ob alternative Konfliktbehandlungen so gesteuert werden können, dass grundsätzliche Rechtsfragen auch weiterhin den Obergerichten erhalten bleiben. Empirische Untersuchungen in diesem Bereich sind nicht vorhanden. Insofern können allenfalls Vermutungen aufgestellt werden.

Es erscheint plausibel, dass sich die wenigen Verfahren, die der obergerichtlichen Rechtsprechung zugänglich geworden sind, auch durch alternative Konfliktbehandlungsverfahren nicht erledigt hätten. Ebenso wahrscheinlich ist, dass der Großteil der insbesondere durch Vergleich erledigten Verfahren ebenso gut – und nach den Ausführungen betreffend die Grenzen gerichtlicher Konfliktbehandlung womöglich sogar besser – außergerichtlich geendet hätte. Es leuchtet ein, dass sich gerade für diesen Verfahrensanteil alternative Konfliktbehandlungen geradezu aufdrängen. Zudem lässt sich aufbauend auf den obigen Ausführungen zur Erwartungshaltung gegenüber einer Entlastung der Justiz durch alternative Konfliktbehandlungen sogar annehmen, dass diese in manchen besonders hartnäckigen Fällen das Vorfeld schaffen, von dem aus die Mobilisierung beispielsweise für einen Musterprozess vor Gericht leichter fällt[821]. Es kann also keinesfalls davon ausgegangen werden, dass diejenigen Rechtsstreitigkei-

---

[818] In diesem Sinne *Prütting*, JZ 1985, 261 (271), und BB Beilage 9 zu Heft 27/1999, 7, betreffend die Nichtöffentlichkeit alternativer Konfliktbehandlungsverfahren; vgl. ders. (1998), O 34, demzufolge die Problematik dieses strukturell vorhandenen Widerspruchs im Grundsatz unlösbar sei.

[819] So treffend *G. Wagner*, JZ 1998, 836 (838); vgl. *Hoffmann-Riem*, ZRP 1997, 190 f., wonach Finanzprobleme allein keine hinreichende Legitimation für Veränderungen von Strukturen im Rechtssystem böten; ähnlich *Prütting* (2000), S. 7, demzufolge einerseits das Diktat der leeren Staatskassen zum Sparen auch bei der Justiz zwinge, andererseits sei gerade die Justiz in hohem Maße gefragt, um Streitschlichtung und Konfliktlösung zu erzielen.

[820] So wiederum *G. Wagner*, JZ 1998, 836 (838), unter dem Aspekt des „bargaining in the shadow of law"; weiterführend aus rechtssoziologischer Sicht *M. Rehbinder* (2000), Rn. 100 ff.

[821] Wenngleich *Blankenburg*, ZRP 1992, 96 (99), bemerkt, dass der belastende Effekt solcher sorgfältig gefilterten Rechtsstreitigkeiten in quantitativer Hinsicht unbedeutend sei – allerdings ebenso quantitativ unbedeutend wie bei einer von vornherein gerichtlichen Konfliktaustragung; siehe zum überschätzten Filterpotenzial alternativer Konfliktbehandlungen bereits unter B. I. 3. c. bb. (2).

ten, die durch Einleitung des Klageverfahrens vor die Gerichte getragen werden, eine Selektion solcher Fälle sind, die einer autonomen Lösung durch die Parteien nicht mehr zugänglich sind. Der relativ hohe Anteil derjenigen Rechtsstreitigkeiten, die nach Einleitung des Klageverfahrens auf andere Weise als durch streitiges Urteil – insbesondere durch Vergleich, Anerkenntnisurteil, Versäumnisurteil, Klagerücknahme oder Nichtbetreiben des Verfahrens – erledigt werden, spricht gegen eine solche Annahme[822].

Man muss schließlich erwägen, den Einsatz alternativer Konfliktbehandlungen davon abhängig zu machen, dass keine umstrittenen Rechtsfragen oder ungeklärten Rechtsprobleme auf dem Spiel stehen[823]. So wird z.B. hinsichtlich der noch näher zu besprechenden Einführung einer Güteverhandlung im Zivilprozess im Rahmen des § 278 Abs. 2 Satz 1 ZPO schon jetzt vertreten, dass in einem solchen Fall ein Absehen von der Güteverhandlung infolge erkennbarer Aussichtslosigkeit möglich sei[824]. Entsprechendes mag für etwaige richterliche Vergleichsbemühungen gelten; bei grundsätzlichen Rechtsfragen sollte sich der Richter mit solchen trotz § 278 Abs. 1 ZPO tunlichst zurückhalten und zudem von dem Vorschlag einer außergerichtlichen Streitschlichtung nach § 278 Abs. 5 Satz 2 ZPO absehen[825]. Das gilt in besonderem Maße auch für alle rechtsberatenden Institutionen wie Rechtsanwälte im Allgemeinen und Gewerkschaften im Arbeitsrecht, wie noch näher aufzuzeigen sein wird. Das Recht als Rahmenordnung für die allgemeine Rechtsdurchsetzung wäre so gewahrt.

c. Die Situation im Arbeitsrecht

Dass gerade im Arbeitsrecht dem Recht als Rahmenordnung für die allgemeine Rechtsdurchsetzung eine überragende Bedeutung beigemessen wird, lässt sich allein schon daraus ersehen, dass der Ausschluss der Arbeitsgerichtsbarkeit nahezu unmöglich ist (§ 4 ArbGG), weil Arbeitsgerichte im hohen Maß zur Gewährleistung der Rechtssicherheit beitragen[826]. Vorstehende Erwägungen gelten also gerade auch im Arbeitsrecht[827]. Insbesondere im Arbeitsrecht, welches weitgehend auf *Richterrecht* beruht, vermag bereits eine Entscheidung des *BAG* für eine Vielzahl von Fällen richtungsweisende Bedeutung zu haben, die in der Praxis beachtet und faktisch, wenn auch nicht als rechtlich verbindlich, so doch als vernünftigerweise zu befolgen angesehen

---

[822] So schon *Schuster* (1983), S. 118; vgl. *Greger*, JZ 2000, 842 (843).

[823] Vgl. *Ponschab/Dendorfer*, BB Beilage 2 zu Heft 16/2001, 1 (7), betreffend die Mediation im Arbeitsrecht; vgl. auch *Prütting*, JZ 1985, 261 (271), betreffend die Nichtöffentlichkeit alternativer Konfliktbehandlungsverfahren: Allein durch veröffentlichte Gerichtsentscheidungen könne hier Rechtssicherheit, Rechtsklarheit und Rechtsfortschritt erzielt werden.

[824] Siehe etwa *Kroiß* (2001), § 2 Rn. 16.

[825] Vgl. *Greger*, ZRP 1998, 183 (185), zur richterlichen Diversion.

[826] Vgl. *GMPM/Germelmann*, § 4 Rn. 1; *Grunsky*, § 4 Rn. 2.

[827] Weiterführend zur Rechtsfortbildung und Rechtsvereinheitlichung im Arbeitsrecht *Kissel*, RdA 1994, 323 (330 f.); ders., RdA 1999, 53 (55 ff.).

wird[828]. Seit ihrem Bestehen wird die Arbeitsgerichtsbarkeit vor allem zur Entwicklung des materiellen Rechts in Anspruch genommen. Insbesondere das *BAG* gilt seit jeher als das Musterbeispiel eines Gerichts, das vor offener Rechtsfortbildung nicht zurückschreckt, und es versteht sich auch selbst geradezu als Ersatzgesetzgeber[829]. Auch im Bereich der Arbeitsgerichtsbarkeit gelangt eine „entscheidungserhebliche Rechtsfrage grundsätzlicher Bedeutung" zum *BAG* (§ 72 Abs. 2 Nr. 1 ArbGG), wobei die Revision der Zulassung durch das *LAG* bedarf[830]. Bis vor kurzem war eine Nichtzulassungsbeschwerde bezogen auf eine „Rechtssache von grundsätzlicher Bedeutung" nur in privilegierten Streitigkeiten möglich (§ 72a Abs. 1 ArbGG a.F.), was sachlich kaum zu rechtfertigen war[831]. Nach der jüngsten Reform des Zivilprozesses sprach viel dafür, dass sich die eingeschränkte Nichtzulassungsbeschwerde im Arbeitsrecht nicht mehr aufrechterhalten ließ, ansonsten wäre hier mit zweierlei Maß gemessen worden[832]. Dies hat auch der Gesetzgeber erkannt und durch das am 1.1.2005 in Kraft getretene Anhörungsrügengesetz entsprechend Abhilfe geschaffen[833].

Allerdings gilt zu bedenken, dass insbesondere im Arbeitsrecht lediglich ein geringer Anteil aller Verfahren der obergerichtlichen Rechtsprechung überhaupt zugänglich wird. Als Beleg hierfür mögen aktuelle Zahlen über die Erledigungsstruktur in der Arbeitsgerichtsbarkeit aus dem Jahr 2000 dienen: Von den 574.644 in erster Instanz erledigten Verfahren endeten nur 7,35 % durch streitiges Urteil, 13,69 % durch sonstiges Urteil (z.B. Versäumnis- oder Anerkenntnisurteil), 42,23 % durch Vergleich und 36,73 % auf andere Weise (z.B. Klagerücknahme oder Erklärung der Erledigung der Hauptsache). In der zweiten Instanz endeten 31,82 % der 25.224 erledigten Berufungen durch streitiges Urteil, 1,13 % durch sonstiges Urteil, 33,61 % durch Vergleich, 2,43 % durch Beschluss gem. § 159b ZPO und 31 % auf andere Weise. In der dritten Instanz endeten 71,58 % der 767 erledigten Revisionen durch streitiges Urteil, 15,24 % durch Rücknahme und 8,87 % durch Vergleich[834]. Setzt man die erledigten

---

[828] *Kissel*, RdA 1994, 323 (330); siehe *Weichsel* (1994), S. 526, betreffend betriebs- und tarifvertragsrechtliche Auseinandersetzungen; vgl. *H.-B. Schäfer*, DRiZ 1995, 461 (463), zur Rechtszersplitterung im Reiserecht, wonach es wie im Arbeitsrecht wünschenswert wäre, hohe Gerichte anrufen zu können, wenn eine Entscheidung über den Einzelfall hinaus Verhaltensstandards für viele festlegen könne.

[829] *Raiser*, ZRP 1985, 111 (113); *Hanau*, NZA 1986, 809 (810); vgl. zu den Grenzen der Rechtsfortbildung im Arbeitsrecht *BVerfG*, NJW 1984, 475, im Anschluss an *BAG GS*, NJW 1979, 774; vgl. zu den arbeitsrechtlichen Gesetzesmängeln bereits unter B. I. 3. b. gg. (2).

[830] Kritisch zu dem gegenüber § 543 Abs. 2 Satz 1 Nr. 1 ZPO abweichenden Wortlaut *Gravenhorst*, NZA 2005, 24 (25).

[831] So *GMPM/Müller-Glöge*, § 72a Rn. 6; kritisch auch *Rüthers*, NJW 2002, 1601 (1602); *Gross*, AnwBl 2003, 487 ff.; vgl. ferner *Bepler*, AuR 1997, 421 ff., mit dem insoweit bezeichnenden Aufsatztitel „Der schwierige Weg in die Dritte Instanz".

[832] A.A. offenbar *Schmidt/Schwab/Wildschütz*, NZA 2000, 849 (856).

[833] Dazu *Gravenhorst*, NZA 2005, 24 (26), der dies als eine „erfreuliche Stärkung des Rechtsstaates" bezeichnet; *Treber*, NJW 2005, 97 (100 f.); *Bepler*, RdA 2005, 65 (74 ff.); jüngst *BAG*, NZA 2005, 542 (543), und NZA 2005, 708 (709).

[834] Quelle: BArbBl 1/2002, S. 125, 126 und 128.

Klagen erster mit denen der zweiten Instanz in Verhältnis, wurden nur 4,39 % aller erledigten Verfahren in der Berufungsinstanz erledigt[835]. Wenn man davon ausgeht, dass von diesen Verfahren 31,82 % durch streitiges Urteil erledigt wurden, endeten nur 1,4 % aller erledigten Verfahren durch ein streitiges Urteil eines *LAG*. Setzt man dann die erledigten Klagen erster mit denen der dritten Instanz in Verhältnis, wurden nur 0,13 % aller erledigten Verfahren in der Revisionsinstanz erledigt. Wenn man schließlich annimmt, dass von diesen Verfahren 71,58 % durch streitiges Urteil erledigt wurden, endeten nur 0,09 % aller erledigten Verfahren durch ein streitiges Urteil des *BAG*. Oder anders ausgedrückt: Nicht einmal jedes 1.000ste Verfahren, das in der Arbeitsgerichtsbarkeit erledigt wird, endet mit einem Urteil des *BAG* und dient damit der Rechtsvereinheitlichung oder Rechtsfortbildung[836]. Im Übrigen erscheint angesichts obiger Ausführungen zweifelhaft, dass wirklich alle streitigen Urteile des *BAG* von grundsätzlicher Bedeutung waren. Vielmehr noch: Bisweilen wird auch vor dem *BAG* ein Verfahren von grundsätzlicher Bedeutung vergleichsweise erledigt[837]. Damit sind der richterlichen Rechtsfortbildung auch im Arbeitsrecht strukturelle Grenzen gesetzt, die an der Eigenschaft des *BAG* als Ersatzgesetzgeber Zweifel aufkommen lassen[838]. Aus diesem Befund lässt sich eine nicht allzu große Dimension der hier in Rede stehenden Problematik ersehen, sondern es ist anzunehmen, dass die wenigen grundsätzlichen Verfahren auch nicht durch den Einsatz alternativer Konfliktbehandlungen ein vorzeitiges Ende gefunden hätten.

Vielmehr zeigen diese Zahlen, dass in nur 21 % der erstinstanzlichen Verfahren – zumindest vom Ergebnis her betrachtet – die Notwendigkeit besteht, Rechtsprechung im eigentlichen Sinn, nämlich durch Urteil, auszuüben, während auf der anderen Seite die hohe Zahl der Klagerücknahmen und Erledigungserklärungen auf verschiedene Gründe zurückzuführen ist[839], die nicht gerade ein judikatives Eingreifen erforderlich machen. Die Erforderlichkeit der (arbeits-)richterlichen Streiterledigungsfunktion ist nicht zuletzt auch aufgrund der hohen Vergleichsquote kritisch zu hinterfragen[840]. Letzteres

---

[835] Da das erste Versäumnisurteil mit dem Rechtsbehelf des Einspruchs gem. § 339 ZPO angegriffen werden kann, der keine Devolutivwirkung hat, erreicht dieses Verfahren zunächst nicht die nächsthöhere Instanz (vgl. § 342 ZPO). Zwar kann ein zweites Versäumnisurteil mit dem Rechtsmittel der Berufung angegriffen werden. Diese seltenen Fälle können aber außer Betracht bleiben, zumal gem. § 513 Abs. 2 ZPO lediglich überprüft wird, ob ein Fall der Säumnis vorgelegen hat, und der *BGH*, NJW 1999, 2599 f., inzwischen eine Überprüfung der Zulässigkeit und Begründetheit der ursprünglichen Klage ablehnt.

[836] Zu einem ähnlichen Ergebnis gelangt *Schmidt-Menschner*, AnwBl 1994, 172 f., am Beispiel der nordrhein-westfälischen Arbeitsgerichtsbarkeit.

[837] So wurde z.B. das Grundsatzproblem, ob eine betriebsbedingte Umsetzung auch bei schlechter Auftragslage und einem damit verbundenen Verdienstausfall zulässig ist, vor dem *BAG* verglichen, siehe dazu die Nachricht der Internetredaktion Verlag C.H. Beck vom 25.6.2002.

[838] Vgl. *Ulrich Fischer*, NZA 2000, 167 (168), im Zuge der jüngsten Reform des BetrVG.

[839] Z.B.: vorschnelle Klageerhebung; unzureichende Prozessvorbereitung in tatsächlicher oder rechtlicher Hinsicht; Klage als Drohgebärde.

[840] Vgl. *Greger*, JZ 2000, 842 (843), zum Zivilprozess; vgl. bereits *Schuster* (1983), S. 118.

bleibt den Ausführungen im besonderen Teil vorbehalten. Schließlich ist daran zu erinnern, dass durch alternative Verfahren auch Konflikte angezogen werden sollen, die sonst nicht behandelt werden würden[841].

7. Strukturelles Machtungleichgewicht im Arbeitsrecht

Der Aspekt des strukturellen Machtungleichgewichts ist eine weitere arbeitsrechtliche Besonderheit. Hierin ist ebenfalls ein maßgeblicher Hintergrund der soeben thematisierten strikten Fokussierung der arbeitsrechtlichen Konfliktbehandlung auf die Arbeitsgerichtsbarkeit zu sehen. Denn durch die abstrakte Feststellung erheblicher sozialer bzw. struktureller Ungleichheit ist die rechtsgeschäftliche Privatautonomie auch auf der prozessualen Ebene erheblich eingeschränkt[842]; dies wird sich noch im besonderen Teil an mehreren Stellen zeigen. Jedenfalls handelt es sich dabei um einen gewichtigen arbeitsrechtlichen Gesichtspunkt in Bezug auf alternative Konfliktbehandlungen. Nach allgemeinen Ausführungen zum strukturellen Machtungleichgewicht im Arbeitsrecht (a.) ist darauf einzugehen, wie diese Thematik in Bezug auf alternative Konfliktbehandlungen in den Griff zu bekommen ist (b.).

a. Strukturelles Machtungleichgewicht im Allgemeinen

Insbesondere im Individualarbeitsrecht, namentlich im Verhältnis zwischen Arbeitgeber und Arbeitnehmer, erlangt dieser Aspekt eine erhebliche Bedeutung. In seiner insoweit wegweisenden Handelsvertreterentscheidung vom 7.2.1990 hat das *BVerfG*[843] ausgeführt, dass Schranken der Privatautonomie bei Machtungleichgewichten unentbehrlich seien, weil Privatautonomie auf dem Prinzip der Selbstbestimmung beruhe, also voraussetze, dass die Bedingungen freier Selbstbestimmung auch tatsächlich gegeben seien. Habe einer der Vertragsteile ein so starkes Übergewicht, dass er vertragliche Regelungen faktisch einseitig setzen könne, bewirke dies für den anderen Fremdbestimmung. Wo es an einem annähernden Kräftegleichgewicht der Beteiligten fehle, sei mit den Mitteln des Vertragsrechts allein kein sachgerechter Ausgleich der Interessen zu gewährleisten. Wenn bei einer solchen Sachlage über grundrechtlich verbürgte Positionen verfügt werde, müssten staatliche Regelungen ausgleichend eingreifen, um den Grundrechtsschutz zu sichern. Gesetzliche Vorschriften, die sozialem und wirtschaftlichem Ungleichgewicht entgegenwirkten, verwirklichten hier die objektiven Grundentscheidungen des Grundrechtsabschnitts und damit zugleich das grundgesetzliche Sozialstaatsprinzip (Art. 20 Abs. 1, Art. 28 Abs. 1 GG). In seinen daran anknüpfenden Bürgenentscheidungen vom 19.10.1993[844] und 5.8.1994[845] hat das *BVerfG* klargestellt, dass ein Vertrag schon aus Gründen der Rechtssicherheit zwar nicht bei

---

[841] Siehe zum überschätzten Filterpotenzial alternativer Konfliktbehandlungen B. I. 3. c. bb. (2).
[842] Vgl. dazu *Ramm*, ZRP 1989, 136 (139).
[843] *BVerfGE* 81, 242 (254 f.) = NJW 1990, 1469 (1470); *ErfKArbR/Dieterich*, Art. 2 GG Rn. 28.
[844] NJW 1994, 36 (38).
[845] NJW 1994, 2749 (2750).

jeder Störung des Verhandlungsungleichgewichts nachträglich in Frage gestellt oder korrigiert werden dürfe. Handele es sich aber um eine typisierbare Fallgestaltung, die eine strukturelle Unterlegenheit des einen Vertragsteils erkennen lasse, und seien die Folgen des Vertrags für den unterlegenen Vertragsteil ungewöhnlich belastend, so müsse die Zivilrechtsordnung darauf reagieren und Korrekturen ermöglichen[846].

Das *BAG* hat diese Vorgaben in seiner Entscheidung vom 16.3.1994[847] auf das Arbeitsrecht übertragen und ergänzend festgestellt: „Im Arbeitsrecht spielt die richterliche Vertragskontrolle eine noch größere Rolle als im allgemeinen Zivilrecht, da das Schutzbedürfnis des schwächeren Teils, nämlich des Arbeitnehmers, besonders groß ist und der Gesetzgeber in vielen Bereichen untätig geblieben ist."[848] Dies soll aber nicht gleichermaßen bei der Beendigung des Arbeitsverhältnisses gelten, namentlich beim Abschluss eines Aufhebungsvertrags[849]. Die Debatte um das strukturelle Machtungleichgewicht zwischen Arbeitgeber und Arbeitnehmer ist jedenfalls nicht historisch überholt[850]. Es ist weiterhin allgemein anerkannt, dass es wegen des Ungleichgewichts zwischen Unternehmern und Beschäftigten eines gesetzlich garantierten Mindestschutzes der Arbeitnehmer bedarf. Wesentliche Grundlage dieses Schutzes bildet dabei auch das kollektive Handeln von Betriebsräten und Gewerkschaften. So ist beispielsweise nach den Worten des *BVerfG* die Tarifautonomie „darauf angelegt, die strukturelle Unterlegenheit der einzelnen Arbeitnehmer beim Abschluß von Arbeitsverträgen durch kollektives Handeln auszugleichen und damit ein annähernd gleichgewichtiges Aushandeln der Löhne und Arbeitsbedingungen zu ermöglichen"[851].

b.   Strukturelles Machtungleichgewicht in Bezug auf alternative Konfliktbehandlungen

Wie lässt sich nun der Bezug zu alternativen Konfliktbehandlungen im Arbeitsrecht herstellen? Generell gilt: Das was bei der Vorausschau auf zu erwartende Ereignisse, d.h. bei der Vertragsgestaltung, schief gelaufen ist, muss bei der Rückschau auf bereits eingetretene Ereignisse, d.h. im gerichtlichen Verfahren, wettgemacht werden[852]. Übertragen auf die arbeitsgerichtliche Konfliktbehandlung bedeutet dies: Das strukturelle Machtungleichgewicht wird durch die Arbeitsgerichte aufgewogen. Gerade deshalb ist die rechtsgeschäftliche Privatautonomie im Arbeitsrecht auch auf der prozessualen

---

[846] Grundlegend und zugleich kritisch zum Ganzen *Zöllner*, AcP 196 (1996), 1 ff.
[847] NZA 1994, 937 (940).
[848] Siehe zu den Konsequenzen der Rechtsprechung des *BVerfG* für das Arbeitsvertragsrecht vor allem *Dieterich*, RdA 1995, 129 (133 ff.); *Junker*, NZA 1997, 1305 (1308 ff.).
[849] Siehe dazu noch im besonderen Teil unter C. III. 1. a. bb.
[850] Ausführlich dazu *Oppolzer*, AuR 1998, 45 (48 ff.).
[851] *BVerfGE* 84, 212 (229) = NJW 1991, 2549; siehe auch *Pfarr/Kocher*, NZA 1999, 358 ff., unter dem Titel „Arbeitnehmerschutz und Gleichberechtigung durch Verfahren".
[852] Vgl. dazu die Diskussion über die Vertragsgestaltung als Mittel zur Konflikt- bzw. Prozessvermeidung bereits unter B. I. 3. b. gg. (1).

Ebene erheblich eingeschränkt[853]. Bei der Durchführung alternativer Konfliktbehandlungen besteht nun die *Gefahr*, dass diese Schutzfunktion der Arbeitsgerichte unterlaufen wird (aa.). Andererseits könnte sich das Problem des strukturellen Machtungleichgewichts im Arbeitsrecht auch als *Chance* für alternative Konfliktbehandlungen erweisen (bb.).

aa. Gefahr für alternative Konfliktbehandlungen

Erfahrungsgemäß gelingt die Vermittlung am ehesten, wenn Parteien von wesentlich gleicher Machtstellung einander gegenüberstehen[854]. Oder anders gewendet: Die gesellschaftliche Selbstregulierung ist insbesondere bei Machtungleichgewichten problematisch[855]. Wie eben gezeigt, haben *BVerfG* und *BAG* dies im Rahmen von Vertragsverhandlungen zwischen Arbeitgeber und Arbeitnehmer anerkannt. Bei Verhandlungen ist die Selbstbestimmung am größten, aber auch beim Vermitteln oder bei der Mediation ist die Fremdbestimmung bei weitem nicht so hoch wie beim Schlichten oder Richten, also in den Fällen, in denen eine höhere Instanz zur Entscheidung des Rechtskonflikts herangezogen wird[856]. Daher stellt sich auch beim Vermitteln oder bei der Mediation im Grundsatz das Problem der strukturellen Unterlegenheit des Arbeitnehmers[857].

Diesbezüglich wird geltend gemacht, dass auf einem Aushandlungs- und Vermittlungsmodell beruhende alternative Verfahrensweisen insbesondere dann an ihre Leistungsgrenzen stießen, wenn angesichts typischer Machtungleichgewichte wie etwa in Teilbereichen des Arbeitsrechts soziale Schutzgesetze geschaffen seien. Hier sei eine Befassung der staatlichen Gerichte erforderlich, um die einmal erreichte Schutzlinie des staatlichen Rechts im Einzelfall einlösen sowie konkretisieren zu können. Dazu müssten die gerichtlichen Entscheidungsinstanzen über ausreichendes Fallmaterial verfügen, um es rechtsdogmatisch systematisieren und durch Aufstellung falltypischer Merkmale die durch die gesetzlichen Regelungen allein nicht gewährleistete Erwartungssicherheit herstellen und damit präventiv auf künftige analoge Konfliktkonstellationen einwirken zu können[858]. An dieser Stelle wird deutlich, dass dieser Unterpunkt

---

[853] Vgl. wiederum *Ramm*, ZRP 1989, 136 (139); ferner *Söller*, RdA 1989, 144 (146), zum Zusammenhang zwischen Vertragsfreiheit und Justizgewährung.

[854] *R. Wassermann*, NJW 1998, 1685 (1686); vgl. *Katzenmeier*, ZZP 115 (2002), 51 (83 f.), demzufolge es zur Erzielung einer gemeinverträglichen Lösung gleicher Verhandlungsmacht bedürfe; vgl. auch *Haft* (2000a), S. 203 ff., zum Begriff der Verhandlungsmacht.

[855] *Hoffmann-Riem*, JZ 1999, 421 (423).

[856] Siehe zur Fremdbestimmung gerichtlicher Entscheidungen bereits unter B. I. 2. b. bb. (2).

[857] Vgl. *Altmann/Fiebiger/Müller* (2001), S. 41.

[858] *Falke/Gessner* (1982), S. 295 f. und 305; vgl. *Ramm*, ZRP 1989, 136 (139 f.), zur Gewährung des sozialen Schutzes bei wirtschaftlichem oder sozialem Übergewicht; ferner *Prütting*, JZ 1985, 261 (269), zur vorprozessualen Schlichtung unter Verweis auf US-amerikanische Erfahrungen, demzufolge das in Prozessen immer wieder beobachtete Chancengefälle zwischen häufig prozessierenden Geschäftsleuten und nur ausnahmsweise vor Gericht stehenden Privatpersonen in gleicher Weise vor

eng mit dem eben behandelten und zugleich relativierten Unterpunkt über das Recht als Rahmenordnung für die allgemeine Rechtsdurchsetzung zusammenhängt[859]. Jedenfalls müsse vor dem Hintergrund des strukturellen Machtungleichgewichts zwischen Arbeitgeber und Arbeitnehmer untersucht werden, ob bzw. inwieweit das Sozialstaatsprinzip des GG die Verwendung alternativer Verfahren im Bereich des Arbeitsrechts einschränke[860]. Bei einem Machtungleichgewicht der Parteien fehle beispielsweise in der Mediation das Korrektiv, da der Mediator seine Neutralität auch zugunsten einer schwächeren Partei nicht verlassen könne[861].

Dazu ist allerdings einschränkend zu sagen: Konflikte, in denen typischerweise ein Machtungleichgewicht zwischen den Parteien besteht, sind für alternative Konfliktbehandlungen allenfalls dann nicht geeignet, wenn diese Verfahren keine flankierenden Schutzmaßnahmen bieten, d.h. die Grenzen der Privatautonomie im materiellen Recht nicht um die Grenzen der Autonomie im Verfahren ergänzt werden[862]. Alternative Konfliktbehandlungen müssen einen Ausgleich zugunsten derjenigen Partei schaffen, die wegen eines bestehenden Machtungleichgewichts nicht oder nur eingeschränkt in der Lage ist, für ihre Interessen einzutreten[863]. Entsprechende Ausgleichsmechanismen können etwa in Gestalt von Aufklärungs- und Informationspflichten auftauchen, insbesondere aber ist an eine Unterstützung der schwächeren Partei durch Dritte und dabei vor allem Rechtsanwälte zu denken. So ist beispielsweise in der Mediation die Beteiligung von Anwälten – wohlgemerkt nicht als Mediatoren, sondern als Parteivertreter – weitgehend anerkannt[864]. Durch einen solchen Beistand kann der „schwächere" Arbeitnehmer seine eigene Machtposition zumindest verfahrensmäßig verbessern. Ohnehin stellt bereits die Tatsache, dass sich der „stärkere" Arbeitgeber überhaupt auf eine Mediation einlässt, einen Machtverzicht dar[865].

Schlichtungsstellen ausgemacht wurde, so dass durch Alternativen wohl gar kein Zugang zum Recht eröffnet werde, sondern es sich eher um den „Hinterausgang der Justiz" handle; ähnlich *W. Gottwald* (1981), S. 257, demzufolge der Schiedsmann nicht in der Lage sei, verfahrensfremde Macht zu neutralisieren, so dass er als „Exit der Justiz" erscheine.

[859] Siehe dazu unter B. II. 6.

[860] Vgl. *Stevens-Bartol* (1997), S. 145, zur Mediation im Arbeitsrecht.

[861] So *Dendorfer*, DB 2003, 135 (138); kritisch auch *Zimmer* (2001), S. 104 f., unter dem Aspekt der Ausnutzung der stärkeren Verhandlungsmacht; speziell zur Mediation im Arbeitsrecht kritisch *Schubert*, AiB 2000, 524 (527).

[862] Gerade dies ist auch den ansonsten insoweit kritischen Ausführungen von *Breidenbach* (1995), S. 252 ff., und *W. Gottwald*, WM 1999, 1257 (1258), zu entnehmen.

[863] Vgl. *Nelle/Hacke*, ZKM 2001, 56 (57).

[864] Vgl. *Lembke* (2001), Rn. 74 und Rn. 185: Ausgleich von Disparitäten im Meditationsverfahren durch Interessenvertreter des Arbeitnehmers; siehe zum alternativen Anwalt im Arbeitsrecht auch noch im besonderen Teil unter C. IV. 5. b. bb. (3).

[865] *Hermenau*, ZKM 2000, 12 (13); *Ponschab/Dendorfer*, AnwBl 2000, 650 (653); dies., BB Beilage 2 zu Heft 16/2001, 1 (7); *Reitemeier* (2001), S. 96; weiterführend *Breisig* (1996), S. 68 ff.: Inwieweit sich Akteure in den betrieblichen Austauschbeziehungen durchsetzen würden, sei von ihrer Macht abhängig; ferner *Trossen*, ZKM 2001, 159 (160).

Zuzugeben ist freilich, dass eine parteiautonome bzw. konsensuale Konfliktregelung durch Kompromiss eher zu erwarten ist, wenn die Erfolgschancen ungewiss und die Fähigkeit, einen Verlust zu ertragen, auf beiden Seiten gleich sind[866]. Letzteres erweist sich aus der Sicht des Arbeitnehmers als problematisch, weil der Verlust des Arbeitsplatzes für ihn regelmäßig schwerer wiegt als für den Arbeitgeber[867]. Dieses strukturelle Ungleichgewicht kann dann schwer durch alternative Konfliktbehandlungen ausgeglichen werden. Allerdings stellt sich diese Situation bei herkömmlichen, vornehmlich gerichtlichen Konfliktbehandlungen nicht anders dar. Auch bei gerichtlichen Vergleichsverhandlungen ist strukturell diejenige Partei im Nachteil, die mit der ordnungsgemäßen Vertragsdurchführung die höhere Erwartungshaltung verbindet[868]. Dieses Problem erweist sich damit keinesfalls als Nachteil alternativer Konfliktbehandlungen, sondern stellt sich allenfalls als Hindernis dar. Gleichwohl kann es auch in diesen Fällen ratsam sein, vor der Anrufung des Gerichts nach Alternativen zu suchen, die letztlich beiden Seiten von Nutzen sind[869]. Im Übrigen setzt die allen alternativen Konfliktbehandlungen immanente Selbstbestimmung nicht zwingend eine Gleichgewichtigkeit zwischen den Parteien voraus. Erforderlich ist lediglich ein hinreichendes Maß an Entscheidungsfreiheit, und gerade die ist ja für den Fall einer autonom bzw. gemeinsam erarbeiteten Lösung gewährleistet[870].

Richtig ist auch: Wer in einem Konflikt nicht in der Lage ist, aufgrund seiner Machtposition die eigenen Interessen durchzusetzen, der ist auf die Thematisierung rechtlicher Momente, das Beschreiten des Rechtsweges angewiesen. Insofern könnte man sagen, dass die „Schutzfunktion des Arbeitsrechts" das rechtliche Pendant zur Schwäche des einzelnen Arbeitnehmers bei der Durchsetzung seiner Interessen ist[871]. Dies bedeutet aber nicht, dass eine solche Thematisierung nicht auch vor anderen Stellen vorgenommen werden kann. Das Problem dabei ist, dass diese auch effektiv vorhanden sein. Außerdem ist nicht gesagt, dass Gerichte generell eine gleichgewichtete Sozialfunktion zur Verfügung stellen[872]. Freilich ist davon auszugehen, dass die Arbeitsgerichtsbarkeit eine solche Sozialfunktion in den meisten Fällen gleichgewichtet ausüben wird. Dem entspricht, dass die Rechtsprechung der Arbeitsgerichte eher als ar-

---

[866] Vgl. *Hegenbarth* (1980), S. 63.

[867] Vgl. *Rottleuthner* (1982), S. 150, demzufolge die „Vergleichsmacht" auf Seiten des Arbeitnehmers deutlich geringer sei; vgl. auch *Fastrich* (1990), S. 187, bezogen auf die Situation beim Vertragsabschluss; einschränkend aber *Coester-Waltjen*, AcP 190 (1990), 1 (22 f.).

[868] So zutreffend *Wolf/Weber/Knauer*, NJW 2003, 1488 (1489).

[869] Bereits an dieser Stelle sei etwa die innovative Konfliktbehandlung Outplacement genannt; siehe dazu noch im besonderen Teil unter C. IV. 3. e. bb. (2).

[870] Vgl. *Zöllner*, AcP 196 (1996), 1 (25 ff.), im Zusammenhang mit der Vertragsautonomie; siehe zur Fremdbestimmung gerichtlicher Entscheidungen bereits unter B. I. 2. b. bb. (2).

[871] So *Rottleuthner* (1980), S. 270.

[872] So wurde Anfang der 80er Jahre von einer Kompensation der ungleichgewichtigen Sozialfunktion der Gerichte im Zusammenhang mit Behördenentscheidungen und Konsumentenklagen gesprochen, siehe *Blankenburg*, ZRP 1982, 6 (8).

beitnehmer- denn arbeitgeberfreundlich betrachtet wird[873]. Dies schließt jedoch nicht aus, dass sich insoweit gewisse Mängel im derzeitigen Rechtsschutzsystem offenbaren, wie die kritische Würdigung der arbeitsgerichtlichen Güteverhandlung in der Praxis im besonderen Teil noch zeigen wird[874]. In diesem Zusammenhang ist darauf hinzuweisen, dass das frühere ArbGG Zulassungsbeschränkungen für Rechtsanwälte kannte, d.h. man vertraute darauf, dass der Richter die Schutzfunktion allein übernehmen würde[875]. Weshalb sollte dies nicht auch ein Schlichter oder Vermittler können?

Sofern man darüber hinaus davon ausgeht, dass hinter alternativen Konfliktbehandlungsverfahren die „Drohung mit dem Gericht" erhalten bleibt, die der sozial schwächeren Partei zu einer Verhandlungsposition auch gegenüber der stärkeren verhelfen kann[876], relativiert sich der Aspekt des strukturellen Ungleichgewichts weiter. Zwar ist mit einer solchen Drohung nicht zwingend die Bereitschaft verbunden, tatsächlich auch Klage zu erheben[877], der potentielle Beklagte wird aber eine solche Drohung ernst nehmen müssen. Die Macht des stärkeren Verhandlungspartners ist insofern begrenzt, als der (strukturell) Unterlegene jederzeit die Möglichkeit hat, aus der Verhandlung auszusteigen und die damit verbundenen Nachteile auf sich zu nehmen. Alle Macht des Mächtigen kann diesen Schritt nicht verhindern[878]. Schlichten, Vermitteln oder Verhandeln ist keine Konfliktbeilegung unter Absehen von Rechtspositionen, sondern es geschieht unter Berücksichtigung eines möglichen streitigen Ausgangs, aber unter etwaiger Vermeidung von dessen Verfahrensaufwand und den damit verbundenen Kosten[879]. Problematisch ist nur, wenn die sozial schwächere Partei innerhalb des alternativen Verfahrens in materieller und/oder formeller Hinsicht „über den Tisch gezogen" wird. Gerade dem soll durch Aufklärungs- und Informationspflichten, anwaltlicher Vertretung sowie letztlich auch durch grundlegende Verfahrensgarantien entgegnet werden. Hier zeigt sich abermals, dass die Durchführung alternativer Konfliktbehandlungen nicht per se Nachteile mit sich bringt, sondern dass allenfalls bestimmte Schlussfolgerungen zu beachten sind[880].

---

[873] Dies hat erst jüngst wieder eine Befragung ergeben, *Alewell/Koller*, BB 2002, 990 (991); siehe schon *Falke/Höland/Rhode/Zimmermann* (1981), S. 158, wonach die Arbeitnehmerfreundlichkeit der Rechtsprechung zumindest für die erste Instanz bestätigt werden konnte; weiterführend und kritisch zur arbeitgeberbelastenden Rechtsprechung des *BAG Meilicke* (1985); grundlegend anders *Däubler* (1975), S. 126, in seiner Analyse der Entscheidungen des *BAG* zu drei zentralen Bereichen des Arbeitsrechts, wonach den Unternehmerinteressen durchgehend der Vorrang vor den Belangen der Arbeitnehmer eingeräumt worden sei; vermittelnd *Söllner* (1994), S. 12; *Weth*, NZA 1998, 680 (681 ff.).
[874] Siehe dazu unter C. III. 5. b. bb. (2).
[875] Siehe dazu etwa *Müller-Glöge*, RdA 1999, 80 (85).
[876] So *de Wirth*, ZRP 1982, 188 (190).
[877] *Falke/Höland/Rhode/Zimmermann* (1981), S. 370, am Beispiel von Kündigungsschutzklagen.
[878] *Haft* (2000a), S. 204.
[879] So *Blankenburg*, ZRP 1982, 6 (8).
[880] Zur Gewährleistung des Rechts innerhalb alternativer Konfliktbehandlungen noch unter B. III. 5.

Schließlich scheint auch der Gesetzgeber ein etwaiges Machtungleichgewicht in Bezug auf alternative Konfliktbehandlung für unbedenklich zu erachten. Anders ist es nicht zu erklären, weshalb er in jüngerer Zeit vor allem in Verbraucherschutzstreitigkeiten die gesetzlichen Rahmenbedingungen für eine Übertragung von Rechtsstreitigkeiten auf private Schlichtungsstellen beispielsweise für die sog. Kundenbeschwerden geschaffen hat[881]. Denn auch im Verbraucherschutzrecht geht es letztlich um den Ausgleich eines strukturellen Ungleichgewichts, wie der *EuGH* unlängst wieder festgestellt hat[882]. Und was für den Verbraucherschutz recht ist, muss – ungeachtet des Streits, ob der Arbeitnehmer als Verbraucher einzuordnen ist – für den Arbeitnehmerschutz billig sein[883].

bb. Chance für alternative Konfliktbehandlungen

Unter Berücksichtigung der vorstehenden Überlegungen lässt sich der nur vermeintlich nachteilige Aspekt des strukturellen Machtungleichgewichts in Bezug auf alternative Konfliktbehandlung ebenso gut umkehren. Es wurde bereits angemerkt, dass durch das Bereitstellen alternativer Konfliktbehandlungen womöglich auch Streitigkeiten ausgetragen werden können, die sonst nicht offen zu Tage getreten wären[884]. Gerade auf Grund des Ungleichgewichts könnten Arbeitnehmer dazu geneigt sein, ihr Recht insbesondere aus Furcht vor etwaigen Sanktionen nicht in Anspruch zu nehmen. Dem entspricht, dass schätzungsweise jeder vierte Arbeitnehmer seinen Rechtskonflikt erst gar nicht zur Sprache bringt und damit auf eine Thematisierung des Konflikts verzichtet[885]. Hier können alternative Konfliktbehandlungen für den Arbeitnehmer insofern als eine Zugangserleichterung zum Recht dienen, als der Eintritt in eine Auseinandersetzung mit dem Arbeitgeber vereinfacht wird[886].

---

[881] Siehe dazu bereits unter B. I. 5.

[882] EuZW 2002, 539 (540) – *Rudolf Gabriel*, wobei der Verbraucher als „gegenüber seinem beruflich oder gewerblich handelnden Kontrahenten wirtschaftlich schwächerer und rechtlich weniger erfahrener Vertragspartner" bezeichnet wird.

[883] Instruktiv zur Überlagerung von Verbraucherschutz- und Arbeitsrecht im Zuge der jüngsten Reform des Schuldrechts sowie zu einer Unterscheidung zwischen absolutem und relativem Verbraucherbegriff *Hümmerich/Holthausen*, NZA 2002, 173 (174 ff.); siehe auch *Annuß*, NJW 2002, 2844 ff.; *Fiebig*, DB 2002, 1608 ff.; *Hümmerich*, AnwBl 2002, 671 ff.; *Natzel*, NZA 2002, 595 ff.; *Reim*, DB 2002, 2434 ff.; instruktiv *Tschöpe/Pirscher*, RdA 2004, 358 ff.; weitere Nachweise bei *Palandt/Putzo*, Einf v § 611 Rn. 7b.

[884] Siehe zum überschätzten Filterpotenzial alternativer Konfliktbehandlungen B. I. 3. c. bb. (2).

[885] Dazu *Blankenburg* (1982), S. 34 f.; ders. (1995), S. 51 f.; siehe zur Thematisierung des Arbeitsrechts noch näher unter C. II. 3.

[886] Vgl. *Blankenburg*, ZRP 1992, 96 (98 f.), demzufolge Private, vor allem Sozialschwache weitgehend der Zugangshilfe bedürften, zumal sie durch Informationsdefizite und soziale Sperren abgehalten würden, ihre Rechte wahrzunehmen. vgl. schon ders., ZRP 1982, 6 (8); vgl. auch *Frommel*, ZRP 1983, 31 (34), im Kontext mit Konsumstreitigkeiten zwischen Verbrauchern und Unternehmen, wonach schlichtende und vermittelnde Verfahren für die Konflikte von Privaten mit rechtlich organisierten Parteien eine konfliktentscheidende Funktion haben könnten.

Gleichwohl und im Ergebnis ist dem Aspekt des strukturellen Machtungleichgewichts zwischen Arbeitnehmer und Arbeitgeber bei jeglichen alternativen Verfahren besondere Aufmerksamkeit zu schenken. An entsprechenden Stellen im besonderen Teil wird es bei der Suche nach etwaigen alternativen Konfliktbehandlungen entscheidend darauf ankommen, ob bzw. inwieweit die Überordnung der staatlichen Gerichtsbarkeit über die nichtstaatliche Rechtsprechung zum Schutz des sozial Schwächeren gerechtfertigt bzw. erforderlich ist.

8. Zusammenfassung

Als Zwischenergebnis lässt sich festhalten, dass sich die gegen alternative Konfliktbehandlungen hervorgebrachten Aspekte letztlich selten als nachteilig erweisen, sondern allenfalls in Bezug auf die Durchführung und Etablierung alternativer Verfahren hinderlich sein können. Im Folgenden gilt es, insbesondere zur Wahrung des Rechts als Rahmenordnung und grundlegender Verfahrensgarantien sowie vor dem Hintergrund des Machtungleichgewichts zwischen Arbeitgeber und Arbeitnehmer allgemeine Schlussfolgerungen zu ziehen und diese Gesichtspunkte bei der Entwicklung alternativer Verfahren zu beachten.

III. Allgemeine Schlussfolgerungen für einen verstärkten Einsatz alternativer Konfliktbehandlungen unter besonderer Berücksichtigung der Situation im Arbeitsrecht

Die folgenden Unterpunkte betreffen allgemeine Schlussfolgerungen, die aus den vorstehenden Überlegungen über die Motive für die Suche und die Hindernisse bei der Durchführung und Etablierung alternativer Konfliktbehandlungen schon vor der Entwicklung alternativer Verfahren gezogen werden können. Konkrete Vorschläge bleiben dem besonderen und abschließenden Teil vorbehalten, um arbeitsrechtliche Besonderheiten besser berücksichtigen zu können.

1. Aufrechterhaltung des bisherigen Rechtsschutzsystems auch unter verfassungsrechtlichen Aspekten

> Es kann nicht hingenommen werden, daß durch Alternativen zur Ziviljustiz ein gewisser (wenn auch natürlich meist nur faktischer) Abbau des Rechtsschutzes erfolgt. Daß eine solche Gefahr besteht, läßt sich schwerlich leugnen.
>
> *Prütting*[887]

Es wurde bereits an mehreren Stellen deutlich, dass man im Zusammenhang mit der Diskussion um alternative Konfliktbehandlungen dazu geneigt sein könnte, den bestehenden gerichtlichen Rechtsschutz einzuschränken. In der Tat ist die Sorge, dass durch

---

[887] JZ 1985, 261 (270); ähnlich *de Wirth*, ZRP 1982, 188 (190).

alternative Konfliktbehandlungen der Individualrechtsschutz abgebaut wird, nicht unbegründet.

Ausgangspunkt der Überlegungen war, dass die Förderung alternativer Konfliktbehandlungen vereinzelt allein vor dem Hintergrund rechtspolitischer Gesichtspunkte erwogen wird, was aber dann unerheblich ist, wenn dies nicht dazu führt, herkömmliche, vornehmlich gerichtliche Konfliktbehandlungen abzubauen[888]. Wie bereits ausgeführt, gehen rechtspolitische Bestrebungen dahin, der anhaltenden Finanzkrise des Staates durch Einsparungen im Justizwesen zu begegnen; dazu soll auch eine Entlastung der Justiz durch den verstärkten Einsatz alternativer Konfliktbehandlungen beitragen[889]. Im Zusammenhang mit den Ursachen für die Überlast der Justiz wurde herausgearbeitet, dass die wachsende Mündigkeit der Bürger darauf zurückzuführen ist, dass der „Zugang zum Recht" erleichtert werden sollte[890]. Des Weiteren wurde aufgezeigt, dass sich als Ansatzpunkt im gerichtlichen Bereich zur Entlastung der Justiz mehrere Möglichkeiten anbieten: einschränkende Reformen bzw. Zugangsbarrieren, eine Verminderung der Attraktivität der gerichtlichen Streitentscheidung oder eine Neuschaffung schneller und kostengünstiger Möglichkeiten gerichtlicher Streitbeilegung[891].

Seit Beginn der Alternativdiskussion Anfang der 80er Jahre hat man erkannt, dass eine undifferenzierte Erschwerung des gerichtlichen Zugangs jedenfalls *verfassungsrechtlich* nicht haltbar ist[892]. Auch im Rahmen der *Strukturanalyse der Rechtspflege* wurde eingestanden, dass die Gewährung gerichtlichen Rechtsschutzes eine verfassungsrechtlich verbürgte staatliche Dienstleistung ist[893]. Bereits in den einführenden Worten dieser Abhandlung wurde auf die Wichtigkeit der verfassungsrechtlich verankerten Befriedungsfunktion gerichtlicher Entscheidungen hingewiesen[894]. Der Rechtsstaat, der dem Primat des Rechts verpflichtet ist, muss ein Verfahren schaffen, das Recht faktisch verwirklicht[895]. Daraus resultiert der sog. *Justizgewährleistungsanspruch* (auch

---

[888] Siehe bereits unter B. I. 1.

[889] Siehe bereits unter B. I. 3. a.

[890] Siehe bereits unter B. I. 3. b. aa.

[891] Siehe zum Ansatz im gerichtlichen Bereich bereits unter B. I. 3. c. aa. (1).

[892] Vgl. *Pfeiffer*, ZRP 1981, 121 (124); vgl. auch *R. Wassermann*, NJW 1995, 1943 (1944); ders., RuP 1998, 74 (76), demzufolge eine Verschlankung der staatlichen Rechtspflege nur soweit als verfassungsrechtlich zulässig ins Auge gefasst werden sollte; vgl. weiter *Heitmann*, DRiZ 1998, 124 (127), demzufolge der Justiz ein rein betriebswirtschaftliches Denken aus verfassungsrechtlichen Gründen verwehrt sei; *Ritter*, NJW 2001, 3440 (3447), der eine ökonomische Analyse der Justiz als verfassungspolitisch sensibel bezeichnet; ähnlich *Pitschas*, ZRP 1998, 96 (97), der in der Ökonomisierung der Rechtsprechung die Gefahr einer Demontage des Rechtsschutzes sieht.

[893] *Leutheusser-Schnarrenberger*, NJW 1995, 2441.

[894] Siehe dazu unter A.

[895] *Stürner*, DRiZ 1976, 202 (203); ausführlich dazu, dass das GG auch für den Bereich des Privatrechts einen gegenständlich umfassenden gerichtlichen Rechtsschutz beinhaltet, *Dütz* (1970), S. 95 ff.; *JP/Jarass*, Art. 20 Rn. 89 f.; *Rosenberg/Schwab/Gottwald* (2004), § 3 Rn. 1 ff.; *Zöller/Vollkommer*,

Justizgewährungs- oder schlicht Justizanspruch genannt), den das *BVerfG* aus Art. 2 Abs. 1 GG i.V.m. dem Rechtsstaatsprinzip (Art. 20 Abs. 3 GG) ableitet und in ständiger Rechtsprechung anerkennt: Diese Rechtsschutzgarantie gewährleistet in zivilrechtlichen Streitigkeiten – ebenso wie Art. 19 Abs. 4 GG für den Bereich des öffentlichen Rechts – nicht nur, dass überhaupt ein Rechtsweg zu den Gerichten offen steht. Sie garantiert vielmehr auch die Effektivität des Rechtsschutzes. Allerdings bedarf die Rechtsschutzgewährung durch die Gerichte der normativen Ausgestaltung durch eine Verfahrensordnung. Dabei kann der Gesetzgeber auch Regelungen treffen, die für ein Rechtsschutzbegehren besondere formelle Voraussetzungen aufstellen und sich dadurch für den Rechtssuchenden einschränkend auswirken. Solche Einschränkungen müssen aber mit den Belangen einer rechtsstaatlichen Verfahrensordnung vereinbar sein und dürfen den einzelnen Bürger nicht unverhältnismäßig belasten. Darin findet die Ausgestaltungsbefugnis des Gesetzgebers zugleich ihre Grenzen. Der Rechtsweg darf nicht in unzumutbarer, durch Sachgründe der genannten Art nicht mehr zu rechtfertigender Weise erschwert werden[896].

Zwar ist den rechtspolitischen Überlegungen zu entnehmen, dass man nicht abgeneigt ist, eine Rechtswegerschwerung mittels Zur-Verfügung-Stellen alternativer Konfliktbehandlungen zu rechtfertigen. Es entsteht sogar der Eindruck, die angestrebte verstärkte Inanspruchnahme alternativer Verfahren insofern zu fördern, als der derzeit bestehende gerichtliche Rechtsschutz unattraktiv gemacht wird. Dies ist aber ebenso wenig tragbar wie eine undifferenzierte Erschwerung des gerichtlichen Zugangs. Aus der Rechtsweggarantie des GG folgt auch das Gebot eines *qualitativen* Rechtsschutzes, insbesondere können Gerichtsentscheidungen der Befriedungsfunktion zwischen den Parteien nur dann gerecht werden, wenn ihnen ein gewisses Qualitätsminimum anhaftet, so dass der Bürger eine gerichtliche Entscheidung auch dann akzeptieren kann, wenn er im Prozess unterliegt[897].

Schließlich geht auch aus den Überlegungen über das Recht als Rahmenordnung hervor, dass die Rechtssicherheit insofern gewährleistet bleiben muss, als es im Zusammenhang mit alternativen Konfliktbehandlungen keinesfalls um einen Abbau des bisherigen Rechtsschutzsystems gehen kann[898]. In gesellschaftspolitischer Hinsicht sind jene gesetzgeberischen Maßnahmen untragbar, die durch Erhöhung der Gerichtsge-

---

Einleitung Rn. 48; ferner *Jansen* (2001), S. 197; *Ritter*, NJW 2001, 3440 (3447); *Kramer*, NJW 2001, 3449 (3451); *Krugmann*, ZRP 2001, 306 (307); *Dorn*, AnwBl 2002, 208 f.; *Sodan*, NJW 2003, 1494 f.; *Voßkuhle*, NJW 2003, 2193 (2196).

[896] Zum Ganzen *BVerfG*, NJW 1993, 1635; siehe auch *BVerfG*, NJW 2001, 214 (215), und NJW 2001, 961, zur überlangen Verfahrensdauer; *BVerfG*, NJW 2001, 2161 (2162), und NJW-RR 2002, 424, zur Frist für das Absetzen von Urteilen; siehe zuletzt *BVerfG*, NJW 2003, 1924 ff., mit Kommentar *Redeker*, NJW 2003, 2956 ff.; *BVerfG*, NJW 2003, 3687 (3688).

[897] Vgl. zu den verfassungsrechtlichen Qualitätsanforderungen gerichtlicher Entscheidungen *Krugmann*, ZRP 2001, 306 (307 f.); jüngst auch *Sodan*, NJW 2003, 1494 f.

[898] Siehe oben B. II. 6. a.

bühren oder Verminderung von Instanzenzügen ganz allgemein und ohne Differenzierung den Zugang zu den Gerichten verschlechtern und die Zahl der Prozesse absenken, auch in jenen Bereichen, in denen die Rechtslage unklar ist, vom Rechtssystem Innovationen zu erwarten und mehr Prozesse sogar gewünscht sind. Ein Sparprogramm, das den Gang zum Gericht ohne Differenzierung unattraktiver macht, ist nicht zu rechtfertigen.[899]. Die Schlussfolgerung kann folglich nicht sein, den Zugang zu den Gerichten zu erschweren[900]. Der Einsatz alternativer Verfahren kann damit nur unter der Prämisse erfolgen, dass das bisherige Rechtsschutzsystem erhalten bleibt. Folglich bedeuten Überlegungen zu alternativen Verfahren nicht, dass wir das, was wir haben, abschaffen wollen[901].

Dies gilt nicht minder im Arbeitsrecht. Eine funktionierende Arbeitsgerichtsbarkeit ist unabdingbare Voraussetzung für ein geordnetes Zusammenleben in den Betrieben. Maßnahmen zur Entlastung der Arbeitsgerichte dürfen nicht zu einer Rechtsverkürzung zum Nachteil der Betriebsparteien führen, sondern sollen, wo immer es möglich ist, die Rechtssicherheit erhöhen. Sie müssen die betriebliche Praxis berücksichtigten, gleichzeitig eine Entscheidung in angemessener Zeit herbeiführen und bei alledem dem GG genügen[902]. Auch müssen Qualitätseinbußen der Streitbeilegung vermieden werden, denn an einer bloßen Formalbeendigung im Sinne möglichst frühzeitiger und schlanker Erwirkung rechtskräftiger Entscheidungen ist weder den Arbeitsvertrags-, noch den Betriebs- oder Tarifparteien gelegen[903]. Schließlich wurde im Hinblick auf das strukturelle Machtungleichgewicht zwischen Arbeitgeber und Arbeitnehmer bereits erwähnt, dass etwaigen Bedenken hinsichtlich der Zulassung alternativer Konfliktbehandlungen insofern begegnet werden kann, als es dem Arbeitnehmer letztlich unbenommen bleibt, doch vor Gericht zu gehen[904]. Die „Drohung mit dem Gericht" ist aber nur dann glaubhaft, wenn die Gerichte auch wirklich zugänglich sind, sonst würde zwischen den Zielen der Verwirklichung von Rechten und denen der Vermeidung gerichtlicher Auseinandersetzungen ein unauflösbarer Widerspruch entstehen[905]. Mit anderen Worten: Damit sich die Arbeitsparteien und dabei vor allem der Arbeitnehmer überhaupt auf ein alternatives Konfliktregelungsverfahren einlassen, muss im Hintergrund die Justiz als ultima ratio bereitstehen[906].

---

[899] So *H.-B. Schäfer*, DRiZ 1995, 461 (467).
[900] Vgl. *Blankenburg*, ZRP 1982, 6 (8), der allerdings im Zusammenhang mit dem Aussteigen aus der Eskalation eines Gerichtsverfahrens dafür eintritt, eine Ausrichtung auf die zweite und dritte Instanz dort zu entmutigen, wo eine Konfliktbehandlung in erster Instanz ausreichen könnte.
[901] So treffend *de Wirth*, ZRP 1982, 188 (191).
[902] *Heilmann*, AuR 1997, 424 (426).
[903] *Heilmann*, AuR 1997, 424 (427).
[904] Siehe oben B. II. 7. b. aa.
[905] So *de Wirth*, ZRP 1982, 188 (190 f.).
[906] *Röhl* (1987), S. 517; siehe auch *Ritter*, NJW 2001, 3440 (3447), demzufolge der staatlichen Gerichtsbarkeit auf jeden Fall das letzte Wort gebühre; siehe bereits *Dütz* (1981), S. 146 f., zu außergerichtlichen Vorverfahren im Arbeitsrecht: „Dem Richter gebührt das letzte, nicht das erste Wort."

2. Ergänzung und Optimierung herkömmlicher Konfliktbehandlungen

Von einer nicht gerechtfertigten Erschwerung des gerichtlichen Zugangs wird indes tendenziell dann nicht die Rede sein, wenn herkömmliche durch alternative Verfahren lediglich ergänzt werden sollen (a.). Verfassungsrechtlich erst recht unproblematisch sind Maßnahmen, die eine Optimierung vorhandener Verfahren vorsehen (b.).

a. Ergänzung herkömmlicher Konfliktbehandlungen auch unter verfassungsrechtlichen Aspekten

Aus den vorstehenden Ausführungen ergibt sich unmittelbar die weitere Schlussfolgerung, dass es bei der Diskussion über alternative Konfliktbehandlungen nicht um einen Ersatz bereits bestehender, vornehmlich gerichtlicher Konfliktbehandlungen, sondern einzig um deren *Ergänzung* gehen kann. Diese Feststellung ist von großer Wichtigkeit und wird einhellig so gesehen[907]. Auch die Mediation sei lediglich eine Bereicherung des Konfliktlösungspotenzials der Gesellschaft und habe in der Komplementarität *neben* anderen Konfliktlösungswegen eine eigene Berechtigung[908].

Dies führt zu einer Verantwortungsteilung, die aus *verfassungsrechtlicher* Sicht nicht weiter zu monieren, sondern vor dem Hintergrund folgender Überlegungen sogar geboten ist[909]: Dem Staat obliegt weniger die volle Erfüllungsverantwortung als vielmehr eine *Gewährleistungsverantwortung* für ein funktionierendes System der Konfliktbehandlung. Dies bedeutet, dass der Staat lediglich im Zuge einer Letztverantwortung eine Art staatliches Sicherheitsnetz bereitzuhalten hat[910]. Konsequenz dieser Auffangfunktion des staatlichen Gerichtsschutzsystems ist, dass die Rechtsordnung primär die eigenverantwortliche Konfliktbehandlung gebietet[911]. Die Selbstverständlichkeit, mit der heutzutage bei einer (vermeintlichen) Verletzung privater Rechte nach der Obrig-

---

[907] *Falke/Gessner* (1982), S. 289 f.; *de Wirth*, ZRP 1982, 188 (190); *Prütting*, JZ 1985, 261 (271); *Hoffmann-Riem*, ZRP 1997, 191 (196 und 198); *Renk*, DRiZ 1998, 57; *Strempel*, ZRP 1998, 319 (322); *Trossen* (2002), S. 454; vgl. *Hirsch*, SchiedsVZ 2003, 49 (50): ergänzende Systeme privater und öffentlicher Streitentscheidung je nach den Bedürfnissen und Wünschen der Parteien; *Strempel*, ZRP 1989, 133 (135): ausgewogenes Verhältnis von forensischer und außerforensischer Justiz; vgl. ferner *Pitschas*, ZRP 1998, 96 (98), zum verwaltungsgerichtlichen Rechtsschutz.
[908] So *Hoffmann-Riem* (2001), S. 75.
[909] Ausführlich zum Ganzen *Hoffmann-Riem*, JZ 1999, 421 f.; ders. (2001), S. 15 ff. und S. 36 ff.; jüngst auch *Ritter*, NJW 2001, 3440 (3447 f.).
[910] Siehe bereits *Hoffmann-Riem*, ZRP 1997, 191 (197): funktionsfähige staatliche Justiz als Orientierung und Sicherheitsnetz; vgl. schon *Hegenbarth* (1982), S. 261.
[911] Vgl. *P. Gottwald*, ZZP 95 (1982), 245 (246 f.); vgl. auch *Hoffmann-Riem*, ZRP 1997, 190: (192 f.): komplexes quantitatives und qualitatives System mit dem Konzept einer regulierten Selbstregulierung; ders., JZ 1999, 421 (423 f.), zu einer Einteilung in vier Regelungstypen: gesellschaftliche Selbstregelung (Streitbewältigung ohne Einschaltung staatlicher Instanzen wie z.B. Schlichtung oder Mediation); hoheitlich regulierte gesellschaftliche Selbstregulierung (z.B. Schiedsgerichtsbarkeit, Anwaltsvergleich oder vorgerichtliche obligatorische Schlichtung); selbstregulative Elemente im Rahmen hoheitlicher Regulierung (z.B. Verhandlungsmaxime); imperative Regulierung (Gerichtsverfahren).

keit in Gestalt des staatlichen Richters gerufen wird, ist hiermit nicht vereinbar[912]. Auch aus dem GG lässt sich kein Justizgewährleistungsmonopol, sondern eben nur ein Justizgewährleistungsanspruch ableiten – oder anders gewendet: Die Verwirklichung des Rechtsstaates ist zwar auf den Staat angewiesen, steht aber unter keinem Staatsvorbehalt. Rechtsprechung (im weiteren Sinne) ist also nicht ausschließlich eine Staatsfunktion, da sie auch durch nichtstaatliche Gremien ausgeübt werden kann[913]. Zu dem gleichen Ergebnis gelangt man, wenn man zwar unter Berufung auf Art. 92 GG von einem Rechtsprechungsmonopol staatlicher Gerichtsbarkeit ausgeht, hierin aber nicht die grundsätzliche Verfassungswidrigkeit nichtstaatlicher Streitschlichtungsstellen sieht; dies dürfte inzwischen unstreitig sein[914] und ist auf Art. 101 Abs. 1 GG gleichermaßen zu übertragen[915]; nur im Grundsatz verfassungsgemäß deshalb, weil im Ausnahme- bzw. Einzelfall durchaus Konstellationen denkbar sind, in denen die konkrete Ausgestaltung der nichtgerichtlichen Streitschlichtungsstelle verfassungswidrig ist[916]. Zu berücksichtigen ist dies freilich auch dann, wenn es im besonderen Teil um die konkrete Ausgestaltung etwaiger Alternativen geht. Eine so verstandene Anreicherung der gerichtlichen Konfliktbearbeitung durch alternative Konfliktbehandlungen hat sich dabei an Prinzipien wie etwa Konzentration und Kooperation, durchaus aber auch an solchen wie Konkurrenz und Wettbewerb zu orientieren[917].

Diese Überlegungen stehen im Einklang mit den *rechtspolitischen* Bestrebungen zur quantitativen Entlastung der Justiz, die neben einer Verfahrensbeschleunigung über eine Freisetzung von Arbeitskapazitäten sogar eine qualitative Verbesserung der Tätigkeit der Rechtspflegeorgane ermöglichen könnte[918]. Dies gilt zumindest dann, wenn man unterstellt, dass eine gewisse Entlastung tatsächlich erreicht wird[919]. Außerdem kann angenommen werden, dass ein solches Miteinander auch unter dem Aspekt des Rechts als Rahmenordnung zu einer erweiterten produktiven Leistung der Justiz insbe-

---

[912] So *Greger*, JZ 1997, 1077 (1079), unter Berufung auf die im öffentlichen Recht zunehmend herausgearbeiteten Verfassungsprinzipien der Subsidiarität, der Erforderlichkeit und der gesellschaftlichen Selbstregulierung; vgl. ders., ZRP 1998, 183 (184).

[913] Instruktiv zum Verhältnis zwischen staatlicher und nichtstaatlicher Gerichtsbarkeit *Ramm*, ZRP 1989, 136 (145); vgl. *Goll*, ZRP 1998, 314 (315), demzufolge für die Streitschlichtung ein Staatsmonopol nicht erforderlich sei.

[914] Dazu *MD/Herzog*, Art. 92 Rn. 145 ff.; *MKS/Classen*, Art. 92 Rn. 42 ff.; zum außergerichtlichen Vorverfahren *Dütz* (1970), S. 200 ff.; *Preibisch* (1982), S. 88 ff.; ferner *Rosenberg/Schwab/Gottwald* (2004), § 1 Rn. 12; zu § 15a EGZPO *Jansen* (2001), S. 191 ff.; a.A. zu § 15a EGZPO offenbar *Gilles*, NJ 1998, 225 (229), der von „Verfassungsrechtsproblemen im Hinblick auf das staatliche Justizmonopol" spricht, insoweit aber eine nähere Erläuterung schuldig bleibt; siehe schließlich *Pitschas*, ZRP 1998, 96 (101), zum verwaltungsgerichtlichen Vorverfahren.

[915] *Preibisch* (1982), S. 95 f.; *Jansen* (2001), S. 206 f.

[916] Vgl. zu den Verfahrensgarantien bei alternativen Konfliktbehandlungen bereits unter B. II. 3. b.

[917] Siehe dazu sogleich unter B. III. 3.

[918] So *Leutheusser-Schnarrenberger*, NJW 1995, 2441 (2442), zur Strukturanalyse der Rechtspflege; vgl. *Strempel*, AnwBl 1993, 434 (435), zur „Verbesserung der Qualität der Streitbeilegung in Zivilsachen"; *Frommel*, ZRP 1983, 31 (32), zur „Verbesserung des Rechtsschutzes Privater".

[919] Siehe zum Filterpotenzial alternativer Konfliktbehandlungen bereits unter B. I. 3. c. bb.

sondere zur Gewährleistung der Rechtssicherheit führen kann, zumal sich alternative Konfliktbehandlungen in gewisser Hinsicht steuern lassen[920]. Um dies weiterhin zu gewährleisten, bedarf es auch künftig einer stark ausgeprägten Gerichtsbarkeit; dies ist wohl die gewichtigste „Grenze" alternativer Konfliktbehandlungen. Demgegenüber wurden in *rechtssoziologischer* Hinsicht Grenzen gerichtlicher Konfliktbehandlung ausgemacht[921]. Zudem wurde einer Überlegenheit der Justiz im Verhältnis zur alternativen Konfliktbehandlung zu Recht das Wort geredet[922]. Daraus ergibt sich eindrucksvoll, dass nur ein Nebeneinander zwischen herkömmlichen – vor allem gerichtlichen – und alternativen Konfliktbehandlungen zum Erfolg *beider* Formen verhelfen kann. Anders ausgedrückt kommt alternativen Konfliktbehandlungen letztlich eine reinigende *Filterfunktion* zu[923]. Wenn man davon ausgeht, dass das, was vor die Gerichte gelangt, Konsequenz einer Selektionsleistung im vorgerichtlichen Raum ist, stehen alternative Konfliktbehandlungen im „Vorhof" der Justiz[924]. Rechtspolitisches Ziel muss sein, die Schnittstelle von außer- und innergerichtlicher Konfliktregelung als Filter zu gestalten, der nur die für die Gerichte als relevant erachteten Fälle vor die Justiz gelangen lässt[925]. Letztlich entspricht diese Sichtweise auch dem *gesellschaftspolitischen* Hintergrund der Alternativdiskussion, denn die Befassung der staatlichen Gerichte ist immer zugleich Ausdruck des Versagens gesellschaftlicher Eigenregulierung[926]. Mit anderen Worten: Die juristische Streitentscheidung ist ultima ratio und Ausdruck der Hilflosigkeit der Streitparteien, den Konflikt selbst zu lösen[927]. Dass die Anrufung der Gerichte nur ein außerordentliches letztes Mittel sein kann, kann man als emanzipatorischen Ansatz der Alternativdiskussion bezeichnen[928]. Dem ist ebenfalls zu entnehmen, dass einzig ein Miteinander zwischen herkömmlichen – vornehmlich gerichtlichen – und alternativen Verfahren richtig sein kann.

Unter diesen Gesichtspunkten lassen sich alternative Konfliktbehandlungen in ein rechtes Verhältnis zu bereits bestehenden bringen. Es ist zu erwarten, dass dieses Miteinander neue bzw. bisher verborgene Kräfte freisetzen wird. Der ehemalige Bundespräsident *von Weizsäcker* hat dies einmal wie folgt auf den Punkt gebracht: „Das Recht schützt den einzelnen und ist für jeden da. Es wird indessen seine schützende Kraft umso besser entfalten können, je mehr es nur dann angerufen wird, wenn ein Konflikt wirklich nicht auf dem Weg der vorgerichtlichen Einigung oder Schlichtung

---

[920] Siehe dazu bereits unter B. II. 6. b.
[921] Siehe ausführlich dazu bereits unter B. I. 2.
[922] Siehe oben B. II. 5.
[923] Vgl. *Frommel*, ZRP 1983, 31 (34 ff.): Filterfunktion informeller Verfahren; *Blankenburg*, ZRP 1992, 96 (98): vorgerichtlicher Filter.
[924] So *Blankenburg*, ZRP 1992, 96 (98); ähnlich *R. Wassermann*, RuP 1998, 74 (78): funktional nicht nebeneinander, sondern nachgeordnet in einem Stufenverhältnis.
[925] *Blankenburg*, ZRP 1992, 96 (97).
[926] *Hoffmann-Riem*, JZ 1999, 421 (422); siehe dazu auch bereits unter B. II. 4.
[927] So *Ponschab*, AnwBl 2001, 591 (593).
[928] So *Hegenbarth* (1982), S. 261.

gelöst werden kann."[929]. Es kann also die Prognose gewagt werden, dass die Justiz ihre eigentliche Funktion noch effektiver erfüllen kann, wenn sie von Sachen befreit wird, die nicht vor sie gehören, und wenn ihre Aufgabe weniger darin gesehen wird, möglichst viele Einzelfallentscheidungen zu treffen, als darin, durch ihre Entscheidungen Signale für Regelungen von Streitigkeiten durch die Parteien selbst zu setzen[930]. Dass schließlich die Abhandlung „Konflikt und Konsens" von *Hager* zu einem der juristischen Bücher des Jahres 2001 auserkoren wurde, ist wie folgt erklärbar: „Und last but not least: Vielleicht gewinnt auch der Nichtjurist bei dieser Lektüre ein wenig mehr Verständnis dafür, warum – in sehr juristischer Manier – als These ein entschiedenes ‚Sowohl als auch' vertreten wird. Streitschlichtungskonzepte überzeugen deshalb, weil die Richtigkeit von Ergebnissen im Einzelnen wie im Ganzen kein Monopol des einzig Rechten kennt."[931]

Das Arbeitsrecht kennt schon jetzt ein solches Mit- bzw. Nebeneinander zwischen gerichtlichen und außergerichtlichen Konfliktbehandlungsstellen, wie sich am Beispiel des Verhältnisses zwischen Arbeitsgerichten und Einigungsstellen vor allem bei kollektiven Streitigkeiten verdeutlichen lässt[932]. Zwar darf nicht verkannt werden, dass es sich dabei im Grundsatz um ein Nebeneinander von Rechts- und Regelungsstreitigkeiten handelt[933]. Dies bedeutet aber nicht, dass Einigungsstellen nicht auch für die Entscheidung von Rechtsstreitigkeiten herangezogen werden, zumal eine entsprechende Abgrenzung vereinzelt Schwierigkeiten bereitet und oftmals streitig ist[934]. Es dürfte also an sich nicht weiter problematisch sein, diese Koexistenz beispielsweise auch auf das Verhältnis zwischen Arbeitsgerichten und betrieblichen oder außerbetrieblichen Konfliktbehandlungsverfahren auszuweiten. Auch hier gilt, dass sich solche außergerichtlichen Instanzen als letztlich sinnvolle Ergänzung zur Arbeitsgerichtsbarkeit erweisen können[935] – und verfassungsrechtlich unbedenklich sind[936].

---

[929] Zitiert bei *Strempel*, ZRP 1989, 133.

[930] So *de Wirth*, ZRP 1982, 188 (191); siehe zur produktiven Leistung der Justiz insbesondere zur Gewährleistung der Rechtssicherheit bereits unter B. II. 6. a.

[931] *Dilcher/Windbichler*, NJW 2001, 3521 (3523).

[932] *Herschel*, AuR 1974, 257 (262 f.): Stufe vor der autoritativen Rechtsentscheidung zur Entlastung der Arbeitsgerichte; *Söllner*, ZfA 1982, 1 (14): Einigungsstellenverfahren als „Vorschaltverfahren" hat eine Art „Filterwirkung"; kritisch zum Verständnis der Einigungsstelle als (funktionslose) Vorschaltinstanz *Rieble*, BB 1991, 471 (472 f.).

[933] Vgl. bereits *Dütz*, RdA 1978, 291 f.; vgl. auch *Söllner*, ZfA 1982, 1 (2 ff.), zum „Schlichten ist kein Richten" als Ausdruck der Unterscheidung zwischen Regelungs- und Rechtsstreitigkeit; vgl. ferner *Ramm*, ZRP 1989, 133 (137), wonach die übliche Zuordnung der Rechtsstreitigkeiten zu Schiedsgerichten und Gerichten und der Regelungsstreitigkeiten zur Schlichtung auf die Weimarer Republik zurückgehe; vgl. schließlich *Lembke*, RdA 2000, 223 (226), zum Kontrollratsgesetz Nr. 35.

[934] Vgl. bereits *Dütz*, DB 1972, 383 (384 f.); vgl. auch *FESTL*, Nach § 1 Rn. 12 f. und § 76 Rn. 82; vgl. schließlich *Richardi*, § 76 Rn. 26, wonach bei Regelungsentscheidungen entschieden werde, was künftig Recht sein solle, während es bei Rechtsstreitigkeiten um die Feststellung gehe, was jetzt schon Recht sei.

[935] In diesem Sinne auch *Beck/Rosendahl/Schuster*, AuA 1992, 303 (305), mit Verweis auf entsprechende ausländische Vorbilder; siehe dies (1992), S. 545 und S. 565, sowie AuA 1992, 233 (234), zu

b. Optimierung herkömmlicher Konfliktbehandlungen

Daneben geht es nicht nur um eine Ergänzung vorhandener Verfahren, sondern auch um deren Optimierung. Darunter ist im Wesentlichen eine weitere Ausgestaltung sowie eine damit verbundene Verbesserung herkömmlicher Verfahren zu verstehen. Bei der Alternativdiskussion wird oft übersehen, auf die bestehenden Konfliktregelungsformen mehr Augenmerk zu legen sowie diese konsequenter zu nutzen und auszubauen[937].

3. Bereitstellen einer Vielzahl verschiedener Konfliktbehandlungen und Flexibilität bei ihrem Einsatz

Aus den vorstehenden Überlegungen betreffend die Aufrechterhaltung des bisherigen Rechtschutzsystems und deren Ergänzung durch alternative Konfliktbehandlungen folgt weiter, dass das Bereitstellen einer Vielzahl verschiedener Verfahren sinnvoll ist.

Es gibt nicht *die* richtige Konfliktbehandlungsmethode. Bereits im Zuge der Alternativdiskussion zu Beginn der 80er Jahre wurde darauf hingewiesen, dass das eigentlich Faszinierende an der Bewegung („movement") zu nichtrichterlichen Formen der Konfliktregelung wie in den USA zunächst ihre große *Vielfalt* sei[938]. Auch in rechtspolitischer Hinsicht lief die Diskussion über Alternativen auf ein Votum für eine Vielfalt der Konfliktregelungsinstitutionen hinaus. Alternative Verfahrensmöglichkeiten zu eröffnen, bedeute, *Wahlmöglichkeiten* anzubieten. Auf eine hochdifferenzierte Umwelt müsse auch das Streitregelungssystem einer Gesellschaft differenziert antworten. Neben einer zugänglichen und effizienten Justiz seien spezifische Einrichtungen und Verfahren für verschiedene Lebensbereiche notwendig[939]. In betriebswirtschaftlicher Hinsicht lasse sich diese Kombination unterschiedlicher Angebote durch ein kluges Ausnutzen und Fördern der sich auf dem Markt von Nachfrage und Angebot an Rechtsrat bietenden Institutionen der Vermittlung und Schlichtung bewerkstelligen[940]. Diese Sichtweise wird durch die neuerliche Alternativdiskussion seit Ende der 90er Jahre (vornehmlich unter dem Deckmantel der Mediation) bestätigt, wenn davon die Rede ist, dass ein „ausdifferenziertes System unterschiedlicher Wege der Konfliktbewältigung der materiellen Gerechtigkeit" besser sei als eine „Monokultur staatlicher Streit-

---

den ehemaligen Schiedsstellen für Arbeitsrecht in den neuen Bundesländern; siehe zu diesen Schiedsstellen noch im besonderen Teil unter C. IV. 3. d. cc. (2).

[936] Weiterführend *O. Fischer* (1999), S. 198 ff., ebenfalls im Kontext mit den ehemaligen Schiedsstellen für Arbeitsrecht in den neuen Bundesländern.

[937] Siehe nur *Frommel*, ZRP 1983, 31 (32).

[938] *W. Gottwald* (1981), S. 202, der sich a.a.O. (S. 260) am Beispiel der Öffentlichen Rechtsauskunfts- und Vergleichsstelle (ÖRA) in Hamburg auch für eine „Multifunktionalität" alternativer Stellen im Sinne eines Zugangs- und Verweisungsinstituts ausspricht; ähnlich *Falke/Gessner* (1980), S. 308 f.: Beratungs-, Verweisungs-, Streitvermeidungs- bzw. Streitbeilegungsinstitution.

[939] So *de Wirth*, ZRP 1982, 188 (190 und 191).

[940] So *Frommel*, ZRP 1983, 31 (32 und 36).

entscheidung", bzw. von „zusätzlichen Optionen in einem angebotsorientierten System der Konfliktbewältigung" gesprochen wird[941]. Schließlich besteht auch die Idee des aus dem USA stammenden Multi-Door-Courthouse darin, alternative Streitbeilegungsverfahren in das staatliche Justizsystem dergestalt (räumlich) zu integrieren, dass die Parteien jeweils die Verfahrensform wählen, die auf ihre Bedürfnisse am besten zugeschnitten ist[942]. Letztlich bedarf es also einer gewissen *Flexibilität* hinsichtlich der Behandlung eines Konflikts[943]. Die Erkenntnis, dass es nicht das richtige Konfliktbehandlungsverfahren gibt, wurde insbesondere bei den Grenzen gerichtlicher Konfliktbehandlung augenfällig[944]. Das Bereitstellen einer Vielzahl verschiedener Konfliktbehandlungsverfahren stellt schließlich sicher, dass ein Konflikt nicht einer monotonen Behandlung unterzogen, sondern entsprechend seinen rechtlichen und sozialen Bedürfnisse dem jeweils geeigneten Verfahren zugeordnet wird.

Diese Vielfalt und Flexibilität sollte vielmehr einen belebenden *Wettbewerb* und eine fruchtbare *Kooperation* zwischen forensischen und außerforensischen Verfahren ermöglichen. Dem widerspricht nicht, dass im Zuge der jüngsten Reform des Zivilprozesses die Befürchtung ausgesprochen wurde, im Fall einer radikalen Beschneidung des Zivilprozesses würden die wirtschaftlich interessanten Prozesse in die Schiedsgerichtsbarkeit oder Mediation abwandern[945]. Denn ein solcher Abbau soll zu Gunsten eines möglichst „harmonievollen Miteinanders" gerade nicht stattfinden[946]. Diesbezüglich lässt sich von einer „wechselseitigen Zusammenarbeit zwischen Justiz und nicht-justiziellen, insbesondere privaten Verantwortungsträgern" sprechen (Kooperation), wobei es sicher Bereiche gibt, in denen unterschiedliche Formen und Wege der Konfliktbewältigung miteinander konkurrieren können (Wettbewerb)[947]. Ein solches Konkurrenzverhältnis könnte sich wiederum zu einem komplementären Verhältnis wandeln, zu einer Beziehung arbeitsteiliger Kooperation, die sich dann insgesamt als „mo-

---

[941] So *Hoffmann-Riem*, ZRP 1997, 190 (191 und 196 f.); ders., JR 1999, 421 (430); siehe auch *W. Gottwald*, BRAK-Mitt. 1998, 60 (64): Vielfalt der Verfahrensformen durch „Verfahrensdesign"; *Ponschab*, AnwBl 2001, 591 (593): Methodenvielfalt bei der Konfliktlösung; *Katzenmeier*, ZZP 115 (2002), 51 (86): Pluralismus in der Konfliktbewältigung.

[942] *Ritter*, NJW 2001, 3440 (3448); vgl. *Greger*, ZRP 1998, 183 (185), zur richterlichen Diversion; siehe zum Multi-Door Courthouse näher noch im besonderen Teil unter C. IV. 9. b.

[943] *Strempel*, ZRP 1989, 133 (135), spricht von einer „Flexibilität in der Wahl der Konfliktlösungsmöglichkeiten"; ebenso ders., JZ 1983, 596 (598 f.), und (1992), S. 792, mit Verweis auf die Resonanz-Theorie des japanischen Rechtsgelehrten *Kitagawa*; vgl. *Hoffmann-Riem*, ZRP 1997, 190 (197).

[944] Zur Ungeeignetheit bestimmter Konflikte für das gerichtliche Verfahren bereits unter B. I. 2. c.

[945] So aber *Bischof*, ZRP 1999, 353 (356), ähnlich jüngst *Egermann*, AnwBl 2003, 271 (272); vgl. auch die kritischen Ausführungen von *Trossen*, ZKM 2001, 159 (160), demzufolge die Justiz nur insoweit ein Interesse an Konkurrenz habe, als es darum gehe, die Verfahrensflut einzudämmen, nicht aber um ihre Leistungsfähigkeit in Frage zu stellen; siehe schließlich zur (vermeintlichen) Überlegenheit der Justiz gegenüber alternativen Konfliktbehandlungen bereits unter B. II. 5. a.

[946] Siehe dazu soeben unter B. III. 1.

[947] So *Hoffmann-Riem*, JZ 1999, 421 (422).

dernes Rechtsgewährungs- und Konfliktlösungssystem" darstellt[948]. Die Justiz tut jedenfalls im eigenen Interesse gut daran, mit alternativen Konfliktlösungssystemen in sinnvolle Formen arbeitsteiliger Kooperation einzutreten[949]. Schließlich wird auch im Zusammenhang mit der richterlichen Diversion eine „belebende und qualitätsfördernde Wettbewerbssituation zwischen den Schlichtungseinrichtungen" proklamiert[950].

Kritik an dieser Sichtweise soll freilich nicht verschwiegen werden. So wird befürchtet, dass das Bereitstellen einer Vielzahl alternativer Konfliktbehandlungen in Bezug auf deren Namen, Zuständigkeiten und Verfahrensregeln zu einer „äußerst unübersichtlichen Vielfalt" für die Rechtssuchenden führe. Die tatsächlich gegebenen Möglichkeiten seien in der Bevölkerung vielfach unbekannt, jedenfalls sprächen sie nur den informierten und mündigen Bürger an[951]. Das alternative System leide noch weitaus stärker als die staatliche Gerichtsbarkeit unter seiner Unübersichtlichkeit. Der Vorteil, eine für die Parteien maßgeschneiderte Streitbereinigung zu ermöglichen, werde durch eine „verwirrende, intransparente Formenvielfalt" erkauft[952]. Bei aller Kritik darf allerdings nicht verkannt werden, dass in der Vielfalt der Konfliktbehandlungsverfahren gerade der Anreiz zur Förderung selbstregulativer Elemente liegt[953]. Eine allzu pessimistische Betrachtungsweise ist daher nicht angebracht[954]. Zumindest tendenziell mag die hier favorisierte Vielfalt alternativer Konfliktbehandlungen die Gefahr der Unübersichtlichkeit in sich bergen. Dem zu entgegnen, ist aber eine andere, weitere Aufgabe und lässt sich unter dem Gesichtspunkt der Transparenz des Rechtsfindungssystems subsumieren[955].

Einer solchen Vielfalt und Flexibilität alternativer Konfliktbehandlungen bedarf es auch im Arbeitsrecht[956]. Wie noch im besonderen Teil näher aufzuzeigen sein wird, kann dies vor allem durch ein Zusammenspiel inner- und außerbetrieblicher Verfahren erreicht werden (Vielfalt), zudem bedarf es ggf. einer Anpassung an sich ändernde betriebliche Gegebenheiten (Flexibilität). Etwaige Abgrenzungsprobleme sollten durch klare Regelungen zur Zuständigkeit, z.B. für bestimmte individualrechtliche Konflikte,

---

[948] So *Ritter*, NJW 2001, 3440 (3448); vgl. *Götz von Olenhusen*, ZKM 2004, 104 (106 f.), zur Gerichtsmediation; kritisch *Trossen*, ZKM 2003, 270 (271), da Konkurrenten besiegt werden müssten.
[949] *Ritter*, NJW 2001, 3440 (und 3448).
[950] *Greger*, ZRP 1998, 183 (185), zum marktwirtschaftlichen Element im Schlichtungswesen.
[951] *Prütting*, JZ 1985, 261 (268).
[952] So *Ritter*, NJW 2001, 3440 (3447).
[953] So zu Recht *Hoffmann-Riem*, JZ 1999, 421 (425).
[954] In diesem Sinne wohl auch *W. Gottwald*, AnwBl 2000, 265 (267), der von einer ungewohnten neuen Unübersichtlichkeit in der Streitbeilegung spricht, die Risiken, aber auch Chancen bieten könne.
[955] Siehe dazu sogleich unter B. III. 4. a.
[956] In diesem Sinne auch *Budde* (2000), S. 519, und *Prütting* (2002), S. 966, die sich für ein „umfassendes alternatives betriebliches Konfliktbearbeitungsdesign" aussprechen; ähnlich *Dendorfer/Breiter*, BB Beilage zu Heft 46/2002, 33 (36 f. und 38), zu einem auf verschiedenen Strategien beruhenden Konfliktmanagementsystem bzw. zur Implementierung eines betrieblichen Konfliktmanagements.

gemildert, außerdem müssten daneben die Zuständigkeiten der vorhandenen Regelungsinstrumente neu definiert werden[957].

4. Transparenz des Rechts

Vor dem Hintergrund der oben beschriebenen Hindernisse alternativer Konfliktbehandlungen lassen sich noch weitere Schlussfolgerungen ziehen, die unter dem Gesichtspunkt der Transparenz des Rechts zusammengefasst werden können. Eine solche Transparenz kommt sowohl in formeller (a.) als auch materieller (b.) Hinsicht in Betracht. Dabei ist auch auf etwaige Besonderheiten des Arbeitsrechts einzugehen.

a. Transparenz und Zugänglichkeit alternativer Konfliktbehandlungen

Dass das Bereitstellen einer Vielzahl verschiedener Konfliktbehandlungsverfahren nicht gerade deren Übersichtlichkeit fördert, wurde eben problematisiert. Gerade deshalb ist es angezeigt, eine möglichst weitgehende Transparenz des Rechtsfindungssystems einschließlich seiner alternativen Konfliktbehandlungen sicherzustellen. Auch im Rahmen der *Strukturanalyse der Rechtspflege* wurde als vordringliche Maßnahme zur Prozessvermeidung empfohlen, die Transparenz der spezifischen Angebote der verschiedenen vorgerichtlich beratenden und vermittelnden Institutionen und Berufsgruppen zu erhöhen sowie die Zugänglichkeit dieser Angebote für die Rechtssuchenden zu ermöglichen bzw. zu verbessern[958]. Es stellt eine große Herausforderung dar, die schmale Gratwanderung zwischen dem Bereitstellen einer Vielzahl verschiedener Konfliktbehandlungsverfahren und dem Aufrechterhalten der Transparenz der Rechtsfindung zu meistern. Eine für den Rechtssuchenden leicht verständliche Aufklärung tut hier Not. Jedenfalls bleibt zu hoffen, dass die nötige Transparenz noch einen weiteren positiven Nebeneffekt mit sich bringt, und zwar dass auch die bereits bestehenden Schlichtungsangebote vermehrt in Anspruch genommen werden[959].

In diesem Kontext ist auch ein konflikttheoretischer Aspekt zu beachten, der sich im Falle einer hohen Zugänglichkeit alternativer Konfliktbehandlungen einstellen könnte. Bei Konfliktregelungsformen, die auf Kompromiss ausgerichtet sind, bei denen also die Reduzierung des Anspruchsniveaus erwartbar und bestenfalls die Teilnahme freigestellt ist, wird bereits mit der Partizipation am Verfahren eine wichtige Vorleistung für den Erfolg der Veranstaltung erbracht[960]. Mit anderen Worten: Allein das Bereiter-

---

[957] Siehe *Hage/Heilmann*, AuA 2000, 26 (28), zum „Nebeneinander verschiedener betrieblicher Konfliktbehandlungsformen".

[958] Siehe dazu *Leutheusser-Schnarrenberger*, NJW 1995, 2441 (2445), unter Berufung auf die Studie *Stock/Thünte/Wolff* (1995); ähnliche Bestrebungen sind auf europäischer Ebene zu beobachten, wie sich an der Errichtung eines europäischen Netzes von Kontaktstellen (sog. Clearing-Stellen) zur Erhöhung der Transparenz und zum Abbau von Zugangsbarrieren ersehen lässt, siehe dazu bereits unter B. I. 6. d. bb.

[959] Siehe zum Schattendasein der bereits bestehenden Schlichtungsangebote unter B. II. 5. b.

[960] *Hegenbarth* (1980), S. 66; *Busse*, AnwBl 1997, 522 (523).

klären zur Teilnahme an alternativen, mehr auf eine gütliche Einigung fixierten Verfahren ist bereits die „halbe Miete" für deren Erfolg. Es ist also besonderes Augenmerk darauf zu legen, die beteiligten Konfliktparteien zur Austragung ihres Konflikts für alternative Verfahren zu gewinnen und vor dem Hintergrund der Grenzen gerichtlicher Konfliktbehandlung von den Gerichten möglichst fernzuhalten.

Speziell im Arbeitsrecht bietet sich an, etwaige inner- oder außerbetriebliche Beschwerde-, Einigungs- oder Konfliktbehandlungsstellen als Transparenz- bzw. Zugangsinstanzen zu betrachten[961]. Diesen käme die Aufgabe zu, Arbeitnehmer in Bezug auf die verschiedenen Konfliktregelungsmöglichkeiten umfassend aufzuklären und zu unterstützen. Näheres hierzu bleibt wiederum dem besonderen bzw. abschließenden Teil dieser Arbeit vorbehalten.

b.   Entschärfung der Mängel im Gesetzesrecht und Transparenz des materiellen Rechts

Bereits an mehreren Stellen ist das Manko in Bezug auf Mängel im Gesetzesrecht (etwa betreffend die arbeitsrechtlichen Ausschlussfristen) angeklungen. Diese tragen nicht nur zu einer Überlast der Justiz bei[962], sondern behindern auch die Durchführung und Etablierung alternativer Konfliktbehandlungen[963]. Die logische Schlussfolgerung für alternative Konfliktbehandlungen muss also die Forderung nach einer Entschärfung der beschriebenen Gesetzesmängel sein. Vordergründig geht es darum, Gesetze, wenn sie denn erforderlich sind, so einfach und klar wie möglich zu formulieren, damit die Rechtslage für den Bürger transparent bleibt. Dies gilt umso mehr vor dem Hintergrund des ebenfalls bereits oben thematisierten Rechts als Rahmenordnung für die allgemeine Rechtsdurchsetzung und die damit verbundene produktive Leistung der Justiz vor allem zur Gewährleistung der Rechtssicherheit[964]. Das im Vertragsrecht für Allgemeine Geschäftsbedingungen nach der jüngsten Reform des Schuldrechts in § 307 Abs. 1 Satz 2 BGB normierte Transparenzgebot sollte auch auf der Gesetzgebungsebene nicht gänzlich missachtet werden. Was für den Rechtsanwender recht ist, muss für den Gesetzgeber billig sein[965].

Transparenz des materiellen Rechts in Bezug auf das Recht als Rahmenordnung bedeutet freilich auch, dass die Auslegung der Gesetze durch die Gerichte für den Bürger transparent bleibt, zumal dies auch die Entstehung eines Konflikts zu beeinflussen vermag. Die staatliche Rechtsprechung zeichnet sich dadurch aus, dass (wichtige) Ent-

---

[961] Vgl. *Dendorfer/Breiter*, BB Beilage zu Heft 46/2002, 33 (38), betreffend die Implementierung eines betrieblichen Konfliktmanagements.
[962] Siehe dazu bereits unter B. I. 3. b. ff.
[963] Siehe dazu bereits unter B. II. 4. b.
[964] Siehe dazu bereits unter B. II. 6. a.
[965] So jüngst auch *Däubler*, NJW 2004, 993 f.

scheidungen dem Bürger nicht vorenthalten, sondern veröffentlicht werden. Insbesondere richtungsweisende, weil grundsätzliche oder rechtsfortbildende Entscheidungen erlangen so eine erhöhte Aufmerksamkeit durch die Allgemeinheit. Dies gilt gerade auch im Arbeitsrecht. Wie aber steht es mit der Transparenz der nichtstaatlichen Rechtsprechung, d.h. in Bezug auf alternative Konfliktbehandlungen? Hier müssen in der Tat sachgerechte Lösungen gefunden werden, die zugleich verhindern, dass alternative Verfahren außerhalb des Rechts fungieren[966]. Konkrete Vorschläge hierzu bleiben jedoch ebenfalls dem besonderen bzw. abschließenden Teil vorbehalten.

5. Gewährleistung des Rechts

Schlussfolgerungen unter dem Aspekt der Gewährleistung des Rechts können ebenfalls sowohl formeller (a.) als auch materieller (b.) Art sein.

a. Wahrung grundlegender Verfahrensgarantien

Zum einen ist die Wahrung von – herkömmlichen Konfliktbehandlungsverfahren entsprechenden – grundlegenden Verfahrensgarantien für die Durchführung alternativer Konfliktbehandlungsverfahren von entscheidender Bedeutung[967]. Dies gilt nicht zuletzt und vor allem im Bereich des Individualarbeitsrechts auf Grund der strukturellen Unterlegenheit des Arbeitnehmers gegenüber seinem Arbeitgeber[968]. An Vorschlägen in Bezug auf funktionale Äquivalente zu den Fairnessgarantien gerichtlicher Verfahren für alternative Konfliktbehandlungen mangelt es jedenfalls nicht[969].

b. Wahrung des materiellen Rechts und juristische Kompetenz des Schlichters

Zum anderen kann es um die Wahrung des materiellen Rechts gehen. Dies gilt nicht zuletzt zur Gewährleistung der Rechtssicherheit unter dem Gesichtspunkt des Rechts als Rahmenordnung für die allgemeine Rechtsdurchsetzung, wie sie bereits oben thematisiert wurde[970]. Darüber hinaus ist hier der ebenfalls bereits oben behandelte Aspekt des strukturellen Ungleichgewichts zwischen Arbeitgeber und Arbeitnehmer zu beachten[971]. Andernorts wird insoweit von der „Sicherung subjektiver Rechte" und der

---

[966] Siehe dazu sogleich unter B. III. 5. b.
[967] Siehe dazu bereits unter B. I. 3. b. ff. (1).
[968] Siehe dazu bereits unter B. II. 7.
[969] Siehe etwa die von *Hoffmann-Riem*, ZRP 1997, 190 (197), und JZ 1999, 421 (425), vorgeschlagenen Mindeststandards alternativer Konfliktbehandlungen: Garantien der Gerechtigkeit, der Fairness des Verfahrens und der Qualität der Verfahrensergebnisse mittels eines standesbezogenen Ehrenkodexes und einer entsprechenden Standesgerichtsbarkeit sowie Neutralitätsgarantie anstelle von Verstärkung der Macht- und Durchsetzungsgleichgewichte der Gesellschaft.
[970] Siehe dazu bereits unter B. II. 6.
[971] Siehe dazu bereits unter B. II. 7.

„Rechtsfortbildung" gesprochen[972]. An dieser Stelle wird die Verquickung zwischen formellem und materiellem Recht besonders deutlich.

Die Wahrung des materiellen Rechts bei alternativen Konfliktbehandlungen ist primär Aufgabe der Rechtsanwälte und – speziell im Arbeitsrecht – Fachanwälte für Arbeitsrecht[973] sowie Gewerkschaften und Arbeitgeberverbände. Sie kann freilich – in den Grenzen des RBerG – von jedem neutralen Dritten im Rahmen der Schlichtung oder Vermittlung wahrgenommen werden[974]. Jedenfalls dürfte einleuchten, dass der neutrale Dritte auch Jurist sein bzw. zumindest gewissen juristischen Sachverstand auf dem von ihm zu behandelnden Gebiet aufweisen muss. Dies gilt nicht zuletzt deshalb, weil allein der Jurist zu beurteilen vermag, ob es sich bei der Streitfrage nicht um eine solche von grundsätzlicher Bedeutung handelt; gerade Letzteres wird bei der Frage der Geeignetheit der Person des neutralen Dritten häufig übersehen[975]. Dieser muss nicht nur mit Sachkunde und einer entsprechenden Schlichtungserfahrung in Bezug auf rechtliche Konflikte ausgestattet sein, sondern er bedarf eben auch der hierfür erforderlichen juristischen Kompetenz[976]. Am Beispiel der vielen Abfindungsstreitigkeiten lässt sich ebenfalls ersehen, dass Abfindungsvergleiche nur mit der entsprechenden juristischen Kompetenz durchgesetzt werden können[977]. Darauf wird noch zurückzukommen sein.

Ferner ist es in Zeiten einer angespannten Arbeitsmarktlage und wirtschaftlicher Strukturveränderung infolge der Verlagerung von der Industrie- zur Informationsgesellschaft besonders wichtig, in den vermehrt auftretenden Arbeitskonflikten sozial gerechte Lösungen zu finden. Dies muss bei der Diskussion um alternative Konfliktbehandlungen im Arbeitsrecht gleichfalls berücksichtigt werden.

6. Prinzip der Freiwilligkeit

> Erfahrungsgemäß gelingt die Vermittlung am ehesten, wenn sie auf freiwilliger Grundlage stattfindet...
>
> *R. Wassermann*[978]

---

[972] *Katzenmeier*, ZZP 115 (2002), 51 (83 ff.).
[973] So auch *Prütting* (1999), S. 746 und (2002), S. 965.
[974] Vgl. *P. Gottwald*, ZZP 95 (1982), 245 (251), zum Vorwurf der Klassenjustiz, demzufolge eine ausgleichende Verhandlungsführung geboten sei, um materielle Chancengleichheit zu gewährleisten; vgl. zum RBerG im Kontext mit den rechtlichen Rahmenbedingungen der Mediation noch im abschließenden Teil unter D. I. 2. a. aa.
[975] Vgl. *Prütting* (1998), O 24 f., für den die Frage nach der Notwendigkeit eines juristisch ausgebildeten Schlichters oder Mediators noch nicht gelöst ist.
[976] Vgl. *Busse*, AnwBl 1997, 522 (523).
[977] *Lewerenz/Moritz* (1983), S. 80.
[978] NJW 1998, 1685 (1686); ähnlich *Hoffmann-Riem*, JZ 1999, 421 (424).

Der gegen das Prinzip der Freiwilligkeit in Bezug auf alternative Konfliktbehandlungen angeführte Vergleich mit der Gurtanlegepflicht im Straßenverkehr, wo erst die gesetzliche Festschreibung der menschlichen Vernunft zum Durchbruch verholfen habe[979], führt hier nicht weiter[980]. Vielmehr könnte aus der Ungeeignetheit bestimmter Konflikte für gerichtliche Verfahren (und umgekehrt) zu folgern sein, dass der Gesetzgeber von zwingenden Güte- oder Schlichtungsverfahren absehen sollte[981]. Auch die historische Entwicklung im Zivilprozess bestätigt diese These[982]. Schon früh wurde darauf hingewiesen, dass Urteil und Streitschlichtung in ihrer Wertigkeit gleichrangige Formen der Konfliktlösung seien, die zur wirklich freien Disposition der Parteien stehen müssten[983].

Die Diskussion über das Für und Wider obligatorischer Schlichtungsverfahren hat sich in jüngerer Zeit im Zuge der Einführung des § 15a EGZPO im Zivilprozess wieder zugespitzt. Der Gesetzgeber hat sich zumindest in Teilbereichen – nicht jedoch für den Bereich des Arbeitsrechts – für eine solche obligatorische außergerichtliche Streitbeilegung entschieden. Daher soll auf diese Diskussion schon an dieser Stelle eingegangen werden[984]. Der bereits oben behandelte Justizgewährleistungsanspruch steht jedenfalls der Zwangsschlichtung nicht entgegen, sondern gebietet lediglich, dass die abschließende Entscheidungskompetenz dem Gericht vorbehalten bleiben muss[985]. Freilich sieht sich eine obligatorische Streitschlichtung tendenziell eher verfassungsrechtlichen Bedenken ausgesetzt[986]. Jedenfalls wird überwiegend darauf hingewiesen, dass eine obligatorische Streitschlichtung nur begrenzt sinnvoll sei, weil die kooperative Konfliktbewältigung *Freiwilligkeit* abverlange, ansonsten bestehe die Gefahr, dass eine Zwangsschlichtung häufig nur zu einer staatlich verordneten Verschleppung von Prozessen führe[987]. Eine Zwangsschlichtung gegen den Willen beider Parteien oder einer der Parteien sei von Anfang an zum Scheitern verurteilt[988]. An die Stelle von Zwang müsse vielmehr die Motivation zu einer konsensualen Konfliktbereinigung

---

[979] *F. Behrens*, RuP 1997, 73 f.; vgl. *Busse*, AnwBl 1997, 522: Die Bürger müssten sozusagen zu ihrem Glück gezwungen werden; vgl. auch *Ponschab*, AnwBl 1997, 520 (521), mit fragwürdigem Verweis auf die obligatorischen zehn Gebote.

[980] Kritisch auch *Stadler*, NJW 1998, 2479 (2482); *Jansen* (2001), S. 231 f.

[981] Siehe zur Ungeeignetheit bestimmter Konflikte für gerichtliche Verfahren bereits unter B. I. 2. c.

[982] So *Prütting*, JZ 1985, 261 (268 f.).

[983] *Stürner*, JR 1979, 133.

[984] Siehe zu § 15a EGZO näher noch im besonderen Teil unter C. IV. 8. a.

[985] *Stadler*, NJW 1998, 2479 (2484 und 2485 f.); siehe zum Justizgewährleistungsanspruch bereits unter B. III. 1.

[986] Vgl. *MKS/Classen*, Art. 92 Rn. 26.

[987] *Hoffmann-Riem*, ZRP 1997, 190 (196); ähnlich *Greger*, ZRP 1998, 183 (184 und 185): Leerlauf und Frustration durch das obligatorische Vorschaltverfahren seien vorprogrammiert, zumal Zwang und Einvernehmen schlechte Partner seien; *Düwell* (1999), S. 754: Eine obligatorische, dem Gerichtsverfahren vorgeschaltete Mediation erleichtere nicht die Lösung von Konflikten, sondern werde sich nicht selten als Verlängerung und Verteuerung des Verfahrens auswirken.

[988] So *van Bühren*, AnwBl 1998, 582, unter dem Titel „Zwangsschlichtung – Nein Danke!".

durch allgemeine Appelle treten[989]. Wer meine, durch den verordneten Dialog die Streitenden zwangsweise beglücken zu müssen, dürfe sich nicht mehr auf die Grundidee der Mediation berufen[990]. Auch eine Integration mediativer Elemente in das Schiedsverfahren wird nur dann befürwortet, „wenn dies dem Willen aller Parteien entspricht"[991]. Zu bedenken gilt schließlich, dass gerade das freiwillige Einlassen auf ein alternatives Verfahren bereits den ersten Schritt zu einem Ergebnis darstellt[992].

Die gegen eine Zwangsschlichtung hervorgebrachten Argumente relativieren sich indes insofern, als auch bei einer obligatorischen Streitschlichtung die Initiierung oder Fortsetzung des justiziellen Verfahrens als Druckmittel erhalten bleibt[993]. Vor allem aber konnten Forschungsergebnisse aus den USA keinen Zielkonflikt zwischen obligatorischer Verfahrenseinleitung und freiwilliger, parteiautonomer Regelung feststellen: Obwohl die Parteien bei einer obligatorischen Vorschaltung der Mediation („mandatory mediation") diese eher widerwillig aufsuchten, empfanden sie das Verfahren als fair und zufriedenstellend („mediation paradox")[994]. Auch sei die Anzahl der Einigungen bei der obligatorischen Ausgestaltung der Mediation nicht wesentlich kleiner als bei der freiwilligen Variante, zumal der Mediator Überzeugungsarbeit leisten könne[995]; insoweit wird eine Einigungsquote von 70 % als Untergrenze angegeben[996]. Schließlich überwindet der Zwang zur Mediation die weit verbreitete Sorge, einen „unsicheren" oder „schwachen" Eindruck zu machen[997].

Einigkeit dürfte jedenfalls darin bestehen, dass man darauf achten muss, das Verfahren selbst so unreglementiert und zwanglos wie möglich zu gestalten, wenn schon Freiwilligkeit (und Akzeptanz) alternativer Verfahren zwangsweise verordnet werden[998]. Auch aus der Mediation muss ein Ausstieg jederzeit möglich sein, ohne dass den Parteien dadurch ein Nachteil entsteht[999]. Zu unterscheiden ist nämlich zwischen zwei

---

[989] *Greger*, JZ 2000, 842 (844).

[990] So *Stadler*, NJW 1998, 2479 (2482). vgl. *Grisebach*, AnwBl 1997, 528, wonach das entscheidende Element der Mediationsphilosophie auf der Freiwilligkeit auch des Zugangs als Ausfluss der Privatautonomie beruhe; weiterführend zur „obligatorischen Mediation" *Nelle/Hacke*, ZKM 2001, 56 ff.

[991] So *Berger*, RIW 2001, 881 (888).

[992] Siehe dazu auch die Ausführungen betreffend die Zugänglichkeit alternativer Konfliktbehandlungen bereits unter B. III. 4. a.

[993] Vgl. *W. Gottwald* (1981), S. 134 f., zur Ambivalenz alternativer Konfliktbehandlungen im Hinblick auf Freiwilligkeit und Zwang; vgl. zur „Drohung mit dem Gericht" im Kontext mit dem strukturellen Machtungleichgewicht als Gefahr für alternative Konfliktbehandlungen bereits unter B. II. 7. b. aa.

[994] Dazu *W. Gottwald*, BRAK-Mitt. 1998, 60 (63); *Ponschab/Kleinhenz*, DRiZ 2002, 430 (434); *Duve*, AnwBl 2004, 4 (5).

[995] *Zimmer* (2001), S. 163 f.; zweifelnd *Jansen* (2001), S. 231, angesichts des schlecht funktionierenden U.S.-amerikanischen Justizsystems.

[996] So *Ponschab/Kleinhenz*, DRiZ 2002, 430 (434).

[997] *Grisebach*, AnwBl 1997, 528 (530), im Zuge der Einführung des § 15a EGZPO: Überwindung der verbreiteten Scheu vor der Einschaltung eines Dritten.

[998] *Prütting* (1998), O 25, im Zuge der Einführung des § 15a EGZPO.

[999] *Ponschab/Kleinhenz*, DRiZ 2002, 430 (432).

grundlegend verschiedenen Formen des Zwangs: dem Zwang zur Anrufung der Schlichtungseinrichtung einerseits sowie dem Zwang innerhalb des Schlichtungsverfahrens andererseits. Nur innerhalb des Verfahrens darf kein Einigungsdruck auf die Parteien ausgeübt werden: „Zwang oder Druck innerhalb des Verfahrens, um möglichst viele Vergleiche zu erzielen, darf es nicht geben, sollen die Beteiligten ihre Erfahrungen positiv bewerten und die Vereinbarung freiwillig *befolgen.*"[1000] Überdies lässt sich der Befürchtung im Hinblick auf einen – wenn auch nur faktischer – Abbau des Rechtsschutzes durch den Einsatz alternativer Konfliktbehandlungen lediglich durch eine weitgehend freiwillige Ausgestaltung entsprechender Verfahren begegnen. Ein Zwang zur Schlichtung sollte daher nur in Ausnahmefällen und eine Zwangsschlichtung schon gleich gar nicht vorgesehen werden.

Am Beispiel der innerbetrieblichen Konfliktregelung hat man bereits zu Beginn der 80er Jahren erkannt, dass sich Institutionen der vorgerichtlichen Streitbeilegung offenbar nicht einfach rechtspolitisch durch die Vorschaltung obligatorischer Güteverfahren verordnen lassen, sondern zumindest in Ansätzen aus sozialen Prozessen der Interessenvertretung und -durchsetzung möglich sein müssen[1001]. So sei beispielsweise eine obligatorische Schlichtung allenfalls bei bestimmten arbeitsgerichtlichen Streitigkeiten erforderlich, um die durch die Einleitung eines Gerichtsverfahrens eintretende Trübung des Vertrauensverhältnisses zwischen den Arbeitsparteien unter allen Umständen hinauszuschieben. In anderen Fällen sollte man es dagegen der Entscheidung des Anspruchstellers überlassen, ob ihm eine schnelle gerichtliche Entscheidung wichtiger sei als die Rücksichtnahme auf den Betriebsfrieden[1002].

Schließlich ist gerade dem Arbeitsrecht die Unterscheidung zwischen einem Zwang zur Schlichtung und der Zwangsschlichtung nicht unbekannt[1003]. Im Betriebsverfassungsrecht ergibt sich hier ein recht diffuses Bild: Einerseits sieht die Vorschrift des § 76 Abs. 5 BetrVG ein erzwingbares Einigungsstellenverfahren mit zwingendem Einigungsspruch vor, andererseits wird durch die Regelung des § 76 Abs. 6 BetrVG ein freiwilliges Einigungsstellenverfahren ohne zwingenden Einigungsspruch normiert. Daneben kennt die Norm des § 112 Abs. 3 BetrVG im Fall des Interessenausgleichs ein erzwingbares Einigungsstellenverfahren ohne zwingenden Einigungsspruch, was aber zumindest nach der h.M. nicht im Fall des § 85 Abs. 2 Satz 3 BetrVG für das Be-

---

[1000] *W. Gottwald*, BRAK-Mitt. 1998, 60 (63 f.); ebenso *Strempel*, ZRP 1998, 319 (322), in Bezug auf die Mediation und § 15a EGZPO; für eine „doppelte Freiwilligkeit" aber *G. Wagner*, JZ 1998, 836 (841 f.); weiterführend *Jansen* (2001), S. 228 f.; vgl. dazu die Ausführungen zur Vollstreckungsmöglichkeit alternativer Konfliktbehandlungen bereits unter B. II. 3. b.
[1001] *Frommel*, ZRP 1983, 31 (35).
[1002] Siehe *Preibisch* (1982), S. 189 ff., zu den Vorverfahren bei Lehrlingsstreitigkeiten und bei betriebsverfassungsrechtlichen Meinungsverschiedenheiten.
[1003] Siehe *Heinze* (1999), S. 433 ff., zum kollektiven Schlichtungsrecht.

schwerdeverfahren gelten soll[1004]. Selbst die Rechtsprechung ergibt hier ein uneinheitliches Bild: So hat das *BAG* im Fall des § 102 Abs. 6 BetrVG die direkte Anrufung des Arbeitsgerichts unter Umgehung der Einigungsstelle mit der Begründung für zulässig erachtet, dass es kaum als sinnvoll erscheine, Arbeitgeber und Betriebsrat zu einem Verfahren vor der Einigungsstelle zu zwingen, wenn sie es für überflüssig hielten[1005], was freilich generell gegen ein erzwingbares Einigungsstellenverfahren ohne zwingenden Einigungsspruch spräche. Dagegen folgert das *BAG* aus dem Schutzzweck des § 113 Abs. 3 BetrVG, dass der Arbeitgeber nach dem Scheitern der Verhandlungen mit dem Betriebsrat über einen Interessenausgleich die Einigungsstelle anrufen müsse, um einen Anspruch der Arbeitnehmer auf Nachteilsausgleich zu vermeiden[1006]. Entsprechende Folgerungen für Rechtskonflikte am Arbeitsplatz bleiben dem besonderen Teil vorbehalten.

IV. Zusammenfassung

Beiden Institutionen der Konfliktlösung ist gemeinsam, daß sie im Einzelfall falsch gehandhabt ihre Vorteile verfehlen können. Jede Form der Konfliktlösung müßte sich verabsolutiert als nicht tragfähig erweisen: wo nur noch der Ausgleich gilt, verfehlt die Rechtsordnung ihre Bestimmung als steuernde Lebensordnung; wo nur autoritativ Recht verwirklicht wird, leidet die Freiheit zum Rechtsverzicht und zu autonomer Gestaltung.

Stürner[1007]

Insgesamt kann von einer Überlegenheit der Justiz im Verhältnis zu alternativen Konfliktbehandlungen nicht die Rede sein. Vielmehr wurden die Grenzen bzw. Vor- und Nachteile beider Konfliktbehandlungsformen gleichermaßen aufgezeigt, wobei die Grenzen gerichtlicher Konfliktbehandlung gewichtig erscheinen. Auf den Punkt gebracht liegt der Vorteil der gütlichen Einigung mittels alternativer Konfliktbehandlungen im Wesentlichen in ihrer höheren Befriedungswirkung auf die beteiligten Parteien, während der wesentliche Vorteil der gerichtlichen Entscheidung in der Rechtsbewährung und Rechtsfortbildung und damit zugleich in ihrer Befriedungswirkung für die Allgemeinheit liegt. Infolgedessen ist ein Zur-Verfügung-Stellen einer „großen Palette von Optionen" herkömmlicher und alternativer Konfliktbehandlungen zu favorisieren: „Wenn deren Bereitstellung zugleich zur Staatsentlastung führt – um so besser."[1008]

[1004] Siehe zum kollektiven Beschwerdeverfahren näher noch unter C. III. 1. c. bb.

[1005] NZA 2001, 271 (273); a.A. *FESTL*, § 102 Rn. 126 m.w.N.

[1006] NZA 2002, 992 (993).

[1007] JR 1979, 133 f.

[1008] So die Schlussbemerkung eines Vortrags des damaligen hamburgerischen Justizsenators und jetzigen Verfassungsrichters *Hoffmann-Riem*, JR 1999, 421 (430).

C. Besonderer Teil

Anknüpfend an die Ausführungen im einführenden Teil dient die Beantwortung von Abgrenzungsfragen einem einheitlichen Verständnis der hier behandelten Materie (I.). Die daran anschließenden rechtstatsächlichen Ausführungen betreffend Arbeitskonflikte sollen gewährleisten, dass an der Lebenswirklichkeit im Betrieb nicht vorbeigeschrieben wird (II.). Wie bereits im einführenden Teil dargelegt, bedarf es zunächst einer Bestandsaufnahme bereits bestehender Konfliktbehandlungen im Arbeitsrecht als Ausgangspunkt der Überlegungen für Alternativen, wobei das Herkömmliche nicht lediglich aufgezeigt, sondern zugleich kritisch hinterfragt werden soll (III.). Es folgt das eigentliche Herzstück dieser Abhandlung, nämlich die Darstellung alternativer Konfliktbehandlungen im Arbeitsrecht (IV.).

I. Abgrenzungsfragen

Bei der Beantwortung einiger Abgrenzungsfragen ist zunächst daran zu erinnern, dass die Alternativdiskussion alles andere als neu ist[1009]. Die Abgrenzung zwischen herkömmlichen und alternativen Konfliktbehandlungen kann nur insofern erfolgen, als es bei ersteren um eine kritische Darstellung bereits bestehender, jedenfalls aber etablierter Konfliktbehandlungen geht, während mit letzteren solche Verfahren gemeint sind, die zwar nicht zwingend neu sein müssen, zumindest aber in Betrieben weitgehend noch nicht praktiziert werden. Ansonsten wäre alles, was vor allem in der Wissenschaft thematisiert wird, nicht mehr als alternativ zu bezeichnen. Freilich geht es dabei auch um Vorschläge de lege ferenda. Darüber hinaus wurde bereits in der Einführung auf die „ungeheuere Breite der Thematik" in Bezug auf Alternativen zum und im Gerichtsverfahren hingewiesen[1010].

Ebenfalls in der Einführung angesprochen wurde die thematische Eingrenzung dieser Arbeit auf Rechtskonflikte am Arbeitsplatz, die eine Darstellung von solchen individueller Art in den Vordergrund stellt[1011]. Die im Arbeitsrecht entsprechende Unterscheidung zwischen Individual- und Kollektivarbeitsrecht folgt im Prinzip der Abgrenzung zwischen Urteils- und Beschlussverfahren, wenn man einmal die Tarifauseinandersetzungen außer Acht lässt. Gem. § 2 Abs. 1 Nr. 3 ArbGG ist bei Rechtsstreitigkeiten zwischen Arbeitnehmern und Arbeitgebern das Urteilsverfahren einzuleiten, hingegen ist gem. § 2a Abs. 1 Nr. 1 ArbGG für Angelegenheiten aus dem BetrVG das Beschlussverfahren die richtige Verfahrensart. Abgesehen davon, dass sich beide Verfahrensarten gegenseitig ausschließen[1012], kann die Linie allerdings nicht immer eindeutig gezogen werden. Dies liegt maßgeblich daran, dass im BetrVG auch Individualrechte verankert sind, insbesondere in den §§ 81-86a BetrVG (siehe nur die Über-

---

[1009] Siehe dazu bereits im einführenden Teil unter A. I. 2.
[1010] Siehe dazu bereits unter A. I. 1. a.
[1011] Siehe dazu bereits unter A. I. 1. e.
[1012] *Grunsky*, § 2a Rn. 2.

schrift des zweiten Abschnitts: Mitwirkungs- und Beschwerderecht des Arbeitnehmers)[1013]. Folglich sind die daraus resultierenden Streitigkeiten im Urteilsverfahren geltend zu machen und damit als individuelle Konflikte zu bezeichnen. Auch Streitigkeiten im Kontext mit der Betriebsratsanhörung gem. § 102 BetrVG sind im Urteilsverfahren zu entscheiden. Als Gegenbeispiel lassen sich hier trotz ihres zum Teil individuellen Charakters Konflikte in Bezug auf § 99 BetrVG anführen, mit denen überwiegend kollektive Interessen verfolgt werden und für die das Beschlussverfahren gilt; solcher Konflikte werden im Rahmen dieser Arbeit nicht behandelt[1014]. Ebenfalls unberücksichtigt bleiben Streitigkeiten der Organmitglieder hinsichtlich ihrer Betriebsratstätigkeit, wenngleich diese im Urteilsverfahren ausgefochten werden müssen[1015]. Diese Abgrenzung mag zwar nicht immer befriedigend sein, sie entspricht aber einem traditionellen arbeitsrechtlichen Verständnis[1016]. Es ist indes nicht zu verkennen, dass diese Unterscheidung durch die jüngste Reform des BetrVG nicht klarer geworden ist[1017]. Jedenfalls bei der Darstellung des gerichtlichen Verfahrens beschränken sich die Ausführungen auf das Urteilsverfahren.

Schließlich ist im Rahmen dieser Abhandlung eine Abgrenzung zwischen innerbetrieblichen, außerbetrieblichen, außergerichtlichen, schiedsgerichtlichen, vorgerichtlichen und gerichtlichen Konfliktbehandlungen vorzunehmen. Soweit sich diese Abgrenzung nicht von selbst erschließt, erfolgt eine nähere Stellungnahme hierzu an den insoweit relevanten Stellen. Dabei gilt zu beachten, dass diesbezüglich ohnehin kein einheitliches Verständnis in der (arbeitsrechtlichen) Diskussion betreffend alternative Verfahren zu konstatieren ist[1018].

II. Statistisches und Empirisches: Rechtstatsächliches in Bezug auf Arbeitskonflikte – zugleich ein konflikttheoretischer Ansatz

Rechtstatsachenforschung lässt sich als „angewandte empirische Rechtssoziologie auf dem Gebiet des gesamten Zivilrechts, einschließlich des dazugehörenden Verfahrens"

[1013] *Richardi/Thüsing*, Vorbem. vor § 81 Rn. 1 ff.

[1014] Siehe zur unterschiedlichen Zweckrichtung von § 99 und § 102 BetrVG *GK-BetrVG/Kraft/Raab*, § 99 Rn. 6 und *GK-BetrVG/Raab*, § 102 Rn. 3; *Butzke*, BB 1997, 2269 (2272 und 2273).

[1015] Vgl. zum Ganzen *GMPM/Matthes*, § 2a Rn. 12 ff.; *Schaub* (2001), § 10 Rn. 57.

[1016] Gleichwohl wurden schon früh Forderungen erhoben, die Unterscheidung zwischen Urteils- und Beschlussverfahren aufzugeben, siehe etwa *Grunsky*, NJW 1978, 1832 (1837 f.).

[1017] Vgl. etwa *W. Wassermann*, WSI-Mitt. 2002, 84 (88 f.), zu den „Arbeitnehmern als neue Akteure der Mitbestimmung"; vgl. auch *Blanke/Rose*, RdA 2001, 92 (94 ff.), zur „direkten Partizipation" im Rahmen der Betriebsverfassung.

[1018] Vgl. *Rottleuthner* (1984), S. 350, zu den verschiedenen Konfliktebenen und -instanzen: betrieblich (u.a. Betriebsrat; betriebliche Einigungsstelle; Organe der Mitbestimmung); überbetrieblich-kollektiv (Schiedsgericht; Schlichtungsstelle); außerbetrieblich-administrativ (u.a. Industrie- und Handelskammer; Innungen; Gewerbeaufsichtsamt); vorgerichtlich (Anwaltschaft; Gewerkschaft; Arbeitgeberverband); gerichtlich (Güteverhandlung; Kammertermin).

bezeichnen[1019]. Sie ist auch in Bezug auf Arbeitskonflikte möglich und soll im Folgenden dazu dienen, dass insbesondere bei der Aufbereitung alternativer Konfliktbehandlungen die praktischen betrieblichen Auswirkungen der gefundenen Ergebnisse im Auge behalten werden. Die Ausführungen können an dieser Stelle lediglich allgemeiner Natur sein, was indes nicht ausschließt, dass an späteren Stellen noch besondere rechtssoziologische Ausführungen folgen. Die entsprechenden Daten und Beobachtungen stammen vor allem aus der Alternativdiskussion zu Beginn der 80er Jahre[1020], sind aber weitgehend weiterhin relevant oder werden durch neuere Erhebungen bestätigt oder modifiziert[1021].

1.   Die Geschichte von Arbeitskonflikten

Allgemein (also nicht nur im Arbeitsrecht) schätzt man den Anteil der gerichtlich ausgetragenen Konflikte an der Gesamtheit aller rechtlich relevanten Konflikte auf nur 3 %, so dass allenfalls die Spitze eines Eisbergs aller rechtsrelevanten Konflikte vor die Gerichte gelangt[1022]. Anders gewendet: In etwa 97 % aller Rechtskonflikte werden außergerichtliche Konfliktbehandlungsformen „gewählt". Man spricht in diesem Zusammenhang bildlich von einem Trichter, der letztlich nur einen geringen Anteil der auftretenden Rechtskonflikte vor Gericht kommen lässt[1023].

In der Einführung dieser Abhandlung wurde bereits darauf hingewiesen, dass es aus rechtssoziologischer Sicht wünschenswert wäre, die *Geschichte von Arbeitskonflikten* näher zu untersuchen[1024], zumal man ein „gutes Betriebsklima" von vornherein nicht einfach unterstellen kann[1025]. Einem älteren Forschungsbericht zufolge haben über ein Drittel der Arbeitnehmer schon einmal „Probleme mit der Betriebsleitung" gehabt; dabei wurde wiederum in gut einem Drittel der Fälle der Führungsstil des Arbeitgebers beklagt[1026]. Ähnliche Ergebnisse hat jüngst eine weltweite Studie zur Mitarbeiterzufriedenheit ergeben. Danach sind zwar knapp zwei Drittel der Arbeitnehmer in Deutschland mit ihrem unmittelbaren Vorgesetzten insgesamt zufrieden, etwa jeder vierte Arbeitnehmer aber beklagt die Kommunikation und Führung seines direkten

---

[1019] *Röhl* (1987), S. 49.

[1020] Insbesondere der Forschungsbericht von *Falke/Höland/Rhode/Zimmermann* (1981) über Kündigungsschutz und Kündigungspraxis in der Bundesrepublik Deutschland; einen Überblick dazu gibt *Moritz*, AuR 1983, 10 ff.

[1021] Siehe insbesondere die neuen empirischen Befunde über die Beendigung von Arbeitsverhältnissen von *Bielenski/Hartmann/Pfarr/Seifert*, AuR 2003, 81 ff. – allerdings „krankt" diese Studie daran, dass sie zum Teil Vermutungen aufstellt, obwohl die Verfasser der Studie selbst gerade dies bei anderen Studien kritisieren; vgl. auch *U. Preis*, RdA 2003, 65 (68 f.).

[1022] *M. Rehbinder* (2000), Rn. 144 und 159.

[1023] Siehe den „Mexikanischen Trichter" von *Rottleuthner* (1980), S. 272, zurückzuführen auf *Gessner* (1976), S. 114; siehe auch *Klages*, DRiZ 1983, 395 (396 f.); *Röhl* (1987), S. 482 f.

[1024] Siehe dazu bereits unter A. I. 1. d.

[1025] So aber *Grotmann-Höfling*, AuR 2000, 166 (167), im Hinblick darauf, dass 98 % der Arbeitnehmer ohne gerichtlichen Streit leben würden (indes einschränkend in Fn. 7).

Vorgesetzten[1027]. Dies wiederum kann schwerwiegende Folgen haben. So hat auch der jüngste Mobbing-Report der Bundesregierung gezeigt, dass Kommunikations- und Führungsdefizite die Entstehung von Mobbing im Betrieb begünstigen[1028]. Eine weitere Studie ergab, dass Arbeitnehmer durchschnittlich 12 % ihrer Arbeitszeit damit verbringen, Konflikte auszutragen[1029]. Destruktiv ausgetragene Arbeitsplatzkonflikte, betriebliche Spannungen und Ängste führen nachweislich zur Erhöhung des Krankenstands, sog. inneren Kündigung und sinkenden Produktivität, wobei der volkswirtschaftliche Gesamtschaden in Deutschland jährlich auf etwa 50 Milliarden Euro geschätzt wird[1030]. Die Zusammenhänge zwischen der Höhe des Krankenstands und dem Grad der Arbeitszufriedenheit, insbesondere der Zufriedenheit mit der Qualität der betrieblichen Sozialbeziehungen und dem Verhalten des Vorgesetzten sind signifikant, hinzu kommen bekanntlich hohe Folgekosten bei Kündigungen (Stichwort Fluktuation) und negative betriebswirtschaftliche Konsequenzen ungelöster Konflikte zwischen den Betriebspartnern[1031].

Konsens und totaler Konflikt liegen in Arbeitsbeziehungen nahe beieinander[1032]. Klar ist, dass der Betrieb den Ursprung eines jeden arbeitsrechtlichen Konflikts bildet. Dies gilt auch in den Fällen, in denen der Arbeitnehmer seine Probleme „von zu Hause mit in den Betrieb" bringt, da es erst der Konfrontation mit zumindest einer Person im Betrieb bedarf, damit von einem Konflikt am Arbeitsplatz gesprochen werden kann. Wenn man annimmt, dass es sich bei arbeitsrechtlichen Konflikten eher um rollen- als um personenbezogene Konflikte handelt[1033], entfällt eine „soziale Kreditbeziehung" zwischen den Konfliktparteien in dem Sinne, dass eher nach externen Streitaustragungsmodalitäten gesucht wird. „Extern" ist dabei aber nicht mit „außerbetrieblich" gleichzusetzen, sondern bedeutet lediglich, dass es der Einschaltung eines Dritten zur Behandlung des Konflikts bedarf, wie dies beispielsweise der Betriebsrat sein kann[1034]. Jedenfalls in Dauerbeziehungen können Strategien der Meidung von Konflikten nicht als geeignete Mittel der Konfliktbewältigung angesehen werden, vielmehr müssen sich die Konfliktparteien aktiv auseinandersetzen (sog. Konfliktaustragung), sei es mit oder

---

[1026] *Falke/Höland/Rhode/Zimmermann* (1981), S. 291 f.

[1027] So die Ergebnisse des Beratungsunternehmens International Survey Research (ISR), siehe dazu den Bericht in der Computerwoche 15/2002, S. 66; siehe auch *Dabringhausen*, REFA-Nachrichten 1/2003, 16 ff., oder http://www.refaly.de/downloads/organisatoren.pdf (1.9.2005).

[1028] *Meschkutat/Stackelbeck/Langenhoff* (2002), S. 123 ff.; vgl. *Kerst-Würkner*, AuR 2001, 251 (252); siehe zum Mobbing-Report die Pressemitteilung des Bundesministeriums für Arbeit und Sozialordnung vom 11.6.2002 und den Bericht in der SZ vom 12.6.2002, S. 1.

[1029] Siehe dazu die Mitteilung im mediations-report 8/2002, 3, mit Verweis auf die FAZ vom 8.7.2002.

[1030] *Ponschab/Dendorfer*, AnwBl 2000, 650 (651); *Klein* (2002), S. 10; siehe dazu auch den Artikel in der FTD vom 17.1.2001, S. 34: Was tun, wenn das Streiten teuer wird?

[1031] *Ponschab/Dendorfer*, AnwBl 2000, 650 (651); dies., BB Beilage 2 zu Heft 16/2001, 1 (2).

[1032] Vgl. *Hegenbarth* (1980), S. 64, zum konflikttheoretischen Hintergrund in Dauerbeziehungen.

[1033] Siehe dazu bereits unter A. I. 1. b.

[1034] Vgl. zu diesem konflikttheoretischen Ansatz *Falke/Gessner* (1982), S. 300.

ohne Einschaltung eines Dritten[1035]. Hinzu kommt, dass interpersonale Konflikte die Tendenz haben, sich aufzuschaukeln. Daraus lässt sich die Schlussfolgerung ziehen, dass solche Konflikte so früh wie möglich behandelt werden müssen[1036]. Riskant für Unternehmen sind die Konflikte, die ungelöst schwelen und dadurch allmählich das Klima verschlechtern. Eine gemeinsame, zielgerichtete Zusammenarbeit wird in diesen Fällen immer schwieriger[1037].

Hinsichtlich der „Lösung" eines Konflikts lassen sich drei Ebenen unterscheiden: die Machtlösung, die Regellösung und die Interessenlösung. Da jeder Betrieb betriebswirtschaftlichen Handlungsmaximen unterliegt, wird dort im Grundsatz die Macht-/Regellösung praktiziert (entsprechend dem Taylorsystem, bei dem eine Betriebsführung mit dem Ziel eines möglichst „wirtschaftlichen Betriebsablaufs" im Vordergrund steht[1038]). Dies gilt zumindest für traditionelle „fordistische" Betriebe, in denen hierarchische Strukturen und ausgebaute Regelsysteme entwickelt sind[1039]. Allerdings ist auch dort eine „Bewegung in den Arbeitsbeziehungen" zu kooperativen und damit letztlich interessengerechten Verhandlungsformen zu verzeichnen[1040]; darauf wird noch zurückzukommen sein. Man kann davon ausgehen, dass dem arbeitsgerichtlichen Prozess in der Regel eine mehr oder weniger formalisierte Konfliktaustragung vorausgeht. Die Notwendigkeit, sich rechtlicher Mittel und verfahrensmäßiger Formen zu bedienen, gewinnt schon bei den vorgerichtlichen Auseinandersetzungen Bedeutung. Vor die Gerichte gelangt nur noch eine Auswahl der besonders streitigen Fälle oder der Konflikte aus Bereichen, in denen formelle Vorverfahren ineffektiv sind. Dabei ist zwischen kleineren und größeren Betrieben zu differenzieren. Kleinere Betriebe können entweder keinen Betriebsrat einrichten oder haben dies nicht getan, obwohl die gesetzlichen Voraussetzungen vorliegen (§ 1 BetrVG), in vielen Fällen ist ein vorhandener Betriebsrat schlicht inaktiv. Hier bestehen oftmals personalisierte Beziehungen zwischen Arbeitnehmer und Arbeitgeber, es gibt weder eine organisierte Arbeitnehmervertretung noch interne Schlichtungsinstanzen. Demgegenüber kann man beobachten, dass in größeren Betrieben, insbesondere wenn sie eine Personalabteilung und

---

[1035] *W. Gottwald* (1981), S. 33 ff.; weiterführend zur Meidung als negative Form der Konfliktaustragung *Hegenbarth* (1980), S. 53 f., und *Falke/Gessner* (1982), S. 290; zu einer idealtypischen Differenzierung verschiedener Formen des betrieblichen Konfliktverhaltens *Breisig* (1996), S. 91 ff.
[1036] Siehe *W. Gottwald* (1981), S. 20 f., und BRAK-Mitt. 1998, 60 (64), zur Vermittlung bzw. Mediation; siehe speziell zum betrieblichen Bereich *Ponschab/Dendorfer*, BB Beilage 2 zu Heft 16/2001, 1 (2), und *Reitemeier* (2001), S. 31 ff.
[1037] *Altmann/Fiebiger/Müller* (2001), S. 47; dass ein latenter Konflikt ebenfalls ein echter Konflikt ist, beschreibt *Breisig* (1996), S. 90 f.
[1038] Das tayloristische System der „wissenschaftlichen Betriebsführung" war das prägende Modell der Arbeitsorganisation in den Industrieländern vom Anfang des 19. Jahrhunderts bis in die 80er Jahre hinein, siehe http://www.arbeitsalltag.de/Texte/Toyot_Prek.pdf (1.9.2005).
[1039] *Reitemeier* (2001), S. 33 f.; vgl. *Blanke/Rose*, RdA 2001, 92 (94), im Zuge der jüngsten Reform des BetrVG; zum betrieblichen Konflikt aus sozialwissenschaftlicher Sicht *Plänkers* (1990), S. 23 ff.
[1040] Vgl. *Baukrowitz/Boes*, Mitbestimmung 6/2001, 42 ff., am Beispiel der innovativen IT-Branche; vgl. weiterführend *Zachert* (1999), S. 699 ff.

auch einen Betriebsrat haben, Konflikte schon viel stärker strukturiert vor Gericht kommen. Sowohl die Personalabteilung als auch der Betriebsrat haben in der Regel schon einen großen Teil von Streitigkeiten erledigt und tragen nur noch die Fälle vor Gericht, die in den formalisierten vorgerichtlichen Konfliktlösungsversuchen nicht beigelegt werden konnten. In Großbetrieben ist vorwiegend ein enges Netz innerbetrieblicher und verbandlicher Organisationen mit relativ guten Rechtsberatungs- und Rechtsvertretungsmöglichkeiten vorhanden; sie verfügen über ein weit ausdifferenziertes Regelwerk von Tarif- und Betriebsvereinbarungen[1041]. Dem entspricht, dass die arbeitsrechtliche Beratung in Betrieben mit deren Größe zunimmt[1042]. Vor diesem Hintergrund lässt sich eine plausible Erklärung dafür finden, dass Klagen aus kleineren Betrieben gegenüber größeren Betrieben bei Arbeitsgerichtsprozessen überrepräsentiert sind.

Dies gilt selbst im Bereich des Kündigungsschutzrechts. Zwar hat die betriebsgrößenspezifisch eingeschränkte Geltung des Kündigungsschutzes zur Folge, dass in kleineren Betrieben die Menge der einklagbaren Prozessanlässe geringer ist als in größeren Betrieben, gleichwohl ist die Klagehäufigkeit dort nicht zwingend geringer[1043]. Daran vermag auch der relativ ausgeprägte „Kündigungsschutz in Kleinbetrieben" gem. § 242 BGB nichts zu ändern[1044] – womöglich bietet dieser infolge der damit einhergehenden Rechtsunsicherheit sogar noch mehr Konfliktpotenzial. Jedenfalls wird in kleineren Betrieben gemessen an der Arbeitnehmerzahl erheblich häufiger gekündigt als in großen Betrieben. Wer in einem Kleinbetrieb beschäftigt ist, hat ein siebenmal so hohes Risiko, vom Arbeitgeber gekündigt zu werden, als derjenige, der in einem Betrieb mit 500 oder mehr Arbeitnehmern arbeitet; freilich verfügen große Betriebe in stärkerem Maße über andere Mittel zur Reduzierung bzw. internen Umschichtung der Belegschaft[1045]. Die Frage, ob der Anteil von Arbeitgeberkündigungen über dem der von den Arbeitnehmern ausgesprochenen Kündigungen liegt, erscheint dabei vernachlässigenswert[1046].

[1041] Zum Zusammenhang zwischen Häufigkeit von Klagen und Fehlen innerbetrieblicher Formalisierung von Arbeitskonflikten bereits *Blankenburg/Schönholz/Rogowski* (1979), S. 61 ff.; siehe auch *Blankenburg* (1980), S. 88, und (1982), S. 31; *Rottleuthner* (1980), S. 271, und (1982), S. 149; siehe aus neuerer Zeit *Baukrowitz/Boes*, Mitbestimmung 6/2001, 42 (43).

[1042] *Alewell/Koller*, BB 2002, 990 f.; vgl. bereits *Falke/Höland/Rhode/Zimmermann* (1981), S. 625.

[1043] *Blankenburg/Schönholz/Rogowski* (1979), S. 72; siehe zur Häufigkeit von Kündigungsschutzklagen nach Betriebsgröße jüngst auch *Pfarr/Bothfeld/Kaiser/Kimmich/Peuker/Ullmann*, BB 2004, 106 f.; siehe weiter dies., BB 2003, 2061 ff., zur Einschätzung der Geltung des KSchG in Kleinbetrieben; siehe zur Anrufung der Arbeitsgerichte noch unter C. II. 3.

[1044] Grundlegend *BVerfG*, NJW 1998, 1475 ff.; daran anknüpfend *BAG*, NZA 1999, 590 (593 f.); NZA 2001, 833 (835 ff.); NZA 2001, 951 (953 ff.); NZA 2002, 87 (89); NZA 2003, 717 ff.; aus der Literatur: *Gragert*, NZA 2000, 961 ff.; *Gragert/Wiehe*, NZA 2001, 934 ff.; *Lettl*, NZA-RR 2004, 57 ff.

[1045] *Bielenski/Hartmann/Seifert*, AuR 2003, 81 (83 f.); *U. Preis*, RdA 2003, 65 (68); siehe schon *J. Falke* (1983b), S. 16 f.; *Russig* (1983), S. 293.

[1046] Siehe *U. Preis*, RdA 2003, 65 (68), einerseits und *Bielenski/Hartmann/Pfarr/Seifert*, AuR 2003, 81 (84 ff.), andererseits.

Dass sich schließlich im vorgerichtlichen Raum Konfliktaustragungsmechanismen vorfinden, bestätigen auch die Ergebnisse einer Befragung Anfang der 80er Jahre. Demnach haben sich immerhin 22 % der Arbeitnehmer im Falle von betrieblichen Rechtsproblemen mit der Betriebsleitung (z.b. dem Vorgesetzten oder der Personalabteilung) persönlich „geeinigt", während 43 % der Arbeitnehmer betriebliche Instanzen angerufen haben, und nur 7 % der Befragten haben einen Gerichtsprozess geführt. Auch diejenigen Fälle, die zur Rechtsberatung (insbesondere zum Rechtsanwalt oder zur Gewerkschaft) getragen werden, stellen nur einen Ausschnitt aus allen rechtlich-relevanten Auseinandersetzungen dar[1047]. Jedenfalls letzterer Befund wurde durch eine neuere Erhebung sogar noch unterboten, da der Anteil der Arbeitnehmer, die in arbeitsgerichtlichen Verfahren verwickelt waren, auf lediglich 2 % – und derjenige der Arbeitgeber auf 8,5 % – veranschlagt wurde[1048]. Vor dem Gang zum Arbeitsgericht liegt also in der Regel eine Reihe von anderweitigen Versuchen der Konfliktaustragung. Die Anrufung des Arbeitsgerichts ist die letzte Stufe des Versuchs der Interessendurchsetzung, so dass auch im Arbeitsrecht die tatsächliche Anzahl der Klagen nur die Spitze des Eisbergs ist[1049].

2.   Die Konfliktsituation am Arbeitsplatz

Anknüpfend an vorstehende Beobachtungen ist in Bezug auf die Konfliktsituation am Arbeitsplatz festzustellen, dass Betriebe einem erheblichen Schlichtungsdruck ausgesetzt und besonders konfliktempfindlich sind. Es wird versucht, Konflikte zu verhindern oder unter Kontrolle zu halten bzw. die Konfliktregelung unter dem Aspekt der Selbstregulation in Organisationen als Alternative zur Justiz selbst zu besorgen. Dies gilt jedoch nicht nur in größeren Betrieben[1050]. Vielmehr verhält es sich umgekehrt so, dass kleinere Betriebe schon durch Streitigkeiten mit einzelnen Arbeitnehmern gefährdet werden können, während dies bei größeren Betrieben in der Regel erst durch kollektive Aktionen der Fall ist, da diese kleine Konfliktherde eher durch Isolation verkraften können[1051]. Es besteht eben ein Unterschied zwischen sich persönlich entfaltenden Konflikten im Kleinbetrieb und der anonymisierenden Tendenz eines Großbetriebs[1052]. Auch das *BVerfG* hat im Zuge der Beurteilung der Verfassungsmäßigkeit der Kleinbetriebsklausel festgestellt: „Kleine Teams sind anfällig für Mißstimmungen

---

[1047] *Blankenburg* (1982), S. 34 f., und (1995), S. 51 f.; zur Vorphase der Klage bzw. zu den Gründen des Klageverzichts bei Kündigungssachen auch *Falke/Höland/Rhode/Zimmermann* (1981), S. 369 ff. und 373 ff.

[1048] *Grotmann-Höfling*, AuR 2000, 166 (167).

[1049] *Blankenburg* (1982), S. 33; siehe auch den „Berliner Trichter" von *Rottleuthner* (1978), S. 129; vgl. ders. (1984), S. 353, zur Selektivität und Transformation zwischen dem betrieblichen und gerichtlichen System; vgl. auch *Reitemeier* (2001), S. 29, zur Unterscheidung zwischen der verdeckten emotionalen und der sichtbaren Sachebene.

[1050] So aber *Röhl* (1987), S. 479 und 518.

[1051] *Blankenburg/Schönholz/Rogowski* (1979), S. 53; *Rottleuthner* (1980), S. 271.

[1052] *Camin* (1984), S. 151.

und Querelen. Störungen des Betriebsklimas können zu Leistungsminderungen führen, die bei geringem Geschäftsvolumen spürbar auf das Ergebnis durchschlagen."[1053]

Dazu trägt bei, dass in kleineren Betrieben typischerweise der Unternehmer selbst als Betriebsinhaber oder Betriebsleiter bzw. Chef vor Ort mitarbeitet. Der Interessenausgleich zwischen Arbeitgeber und Arbeitnehmer erfolgt hier vorrangig durch persönliche Kommunikation auf der Basis vergemeinschaftlichter Sozialbeziehungen ohne formale Organisationsstrukturen. Dabei sind zwei Führungsstile denkbar. Es gibt Chefs, die keinen Widerspruch dulden und sich von ihren Mitarbeitern nicht hineinreden lassen. Solche Chefs führen ihren Betrieb „patriarchalisch autoritär" und üben ihr Direktionsrecht nach „Gutsherrenart" aus. Das Arbeitsklima ist tendenziell bedrückend, die Arbeitnehmer nehmen indes die Belastungen am Arbeitsplatz hin, um ihren Arbeitsplatz nicht zu gefährden. Auf der anderen Seite gibt es Chefs, die einen eher kooperativen Führungsstil an den Tag legen und die Beschäftigten im eigenen Interesse in wichtige Entscheidungen miteinbeziehen sowie deren Wünsche berücksichtigen. Die Atmosphäre ist oft von Vertrauen und von wechselseitiger Rücksichtnahme geprägt, das Betriebsklima ist insgesamt zufriedenstellend. In der Praxis kommen diese Führungsstile kaum in Reinform vor, sondern abgestuft und gemischt[1054]. Die insbesondere in kleineren Betrieben vorzufindenden sozialen Beziehungen führen dazu, dass die Vertragsbeziehung zwischen Arbeitgeber und Arbeitnehmer durch eine Vertrauensbeziehung überlagert wird[1055]. Daraus aber zu folgern, dass es gerade in kleineren Betrieben keiner Vermittlungselemente bedürfe[1056], ginge vor dem Hintergrund der in solchen Betrieben vorzufindenden tatsächlichen Konfliktsituation zu weit.

Hingegen sind die traditionellen „fordistischen" Betriebe durch eine hierarchisch gestaffelte Organisation gekennzeichnet. Allerdings geht auch in diesen Betrieben der Trend hin zu mehr betrieblicher *Kooperation*. Während reaktive Unternehmen nach wie vor zu destruktiven Konfliktlösungsprozessen wie Abmahnungen und Kündigungen neigen, greifen moderne, sog. proaktive Unternehmen zu kooperativen Lösungsprozessen und nutzen dabei das innovative Entwicklungspotenzial von Konflikten[1057]. Immer häufiger tauchen in der Personalwirtschaft Begriffe wie Akzeptanz, Identifikation, Motivation, Vertrauen, Verständigung, Information, Kommunikation oder Konsens auf[1058]. Man mag dies auch als eine „Demokratisierung der Unternehmensstruktu-

---

[1053] NJW 1998, 1475 (1476).

[1054] Zum Ganzen *Wahsner*, AuR 2000, 209 (210); *Baukrowitz/Boes*, Mitbestimmung 6/2001, 42 (43 f.); weiterführend *W. Wassermann*, WSI-Mitt. 1999, 770 (771 ff.), zu den „mittelständischen Kleinbetrieben im mitbestimmungspolitischen Abseits".

[1055] Vgl. *BVerfG*, NJW 1998, 1475 (1476).

[1056] In diesem Sinne offenbar *Reichold*, NZA 1999, 561 (563 f.).

[1057] *Ponschab/Dendorfer*, AnwBl 2000, 650 (651).

[1058] Vgl. *Breisig* (1996), S. 75 f., zur Sozialverfassung zwischen Konflikt und Kooperation sowie S. 243 zur Ent-Taylorisierung; vgl. auch *Reichhold*, NZA 1999, 561 (569): magisches Dreieck von Marktkoordination, hierarchischer Steuerung und Kooperation im Arbeitsprozess; weiterführend zur

ren" bezeichnen[1059]. Dass in Krisenzeiten bisweilen ein autoritärer Führungsstil angesagt ist, ändert daran nichts[1060]. Freilich vollzieht sich diese Kooperation überwiegend
noch auf der kollektiven Ebene zwischen Arbeitgeber und Betriebsrat und nicht im
direkten Verhältnis zwischen Arbeitgeber und Arbeitnehmern. Die in nahezu allen
großen Betrieben gewählten Betriebsräte haben eine starke Position und pflegen ein
professionelles Verhältnis zur Betriebsleitung[1061].

Damit ist die Frage, ob der Arbeitnehmer im Konfliktfall Unterstützung durch den Betriebsrat erhält bzw. erhalten kann, für die Konfliktsituation am Arbeitsplatz von gro-
ßer Wichtigkeit. Zu unterscheiden ist hier zweierlei. Einmal kann nach dem Anteil der
Betriebe mit Betriebsräten gefragt werden. Oder anders gewendet: Wie groß ist der
Anteil betriebsratsloser Betriebe? Aus Sicht der Arbeitnehmer entscheidender dürfte
indes die Frage sein, wie groß der Anteil der Arbeitnehmer in Betrieben mit bzw. ohne
Betriebsräte ist. Durchweg verlässliche Aussagen hierüber gibt es nicht; dafür sind die
Schwankungen zu groß. Aus einer Mehrzahl von Hochrechnungen und vor allem unterschiedlichen Berechnungsmethoden lässt sich aber Folgendes sagen: Vor gut zwanzig Jahren lag der Anteil der betriebsratslosen Betriebe (bezogen auf die betriebsratsfähigen Betriebe!) bei über 80 %[1062], inzwischen wird er sogar auf rund 90 % geschätzt[1063]. Dabei nimmt die Existenz von Betriebsräten sehr deutlich mit wachsender
Betriebsgröße zu. In Betrieben mit 5-20 Arbeitnehmern besteht ein Betriebsrat in nicht
einmal jedem zwanzigsten Betrieb und selbst in Betrieben mit 21-100 Arbeitnehmern
liegt der Anteil der betriebratslosen Betriebe bei über zwei Drittel; erst in Betrieben
mit über 100 Arbeitnehmern sinkt dieser Anteil rapide und stetig unter ein Viertel[1064].
Der Anteil der Arbeitnehmer in Betrieben ohne Betriebsrat wurde vor gut zwanzig
Jahren auf eine Größenordnung zwischen 40 und 50 % geschätzt[1065] und liegt mittlerweile sogar zwischen 50 und 60 %[1066]. Mit anderen Worten: Über die Hälfte aller Ar-

---

innerbetrieblichen Kooperation aus wirtschaftswissenschaftlicher Sicht *Beyer/Fehr/Nutzinger* (1995),
S. 15 ff.

[1059] Siehe dazu den Artikel in der FTD vom 23.6.2000, S. 38, mit dem Titel „Wenn zwei sich streiten,
schlichtet der Dritte".

[1060] Siehe dazu den Bericht im HB vom 21./22.3.2003, S. K6, mit dem Titel „Konsens ist Nonsens":
Der Chef bestimme, die Mitarbeiter machten; neue Untersuchungen belegten, dass in Krisenzeiten der
autoritäre Führungsstil wieder angesagt sei.

[1061] So *Baukrowitz/Boes*, Mitbestimmung 6/2001, 42 f., betreffend die veränderte Konfliktsituation in
„fordistischen" Betrieben.

[1062] Siehe nur *Falke/Höland/Rhode/Zimmermann* (1981), S. 48 f. m.w.N.

[1063] *Düll/Ellguth*, WSI-Mitt. 1999, 165 (168); *Wahsner*, AuR 2000, 209 (211); Zweite repräsentative
WSI-Befragung von Betriebs- und Personalräten in Deutschland 2001, S. 3, unter Berufung auf das
IAB-Betriebspanel 1998 des Instituts für Arbeitsmarkt- und Berufsforschung der Bundesanstalt für
Arbeit.

[1064] Siehe die Nachweise in vorstehender Fußnote; siehe auch BT-Drucks. 14/5741, S. 23, im Zuge der
jüngsten Reform des BetrVG; vgl. *Falke/Höland/Rhode/Zimmermann* (1981), S. 47.

[1065] *Falke/Höland/Rhode/Zimmermann* (1981), S. 50 f. m.w.N.; BT-Drucks. 14/5741, S. 23.

[1066] Vor der jüngsten Reform des BetrVG: *Düll/Ellguth*, WSI-Mitt. 1999, 165 (169), und *Wahsner*,
AuR 2000, 209 (211), unter Berufung auf das IAB-Betriebspanel 1998; siehe auch BT-Drucks.

beitnehmer arbeitet in Betrieben ohne Betriebsrat[1067]! Insbesondere in sog. Klein- und Mittelunternehmen (KUM) entfällt damit die innerbetriebliche Beschwerdeinstanz namens Betriebsrat. Arbeitnehmer in solchen Betrieben sehen sich im Konfliktfall einer direkten Konfrontation mit ihrem Arbeitgeber ausgesetzt. Wenn man also über alternative Konfliktbehandlungen am Arbeitsplatz nachdenkt, muss man sich auch diese enorme praktische Bedeutung betriebsratsloser Betriebe vor Augen führen und diesen die gebotene Aufmerksamkeit schenken. Selbst wenn ein Betriebsrat vorhanden ist, ist damit noch nicht gesagt, dass der Arbeitnehmer in einer Konfliktsituation nicht doch auf sich allein gestellt ist[1068]. Die Gründe, warum es betriebsratslose Betriebe gibt, sind unterschiedlich[1069]: Die Mindestgröße nach dem BetrVG wird nicht erreicht, die Wahl wird erfolgreich angefochten oder ist nichtig, die Arbeitnehmer haben sich gegen die Wahl entschieden[1070], schließlich gibt es Fälle, in denen Arbeitgeber die Wahl erfolgreich hintertreiben.

Speziell zum Kündigungsschutz lassen sich noch folgende Angaben machen. Gut zwei Drittel der Betriebe beschäftigen bis zu fünf Arbeitnehmer. Und wiederum aus Sicht des Arbeitnehmers: Etwa jeder zehnte Arbeitnehmer arbeitet in solchen Kleinbetrieben, während etwa jeder sechste Arbeitnehmer in einem Betrieb mit bis zu zehn Arbeitnehmern arbeitet[1071]. Zumindest rechtsstatsächlich wird damit die enorme Bedeutung des immer wieder im Streit stehenden Schwellenwerts des KSchG unterstrichen. Sprichwörtlich in letzter Minute hat der Gesetzgeber diesen durch das Gesetz zu Reformen am Arbeitsmarkt im Zuge der „Agenda 2010" ab dem 1.1.2004 abermals auf zehn Arbeitnehmer erhöht (siehe § 23 Abs. 1 Satz 3 KSchG)[1072]. Bezogen auf die gem. § 102 Abs. 1 BetrVG im Falle der Existenz eines Betriebsrats erforderlichen Betriebsratsanhörung vor Ausspruch einer Kündigung ist zu sagen, dass sich der Betriebsrat jedenfalls nach Angabe der Gekündigten in über einem Drittel der Fälle mit der Kündigung nicht beschäftigt hat[1073]. Wie bereits dargelegt, liegt die tatsächliche Kündi-

---

14/5741, S. 23; *Blanke/Rose*, RdA 2001, 92; vgl. ferner *Reichold*, NZA 1999, 561 f.; *Streeck*, AuA 1999, 369 (370); nach der jüngsten Reform des BetrVG: *Bielenski/Hartmann/Pfarr/Seifert*, AuR 2003, 81 (86), wonach in 56 % der Betriebe kein Betriebsrat existiere; *Junker*, NJW Beilage zu Heft 27/2004, 10 (15).

[1067] Was *W. Wassermann*, WSI-Mitt. 1999, 770 (771), zutreffend so kommentiert: „Mitbestimmung ist demnach mittlerweile zu einer Minderheitenveranstaltung geworden."

[1068] Beispielsweise haben *Falke/Höland/Rhode/Zimmermann* (1981), S. 347, herausgefunden, dass der Betriebsrat in über einem Viertel der Konflikte untätig geblieben ist.

[1069] Nach *Wendeling-Schröder*, DB 2002, 206.

[1070] Exemplarisch sei hier die erfolgreiche Softwareschmiede *SAP* genannt, bei der Arbeitnehmervertreter im Aufsichtsrat die Rolle des Betriebsrats für 8.000 Beschäftigte in Deutschland übernehmen, siehe dazu *Classen/Koller*, Mitbestimmung 6/2001, S. 48: „Wir sind Quasibetriebsräte."

[1071] *Falke/Höland/Rhode/Zimmermann* (1981), S. 10; vgl. jüngst *Bielenski/Hartmann/Pfarr/Seifert*, AuR 2003, 81 (83 f.).

[1072] BT-Drucks. 15/2245, S. 2; dazu jüngst *Bader*, NZA 2004, 65 (66 f.); *Quecke*, RdA 2004, 86 (103 ff.); kritisch *Bauer/Krieger*, DB 2004, 651 ff.; *Bender/Schmidt*, NZA 2004, 358 ff.

[1073] *Falke/Höland/Rhode/Zimmermann* (1981), S. 349.

gungsschwelle in größeren Betrieben niedriger[1074]. Diese sichern Kündigungen besser ab, häufig erfolgt eine betriebsinterne Vorklärung mit dem Betriebsrat. Sie bereiten Prozesse sorgfältiger vor und verfügen über sach- und rechtskundigere Prozessvertretung und -führung, sind objektiver, sachlicher und distanzierter. Außerdem sind sie eher zu Vergleichen und Abfindungszahlungen bereit. Bei ihnen ist die Rückkehr an den Arbeitsplatz möglich, bei Kleinbetrieben eigentlich nie. In kleineren Betrieben erfolgen Kündigungen oft unbegründet, zumal diese Betriebe lediglich über geringe arbeitsrechtliche Kenntnisse verfügen. Kündigungsstreitigkeiten werden sehr emotionsgeladen geführt, dabei kommt der eben beschriebene Herr-im-Haus-Standpunkt besonders zum Vorschein[1075].

3. Thematisierung des Arbeitsrechts und Anrufung der Arbeitsgerichte

Aus der Perspektive des sozial schwächeren, dem Arbeitgeber gegenüber strukturell unterlegenen Arbeitnehmers ist die Konfliktkonstellation in Bezug auf eine Thematisierung des Arbeitsrechts aus mehreren Gründen ausgesprochen ungünstig, zumal für den Arbeitnehmer dabei ein existentiell wichtiges Sozialverhältnis berührt ist[1076].

Die Geltendmachung von Forderungen innerhalb eines Arbeitsverhältnisses birgt für den Arbeitnehmer das Risiko, beim Arbeitgeber unangenehm aufzufallen und Karrieremöglichkeiten zu verbauen[1077]. Insbesondere in kleineren Betrieben kann allein das Bestehen auf Einhaltung vertraglicher Arbeitsbedingungen vereinzelt feindselige Reaktionen des Arbeitgebers auslösen und wird als „Vertrauensbruch" oder „Störung des Betriebsfriedens" gewertet, so dass der Schutzbedarf der Arbeitnehmer gerade in diesen Betrieben überdurchschnittlich hoch ist[1078]. Aber auch in größeren Betrieben lassen sich Beschwerden (im untechnischen Sinne) nicht ohne weiteres artikulieren, ohne Benachteiligungen befürchten zu müssen. Die Einreichung einer Beschwerde ist – zumal im Rahmen von hierarchischen Strukturen – kein risikoloser Akt, der Beschwerdeführer kann als „Querulant" gelten, Benachteiligungen etwa in der Bewertung seiner Arbeitsleistung ausgesetzt sein, Karrierechancen aufs Spiel setzen und schlimmstenfalls seinen Arbeitsplatz verlieren. Die „Angst vor Repressalien" bei der Thematisierung des Arbeitsrechts durch den Arbeitnehmer im bestehenden Arbeitsverhältnis darf nicht unterschätzt werden[1079], hängt indes von der Beschwerdekultur des Betriebs ab.

[1074] Siehe dazu bereits unter C. II. 1.

[1075] Zum Ganzen *Falke/Höland/Rhode/Zimmermann* (1981), S. 625.

[1076] Siehe etwa *BVerfG*, NJW 1998, 1475 (1476): Arbeitsplatz als wirtschaftliche Existenzgrundlage für den Arbeitnehmer und seine Familie; siehe zur persönlichen und existentiellen Betroffenheit des Arbeitnehmers durch den Rechtsstreit auch *Camin* (1984), S. 151 f.

[1077] So bereits *Bünger/Moritz* (1983), S. 174.

[1078] Vgl. *P. Berg*, AiB 1992, 253 (und 255).

[1079] Instruktiv zu den Beschwerdebarrieren *Breisig* (1996), S. 48 ff.; siehe auch ebenda, S. 55 ff., zur konflikttheoretischen Perspektive des Beschwerdewesens; vgl. ders., WSI-Mitt. 1996, 576 (577); *Röhl* (1982b), S. 98; *Grotmann-Höfling*, AuR 2000, 166 (167 Fn. 7).

Verschlimmernd kommt hinzu, dass der Arbeitnehmer in der Mehrzahl der Fälle aktiv werden muss. Er trägt überwiegend die Prozessführungslast[1080]. Über 90 % der Klagen stammen von Arbeitnehmern[1081]. Wie bereits im allgemeinen Teil erwähnt, liegt dies nicht an der Prozessfreude des Arbeitnehmers als vielmehr am betrieblichen Kräfteverhältnis[1082]. Die Begründung liegt auf der Hand. Lehnt der Arbeitgeber eine Forderung des Arbeitgebers ab, muss der Arbeitnehmer dagegen vorgehen und notfalls klagen. Nur in Ausnahmefällen, jedenfalls aber nicht ohne Risiko kommt ein Zurückbehaltungsrecht des Arbeitnehmers im Konfliktfall in Betracht; der Arbeitnehmer muss nämlich im Falle einer zu Unrecht ausgeübten Leistungsverweigerung eine Abmahnung oder sogar eine Kündigung durch den Arbeitgeber befürchten[1083]. Befolgt hingegen der Arbeitnehmer eine z.B. im Zuge des Direktionsrechts angeordnete Anweisung des Arbeitgebers nicht, muss der Arbeitnehmer ebenfalls klagen. Denn der Arbeitgeber wird die Arbeitspflicht des Arbeitnehmers, nachdem er sie zunächst informell eingefordert hat, in den seltensten Fällen einklagen, sondern eine Abmahnung aussprechen, dem Arbeitnehmer (verhaltensbedingt) kündigen oder im Einzelfall Lohn und Gehalt vorenthalten, d.h. der Arbeitgeber verfügt im Gegensatz zum Arbeitnehmer über ausreichende innerbetriebliche Durchsetzungsmöglichkeiten[1084]. Hiergegen wiederum muss sich der Arbeitnehmer mittels einer (Kündigungsschutz-)Klage wehren[1085]. Hinzu kommen personen- und vor allem betriebsbedingte Kündigungen; gut zwei Drittel aller Kündigungen seitens des Arbeitgebers sind betriebsbedingt bzw. gut 20 % aller Beendigungsfälle entfallen auf betriebsbedingte Kündigungen[1086].

Was die Ausgangsposition des Arbeitnehmers weiter verschlechtert, ist die Tatsache, dass er das faktische Prozessrisiko trägt[1087]. Denn selbst im Falle eines günstigen Pro-

---

[1080] *Rottleuthner* (1980), S. 268 f.: Initiativlast; *Frommel*, ZRP 1983, 31 (35): Mobilisierungslast.

[1081] Nach *Rogowski* (1982), S. 179, liegt die Zahl bei 95 %; jedenfalls wurden im Jahr 2000 rund 95 % der Klagen von Arbeitnehmern, Gewerkschaften und Betriebsräten in das arbeitsgerichtliche Urteilsverfahren eingebracht, siehe BArbBl 1/2002, S. 128; *Estermann* (1984), S. 73, weist zu Recht darauf hin, dass diese Statistik nicht die Zahl der Widerklagen und zur Aufrechnung gestellten Gegenansprüche wiedergibt.

[1082] Siehe dazu im Zusammenhang mit der (vermeintlichen) Prozessfreude der Rechtssuchenden bereits unter B. I. 3. b. aa.

[1083] Siehe *LAG Niedersachsen*, NZA-RR 2000, 517 ff., und *Reiserer/Lemke*, MDR 2002, 249 (251), im Kontext mit Mobbing; siehe zu den Unwägbarkeiten bei der Ausübung des Zurückbehaltungsrechts auch *MünchHdbArbR/Blomeyer*, § 49 Rn. 50 f.; *ErfKArbR/Preis*, § 611 BGB Rn. 851 f.

[1084] Vgl. *Rottleuthner* (1980), S. 269; *Grotmann-Höfling* (1995), S. 29 f.; *Weth*, NZA 1998, 680 (683).

[1085] *Blankenburg/Verwoerd*, DRiZ 1987, 169 (174), sprechen insoweit von einer asymmetrischen Prozesskonstellation.

[1086] *Bielenski/Hartmann/Pfarr/Seifert*, AuR 2003, 81 (86); *U. Preis*, RdA 2003, 65 (68).

[1087] Nicht verschwiegen werden soll freilich, dass auch der Arbeitgeber das nicht unerhebliche Annahmeverzugsrisiko gem. § 615 BGB betreffend die Nachzahlung der Vergütung trägt; kritisch *Hromadka*, ZfA 2002, 383 (391); *Schiefer*, NZA 2002, 770 (771); ders., ZfA 2002, 427 (430); für eine Beseitigung des Annahmeverzugsrisikos plädieren *Boecken/Topf*, RdA 2004, 19 (24 ff.); allgemein zum Annahmeverzug jüngst *Tschöpe*, DB 2004, 434 ff.; *Opolony*, BB 2004, 1386 ff.; *Ricken*, NZA 2005, 323 ff.

zessausgangs ist es ausgesprochen unwahrscheinlich, dass er an den Arbeitsplatz zurückkehrt. Schon die Thematisierung von Recht ist für den sozial schwächeren Arbeitnehmer bedrohlich, da sich die durchgängige Struktur der Eskalierung eines Konflikts
durch die Thematisierung von Recht, wenn auf Dauer festgelegte Beziehungen tangiert
sind, bei Arbeitskonflikten zuspitzt, besonders extrem bei leicht auswechselbaren weniger qualifizierten Arbeitnehmern[1088]. Dies haben schon die Ausführungen im allgemeinen Teil hinsichtlich der Grenzen gerichtlicher Konfliktbehandlung gezeigt[1089].
Wenn man zudem bedenkt, dass der sozial Stärkere, also der Arbeitgeber, eher Recht
thematisieren und die Gerichte mobilisieren kann und es für ihn mithin leichter ist,
aktiv zu werden[1090], verschärft sich diese missliche Ausgangssituation. Darüber hinaus
muss sich der Arbeitnehmer zumeist gegen rechtliche Entscheidungen größerer betrieblicher Organisationen wehren. Dies sowie allgemeine Zugangsbarrieren zum
Recht führen nicht gerade dazu, dass das Recht tatsächlich in Anspruch genommen
wird. Insbesondere in Bestandsstreitigkeiten, die noch nicht zu einem Kündigungsaus-
spruch geführt haben, ist die Situation für den Arbeitnehmer nicht zuletzt auch aufgrund der jüngsten Entwicklung des Arbeitsmarkts besonders ungünstig; hier besteht
ein gewisser faktischer Zwang zur Fortsetzung des Arbeitsverhältnisses notfalls unter
Inkaufnahme von Einbußen[1091]. So verwundert es nicht, dass betriebliche Bündnisse
für Arbeit[1092] und Firmen- bzw. Haustarifverträge zur Beschäftigungssicherung[1093] seit
einiger Zeit Hochkonjunktur genießen[1094]. Und schließlich entspricht dem, dass Arbeitnehmer des öffentlichen Dienstes wegen der größeren Arbeitsplatzsicherheit eher
zu einer Klageerhebung bereit sind[1095].

Vor diesem Hintergrund leuchtet ein, dass fast jeder vierte Arbeitnehmer gegen einen
betrieblichen Konflikt nichts unternimmt bzw. im Falle eines solchen nachgibt, sich
also apathisch verhält[1096]. Dies mag vereinzelt nachvollziehbare Gründe haben, beispielsweise die Mentalität des Arbeitnehmers, die hohe Arbeitszufriedenheit, die öko-

---

[1088] Zum Ganzen *Frommel*, ZRP 1983, 31 (35); vgl. auch *Röhl/Röhl*, DRiZ 1979, 33 (34), wonach die
Thematisierung von Recht in funktionierenden Dauerbeziehungen tabu sei; weiterführend zur Thematisierung von Recht in fortbestehenden Sozialbeziehungen *Blankenburg* (1995), S. 42 ff.

[1089] Siehe zur Eskalation eines Konflikts vor Gericht bereits unter B. I. 2. b. aa. (5).

[1090] *Frommel*, ZRP 1983, 31 (33).

[1091] Siehe zum Zusammenhang zwischen dem Ansteigen des Geschäftsanfalls für Arbeitsgerichte und
der Arbeitslosigkeit bereits im allgemeinen Teil unter B. I. 3. b. hh.

[1092] Siehe den Burda-Beschluss des *BAG* vom 20.4.1999, AP zu Art. 9 GG Nr. 89; weiterführend dazu
Dieterich, DB 2001, 2398 ff.; *Niebler/Schmiedl*, BB 2001, 1631 ff.; jüngst auch *Hromadka*, DB 2003,
42 ff.; *Kast/Freihube*, BB 2003, 2569 ff.; *Robert*, NZA 2004, 633 ff.

[1093] Zuletzt etwa *BAG*, NZA 2001, 788; NZA 2002, 331; instruktiv *Zachert*, DB 2001, 1198 ff.; siehe
auch *Reuter*, NZA 2001, 1097 ff., zur Erzwingbarkeit von Haustarifverträgen.

[1094] Grundlegend jüngst kritisch zu beiden Themenkreisen aus verfassungsrechtlicher Sicht
jüngst *Dieterich*, RdA 2002, 1 ff.

[1095] Kritisch dazu *Düwell* (1999), S. 757.

[1096] Siehe dazu *Blankenburg* (1982), S. 34 f.; ders. (1995), S. 51 f.

nomische Vernunft oder einfach nur die schlechte Erfolgsaussicht[1097]. Davon abgesehen gilt aber in Bezug auf die Anrufung der Arbeitsgerichte nach wie vor: In einem bestehenden Arbeitsverhältnis prozessiert man nicht[1098]. Häufig werden Konflikte am Arbeitsplatz erst dann vor Gericht thematisiert, wenn die Auflösung des Arbeitsverhältnisses auf dem Spiel steht. Folgerichtig gelangen überwiegend Bestandsstreitigkeiten bzw. Kündigungsschutzklagen vor die Arbeitsgerichte. Dies wurde bereits im allgemeinen Teil im Zusammenhang mit dem Problem der Verrechtlichung dargelegt[1099] und soll nun anhand statistischer Angaben belegt werden. Im Jahr 1978 lag der Anteil der Kündigungen bei rund 44 %[1100], zwanzig Jahre später bei rund 46 %[1101] und im Jahr 2000 bei rund 43 %[1102], ist also im Verlauf der letzten gut 20 Jahre relativ konstant geblieben. Eine frühere Hochrechnung ergab, dass auf jede dreizehnte arbeitgeberseitige Kündigung eine Klage erfolgte; dabei wurde in Betrieben mit Betriebsrat gegen jede neunte und in Betrieben ohne Betriebsrat gegen jede vierzehnte Kündigung Klage erhoben[1103]. Inzwischen dürfte sich der Anteil der klagenden Arbeitnehmer erhöht haben; etwa jeder achte Arbeitnehmer geht gegen seine Kündigung gerichtlich vor[1104]. Angesichts der arbeitsgerichtlichen Dominanz von Konflikten im Bereich des Bestandsschutzes ist auf diese ein besonderes Augenmerk zu richten.

4. Erledigungsstruktur und Erledigungsinteresse vor den Arbeitsgerichten

> Kein Praktiker wird bezweifeln, dass die Zahl der Arbeitnehmer, die nach gewonnenem Kündigungsschutzprozess in einen Betrieb zurückkehren, gegen Null tendiert. Der Kündigungsrechtsstreit ist gesetzlich zu einem Abfindungsstreit geworden.
>
> *Ulrich Fischer*[1105]

[1097] Vgl. *Grotmann-Höfling*, AuR 2000, 166 (167); vgl. *Luhmann* (1964), S. 245, in seiner Monographie über „Funktionen und Folgen formaler Organisationen": „Wer einen Konflikt auf den Dienstweg bringt, muß es sich leisten können, das heißt: eine Entscheidung zu seinen Gunsten voraussehen können – oder es handelt sich um den Verzweiflungsschritt eines Spielers, der ohnehin verliert."

[1098] So schon *Röhl/Röhl*, DRiZ 1979, 33 (34).

[1099] Siehe dazu die Nachweise unter B. I. 2. b. aa. (7).

[1100] BArbBl 4/1979, S. 126; siehe zur Tätigkeit der Arbeitsgerichte in den Jahren 1951-1992 die Tabellen bei *Grotmann-Höfling* (1995), S. 232 ff.

[1101] BArbBl 11/1999, S. 72.

[1102] BArbBl 1/2002, S. 128; und im Jahr 2001 wiederum rund 44 %, BArbBl 11/2002, S. 160.

[1103] *Falke/Höland/Rhode/Zimmermann* (1981), S. 367 bzw. 571 und 611.

[1104] Vgl. *Kittner/Kohler*, BB Beilage 4 zu Heft 13/2000, 1 (26); *Grotmann-Höfling*, AuR 2000, 166 (167); vgl. jünst *Bielenski/Hartmann/Pfarr/Seifert*, AuR 2003, 81 (87); *U. Preis*, RdA 2003, 65 (68 f.); *Pfarr/Bothfeld/Kaiser/Kimmich/Peuker/Ullmann*, BB 2004, 106.

[1105] NJW-Editorial Heft 12/2002, S. III; zustimmend *Schiefer*, NZA 2002, 700 (777); siehe zuvor schon *Hanau*, NZA 1986, 809 (812), demzufolge die Verformung des Kündigungsschutzprozesses zu einem Abfindungsprozess nicht Kennzeichen oder Fehlleistung der Arbeitsgerichtsbarkeit sei, sondern Ergebnis eines Zusammenwirkens rechtlicher und psychologischer Umstände, auf die die Arbeitsgerichtsbarkeit keinen entscheidenden Einfluss habe.

> Durch diese Entwicklung wird ... die Zielsetzung des Kündigungsschutzgesetzes [nicht] verfehlt...
>
> *BVerfG*[1106]

Kommt es schließlich doch zu einer gerichtlichen Konfliktbehandlung, endet ein Großteil der arbeitsrechtlichen Streitigkeiten durch gerichtlichen Vergleich. Seit geraumer Zeit lässt sich vor den Arbeitsgerichten eine Vergleichsquote von über 40 % ausmachen[1107]. So waren es 1978 rund 41 %[1108], zwanzig Jahre später ebenfalls rund 41 %[1109] und im Jahr 2000 rund 42 %[1110]. Darüber hinaus erscheint erwähnenswert, dass im Jahr 2000 etwa weitere 37 % aller Verfahren auf andere Weise als Vergleich oder Urteil erledigt wurden, d.h. durch Klagerücknahme oder Erledigungserklärung[1111]. Selbst in zweiter Instanz wurden im Jahr 2000 noch fast 34 % aller Verfahren durch Vergleich und etwa weitere 31 % auf andere Weise erledigt[1112]. Kündigungsfälle weisen dabei eine höhere Vergleichsrate als andere Erledigungsarten auf, die an den Arbeitsgerichten bei rund 60 % liegen dürfte, jedoch ist die Rücknahmequote bei anderen Streitgegenständen höher[1113]. Streitige Urteile gibt es an den Arbeitsgerichten in nicht einmal mehr 10 % der Fälle. Waren es im Jahr 1978 noch rund 11 %[1114], so sank die Zahl zwanzig Jahre später auf rund 8 %[1115] und im Jahr 2000 auf rund 7 %[1116].

Der vom geltenden Kündigungsschutzrecht angestrebte Bestandsschutz (§§ 1, 4 KSchG) wird dabei nur selten realisiert. Insofern muss vorstehende, vom *BVerfG* im Zuge der Beurteilung der Verfassungsmäßigkeit der Kleinbetriebsklausel getätigte Aussage verwundern[1117]. Zwar gibt es eine bemerkenswerte hohe Vergleichsquote,

---

[1106] NJW 1998, 1475 (1477).
[1107] Auch in den Jahren 1969 bis 1979 betrug die Vergleichsquote bei den Arbeitsgerichten im Schnitt rund 40 %, ist aber von rund 38 auf rund 42 % leicht angestiegen, *Falke/Höland/Rhode/Zimmermann* (1981), S. 550 f.; siehe aber *Rogowski* (1982), S. 174, der in den Jahren 1970 bis 1980 eine Vergleichsquote bei den Arbeitsgerichten von im Schnitt rund 35 % angibt (siehe dort auch zur Vergleichsquote bei den Amtsgerichten: etwa 10 %).
[1108] BArbBl 4/1979, S. 126.
[1109] BArbBl 11/1999, S. 72.
[1110] BArbBl 1/2002, S. 128; im Jahr 2001 waren es sogar rund 43,5 %, BArbBl 11/2002, S. 160; dabei werden schätzungsweise mehr als 25 % aller Verfahren bereits in der Güteverhandlung vergleichsweise erledigt, so *Müller-Glöge*, RdA 1999, 80 (83).
[1111] BArbBl 1/2002, S. 128.
[1112] BArbBl 1/2002, S. 126.
[1113] *Falke/Höland/Rhode/Zimmermann* (1981), S. 484; dies. bezeichnen dies auf S. 809 als das zentrale Ergebnis ihrer empirischen Untersuchung zur Vergleichspraxis der Arbeits- und Landesarbeitsgerichte in Kündigungssachen.
[1114] BArbBl 4/1979, S. 126.
[1115] BArbBl 11/1999, S. 72.
[1116] BArbBl 1/2002, S. 128; siehe auch *U. Preis*, RdA 2003, 65 (69), demzufolge dies auf eine „hohe gerichtliche und außergerichtliche Vergleichslösung" schließen lasse.
[1117] Sie ist freilich vor dem Hintergrund der Überlegung zu sehen, dass das *BVerfG* davon ausgeht, die Erwartung des Arbeitgebers, ein Arbeitsverhältnis nur gegen Abfindung beenden zu können, wirke sich im Vorfeld einer Kündigung arbeitsplatzschützend aus; dazu näher noch unter C. IV. 1. c. aa.

aber nur in den wenigsten Fällen führt der Vergleich zu einer Fortsetzung oder Wiederaufnahme des Arbeitsverhältnisses, d.h. dem Vergleich kommt keine integrierende Kraft zu. Vergleiche führen nur in weniger als 6 % der Fälle zu einer Wiederherstellung der Arbeitsbeziehung[1118]. Dagegen sehen Vergleiche in der großen Mehrzahl Zahlungen von Abfindungen vor; in rund zwei Drittel der Vergleiche wird eine Abfindungszahlung vereinbart[1119]. Bemerkenswert ist, dass der Anteil der Abfindungsvergleiche stetig mit der Länge des Verfahrens zunimmt[1120]. Folgerichtig nehmen die Chancen auf eine Weiterbeschäftigung des Arbeitnehmers zu, wenn der Vergleich in einem frühen Stadium des Prozesses abgeschlossen worden ist[1121]. Entsprechendes gilt bei einer Klagerücknahme. Erfolgt diese vor dem Gütetermin, führt dies noch zu je einem Drittel zu einer Weiterbeschäftigung oder Abfindung. Wird die Klage hingegen erst nach dem ersten Kammertermin zurückgenommen, kommt eine Weiterbeschäftigung nicht mehr in Betracht, vielmehr werden in zwei Drittel der Fälle außergerichtlich Abfindungen vereinbart[1122]. Die Erledigungsstruktur stellt sich beim Urteil im Ergebnis nicht viel anders dar. Zwar wird nahezu der Hälfte der Kündigungsschutzklagen stattgegeben, d.h. es wird die Rechtswidrigkeit der Kündigung und damit das Fortbestehen des Arbeitsverhältnisses festgestellt[1123]. Auch eine Auflösung des Arbeitsverhältnisses unter Festsetzung einer Abfindung gem. §§ 9, 10 KSchG ist äußerst selten[1124]. Letztlich führt aber auch ein obsiegendes Urteil nur in wenigen Fällen zu einer Fortsetzung des Arbeitsverhältnisses, vor allem wenn man auf die tatsächliche Zahl der nach einem solchen Urteil fortgeführten Arbeitsverhältnisse abstellt[1125]; dies haben bereits die Ausführungen im allgemeinen Teil zur Implementation gerichtlicher Entscheidung gezeigt[1126]. Nicht zuletzt ergibt sich dies auch daraus, dass mit einem erstinstanzlichen Urteil regelmäßig erst nach Ablauf der Kündigungsfrist gerechnet

---

[1118] *Falke/Höland/Rhode/Zimmermann* (1981), S. 774; *Rogowski* (1982), S. 179: sogar weniger als 5 %; vgl. *Schönholz* (1982), S. 156: 6 %.; ders. (1987), S. 201: 4 %; jedenfalls sind diese Zahlen noch heute repräsentativ, siehe *Hümmerich*, NZA 1999, 342.

[1119] Dazu *Falke/Höland/Rhode/Zimmermann* (1981), S. 789, 791, 793, 797, 799, 801 und 803; vgl. jüngst *Bielenski/Hartmann/Pfarr/Seifert*, AuR 2003, 81 (88), wonach jede zweite Kündigung vor Gericht mit einer Abfindungszahlung endet.

[1120] *Falke/Höland/Rhode/Zimmermann* (1981), S. 775, wonach der Anteil der Vergleiche, die eine Abfindungszahlung vorsehen, am *LAG* bei 79 % und am *BAG* sogar bei 95 % liegt.

[1121] *Bünger/Moritz* (1983), S. 176; vgl. allgemein *Schönholz* (1987), S. 200.

[1122] Siehe *Falke/Höland/Rhode/Zimmermann* (1981), S. 419, zur Arbeitnehmerbefragung; vgl. ebenda, S. 769, zur Aktenanalyse arbeitsgerichtlicher Verfahren; vgl. auch *Kittner/Kohler*, BB Beilage 4 zu Heft 13/2000, 1 (27).

[1123] Vgl. *Falke/Höland/Rhode/Zimmermann* (1981), S. 778, 793 und 801.

[1124] Nach *Falke/Höland/Rhode/Zimmermann* (1981), S. 807, wurde einem Auflösungsantrag nur in sieben von 1191 Kündigungssachen stattgegeben, was einem Anteil von 1,4 % der insgesamt insbesondere durch Sozialplan oder Prozessvergleich gezahlten Abfindungen entspricht (S. 134).

[1125] *Falke/Höland/Rhode/Zimmermann* (1981), S. 858, errechnen insoweit einen Anteil von nur 1,7 %; dagegen errechnet *Schönholz* (1982), S. 156, (1984b), S. 265, und (1987), S. 201, einen Anteil von etwa 10 %; siehe zum geringen praktischen Wert eines obsiegenden Urteils in Kündigungssachen bereits *Blankenburg/Schönholz/Rogowski* (1979), S. 134; an diesen älteren Befunden dürfte sich auch in jüngerer Zeit kaum etwas geändert haben, vgl. *Kittner/Kohler*, BB Beilage 4 zu Heft 13/2000, 1 (27).

werden kann[1127]. Die Wahrscheinlichkeit, dass der Arbeitnehmer nach dem Ende des Prozesses noch im Betrieb arbeitet, ist freilich höher, wenn er während eines Kündigungsschutzverfahrens im Betrieb weiterbeschäftigt ist[1128]. Spätestens nach Ablauf der Kündigungsfrist aber führt ein Kündigungsprozess bis auf wenige Ausnahmen zum Verlust des Arbeitsplatzes[1129]. Die Gründe, weshalb der Bestand des Arbeitsverhältnisses nicht gesichert werden kann, sind vielschichtig. Zu nennen sind: Belastung des Verhältnisses zum alten Arbeitgeber bzw. wirtschaftliche und psychische Belastungen während des Kündigungsrechtstreits („traumatischer Kündigungsvorgang"); Ausgliederung des Arbeitnehmers während des Verfahrens; neuer Arbeitsplatz bzw. Verpflichtung zur Suche nach einem solchen (vgl. § 11 Nr. 2 KSchG bzw. § 615 Satz 2 BGB); bisweilen überwiegendes Interesse des Arbeitnehmers an einer Abfindung; oftmals aber auch Druck aus der gerichtlichen Praxis, wie bei der kritischen Analyse arbeitsgerichtlicher Güteverhandlungen noch aufzuzeigen sein wird[1130].

Als Fazit kann somit festgehalten werden: Gleich welche Erledigungsart, eine Weiterbeschäftigung nach einem Arbeitsgerichtsprozess ist insgesamt selten bzw. eine Rückkehr in den Betrieb wird unwahrscheinlich, wenn der Konflikt erst einmal vor Gericht gebracht ist[1131]; die bereits im allgemeinen Teil beschriebenen Grenzen gerichtlicher Konfliktbehandlung wirken sich insoweit unterschiedslos aus[1132]. In konflikttheoretischer Hinsicht ist daher der Unterschied zwischen Urteil und Vergleich gering[1133]. Und auch wenn das *BAG* dies offenbar nicht wahrhaben will[1134], so gilt doch bezogen auf das KSchG: Zwischen Anspruch (Bestandsschutzgesetz) und Wirklichkeit (Abfindungsgesetz) bestehen erhebliche Diskrepanzen[1135]. Der „Kündigungsschutz" bewirkt also in der Mehrzahl der gerichtlichen Verfahren im praktischen Ergebnis keine echte Kündigungsschranke, sondern lediglich eine Milderung der Kündigungsfolgen für den betroffenen Arbeitnehmer[1136]. Viel schlimmer noch: Fast 60 % der ehemals befragten

---

[1126] Siehe dazu bereits unter B. I. 2. b. cc.

[1127] *Kittner/Kohler*, BB Beilage 4 zu Heft 13/2000, 1 (27).

[1128] *Lewerenz/Moritz* (1983), S. 82; *Schönholz* (1987), S. 204.

[1129] Vgl. *Weichsel* (1994), S. 530 f.

[1130] Zum Ganzen *Falke/Höland/Rhode/Zimmermann* (1981), S. 849; *Kittner/Kohler*, BB Beilage 4 zu Heft 13/2000, 1 (27); siehe zur kritischen Würdigung der arbeitsgerichtlichen Güteverhandlung in der Praxis noch unter C. III. 5. b. bb. (2).

[1131] *Rottleuthner* (1982), S. 150; *Schönholz* (1987), S. 212; *Blankenburg/Verwoerd*, DRiZ 1987, 169 (174); *Grotmann-Höfling* (1995), S. 55 f.; *Kittner/Kohler*, BB Beilage 4 zu Heft 13/2000, 1 (27).

[1132] Siehe dazu im Zusammenhang mit der Verrechtlichung und Vergangenheitsbewältigung gerichtlicher Verfahren bereits unter B. I. 2. b. aa. (5) bzw. (9).

[1133] So zu Recht *Lewerenz/Moritz* (1983), S. 76 f.; ähnlich *Schönholz* (1987), S. 201.

[1134] NZA 2003, 261 (262): „Das Kündigungsschutzgesetz ist vorrangig ein Bestandsschutz- und kein Abfindungsgesetz."

[1135] In diesem Sinne treffend *Weichsel* (1994), S. 531; ähnlich *Neef*, NZA 2000, 7, wonach gelebte Praxis und Rechtssystem nicht mehr viel gemein hätten; *Willemsen*, NJW 2000, 2779 (2780); ausführlich jüngst *Boecken/Topf*, RdA 2004, 19 (22 ff.).

[1136] So treffend *Rüthers*, NJW 2002, 1601 (1603); vgl. schon *Schönholz* (1987), S. 213, der insoweit von einer weitgehenden Ineffizienz des Kündigungsschutzrechts spricht.

Richter an Arbeitsgerichten und gut 65 % der Richter an Landesarbeitsgerichten waren der Auffassung, dass dem Arbeitnehmer zu Unrecht gekündigt und ihm durch den Abfindungsvergleich der Kündigungsschutz praktisch abgekauft wurde[1137]. Es besteht also durchaus Anlass zu Skepsis gegenüber einem konflikttheoretisch ausgemalten Bild des Prozessvergleichs[1138].

Freilich müssen vorstehende Erwägungen dahin gehend relativiert werden, dass Richter die Nicht-Effektivität des Kündigungsschutzes insoweit antizipieren, als eine neuerliche Integration des Arbeitnehmers in dem Betrieb kaum noch gelingen dürfte; auch diesbezüglich sei auf die Ausführungen im allgemeinen Teil zur Implementation gerichtlicher Entscheidungen verwiesen[1139]. Darüber hinaus haben gekündigte Arbeitnehmer des Öfteren selbst kein Interesse an einer Rückkehr in den Betrieb, müssen aber ihr eigentliches Motiv verdecken und gleichwohl auf Weiterbeschäftigung klagen[1140]. Hinter dem formalen Klageantrag steht dann kein entsprechender Wille, eine Fortsetzung des Arbeitsverhältnisses herbeizuführen. Arbeitnehmer haben in diesen Fällen Schwierigkeiten, ihren Klageantrag aufrechtzuerhalten und gleichzeitig dessen Nicht-Ernsthaftigkeit durchblicken zu lassen, so dass der Kündigungsschutzprozess sich weitgehend als Scheingefecht darstellt, zumal die Fortsetzung des Arbeitsverhältnisses vor dem Hintergrund der gestörten Sozialbeziehung unrealistisch bzw. illusorisch ist; trotzdem wird die Unzumutbarkeit der Fortsetzung des Arbeitsverhältnisses im Rahmen der §§ 9, 10 KSchG nur selten anerkannt[1141]. Hierin liegt der eigentliche Grund für das Ausmaß der Vergleichspraxis aus Sicht des Arbeitnehmers[1142], während die Motivation des Arbeitgebers in Richtung auf einen Vergleichsabschluss wesentlich durch eine unkalkulierbare Rechtsprechung und den unabsehbaren finanziellen Folgen eines Prozessverlusts bestimmt ist[1143]. Im Übrigen gilt zu bedenken, dass sich das derzeitige Kündigungsschutzrecht für den Arbeitnehmer jedenfalls auch dann nachteilig auswirken kann, wenn dieser einen neuen Arbeitsplatz gefunden hat[1144].

Dennoch wäre die Behauptung vorschnell, Arbeitnehmer wollten in Kündigungsprozessen ausnahmslos eine Abfindung erlangen; dies wird in der Literatur oft so darge-

---

[1137] *Falke/Höland/Rhode/Zimmermann* (1981), S. 841; vgl. auch dies., a.a.O., S. 791.

[1138] So *Rottleuthner* (1982), S. 150.

[1139] Siehe dazu bereits unter B. I. 2. b. cc.

[1140] *Rottleuthner* (1982), S. 150.

[1141] Exemplarisch *BAG*, NZA 2003, 261 (262 ff.); *BVerfG*, NZA 2005, 41 (42 f.); ebenfalls kritisch *Willemsen*, NJW 2000, 2779 (2782); instruktiv zu den formellen und materiellen Problemen des Auflösungsantrags *Keßler*, NZA-RR 2002, 1 (3 ff.); siehe jüngst auch *Hertzfeld*, NZA 2004, 298 ff.

[1142] Zum Ganzen schon *Schönholz* (1982), S. 166; *Lewerenz/Moritz* (1983), S. 74 f. und 83, sprechen insoweit von einer Doppelstrategie bzw. Schauspielerei sowie von einer negativen Einwirkung des Prozesses auf den Bestandsschutz und gehen davon aus, dass die Vergleichspraxis im Kündigungsschutzprozess maßgeblich von dem fehlenden Bestandsschutzinteresse der Parteien mitbestimmt sei, sie sei jedenfalls nicht das Resultat von Schlichtungen oder Konfliktlösungen.

[1143] Dazu *Willemsen*, NJW 2000, 2779 (2782).

[1144] Dazu wiederum *Willemsen*, NJW 2000, 2779 (2782 f.).

stellt[1145]. Insbesondere in Dauerbeziehungen werden Sachkonflikte vielfach von Beziehungskonflikten überlagert. Diese Beziehungsprobleme sind für die Parteien häufig bedeutsamer als die mit einer Klage zu erreichenden Ziele[1146]. So verwundert nicht, was eine Arbeitnehmerbefragung schon vor gut zwanzig Jahren ergeben hat: Von den Arbeitnehmern, die gegen ihre Kündigung Klage erhoben, ging es jedem zweiten darum, dem Arbeitgeber zu zeigen, dass er nicht machen könne, was er wolle. Lediglich, aber immerhin für jeden dritten Arbeitnehmer war das offizielle Klageziel (Erhalt des Arbeitsplatzes) auch der ausschlaggebende Grund für die Klageerhebung. Und nur etwa jeder zehnte Arbeitnehmer (!) wollte vor allem eine Abfindung erzielen, während der Rest angab, ihr Rechtsberater hätte sie zu einer Klage „gedrängt"[1147]. Dieser Befund zeigt die enorme Bedeutung der Emotions- bzw. Beziehungsebene neben der Sachebene gerade auch im Arbeitsrecht auf[1148]. Er zeigt des Weiteren, dass der Rückkehrwille größer als oftmals angenommen ist. So war jüngst wieder zu lesen: „Dass viele Arbeitnehmer nicht interessiert sind, in das zerrüttete Arbeitsverhältnis zurückzukehren, ist eine empirische Binsenweisheit."[1149] – viele, aber eben nicht alle. Fast die Hälfte der damals befragten Arbeitnehmer wünschten nach einer Kündigung eine Rückkehr in den Betrieb oder könnten sich eine solche zumindest vorstellen, freilich strebten fast doppelt so viele nichtklagende wie klagende Arbeitnehmer eine Rückkehr in den Betrieb an (immerhin aber noch über ein Drittel der klagenden Arbeitnehmer)[1150]. Darüber hinaus sei der zweithäufigste Grund für das Scheitern von Vergleichsverhandlungen gewesen, dass der Arbeitnehmer an seinem alten Arbeitsplatz weiterbeschäftigt werden wollte[1151]. Aktuelle Rechtsentwicklungen belegen, dass der Wunsch nach einer Weiterbeschäftigung offenbar unverändert groß – wenn nicht sogar vor dem Hintergrund der angespannten Konjunkturlage größer denn je – ist[1152]. Der Wiedereinstellungsanspruch erlebt derzeit eine regelrechte Renaissance[1153]. Dabei könnte die Vergleichspraxis insofern Einbußen erleiden, als ein Abfindungsvergleich

---

[1145] Siehe etwa *Hansens*, AnwBl 2002, 125, demzufolge der Arbeitnehmer vielfach lediglich ein Interesse daran habe, sich die nicht vermeidbare Auflösung des Arbeitsverhältnisses mit einer Abfindung zu „versüßen"; ähnlich *J. Vogel*, NZA 2002, 313, in Bezug auf leitende Angestellte, wonach sich diese ohne den „Makel" einer Kündigung um eine neue Stelle bemühen könnten.

[1146] Vgl. *Falke/Gessner* (1982), S. 302.

[1147] *Falke/Höland/Rhode/Zimmermann* (1981), S. 401; *J. Falke* (1983b), S. 30.

[1148] Vgl. *Reitemeier* (2001), S. 28 f., der diesbezüglich folgende Merkmale ins Spiel bringt: Interessen, Gefühle, Bedürfnisse, intrapersonelle Probleme, Werte, Missverständnisse, Sichtweisen oder strukturelle Bedingungen.

[1149] *Ulrich Fischer*, NJW Heft 12/2002, S. III.

[1150] *Falke/Höland/Rhode/Zimmermann* (1981), S. 452.

[1151] *Falke/Höland/Rhode/Zimmermann* (1981), S. 822; vgl. *Rogowski* (1982), S. 179: lediglich 9 % aller Kläger, die eine Wiedereinstellung wünschten, würden auch tatsächlich wiedereingestellt.

[1152] Siehe nur Arbeitsrichter *Gericke* in der SZ vom 7./8./9.6.2003, S. 26, demzufolge die meisten Arbeitnehmer unbedingt weiter beschäftigt werden wollen, während es früher viel stärker darum gegangen sei, einen Preis für die Trennung zu finden.

[1153] Siehe die seit 1997 in der AP abgedruckten Entscheidungen des *BAG* zu § 1 KSchG 1969 Wiedereinstellung Nr. 1-11; instruktiv dazu *Boewer*, NZA 1999, 1121 ff. und 1177 ff.; jüngst *Strathmann*, DB 2003, 2438 ff.

einem Wiedereinstellungsanspruch tendenziell entgegenstehen soll[1154]. Und es fragt sich bereits an dieser Stelle: Muss die Mehrzahl der Fälle, in denen der Arbeitnehmer dem Arbeitgeber lediglich eine „Lehre" erteilen will, wirklich vor Gericht ausgetragen werden?

III. Herkömmliche Konfliktbehandlungen

Vorab kann konstatiert werden, dass die vom Gesetzgeber bereitgehaltene, arbeitsrechtliche Konfliktbehandlung stark gerichtlich ausgelegt ist. Im Gegensatz zu anderen Ländern[1155] stehen die staatlichen Gerichte für Arbeitssachen in Deutschland nach wie vor eindeutig im Vordergrund[1156]. Es ist erstaunlich, mit welcher Selbstverständlichkeit der Gesetzgeber individuelle Arbeitskonflikte ausschließlich den Arbeitsgerichten zuweist. Folglich spielen außergerichtliche Konfliktbehandlungen zumindest dann eine eher untergeordnete Rolle, wenn die innerbetriebliche Konfliktbehandlung gescheitert ist und die Auseinandersetzung unter Zuhilfenahme einer außerbetrieblichen Institution gesucht wird; hier werden fast ausschließlich die Arbeitsgerichte bemüht[1157].

1. Innerbetriebliche Konfliktbehandlung

Vor dem Hintergrund der im allgemeinen Teil und im Zuge der Rechtstatsachenforschung angestellten Überlegungen ist der innerbetrieblichen Konfliktbehandlung eine herausragende Bedeutung beizumessen. Dabei geht es im Folgenden um eine kritische Darstellung der bereits bestehenden Instrumentarien betreffend die Behandlung von Konflikten am Arbeitsplatz.

Die innerbetriebliche Konfliktbehandlung vollzieht sich vornehmlich zwischen dem Arbeitnehmer und seinem Vorgesetzten. Sofern ein Betriebsrat vorhanden ist, benützt der Arbeitnehmer diesen bisweilen als eine Art Sprachrohr, was sich freilich dann nicht bewerkstelligen lässt, wenn ein solcher nicht vorhanden ist. Bestenfalls kann sich der Arbeitnehmer im Konfliktfall sowohl an den Arbeitgeber als auch an den Betriebsrat wenden und sich dort im untechnischen Sinne „beschweren". Im untechnischen Sinne deshalb, weil das BetrVG daneben noch das formalisiere Beschwerdeverfahren kennt[1158]. Unter einer formalen Beschwerde ist vereinfacht ein offizieller Akt der Artikulation eines Konflikts durch einen Arbeitnehmer im Rahmen eines speziell zu diesem Zweck vorgesehenen Verfahrens zu versehen[1159]. Demnach soll bei der Darstel-

---

[1154] *BAG* vom 28.6.2000, AP zu § 1 KSchG 1969 Wiedereinstellung Nr. 6; zurückhaltend noch *BAG* vom 4.12.1997, AP zu § 1 KSchG 1969 Wiedereinstellung Nr. 4; vgl. aber jüngst *Strathmann*, DB 2003, 2438 (2439 f.).
[1155] Siehe dazu den rechtsvergleichenden Überblick im allgemeinen Teil bereits unter B. I. 6.
[1156] So schon *Grunsky*, NJW 1978, 1832.
[1157] Vgl. *Plänkers* (1990), S. 135.
[1158] *Breisig* (1996), S. 14: Man kann sich beschweren oder – etwas formaler – Beschwerde einlegen.
[1159] *Breisig* (1996), S. 27; vgl. *Röhl* (1982b), S. 98, demzufolge die formlose Beschwerde erst einsetze, wenn sich die andere Seite gar nicht auf Verhandlungen einlasse oder diese erfolglos geblieben seien.

lung zwischen dem Vorgesetzten (a.), dem Betriebsrat (b.) und dem im BetrVG normierten Beschwerdeverfahren (c.) unterschieden werden. Bei den ersten beiden „Konfliktbehandlungsstellen" ist zudem die Situation im bestehenden Arbeitsverhältnis von derjenigen bei der Auflösung des Arbeitsverhältnisses getrennt zu betrachten[1160].

a. Die Rolle des Vorgesetzten

Unter dem Begriff des Vorgesetzten sind all diejenigen Personen zu verstehen, die dem Arbeitnehmer in der Hierarchie unmittelbar vorstehen. Dies kann etwa der Abteilungsleiter, der Personalleiter, der Geschäftsführer oder der Betriebsinhaber selbst sein[1161]. Vorgesetzte zeichnen sich dadurch aus, dass ihnen eine gewisse Entscheidungsgewalt gegenüber dem Arbeitnehmer zukommt (in der Personalwirtschaft auch Entscheidungsträger genannt). Die Rolle des Vorgesetzten im Konfliktfall am Arbeitsplatz ist nicht zu unterschätzen. Insbesondere vor dem Hintergrund der Überlegung, dass eine Vielzahl der Betriebe über keinen Betriebsrat verfügt, ist dessen Bedeutung für die innerbetriebliche Konfliktbehandlung enorm[1162]. Hauptproblem der innerbetrieblichen Konfliktbehandlung mit dem Vorgesetzten ist die strukturelle Unterlegenheit des Arbeitnehmers[1163]. Dies führt des Öfteren dazu, dass sich der Arbeitnehmer bei der Auseinandersetzung mit seinem Vorgesetzten „überrumpelt" fühlt. In der Rechtsprechung gibt es insoweit vor allem bei der Frage der Auflösung des Arbeitsverhältnisses reichlich Anhaltspunkte.

aa. im bestehenden Arbeitsverhältnis: Direktionsrecht des Arbeitgebers sowie Anhörungs- und Erörterungsrecht des Arbeitnehmers

Ausgangspunkt der nachstehenden Überlegungen bildet das *Direktionsrecht* des Arbeitgebers gegenüber seinen Arbeitnehmern (auch Weisungsrecht genannt), das seit dem 1.1.2003 seine gesetzliche Grundlage in § 106 GewO (!) findet[1164]. Nach ständiger Rechtsprechung des *BAG* ermöglicht das Direktionsrecht dem Arbeitgeber, die im Arbeitsvertrag nur rahmenmäßig umschriebene Leistungspflicht im Einzelnen nach Art, Ort und Zeit zu bestimmen. Es gehört zum wesentlichen Inhalt eines jeden Arbeitsverhältnisses und kann durch Gesetz, Tarifvertrag, Betriebsvereinbarung oder Arbeitsvertrag eingeschränkt sein. Auch soweit es danach besteht, darf es nur nach billi-

---

[1160] Konflikte im Zusammenhang mit der Begründung des Arbeitsverhältnisses könne sich zum einen in Bezug auf § 99 BetrVG ergeben, zum anderen in Bezug auf den Abschluss des Arbeitsvertrags, worauf an späterer Stelle eingegangen werden soll; vgl. zu dieser Unterscheidung *Bünger/Moritz* (1983), S. 173.
[1161] Vgl. *Bruns*, AuA 2001, 444.
[1162] Vgl. *Bünger/Moritz* (1983), S. 173, wonach die Bedeutung dieser Art der Konfliktregelung meist vergessen werde; vgl. auch *Breisig* (1996), S. 15, zur Vernachlässigung von Beschwerdesystemen im betriebswissenschaftlichen Schrifttum.
[1163] Siehe oben unter B. II. 7.

gem Ermessen im Sinne des § 315 Abs. 3 BGB ausgeübt werden[1165]. Im Falle einer unmittelbaren Konfrontation zwischen einem Arbeitnehmer und seinem Vorgesetzten wird sich Letzterer des Öfteren dazu veranlasst sehen, den Konflikt durch Ausübung des ihm zustehenden Direktionsrechts zu „lösen". Darauf wird bei der Darstellung des Direktionsrechts so gut wie nie hingewiesen. Auch das *BAG* hat in einem Fall den Zusammenhang zwischen einer vorhergehenden verbalen Auseinandersetzung (zwischen einem Vorgesetzten und seinem Arbeitnehmer) und der anschließenden Versetzung des Arbeitnehmers in den Entscheidungsgründen mit keinem Wort gewürdigt, sondern allein danach gefragt, ob das Direktionsrecht dem Arbeitgeber erlaube, dem Arbeitnehmer eine geringwertige Tätigkeit zuzuweisen[1166]. Und wenn der Arbeitgeber im Konfliktfall einmal nicht von seinem Direktionsrecht Gebrauch macht bzw. schlicht untätig bleibt, kann der Arbeitnehmer sogar gezwungen sein, von sich aus eine Befriedung des Konflikts mit dem Arbeitgeber zu suchen, jedenfalls vor Ausübung eines etwaigen Zurückbehaltungsrechts[1167]. Entsprechendes gilt bisweilen auch im Bereich der materiellen Rechtsordnung. Beispielhaft sei das Prozedere in Bezug auf den Wunsch nach Verringerung der Arbeitszeit genannt. Hier bringt § 8 Abs. 3 TzBfG sehr deutlich den „Vorrang der Verhandlungslösung" zum Ausdruck[1168], was sich zwar primär an den Arbeitgeber richtet[1169], letztlich aber dem Arbeitnehmer ein vergleichbar verhandlungsorientiertes und vor allem initiatives Vorgehen abverlangt. Tritt eine Befriedung des Konflikts weder durch Direktionsrecht noch durch sonstige rechtliche Vorgaben ein, sieht sich der Arbeitnehmer notfalls dazu veranlasst, seinerseits das Arbeitsverhältnis zu kündigen[1170]. Damit besteht für den Arbeitnehmer folgendes Dilemma: Einerseits ist die Thematisierung des Arbeitsrechts für ihn problematisch, andererseits gebietet das Arbeitsrecht bisweilen eine solche Thematisierung zur Vermeidung von Rechtsnachteilen.

Immerhin wird das Direktionsrecht insofern mit Konfliktfällen in Verbindung gebracht, als es um das Verhalten der Arbeitnehmer im Betrieb geht[1171]. Da der Arbeit-

---

[1164] Speziell dazu *Lakies*, BB 2003, 364 ff.; siehe auch *Schöne*, NZA 2002, 829 (830 f.); *Wisskirchen*, DB 2002, 1886 f.; *Bernd Borgmann*, MDR 2003, 305 (306); dessen ungeachtet ergibt sich die Direktionsrecht aus dem Arbeitsvertrag selbst, siehe nur *ErfK/ArbR/Preis*, § 611 BGB Rn. 274.

[1165] Siehe etwa *BAG*, NZA 2001, 780 m.w.N.; zuletzt *BAG*, NZA 2005, 359 (360 ff.).

[1166] *BAG* vom 24.4.1996, AP zu § 611 BGB Direktionsrecht Nr. 49.

[1167] Siehe etwa *LAG Niedersachsen*, NZA-RR 2000, 517 (521), im Zusammenhang mit Mobbing: „Der Ausübung des Zurückbehaltungsrechts hätte ... der Versuch vorausgehen müssen, ... die Situation zu befrieden."; vgl. auch *LAG Thüringen*, NZA-RR 2001, 577 (581).

[1168] So *ErfK/ArbR/Preis*, § 8 TzBfG Rn. 15; *Preis/Gotthardt*, DB 2001, 145 (146); kritisch zu § 8 Abs. 3 TzBfG *Kliemt*, NZA 2001, 63 (66); *Hromadka*, NJW 2001, 400 (402).

[1169] Siehe dazu jüngst *BAG*, NZA 2003, 911 (912 f.) = BB 2003, 1844, (1845 f.) mit Anmerkung *Mengel*: Verhandlungsobliegenheit des Arbeitgebers; Vorinstanz *LAG Düsseldorf*, BB 2002, 1541 (1544), mit Anmerkung *Mengel*.

[1170] Siehe etwa den Sachverhalt in *BAG*, NZA 2002, 325 f.

[1171] Inzwischen ausdrücklich positiviert in § 106 Satz 2 GewO; speziell dazu *Borgmann/Faas*, NZA 2004, 241 ff.

geber die arbeitsteilige Kooperation im Betrieb organisiere und leite, lege er auch die Verhaltensregeln zur Sicherung des ungestörten Arbeitsablaufs und des reibungslosen Zusammenlebens und Zusammenwirkens der Arbeitnehmer im Betrieb fest[1172]. Zu solchen arbeitsbegleitenden Weisungen hat die Rechtsprechung allerdings noch keine allgemeinen Regeln entwickelt[1173]. Zu einem Konflikt unter Arbeitnehmern (sog. Mitarbeiterkonflikt), der ebenfalls durch das Direktionsrecht des Arbeitgebers „gelöst" werden kann, hat das *BAG* einmal lediglich eher nebensächlich festgestellt, dass es Sache des Arbeitgebers sei, zu entscheiden, wie er auf Konfliktlagen reagieren wolle, und zwar „unbeschadet des Streits um ihre Ursachen"[1174]. Diesen Ansatz hat das *LAG Schleswig-Holstein* in einer aktuellen Entscheidung weiterverfolgt und dabei leitsatzmäßig formuliert[1175]: Es sei grundsätzlich Sache des Arbeitgebers zu entscheiden, wie er auf Konfliktlagen unter Arbeitnehmern reagieren wolle, ohne dass es auf die Ursachen des Konflikts und die Schuldfrage ankomme. Es obliege seiner freien unternehmerischen Entscheidung, die aus seiner Sicht zur Konfliktlösung und Wiederherstellung eines guten Betriebsklimas unter Berücksichtigung der betrieblichen Erfordernisse und der Interessen aller Arbeitnehmer geeigneten Maßnahmen zu ergreifen. Bei der zu treffenden personellen Maßnahme habe der Arbeitgeber gem. § 315 Abs. 3 BGB nicht nur die Interessen der unmittelbar am Konflikt beteiligten Arbeitnehmer, sondern auch die Interessen der übrigen Arbeitnehmer, die von der Maßnahme betroffen seien, als auch seine Prognoseentscheidung über die Erfolgsaussichten der zu treffenden Maßnahme im Hinblick auf die Konfliktlösung zu berücksichtigen. Im Rahmen des Direktionsrechts könne der Arbeitgeber dem Arbeitnehmer auch neue Aufgaben zuweisen, sofern sie dem Berufsbild und den Merkmalen der Vergütungsgruppe entsprechen. Dies gelte erst recht, wenn die Umsetzung auf eine neue Stelle angeordnet werde, um auf immer wieder auftretende Auseinandersetzungen zwischen Arbeitnehmern zu reagieren. Hier wird besonders deutlich, dass eine Behandlung des Konflikts nicht zu dessen Lösung führen muss. Dabei hätte man sich durchaus die Frage stellen können, ob das allgemeine Persönlichkeitsrecht des betroffenen Arbeitnehmers, welches als „mittelbar drittwirkendes" Grundrecht bei der Ausübung des billigen Ermessens im Rahmen der Interessenabwägung zu berücksichtigen ist[1176], nicht auch eine tiefergehende Aufarbeitung des Konflikts gebietet. Hierfür lässt sich auch auf die jedem Arbeitgeber gegenüber seinen Arbeitnehmern obliegende Fürsorgepflicht abstellen, die ebenfalls das Direktionsrecht des Arbeitgebers einschränken kann[1177].

[1172] *MünchHdbArbR/Richardi*, § 12 Rn. 57; *ErfKArbR/Preis*, § 611 BGB Rn. 275; *Schaub* (2005), § 31 Rn. 69.

[1173] Vgl. dazu *Hromadka*, DB 1995, 2601 (2604 ff.).

[1174] Außerdem sei der Arbeitgeber nicht gehalten, in solchen Situationen anstelle einer Umsetzung eine Abmahnung auszusprechen, *BAG* vom 24.4.1996, AP zu § 611 BGB Direktionsrecht Nr. 48; vgl. auch *Hunold*, NZA-RR 2001, 337 (342).

[1175] DB 2002, 1056 L.

[1176] Siehe etwa *MünchHdbArbR/Blomeyer*, § 48 Rn. 42; *ErfKArbR/Preis*, § 611 BGB Rn. 282.

[1177] Vgl. *ErfKArbR/Dieterich*, Art. 2 GG Rn. 72; weiterführend *Wiese*, ZfA 1971, 273 (278 ff.), zum Persönlichkeitsrecht des Arbeitnehmers und der Treuepflicht des Arbeitgebers.

Jedenfalls bei schwerwiegenden Beeinträchtigungen des Persönlichkeitsrechts wie etwa in den Fällen sexueller Belästigung oder von Mobbing am Arbeitsplatz ist inzwischen anerkannt, dass der Arbeitgeber solche Beeinträchtigungen nicht nur selbst zu unterlassen hat, sondern insoweit auch zum Einschreiten verpflichtet ist[1178]. Die Aufsehen erregende Entscheidung des *LAG Thüringen* vom 10.4.2001 hat dies deutlich zutage gebracht[1179]: Demnach sei der Arbeitgeber verpflichtet, das allgemeine Persönlichkeitsrecht der bei ihm beschäftigten Arbeitnehmer nicht selbst durch Eingriffe in deren Persönlichkeits- oder Freiheitsrechte zu verletzen und diese vor Belästigungen durch Mitarbeiter oder Dritte, auf die er einen Einfluss habe, zu schützen. Zur Einhaltung dieser Pflicht könne der Arbeitgeber als Störer nicht nur dann in Anspruch genommen werden, wenn er selbst den Eingriff begehe, sondern auch dann, wenn er es unterlasse, Maßnahmen zu ergreifen oder seinen Betrieb so zu organisieren, dass eine Verletzung des Persönlichkeitsrechts ausgeschlossen werde. In betriebsverfassungsrechtlicher Hinsicht folgt diesbezüglich eine Überwachungs- und Schutzpflicht des Arbeitgebers aus § 75 BetrVG[1180]. Der Arbeitgeber tut gut daran, in diesen Fällen einzuschreiten, andernfalls kann ihm seine Untätigkeit teuer zu stehlen kommen; hier drohen nicht unerhebliche Entschädigungs- bzw. Schmerzensgeldzahlungen, und zwar auch schon vor der jüngsten Reform des Schadensersatzrechts[1181].

Wenn aber der Arbeitgeber einen Konflikt mit einem Arbeitnehmer oder unter Arbeitnehmern mittels Direktionsrecht aus dem Weg räumt, stellt sich die weitere Frage, was der Arbeitnehmer unternehmen kann, wenn die Angelegenheit aus seiner Sicht nicht befriedigend behandelt wurde. Oder allgemeiner: Wie kann ein Arbeitnehmer seine Unzufriedenheit im Betrieb kommunizieren? Damit wird nicht nur ein weiterer Themenkreis angesprochen, sondern zugleich der unmittelbare Zusammenhang zwischen Konflikt und *Kommunikation* hergestellt. Für das Funktionieren formaler Organisationen wie etwa Betrieben ist Kommunikation unerlässlich[1182]. Im Falle eines Konflikts mit dem Vorgesetzten oder mit Kollegen kann der Arbeitnehmer den formalen Beschwerdeweg gehen (§§ 84, 85 BetrVG) oder – bezogen auf die Reichweite des Direk-

---

[1178] Siehe etwa *Schaub/Koch* (2005), § 108 Rn. 54 ff.

[1179] NZA-RR 2001, 347; siehe zuvor schon die Entscheidung des *LAG Thüringen* vom 15.2.2001, NZA-RR 2001, 577; siehe auch *BGH*, NZA 2002, 1214, zur Amtshaftung; *BSG*, NJW 2001, 3213, zum Opferentschädigungsgesetz; aus der Literatur: *Aigner*, BB 2001, 1354 ff.; *Kerst-Würkner*, AuR 2001, 251 ff.; *Rieble/Klumpp*, ZIP 2002, 369 ff.; *Wickler*, DB 2002, 477 ff.; *Benecke*, NZA-RR 2003, 225 ff.; erstmals wohl *Grunewald*, NZA 1993, 1071 ff.; grundlegend *Wolmerath* (2004).

[1180] Zu § 75 Abs. 1 BetrVG: *FESTL*, § 75 Rn. 15; zu § 75 Abs. 2 BetrVG: dies., § 75 Rn. 84; *DKK/Berg*, § 75 Rn. 41; *Löwisch*, AuR 1972 359 (360); *Wickler*, DB 2002, 477 (478); zu § 75 BetrVG: *Däubler*, BB 1995, 1347 (1349); *Haller/Koch*, NZA 1995, 356 (357); *Schaub/Koch* (2005), § 108 Rn. 60.

[1181] *LAG Rheinland-Pfalz*, NZA-RR 2002, 121; *Rieble/Klumpp*, ZIP 2002, 369 (376 f.); ausführlich jüngst *Wickler*, AuR 2004, 87 ff.; siehe auch *G. Wagner*, NJW 2002, 2049 (2056 f.), zum Zweiten Schadensersatzänderungsgesetz; kritisch aber *Grobys*, NJW Editorial Heft 40/2002, S. III.

[1182] Instruktiv aus sozialwissenschaftlicher Sicht *Luhmann* (1964), S. 190 ff.; aus wirtschaftswissenschaftlicher Sicht *Beyer/Fehr/Nutzinger* (1995), S. 43 ff. und S. 163 ff.

tionsrechts – Feststellungsklage erheben[1183]. Die Rechtstatsachenforschung in Bezug auf Arbeitskonflikte hat jedoch gezeigt, dass eine solche Thematisierung des Arbeitsrechts bzw. Kommunikation von Konflikten nicht unproblematisch ist[1184]. Es gibt allerdings noch einen allgemeineren Ansatzpunkt im BetrVG, nämlich das *Anhörungs- und Erörterungsrecht* des Arbeitnehmers gem. § 82 BetrVG[1185]. Dazu heißt es in einer Kommentierung zum BetrVG: „Die hier ansatzweise angelegten Möglichkeiten einer individuellen Mitwirkung am Arbeitsplatz können den betrieblichen Interaktionsprozeß fördern, zu mehr Transparenz im Verhältnis AG – AN und damit auch *zur Austragung und Lösung von in diesem Verhältnis entstehenden Konflikten beitragen.*"[1186] Insbesondere § 82 Abs. 1 Satz 1 BetrVG, wonach der Arbeitnehmer das Recht hat, in *betrieblichen* Angelegenheiten, die seine Person betreffen, gehört zu werden, sollte man dabei nicht mit Hinweis auf die arbeitsvertragliche Fürsorgepflicht als bloße „Selbstverständlichkeit" abtun[1187]. Denn es besteht durchaus Anlass, über das Ausmaß dieses Anhörungsrechts zumindest in Bezug auf *persönliche* Konflikte am Arbeitsplatz zu diskutieren. Zwar soll der Begriff der betrieblichen Angelegenheit weit zu verstehen sein, gleichwohl wird das Anhörungsrecht überwiegend nur im Zusammenhang bzw. korrespondierend mit § 81 BetrVG dargestellt, der eine Unterrichtung des Arbeitnehmers durch den Arbeitgeber in Sachen Arbeitsablauf, Arbeitsbereich und Arbeitsschutz statuiert[1188]. Zweifel sind auch insofern angebracht, als das Beschwerderecht des § 84 BetrVG eine solche „Beschränkung" nicht kennt und dieses vom Anhörungsrecht abzugrenzen ist[1189]. Daher könnte man fragen: Ist ein persönlicher Konflikt mit einem Mitarbeiter eine betriebliche Angelegenheit, in der man gehört werden muss, oder muss der Arbeitnehmer in diesem Fall sogleich den formalisierten Beschwerdeweg gehen? Bereits Ersteres dürfte wohl zu bejahen sein[1190]. Gleichwohl lädt das Gesetz nicht gerade zur Beschreitung des zunächst informelleren Wegs ein.

Man mag dem juristische Spitzfindigkeit vorhalten. Kaum ein Arbeitnehmer wird sich, wenn er denn sein Anhörungsrecht kennt, vom nur vermeintlich eingeschränkten Anwendungsbereich des § 82 BetrVG abhalten lassen. Jedenfalls in rechtsdogmatischer

---

[1183] *MünchHdbArbR/Blomeyer*, § 48 Rn. 47.

[1184] Siehe oben unter C. II. 3.

[1185] Die §§ 81 ff. BetrVG stellen Individualrechte dar, die nicht bruchlos in das traditionelle Konzept passen, weil sie eine gewisse Abkehr vom reinen Repräsentationsgedanken signalisieren und inhaltlich weitgehend dem Arbeitsvertragsrecht zuzuordnen sind, so dass eine gewisse „Unterfütterung" durch die Festschreibung einzelner Belegschaftsrechte festzustellen ist, *Wendeling-Schröder*, NZA 2001, 357 (359). Nach h.M. gelten sie auch in betriebsratslosen und dabei selbst in nicht betriebsratsfähigen Betrieben, *FESTL*, § 81 Rn. 2, und *Richardi/Thüsing*, Vorbem. vor § 81 Rn. 5, jeweils m.w.N.; differenzierend *GK-BetrVG/Wiese*, vor § 81 Rn. 21 ff.

[1186] *DKK/Buschmann*, § 82 Rn. 1 (Hervorhebung durch den Verfasser).

[1187] So aber *Stege/Weinspach/Schiefer*, § 82 Rn. 1; vgl. zum Verhältnis der Individualrechte zu den Treuepflichten *GK-BetrVG/Wiese*, vor § 81 Rn. 26 ff.

[1188] Vgl. etwa *FESTL*, § 82 Rn. 1 und 4 f.; *Richardi/Thüsing*, § 82 Rn. 1 und 5.

[1189] Siehe etwa *FESTL*, § 82 Rn. 6; *Richardi/Thüsing*, § 82 Rn. 9

[1190] Vgl. nur *Galperin/Löwisch*, § 82 Rn. 2.

Hinsicht zeigt sich allerdings, dass der damalige Gesetzgeber einer „direkten Partizipation" durch den Arbeitnehmer noch zurückhaltend gegenüberstand[1191]. Und genau dies wirkt sich letztlich auf die vom Arbeitgeber (!) vorgegebene und mittels seines Direktionsrechts beeinflusste „Kommunikationskultur" im Betrieb aus. Hinsichtlich des Rechtsschutzes lässt sich noch darauf hinweisen, dass Meinungsverschiedenheiten über das Bestehen und den Umfang des Anhörungsrechts im Hinblick auf die Bestimmung des § 85 Abs. 2 Satz 3 BetrVG nur vor den Arbeitsgerichten (im Urteilsverfahren) zu entscheiden sein sollen[1192]. Schließlich sei schon an dieser Stelle angemerkt, dass die jüngste Reform des BetrVG das beschriebene Grundkonzept unberührt gelassen hat[1193].

Es gilt schließlich zu bedenken, dass der Kommunikationsaustausch zwischen Arbeitgebern und Arbeitnehmern in betriebsratslosen Betrieben nicht institutionalisiert ist, insbesondere können in diesen Betrieben keine Betriebsversammlungen gem. §§ 42 ff. BetrVG stattfinden[1194]. Dies leuchtet ein, wenn man davon ausgeht, dass solche Betriebsversammlungen das Forum der Aussprache zwischen Betriebsrat und Arbeitnehmern sind (§ 43 Abs. 2 Satz 1 BetrVG). Darüber hinaus dienen Betriebsversammlungen aber auch der Unterrichtung der Arbeitnehmer über sie interessierende wesentliche Belange durch den Arbeitgeber, wie sich aus § 43 Abs. 2 Satz 3 BetrVG ergibt[1195]. Demnach ist der Arbeitgeber oder sein Vertreter verpflichtet, mindestens einmal im Kalenderjahr auf einer Betriebsversammlung über das Personal- und Sozialwesen, über die wirtschaftliche Lage und Entwicklung des Betriebs sowie über den betrieblichen Umweltschutz zu berichten. In betriebsratslosen Betrieben hat der Arbeitgeber also nicht entsprechend zu berichten[1196]. Immerhin kann der Arbeitgeber (freiwillig!) nicht institutionalisierte Mitarbeiterversammlungen einberufen; dies ist sowohl für Betriebe mit[1197] als auch ohne[1198] Betriebsrat möglich. Arbeitnehmer sind zur Teilnahme an solchen Versammlungen sogar verpflichtet, wenn auf ihnen Angelegenheiten erörtert werden, auf die sich das Direktionsrecht erstreckt[1199]; in diesen Fällen findet sozusagen ein verordneter Dialog zwischen Arbeitgeber und Arbeitnehmern statt.

[1191] Vgl. zu dieser Kritik *Blanke/Rose*, RdA 2001, 92 (94 f.), im Zuge der jüngsten Reform des BetrVG; siehe dazu näher noch unter C. IV. 3. b. aa.

[1192] Siehe nur *Richardi/Thüsing*, § 82 Rn. 10 und 18; siehe dazu näher noch unter C. III. 1. c. bb.

[1193] Siehe dazu näher noch unter C. III. 1. b. aa.

[1194] Siehe etwa *FESTL*, § 42 Rn. 8; *ErfKArbR/Eisemann*, § 42 BetrVG Rn. 2; *MünchHdbArbR/Joost*, § 311 Rn. 20.

[1195] Dies scheint das *BAG*, zuletzt etwa NZA 2001, 976 (977), bisher zu ignorieren; siehe zu dieser Kritik auch *FESTL*, § 42 Rn. 7.

[1196] Siehe nur den europäisch motivierten § 81 Abs. 3 BetrVG über die Anhörung der Arbeitnehmer in betriebsratslosen Betrieben zu Arbeitsschutzmaßnahmen, *FESTL*, § 81 Rn. 20 ff.

[1197] Grundlegend *BAG*, NZA 1990, 113 ff., wobei diese jedoch nicht als „Gegenveranstaltungen" zu Betriebsversammlungen missbraucht werden dürften; siehe *FESTL*, § 42 Rn. 11; *Richardi/Annuß*, § 42 Rn. 73; *MünchHdbArbR/Joost*, § 311 Rn. 18.

[1198] Siehe nur *Richardi/Annuß*, Vorbem. vor § 42 Rn. 11.

[1199] *BAG*, NZA 2001, 976; *FESTL*, § 42 Rn. 11; *ErfKArbR/Eisemann*, § 42 BetrVG Rn. 3.

bb. bei der Auflösung des Arbeitsverhältnisses: herkömmliche Beendigungs-formen

Die Rechtstatsachenforschung in Bezug auf Arbeitskonflikte hat gezeigt, dass Prozess-führungslast und faktisches Prozessrisiko gerade auch bei der Auflösung des Arbeits-verhältnisses auf der Seite des Arbeitnehmers liegen[1200]. Erschwerend kommt hinzu, dass Vorgesetzte bzw. Personalchefs vor dem Hintergrund der angespannten Arbeits-marktlage eher als Henker denn als Lenker fungieren[1201]. Dabei gilt zu bedenken, dass selbst nach Ausspruch einer Kündigung die Einschaltung der Arbeitsgerichte der Aus-nahmefall ist[1202]. Außerdem gibt es neben der Kündigung noch weitere Möglichkeiten, das Arbeitsverhältnis zwischen Arbeitgeber und Arbeitnehmer aufzulösen; auch diese Fälle gelangen nicht vor Gericht, es sei denn, es bestehen nachträglich Differenzen hinsichtlich des zuvor getroffenen Konsenses. Damit vollzieht sich der weit überwie-gende Teil der Fälle, die zu einer Auflösung des Arbeitsverhältnisses führen, im inner-betrieblichen Bereich. Im Folgenden geht es um eine kritische Darstellung der ver-schiedenen *Verfahren*, die zu einer Auflösung des Arbeitsverhältnisses führen; die sich hieraus ergebenden materiellen Probleme können dabei nur skizziert werden.

Die aus konflikttheoretischer Sicht zu favorisierende Auflösungsform eines Arbeits-verhältnisses ist die einvernehmliche namens *Aufhebungsvertrag*[1203]. Idealerweise wird zwischen Arbeitgeber und Arbeitnehmer eine gütliche Einigung über die Beendi-gung des Arbeitsverhältnisses erzielt[1204]. In rechtsdogmatischer Hinsicht wird der Aufhebungsvertrag als actus contrarius zum Arbeitsvertrag als Ausfluss der Privatau-tonomie (negative Vertragsfreiheit) gem. Art. 2 Abs. 1 GG sowie der Berufsfreiheit gem. Art. 12 GG (auf beiden Vertragsseiten) verstanden[1205]. In rechtstatsächlicher Hinsicht hat der Aufhebungsvertrag eine erhebliche Bedeutung und erfreut sich in der arbeitsrechtlichen Praxis insbesondere auf Arbeitgeberseite größter Beliebtheit, was mit Blick auf das KSchG und die damit verbundene Einschaltung der Arbeitsgerichte keiner weiteren Erläuterung bedarf. Auch für den Arbeitnehmer kann der Abschluss eines Aufhebungsvertrags vorteilhaft sein[1206]. Andererseits birgt er für den Arbeitneh-mer – abgesehen vom Verlust des Arbeitsplatzes – einige Gefahren vor allem in sozi-

---

[1200] Siehe oben unter C. II. 3.

[1201] Siehe dazu den Bericht in der SZ vom 27./28.10.2001, S. V1/19.

[1202] So schon *Blankenburg/Schönholz/Rogowski* (1979), S. 58.

[1203] In § 623 Hs. 1 BGB (Schriftformerfordernis) als „Auflösungsvertrag" bezeichnet, siehe dazu etwa *Palandt/Weidenkaff*, § 623 Rn. 5; *ErfK/ArbR/Müller-Glöge*, § 623 BGB Rn. 12.

[1204] Vgl. *LAG München*, NJOZ 2001, 69 (70), zur Ausgleichsklausel im Aufhebungsvertrag, deren Ziel es sei, das streitige Rechtsverhältnis abschließend *friedlich* zu regeln; vgl. *Popp*, AuA 2001, 148, „un-eingeschränkte Praktikabilität" des Aufhebungsvertrags; *Schiefer*, NZA 2002, 770 (771): Aufhe-bungsvertrag „vordergründig für alle Beteiligten die beste Beendigungsform".

[1205] So treffend *Coester*, SAE 2001, 222 (223); siehe auch *APS/Schmidt*, AufhebVtr Rn. 1 m.w.N., grundlegend *Bengelsdorf*, DB 1997, 874 ff.; *Germelmann*, NZA 1997, 236 ff.; *Junker*, NZA 1997, 1304 ff.

[1206] Dazu *Bengelsdorf*, NZA 1994, 193 (194).

alversicherungs- und steuerrechtlicher Hinsicht. Einmal droht das Ruhen des Anspruchs auf Arbeitslosengeld infolge einer Sperrzeit gem. § 144 Abs. 1 Nr. 1 SGB III. Ist – wie in der Regel – im Aufhebungsvertrag die Zahlung einer Abfindung vereinbart, kann sich ein solches Ruhen auch aus § 143a Abs. 1 Satz 1 SGB III ergeben. Außerdem sind steuerrechtliche Implikationen zu berücksichtigen[1207]. Auf diese sowie sonstige versorgungsrechtliche nachteilige Folgen muss der Arbeitgeber den Arbeitnehmer nur unter besonderen Umständen hinweisen[1208]. Ferner ist dem Arbeitnehmer bei Abschluss eines Aufhebungsvertrags die Berufung auf einen Wiedereinstellungsanspruch und eine Störung der Geschäftsgrundlage (jetzt § 313 BGB) im Falle einer unvorgesehenen Weiterbeschäftigungsmöglichkeit tendenziell verwehrt[1209].

Angesichts dieser Gefahren des Aufhebungsvertrags ist die Frage, ob zwischen Arbeitgeber und Arbeitnehmer auch bei Abschluss eines Aufhebungsvertrags ein strukturelles Machtungleichgewicht besteht, von großem Interesse[1210]. Das *BAG* hat diese Frage mit aller Deutlichkeit verneint[1211]: Dem Arbeitnehmer, der dem Arbeitgeber ggf. nur ein schlichtes „Nein" entgegenzusetzen brauche, könne nicht die zur Durchsetzung seiner berechtigten Interessen erforderliche Verhandlungsmacht abgesprochen werden, vielmehr habe er die Möglichkeit, sowohl das „Ob" als auch das „Wie" und „Wann" der Vertragsbeendigung von seinem Konsens abhängig zu machen. Als Konsequenz dessen hat es das *BAG* bisher abgelehnt, dem Arbeitnehmer eine Bedenkzeit oder ein Widerrufsrecht analog § 1 HausTWG einzuräumen[1212]. Die Diskussion um den neuen § 312 BGB ist vor dem Hintergrund der Frage, ob der Arbeitnehmer als Verbraucher einzuordnen ist[1213], neu entbrannt[1214]. Das *BAG* hat diese Streitfrage jüngst dahin ge-

---

[1207] Siehe zum Ganzen *Bauer* (2004), Rn. VII. 1 ff. und Rn. VIII. 1 ff.; *HS/Hümmerich* (2005), § 11 Rn. 203 ff. und 276 ff.; zu der durch das Erste Gesetz für moderne Dienstleistungen am Arbeitsmarkt (Hartz I) erneut geänderten Sperrzeitregelung des § 144 SGB III *Bauer/Krets*, NJW 2003, 537 (542); *Hümmerich/Holthausen/Welslau*, NZA 2003, 7 (11 f.); *Geiger*, NZA 2003, 838 ff.; *Bauer/Hümmerich*, NZA 2003, 1076 ff.; *Heuchemer/Insam*, BB 2004, 1562 ff.; *Schuldt*, NZA 2005, 861 f.; zu dem aus Arbeitgebersicht relevanten § 147a SGB III (Erstattungspflicht des Arbeitgebers) *Grobys*, NZA 2002, 660 ff.; *Bauer*, NZA 2002, 1001 (1004).

[1208] *APS/Schmidt*, AufhebVtr Rn. 37 ff.; *KDZ/Däubler*, Einleitung Rn. 303 ff.; *Hoß/Ehrich*, DB 1997, 625 ff.; siehe aber nun die durch das Erste Gesetz für moderne Dienstleistungen am Arbeitsmarkt erst jüngst eingeführte Informationspflicht des Arbeitgebers nach § 2 Abs. 2 Satz 2 Nr. 3 SGB III, siehe dazu *Bauer/Krets*, NJW 2003, 537 (541 f.).

[1209] *BAG*, NZA 2000, 1097 (1101 f.), zum Abfindungsvergleich; *BAG*, NZA 2002, 1416 L = NJOZ 2003, 1650 (1654 ff.), und NZA 2004, 1295 L = NJOZ 2004, 4096 (4101 f.), zum Aufhebungsvertrag; siehe auch *Bauer*, NZA 2002, 169 (173), zum neuen Recht; vgl. jüngst *BAG*, NZA 2002, 896 (898 f.): kein Wiedereinstellungsanspruch nach Ablauf der Befristung.

[1210] Vgl. dazu schon im allgemeinen Teil unter B. II. 7. b. aa.

[1211] NZA 1996, 811 (812); in diesem Sinne auch *Bengelsdorf*, NZA 1994, 191 (197 f.).

[1212] NZA 1994, 209 (211 f.); NZA 1996, 811 (812); zustimmend etwa *Ehrich*, NZA 1994, 438 ff.; ablehnend etwa *Lorenz*, JZ 1997, 277 ff.

[1213] Siehe dazu bereits im allgemeinen Teil unter B. II. 7. b. aa.

[1214] Die (analoge) Anwendung des § 312 BGB auf Arbeitsverträge bejahend *Däubler*, NZA 2001, 1329 (1334); *Hümmerich/Holthausen*, NZA 2002, 173 (178); *Hümmerich*, AnwBl 2002, 671 (676 ff.); *Schleusener*, NZA 2002, 949 ff.; verneinend *Palandt/Heinrichs*, § 312 Rn. 4; *Bauer/Kock*, DB 2002,

hend entschieden, dass § 312 BGB nach der gesetzlichen Systematik, Entstehungsgeschichte sowie nach Sinn und Zweck nicht auf arbeitsrechtliche Aufhebungsverträge anwendbar sei[1215]. Auch ist zuzugeben, dass sich ein gravierender Wertungswiderspruch ergeben würde, wenn der Arbeitgeber auf der einen Seite nicht verpflichtet wäre, den Arbeitnehmer über sein Klagerecht gem. § 4 KSchG zu belehren, auf der anderen Seite jedoch bei einem Aufhebungsvertrag eine Belehrung nach § 355 BGB nötig wäre[1216]. Immerhin ein gewisser Schutz wird dem Arbeitnehmer in „Überrumpelungssituationen" über die allgemeinen Anfechtungsregeln gewährt. In nunmehr ständiger Rechtsprechung führt das *BAG* beispielsweise zu § 123 Abs. 1 BGB aus, dass die Androhung des Arbeitgebers, das Arbeitsverhältnis durch eine ordentliche oder außerordentliche Kündigung beenden zu wollen, falls der Arbeitnehmer nicht selbst kündige oder einen Aufhebungsvertrag abschließe, die Ankündigung eines zukünftigen empfindlichen Übels darstelle, dessen Verwirklichung in der Macht des ankündigenden Arbeitgebers liege. Die Drohung mit einer solchen Kündigung sei widerrechtlich, wenn ein verständiger Arbeitgeber sie nicht ernsthaft in Erwägung ziehen dürfe. Dabei sei es nicht erforderlich, dass die angekündigte Kündigung, wenn sie ausgesprochen worden wäre, sich in einem Kündigungsschutzprozess als rechtsbeständig erwiesen hätte[1217].

Vor dem Hintergrund dieser Probleme wurde von *Hümmerich* der *Abwicklungsvertrag* als Alternative zum Aufhebungsvertrag ausgemacht[1218]. Dem Abwicklungsvertrag geht eine arbeitgeberseitige fristgerechte Kündigung des Arbeitsverhältnisses voraus. In ihm bringt der Arbeitnehmer zum Ausdruck, die Kündigung hinzunehmen. Darüber hinaus werden Rechte und Pflichten im Zusammenhang mit der Beendigung des Arbeitsverhältnisses einvernehmlich geregelt[1219]. Damit entspricht der außergerichtliche Abwicklungsvertrag letztlich dem, was vor den Arbeitsgerichten häufig in der Form eines Prozessvergleichs vereinbart wird[1220]. Der Abwicklungsvertrag kann in sozialrechtlicher Hinsicht gegenüber dem Aufhebungsvertrag vorteilhaft sein[1221]. Allenfalls

---

42 (44 f.); *Bauer*, NZA 2002, 169 (171); *Brors*, BB 2002, 2046 ff.; *Fiebig*, DB 2002, 1608 (1610); *Henssler*, RdA 2002, 129 (135); *Mengel*, BB 2003, 1278 ff.; *Rieble/Klumpp* ZIP 2002, 2153 ff.

[1215] NZA 2004, 597 (600 ff.), Vorinstanz *LAG Brandenburg*, NZA 2003, 503 (504 f.); dazu *Hümmerich*, NZA 2004, 809 ff.; *BAG*, NZA 2004, 1295 L = NJOZ 2004, 4096 (4099 f.), Vorinstanz *LAG Hamm*, NZA-RR 2003, 401 (402 ff.); siehe schließlich *Kienast/Schmiedl*, DB 2003, 1440 ff.

[1216] So *Bauer*, NZA 2002, 169 (172); dagegen *Hümmerich*, AnwBl 2002, 671 (678); indes wiegt der Verzicht auf den Arbeitsplatz regelmäßig schwerer als der Abschluss eines gewöhnlichen Haustürgeschäfts, in diesem Sinne *Weber/Ehrich*, NZA 1994, 414 (420).

[1217] Zuletzt *BAG*, NZA 2004, 597 (599) m.w.N.; ausführlich *Weber/Ehrich*, NZA 1997, 414 ff.

[1218] Erstmals NZA 1994, 200 ff.; zuletzt NJW 2004, 2921; ausführlich HS/*Hümmerich* (2005), § 11 Rn. 3 ff.; jüngst auch *Gaul*, DB 2003, 2457 ff.; *Freckmann*, BB 2004, 1564 ff.

[1219] *Hümmerich*, BB 1999, 1868; ders., NZA 2001, 1280; siehe auch *Bauer* (2004), Rn. I. 20, zur Unterscheidung zwischen dem „echten" und „unechten" Abwicklungsvertrag.

[1220] *Hümmerich*, NZA 2001, 1280.

[1221] So noch *Hümmerich*, BB 1999, 1868 ff., und NZA 2001, 1280 f. (und 1283 ff.); einschränkend *Werner*, NZA 2002, 262 f., und *Nebeling/Schmid*, NZA 2002, 1310 (1312), infolge der faktischen

aus der Perspektive des Arbeitgebers zu favorisieren ist der Abwicklungsvertrag auch insofern, als die vom Arbeitgeber ausgesprochene Kündigung in vertragsrechtlicher Hinsicht durch eine Anfechtung des Arbeitnehmers nur unter erschwerten Umständen nachträglich aus dem Weg geräumt werden kann[1222]. Auf den Punkt gebracht stellt sich hier aus Sicht des Arbeitnehmers die Frage, ob im Falle der Anfechtung des Abwicklungsvertrags gem. § 123 Abs. 1 BGB eine Zulassung der verspäteten Klage nach § 5 Abs. 1 KSchG möglich ist, wenn die Drei-Wochen-Frist des § 4 Satz 1 KSchG bereits abgelaufen ist[1223]. Als Vorteil des Abwicklungsvertrags kann es jedenfalls kaum gelten, dass dieser nicht dem Schriftformerfordernis des § 623 Hs. 1 BGB unterfallen soll[1224]. Wenn man bedenkt, dass die Schriftform grundsätzlich Rechtssicherheit bezweckt (konkret: Klarstellung-, Beweis- und Warnfunktion)[1225], ist vielmehr das Gegenteil der Fall. Auch führt das Erfordernis einer fristgerechten Kündigung und einer Beendigung zum Ablauf der Kündigungsfrist im Rahmen eines Abwicklungsvertrags insbesondere bei lang andauernden Arbeitsverhältnissen (siehe § 622 Abs. 2 BGB) zu einer nicht unerheblichen Unflexibilität[1226]. Schließlich ist zweifelhaft, ob der Abwicklungsvertrag im Gegensatz zum Aufhebungsvertrag tatsächlich dem Arbeitnehmer den Wiedereinstellungsanspruch erhält[1227]. Das *BAG* hat einen solchen im Kontext mit dem Aufhebungsvertrag vor allem deshalb verneint, weil dem Arbeitnehmer für den Verlust des Arbeitsplatzes durch die Zahlung einer Abfindung ein angemessener wirtschaftlicher Ausgleich eingeräumt worden war[1228]; dies wird beim Abwicklungsvertrag, der ebenfalls die Zahlung einer Abfindung vorsieht, nicht anders zu beurteilen sein.

Das in sich widersprüchlich erscheinende Bild einer einvernehmlichen Auflösung des Arbeitsverhältnisses durch Aufhebungs- bzw. Abwicklungsvertrag wird noch verworrener, wenn man sich die sonstigen „gütlichen" Beendigungsmöglichkeiten vor Augen führt. Eine Auflösung des Arbeitsverhältnisses kann nämlich auch durch eine nachträgliche *Befristung* eines unbefristeten Arbeitsverhältnisses erreicht werden und damit

---

Nähe des Abwicklungsvertrags zum Aufhebungsvertrag; jüngst *Bauer/Krieger*, NZA 2004, 640 ff., *Boecken/Hümmerich*, DB 2004, 2046 ff., *Heuchemer/Insam*, BB 2004, 1679 ff., *Kern/Kreutzfeldt*, NJW 2004, 3081 f., *Lilienfeld/Spellbrink*, RdA 2005, 88 ff., und *Bauer*, NZA 2005, 1046 (1049), im Anschluss an *BSG*, NZA 2004, 661 ff.

[1222] Vgl. dazu *Hümmerich*, BB 1999, 1868 (1871 f.); ders., NZA 2001, 1280 (1281); *Nebeling/Schmid*, NZA 2002, 1310 (1311); vgl. aber *Popp*, AuA 2001, 148 (150).

[1223] Ausführlich dazu *Nebeling/Schmid*, NZA 2002, 1310 (1312 f.); vgl. auch *APS/Schmidt*, AufhebVtr Rn. 19.

[1224] So aber *Hümmerich* NZA 2001, 1280 (1281); *Nebeling/Schmid*, NZA 2002, 1310 (1311); siehe zur Frage des Schriftformerfordernisses die Nachweise bei *ErfKArbR/Müller-Glöge*, § 623 BGB Rn. 14; siehe auch *Bauer*, NZA 2002, 169 (170).

[1225] *APS/Preis*, § 623 BGB Rn. 2; *ErfKArbR/Müller-Glöge*, § 623 BGB Rn. 2 f.; *Richardi*, NZA 2001, 57 (63); *Bauer*, NZA 2002, 169.

[1226] Dazu *Popp*, AuA 2001, 148 (150); *Nebeling/Schmid*, NZA 2002, 1310 (1311 f.).

[1227] So aber *Hümmerich*, BB 1999, 1868 (1872).

[1228] NZA 2000, 1097 (1101).

letztlich einem Aufhebungsvertrag gleichkommen. Das *BAG* versagt den Arbeitsvertragsparteien in dieser Situation insofern jede Privatautonomie, als diese Vertragsänderung zu ihrer Wirksamkeit eines sachlichen Grundes im Sinne des Befristungskontroll-
rechts (jetzt positiviert in § 14 Abs. 1 TzBfG) bedarf[1229]. Diese ebenfalls ständige
Rechtsprechung steht im Widerspruch zum grundsätzlichen fehlenden Kontrollansatz
bei Aufhebungsverträgen[1230]. Auf der anderen Seite kann der Arbeitnehmer „unproblematisch" nach Ausspruch der Kündigung auf die gerichtliche Geltendmachung des
allgemeinen Kündigungsschutzes verzichten (*Klageverzicht* bzw. pactum de non petendo). Ob ein solcher Verzicht im Hinblick auf § 623 Hs. 1 BGB mündlich erfolgen
kann, wird – soweit ersichtlich – nicht diskutiert[1231]. Gefordert wird nur, dass die Erklärung klar und deutlich sein muss[1232]. Bei Ausgleichsquittungen bzw. Ausgleichsklauseln stellt sich das Problem nicht, da diese ohnehin schriftlich erteilt werden. Allerdings muss auch der in ihnen enthaltene Verzicht auf den Kündigungsschutz unmissverständlich erklärt werden[1233]. Solche Klauseln haben den Zweck, das streitige
Rechtsverhältnis abschließend zu regeln und erfüllen eine wichtige Funktion, weil sie
im Interesse des Rechtsverkehrs klare Verhältnisse zwischen den Parteien schaffen
und künftigen Streitigkeiten vorbeugen sollen („Vergleichsfrieden")[1234]. Gleichwohl
können sich Situationen ergeben, in denen ein Arbeitnehmer vor übereilten Reaktionen
geschützt werden sollte. Die Rechtsprechung billigt dem Arbeitnehmer einen solchen
Schutz selbst dann nicht zu, wenn er in einer Konfliktsituation unüberlegt bzw. vorschnell kündigt[1235]. Hieran vermag auch der Schadensersatzanspruch gem. § 628
Abs. 2 BGB nichts zu ändern, wenn man sich dessen hohe Anforderungen vor Augen
führt[1236].

Im Falle einer *Kündigung* durch den Arbeitgeber wird der Arbeitnehmer in materieller
Hinsicht durch das KSchG geschützt, sofern der Anwendungsbereich gem. §§ 1
Abs. 1, 23 Abs. 1 KSchG eröffnet ist. Außerhalb des räumlichen Geltungsbereichs hat
die Rechtsprechung gewisse Kriterien für einen „Kündigungsschutz in Kleinbetrieben"

[1229] Zuletzt NZA 2000, 718 (719) = SAE 2001, 220 mit Anmerkung *Coester*; vgl. jüngst *BAG*, NZA
2004, 1275 ff., zur befristeten Weiterbeschäftigung nach Ausspruch der Kündigung; vgl. auch *BSG*,
NJW 2005, 381 f., zu den sozialversicherungsrechtlichen Folgen.
[1230] Siehe nur *Coester*, SAE 2001, 222 ff. (insbesondere 224 f.).
[1231] Vgl. nur *Backmeister/Trittin*, § 623 BGB Rn. 11, zur Ausgleichsquittung.
[1232] *LAG Köln*, NZA-RR 2001, 85 (86) m.w.N.; *APS/Dörner*, § 1 KSchG Rn. 8 ff.; *G. von Hoyningen-
Huene/Linck*, § 1 Rn. 11 f.; *SPV/Preis*, Rn. 1254; *ErfK/ArbR/Ascheid*, § 1 KSchG Rn. 16.
[1233] Siehe nur *G. von Hoyningen-Huene/Linck*, § 1 Rn. 14 f. m.w.N.
[1234] Siehe jüngst *BAG*, NZA 2003, 100 (103); siehe auch *LAG München*, NJOZ 2001, 69 (70); vgl.
BAG, NZA 2004, 554 (555 f.), und NZA 2004, 1097 (1098 f.), zur Auslegung solcher Klauseln; vgl.
jüngst *LAG Hamburg*, NZA 2005, 488 L = NZA-RR 2005, 151 (153), zur Unwirksamkeit einer Ausgleichsquittung in vorformulierten Vertragsbedingungen.
[1235] Zu einem Fall der form- und grundlosen Eigenkündigung etwa *BAG*, NZA 1998, 420 (421 f.);
kritisch dazu *Singer*, NZA 1998, 1309 ff.; vgl. jüngst *BAG*, NZA 2003, 1055 L.
[1236] Zuletzt etwa *BAG*, NZA 2002, 325 (326 ff.), und NZA 2002, 1323 (1325 ff.); vgl. zur provozierten
Auflösung des Arbeitsverhältnisses auch *Birk* (1998), S. 693 ff.

entwickelt[1237]. Was das *Verfahren* bei Ausspruch der Kündigung durch den Arbeitgeber anbelangt, sehen § 102 BetrVG und § 3 KSchG Regelungen vor[1238], die allerdings die Existenz eines Betriebsrats voraussetzen[1239]. Dagegen ist der Arbeitnehmer eines betriebsratslosen Betriebs in Kündigungssituationen auf sich allein gestellt. Ein § 102 Abs. 1 BetrVG entsprechendes Anhörungsrecht des Betroffenen ist in diesen Betrieben gesetzlich nicht vorgegeben und wird von der h.M. auch nicht anerkannt[1240]. Diskutiert wird die *Anhörung des Arbeitnehmers* vor Ausspruch der Kündigung – und das unabhängig vom Vorhandensein eines Betriebsrats – lediglich in folgenden Fällen: bei der Druckkündigung[1241], bei der krankheitsbedingten Kündigung[1242] und bei der Verdachtskündigung[1243]; bei der außerordentlichen Kündigung wird eine solche allenfalls insofern erforderlich sein, als die Kenntnis im Sinne des § 626 Abs. 2 Satz 2 BGB alle gegen und auch für den Gekündigten sprechenden Umstände voraussetzt[1244]. Dies ist insofern verwunderlich, als für den Fall der für sich genommen weniger schwerwiegenden Abmahnung eine Anhörung des Arbeitnehmers vor deren Ausspruch ernsthaft diskutiert wird[1245]. Gerade weil in Kleinbetrieben das „Korrektiv" der Betriebsratsanhörung fehlt, hat das *ArbG Gelsenkirchen* die Anhörung des Arbeitnehmers vor Ausspruch der Kündigung mit gewichtigen, da verfassungsrechtlichen Gründen für notwendig erachtet[1246]: Die Pflicht zur Anhörung des Arbeitnehmers vor Ausspruch einer Kündigung folge jedenfalls aus der Fürsorgepflicht des Arbeitgebers. Der Ausspruch einer Kündigung ohne vorhergehende Anhörung des betroffenen Arbeitnehmers stelle in betriebsratslosen Betrieben eine unzulässige Rechtsausübung dar. Dies ergebe eine verfassungskonforme Auslegung des § 242 BGB mit Rücksicht auf Art. 1 GG (Menschenwürde), Art. 2 Abs. 1 GG (freie Entfaltung der Persönlichkeit), Art. 12 Abs. 1 GG (Berufsfreiheit) und den das Arbeitsrecht beherrschenden Verhältnismäßigkeits-

---

[1237] Grundlegend *BVerfG*, NJW 1998, 1475 ff.; daran anknüpfend *BAG*, NZA 1999, 590 (593 f.); NZA 2001, 833 (835 ff.); NZA 2001, 951 (953 f.); NZA 2002, 87 (89); ausführlich *Gragert*, NZA 2000, 961 ff. m.w.N.; zuletzt etwa *Gragert/Wiehe*, NZA 2001, 934 ff.

[1238] Gleichwohl handelt es sich bei diesen Vorschriften um solche des materiellen Rechts, vgl. *Berkowsky*, NZA 1996, 1065 (1068), zu § 102 KSchG.

[1239] Siehe dazu noch unter C. III. 1. b. bb.

[1240] *Wendeling-Schröder*, DB 2002, 206 (207).

[1241] *G. von Hoyningen-Huene/Linck*, § 1 Rn. 204: nicht erforderlich; vgl. aber *Richter/Brüggemann*, AuA 2002, 300 (302), die eine solche aus der Fürsorgepflicht des Arbeitgebers folgern, die zwar nicht Wirksamkeitsvoraussetzung für die Kündigung sei und damit nicht zur Wiederherstellung des Arbeitsverhältnisses führe, deren Verletzung aber Schadensersatzansprüche auslösen könne.

[1242] *G. von Hoyningen-Huene/Linck*, § 1 Rn. 223: nicht erforderlich.

[1243] *G. von Hoyningen-Huene/Linck*, § 1 Rn. 265: erforderlich; ausführlich *Ulrich Fischer*, BB 2003, 522 ff.; zur Problematik der Kündigungsfrist des § 626 Abs. 2 BGB bei Verzögerungen der Arbeitnehmeranhörung jüngst *Mennemeyer/Dreymüller*, NZA 2005, 382 ff.

[1244] Vgl. *KR/Fischermeier*, § 626 BGB Rn. 330 f.

[1245] Dazu *Wilhelm*, NZA-RR 2002, 449 (451 ff.) m.w.N., mit Verweis auf *ArbG Frankfurt/Oder*, NZA-RR 1999, 467 ff.; weitere Nachweise bei *G. von Hoyningen-Huene/Linck*, § 1 Rn. 287c; siehe auch *Schaub/Linck* (2005), § 61 Rn. 72; *Tschöpe*, BB 2002, 778 (780).

[1246] NZA-RR 1999, 137 ff. und 134 (136).

grundsatz. Diese Auffassung hat sich jedoch bisher nicht durchsetzen können[1247]. Auch das *BAG* hat dem – wenngleich nicht explizit für betriebsratslose Betriebe – wiederholt eine Absage erteilt[1248]. Ferner besteht in betriebsratslosen Betrieben bzw. Unternehmen mit nicht mehr als 20 Arbeitnehmern grundsätzlich keine Möglichkeit, einen Sozialplan und daraus resultierende Abfindungen auszuhandeln[1249]. In diesen Situationen wäre der Arbeitnehmer auf einen Betriebsrat angewiesen, um seine eigene Rechtsposition zu wahren und durchzusetzen[1250].

b.   Die Rolle des Betriebsrats

Bevor man sich mit der Rolle des Betriebsrats bei der Behandlung von Konflikten individueller Art am Arbeitsplatz auseinandersetzt, muss man sich nochmals vor Augen führen, dass die Mehrzahl der Arbeitnehmer in Deutschland auf diese „Konfliktbehandlungsstelle" nicht zurückgreifen kann. Im Folgenden geht es also um die kritische Darstellung einer in der Minderzahl vorkommenden betrieblichen Konfliktkonstellation.

aa.   im bestehenden Arbeitsverhältnis: der Betriebsrat als individueller Konfliktbehandler unter Berücksichtigung der jüngsten Reform des BetrVG

Der Betriebsrat ist freilich in erster Linie der durch das demokratische Prinzip legitimierte Repräsentant der gesamten Belegschaft und nicht lediglich einzelner Arbeitnehmer. Insoweit nimmt der Betriebsrat die Arbeitnehmerbelange in einer Form der Zwangsrepräsentation wahr. Das Betriebsratsamt gibt unabhängig vom Willen der betroffenen Arbeitnehmer Befugnisse, die dem Machtausgleich zwischen Arbeitgeber und Arbeitnehmer dienen[1251]. Dabei räumt das BetrVG dem Betriebsrat überwiegend kollektive Beteiligungsrechte[1252] ein, insbesondere in sozialen, personellen und wirtschaftlichen Angelegenheiten; diese bleiben jedoch im Rahmen dieser Abhandlung weitgehend unberücksichtigt[1253].

[1247] Ablehnend in Bezug auf die verhaltensbedingte Kündigung *MünchHdbArbR/Berkowsky*, § 137 Rn. 47; *Berkowsky*, NZA-RR 2001, 1 (4); *Tschöpe*, BB 2002, 778; unklar *APS/Dörner*, § 626 BGB Rn. 92 und 93 f., in Bezug auf die außerordentliche Kündigung, weil die Entscheidungen des *ArbG Gelsenkirchen* zunächst als unzutreffend bezeichnet werden, dann aber Ansicht vertreten wird, im Sonderfall des Kleinbetriebs könne die Nichtanhörung des Arbeitnehmers zur Unwirksamkeit der Kündigung nach § 242 BGB führen; *Richardi/Thüsing*, § 82 Rn. 9, verneinen darüber hinaus einen Verstoß gegen § 82 Abs. 1 Satz 2 BetrVG; vgl. dazu auch *Wilhelm*, NZA-RR 2002, 449 (455 f.).

[1248] NZA 1998, 95 (96); siehe auch *BAG*, NZA 2001, 951 (953), in einem obiter dictum.

[1249] *Wendeling-Schröder*, DB 2002, 206 (208 f.), mit Verweis auf *BAG*, NZA 2000, 662 (663 ff.); vgl. *ArbG Frankfurt* vom 13.12.2001 – 7 Ca 5838/01.

[1250] Vgl. *Wendeling-Schröder*, NZA 2001, 357 (358).

[1251] *Richardi*, Einleitung Rn. 100 und 103.

[1252] Der Begriff Beteiligungsrecht dient als Oberbegriff aller vier Beteiligungsformen, nämlich der Unterrichtung, der Anhörung, der Mitwirkung und der echten Mitbestimmung, siehe nur *FESTL*, § 1 Rn. 242 m.w.N.

[1253] Siehe dazu bereits unter C. I.

Ansonsten schenkt das BetrVG dem Betriebsrat bei der Behandlung von individuellen Konflikten am Arbeitsplatz wenig Beachtung. Dies bedeutet allerdings nicht, dass der Betriebsrat insoweit keine Bedeutung erlangen würde. Vielmehr kann davon ausgegangen werden, dass dieser auch bei Konflikten zwischen Arbeitgeber und Arbeitnehmer sowie unter Arbeitnehmern häufig involviert ist. In der täglichen Arbeitswelt trägt vor allem der Betriebsrat dazu bei, die mit betrieblichen Veränderungen stets verbundenen Probleme einvernehmlich zu lösen, mögliche Konflikte in und mit der Belegschaft zu vermeiden oder zu versachlichen und die betrieblichen Arbeitsbeziehungen zu verbessern[1254]. Dabei wird der Betriebsrat in den meisten Fällen einen eher informellen Weg beschreiten und damit außerhalb des formalisierten Beschwerdeverfahrens nach §§ 84 Abs. 1 Satz 2, 85 BetrVG tätig werden. Auch die vom Gesetz vorgesehenen Fälle, in denen der Arbeitnehmer den Betriebsrat in bestimmten Angelegenheiten hinzuziehen kann, betreffen zwar keineswegs Randbereiche der im betrieblichen Alltag vielfältig auftretenden Fragen, jedenfalls aber nur einen Ausschnitt davon. So kann der Betriebsrat gem. § 82 Abs. 2 Satz 2 BetrVG bei der Berechnung und Zusammensetzung des Arbeitsentgelts, der Beurteilung der Leistung und hinsichtlich der Möglichkeiten der beruflichen Entwicklung sowie gem. § 83 Abs. 1 Satz 2 BetrVG bei der Einsicht in Personalakten hinzugezogen werden und ist insoweit Interessen-, wenngleich nicht rechtsgeschäftlicher Vertreter des einzelnen Arbeitnehmers[1255]. In allen sonstigen betrieblichen Angelegenheiten, auf die sich auch das bereits beschriebene Anhörungsrecht nach § 82 Abs. 1 Satz 1 BetrVG bezieht, soll dem Arbeitnehmer eine Unterstützung durch den Betriebsrat versagt sein, weil § 82 Abs. 1 BetrVG im Gegensatz zu Abs. 2 eine solche Möglichkeit nicht vorsieht. Obgleich eine solche Hinzuziehungsmöglichkeit zweckmäßig wäre (sie entspräche nicht zuletzt auch der betrieblichen Praxis), erscheint es in der Tat nur schwerlich möglich, sich über den insoweit klaren Wortlaut des Gesetzes hinwegzusetzen[1256]; dies hat jüngst auch das *BAG* wissen lassen, es einschränkend aber für ausreichend erachtet, wenn die Gesprächsgegenstände zumindest teilweise identisch mit den in Abs. 2 genannten Themen sind[1257]. In diesem Kontext ist noch die Vorschrift des § 87 Abs. 1 Nr. 5 BetrVG zu nennen, derzufolge der Betriebsrat bei der Festsetzung der zeitlichen Lage des Urlaubs für einzelne Arbeitnehmer „mitzubestimmen" hat, wenn zwischen dem Arbeitgeber und den beteiligten Arbeitnehmern kein „Einverständnis" erzielt wird; im Hinblick auf § 7 Abs. 1 BUrlG handelt es sich dabei nur um ein Mitbeurteilungsrecht[1258]. Nach h.M.

[1254] So *Wahsner*, AuR 2000, 209 (215); vgl. *Breisig* (1996), S. 262 f., wonach der Betriebsrat viele von den Betroffenen artikulierte Konflikte auf der informellen Ebene abfängt und insoweit eine „Pufferfunktion" einnimmt; siehe auch ders., WSI-Mitt. 1996, 576 (583).

[1255] Vgl. *FESTL*, § 82 Rn. 12; *Richardi/Thüsing*, § 82 Rn. 8.

[1256] *FESTL*, § 82 Rn. 12, die dies allerdings auch nach dem Zweck der Vorschrift für nicht geboten halten; *GK-BetrVG/Wiese*, § 82 Rn. 20; a.A. *DKK/Buschmann*, § 82 Rn. 12, da Abs. 2 Satz 2 „Ausdruck eines allgemeinen betriebsverfassungsrechtlichen Grundsatzes" sei.

[1257] NZA 2005, 416 (418 f.), zur Hinzuziehung eines Betriebsratsmitglieds zu Personalgesprächen über einen Aufhebungsvertrag.

[1258] *FESTL*, § 87 Rn. 204; *Richardi*, § 87 Rn. 465.

erfolgt eine Einschaltung des Betriebsrats bereits dann, wenn nur ein Arbeitnehmer mit dem Arbeitgeber keine Übereinkunft erzielt[1259]; dies ist ein Ausnahmefall, da sich § 87 BetrVG strenggenommen lediglich auf kollektive Tatbestände bezieht[1260]. Was die Beteiligung des Betriebsrats im Falle einer (individuellen) Auseinandersetzung zwischen Arbeitgeber und Arbeitnehmer anbelangt, ergibt sich somit im Ergebnis ein recht uneinheitliches – um nicht zu sagen: widersprüchliches – Bild. Schließlich sei noch erwähnt, dass sich das BetrVG in Bezug auf Mitarbeiterkonflikte nahezu gänzlich ausschweigt[1261]. Dies scheint nicht einmal eine allgemeine Aufgabe zu sein, wie ein Blick in den (zugegebenermaßen nicht abschließenden[1262]) Katalog des § 80 Abs. 1 BetrVG verrät. Allerdings kann eine dahin gehende Überwachungs- und Schutzpflicht vor allem in schwerwiegenden Fällen der Vorschrift des § 75 BetrVG entnommen werden, die sich auch an den Betriebsrat richtet[1263].

Es wurde oben bereits angedeutet, dass auch die jüngste Reform des BetrVG an der Kommunikationsstruktur zwischen Arbeitgeber und Arbeitnehmern nichts geändert hat. Eine „Tendenz zur Stärkung der Individualrechte" kann allenfalls insoweit proklamiert werden, als es um das Verhältnis zwischen Betriebsrat und Arbeitnehmern geht. Ausweislich des Gesetzesentwurfs strebte die Reform ein „Mitspracherecht" und eine „stärkere Einbeziehung" bzw. „gestärkte Partizipation" des einzelnen Arbeitnehmers gegenüber dem Betriebsrat an[1264]. Dies kam letztlich in folgenden Vorschriften des neuen BetrVG zum Ausdruck[1265]: § 28a (Übertragung von Aufgaben auf Arbeitsgruppen; siehe auch § 87 Abs. 1 Nr. 13 zum Mitbestimmungsrecht des Betriebsrats bei der Durchführung von Gruppenarbeit)[1266]; § 75 Abs. 2 Satz 2 (Förderung der Selbständigkeit und Eigeninitiative der Arbeitnehmer)[1267]; § 80 Abs. 2 Satz 3 (Zur-Verfügung-Stellen von sachkundigen Arbeitnehmern als Auskunftspersonen für die ordnungsgemäße Erfüllung der Aufgaben des Betriebsrats)[1268]; § 86a BetrVG (Vorschlagsrecht der Arbeitnehmer gegenüber dem Betriebsrat)[1269]. Insbesondere bei letzteren beiden

---

[1259] Siehe nur *Richardi*, § 87 Rn. 467 m.w.N.

[1260] Weiterführend *Richardi*, § 87 Rn. 16 ff.; siehe auch *Butzke*, BB 1997, 2269 (2270 ff.).

[1261] Siehe aber zu § 87 Abs. 1 Nr. 1 BetrVG noch unter C. IV. 3. c. aa.

[1262] *FESTL*, § 80 Rn. 4.

[1263] Siehe *BAG*, NZA 2001, 781, *Haller/Koch*, NZA 1995, 356 (358 f.), *Hage/Heilmann*, BB 1998, 742 (746), *Schaub/Koch* (2005), § 108 Rn. 60, und *Reiserer/Lemke*, MDR 2002, 249 (251 und 252), im Kontext mit Mobbing; siehe dazu auch die Nachweise bereits unter C. III. 1. a. aa.

[1264] BT-Drucks. 14/5741, S. 1, 2 und 26

[1265] Vgl. auch *FESTL*, § 75 Rn. 92.

[1266] Speziell zu § 28a BetrVG *I. Natzel*, DB 2001, 1362 ff.; *Raab*, NZA 2002, 474 ff.; speziell zu § 87 Abs. 1 Nr. 13 BetrVG *Preis/Elert*, NZA 2001, 371 ff.; *Wiese*, BB 2002, 198 ff.

[1267] Zur Stärkung der Selbstbestimmung und Eigenverantwortung *Richardi*, § 75 Rn. 34; *Wendeling-Schröder*, NZA 2001, 357 (359), sieht hier die einzige Stärkung der Individualrechte im engeren Sinn, schränkt dies aber zurecht insofern wieder ein, als für den Arbeitnehmer selbst keine entsprechenden Rechte konstituiert wurden – ketzerisch könnte man daher fragen: Dürfen Arbeitnehmer von sich aus selbständig sein und Eigeninitiative entwickeln?; kritisch auch *Neef*, NZA 2001, 361 (362 und 364).

[1268] Speziell dazu *I. Natzel*, NZA 2001, 872 ff.

[1269] Speziell dazu *Wiese*, BB 2001, 2267 ff.

Vorschriften wird deutlich, dass es allein darum ging, die Kommunikation zwischen Betriebsrat und Arbeitnehmern zu verbessern[1270]. Durch das Vorschlagsrecht der Arbeitnehmer nach § 86a BetrVG soll laut Gesetzesbegründung die „innerbetriebliche Diskussion belebt und bereichert" werden[1271]. Selbst dieses Mindestmaß innerbetrieblicher Kommunikation wird schon jetzt überwiegend kritisch beäugt: Als würde mehr Kommunikation, mag sie auch von einer Minderheit initiiert worden sein, das Arbeitsklima verschlechtern[1272]. Es ist sicher sinnvoll, dass der Betriebsrat das (einzige?) Sprachrohr zwischen Arbeitgeber und Arbeitnehmern bilden soll, allerdings ist ein solcher in der Mehrzahl der Betriebe in Deutschland nicht vorhanden. Auch hier zeigt sich, dass die Konfliktsituation in betriebsratslosen bzw. nicht betriebsratsfähigen Betrieben im Rahmen der jüngsten Reform des BetrVG weitgehend außer Acht gelassen wurde, sondern es ging allenfalls darum, durch ein „vereinfachtes" Wahlverfahren (§ 14a BetrVG)[1273] in Kleinbetrieben die Betriebsratsquote zu erhöhen[1274]; dass insoweit auch gewerkschaftliche Interessen eine Rolle spielten, soll hier nicht weiter diskutiert werden.

bb.   bei der Auflösung des Arbeitsverhältnisses: Anhörung des Betriebsrats gem. § 102 BetrVG

Eine vom Gesetz vorgesehene wesentlich größere Bedeutung erlangt der Betriebsrat bei der Auflösung des Arbeitsverhältnisses durch das *Anhörungsrecht* gem. § 102 BetrVG. Die Vorschrift des § 102 BetrVG will eine gewisse „Richtigkeitsgewähr durch Verfahren" ermöglichen. Der Arbeitgeber soll gezwungen werden, über die tatsächlichen Gründe für seine Kündigung vor Ausspruch der Kündigung Rechenschaft abzulegen. Er soll zugleich mögliche Einwände seiner Belegschaft gegen eine eventuelle Kündigung durch den Betriebsrat erfahren und sie bei seiner Entscheidung berücksichtigen. § 102 BetrVG normiert hierfür einen eigenen, besonders strukturierten Erkenntnisprozess zwischen Arbeitgeber und Betriebsrat[1275]. Zweck des Anhörungsverfahrens ist also, dem Betriebsrat die Möglichkeit zu geben, sowohl auf die Willens-

---

[1270] In diesem Sinne auch *Wendeling-Schröder*, DB 2002, 206 (209); kritisch auch *Rieble*, ZIP 2001, 133 (142): Wunsch nach kollektiver Herrschaft habe Vorrang vor den Individualinteressen der Arbeitnehmer – dies sei anstößig, hier müsse das Günstigkeitsprinzip gelten.

[1271] BT-Drucks. 14/5741, S. 47; vgl. *DKK/Buschmann*, § 86a Rn. 2, der Kommunikation zwischen Betriebsrat und Belegschaft als ein „unverzichtbares Element einer demokratischen Betriebsverfassung" bezeichnet.

[1272] Siehe *Richardi/Thüsing*, § 86a Rn. 1, und *Franzen*, ZfA 2001, 423 (440 f.), jeweils m.w.N.: Gefahr einer das Arbeitsklima des Betriebsrats beeinträchtigenden Obstruktionspolitik; positiv zum Arbeitnehmer als neuen Akteur der Mitbestimmung aber *W. Wassermann*, WSI-Mitt. 2002, 84 (88 f.), der annimmt, dass von diesen scheinbar peripheren Reformmaßnahmen des Gesetzgebers langfristig möglicherweise die wichtigste Stärkung der betrieblichen Mitbestimmung ausgehen dürfte.

[1273] Instruktiv und zugleich kritisch zum vermeintlich vereinfachten Wahlverfahren *Schiefer/Korte*, NZA 2002, 113 (117 ff.); kritisch auch *D. Franke*, DB 2002, 211 ff.

[1274] Auch für *Löwisch*, BB-Editorial Heft 30/2001, „Die erste Seite", ist die mangelnde Rücksichtnahme auf kleine und mittlere Unternehmen das gravierendste Defizit der Reform.

[1275] So *Berkowsky*, NZA 1996, 1065 (1067 f.).

bildung des Arbeitgebers im Vorfeld der Kündigung, damit es in geeigneten Fällen gar nicht zum Ausspruch der Kündigung kommt („präventiver Kündigungsschutz"), als auch auf die Zusammensetzung der Belegschaft Einfluss zu nehmen[1276]. Daran anknüpfend verlangt das *BAG* in ständiger Rechtsprechung als Wirksamkeitsvoraussetzung für die Kündigung (§ 102 Abs. 1 Satz 3 BetrVG) die ordnungsgemäße Durchführung des Anhörungsverfahrens. Nach dem Grundsatz der subjektiven Determinierung ist der Betriebsrat ordnungsgemäß angehört worden, wenn ihm der Arbeitgeber die aus seiner Sicht tragenden Gründe mitgeteilt hat. Der Arbeitgeber hat die von ihm für maßgeblich erachteten Kündigungsgründe bei der Anhörung so zu umschreiben, dass der Betriebsrat ohne eigene Nachforschungen deren Stichhaltigkeit prüfen und sich über seine Stellungnahme schlüssig werden kann[1277]. Infolgedessen wird im Schrifttum lediglich über den Umfang des Anhörungsrechts des Betriebsrats[1278] insbesondere unter dem Aspekt der subjektiven Determinierung der Mitteilungspflicht[1279] diskutiert. Die Diskussion vernachlässigt ersichtlich die durch die Kündigung betroffene Person, nämlich den Arbeitnehmer.

Gewisse Rückschlüsse auf das Verhältnis zwischen Arbeitgeber und Arbeitnehmer bei der Einschaltung des Betriebsrats lassen sich indes aus dem tatsächlichen Ablauf des Anhörungsverfahrens in der Praxis ziehen. Die in der Wirklichkeit vorkommende Vielfalt von Reaktionen eines Betriebsrats auf die Mitteilung der Kündigungsabsicht des Arbeitgebers wird vom Recht in vier Kategorien unterteilt, von denen drei im BetrVG ausdrücklich genannt sind: Der Betriebsrat kann schweigen bzw. die Kündigungsabsicht schlicht zur Kenntnis nehmen (§ 102 Abs. 2 Satz 2 BetrVG), Bedenken innerhalb der gesetzlichen Frist erheben (§ 102 Abs. 1 Satz 1 und Satz 3 BetrVG), widersprechen (§ 102 Abs. 3 BetrVG mit der Folge des § 102 Abs. 5 BetrVG; siehe auch § 1 Abs. 2 Satz 2 KSchG) oder ausdrücklich zustimmen (nicht im BetrVG genannt). Im Zuge der rechtstatsächlichen Ausführungen wurde bereits darauf hingewiesen, dass sich der Betriebsrat einer älteren Untersuchung zufolge in über einem Drittel der Fälle mit der Kündigung nicht beschäftigt hat[1280]; dies kann wohlgemerkt auch dann der Fall sein, wenn er der Kündigung zustimmt. Des Weiteren ergab die Befragung, dass der Betriebsrat in 66 % der Kündigungsfälle zugestimmt, in 19,6 % geschwiegen, in 6,2 % Bedenken erhoben und in 8,2 % widersprochen hat[1281]. Der Anteil der Kündigungen,

---

[1276] *GK-BetrVG/Raab*, § 102 Rn. 3; *FESTL*, § 102 Rn. 33 f.; *Kraft* (1994), S. 613 f.; *Raab*, ZfA 1995, 479 (517 f.).
[1277] Zuletzt etwa *BAG*, NZA 2004, 1330 (1332); NZA 2004, 1037 (1038 f.); NZA 2001, 893 (898); NZA 2000, 761 (762); einschränkend zum Grundsatz der subjektiven Determinierung aber *ArbG Berlin*, NZA-RR 2001, 198 (199 ff.).
[1278] Dazu etwa *Becker-Schaffner*, DB 1996, 426 ff.; vgl. jüngst *Grosjean*, NZA-RR 2005, 113 ff., zur formellen (Un-)Wirksamkeit von Betriebsratsbeschlüssen.
[1279] Instruktiv und kritisch dazu *Kraft* (1994), S. 613 ff.; siehe auch *Berkowsky*, NZA 1996, 1065 ff.
[1280] Zumindest nach Angabe der Gekündigten, *Falke/Höland/Rhode/Zimmermann* (1981), S. 349.
[1281] *Falke/Höland/Rhode/Zimmermann* (1981), S. 118 zur Arbeitgeberbefragung, S. 189 zur Betriebsrats- und S. 354 zur Arbeitnehmerbefragung, wobei die Diskrepanz mit gesetzlichen bzw. rechtsdog-

denen widersprochen wird, dürfte sich allerdings in den letzten Jahren erhöht haben[1282]. Dabei wird betriebsbedingten Kündigungen häufiger zugestimmt bzw. ihnen wird weniger widersprochen als verhaltensbedingten Kündigungen[1283]. Der erkennbare Widerstand des Betriebsrats hat 49,2 % der befragten Arbeitgeber nie dazu veranlasst, die Kündigungsabsicht nicht zu verwirklichen, 35,9 % selten, 6 % häufig und 2,8 % immer (bei weiteren 6 % konnte dies nicht eruiert werden)[1284]. Es leuchtet ein, dass der Anteil der nichtklagenden Arbeitnehmer im Falle der Zustimmung des Betriebsrats höher ist, als wenn der Betriebsrat der Kündigung widerspricht, Bedenken äußert oder die Kündigung bloß zur Kenntnis nimmt bzw. schweigt; insbesondere wenn der Betriebsrat der Kündigung widerspricht, sieht sich etwa jeder zweite Arbeitnehmer dazu veranlasst, gegen die Kündigung gerichtlich vorzugehen[1285]. Hieraus ergeben sich vereinfacht zwei wichtige Erkenntnisse: Der Einfluss des Betriebsrats auf das Kündigungsverhalten des Arbeitgebers ist relativ gering. Der Einfluss des Betriebsrats auf das Klageverhalten des Arbeitnehmers ist relativ groß. Mehr als der Arbeitgeber scheint also der Arbeitnehmer einer Einwirkung durch den Betriebsrat zugänglich zu sein.

Umso mehr muss ein weiterer Befund der Untersuchung verwundern, nämlich dass fast ein Drittel der Arbeitnehmer im Zuge des betriebsverfassungsrechtlichen Anhörungsverfahrens nicht persönlich angehört wurden (weitere 8 % wollten nicht dies nicht)[1286]. Dabei bestimmt § 102 Abs. 2 Satz 4 BetrVG, dass der Betriebsrat den betroffenen Arbeitnehmer, soweit dies erforderlich erscheint, vor seiner Stellungnahme anhören *soll*. Eine Verpflichtung hierzu besteht ausweislich des eindeutigen Wortlauts nicht. Dementsprechend soll auch kein Anspruch des Arbeitnehmers bestehen, durch den Betriebsrat angehört zu werden[1287]. In diesem Zusammenhang hat das *BAG* schon früh entschieden, dass die Ordnungsmäßigkeit des Anhörungsverfahrens durch pflichtwidriges Übergehen des Arbeitnehmers nicht gefährdet wird[1288]. Dem Arbeit-

---

matischen Einordnungsschwierigkeiten und unterschiedlichen Wahrnehmungen zu erklären sei; siehe auch *Höland* (1983), S. 68 f.; grundlegend zum Verhalten des Betriebsrats bei Kündigungen ders. (1985).

[1282] *Bielenski/Hartmann/Pfarr/Seifert*, AuR 2003, 81 (86 f.), geben jüngst an, dass der Betriebsrat „lediglich maximal einem Viertel aller Arbeitgeberkündigungen widersprochen" habe, ohne die Art des Widerspruchs näher zu erläutern.

[1283] Siehe dazu *Höland* (1983), S. 71 ff.; *Falke/Höland/Rhode/Zimmermann* (1981), S. 739; ähnlich jüngst *Bielenski/Hartmann/Pfarr/Seifert*, AuR 2003, 81 (87): 44 % aller Fälle.

[1284] *Falke/Höland/Rhode/Zimmermann* (1981), S. 124, zur Arbeitgeberbefragung.

[1285] *Falke/Höland/Rhode/Zimmermann* (1981), S. 394 und 741; *Höland* (1983), S. 77, und (1985), S. 209.

[1286] *Falke/Höland/Rhode/Zimmermann* (1981), S. 205, weiterführend S. 361 ff.

[1287] *Richardi/Thüsing*, § 102 Rn. 107 f.; *GK-BetrVG/Raab*, § 102 Rn. 89; vgl. auch *APS/Koch*, § 102 BetrVG Rn. 137, der jedoch den Betriebsrat „regelmäßig" für verpflichtet hält, den Arbeitnehmer anzuhören; ähnlich *HK-KSchG/Höland*, § 1 Anh. 1 Rn. 58: im Normalfall geboten.

[1288] *BAG* vom 2.4. 1976, AP zu § 102 BetrVG 1972 Nr. 9; *von ErfKArbR/Kania*, § 102 BetrVG Rn. 23, bezeichnenderweise unter dem Abschnitt „Wahrung der Arbeitnehmerinteressen" diskutiert.

nehmer bleibt hier nur der – für ihn nahezu aussichtslose – Weg über § 23 Abs. 1 BetrVG (sofern er dann überhaupt noch im Betrieb beschäftigt ist). Diese Rechtslage ist nicht nur unbefriedigend, sondern sie wirkt sich offenbar zugleich negativ auf das Anhörungsverhalten des Betriebsrats in der Praxis aus. Auch in der Wissenschaft wird die Frage, ob es einer Anhörung des Arbeitnehmers bedarf, weitgehend außer Acht gelassen. Erst recht wird die direkte Anhörung des Arbeitnehmers durch den Arbeitgeber wie in Kleinbetrieben von Rechts wegen nicht für erforderlich erachtet. Schließlich gilt zu bedenken, dass die Bereitschaft des Betriebsrats, beabsichtigten Kündigungen des Arbeitgebers zuzustimmen, mit wachsender Betriebsgröße deutlich abnimmt; komplementär hierzu steigt der Anteil der Widersprüche an[1289]. Daraus lässt sich folgern, dass die Machtstellung des Betriebsrats in größeren Betrieben stärker ist, zumal an die Betriebsgröße noch weitere Beteiligungsrechte des Betriebsrats geknüpft sind[1290]. Hier besteht dann die Gefahr, dass die Kündigungssache eines einzelnen Arbeitnehmers zum Instrument anderweitiger kollektiver Streitigkeiten wird, zumal § 102 BetrVG ja auch dazu dient, dem Betriebsrat Einfluss auf die Zusammensetzung der Belegschaft zu verschaffen. Nicht zuletzt deshalb wäre die unmittelbare Beteiligung des Arbeitnehmers im betriebsverfassungsrechtlichen Anhörungsverfahren wünschenswert.

Ferner ist darauf hinzuweisen, dass der Betriebsrat bisweilen auch bei Verhandlungen über einen Aufhebungsvertrag eingeschaltet wird[1291]. Ist dies der Fall, werden sogar mehr Verträge einvernehmlich aufgehoben als Kündigungen ausgesprochen[1292]. Dies ist in Anbetracht der möglichen „Hürden" des § 102 BetrVG nicht weiter verwunderlich; § 102 BetrVG gilt nach h.M. nicht für Aufhebungsverträge[1293].

c.   Die Bedeutung des Beschwerdeverfahrens

Das Beschwerdeverfahren ist gesetzlich geregelt in den §§ 84-86 BetrVG, scheint aber praktisch eine eher geringe Bedeutung zu haben, jedenfalls gibt es über die praktische Umsetzung des betrieblichen Beschwerderechts wenig Erfahrungen[1294]. So verwundert

---

[1289] Dazu *Höland* (1983), S. 69 ff.; siehe auch *Falke/Höland/Rhode/Zimmermann* (1981), S. 215.
[1290] Vgl. *Kittner/Kohler*, BB Beilage 4 zu Heft 13/2000, 1 (24); vgl. auch *Falke/Gessner* (1982), S. 300: Die Konfliktaustragung zwischen Betriebsrat und Management in Kündigungsschutzangelegenheiten werde strukturiert durch den Hierarchisierungsgrad des Betriebs.
[1291] Weiterführend zur Beteiligung der Betriebsräte an alternativen Formen der Beendigung von Arbeitsverhältnissen *Falke/Höland/Rhode/Zimmermann* (1981), S. 207 ff.; vgl. jüngst *BAG*, NZA 2005, 416 ff.: Hinzuziehung eines Betriebsratsmitglieds zu Personalgesprächen über Aufhebungsvertrag.
[1292] Vgl. *Falke/Höland/Rhode/Zimmermann* (1981), S. 311.
[1293] *APS/Koch*, § 102 BetrVG Rn. 33, und *APS/Schmidt*, AufhebVtr Rn. 34, jeweils m.w.N.; wohl aber gilt § 102 BetrVG für den Abwicklungsvertrag, was *Hümmerich*, NZA 2002, 1280 (1283), als „Nachteil" bezeichnet; ähnlich *Nebeling/Schmid*, NZA 2002, 1310 (1312); anders *Bauer* (2004), Rn. II. 249, wonach § 102 BetrVG in dem Moment keine Rolle mehr spiele, in dem der Arbeitnehmer die Kündigung in Form des Abwicklungsvertrags akzeptiere.
[1294] So jüngst das nüchterne Fazit von *Bruns*, AuA 2001, 444 (446).

es nicht, wenn immer wieder behauptet wird, dass die betriebsverfassungsrechtlichen Beschwerdenormen ein „Schattendasein" fristen[1295]. Dagegen gilt das Beschwerdeverfahren in den USA als „Eckpfeiler" der dortigen Arbeitsbeziehungen[1296]. Der Grund liegt wesentlich in dem hierzulande ausgebauteren Rechtsschutz vor den Arbeitsgerichten, der Selbständigkeit der Arbeitsgerichtsbarkeit und dem Ausschluss der (verbindlichen) Entscheidung der Einigungsstelle über Rechtsansprüche gem. § 85 Abs. 2 Satz 3 BetrVG[1297]. Zur Auslegung dieser Vorschrift hat selbst das *BAG* schon früh Stellung genommen[1298], jedoch handelt es sich hierbei um die bisher einzige Entscheidung des *BAG* zum betrieblichen Beschwerdeverfahren. Dem entspricht, dass sich das System der Arbeitsbeziehungen auf die betriebliche und flächendeckend-tarifvertragliche Regulierungsebene unter Vernachlässigung der individuellen Arbeitsplatz-Sphäre konzentriert[1299]. Gleichwohl hat der Gesetzgeber den Beschwerdegedanken in den letzten Jahren weiter ausgebaut, wie sich an den jüngeren Vorschriften § 3 BeschSchG im Falle der sexuellen Belästigung am Arbeitsplatz[1300] und § 17 Abs. 2 ArbSchG in Bezug auf den Arbeitsschutz zeigt.

Der Unterschied zwischen § 84 und § 85 BetrVG besteht darin, dass im ersten Fall der Arbeitnehmer seine Beschwerde gegenüber dem Arbeitgeber allein durchficht (siehe aber § 84 Abs. 1 Satz 2 BetrVG), während im zweiten Fall die Behandlung der Beschwerde durch den Betriebsrat erfolgt. Vereinfacht kann man insoweit zwischen dem individuellen (aa.) und kollektiven (bb.) Beschwerdeverfahren unterscheiden[1301]. Es geht im Folgenden nicht um eine vollständige Darstellung des im BetrVG normierten Beschwerdeverfahrens[1302]. Es sollen hier die problematischen Punkte des gesetzlichen Beschwerdeverfahrens in Bezug auf ihr damit einhergehendes Konfliktpotenzial angesprochen werden. Die Regelung des § 86 BetrVG soll erst im Rahmen der alternativen Konfliktbehandlungen vorgestellt werden; sie kann nach wie vor als praktisch bedeutungslos bezeichnet werden[1303].

[1295] *Breisig* (1996), S. 224; ders., WSI-Mitt. 1996, 576; *Hallmen* (1997), S. 1.

[1296] *Breisig* (1996), S. 16 f. und S. 253 („kardinaler Rang"); ders., WSI-Mitt. 1996, 576; *Buschmann* (1999), S. 316; siehe zum US-amerikanischen „grievance procedure" bereits unter B. I. 6. c.

[1297] *DKK/Buschmann*, § 84 Rn. 5; *Buschmann* (1999), S. 311 f.; vgl. *Blanke/Rose*, RdA 2001, 92 (94): restriktive Auslegung des Beschwerdeverfahrens durch Rechtsprechung und Rechtslehre; siehe zur Problematik betreffend § 85 BetrVG und Rechtsansprüche sogleich unter C. III. 1. c. bb.

[1298] *BAG* vom 28.6.1984, AP zu § 85 BetrVG 1972 Nr. 1.

[1299] Vgl. *Breisig*, WSI-Mitt. 1996, 576 (582).

[1300] Dazu *Worzalla*, NZA 1994, 1016 (1019 f.); *Linde*, AuR 1995, 398 f.; zu sexuellen Belästigungen im Betrieb auch *Mästle*, BB 2002, 250 ff.; siehe jüngst *BAG*, NZA 2004, 1214 ff.: außerordentliche Kündigung wegen sexueller Belästigung einer Mitarbeiterin.

[1301] Der Streit über diese Begrifflichkeit erscheint indes vernachlässigenswert; siehe dazu *FESTL*, § 85 Rn. 1; *Wiese* (1981), S. 628; *Breisig* (1996), S. 200.

[1302] Grundlegend *Hallmen* (1997); siehe auch *Löwisch*, DB 1972, 2304 ff.; *Moll/Klunker*, RdA 1973, 361 ff.; *Breisig* (1996), S. 185 ff.; siehe jüngst *Bruns*, AuA 2001, 444 ff.

[1303] Auch *Breisig* (1996), S. 208, konnte lediglich zwei Praxisbeispiele aufzeigen.

aa. Individuelles Beschwerdeverfahren: gesetzliche Einschränkungen

Gem. § 84 Abs. 1 Satz 1 BetrVG hat jeder Arbeitnehmer das Recht, sich bei den zuständigen Stellen des Betriebs zu beschweren, wenn er sich vom Arbeitgeber oder von anderen Arbeitnehmern des Betriebs benachteiligt, ungerecht behandelt oder in sonstiger Weise beeinträchtigt fühlt; dabei kann er ein Mitglied des Betriebsrats zur Unterstützung oder Vermittlung hinzuziehen (§ 84 Abs. 1 Satz 2 BetrVG). Der Arbeitgeber hat den Arbeitnehmer über die Behandlung der Beschwerde zu bescheiden und, soweit er die Beschwerde für berechtigt erachtet, ihr abzuhelfen (§ 84 Abs. 2 BetrVG). Nun könnte man meinen, der Vorschrift des § 84 BetrVG käme ein lediglich deklaratorischer Charakter zu[1304]. Gleichwohl werden in betriebsverfassungsrechtlicher Sicht Einschränkungen gemacht, etwa schon zu der Frage, ob § 84 BetrVG in nicht betriebsratsfähigen Betrieben gilt, was immerhin die h.M. – zum Teil unter Verweis auf die arbeitsvertragliche Fürsorgepflicht – bejaht[1305]. Als wäre es diesen Arbeitnehmern nicht gestattet, sich zu beschweren.

Eine Beschwerde im betriebsverfassungsrechtlichen Sinne zeichnet sich durch eine Mitteilung des Beschwerdeführers über eine Beeinträchtigung aus dem Arbeitsverhältnis, einer Angabe der die Beeinträchtigung stützenden Tatsachen und ein Abhilfebegehren aus[1306]. Beschwerdegegenstand ist also zunächst einmal alles, was einen Bezug zum Betrieb oder Arbeitsverhältnis hat[1307]. Voraussetzung einer Beschwerde ist dabei, dass sich ein Arbeitnehmer vom Arbeitgeber oder von anderen Arbeitnehmern des Betriebs beeinträchtigt, ungerecht behandelt oder in sonstiger Weise beeinträchtigt fühlt. Entscheidend ist allein der subjektive Standpunkt des jeweiligen Arbeitnehmers[1308]. Demzufolge können auf den betrieblichen Beschwerdeweg tatsächliche Beeinträchtigungen gebracht werden, die noch nicht zu einer Verrechtlichung des Arbeitsverhältnisses geführt haben[1309]. Beschwerdefähig sind aber vor allem auch Rechtsansprüche[1310]. Diese müssen, wird ihnen nicht abgeholfen, im Urteilsverfahren durchgesetzt werden[1311].

[1304] Vgl. *Breisig* (1996), S. 194; vgl. bereits *Bünger/Moritz* (1983), S. 173.

[1305] *ErfKArbR/Kania*, § 84 BetrVG Rn. 1; *FESTL*, § 84 Rn. 1; *DKK/Buschmann*, § 84 Rn. 1; *Hallmen* (1997), S. 6; a.A. *Worzalla*, NZA 1994, 1016 (1019); differenzierend *Richardi/Thüsing*, § 84 Rn. 2.

[1306] *LAG Schleswig-Holstein*, NZA 1990, 703; *Breisig* (1996), S. 27.

[1307] *LAG Düsseldorf*, NZA 1994, 767; *Hunold*, DB 1993, 2282 f.

[1308] *ErfKArbR/Kania*, § 84 BetrVG Rn. 4; *FESTL*, § 84 Rn. 4; *Löwisch*, DB 1972, 2304; *Moll/Klunker*, RdA 1973, 361.

[1309] Siehe *ErfKArbR/Kania*, § 84 BetrVG Rn. 5; vgl. *Moll/Klunker*, RdA 1973, 361 (362).

[1310] *Richardi/Thüsing*, § 84 Rn. 8; *FESTL*, § 84 Rn. 7; z.B. gilt das Beschwerderecht gem. § 84 Abs. 1 BetrVG auch bezüglich Mobbing-Handlungen, *Haller/Koch*, NZA 1995, 356 (357), *Kerst-Würkner*, AuR 2001, 251 (259), und *Reiserer/Lemke*, MDR 2002, 249 (250), und zwar auch dann, wenn man diese lediglich als tatsächliche Beeinträchtigung qualifiziert, vgl. *Lemke*, ZKM 2002, 111 (112).

[1311] *Richardi/Thüsing*, § 84 Rn. 33; *FESTL*, § 84 Rn. 22; *Moll/Klunker*, RdA 1973, 361 (362 f.); siehe aber *Löwisch*, DB 1972, 2304 (2305), demzufolge die Entgegennahme der Beschwerde, die Hinzuziehung eines Betriebsratsmitglieds und die Bescheidung der Beschwerde im Beschlussverfahren geltend gemacht werden sollen.

Das Beschwerdeverfahren unterliegt nach h.M. jedoch auch Einschränkungen. Zum einen soll eine sog. *Popularbeschwerde* ausgeschlossen sein. Sowohl eine systematische (§§ 81 ff. BetrVG als Individualrechte) wie auch eine historische Auslegung des Gesetzes ergebe, dass es sich jeweils um eine konkrete eigene Beeinträchtigung des einzelnen beschwerdeführenden Arbeitnehmers und nicht des Kollektivs handeln müsse[1312]. Allerdings begründe allein die Tatsache, dass eine Beschwerde von mehreren Arbeitnehmern gleichzeitig vorgetragen werde, noch nicht das Vorliegen einer unzulässigen Popularbeschwerde, sondern stelle eine Bündelung zulässiger Individualbeschwerden dar. Die Grenze sei erst dann erreicht, wenn der gerügte Misstand keinen Bezug zur individuellen Stellung des jeweiligen einzelnen Beschwerdeführers im Betrieb aufweise, etwa wenn lediglich das allgemeine Betriebsklima gerügt werde[1313]. Dass aber ein schlechtes Betriebsklima auch Auswirkungen auf den einzelnen Arbeitsplatz hat, dürfte nicht schwer zu begründen sein. Die Beschwerde braucht nur „geschickt" formuliert zu werden, um die Behauptung einer individuellen Beeinträchtigung erkennen zu lassen, und schon ist sie zulässig[1314]. Infolgedessen vermag die von der h.M. durchgeführte Differenzierung bereits aus praktischen Erwägungen nicht zu überzeugen.

Zudem soll sich eine weitere Einschränkung insofern ergeben, als die Erhebung einer *anonymen Beschwerde* ebenfalls unzulässig sein soll; Grenze sei lediglich das allgemeine Persönlichkeitsrecht, darüber hinaus sei der Beschwerdeführer durch das Benachteiligungsverbot des § 84 Abs. 3 BetrVG geschützt[1315]. Auch diese h.M. ist auf ihre Praxistauglichkeit zu überprüfen. Wenn z.B. der Arbeitgeber einen schlechten Umgangston mit seinen Arbeitnehmern an den Tag legt, muss sich ein davon betroffener Arbeitnehmer persönlich „opfern", um auf diesen Misstand aufmerksam zu machen. Er kann dann nur hoffen, dass er von etwaigen (versteckten) Repressalien durch den Arbeitgeber tatsächlich verschont bleibt. Vor allem aber besteht die Gefahr, dass sich seine Anschuldigungen wegen fehlender Unterstützung durch andere Arbeitnehmer als „haltlos" erweisen, was sich wiederum nachteilig auf sein Arbeitsverhältnis (bis zu dessen Bestand!) auswirken kann[1316]. Offenbar erkennt auch die h.M. diese für den Arbeitnehmer missliche Situation an, indem sie darauf hinweist, dass es Sache des Betriebsrats sei, sich dieser (kollektiven) Fälle anzunehmen; denn gem. § 80 Abs. 1 Nr. 3 BetrVG gehöre es zu den allgemeinen Aufgaben des Betriebsrats, Anregungen der Belegschaft entgegenzunehmen und durch Verhandlungen mit dem Arbeitgeber

---

[1312] *LAG Schleswig-Holstein*, NZA 1990, 703 (704); zustimmend *Nebendahl/Lunk*, NZA 1990, 676 (677 f.).
[1313] *ErfKArbR/Kania*, § 84 BetrVG Rn. 4; *FESTL*, § 84 Rn. 4; *Richardi/Thüsing*, § 84 Rn. 4.
[1314] So treffend *Hunold*, DB 1993, 2282 (2284); vgl. auch *Hallmen* (1997), S. 20 f.
[1315] *FESTL*, § 84 Rn. 14; *Richardi/Thüsing*, § 84 Rn. 15; *GK-BetrVG/Wiese*, § 84 Rn. 23; ausführlich *Hallmen* (1997), S. 45 ff.

auf eine Erledigung hinzuwirken[1317]. Auch sei eine Umdeutung von Beschwerden in eine Anregung möglich, um die Anonymität des Urhebers wahren zu können[1318]. Dabei wird allerdings außer Acht gelassen, dass eine solche Möglichkeit in der Mehrzahl der Betriebe in Deutschland nicht besteht, da ein Betriebsrat nicht vorhanden ist.

Schließlich lässt die Vorschrift des § 84 BetrVG nach h.M. keine *Beschwerden gegen den Betriebsrat* selbst zu. Begründet wird dies u.a. damit, dass der Arbeitgeber keinen Einfluss auf die Arbeit und Amtsführung des Betriebsrats habe und ihm insoweit keine Abhilfemöglichkeit zustehe, darüber hinaus könne der Arbeitgeber nicht als Interessenwahrer des Arbeitnehmers gegenüber dessen eigener Vertretung auftreten; hier bleibe nur der Weg über § 23 Abs. 1 BetrVG[1319].

bb. **Kollektives Beschwerdeverfahren: eingeschränktes Einigungsstellenverfahren**

Die Vorschrift des § 85 BetrVG setzt das Vorhandensein eines Betriebsrats voraus. Gem. § 85 Abs. 1 BetrVG hat der Betriebsrat Beschwerden von Arbeitnehmern entgegenzunehmen, und, falls er sie für berechtigt erachtet, beim Arbeitgeber auf Abhilfe hinzuwirken. Damit gibt der Arbeitnehmer das Beschwerdeverfahren anders als im Fall des § 84 BetrVG vorerst aus der Hand[1320]. Ansonsten sind Gegenstand und Verfahren der Beschwerde gleichermaßen zu beurteilen[1321]. Auch hier soll eine individuelle Beeinträchtigung erforderlich und eine Popularbeschwerde unzulässig[1322] sowie der Name des Beschwerdeführers dem Arbeitgeber auf Verlangen zu offenbaren sein[1323]. Allerdings besteht hier nun in der Tat die Möglichkeit, auf den Weg des § 80 Abs. 1 Nr. 3 BetrVG und ggf. jetzt auch § 86a BetrVG auszuweichen[1324]. Von Bedeutung ist des Weiteren die Unterscheidung der Zulässigkeit des Beschwerdeverfahrens (§ 85 Abs. 1 BetrVG) von der Zuständigkeit der Einigungsstelle (§ 85 Abs. 2 BetrVG); Ersteres unterliegt nicht den Schranken des § 85 Abs. 2 BetrVG, so dass im Rahmen des § 85 Abs. 1 BetrVG auch Rechtsansprüche geltend gemacht werden können[1325].

[1316] Vgl. *FESTL*, § 84 Rn. 21a; ausführlich zu den „Grenzen des Benachteiligungsverbots" *Hallmen* (1997), S. 29 ff.; kritisch zu den „rechtmäßigen Einschränkungen des Benachteiligungsverbots" durch juristische Kommentierung *Breisig* (1996), S. 199 f.

[1317] *Richardi/Thüsing*, § 84 Rn. 4.

[1318] *Breisig* (1996), S. 224 und S. 266 f.

[1319] Siehe etwa *FESTL*, § 84 Rn. 12; *Moll/Klunker*, RdA 1973, 361; *Wiese* (1981), S. 627 ff.; *Hallmen* (1997), S. 22 ff.

[1320] Vergleichbar dem US-amerikanischen „grievance procedure", *Lembke*, ZKM 2002, 111 (112), oder den französischen Personaldelegierten („délégués du personnel"), *Junker*, RIW 2002, 81 (82 f.).

[1321] *FESTL*, § 85 Rn. 3; *Richardi/Thüsing*, § 85 Rn. 3; *Moll/Klunker*, RdA 1973, 361 (363); *Hallmen* (1997), S. 82 f.

[1322] *Richardi/Thüsing*, § 85 Rn. 3.

[1323] *ErfKArbR/Kania*, § 85 BetrVG Rn. 3.

[1324] *Löwisch*, DB 1972, 2304 (2305); *Hallmen* (1997), S. 91 f.; vgl. *FESTL*, § 80 Rn. 24: Anregung als Oberbegriff für Vorschläge und Beschwerden.

[1325] *Wiese* (1981), S. 626; *Hallmen* (1997), S. 83.

Bestehen zwischen Betriebsrat und Arbeitgeber Meinungsverschiedenheiten über die Berechtigung der Beschwerde, so kann der Betriebsrat die Einigungsstelle anrufen; der Spruch der Einigungsstelle ersetzt die Einigung zwischen Arbeitgeber und Betriebsrat (§ 85 Abs. 2 Satz 1 und Satz 2 BetrVG). Die Reichweite des Einigungsstellenverfahrens ist allerdings eingeschränkt. Die erste Einschränkung ergibt sich aus dem trotz der Beteiligung des Betriebsrats individuellen Charakter dieses Verfahrens. Es besteht jedenfalls Einigkeit darin, dass § 85 Abs. 2 BetrVG nicht – wie zunächst befürchtet[1326] – als „Generalklausel der Mitbestimmung" missbraucht werden kann. Die Beteiligungsrechte des Betriebsrats dürfen durch das Einigungsstellenverfahren nach § 85 Abs. 2 BetrVG nicht erweitert werden[1327], insbesondere darf die in § 87 Abs. 1 BetrVG enthaltene Aufzählung betreffend die sozialen Angelegenheiten nicht aus den Angeln gehoben werden[1328]. Was sich so einfach liest, bereitet offenbar doch erhebliche Schwierigkeiten. Das Verhältnis zwischen den Einigungsstellenverfahren nach § 85 Abs. 2 und § 87 Abs. 2 BetrVG wird im Schrifttum kontrovers diskutiert[1329]. Das damit einhergehende tatsächliche Konfliktpotenzial erscheint jedoch angesichts folgender Kontroverse vernachlässigenswert, da dem Arbeitnehmer auch in sozialen Angelegenheiten Rechtsansprüche zustehen können[1330].

Äußerst umstritten ist nämlich die Behandlung von *Rechtsansprüchen* im Rahmen eines durch ein betriebsverfassungsrechtliches Beschwerdeverfahren initiierten Einigungsstellenverfahrens. Es erscheint nicht zielführend, diesen bereits in aller Ausführlichkeit behandelten Streit nochmals dogmatisch aufzubereiten, so dass es nur um eine prägnante Wiedergabe der unterschiedlichen Auffassungen gehen kann[1331]. Die h.M. nimmt an, dass Rechtsansprüche nicht Gegenstand eines erzwingbaren Einigungsstellenverfahrens sein können. Nach dieser Ansicht schließt § 85 Abs. 2 Satz 3 BetrVG nicht nur die Verbindlichkeit des Spruchs der Einigungsstelle bei Geltendmachung von Rechtsansprüchen aus, sondern bereits deren Zuständigkeit, soweit nicht ein freiwilliges Einigungsverfahren nach § 76 Abs. 6 BetrVG zustande kommt. Dies hat das *BAG* schon früh mit folgender Begründung entschieden: Eine andere Sichtweise führte dazu, dass zunächst ein „Gutachten" der Einigungsstelle über das Bestehen von Ansprüchen eingeholt würde, um nachfolgend im arbeitsgerichtlichen Beschlussverfahren klären zu lassen, ob die Rechtsansicht der Einigungsstelle zutreffe oder nicht. Das Ver-

---

[1326] *Hanau*, BB 1972, 451.

[1327] *Richardi/Thüsing*, § 85 Rn. 26; *FESTL*, § 85 Rn. 12.

[1328] So *Söllner*, ZfA 1982, 1 (12 f.).

[1329] Zunächst hatte *Löwisch*, DB 1972, 2304 (2306 f.), vorgeschlagen, für die Fälle des § 87 Abs. 1 Nr. 1, Nr. 2 und Nr. 4 BetrVG das Verfahren nach § 85 Abs. 2 BetrVG im Einzelfall zuzulassen, was *Wiese* (1981), S. 632 ff., zwar nicht vollends zu überzeugen vermochte, ihn aber letztlich zu einer ähnlichen Differenzierung veranlasste; dagegen aber wiederum *Söllner*, ZfA 1982, 1 (12 f.); aus neuerer Zeit *GK-BetrVG/Wiese*, § 85 Rn. 17 ff.; *Buschmann* (1999), S. 321 ff.; *Hallmen* (1997), S. 132 ff.

[1330] Siehe etwa *Hallmen* (1997), S. 126 f. und S. 140 f., in Bezug auf Rauchverbot, Mobbing und Arbeitssicherheit.

[1331] Instruktiv zum Ganzen nach wie vor *Moll/Klunker*, RdA 1973, 361 (365 ff.).

fahren nach § 85 BetrVG habe aber nicht den Sinn, einen Arbeitnehmer die Einholung eines gerichtlichen Gutachtens zu ermöglichen. Für Rechtsansprüche stehe ihm das arbeitsgerichtliche Urteilsverfahren offen[1332]. Verwiesen wird in diesem Kontext auch auf die Gesetzesbegründung zum BetrVG 1972, wonach *Rechtsstreitigkeiten* zwischen Arbeitgeber und Arbeitnehmer „aus rechtsstaatlichen Gründen" von den Gerichten zu entscheiden seien[1333]. Von der Zuständigkeit der Einigungsstelle ausgenommen sind damit sowohl Rechtsansprüche als auch Rechtsstreitigkeiten[1334]. Die Gegenansicht geht davon aus, dass sich Satz 3 des § 85 Abs. 2 BetrVG allein auf Satz 2 beziehe und damit nur die Verbindlichkeit des Spruchs der Einigungsstelle ausschließe. Des Weiteren wird mit nicht minder beachtlichen Argumenten als die h.M. auf die Entstehungsgeschichte des § 85 Abs. 2 BetrVG verwiesen[1335]. Die von der Gegenansicht vorgenommene grammatische Auslegung des Gesetzes ist freilich nicht zwingend. In systematischer Hinsicht schließt § 85 Abs. 2 BetrVG die Anwendung des § 76 Abs. 5 BetrVG insoweit aus, als die Einigungsstelle nur auf Antrag des Betriebsrats tätig werden kann. Von daher scheint auch der Verweis des *BAG* auf § 76 Abs. 6 BetrVG betreffend das freiwillige Einigungsstellenverfahren nicht ganz passend zu sein[1336]. Darüber hinaus vermag das teleologische Argument des *BAG* in Bezug auf die „Sinnlosigkeit" eines unverbindlichen Einigungsstellenverfahrens bei Rechtsansprüchen nicht vollends zu überzeugen, da es gerade dem Wesen eines solchen Vorverfahrens entspricht, den garantierten Rechtsweg zu den Gerichten nicht abzuschneiden (vgl. § 76 Abs. 7 BetrVG)[1337]. Rechtsstaatliche Gründe gebieten jedenfalls nur, dass die *endgültige* Entscheidung den Arbeitsgerichten vorbehalten bleiben muss: Dem Richter gebührt das letzte, nicht schon das erste Wort[1338]. Infolgedessen ist eine *verbindliche* Entscheidung der Einigungsstelle in (individuellen) Rechtsstreitigkeiten zu Recht ausgeschlossen[1339].

[1332] *BAG* vom 28.6.1984, AP zu § 85 BetrVG 1972 Nr. 1; mit selbiger Begründung *LAG München*, NZA-RR 1998, 70; *Pünnel/Isenhardt* (1997), Rn. 227; vgl. *Hallmen* (1997), S. 107 f., die unterstellt, dass eine „Empfehlung" der Einigungsstelle in keinem Verhältnis zu dem geringeren Erfolg eines unverbindlichen Spruchs stünde.

[1333] *LAG Düsseldorf*, NZA 1994, 767 (768); *Richardi/Thüsing*, § 85 Rn. 17 f.; im Ergebnis ebenso *LAG Köln*, NZA-RR 2000, 26 (27); weitere Nachweise bei *ErfK/ArbR/Kania*, § 85 BetrVG Rn. 4; *GK-BetrVG/Wiese*, § 85 Rn. 14; *Wiese* (1981), S. 631 f.

[1334] Siehe dazu *Hallmen* (1997), S. 108 f.; in diesem Sinne auch *Dütz*, DB 1971, 674 (679); ders., AuR 1973, 353 (367), auch in Bezug auf „feststellende Sprüche in Rechtsfragen"; *Wiese* (1981), S. 631; *GK-BetrVG/Wiese*, § 85 Rn. 10; dagegen nehmen *Richardi/Thüsing*, § 85 Rn. 22 ff., eine Unterscheidung zwischen Rechtsansprüchen und Rechtstreitigkeiten vor.

[1335] *DKK/Buschmann*, § 85 Rn. 10; *Buschmann* (1999), S. 318 ff.; *Blanke/Rose*, RdA 2001, 92 (94 Fn. 14); *Lembke*, ZKM 2002, 111 (113).

[1336] Vgl. *DKK/Buschmann*, § 85 Rn. 10.

[1337] Vgl. *Lembke*, ZKM 2002, 111 (113).

[1338] So schon *Dütz*, DB 1972, 383 (389); in diesem Sinne auch *Obermayer*, DB 1971, 1715 (1721); *Moll/Klunker*, RdA 1973, 361 (366); siehe zur Vorschaltung alternativer Konfliktbehandlungen unter verfassungsrechtlichen Aspekten bereits im allgemeinen Teil unter B. III. 2. a.

[1339] Vgl. *Buschmann* (1999), S. 318 f.

In konfliktspezifischer Hinsicht von Interesse sind an dieser Stelle die praktischen Konsequenzen dieses Meinungsstreits. Relativ eindeutig dürfte die Rechtslage bei der Kündigung sein, da es sich dabei um eine Rechtsstreitigkeit handelt, die ohnehin schon eine Beteiligung des Betriebsrats vorsieht; nach h.M. scheidet hier eine Anrufung der Einigungsstelle aus[1340]. Wenn man bedenkt, dass mit einem Vorgehen gegen eine Abmahnung ein Rechtsanspruch auf Entfernung der Abmahnung verbunden sein kann[1341], sollte auch diese unzweifelhaft einem Einigungsstellenverfahren nach § 85 Abs. 2 BetrVG entzogen sein[1342]. Ebenso eindeutig dürfte sein, dass die Individualrechte der §§ 81, 82 BetrVG im Streitfall nur vor Gericht durchgesetzt werden können[1343]. Auch die Reichweite des Direktionsrechts dürfte einem Einigungsstellenverfahren nach § 85 Abs. 2 BetrVG nicht zugänglich sein; etwas anderes soll jedoch in Bezug auf die Ausübung des Direktionsrechts nach billigem Ermessen (§ 315 BGB) gelten[1344]. Unberücksichtigt bleiben des Weiteren Fälle der Belästigung und Beleidigung am Arbeitsplatz, da hiermit Eingriffe vor allem in das allgemeine Persönlichkeitsrecht und das Recht der persönlichen Ehre verbunden sind, aus deren rechtswidriger Verletzung wiederum Rechtsansprüche resultieren[1345]. Folglich kann auch Mobbing nicht Gegenstand eines erzwingbaren Einigungsstellenverfahrens sein; hier stehen – nicht zuletzt nach der aktuellen Rechtsprechung[1346] – ebenfalls Abwehransprüche infolge der Verletzung des allgemeinen Persönlichkeitsrechts im Raum[1347]. Schließlich scheint die Bedeutung der Einigungsstelle in Arbeitsschutzsachen praktisch gleich Null zu sein[1348].

Wenn selbst bei einer Verletzung der arbeitgeberseitigen Nebenpflicht wie der Fürsorge- oder Gleichbehandlungspflicht die Einrichtung einer Einigungsstelle ausgeschlossen sein soll[1349], dann stellt sich die berechtigte Frage, welcher Anwendungsbereich

---

[1340] Vgl. *Wiese* (1981), S. 645 f., mit Verweis auf § 102 BetrVG; *Buschmann* (1999), S. 324 Fn. 68, unter Berufung auf §§ 3, 4 KSchG.

[1341] Siehe nur *Schaub/Linck* (2005), § 61 Rn. 68 ff.

[1342] *Schaub/Linck* (2005), § 61 Rn. 67; gleichwohl zu dieser Streitfrage *Dedert*, BB 1986, 320 f.; *Hallmen* (1997), S. 125.

[1343] So zu Recht *Blanke/Rose*, RdA 2001, 92 (94); a.A. – allerdings ohne Begründung – *Söllner*, ZfA 1982, 1 (13).

[1344] So *DKK/Buschmann*, § 85 Rn. 14, unter Berufung auf § 76 Abs. 5 Satz 3 BetrVG; siehe auch ders. (1999), S. 325.

[1345] *G. von Hoyningen-Huene*, BB 1991, 2215 (2216 und 2220); *Küttner/Kreitner* (2005), 100 Rn. 13, und *Hallmen* (1997), S. 126 f., zur sexuellen Belästigung; vgl. *LAG Köln*, NZA-RR 2000, 26 (27).

[1346] *LAG Thüringen*, NZA-RR 2001, 347 ff. und 577 ff.; siehe dazu bereits unter C. III. 1. a. aa.

[1347] Wie hier *Küttner/Kreitner* (2005), 100 Rn. 13; a.A. *ErfKArbR/Kania*, § 85 BetrVG Rn. 5; *Hallmen* (1997), S. 127; *Reiserer/Lemke*, MDR 2002, 249 (252); unklar *Haller/Koch*, NZA 1993, 356 (358); das *BAG*, NZA 2001, 781, hat zu dieser Frage nicht Stellung nehmen müssen.

[1348] So schon *Denck*, DB 1980, 2132 (2135 f.); vgl. dazu auch *Egger*, BB 1992, 629 (630); *Hallmen* (1997), S. 126.

[1349] Siehe etwa *LAG Schleswig-Holstein*, NZA 1990, 703 (704); *LAG München*, NZA-RR 1998, 70 f.; *MünchHdbArbR/von Hoyningen-Huene*, § 303 Rn. 33; *Hanau*, BB 1972, 451; *Nebendahl/Lunk*, NZA 1990, 676 (678 f.).

der Einigungsstelle überhaupt noch verbleibt, ohne dass § 85 Abs. 2 BetrVG zu einer Rechtsnorm ohne Regelungsgegenstand verkommt; vor allem darf das Beschwerderecht des Arbeitnehmers nicht unter dem Aspekt der arbeitgeberseitigen Fürsorgepflicht leer laufen[1350]. Angesichts dessen ist das *LAG Hessen* der Auffassung, dass die Zuständigkeit der Einigungsstelle nach § 85 Abs. 2 BetrVG regelmäßig auch dann anzunehmen sei, wenn insbesondere aus Fürsorgepflichten (sowie etwa aus den Grundsätzen der Gleichbehandlung und von Recht und Billigkeit) ableitbare Nebenpflichten im Arbeitsverhältnis den Gegenstand der Beschwerde bildeten und Ansprüche im Hinblick auf Bestimmtheit und gerichtliche Durchsetzbarkeit nicht klar gegeben erschienen, nicht allgemein anerkannt oder nur schwer konkretisierbar seien[1351]. Die Praxistauglichkeit dieser Formel erscheint allerdings fragwürdig, da mit ihr erhebliche Abgrenzungsschwierigkeiten einhergehen[1352]. Auch darf sie unter dem Aspekt des Rechts als Rahmenordnung nicht dazu führen, die Zuständigkeit der Einigungsstelle insoweit auf höchstrichterlich noch nicht geklärte Rechtsfragen im Zusammenhang mit der allgemeinen Fürsorgepflicht zu beschränken[1353]. Wenig hilfreich ist schließlich, diesen Streit auf die Frage zu verlagern, ab welchem Grad von einer offensichtlichen Unzuständigkeit der Einigungsstelle im Sinne des § 98 Abs. 1 Satz 2 ArbGG ausgegangen werden kann: Ist dies schon dann der Fall, wenn Rechtsansprüche nur „denkbar" sind[1354], oder ist die Einigungsstelle vielmehr umgekehrt schon dann zu bilden, wenn zweifelhaft oder nicht ganz sicher ist, dass aus dem vom Arbeitnehmer vorgetragenen Beschwerdegrund ein diesen beseitigender Rechtsanspruch entspringen kann[1355]. Erst recht ad absurdum geführt wird das Einigungsstellenverfahren nach § 85 Abs. 2 BetrVG, wenn es dabei entscheidend auf die Art der Formulierung der Beschwerde ankommen soll[1356].

Somit bleibt als Fazit festzuhalten, dass betreffend die Anrufung der Einigungsstelle gem. § 85 Abs. 2 BetrVG in der Rechtsprechung und Literatur erhebliche Meinungsverschiedenheiten und Unsicherheiten zu erkennen sind[1357]. Von daher wird nicht ganz zu Unrecht geltend gemacht, dass es beim Einigungsstellenverfahren nach § 85 Abs. 2 BetrVG strenggenommen nur um „Führungsfragen emotionaler Art" gehen könne, die

---

[1350] In diesem Sinne *FESTL*, § 85 Rn. 6; *Breisig* (1996), S. 203; *Lembke*, ZKM 2002, 111 (113).

[1351] NZA 1994, 96 L; ebenso *FESTL*, § 85 Rn. 8; *Hunold*, DB 1993, 2282 (2284); dagegen erkennt das *LAG Düsseldorf*, NZA 1994, 767 (768), dies „allenfalls de lege ferenda" an.

[1352] Kritisch auch *Buschmann* (1999), S. 323 f.

[1353] Unhaltbar daher *Hallmen* (1997), S. 115 f.; siehe zur produktiven Leistung der Justiz insbesondere zur Gewährleistung der Rechtssicherheit bereits im allgemeinen Teil unter B. II. 6. a.

[1354] So *LAG Schleswig-Holstein*, NZA 1990, 703 (704).

[1355] So *ErfKArbR/Kania*, § 85 BetrVG Rn. 5; in diesem Sinne wohl auch *LAG Düsseldorf*, NZA 1994, 767 (768); *Nebendahl/Lunk*, NZA 1990, 676 (680); *Hallmen* (1997), S. 149; *Buschmann* (1999), S. 321 und 323.

[1356] Vgl. *Richardi/Thüsing*, § 85 Rn. 21, wonach stets das Vorbringen des Arbeitnehmers maßgeblich sei; weiterführend *Hallmen* (1997), S. 116 ff.

[1357] So treffend *Breisig* (1996), S. 206.

sich allerdings einer rechtlichen Regelung insofern entzögen, als der Versuch, rein subjektiv-psychologische Tatbestände in einem rechtsförmigen Verfahren zu behandeln, regelmäßig zum Scheitern verurteilt sei, so dass letztlich kein erkennbarer Spielraum für das Einigungsstellenverfahren nach § 85 Abs. 2 BetrVG verbleibe[1358]. Beispielhaft seien insoweit Fälle der Überlastung am Arbeitsplatz genannt[1359], deren rechtliche Relevanz zumindest bisher noch nicht ausreichend untersucht wurde[1360].

Kommt es endlich zu einem Einigungsstellenverfahren nach § 85 Abs. 2 BetrVG, ist der betroffene Arbeitnehmer an diesem (sowie am anschließenden Beschlussverfahren) zwar nicht beteiligt (vgl. § 83 BetrVG). Da die Einigungsstelle aber über die Berechtigung seiner Beschwerde entscheidet, gebietet ein geordnetes Verfahren, dass er vor einem Spruch der Einigungsstelle gehört wird[1361]. Der Spruch der Einigungsstelle kann sich nur darauf beziehen, ob die Beschwerde des Arbeitnehmers berechtigt ist oder nicht; er kann jedoch nicht verbindlich vorschreiben, wie ihr abzuhelfen ist[1362]. Im Falle des Erfolgs der Beschwerde folgt aus § 85 Abs. 3 Satz 2 i.V.m. § 84 Abs. 2 BetrVG ein arbeitnehmerseitiger Rechtsanspruch auf Abhilfe[1363].

2. Außergerichtliche Konfliktbehandlung

Die Abgrenzung der innerbetrieblichen von der außergerichtlichen Konfliktbehandlung erfolgt anhand der im Folgenden zu thematisierenden, nicht notwendig außer-, jedenfalls aber überbetrieblichen Interessenvertretung durch Anwälte (a.) sowie Gewerkschaften und Arbeitgeberverbände (b.), denen zumindest potentiell eine erhebliche Filterfunktion zukommt.

a. Die Rolle der Anwaltschaft

> Der klassische Bereich der anwaltlichen Tätigkeit sind die Gerichtsverfahren. Diese rücken in ihrer Bedeutung zurück.
>
> *Streck*[1364]

[1358] So treffend *Hunold*, DB 1993, 2282 (2285 f.).

[1359] So der Fall des *LAG Düsseldorf*, NZA 1994, 767 f.

[1360] Instruktiv zu den sozialpsychischen Belastungen am Arbeitsplatz *Richter*, AuR 2001, 46 ff.; siehe zu den psychischen Belastungen am Arbeitsplatz auch den Bericht in der SZ vom 12./13.6.2004, S. 24.

[1361] Vgl. dazu *BAG* vom 28.6.1984, AP zu § 85 BetrVG 1972 Nr. 1; siehe auch *Richardi/Thüsing*, § 85 Rn. 32; siehe schon *Löwisch*, DB 1972, 2304 (2306 Fn. 22).

[1362] *Richardi/Thüsing*, § 85 Rn. 31; *Moll/Klunker*, RdA 1973, 361 (364); *Hallmen* (1997), S. 152 f.; im Ergebnis auch *Nebendahl/Lunk*, NZA 1990, 676 f.

[1363] Siehe die Nachweise bei *Richardi/Thüsing*, § 85 Rn. 36, und *Hallmen* (1997), S. 154.

[1364] AnwBl 2000, 335 (336); vgl. jüngst ders., AnwBl 2004, 266, demzufolge im heutigen Zeitgeist der Anspruch auf Konfliktvermeidung, Streitschlichtung und Mediation einen Stellenwert einnehmen würde, der ihnen in der Relation zum Rechtsstreit nicht gebühre.

> (In der außergerichtlichen Streiterledigung) und nicht im Prozess liegen heute die dominierenden Tätigkeitsfelder der Anwälte und die wirtschaftliche Basis ihrer Tätigkeit.
>
> *Busse*[1365]

Die Aussagen der beiden letzten Präsidenten des Deutschen Anwaltvereins weisen eine gewisse Diskrepanz in Bezug auf die derzeitige Rolle der Anwaltschaft bei der außergerichtlichen Konfliktbehandlung auf. Während der eine die forensische Tätigkeit der Anwälte nach wie vor in den Vordergrund stellt, hat sich dieses Bild nach Ansicht des anderen bereits jetzt gewandelt; der Rechtsanwalt sei primär außerforensisch tätig[1366]. Dass eine solche Diskrepanz gerade bei zwei derart bedeutenden und engagierten Rechtsanwälten unserer Zeit zu konstatieren ist, ist bezeichnend für das momentane, jedenfalls nicht einheitliche anwaltliche Verständnis von der außergerichtlichen Konfliktbehandlung[1367].

Nach generellen Ausführungen zur anwaltlichen Schlichtungstätigkeit (aa.) soll im Folgenden zunächst der Beitrag der Anwaltschaft zur außergerichtlichen Konfliktbehandlung im Allgemeinen (bb.) und sodann im Arbeitsrecht (cc.) aufgezeigt werden.

aa. Die anwaltliche Schlichtungstätigkeit

Als gem. § 1 BRAO unabhängiges Organ der Rechtspflege ist der Rechtsanwalt in keiner Weise in die Staats- oder Gerichtsorganisation eingebunden. Begreift man in diesem Zusammenhang Rechtspflege in einem umfassenden Sinn, so trifft dies auch auf den Rechtsanwalt zu, der außergerichtlich berät. Führt diese Tätigkeit zur Streitverhütung, so dient er dem Rechtsfrieden[1368]. Anwaltliche Rechtsberatung leistet einen wichtigen Beitrag zur Vermeidung rechtlicher Konflikte bzw. Prozesse[1369]. Und selbstverständlich erbringen Rechtsanwälte seit jeher eine solche Beitragsleistung[1370]. Wenngleich es nicht allein um eine Konfliktvermeidung gehen kann, so steht doch zumindest die Prozessvermeidung im Blickpunkt der rechtsberatenden Tätigkeit[1371]. Ihre Legitimation finden anwaltliche alternative Streitbeilegungsmethoden in § 3 Abs. 1 BRAO, wonach der Rechtsanwalt der berufene unabhängige Berater und Vertreter „in allen Rechtsangelegenheiten" ist. Damit obliegt dem Anwalt die „gesamte

---

[1365] AnwBl 2001, 130 (132).

[1366] Vgl. die Aussage des jetzigen DAV-Präsidenten *Kilger*, AnwBl 2003, 449, demzufolge früher (vor 30 Jahren) Prozessieren die Hauptsache war.

[1367] Dem entspricht, dass die Anwaltschaft auch in anderen Fragen in sich uneinig und gespalten ist, vgl. *Prütting*, AnwBl 1990, 346 (348).

[1368] So *Schott*, BRAK-Mitt. 2001, 204 (206).

[1369] Exemplarisch *HP/Koch*, § 3 Rn. 5: „Diese vorsorgende Rechtspflege, in der Streitigkeiten möglichst frühzeitig beigelegt und Prozesse vermieden werden, ist für die Allgemeinheit von unschätzbarem Wert."

[1370] *Leutheusser-Schnarrenberger*, NJW 1995, 2441 (2444), zur *Strukturanalyse der Rechtspflege*.

[1371] Vgl. dazu bereits die Ausführungen im allgemeinen Teil zur Rechtssetzung bzw. Vertragsgestaltung als Mittel zur Konflikt- bzw. Prozessvermeidung unter B. I. 3. b. ff. (1) bzw. B. I. 3. b. gg. (1).

außer- bzw. vorprozessuale juristische Beratung und Vertretung"[1372]. In Konkretisierung hierzu bestimmt § 1 Abs. 3 BORA, dass der Rechtsanwalt den Mandanten auch „rechtsgestaltend, konfliktvermeidend und streitschlichtend zu begleiten" hat[1373].

Die Vorgeschichte der Beauftragung eines Rechtsanwalts lässt sich etwa wie folgt beschreiben. Sehr häufig erfolgt der Gang zum Rechtsanwalt, nachdem eine Beratung aufgesucht worden ist, und häufig, nachdem diese auf Rechtsschritte und Rechtsberatung ausdrücklich verwiesen hat[1374]. Vor allem geht der Mandant in der überwiegenden Zahl aller Fälle erst dann zum Anwalt, wenn seine eigenen Bemühungen, zum Ziel zu gelangen, bereits erschöpft sind, wobei die Effizienz dieser Bemühungen sicherlich auch vom unterschiedlichen Grad der sozialen Streitfähigkeit abhängt. In der Regel aber steht dann von wenigen Ausnahmen abgesehen bereits fest, dass Gespräche mit dem Gegner nicht zu einem fruchtbaren Ergebnis geführt haben und der Grad der Auseinandersetzung bereits eine Ebene erreicht hat, auf welcher der Gedanke an eine Einigung zumindest aus der Sichtweise der Parteien außerhalb jeglicher Reichweite angesiedelt ist[1375]. Sowohl die Rechtsberatung der Arbeitnehmer als auch deren Rechtsvertretung werden überwiegend von Rechtsanwälten bzw. Fachanwälten für Arbeitsrecht übernommen, wobei Rechtsanwälte im Arbeitsrecht für die Rechtsvertretung oftmals auch dann eingeschaltet werden, wenn die Rechtsberatung zuvor von einem Rechtsschutzsekretär erfolgt ist – aber nicht umgekehrt[1376].

Die anwaltliche Schlichtungstätigkeit lässt sich zudem in drei Stufen einteilen[1377]. Die erste Stufe betrifft die Auseinandersetzung mit dem Mandanten[1378]. Hier erfolgt eine Rechtsberatung, wobei der Anwalt die Aussichten des Rechtsbegehrens prüft und bei dessen Aussichtslosigkeit seinem Mandanten eine deutliche Absage erteilt bzw. erteilen müsste[1379]. Die zweite Stufe besteht in der Kontaktaufnahme mit der Gegenpartei[1380]. Die dritte Stufe ist schließlich die Güteverhandlung im Prozess, in der sich der

---

[1372] So *Feuerich/Weyland*, § 3 Rn. 5.

[1373] Dazu *Feuerich/Weyland*, § 1 BORA Rn. 9.

[1374] *Blankenburg* (1982), S. 34.

[1375] *Egermann*, AnwBl 2003, 271 (272).

[1376] Dazu *Camin* (1984), S. 142 und 14; weiterführend ebenda, S. 140 ff., zur Mobilisierung des Arbeitsrechts durch Rechtsberatung und Rechtsvertretung.

[1377] Nach *Stürner*, JR 1979, 133 (137); vgl. auch *Rabe von Pappenheim* (1998), S. 123 ff., betreffend die außergerichtliche Tätigkeit aus Sicht des Arbeitsrechtsanwalts: Informationsphase (Ermittlungsphase); rechtliche Würdigung (Orientierungsphase); erste Maßnahmen (Vorbereitungsphase); Vergleichsverhandlungen (Verhandlungsphase); Vergleichsgestaltung (Gestaltungsphase).

[1378] Zu dieser Vorbereitungsphase *Ponschab/Schweizer* (1997), S. 117 ff.; speziell betreffend den Arbeitsrechtsanwalt *HS/Hümmerich* (2005), § 1 Rn. 67 ff.

[1379] Treffend *Stürner*, JR 1979, 133 (137), wonach nicht übersehen werden dürfe, dass der Sieg über einen zunächst uneinsichtigen Mandanten eine Form der Schlichtung durch ein Rechtspflegeorgan darstellen würde; vgl. *Brigitte Borgmann*, BRAK-Mitt. 2001, 215 f., zur Beratung des Mandanten.

[1380] Zu dieser Verhandlungsphase *Ponschab/Schweizer* (1997), S. 164 ff.; speziell betreffend den Arbeitsrechtsanwalt *HS/Hümmerich* (2005), § 1 Rn. 155 ff.

Anwalt zu einem Vergleichsvorschlag durchringen sollte, zumal dem Richter dadurch eher die Rolle des neutralen Informanten verbleibt[1381]. Auf allen drei Stufen kann der Anwalt schlichtend tätig werden. In seiner Eigenschaft als von einer Partei frei gewählter Ratgeber ist der Rechtsanwalt in ganz besonderer Weise prädestiniert, durch intensivere Einflussnahme auf die Partei die gütliche Einigung zu betreiben, wobei die Partei das intensive Nachfassen des eigenen Anwalts anders als beim Richter schwerlich als Übergriff in ihre Freiheitssphäre empfinden wird; notfalls kann sie sich von ihrem Ratgeber lösen[1382]. Allerdings sind dem streitschlichtenden bzw. streiterledigenden Anwalt auch Grenzen gesetzt. Eine allzu intensive Beeinflussung oder gar Übergehung des Mandanten verbietet sich. Dies hat auch der *BGH* jüngst in prägnanter Weise wie folgt festgestellt[1383]: „Da der Mandant eigenverantwortlich zu entscheiden hat, wie er seine Interessen in rechtlicher und wirtschaftlicher Hinsicht zur Geltung bringt, ist es auch seine Sache, darüber zu befinden, ob und mit welchem Inhalt er einen Rechtsstreit durch Vergleich beendet. Will der Prozessbevollmächtigte einen solchen abschließen, hat er sich deshalb grundsätzlich der vorherigen Zustimmung der Partei zu versichern. Zuvor muss er diese darüber informieren, mit welchem Inhalt er den Vergleich abzuschließen gedenkt, und sie über die Vor- und Nachteile ins Bild setzen. Dies gilt insbesondere dann, wenn der Rechtsanwalt Anhaltspunkte dafür hat, dass der Mandant sich mehr davon verspricht. Selbst wenn der Rechtsanwalt der Meinung ist, das von ihm ausgehandelte Ergebnis sei schon das Äußerste, was bei der Gegenseite zu erreichen sei, entbindet ihn das nicht von seiner Aufklärungspflicht. Für einen Abfindungsvergleich gilt das in besonderem Maße." Diese Haftungsgrundsätze beanspruchen für rein außergerichtliche Vergleichsverhandlungen gleichermaßen Gültigkeit. Sie gelten schließlich ohne weiteres auch für den Arbeitsrechtsanwalt.

bb. **Der Beitrag der Anwaltschaft zur außergerichtlichen Konfliktbehandlung im Allgemeinen**

> Das Argument, anwaltliche Beratung wirke streitdämpfend, gilt vielleicht für die „bessere" Anwaltschaft; ob es angesichts der Vermassung der deutschen Anwaltschaft noch uneingeschränkt richtig ist, muß mit deutlichen Zweifeln dahingestellt bleiben.
>
> *Stürner*[1384]

[1381] Siehe zur schlichtenden Rolle des Richters noch unter C. III. 5. a.

[1382] So *Stürner*, JR 1979, 133 (137); siehe bereits ders., DRiZ 1976, 202 (204): Dem Rechtsanwalt obliege unter Umständen auch die „interessengerechte massive Beeinflussung des Parteiwillens als ureigenste Aufgabe"; vgl. *Bauer* (1994), S. 302 f., und NZA 1999, 11 (13 f.), zur Unabhängigkeit des Anwalts.

[1383] NJW 2002, 292, mit Besprechung *Chab*, BRAK-Mitt. 2002, 22 ff.; vgl. *BGH*, NJW 2002, 1048, zur richtigen Niederlegung des Willens des Mandanten bei Abfassung des Vergleichstexts, vgl. auch *Jungk*, AnwBl 2001, 51 ff., zur neueren Rechtsprechung zur Beratung beim Vergleich; ferner *Brigitte Borgmann*, BRAK-Mitt. 2001, 291 f., zur Beratung beim Vergleich.

[1384] JZ 1986, 1089 (1090).

Angesichts vorstehender Aussage fragt sich, welchen Beitrag Rechtsanwälte tatsächlich zu einer außergerichtlichen Konfliktbehandlung leisten, zumal ihnen, wie bereits festgestellt, häufig nachgesagt wird, dass sie eher dazu neigen, einen Streit vor Gericht zu bringen, als ihn von dort fern zu halten[1385].

In einer von Bundesministerium und Bundesrechtsanwaltskammer zu Beginn der 80er Jahre gemeinsam in Auftrag gegebenen und nach Abschluss im Jahr 1990 in der Folgezeit viel beachteten Untersuchung hat *Wasilewski* herausgefunden, dass 70,6 % aller im Jahre 1985 erledigten zivilrechtlichen Rechtsfälle außergerichtlich von der Anwaltschaft erledigt wurden[1386]. Daran anknüpfend wurde im Rahmen der Strukturanalyse der Rechtspflege festgestellt, dass diese Quote auch in jüngerer Zeit in den alten Bundesländern noch immer in derselben Größenordnung liegt[1387]. In den neuen Bundesländern liege die außergerichtliche Erledigungsquote mit im Schnitt bis zu 90 % sogar noch höher. Dies sei in erster Linie angebotsseitig zu erklären: Die noch niedrigen Kapazitäten bei den Gerichten in den neuen Bundesländern motivierten die Anwaltschaft offensichtlich dazu, mehr außergerichtliche Wege zu finden, so dass davon auszugehen sei, dass die Attraktivität der Gerichte die Erledigungsstrategien der Anwaltschaft beeinflusse[1388]. Der komplexe Zusammenhang zwischen Angebot und Nachfrage im Verhältnis von gerichtlichen Verfahren zu alternativen Konfliktbehandlungen wurde bereits behandelt[1389]. Ohne diese Thematik nochmals aufzuarbeiten, kann an dieser Stelle lediglich festgehalten werden, dass Rechtsanwälte je nach Attraktivität und Kapazität der Gerichte zu einem mehr oder minder überwiegenden Teil außergerichtlich tätig sind. Jedenfalls macht obiges Ergebnis deutlich, dass der Geschäftsanfall vor den Zivilgerichten ohne diese prozessverhütende Tätigkeit erheblich höher wäre[1390]. Darüber hinaus wird in der Anwaltschaft seit Jahren erkannt, dass gerade auch im außergerichtlichen Bereich die Chancen liegen, bisherige Umsätze nicht nur zu halten, sondern angesichts ständig steigender Kosten sogar auszuweiten[1391].

Abweichend von dem in der Öffentlichkeit bestehenden Bild führt dies zu der Feststellung, dass der klassische Bereich der anwaltlichen Tätigkeit nicht die Gerichtsverfahren sind.

[1385] Siehe zur Prozessfreude der Anwaltschaft bereits im allgemeinen Teil unter B. I. 3. b. bb. (1).

[1386] (1990), S. 36.

[1387] *Leutheusser-Schnarrenberger*, NJW 1995, 2441 (2444); vgl. jüngst *Scharf*, AnwBl 2000, 722, unter Berufung auf „zuverlässige Untersuchungen".

[1388] *Stock/Thünte/Wolff* (1995), S. 75; vgl. *Blankenburg*, ZRP 1992, 96 (99).

[1389] Siehe dazu bereits im allgemeinen Teil unter B. II. 5. a.

[1390] Nach *Strempel*, ZRP 1989, 133 (135), würde dies das „Aus" für das derzeitige Justizsystem bedeuten; vgl. *Busse*, AnwBl 1994, 49 (51), der von einer Filterfunktion der Anwaltschaft spricht, die Gerichte von einer sonst drohenden großen Anzahl vermeidbarer Prozesse schützt.

[1391] So *Busse*, AnwBl 1994, 49 (51), unter Verweis auf die Untersuchung von *Winters* (1990) über den „Rechtsanwaltsmarkt"; ebenda (54) wird eher beiläufig erwähnt, dass die vergleichsweise Erledigung des Konflikts auch aus Sicht der Parteien oft das geeignetste Mittel sei.

cc.   **Die außergerichtliche Tätigkeit des Arbeitsrechtsanwalts**

> Verhandeln bei Arbeitssachen ... ist ziemlich ungewöhnlich.
> Die Gesetze und das System zwingen ein Verfahren auf. Es ist
> eigentlich schade, denn häufig gibt es reelle Schlichtungsmög-
> lichkeiten.
>
> *Berghuis-van der Wijk*[1392]

Diese Aussage einer niederländischen Juristin kann auf die deutsche anwaltliche Arbeitsrechtspraxis ohne weiteres übertragen werden. Dabei ist daran zu erinnern, dass eine anwaltliche Vertretung im ersten Rechtszug nach dem ArbGG 1926 gänzlich ausgeschlossen war und sodann nach dem ArbGG 1953 Zulassungsbeschränkungen unterlag, die erst 1979 durch das Gesetz zur Beschleunigung und Bereinigung des arbeitsgerichtlichen Verfahrens entfallen sind[1393]. Dies wurde vor allem mit dem Gesichtspunkt der prozessualen Waffengleichheit begründet, da der wirtschaftlich schwächere Arbeitnehmer früher nur schwer zur Aufbringung der damit verbundenen Kosten in der Lage war[1394]. Mit der Einführung der Prozesskostenhilfe und der Verbreitung von Rechtsschutzversicherungen bzw. gewerkschaftlichem Rechtsschutz ist dieser Grund weitgehend entfallen[1395].

In der obigen Quote von 70,6 % sind neben Scheidungssachen auch Arbeitsverfahren ausgenommen, da diese „im derzeitigen Verfahrensrecht die Einschaltung der Gerichte erfordern und dabei zumindest in der heutigen Rechtspraxis keine Chance zur außergerichtlichen Beilegung" hätten[1396]. Insbesondere Kündigungsschutzsachen sind einer außergerichtlichen Streitbeilegung kaum zugänglich[1397]. Angesprochen sind damit die bereits im allgemeinen Teil behandelten arbeitsrechtlichen Ausschlussfristen, die einer außergerichtlichen Streitschlichtung von vornherein entgegenstehen[1398]. Demnach ist die Rolle der Anwaltschaft bei der außergerichtlichen Konfliktbehandlung zumindest im Individualarbeitsrecht nach dem derzeitigen Rechtszustand eher als gering zu bezeichnen, in Bestandsschutzstreitigkeiten nach Ausspruch einer Kündigung nahezu bedeutungslos. Denn in vielen Fällen ist es selbst bei „Gutwilligkeit" beider Seiten nicht möglich, innerhalb der dreiwöchigen Frist des § 4 KSchG eine außergerichtliche Regelung herbeizuführen, die verhindert, dass das Gericht überhaupt auch nur mit einem neuen Streitfall angegangen wird[1399]. Die traditionelle Rolle des Arbeitsrechtsanwalts ist damit die eines einseitigen Interessenvertreters am Arbeitsgericht[1400].

[1392] (1982), S. 87.
[1393] *Müller-Glöge*, RdA 1999, 80 (85).
[1394] Ausführlich zu diesem und zu weiteren Argumenten *Bauer* (1994), S. 286 ff.
[1395] *Leinemann*, BB 1997, 2322 (2327).
[1396] *Wasilewski* (1990), S. 36.
[1397] *Prütting*, AnwBl 1990, 346 (347).
[1398] Siehe dazu bereits unter B. II. 4. b.
[1399] So zu Recht *Ulrich Fischer*, NZA 1995, 1133.
[1400] Vgl. *HS/Hümmerich* (2005), § 1 Rn. 2.

Dennoch wird geschätzt, dass etwa 40 % aller arbeitsrechtlichen Angelegenheiten durch Rechtsanwälte außergerichtlich vergleichsweise oder durch einmalige Beratung erledigt werden[1401]. Vielmehr wird behauptet, dass die forensische Tätigkeit des Arbeitsrechtsanwalts bei den meisten Fachanwälten für Arbeitsrecht allenfalls ein Drittel der Dienstleistung ausmache[1402]. Dass der Anwalt im außergerichtlichen Bereich häufig von Arbeitgebern konsultiert wird, beispielsweise wenn es um den Entwurf eines Arbeitsvertrags oder die Vorbereitung einer Kündigung geht, ist nicht von der Hand zu weisen[1403]. Auch auf der kollektiven Ebene bedient man sich häufig eines Anwalts z.B. zum Abschluss einer Betriebsvereinbarung oder als Sachverständigen gem. § 80 Abs. 3 BetrVG sowie als Berater beim Aushandeln von Interessenausgleich und Sozialplan gem. § 111 Satz 2 BetrVG[1404]. In den meisten – zumindest individualarbeitsrechtlichen – Streitigkeiten jedoch wird der Arbeitsrechtsanwalt erst dann herangezogen, wenn sich die Sache bereits vor Gericht befindet oder dessen Anrufung unmittelbar bevorsteht. Empirisch gesicherte Befunde über die Tätigkeit eines Anwalts im Arbeitsrecht liegen zwar nicht vor. Die obigen rechtssoziologischen und rechtstatsächlichen Ausführungen haben aber gezeigt, dass Konflikte am Arbeitsplatz überwiegend erst dann verrechtlicht bzw. thematisiert werden, wenn die Auflösung des Arbeitsverhältnisses auf dem Spiel steht[1405]. Gerade in diesen Fällen ist die Einschaltung der Arbeitsgerichte – zumindest nach derzeitiger Rechtslage – unumgänglich. Entsprechend dieser Ausgangslage wird die außergerichtliche Streitbeilegung im Individualarbeitsrecht unter der Prämisse diskutiert, dass entweder die Anrufung des Gerichts unmittelbar bevorsteht oder sich der Konflikt bereits vor Gericht befindet und das Arbeitsverhältnis nicht aufrechterhalten, sondern einvernehmlich beendet wird[1406].

Dies gilt speziell dann, wenn ein Aufhebungsvertrag verhandelt werden soll. In der Praxis steht hier regelmäßig allein die Abfindungshöhe im Streit. Dabei verhalten sich die Arbeitsrechtsanwälte bisweilen wie auf einem Basar und feilschen um den aus ihrer Sicht sachgerechten Abfindungsbetrag, ein Verhalten, das sich später auch in den Verhandlungen vor dem Arbeitsgericht fortsetzt[1407]. Ein solches Basarverhalten wäre an sich nicht zu beanstanden, wenn nicht die wirtschaftliche Existenz insbesondere des Arbeitnehmers auf dem Spiel stehen würde, für den der Verlust des Arbeitsplatzes besonders schwer wiegt[1408]. Bei der Aushandlung der Abfindungshöhe geht die herkömmliche bzw. kompetitive Verhandlungsmethode dahin, möglichst tief (aus Sicht

---

[1401] So *Grotmann-Höfling* (1995), S. 208.
[1402] So *HS/Hümmerich* (2005), § 1 Rn. 2.
[1403] *HS/Hümmerich* (2005), § 1 Rn. 3.
[1404] *HS/Hümmerich* (2005), § 1 Rn. 3.
[1405] Dazu bereits im allgemeinen Teil unter B. I. 2. b. aa. (5) bzw. im besonderen Teil unter C. II. 3.
[1406] Instruktiv dazu *Rabe von Pappenheim* (1998), S. 121 ff.; siehe auch *Bauer*, NZA 1994, 578 ff., zu den (arbeitsrechtlichen) „Grundregeln erfolgreicher Verhandlungsführung".
[1407] Kritisch zum „Basarspiel" auch *HS/Hümmerich* (2005), § 1 Rn. 166 ff.; siehe dazu noch bei der kritischen Würdigung der arbeitsgerichtlichen Güteverhandlung unter C. III. 5. b. bb. (2).
[1408] Vgl. dazu die Ausführungen zur Thematisierung des Arbeitsrechts bereits unter C. IV. II. 3.

des Arbeitgebers) bzw. hoch (aus Sicht des Arbeitnehmers) zu ankern, jedoch nicht so tief bzw. hoch, dass die andere Partei die Verhandlung abbricht[1409]. Dieser kompetitive Verhandlungsstil unterliegt allerdings kognitiven (überoptimistische Einschätzung bzw. selektive Wahrnehmung; reaktive Abwertung; Verlustangst), strukturellen (Kommunikationsstörungen; Emotionen auch in wirtschaftlichen Streitigkeiten; Spannungsverhältnisse; Fragen des Prinzips; Vielzahl von Beteiligten und Betroffenen), und strategischen (Vorteilsstreben; Verzögerung; Geheimhaltung; Irreführung; Täuschung) Einigungshindernissen. Das Ergebnis dieser traditionellen Verhandlungsführung läuft häufig auf ein „Nullsummenspiel" hinaus[1410], so wie es auch als nachteilige Folge des „Alles-oder-Nichts-Prinzip" der gerichtlichen Entscheidungsfindung ausgemacht wurde[1411]. Schließlich entspricht das kompetitive Verhalten dem intuitiven Verhandlungsmodell, das auf dem Positionsdenken fußt[1412], wobei sich die Nachteile des intuitiven Verhandelns schlagwortartig wie folgt benennen lassen: Verfehltheit und Untauglichkeit des Spiels; Kampf; Misstrauen; mangelnde Ökonomie; fehlende Kreativität; Manipulationen; Abhängigkeit von fremder Entscheidungshilfe; Irrationalität[1413]. Ferner erweist sich nicht nur die kompetitive Strategie als Einigungsbarriere, sondern auch verdeckte Kooperationsgewinne aufgrund Informationsdefizite der Parteien verhindern oftmals eine einvernehmliche Einigung[1414].

b.   Die Rolle der Gewerkschaften und Arbeitgeberverbände

Seit jeher haben es die *Gewerkschaften* als eine ihrer bedeutsamsten Aufgaben angesehen, die in Tarifverhandlungen erkämpften Rechte auch im Einzelfall zu bewahren bzw. durchzusetzen[1415]. Die individuelle rechtliche Betreuung der Gewerkschaftsmitglieder gehört zu den wichtigsten Dienstleistungen der Gewerkschaftsorganisationen, nicht zuletzt auch deshalb, weil dies eine der werbewirksamsten Möglichkeiten darstellt, unorganisierte Arbeitnehmer für die Gewerkschaften zu gewinnen[1416]. Dabei konkurrieren Gewerkschaften in gewisser Hinsicht mit den Rechtsschutzversicherun-

---

[1409] Siehe nur *Rabe von Pappenheim* (1998), S. 169 f., zum „maßvoll überteuerten Angebot"; siehe auch *Bauer*, NZA 1994, 578 (und 579), aus Arbeitgeber- bzw. Arbeitnehmersicht; vgl. *Wolf*, ZZP 89 (1976), 260 (271); *Walz*, MittBayNot 2000, 405.

[1410] So *Walz*, MittBayNot 2000, 405 f.; ebenfalls kritisch zum kompetitiven Verhandeln im Sinne der „Win-lose-Strategie" *Schöpflin*, JA 2000, 157 (159); vgl. *Ponschab*, AnwBl 1997, 145 (148), zum „Weltbild des forensisch geprägten Anwalts".

[1411] Siehe dazu bereits im allgemeinen Teil unter B. I. 2. b. bb. (1).

[1412] Dazu *Haft* (2000a), S. 166 ff.

[1413] Instruktiv dazu *Haft* (2000a), S. 20 ff.; siehe ders., BB Beilage 10 zu Heft 40/1998, 15 (16 f.), zum intuitiven Verhandeln, und (2002a), S. 83 ff., zu den Nachteilen des Positionsdenkens.

[1414] Instruktiv zu den „Hürden auf dem Weg zur Kooperation" *Breidenbach* (1995), S. 83 ff.

[1415] Dem DGB zufolge haben DGB-Juristen im Jahr 2003 30 Millionen Euro für ihre Gewerkschaftsmitglieder erstritten, SZ vom 20.2.2004, S. 43; vgl. dazu auch die Nachricht der Internetredaktion Verlag C.H. Beck vom 16.7.2004 betreffend die vom DGB geplante Teilprivatisierung des Rechtsschutzes.

[1416] Siehe schon *Falke/Höland/Rhode/Zimmermann* (1981), S. 511; grundlegend zur Entwicklung des gewerkschaftlichen Rechsschutzes *Kehrmann* (1994), S. 169 ff.

gen[1417]. Die Vermutung liegt nahe, dass viele Arbeitnehmer nicht nur wegen der durch die Tarifbindung erreichten Schutzwirkung Mitglied einer Gewerkschaft werden, sondern auch bzw. gerade wegen der weiteren gewerkschaftlichen Dienstleistungen wie Rechtsberatung und -vertretung durch Rechtsschutzsekretäre[1418]. Dies gilt umso mehr, als dem Betriebsrat insoweit Grenzen gesetzt sind. So darf der Betriebsrat den Arbeitnehmer weder in sozialversicherungs- noch steuerrechtlichen Fragen beraten[1419] – geschweige denn die Prozessvertretung des Arbeitnehmers vor dem Arbeitsgericht übernehmen[1420].

Die nur vermeintlich prozesstreibende Wirkung der Gewerkschaften wurde bereits im allgemeinen Teil aufgezeigt[1421]. Bereits im Zuge der Alternativdiskussion zu Beginn der 80er Jahre wurde auf die starke Filterwirkung gewerkschaftlicher Rechtsberatung hingewiesen. In gewerkschaftlich stark organisierten Bereichen bestehe schon im Betrieb meist eine bessere Interessenvertretung, die Gewerkschaftsvertreter könnten manche Konfliktfälle über den direkten Kontakt zum Betriebsrat oder (verbandsvertretenen) Arbeitgeber beilegen, zumal sie langfristig an der Funktionsfähigkeit eines informellen Kontakts interessiert seien. Auch der Kostengesichtspunkt spreche bei Gewerkschaftsvertretern eher für das Vermeiden eines Prozesses[1422]. Der Zugang zum Gericht werde von Verbandsvertretern vor dem Hintergrund der präventiven betrieblichen Interessenvertretung öfter als von Anwälten schon in der Rechtsberatung verstellt. Rückschlüsse hierauf ließen sich auch vor Gericht beobachten. Generell könne gesagt werden, dass Anwälte ihren Fall stark verrechtlichen, indem sie die rechtlichen Aspekte ihres Falls in den Vordergrund schieben würden. Dagegen könne bei Verbandsvertretern häufiger beobachtet werden, dass auch andere, wie z.B. soziale Gründe oder Aspekte der Fairness etc. angesprochen würden. Hinzu komme eine wesentlich unterschiedliche Interessenlage. Während es den Rechtsanwälten meist lediglich um die Durchsetzung von Ansprüchen im Einzelfall gehe, machten Verbandsvertreter sehr häufig deutlich, welche Grundsatzüberlegungen für ihren Standpunkt sprächen. Sie verfolgten längerfristige Interessen und sähen den einzelnen Fall als Präzedenz für das Verhältnis zwischen Arbeitgebern und Arbeitnehmern im Betrieb. Zuweilen könne dies freilich bis zur Vernachlässigung ihres Mandanten gehen[1423]. Demnach haben

---

[1417] Siehe etwa *Engelen-Käfer*, AuR 1995, 300 ff., mit dem insoweit bezeichnenden Titel „Rechtsschutzversicherung oder gewerkschaftliche Interessenvertretung vor Gericht".
[1418] *Grotmann-Höfling* (1995), S. 63.
[1419] *LAG Köln*, NZA-RR 2001, 255 f.; vgl. jüngst *BAG*, NZA 2003, 1284 (1285).
[1420] Siehe nur *FESTL*, § 80 Rn. 14 m.w.N.
[1421] Siehe dazu bereits unter B. I. 3. b. bb. (2).
[1422] Siehe zum Ganzen *Blankenburg/Schönholz/Rogowski* (1979), S. 87 ff., die die Gewerkschaften als „Pförtnerinstitution" bezeichnen; siehe auch *Camin* (1984), S. 146 und 148; siehe ferner *Frommel*, ZRP 1983, 31 (35), zum funktionierenden innerbetrieblichen System der informellen Konfliktbearbeitung durch das Rechtsberatungsangebot der Gewerkschaften.
[1423] Siehe *Blankenburg/Schönholz/Rogowski* (1979), S. 157 f.; siehe auch *Blankenburg* (1982), S. 38, zur gewerkschaftlichen Rechtsberatung und -vertretung individueller Fälle „in den Grenzen der ge-

Gewerkschaften mehr noch als Rechtsanwälte eine schlichtende, den Rechtsstreit vermeidende Funktion. Wenn selbst Gewerkschaftsmitglieder sich an Rechtsanwälte wenden, dann spricht dies dafür, dass verbandliche Rechtsberatung nicht die der Anwälte verdrängt (möglicherweise sogar fördert!)[1424]. Dem entspricht, dass sich ein gutes Viertel der Arbeitnehmer durch Rechtssekretäre der Gewerkschaften beraten, allerdings erfolgt die anschließende Rechtsvertretung oftmals durch Rechtsanwälte[1425]. Gleichwohl lassen sich Arbeitnehmer auch in der ersten und zweiten Instanz einer älteren Untersuchung zufolge zu gut einem Viertel durch Gewerkschaften vertreten (siehe § 11 Abs. 1 Satz 2 und Abs. 2 Satz 2 ArbGG)[1426]. In Anbetracht einer zunehmenden Anwaltsvertretung dürfte die Quote inzwischen etwas niedriger liegen.

Erwähnenswert erscheint in diesem Kontext schließlich die Rechtsprechung zu den Sorgfaltspflichten von Verbandsvertretern. Nach Auffassung des *BGH* sind an die Sorgfalt in der Erledigung eines Auftrags bei Vereinigungen wie Gewerkschaften, die sich mit Rechtsberatung und Rechtsbesorgung befassen, grundsätzlich keine geringeren Anforderungen zu stellen als bei einem Rechtsanwalt[1427]. Auch aus dem Umstand, dass beispielsweise Gewerkschaftssekretäre in der Regel keine Volljuristen sind und das Gewerkschaftsmitglied „kostenlos" vertreten, sind die Aufklärungspflichten der Gewerkschaftssekretäre nicht geringer als für einen Rechtsanwalt: „Andernfalls wäre der den Mitgliedern in Aussicht gestellte kostenlose Rechtsschutz nicht viel wert."[1428]

Auch *Arbeitgeberverbände* beraten ihre Verbandsmitglieder in allen arbeitsrechtlichen und sozialen Fragen und vertreten sie bisweilen auch vor Gericht, wenn sich der Konflikt nicht außergerichtlich lösen lässt[1429]. Da sich die vorstehenden Ausführungen auch auf die arbeitgeberseitigen Verbandsvertreter beziehen, gilt auch für sie, dass sie wesentlich zur außergerichtlichen Streitbeilegung beitragen. Der Anteil der Arbeitgeber, die sich in Kündigungsangelegenheiten durch einen Arbeitgeberverband vertreten lassen, lag früher wie bei den Gewerkschaften in erster und zweiter Instanz bei etwas über einem Viertel[1430], dürfte aber auch hier in jüngerer Zeit etwas gesunken sein.

---

samtgesellschaftlichen Interessendurchsetzung" sowie „nur in Verbindung mit Partizipationsstrukturen in den Betrieben"; fragwürdig daher *Engelen-Käfer*, AuR 1995, 300 (303), derzufolge in 95 % der Fälle individuelle und kollektive Ziele identisch seien.

[1424] *Blankenburg* (1982), S. 38; *Camin* (1984), S. 146 und 148.

[1425] *Camin* (1984), S. 142 und 147.

[1426] *Falke/Höland/Rhode/Zimmermann* (1981), S. 642.

[1427] NZA 2002, 446 (447 f.).

[1428] *LG München I*, NZA-RR 2002, 589 f.

[1429] *D. von Hoyningen-Huene* (2000), S. 39; *Alewell/Koller*, BB 2002, 990; grundlegend zur Entwicklung der Aufgaben der Arbeitgeberverbände *Erdmann* (1994), S. 187 ff.

[1430] *Falke/Höland/Rhode/Zimmermann* (1981), S. 648.

3. Die Bedeutung der Schiedsgerichtsbarkeit

Im Folgenden soll zunächst die Bedeutung der Schiedsgerichtsbarkeit im Allgemeinen (a.) und sodann im Arbeitsrecht (b.) aufgezeigt werden.

a. Die Schiedsgerichtsbarkeit im Zivilrecht

Die Schiedsgerichtsbarkeit ist Rechtsprechung und damit Gegenstand der Rechtsprechungslehre[1431]. Die Kontrolle der Schiedsgerichtsbarkeit erfolgt durch die staatliche Rechtsprechung mittels Aufhebungsklage und Entscheidung über die Vollstreckung des Schiedsspruchs[1432]. Damit ist die Schiedsgerichtsbarkeit auch verfassungsrechtlich nicht zu beanstanden[1433]. Am 1.1.1998 trat in Deutschland ein neues Schiedsrecht in Kraft, das zu großen Teilen auf dem UNCITRAL Modell-Gesetz beruht. Ziel dieser weitgehenden Übernahme des Modell-Gesetzes war es u.a., den Wiedererkennungswert für den internationalen Nutzer zu erhöhen und somit die Attraktivität Deutschlands als Schiedsverfahrensort zu stärken. Zudem sollte durch das neue Gesetz ein ausführliches, leicht verständliches und damit anwenderfreundliches Recht geschaffen werden, dessen Regelungen sich aus dem Gesetzestext entnehmen lassen[1434]. Das Ziel scheint insofern erreicht worden zu sein, als die Bedeutung der Schiedsgerichtsbarkeit zugenommen hat[1435]. Zahlreiche Organisationen bieten eine voll- oder teiladministrative Schiedsgerichtsbarkeit, aber auch nur Schiedsordnungen für sog. Ad-hoc-Verfahren an. Die wichtigsten sind die Deutsche Institution für Schiedsgerichtsbarkeit (DIS) sowie – auf internationaler Ebene – die Internationale Handelskammer (ICC) mit Sitz in Paris[1436].

In seiner Funktion als Schlichter muss der Schiedsrichter die Art des Schiedsvertrags berücksichtigen. Sofern die Parteien nach dem Vertrag eine an das materielle Recht gebundene Entscheidung wünschen, unterscheidet sich die Stellung des Schiedsrichters kaum von der Stellung des staatlichen Richters. Anders ist es, falls der Schieds-

---

[1431] *Ramm*, ZRP 1989, 136; *Berger*, RIW 2001, 881 (882), bescheinigt der Schiedsgerichtsbarkeit eine „zwangsläufig prozedurale Ausgestaltung" (§ 1042 Abs. 1 ZPO), die trotz ihres konsensualen Charakters ein Gerichtsverfahren sei; vgl. *Habscheid*, JZ 1998, 445 (446): schiedsrichterliche Tätigkeit nach wohl h.M. als Ausübung staatlicher Gerichtsbarkeit; a.A. *Geimer* (1994), S. 121 f.; ausführlich und zugleich vermittelnd *Schlosser* (1989), Rn. 40 ff.

[1432] *Ramm*, ZRP 1989, 136 (141); vgl. *Böckstiegel*, DRiZ 1996, 267 (269), zur „Verzahnung der Schiedsgerichtsbarkeit mit der staatlichen Gerichtsbarkeit"; nach der jüngsten Reform des Schiedsverfahrensrechts *Berger*, RIW 2001, 7 (17 ff.); *Kröll*, NJW 2001, 1173 (1179 ff.).

[1433] Ausführlich dazu *Geimer* (1994), S. 113 ff. (insbesondere S. 118 ff. und S. 148 ff.); siehe auch *SJ/Schlosser*, vor § 1025 Rn. 3 m.w.N.

[1434] *Berger*, RIW 2001, 7 (8), und *Kröll*, NJW 2001, 1173, unter Berufung auf BT-Drucks. 13/5274.

[1435] Dazu *Berger*, RIW 2001, 7 (8 f.); *Kröll*, NJW 2003, 791 f.; vgl. *Hirsch*, SchiedsVZ 2003, 49 (50); einschränkend zur Bedeutung der Schiedsgerichtsbarkeit aber *Lachmann* (2002), Rn. 65 ff.

[1436] *SJ/Schlosser*, vor § 1025 Rn. 1; ausführlich dazu *Schütze* (1998), S. 15 ff.; siehe auch *Bredow*, BB Beilage 15 zu Heft 28/1992, 4, und *Schütze*, SchiedsVZ 2003, 178 ff., zur DIS und zu deren Schiedsgerichtsordnung; siehe *Kreindler*, RIW 2002, 249 ff., und *von Schlabrendorff*, SchiedsVZ 2003, 34 ff., zum Schiedsgerichtshof der ICC und deren Schiedsgerichtsordnung.

richter zu einer Billigkeitsentscheidung ermächtigt ist, die sich nur grob am positiven Recht orientieren soll. In der Unterwerfung unter eine Billigkeitsentscheidung liegt ein freiwilliger Rechtsverzicht zugunsten richterlicher Gestaltung. Dieser gibt dem Schiedsrichter die Legitimation, seine Vorstellung von der Gestaltungsbedürftigkeit des Streitverhältnisses in das Vergleichsgespräch einzubringen und sich mit der Schlichtungsbemühung weiter vorzuwagen als der zum Rechtsspruch eingesetzte staatliche Richter[1437]. Inzwischen dürfte es anerkannt sein, dass Schiedsgerichte auch zu rechtsgestaltenden Entscheidungen befugt sind. Infolgedessen wird der Schiedsrichter auch als „procedural engineer" bezeichnet[1438]. Das Schiedsverfahren zeichne sich bereits jetzt durch mediative Ansätze aus[1439]. Dem wird jedoch Folgendes entgegengehalten: Die Struktur von Schiedsverfahren bringe es mit sich, dass eine vergleichsweise Konfliktbeilegung dort regelmäßig nicht alle denkbaren Wertschöpfungspotenziale ausnutze. Ein mediativ agierender Schiedsrichter befände sich nämlich in einem Dilemma. Er könne die Effektivität seiner Vergleichsförderung nicht erhöhen, ohne gleichzeitig die Integrität des Schiedsverfahrens zu gefährden[1440]. Jedenfalls bestehe im Hinblick auf die Entscheidungskompetenz des Schiedsrichters faktisch eine Art Vergleichszwang[1441].

Die große Bedeutung der Schiedsgerichtsbarkeit lässt sich an den mit ihrer Durchführung verbundenen Vorzügen veranschaulichen. Seit jeher wird die Schiedsgerichtsbarkeit wegen ihrer vergleichsweise kürzeren Verfahrensdauer (Zeitfaktor), der durch den Instanzenwegfall bedingten Kostenersparnis (Kostenfaktor), des Ausschlusses der Öffentlichkeit (Geheimhaltungsfaktor) sowie der Sach- und Branchenkundigkeit der von den Parteien selbst auserwählten Schiedsrichter und der Möglichkeit, Schwerfälligkeiten des materiellen Rechts vor allem in Fällen mit internationalem Bezug zu überbrücken (Schlichtungsfaktor), gepriesen[1442]. In großen Streitigkeiten von bedeutenden Unternehmen mit gesamtwirtschaftlicher Relevanz, Streitigkeiten aus langfristigen Liefer- oder Kooperationsverträgen, unter Handelsgesellschaftern und aus großen Bauverträgen sowie in ähnlichen Rechtsfällen ist die Schiedsgerichtsbarkeit nicht mehr wegzudenken, zumal die regelmäßig fortwährenden Geschäftsbeziehungen durch

---

[1437] Zum Ganzen *Stürner*, JR 1979, 133 (137 f.); ausführlich zum Schiedsrichtervertrag als Grundlage des Rechtsverhältnisses des Schiedsrichters zu den Parteien *Schütze* (1999), S. 35 ff.

[1438] *Berger*, RIW 2001, 881 (und 882).

[1439] *Berger*, RIW 2001, 881 (887 f.); siehe zur Mediation noch im besonderen Teil unter C. IV. 5. b.

[1440] *Eidenmüller*, RIW 2002, 1 (2 f); dass Einzelgespräche gegen § 1042 Abs. 1 Satz 2 ZPO (rechtliches Gehör) bzw. § 1036 Abs. 2 Satz 1 ZPO (Unparteilichkeit) verstoßen, erscheint allerdings zweifelhaft, da eine solche Sichtweise in gewisser Hinsicht auch die Legitimation der Mediation in Frage stellt, vgl. dazu die Ausführungen im allgemeinen Teil zu Verfahrensgarantien bei alternativen Konfliktbehandlungen bereits unter B. II. 3. b.; vgl. auch *Nicklisch*, RIW 1998, 169 (172 f.).

[1441] *Eidenmüller*, RIW 2002, 1 (3).

[1442] Siehe etwa *SJ/Schlosser*, vor § 1025 Rn. 1; *P. Gottwald*, ZZP 95 (1982), S. 245 (252); *Maier* (1982), S. 62; *Böckstiegel*, DRiZ 1996, 267 (268 f.); ausführlich *Lachmann* (2002), Rn. 89 ff., zu den Vor- und Nachteilen des Schiedsgerichtsverfahrens.

das Schiedsverfahren einer geringeren Belastung unterzogen werden[1443]. Kritik erhebt sich hier jedoch erstaunlicherweise von rechtssoziologischer Seite. Das Schiedsgerichtsverfahren sei gar nicht so viel besser, es sei keineswegs billiger, sondern eher teurer als der Zivilprozess, leide nicht selten unter Verzögerungen und enttäusche manchmal durch die geringe Qualität der Entscheidungen; zudem würde es in der Literatur aus einsichtigen Gründen geschönt dargestellt, insbesondere seien alle ihre in der Literatur gepriesenen Vorzüge vor den staatlichen Gerichten empirisch nicht nachzuweisen[1444]. Gleichwohl kann in großen Wirtschaftsstreitigkeiten eine „große Beliebtheit des Schiedsgerichts" konstatiert werden[1445], wobei die Schiedsgerichtsbarkeit vor allem wegen ihrer Flexibilität und Geschmeidigkeit, ihrer „souplesse", als „echte Alternative zur staatlichen Gerichtsbarkeit" angesehen wird und „weltweite Akzeptanz" genießt[1446].

b.   Die Schiedsgerichtsbarkeit im Arbeitsrecht

Demgegenüber führt die Schiedsgerichtsbarkeit in arbeitsrechtlichen Konflikten ein Schattendasein. Geregelt ist das arbeitsgerichtliche Schiedsverfahren im Vierten Teil des ArbGG (§§ 101 bis 110). Schon früh wurde entschieden, dass der in diesem Rahmen normierte Ausschluss der Arbeitsgerichtsbarkeit (§ 4 ArbGG) verfassungsgemäß ist und die Schiedsgerichtsbarkeit nicht gegen Art. 92 oder Art. 101 GG verstößt[1447].

Von Interesse ist im Folgenden nur die Einzelschiedsvereinbarung gem. § 101 Abs. 2 ArbGG, da die Gesamtschiedsvereinbarung gem. § 101 Abs. 1 ArbGG die in dieser Abhandlung nicht behandelten „Rechtsstreitigkeiten zwischen Tarifvertragsparteien aus Tarifverträgen oder über das Bestehen oder Nichtbestehen von Tarifverträgen" betrifft[1448]. Ohnehin ist die Tarifschiedsgerichtsbarkeit praktisch bedeutungslos[1449].

[1443] *P. Gottwald*, ZZP 95 (1982), S. 245 (252); *Böckstiegel*, DRiZ 1996, 267 (268 f.).

[1444] *Röhl* (1987), S. 523; *M. Rehbinder* (2000), Rn. 156; kritisch auch *Alexander*, ZKM 2001, 162 (165), wonach die Schiedsgerichtsbarkeit weltweit als effiziente alternative Streitbeilegungsmethode eingeführt worden sei, heutzutage allerdings als mindestens ebenso teuer, kompliziert und zeitaufwendig angesehen werden müsse wie ein Gerichtsprozess.

[1445] *Voit*, JZ 1997, 120 (121).

[1446] So *Berger*, RIW 2001, 881 (und 882); vgl. auch *Meyer-Teschendorf/Hofmann*, ZRP 1998, 132 (134), wonach der *Sachverständigenrat „Schlanker Staat"* die Schiedsgerichtsbarkeit bei internationalen und nationalen Handelsstreitigkeiten als unentbehrliche Alternative zur Justiz bezeichnete; vgl. schließlich *Elsing*, BB Beilage 7 zu Heft 46/2002, 19 ff., zur großen Bedeutung der internationalen Schiedsgerichte (als Mittler zwischen den prozessualen Rechtskulturen).

[1447] *BAG* vom 23.8.1963, AP zu § 101 ArbGG 1953 Nr. 14 = NJW 1964, 268 f., zu einer Vereinbarung der Entscheidungsbefugnis in einem Tarifvertrag; siehe auch *GMPM/Germelmann*, § 101 Rn. 3.

[1448] Dazu etwa *Löwisch*, ZZP 103 (1990), 22 ff.

[1449] Pointiert *Ramm*, ZRP 1989, 136 (139 Fn. 27): „Die rechtliche Anerkennung der Gewerkschaft als soziale Schutzmacht hat keineswegs die Tarifschiedsgerichtsbarkeit generell etabliert. Allerdings haben die Gewerkschaften selbst darauf verzichtet, da sie die Arbeitsgerichtsbarkeit als zureichend ansahen. Damit unterblieb die Konkurrenz einer umfassenden Tarifschiedsgerichtsbarkeit für die tarifgebundenen Mitglieder der vertragsschließenden Arbeitsverbände (Koalitionen) und der staatlichen Arbeitsgerichtsbarkeit für nichttarifgebundene Arbeitgeber und Arbeitnehmer."

aa. Grundsatz: kein Ausschluss der Arbeitsgerichtsbarkeit

Das ArbGG 1926 hatte noch zwischen der Zulässigkeit eines Schiedsvertrags und eines Gütevertrags unterschieden. Soweit die Parteien einen Schiedsvertrag in Arbeitsgerichtssachen schließen konnten, konnten sie auch ohne Ausschluss der Arbeitsgerichtsbarkeit vereinbaren, dass dem arbeitsgerichtlichen Verfahren ein Einigungsverfahren vor einer vereinbarten Gütestelle vorausgehen sollte; dieser Gütevertrag begründete eine prozesshindernde Einrede. Das Güteverfahren wurde in das ArbGG 1953 nicht übernommen. Zudem wurde der Anwendungsbereich des Schiedsverfahrens stark eingeschränkt und damit die ausschließliche Zuständigkeit der Arbeitsgerichte erweitert[1450].

Hintergrund dieses weitgehenden Ausschlusses der Schiedsgerichtsbarkeit im Arbeitsrecht ist einmal das strukturelle Machtungleichgewicht zwischen Arbeitgeber und Arbeitnehmer, so dass die rechtsgeschäftliche Privatautonomie nicht nur in materieller Hinsicht, sondern auch im Verfahrensrecht eingeschränkt ist[1451]. So wurde auch vom damaligen Gesetzgeber die Skepsis zum Ausdruck gebracht, der Schutz der Arbeitnehmer sei durch die Schiedsgerichte nicht ausreichend gewährleistet[1452]. Man wollte den arbeitsrechtlichen Schutz in besonderem Maße sicherstellen, weil ein Schiedsgericht die Bindung an das materielle Recht, eine fachjuristische Ausbildung seiner Mitglieder sowie eine Unabhängigkeit nicht in dem Umfang zu bieten vermöge wie ein staatliches Gericht[1453]. Außerdem wollte man sicherstellen, dass das materielle Arbeitsrecht in jedem Fall mit Hilfe staatlicher Gerichte durchgesetzt werden könne. Die verfahrensmäßige Absicherung vor diesen führe zugleich zu einer stärkeren Rechtssicherheit und einer höheren Garantie für eine einheitliche Rechtsanwendung, als dies bei Schiedsgerichten der Fall sei, die nicht in dem gleichen Maße an verfahrensmäßige Vorschriften gebunden seien[1454]. Der wahre Grund für das Zurückdrängen der Schiedsgerichtsbarkeit im Arbeitsrecht scheint indes ein anderer zu sein: Es sollte verhindert werden, dass den Arbeitsgerichten ein wesentlicher Teil ihrer legitimen Aufgabe durch private Gerichte genommen wird (Bestandsschutz)[1455].

In dem Umfang, in dem das Schiedsverfahren gem. den §§ 4, 101 ArbGG gesetzlich ausgeschlossen ist, ist auch ein *Schiedsgutachten* unzulässig. Hier geht es zwar zunächst nur um eine verbindliche Feststellung bestimmter Tatsachen und Entscheidungselemente, einer Vorentscheidung von Beweis- und Wertungsfragen bei der

---

[1450] Zum Ganzen *Schreiber*, ZfA 1983, 31 (33 f.).

[1451] Vgl. dazu bereits im allgemeinen Teil unter B. II. 7. b.

[1452] *Schreiber*, ZfA 1983, 31 (34 f.), und *K. Langer* (1994), S. 466, unter Berfugung auf BT-Drucks. I/3516, S. 34.

[1453] *Dütz*, RdA 1978, 291 (294); ders. (1981), S. 131.

[1454] *GMPM/Germelmann*, § 4 Rn. 1; *Grunsky*, § 4 Rn. 2; *Leinemann*, BB 1997, 2322 (2324).

[1455] Deutlich *Schreiber*, ZfA 1983, 31 (35 f.); *K. Langer* (1994), S. 467; siehe auch *Dütz*, RdA 1978, 291 (294); ders. (1981), S. 131; *Leinemann*, BB 1997, 2322 (2324).

Sachverhaltsaufklärung durch sachverständige Gremien[1456]. Vor diesem Hintergrund könnte man annehmen, dass all die Fälle, in denen in Wirklichkeit nur um Tatsachenfragen gestritten wird, nicht vor die Gerichte gehören, wobei Schiedsgutachten in vielen Fällen eine gerichtliche Austragung sogar überflüssig machen[1457]. Da durch das Schiedsgutachten aber wesentliche Merkmale des materiellen Rechts für das Arbeitsgericht bindend vorgegeben werden, führt dies dazu, dass es in seiner Entscheidungsbefugnis eingeschränkt ist. Gerade dies ist aber wegen der §§ 4, 101 ArbGG im Arbeitsrecht nicht möglich[1458].

bb. Ausnahme: die Bühnenschiedsgerichtsbarkeit

Lediglich für bestimmte Berufsgruppen ist die Schiedsgerichtsbarkeit als Ersatz für die staatliche Gerichtsbarkeit anerkannt worden, aber auch nur dann, wenn die Tarifvertragsparteien dies so festlegen (§ 101 Abs. 2 Satz 1 ArbGG). Damit liegt ihre Grundlage im Gegensatz zu der Schiedsgerichtsbarkeit in Zivilrechtsstreitigkeiten nicht in der Privatautonomie, sondern sie hat ihre Wurzeln in der Tarifautonomie des Art. 9 Abs. 3 GG[1459]. Die Ausnahme für bestimmte Berufsgruppen ist nur aus der Tradition erklärbar[1460]. Besondere Bedeutung erlangt hier nur die Bühnenschiedsgerichtsbarkeit[1461]. Träger der Bühnenschiedsgerichte sind die jeweiligen Tarifvertragsparteien[1462].

Das Bühnenschiedsgerichtsverfahren richtet sich nicht nach den Vorschriften der ZPO (§ 101 Abs. 3 ArbGG). Der Grund für den Ausschluss der §§ 1025 ff. ZPO ist, dass das dort geregelte Verfahren auf einer entsprechenden Vereinbarung der Parteien beruht, also auf den Grundgedanken der Vertragsfreiheit auch bei der verfahrensmäßigen Vorgehensweise zurückzuführen ist. Dagegen hat der Gesetzgeber das Schiedsgerichtsverfahren im Arbeitsrecht wegen des Grundgedankens des Arbeitnehmerschutzes nur im Rahmen einer Absicherung der Tarifvertragsparteien zugelassen, er hat also unterstellt, dass die Vertragsparität, die Voraussetzung wäre, in diesem Bereich nicht immer gewährleistet ist[1463]. Dies soll auch nach der Neuregelung des Schiedsverfahrensrechts in der ZPO gelten, da der Gesetzgeber die staatliche Gerichtsbarkeit und die arbeitsgerichtliche Schiedsgerichtsbarkeit nicht als grundsätzlich gleiche Formen des Rechtsschutzes verstehe[1464]; darauf wird noch zurückzukommen sein. Dies schließt

---

[1456] *Böckstiegel*, DRiZ 1996, 267; instruktiv *Walter*, ZZP 103 (1990), 141 (147 ff.); siehe auch *Dütz* (1981), S. 132 ff., zur Unterscheidung zwischen regelnden und rechtsfeststellenden Schiedsgutachten.

[1457] Vgl. *Greger*, JZ 1997, 1077 (1079); *Ritter*, NJW 2001, 3440 (3441); vgl. aber *BGH*, NJW 2001, 3775, zur offenbaren Unrichtigkeit eines Schiedsgutachtens; vgl. zuletzt *BAG*, NZA 2005, 896 L.

[1458] *GMPM/Germelmann*, § 4 Rn. 4 ff.; *Schreiber*, ZfA 1983, 31 (41 ff.); zwischen regelnden und rechtsfeststellenden Schiedsgutachten differenzierend aber *Dütz* (1981), S. 142 ff.

[1459] *Germelmann*, NZA 1994, 12 (14).

[1460] *Dütz*, RdA 1978, 291 (294); ders. (1981), S. 131.

[1461] Allgemein dazu *Germelmann*, NZA 1994, 12 ff.; *F.-K. Vogel*, NZA 1999, 26 ff.

[1462] Dazu *Germelmann*, NZA 1994, 12; *F.-K. Vogel*, NZA 1999, 26.

[1463] *GMPM/Germelmann*, § 101 Rn. 31.

[1464] *GMPM/Germelmann*, § 101 Rn. 32.

allerdings nicht aus, dass zur Ausfüllung von Lücken gelegentlich auf allgemeine Rechtsgedanken zurückgegriffen wird, die im 10. Buch der ZPO ihren Niederschlag gefunden haben[1465]. Im Wesentlichen richtet sich das Verfahren jedoch nach den §§ 105 bis 110 ArbGG und den jeweiligen Bühnenschiedsgerichtsordnungen sowie im Übrigen nach dem freien Ermessen des Schiedsgerichts (§ 104 ArbGG)[1466].

Dass indes auch die Bühnenschiedsgerichtsbarkeit strukturelle Probleme aufweist, zeigt sich bereits an der Diskussion über ihren persönlichen[1467] und sachlichen[1468] Anwendungsbereich. Untragbar ist vor allem die verfahrensrechtliche Ausgestaltung betreffend den Instanzenzug der Bühnenschiedsgerichtsbarkeit. Den sechs Bühnenschiedsgerichten (BSchG) folgt als Berufungsinstanz das Bühnenoberschiedsgericht (BOSchG)[1469]. Das daran anschließende Aufhebungsverfahren hat einen revisionsähnlichen Charakter (§ 110 ArbGG)[1470]. Im Gegensatz zum zivilprozessualen Schiedsverfahren können die Schiedssprüche im arbeitsgerichtlichen Schiedsverfahren von den Arbeitsgerichten umfassend auf ihre Gesetzmäßigkeit überprüft werden (§ 110 Abs. 1 Nr. 2 ArbGG)[1471], und zwar in allen drei Instanzen beginnend mit dem insoweit zuständigen Arbeitsgericht (§ 110 Abs. 2 ArbGG). Damit benötigt das Verfahren schlimmstenfalls insgesamt fünf Instanzen, bis es seinen endgültigen Abschluss findet[1472]. Resultat ist nicht selten eine überlange und letztlich unzumutbare Verfahrensdauer[1473]. Aus guten Gründen lehnt deshalb die h.M. im Falle einer begründeten Aufhebungsklage die erneute Durchführung eines Schiedsverfahrens ab, obwohl die besondere fachkundige Sachentscheidung der Schiedsgerichtsbarkeit an sich für eine erneute Verhandlung vor den Schiedsgerichten spricht[1474].

[1465] *SJ/Schlosser*, vor § 1025 Rn. 18; *Schreiber*, ZfA 1983, 31 (37).

[1466] *GMPM/Germelmann*, § 104 Rn. 2; *F.-K. Vogel*, NZA 1999, 26 (27).

[1467] Umstritten ist einmal, ob es für die Wirksamkeit der Schiedsvereinbarung ausreicht, dass der persönliche Geltungsbereich des Tarifvertrags überwiegend Angehörige der betreffenden Berufsgruppe erfasst, so dass auch solche tarifunterworfenen Arbeitnehmer gebunden sind, die nicht der Berufsgruppe angehören, so *Grunsky*, § 101 Rn. 6; a.A. *GMPM/Germelmann*, § 101 Rn. 20; *Schwab/Walter*, Kap. 36 Rn. 10. Umstritten ist weiter, ob die Tarifbindung auch auf einer Allgemeinverbindlichkeitserklärung beruhen kann, siehe *GMPM/Germelmann*, § 101 Rn. 22 f.

[1468] Offenbar bereitet die Frage, ob es sich um eine bürgerliche Rechtsstreitigkeit „aus einem Arbeitsverhältnis" handelt, Abgrenzungsschwierigkeiten, siehe *Schwab/Walter*, Kap. 36 Rn. 11.

[1469] *Germelmann*, NZA 1994, 12 (und 17); *F.-K. Vogel*, NZA 1999, 26 (27).

[1470] *GMPM/Germelmann*, § 110 Rn. 5; *Germelmann*, NZA 1994, 12 (17); *F.-K. Vogel*, NZA 1999, 26 (28).

[1471] *Röckrath*, NZA 1994, 678.

[1472] Ebenfalls kritisch zum fünfstufigen Rechtszug *F.-K. Vogel*, NZA 1999, 26 (27); lediglich am Rande *GMPM/Germelmann*, § 101 Rn. 24, der auf die Möglichkeit hinweist, auf die Einrede des Schiedsvertrags nach § 102 Abs. 1 ArbGG zu verzichten.

[1473] Siehe etwa *BAG*, NZA 2000, 1345: Schiedsklage vom 8.4.1994, Urteil des *BAG* am 12.1.2000; *BAG*, NZA 2001, 572: Schiedsklage vom 14.6.1996, Urteil des *BAG* am 20.7.2000.

4. Gerichtliches Vorverfahren

Mit gerichtlichen Vorverfahren sind im Folgenden solche Verfahren gemeint, die dem gerichtlichen Verfahren unmittelbar vorgeschaltet sind. Einer weiteren Unterscheidung zwischen gerichtlichen und außergerichtlichen Vorverfahren bedarf es dabei nicht[1475]. Zunächst ist die Bedeutung des gerichtlichen Vorverfahrens im Zivilrecht (a.) und sodann im Arbeitsrecht (b.) darzustellen.

a. im Zivilrecht: § 15a EGZPO

Die Geschichte des gerichtlichen Vorverfahrens greift weit zurück. Bereits Ende des 19. Jahrhunderts waren Ansätze eines gerichtlichen Vorverfahrens vorhanden, allerdings wurde erst 1924 mit dem damaligen § 495a ZPO ein obligatorischer Gütetermin beim Amtsgericht eingeführt, der jedoch wegen Erfolglosigkeit im Jahre 1950 wieder abgeschafft wurde[1476]. Erst im Rahmen der *Strukturanalyse der Rechtspflege* erwog man erneut, eine Öffnungsklausel in das Verfahrensrecht einzustellen, um den Ländern Gelegenheit zu geben, mit einem obligatorischen Schlichtungsverfahren in Teilbereichen Erfahrungen für die außergerichtliche Streitbeilegung zu sammeln[1477].

Durch das Gesetz zur Förderung der außergerichtlichen Streitbeilegung aus dem Jahr 1999, das am 1.1.2000 in Kraft trat, ist es schließlich zur Einführung eines neuen § 15a EGZPO gekommen[1478]. Gem. § 15a Abs. 1 Satz 1 EGZPO kann in vermögensrechtlichen Streitigkeiten vor dem Amtsgericht über Ansprüche, deren Gegenstand an Geld oder Geldeswert die Summe von 750 Euro nicht übersteigt (Nr. 1), in bestimmten Nachbarsstreitigkeiten (Nr. 2) und in Streitigkeiten über Ansprüche wegen Verletzung der persönlichen Ehre, die nicht in Presse oder Rundfunk begangen worden sind (Nr. 3) durch Landesgesetz bestimmt werden, dass die Erhebung der Klage erst zuläs-

---

[1474] So *BAG*, NZA 1993, 1102 (1104); NZA 1996, 487 (488); *Grunsky*, § 110 Rn. 14; *K. Langer* (1994), S. 480 ff.; *F.-K. Vogel*, NZA 1999, 26 (28); a.A. *GMPM/Germelmann*, § 110 Rn. 26a f.; *Germelmann*, NZA 1994, 12 (18 f.); *Röckrath*, NZA 1994, 678 (679 ff.).

[1475] So aber *Preibisch* (1982), S. 34 f., und *Jansen* (2001), S. 115 f., die – im Hinblick auf den Wortlaut des § 54 Abs. 1 Satz 1 ArbGG wenig überzeugend – die arbeitsgerichtliche Güteverhandlung als gerichtliches Vorverfahren bezeichnen; dagegen ordnet wie hier *Rottleuthner* (1980), S. 266, die Güteverhandlung der gerichtlichen Konfliktebene zu; vgl. auch *GMPM/Germelmann*, § 4 Rn. 7, der vom außergerichtlichen und schiedsgerichtlichen Vorverfahren spricht.

[1476] Siehe dazu den Überblick von *Prütting*, AnwBl 2000, 273; ausführlich zur historischen Entwicklung des Gütegedankens *Jansen* (2001), S. 63 ff., und speziell zu § 495a ZPO (1924) S. 79 ff.; dies., ZKM 2003, 24 ff.; siehe auch *Strempel* (2002), S. 106 ff., zu einem rechtshistorischen Rückblick auf die Sühne- und Güteverfahren; vgl. *Seetzen*, DRiZ 1980, 177 (179 f.), zu einem dem § 15a EGZPO ähnlichen Vorschlag hinsichtlich einer Vorschaltung des Schiedsmanns in Zivilsachen; kritisch dazu *Falke/Gessner* (1982), S. 306 f.; vgl. ferner *Röhl*, DRiZ 1983, 90 ff., zu den Erfahrungen mit Güteverfahren.

[1477] *Leutheusser-Schnarrenberger*, NJW 1995, 2441 (2447).

[1478] Dazu *Hartmann*, NJW 1999, 3745 ff.; grundlegend *Jansen* (2001); zu aktuellen Entscheidungen *Friedrich*, NJW 2002, 3223 ff., und NJW 2003, 3534 ff.; siehe auch *Nickl*, AnwBl 2004, 12 ff., mit Bezug zur Mediation; *Stoecker*, ZKM 2000, 105 ff., im Vergleich zur Mediationspraxis in den USA.

sig ist, nachdem von einer durch die Landesjustizverwaltung eingerichteten oder anerkannten Gütestelle versucht worden ist, die Streitigkeit einvernehmlich beizulegen. Von dieser Ermächtigung haben mittlerweile einige Bundesländer Gebrauch gemacht[1479]. Ausweislich des Wortlauts des § 15a Abs. 1 Satz 1 Nr. 1 EGZPO gilt diese obligatorische außergerichtliche Streitschlichtung nicht für arbeitsrechtliche Streitigkeiten, da diese nicht vor Amtsgerichten, sondern vor den Arbeitsgerichten geltend gemacht werden. Für die hiesige Bestandsaufnahme im Arbeitsrecht ist deshalb § 15a EGZPO ohne Relevanz, so dass hierzu erst dann kritisch Stellung genommen werden soll, wenn es darum geht, § 15a EGZPO auch für das Arbeitsrecht nutzbar zu machen[1480].

b.   im Arbeitsrecht: § 111 Abs. 2 ArbGG und §§ 28 ff. ArbNErfG

Die Geschichte arbeitsgerichtlicher Vorverfahren geht zurück auf das Gewerbegerichtsgesetz aus dem Jahr 1890, in dessen § 61 die Anrufung des Einigungsamts geregelt war[1481]. Inzwischen bestehen arbeitsgerichtliche Vorverfahren allerdings nur in Randbereichen des Arbeitsrechts[1482]; neben den sogleich zu besprechenden gibt es beispielsweise noch die kirchlichen Schlichtungsstellen[1483].

Dabei steht einem gerichtlichen Vorverfahren die Vorschrift des § 4 ArbGG nicht entgegen[1484]. Auch die Vorschrift des § 101 Abs. 2 Satz 1 ArbGG verbietet arbeitsrechtliche Schlichtungsstellen nicht, da es sich bei diesen nicht um Schiedsgerichte im Sinne der §§ 101 ff. ArbGG handelt[1485]. Sofern der Rechtsstreit anschließend einer uneingeschränkten richterlichen Überprüfung zugeführt werden kann, entscheiden bloße Vorschaltinstanzen nicht verbindlich und sind schon deshalb keine Schiedsgerichte[1486]. Vorverfahren staatlicher Arbeitsgerichtsverfahren vertragen sich mit der rechtsstaatlichen Garantie auf Gewährung von effektivem Rechtsschutz und sind nicht nur für sol-

---

[1479] Siehe zur Umsetzung des § 15a EGZPO in den Ländern *Zietsch/Röschmann*, NJW Beilage zu Heft 51/2001, 3 ff., und den Überblick über die Ausführungsgesetze zu § 15a EGZPO ebenda, 9 ff.; speziell zum Bayerischen Schlichtungsgesetz *Schwarzmann/Walz* (2000).

[1480] Siehe dazu noch unter C. IV. 8. a.

[1481] *Ramm*, ZRP 1989, 136; vgl. *Lembke*, RdA 2000, 223 f.; *Prütting*, AnwBl 2000, 273.

[1482] *Hage/Heilmann*, AuA 1997, 339; *Prütting* (1999), S. 746.

[1483] Siehe zu den im Rahmen dieser Abhandlung nicht behandelten kirchlichen Schlichtungsstellen etwa *Kammerer*, BB 1985, 1986 ff.; *Schliemann*, NZA 2000, 1311 ff.

[1484] Vgl. *Grunsky*, § 4 Rn. 2, zum „Vorverfahren (Güteverfahren)" ohne Beteiligung des Gerichts"; vgl. auch *GMPM/Germelmann*, § 4 Rn. 7, und *ErfKArbR/Koch*, § 4 ArbGG Rn. 3, zum „außergerichtlichen Vorverfahren".

[1485] Vgl. *GMPM/Germelmann*, § 101 Rn. 5, *Rieble*, NZA 1991, 841 (842), und *Blankenburg*, NJ 1993, 113 (115), zu den ehemaligen Schiedsstellen für Arbeitsrecht in den neuen Bundesländern; dagegen bezeichnet *Künzl*, AuA 1992, 54 f., die Schiedsstellen rechtsdogmatisch als „private Schiedsgerichte auf zwingend gesetzlicher Grundlage" – der von ihm in diesem Zusammenhang vorgenommene Verweis auf *BAG*, NZA 1988, 207, geht jedoch insofern fehl, als es dort anders als hier um eine *verbindliche* Entscheidung der Einigungsstelle ging; zu diesen Schiedsstellen noch unter C. IV. 3. d. cc. (2).

[1486] *Dütz* (1981), S. 146 f.

che Fälle zulässig, die Gegenstand eines schiedsgerichtlichen Verfahrens sein können, sondern desgleichen für alle anderen Arten arbeitsrechtlicher Streitigkeiten[1487].

aa. Ausbildungsstreitigkeiten

Ein gerichtliches Vorverfahren kennt das ArbGG lediglich in § 111. Wie sich schon aus dessen systematischen Stellung im Gesetz ergibt (§ 111 ArbGG schließt zu Beginn des 5. Teils an die §§ 101-110 ArbGG des 4. Teils über den „Schiedsvertrag in Arbeitsstreitigkeiten" an), handelt es sich hierbei nicht um ein Schiedsverfahren[1488]. Im Übrigen steht den Beteiligten der Weg zu den Arbeitsgerichten nach Durchführung dieses Schlichtungsverfahrens unbeschränkt offen (vgl. § 111 Abs. 2 Satz 3 gegenüber § 110 Abs. 1 ArbGG). Die in § 111 Abs. 1 Satz 2 ArbGG genannten Seemannsämter können aufgrund ihres stark begrenzten Anwendungsbereichs (lediglich vorläufige Regelung im Hinblick auf ihre Tätigkeit außerhalb des Geltungsbereichs des Grundgesetzes) vernachlässigt werden[1489].

Eine nicht unerhebliche Bedeutung erlangt hingegen § 111 Abs. 2 ArbGG, der das Verfahren bei Streitigkeiten aus Berufsausbildungsverhältnissen (§§ 10 ff. BBiG) regelt[1490]. Gem. § 111 Abs. 2 Satz 1 ArbGG können im Bereich des Handwerks die Handwerksinnungen (nicht Handwerkskammern), im Übrigen die zuständigen Stellen im Sinne der §§ 71 ff. BBiG zur Beilegung von Streitigkeiten zwischen Ausbildenden und Auszubildenden aus einem bestehenden Berufsausbildungsverhältnis Ausschüsse bilden, denen Arbeitgeber und Arbeitnehmer in gleicher Zahl angehören[1491]. Das Verfahren dient einem doppelten Zweck. Zum einen soll dem besonderen Vertrauensverhältnis zwischen Ausbildenden und Auszubildenden Rechnung getragen werden. Dieses Vertrauensverhältnis soll nicht ohne Not zum Gegenstand gerichtlicher Auseinandersetzungen gemacht werden. Zum anderen werden die Schlichtungsausschüsse wegen ihrer besonderen Sachkunde in ausbildungsspezifischen Fragen als besonders geeignet angesehen, zwischen den streitenden Parteien mit dem Ziel einer gütlichen Einigung zu vermitteln[1492]. Dem entspricht, dass die Anrufung des Schlichtungsausschusses Prozessvoraussetzung der arbeitsgerichtlichen Klage ist, sofern die zuständi-

---

[1487] *Dütz*, RdA 1978, 291 (297); vgl. *Stadler*, NJW 1998, 2479 (2486); siehe bereits im allgemeinen Teil zur Aufrechterhaltung des bisherigen Rechtsschutzsystems auch unter verfassungsrechtlichen Aspekten unter B. III. 1. und zum Prinzip der Freiwilligkeit unter B. III. 6.

[1488] Missverständlich daher *APS/Biebl*, § 111 ArbGG Rn. 1: vorgerichtliches Schiedsverfahren; vgl. auch *B. Natzel*, DB 1971, 1665, unter Berufung auf § 111 Abs. 2 Satz 7 ArbGG, so dass das Verfahren „eine Art von Schiedsgerichtsbarkeit" sei.

[1489] *GMPM/Prütting*, § 111 Rn. 4 f.

[1490] Dazu *Leinemann/Taubert*, § 15 BBiG Rn. 131 ff.; *MünchHdbArbR/Berkowsky*, § 159 Rn. 18 ff; *MünchHdbArbR/Natzel*, § 181 Rn. 5 ff.; *B. Natzel*, DB 1971, 1665 ff.; *Götz* (1992), Rn. 659 ff.; *Lembke* (2001), Rn. 257 ff.; *Schaub* (2001), § 11 Rn. 13 ff.; siehe zu den Neuregelungen im Berufsbildungsrecht *Taubert*, NZA 2005, 503 ff.

[1491] Siehe zur „bewegten Geschichte" der Schlichtungsausschüsse *GMPM/Prütting*, § 111 Rn. 6 ff.

[1492] *Götz* (1992), Rn. 660; vgl. *Preibisch* (1982), S. 191 f.

gen Stellen entsprechende Schlichtungsausschüsse eingerichtet haben. Sie muss von Amts wegen geprüft werden. Die vor Anrufung des Schlichtungsausschusses eingereichte Klage ist unzulässig (§ 111 Abs. 2 Satz 5 ArbGG)[1493]. Insbesondere steht das Verfahren nicht zur Disposition der Parteien; § 295 ZPO findet keine Anwendung[1494]. Besteht also ein Schlichtungsausschuss, handelt sich um ein „echtes" obligatorisches Vorverfahren[1495]. Wie gesagt ist die obligatorische Streitschlichtung verfassungsrechtlich insofern unbedenklich, als die abschließende Entscheidungskompetenz den Gerichten vorbehalten bleibt. Hinzu kommt, dass der vom zuständigen Ausschuss gefällte Spruch von beiden Parteien anerkannt werden muss (§ 111 Abs. 2 Satz 3 ArbGG)[1496].

Einen Zwang zur Bildung der Schlichtungsstellen gibt es nicht, vielmehr liegt die Bildung der Schlichtungsstellen im pflichtgemäßen Ermessen der Innung bzw. der zuständigen Stelle[1497]. Abgesehen von der Pflicht, die Parteien mündlich zu hören (§ 111 Abs. 2 Satz 2 ArbGG), ist der Schlichtungsausschuss auch in der Ausgestaltung des Verfahrens frei[1498]. In der Praxis regeln Verfahrensordnungen weitere Einzelheiten des Schlichtungsverfahrens[1499]. Allerdings muss das Verfahren nach Ansicht des *BAG* „strengen rechtsstaatlichen Grundsätzen" entsprechen, damit es nicht gegen Art. 101 GG verstößt und auch sonst verfassungsgemäß ist[1500]. Dabei sei auch die fakultative Bildung der Ausschüsse unerheblich. Jedoch müsse § 111 Abs. 2 ArbGG eng ausgelegt und nicht über seinen eigentlichen Sinn und Zweck hinaus ausgedehnt werden. Deshalb komme eine Anrufung der Ausschüsse nach Beendigung des Ausbildungsverhältnisses selbst im Hinblick auf deren besondere Sachkunde nicht in Betracht[1501]. Andererseits müsse bei einem Streit über die Wirksamkeit einer außerordentlichen Kündigung das Verfahren nach § 111 Abs. 2 ArbGG durchgeführt werden; hierfür spreche die grammatische, historische und teleologische Auslegung des Gesetzes[1502].

Gleichwohl sind an der Verfassungsmäßigkeit des § 111 Abs. 2 ArbGG wiederholt Zweifel geäußert worden. Namentlich von *Prütting* werden die Schlichtungsausschüs-

---

[1493] *GMPM/Prütting*, § 111 Rn. 19.

[1494] So *BAG* vom 13.4.1989, AP zu § 4 KSchG 1969 Nr. 21; *GMPM/Prütting*, § 111 Rn. 20; *Prütting* (1999), S. 745; *B. Natzel*, DB 1971, 1665 (1666); a.A. *BAG* vom 17.9.1987, AP zu § 15 BBiG Nr. 7; *Leinemann/Taubert*, § 15 BBiG Rn. 137; *Grunsky*, § 111 Rn. 3; *Schaub* (2001), § 11 Rn. 17.

[1495] Vgl. *Lembke* (2001), Rn. 258.

[1496] Siehe zum Verhalten der Parteien nach dem Spruch *GMPM/Prütting*, § 111 Rn. 45 ff.

[1497] *Götz* (1992), Rn. 661; *Lembke* (2001), Rn. 260; *Schaub* (2001), § 11 Rn. 14.

[1498] *Leinemann/Taubert*, § 15 Rn. 157 ff.; *GMPM/Prütting*, § 111 Rn. 29 ff.; *Grunsky*, § 111 Rn. 6 f.; *Lembke* (2001), Rn. 262.

[1499] Siehe etwa die bei *Götz* (1992), § 15 Anhang, abgedruckte Verfahrensordnung des von der Industrie- und Handelskammer Augsburg gebildeten Schlichtungsausschusses.

[1500] Vgl. dazu die Ausführungen im allgemeinen Teil betreffend die Verfahrensgarantien bei alternativen Konfliktbehandlungen bereits unter B. II. 3. b.

[1501] *BAG* vom 18.10.1961, AP zu § 111 ArbGG 1953 Nr. 1.

[1502] *BAG* vom 18.9.1975, AP zu § 111 ArbGG 1953 Nr. 2; *GMPM/Prütting*, § 111 Rn. 17; kritisch *Götz* (1992), Rn. 664.

se als „eigentümliche Fremdkörper mit sehr komplizierter Ausgestaltung" bezeichnet[1503]. § 111 Abs. 2 ArbGG sei in der heute geltenden Fassung eine „äußerst komplizierte, in allen wesentlichen Punkten umstrittene Regelung", gegen deren Verfassungsmäßigkeit zudem erhebliche Bedenken bestünden. De lege ferenda empfehle sich eine Abschaffung dieser Regelung mit der Folge, dass für alle Ausbildungsstreitigkeiten direkt das Arbeitsgericht zuständig ist[1504]. Aufgrund der „Besserstellung desjenigen, der direkt klagen kann" (nämlich wenn kein Ausschuss gebildet ist), verstoße § 111 Abs. 2 ArbGG gegen den Grundsatz des gleichmäßigen Zugangs zu Gericht. Problematisch sei jedenfalls § 111 Abs. 2 Satz 3 ArbGG im Vergleich zu § 54 ArbGG, da das gerichtliche Güteverfahren automatisch in das streitige Verfahren münde[1505]. Ferner wird eingewandt, dass bislang nicht empirisch festgestellt worden sei, ob die Arbeitsgerichte durch § 111 Abs. 2 ArbGG spürbar entlastet würden[1506].

Die Berufung auf den Gleichheitssatz erscheint insofern unangebracht, als dabei lediglich formale Gleichheit proklamiert wird, ohne nach der Gleichheit konkreter rechtstatsächlicher Verwirklichungschancen zu fragen[1507]. Mit anderen Worten: Es fehlt eine Auseinandersetzung mit der Frage, ob es für die formale Ungleichbehandlung eine sachliche Rechtfertigung gibt. Dies wird man angesichts des oben benannten Sinn und Zwecks des ausbildungsspezifischen Schlichtungsverfahrens bejahen müssen. Berufsausbildungsverhältnisse sind besonders sensible Arbeitsverhältnisse, für die es besser ist, wenn sie nicht gleich vor Gericht gelangen. Hier ist ein obligatorisches Vorverfahren durchaus angezeigt. Dies ergibt sich nicht zuletzt auch daraus, dass mit der Schlichtung von Lehrlingsstreitigkeiten äußerst positive Erfahrungen gemacht wurden, so dass zumindest für diesen Bereich von einer nicht unerheblichen, die Arbeitsgerichte entlastenden Funktion auszugehen ist[1508]. Von daher müsste man unter Berufung auf den Gleichheitssatz eher dafür plädieren, für *alle* Ausbildungsstreitigkeiten ein außergerichtliches obligatorisches Schlichtungsverfahren vorzusehen, d.h. dass die Bildung der Schlichtungsausschüsse *zwingend* ist.

Es darf indes nicht verkannt werden, dass das Schlichtungsverfahren de lege lata einige Verfahrensprobleme mit sich bringt. Insbesondere die unzureichende Fristregelung wird zu Recht kritisiert. Dass bei den außergerichtlichen obligatorischen Vorverfahren das Ineinandergreifen von Vorverfahren, anschließender Klagefrist und Zwang zur

---

[1503] (1998), O 18; (1999), S. 745; (2002), S. 952.
[1504] *GMPM/Prütting*, § 111 Rn. 11; für eine Abschaffung des § 111 Abs. 2 ArbGG auch *APS/Biebl*, § 111 ArbGG Rn. 2.
[1505] *GMPM/Prütting*, § 111 Rn. 71 – der insoweit angeführte Verweis auf *BVerfGE* 85, 80 (89), hinsichtlich der Gleichstellung ehelicher und nichtehelicher Kinder auch bei der Ausgestaltung des Instanzenzugs für Unterhaltsstreitigkeiten mag sich aber einem nicht recht erschließen.
[1506] *APS/Biebl*, § 111 ArbGG Rn. 2.
[1507] Vgl. bereits *Bender*, DRiZ 1976, 193 (196), der die Berufung auf die Gleichheit aller Verfahren als „ideologischen Popanz" bezeichnet; zustimmend *W. Gottwald*, AnwBl 2000, 265 (266).
[1508] Siehe bereits *Preibisch* (1982), S. 246 ff., der eine Erledigungsquote von 85 % angibt.

sofortigen Klageerhebung zu einem „gefährlichen Stolperstein für die Rechtsdurchsetzung" werden kann, lässt sich an der Vorschrift des § 111 Abs. 2 ArbGG exemplarisch aufzeigen[1509]. Beispielsweise ist die Frage, ob der Schlichtungsausschuss bei Streitigkeiten über die Wirksamkeit der Kündigung des Ausbildungsverhältnisses aus wichtigem Grund (§ 22 Abs. 2 Nr. 1 BBiG) gem. § 13 Abs. 1 Satz 2 KSchG innerhalb der Drei-Wochen-Frist des § 4 KSchG geltend gemacht werden muss, äußerst streitig[1510]. Nach Auffassung des *BAG* gelten die §§ 4, 13 Abs. 1 Satz 2 KSchG nicht, wenn ein Verfahren gem. § 111 Abs. 2 Satz 5 ArbGG durchgeführt werden müsse, hier könne nur der Einwand der Prozessverwirkung entgegengehalten werden[1511]. Liege aber kein Fall des § 111 Abs. 2 Satz 5 ArbGG vor, gälten die §§ 4, 13 Abs. 1 Satz 2 KSchG[1512]. Um aber den Zugang zu den Arbeitsgerichten für die „besonders schutzbedürftigen" Auszubildenden „möglichst gleichmäßig" zu eröffnen, sei eine „großzügige Anwendung der Möglichkeit der nachträglichen Klagezulassung nach § 5 KSchG" geboten[1513]. Die Fristregelung bereitet in der Praxis Schwierigkeiten, weil den Parteien häufig nicht bekannt ist, ob für ihren Bereich ein Schlichtungssausschuss besteht und die Frage, ob Verwirkung eingetreten ist, kaum sicher vorhergesagt werden kann[1514]. Hier besteht de lege ferenda in der Tat Handlungs- bzw. Reformbedarf[1515].

bb. Erfindungsstreitigkeiten

Zu den außergerichtlichen obligatorischen Vorverfahren ist auch das Verfahren betreffend die Anrufung der Schiedsstelle für Arbeitnehmererfindungen gem. den §§ 28 ff. ArbNErfG zu zählen[1516]. Die Bezeichnung „Schiedsstelle" ist freilich missverständlich, da die Schiedsstelle nicht im Rahmen eines Schiedsverfahrens als Schiedsgericht tätig wird[1517]. Zielsetzung des ArbNErfG ist es, den Interessenwiderstreit angemessen zu lösen, der sich daraus ergibt, dass das Arbeitsergebnis in arbeitsrechtlicher Hinsicht

---

[1509] So *Prütting*, JZ 1985, 261 (268); ders. (1998), O 33; ders. (1999), S. 745; vgl. *APS/Biebl*, § 111 ArbGG Rn. 2.
[1510] Dazu sowie zu weiteren Streitfragen über die Frist zur Anrufung des Schlichtungsausschusses und des Arbeitsgerichts *Leinemann/Taubert*, § 15 Rn. 140 ff.; *GMPM/Prütting*, § 111 Rn. 22 ff.
[1511] *BAG* vom 13.4.1989, AP zu § 4 KSchG 1969 Nr. 21.
[1512] *BAG* vom 5.7.1990, AP zu § 4 KSchG 1969 Nr. 23.
[1513] *BAG* vom 26.1.1999, AP zu § 4 KSchG 1969 Nr. 43.
[1514] Siehe nur *DL/Schunck*, § 111 Rn. 15, der wegen der dadurch entstehenden Rechtsunsicherheit für den Rechtssuchenden dringend anrät, auf alle Fälle fristwahrend vor dem Arbeitsgericht zu klagen. Stelle sich dann doch die Existenz eines Ausschusses heraus, sei die Klage zwar zunächst unzulässig, sie werde dann aber nach Abschluss des parallel geführten erfolglosen Schlichtungsverfahrens ohne erneute Einreichung zulässig. Die zunächst unzulässige Klage wahre auch die zweiwöchige Klagefrist gem. § 111 Abs. 2 Satz 3 ArbGG.
[1515] Vgl. *APS/Biebl*, § 111 ArbGG Rn. 10, demzufolge die Anrufung des Schlichtungsausschusses bzw. des Arbeitsgerichts vom Gesetzgeber für alle Ausbildungsstreitigkeiten zumindest einheitlich geregelt werden sollte.
[1516] Dazu etwa *Bartenbach/Volz* (2001), Rn. 431 ff.; *Lembke* (2001), Rn. 246 ff.; *Schaub* (2005), § 115 Rn. 48 ff.; siehe auch *Volmer*, BB 1968, S. 253 ff.; *Kaube/Volz*, RdA 1981, 213 ff.
[1517] *Bartenbach/Volz*, § 28 Rn. 5; *Volmer*, BB 1968, 253 (255).

dem Arbeitgeber gebührt, wohingegen das Patentrecht eine Erfindung ausschließlich dem (Arbeitnehmer-)Erfinder selbst zugesteht (§ 6 Satz 1 PatG), d.h. das ArbNErfG versucht auf einem Grenzgebiet von Arbeitsrecht und gewerblichen Rechtsschutz einen Ausgleich zwischen Arbeitgeber und Arbeitnehmer zu finden[1518]. Damit dient auch das Verfahren bei Streitigkeiten aus dem ArbNErfG einem doppelten Zweck. Einmal soll durch die Schiedsstelle der Schwierigkeit der Rechtsmaterie Rechnung getragen werden. Darüber hinaus ist Zweck des Verfahrens, eine gütliche Regelung zwischen Arbeitgeber und Arbeitnehmer zu erreichen, um das zwischen diesen bestehende Vertrauensverhältnis so wenig wie möglich zu belasten. Dabei hat der Gesetzgeber auch den Umstand berücksichtigt, dass sich ein Arbeitnehmer wegen seiner persönlich und wirtschaftlich abhängigen Lage meist nur schwer entschließen kann, gegen seinen Arbeitgeber zu klagen. Dem Schiedsstellenverfahren kommt hier keine streitentscheidende, sondern eine streitschlichtende Funktion zu[1519].

Das Verfahren ähnelt insofern dem soeben behandelten Schlichtungsverfahren für Ausbildungsstreitigkeiten, als die Schiedsstelle lediglich zu versuchen hat, eine gütliche Einigung herbeizuführen (§ 28 Satz 2 ArbNErfG), und der Einigungsvorschlag der Schiedsstelle für die Beteiligten nicht verbindlich ist (§ 34 Abs. 1 und Abs. 2 ArbNErfG), wenngleich die Durchführung des Verfahrens vor Erhebung einer Klage ebenfalls grundsätzlich obligatorisch ist (§ 37 Abs. 1 ArbNErfG)[1520]. Im Gegensatz zum Schlichtungsverfahren für Ausbildungsstreitigkeiten können die Beteiligten jedoch nach Eintritt des Schiedsfalls schriftlich vereinbaren, von der Anrufung der Schiedsstelle abzusehen (§ 37 Abs. 2 Nr. 4 ArbNErfG). Zudem kann die prozesshindernde Einrede des Verfahrens vor der Schiedsstelle nicht mehr erhoben werden, wenn beide Parteien zur Hauptsache mündlich verhandelt haben (§ 37 Abs. 3 ArbNErfG). Die Schiedsstelle ist beim Patentamt angesiedelt (§ 29 Abs. 1 ArbNErfG). Sie besteht aus einem vom Bundesminister der Justiz bestellten Volljuristen und zwei Beisitzern, die vom Präsidenten des Patentamts aus den (Hilfs-)Mitgliedern für den einzelnen Streitfall berufen werden und besondere Erfahrung auf dem Gebiet der Technik haben sollen (§ 30 Abs. 1 bis Abs. 3 ArbNErfG). Lediglich in etwa 10 % der Fälle wird von der Möglichkeit Gebrauch gemacht, die Erweiterung der Schiedsstelle um je einen Beisitzer aus Arbeitgeber- und Arbeitnehmerkreisen zu beantragen (§§ 30 Abs. 4 und Abs. 5, 32 ArbNErfG)[1521]. Außerdem sind für die erfolglos geschlichteten Patentstreitigkeiten ausschließlich die Landgerichte zuständig (§ 39 Abs. 1 ArbNErfG i.V.m. § 143 PatG). Daraus erhellt, dass es sich hierbei um eine Sondermaterie handelt, die

---

[1518] *Bartenbach/Volz*, Einleitung Rn. 3; *Schaub* (2005), § 115 Rn. 2.
[1519] *Bartenbach/Volz*, Einleitung vor § 28 Rn. 2 f.; *Schaub* (2005), § 115 Rn. 50.
[1520] Vgl. *Lembke* (2001), Rn. 248 und 253.
[1521] *Kaube/Volz*, RdA 1981, 213 (216); *Lembke* (2001), Rn. 249.

eher nicht dem Arbeitsrecht zuzuordnen ist[1522]. Gleichwohl soll nicht verschwiegen werden, dass die Schiedsstelle durchaus erfolgreich arbeitet[1523].

5. Gerichtliches Verfahren

> Er war unnachgiebig. Er zwang sie zum Kompromiß.
>
> *Stanislaw Jerzy Lec*[1524]

Etwas positiver hat dies einmal *Ludwig Erhard* formuliert: „Ein Kompromiß ist die Kunst, einen Kuchen so zu teilen, daß jeder meint, er habe das größte Stück bekommen."[1525] Die Rolle des Richters unterscheidet sich hiervon bisweilen nicht. Vielmehr wird behauptet, der staatliche Richter sei in Wahrheit ein „Zwangsschlichter" geworden, so dass die früher selbstverständlich erscheinende Unterscheidung von Richten und Schlichten längst überholt sei, insbesondere werde die schlichtende Tätigkeit des Richters, etwa im Güteverfahren oder bei der Unterbreitung eines Vergleichsvorschlags durch seine Funktion als Richter geprägt[1526].

Diese Frage steht nun im Fokus der nachfolgenden Überlegungen. Dabei soll vorab die schlichtende Rolle des Richters im Allgemein aufgezeigt werden (a.), daran anschließend wird die arbeitsrichterliche Schlichtungsfunktion einer kritischen Würdigung unterzogen, wobei besonderes Augenmerk auf die arbeitsgerichtliche Güteverhandlung zu legen ist (b.).

a. Die richterliche Schlichtungsfunktion im Allgemeinen

> Die gütliche Beilegung von Rechtsstreiten spielt erfahrungsgemäß in der gerichtlichen Praxis eine erhebliche Rolle. Sie gehört neben der Entscheidung durch Urteil zu den bedeutungsvollsten Aufgaben des Richters und ist daher ebenso wie der Rechtsspruch dem Kernbereich richterlicher Tätigkeit zuzuordnen.
>
> *BGH*[1527]

Die richterliche Schlichtungsfunktion hat Tradition, was sich nicht erst aus der vom *BGH* im Jahr 1967 getätigten Aussage ergibt. Der Richter war bis zum Beginn der

---

[1522] Bezeichnenderweise ist das ArbNErfG in den Beck-Texten „Arbeitsgesetze" nicht abgedruckt.
[1523] *Volmer*, BB 1968, 253 (258 f.): Annahmequote von 73 %; *Kaube/Volz*, RdA 1981, 213 (218): Annahmequote zwischen 70 und 75 %; *Preibisch* (1982), S. 246 ff.: Erledigungsquote von 60 %; *Bartenbach/Volz*, Einleitung vor § 28 Rn. 3: Annahmequote von fast 70 %; *Kaube/Volz*, a.a.O., und *Bartenbach/Volz*, a.a.O., weisen zudem darauf hin, dass auch zunächst nicht angenommene Einigungsvorschläge häufig Grundlage einer nachfolgenden Einigung seien.
[1524] Zitiert bei *Zimmermann* (1998), S. 134.
[1525] Zitiert bei *Zimmermann* (1998), S. 134.
[1526] Zum Umformungsprozess der staatlichen Rechtsprechung *Ramm*, ZRP 1989, 136 (138); siehe auch ebenda (143 f.) zum Begriff „Billigkeitszwangsentscheidung"; der Begriff „Zwangsschlichtung" taucht bereits bei *Stürner*, DRiZ 1976, 202 (205), auf.

Aufklärungszeit überhaupt kein Rechtsgelehrter, sondern entschied den Rechtsstreit ohne Gesetz lediglich durch seine soziale Autorität und nach seiner praktischen Lebenserfahrung[1528]. Gleichwohl ging die vorherrschende Meinung bis zu Beginn der 80er Jahre davon aus, dass die Lösung von Konflikten vor den Gerichten in erster Linie durch Urteil erfolge. Erst mit der Alternativdiskussion ist auch die schlichtende Funktion des Richters verstärkt ins Blickfeld geraten[1529].

Die Verwirklichung des Rechts als rechtsstaatliche Aufgabe der Rechtsprechung steht dabei im Spannungsfeld zur Schlichtungsfunktion. Dieses Spannungsverhältnis lässt sich wie folgt treffend beschreiben: „Der Richter ist staatliches Organ der Rechtspflege, von Verfassungs wegen (Art. 92 GG) mit rechtsprechender Gewalt betraut und an Gesetz und Recht gebunden (Art. 20 Abs. 3 GG). Verfassungsauftrag und Gesetzesbindung setzen der schlichtenden Funktion notwendigerweise Grenzen, die in der Praxis leicht verwischen, vom theoretischen Ansatz aber klar bleiben sollten. Der Verfassungsauftrag des Richters verbietet jeden Einsatz richterlicher Autorität, der zur Verweigerung des Rechtsspruchs führt. Die Rolle des Richters als Schlichter muß deshalb peinlich genau den Freiheitsraum der Parteien beachten und schon den Anschein irgendeiner Druckausübung vermeiden."[1530] Und als Ausgangspunkt der darauf aufbauenden Überlegungen mag ein schon länger zurückliegendes Judikat des *BGH* dienen, in dem es um eine (letztlich erfolgreiche!) Anfechtung eines Vergleichs wegen richterlicher Androhung eines ungünstigen Urteils ging. Hier führte der *BGH* eher nebensächlich aus: „Das Gericht soll an sich schon nicht unter allen Umständen und mit allen Mitteln auf einen Vergleich hinwirken."[1531]

Im Folgenden sollen die Rechtsbindung (aa.) und die Rollenkonflikte (bb.) des Richters näher untersucht werden. Im Anschluss daran folgt eine zusammenfassende Beurteilung unter Berücksichtigung der jüngsten Reform des Zivilprozesses (cc.).

[1527] *BGHZ* 47, 275 (287), zur Dienstaufsicht bzw. richterlichen Unabhängigkeit.

[1528] *P. Gottwald*, ZZP 95 (1982), 245 (247); ausführlich zur historischen Entwicklung des Gütegedankens *Jansen* (2001), S. 63 ff.; vgl. *Stürner* (2001), S. 11 f., zum (unterschiedlichen) richterlichen Rollenverständnis in den europäischen Ländern.

[1529] *Rogowski* (1982), S. 171.

[1530] *Stürner*, JR 1979, 133 (135); ders., DRiZ 1976, 202 (203), demzufolge Schutz und Verwirklichung subjektiver Rechte wiederum die faktische Geltung der Rechtsordnung als Lebensordnung garantierten und zur Bewährung des objektiven Rechts führten, zudem müsse der Rechtsstaat den rechtsstaatlichen Grundsätzen der Vorhersehbarkeit und Rechtssicherheit gerecht werden; siehe auch *Wolf*, ZZP 89 (1976), 260 (267 ff.); *Röhl* (1980), S. 282; *W. Gottwald* (1981), S. 62 f.; *Röhl* (1983b), S. 12; siehe zum Recht als Rahmenordnung für die allgemeine Rechtsdurchsetzung bereits im allgemeinen Teil unter B. II. 6.

[1531] NJW 1966, 2399; das Urteil hat in der Folgezeit viel kritische Beachtung erfahren, siehe die Anmerkungen von *E. Schneider, Ostler, Arndt, L. Wenzel* und *Kubisch*, NJW 1966, 2399 und 2400 sowie NJW 1967, 1585, 1587 und 1605.

aa. Rechtsbindung

Dass der Richter auch bei der Schlichtung der *Rechtsbindung* unterliegt, d.h. auch beim Vergleichsvorschlag in gewissem Rahmen an Gesetz und Recht gebunden ist, dürfte unbestreitbar sein[1532]. Dies gilt selbstverständlich auch im Rahmen einer Güteverhandlung, da diese anerkanntermaßen Teil der rechtsprechenden Tätigkeit des Richters ist[1533]. Eine Rechtsprechung ohne Rechtsbindung ist nicht vorstellbar.

Allein betreffend den Umfang der Rechtsbindung sind zumindest in theoretischer Hinsicht gewisse Differenzen auszumachen. Eine eher restriktive Position spricht sich für eine Ausrichtung der Vergleichsverhandlungen an der wahrscheinlichen Rechtslage sowie den Beweislastgrundsätzen aus und fordert die Wahrung sozialer Schutzrechte. Selbst diejenigen, die dieser Position fehlende Praxisnähe vorwerfen, müssen letztlich eingestehen, dass auch der schlichtende Richter eine gewisse Orientierung an der Rechtslage vorzunehmen hat[1534]. Der Umfang der Rechtsbindung kann jedenfalls nicht in das freie Ermessen des Gerichts gestellt werden[1535]. Einigkeit dürfte auch darin bestehen, dass das Gericht in Güte- oder Vergleichsverhandlungen seine vorläufige Rechtsansicht offen legen soll, wenngleich der Richter grundsätzlich nicht zu einem Rechtsgespräch mit den Parteien verpflichtet ist[1536]. Jedenfalls zeigt die praktische Erfahrung, dass ein rechtlich fundiertes Vergleichsgespräch erfolgversprechender ist als das unbekümmerte Reden von nicht genauer erfassten Prozessrisiken. Die Parteien möchten erfahren, wie das Gericht die Rechtslage gegenwärtig beurteilt, während Verhandlungen ohne konkrete Rechtsgespräche ihren Sinn verfehlen[1537]. Damit stehen Vergleichsverhandlungen zumindest „im Schatten des Rechts"[1538].

bb. Rollenkonflikte

Dabei sieht sich der Richter jedoch in zweierlei Hinsicht einem Rollenkonflikt ausgesetzt. Zum einen dem Konflikt zwischen Richten und Schlichten (1) sowie zum anderen zwischen Recht und Ökonomie (2)[1539].

[1532] *W. Gottwald* (1981), S. 74 f.; *P. Gottwald, ZZP* 95 (1982), S. 245 (257).

[1533] *Prütting* (2002), S. 956, zur arbeitsgerichtlichen Güteverhandlung.

[1534] Instruktiv und zugleich restriktiv *Wolf, ZZP* 89 (1976), 260 (271 ff.); nach *Stürner*, JR 1979, 133 (136), sei dies „so besehen etwas zu eng"; ähnlich *Röhl* (1983b), S. 13, mit Verweis auf die richterliche Praxis, die weniger engherzig zu verfahren scheine, als die Dogmatik ihr vorschreibe; *AK-ZPO/Röhl*, § 279 Rn. 5, weist schließlich darauf hin, dass selbst soziale Schutzgesetze im Einzelfall unangemessen sein könnten.

[1535] Im Vergleich zur betriebsverfassungsrechtlichen Einigungsstelle *Herschel*, AuR 1974, 257 (263), demzufolge dem Richter grundsätzlich kein Ermessen zustehe, sondern er habe in strenger Bindung das Recht zu vollziehen; anders offenbar *Freudenberg*, ZRP 2002, 79 (81).

[1536] So jüngst *BVerfG*, NJW 2003, 1726.

[1537] Siehe schon *Stürner*, DRiZ 1976, 201 (204); siehe jüngst *Redeker*, NJW 2002, 192 (193); vgl. auch *Breidenbach* (1995), S. 306 ff.

[1538] So treffend *Rogowski* (1982), S. 175, der insoweit vom „Damoklesschwert des Urteils" spricht.

[1539] Instruktiv dazu *Stürner*, DRiZ 1976, 202 (205).

(1)   Richten und Schlichten

Der erste Rollenkonflikt betrifft den Konflikt zwischen Richten und Schlichten. Es steht zu vermuten, dass es dem Richter nicht oder nur schlecht gelingt, den Verhandlungsstil immer wieder zu wechseln, je nachdem ob er nun gerade eine mündliche Verhandlung oder eine Güteverhandlung leitet. Dies gilt umso mehr, wenn der Richter Vergleichsgespräche innerhalb der mündlichen Verhandlung führt. So ist auch in der Praxis zu beobachten, dass der Richter in Vergleichsverhandlungen häufig auf autoritär geprägte, richterliche Verhaltensmuster zurückgreift. Damit einher geht ein ständiger Wechsel zwischen Vergleichs- und Urteilsstil. Die Rechtssuchenden können diesen Rollenwechsel nicht nachvollziehen. Denn auch der vermittelnde Richter bleibt Richter[1540]. Damit ist die These, die Rolle des Vermittlers lasse sich mit der Rolle des Richtenden nicht befriedigend verbinden, kaum widerlegbar, zumal dem Richter letztlich nur die Wahl zwischen der korrekten Erfüllung seiner richterlichen Pflichten und der voll befriedigenden Erfüllung der Vermittlerrolle bleibt, die zu Gunsten der richterlichen Pflichten ausfallen muss[1541].

Auch müssen die Grenzen zwischen richterlicher und anwaltlicher Schlichtung erhalten bleiben. Insbesondere ist der Richter nicht Ratgeber beider Parteien, da er sich sonst an der Grenze zur Befangenheit bewegt[1542], sondern beim Schlichtungsvorgang muss an der Rollenverteilung zwischen Richter und Anwalt festgehalten werden[1543]. Der allzu intensiv vermittelnde Richter kann leicht in einen Konflikt mit seiner Rolle als neutraler Streitentscheider geraten[1544]. Dieser Rollenkonflikt zwischen dem Richter als Entscheider und dem Richter als „Vergleicher" ist schließlich auch Haupthindernis für die Verwendung mediativer Verhandlungsformen innerhalb des Gerichtsverfahrens[1545]. Kennzeichnend für die Mediation ist die fehlende Entscheidungsmacht des Mediators und zugleich dessen Umgang mit den Parteien[1546].

(2)   Recht und Ökonomie

Der zweite Rollenkonflikt handelt von dem Konflikt des Richters zwischen Recht und Ökonomie. Es ist nicht Aufgabe des Richters, als Makler der Parteien eine gütliche

---

[1540] Zum Ganzen *Egli* (1996), S. 81 ff.

[1541] So *Stürner*, DRiZ 1976, 202 (205); siehe zum Rollenkonflikt des Richters auch *W. Gottwald* (1981), S. 67 ff.; vgl. dazu auch die Ausführungen zur Verrechtlichung innerhalb gerichtlicher Verfahren bereits im allgemeinen Teil unter B. I. 2. b. aa. (5).

[1542] Vgl. *GMPM/Germelmann*, § 54 Rn. 21, zu § 49 ArbGG, wonach ein Ablehnungsgrund auf die in der Güteverhandlung geäußerten Rechtsansichten in der Regel nicht gestützt werden könne; vgl. auch *Stürner* (1982), Rn. 95 ff., zur richterlichen Vergleichsaktivität im Arbeitsgerichtsverfahren.

[1543] *Stürner*, JR 1979, 133 (136).

[1544] *Greger*, JZ 1997, 1077 (1079).

[1545] *Henkel*, NZA 2000, 929 (931 f.), zu etwaigen mediativen Elementen im Arbeitsgerichtsverfahren; zustimmend *Wrede*, ZfA 2002, 455 (461).

[1546] *Ortloff*, ZKM 2002, 199 (200 f.), zum Unterschied zwischen gerichtlichen Vergleichsgesprächen und gerichtsverbundener Mediation.

Konfliktlösung zu erzwingen. Der Richter hat sich jeglicher Manipulation zu Vergleichszwecken zu enthalten. Er soll informieren, nicht manipulieren. Auch über mögliche Kosten soll er lediglich sachlich informieren und nicht mit den Kosten drohen. Die Drohung mit Kostenrisiken auch bei guten Aussichten für eine Partei ist zu unterlassen. Zudem ist eine sachliche Analyse des Beweisrisikos erwünscht, nicht aber die wenig fundierte Verunsicherung der beweispflichtigen Partei. Ebenso wenig angebracht ist eine bewusste rechtliche Verunsicherung der Parteien gegen besseres Wissen. Die Forderung nach rascher Erledigung und die eigene Bequemlichkeit können leicht dazu verführen, statt der wünschenswerten zurückhaltenden, informativen Schlichtungsmethode Formen ausgesprochener „Zwangsschlichtung" zu huldigen: „Aufgabe der Richter ist *Rechtspflege*, nicht ökonomische Befriedung."[1547] Dass ein solcher Widerstreit zwischen einer möglichst ökonomisch zeitsparenden Streiterledigung und der zurückhaltenden, sich auf umfassende Parteiinformation beschränkenden Schlichtungsmethode besteht, lässt sich letztlich nicht leugnen[1548].

Freilich darf der Richter auf wirtschaftliche Vorteile für beide Seiten hinweisen, Unsicherheiten der Beweis- und Rechtslage betonen und den Parteien empfehlen, sich das entsprechende Risiko zu teilen und weitere Kosten, vor allem einer Beweisaufnahme, sowie persönlichen Unbill zu ersparen. Nur darf er eben keinen unzulässigen Druck auf die Parteien ausüben, um sich das Abfassen des Urteils zu ersparen[1549]. In der Rechtswirklichkeit ist ein solches Verhalten allerdings oftmals zu beobachten. Während in der integrativen Vergleichsphase prozessökonomische Überlegungen sowie Risikoabschätzungen eine Rolle spielen, kommt es in der distributiven Vergleichsphase zu Drohungen und zum Vergleichsdruck[1550] von der Richterbank[1551]. Wie bereits angedeutet, ist ein solches Verhalten nicht zuletzt auch aus verfassungsrechtlicher Sicht bedenklich[1552] und auf Dauer für eine Rechtsordnung „tödlich"[1553]. Wenn je-

---

[1547] So *Stürner*, DRiZ 1976, 202 (204), und JR 1979, 133 (136).

[1548] *Stürner*, DRiZ 1976, 202 (205); weiterführend *Wassermann* (1978), S. 177 ff., und *W. Gottwald* (1981), S. 69 ff., zum Zusammenhang zwischen Ressourcenknappheit und richterlichem Prozessverhalten bzw. Konfliktregelungsverhalten.

[1549] *P. Gottwald*, ZZP 95 (1982), S. 245 (256 f.); vgl. auch *Strecker*, DRiZ 1983, 97 (98 ff.), zum ökonomischen Aspekt des Vergleichs (Kosten-Nutzen-Relation); weiterführend *Hendel* (1983), S. 125 ff.

[1550] Zu diesem Begriff auch *Rogowski* (1982), S. 173, demzufolge die richterlichen Einigungsvorschläge einen messbaren Handlungszwang („Vergleichsdruck") auf die Parteien ausübten; ausführlich zum Vergleichsdruck im Zivilprozess *Egli* (1996), S. 70 ff., und speziell zur prozessökonomischen Argumentation S. 96 ff.; aus neuerer Zeit *P. Gottwald* (2001), S. 155; *Wesel*, NJW 2002, 415 (416), demzufolge die praktische Erfahrung lehre, dass der Richter bei der Streitentscheidung mit einer nicht geringeren Autorität und nicht selten auch mit einem gewissen Druck auftrete.

[1551] *Röhl* (1980), S. 307 ff.; vgl. *Falke/Gessner* (1982), S. 305, die insoweit von einer Themenverlagerung auf sekundäre Interessen wie etwa die durch den Prozess verursachten Kosten, den zu erwartenden Zeitaufwand und die Unsicherheit der Beweis- und Rechtslage sprechen.

[1552] Vgl. *MKS/Classen*, Art. 92 Rn. 33, wonach Art. 92 GG die Schaffung eines nicht zu bewältigenden Rollenkonflikts des Richters insofern verbiete, als eine einvernehmliche Lösung für einen Konflikt erzwungen werde.

[1553] So *Jauernig* (2003), § 48 VIII., zum Prozessvergleich.

mand für das Recht als Rahmenordnung für die allgemeine Rechtsdurchsetzung verantwortlich zeichnen muss, dann der Richter[1554]. Eine allzu exzessive richterliche Vergleichspraxis konterkariert diese Aufgabe.

Vor diesem Hintergrund darf die Rechtfertigung des Einsatzes richterlicher Autorität durch prozessuale Vorschriften in Bezug auf eine gütliche Beilegung des Rechtsstreits nicht als „Ermächtigung zum social engineering durch sanften staatlichen Druck" missverstanden werden. Man sollte in diesen Vorschriften nicht mehr sehen als den Hinweis an den Richter, bei den Parteien das Bewusstsein für die Freiheit zur gütlichen Einigung lebendig zu halten[1555]. Primäres Ziel eines Vergleichsgesprächs sollte nicht sein, die Parteien für den gerichtlichen Vergleichsvorschlag zu gewinnen, sondern sie dazu zu bewegen, überhaupt eine gütliche Beilegung ihres Konflikts anzustreben[1556].

cc. Zusammenfassende Beurteilung unter Berücksichtung der jüngsten Reform des Zivilprozesses

Nach alledem lässt sich im Ergebnis festhalten, dass der schlichtenden Funktion des Richters (verfassungsimmanente) Grenzen gesetzt sind, deren Einhaltung es zu beachten gilt. Rechtfertigen lässt sich das Spannungsverhältnis zwischen rechtsstaatlichem Rechtsschutz und richterlicher Streitschlichtung letztlich nur durch die Selbstbestimmung der Prozessparteien (Privatautonomie), nicht hingegen durch etwaige Vorteile richterlicher Streitschlichtung, d.h. eine gütliche Einigung ist immer nur Recht, niemals Pflicht der Parteien. Denn: „Es gibt keine dem Recht übergeordneten, vernünftigeren Konfliktlösungsregeln, die dem Gericht im Rahmen einer überrechtlichen Ordnung eine Art Zwangsbeglückung erlauben würden."[1557] Dabei gilt auch zu bedenken, dass der Richter nur Unzufriedenheit schafft und dem Ansehen der Justiz schadet, wenn er durch eine „drohende Einflussnahme" nicht vergleichsbereite Parteien zu einer Einigung zwingt[1558]. Von daher sind gewisse Zweifel angebracht, wenn behauptet wird, dass die hoheitliche Konfliktlösung „ultima ratio" und nicht die eigentliche rich-

---

[1554] Siehe zum Recht als Rahmenordnung für die allgemeine Rechtsdurchsetzung bereits im allgemeinen Teil unter B. II. 6.
[1555] So *Stürner*, JR 1979, 133 (136); kritisch auch *MünchKommZPO/Lüke*, Einleitung Rn. 13, zum Richter als „Sozialingenieur"; vgl. zum Schiedsrichter als „procedural engineer" bereits oben unter C. III. 3. a.
[1556] So treffend *Rudolph* (1983), S. 36.
[1557] Treffend *Stürner*, DRiZ 1976, 202 (203); ähnlich *Rudolph* (1983), S. 37, aus richterlicher Sicht; *K. Lindemann* (1983), S. 45, aus anwaltlicher Sicht; siehe auch *AK-ZPO/Röhl*, § 279 Rn. 5 f.; vgl. zum Prinzip der Freiwilligkeit bereits im allgemeinen Teil unter B. III. 6.
[1558] So *Musielak*, NJW 2000, 2769 (2771), im Zuge der jüngsten Reform des Zivilprozesses mit Verweis auf *Ayad*, ZRP 2000, 229 (231 f.); vgl. auch *Freudenberg*, ZRP 2002, 79 (81), demzufolge das Zustandebringen eines Vergleichs nicht zwingend Ausdruck richterlicher Bürgernähe sei; vgl. schließlich *van Bühren*, AnwBl 1991, 501 (503), demzufolge Zwangsvergleiche in keiner Weise dem Rechtsfrieden, sondern allenfalls dem Seelenfrieden des Richters dienten.

terliche Tätigkeit eines Richters sei[1559]. Richtigerweise stehen sich Richten und Schlichten als zwei gleichwertige Elemente richterlichen Wirkens gegenüber[1560]. Jedoch bleibt der Richter auch bei der Schlichtung stets dem Recht verpflichtet.

Daran hat sich auch durch die jüngste Reform des Zivilprozesses nichts geändert. Der Gesetzgeber hat bei der Verabschiedung einfachgesetzlicher Vorschriften verfassungsrechtliche Vorgaben zu beachten, und obgleich er mit der Vorschrift des § 278 ZPO der gütlichen Streiterledigung in der ersten Instanz eine verstärkte Bedeutung beigemessen hat, lässt sich daraus nicht der Schluss ziehen, dass der Richter künftig nicht mehr an das Recht besonders gebunden wäre[1561]. Auch die Rollenkonflikte bleiben dieselben, allenfalls der Konflikt zwischen Schlichten und Richten erscheint durch die Trennung der Güte- von der mündlichen Verhandlung abgeschwächt[1562]. Zudem kann der Vergleich nach wie vor der Reform gegenüber einem Urteil vor Gericht nicht vorrangig sein. Umgekehrt sollten die erweiterten *Hinweispflichten* des § 139 ZPO[1563] – und dabei vor allem dessen Abs. 4 Satz 1 („Hinweise ... so früh wie möglich") – nicht zur Folge haben, dass Richter sich genötigt fühlen, in den Fluss der Verhandlung verfrüht einzugreifen, wo es klüger gewesen wäre, sich zurückzuhalten[1564]. Die Vorschrift steht insbesondere nicht im Widerstreit zu § 278 ZPO, da es dem Gericht unbenommen bleiben muss, etwaigen Hinweisen eine mündliche Erörterung zwischen den Parteien voraus gehen zu lassen, um vor einer Verhärtung der Positionen die Möglichkeiten einer gütlichen Einigung ausloten zu können[1565]. Weiterhin ist es nicht Aufgabe des Gerichts, den Parteien eine Art Urteilsentwurf zu präsentieren, sondern es soll le-

---

[1559] So aber *P. Gottwald*, ZZP 95 (1982), S. 245 (256).

[1560] So zu Recht *Stürner* (2001), S. 11; ähnlich bereits ders., DRiZ 1976, 202 (203), wonach die Privilegierung der Schlichtung gegenüber der Streitscheidung eine „Bankrotterklärung des abstrakten normativen Systems zugunsten eines fallbezogenen social engineering" bedeute, mithin weiche die Rechtsverwirklichung dem sozialen Management; *Wolf*, ZZP 89 (1976), 260 (265): Vergleich als gleichberechtigtes Mittel der Konfliktlösung neben der Entscheidung durch Urteil; *Schuster* (1983), S. 111: Urteil und Vergleich als gleichwertige Formen der Konfliktregelung; vgl. *Greger*, JZ 2000, 842 (843), der es nicht als *originäre* Aufgabe des Richters bezeichnet, auf eine gütliche Bereinigung des Rechtsstreits hinzuwirken.

[1561] Vgl. nur *Zöller/Greger*, § 278 Rn. 26, wonach sich das Recht vor Gericht bewahren müsse.

[1562] Vgl. dazu schon *Schuster* (1983), S. 119.

[1563] Instruktiv *Rimmelspacher*, ZRP 1999, 177 (178); *Greger*, JZ 2000, 842 (845 f.); *Zöller/Greger*, § 139 Rn. 1; *Winte*, ZRP 1999, 387 (391), und BRAK-Mitt. 2001, 246 (249 f.), gewinnt der Neuregelung des § 139 ZPO gegenüber dem bisherigen Recht substanziell nichts Neues ab, da diese lediglich die Vorschriften der §§ 139 Abs. 1 und Abs. 2, 273 Abs. 1 und 278 Abs. 3 ZPO a.F. zusammenfasse; vgl. *Musielak*, NJW 2000, 2769 (2771): zusätzliche Präzisierung des geltenden Rechts; *E. Schneider*, AnwBl 2002, 9 (10): Judikatur zusammengefasst; ausführlich *Schaefer*, NJW 2002, 849 ff.; *Rensen*, AnwBl 2002, 633 ff.; nach einem Gesetzesentwurf der CDU/CSU-Bundestagsfraktion (sog. Justizbeschleunigungsgesetz) soll die Dokumentationspflicht wieder abgeschafft werden, dazu *Röttgen*, ZRP 2003, 345 (346 f.).

[1564] So aber *Ebel*, ZRP 2001, 309 (313), der § 139 Abs. 4 Satz 1 ZPO als Damoklesschwert bezeichnet.

[1565] Wie hier *Zöller/Greger*, § 139 Rn. 11; vgl. *Schaefer*, NJW 2002, 849 (852); *Holthaus/Koch*, RdA 2002, 140 (143).

diglich der Gefahr von „Überraschungsentscheidungen" vorgebeugt werden[1566].
Schließlich ist auch nach neuem Zivilprozessrecht Grenze der Aufklärung die richterliche Unabhängigkeit[1567]. Daneben setzt der Verhandlungsgrundsatz (auch Beibrin-
gungsgrundsatz genannt) einer umfassenden richterlichen Aufklärung im zivilprozessualen Güteverfahren immanente Grenzen[1568].

Bemerkenswert dabei ist, dass die mit der jüngsten Reform des Zivilprozesses verbundenen sozialen Kompetenzen und Qualitätssicherungen durch verstärkte Hinweispflichten, die sozialpsychologisch (rechtssoziologisch) bzw. ökonomisch (rechtspolitisch) begründete verstärkte Hinwendung zu gütlicher Einigung im Verfahren und die
Suche nach alternativen Formen der Lösung sozialer Konflikte ohnehin Merkmale
sind, die schon einmal unter dem Schlagwort „Der soziale Zivilprozess" diskutiert
wurden[1569].

b.   Die arbeitsrichterliche Schlichtungsfunktion

Idealerweise lässt sich die arbeitsrichterliche Schlichtungsfunktion wie folgt beschreiben: Der Arbeitsgerichtsprozess sei nicht durch „Recht haben" oder „Recht behalten"
gekennzeichnet, sondern durch die letztendliche Verständigung über das notwendige
„Geben und Nehmen"[1570]. Außerdem sei die Arbeitsgerichtsbarkeit in besonderem
Maße durch Lösungsversuche tiefer gehender Interessenkonflikte geprägt[1571]. Dass
dies vor dem Hintergrund der praktischen Erfahrungen vor den Arbeitsgerichten zu
positiv dargestellt ist, werden die folgenden Ausführungen zeigen.

Es geht hier nicht um eine vollständige Darstellung des arbeitsgerichtlichen Verfahrens, sondern Hauptaugenmerk ist auf dessen Besonderheiten (aa.) und vor allem dessen gütlichen Elemente unter besonderer Berücksichtigung der Güteverhandlung (bb.) zu
legen.

[1566] *Ayad*, ZRP 2000, 229 (232); so schon *Stürner*, DRiZ 1976, 202 (204): Art „Ersatzurteil"; ders., JR
1979, 133 (136): Urteil in Vergleichsform; *Rogowski* (1982), S: 173: Quasi-Urteil; *Rudolph* (1983),
S. 37: vorweggenommenes Urteil; siehe auch *Schaefer*, NJW 2002, 849 (851).
[1567] Vgl. *KG*, NJW 2002, 1732; *TP/Reichhold*, § 139 Rn. 10; *Herzler*, NJ 2001, 617 (619), zum
„Schutzschild der Befangenheit" eines nicht so gut vorbereiteten Gerichts, das nach der Neuregelung
des § 139 ZPO endgültig in den Mülleimer juristischer Abfälle gehöre; vgl. aber jüngst *BGH*, NJW
2004, 164 f.
[1568] In diesem Sinne noch zum alten Recht *Stürner* (1982), Rn. 103; dagegen bescheinigte *Rogowski*
(1982), S. 172, auch dem bisherigen Zivilverfahren „inquisitorische Anhörungen".
[1569] Siehe dazu nur die gleichnamige Monographie von *Wassermann* (1978), insbesondere S. 84 ff.,
S. 97 ff. und S. 144 ff.
[1570] *Müller-Glöge*, RdA 1999, 80 (86).
[1571] *Thon/Roth*, AuR 2000, 161 (162).

aa. Besonderheiten des arbeitsgerichtlichen Verfahrens unter Berücksichtigung der jüngsten Reform des Zivilprozesses

Die Arbeitsgerichtsbarkeit hat eine lange Tradition[1572]. Dabei zeichnet sich das arbeitsgerichtliche Verfahren gegenüber dem Verfahren vor den Zivilgerichten seit jeher durch einige Besonderheiten aus[1573].

Abgesehen von dem noch gesondert zu besprechenden Gütegedanken sei zuvorderst die in den §§ 2, 2a ArbGG angelegte Unterscheidung zwischen Urteils- und Beschlussverfahren genannt. Angesichts der hier zu behandelnden Thematik im Kontext mit „Rechtskonflikten am Arbeitsplatz" ist im Folgenden lediglich das *Urteilsverfahren* von Interesse (vgl. § 2 Abs. 1 Nr. 3 ArbGG). In allen Verfahren und Rechtszügen gilt gem. § 9 Abs. 1 ArbGG der *Beschleunigungsgrundsatz*. Dieser ist zwar wie im Zivilprozess ohnehin aus dem verfassungsrechtlichen Gebot eines effektiven und raschen Rechtsschutzes zu folgern[1574]. Eine besondere Ausgestaltung erfährt der Beschleunigungsgrundsatz aber im Urteilsverfahren mit existentieller Betroffenheit, sprich in Bestandsschutzstreitigkeiten (siehe §§ 61a, 64 Abs. 8 ArbGG). Seit ihren Anfängen ist eines der herausragenden Merkmale der Arbeitsgerichtsbarkeit die *Beteiligung ehrenamtlicher Richter*[1575]. Insoweit wird allseits konstatiert, dass sich die Besetzung mit je einem ehrenamtlichen Richter aus den Kreisen der Arbeitnehmer und Arbeitgeber in allen Instanzen (§§ 16 Abs. 2, 35 Abs. 2 und 41 Abs. 2 ArbGG) uneingeschränkt bewährt habe und von erheblicher Bedeutung für die Rechtsfindung selbst wie auch die Anerkennung der Arbeitsgerichtsbarkeit in ihrer Funktion sei[1576]. Die paritätische Besetzung bewirke nicht nur eine größere Praxis- bzw. Sachnähe der arbeitsgerichtlichen Rechtsprechung, sondern führe auch zu einer verstärkten Berücksichtigung des sozialen Ausgleichs in der Rechtsprechung der Arbeitsgerichte und trage dazu bei, die Akzeptanz bei den betroffenen Arbeitgeber- bzw. Arbeitnehmerkreisen zu erhöhen[1577]. Wie entsprechende Beobachtungen ergeben haben[1578], üben die

---

[1572] Zur Geschichte der deutschen Arbeitsgerichtsbarkeit *GMPM/Prütting*, Einleitung Rn. 1 ff.; *L. Wenzel*, JZ 1965, 697 ff. und 749 ff.; *Kissel*, DB 1987, 1485 ff.; *Leinemann*, NZA 1991, 961 ff.; *D. Neumann*, NZA 1993, 342 ff.; *Kissel*, RdA 1994, 323 ff.; *Linsenmaier*, NZA 2004, 401 ff.

[1573] Dazu etwa *Blankenburg/Schönholz/Rogowski* (1979), S. 93 f.; *Weth*, NZA 1998, 680 ff.; *Opolony*, JuS 2000, 894 ff.; vergleichbare Besonderheiten bestehen auch in anderen europäischen Arbeitsgerichtsverfahren, *Zumfelde*, NZA 2002, 374 (375).

[1574] Vgl. *GMPM/Prütting*, § 9 Rn. 3 f.; *Müller-Glöge*, RdA 1999, 80 (86).

[1575] *Kissel*, RdA 1999, 53 (54), bezeichnet die Beteiligung ehrenamtlicher Richter als „Urgestein" der Arbeitsgerichtsbarkeit; instruktiv zur Stellung der ehrenamtlichen Richter *Ide* (1994), S. 253 ff.

[1576] *Kissel*, RdA 1994, 323 (324); vgl. *Dütz*, RdA 1978, 291 (293), der von einer „stets anerkannten und hervorragenden Bedeutung" der ehrenamtlichen Richter spricht.

[1577] *Leinemann*, BB 1997, 2322 (2325); ähnlich *Düwell* (1999), S. 745 f.; siehe auch *Müller-Glöge*, RdA 1999, 80 (82): unverzichtbaren Realitätsbezug im Entscheidungsprozess; vgl. bereits *Grunsky*, NJW 1978, 1832 (1836 f.):Verkaufshilfe für die Rechtsprechung; vgl. jüngst *BAG*, NZA 2004, 1116 (1117), zum Wechsel eines ehrenamtlichen Beisitzers von Arbeitnehmer- auf Arbeitgeberseite.

[1578] Siehe *Falke/Höland/Rhode/Zimmermann* (1981), S. 888 ff., zum starken Einfluss der ehrenamtlichen Richter bei Verhandlungen und Entscheidungsfindung, und S. 904 ff. zur äußerst positiven Ein-

ehrenamtlichen Richter in der arbeitsgerichtlichen Praxis einen nicht unerheblichen Einfluss auf die Rechtsprechung aus[1579]. Hinzuweisen ist schließlich auf die besondere *Vertretungsmöglichkeit* vor den Arbeitsgerichten (§ 11 ArbGG)[1580] und die besondere *Kostenregelung* (§§ 12, 12a ArbGG) bzw. die Herabsetzung des Kostenrisikos[1581].

Die Auswirkungen der jüngsten Reform des Zivilprozesses auf die Arbeitsgerichtsbarkeit sind hier nur am Rande von Interesse[1582]. Vielmehr wurden aus der Arbeitsgerichtsbarkeit bewährte Regelungen wie die Zulassungsberufung, die Zulassungsrevision oder die Güteverhandlung durch die Reform in den Zivilprozess übernommen. Hierdurch ist man dem Fernziel der schrittweisen Angleichung der Prozessordnungen ein Stück näher gekommen[1583]. Herauszunehmen sind an dieser Stelle lediglich die soeben in Bezug auf das zivilgerichtliche Verfahren besprochenen *Hinweispflichten*. Wenngleich in diesem Kontext vereinzelt von einer zu erwartenden Überformalisierung gesprochen wird[1584], haben diese letztlich auch im Arbeitsrecht keine gravierenden inhaltlichen Änderungen gegenüber der bisherigen Rechtslage mit sich gebracht[1585]. Das arbeitsgerichtliche Verfahren soll lediglich ebenso gegen Überraschungsentscheidungen gefeit sein[1586]. Zu bedenken gilt dabei auch, dass die oben angesprochene Verhandlungsmaxime in der Arbeitsgerichtsbarkeit ohnehin weniger puristisch als in der ordentlichen Justiz verstanden und gehandhabt wird[1587]. Eine „Optimierung des Rechtsschutzes", wie sie im Zuge der Reform oftmals proklamiert wurde, erscheint bereits im Zivilprozess kaum erreichbar[1588]. Eine Verbesserung des arbeits-

---

schätzung der Beteiligung ehrenamtlicher Richter durch die Verfahrensbeteiligten; vgl. *Kraushaar*, ZRP 2000, 463, im Zuge der jüngsten Reform des Zivilprozesses.

[1579] *Düwell* (1999), S. 745.

[1580] Siehe zur Vertretungsmöglichkeit durch Verbandssekretäre bereits unter C. III. 2. b.

[1581] Zur Kostenstruktur der Arbeitsgerichtsbarkeit *Vultejus*, DRiZ 1994, 297 (300 f.); siehe dazu näher noch im abschließenden Teil unter D. I. 2. c. aa.

[1582] Siehe dazu *Holthaus/Koch*, RdA 2002, 140 ff.; *Schmidt/Schwab/Wildschütz*, NZA 2001, 1161 ff. und 1217 ff.; jüngst auch *Huber*, ZRP 2003, 268 ff., zur neuerlichen Reform der Reform des Zivilprozesses durch das Erste Justizmodernisierungsgesetz, dazu auch die Arbeitsgerichtsbarkeit betrifft.

[1583] *Däubler-Gmelin*, ZRP 2000, 458 (462); zu den gleichwohl verbleibenden Unterschieden *Stürner*, NJW Beilage zu Heft 25/2000, 31 (36); *Schmude/Eichele*, BRAK-Mitt. 2001, 255 (262); zu den Disharmonien zwischen ZPO und ArbGG jüngst auch *Schwab/Wildschütz/Heege*, NZA 2003, 999 ff.

[1584] Siehe dazu bereits oben im allgemeinen Teil unter B. I. 2. b. aa. (1).

[1585] *Holthaus/Koch*, RdA 2002, 140 (142); *Schmidt/Schwab/Wildschütz*, NZA 2001, 1161 (1163); siehe dagegen dies., NZA 2000, 337 (338), noch zum Referentenentwurf: erhebliche Erweiterung erstinstanzlicher Hinweispflichten; exemplarisch *K.-J. Neuhaus*, MDR 2002, 438 (442), mit Verweis auf die bisherige Rechtsprechung des *BAG*, wonach der Richter bei Unklarheiten, ob im Fall einer allgemeinen Kündigungsschutzklage nicht nur ein unselbständiges Fortbestandsbegehren vorliege, zur Aufklärung nach § 139 ZPO verpflichtet sei.

[1586] *Holthaus/Koch*, RdA 2002, 140 (142); *Schmidt/Schwab/Wildschütz*, NZA 2001, 1161 (1163).

[1587] *B. Preis* (1996), S. 295: sozialtherapeutische Aufklärung des Konflikts; *Zumfelde*, NZA 2002, 374 (375): weitgehend faktisch praktizierte Inquisitionsmaxime; siehe auch *GMPM/Germelmann*, § 54 Rn. 20 und § 57 Rn. 9; *Kissel*, RdA 1994, 323 (326); siehe schließlich *Mühlhausen*, NZA 2002, 644 (645), zur Betriebsratsanhörung.

[1588] Dazu *Ayad*, ZRP 2000, 229 ff.

gerichtlichen Verfahrens durch die Reform ist nicht zuletzt aufgrund der eben dargestellten Besonderheiten des Arbeitsgerichtsverfahrens noch ferner liegend. Infolgedessen besteht auch insoweit ein Bedürfnis nach Alternativen.

bb. Gütliche Elemente des arbeitsgerichtlichen Verfahrens

Im Mittelpunkt des arbeitsgerichtlichen Urteilsverfahrens steht der *Gütegedanke*. Gem.
§ 54 Abs. 1 Satz 1 ArbGG beginnt die mündliche Verhandlung mit einer Verhandlung
vor dem Vorsitzenden zum Zwecke der gütlichen Einigung der Parteien (Güteverhandlung). Durch § 57 Abs. 2 ArbGG, wonach die gütliche Einigung des Rechtsstreits während des ganzen Verfahrens angestrebt werden soll, wird der Gedanke der gütlichen
Einigung nochmals besonders hervorgehoben[1589]. Im Gegensatz zur ersteren Vorschrift
gilt letztere auch im Berufungs- und Revisionsverfahren (§ 64 Abs. 7 bzw. § 72 Abs. 6
ArbGG), d.h. die gütliche Einigung soll auch in den nächsten Instanzen ohne eine besondere Güteverhandlung insbesondere in der mündlichen Verhandlung angestrebt
werden[1590]. Traditionell ist der arbeitsrichterlichen Befriedungsfunktion eine hohe Bedeutung beizumessen, nicht zuletzt weil unter den Arbeitsvertragsparteien eine besonders enge Rechtsbeziehung mit bisweilen persönlichem Einschlag besteht. Nichtsdes-
totrotz haben obige Ausführungen zur richterlichen Schlichtungsfunktion für den Arbeitsrichter gleichermaßen zu gelten, so dass dieses Schlichtungsverständnis auch im
Arbeitsrecht eine erhebliche Bedeutung erlangt[1591]. Ohnehin ist durch die jüngste Reform des Zivilprozesses eine Angleichung des zivilprozessualen Güteniveaus an das
des arbeitsgerichtlichen Verfahrens erfolgt[1592]. Ob damit auch in der zivilgerichtlichen
Praxis künftig eine stärkere Vergleichsorientierung einhergeht, kann hier dahingestellt
bleiben[1593]. Im Folgenden interessieren allein die praktischen Auswirkungen und Erfahrungen im Zusammenhang mit der arbeitsrichterlichen Schlichtungsfunktion.

Ohne Zweifel ist die Güteverhandlung das „Feature des arbeitsgerichtlichen Verfahrens schlechthin"[1594]. Ihre Wurzeln reichen bis Anfang des 19ten Jahrhunderts zurück.
Mit dem Verlust des linken Rheinufers an Frankreich wurde in diesen Landesteilen die

---

[1589] *GMPM/Germelmann*, § 57 Rn. 3, spricht hier von einem „Vorrang der gütlichen Einigung", was
aber angesichts obiger Ausführungen nicht sachgerecht erscheint; *Kramer* (1999), S. 178, spricht lediglich von einem „besonderen Auftrag zu Einigungsversuchen".

[1590] Vgl. *GMPM/Germelmann*, § 64 Rn. 93 und § 72 Rn. 48.

[1591] Siehe z.B. zur Bindung des Arbeitsrichters an das materielle Recht bereits *Wolf*, ZZP 89 (1976),
260 (281); vgl. *Grunsky*, § 54 Rn. 10; *Prütting* (1999), S. 751.

[1592] Anders offenbar noch *GMPM/Germelmann*, § 57 Rn. 27, der schon im Vergleich zwischen § 278
Abs. 1 ZPO und § 57 Abs. 2 ArbGG in jedenfalls nicht nachvollziehbarer Weise vertritt, dass der Arbeitsrichter „mehr als im Zivilprozeß" eine gütliche Einigung versuchen müsse.

[1593] Richtigerweise wurde für die bisherige Rechtslage eine solche stärkere Vergleichsorientierung im
Arbeitsgerichtsverfahren behauptet, siehe *Rottleuthner* (1982), S. 149; *Grotmann-Höfling* (1995),
S. 53; *Leinemann*, BB 1997, 2322 (2326); *Müller-Glöge*, RdA 1999, 80 (86); *Thon/Roth*, AuR 2000,
161 (162).

[1594] So *Müller-Glöge*, RdA 1999, 80 (83).

Gewerbefreiheit und in der Folge, als im Jahr 1806 das Gesetz über die „conseils de prud'hommes" erging, auch dieses eingeführt. Eben darin hat die bis heute bestehende obligatorische arbeitsgerichtliche Güteverhandlung ihren Ursprung[1595]. Auch die Güteverhandlung soll an dieser Stelle nicht in all ihren (problematischen) Punkten analysiert werden[1596]. Hauptaugenmerk ist auf ihre Funktion zur gütlichen Beilegung des Rechtsstreits zu legen.

Vorab erwähnenswert erscheint nur, dass der Gesetzgeber durch das im Jahr 2000 in Kraft getretene Gesetz zur Vereinfachung und Beschleunigung des arbeitsgerichtlichen Verfahrens dem Arbeitsrichter mit Zustimmung der Parteien die Möglichkeit eingeräumt hat, einen weiteren Gütetermin anzuberaumen (§ 54 Abs. 1 Satz 5 ArbGG). Hierdurch sollen die Kammertermine entlastet werden[1597]. Da der zweite Gütetermin „alsbald" stattzufinden hat, wird dieser jedenfalls zu einem früheren Zeitpunkt stattfinden müssen, als nach der Geschäftslage des Gerichts eine Verhandlung vor der Kammer möglich wäre[1598]. Allerdings wird kritisiert, dass die Durchführung von zwei Güteterminen in der Regel zu einer Verzögerung der Erledigung des Rechtsstreits führe[1599]. Dementsprechend unterschiedlich – nämlich sowohl als praxisnah[1600] wie auch als praxisfern[1601] – wird diese Gesetzesänderung in der Literatur interpretiert. Einen dritten Gütetermin wird man jedenfalls nicht anberaumen können[1602].

(1) Vorbildfunktion der arbeitsgerichtlichen Güteverhandlung unter besonderer Berücksichtigung der jüngsten Reform des Zivilprozesses

Der arbeitsgerichtlichen Güteverhandlung kommt eine viel beachtete Vorbildfunktion zu[1603]. Dies liegt nicht zuletzt an ihrer hohen Erledigungsquote[1604]. Vor diesem Hintergrund wird die Güteverhandlung überwiegend positiv dargestellt. Die Güteverhand-

---

[1595] *GMPM/Prütting*, Einleitung Rn. 6; *L. Wenzel*, JZ 1965, 697; *Leinemann*, NZA 1991, 961 (962); *D. Neumann*, NZA 1993, 342; *Söllner* (1994), S. 3; vgl. *Hanau*, NZA 1986, 809 f., der *Napoleon* als „Ururgroßvater" der auf den „conseils de prud'hommes" beruhenden Arbeitsgerichtsbarkeit bezeichnet; ausführlich zur Historie des arbeitsgerichtlichen Güteverfahrens *Kramer* (1999), S. 5 ff.; zu den „Erfahrungen mit Güteverfahren" nebst einem historischen Überblick *Röhl*, DRiZ 1983, 90 ff.

[1596] Ausführlich zu den gängigen Fragestellungen im Zusammenhang mit und aus den Prozessmaximen in der arbeitsgerichtlichen Güteverhandlung *Kramer* (1999), S 131 ff., 189 ff., 257 ff. und 281 ff.; siehe schon *van Venrooy*, ZfA 1984, 337 ff., mit einigen „Gedanken zur arbeitsgerichtlichen Güteverhandlung".

[1597] *Schaub*, NZA 2000, 344 (345).

[1598] *Rolfs*, NJW 2000, 1227 (1229).

[1599] *Germelmann*, NZA 2000, 1017 (1019); vgl. schon *Heilmann*, AuR 1997, 424 (425).

[1600] So *Trittin/Backmeister*, DB 2000, 618 (619).

[1601] So *Lakies*, BB 2000, 667 (668).

[1602] *Appel/Kaiser*, AuR 2000, 281.

[1603] Nach Auffassung von *R. Wassermann*, NJW 1999, 2646 (2647), sei eine solche Güteverhandlung sogar einem außergerichtlichen Schlichtungsverfahren vorzuziehen, was freilich vor dem Hintergrund der im allgemeinen Teil aufgezeigten Grenzen gerichtlicher Konfliktbehandlung nicht ohne Widerspruch bleiben kann.

[1604] Siehe zur Erledigungsstruktur vor den Arbeitsgerichten bereits unter C. II. 4.

lung sei ein „bewährtes und effektives Mittel, vor streitiger Verfahrensdurchführung eine gütliche Regelung herbeizuführen" bzw. „sehr erfolgreiches gerichtsinternes Schlichtungsverfahren"[1605]. Andernorts heißt es sogar: „Der Gütetermin in der Arbeitsgerichtsbarkeit ist eine bewährte und erfolgreiche verfahrensrechtliche Einrichtung, die den Ruf nach außergerichtlicher Streitschlichtung weitgehend verdrängt."[1606]

Damit diente die arbeitgerichtliche Güteverhandlung zugleich als Vorbild für die jüngste Reform des Zivilprozesses[1607] und war einer der Schwerpunkte der angestrebten Strukturreform des Zivilprozesses[1608]. Zur Stärkung der streiterledigenden Funktion in der ersten Instanz setzte man inhaltlich vor allem auf die Einführung einer dem arbeitsrechtlichen Verfahren angenäherten Güteverhandlung, weil eine möglichst frühzeitige gütliche Einigung der Parteien die „effizienteste und zugleich bürgerfreundlichste Form der Rechtsstreiterledigung" sei[1609]. Bereits bei der Reform des Zivilprozesses aus dem Jahr 1976 war die Tendenz erkennbar, den Prozessvergleich gegenüber dem Urteil zu begünstigen[1610]. Durch die neue Regelung des § 278 Abs. 2 ZPO soll verhindert werden, dass Prozesse, welche dazu prädestiniert sind, relativ schnell zu einer gütlichen Einigung zu gelangen, von vornherein unnötig aufgebläht werden. Dadurch erwartet man sich nicht zuletzt einen effektiveren Richtereinsatz. Ob dies immer dem Interesse der Bürger dient und somit auch zu einer Optimierung des Rechtsschutzes beiträgt, wird noch im Kontext mit der arbeitsgerichtlichen Güteverhandlung zu diskutieren sein[1611]. Die Diskussion weist gewisse Parallelen zu der bereits im allgemeinen Teil behandelten Frage auf, inwiefern sich rechtssoziologische und rechtspolitische Bestrebungen miteinander vereinbaren lassen[1612].

Zwar wurden gewichtige Einwände gegen die Einführung einer Güteverhandlung im Zivilprozess nicht erhoben, gleichwohl gab es aber kritische Stimmen[1613]. Da die Gü-

---

[1605] *Kissel* (1994), S. 25, und RdA 1994, 323 (326), bzw. *Düwell* (1999), S. 755, die die Erfolgsquote bei 50 % ansetzen; siehe auch *Ritter*, NJW 2001, 3440 (3441).

[1606] *Prütting* (1999), S. 753; einschränkend ders. (2002), S. 959, betreffend die Mediation im Arbeitsrecht, der man nicht vorschnell das Wort reden solle.

[1607] Siehe etwa *Ayad*, ZRP 2000, 229 (231 f.); *Stickelbrock*, JZ 2002, 633 (639 f.); *Stürner*, DRiZ 1976, 202 (203), beschreibt, dass „Anleihen aus dem ArbGG" im Zivilprozessverfahren schon früher unverkennbar waren.

[1608] Vgl. BT-Drucks. 14/4722, S. 1.

[1609] BT-Drucks. 14/4722, S. 58; *Däubler-Gmelin*, ZRP 2000, 33 (36); speziell zur Stärkung der streiterledigenden Funktion der ersten Instanz bereits *Greger*, JZ 1997, 1077 (1080 f.).

[1610] Dazu *Rogowski* (1982), S. 172 f.

[1611] Vgl. *Ayad*, ZRP 2000, 229 (231), zur zivilgerichtlichen Güteverhandlung.

[1612] Siehe dazu bereits im allgemeinen Teil unter B. I. 1.

[1613] *Dauster*, ZRP 2000, 338 (339 f.), bezeichnet die Güteverhandlung im Zivilprozess als „praxisschädlich", da diese „zur Formalie und zum bloßen Durchlauftermin" degeneriert und dadurch der Rechtsstreit eine Verzögerung erfahren werde; *Schellhammer*, MDR 2001, 1081 (1082), spricht der Güteverhandlung jegliche praktische Vernunft ab und bezeichnet sie als „kleinliche Schikane"; *Ebel*, ZRP 2001, 309 (313), kritisiert, dass angesichts einer zum Vergleich drängenden richterlichen Kompromissrhetorik mancher um des Friedens willen aufgeben und auf sein gutes Recht verzichten werde.

teverhandlung im Arbeitsgerichtsprozess aufgrund der engen Beziehungen der Prozessparteien untereinander unter ganz anderen psychologischen und rechtstatsächlichen Voraussetzungen ablaufe bzw. spezifische Besonderheiten aufweise, könne sie für den Zivilprozess kein Vorbild sein[1614]. Trotz aller Kritik erscheint die Einführung einer Güteverhandlung auch im Zivilprozess sinnvoll. Ist man sich nämlich der Schwächen einer Güteverhandlung bewusst, wird man ihre Stärken durch einen umsichtigeren Einsatz besser auszuloten wissen[1615]. Richtigerweise hat man unter dieser Prämisse den Einsatz der Güteverhandlung letztlich dahin gehend modifiziert, dass diese wegen erkennbarer Aussichtslosigkeit entfallen kann (§ 278 Abs. 2 Satz 1 ZPO)[1616]. Wenngleich in der Praxis erste Anzeichen einer Umgehung der zivilprozessualen Güteverhandlung auszumachen sind[1617], wird nur in Ausnahmefällen keine Güteverhandlung wegen erkennbarer Aussichtslosigkeit stattfinden[1618], zumal eine zu großzügige Auslegung dieses Begriffs die Gefahr eines Verfahrensfehlers und hiermit verbundener Sanktionen in sich birgt[1619]. Grenze der Ansetzung einer Güteverhandlung wird letztlich auch hier der Freiheitsraum der Parteien sein[1620]. Jedenfalls sollte

---

[1614] *Flotho*, BRAK-Mitt. 2000, 107 (108); *Musielak*, NJW 2000, 2669 (2778); ähnlich *Greger*, JZ 2000, 842 (843 Fn. 16), unter Verweis auf die schlechten Erfahrungen mit einem obligatorischen gerichtlichen Güteverfahren zwischen 1924 bis 1950; skeptisch auch *Hansens*, AnwBl 2002, 125, demzufolge die Einführung einer obligatorischen Güteverhandlung im Zivilprozess zu einer Verzögerung und Verteuerung des Rechtsstreits führen könne; siehe auch *Jansen* (2001), S. 123 ff., im Vergleich zu § 15a EGZPO; siehe schließlich *Stickelbrock*, JZ 2002, 633 (639 f.).

[1615] So *Ayad*, ZRP 2000, 229 (232); auch der DAV befürwortete die Einführung einer Güteverhandlung im Zivilprozess, AnwBl 2000, 178 (und 181), und AnwBl Sonderheft zu 5/2000, s. 4 und s 18; *Busse*, NJW 2001, 1545 (1546): „Zwar darf man sich hiervon keine Vergleichsquoten wie bei der Güteverhandlung vor den Arbeitsgerichten versprechen. Die Ausgangslage ist zu verschieden. Aber bei geschicktem Einstieg in die Sache weist der erfahrene Richter mit seiner Autorität oft einen interessengerechten Ausweg, ohne vorab auf umfassenden schriftsätzlichen Vortrag beider Parteien angewiesen zu sein."

[1616] Dazu *Wieser*, MDR 2002, 10; kritisch *Hartmann*, NJW 2001, 2577 (2582), demzufolge Macht und Versuchung des Gerichts bei der Ansetzung der Güteverhandlung unbegrenzt seien.

[1617] Exemplarisch *E. Schneider*, NJW 2001, 3756 (3757), ebenfalls unter Verweis auf die Historie obligatorischer Güteverfahren: „Insbesondere wegen der übermäßigen Belastung der Amtsgerichte wird es daher wieder so kommen, dass der Sühneversuch formularmäßig oder stillschweigend ‚wegen erkennbarer Aussichtslosigkeit' erlassen wird. Oder der mündlichen Verhandlung geht die Frage voraus: ‚Ist eine gütliche Einigung möglich?' Schütteln die Prozessbevollmächtigten die Köpfe, ist damit der Güteversuch gescheitert."; ähnlich ein „Praktiker-Tipp", MAV-Mitt. 12/2001, S. 9, wonach bereits in der Klageschrift darauf hingewiesen werden solle, dass ein ergebnisloser außergerichtlicher Sühneversuch stattgefunden habe, weshalb eine Güteverhandlung aussichtslos sei, so dass das Gericht wie bisher sogleich zum frühen ersten Termin oder zur Hauptverhandlung laden könne; vgl. jüngst auch *Beunings*, AnwBl 2004, 82 (86).

[1618] In diesem Sinne auch *Zöller/Greger*, § 278 Rn. 22; *Herzler*, NJ 2001, 617 (618).

[1619] Vgl. *Hansens*, AnwBl 2002, 125: Zurückverweisung nach § 538 ZPO (siehe aber § 68 ArbGG); *Hartmann*, NJW 2001, 2577 (2583), nennt zusätzlich § 321a ZPO; *E. Schneider*, AnwBl 2002, 9 (10), zur Befangenheitsablehnung; vgl. aber *Zöller/Greger*, § 278 Rn. 23; vgl. ferner *GMPM/Germelmann*, § 54 Rn. 47, zur Situation im Arbeitsrecht.

[1620] Vgl. *Schneeweiß*, DRiZ 2002, 107 (108 f.), zu § 278 Abs. 5 ZPO; nach h.M. ist jedenfalls ein Verzicht auf die arbeitsgerichtliche Güteverhandlung – ebenso wie ein Absehen von ihrer Durchführung wegen offenkundiger Aussichtslosigkeit – nicht möglich, siehe *GMPM/Germelmann*, § 54 Rn. 45;

vermieden werden, die Güteverhandlung vorschnell als erkennbar aussichtslos einzustufen[1621].

Hinzuweisen ist schließlich auf die jüngste Bundesratsinitiative zur Änderung der Zivilprozessordnung, d.h. einer neuerlichen Reform der Reform des Zivilprozesses. Der Bundesrat spricht sich mehrheitlich für eine Abschaffung der Güteverhandlung aus[1622]. Dagegen wenden sich zu Recht sowohl die Bundesrechtsanwaltskammer als auch der Deutsche Anwaltverein, zumal bisher noch nicht genügend Gelegenheit bestand, mit der erst kürzlich im Zivilprozess eingeführten Güteverhandlung Erfahrung zu sammeln[1623].

(2) Kritische Würdigung der arbeitsgerichtlichen Güteverhandlung in der Praxis

> Je höher die Arbeitsbelastung eines Richters ist, desto mehr Vergleiche strebt er an. Dabei ist die Gefahr gegeben, daß Parteien möglicherweise in ihren Rechten eingeschränkt werden.
>
> *Rottleuthner*[1624]

Bei aller Vorbildfunktion sollte man sich auch die Nachteile arbeitsgerichtlicher Güteverhandlungen vor Augen halten, zumindest ist ihre Rolle besonders in Bestandsstreitigkeiten kritisch zu hinterfragen. Die im allgemeinen Teil beschriebenen Grenzen gerichtlicher Konfliktbehandlung lassen sich auch hier feststellen[1625]. Zudem wurde bereits bei der Rechtstatsachenforschung angedeutet, dass bei Vergleichsverhandlungen nicht der Versuch im Vordergrund steht, eine Fortsetzung des Arbeitsverhältnisses, sondern eine Abfindungszahlung gegen Auflösung des Arbeitsverhältnisses zu erreichen[1626]. Die nachfolgenden Beobachtungen von Verhandlungen am Arbeitsgericht beziehen sich dabei überwiegend auf Güte-, teils aber auch auf Kammertermine[1627].

Grunsky, § 54 Rn. 1; *Schaub* (2001), § 28 Rn. 1; *Kramer* (1999), S. 115 ff.; a.A. *van Venrooy*, ZfA 1984, 337 (342 ff.).

[1621] So zu Recht *Ponschab/Kleinhenz*, DRiZ 2002, 430; anders aber *E. Schneider*, MDR 2003, 901 f., demzufolge Richter und Anwälte das obligatorische Güteverfahren als verfehlt beurteilt hätten und sich ihre Bewertung bestätigt habe; ähnlich *Röttgen*, ZRP 2003, 345 (346): Richter und Anwälte hätten längst erkannt, dass die obligatorische Güteverhandlung den Beteiligten nur Nachteile gebracht hätte.

[1622] Siehe die Erklärung des hessischen Justizministers *Wagner* und die Presseinformation des Hessischen Justizministeriums vom 14.11.2002, abgedruckt in mediations-report 1/2003, 1; siehe zu einem entsprechenden Gesetzesentwurf der CDU/CSU-Bundestagsfraktion (sog. Justizbeschleunigungsgesetz) mediations-report 6/2003, 2, und *Röttgen*, ZRP 2003, 345 (346); siehe jüngst auch *Huber*, NJW Beilage zu Heft 27/2004, 3, im Vorgriff auf den 65. Deutschen Juristentag 2004 in Bonn.

[1623] Siehe die Nachricht der Internetredaktion Verlag C.H. Beck vom 15.11.2002, NJW Heft 50/2003, S. XIV, und mediations-report 8/2003, 1; jüngst auch *Bamberger*, ZRP 2004, 137.

[1624] (1978), S. 119.

[1625] Siehe dazu bereits unter B. I. 2.

[1626] Siehe dazu bereits unter C. II. 4.

[1627] Vgl. bereits *Rottleuthner* (1982), S. 150; vgl. auch *Budde* (2000), S. 515.

Dabei ist die relativ hohe „Erfolgsquote" arbeitsrechtlicher Güteverhandlungen bisweilen auf eine nahezu „drohende Einflussnahme" durch das Gericht zurückzuführen[1628]. Das In-Aussicht-Stellen eines lang andauernden, teuren und vor allem risikobehafteten Prozesses oder gar Unterliegens im Prozess wird einige Parteien zum Abschluss eines gerichtlichen Vergleichs „gegen ihren Willen" bewegen. Wiederholte Erfahrungen bei mehreren arbeitsrechtlichen Güteverhandlungen belegen dies[1629]. Die Parteien wurden mit der Aussage des Vorsitzenden „eingeschüchtert", dass Rechts- und Prozessgefühl voneinander zu unterscheiden seien. Wenngleich man sich im Recht wähne, könne sich der Prozess anders entwickeln – mit anderen Worten: Recht haben ist nicht gleich Recht bekommen. Im Übrigen sei nicht abzusehen, dass sich an der richterlichen Beurteilung des Falles im Laufe des weiteren Verfahrens etwas ändere, obwohl der Sachverhalt noch nicht abschließend geklärt war. Dies ist insofern problematisch, als es sicher auch Fälle geben wird, in denen sich das Gericht vorschnell und damit zu Unrecht in eine bestimmte Richtung festlegt[1630]. Hinzu kommt, dass nicht selten die Interessen der Parteien in einer Güteverhandlung übergangen werden, wenngleich diese idealerweise dazu dienen sollte, die dem Rechtsstreit zugrunde liegenden persönlichen und wirtschaftlichen Interessen herauszuarbeiten[1631]. Dies liegt maßgeblich an der unterschiedlichen Interessenlage. Während der Arbeitsrichter verständlicherweise in erster Linie an der raschen Erledigung des Verfahrens interessiert ist, die ihm das Absetzen eines Urteils erspart[1632], geht es den Parteien primär um die Wahrung ihrer subjektiven Belange[1633]. Im Gegensatz zum Richter gilt für den Rechtsuchenden das Motto: Der Weg ist das Ziel – das Anliegen soll jedenfalls gehört werden[1634]. Der Erfolg der Güteverhandlung ist damit teuer erkauft. Eine höhere Akzeptanz des Vergleichs wird

---

[1628] *Ayad*, ZRP 2000, 229 (231 f.), im Zuge der jüngsten Reform des Zivilprozesses; siehe zu Drohungen und zum Vergleichsdruck von der Richterbank im Zusammenhang mit dem Rollenkonflikt des Richters zwischen Recht und Ökonomie bereits unter C. III. 5. a. bb. (2).

[1629] Vgl. bereits *W. Gottwald*, ZRP 1982, 28 (29), unter Berufung auf *Rottleuthners* Beobachtungen von Vergleichsverhandlungen vor dem Arbeitsgericht; vgl. aus neuerer Zeit *Hümmerich*, NZA 1999, 342 (343); *Willemsen*, NJW 2000, 2779 f.

[1630] Vgl. bereits *Blankenburg/Schönholz/Rogowski* (1979), S. 148, wonach der Richter in die Verhandlung mit einer vorgefassten Meinung über die Interessenlage der Parteien gehe und dann in der Verhandlung suggestiv frage, so dass nur bei großer Widerspruchskompetenz des Gegenübers eine Meinungsäußerung entgegen der Vormeinung des Richters erfolgen könne.

[1631] Vgl. *Däubler-Gmelin*, ZRP, 2000, 33 (36), zur Einführung der Güteverhandlung im Zuge der jüngsten Reform des Zivilprozesses.

[1632] Dass Arbeitsrichter aufgrund ihrer Belastung einem erheblichen Erledigungsdruck stehen, der sie dazu veranlasst, möglichst viele Verfahren im Gütetermin zu beenden bzw. auf eine solche Beendigung hinzuwirken, dürfte außer Frage stehen, vgl. schon *Rottleuthner* (1982), S. 150; *Lewerenz/Moritz* (1983), S. 76 f.; vgl. dazu auch den Bericht in der SZ vom 7./8./9.6.2003, S. 26, mit dem Titel „Arbeitsrichter in Zeitnot: Es zwickt an allen Enden"; siehe schließlich die Ausführungen zur Überlastung der Arbeitsgerichtsbarkeit bereits im allgemeinen Teil unter B. I. 3. a. cc.

[1633] Siehe zur Berücksichtigung lediglich objektiver Entscheidungskriterien als Grenze bzw. Nachteil gerichtlicher Konfliktbehandlung bereits im allgemeinen Teil unter B. I. 2. b. aa. (5).

[1634] *Stadler*, NJW 1998, 2479 (2482), bezeichnet die Gütetermine daher als „einigungsorientiert"; vgl. dagegen *Ponschab/Kleinhenz*, DRiZ 2002, 430 (435), wonach die außergerichtliche Konfliktbehandlung „interessenorientiert" sein könne.

dadurch nicht erreicht. Zugleich führt dieser Vorgang zu einem gewissen Verlust an Rechtskultur. Vereinzelt wird berichtet, dass es bei arbeitsgerichtlichen Güteverhandlungen wie auf einem Basar zugeht, bei dem um jeden Betrag geradezu gefeilscht wird[1635]. Der Richter übernimmt dabei die Rolle des Basarbegleiters[1636]. Schließlich ist auch die Güteverhandlung vor Gericht dadurch gekennzeichnet, dass sie stark rechtsbasiert ist[1637]. Im Ergebnis haben Vergleichsverhandlungen wenig mit den Vorstellungen einer friedlichen, die zugrunde liegenden Konfliktursachen einbeziehenden Vermittlung zu tun[1638].

Beobachtungen insbesondere zu Bestandsschutzstreitigkeiten im Zuge der Alternativdiskussion Anfang der 80er Jahre belegen dies. Dem Abschluss des Vergleichs ging in rund 70 % der Kündigungssachen ein detaillierter Vergleichsvorschlag des Gerichts voraus, wobei die Vergleiche oft Regelungen enthalten, die über den Antrag des klagenden Arbeitnehmers hinausgehen (z.B. General- bzw. Ausgleichsquittung, Zahlung des ausstehenden Lohns bzw. Gehalts, Urlaubsregelung, Herausgabe der Arbeitspapiere, Zeugnisregelung), um den Parteien den Abschluss eines Vergleichs „schmackhaft" zu machen[1639]. Dagegen ist an sich nichts einzuwenden. Kritisch zu beurteilen sind jedoch die *Vergleichsstrategien* vieler Arbeitsrichter unter dem Aspekt der Folgen-Argumentation. Zu den Gesichtspunkten, um die Parteien in Kündigungssachen zu einem Vergleich zu bewegen, zählen (nach Häufigkeit)[1640]: Hinweis auf die unsichere Beweis- und Rechtslage bzw. ein unsicheres Urteil; Hinweis auf ein etwaiges Obsiegen der gegnerischen Partei; Hinweis auf die Kosten des Verfahrens (zumal noch keine Kosten angefallen seien); Hinweis auf die Dauer des Verfahrens (lange Spanne zwischen Güte- und Kammertermin); Herausstellen der beiderseitigen Vorteile des Vergleichs in Anbetracht der sozial- und steuerrechtlichen Folgen (und unter Übergehung des Arbeits- und Finanzamts); Anstellen menschlicher und sozialer Erwägungen; Hinweis auf die außergerichtlichen Folgen (Nervenbelastung, kein gutes Betriebsklima trotz Erfolg der Kündigungsschutzklage); Verweis auf Widerrufsvorbehalt; Hinweis auf eine mögliche Widerklage des Arbeitgebers. Beachtlich ist auch das kompensatorische Verhalten des Richters in Bezug auf Verhaltens- und Darstellungsschwierigkeiten sowie Wissensmängel und Informationsdefizite, was sowohl zu Gunsten als auch zu Ungunsten des Arbeitnehmers wirken kann (Ausreden lassen bzw. ins Wort fallen;

[1635] Dazu *HS/Hümmerich* (2005), § 1 Rn. 166 ff.; siehe *Hümmerich*, NZA 1999, 342 (343), zur Prozesssituation in den meisten Güte-, aber auch zahlreichen Kammerterminen; ebenso *Greger*, JZ 1997, 1077 (1079), zum Zivilprozess, der dies als „peinlich und unwürdig" bezeichnet; weiterführend zum Basarverhalten – auch „negotiation dance" genannt – das dem intuitiven Verhandlungsmodell entspricht *Haft* (2000a), S. 9 ff.; siehe dazu bereits unter C. III. 2. a. cc.

[1636] *Ponschab/Kleinhenz*, DRiZ 2002, 430 (431).

[1637] *Ponschab/Kleinhenz*, DRiZ 2002, 430 f.

[1638] So schon *W. Gottwald*, ZRP 1982, 28 (29).

[1639] *Falke/Höland/Rhode/Zimmermann* (1981), S. 776 und 811.

[1640] Dazu *Rottleuthner* (1978), S. 121 ff., und (1980), S. 276 f.; *Falke/Höland/Rhode/Zimmermann* (1981), S. 818 f.; *J. Falke* (1983a), S. 98; siehe auch *Schnabel* (1983), S. 55 ff.

rechtliche Belehrung bzw. „Irreführung") – ganz abgesehen davon dass sich der Richter hier an der Grenze zur Ungleichbehandlung bewegt[1641]. Nicht ohne Wirkung erweist sich schließlich der oftmals drohende Hinweis, dass die Grundlage für die weitere gedeihliche Zusammenarbeit entfallen bzw. eine Fortsetzung des Arbeitsverhältnisses selbst im Fall des vom Arbeitnehmer gewonnenen Kündigungsprozesses unwahrscheinlich sei[1642].

Oder umgekehrt formuliert: Die Fortsetzung des Arbeitsverhältnisses wird nicht diskutiert[1643]. Wie bereits gesagt, werden mit Vergleichen Sozialbeziehungen nicht wiederhergestellt. Der Gestaltungsspielraum gegenüber einer Streitentscheidung wird selten dazu genutzt, das weitere Miteinander zu regeln[1644]. Abfindungsvergleiche haben zumeist nur die Funktion, den Bruch des Arbeitsverhältnisses zu dokumentieren und bestimmte Folgeprobleme abzuwickeln sowie die Trennung der Parteien in milderen als den gesetzlich vorgesehenen Formen zu besiegeln[1645]. Vergleiche vor dem Arbeitsgericht sind häufig ein Kompromiss lediglich über den Preis, den der Arbeitgeber für die Entlassung zu entrichten hat[1646]. Besonderen Anlass zur Skepsis gibt, dass Vergleiche vor allem in Kündigungssachen oftmals zu einer Einbuße von Rechtspositionen und zur *Aufgabe sozialer Schutzrechte* führen[1647]. Wenn in der arbeitsgerichtlichen Praxis eine gütliche Einigung häufig in der Weise angestrebt wird, dass das Arbeitsverhältnis gegen eine Abfindung aufgelöst wird, ist dagegen grundsätzlich nichts einzuwenden. Dies gilt vor allem dann, wenn nach dem jeweiligen Sach- und Streitstand die Voraussetzungen einer sozial gerechtfertigten Kündigung (§ 1 KSchG) oder diejenigen des § 9 KSchG mit großer Wahrscheinlichkeit vorliegen. Gleiches gilt, wenn der Arbeitnehmer bereits woanders Arbeit gefunden hat, weil dann der Bestandsschutz überflüssig ist. Andernfalls muss der Bestandsschutz des Arbeitsverhältnisses bei den richterlichen Vergleichsbemühungen Beachtung finden. Das Arbeitsverhältnis nur unter dem Zwang der in § 54 ArbGG vorgesehenen obligatorischen Güteverhandlung zu beenden, weil eine andersartige gütliche Einigung nicht zu erreichen ist, wäre jedenfalls eine unzulässige Überlegung. Der Arbeitsrichter muss eher den Güteversuch erfolglos abbrechen, als dem Arbeitnehmer die Beendigung des Arbeitsverhältnisses im Wider-

---

[1641] Dazu *Rottleuthner* (1978), S. 124 ff.

[1642] *Falke/Höland/Rhode/Zimmermann* (1981), S. 835, zu der aus Sicht des Arbeitnehmers unzumutbaren Weiterbeschäftigung bzw. Furcht vor einer erneuten Kündigung; siehe auch *Schönholz* (1982), S. 153; *Lewerenz/Moritz* (1983), S. 76; siehe schließlich die Ausführungen zur Implementation von Gerichtsentscheidungen bereits im allgemeinen Teil unter B. I. 2. b. cc.

[1643] *Lewerenz/Moritz* (1983), S. 76.

[1644] Vgl. *P. Gottwald*, ZZP 95 (1982), S. 245 (257); vgl. auch *Stürner* (1983), S. 149, demzufolge der gestaltende richterliche Vergleich kaum vorkomme.

[1645] *P. Gottwald*, ZZP 95 (1982), S. 245 (257).

[1646] *Blankenburg/Rogowski* (1987), S. 168.

[1647] So wiederum *W. Gottwald*, ZRP 1982, 28 (29), mit Verweis auf *Rottleuthners* Beobachtungen von Vergleichsverhandlungen vor dem Arbeitsgericht.

spruch zur materiellen Rechtslage nahe zu legen[1648]. Hier erlangt wiederum das Recht als Rahmenordnung für die allgemeine Rechtsdurchsetzung eine besondere Bedeutung[1649]. Ein Arbeitsgericht, dass auch berechtigte Kündigungsschutzklagen laufend durch „soziale" Vergleiche erledigt, schafft in seinem Bezirk ein Arbeitsrecht eigener Art, das ähnlich wie eine ständige Rechtsprechung die Rechtswirklichkeit prägt. Hier könnte sich unter Umständen die Sorge als begründet erweisen, dass zu große Schlichtungsfreudigkeit das Gefühl für die Normgeltung trübt und sich der Rechtsbruch zu lohnen beginnt[1650].

Schließlich zeigen praktische Erfahrungen, dass mit Vergleichen nicht zwingend eine höhere *Befriedungsfunktion* als bei Urteilen einhergeht. Zwar sind Arbeitnehmer, was den Erfolg angeht, mit einem Vergleich eher (aber nicht durchweg) zufriedener als Arbeitgeber, Arbeitgeber schätzen aber ihren Erfolg bei streitigen Urteilen erheblich höher ein als Arbeitnehmer[1651]. Bei Vergleichen sind Teilerfolge vorherrschend, wobei Arbeitnehmer in Vergleichen eher besser abschneiden als Arbeitgeber. Allerdings wird bei Vergleichen der Erfolg von der Höhe der vom Arbeitgeber zu zahlenden Abfindung abhängig gemacht, während beim Urteil Kriterium der Erhalt des Arbeitsplatzes ist. Außerdem findet bei Urteilen eine stärkere Polarisierung der Erfolgsverteilung statt[1652]. Demgegenüber vermittelt der Vergleich seltener volle Zufriedenheit bzw. weniger volle Befriedigung (und umgekehrt)[1653]. Im Ergebnis kann daher von einer günstigeren Beurteilung des Vergleichs oder Urteils im Allgemeinen nicht gesprochen werden. Die Prozessergebnisse werden nicht generell besser oder schlechter bewertet, wenn eine bestimmte Form der Verfahrensbeendigung gewählt worden ist. Von hauptsächlicher Bedeutung für die Reaktion der Parteien sind vielmehr die finanziellen Inhalte von Vergleichen. Ferner liegt der Grund für das Ausmaß der Vergleichspraxis und deren „kritikarme" Abnahme durch Arbeitnehmer oftmals in der Unzumutbarkeit der Fortsetzung des Arbeitsverhältnisses[1654]. Fazit: „Man geht zwar nicht im Streit auseinander – aber man geht eben auseinander; und nicht gerade zufrieden."[1655]

[1648] So treffend *Wolf*, ZZP 89 (1976), 260 (281), zur Beachtung des sozialen Bestandsschutzes bei arbeitsgerichtlichen Güteverhandlungen vor dem Hintergrund normativer Aspekte richterlicher Vergleichstätigkeit.

[1649] Siehe dazu bereits im allgemeinen Teil unter B. II. 6.

[1650] So treffend *Stürner*, JR 1979, 133 (135 und 137); die Gefahren für das allgemeine Rechtsbewusstsein bzw. einer Förderung rechtsuntreuen Verhaltens sieht auch *Wolf*, ZZP 89 (1976), 270 (265 und 289), verwirft sie aber letztlich wegen der Rechtsbindung des Richters beim Vergleich.

[1651] *Rottleuthner* (1983a), S. 187 ff.; siehe auch ders. (1980), S. 277, zur „Friedensfunktion" der Arbeitsgerichtsbarkeit.

[1652] Entsprechend dem bereits im allgemeinen Teil behandelten „Alles-oder-Nichts-Prinzip", siehe dazu unter B. I. 2. b. bb. (1).

[1653] Siehe *Schönholz* (1982), S. 158 ff., demzufolge Arbeitnehmer den Vergleich im Gegensatz zum Urteil allenfalls in Kündigungsschutzangelegenheiten als etwas „gerechter" empfinden.

[1654] Zum Ganzen *Schönholz* (1982), S. 153 ff.; siehe auch *Falke/Höland/Rhode/Zimmermann* (1981), S. 436 ff., zur Beurteilung des Arbeitsgerichtsergebnisses durch Arbeitnehmer.

[1655] So treffend *Rottleuthner* (1982), S. 150.

Freilich ist die Kritik an der arbeitsgerichtlichen Güteverhandlung zum Teil überzogen. Es kann nicht ernsthaft behauptet werden, dass das, was sich tatsächlich bei Güteverhandlungen abspielt, bei vielen Arbeitnehmern einen „Schock" hinterlässt[1656]. Auch lässt sich das arbeitsrichterliche Verhalten betreffend die „drohende Einflussnahme" nicht pauschalisieren. Es gibt durchaus viele Arbeitsrichter, die ihre Vergleichsstrategien umsichtig und verantwortungsvoll einsetzen. Auch sind Intensität und Qualität, mit der Arbeitsrichter auf einen Vergleichsabschluss in einer Güteverhandlung drängen, verschieden[1657]. Ein versierter Kenner der lokalen Gerichtsbarkeit – namentlich ein ortsansässiger Fachanwalt für Arbeitsrecht oder ein vor Ort auftretender Verbandsvertreter – wird ausgesprochene „Vergleichsrichter" von solchen, die es mehr den Arbeitsparteien überlassen, ob sie sich gütlich einigen wollen, zu unterscheiden und sein Verhalten darauf abzustimmen wissen. Vergleichsfeindliche Richter wird es allerdings kaum geben[1658], eher schon „Vergleichskönige"[1659]. Dies ändert indes nichts an der Tatsache, dass es letztlich dem Zufall überlassen bleibt, vor welchem Richter die Parteien ihren Konflikt austragen (müssen), was für diese nicht befriedigend sein kann. Schließlich darf nicht verkannt werden, dass oftmals auch der Zeitdruck, unter den Arbeitsrichter zweifellos stehen, sachgerechte Vergleichsverhandlungen unter Herausarbeiten etwaiger Alternativen schon im Ansatz verhindert[1660].

Unter den beschriebenen Umständen mutet es schließlich seltsam an, arbeitsgerichtlichen Güteverhandlungen mediative Elemente abgewinnen zu wollen, so wie es jüngst von einigen Autoren proklamiert wird[1661]. Dagegen spricht allein schon, dass dem Richter letztlich immer die Entscheidungsgewalt überlassen bleibt, mag dies auch in der Güteverhandlung selbst (noch) nicht zum Ausdruck kommen[1662]. Zudem befindet sich der Mediator nicht in den richterlichen Rollenkonflikten[1663]. Aber auch darüber

---

[1656] So aber *Weichsel* (1994), S. 532, wobei ihm immerhin zuzugeben ist, dass die oftmals erste und einzige Erfahrung des Arbeitnehmers vor dem Arbeitsgericht dauerhaft dessen Auffassung über das prägt, was Rechtsstaat heißt.

[1657] Siehe schon *Rottleuthner* (1978), zu Untersuchungen am Arbeitsgericht, wonach auf ein Urteil pro Richter zwischen 0,5 und 5,8 Vergleiche kamen; siehe auch *Röhl* (1983a), S. 204 ff., zu Untersuchungen am Amtsgericht; siehe ferner *T. Weber*, DRiZ 1978, 166 f., zu unterschiedlichen Verhandlungsstilen im Zivilprozess, nämlich dem autoritären, dem freiheitlich-demokratischen und dem Laisser-faire-Stil; siehe schließlich *Kramer* (1999), S. 1, zur arbeitsgerichtlichen Güteverhandlung.

[1658] So treffend *Zankl* (1972), S. 59.

[1659] So treffend *Rogowski* (1982), S. 173.

[1660] Siehe etwa *Blankenburg/Schönholz/Rogowski* (1979), S. 181 (Fall 32); siehe auch *Wrede*, ZfA 2002, 455 (461); siehe schließlich den Bericht in der SZ vom 7./8./9.6.2003, S. 26, über die Situation am *ArbG München* mit dem Titel „Schicksal im Halb-Stunden-Takt".

[1661] *Henkel*, NZA 2000, 929 (930 f.); *Lembke* (2001), Rn. 229 ff.: arbeitsgerichtliches Güteverfahren als „gesetzliches Mediationsverfahren"; *Notter*, DB 2004, 874 f.; vgl. *Breidenbach* (1995), S. 306 ff., zu den „mediativen Elemente in der richterlichen Tätigkeit"; siehe zur Mediation noch näher unter C. IV. 5. b.

[1662] So auch *Stevens-Bartol* (1997), S. 141 f.; *Prütting* (1999), S. 750 f.; *Budde* (2000), S. 514; *Opolony*, NZA 2004, 519 (524).

[1663] Siehe dazu bereits unter C. III. 5. a. bb.

hinaus sind zwischen der Güteverhandlung und der Mediation zahlreiche gewichtige strukturelle Unterschiede auszumachen[1664]. Diesbezüglich kann im Wesentlichen auf die Grenzen gerichtlicher Konfliktbehandlung verwiesen werden[1665]. Im Übrigen fragt sich, was mit einem solchen Vergleich gewonnen ist.

Es bedarf demnach einer genaueren Differenzierung dessen, was sinnvollerweise in einer Güteverhandlung verglichen werden kann und was nicht[1666]. Es sollte nicht erst eines Rechtsstreits mit all seinen Belastungen bedürfen, um zu einer gütlichen Einigung zu gelangen. Ein Schlichtungsgespräch, das außerhalb der Gerichtsatmosphäre, ohne Zeitdruck und geleitet von einem erfahrenen, vielleicht auch noch mit spezieller Sachkunde ausgestatteten Vermittler geleitet wird, bietet zudem bessere Erfolgsaussichten[1667]. Die Güteverhandlung findet erst statt, wenn der Konflikt schon weit fortgeschritten ist, d.h. wenn die Fronten schon so verhärtet sind, dass die Parteien nur noch einen Ausweg durch das Gericht sehen und Klage eingereicht haben[1668]. Von daher ist ein früheres Eingreifen zweckdienlicher[1669]. Mit *Schackow* lässt sich deshalb sagen: „Es bliebe freilich ein makaberes Ergebnis, wenn nun im Prozeß ein Vergleich zustande käme, wie er unschwer auch ohne Prozeß zu erreichen gewesen wäre."[1670]

6. Zusammenfassung

Es hat sich gezeigt, dass innerbetriebliche Konfliktbehandlungen insbesondere im Verhältnis zwischen Arbeitgeber und Arbeitnehmer wenig ausgereift sind. Auch das betriebliche Beschwerdeverfahren wird kaum praktiziert, jedenfalls aber ist es selten institutionalisiert. Bei der außergerichtlichen Konfliktbehandlung kommt insbesondere der Anwaltschaft im Arbeitsrecht eine nicht so große Rolle zu wie im Zivilrecht. Schieds- und vorgerichtliche Verfahren sind nahezu bedeutungslos. Die Konfliktbehandlung für Rechtskonflikte am Arbeitsplatz vollzieht sich weitgehend vor den Arbeitsgerichten, wobei dort vornehmlich die Auflösung von Arbeitsverhältnissen in Rede steht. Schließlich besteht trotz der oft proklamierten gut funktionierenden Arbeitsgerichtsbarkeit[1671] durchaus Bedarf für Alternativen, zumal strukturell bedingte Schwächen arbeitsgerichtlicher Konfliktbehandlungen auszumachen sind.

[1664] Dazu *Ponschab/Dendorfer*, BB Beilage 2 zu Heft 16/2001, 1 (2 f.); siehe vor allem die Übersicht bei *Ponschab/Kleinhenz*, DRiZ 2002, 430 (432); siehe auch *Wrede*, ZfA 2002, 455 (460 f.).
[1665] Siehe dazu bereits im allgemeinen Teil unter B. I. 2.
[1666] Vgl. auch *Stürner*, JR 1979, 133 (136), wonach der schlichtende Richter auch im „nicht förmlichen" Schlichtungsverfahren keine Handlungen vornehmen dürfe, welche die Prozessordnung im streitigen Verfahren nicht erlaube, weil er andernfalls den Übergang zum Urteilsverfahren gefährde.
[1667] So *Greger*, JZ 2000, 842 (843), zur Problematik des Prozessvergleichs unter Berufung auf die oft anzutreffende Unzufriedenheit mit einem als oktroyiert empfundenen Kompromiss.
[1668] *Ponschab/Dendorfer*, BB Beilage 2 zu Heft 16/2001, 1 (2).
[1669] *Hage/Heilmann*, AuA 2000, 26; vgl. schon *Falke/Gessner* (1982), S. 303.
[1670] AnwBl 1967, 258 (265).
[1671] Siehe etwa *Kissel*, RdA 1994, 323 (325); *Söllner* (1994), S. 11.

IV. Alternative Konfliktbehandlungen

Bei der Darstellung alternativer Konfliktbehandlungen für Rechtskonflikte am Arbeitsplatz sind die bereits im allgemeinen Teil gezogenen Schlussfolgerungen besonders zu beachten, wie etwa das strukturelle Machtungleichgewicht zwischen Arbeitgeber und Arbeitnehmer oder das Prinzip der Freiwilligkeit. Des Weiteren sollen arbeitsmarktpolitische und personalwirtschaftliche Aspekte nicht außer Acht gelassen werden[1672]. Darüber hinaus ist den veränderten Arbeitsbedingungen auch bei der Suche nach alternativen Konfliktbehandlungen Rechnung zu tragen. Insofern werden „neue Organisations- und Managementstrategien mit Blick auf die zunehmende Globalisierung"[1673] bzw. „rasante ökonomische und technologische Veränderungen der globalen Wirtschaft"[1674] konstatiert. Wie noch näher aufzuzeigen sein wird, bedingt dies einen tiefgreifenden Wandel der Betriebsorganisation und eine damit einhergehende Dezentralisierung und Flexibilisierung der Betriebsstrukturen[1675]. Der Wandel im Arbeitsrecht führt selbstverständlich auch zu neuen Konflikten im Arbeitsleben, am Arbeitsplatz selbst wie im Arbeitsverhältnis in seinen vielfältigen Verästelungen[1676].

1. Gesetzgeberischer Handlungsbedarf im Bereich des materiellen Arbeitsrechts

Vor dem Hintergrund der bereits im allgemeinen Teil angestellten Überlegungen überrascht der erste Unterpunkt nicht. Auf die besondere Bedeutung der Rechtssetzung als Mittel vor allem zur Prozessvermeidung wurde bereits hingewiesen, zudem wurde dies anhand einiger Beispiele im Arbeitsrecht verdeutlicht. Dabei wurde aufgezeigt, dass Gesetzesmängel nicht nur zu einer Überlast der Gerichtsbarkeiten führen[1677], sondern zugleich alternative Konfliktbehandlungen behindern[1678]. Infolgedessen können gesetzgeberische Maßnahmen zumindest in gewisser Hinsicht zu einer alternativen Konfliktbehandlung (arbeitsrechtlicher) Streitigkeiten führen[1679]. Der entscheidende Vorteil solcher Maßnahmen liegt darin, dass die im allgemeinen Teil dargestellten Grenzen alternativer Konfliktbehandlung in diesem Fall nicht Platz greifen. Denn insbesondere dem Recht als Rahmenordnung und speziell im Arbeitsrecht dem strukturellen Ungleichgewicht zwischen Arbeitgeber und Arbeitnehmer ist durch die (vorausschauende) Rechtssetzung bereits genüge getan. Außerdem stellen sich ersichtlich keine Fragen betreffend die sachgerechte Ausgestaltung alternativer Konfliktbehandlungs-

---

[1672] Siehe dazu bereits im einführenden Teil unter A. I. 1. d.

[1673] So *Zachert*, AG 2002, 35 (36 f.).

[1674] So *Heinze*, NZA 2001, 1; ausführlich zum „Arbeitsrecht und wirtschaftlichen Wandel" *Löwisch*, RdA 1999, 69 ff.; siehe auch *Linnekohl*, BB 2001, 42 ff., und *Baukrowitz/Boes*, Mitbestimmung 6/2001, 42 ff., zur Veränderung der Arbeitsbeziehungen durch die Informationstechnologie.

[1675] Vgl. *Blanke/Rose*, RdA 2001, 92 (93); vgl. auch *Tigges-Mettenmeier*, ZKM 2001, 172 (173).

[1676] *Kissel*, NJW 1994, 217 (218).

[1677] Siehe dazu bereits B. I. 3. b. ff.

[1678] Siehe dazu bereits B. II. 4. b.

[1679] Siehe zu dieser Schlussfolgerung bereits unter B. III. 4. b.

verfahren. Dies alles vorausgesetzt, die gesetzgeberischen Akte weisen ihrerseits keine Mängel auf[1680].

Im Folgenden geht es darum, die im allgemeinen Teil angesprochenen Punkte näher zu konkretisieren und zu untersuchen, ob bzw. inwieweit ein gesetzgeberisches Eingreifen im Arbeitsrecht ratsam ist. Dabei sollen zumindest ansatzweise auch konkrete Lösungsvorschläge unterbreitet werden. Es ist jedoch nicht Aufgabe dieser vornehmlich verfahrensrechtlichen Abhandlung, gesetzgeberische Maßnahmen materieller Art in all ihren Einzelheiten zu besprechen, zumal dies den Umfang dieser Arbeit sprengen würde. Zunächst ist eine Entschärfung arbeitsrechtlicher Gesetzesmängel insbesondere in Bezug auf arbeitsrechtliche Ausschlussfristen zu diskutieren (a.). Erwägenswert erscheint zudem eine Kodifizierung des Arbeitsrechts (b.) sowie gesetzgeberische Maßnahmen im Bereich des Bestandsschutzes von Arbeitsverhältnissen (c.).

a.   Entschärfung arbeitsrechtlicher Gesetzesmängel

Geboten ist zunächst eine Entschärfung gesetzlicher Hindernisse, die auf der einen Seite eine Entlastung der Justiz mit sich bringen kann und auf der anderen Seite der Durchführung und damit einer Etablierung alternativer Konfliktbehandlungen nicht entgegensteht. Darüber hinaus gilt zu bedenken, dass in Personalabteilungen an vielen Stellen Menschen ohne juristische Ausbildung über personalwirtschaftliche und damit häufig auch arbeitsrechtlich relevante Sachverhalte entscheiden. So bedarf beispielsweise die Rechtsprechung zu ihrer direkten bzw. vollen und schnellen Wirksamkeit gerade auch des Wissens der betroffenen Entscheidungsträger um diese Rechtsprechung und ihrer Konsequenzen[1681]. Vor diesem Hintergrund ist davon auszugehen, dass ein einigermaßen „einfach" strukturiertes Arbeitsrecht, welches zu seiner korrekten Anwendung keine allzu spezialisierten Kenntnisse der grundsätzlichen Normen und der gängigen Rechtsprechung voraussetzt, bessere Chancen hat, direkte Wirkungen auf personalwirtschaftliche Entscheidungen in den Unternehmen zu entfalten[1682].

Als lobenswertes Beispiel einer solchen Entschärfung arbeitsrechtlicher Gesetzesmängel lässt sich die Einführung des konstitutiven Schriftformerfordernisses für Kündigungen durch das Arbeitsgerichtsbeschleunigungsgesetz im Jahr 2000 anführen (siehe § 623 BGB). Durch diese Vorschrift wird ein größtmögliches Maß an Rechtssicherheit

---

[1680] Vor dem Hintergrund der jüngsten Reformen (BetrVG; TzBfG; Schuldrecht) ließen sich gerade auch im materiellen Arbeitsrecht solche gesetzgeberischen Mängel anführen, was an einigen Stellen dieser schwerpunktmäßig verfahrensrechtlichen Arbeit zum Ausdruck kommt, ansonsten aber unberücksichtigt bleiben muss; siehe zu einer Art Anleitung zur „besseren Gesetzgebung" jüngst *Redeker*, NJW 2002, 2756 ff., und *Karpen*, ZRP 2002, 443 ff.

[1681] *Alewell/Koller*, BB 2002, 990.

[1682] So das Fazit der Betriebswirtschaftler *Alewell/Koller*, BB 2002, 990 (992), über arbeitsrechtliche Ressourcen und Einschätzungen in Personalabteilungen deutscher Unternehmen.

und damit letztlich eine Entlastung der Gerichte für Arbeitssachen bezweckt[1683], d.h. sie steht insbesondere unter dem Gesichtspunkt der Beseitigung prozessverursachender Regelungen bzw. Reduzierung prozessualen Streitstoffs[1684].

aa. Arbeitsrechtliche Ausschlussfristen unter Berücksichtigung der jüngsten Reform des Schuldrechts und der jüngsten Reform am Arbeitsmarkt

Zunächst stehen indes die arbeitsrechtlichen Ausschlussfristen im Vordergrund. Es wurde bereits im allgemeinen Teil darauf hingewiesen, dass diese nicht nur einen die Arbeitsgerichte belastenden Effekt haben, sondern sich gleichzeitig in Bezug auf die Durchführung und Etablierung alternativer Konfliktbehandlungen als hinderlich erweisen[1685]. Im Folgenden fragt sich daher, ob bzw. inwieweit diesbezüglich Abhilfe geschaffen werden kann.

Unter einer Ausschlussfrist versteht man eine Frist, innerhalb derer ein Anspruch oder ein sonstiges Recht (zumeist) schriftlich und/oder gerichtlich geltend gemacht werden muss, damit der Anspruch oder das Recht nicht erlischt[1686]. Die bedeutendste, weil die zahlreichen Kündigungsschutzprozesse betreffende arbeitsrechtliche Ausschlussfrist ist in der durch das jüngste Gesetz zu Reformen am Arbeitsmarkt neu formulierten Vorschrift des § 4 Satz 1 KSchG enthalten[1687]: Will ein Arbeitnehmer geltend machen, dass eine Kündigung sozial ungerechtfertigt oder aus anderen Gründen rechtsunwirksam ist, so muss er innerhalb von drei Wochen nach Zugang der schriftlichen Kündigung Klage beim Arbeitsgericht erheben[1688]. Daneben gibt es heute kaum eine tarifvertragliche Regelung ohne Ausschlussfristen (siehe § 4 Abs. 4 Satz 3 TVG), wobei diese kraft Tarifbindung, Allgemeinverbindlichkeitserklärung, arbeitsvertraglicher Bezugnahme oder betrieblicher Übung zur Geltung gelangen können. Exemplarisch sei hier die praktisch bedeutsame Vorschrift des § 70 BAT angeführt[1689]. Zudem können Ausschlussfristen in Betriebsvereinbarungen oder Arbeitsverträgen enthalten sein[1690]. Die

---

[1683] APS/Preis, § 623 Rn. 1; ErfKArbR/Müller-Glöge, § 623 BGB Rn. 1; grundsätzlich befürwortend auch Preis/Gotthardt, NZA 2000, 348 ff.; kritisch aber Böhm, NZA 2000, 561 ff.; Richardi/Annuß, NJW 2000, 1231 ff.

[1684] Vgl. jüngst BAG, NZA, 2005, 575 (577); vgl. auch Heilmann, AuR 1997, 424 (426); Greger, JZ 2000, 842 (844 Fn. 25); Thüsing/Stelljes, BB 2003, 1673 (1678); vgl. ferner BAG, NZA 2005, 162 (163), zur ausnahmsweise treuwidrigen Berufung auf das Schriftformerfordernis.

[1685] Siehe dazu unter B. I. 3. b. ff. (2) und B. II. 4. b.

[1686] Ausschlussfristen werden auch Ausschluss-, Verfall- oder Verwirkungsfristen bzw. -klauseln genannt, Wiedemann/Wank, § 4 Rn. 713; Laskawy, DB 2003, 1325 (Fn. 2).

[1687] Missverständlich auch „Klagefrist" genannt, obwohl es sich hierbei um eine materiell-rechtliche Ausschlussfrist handelt, ErfKArbR/Ascheid, § 4 KSchG Rn. 48 ff.

[1688] Siehe jüngst Eberle, NZA 2003, 1121 ff., zur Geltendmachung der Unwirksamkeit der mündlichen Kündigung.

[1689] Ausführlich dazu etwa BAG, NZA 2002, 910 ff.

[1690] Grundlegend zu vereinbarten Ausschlussfristen jüngst Krause, RdA 2004, 36 ff. und 106 ff.; siehe auch ErfKArbR/Preis, §§ 194-218 BGB Rn. 32 ff.; Wiedemann/Wank, § 4 Rn. 720; Ganz/Schrader, NZA 1999, 570 (571 f.); Laskawy, DB 2003, 1325 (1326 f.).

Zulässigkeit in der Regel formularmäßig vereinbarter Ausschlussfristen in Arbeitsverträgen wurde in den Jahren vor Inkrafttreten der jüngsten Reform des Schuldrechts kontrovers diskutiert[1691]. Sie schien nicht zuletzt durch eine jüngere Entscheidung des *BAG* weitgehend geklärt zu sein: Der *BAG* hatte eine Ausschlussfrist, die zunächst eine schriftliche Geltendmachung innerhalb eines Monats und sodann eine gerichtliche Geltendmachung innerhalb eines weiteren Monats vorsah, für zulässig erachtet[1692]. Nach der Schuldrechtsreform wird diese Frage neu zu überdenken sein, da das AGB-Recht nun auch auf Arbeitsverträge Anwendung findet (§§ 305 Abs. 1, 310 Abs. 4 Satz 2 BGB)[1693]. Dass damit sogar das „Ende arbeitsvertraglicher Ausschlussfristen" eingeleitet ist, darf indes bezweifelt werden[1694]. So hat auch das *BAG* in einem aktuellen Urteil eine Mindestfrist von drei Monaten gebilligt[1695].

Arbeitsrechtliche Ausschlussfristen sind regelmäßig Gegenstand der Judikatur des *BAG*; die hierzu ergangene Rechtsprechung ist nahezu unüberschaubar. Die durch Ausschlussfristen ausgelösten Irritationen betreffen beispielsweise den Umfang der Ausschlussfrist[1696], den Beginn der Ausschlussfrist[1697], die Art der Geltendmachung (zumeist durch den Arbeitnehmer)[1698] und die Art der Erfüllungsablehnung (zumeist durch den Arbeitgeber)[1699]. Vor diesem Hintergrund stellen sie ein erhebliches und vor allem anwaltliches Regressrisiko dar[1700]. So hat der *BerlVerfGH* jüngst entschieden, dass der Grundsatz, ein Rechtsanwalt habe jeden Rechtsirrtum zu vertreten, auch auf

---

[1691] Exemplarisch *U. Preis*, ZIP 1989, 885 (899 f.), und (1993), S. 493 f.: sechsmonatige Ausschlussfrist regelmäßig unbedenklich, genauere Prüfung bei dreimonatigen oder kürzeren Ausschlussfristen.

[1692] NZA 2001, 723 ff.; bestätigt in *BAG*, NZA 2002, 1041 (1046); siehe auch *BAG* vom 27.2.2002, AP zu § 4 TVG Ausschlussfristen Nr. 162.

[1693] *Ayad*, DB 2001, 2697 (2705); *Däubler*, NZA 2001, 1329 (1337); siehe zur Implikation des AGB-Rechts im Arbeitsrecht noch unter C. IV. 2. b.

[1694] So aber *Nägele/Chwalisz*, MDR 2002, 1341 ff.; a.A. *Gotthardt* (2003), Rn. 309 ff.; *Rolfs*, ZGS 2002, 409 (411 f.); *Laskawy*, DB 2003, 1325 (1327 f.); *Schrader*, NZA 2003, 345 (349 ff.); *Lakies*, NZA 2004, 569 ff.; *Preis/Roloff*, RdA 2005, 144 ff.; siehe auch *Matthiessen/Shea*, DB 2004, 1366 ff., im Anschluss an *ArbG Stralsund*, DB 2004, 1368 ff.

[1695] NZA 2005, 1111 (1112 ff.); siehe auch *BAG* vom 28.9.2005 – 5 AZR 52/05, dazu Internetredaktion Verlag C.H. Beck vom 29.9.2005.

[1696] Siehe etwa *BAG*, NZA 2002, 746 (747), und *BAG*, NZA 2003, 567 (569 f.), betreffend den Umfang einer tariflichen Ausschlussfrist.

[1697] Siehe etwa *BAG*, NZA 2002, 155 (159 f.), *BAG*, NZA 2002, 1218 (1219 f.), *BAG*, NZA 2002, 1175 L = NJOZ 2003, 1501, und *BAG*, NZA 2003, 726 (730), zur der damit verbundenen Frage der Fälligkeit des Anspruchs.

[1698] Siehe etwa *BAG*, NZA 2001, 231 f., mit Besprechung *Gragert/Wiehe*, NZA 2001, 311 ff., und *BAG*, NZA 2003, 158 (159), zur schriftlichen Geltendmachung; *BAG*, NZA 2002, 567 (568 f.), zur mündlichen Geltendmachung; *BAG*, NZA 2002, 746 (747 f.), zur Geltendmachung des Zahlungsanspruchs durch eine Feststellungsklage; *BAG*, NZA 2003, 268 (271 f.), zur Substantiierung der Geltendmachung; *BAG*, NZA 2003, 557 (559), zur Geltendmachung durch den Betriebsrat.

[1699] Siehe etwa *BAG*, NZA 2002, 816 L = NJOZ 2002, 1779, am Beispiel eines Kündigungsrechtsstreits; *BAG*, NZA 2002, 1344 (1345 f.), zur Zurückweisung der Geltendmachung wegen fehlender Vorlage einer Vollmachtsurkunde (§ 174 BGB).

[1700] Instruktiv dazu *Ganz/Schrader*, NZA 1999, 570 (572 ff.).

die fehlende Kenntnis tarifvertraglicher Ausschlussfristen anwendbar sei[1701]. Problematisch ist insbesondere, dass diese Ausschlussfristen zu einer bisweilen übereilten Anrufung der Arbeitsgerichte anhalten und damit eine außergerichtliche Konfliktbehandlung behindern. Bei einstufigen Ausschlussfristen, die eine gerichtliche Geltendmachung vorsehen, liegt das auf der Hand. Dieses Problem stellt sich freilich nicht in dem Maße bei solchen Ausschlussfristen, die lediglich eine zunächst nur schriftliche Geltendmachung vorsehen, namentlich bei zweistufigen Ausschlussfristen auf der ersten Stufe. Allerdings beginnt die Frist für die Klageerhebung auf der zweiten Stufe regelmäßig bereits mit dem bloßen Bestreiten des Anspruchs nach der schriftlichen Geltendmachung[1702]. Wie ist dann aber der Fall zu behandeln, wenn nach Bestreiten über den Anspruch verhandelt wird? Die Frage stellt sich nicht zuletzt auch bei der gesetzlichen Ausschlussfrist des § 4 KSchG, wenn nach Ausspruch bzw. Zugang der Kündigung über diese „verhandelt" wird (beispielsweise über den Abschluss eines Abwicklungsvertrags[1703]).

Das Problem taucht im allgemeinen Zivilrecht gleichermaßen auf. Angesprochen sind damit die Verjährungsvorschriften, die als Vorläufer der arbeitsrechtlichen Ausschlussfristen bezeichnet werden können[1704]. Das bis vor kurzem geltende Recht machte es den Parteien nicht leicht, im Vorfeld eines Rechtsstreits vor Gericht eine außergerichtliche Einigung zu versuchen, da dem Gläubiger der Rechtsverlust drohte, wenn das nicht zum Erfolg führte[1705]. Auch die Rechtsprechung bemühte sich redlich um eine *Hemmung der Verjährung* im Falle schwebender Verhandlungen[1706]. Der Gesetzgeber hat diesen Missstand durch die Einfügung eines neuen § 203 BGB im Zuge der jüngsten Reform des Schuldrechts beseitigt[1707] und ferner die Anrufung einer Gütestelle durch § 204 Abs. 1 Nr. 4 BGB erleichtert[1708]. Ausschlussfristen unterscheiden sich von der Verjährung durch ihre Wirkung. Bei der Ausschlussfrist endet das Recht mit Fristablauf, die Verjährung begründet dagegen nur ein Leistungsverweigerungs-

---

[1701] NJW 2003, 509 (510); vgl. aber *LAG Sachsen-Anhalt*, NZA 2000, 377 f. L: unverschuldeter Rechtsirrtum des Arbeitnehmers über den Beginn der Drei-Wochen-Frist des § 4 KSchG.
[1702] Siehe näher dazu *ErfK/ArbR/Preis*, §§ 194-218 BGB Rn. 62 ff.; *Weidemann/Wank*, § 4 Rn. 835 ff. und Rn. 861 ff.; ausführlich zuletzt *Laskawy*, DB 2003, 1325 (1328 ff.).
[1703] Siehe zum Abwicklungsvertrag bereits oben unter C. III. 1. a. bb.
[1704] Instruktiv zum Zusammenhang zwischen Ausschlussfristen und Verjährung insbesondere *Grunsky* (1994), S. 283 ff.
[1705] Siehe *Fahr*, ZKM 2000, 198 ff., zur „Mediation und Verjährung"; *G. Wagner*, NJW 2001, 182 ff., zur „alternativen Streitbeilegung und Verjährung"; anders beim prozedural ausgestalteten Schiedsverfahren, siehe etwa *Berger*, RIW 2001, 881 (882).
[1706] *BGH*, NJW 2002, 1488 (1489), zur Hemmung der Verjährung bei Vereinbarung der Anrufung einer VOB-Schiedsstelle; *BGH*, NJW 2001, 1723, NJW-RR 2001, 1168 (1169), NJW 2004, 1654 f., und *OLG Zweibrücken*, NJW-RR 2001, 667 (670), zu § 852 Abs. 2 BGB a.F.
[1707] *G. Wagner*, ZKM 2002, 103 ff.; *Eidenmüller*, SchiedsVZ 2003, 163 ff.; siehe auch ders., RIW 2002, 1 (4 f.); siehe ferner *Ayad*, DB 2001, 2697 (2698), zu den praktischen Auswirkungen.
[1708] Siehe zu Auslegungsfragen betreffend § 204 Abs. 1 Nr. 4 BGB *Friedrich*, NJW 2003, 1781 ff.; vgl. jüngst auch *Staudinger/Eidenmüller*, NJW 2004, 23 ff.

recht. Der Ablauf der Ausschlussfrist ist im Rechtsstreit von Amts wegen zu beachten, der der Verjährung nur auf Einrede. Im Gegensatz zur Verjährung erfasst die Ausschlussfrist auch andere Rechte als Ansprüche (etwa Gestaltungsrechte). Wo es sich um Verjährung handelt, spricht das BGB von „verjährt", bei den Ausschlussfristen gebraucht es Wendungen wie „kann nur ... erfolgen", „das Recht erlischt", „ist ausgeschlossen". Bei den Fristen anderer Gesetze und vereinbarten Fristen ist es Auslegungsfrage, ob sie als Ausschluss- oder Verjährungsfristen aufzufassen sind. Die entscheidende Frage, ob die Verjährungsvorschriften auf Ausschlussfristen anwendbar sind, lässt sich nicht allgemein, sondern nur von Fall zu Fall beantworten[1709]. Soweit bisher überhaupt diskutiert, wird eine entsprechende Anwendung der Vorschriften über die Verjährung auf Ausschlussfristen sowohl vor[1710] als auch nach[1711] der Schuldrechtsreform überwiegend abgelehnt[1712]. Zuletzt hat der *BGH* zur versicherungsrechtlichen Vorschrift des § 12 Abs. 3 VVG festgestellt, dass diese Ausschlussfrist gerade „keine Verjährungsfrist" darstelle und deswegen weder gehemmt noch unterbrochen werden könne[1713].

Der Gesetzgeber ist aufgefordert, den soeben beschriebenen Misstand auch im Arbeitsrecht zu beseitigen, zumal der tendenziell rechtsunsichere Arbeitnehmer von Ausschlussfristen überwiegend stärker betroffen ist als sein Arbeitgeber[1714]. An sich müsste es zur Fristwahrung mit einem Einschreibebrief getan sein, ohne dass gleich das Gericht mobilisiert wird; vielleicht könnte auf die Frist sogar ganz verzichtet werden[1715]. Dabei muss man sich jedoch Sinn und Zweck von Ausschlussfristen vor Augen führen. Ausschlussfristen dienen ebenso wie Verjährung und Verwirkung der Rechtssicherheit und dem Rechtsfrieden; der Schuldner soll sich darauf verlassen können, nach Ablauf der Ausschlussfrist nicht mehr in Anspruch genommen zu werden, so dass von einer Interessenidentität mit Sinn und Zweck der Verjährungsfristen gesprochen werden kann[1716]. Speziell im Arbeitsrecht erlangt zudem das Beschleuni-

---

[1709] Zum Ganzen *Palandt/Heinrichs*, Überbl v § 194 Rn. 13 f.; vgl. *Wiedemann/Wank*, § 4 Rn. 726 f.

[1710] *Becker/Bader*, BB 1981, 1709 (1714 ff.), zu tariflichen Ausschlussfristen im Kündigungsrechtsstreit; a.A. *Wiedemann/Wank*, § 4 Rn. 726 f.

[1711] *ErfKArbR/Preis*, §§ 194-218 BGB Rn. 60; *Gotthardt* (2003), Rn. 346; *Krause*, RdA 2004, 106 (110) m.w.N.; a.A. *Nägele/Chwalisz*, MDR 2002, 1341 (1345); vgl. auch *Nelle/Hacke*, ZKM 2002, 257 (261).

[1712] Demgegenüber sah der Entwurf eines Arbeitsvertragsgesetzes eine entsprechende Anwendung der Verjährungsvorschriften auf Ausschlussfristen vor (§ 159 Abs. 2), dazu *Hromadka* (1992), S. 395, und NJW 1992, 1985 (1993); siehe zur Kodifikation des Arbeitsrechts noch unter C. IV. 1. b.

[1713] NJW-RR 2002, 88; vgl. aber *BAG* vom 8.3.1976, AP zu § 496 ZPO Nr. 4, für eine Anwendung des § 203 BGB a.F. auf eine Ausschlussfrist.

[1714] *U. Preis*, ZIP 1989, 885 (889 f.); ders. (1993), S. 486 f.

[1715] Mit dieser Thematik beschäftigte man sich bereits Anfang der 80er Jahre in der vom damaligen Bundesministerium der Justiz initiierten Arbeitsgruppe „Alternativen im gerichtlichen Verfahren"; *W. Gottwald*, ZRP 1982, 28 (30).

[1716] Instruktiv dazu *Grunsky* (1994), S. 287 ff.; siehe auch *ErfKArbR/Preis*, §§ 194-218 BGB Rn. 32 m.w.N.; *Weidemann/Wank*, § 4 Rn. 721 ff.; *Laskawy*, DB 2003, 1325; *Krause*, RdA 2004, 36 (37 f.); siehe bereits *Preibisch* (1982), S. 204 f, mit interessanten Ausführungen auch zum Arbeitsrecht.

gungsgebot eine besondere Bedeutung[1717]. Auch aus konflikttheoretischer Sicht erscheint eine unmittelbare Thematisierung von Konflikten nach ihrer Entstehung erstrebenswert[1718]. Ein gänzlicher Verzicht auf Ausschlussfristen ist daher nicht ratsam. Damit aber Ausschlussfristen nicht ihrem Sinn und Zweck zuwiderlaufen (Rechtssicherheit), sind diese einer eindeutigen gesetzlichen Lösung zuzuführen, um die in der Praxis entstandene Rechtsunsicherheit zu beseitigen – bei der Frage der Geltendmachung wird die durch Ausschlussfristen ausgelöste Rechtsunsicherheit besonders deutlich[1719]. Es bedarf mithin einer gewissen Entschärfung arbeitsrechtlicher Ausschlussfristen. Um vor allem außergerichtliche Verhandlungen über arbeitsrechtliche Ansprüche nicht schon im Ansatz zu verhindern, ist an eine *Hemmung der Ausschlussfristen* analog der Verjährungsvorschrift des § 203 BGB zu denken, etwa in Bezug auf das in den §§ 84, 85 BetrVG verankerte Beschwerderecht[1720] oder eben bezüglich der Ausschlussfrist des § 4 Satz 1 KSchG[1721]; darauf wird noch in anderen Zusammenhängen zurückzukommen sein. Ferner erscheint der Ruf nach einer einheitlichen „Klagefrist" für alle Bestandsschutzstreitigkeiten bzw. Feststellungsklagen im ArbGG durchaus berechtigt[1722]. Einen ersten Schritt in diese Richtung hat der Gesetzgeber durch das Gesetz zu Reformen am Arbeitsmarkt im Zuge der „Agenda 2010" vollzogen, indem seit dem 1.1.2004 für die Geltendmachung aller Rechtsunwirksamkeitsgründe einer Arbeitgeberkündigung im Interesse der Rechtssicherheit einheitlich eine Ausschlussfrist von drei Wochen ab Zugang der schriftlichen Kündigung gilt (§ 4 Satz 1 KSchG)[1723]. Allerdings erscheint die gesetzestechnische Verankerung im KSchG insofern missglückt, als von dieser Ausschlussfrist auch Arbeitnehmer betroffen sind, die keinen Kündigungsschutz nach dem KSchG genießen[1724]. Schließlich hat der Gesetzgeber berechtigte Forderungen nach einer Verlängerung der „sehr kurzen Klagefrist" bzw. Zulassung einer „einvernehmlichen Verlängerung der Klagefrist", „um nicht unnötig die Parteien vorzeitig in einen Kündigungsschutzprozess zu treiben, obwohl es aller Erfahrung nur um eine gütliche Einigung geht", sprich eine Hemmung der Ausschlussfrist bei außergerichtlichen Verhandlungen, ignoriert[1725].

[1717] Vgl. dazu *Müller-Glöge*, RdA 1999, 80 (87).

[1718] Vgl. *Hegenbarth* (1980), S. 66; vgl. zur Thematisierung des Arbeitsrechts und Anrufung der Arbeitsgerichte bereits unter C. II. 3.

[1719] Siehe nur *Laskawy*, DB 2003, 1325 (1328 f.).

[1720] Vgl. *FESTL*, § 84 Rn. 1; *DKK/Buschmann*, § 84 Rn. 2.

[1721] Vgl. *Wrede*, ZfA 2002, 457 (462).

[1722] Ausführlich dazu *Francken*, NZA 1999, 796 ff.; siehe dazu bereits *Berscheid*, ZfA 1989, 47 (74 ff.); siehe auch *Grotmann-Höfling* (1995), S. 112; *Bauer*, NZA 2002, 529 (531 f.); vgl. *Düwell* (1999), S. 758, der für eine Abschaffung der Zweispurigkeit des Verfahrens beim Sonderkündigungsschutz plädiert.

[1723] Diese Neuregelung befürwortend auch *Löwisch*, NZA 2003, 689 (693); *Thüsing/Stelljes*, BB 2003, 1673 (1678); ausführlich *Bader*, NZA 2004, 65 (67 ff.); *Quecke*, RdA 2004, 86 (99 ff.); *Raab*, RdA 2004, 321 ff.

[1724] Vgl. *Richardi*, NZA 2003, 764 (765 f.); *Bender/Schmidt*, NZA 2004, 358 (361).

[1725] *Bauer/Preis/Schunder*, NZA 2003, 704 (706); kritisch dies., NZA 2004, 195 (196), zur „Doppelspurigkeit des Kündigungsschutzes"; speziell dazu *J. Schmidt*, NZA 2004, 79 ff.

Insbesondere im Zusammenhang mit der Ausschlussfrist des § 4 KSchG ist schließlich noch ein anderer Punkt bedeutsam. Auch hier ist eine Fristversäumung seitens des Arbeitnehmers bisweilen darauf zurückzuführen, dass er wegen schwebender Vergleichsgespräche oder sonstiger außergerichtlicher Aktivitäten vergeblich versucht hat, bei Meidung einer gerichtlichen Auseinandersetzung zu einer gütlichen Einigung mit dem Arbeitgeber zu gelangen[1726]. Nicht zuletzt dies hat zu einer umfangreichen, ebenfalls nahezu unüberschaubaren Rechtsprechung betreffend die Verhinderung der rechtzeitigen Klageerhebung und die damit verbundene Frage der Zulassung verspäteter Klagen gem. § 5 KSchG geführt[1727]. De lege ferenda ist hier zumindest an eine *Hinweispflicht* des Arbeitgebers zu denken[1728], ansonsten entsteht der zweifelhafte Eindruck, dass der Gesetzgeber kein Interesse daran hat, den Arbeitnehmer zur Geltendmachung seiner Rechte zu mobilisieren. Dies mag nicht weiter verwundern, steht die Rechtsverfolgung doch im direkten Widerspruch zu der vom Gesetzgeber verfolgten Zielsetzung, die Justiz zu entlasten. Eine Hinweispflicht könnte sich dabei als kontraproduktiv erweisen[1729]. Die Vorschrift des § 2 Abs. 1 Satz 2 NachwG kann jedenfalls für die Begründung einer solche Hinweispflicht nicht fruchtbar gemacht werden[1730]. Hier schließt sich wiederum der Kreis zu den sonstigen Ausschlussfristen. Denn auch hier hat das *BAG* die bis dato umstrittene Frage, ob es eines expliziten Hinweises auf eine tarifliche Ausschlussfrist bedarf[1731], jüngst verneint[1732]. Der Gesetzgeber hätte diesem Missstand im Rahmen des jüngsten Gesetzes zu Reformen am Arbeitsmarkt im Zuge der „Agenda 2010" abhelfen können, hat dies aber ebenfalls versäumt.

bb. Harmonisierungsbedarf zwischen Arbeits- und Sozialrecht

Eine Entschärfung arbeitsrechtlicher Gesetzesmängel wird gleichfalls durch eine Harmonisierung zwischen Arbeits- und Sozialrecht erreicht. Das hierin liegende Konfliktpotenzial ist beachtlich. Es kann an dieser Stelle lediglich aus konflikttheoretischer Sicht skizziert werden.

[1726] Vgl. *Hohmeister*, ZRP 1994, 141 (144).

[1727] Siehe nur *ErfKArbR/Ascheid*, § 5 KSchG Rn. 2 ff.

[1728] So auch *KDZ/Däubler*, Einleitung Rn. 975; *Hohmeister*, ZRP 1994, 141 (143 f.); ebenso bereits de lege lata *Valentin*, AuR 1990, 276 ff.; wohl auch *KDZ/Kittner*, § 5 KSchG Rn. 5.

[1729] Siehe *Falke/Höland/Rhode/Zimmermann* (1981), S. 372 f., wonach immerhin 6,4 % der Arbeitnehmer erklärten, sie hätten die Frist des § 4 KSchG zu spät bemerkt.

[1730] *C. Weber*, NZA 2002, 641 (643 f.).

[1731] Bejahend *LAG Schleswig-Holstein*, NZA-RR 2000, 196 (198); verneinend *LAG Bremen*, NZA-RR 2001, 98 (99); *LAG Niedersachsen*, NZA-RR 2001, 145 f.; *LAG Köln*, NZA-RR 2001, 261 (262).

[1732] NZA 2002, 800 ff.; bestätigt in *BAG*, NZA 2002, 1096 (1098), NZA 2002, 1360 L = NJOZ 2003, 1643 (1645), und NZA 2004, 102 (105); zu Recht kritisch bezüglich einer bloß kraft einzelvertraglicher Inbezugnahme anwendbaren tariflichen Ausschlussfrist *Thüsing/Lambrich*, NZA 2002, 1361 (1369 f.); siehe auch *Schrader*, NZA 2003, 345 (346 f.); *Linde/Lindemann*, NZA 2003, 649 ff.; siehe schließlich *EuGH*, NZA 2001, 381 = BB 2001, 1255 mit Kommentar *Hohmeister* (1257), betreffend die Europäische Richtlinie 91/533/EWG; *Kalb*, NZA 2001, 713 (715), zur Diskussion auf dem Dritten Europarechtlichen Symposium 2001 in Erfurt betreffend Fragen des europäischen Arbeitsrechts.

Arbeitsrecht ist Privatrecht. Konflikte können durch vertragliche Vereinbarungen geregelt werden. Die Arbeitsparteien können sich vergleichen oder auf arbeitsvertragliche Ansprüche verzichten. Der privatrechtlichen Natur des Arbeitsrechts entspricht auch das Prozessrecht. Für arbeitsvertragliche Ansprüche gilt das Urteilsverfahren mit der zivilprozessrechtlichen Dispositionsmaxime. Die ausgeprägte Vergleichspraxis vor den Arbeitsgerichten belegt dies eindrucksvoll. Damit gehört das Bemühen um einen Kompromiss zu den wesentlichen Aufgaben der Arbeitsgerichtsbarkeit[1733]. Das Ergebnis eines arbeitsgerichtlichen Urteils oder Vergleichs ist für sozialversicherungsrechtliche Beiträge und Leistungsansprüche von Bedeutung. Sozialversicherungsrecht ist allerdings öffentliches Recht. Rechte und Pflichten des Einzelnen bestehen gegenüber einem Sozialversicherungsträger, der seinerseits Träger hoheitlicher Gewalt ist. Dem entsprechen die Ausgestaltung seines Handlungsrahmens und die der Konfliktbewältigung. Die Regelungen des Sozialversicherungsrechts sind zwingende öffentlich-rechtliche Normen. Sie sind einer Vereinbarung grundsätzlich unzugänglich; auch das Opportunitätsprinzip gilt nicht. Allein schon vor diesem Hintergrund erscheint der Harmonisierungsbedarf arbeits- und sozialrechtlicher Konfliktlösungen evident[1734]. Die fehlende Abstimmung zwischen Arbeits- und Arbeitsförderungsrecht wurde auch innerhalb der arbeits- und sozialrechtlichen Abteilung des 63. Deutschen Juristentags 2000 in Leipzig kontrovers diskutiert[1735]. Das Arbeitsrecht regle die Rechtsverhältnisse der Arbeitnehmer, das Arbeitsförderungsrecht die der Arbeitslosen und Arbeitssuchenden. Trotzdem hingen beide Rechtsgebiete eng zusammen, denn die zentrale Aufgabe des Arbeitsrechts sei es, die Arbeitnehmer vor Arbeitslosigkeit zu bewahren, während das Arbeitsförderungsrecht die Arbeitslosen wieder zu Arbeitnehmern mache. Dieser Zusammenhang werde allerdings noch nicht ausreichend beachtet[1736].

Bestätigt wird dies durch Beobachtungen in der Rechtswirklichkeit vor den Arbeitsgerichten. Die sozialrechtlichen Folgewirkungen und dabei insbesondere die Vermeidung der Sperrfrist bzw. des Ruhens des Arbeitslosengelds spielen dort eine nicht unerhebliche Rolle[1737]. Als wesentlicher Gesichtspunkt, den Arbeitnehmer zum Abschluss eines Vergleichs zu bewegen, wird oft darauf hingewiesen, dass der Kläger bei Zahlung einer Abfindung sofort über die bestimmte Geldsumme verfügen könne, die nicht mit Steuern und Sozialabgaben belastet sei[1738]. Entsprechendes gilt bei außergerichtlichen Vergleichsverhandlungen. Auch hier gilt es, sozial- und steuerrechtliche Folgewirkungen zu beachten. Die fehlende Abstimmung zwischen Arbeits- und Sozi-

---

[1733] Siehe zu den gütlichen Elementen des Arbeitsgerichtsverfahrens bereits unter C. III. 5. b. bb.

[1734] Zum Ganzen *I. Schmidt*, AuR 2001, 420 ff.; vgl. jüngst *Bauer*, NZA 2005, 1046 (1049).

[1735] Dazu *Hanau* (2000), C 39 ff.; siehe auch *U. Preis*, NJW 2000, 2304 (2309 f.).

[1736] So *Hanau* (2000), C 39, mit Verweis auf *Heinze*, NZA 2000, 5; vgl. *A. Graser*, ZRP 2003, 119 ff., zum beachtenswerten Zusammenhang zwischen Kündigungsschutz und Sozialrecht.

[1737] *Falke/Höland/Rhode/Zimmermann* (1981), S. 815; siehe auch *Blankenburg/Schönholz/Rogowski* (1979), S. 165 f., mit einem Beispielsfall (Fall 20).

[1738] *Falke/Höland/Rhode/Zimmermann* (1981), S. 818; *J. Falke* (1983a), S. 98.

alrecht vor allem im Fall einer mittels eines außergerichtlichen Vergleichs vereinbarten Abfindungszahlung führt indes zu erheblichen Schwierigkeiten[1739]. Eine Entschärfung dieses arbeitsrechtlichen Gesetzesmangels ist daher dringend geboten.

b. Kodifikation des Arbeitsrechts

> Eine arbeitsrechtliche Kodifikation i.s. eines umfassenden Arbeitsgesetzbuchs scheint ein schlechthin unerfüllbarer Wunschtraum zu bleiben. Selbst das die wenigsten politischen Probleme bietende Arbeitsvertragsrecht ist trotz mehrerer Anläufe bisher nicht kodifiziert worden.
>
> *Söllner*[1740]

Seit einem Beschluss des Reichstags im Jahr 1896 wurden etliche Versuche zur Kodifikation des Arbeitsvertragsrechts unternommen. Die Geschichte eines einheitlichen
Arbeitsvertragsrechts ist die Geschichte gebrochener Versprechen[1741]. Noch weiter
entfernt scheint der Gesetzgeber von einem Arbeitsgesetzbuch zu sein[1742]. Diesbezüglich lässt sich an obige Diskussion betreffend das Richterrecht im Arbeitsrecht und das
BAG als Ersatzgesetzgeber anknüpfen[1743]. Zutreffend wird bemängelt, dass der Rechs-
suchende sich durch unvollständige und unverständige Fragmente im BGB und zum
Teil völlig veraltete Teilregelungen oder nicht verständlich verfasste Einzelgesetze
sowie einen Wust gesetzesersetzenden Richterrechts quälen müsse. Zahlreiche grundsätzliche arbeitsrechtliche Normen fänden sich systematisch unrichtig im Kollektivarbeitsrecht oder gar in sozialrechtlichen Kodifikationen[1744]. Inzwischen hat der Gesetzgeber durch die Änderung der GewO (!) arbeitsrechtliche Bestimmungen neu gestaltet,
so dass man von einem „ersten Versuch zur Kodifizierung eines Arbeitsvertragsge-
setzbuchs an versteckter Stelle" sprechen kann[1745].

Bereits im Jahr 1977 lag ein Entwurf eines Arbeitsvertragsgesetzes vor[1746]. Zuletzt
intensiv geführt wurde diese Diskussion nach der Wiedervereinigung im Jahr 1990.
Die DDR ging in den damaligen Verhandlungen von der sehr deutlich vorgetragenen
Grundposition aus, wesentliche Teile ihres AGB-DDR zu erhalten. Sie begründete dies
u.a. damit, dass Arbeitsvertragsrecht, Kündigungsrecht, Arbeitnehmer- und Arbeitge-

---

[1739] Siehe nur den Kommentar von *Däubler*, NJW 2000, 2250 f.

[1740] (1994), S. 12.

[1741] *U. Preis*, NZA 2000, 9 (10); siehe zu einem historischen Überblick über die Kodifikation des Arbeitsrechts *G. von Hoyningen-Huene/Linck*, Einleitung Rn. 63 ff.; vgl. *Steinmeyer/Jürging*, NZA 1992,
777 (780 f.).

[1742] Vgl. zu dieser Unterscheidung auch *Grotmann-Höfling* (1995), S. 103 ff.

[1743] Siehe dazu bereits im allgemeinen Teil unter B. I. 3. b. ff. (2); siehe zu diesem Zusammenhang
auch *Rüthers*, NJW 2003, 546.

[1744] So *U. Preis*, NZA 2000, 9 (10).

[1745] Siehe dazu etwa *Bauer/Opolony*, BB 2002, 1590 ff.; *Schöne*, NZA 2002, 829 ff.; *Wisskirchen*, DB
2002, 1886 ff.

[1746] Vgl. dazu *Adomeit/Thau*, ZRP 1992, 350 (351 f.).

berhaftung, Mutterschutz und besonderer Frauenarbeitsschutz im AGB-DDR zusammenfassend geregelt und so für Arbeitnehmer und Arbeitgeber überschaubar seien. Die Bürger der DDR seien nicht daran gewöhnt und nicht in der Lage, allein mit Grundsatz- und gesetzlichen Mindestregelungen auszukommen und sich im Übrigen nach der in zahlreichen Urteilen festgelegten Rechtssprechung zu orientieren, die für sie auch nicht überschaubar sei. Letztlich gelangte man im Einigungsvertrag zu einem Kompromiss. Die Zusammenfassung des zersplitterten, individuellen Arbeitsrechts in einem Arbeitsvertragsgesetz wurde als künftige, bald zu erledigende Aufgabe des gesamtdeutschen Gesetzgebers festgelegt[1747]. Daran anknüpfend legten 14 bedeutende Rechtswissenschaftler des „Arbeitskreises Deutsche Rechtseinheit im Arbeitsrecht" im Jahr 1992 einen Entwurf eines Arbeitsvertragsgesetzes vor[1748]. Dieser wurde anschließend auf dem 59. Deutschen Juristentag 1992 kontrovers diskutiert[1749]. So ist die reichhaltige Literatur aus dem Jahr 1992 zu diesem Thema nicht weiter verwunderlich[1750]. Auch in jüngerer Zeit hat es Versuche gegeben, die Diskussion wieder aufzugreifen[1751].

Dabei fragt sich jedoch, ob von einer Kodifikation des Arbeitsrechts tatsächlich eine Konflikt- bzw. Prozessvermeidung zu erwarten ist. Freilich kann ein Arbeitsvertragsgesetzbuch weder Lohn- noch Kündigungsschutzklagen eindämmen und auch ein Arbeitsgesetzbuch würde sich lediglich als eine bloße Zusammenfassung der bereits geltenden Vorschriften erweisen[1752]. Gleichwohl kann eine Kodifikation des Arbeitsrechts zu einer Vereinfachung der Streitentscheidung führen. Allein schon die Maßnahme, arbeitsrechtliche Vorschriften weitgehend in einer einzigen Kodifikation zusammenzufassen bzw. besser zu strukturieren (wie z.B. die Zusammenführung der sozialversicherungsrechtlichen Vorschriften zu einem aus mehreren Teilen bestehenden SGB), dürfte das Arbeitsrecht nicht zuletzt auch für Nichtjuristen – namentlich für Arbeitnehmer, aber auch für Entscheidungsträger auf Arbeitgeberseite – leichter zugänglich machen[1753]. Darüber hinaus wäre eine solche Kodifikation im Hinblick auf die Zulassung außergerichtlicher Streitschlichtungsstellen von Bedeutung, da man die Arbeit ihrer Mitglieder erleichtern würde[1754]. Bisher hat man vor einer Kodifikation des Ar-

---

[1747] Zum Ganzen *Schwedes* (1994), S. 148; zum AGB-DDR auch *Adomeit/Thau*, ZRP 1992, 350 f.
[1748] Der Gesetzesentwurf ist abgedruckt in Ständige Deputation des Deutschen Juristentages (Hrsg.), Verhandlungen des 59. Deutschen Juristentages Hannover 1992, Band I Gutachten, München 1992, D 1 bis D 141; dazu *Hromadka* (1992), S. 357 ff., und NJW 1992, 1985 ff.
[1749] Dazu *Hanau*, RdA 1992, 392 f.
[1750] *Adomeit/Thau*, ZRP 1992, 350 ff.; *Buchner*, DB 1992, 1930 ff.; *Däubler*, AuR 1992, 129 ff.; *Falkenberg* (1992), S. 83 ff.; *Heuse*, BB 1992, 1145 ff.; *Hromadka* (1992), S. 357 ff.; ders., NJW 1992, 1985 ff.; *Mückenberger*, ZRP 1992, 457 ff.; *Richardi*, NZA 1992, 769 ff.; *Steinmeyer/Jürging*, NZA 1992, 777 ff.; *Wank*, DB 1992, 1826 ff.; *I. Weber*, BB 1992, 1345 ff.
[1751] Siehe insbesondere *U. Preis*, NZA 2000, 9 ff.; am Rande auch *Düwell* (1999), S. 749: rechtspolitisch überfällig und verfassungsrechtlich geboten.
[1752] *Thau*, AuA 1996, 303 (304).
[1753] Vgl. aus betriebswirtschaftlicher Sicht *Alewell/Koller*, BB 2002, 990 (992).
[1754] *Thau*, AuA 1996, 303 (304).

beitsrechts gerade auch deshalb zurückgeschreckt, weil man befürchtet, dass eine solche Kodifikation zu einer erheblichen Rechtsunsicherheit führen würde[1755]. Diese wäre indessen nur vorübergehender Natur[1756]. Rechtsunsicherheit kann nämlich auch bedeuten, dass sich das Recht in einer Innovationsphase befindet[1757]. Langfristig gesehen ist eine Kodifikation des Arbeitsrechts in konfliktspezifischer Hinsicht unumgänglich. Die Normierung arbeitsrechtlicher Vorschriften in der GewO ist jedenfalls ein Unding – und selbst für Arbeitsrechtler überraschend: Was für den Vertragsrechtler recht ist (§ 305c Abs. 1 BGB), muss für den Gesetzgeber billig sein.

c.   Maßnahmen im Bereich des Bestandsschutzes von Arbeitsverhältnissen

Konflikte, zumindest aber Prozesse im Bereich der Beendigung von Arbeitsverhältnissen, die den Großteil arbeitsrechtlicher Streitigkeiten ausmachen, wie allein schon die enorme Zahl der Kündigungsschutzprozesse belegt, können sich eventuell auch durch gesetzgeberische Maßnahmen auf dem Gebiet des in der Praxis zumindest vor den Gerichten vorherrschenden Abfindungssystems vermeiden lassen[1758]. Freilich stehen dabei vor allem arbeitsmarktpolitische Überlegungen im Vordergrund. Von Interesse sind hier jedoch auch etwaige konflikt- bzw. prozessverhütende Wirkungen. Insoweit sind einige der jüngst in Kraft getretenen arbeitsrechtlichen Neuregelungen zu kritisieren, bzw. die Kritik kann auch dahin gehen, dass das Arbeitsrecht bisher nicht an die Rechtswirklichkeit angepasst wurde[1759].

aa.   Gesetzliche Abfindungsregelung unter Berücksichtigung der jüngsten Reform am Arbeitsmarkt

> Die Erwartung des Arbeitgebers, ein Arbeitsverhältnis nur gegen Abfindung beenden zu können, wirkt sich im Vorfeld einer Kündigung arbeitsplatzschützend aus.
>
> *BVerfG*[1760]

[1755] Vgl. etwa *Buchner*, DB 1992, 1930 f.

[1756] Vgl. auch *Wank*, DB 1992, 1826.

[1757] Siehe nur *H.-B. Schäfer*, DRiZ 1995, 461 (466).

[1758] Nach *Bielenski/Hartmann/Pfarr/Seifert*, AuR 2003, 81 (88), endet jede zweite Kündigung vor dem Arbeitsgericht mit der Zahlung einer Abfindung durch den Arbeitgeber; vgl. dazu auch die ältere Untersuchung von *Falke/Höland/Rhode/Zimmermann* (1981), S. 789, 791, 793, 797, 799, 801 und 803, wonach zwei Drittel aller gerichtlichen Vergleiche mit einer Abfindungszahlung enden; dass 90 % aller Arbeitgeberkündigungen zu einem Abfindungsvergleich führen, sei es vor Gericht, sei es außergerichtlich, wie *Rüthers*, NJW 2002, 1601 (1602), behauptet, bleibt jedoch unbelegt; siehe zur Erledigungsstruktur vor den Arbeitsgerichten und zur kritischen Würdigung der Vergleichspraxis bereits unter C. II. 4. bzw. C. III. 5. b. bb. (2).

[1759] Kritisch zu den gesetzlichen Neuerungen im Arbeitsrecht seit 1998 *Hanau*, NJW 2002, 1240 ff., unter dem Titel „Gebremster Schub im Arbeitsrecht".

[1760] NJW 1998, 1475 (1477).

Seit IKEA eingeführt hat, dass jede Ware umgetauscht werden kann, auch wenn sie nicht defekt ist, kaufen die Leute wie wild.

Rogowski[1761]

Es bedarf schon einer besonderen Erklärung, wenn ein BDI-Chef eine Parallele zwischen Arbeitnehmern und Möbeln zieht. Stellvertretend für die Arbeitgeberseite geht *Rogowski* davon aus, dass eine Lockerung des Kündigungsschutzes zu einer Belebung des Arbeitsmarkts führte. Arbeitgeber sähen sich veranlasst, mehr Arbeitnehmer einzustellen, wenn sie diese unproblematisch wieder „loswerden" könnten.[1762] Dem tritt die Arbeitnehmerseite entgegen[1763]. Freilich bewegt man sich hier auf einem für Rechtswissenschaftler höchst sensiblen, weil arbeitsmarkt- bzw. hochpolitischen Terrain[1764]. Gleichwohl kommt man nicht umhin, sich vor dem Hintergrund der derzeitigen Vergleichspraxis darüber Gedanken zu machen, ob bzw. inwieweit Änderungen im Bereich des Abfindungswesens zumindest in konfliktspezifischer Hinsicht zu einer erstrebenswerten alternativen Konfliktbehandlung beitragen können[1765]. So verwundert es nicht, dass diese Frage bereits im Rahmen der Alternativdiskussion zu Beginn der 80er Jahre angedacht wurde. Wenn diese Thematik nun abermals vermehrt diskutiert wird, wird man sie wiederum im Zusammenhang mit der neuerlichen Alternativdiskussion zu besprechen haben. Eine generelle Lockerung des Kündigungsschutzes, abgesehen von der durch das Gesetz zu Reformen am Arbeitsmarkt im Zuge der „Agenda 2010" bereits erfolgten Erhöhung des kündigungsschutzrechtlichen Schwellenwerts ab 1.1.2004 auf abermals zehn Arbeitnehmer (siehe § 23 Abs. 1 Satz 3 KSchG)[1766],

---

[1761] Interview im Nachrichtenmagazin Focus Nr. 36/2001, S. 68.

[1762] Zu der von der Union ausgelösten neuerlichen Diskussion über eine Lockerung des Kündigungsschutzes SZ vom 15.1.2004, S. 17, SZ vom 8.3.2004, S. 1, und SZ vom 28.7.2004, S. 8 und 24; siehe auch die Diskussion über die auf dem 65. Deutschen Juristentag 2004 in Bonn geforderten „Einschnitte beim Kündigungsschutz", SZ vom 24.9.2004, S. 19 und Internetredaktion Verlag C.H. Beck vom 23.9.2004.

[1763] Siehe etwa DGB-Chef *Sommer*, SZ vom 25.7.2002, S. 17; siehe auch SZ vom 4.9.2003, S. 18, über das vom DGB in Auftrag gegebene Gutachten von *Blanke* als Reaktion auf die geplante Lockerung des Kündigungsschutzes: Verfassungsbruch beim Kündigungsschutz; aus rechtsvergleichender Sicht mit die USA *Kittner/Kohler*, BB Beilage 4 zu Heft 13/2000, 1 (29); siehe auch *Däubler*, NJW 2002, 2292 (2293).

[1764] Vgl. *Hanau*, NZA 1993, 338 (339), zu den zwei Philosophien des Arbeitsrechts, die unter dem Schlagwort der Deregulierung des Arbeitsrechts diskutiert würden: Die traditionell herrschende Philosophie besage, dass Arbeitnehmer am besten geschützt würden, wenn man ihnen immer mehr Rechte gegenüber dem Arbeitgeber einräume und dadurch den Arbeitsmarkt außer Kraft setze. Die gegenteilige Philosophie besage, dass es für Arbeitnehmer und insbesondere Arbeitslose am günstigsten sei, Arbeitgeber möglichst wenig mit arbeitsrechtlichen Schutzvorschriften zu belasten, da sie sonst von der Einstellung und Weiterbeschäftigung von Arbeitnehmern abgehalten würden.

[1765] Vgl. *Ulrich Fischer*, NJW-Editorial Heft 12/2002, S. III, der auf die Politisierung der Effizienz des Kündigungsschutzrechts hinweist, zugleich aber meint, dass hier auch die Anwaltschaft gefordert sei, da sie akzeptieren müsse, dass eine Verminderung von Kündigungsschutzprozessen gesellschaftlich nicht nur sinnvoll, sondern geboten sei.

[1766] BT-Drucks. 15/2245, S. 2; nicht zu Unrecht nennt *Löwisch*, NZA 2003, 689, die „Agenda 2010" kündigungsrechtlich in erster Linie eine „Agenda 1996" und einen „Wiedergänger des Arbeitsrechtli-

soll indes nicht weiter diskutiert werden, da hier arbeitsmarktpolitische Aspekte dominieren[1767]. Fraglich ist aber, ob bzw. inwieweit das im Kündigungsschutz weit verbreitete „Abfindungsunwesen" eingedämmt werden sollte. Angesichts obiger Ausführungen dürfte unzweifelhaft sein, dass das bisherige Abfindungssystem Schwächen erkennen lässt. Über konkrete gesetzgeberische Maßnahmen wird jedenfalls schon seit geraumer Zeit diskutiert[1768].

Bevor auf diese Thematik eingegangen wird, muss man sich darüber im Klaren sein, was überhaupt durch etwaige gesetzgeberische Maßnahmen in diesem Bereich erreicht werden soll. Wenn beispielsweise behauptet wird, dass eine Begrenzung des Prozessziels und -risikos auf eine angemessene Entschädigung zu einer erheblichen *Entlastung der Arbeitsgerichte* beitragen werde, zumal klare gesetzliche Rahmenbedingungen für die Abfindungshöhe die Tendenz zu einer außergerichtlichen Konfliktbeilegung deutlich verstärken würden[1769], dann ist dies einerseits nicht von der Hand zu weisen, andererseits fragt sich aber: um welchen Preis? Die Aufgabe des Arbeitsplatzes zu Gunsten einer Entlastung der Arbeitsgerichte darf nicht Ziel alternativer Konfliktbehandlungen im Arbeitsrecht sein. Insoweit gilt das im allgemeinen Teil zur Gewichtung der beiden Hauptmotive für die Suche nach alternativen Konfliktbehandlungen bereits Ausgeführte entsprechend; dort wurde aufgezeigt, dass eine Justizentlastung nicht den Abbau des bestehenden Rechtsschutzsystems nach sich ziehen darf[1770]. Ebenso wenig zufrieden stellt es daher, wenn der Arbeitnehmer sein Arbeitsverhältnis vorschnell „verkauft"[1771], nur um zu einer in formeller Hinsicht unproblematischeren

---

chen Beschäftigungsförderungsgesetzes aus dem Jahr 1996"; kritisch *Hanau* (2000), C 28, demzufolge das Beschäftigungsförderungegesetz aus dem Jahr 1996 ein falsches und das entsprechende Korrekturgesetz aus dem Jahr 1998 gar kein Konzept hatte.

[1767] Siehe *Bader*, NZA 2003, 249 ff., zur möglichen Flexibilisierung des Schwellenwerts im Kündigungsschutzrecht; *R. Busch*, BB 2003, 470 (471 ff.), zu konkreten Vorschlägen betreffend eine Lockerung des Kündigungsschutzes; *Buchner*, DB 2003, 1510 (1515 f.), zur Entlastung des Kündigungsschutzrechts; siehe aber *Wolter*, NZA 2003, 1068 ff., zum Reformbedarf beim Kündigungsrecht aus Arbeitnehmersicht.

[1768] Außer Acht gelassen werden können ältere Vorschläge wie z.B. die Einführung einer Auflösungsklage oder das Erfordernis einer Genehmigung vom Arbeitsamt, siehe dazu *Blankenburg/Verwoerd*, DRiZ 1978, 169 (174); vgl. *Grotmann-Höfling* (1995), S. 130 ff., zur „Klagepflicht beim Arbeitgeber"; *Richardi*, NZA 2000, 161 (166), zu dem Vorschlag des DGB, für alle Kündigungen im Falle des Widerspruchs des Betriebsrats vorzusehen, dass das Arbeitsverhältnis nur durch gerichtliche Entscheidung aufgelöst werden kann: Man brauche nicht zu vertiefen, dass bei Realisierung dieses Vorschlags die Arbeitsgerichtsbarkeit funktionsunfähig würde; vgl. auch *Ulrich Fischer*, NZA 2000, 167 (172).

[1769] So *Willemsen*, NJW 2000, 2779 (2786); vgl. auch *Dorndorf*, BB 2000, 1938 (1939), unter dem Abschnitt „Ersparnis von Rechtsverwirklichungskosten"; vgl. schon *Thau*, AuA 1996, 303 (305), unter dem Titel „Möglichkeiten zur Verringerung von Arbeitsgerichtsverfahren" als flankierenden Schritt zur Errichtung von Schiedsstellen; kritisch aber *U. Preis*, RdA 2003, 65 (71 f.).

[1770] Siehe dazu bereits unter B. I. 1.

[1771] Vgl. *Neef*, NZA 2000, 7 (8); zur Bekämpfung der Arbeitslosigkeit wird ebenfalls gefordert, die Anpassung von Arbeitsbedingungen der Beendigung von Arbeitsverhältnissen vorzuziehen, *Boecken*, ZRP 2000, 317 (319), unter Verweis auf das Gutachten von *Hanau* in Vorbereitung auf die arbeits- und sozialrechtliche Abteilung des 63. Deutschen Juristentags 2000 in Leipzig.

Beendigung des Konflikts zu gelangen[1772]. Vordergründiger Maßstab muss vielmehr sein, dass der Konflikt auch in der Sache befriedigend behandelt wird. Sicherlich kann durch ein Abfindungssystem das für beide Arbeitsparteien unkalkulierbare und insbesondere den Arbeitnehmer belastende Prozessrisiko gemindert werden – zumindest dann, wenn das neue System seinerseits keine Gesetzesmängel aufweist[1773]. Auch lässt sich nicht leugnen, dass sich die Erwartung des Arbeitgebers, ein Arbeitsverhältnis nur gegen eine angemessene Abfindungszahlung beenden zu können, im Vorfeld einer Kündigung arbeitsplatzschützend auswirken kann[1774]. Selbst aus Sicht des Arbeitnehmers kann eine betriebszeitabhängige Abfindung im Falle einer Kündigung als Anreiz für einen weiteren Verbleib im Betrieb im Sinne eines Bestandsschutzes angesehen werden[1775]. Vor diesem Hintergrund wird überwiegend kritisiert, dass sich der Kündigungsschutz gerade auch in Bezug auf die noch nicht bzw. nicht ausreichend gesetzlich verankerte generelle Abfindungszahlung als Einstellungshindernis erweist[1776]. Zu Recht wird schließlich die Ungerechtigkeit kritisiert, die sich im Vergleich zwischen Massenentlassungen bzw. hieraus resultierenden Sozialplanabfindungen und betriebsbedingten Einzelkündigungen ergibt[1777]: Der Erhalt einer Abfindung hängt von der Zufälligkeit ab, ob der Betrieb über einen Betriebsrat verfügt und mit dem Arbeitnehmer zugleich eine größere Anzahl anderer Arbeitnehmer entlassen wird[1778]. Nicht minder ungerechtfertigt erscheint, dass in größeren Betrieben häufiger Abfindungen gezahlt werden als in Kleinbetrieben[1779].

[1772] Vgl. *Buchner*, NZA 2002, 533 (536), demzufolge die praktische Abwicklung erleichtert würde.

[1773] Vgl. *Rühle*, DB 1991, 1378 (1380); *Hromadka*, ZfA 2002, 383 (392), weist auch auf die bessere Kalkulierbarkeit der Kündigungen für Arbeitgeber hin; vgl. zum Prozessrisiko bereits unter C. II. 3.

[1774] So *BVerfG*, NJW 1998, 1475 (1477), in der Entscheidung über die Verfassungsmäßigkeit der Kleinbetriebsklausel; dies aufgreifend *Willemsen*, NJW 2000, 2779 (2786 f); *Buchner*, NZA 2002, 533 (535), folgert daraus, dass verfassungsrechtliche Positionen einer Umstellung des Kündigungsschutzrechts auf ein Abfindungssystem nicht entgegenstünden; zustimmend *Bauer*, NZA 2002, 529 (539).

[1775] Zu dieser ökonomischen Sichtweise *Kleinhenz* (2000), B 65 f.; dazu auch *Buchner*, NZA 2000, 905 (906), der aber auch darauf hinweist, dass die entsprechenden Effekte kaum messbar seien (908).

[1776] *Linnekohl/Kilz/Reh*, BB 1990, 2038 (2041), zum Kündigungsschutz als Beschäftigungshindernis; siehe auch *Kröger/Rösler*, ZRP 2001, 473 (474), zu den zwiespältigen Wirkungen des Kündigungsschutzes; *Rüthers*, NJW 2002, 1601 (1603 ff.), zum negativen Beschäftigungseffekt des Kündigungsschutzes; *Hromadka*, ZfA 2002, 383, und ders., AuR 2002, 261, zum Kündigungsschutzrecht als Einstellhindernis; *Buchner*, DB 2003, 1510 (1512), zur beschäftigungshemmenden Wirkung des Kündigungsschutzrechts; *Nägele*, BB 2003, 739 f., zu den investitionshemmenden Auswirkungen des Kündigungsschutzes; *Bauer*, NZA 2002, 529 (530); *Schiefer*, NZA 2002, 770; ders., ZfA 2002, 427 (428); *Bauer*, NZA 2005, 1046; anders *Pfarr/Bothfeld/Kaiser/Kimmich/Peuker/Ullmann*, BB 2003, 2286 ff., die dem Kündigungsschutz eine prohibitive Wirkung auf das Einstellverhalten der kleinen Betriebe absprechen; dies., BB 2004, 325 ff., zur präventiven Wirkung des Kündigungsschutzes; weiterführend *U. Preis*, RdA 2003, 65 (66 ff.), zur beschäftigungspolitischen Dimension des Kündigungsschutzes; *Lindner*, RdA 2005, 166 ff., zur Grundrechtsfestigkeit des arbeitsrechtlichen Kündigungsschutzes.

[1777] Zu den Rechtsgrundlagen von Abfindungszahlungen *Falke/Höland/Rhode/Zimmermann* (1981), S. 134, und jüngst *Bielenski/Hartmann/Pfarr/Seifert*, AuR 2003, 81 (88), wonach der Anteil von Sozialplanabfindungen bei über bzw. gut 40 % liegt.

[1778] Darauf hinweisen auch *Neef*, NZA 2000, 7 (8); *Willemsen*, NJW 2000, 2779 (2783); *Bauer*, NZA 2002, 529 (530); *Hromadka*, ZfA 2002, 383 (392); *Fischer/Gross*, AnwBl 2003, 575.

[1779] *Falke/Höland/Rhode/Zimmermann* (1981), S. 144.

Reformen des Kündigungsschutzrechts werden angesichts der Vergleichspraxis vor den Arbeitsgerichten schon seit den 70er Jahren gefordert[1780]. Stellungnahmen hierzu hat es insbesondere im Rahmen der Alternativdiskussion Anfang der 80er Jahre gegeben. Demnach sprächen das Ausmaß, die Stetigkeit und die relative Unabhängigkeit von rechtlichen Erfolgsaussichten, mit denen kompensatorische Leistungen durch die Vergleichspraxis in Kündigungssachen erreicht würden, für die Stärke des Bedürfnisses der Arbeitsparteien, eine Regelung der Bedingungen bei Auflösungen von Arbeitsverhältnissen zu finden. Arbeitgeber operierten auch außerhalb von Gerichtsverfahren mit Abfindungsleistungen, um Personal abzubauen. Während bei betriebsbedingten kollektiven Entlassungen sogar eine rechtliche Abfindungsverpflichtung bestehe, konstituiere sich im individuellen, arbeitsgerichtlichen Kündigungsschutz, vermittelt durch professionell Beteiligte wie Richter und Rechtsvertreter, eine „kryptonormative" Abfindungspraxis, die zwar auf der Basis, aber gewissermaßen unterhalb des Anspruchs auf Kündigungsschutz operiere. Da alle Beteiligten die Unvollziehbarkeit des Anspruchs auf Arbeitsplatzerhaltung antizipierten, wendeten sie sich, von taktischen Erörterungen abgesehen, ausgiebig der Erarbeitung des Vergleichsinhalts zu. Der Vergleich funktioniere als „Alternative für einen Regelungsbedarf" (de lege ferenda)[1781]. Eine Aufgabe des Bestandsschutzes sei nicht zu empfehlen, da dies zu einer ganz erheblichen Verschiebung der Rechtslage und des Gleichgewichts im Prozess zuungunsten des rechtswidrig gekündigten Arbeitnehmers führte, zumal bereits die wenigen Fälle einer tatsächlichen Durchsetzung der Weiterbeschäftigung nach Ausspruch einer Kündigung die Aufrechterhaltung des Bestandsschutzziels rechtfertigten. Allerdings sei daran zu denken, einen gesetzlichen Abfindungsanspruch auf Antrag des Arbeitnehmers zuzulassen, was sich durch eine Herabsetzung der gesetzlichen Anforderungen an den Auflösungsantrag des Arbeitnehmers bewerkstelligen ließe[1782]. Eine solche Abfindungszahlung wurde dabei vor allem bei betriebsbedingten Kündigungen befürwortet[1783]. Die Diskussion ist auch in der Folgezeit kaum abgeflacht[1784].

[1780] Exemplarisch *Berdecki*, BB 1973, 806 (807): „Fast alle erstinstanzlichen Arbeitsgerichte handhaben das ‚Kündigungsschutzgesetz' ... weiterhin wie ein ‚Kündigungsentschädigungsgesetz'"; *Notter*, DB 1976, 772: „Arbeitgeber und Arbeitnehmer gehen denn auch entgegen dem Gesetz meist wie selbstverständlich davon aus, dass es bei ‚Kündigungsschutzverfahren' normalerweise nicht um den Erhalt des Arbeitsplatzes und Weiterbeschäftigung sondern allenfalls um Abfindungen für den Verlust des Arbeitsplatzes geht."; siehe auch *Becker/Rommelspacher*, ZRP 1976, 40 ff., über „Ansatzpunkte für eine Reform des Kündigungsrechts"; weitere Nachweise bei *G. von Hoyningen-Huene/Linck*, Einleitung Rn. 66 ff.

[1781] So treffend *Schönholz* (1982), S. 167.

[1782] So *Lewerenz/Moritz* (1983), S. 82 f.

[1783] So *Frommel*, ZRP 1983, 31 (35 Fn. 23), unter Berufung auf *Blankenburg/Schönholz/Rogowski* (1979), S. 130 ff.

[1784] Siehe etwa *Berscheid*, ZfA 1989, 47 (83), zur Herabsetzung der gesetzlichen Anforderungen an den Auflösungsantrag; *Rühle*, DB 1991, 1378 ff., über den „Sinn und Unsinn des allgemeinen Kündigungsschutzes in Deutschland" mit kritischer Erwiderung *Falkenberg*, DB 1991, 1486 f., und Replik *Rühle*, DB 1991, 1487 f.; *P. Berg*, AiB 1992, 253 (255), betreffend einen gesetzlichen Abfindungsanspruch im Fall der arbeitgeberseitigen Kündigung; siehe auch *Wank*, RdA 1992, 225 ff., im Zuge des geplanten Entwurfs eines Arbeitsvertragsgesetzes.

Diese Thematik wurde sodann innerhalb der arbeits- und sozialrechtlichen Abteilung des 63. Deutschen Juristentags 2000 in Leipzig unter dem Titel „Welche arbeits- und ergänzenden sozialrechtlichen Regelungen empfehlen sich zur Bekämpfung der Arbeitslosigkeit?" behandelt[1785]. In einem vorbereitenden Gutachten zu dieser Veranstaltung empfahl *Kleinhenz*, den arbeitsrechtlichen Kündigungsschutz zeitlich erst dann stufenweise erwachsen zu lassen, wenn die Befristungsmöglichkeiten ausgelaufen seien[1786]. Statt monetärer Abfindungen anlässlich von Entlassungen sprach er sich für verbriefte und übertragbare Zeitguthaben aus, die dem Einzelnen im Falle einer kontinuierlicher Beschäftigung letztlich einen früheren Eintritt in den Ruhestand ermöglichen könnten[1787]. Dagegen befürwortete *Hanau* in einem weiteren Gutachten eine Wahlmöglichkeit der Arbeitnehmer zwischen Abfindung und gesetzlichem Kündigungsschutz; den Arbeitsvertragsparteien solle eine entsprechende Gestaltungsmöglichkeit eingeräumt werden[1788]. Letzteres wird auch von der Wirtschaft favorisiert: Unternehmen sollten schon bei Vertragsabschluss mit den neuen Arbeitnehmern eine Abfindungszahlung vereinbaren können, falls der Vertrag gelöst werden müsse; eine solche Regelung gebe dem Unternehmen Kalkulationssicherheit, vermeide lange Arbeitsgerichtsprozesse und würde Neueinstellungen nach sich ziehen[1789]. Vor allem in jüngerer Zeit hat es zunehmend Forderungen nach unproblematischeren Beendigungsmöglichkeiten der Arbeitsverhältnisse gegeben, etwa durch Einführung einer Grund- oder Zusatzabfindung oder durch eine Neufassung des § 9 KSchG dergestalt, dass Auflösungsanträge künftig erleichterten Voraussetzungen unterliegen[1790]. Im Fokus stand dabei abermals die betriebsbedingte Kündigung, da bei Ausspruch einer solchen auf Seiten des Arbeitgebers erhebliche Schwierigkeiten bestünden[1791]. Ziel des Kündigungsschutzrechts sei der Schutz des Arbeitnehmers vor einem ungerechtfertigten Verlust des Arbeitsplatzes, so dass sich ein gesetzlicher Abfindungsanspruch lediglich im Falle der betriebsbedingten Kündigung empfehle, weil vor dem Hintergrund

---

[1785] Dazu *Engelmann*, NZA 2000, 1322 f.

[1786] Ebenso *Schiefer*, NZA 2002, 770 (773), und zwar in Anlehnung an die Befristungsmöglichkeit ohne sachlichen Grund erst nach zwei Jahren.

[1787] (2000), B 71; dazu auch *Buchner*, NZA 2000, 905 (912).

[1788] (2000), C 66; dazu auch *Buchner*, NZA 2000, 905 (911); dieser Vorschlag wurde allerdings auf dem 63. Deutschen Juristentag 2000 in Leipzig mehrheitlich abgelehnt, dazu NZA 2000, 1323 (1324).

[1789] So der ehemalige BDI-Chef *Rogowski* in einem Interview mit dem Nachrichtenmagazin Focus, Nr. 36/2001, S. 68; siehe zu dieser Forderung zumindest in Bezug auf Arbeitslose auch der ehemalige Anwärter der Union auf den Posten des Wirtschaftsministers *Späth*, SZ vom 29.7.2002, S. 8.

[1790] Aus dem Jahr 2000: *Neef*, NZA 2000, 7 ff.; *Willemsen*, NJW 2000, 2779 ff.; kritisch *Dorndorf*, BB 2000, 1938 ff.; aus dem Jahr 2002: *Ulrich Fischer*; NJW-Editorial Heft 12/2002, S. III; *Bauer*, NZA 2002, 529 ff.; *Buchner*, NZA 2002, 533 ff.; *Hromadka*, AuA 2002, 261 ff.; *Rebhahn*, RdA 2002, 272 ff.; *Rüthers*, NJW 2002, 1601 ff.; *Schiefer*, NZA 2002, 770 ff.; ders., ZfA 2002, 427 ff.; kritisch *Däubler*, NJW 2002, 2292 f.; aus dem Jahr 2003: *U. Preis*, RdA 2003, 65 ff.

[1791] Siehe zur unternehmerischen Freiheit als Problem der betriebsbedingten Kündigung *Hromadka*, ZfA 2002, 383 (388 ff.); kritisch zum Kündigungsschutz im unternehmerischen Alltag auch *W. Koch*, ZfA 2002, 445 ff.,; ebenfalls kritisch zur Einschränkung der „freien" Unternehmerentscheidung im Falle der betriebsbedingten Kündigung *Feudner*, NZA 2000, 1136 ff.; *Franzen*, NZA 2001, 805 ff.; siehe jüngst *Gilberg*, NZA 2003, 817 ff.; *Reuter*, RdA 2004, 161 ff.; *Schiefer*, NZA-RR 2005, 1 ff.

der Unternehmerfreiheit die Anforderungen an eine Kündigung nur dann höher sein müssten, wenn sie aus der Sphäre des Arbeitnehmers kämen[1792]. In diesem Zusammenhang wurde auch auf zahlreiche europäische Rechtsordnungen verwiesen, in denen der dort bestehende schwächere Bestandsschutz durch gesetzlich fixierte Abfindungsansprüche ebenfalls betriebsbedingt ausscheidender Arbeitnehmer ersetzt werde[1793]. Die Befürworter des Abfindungssystems lieferten zugleich entsprechende Gesetzesvorschläge, die eine Abfindungszahlung mehrheitlich für den Fall einer betriebsbedingten Kündigung vorsehen: in einem neuen § 622a BGB[1794], in einem neuen § 9 Abs. 3 KSchG[1795], in einem neuen § 1 Abs. 2 KSchG[1796] bzw. in einem neuen § 12 KSchG 2003[1797].

Es ist nicht Gegenstand dieser Abhandlung, auf all diese Vorschläge einzugehen[1798]. Um sowohl rechtspolitischen als auch rechtssoziologischen Vorgaben gerecht zu werden, müssen sich diese jedenfalls an Entlastungs- bzw. Praktikabilitäts- und Gerechtigkeitserwägungen messen lassen. Außerdem wurde zu Recht eine gesetzliche Festlegung der Abfindungshöhe empfohlen[1799]. Dass oft Streit über die Abfindungshöhe besteht, spricht jedenfalls nicht gegen einen Abfindungsanspruch de lege ferenda[1800], zumal sich dieser Streit auch in „außergesetzlichen" Vergleichsverhandlungen fortsetzt. Die Praxis hat gezeigt, dass Vergleichsverhandlungen gerade an der Festlegung der Abfindungssumme am häufigsten scheitern[1801]. Während bei gerichtlichen Vergleichsverhandlungen die Erfolgsaussichten der Parteien im Prozess bzw. der Grad der Rechtswidrigkeit der Kündigung für die Festlegung der Abfindungssumme dominierend sind, sollte sich eine gesetzlich fixierte Abfindungslösung insbesondere an folgenden Gesichtspunkten orientieren[1802]: Dauer der Betriebszugehörigkeit; Alter des Arbeitnehmers; Aussichten auf einen neuen Arbeitsplatz; soziale und wirtschaftliche

---

[1792] Dazu *Hromadka*, ZfA 2002, 383 (391 ff.).

[1793] *Willemsen*, NJW 2000, 2779 (2880 f.); *Rüthers*, NJW 2002, 1601 (1605 und 1608 f); ders., NJW 2003, 546 (549); siehe den ausführlichen Rechtsvergleich bei *Rebhahn*, RdA 2002, 272 (274 ff.), und *Tschöpe*, NZA-RR 2003, 393 (396 ff.); siehe auch *Geffken*, NZA 1999, 182 (184), zur Republik China (Taiwan); siehe schließlich *Buchner*, NZA 2002, 533 (534 f.), und *Bauer*, NZA 2002, 529 (530), die insoweit noch auf das Übereinkommen 158 der Internationalen Arbeitsorganisation (IAO) verweisen.

[1794] *Willemsen*, NJW 2000, 2779 (2785 f.), und zwar auch bei betriebsbedingten Kündigungen.

[1795] *Bauer*, NZA 2002, 529 (532 f.).

[1796] *Hromadka*, AuA 2002, 261 ff., ebenfalls abgedruckt in NZA 2002, 783 f.

[1797] *U. Preis*, RdA 2003, 65 (76 ff.), ebenfalls abgedruckt in NZA 2003, 252 ff.

[1798] Instruktiv zu den verschiedenen Regelungsmodellen bzw. Abfindungskonzepten *Rebhahn*, RdA 2002, 272 (286 ff.), und *U. Preis*, RdA 2003, 65 (70 f.).

[1799] *Neef*, NZA 2000, 7 (9); *Hromadka*, AuR 2002, 261 (265 f.).

[1800] So aber *Grotmann-Höfling* (1995), S. 133 (einschränkend aber dann in Fn. 694).

[1801] Siehe nur *Falke/Höland/Rhode/Zimmermann* (1981), S. 822; siehe zur Abfindungsformel vor den Gerichten *Hümmerich*, NZA 1999, 342 (343 ff.); siehe zur Höhe der in der Praxis gezahlten Abfindungen *Bielenski/Hartmann/Pfarr/Seifert*, AuR 2003, 81 (88).

[1802] Vgl. *Falke/Höland/Rhode/Zimmermann* (1981), S. 837 ff.; *Bielenski/Hartmann/Pfarr/Seifert*, AuR 2003, 81 (88); vgl. auch *P. Behrens*, ZfA 1989, 209 (233 f.), zur Festlegung der Abfindungshöhe unter ökonomischen Gesichtspunkten.

Verhältnisse[1803]. Erwägenswert erscheint zudem eine nach der finanziellen Situation des Betriebs differenzierende Abfindungshöhe[1804].

Etwa zu Beginn des Jahres 2003 verlagerte sich die Diskussion von der rechtswissenschaftlichen auf die rechtspolitische Ebene[1805]. So sprach Bundeskanzler *Schröder* in seiner Regierungserklärung vom 14.3.2003 erstmals auf der Regierungsebene offiziell davon, dass Arbeitnehmer bei betriebsbedingten Kündigungen „zwischen der Klage auf Weiterbeschäftigung und einer gesetzlich definierten und festgelegten Abfindungsregelung wählen können" sollten[1806]. Nach einer in der Folgezeit kontrovers geführten Diskussion und unter Einbeziehung des Vermittlungsausschusses wurde das Gesetz zu Reformen am Arbeitsmarkt im Zuge der „Agenda 2010" am 19.12.2003 im Bundestag verabschiedet und am selben Tag vom Bundesrat gebilligt[1807]. In einem ab 1.1.2004 in Kraft getretenen, neuen § 1a KSchG ist nun Folgendes vorgesehen: Kündigt der Arbeitgeber betriebsbedingt und erhebt der Arbeitnehmer bis zum Ablauf der Frist des § 4 Satz 1 KSchG keine Kündigungsschutzklage, hat der Arbeitnehmer mit dem Ablauf der Kündigungsfrist Anspruch auf eine Abfindung. Der Anspruch setzt den Hinweis des Arbeitgebers in der Kündigungserklärung voraus, dass die Kündigung auf dringende betriebliche Erfordernisse gestützt ist und der Arbeitnehmer bei Verstreichenlassen der Frist des § 4 Satz 1 KSchG die Abfindung beanspruchen kann. Die Höhe der Abfindung beträgt 0,5 Monatsverdienste für jedes Jahr des Bestehens des Arbeitsverhältnisses. Sinn der Neuregelung ist die Vermeidung von gerichtlichen Auseinandersetzungen über die Kündigung überhaupt[1808]. Wie sich dieser gesetzliche Abfindungsanspruch in der betrieblichen Praxis auswirken wird, bleibt abzuwarten[1809]. Nicht zu Unrecht wird allerdings schon jetzt kritisiert, dass es sich bei dieser Neuregelung um „Augenwischerei" handle. Echte Vorteile entstünden nämlich für keine Seite.

[1803] Vgl. *Hülsemann*, NJW 2002, 1673 (1678 f.), zu gesellschaftsvertraglichen Abfindungsklauseln: Berücksichtigungsmöglichkeit der persönlichen Verhältnisse eines ausscheidenden Gesellschafters.

[1804] *Thau*, AuA 1996, 303 (305); *Willemsen*, NJW 2000, 2779 (2784); siehe auch *Hromadka*, AuR 2002, 261 (265): im Extremfall sogar bis auf Null.

[1805] Siehe dazu den Bericht im HB vom 31.1./1.2.2003, S. 4, über die von Bundeswirtschaftsminister *Clement* angestellten Überlegungen.

[1806] Kritisch dazu *Bauer*, NZA 2003, 366 (368); *Löwisch*, BB 2003, 738 (739).

[1807] BT-Drucks. 15/1204, 15/1509, 15/1587, 15/1792 und 15/2245; der entsprechende Regierungsentwurf vom 18.6.2003, der betreffend den Abfindungsanspruch in seiner Endfassung unverändert geblieben ist, in NZA 2003, 707 f., abgedruckt; aus der umfangreichen Literatur: *Löwisch*, NZA 2003, 689 (693 f.); *Meinel*, DB 2003, 1438 ff.; *Thüsing/Stelljes*, BB 2003, 1673 (1677 f.); *Bader*, NZA 2004, 65 (70 ff.); *Däubler*, NZA 2004, 177 ff.; *Löwisch*, BB 2004, 154 (157 f.); *U. Preis*, DB 2004, 70 ff.; *Quecke*, RdA 2004, 86 (94 ff.); *Willemsen/Annuß*, NJW 2004, 177 (181 ff.); zu den verfassungsrechtlichen Aspekten *Kamanabrou*, RdA 2004, 333 ff.

[1808] So *ErfK/ArbR/Ascheid* (4. Auflage), § 1 KSchG Rn. 586; vgl. ders., § 1a Rn. 1.

[1809] Exemplarisch *Grobys*, DB 2003, 2174 ff.; *Bauer/Krieger*, NZA 2004, 77 ff.; *Giesen/Besgen*, NJW 2004, 185 ff.; *A. Wolff*, BB 2004, 378 ff.; siehe auch *U. Preis*, DB 2004, 70 (72 ff.); *Raab*, NZA 2005, 1 ff.; siehe jüngst *ArbG Siegen*, NZA 2005, 935 (936), zur Frage der Vererblichkeit des Abfindungsanspruchs; siehe schließlich *Peters-Lange/Gagel*, NZA 2005, 740 ff., zu den arbeitsförderungsrechtlichen Konsequenzen.

Wenn der Arbeitgeber bei Ausspruch der Kündigung eine geringere Abfindung anbiete, könne sich dies sogar als Falle für manchen Arbeitnehmer erweisen. Außerdem würde so getan, als führte man etwas Neues ein. Tatsächlich werde aber nur die bisherige Praxis des Abwicklungsvertrags legalisiert[1810]. Die Einführung eines gesetzlichen Abfindungsanspruchs in Gestalt einer „doppelten Option" für Arbeitgeber und Arbeitnehmer sei schlicht überflüssig. Kein einziges Strukturproblem des Kündigungsrechts werde damit gelöst. Denn zumindest der anwaltlich vertretene Arbeitnehmer werde sich sehr genau überlegen, ob er nicht trotz der angebotenen Abfindung besser klage und womöglich eine höhere Abfindung im Verhandlungswege vor dem Arbeitsgericht erreiche. Eine Entlastung der überlasteten Arbeitsgerichtsbarkeit sei nicht in Sicht[1811]. Vor diesem Hintergrund werde die Vorschrift ein „Mauerblümchendasein" fristen.[1812] Die eigentliche (unausgesprochene) Wirkung der Neuregelung liege lediglich in der Etablierung eines „Mindestabfindungsanspruchs"[1813].

bb. Sonstige Maßnahmen

Vor dem Hintergrund der rechtstatsächlichen Überlegungen wurden im Zuge der Alternativdiskussion Anfang der 80er Jahre gesetzgeberische Maßnahmen betreffend einen *Weiterbeschäftigungsanspruch* angedacht. Wie gesagt ist die Wahrscheinlichkeit, dass der Arbeitnehmer nach dem Ende des Prozesses noch im Betrieb arbeitet, höher, wenn er während eines Kündigungsschutzverfahrens im Betrieb weiterbeschäftigt ist[1814]. Vor diesem Hintergrund erschien die Forderung, höhere Anforderungen an die Möglichkeiten der Nichtweiterbeschäftigung des gekündigten Arbeitnehmers zu stellen[1815], nachvollziehbar. Diese Überlegungen müssen indes seit der Entscheidung des *Großen Senats* des *BAG* aus dem Jahr 1985 relativiert werden. Demnach kann der Arbeitnehmer verlangen, vorläufig weiterbeschäftigt zu werden, wenn er ein noch nicht rechtskräftiges positives Kündigungsschutzurteil erlangt hat und wenn die Interessen des Arbeitnehmers an der Weiterbeschäftigung die des Arbeitgebers an einer Nichtweiterbeschäftigung übersteigen[1816]. Aus Sicht des Arbeitnehmers ist dabei problematisch, dass er zumindest ein erstinstanzliches Urteil abzuwarten hat; dann ist es aber des Öfteren bereits zu spät. Daran vermag auch die Durchsetzungsmöglichkeit des vorläufigen Weiterbeschäftigungsanspruchs im Wege der einstweiligen Verfügung

---

[1810] Siehe zum Abwicklungsvertrag bereits unter C. III. 1. a. bb.

[1811] Zum Ganzen *Bauer/Preis/Schunder*, NZA 2003, 704 (705); kritisch auch *Thüsing/Stelljes*, BB 2003, 1673 (1677), wonach eine Chimäre geschaffen wurde, die kein Vorbild in vorangegangenen Diskussionen habe; weniger skeptisch *Löwisch*, NZA 2003, 689 (693 f.).

[1812] *Bauer/Preis/Schunder*, NZA 2004, 195 (197).

[1813] *Meinel*, DB 2003, 1438 (1439); vgl. *Richardi*, DB 2004, 486 (489).

[1814] Siehe dazu bereits unter C. II. 4.

[1815] Dazu *Blankenburg/Schönholz/Rogowski* (1979), S. 130 ff.; *Bünger/Moritz* (1983), S. 183; *Lewerenz/Moritz* (1983), S. 82.

[1816] BAG GS vom 27.2.1985, AP zu § 611 BGB Beschäftigungspflicht Nr. 14; *ErfK/ArbR/Ascheid*, § 4 KSchG Rn. 95; siehe auch *Gamillscheg* (1999), S. 191 ff.; ferner *Ulrich Fischer*, NZA 2004, 233 ff., zur formularmäßigen Abbedingung des Weiterbeschäftigungsanspruchs.

nichts zu ändern, wenn man sich dessen hohe Anforderungen vor Augen führt[1817]. Abhilfe könnte da nur der betriebsverfassungsrechtliche Weiterbeschäftigungsanspruch gem. § 102 Abs. 5 BetrVG leisten. Voraussetzung hierfür ist ein frist- und formgerechter Widerspruch des Betriebsrats gem. § 102 Abs. 3 BetrVG. Die Reichweite dieser Vorschrift ist indes erheblich reduziert, vor allem reicht es nicht aus, dass der Betriebsrat einen Kündigungsgrund als solchen nicht sieht oder aus eigenen personalpolitischen Erwägungen den Ausspruch der Kündigung nicht für zweckmäßig hält; entsprechend marginal ist die Praxis der vorläufigen Weiterbeschäftigung während des Kündigungsschutzprozesses[1818]. Dies ist insofern zu bedauern, als sich der betriebsverfassungsrechtliche Weiterbeschäftigungsanspruch gegenüber dem allgemeinen zumindest für den Arbeitnehmer als vorteilhaft erweist[1819]. Aus Arbeitnehmersicht ist daher eine Stärkung der Weiterbeschäftigungsmöglichkeiten zu befürworten, sofern dies dem Willen des Arbeitnehmers entspricht[1820]. Zu denken wäre schließlich an einen gesetzlichen Schutz vor den Folgeproblemen einer Weiterbeschäftigung im Betrieb nach Abschluss des Verfahrens[1821].

Befristungsregelungen können ebenfalls dazu beitragen, Konflikte bzw. zumindest Prozesse zu vermeiden; dadurch können Streitigkeiten über die Beendigung von Arbeitsverhältnissen zumindest im Falle eindeutiger gesetzlicher Vorgaben aus dem Weg gegangen werden. Auch insoweit wird bzw. wurde dem geltenden Recht in arbeitsmarktpolitischer Hinsicht eine einstellungshemmende Wirkung bescheinigt[1822]. In seinem Gutachten zur Vorbereitung der arbeits- und sozialrechtlichen Abteilung des 63. Deutschen Juristentags 2000 sprach sich *Hanau* für eine Sicherung und Erweiterung der Befristungsmöglichkeiten aus, insbesondere sollte der Zeitraum zulässiger Befristungen auf bis zu drei Jahren arbeitsvertraglich verlängert werden können, zumindest aber sollte den Tarifvertragsparteien eine entsprechende Regelungsmöglich-

---

[1817] Bezeichnend *Reidel*, NZA 2000, 454: „Die einstweilige Verfügung auf (Weiter-)Beschäftigung – eine vom Verschwinden bedrohte Rechtsschutzform?"; siehe zu den hohen Anforderungen auch *Erf-KArbR/Ascheid*, § 4 KSchG Rn. 102; siehe aber *Gamillscheg* (1999), S. 196 f., der diese Situation positiver darstellt.
[1818] *Kittner/Kohler*, BB Beilage 4 zu Heft 13/2000, 1 (25); siehe auch *Mareck*, BB 2000, 2042 ff., zum „steinigen Weg" des § 102 Abs. 5 BetrVG; siehe aber *Matthes* (1992), S. 234, der von „relativ geringen Anforderungen" spricht.
[1819] Dazu *Matthes* (1992), S. 225 ff.; dagegen sprechen sich *Willemsen*, NJW 2000, 2779 (2785), *Schiefer*, NZA 2002, 770 (772), und *R. Busch*, BB 2003, 470 (473 f.), für eine ersatzlose Streichung des § 102 Abs. 5 BetrVG aus.
[1820] Dazu *Falke/Höland/Rhode/Zimmermann* (1981), S. 414, wonach zwar ein Drittel der Arbeitnehmer eine Weiterbeschäftigung nicht während der laufenden Klage wollen, ein weiteres Drittel sieht allerdings lediglich keine Chance der Durchsetzung einer solchen Weiterbeschäftigung.
[1821] Vgl. *Falke/Höland/Rhode/Zimmermann* (1981), S. 449; vgl. auch zur Implementation von Gerichtsentscheidungen bereits im allgemeinen Teil unter B. I. 2. b. cc.
[1822] *Buchner*, NZA 2000, 905 (908); siehe auch *Hanau* (2000), C 28: Das Beschäftigungsförderungsgesetz aus dem Jahr 1985 enthalte bis heute fortwirkende Ansätze zur Beschäftigungsförderung: die erleichterte Befristung von Arbeitsverhältnissen und die Förderung von Teilzeitarbeit.

keit eingeräumt werden[1823]. Mit dem am 1.1.2001 in Kraft getretenen TzBfG hat der Gesetzgeber nicht nur die Befristungsproblematik, sondern auch die Teilzeitarbeit auf eine neue gesetzliche Grundlage gestellt[1824]. Bereits in der Entstehungsphase des TzBfG wurde kritisiert, dass der Gesetzestext Unklarheiten und Widersprüchlichkeiten enthalte[1825]. Diese Kritik hat sich in der Praxis als berechtigt erwiesen. So heißt es zum neuen Befristungsrecht: „Das neue Gesetz über befristete Arbeitsverträge ... löst das erst 1996 novellierte Beschäftigungsförderungsgesetz von 1985 nicht ab, sondern ist selbst ein Beschäftigungsförderungsgesetz, allerdings für Richter, Anwälte und Verbandsvertreter."[1826] Auch der nun gesetzlich verankerte *Teilzeitanspruch* bringt praktische Probleme mit sich[1827]. So wird geltend gemacht, dass das Gesetz erhebliche handwerkliche Mängel aufweise[1828]. Kritisiert wird auch der Verlust an Planungssicherheit für den Arbeitgeber[1829]. Nicht ganz von der Hand zu weisen ist zudem die Kritik, dass die Neuregelung nur die Perspektive der Arbeitnehmer im Blick gehabt hätte – zu arbeitswilligen Arbeitnehmern gehören aber auch beschäftigungswillige Arbeitgeber[1830]. In konfliktspezifischer, rechtstatsächlicher Hinsicht kommt erschwerend hinzu, dass das gerichtliche Vorgehen gegen den Arbeitgeber in der Mehrzahl der Fälle eine Beendigung des Arbeitsverhältnisses bedeutet[1831]. Hier zeigt sich erneut, dass Mängel im Gesetzesrecht nicht nur zu einer Überlastung der Arbeitsgerichte beitragen, sondern auch alternative Konfliktbehandlungen behindern können[1832].

2. Vertragsgestaltung im Arbeitsrecht

Vertragsmängel tragen ebenfalls zu einer Überlast der Arbeitsgerichtsbarkeit bei[1833]. Im Folgenden ist eine Unterscheidung zwischen formellen Schlichtungsvereinbarun-

---

[1823] (2000), C 53 und C 62; zustimmend *Buchner*, NZA 2000, 905 (911); wiederum *Hanau*, NJW 2002, 1240 (1241): „sogar besser" auf bis zu vier Jahre; durch das am 1.1.2004 in Kraft getretene Gesetz zu Reformen am Arbeitsmarkt im Zuge der „Agenda 2010" wurde diese Möglichkeit für neu gegründete Unternehmen geschaffen, *Löwisch*, NZA 2003, 689 (694); *Thüsing/Stelljes*, BB 2003, 1673 (1680 f.); *Bader*, NZA 2004, 65 (75 f.); *Löwisch*, BB 2004, 154 (162); *Lipinski*, BB 2004, 1221 ff.
[1824] Siehe *Hromadka*, NWJ 2001, 400 ff., zum neuen TzBfG; siehe *Kliemt*, NZA 2001, 63 ff., zum neuen Teilzeitanspruch, und ders., NZA 2001, 296 ff., zum neuen Befristungsrecht; siehe auch *Straub*, NZA 2001, 919 ff., zu ersten Erfahrungen mit dem Teilzeit- und Befristungsrecht.
[1825] *Hromadka*, NJW 2000, 400 (401).
[1826] So *Backhaus* auf dem 15. Arbeitsrechtssymposium an der Universität Passau, zitiert bei *Fahl*, NJW 2002, 41 (42); ähnlich *Schiefer*, BB Heft 22/2002, Die erste Seite: „Die Praxis wird wieder einmal auf eine Klärung der Zweifelsfragen durch die Rechtsprechung warten müssen."; siehe auch *Hunold*, NZA 2002, 255 ff., zu aktuellen Fragen des Befristungsrechts.
[1827] Zu offenen Fragen zum Teilzeitgesetz *Hanau*, NZA 2001, 1168 ff.; zur aktuellen Rechtsprechung zum Anspruch auf Teilzeit *Schiefer*, NZA-RR 2002, 393 ff., *Wisskirchen*, DB 2003, 277 ff., und *Hunold*, NZA-RR 2004, 225 ff.; siehe auch *BAG*, NZA 2003, 1392 (1394 ff.).
[1828] *Kliemt*, NZA 2001, 63 (64).
[1829] *Kröger/Rösler*, ZRP 2001, 473 (475).
[1830] *Hanau*, NJW 2002, 1240 (1241).
[1831] *Behrens/Richter*, NZA 2002, 138 (140).
[1832] Siehe dazu bereits im allgemeinen Teil unter B. I. 3. b. ff. und B. II. 4. b.
[1833] Siehe dazu bereits im allgemeinen Teil unter B. I. 3. b. gg.

gen und materieller Vertragsgestaltung angebracht[1834]. Unter formellen Schlichtungsvereinbarungen versteht man solche, die für den Fall eines Konflikts die Durchführung eines bestimmten *Verfahrens* vorsehen, etwa eine innerbetriebliche Konfliktbehandlung, eine Mediation, ein Schiedsverfahren oder ein gerichtliches Vorverfahren (a.)[1835]. Dagegen geht es bei der materiellen Vertragsgestaltung um die inhaltliche Seite eines Konflikts, d.h. darum, einen Konflikt *in der Sache* präventiv zu regeln bzw. einen vorsorgenden Interessenausgleich vorzunehmen (b.). Speziell im Arbeitsrecht können auch Zielvereinbarungen eine konflikt- bzw. zumindest prozessvermeidende Rolle spielen (c.).

a. Formelle Schlichtungsvereinbarungen

Dass der Vertragsgestaltung in Bezug auf Konfliktbehandlungen eine untergeordnete Bedeutung beigemessen wird, gilt im besonderen Maße für arbeitsrechtliche Schlichtungsvereinbarungen. Zwar sind solche schon jetzt vereinzelt vorzufinden, aber nur in hier zu vernachlässigenden Ausnahmefällen, so dass sich deren Behandlung (erst) als alternative Konfliktbehandlung rechtfertigt[1836]. Demgegenüber werden in bestimmten Wirtschaftszweigen fast alle brancheninternen Verträge mit Schiedsgerichtsklauseln versehen[1837]. In Arbeitsverträgen tauchen Schlichtungsvereinbarungen so gut wie nie auf und selbst auf der kollektiven Ebene, namentlich in Tarifverträgen oder Betriebsvereinbarungen, vermisst man sie weitgehend[1838].

Dabei erfährt die Schlichtung in der Praxis eine entscheidende Förderung durch die vorsorgende Vertragsgestaltung in Form von Schlichtungsklauseln; diese stellen ein Instrument des vorausschauenden Konfliktmanagements dar[1839]. Durch solche Klauseln wird eine Art faktischer Einigungszwang ausgeübt, der letztlich zu einer Erledigung des Konflikts führen kann, hinter der beide Parteien stehen und die ihnen die weitere Kooperation im Rahmen des Vertragsverhältnisses gestattet[1840]. Jedenfalls die-

---

[1834] Nach *K. Wagner*, NJW 2001, 2128 (2129), ist die vertragliche „Streitvermeidung" in zwei Stufen möglich: (i) durch vorsorgende Regelung, wie Beteiligte miteinander umgehen sollen, wenn es zu Interessengegensätzen oder Konflikten kommen sollte; (ii) durch Regelung von vorhandenen Interessengegensätzen, ohne das es bereits zu einem Konflikt zwischen den Beteiligten gekommen sein muss.

[1835] Im Folgenden soll der geläufige Begriff „Schlichtungsvereinbarungen" dem Begriff „Konfliktbehandlungsvereinbarung" vorgezogen werden; vgl. *G. Wagner*, JZ 1998, 836 (840 f.).

[1836] Vgl. nur *Dendorfer/Breiter*, BB Beilage zu Heft 46/2002, 33 (38), betreffend die Implementierung eines betrieblichen Konfliktmanagements: Einbeziehung von alternativen Streitbeilegungsmethoden in die Unternehmensdokumente (Vertragsmanagement).

[1837] *Böckstiegel*, DRiZ 1996, 267 (269 f.); siehe auch *K. Schmidt*, BB 2001, 1857 ff., zu gesellschaftsrechtlichen Schiedsklauseln.

[1838] Anders in den USA, wo Schlichtungsvereinbarungen in Arbeitsverträgen weit verbreitet sind, siehe *Thüsing*, NZA 1999, 635 (639); *Thüsing/Leder*, NZA 2004, 1310 (1314); siehe auch *Gruber* (1998), S. 56 f., zu den vornehmlich in Tarifverträgen weit verbreiteten Schiedsvereinbarungen; siehe dazu bereits im allgemeinen Teil unter B. I. 6. c.

[1839] *Grisebach*, AnwBl 1997, 528 (529).

[1840] *E. Rehbinder* (1993), S. 34.

nen Schlichtungsvereinbarungen insofern der Prozessvermeidung, als sie die Anrufung des Gerichts zumindest zeitweilig und für den Fall einer Einigung sogar endgültig ausschließen. Zudem können sie dazu beitragen, dass Konflikte tatsächlich ausgetragen werden[1841]. Sie rücken damit nicht nur in das Bewusstsein der Streitparteien, sondern werden auch „moralisch legitimiert". Letzteres stellt nicht zuletzt aus Sicht des Arbeitnehmers einen nicht zu vernachlässigenden, wichtigen psychologischen Aspekt dar[1842]. Ein vereinfachtes Formulierungsbeispiel könnte etwa lauten: „Zur sachgerechten Behandlung eines Konflikts am Arbeitsplatz sowie zur Vermeidung eines Prozesses verpflichten sich die Arbeitsvertragsparteien, vor Anrufung der Arbeitsgerichte die innerbetriebliche Konfliktbehandlungsstelle anzurufen."[1843] Fragen der Rechtsnatur solcher Vereinbarungen können hier außer Betracht bleiben[1844].

aa. Grundsätzliche Zulässigkeit von Schlichtungsvereinbarungen

Dass Schlichtungsvereinbarungen im Arbeitsrecht hierzulande kaum vorzufinden sind, mag zum einen daran liegen, dass es an entsprechenden Alternativen zum arbeitsgerichtlichen Verfahren mangelt. Dahinter könnte aber auch der Irrglaube stecken, dass solche nach geltendem Recht aufgrund der strukturellen Unterlegenheit des Arbeitnehmers gegenüber dem Arbeitgeber nicht in zulässiger Weise vereinbart werden können, und zwar selbst dann nicht, wenn sie nur einen vorübergehenden bzw. zeitweiligen Ausschluss der Arbeitsgerichtsbarkeit vorsehen.

Während sich in einer Entscheidung des *BAG* aus dem Jahr 1994 noch keine Ausführungen zur Zulässigkeit von Schlichtungsvereinbarungen finden, sondern die streitgegenständliche Klausel lediglich in Bezug auf ihr Verhältnis zur Arbeitsgerichtsbarkeit ausgelegt wurde[1845], lassen sich aus einer weiteren Entscheidung des *BAG* aus dem Jahr 1999 wichtige Schlussfolgerungen bezüglich der Legitimation arbeitsvertraglicher Schlichtungsklauseln ziehen[1846]. In dieser Entscheidung wird zunächst darauf hingewiesen, dass der Rechtsweg zu den Arbeitsgerichten nach § 4 ArbGG nur nach Maßgabe der §§ 101 bis 110 ArbGG ausgeschlossen werden kann: „Diese Voraussetzungen liegen hier unstreitig nicht vor. Die Parteien sind auch zu Recht darüber einig, daß die Schlichtungsstelle nicht anstelle der staatlichen Gerichte als Schiedsgericht i.S. von §§ 101 ff. ArbGG tätig werden sollte." Deutlich wurde dieses Verhältnis von Schlich-

---

[1841] Vgl. dazu die Ausführungen zum überschätzten Filterpotenzial und zur konfliktkranken Gesellschaft bereits im allgemeinen Teil unter B. I. 3. c. bb. (2) bzw. B. II. 1.
[1842] Vgl. dazu bereits die Ausführungen zur Thematisierung des Arbeitsrechts unter C. II. 3.
[1843] Vgl. *Sick*, BB Beilage 7 zu Heft 46/2002, 25 (27), zu einer vertraglichen Mediationsklausel; siehe zur innerbetrieblichen Konfliktbehandlungsstelle auch noch unter C. IV. 3. d. cc. (2).
[1844] Siehe zur Rechtsnatur von Mediationsvereinbarungen *Eidenmüller* (2001a), S. 9 ff., und (2001b), S. 52 ff.; weiterführend zum Prozessvertrag *G. Wagner* (1998), S. 11 ff.; umfassend zum sog. ADR-Vertrag *Hacke* (2001).
[1845] NZA 1994, 88 (89); siehe dazu sogleich unter C. IV. 2. a. bb. (1).
[1846] NZA 1999, 1350 (1351 f.).

tungsstelle und staatlicher Arbeitsgerichtsbarkeit an sich bereits aus der Schlichtungs-klausel selbst: „Die Behandlung eines Falles vor der Schlichtungsstelle schließt die Anrufung des Arbeitsgerichts nicht aus." Selbst wenn dies eine Auslegung der Schlichtungsvereinbarung nicht ergeben sollte, so kann den Ausführungen des *BAG* zumindest entnommen werden, dass die grundsätzliche Zulässigkeit eines *vorüberge-henden* bzw. *zeitweiligen* Ausschlusses der Arbeitsgerichtsbarkeit nicht in Zweifel zu ziehen ist[1847]. Insoweit kann ergänzend auf obige Ausführungen über die Zulässigkeit gerichtlicher Vorverfahren im Arbeitsrecht hingewiesen werden[1848].

bb. Inhaltliche Ausgestaltung von Schlichtungsvereinbarungen

Von der Frage der generellen Zulässigkeit formeller Schlichtungsvereinbarungen ist die Frage zu unterscheiden, welche Gestaltungsmöglichkeiten es in Bezug auf solche Vereinbarungen gibt. Dabei geht es einmal um ihr Verhältnis zur Arbeitsgerichtsbar-keit (1). Außerdem gilt zu beachten, dass im Arbeitsrecht grundsätzlich zulässige Schlichtungsvereinbarungen nicht im Einzelfall eine unangemessene Benachteiligung darstellen dürfen (2).

(1) Verhältnis zur Arbeitsgerichtsbarkeit: prozesshindernder Charakter

Es ist in jedem Fall festzulegen, welche Auswirkungen eine Schlichtungsvereinbarung auf ein gerichtliches Verfahren in derselben Angelegenheit hat: Es kann sich nur um eine Option handeln, die von den Beteiligten ergriffen werden kann, oder um eine Ab-rede mit zeitweise prozesshinderndem Charakter[1849]. Letzteres wird formell auch als dilatorischer Klageverzicht oder – in materieller Hinsicht –als *pactum de non petendo* (Stillhalteabkommen) bezeichnet[1850].

Schlichtungsvereinbarungen müssen klar formuliert sein, insbesondere was ihr Ver-hältnis zur staatlichen Gerichtsbarkeit anbelangt, zumal die höchstgerichtliche Recht-sprechung des *BAG* und des *BGH* bei der Auslegung von Schlichtungsvereinbarungen zu unterschiedlichen Ergebnissen gelangt. So hatte etwa in einem Fall ein Arbeitsver-

---

[1847] Im Ergebnis auch *Eidenmüller* (2001a), S. 15 Fn. 39; ders., (2001b), S. 57 Fn. 39; siehe schon *Dütz*, RdA 1978, 291 (297), betreffend einzelvertragliche Schlichtungsklauseln: Ein derartiger Güte-vertrag sei in zulässiger Weise lediglich auf einen *zeitweiligen* Ausschluss des staatlichen Gerichts-wegs gerichtet; zweifelnd aber noch *Preibisch* (1982), S. 100 f., betreffend die Zulässigkeit vertraglicher Vorverfahrensregelungen unter Verweis auf die Gesetzeshistorie (Vergleich der Rechtslage ArbGG 1926 mit ArbGG 1954) mit zahlreichen (älteren) Nachweisen; vgl. ferner *BAG*, BB 1978, 1518 (1519), über die Zulässigkeit der Bildung einer durch Betriebsvereinbarung festgelegten betrieb-lichen Schiedsstelle in Eingruppierungsstreitigkeiten.
[1848] Siehe dazu bereits unter C. III. 4. b.
[1849] In diesem Sinne *Wegmann*, ZKM 2000, 48, in Anmerkung zu *BAG*, NZA 1999, 1350.
[1850] *Eidenmüller*, (2001a), S. 12 f., und (2001b), S. 55 f.; *Nelle/Hacke*, ZKM 2002, 257 (261 und 262); weiterführend *G. Wagner* (1998), S. 424 ff. m.w.N.; siehe auch *Walter*, ZZP 103 (1990), 141 (159 ff.), der nicht für eine Abweisung einer gleichwohl erhobenen Klage wegen Unzulässigkeit, sondern ein Ruhen des Verfahrens eintritt.

trag vorgesehen: „Bei Meinungsverschiedenheiten, die sich aus dem Dienstverhältnis ergeben, haben die Vertragschließenden zunächst die Schlichtungsstelle ... anzurufen." Das *BAG* wertete diese Klausel nicht dahin gehend, dass vor Erhebung der Klage zwingend ein Schlichtungsverfahren durchzuführen wäre, und führte hierzu aus[1851]: „Es ist bereits fraglich, ob die Parteien mit dieser Abrede die Zulässigkeit einer Klageerhebung davon abhängig machen wollten, daß zunächst die Schlichtungsstelle angerufen wird. Die Zulässigkeit einer arbeitsgerichtlichen Klage ist dort nicht erwähnt... Dem Text ... des Arbeitsvertrags läßt sich nicht entnehmen, die Parteien hätten ... von der Freiwilligkeit des Schlichtungsverfahrens abweichen wollen."[1852] Ähnlich lag der Fall, in dem der Arbeitsvertrag Folgendes bestimmte: „(Die Parteien) sind verpflichtet, bei Meinungsverschiedenheiten, die sich aus dem Vertrag ergeben, zunächst die ... Schlichtungsstelle anzurufen. Die Behandlung eines Falles vor der Schlichtungsstelle schließt die Anrufung des Arbeitsgerichts nicht aus." Auch hier verneinte das *BAG* in Anknüpfung an seine frühere Rechtsprechung einen prozesshindernden Charakter der Schlichtungsklausel und führte aus[1853]: „In der Vertragsklausel ist nicht festgelegt, daß eine Klage unzulässig ist, wenn die klagende Partei die Schlichtungsstelle nicht vor Klageerhebung anruft oder daß eine erhobene Klage unzulässig wird, wenn die klagende Partei an dem von der beklagten Partei eingeleiteten Schlichtungsverfahren nicht mitwirkt. Die Vorschrift bedarf deshalb der Auslegung." Schon dies ist angesichts der explizit ausgesprochenen Verpflichtung zu kritisieren, zumal Satz 2 lediglich klarstellen sollte, dass kein Ausschluss der Arbeitsgerichtsbarkeit gem. § 4 ArbGG intendiert war[1854]. Weiter heißt es, dass der Wortlaut der Vertragsklausel keinen Anhalt für die Annahme biete, die staatliche Gerichtsbarkeit sei vorläufig ausgeschlossen. Immerhin gesteht das *BAG* ein, dass die Formulierung, die Anrufung müsse „zunächst" erfolgen, eine zeitliche Reihenfolge zwischen der Schlichtung und dem staatlichen Rechtsschutz festlege. Die Rechtsverfolgung vor den Gerichten für Arbeitssachen solle danach nachrangig sein. Jedoch lasse sich „hieraus allein" nicht ablesen, die gleichwohl unmittelbar erfolgte Anrufung des staatlichen Gerichts und die weitere Durchführung dieses Verfahrens begründe eine prozessual beachtliche Einrede: „Hätten die Parteien eine derart weitgehende Beschränkung des Klagerechts vereinbaren wollen, hätte dies ausdrücklich bestimmt werden müssen." Ausführungen zu den (sonstigen?) Sanktionsfolgen eines Verstoßes gegen die „rechtgeschäftliche Verpflichtung"[1855] zur Anrufung der Schlichtungsstelle fehlen.

[1851] NZA 1994, 88 (89).

[1852] Zu Recht führt das *BAG* jedenfalls aus, dass die Parteien durch die Einleitung des Gerichtsverfahrens auf die Einhaltung des Schlichtungsverfahrens konkludent verzichtet hatten.

[1853] NZA 1999, 1350 (1352).

[1854] So zutreffend *Eidenmüller* (2001a), S. 13 f. Fn. 34, und (2001b), S. 56 Fn. 34; unkritisch allerdings *ErfKArbR/Koch*, § 4 ArbGG Rn. 3.

[1855] So ausdrücklich das *BAG*, NZA 1999, 1350 (1352).

Zu kritisieren ist auch, dass das *BAG* nicht weiter vorgibt, wie eine zwingend vorherige Anrufung der Schlichtungsstelle „ausdrücklich" formuliert werden kann. Das *BAG* verweist in diesem Kontext lediglich auf die vom *BGH* in einer Entscheidung aufgestellten Anforderungen[1856]. Der Verweis geht aber fehl, vielmehr steht diese Entscheidung in direktem Widerspruch zur bisherigen Rechtsprechung des *BAG*. Der Vertrag in dem vom *BGH* entschiedenen Fall hatte nämlich Folgendes vorgesehen: „Bei Unstimmigkeiten zwischen den Vertragspartnern oder bei Auseinandersetzungen über die Auslegung der Vertragsvorschriften soll in jedem Fall zunächst die ... Schlichtungsinstanz angerufen werden." In den Entscheidungsgründen heißt es dann: „Trotz der Formulierung, es ‚solle' zunächst die (Schlichtungsinstanz) angerufen werden, handelt es sich bei der Klausel um eine Mußbestimmung. Die Revision hat darin recht, daß hierfür bereits die Wahl der Worte ‚in jedem Fall' spricht. Vor allem aber der Zweck der Klausel gebietet eine solche Auslegung..." Ob die Parteien „verpflichtet" werden, die Schlichtungsstelle zunächst anzurufen[1857], bzw. zunächst „in jedem Fall" anrufen „sollen"[1858], kann sprachlich – und somit auch in rechtlicher Hinsicht bei der Auslegung – keinen Unterschied machen, zumal die grammatische Auslegung des Vertrags oberste Priorität genießt[1859]. Darüber hinaus ist der Zweck der Klausel richtigerweise gerade darin zu sehen, die in der Schlichtungsordnung vorgegebene Wahlmöglichkeit auszuschließen[1860]. Der *BGH* hat seine Rechtsprechung inzwischen bestätigt[1861]. Es ist also davon auszugehen, dass das *BAG* und der *BGH* bei der Auslegung von Schlichtungsvereinbarungen konträr entscheiden[1862]. Dies mag an einem generellen Misstrauen der Arbeitsgerichte gegenüber außergerichtlichen Schlichtungsinstitutionen liegen[1863]. Dass hierbei jedoch ersichtlich mit zweierlei Maß gemessen wird, zeigt sich im materiellen Recht bei der bisherigen Rechtsprechung zur Frage der Inhaltskontrolle von Arbeitsverträgen[1864].

(2)   Inhaltskontrolle: keine unangemessene Benachteiligung

Eine im Arbeitsrecht grundsätzlich zulässige Schlichtungsvereinbarung kann freilich im Einzelfall eine unangemessene Benachteiligung beinhalten. An dieser Stelle ist erneut die Implikation des AGB-Rechts zu beachten, zu der die jüngste Reform des

---

[1856] NJW 1984, 669.

[1857] Wie im Fall des *BAG*.

[1858] Wie im Fall des *BGH*.

[1859] Vgl. *Palandt/Heinrichs*, § 133 Rn. 6, zur Auslegungsbedürftigkeit von Willenserklärungen bzw. Verträgen; vgl. auch *Larenz/Canaris* (1995), S. 163 f., zur Auslegung von Gesetzen.

[1860] Auch dies hatte das *BAG* bezüglich der Schlichtungsordnung der jeweils streitgegenständlichen arbeitsvertraglichen Mustervorlagen anders gesehen.

[1861] NJW 1999, 647 (648).

[1862] Auch nach *Wegmann*, ZKM 2000, 48, in Anmerkung zu *BAG*, NZA 1999, 1350, lässt sich der Trend erkennen, dass die Arbeitsgerichte Schlichtungsvereinbarungen in weniger starkem Umfang prozesshindernden Charakter zubilligen als die allgemeine Zivilgerichtsbarkeit.

[1863] Siehe dazu bereits unter C. IV. 2. a. aa.

[1864] Siehe dazu näher noch unter C. IV. 2. b.

Schuldrechts geführt hat[1865]. Nach der Schuldrechtsreform findet das AGB-Recht nun auch auf Arbeitsverträge Anwendung, wie sich aus den §§ 305 Abs. 1, 310 Abs. 4 Satz 2 BGB ergibt[1866]. Dabei dürfte eine formularmäßig in den Vertrag einbezogene Schlichtungsklausel die Regel sein.

Bevor indes zur Inhaltskontrolle Stellung genommen werden kann, ist zunächst nach der wirksamen Einbeziehung von Schlichtungsvereinbarungen im Arbeitsrecht zu fragen. Abgesehen von obigen Formulierungsproblemen, wobei Zweifel bei der Auslegung der Schlichtungsklausel zu Lasten des Verwenders (Arbeitgebers) gehen (§ 305c Abs. 2 BGB), darf eine solche Klausel nicht überraschend sein (§ 305c Abs. 1 BGB). Dies ist dann der Fall, wenn sie nach den Umständen so ungewöhnlich ist, dass der Vertragspartner (Arbeitnehmer) mit ihr nicht zu rechnen braucht. In diesem Kontext lohnt ein Blick auf die vergleichbare Problematik bei Schiedsklauseln. Jedenfalls im unternehmerischen Verkehr wird eine solche Klausel im Allgemeinen, sofern nicht die Ausgestaltung des Schiedsverfahrens als ungewöhnlich zu bezeichnen ist, nicht überraschend sein, weil sie weithin üblich sind[1867]. Aber auch im Verkehr mit Verbrauchern wird man eine solche Klausel nicht vorschnell als überraschend diskreditieren können, und zwar zumindest dann nicht, wenn die Formvorschrift des § 1031 Abs. 5 ZPO beachtet wird[1868]. Demnach muss die Schiedsklausel auf einer gesonderten Urkunde vom Verbraucher eigenhändig unterschrieben werden. Für Schlichtungsklauseln sollte letztlich nichts anderes gelten[1869]. Aufgrund der Parallelität zwischen Verbraucher- und Arbeitnehmerschutzrecht[1870] erscheint eine der Vorschrift des § 1031 Abs. 5 ZPO entsprechende Vorgehensweise für arbeitsvertraglich Schlichtungsklauseln nahe liegend. Alternativ sollte die Schlichtungsklausel mittels Fettdruck an exponierter Stelle im Arbeitsvertrag deutlich herausgehoben werden[1871]. Die bloße (objektive) Ungewöhnlichkeit einer arbeitsvertraglichen Schlichtungsklausel führt dann mangels (subjektiver) Überraschung nicht dazu, dass diese nicht Vertragsbestandteil würde[1872].

[1865] Dass das AGB-Recht auf formelle Schlichtungs- bzw. verfahrensbezogene Klauseln anwendbar ist und diese nach AGB-Recht kontrollfähig sind, hat *G. Wagner* (1998), S. 131 ff., ausführlich dargelegt; vgl. *Eidenmüller*, (2001a), S. 16 Fn. 43, und (2001b), S. 58 Fn. 43; *Nelle/Hacke*, ZKM 2002, 257 (262); vgl. aber *Hutner*, SchiedsVZ 2003, 226 (229 ff.), demzufolge sich die Medianten zu einer Gesellschaft bürgerlichen Rechts nach den §§ 705 ff. BGB zusammenschließen würden, was gem. § 310 Abs. 4 Satz 1 BGB die Unanwendbarkeit der §§ 305 ff. BGB zur Folge hätte.
[1866] Siehe dazu näher noch unter C. IV. 2. b.
[1867] *UBH/Brandner*, Anh. §§ 9-11 Rn. 621; *Lachmann/Lachmann*, BB 2000, 1633 (1640).
[1868] So jetzt auch *BGH*, NJW 2005, 1125 (1126) m.w.N.; siehe schon *Lachmann/Lachmann*, BB 2000, 1633 (1637).
[1869] Vgl. *V. Wagner*, BB Beilage 2 zu Heft 16/2001, 30 f., zu Mediationsklauseln; a.A. – wenngleich ohne nähere Begründung – *Nelle/Hacke*, ZKM 2002, 257 (262), wonach Mediationsklauseln in den meisten Zusammenhängen als „überraschende Klausel" gem. § 305c Abs. 1 BGB einzustufen seien.
[1870] Siehe dazu bereits im allgemeinen Teil unter B. II. 7. b. aa.
[1871] Vgl. *V. Wagner*, BB Beilage 2 zu Heft 16/2001, 30 (31), zu Mediationsklauseln; vgl. auch *BGH*, NJW-RR 2002, 485 (486); *UBH/Brandner*, § 3 Rn. 23.
[1872] *UBH/Brandner*, § 3 Rn. 22a; a..A. offenbar *V. Wagner*, BB Beilage 2 zu Heft 16/2001, 30 (31), zu Mediationsklauseln.

Was die Inhaltskontrolle anbelangt, müssen Schlichtungsklauseln klar und verständlich formuliert sein (§ 307 Abs. 1 Satz 2 BGB). Außerdem dürfen sie den Arbeitnehmer nicht unangemessen benachteiligen (§ 307 Abs. 1 Satz 1 BGB). Einseitig den Arbeitgeber begünstigende bzw. den Arbeitnehmer belastende Schlichtungsklauseln werden einer richterlichen Überprüfung nicht standhalten. Auch hier erscheint eine Parallele zu den weit verbreiteten Schiedsklauseln angebracht. Die Zivilgerichte sind geneigt, bei der Auslegung von Schiedsklauseln einen wirksamkeitsfreundlichen Maßstab anzulegen[1873]. Zumindest im Verkehr zwischen Unternehmern sind Schiedsklauseln grundsätzlich anzuerkennen, sofern nicht ausnahmsweise die Ausgestaltung des Verfahrens, die Zusammensetzung des Schiedsgerichts oder die Bestimmungen über seine Anrufung die Klausel als unangemessen erscheinen lassen[1874], etwa wenn sich der Verwender das Wahlrecht vorbehält, ob das staatliche oder Schiedsgericht angerufen werden soll[1875]. Selbst eine gegenüber einem Verbraucher verwendete Schiedsklausel hat der *BGH* jüngst für wirksam erachtet[1876]. Für Schlichtungsklauseln, die außerhalb des Schiedsverfahrensrechts angesiedelt sind, kann wiederum nichts anderes gelten. Dabei gilt zu bedenken, dass es bei einer Schlichtungsklausel im Gegensatz zur Schiedsklausel nicht um einen – freilich in den Grenzen des § 1059 ZPO – „totalen", sondern eben nur zeitweiligen Ausschluss der staatlichen Gerichtsbarkeit geht[1877]. Auch der *BGH* hat eine Schlichtungsklausel mit folgenden Worten gebilligt[1878]: „Die Beschränkung der Klagbarkeit in der Weise, daß die über den Verfahrensgegenstand verfügungsberechtigten Vertragsteile vereinbaren, vor Anrufung des ordentlichen Gerichts habe ein Güteversuch vor einer Schiedsstelle stattzufinden, stellt jedenfalls dann keine unangemessene Beschränkung des Rechtswegs dar, wenn die Vertragspartner an der Anrufung der Gütestelle ein berechtigtes Interesse haben." Allerdings ist erforderlich, dass das Schlichtungsverfahren gewissen rechtsstaatlichen Mindestvoraussetzungen genügt[1879]; diese Sichtweise lässt sich bereits den Ausführungen im allgemeinen Teil zu den Verfahrensgarantien bei alternativen Konfliktbehandlungen entnehmen[1880]. Davon zu unterscheiden ist die Frage, ob die formularmäßige Verpflichtung zur

---

[1873] So *Kröll*, NJW 2001, 1173 (1176).

[1874] In diesem Sinne *UBH/Brandner*, Anh. §§ 9-11 Rn. 621; *Palandt/Heinrichs*, § 307 Rn. 143; *Lachmann/Lachmann*, BB 2000, 1633 (1640); siehe auch *OLG Oldenburg*, NJW-RR 2002, 641; vgl. *Kröll*, NJW 2003, 791 (792): inhaltliche Anforderungen an die Wirksamkeit von Schiedsklauseln sehr gering; vgl. auch ders., NJW 2005, 194 m.w.N.; zurückhaltend aber *WHL/Wolf*, § 9 S 4: nur bei besonderem Bedürfnis.

[1875] *BGH*, NJW 1999, 282 f.; ähnlich eine Entscheidung des US-amerikanischen *California Court of Appeals* vom 9.1.1997, Stirlen v. Supercuts Inc., 12 IER Cases 684, aufgeführt bei *Thüsing*, NZA 1999, 635 (639).

[1876] NJW 2005, 1125 (1126 f.).

[1877] Vgl. *Prütting*, ZZP 99 (1986), 93 (97).

[1878] NJW 1984, 669 (670).

[1879] In diesem Sinne auch *Prütting*, ZZP 99 (1986), 93 (96 ff.); vgl. *V. Wagner*, BB Beilage 2 zu Heft 16/2001, 30 (31), zu Mediationsklauseln; vgl. jüngst *BGH*, NJW 2005, 1125 (1127), zu einer Schiedsklausel.

[1880] Siehe dazu bereits unter B. II. 3. b.

Durchführung eines Schlichtungsverfahrens sinnvoll erscheint[1881]. Wichtig ist indes nur, dass der Ausstieg aus dem Verfahren jederzeit möglich ist[1882]. Im Ergebnis kommt es also wesentlich auf die jeweilige inhaltliche Ausgestaltung des Schlichtungsverfahrens an.

All dies sollte für arbeitsvertragliche Schlichtungsklauseln gleichermaßen gelten. Anhaltspunkt hierfür liefert abermals das Verbraucherschutzrecht. Art. 3 Abs. 3 Anhang 1q der EG-Richtlinie 93/13/EWG vom 5.4.1993 über missbräuchliche Klauseln in Verbraucherverträgen verbietet Klauseln, die dem Verbraucher die Möglichkeit nehmen oder erschweren, Rechtsbehelfe bei Gericht einzulegen, und zwar insbesondere dadurch, dass der Verbraucher *ausschließlich* auf ein nicht unter die rechtlichen Bestimmungen fallendes Schiedsgerichtsverfahren verwiesen wird. Dem lässt sich entnehmen, dass Schlichtungs- oder Güteverfahren, die nicht ausschließlich, sondern als Vorschaltverfahren vorgesehen sind, zulässig sind[1883]. Dies muss wiederum zumindest dann gelten, wenn sie grundlegenden Verfahrensgarantien genügen und keine sonstigen Ungerechtigkeitserwägungen im Einzelfall gegen die Durchführung der Schlichtung sprechen[1884]. Von vornherein eingeschränkt zu sein scheint indes die hier beschworene Privatautonomie in Bezug auf arbeitsvertragliche Schlichtungsklauseln im Fall des § 4 KSchG[1885]. Sofern man jedoch wie hier – zumindest de lege ferenda – für eine Hemmung dieser Klagefrist im Falle der Anrufung einer Schlichtungsstelle plädiert[1886], ergibt sich aus dem nur dilatorischen Klageverzicht kein Rechtsnachteil für den Arbeitnehmer. Ähnlich verhält es sich schließlich mit der Vorschrift des § 4 Abs. 4 TVG[1887]. Zumindest zeitweilig sollte ein Arbeitnehmer auf die Geltendmachung tarifvertraglich begründeter Ansprüche verzichten können[1888] – jedenfalls aber sollten die Tarifvertragsparteien den Arbeitnehmern ein solches Recht ausdrücklich zusprechen.

[1881] Kritisch dazu *V. Wagner*, BB Beilage 2 zu Heft 16/2001, 30 (31 f.); *Nelle/Hacke*, ZKM 2002, 257 (262).

[1882] Siehe die Ausführungen zum Aspekt der Freiwilligkeit bereits im allgemeinen Teil unter B. III. 6.

[1883] Wie hier *WHL/Wolf*, RiLi Rn. 214; *Lachmann/Lachmann*, BB 2000, 1633 (1638 f.); zurückhaltend *UBH/Hensen*, Anh. §§ 9-11 Rn. 622; a.A. offenbar *Palandt/Heinrichs*, § 310 Rn. 45 f.; *V. Wagner*, BB Beilage 2 zu Heft 16/2001, 30 (31); vgl. jüngst auch *BGH*, NJW 2005, 1125 (1127), zu einer Schiedsklausel.

[1884] Vgl. wiederum jüngst *BGH*, NJW 2005, 1125 (1127), zu einer Schiedsklausel.

[1885] *Eidenmüller* (2001a), S. 15, und (2001b), S. 57; *Eidenmüller/Hacke*, Personalführung 3/2003, 20 (24); vgl. *G. Wagner* (1998), S. 455.

[1886] Siehe dazu bereits unter C. IV. 1. a. aa.

[1887] *G. Wagner* (1998), S. 456; *Eidenmüller* (2001a), S. 14 f., und (2001b), S. 56 f.

[1888] Vgl. *Wiedemann/Wank*, § 4 Rn. 658, betreffend den prozessualen Anspruchsverzicht, der (nur) dann unwirksam sei, wenn er praktisch zum *Verlust* des Anspruchs führte.

b. **Materielle Vertragsgestaltung unter Berücksichtigung der jüngsten Reform des Schuldrechts**

> Mit der Erosion des Tarifvertrags und zunehmendem wissenschaftlichem Zweifel an der Leistungsfähigkeit der Betriebsvereinbarung gerät der Arbeitsvertrag wieder mehr ins Blickfeld. In beinahe umgekehrtem Verhältnis dazu steht die Beachtung, die ihm in der Praxis geschenkt wird. Hinter Unternehmensleitlinien und Grundsätzen für Zusammenarbeit und Führung oder für Sozialpolitik führt er ein eher rechtstechnisches Aschenbrödel-Dasein, das die Personalabteilung verwaltet. Überkommene Texte werden mehr oder weniger fortgeschrieben, Freiräume kaum genutzt, die Diskussion über die Arbeitsvertragskontrolle findet in den Formulierungen allenfalls einen schwachen Widerschein. Und das, obwohl die Rechtsprechung den Arbeitsvertrag im Allgemeinen sehr ernst nimmt und mancher Prozess nicht geführt werden müsste, wenn die Vertragspartner dasselbe täten.
>
> *Hromadka*[1889]

Mit vorstehender Aussage wird nochmals deutlich der Zusammenhang zwischen Vertragsgestaltung und Konflikt- bzw. Prozessvermeidung hergestellt[1890]. Immerhin wird der Arbeitgeber aufgrund der Vorschrift des § 2 Abs. 1 Satz 1 NachwG zum Abschluss eines schriftlichen Arbeitsvertrags mehr oder minder faktisch gezwungen[1891]. Danach hat der Arbeitgeber spätestens einen Monat nach dem vereinbarten Beginn des Arbeitsverhältnisses die wesentlichen Vertragsbedingungen schriftlich niederzulegen, die Niederschrift zu unterzeichnen und sodann dem Arbeitnehmer auszuhändigen. Andernfalls drohen auf Seiten des Arbeitgebers Beweisverluste, möglicherweise sieht sich dieser sogar Schadensersatzansprüchen ausgesetzt[1892]. Gleichwohl und trotz seiner hohen praktischen Bedeutung ist die Aufmerksamkeit, die dem Arbeitsvertrag bei der Begründung eines Arbeitsverhältnisses geschenkt wird, gering.

Der Arbeitsvertrag ist meist ein Formularvertrag[1893]. Weniger vor diesem als vielmehr vor dem Hintergrund der Imparität zwischen Arbeitgeber und Arbeitnehmer war die richterliche Billigkeits- bzw. Inhaltskontrolle von Arbeitsverträgen in Rechtsprechung

---

[1889] Geleitwort in NZA Sonderbeilage zu Heft 3/2000 anlässlich des 13. Arbeitsrechtssymposiums an der Universität Passau am 17. und 18.7.1999.

[1890] Siehe dazu bereits im allgemeinen Teil unter B. I. 3. b. gg.

[1891] Vgl. *Bauer*, JuS 1999, 356 f.

[1892] Dazu *Bergwitz*, BB 2001, 2316 ff.; *C. Weber*, NZA 2002, 641 ff.; siehe auch *BAG*, NZA 2002, 1096 (1098 f.), zum Schadensersatzanspruch.

[1893] *Reinecke*, NZA Sonderbeilage zu Heft 3/2000, 23 (33); *Richardi*, NZA 2002, 1057 (1058); ausführlich *U. Preis* (1993), S. 22 ff.; siehe jetzt auch die Vorschrift des § 310 Abs. 3 BGB, wobei jedoch deren Anwendung im Arbeitsrecht umstritten ist, dafür *Däubler*, NZA 2001, 1329 (1334), und *Gotthardt*, ZIP 2002, 277 (278 f.), dagegen *Bauer*, NZA 2002, 169 (173), und *Lingemann*, NZA 2002, 181 (183 f.).

und Literatur viel diskutiert worden[1894]. Dabei wurde bisweilen auch die Öffnung des AGB-Rechts für Arbeitsverträge gefordert[1895]. Dagegen hatte das *BAG* die „praktische Notwendigkeit für eine analoge Anwendung des AGB-Gesetzes" noch Ende 2000 verneint[1896]. Im Zuge der jüngsten Reform des Schuldrechts sah der Gesetzgeber dies jedoch anders[1897]. Sprichwörtlich in letzter Minute wurde das Bedürfnis nach richterlicher Kontrolle der einseitig vom Arbeitgeber festgesetzten Arbeitsbedingungen ausdrücklich anerkannt[1898]. Die Anwendung des AGB-Rechts gem. den §§ 305 ff. BGB auf Arbeitsverträge folgt direkt aus § 305 Abs. 1 BGB und wird durch § 310 Abs. 4 Satz 2 BGB insofern konkretisiert, als bei der Anwendung der §§ 305 ff. BGB auf Arbeitsverträge die im Arbeitsrecht geltenden Besonderheiten angemessen zu berücksichtigen sind[1899], zudem gelten § 305 Abs. 2 und Abs. 3 BGB nicht[1900]. Es ist wiederum nicht Gegenstand dieser Abhandlung, die Auswirkungen dieser Änderung und die mit ihr verbundenen vielen Einzelfragen zu klären[1901]. Dass es zu einer *einschneidenden* Änderung kommen wird, dürfte nicht schwer zu prophezeien sein. Dies wird zwar im Hinblick auf § 310 Abs. 4 Satz 2 BGB vereinzelt anders gesehen[1902]. Solchen Stimmen seien aber die Worte eines Vorsitzenden Richters am *BAG* zur Inhaltskontrolle gem. §§ 307 ff. BGB entgegengehalten: „Sollte damit gemeint sein, dass sich der Kontrollmaßstab durch die Streichung der arbeitsrechtlichen Bereichsausnahmen nicht geändert haben sollte, so kann dem nicht gefolgt werden."[1903]. Jedenfalls dürfte damit

---

[1894] Siehe schon *BAG* vom 21.12.1970 und 22.12.1970, AP zu § 305 BGB Billigkeitskontrolle Nr. 1 und Nr. 2; siehe aus der Literatur *Fastrich* (1992), S. 159 ff.; ders., RdA 1997, 65 ff.; *U. Preis* (1993), S. 147 ff.; ders., AuR 1994, 139 ff.; *Hromadka* (1999), S. 251 ff.; *Reinecke*, NZA Sonderbeilage zu Heft 3/2000, 23 ff.; rückblickend *Hunold*, NZA-RR 2002, 225 ff.

[1895] Siehe etwa *U. Preis*, AuR 1994, 139 (152), für den dies nach einer Kodifikation des Arbeitsrechts die zweitbeste Lösung erschien, mit einem entsprechenden Formulierungsvorschlag; zustimmend *Reinecke*, NZA Sonderbeilage zu Heft 3/2000, 23 (33); auch der Entwurf eines Arbeitsvertragsgesetzes erstreckte die Inhaltskontrolle auf „Allgemeine Vertragsbedingungen" im Arbeitsvertrag (§ 20 Abs. 3); siehe zur Kodifikation des Arbeitsrechts bereits unter C. IV. 1. b.

[1896] NZA 2001, 723 (724).

[1897] BT-Drucks. 14/6857, S. 17 und 53 f.

[1898] *Ayad*, DB 2001, 2697 (2704).

[1899] Bezeichnend die Aufsatztitel von *Thüsing*, NZA 2002, 591 ff.; *Birnbaum*, NZA 2003, 944 ff.; *Morgenroth/Leder*, NJW 2004, 2797 ff.; *von Steinau-Steinrück/Hurek*, NZA 2004, 965 ff.

[1900] Siehe aus der inzwischen unüberschaubaren Aufsatzliteratur *Annuß*, BB 2002, 458 ff.; *Gotthardt*, ZIP 2002, 277 ff.; *Grobys*, DStR 2002, 1002 ff.; *Lingemann*, NZA 2002, 181 ff.; *Reinecke*, DB 2002, 583 ff.; *Richardi*, NZA 2002, 1057 ff.; *Thüsing*, NZA 2002, 591 ff.; ders., BB 2002, 2666 ff.; *Birnbaum*, NZA 2003, 944 ff.; *Hümmerich*, NZA 2003, 753 ff.; *Singer*, RdA 2003, 194 ff.; *Thüsing/Leder*, BB 2004, 42 ff.; *Schrader/Schubert*, NZA-RR 2005, 169 ff. und 225 ff.

[1901] Die ersten zum AGB-Recht veröffentlichten arbeitsgerichtlichen Entscheidungen betrafen die Vertragsstrafe im Arbeitsvertrag, siehe *ArbG Bochum*, NZA 2002, 978 (979 f.), *LAG Hamm*, NZA 2003, 499 (500 ff.), und *BAG*, NZA 2004, 727 (728 ff.); siehe auch *ArbG Duisburg*, NZA 2002, 1038; ausführlich dazu *Reichenbach*, NZA 2003, 309 ff.; vgl. auch *LAG Düsseldorf*, NZA 2003, 382 (383 ff.), zur Vertragsstrafe für den Fall des Nichteintritts der Arbeit.

[1902] *Bauer/Kock*, DB 2002, 42 (45); auch *Lingemann*, NZA 2002, 181 (192), leugnet im Ergebnis nahezu jede Änderung; ebenfalls zurückhaltend *Grobys*, DStR 2002, 1002 (1006).

[1903] *Reinecke*, DB 2002, 583 (585), ähnlich *Annuß*, BB 2002, 458 (463), demzufolge die grundsätzliche Erstreckung der AGB-Kontrolle auf Arbeitsverträge „das Zeug dazu" habe, in der Praxis „hohe

deutlich geworden sein, dass die Bedeutung der richterlichen Vertragskontrolle im Arbeitsrecht steigen wird[1904].

In konfliktspezifischer Hinsicht eher von Interesse ist die Frage, wie es sich nun mit der strukturellen Unterlegenheit des Arbeitnehmers gegenüber dem Arbeitgeber beim Verhandeln eines Arbeitsvertrags verhält[1905]. Mit Sicherheit zieht die Öffnung des AGB-Rechts für Arbeitsverträge ein angeglichenes Schutzniveau bei vorformulierten Verträgen nach sich, also in den Fällen, in denen typischerweise eine gestörte Vertragsparität vorliegt. Auf der anderen Seite könnte damit aber auch in den Fällen, in denen echte Individualvereinbarungen vorliegen, ein Mehr an *Vertragsfreiheit* einhergehen, weil insoweit eine AGB-Kontrolle nicht in Betracht kommt und auch nicht kaschiert durch andere Rechtsinstitute wird vorgenommen werden dürfen[1906]. Genau dies ist jedoch problematisch. Die Imparität zwischen Arbeitgeber und Arbeitnehmer ist sowohl beim Formular- als auch beim Einzelarbeitsvertrag vorhanden. Infolgedessen sollte sich die Angemessenheitskontrolle nicht auf AGB beschränken, sondern auch den Einzelvertrag erfassen[1907]. Die Rigorosität der Anwendung der Inhaltskontrolle passt bereits im unternehmerischen Verkehr nicht[1908]. Um den Anwendungsbereich der Inhaltskontrolle auszuweiten, setzt man dort einschränkend bei der Frage der Individualvereinbarung an[1909]. Dasselbe Problem stellt sich nach der Reform des Schuldrechts nun auch im Arbeitsrecht, wobei die Lösung dieses Problems bisher unklar ist[1910]. Positiv gewendet könnte man indes auch sagen, dass künftig *zwei* freiheitliche Komponenten des AGB-Rechts im Arbeitsrecht stärker als im bisherigen Recht hervortreten: die Ersetzung zwingenden, also schlechthin unabdingbaren Arbeitsrechts durch die flexiblere Inhaltskontrolle und die Herstellung voller Vertragsfreiheit bei echten Individualvereinbarungen[1911]. Dem entspricht der Wunsch, dass die Arbeitsgerichte die Vertragsfreiheit auch im Arbeitsrecht mehr anerkennen, denn im Zweifel sei der freie Vertrag auch hier die ideale Form des Ausgleichs von Interessen[1912].

Wellen zu schlagen"; *Hümmerich/Holthausen*, NZA 2002, 173 (178), die eine „Umwälzung des gesamten Arbeitsvertragsrechts" prophezeien.

[1904] So schon *Reinecke*, NZA Sonderbeilage zu Heft 3/2000, 23 (33), vor Öffnung des AGB-Rechts für Arbeitsverträge.

[1905] Vgl. dazu die Ausführungen bereits im allgemeinen Teil unter B. II. 7. a.

[1906] So *Gotthardt*, ZIP 2002, 277 (289).

[1907] Siehe insbesondere *Fastrich* (1992), S. 161 ff., S. 165 und S. 184 ff.; ders., RdA 1997, 65 (80), spricht letztlich von einem „Zwang zur Konsistenz bei Einschränkung der Vertragsfreiheit".

[1908] Insoweit bemerkenswert *LG Itzehoe*, NJW 2002, 2479: Geschäftserfahrungsgefälle zwischen Unternehmen als Umstand der Klauselkontrolle; siehe auch *Staudinger/Coester* § 9 AGBG Rn. 82, zu „gruppentypischen Differenzierungen".

[1909] Vgl. dazu *Berger*, NJW 2001, 2152 ff.

[1910] Dazu *Thüsing*, NZA 2002, 591 (594 f.); jüngst ders., RdA 2005, 257 (261 ff.); vgl. *Richardi*, NZA 2002, 1057 (1060).

[1911] So *Hanau*, NJW 2002, 1240 (1242); vgl. ders. (2000), C 65 f., in seinem vorbereitenden Gutachten zur arbeits- und sozialrechtlichen Abteilung des 63. Deutschen Juristentags 2000 in Leipzig.

[1912] So *Adomeit*, NJW 2001, 3314 (3315); siehe jüngst ders., NJW 2003, 2356 (2358), mit Verweis auf *LAG Brandenburg*, NZA 2003, 503 (505).

Neben der eben geschilderten Liberalisierung steht auch eine *Flexibilisierung* des Arbeitsvertragsrechts in Frage[1913]. Zweck einer insbesondere aus Sicht des Arbeitgebers gewünschten Flexibilisierung ist die Anpassung der Arbeitsbedingungen an sich ändernde Bedürfnisse und Möglichkeiten. Es kann indes auch dem Bedürfnis des Arbeitnehmers entsprechen, wenn der Arbeitsvertrag für veränderte Situationen sozusagen in weiser Voraussicht Lösungen bereithält. Hierdurch kann es ebenfalls zu einer Vereinfachung der Streitentscheidung bzw. einer Prozess-, bestenfalls sogar Konfliktvermeidung kommen. Hier ist wiederum die Implikation des AGB-Rechts zu beachten, etwa in Bezug auf Änderungs-, Anpassungs- und Widerrufsvorbehalte[1914]. Des Weiteren könnte für den Fall eines Betriebsübergangs eine „zeitliche Vorverlagerung der Einwilligung durch den Arbeitnehmer" zwischen Arbeitgeber und Arbeitnehmer vereinbart werden[1915]. Vorsorgende vertragliche Regelungen bieten sich auch im Bereich des Bestandsschutzes an, z.B. wenn es um die Einführung von Kurzarbeit bei schlechter Auftragslage oder die Durchführung eines Outplacement-Verfahrens im Kündigungsfalle geht[1916]. Zu erinnern ist in diesem Zusammenhang schließlich an obigen Vorschlag, beim Abschluss des Arbeitsvertrags bereits die Zahlung eines Abfindungsbetrags für den Fall der Auflösung des Arbeitsverhältnisses zu vereinbaren[1917]. Sofern solche Flexibilisierungen nicht auf einer gesetzlich gesicherten Grundlage fußen, steht hier freilich eine Umgehung des KSchG im Raum[1918]. Das damit einhergehende Konfliktpotenzial kann hier indes nur ansatzweise aufgezeigt werden.

Anknüpfend an obige Darstellung hinsichtlich der Situation bei Auflösung des Arbeitsverhältnisses[1919] fragt sich darüber hinaus, ob Aufhebungsverträge künftig insofern der Inhaltskontrolle unterliegen, als mit ihnen eine unangemessene Benachteiligung des Arbeitnehmers verbunden sein könnte. Unter Berufung auf die fehlende strukturell ungleiche Verhandlungsstärke bei Abschluss eines Aufhebungsvertrags hat es das *BAG* bisher abgelehnt, eine solche Inhaltskontrolle vorzunehmen[1920]. Vor dem

---

[1913] Instruktiv etwa *Zöllner*, NZA 1997, 121 ff.; *Reichold*, RdA 2002, 321 ff.; *Reinecke*, NZA 2005, 953 ff.; vgl. auch *Hanau* (2000), C 65 ff., in seinem vorbereitenden Gutachten zur arbeits- und sozialrechtlichen Abteilung des 63. Deutschen Juristentags 2000 in Leipzig; *U. Preis* (1997), S. 96 ff., zur Flexibilität des Arbeitsvertrags und zur innovativen Funktion der arbeitsrechtlichen Vertragsgestaltung; vgl. jüngst *Thüsing*, NJW 2004, 2576 (2577).

[1914] Siehe etwa *Schnitker/Grau*, BB 2002, 2120 ff.; *U. Preis*, NZA 2004, 1014 ff.; *Hanau/Hromadka*, NZA 2005, 73 ff.; *Strick*, NZA 2005, 723 ff.; *Willemsen/Grau*, NZA 2005, 1137 ff.; vgl. jüngst *BAG*, NZA 2005, 465 (467 f.), mit Besprechung *Hümmerich*, NJW 2005, 1759 ff., und *Schimmelpfennig*, NZA 2005, 603 ff.; vgl. schon *Zöllner*, NZA 1997, 121 (125 ff.).

[1915] Dazu *Pröpper*, DB 2000, 2322 ff., mit dem Ergebnis, dass dem Arbeitnehmer in jedem Fall das außerordentliche Kündigungsrecht aus wichtigem Grund gem. § 626 Abs. 1 BGB zustehen müsse.

[1916] Zum Outplacement und zur Kurzarbeit noch unter C. IV. 3. e. bb. (2) bzw. C. IV. 3. e. bb. (3); vgl. *Schnitker/Grau*, BB 2002, 2120 (2124 ff.), zur inhaltlichen Kontrolle von Versetzungsklauseln.

[1917] Siehe dazu bereits unter C. IV. 1. c. aa.

[1918] Siehe nur *Zöllner*, NZA 1997, 121 (124 f.); vgl. dazu auch die Ausführungen zu Zielvereinbarungen sogleich unter C. IV. 2. c.

[1919] Siehe dazu bereits C. III. 1. a. bb.

[1920] NZA 1996, 811 (812).

Hintergrund der jüngsten Reform des Schuldrechts wird die Frage neu zu beantworten sein. Auch Aufhebungsverträge werden regelmäßig vorformuliert sein. Zum einen könnte bereits der Abschluss des Aufhebungsvertrags eine unangemessene Benachteiligung darstellen. Die zum Abschluss eines Aufhebungsvertrags erforderlichen Willenserklärungen wird man aber im Hinblick auf § 307 Abs. 3 Satz 1 BGB für kontrollfrei erachten können, da die Beendigung des Arbeitsverhältnisses im Grundsatz der Privatautonomie unterliegt[1921]. Zum anderen geht es um die Frage, ob Aufhebungsverträge inhaltlich nach den §§ 307 Abs. 1, Abs. 2, 308, 309 BGB überprüft werden können[1922]. Außerdem bleibt abzuwarten, ob Ausgleichsquittungen bzw. Ausgleichsklauseln nach der jüngsten Reform des Schuldrechts einer Inhaltskontrolle gem. § 307 Abs. 1 BGB standhalten[1923]. In beiden Fällen könnte ein vertraglich eingeräumtes Widerrufsrecht dazu führen, die Unangemessenheit zu verneinen[1924].

Eine gewisse Synthese zwischen formeller Schlichtungsvereinbarung und materieller Vertragsgestaltung besteht schließlich darin, für die Behandlung eines bestimmten (materiellen) Konflikts ein konkretes (formelles) Verfahren vorzusehen. Insbesondere in diffizileren arbeitsrechtlichen Angelegenheiten bietet sich diese Vorgehensweise an, beispielsweise wenn es um die Frage der Auflösung eines Arbeitsverhältnisses geht.

c.   Zielvereinbarungen

> Zielvereinbarungen vermeiden rechtsförmig ausgetragene Konflikte... Entweder ... weil sie die Wahrnehmung von Rechten *überflüssig* machen oder aber weil sie deren Wahrnehmung *verhindern*.
>
> *Geffken*[1925]

Gewissermaßen konflikt- bzw. zumindest prozessvermeidend können auch Zielvereinbarungen als Unterfall der arbeitsrechtlichen Vertragsgestaltung zwischen Arbeitgeber und Arbeitnehmer wirken[1926]. Zielvereinbarungen lassen sich in personalwirtschaftli-

---

[1921] Vgl. *Gotthardt* (2003), Rn. 308; *Bauer*, NZA 2002, 169 (172); *Lingemann*, NZA 2002, 181 (185); etwas anderes ergibt sich auch dann nicht, wenn der Aufhebungsvertrag im konkreten Fall zu einer arglistigen Umgehung des KSchG führt – der Schutz über § 123 BGB ist hier ausreichend bzw. vorrangig, *Palandt/Heinrichs*, Vorb v § 307 Rn. 20; ausführlich *Staudinger/Coester*, § 9 AGBG Rn. 27 ff.

[1922] Tendenziell ablehnend unter Berufung auf die im Arbeitsrecht geltenden Besonderheiten *Bauer*, NZA 2002, 169 (172 f.), *Henssler*, RdA 2002, 129 (139), und *Lingemann*, NZA 2002, 181 (185); siehe aber *Hümmerich*, AnwBl 2002, 671 (680); *Birnbaum*, NZA 2003, 944 (949 f.).

[1923] Differenzierend *LAG Schleswig-Holstein*, BB 2004, 608 (609 ff.), mit Anmerkung *von Steinau-Steinrück*, BB 2004, 611 f.; tendenziell ablehnend *Reinecke*, DB 2002, 583 (586); vgl. dazu auch *G. von Hoyningen-Huene/Linck*, § 1 Rn. 16 f.; *U. Preis* (1993), S. 497 f.

[1924] Vgl. *Gaul/Otto*, BB 2002, 2049 f., mit einem Formulierungsbeispiel; siehe zum Widerrufsrecht de lege ferenda noch unter C. IV. 3. b. bb.

[1925] NZA 2000, 1033.

[1926] Vgl. *Klein* (2002), S. 82, zur Konfliktprävention: klare Stellenbeschreibung, in der unmissverständlich deutlich werde, welche Zielsetzung mit der Stellenbesetzung angestrebt werde.

cher Hinsicht als „zielorientierte Beurteilungsverfahren" qualifizieren, bei denen eine Leistungsbeschreibung anhand zuvor festgelegter Ziele erfolgt; sie stellen ein zentrales Element des in den USA entwickelten Führungskonzepts „management by objectives" (MBO) dar[1927]. Außerdem lassen sie sich mit dem im Trend liegenden kooperativen Führungsstil in Verbindung bringen[1928]. Da Zielvereinbarungen in der Praxis zunehmend an Bedeutung gewinnen[1929], ist es nur konsequent, wenn ihnen auch die gebotene rechtliche Aufmerksamkeit geschenkt wird. In der Arbeitsrechtsliteratur jedenfalls waren Zielvereinbarungen bis vor kurzem nahezu unbekannt[1930]. Dies hat sich seit dem Jahr 2002 grundlegend geändert[1931].

Einen gesetzlichen Ansatzpunkt für Zielvereinbarungen liefert die im BetrVG verankerte Vorschrift des § 81 Abs. 1 Satz 1. Demnach muss der Arbeitgeber den Arbeitnehmer über dessen Aufgabe und Verantwortung sowie über die Art seiner Tätigkeit und ihre Einordnung in den Arbeitsablauf des Betriebs unterrichten. Die Art der Tätigkeit bezieht sich dabei auch auf den Zusammenhang mit ihrem *Endprodukt*[1932]. In den Grenzen des – inzwischen ebenfalls gesetzlich verankerten – Direktionsrechts (§ 106 GewO) ist es dem Arbeitgeber auch möglich, gewisse Zielvorgaben hinsichtlich der Arbeitsleistung des Arbeitnehmers zu machen[1933]. Daraus ergibt sich zugleich die grundsätzliche Zulässigkeit von Zielvereinbarungen: Was dem Direktionsrecht unterliegt, kann selbstverständlich auch vereinbart werden[1934]. Abgesehen davon, dass eine Zielvereinbarung über das direktionsrechtlich einseitig Bestimmte hinaus gehen kann (vgl. § 315 BGB), hat sie den Vorteil, dass sie sich kaum bestreiten und auch nicht ohne weiteres aus der Welt schaffen lässt. Hinzu kommt, dass das Direktionsrecht schon strukturell Gegenwehr oder Gegenrechte auslöst, während die individuelle Zielvereinbarung bereits aus psychologischen Gründen eine Gegenwehr des Betroffenen verhindert[1935]. Ob damit aber auch eine „faktische Entrechtlichung des Gesamtvorgangs" einhergeht, ist zweifelhaft[1936]. Das Problematische bei Zielvereinbarungen ist

---

[1927] Weiterführend *Breisig* (1998), S. 91 ff., S. 297 ff. und 418 ff.; siehe auch *Geffken*, NZA 2000, 1033 (1034 f.); zu einer Übersicht über die gängigen Zielvereinbarungsmodelle *Bauer/Diller/Göpfert*, BB 2002, 882 f.

[1928] So schon *G. von Hoyningen-Huene* (1994), S. 393, ebenso *Geffken*, NZA 2000, 1033 (1034), zum „partizipatorischen Führungsstil"; siehe zum kooperativen Führungsstil bereits unter C. II. 2.

[1929] *Böhnisch/Freisler-Traub/Reber*, Personal 2000, 38 ff.; vgl. die Berichte in Personal 2000, 76 ff., zu Zielvereinbarungen.

[1930] Ansatzweise bereits *G. von Hoyningen-Huene* (1994), S. 394; erstmals ausführlich *Geffken*, NZA 2000, 1033 ff.; am Rande auch *Trittin*, NZA 2001, 1003 (1006).

[1931] *Köppen*, DB 2002, 374 ff.; *Bauer/Diller/Göpfert*, BB 2002, 882 ff.; *H.-J. Kempe*, AuA 2002, 166 ff.; *Mauer*, NZA 2002, 540 ff.; *Behrens/Rinsdorf*, NZA 2003, 364 ff.; *Berwanger*, BB 2003, 1499 ff.; ders., BB 2004, 551 ff.; *Brors*, RdA 2004, 273 ff.; *Riesenhuber/von Steinau-Steinrück*, NZA 2005, 785 ff.; *Däubler*, NZA 2005, 793 ff.

[1932] Siehe nur *FESTL*, § 81 Rn. 4.

[1933] Siehe schon *Hromadka*, DB 1995, 1609 (1610); siehe sodann *Köppen*, DB 2002, 374 f.

[1934] So treffend *Geffken*, NZA 2000, 1033 (1036).

[1935] So zutreffend *Geffken*, NZA 2000, 1033 (1036).

[1936] So aber *Geffken*, NZA 2000, 1033 (1036).

nämlich die durch sie ausgelöste Verschiebung des Charakters des Arbeitsvertrags vom Dienst- zum *Werkvertrag*. Ergebnisorientierte Arbeit kann auf eine Umwandlung bzw. einen Umbruch des Arbeitsvertrags in einen Werkvertrag hinaus laufen. Dies ist allerdings nur in engen Grenzen möglich[1937]. Besonders deutlich wird dies, wenn Zielvereinbarungen vorsehen, dass für einen bestimmten Erfolg eine Prämie bzw. ein Bonus zu zahlen ist oder Zielvereinbarungen als Basis für einen Quasi-Leistungslohn dienen, d.h. mess- oder zählbare Größen vereinbart werden[1938]. Hier kommt dann eine gerichtliche Inhaltskontrolle in Betracht. Sofern Zielvereinbarungsmuster verwendet werden, führt dies schließlich abermals zur Anwendung des nun auch für Arbeitsverträge geltenden AGB-Rechts[1939]: Überraschende „Zielklauseln" werden nicht Vertragsbestandteil (§ 305c Abs. 1 BGB), Zweifel bei ihrer Auslegung gehen zu Lasten des Arbeitgebers (§ 305c Abs. 2 BGB), darüber hinaus müssen sie klar und verständlich formuliert sein (§ 307 Abs. 1 Satz 2 BGB), und zwar unabhängig von der durchaus interessanten Frage, ob sie nicht im Einzelfall gem. § 307 Abs. 3 Satz 1 BGB kontrollfrei sind (§ 307 Abs. 3 Satz 2 BGB). Ferner sind etwaige Mitbestimmungsrechte des Betriebsrats zu beachten (§ 87 Abs. 1 Nr. 1, 6, 10 und 11 sowie §§ 80 Abs. 2, 92, 95 und 98 BetrVG)[1940]. Nicht nur in personalwirtschaftlicher, sondern auch in arbeitsrechtlicher Hinsicht bedarf es somit für eine erfolgreiche Einführung von Zielvereinbarungen eines möglichst breiten betrieblichen Konsenses[1941].

Die „Auswertung" von Zielvereinbarungen kann anhand Mitarbeiterbeurteilungen erfolgen, die der Arbeitgeber gem. § 82 Abs. 2 BetrVG auch selbst verlangen kann[1942]. Aus Sicht des Arbeitgebers ist hier die Vorschrift des § 94 BetrVG zu beachten[1943]. Sollten insoweit Differenzen etwa über den Grad der Zielerreichung auftauchen[1944],

---

[1937] Instruktiv zum Umbruch des Arbeitsvertrags von der Arbeitszeit zum Arbeitsergebnis *Trittin*, NZA 2001, 1003 ff.; speziell im Kontext mit Zielvereinbarungen *Köppen*, DB 2002, 374 (375 f.); *Berwanger*, BB 2003, 1499 ff.; vgl. jüngst auch *Hunold*, BB 2003, 2345 ff., zur unzureichenden Arbeitsleistung als Abmahn- und Kündigungsgrund.
[1938] *Köppen*, DB 2002, 374 (375 f.); instruktiv zu „Zielbonusvereinbarungen als Vergütungsgrundlage im Arbeitsverhältnis" *Mauer*, NZA 2002, 540 ff., der die Implikation des Werkvertragsrechts jedoch nicht thematisiert; vgl. jüngst *Schmiedl*, BB 2004, 329 ff.
[1939] Dazu zumindest ansatzweise *Bauer/Diller/Göpfert*, BB 2002, 882 (884).
[1940] *Däubler*, NZA 2005, 793 ff.; siehe auch *Geffken*, NZA 2000, 1033 (1037); *Bauer/Diller/Göpfert*, BB 2002, 882 (886); *Berwanger*, BB 2003, 1499 (1502); *Riesenhuber/von Steinau-Steinrück*, NZA 2005, 785 (788); siehe jüngst *BAG*, NZA 2004, 936 (938 ff.), mit Besprechung *Rieble/Gistel*, BB 2004, 2462 ff., zum Auskunftsanspruch des Betriebsrats gem. § 80 Abs. 2 BetrVG.
[1941] Siehe *Geffken*, NZA 2000, 1033 (1037 ff.), zu „unverzichtbaren Bedingungen einer Zielvereinbarung"; vgl. *Bauer/Diller/Göpfert*, BB 2002, 882 (886), mit „abschließenden Hinweisen zur Einführung von zielvereinbarungsgestützten Vergütungsformen".
[1942] Grundlegend dazu aus personalwirtschaftlicher Sicht *Breisig* (1998); siehe auch *H.-J. Kempe*, AuA 2002, 166 ff.
[1943] Ausführlich *Breisig* (1998), S. 205 ff.; siehe auch *DKK/Klebe*, § 94 Rn. 9; *Geffken*, NZA 2000, 1033 (1037); *Bauer/Diller/Göpfert*, BB 2002, 882 (886); *Däubler*, NZA 2005, 793 (794 f.).
[1944] Vgl. *Behrens/Rinsdorf*, NZA 2003, 364 ff., betreffend die „Beweislast für die Zielerreichung bei Vergütungsansprüchen aus Zielvereinbarungen".

bieten sich Konfliktlösungs- bzw. Konfliktregelungsmechanismen an: eine Vertagung bzw. ein zweites Gespräch, die Erweiterung des Gesprächskreises oder die Beteiligung einer innerbetrieblichen Konfliktbehandlungsstelle[1945]. Im Sinne einer formellen Schlichtungsvereinbarung lässt sich dies durch eine entsprechende Schiedsklausel bereits im Arbeitsvertrag bzw. in der Zielvereinbarung festlegen[1946]. Es dürfte jedoch nicht möglich sein, ein Kündigungsrecht des Arbeitgebers für den Fall vertraglich vorzusehen, dass das Ziel nicht erreicht wird. Das *ArbG Frankfurt/Main* hat hierin eine – bereits im Zusammenhang mit der Flexibilisierung des Arbeitsvertrags thematisierte[1947] – *Umgehung des KSchG* gesehen: Die Frage der Beendigung des Arbeitsverhältnisses müsse der arbeitsgerichtlichen Prüfung überlassen bleiben[1948].

3.   Innerbetriebliche Konfliktbehandlung

> Je mehr Konflikte innerhalb von Arbeitsbeziehungen in formalisierter Form ausgetragen werden, desto weniger gelangen als Klage vor das Gericht... An der Konfliktbehandlung im Betrieb entscheidet sich, bis zu welcher Stufe ein Arbeitskonflikt eskaliert.
>
> *Blankenburg/Schönholz/Rogowski*[1949]

Wenn – wie bereits erwähnt – der innerbetrieblichen Konfliktbehandlung eine herausragende Bedeutung beizumessen ist, dann hat dies konsequenterweise bzw. erst recht für deren weitere Ausgestaltung zu gelten. Vorab ist danach zu fragen, welche Vorteile eine innerbetriebliche Konfliktbehandlung generell bietet (a.).

a.   Vorteile einer innerbetrieblichen Konfliktbehandlung

Wenn man bedenkt, dass nur wenige arbeitsrechtliche Konflikte tatsächlich vor Gericht gelangen, so erscheint es naheliegend, dass es eine sachnähere Konfliktbehandlungsstelle geben muss, die Streitfälle eher und besser erledigt[1950]. Die konflikttheoretischen Ausführungen haben ebenfalls ergeben, dass Konflikte am Arbeitsplatz so früh wie möglich behandelt werden sollten, nicht zuletzt wenn es darum geht, die Existenz des Arbeitsplatzes zu sichern[1951]. Eine Entscheidung auf betrieblicher Ebene dürfte

---

[1945] *Breisig* (1998), S. 358 ff. und 432 ff.; *Köppen*, DB 2002, 374 (378); siehe zur innerbetrieblichen Konfliktbehandlungsstelle noch unter C. IV. 3. d. cc. (2).

[1946] Vgl. *Mauer*, NZA 2002, 540 (549), mit einem entsprechenden Formulierungsvorschlag; siehe zur Zulässigkeit arbeitsvertraglicher Schlichtungsklauseln bereits unter C. IV. 2. a. bb. (2).

[1947] Siehe dazu bereits unter C. IV. 2. b.

[1948] 9 Ca 127/02, siehe dazu die Nachricht der Internetredaktion Verlag C.H. Beck vom 19.8.2002; vgl. *Berwanger*, BB 2003, 1499 (1503 f.); *Hunold*, BB 2003, 2345 (2346).

[1949] (1979), S. 32; ähnlich *Bünger/Moritz* (1983), S. 184; *Hage/Heilmann*, AuA 2000, 26.

[1950] *Beck/Rosendahl/Schuster*, AuA 1992, 303 (304); siehe dies. (1992), S. 560, betreffend die ehemaligen Schiedsstellen für Arbeitsrecht in den neuen Bundesländern; siehe zu diesen Schiedsstellen noch unter C. IV. 3. d. cc. (2).

[1951] Siehe zur Thematisierung des Arbeitsrechts und Anrufung der Arbeitsgerichte bereits oben unter C. II. 3.

dabei regelmäßig schneller vorliegen als ein gerichtliches Urteil, was sich wiederum arbeitsplatzschützend auswirkt. Arbeitsplatzschützende Konfliktbehandlungen sind freilich bei betriebsbedingten Auflösungen des Arbeitsverhältnisses nur unter erschwerten Umständen möglich. Allerdings bietet sich selbst in diesen Fällen eine Entscheidung auf der betrieblichen Ebene an, um den jeweiligen betrieblichen Besonderheiten stärker als bisher Rechnung tragen zu können[1952].

Die im allgemeinen Teil aus rechtssoziologischer Sicht beschriebenen Grenzen gerichtlicher Verfahren werden im Vergleich zur innerbetrieblichen Konfliktbehandlung besonders deutlich[1953]. Im Gegensatz zum Gerichtsverfahren findet bei einer Konfliktbehandlung im Betrieb eine solche innerhalb des vertrauten sozialen Umfelds statt. Dies mag etwa bei Mobbing-Fällen nicht immer erwünscht sein[1954]; für diese Ausnahmesituationen bieten sich indes spezielle Verfahren wie z.B. die Mediation an[1955]. Jedenfalls kann es bei einem Großteil arbeitsrechtlicher Streitigkeiten und vor allem bei Bestandsstreitigkeiten vorteilhaft sein, wenn der Konflikt mit dem Arbeitgeber im Betrieb behandelt wird. Der Arbeitnehmer erhält tatkräftige Unterstützung vom Betriebsrat (sofern vorhanden) und zumindest moralische Unterstützung durch die Arbeitskollegen, die sich ihrem „Leidgenossen" gegenüber jedenfalls in psychologischer Hinsicht zumeist solidarisch zeigen werden. Diese Nähe zum Konfliktherd kann eine Deeskalation der Konfliktsituation bewirken (wenngleich man an sich das Gegenteil vermuten würde) und eine wesentlich entspanntere Konfliktbehandlung nach sich ziehen[1956]. Die sozialen Beziehungen im Betrieb werden weit weniger belastet, wenn die Konflikthandhabung innerbetrieblich nur unter Beteiligung der Streitparteien und eventuell vermittelnder oder schlichtender betriebsangehöriger Dritter erfolgt[1957]. Des Weiteren können bei einer innerbetrieblichen Konfliktbehandlung betriebsspezifische Umstände besser berücksichtigt und sodann in die abschließende Entscheidung einbezogen werden, was zugleich eine Verrechtlichung vermeidet[1958]. Dabei kann es auch um Konflikte gehen, die noch keine Verrechtlichung erfahren haben, also rechtlich irrelevante Konflikte, aus denen allerdings rechtsrelevante Streitigkeiten entstehen können. Vielmehr kann der innerbetrieblichen Konfliktbehandlung insofern eine ge-

---

[1952] Vgl. zum Ganzen bereits *Grunsky*, NJW 1978, 1832 (1834).

[1953] Siehe zu den Grenzen gerichtlicher Konfliktbehandlung bereits unter B. I. 2. b.

[1954] Selbst in diesen Fällen eine Konfliktnähe befürwortend *Hage/Heilmann*, BB 1998, 742 (747).

[1955] Siehe zur Mediation im Arbeitsrecht noch unter C. IV. 5. b. dd.

[1956] Vgl. *Prütting* (2002), S. 959 f., in Bezug auf die Mediation im Arbeitsrecht.

[1957] So *Hage/Heilmann*, AuA 1997, 339 (340).

[1958] *Falke/Gessner* (1982), S. 297 f.: Erfolgsversprechend erscheine, für spezifische Interaktionssysteme und die dort auftauchenden Konflikte Streitregelungseinrichtungen unter Mitwirkung der für diesen Bereich jeweils benötigten Experten und typischen Verkehrskreise zu schaffen. Dadurch würde eine Laienbeteiligung ermöglicht, die notwendigerweise zu einer gewissen Entrechtlichung der Konfliktregelung führe. Vgl. *Frommel*, ZRP 1983, 33 (35): funktionierendes innerbetriebliches System der informellen Konfliktverarbeitung zur Vermeidung von Verrechtlichung als effektiver Schutz der Arbeitnehmer.

wisse präventive Funktion zukommen, als mögliche Konfliktherde frühzeitig lokalisiert und damit rechtzeitig behandelt werden[1959]. Schließlich ist es auch in rechtspolitischer bzw. gerichtsentlastender Hinsicht wünschenswert, der Vergerichtlichung von Arbeitskonflikten Einhalt zu gebieten und diese durch eine „Verbetrieblichung" zwar nicht vollends zu ersetzen, aber doch wenigstens zu ergänzen[1960].

Erstrebenswert ist dabei auch eine verstärkte betriebliche *Kooperation*. Insoweit sei an die Ausführungen im Rahmen der Rechtstatsachenforschung erinnert[1961]. Immer häufiger tauchen in der Personalwirtschaft Begriffe wie Akzeptanz, Identifikation, Motivation, Vertrauen, Verständigung, Information, Kommunikation oder Konsens auf[1962]. Ein solches Miteinander sollte nicht nur im Verhältnis zwischen Arbeitgeber und Betriebsrat angestrebt werden[1963]. Hier lässt sich aus den §§ 2 Abs. 1, 74 Abs. 1 BetrVG ohnehin ein „Vorrang von Verhandlungen" im Sinne einer innerbetrieblichen Streitschlichtung ableiten[1964]. Auch im direkten Verhältnis zwischen Arbeitgeber und Arbeitnehmern ist ein eher kooperativer, auf Kompromiss angelegter und damit kommunikativer Führungsstil angebracht[1965]; dieser erweist sich letztlich als weniger konfliktträchtig[1966]. So wurden auch im jüngsten Mobbing-Report der Bundesregierung mangelnde Gesprächsbereitschaft und Konfliktscheue des Arbeitgeber als Mobbing begünstigende Faktoren ausgemacht[1967]. Mit Blick auf das veränderte Organisationsmanagement wird dabei für eine ökonomische Nutzbarmachung verschiedener Formen direkter Partizipation plädiert, da sich Funktion und Bewertung von Kommunikation im Betrieb grundlegend gewandelt hätten. Freier Informationsfluss, offener Meinungsaustausch, Kritik selbst im Irrtum gälten nicht mehr als Problem oder gar Störung, sondern als effizienzfördernd und hochgradig erwünscht. Die Erkenntnis, dass effektive und effiziente Zielverfolgung in Organisationen auf die Initiative der unmittelbar vor Ort Tätigen angewiesen sei, mache auch vor Betrieben nicht halt[1968]. Wenn den Arbeitnehmern dabei eine große Leistungsbereitschaft abverlangt werden soll, dann

---

[1959] Vgl. *Prütting* (2002), S. 960, in Bezug auf die Mediation im Arbeitsrecht.

[1960] Siehe zum Begriff der Verbetrieblichung auch *Blanke/Rose*, RdA 2001, 92 (93).

[1961] Siehe dazu bereits unter C. II. 2.

[1962] Vgl. *Breisig* (1996), S. 75 f., zur Sozialverfassung zwischen Konflikt und Kooperation.

[1963] Instruktiv *G. von Hoyningen-Huene*, NZA 1989, 121 ff., zum betriebsverfassungsrechtlichen Kooperationsverhältnis; vgl. *Bürger*, Mitbestimmung 2/1992, 38 ff., zum Betriebsalltag zwischen Kooperations- und Konfliktfähigkeit; *Grotmann-Höfling* (1995), S. 166 ff.; jüngst auch *Hunold*, AuA 2002, 215 f., zum Betriebsrat als Co-Manager des Arbeitgebers.

[1964] *G. von Hoyningen-Huene*, NZA 1989, 121 (125), und (1995), S. 178 f.; vgl. zur Diskussion über die Verhandlungspflicht der Tarifvertragsparteien *Coester*, ZfA 1977, 87 (90 ff.); *Mikosch* (1999), S. 379 ff.

[1965] *G. von Hoyningen-Huene* (1994), S. 393 f.; vgl. *Streeck*, AuA 1999, 369, zum informellen und pragmatischen Kooperationsstil; *Breisig* (1998), S. 242 ff., am Beispiel alternativer Beurteilungsverfahren.

[1966] Vgl. *Grotmann-Höfling* (1995), S. 168 f.

[1967] *Meschkutat/Stackelbeck/Langenhoff* (2002), S. 123 ff.

[1968] Zum Ganzen *Blanke/Rose*, RdA 2001, 92 (94).

lässt sich diese nur durch ein hohes Maß an Zufriedenheit mit ihren Arbeitsbedingungen herstellen[1969]. Diese wiederum setzt einen kooperativen Führungsstil voraus.

Die Vorteile des Einsatzes alternativer Konfliktbehandlungen liegen letztlich auch aus Sicht des Arbeitgebers auf der Hand: Genannt seien Planungssicherheit, Vertraulichkeit bzw. Vermeidung negativer Publicity und Imageschaden, Finden flexibler und interessengerechter Lösungen, höhere Verfahrenszufriedenheit und höhere Befolgungsrate, Zeiteinsparung und Kostenreduktion, Veränderung der Streitkultur im Unternehmen, Vermeidung von Angst und Misstrauen im Umgang mit Konfliktsituationen, Verbesserung der Kommunikation sowie Verbesserung der Unternehmenskultur und Unternehmensstrukturen[1970]. Inzwischen haben immer mehr Unternehmen realisiert, dass ein präventiv, nach modernen Managementgrundsätzen ausgerichtetes Konfliktmanagement für die Bewältigung betrieblicher Konflikte zu positiven Veränderungen der Unternehmenskultur, der strategischen Unternehmensprozesse, der Organisationsstruktur und der Produktivität führen kann. Vor diesem Hintergrund kann der Einsatz alternativer Verfahren erhebliche Kosteneinsparungen mit sich bringen[1971].

Vor dem Hintergrund dieser Überlegungen fragt sich nun, welche Maßnahmen sinnvollerweise ergriffen werden können, um zu einer weiteren Ausgestaltung der innerbetrieblichen Konfliktbehandlung zu gelangen. Die obige Einteilung Vorgesetzter (b.), Betriebsrat (c.) und Beschwerdeverfahren (d.) sowie Unterscheidung zwischen dem Bestehen und der Auflösung des Arbeitsverhältnisses wird auch hier beibehalten. Anschließend werden solche innerbetriebliche Konfliktbehandlungen diskutiert, die auf Grund ihrer jüngeren Geschichte noch als innovativ bezeichnet werden können (e.).

b. Vorgesetzter

Hier ist vorab nochmals daran zu erinnern, dass Alternativen betreffend einer innerbetrieblicher Konfliktbehandlung vor allem auch für Betriebe ohne Betriebsrat entwickelt werden sollen – wie gesagt für die Mehrzahl der Betriebe in Deutschland.

aa. im bestehenden Arbeitsverhältnis: mehr Kommunikation und differenziertere Beteiligung

> You can never overcommunicate.
> Amerikanische Unternehmensphilosophie[1972]

[1969] Vgl. *Wahsner*, AuR 2000, 209 (214).

[1970] So *Ponschab/Dendorfer*, BB Beilage zu Heft 16/2001, 1 (2 f.); *Dendorfer/Breiter*, BB Beilage zu Heft 46/2002, 33 (37).

[1971] *Ponschab/Dendorfer*, BB Beilage zu Heft 16/2001, 1; *Dendorfer*, DB 2003, 135 (139); vgl. *Tigges-Mettenmeier*, ZKM 2001, 172 (173); *Eidenmüller/Hacke*, Personalführung, 3/2003, 20.

[1972] Siehe dazu den Bericht in der SZ vom 27./28.10.2001, S. V1/19, unter dem Titel „Personalchefs – Lenker oder Henker?".

Arbeitnehmer müssen ermutigt werden, bei etwaigen Konflikten den Diskurs mit ihrem Vorgesetzten zu suchen. Es wurde bereits bei der kritischen Darstellung des bisherigen „Beteiligungssystems" einzelner Arbeitnehmer darauf hingewiesen, dass für das Funktionieren formaler Organisationen Kommunikation unerlässlich ist[1973]. Nicht zuletzt der – im Trend liegende – kooperative Führungsstil verlangt kommunikatives Handeln[1974]. Gerade auch in kleineren Betrieben bedarf es einer starken, an Kooperation und Beteiligung orientierten Inhaberpersönlichkeit, die für alle Mitarbeiter gleichermaßen persönlich erreichbar und ansprechbar ist[1975]. In konflikttheoretischer Hinsicht lässt sich insoweit eine Parallele zu der bei der Rechtstatsachenforschung angesprochenen Unterscheidung zwischen Konfliktmeidung und Konfliktaustragung ziehen. Ein verminderter Kommunikationsaustausch am Arbeitsplatz, d.h. die Meidung betrieblicher Kommunikation, ist eher geeignet, Missverständnisse und damit Konflikte hinaufzubeschwören[1976]; dies ist nicht zuletzt auch im zwischenmenschlichen Bereich eine sozialpsychologische Binsenwahrheit. Es wurde aufgezeigt, dass das Betriebsverfassungsrecht hinsichtlich der Kommunikation im Betrieb Beteiligungsrechte einzelner Arbeitnehmer bereithält, insbesondere das Anhörungsrecht des § 82 Abs. 1 Satz 1 BetrVG. Dabei wurde vor allem der Zusammenhang zwischen materiellem und formellem Recht deutlich – konkret zwischen (materiellen) Anhörungsrechten und (formeller) Konfliktbehandlung[1977]. Schnittstelle hierfür bildet die *Kommunikation*. Auf den Punkt gebracht könnte man sagen: Konfliktbehandlung erfordert Kommunikation, Kommunikation am Arbeitsplatz erfordert Beteiligung[1978]. Dies dient nicht nur dem innerbetrieblichen Rechtsfrieden, sondern vermeidet auch Arbeitsgerichtsprozesse und stellt sich damit als alternative Konfliktbehandlung dar[1979]. Es bedarf also einer gewissen Teilhabe am betrieblichen Geschehen. Eben vor diesem Hintergrund sind nachfolgende Ausführungen zu individuellen Beteiligungsrechten zu sehen.

Dabei muss man sich allerdings nochmals vor Augen führen, dass das BetrVG nicht ohne Grund primär kollektive Beteiligungsrechte festlegt. Die Konzeption kollektiver

---

[1973] Instruktiv aus sozialwissenschaftlicher Sicht *Luhmann* (1964), S. 190 ff.; aus wirtschaftswissenschaftlicher Sicht *Beyer/Fehr/Nutzinger* (1995), S. 43 ff. und S. 163 ff.

[1974] So treffend *Adomeit*, NJW 2001, 1033; vgl. auch *Richter/Brüggemann*, AuA 2002, 300.

[1975] *Baukrowitz/Boes*, Mitbestimmung 6/2001, 42 (44).

[1976] Vgl. dazu *Hunold*, DB 1993, 2282 (2286), unter dem Gesichtspunkt „Führungsmaßnahmen statt Beschwerdeverfahren".

[1977] Vgl. zu dieser „Verbindung von inhaltlichen und prozeduralen Aspekten" *Oppolzer*, AuR 1998, 45 (54 ff.); zumindest ansatzweise deutlich wird diese Verbindung auch bei *Dieterich*, AuR 1997, 1 (3 f.); vgl. aus wirtschaftswissenschaftlicher Sicht *Beyer/Fehr/Nutzinger* (1995), S. 43 ff. und S. 163 ff.

[1978] Vgl. *Däubler*, AuR 1982, 6 (8 f.), der die „Konfliktlösung durch Dialog" als eine der Grundstrukturen der Betriebsverfassung ausmacht; zustimmend *G. von Hoyningen-Huene*, NZA 1989, 121 (125), und (1995), S. 178 f.; vgl. ferner *Breisig* (1996), S. 212, zum Zusammenhang zwischen Beschwerdeverfahren und Kommunikation bzw. Information; vgl. schließlich *Reichold*, NZA 2003, 289 (295 ff.), zu dem durch die europäische Richtlinie 2002/14/EG vorgegebenen „Sozialen Dialog" auf der Unternehmens- bzw. Betriebsebene.

[1979] Vgl. auch *G. von Hoyningen-Huene*, NZA 1989, 121 (125).

Beteiligungsrechte beruht auf der Überlegung, dass eine sachgerechte und in der Praxis mit zumutbarem Aufwand umsetzbare Teilhabe an den Entscheidungen des Arbeitsgebers gesetzliche Repräsentationsorgane und ein gesetzliches Repräsentationsverfahren voraussetzt. Die (freie?) Entscheidung der Belegschaft, einen Betriebsrat nicht einzurichten, bedeutet daher praktisch einen Informationsverlust[1980]. Dieses Kollektivsystem erscheint indessen nicht mehr zeitgemäß[1981]. Es ist im Grundsatz durchaus richtig, den Ausgleich der Interessen zwischen Arbeitgeber und Arbeitnehmern durch ein System „Konfliktpartnerschaft" kollektivrechtlich zu regeln, wie dies im Kernbereich der Betriebsverfassung geschieht. Es führt aber nicht zu einer Schwächung dieses Interessenausgleichssystems, wenn die Mitbestimmung durch Elemente der Selbstbestimmung der Arbeitnehmer ergänzt wird[1982]. Im Zuge der jüngsten Reform des BetrVG sprachen sich insbesondere *Blanke/Rose* für eine „direkte Partizipation" einzelner Arbeitnehmer im Rahmen der Betriebsverfassung aus. Dabei haben sie sich auf aktuelle Entwicklungen der Arbeitsorganisation berufen, die auf einem gewandelten Selbstbewusstsein der Arbeitnehmer basierten. Diese suchten heute vielfach nicht nur Einkommenserwerb, sondern Selbstverwirklichung, Kommunikation und Bestätigung in der Arbeitstätigkeit. Vielmehr noch seien Teamfähigkeit mit den Merkmalen der *Kommunikationsfähigkeit*, *Konflikttoleranz* und Einsatzbereitschaft sowie selbständiges Denken, Selbststeuerung und Innovationsfähigkeit nur ein Ausschnitt aus der Palette jener Schlüsselqualifikationen, die in modernen Unternehmen heute erwartet würden[1983].

Wie bereits dargelegt, hat der Gesetzgeber eine Stärkung der Individualrechte allein im Verhältnis zwischen Betriebsrat und Arbeitnehmern vollzogen[1984]. Eine direkte Partizipation im Verhältnis zwischen Arbeitgeber und Arbeitnehmer blieb somit unberücksichtigt, vor allem wurde dabei die Beteiligung in betriebsratslosen Betrieben völlig außer Acht gelassen. Macht es aber tatsächlich Sinn, einen Großteil der Beteiligungsrechte, insbesondere nahezu den gesamten Apparat solcher informatorischer und sozialer Art, allein von der starren Grenze von fünf – womöglich sogar teilzeitbeschäftigten

---

[1980] So etwa *Grobys*, NZA 2002, 1 (2), im Zuge des Inkrafttretens des WpÜG.

[1981] So *Blanke/Rose*, RdA 2001, 92 (95).

[1982] *Wendeling-Schröder*, NZA 2001, 357 (360); in diese Richtung tendiert auch *Heinze*, NZA 2001, 1 (7), demzufolge es unausweichlich sei, dass die Mitbestimmungsintensität im Hinblick auf die Selbstbestimmung in Zukunft gegenüber dem bisherigen Recht notwendigerweise schwächer werden müsse; tendenziell kritisch zur Freiheit der Arbeitnehmer zur Selbstbestimmung offenbar *Franzen*, ZfA 2001, 423 ff.; ebenfalls kritisch und zugleich weiterführend zur „Individualisierung der Arbeitsbeziehungen" *Oppolzer*, AuR 1998, 45 (51 ff.) m.w.N.

[1983] Zum Ganzen *Blanke/Rose*, RdA 2001, 92 (93 und 95); zustimmend *Wendeling-Schröder*, NZA 2001, 357 (359); vgl. *Dieterich*, AuR 1997, 1 (4); *Tigges-Mettenmeier*, ZKM 2001, 172 (173); vgl. schließlich den Bericht in der SZ vom 29./30.11.2003, S. 45, über das von den Bayerischen Industrie- und Handelskammern erarbeitete Anforderungsprofil an junge Berufssuchende.

[1984] Siehe oben unter C. III. 1. b. aa.

(!) – Arbeitnehmern abhängig zu machen[1985]? Hier wünscht man sich differenziertere Vorschriften, die sich allerdings nicht als bürokratische Hemmnisse erweisen dürfen, zudem darf der mit der individuellen Beteiligung verbundene Aufwand auf Arbeitgeberseite nicht zu hoch sein. Dabei geht es nicht um eine Stärkung der betrieblichen Mitbestimmung, sondern um deren Umverteilung von der kollektiven auf die individuelle Ebene insbesondere mit Blick auf die vielen betriebsratslosen Betriebe. Hierzu bedürfte es einer entsprechenden Feinabstimmung, die beispielsweise zu berücksichtigen hätte, dass eine institutionalisierte Repräsentation mit abnehmender Größe immer weniger erforderlich wird, zumal die unmittelbare Artikulation der Interessen in kleineren Betrieben regelmäßig einfacher ist[1986]. Faktisch finden sich in mittelständischen Kleinbetrieben genau solch differenzierte Beteiligungsformen[1987]. So gesehen ist die bisweilen erhobene Forderung nach einem „Betriebsrat light für Kleinunternehmen" einleuchtend[1988]. Gleichwohl hat der Gesetzgeber diesen Weg bei der jüngsten Reform des BetrVG vorerst nicht beschritten, vor allem weil er eine „Zerfaserung der Beteiligungsrechte" des Betriebsrats befürchtet hat[1989]. Es wurde lediglich eine „maßgeschneiderte" Betriebsverfassung in den engen Grenzen des § 3 BetrVG ermöglicht[1990]. Dass es aber auch anders geht, zeigt sich am jungen WpÜG: Hier wich der Gesetzgeber vom Grundgedanken des BetrVG ab, indem er der Zielgesellschaft gegenüber den Arbeitnehmern als Surrogat für einen nicht vorhandenen Betriebsrat gewisse Informationspflichten auferlegt[1991].

Vor diesem Hintergrund hätte eine weitere Ausgestaltung der Individualrechte an sich zu den wichtigsten Aufgaben der Betriebsverfassung 2001 gehört; gerade hierin zeigt

---

[1985] Zweifelnd *Hanau*, RdA 2001, 65 (69 f. und 75), im Zuge der jüngsten Reform des BetrVG; vgl. ders., ZIP 2001, 1981 (1987), und NJW 2002, 1240 (1241), in arbeitsmarktpolitischer Hinsicht; vgl. auch den insoweit bezeichnenden Aufsatztitel von *Thüsing*, NZA 2000, 700: „One size fits all?"; kritisch auch *Buchner*, NZA 2001, 633 (639 f.); *Reichold*, NZA 2001, 857 (865); vgl. schließlich *Junker*, NZA 2002, 131 (138), und *Junker/Dietrich*, NZA 2003, 1057 (1061), aus rechtsvergleichender Sicht; insoweit sind die Übersichten bei *Pulte*, BB 2001, 2370 (2372), und *Krimphove*, NZA 2002, 724 (725), über die Maßgeblichkeit der Betriebsgröße betreffend die betriebsverfassungsrechtliche Beteiligung zu knapp geraten.
[1986] Weiterführend *Thüsing*, NZA 2000, 700 (701 ff.); vgl. ders., NJW-Editorial Heft 27/2003, S. III; *Annuß*, NJW-Editorial Heft 37/2003, S. III.; jüngst *Junker*, NJW Beilage zu Heft 27/2004, 10 (14 f.), zur „Differenzierung nach Unternehmensgröße" im Vorgriff auf den 65. Deutschen Juristentag 2004 in Bonn; *Seifert*, RdA 2004, 200 ff., mit dem Titel „Arbeitsrechtliche Sonderregeln für kleine und mittlere Unternehmen".
[1987] Siehe dazu jüngst *Pfarr/Bothfeld/Bradtke/Kimmich/Schneider/Ullmann*, RdA 2004, 193 ff.; siehe auch *W. Wassermann*, WSI-Mitt. 1999, 770 (771 ff.).
[1988] Siehe dazu *Streeck*, AuA 1999, 369 f.
[1989] Vgl. BT-Drucks. 14/5741, S. 24; andererseits lebt aber auch der Betriebsrat von den Ansichten, Ideen und Experimenten seiner neuen Basis, so zu Recht *Blanke/Rose*, RdA 2001, 92 (95).
[1990] Instruktiv *Plander*, NZA 2002, 483 ff., zum „Betrieb als Verhandlungsobjekt", und *Thüsing*, ZIP 2003, 693 ff., zu „vereinbarten Betriebsstrukturen"; siehe aus praktischer Sicht *Hohenstatt/Dzida*, DB 2001, 2498 ff.; speziell und kritisch zu § 3 Abs. 1 Nr. 3 BetrVG *Annuß*, NZA 2002, 290 ff.
[1991] Instruktiv dazu *Grobys*, NZA 2002, 1 ff.; *Pfaff*, BB 2002, 1604 ff.

die jüngste Reform des BetrVG jedoch ihre größten Defizite[1992]. Die §§ 81 ff. BetrVG sind unverändert geblieben; ihnen wurde lediglich ein das Verhältnis zwischen Betriebsrat und Arbeitnehmern betreffender § 86a BetrVG angefügt. Versäumt wurde einmal eine gesetzliche Verankerung der in § 75 Abs. 2 BetrVG genannten „Hauptfreiheitsrechte"[1993]. Dass Arbeitgeber und Betriebsrat die freie Entfaltung der Persönlichkeit und jetzt auch Selbständigkeit sowie Eigeninitiative der Arbeitnehmer zu schützen bzw. zu fördern haben, ist die eine Seite. Dass den Arbeitnehmern diese Rechte zustehen, ist die Kehrseite der Medaille. § 75 Abs. 2 BetrVG jedenfalls kann zur Begründung entsprechender Individualrechte der Arbeitnehmer nicht herangezogen werden[1994]. Zwar ist anerkannt, dass sich diese Rechte auch aus dem verfassungsrechtlich verbürgten allgemeinen Persönlichkeitsrecht des Arbeitnehmers herleiten lassen[1995], so wie die in §§ 81 ff. BetrVG normierten Individualrechte aus der Fürsorgepflicht des Arbeitgebers folgen[1996]. Es erscheint aber halbherzig, dem Arbeitgeber (und dem Betriebsrat) solche Pflichten aufzuerlegen, ohne den Arbeitnehmern entsprechende „Bürgerrechte im Betrieb" einfachgesetzlich zu gewähren[1997]. Speziell mit Blick auf die innerbetriebliche Konfliktbehandlung wünscht man sich eine weitere Ausgestaltung grundlegender *Kommunikationsrechte*, wobei Ausgangspunkt dieser Ausgestaltung das Recht auf Freiheit der Meinungsäußerung im Betrieb bilden würde. Solche Grundrechte individueller Kommunikation sollen eine Betriebsöffentlichkeit erzeugen, mit der eine betriebliche Kultur des offenen Dialogs begründet werden kann[1998]. Einen in diese Richtung gehenden Grundrechtskatalog, der auf den Arbeitnehmer und seine Stellung im Betrieb zugeschnitten war, hatte bereits der CDU/CSU-Entwurf zum BetrVG 1972 in Übereinstimmung mit Vorschlägen der DAG vorgesehen[1999]. Anders als damals hatte sich nun auch der DGB im Rahmen der neuerlichen Reform des BetrVG für eine derartige Stärkung der Individualrechte der Arbeitnehmer ausgesprochen[2000].

Grundlegende Kommunikationsrechte sind geeignet, Kommunikationsfähigkeit und Konflikttoleranz der Arbeitnehmer zu verbessern, sie tragen jedenfalls zu einer weite-

---

[1992] So zu Recht *Blanke/Rose*, RdA 2001, 92 (95 und 96).

[1993] *Richardi*, § 75 Rn. 33, *Galperin/Löwisch*, § 75 Rn. 31, und *Löwisch*, AuR 1972, 359, alle bezogen auf das Recht zur freien Entfaltung der Persönlichkeit.

[1994] Siehe nur *FESTL*, § 75 Rn. 20 und 76.

[1995] Grundlegend zum allgemeinen Persönlichkeitsrecht des Arbeitnehmers etwa *Wiese*, ZfA 1971, 273 (275 ff.).

[1996] Grundlegend wiederum *Wiese*, RdA 1973, 1 (4 ff.); vgl. dazu auch bereits unter C. III. 1. a. aa.

[1997] In diesem Sinne auch *Wendeling-Schröder*, NZA 2001, 357 (360).

[1998] So treffend *Blanke/Rose*, RdA 2001, 92 (95 f.).

[1999] Siehe dazu und zugleich befürwortend *GK-BetrVG/Wiese*, vor § 81 Rn. 9; siehe auch *Löwisch*, DB 1999, 2209 (2215), mit Verweis auf die wesentlichen Grundsätze moderner Personalführung; siehe ferner ders., AuR 1972, 359 (364), zur Ausrichtung von Maßnahmen des Direktionsrechts an dem Wert der freien Entfaltung der Persönlichkeit des Arbeitnehmers.

[2000] Dazu *Blanke/Rose*, RdA 2001, 92 (96); *Wendeling-Schröder*, NZA 2001, 357 (360); siehe auch den – insoweit allerdings lückenhaften – Überblick bei *Ratayczak*, WSI-Mitt. 1999, 761 ff.

ren „Humanisierung des Arbeitslebens"[2001] und damit letztlich auch zu einer Verbesserung des Arbeitsklimas bei[2002]. In diesem Kontext könnten dann die „Beschränkungen" des Anhörungsrechts gem. § 82 Abs. 1 Satz 1 BetrVG[2003] und des Vorschlagsrechts gem. § 82 Abs. 1 Satz 2 BetrVG[2004] aufgegeben werden[2005]. Freilich handelt es sich bei der Festlegung solcher Rechte um eine Art „soft law". Gleichwohl beeinflussen sie als Handlungsmaximen die tatsächliche Ausübung von Rechten bzw. erleichtern deren Ausübung[2006]. Dies gilt umso mehr, wenn man den Arbeitgeber bzw. Vorgesetzten verpflichtet, sich mit dem Anliegen des Arbeitnehmers ernsthaft auseinander zu setzen. Auch sollte das Direktionsrecht erst dann ausgeübt werden, wenn sich keine überzeugende Entscheidung aus Rede und Gegenrede ergibt, mithin ultima ratio sein[2007]. Beispielsweise sollte die Verpflichtung bestehen, auf Anfragen des Arbeitnehmers zu reagieren bzw. dazu Stellung zu nehmen und abweichende Ansichten oder Maßnahmen im Rahmen des Direktionsrechts zu begründen[2008]. Schließlich – und dies ist von großer Wichtigkeit – müssen Arbeitgeber verpflichtet werden, Arbeitnehmer auf ihre Kommunikationsrechte hinzuweisen, sei es schon im Arbeitsvertrag oder aber durch Aushang am „Schwarzen Brett"; das Recht auf Kommunikation muss seinerseits kommuniziert werden. Dies alles könnte im individualrechtlichen Teil des BetrVG gesetzlich verankert werden, jedenfalls solange ein Arbeitsgesetzbuch nicht existiert[2009]. Ziel dieser Maßnahmen ist letztlich die Förderung eines „gepflegten Diskurses" zwischen Arbeitgeber und Arbeitnehmer, so wie er auch auf europäischer Ebene – wenngleich primär auf kollektiver Ebene – praktiziert bzw. angestrebt wird[2010].

[2001] So schon *Wiese*, RdA 1973, 1 (9).

[2002] Vgl. *Wolmerath*, AuR 2001, 416 (418 f.), zu einer Dienstvereinbarung, die als Maßnahme für ein gutes Betriebsklima u.a. die Sicherstellung des innerbetrieblichen Informationsflusses vorsieht; vgl. auch den Artikel in der FTD vom 17.1.2001, S. 34, betreffend die positiven Auswirkungen der betrieblichen Kommunikation auf die Unternehmenskultur.

[2003] Siehe schon oben unter C. III. 1. a. aa.

[2004] Vgl. *Blanke/Rose*, RdA 2001, 92 (96 Fn. 26), mit Verweis auf das Arbeitnehmererfindungsrecht und das betriebliche Vorschlagswesen gem. § 87 Abs. 1 Nr. 12 BetrVG; vgl. § 86a BetrVG, wo sich die Beschränkung nur insoweit ergibt, als das Thema in die Zuständigkeit des Betriebsrats fallen muss, siehe BT-Drucks. 14/5741, S. 47; siehe auch *FESTL*, § 86a Rn. 6; *Löwisch*, BB 2001, 1734 (1741); *Wiese*, BB 2001, 2267 (2269).

[2005] Ferner *Wendeling-Schröder*, NZA 2001, 357 (360), zur Forderung, Arbeitnehmern in bestimmten Fällen Leistungsverweigerungsrechte zuzugestehen; dazu bereits *P. Berg*, AiB 1992, 253 (255).

[2006] In diesem Sinne zu Recht *Löwisch*, DB 1999, 2209 (2215).

[2007] Ebenso *Adomeit*, NJW 2001, 1033 (1034); ähnlich *Hage/Heilmann*, BB 1998, 742 (747), betreffend Mobbing-Konflikte.

[2008] Vgl. *Blanke/Rose*, RdA 2001, 92 (96 und 97), wobei man allerdings mit Blick auf den für den Arbeitgeber damit verbundenen erheblichen Organisationsaufwand davon absehen sollte, auf Verlangen des Arbeitnehmers eine *schriftliche* Reaktion einzufordern; vgl. auch *Ulrich Fischer*, NZA 2000, 167 (171), zu den Vorschlägen des DGB im Zuge des jüngsten Reform des BetrVG.

[2009] Ebenso *Löwisch*, RdA 1999, 69 (79).

[2010] Vgl. *Junker*, RIW 2002, 81 (84), zum französischen Betriebsverfassungsrecht; vgl. auch *Reichold*, NZA 2003, 289 (295 ff.), zur Richtlinie 2002/14/EG des Europäischen Parlaments und des Rates zur Festlegung eines allgemeinen Rahmens für die Unterrichtung und Anhörung der Arbeitnehmer in der Europäischen Gemeinschaft.

bb. **bei der Auflösung des Arbeitsverhältnisses: Widerrufsrecht und Anhörung des Arbeitnehmers**

Die obigen Ausführungen zur innerbetrieblichen Konfliktbehandlung zwischen Arbeitgeber und Arbeitnehmer bei der Auflösung des Arbeitsverhältnisses haben gezeigt, dass hinsichtlich der unterschiedlichen Beendigungsformen erhebliches Konfliktpotenzial besteht[2011]. Hauptproblem scheint dabei die in sich nicht ganz widerspruchsfreie Rechtslage zu sein. Hier wünscht man sich eine weitgehend vereinheitlichte gesetzgeberische Wertentscheidung. Dies gilt vor allem auch für die Frage, ob zwischen Arbeitgeber und Arbeitnehmer bei der einvernehmlichen Auflösung des Arbeitsverhältnisses Verhandlungsparität besteht. Insoweit wird zu Recht geltend gemacht: „Es ist bekannt, dass das Arbeitsrecht jede Einigung mit Arbeitnehmern gern als unglaubwürdig zurückweist, paradoxerweise aber nicht den Auflösungsvertrag."[2012]

Überlegenswert ist die Festlegung eines *Widerrufsrechts für Aufhebungsverträge* de lege ferenda[2013]. Dabei müsste dieses den arbeitsrechtlichen Besonderheiten angepasst bzw. vom stark formalisierten – um nicht zu sagen: überfrachteten[2014] – gesetzlichen Widerrufsverfahren nach § 355 BGB losgelöst und weitgehend formfrei ausgestaltet werden; der neuerliche Streit um die Anwendung des § 312 BGB auf arbeitsrechtliche Aufhebungsverträge erübrigte sich damit. Darüber hinaus würde man die Rechtsprechung betreffend die Anfechtung von Aufhebungsverträgen entschärfen. Es bedürfte dann auch keines Schutzes mehr über den Arbeitgeber treffende Informationspflichten bzw. das Gebot des fairen Verfahrens im Sinne einer culpa in contrahendo (jetzt positiviert in § 280 Abs. 1 i.V.m. § 311 Abs. 2 BGB)[2015]. Ein solcher Schutz birgt – wie die obigen Ausführungen gezeigt haben – erhebliches Konfliktpotenzial in sich. Entsprechendes gilt für den vorgeschlagenen Weg, den Ausgleich mittels einer an das angloamerikanische Recht angelehnten „undue influence" vorzunehmen[2016]. Vielmehr könnte man – im Gegenzug für die Einräumung eines arbeitnehmerseitigen Widerrufsrechts – darauf verzichten, dem Arbeitgeber Informationspflichten hinsichtlich etwaiger nachteiliger Folgen eines Aufhebungsvertrags aufzuerlegen. Auch sollten die Überlegungsfristen kurz gestaltet werden, um dem Arbeitgeber möglichst bald Klarheit zu verschaffen[2017]. In diesem Zusammenhang ist darauf hinzuweisen, dass Widerrufsrechte für Aufhebungsverträge schon jetzt in einigen Tarifverträgen vereinbart sind[2018].

[2011] Siehe oben unter C. III. 1. a. bb.

[2012] *Adomeit*, NJW 2001, 1033 (1034).

[2013] Zu dieser rechtspolitischen Forderung bereits *Pauly*, ZRP 1997, 228 ff.; am Rande auch *Reinecke*, NZA Sonderbeilage 2000, 23 (33), unter dem Aspekt der „Vertragskontrolle im Arbeitsrecht".

[2014] Siehe nur *Palandt/Heinrichs*, § 355 Rn. 13 ff.

[2015] Vgl. *Däubler*, NZA 2001, 1329 (1334); *Bauer/Kock*, DB 2002, 42 (44); *Hümmerich/Holthausen*, NZA 2002, 173 (178); siehe auch *KDZ/Däubler*, Einleitung Rn. 303 ff.

[2016] Dazu *Lorenz*, JZ 1997, 277 (281 f.).

[2017] Vgl. jüngst *Bauer*, NZA 2002, 1001 (1002).

[2018] Siehe die Nachweise bei *Bauer* (2004), Rn. I. 161, und *Bauer/Kock*, DB 2002, 42 (44).

Allerdings ist der praktische Wert dieser mit der Wirkung des § 4 Abs. 1 Satz 1 TVG tarifvertraglich vereinbarten Individualrechte gering, da auf das Widerrufsrecht im Aufhebungsvertrag verzichtet werden kann und keine Hinweispflicht des Arbeitgebers auf das Widerrufsrecht besteht[2019]. Die rechtspolitische Schlussfolgerung muss daher sein, dem Arbeitgeber im schriftlichen (§ 623 Hs. 1 BGB) Aufhebungsvertrag wenigstens eine kurze Belehrungspflicht aufzuerlegen. Zudem muss das Widerrufsrecht unverzichtbar sein (vgl. § 312f BGB), da sonst die gleichen Probleme, die bei der Frage der „Überrumpelung" im Kontext mit Aufhebungsverträgen diskutiert werden, bei der Frage des Verzichts wieder auftauchen[2020]. Ein gewichtiges Argument für ein solches Widerrufsrecht für Aufhebungsverträge gibt auch § 131 Abs. 2 des Entwurfs eines Arbeitsvertragsgesetzes[2021]: „Hat der Arbeitgeber dem Arbeitnehmer nicht eine Überlegungsfrist von mindestens drei Tagen eingeräumt, so kann der Arbeitnehmer den Aufhebungsvertrag innerhalb einer Woche widerrufen."

Die gerichtsentlastende Wirkung einer derartigen gesetzgeberischen Maßnahme kann freilich nicht mit Sicherheit vorausgesagt werden. Es mag Fälle geben, in denen ein „überrumpelter" Arbeitnehmer sein Ausscheiden aus dem Arbeitsverhältnis klaglos hinnimmt. Das durch ein einheitliches Widerrufsrecht erwartbare erhöhte Maß an Rechtssicherheit erscheint indes beträchtlich. Auch sollte so eine höhere Befriedungsfunktion bei der einvernehmlichen Auflösung von Arbeitsverhältnissen eintreten. Noch gesteigert werden dürfte der Rechtssicherheit und Befriedungsfunktion erzeugende Effekt, wenn man das hier vorgeschlagene Widerrufsrecht auf alle Formen einer einvernehmlichen Auflösung des Arbeitsverhältnisses erstreckte; etwa auch auf die Umwandlung eines unbefristeten Arbeitsverhältnisses in ein befristetes[2022] sowie ferner auf die Eigenkündigung des Arbeitnehmers. Damit verbunden wäre die Forderung, Schriftform auch für Abwicklungsverträge und den Kündigungsschutzverzicht vorzusehen. Die Vorschrift des § 623 BGB könnte im vorstehenden Sinne geändert werden.

Wie bereits festgestellt wurde, hat der Arbeitgeber den Arbeitnehmer in betriebsratslosen Betrieben vor Ausspruch einer Kündigung nicht anzuhören. Arbeitgeber sollten sich eine *Anhörung des Arbeitnehmers* vor Ausspruch einer Kündigung nicht zuletzt aus konflikttheoretischen Gründen selbst (vertraglich) auferlegen und durchführen. Bestenfalls sollte die „Einladung" zu einer solchen Anhörung mit dem Hinweis versehen werden, dass eine Kündigung im Raum stehe und infolgedessen gewerkschaftlicher oder anwaltlicher Beistand aufgesucht werden sollte. Tatsächlich gibt es schon jetzt vergleichbare (tarifvertragliche) Vorschriften, die den Arbeitgeber im Wege der Selbstbindung dazu verpflichten, den Arbeitnehmer vor Ausspruch etwaiger Sanktio-

---

[2019] *Pauly*, ZRP 1997, 228 (231); *Weber/Ehrich*, NZA 1997, 414 (420).
[2020] In diesem Sinne auch *Pauly*, ZRP 1997, 228 (231).
[2021] Siehe zur Kodifikation des Arbeitsrechts bereits unter C. IV. 1. b.
[2022] Ansonsten müsste man konsequenterweise auf die Befristungskontrolle solcher Umwandlungen verzichten, vgl. *Coester*, SAE 2001, 222 (225).

nen (Ermahnung, Abmahnung) anzuhören[2023]. Womöglich empfiehlt sich sogar eine dahin gehende Regelung de lege ferenda[2024]. Wenn man bedenkt, dass in Kleinbetrieben in fast drei Viertel der Kündigungen eine Anhörung des Arbeitnehmers nicht stattgefunden hat[2025], lässt sich insoweit auch ein rechtstatsächliches Argument anführen. Die derzeitige Rechtslage führt dazu, dass es in Betrieben mit Betriebsrat bereits nach einem Tag Beschäftigung und somit außerhalb des zeitlichen Anwendungsbereichs des KSchG (§ 1 Abs. 1 KSchG) der Anhörung des Betriebsrats gem. § 102 BetrVG bedarf[2026], während bei einem bereits einige Jahre in einem Betrieb ohne Betriebsrat Beschäftigten mit Kündigungsschutz nach dem KSchG nicht einmal seine eigene Anhörung erforderlich ist; dies erscheint nicht sachgerecht. Aber auch in Betrieben, in denen ein Betriebsrat vorhanden ist, ist nicht einzusehen, weshalb eine Anhörung des Betriebsrats gesetzlich vorgeschrieben ist, eine Anhörung des Arbeitnehmers aber nicht[2027].

Gegen eine solche Anhörungspflicht wird geltend gemacht, dass sie an dem objektiven Tatbestand des Kündigungsgrunds nichts ändere. Mit der Anhörung erfülle der Arbeitgeber lediglich eine im eigenen Interesse liegende Obliegenheit. Wenn er sie unterlasse, gehe er das Risiko ein, zu Unrecht zu kündigen[2028]. De lege ferenda könnte man indes eine Anhörung des Arbeitnehmers so wie bei § 102 BetrVG zur Wirksamkeitsvoraussetzung der Kündigung machen; das rechtsdogmatische Gegenargument entfiele[2029]. Vor allem aber wird bei dieser Argumentation der Sinn und Zweck einer solchen Anhörung außer Acht gelassen. Es geht nämlich nicht darum, dem Arbeitgeber das Risiko einer Nicht-Anhörung aufzuerlegen, sondern vielmehr um die Erhaltung einer reellen Chance, den Arbeitgeber im Zuge der Anhörung des Arbeitnehmers von seinem Kündigungsentschluss abzubringen. Darüber hinaus trägt diese kommunikative Vorgehensweise dazu bei, etwaige Missverständnisse aus dem Weg zu räumen; der Anhörung des Arbeitnehmers kommt damit auch eine prozessvermeidende Funktion

---

[2023] Jüngst *Richter/Brüggemann*, AuA 2002, 300 (303 f.); vgl. *Schaub*, NJW 1999, 872 (876).

[2024] Wie hier *KDZ/Däubler*, Einleitung Rn. 974, mit Verweis auf § 82 Abs. 1 BetrVG: Warum sollte ausgerechnet die einschneidende Maßnahme der Kündigung von der Anhörungspflicht ausgenommen sein?; auch *Wendeling-Schröder*, DB 2002, 206 (208), befürwortet eine „Vorabkorrektur" von Kündigungen durch eine Anhörungspflicht; ohne nähere Begründung zweifelnd *APS/Preis*, Grundlagen B. Rn. 47.

[2025] *Falke/Höland/Rhode/Zimmermann* (1981), S. 682.

[2026] *BAG*, NZA 1999, 477 (478); siehe auch *Kraft* (1994), S. 620, wonach man zu diesem Ergebnis über eine grammatische und teleologische Auslegung des § 102 BetrVG gelangt.

[2027] Dementsprechend wurden bezogen auf alle Betriebe fast zwei Drittel der Arbeitnehmer vor Ausspruch der Kündigung nicht angehört, siehe *Falke/Höland/Rhode/Zimmermann* (1981), S. 682; siehe zur Beteiligung des Arbeitnehmers im Rahmen des betriebsverfassungsrechtlichen Anhörungsverfahrens noch unter C. IV. 3. c. bb.

[2028] Vgl. *BAG*, NZA 1998, 95 (96); *ErfKArbR/Müller-Glöge*, § 626 BGB Rn. 71; *KR/Fischermeier*, § 626 BGB Rn. 32.

[2029] In diesem Sinne auch *ArbG Gelsenkirchen*, NZA-RR 1999, 137 (138); demgegenüber spricht sich *Wendeling-Schröder*, DB 2002, 206 (208), als Sanktionsfolge eines Verstoßes gegen die Anhörungspflicht lediglich für einen Schadensersatzanspruch aus.

zu[2030]. Wenn sich Missverständnisse erst vor Gericht in einem Kündigungsschutzprozess aufklären lassen, ist es für den Arbeitnehmer selbst dann schon zu spät, wenn er den Prozess letztlich erfolgreich bestreitet; die rechtstatsächlichen Ausführungen haben dies eindrucksvoll gezeigt[2031]. Es wurde bereits im allgemeinen Teil darauf hingewiesen, dass rechtliches Gehör gerade auch bei alternativen Konfliktbehandlungen gewährt werden muss[2032]; dem würde dadurch in besonderem Maße Rechnung getragen werden[2033]. Jedoch sollte das Anhörungsverfahren „frei von unnötigen Förmeleien" ausgestaltet werden[2034]; deshalb muss auch eine mündliche Anhörung möglich sein[2035]. Jedenfalls wäre der Arbeitgeber durch eine bloße Anhörungspflicht nicht besonders belastet[2036]. Im Gegenteil: Ebenso wie der Arbeitnehmer wäre auch der Arbeitgeber vor übereilten Kündigungen geschützt[2037]. So heißt es etwa zu § 102 BetrVG: „Es dürfte auch ein rationalisierendes Moment darin liegen, dass ein Arbeitgeber damit von übereilten Kündigungen abgehalten wird und vielmehr dazu angehalten wird, sich mit der Übermittlung der Gründe für die Kündigung an den Betriebsrat selbst Rechenschaft über deren Berechtigung abzulegen. Mit anderen Worten: Mitbestimmung als Beitrag zum Schutz des Arbeitgebers vor sich selbst!"[2038].

Eine „Verminderung der Klagebereitschaft" könnte auch durch eine generelle Pflicht zur *Begründung der Kündigung* erzielt werden[2039]. Es will nicht recht einleuchten, weshalb kündigungsrelevante Gründe allein dem Betriebsrat mitgeteilt werden müssen (§ 102 Abs. 1 Satz 2 BetrVG). Wenn inzwischen die Kündigung schriftlich erfolgen muss (§ 623 Hs. 1 BGB), dann kann man diese gleich mit einer knappen Begründung versehen, wie ein Blick auf die Vorschrift des § 22 Abs. 3 BBiG zeigt. Zumindest auf Verlangen des Arbeitnehmers ist ein solches Begründungserfordernis auch bei der außerordentlichen Kündigung gem. § 626 Abs. 2 Satz 3 BGB vorgesehen (siehe auch § 1 Abs. 3 Satz 1 Hs. 2 KSchG betreffend die Sozialauswahl). Die genannten Vorschriften dienen dem Zweck, den Arbeitnehmer möglichst rasch nach Zugang der Kündigung in die Lage zu versetzen, die in einem Kündigungsrechtsstreit zu erwartenden Prozessri-

---

[2030] Auch *Wendeling-Schröder*, DB 2002, 206 (208), geht davon aus, dass durch eine Anhörung des Arbeitnehmers vor Ausspruch der Kündigung gerichtliche Streitigkeiten zumindest teilweise vermieden werden könnten; ähnlich *KR/Fischermeier*, § 626 BGB Rn. 32.

[2031] Siehe dazu bereits unter C. II. 4.c

[2032] Siehe dazu bereits unter B. II. 3. b. und B. III. 5. a.

[2033] Vgl. *ArbG Gelsenkirchen*, NZA-RR 1999, 137 (und 139), das von einem „Kündigungsschutz durch Verfahren" bzw. einer „Grundrechtssicherung durch Verfahren" spricht.

[2034] Vgl. *Bader*, NZA-RR 2000, 57 (59), zum Anhörungsverfahren gem. § 102 BetrVG.

[2035] Vgl. zum Anhörungsverfahren gem. § 102 BetrVG *Falke/Höland/Rhode/Zimmermann* (1981), S. 183, wonach die Betriebsratsanhörung am häufigsten schriftlich mit ergänzenden mündlichen Erläuterungen und zu etwa je einem Viertel nur mündlich bzw. schriftlich erfolgte.

[2036] So auch *Wendeling-Schröder*, DB 2002, 206 (208).

[2037] Vgl. jüngst *Richter/Brüggemann*, AuA 2002, 300 (303 und 304).

[2038] *Kittner/Kohler*, BB Beilage 4 zu Heft 13/2000, 1 (25).

[2039] Dazu auch *Grotmann-Höfling* (1995), S. 134 ff.

siken abzuwägen[2040]. Die Vorschriften haben damit in der Tat eine prozessvermeidende Funktion. De lege ferenda sollte dem Arbeitgeber also auch bei allen ordentlichen Kündigungen die Pflicht auferlegt werden, dem Arbeitnehmer (auf Verlangen) die wesentlichen Kündigungsgründe mitzuteilen[2041]. Im Übrigen sehen viele Tarifverträge vor, dass die Kündigung unter Angabe der Gründe erfolgen muss[2042]. Allerdings sollte ein Verstoß gegen diese Verpflichtung – wie bei den genannten Vorschriften[2043] – nicht Wirksamkeitsvoraussetzung der Kündigung sein, zumal die Anhörung des Arbeitnehmers ohnehin dazu führen wird, dass der Arbeitnehmer auch hinsichtlich der Kündigungsgründe ausreichend informiert wird. Dem rechtlichen Gehör des Arbeitnehmers würde so ebenfalls Genüge getan.

In diesem Zusammenhang bietet sich schließlich ein Blick ins Ausland an, und zwar nach Frankreich: Dort gelten nun schon seit geraumer Zeit spezifische Verfahrensregeln, die auf *alle* Arten von Beendigungen des Arbeitsverhältnisses angewendet werden müssen, die aus betrieblichen Gründen erfolgen. Kernstück des Verfahrens ist ein formalisiertes *Entlassungsgespräch* („l'entretien préalable") zwischen Arbeitgeber und Arbeitnehmer. Zu diesem Gespräch hat der Arbeitgeber den Arbeitnehmer u.a. mit dem Hinweis auf die Möglichkeit zu laden, einen (ggf. externen) Beistand seiner Wahl zum Gespräch hinzuziehen. In dem Entlassungsgespräch muss der Arbeitgeber dem Arbeitnehmer die Gründe für die Entlassung darlegen und ihm Gelegenheit zur Stellungnahme geben. Außerdem ist der Arbeitgeber verpflichtet, nach dem Entlassungsgespräch einige Tage *Bedenkzeit* („délai de réflexion") verstreichen zu lassen, bevor er das endgültige Entlassungsschreiben an den Arbeitnehmer absenden darf. In diesem hat er dann die Gründe für die Entlassung (abermals) anzugeben[2044]. Letztlich führt dieses Prozedere zu einer Anhörung des Arbeitnehmers vor Ausspruch der Kündigung[2045]. Einen ähnlichen Ansatz verfolgt der Employment Act 2002 in England, der Arbeitgeber im Rahmen des „dismissal and disciplinary procedure" seit Oktober 2004 verpflichtet, sich mit dem Arbeitnehmer vor Ausspruch einer Kündigung zusammenzusetzen und erst dann eine Entscheidung zu fällen[2046]. Dass auch dem deutschen Recht ein ähnliches Verfahren nicht unbekannt ist, zeigt sich am Beispiel der Nichtverlängerungsmitteilung bei Bühnenarbeitsverhältnissen[2047].

[2040] *G. von Hoyningen-Huene/Linck*, § 1 Rn. 490; vgl. *KDZ/Däubler*, § 626 BGB Rn. 233.

[2041] Wie hier auch *APS/Preis*, Grundlagen B. Rn. 47; *KDZ/Däubler*, Einleitung Rn. 976.

[2042] *Falke/Höland/Rhode/Zimmermann* (1981), S. 941 f. und 951 ff.; vgl. zur Zulässigkeit entsprechender tariflicher Festlegungen *KDZ/Däubler*, § 623 BGB Rn. 15 m.w.N.

[2043] *KDZ/Däubler*, § 626 BGB Rn. 232; *G. von Hoyningen-Huene/Linck*, § 1 Rn. 491; *APS/Dörner*, § 626 BGB Rn. 158.

[2044] Zum Ganzen *Bien*, NZA 2000, 984 (987 ff.).

[2045] Darauf haben bereits *Becker/Rommelspacher*, ZRP 1976, 40 (42), hingewiesen.

[2046] Siehe dazu bereits im allgemeinen Teil unter B. I. 6. d. aa.

[2047] Dazu *Germelmann*, ZfA 2000, 149 (157 ff.), und *Opolony*, NZA 2001, 1351 (1353 f.): Anhörung des Arbeitnehmers vor Ausspruch der Nichtverlängerungsmitteilung; dabei rechtzeitige Ankündigung

c. Betriebsrat

> Ein Betrieb würde durch Streitigkeiten der Belegschaft unter-
> einander oder zwischen Belegschaft und Management rasch
> funktionsunfähig werden, wenn er keine Konfliktvermei-
> dungs- und regulierte Konfliktaustragungsmechanismen her-
> ausbilden würde. Betriebsräte sind die rechtlich vorgesehene
> Form eines solchen Mechanismus.
>
> *Falke/Gessner*[2048]

Hier stellt sich die Frage, inwieweit eine weitergehendere Involvierung des Betriebsrats in individualrechtliche Streitigkeiten erstrebenswert ist. Gerade die Gefahren der
Selbstausbeutung Leistungsstärkerer bzw. der Ausbeutung Leistungsschwächerer erfordern eine Verzahnung von effektiverem Betriebsverfassungsrecht und der oben an-
gemahnten Verbesserung der Individualrechte[2049].

**aa.   im bestehenden Arbeitsverhältnis: weitere Ausgestaltung der Betriebsrats-
funktion als Konfliktbehandler**

Für eine innerbetriebliche Konfliktbehandlung im bestehenden Arbeitsverhältnis
scheint der Betriebsrat bestens geeignet zu sein. Im Verhältnis zwischen Arbeitgeber
und Arbeitnehmer ist er in der Lage, das in dieser Beziehung fehlende Machtgleich-
gewicht wiederherzustellen, während er bei Streitigkeiten unter Arbeitnehmern als
demokratisch legitimierter Repräsentant ohnehin aus Sicht der Betroffenen Anerkennung genießt, zumal er die Konfliktparteien und die betrieblichen Verhältnisse besonders gut kennt[2050]. Es wäre wünschenswert, wenn man dem Betriebsrat diese Rolle als
allgemeine Aufgabe explizit zuschreiben würde. Damit würde der Betriebsrat aus seiner bisher eher passiven Rolle als „Konfliktbehandler" herausgenommen[2051]. Der Betriebsrat sollte nicht nur als Vermittler im Beschwerdeverfahren angerufen werden
können (so § 84 Abs. 1 Satz 2 BetrVG), sondern ausdrücklich befugt werden, auch
außerhalb dieses Verfahrens als Vermittler aktiv tätig zu werden[2052]. § 80 Abs. 1
BetrVG ließe sich insoweit um einen entsprechenden Unterpunkt erweitern[2053]. Des
Weiteren sollte klargestellt werden, dass Arbeitnehmer den Betriebsrat bei allen in den
§§ 81 ff. BetrVG genannten individualrechtlichen Angelegenheiten zur Unterstützung
hinzuziehen können, insbesondere auch beim Anhörungsrecht gem. § 82 Abs. 1 Satz 1

---

des Anhörungsgesprächs, so dass die Möglichkeit besteht, einen Beistand hinzuziehen; Mitteilung
der maßgeblichen Gründe im Gespräch; Möglichkeit des schriftlichen Verzichts auf Anhörung.

[2048] (1982), S. 299; ähnlich *Frommel*, ZRP 1983, 33 (35): effektiver Schutz der Arbeitnehmer durch
ein funktionierendes innerbetriebliches System der informellen Konfliktverarbeitung, wie es z.B. der
Betriebsrat leisten könne.

[2049] In diesem Sinne auch *Wendeling-Schröder*, NZA 2001, 357 (359).

[2050] Vgl. *Lembke*, ZKM 2002, 111 (112).

[2051] Vgl. *Butzke*, BB 1997, 2269 f.

[2052] Siehe zum Betriebsrat als Mediator noch unter C. IV. 5. b. dd.

[2053] Vgl. *Budde*, mediations-report 1/2001, S. 3, im Zuge der jüngsten Reform des BetrVG mit einem
Formulierungsvorschlag.

BetrVG[2054] und bei allen übrigen Kommunikationsrechten de lege ferenda[2055]. Überlegenswert ist auch der Vorschlag, die Regelung des § 87 Abs. 1 Nr. 5 BetrVG[2056] zu einem allgemeinen Grundsatz zu erheben bzw. zumindest auf weitere Fälle auszudehnen. Sehr weitgehend wäre es wohl, die Mitbestimmung generell nur eingreifen zu lassen, wenn zwischen Arbeitgeber und den beteiligten Arbeitnehmern kein Einvernehmen erzielt wird[2057]. Jedenfalls für kleinere Betriebe[2058] sollte aber angedacht werden, die Vorschrift des § 87 Abs. 1 Nr. 5 BetrVG auch auf andere soziale Tatbestände auszuweiten, so dass der Betriebsrat in diesen Fällen nur als Interessenvertreter einzelner Arbeitnehmer oder Schlichter tätig sein würde[2059]. Selbstverständlich benötigt der Betriebsrat als erfolgreicher Schlichter oder Vermittler die hierfür erforderliche Fachkompetenz; auf die damit verbundene Frage der Ausbildung des Betriebsrats wird im abschließenden Teil noch einzugehen sein[2060].

Einen allgemeineren Ansatzpunkt für die innerbetriebliche Konfliktbehandlung bietet § 87 Abs. 1 Nr. 1 BetrVG. Demnach hat der Betriebsrat, soweit eine gesetzliche oder tarifliche Regelung nicht besteht, bei Fragen der Ordnung des Betriebs und des Verhaltens der Arbeitnehmer im Betrieb mitzubestimmen. Das *BAG* unterscheidet insoweit in ständiger Rechtsprechung zwischen mitbestimmungspflichtigen Ordnungsverhalten und mitbestimmungsfreien Arbeitsverhalten[2061]. Für die Abgrenzung normativ entscheidend ist, dass der Betriebsrat an der Gestaltung des Zusammenlebens und Zusammenwirkens der Arbeitnehmer im Betrieb paritätisch beteiligt wird, aber nicht an der Arbeitgeberbefugnis, die Arbeitspflicht des Arbeitnehmers in den Grenzen des Arbeitsvertrags zu konkretisieren und die Erbringung der Arbeitsleistung zu kontrollieren[2062]. Dabei geht es an dieser Stelle um die Schaffung allgemeingültiger verbindlicher und damit mitbestimmungspflichtiger Verhaltensregeln. Nicht weiter diskutiert werden soll hier allerdings die – wenn überhaupt noch – in größeren Betrieben praktizierte *Betriebsjustiz*, bei der der Sanktionscharakter im Vordergrund steht[2063]. Sie hat in letzter Zeit kaum noch Aufmerksamkeit erlangt[2064], erscheint eher als Relikt aus

---

[2054] Siehe dazu bereits unter C. III. 1. b. aa.

[2055] Siehe zu den Kommunikationsrechten bereits unter C. IV. 3. b. aa.

[2056] Siehe dazu bereits unter C. III. 1. b. aa.

[2057] So aber *Adomeit*, NJW 2001, 1033 (1034).

[2058] Siehe zu den differenzierten Beteiligungsformen bereits unter C. IV. 3. b. aa.

[2059] So *Hanau*, RdA 2001, 65 (69 f. und 75), mit zusätzlichem Verweis auf den neuen § 75 Abs. 2 Satz 2 BetrVG, der ohnehin dazu führen werde, dem Arbeitnehmerwillen verstärkt Bedeutung beizumessen; ähnlich *Löwisch*, DB 1999, 2209 (2215), unter dem Vorbehalt, dass der Betriebsrat die verschiedenen Arbeitnehmerinteressen auszugleichen hätte.

[2060] Siehe dazu noch unter D. I. 3. b. cc.

[2061] Rechtsprechungsnachweise bei *FESTL*, § 87 Rn. 64.

[2062] *Richardi*, § 87 Rn. 179.

[2063] Siehe zur Mitbestimmung bei Betriebsbußen *FESTL*, § 87 Rn. 76 ff.; *Richardi*, § 87 Rn. 213 ff.

[2064] Die in der AP zu § 87 BetrVG 1972 Betriebsbuße Nr. 1-12 veröffentlichten Entscheidungen des *BAG* stammen alle aus den 70er und 80er Jahren; aus der Literatur: *Arndt*, NJW 1965, 26 ff.; *Baur*, JZ

alten Zeiten[2065] und wird dem heutigen Verständnis von kooperativer Führung nicht mehr gerecht[2066]. Eine Wiederbelebung der Betriebsjustiz käme einem Rückschritt gleich. Sie stellt sich daher nicht als sinnvolle Alternative zur herkömmlichen Betriebsratsarbeit in Bezug auf die innerbetriebliche Konfliktbehandlung dar. Der Betriebsrat sollte sich besser darauf beschränken, allgemeine Grundsätze und Regeln hinsichtlich des Umgangs mit Konflikten am Arbeitsplatz aufzustellen bzw. mit dem Arbeitgeber zu vereinbaren. Dem Betriebsrat kommt diesbezüglich ein Initiativrecht zu, d.h. er kann von sich aus auf den Abschluss einer entsprechenden Betriebsvereinbarung hinwirken[2067]; insoweit ist das Direktionsrecht des Arbeitgebers eingeschränkt[2068]. In Anbetracht der §§ 87 Abs. 2, 76 Abs. 5 BetrVG wird man außerdem annehmen müssen, dass es sich bei der Frage der innerbetrieblichen Konfliktbehandlung um einen Bereich der erzwingbaren Mitbestimmung handelt[2069]. In seinem Anwendungsbereich hat § 87 Abs. 1 Nr. 1 BetrVG eine die Vorschrift des § 75 BetrVG ausgestaltende Funktion[2070]. Diese Form der innovativen innerbetrieblichen Konfliktbehandlung wird bisher kaum diskutiert, sie ist jedenfalls noch nicht etabliert[2071].

Das *LAG Hamburg* hatte sogar einmal eine Einigungsstelle zum Thema „Mobbing" aus folgenden Gründen für offensichtlich unzuständig befunden[2072]: Einem auf Verhinderung von Mobbing gerichteten Regelungssachverhalt stehe bereits der Gesetzesvorbehalt des § 87 Abs. 1 BetrVG entgegen. Die von dem Betriebsrat mit dieser Regelung angestrebten Maßnahmen gehörten zu den gem. § 75 BetrVG unveräußerlich allein dem Betriebsrat übertragenen Aufgaben. Das Prozedere der begehrten Konfliktlö-

---

1965, 163 ff.; *Zöllner*, ZZP 83 (1970), 365 ff., grundlegend *Kaiser/Metzger-Pregizer* (1976); zuletzt nur *Walker* (1994), S. 1205 ff., zur Konventionalstrafe.

[2065] Dies wird deutlich bei *Ramm*, ZRP 1989, 136 (140): „Sie konnte indessen als Sonderproblem, das teils mit dem Hausrecht des Hausherren über das Gesinde verknüpft, teils, wie beim Bergrecht, genossenschaftsrechtlich begründet wurde, beiseite geschoben werden. Teils war die Disziplinierung der ungelernten Arbeitskräfte in der Fabrik eine unbestreitbare Sachnotwendigkeit, und das liberale Prinzip der rechtsgeschäftlichen Privatautonomie beherrschte nicht die Wirklichkeit des Arbeitslebens."

[2066] So zu Recht *G. von Hoyningen-Huene* (1994), S. 406.

[2067] *ErfKArbR/Kania*, § 87 BetrVG Rn. 9; siehe auch allgemein zur Ausübung der Mitbestimmung *FESTL*, § 87 Rn. 578 ff.

[2068] Vgl. etwa *ErfKArbR/Preis*, § 611 BGB Rn. 276, mit Verweis auf § 106 Satz 1 GewO; *MünchHdbArbR/Richardi*, § 12 Rn. 57; *Schaub* (2005), § 31 Rn. 69; *Hromadka*, DB 1995, 2601 (2606); zum Direktionsrecht in Bezug auf das Verhalten der Arbeitnehmer im Betrieb bereits unter C. III. 1. a. aa.

[2069] Vgl. *FESTL*, § 87 Rn. 1 und 590; vgl. aber *BAG*, NZA 1997, 781 (782), das hinsichtlich der Erforderlichkeit einer Betriebsratsschulung zum Thema „Mobbing" den Schulungsbedarf insofern anerkannt hat, als es darum gehe, durch Verhandlungen mit dem Arbeitgeber über den Abschluss einer *freiwilligen* Betriebsvereinbarung weiteren Mobbing-Fällen entgegenzuwirken.

[2070] Vgl. *Löwisch/Kaiser*, § 87 Rn. 54.

[2071] Siehe nur *DKK/Klebe*, § 87 Rn. 52 zu § 87 Abs. 1 Nr. 1 BetrVG und Rn. 204 zu § 87 Abs. 1 Nr. 7 BetrVG i.V.m. §§ 3, 5 ArbSchG, im Zusammenhang mit Mobbing; ebenso *Wolmerath*, AuR 2001, 416 (417 f.), zu den „drei psychosozialen Belastungen" Mobbing, Diskriminierung und sexuelle Belästigung; auch *Hage/Heilmann*, BB 1998, 742 (746 f.), diskutieren alternative rechtliche Regelungsformen für Mobbing-Fälle im Rahmen des § 87 Abs. 1 Nr. 1 BetrVG.

[2072] NZA 1998, 1245.

sung habe in den §§ 82 ff. BetrVG, insbesondere in den §§ 84, 85 BetrVG, seine Regelung gefunden. Dem Betriebsrat sei es nicht gestattet, diese ihm gesetzliche zugedachten Aufgaben auf eine andere Institution wie z.B. einen Konfliktbeauftragten oder eine Konfliktkommission zu übertragen. Auch sei es nicht zulässig, die Lösung der Konfliktprobleme einem anderen Prozedere zu unterstellen, als es die §§ 82 ff. BetrVG vorsähen. Die Auffassung des *LAG Hamburg* ist angesichts der Vielzahl der im betrieblichen Alltag auftretenden Konflikte wirklichkeitsfremd, sie widerspricht auch den Regelungen des BetrVG selbst. Das BetrVG legt keinesfalls fest, dass ausschließlich der Betriebsrat für alle Fragen betrieblicher „Konfliktprobleme" zuständig ist[2073]. Aufgrund § 87 Abs. 1 Nr. 1 BetrVG läuft der Hinweis auf den Gesetzesvorbehalt ersichtlich ins Leere. Dass § 75 BetrVG die Mitverantwortlichkeit des Betriebsrats für die dort aufgestellten Grundsätze statuiert, hindert nicht, dass sich dieser bei der Einhaltung dieser Grundsätze fachlicher Kompetenz bedient. Vielmehr kann der Betriebsrat gem. § 80 Abs. 3 BetrVG, soweit erforderlich und nach näherer Vereinbarung mit dem Arbeitgeber, bei der Durchführung seiner (nicht nur nach Abs. 1 bestimmten allgemeinen[2074]!) Aufgaben einen externen Sachverständigen hinzuziehen. Sachverständige sind Personen, die dem Betriebsrat die ihm fehlenden fachlichen oder rechtlichen Kenntnisse (mündlich oder schriftlich) vermitteln, damit er seine Aufgaben in Zusammenarbeit mit dem Arbeitgeber sachgemäß erfüllen kann[2075]. Ein solcher Sachverständiger kann auch eine fachlich kompetente „Konfliktperson" sein[2076]. Schließlich lässt das *LAG Hamburg* bei seiner Argumentation eine genauere Auseinandersetzung mit den Regelungen der §§ 82 ff. BetrVG vermissen. Gem. § 86 Satz 1 BetrVG können die „Einzelheiten des Beschwerdeverfahrens" durch Betriebsvereinbarung geregelt werden. Zudem gestattet § 86 Satz 2 BetrVG, dass eine „betriebliche Beschwerdestelle" an die Stelle der Einigungsstelle tritt; auch § 84 Abs. 1 Satz 1 BetrVG spricht schlicht von der „zuständigen Stelle des Betriebs". Die § 82 ff. BetrVG stehen damit der Einschaltung einer externen „Konfliktperson" gerade nicht entgegen[2077].

Ohne weitere dogmatische Aufbereitung dieser Problematik werden schon jetzt vereinzelt Muster über Betriebsvereinbarungen vorgestellt, die Richtlinien zum Einsatz und zur Tätigkeit von „Streitschlichtern oder Mediatoren"[2078], „Konfliktlotsen"[2079] bzw. „Fairnessbeauftragten"[2080] für betriebliche Konflikte vorsehen. Speziell zum Thema „Mobbing" liegt seit kurzer Zeit ein Entwurf einer Betriebsvereinbarung des

---

[2073] So zu Recht *Budde* (2000), S. 520; *Budde/Luoma* (2000), S. 32.

[2074] Im Hinblick auf den Gesetzeswortlaut unrichtig daher *I. Natzel*, NZA 2001, 872 (873).

[2075] *FESTL*, § 80 Rn. 87.

[2076] Siehe zum Mediator und Rechtsanwalt noch unter C. IV. 5. b. dd. bzw. C. IV. 6. a. bb. (3).

[2077] So auch *DKK/Klebe*, § 87 Rn. 52; *Budde* (2000), S. 520; *Budde/Luoma* (2000), S. 32 f.; a.A. ohne nähere Begründung *Löwisch/Kaiser*, § 86 Rn. 2; *Lembke*, ZKM 2002, 111 (115); vgl. zum Beschwerdeverfahren noch unter C. IV. 3. d.

[2078] *Reitemeier* (2001), S. 128 ff.

[2079] *Budde/Luoma* (2000), S. 35 ff.

[2080] *Wolmerath*, AuR 2001, 416 (418 f.).

DGB vor[2081]. Den Abschluss solcher Betriebsvereinbarungen fordert auch der jüngste Mobbing-Report der Bundesregierung[2082]. Betriebsvereinbarungen erweisen sich indes nicht nur in Bezug auf Mobbing-Konflikte, sondern auch bei anderen betrieblichen Konflikten als hilfreich. So könnte daran gedacht werden, Verfahrensregeln bzw. Konfliktbehandlungsmechanismen für die im Trend liegende Gruppenarbeit vorzusehen[2083]. Hier liegt naturgemäß erhöhtes Konfliktpotenzial. Darüber hinaus droht eine gesteigerte gruppenkontrollierte „Selbstausbeutung" einschließlich negativer Auslese bis zum Mobbing gegenüber demjenigen, der dabei nicht mitziehen will oder kann. Diesen Gefahren kann man letztlich nur kollektiv begegnen[2084]. Ansatzpunkt wäre hier allerdings nicht § 87 Abs. 1 Nr. 1 BetrVG, sondern der neue § 87 Abs. 1 Nr. 13 BetrVG selbst[2085]. Auch in diesem Fall kann der Betriebsrat eine entsprechende Betriebsvereinbarung erzwingen, der sich der Arbeitgeber nur insofern entziehen kann, als er die Auflösung der Gruppe anordnet; denn nach dem Willen des Gesetzgebers ist die Beendigung von Gruppenarbeit mitbestimmungsfrei[2086].

bb.   bei der Auflösung des Arbeitsverhältnisses: Anhörung des Arbeitnehmers

Schlussfolgerung der obigen Ausführungen über die Beteiligung des Betriebsrats im Rahmen des Anhörungsverfahrens gem. § 102 BetrVG kann freilich nicht sein, diese zurückzufahren, denn schon die wenigen Fälle, in denen der Betriebsrat den Arbeitgeber „umgestimmt" hat, rechtfertigten die Betriebsratsanhörung[2087]. Allenfalls eine Entschärfung des in der Praxis insbesondere aus Sicht des Arbeitgebers unkalkulierbaren Anhörungsrechts wäre erwägenswert[2088]. Jedenfalls aber sollte die Beteiligung des Arbeitnehmers im Rahmen des Anhörungsverfahrens wesentlich ausgeprägter sein. Eine stärke Selbstbestimmung des Arbeitnehmers ist auch insoweit erstrebenswert[2089].

Dies gilt einmal für die Forderung de lege ferenda, vor oder zumindest während des betriebsverfassungsrechtlichen Anhörungsverfahrens eine *Anhörung des Arbeitnehmers* zwingend durchzuführen[2090]. Einer vorherigen Anhörung des Arbeitnehmers be-

---

[2081] Dazu *Klein* (2002), S. 169 ff.; siehe auch *Kerst-Würkner*, AuR 2001, 251 (260), zu Regelungen durch Betriebsvereinbarungen in Bezug auf Mobbing.

[2082] *Meschkutat/Stackelbeck/Langenhoff* (2002), S. 135 f.

[2083] Vgl. *Oppolzer*, AuR 1998, 45 (55 f.),

[2084] *Blanke/Rose*, RdA 2001, 92 (93).

[2085] BT-Drucks. 14/5741, S. 47, spricht von der „Konfliktlösung in der Gruppe"; vgl. auch *FESTL*, § 87 Rn. 576: Zusammenarbeit in der Gruppe einschließlich Konfliktbewältigung und Zusammenarbeit mit anderen Gruppen; *Wiese*, BB 2002, 198 (202): Konfliktregelung und Verfahren.

[2086] *Richardi*, § 78 Rn. 958; *Wiese*, BB 2002, 198 (199).

[2087] Siehe dazu oben unter C. III. 1. b. bb.

[2088] Ebenso *Bauer*, NZA 2002, 529 (531): Anforderungen an die wirksame Anhörung des Betriebsrats von der Rechtsprechung weit überspannt; *Schiefer*, NZA 2002, 770 (771 f.): zweites Kündigungsrecht außerhalb des Kündigungsschutzgesetzes; vgl. *U. Preis*, RdA 2003, 65 (73 f.), und *Schiefer/Worzalla*, NZA 2004, 345, im Zuge der jüngsten Reform des Kündigungsschutzrechts.

[2089] Vgl. dazu bereits unter C. IV. 3. b. aa.

[2090] Vgl. jüngst *Richter/Brüggemann*, AuA 2002, 300 (301), zur Verdachtskündigung.

dürfte es jedenfalls dann, wenn man mit der h.M. davon ausgeht, dass der Arbeitgeber bei der Anhörung des Betriebsrats bereits kündigungsentschlossen sein darf[2091]. Gerade bei der Anhörung des Arbeitnehmers sollte man eine solche Entschlossenheit nicht zulassen, um den mit der Anhörung verbundenen Zweck nicht schon im Ansatz zu verfehlen, denn ein noch nicht zur Kündigung fest entschlossener Arbeitgeber wird eher mit sich über die drohende Kündigung reden lassen[2092]. Nun könnte man lediglich dahin gehen, die Vorschrift des § 102 BetrVG in diesem Sinne zu modifizieren, insbesondere könnte – sozusagen durch einen Federstrich des Gesetzgebers – § 102 Abs. 2 Satz 4 BetrVG zu einer Muss-Vorschrift umgewandelt werden. Nahezu ausnahmslos wird es dem Betriebsrat nur nach einem solchen Gespräch möglich sein, eine die Interessen beider Seiten bedenkende Stellungnahme zu erarbeiten[2093] – mit anderen Worten: Die Anhörung des Arbeitnehmers ist immer erforderlich. Da § 102 BetrVG auch einen individualrechtlichen Schutzzweck beinhaltet, würde dem durch eine zwingende Anhörung des Arbeitnehmers Genüge getan[2094]; hierdurch würde ihm auch rechtliches Gehör gewährt[2095]. Die Anhörung des Betriebsrats muss allein schon deshalb aufrechterhalten bleiben, um die mit der Betriebsratsanhörung gleichermaßen verfolgten kollektiven Interessen zu wahren. Man könnte jedoch noch einen Schritt weiter gehen und die Anhörung des Arbeitnehmers vor Ausspruch der Kündigung durch den Arbeitgeber selbst einfordern[2096]. Somit wäre es der Arbeitgeber und nicht der Betriebsrat, von dem der Arbeitnehmer als erster die Nachricht von der geplanten Kündigung erhielte[2097]. Und weshalb sollte man dem Arbeitnehmer die Einschaltung des Betriebsrats zwingend vorschreiben, wenn sich dieser lieber mit seinem Arbeitgeber direkt auseinandersetzt? Dabei stellt sich auch die Frage, ob der Arbeitnehmer persönlich womöglich sogar mehr Einfluss als der Betriebsrat auf den Arbeitgeber ausüben kann, wenn es um *seine* Kündigung geht. Oder geht § 102 BetrVG etwa stillschweigend davon aus, dass der Arbeitgeber den Arbeitnehmer ohnehin zuvor schon angehört hat? Andernfalls entsteht der zweifelhafte Eindruck, dass die Interessen des Arbeitnehmers durch eine betriebsinterne Abrede zwischen Arbeitgeber und Betriebsrat übergangen werden sollen[2098]. Infolgedessen gelten die obigen Ausführungen zur Anhörung des Arbeitnehmers vor Ausspruch der Kündigung durch den Arbeitgeber entsprechend[2099].

[2091] *Kraft* (1994), S. 614, und *Stück*, MDR 2000, 1053 (1056), jeweils m.w.N.; siehe aber *BAG*, NZA 2003, 961 ff., mit Besprechung *Reiter*, NZA 2003, 954 ff., zum Sonderproblem der Kündigung vor Ablauf der Anhörungsfrist.

[2092] Dies beinhaltet freilich zugleich eine Kritik an der vorstehenden h.M. zu § 102 BetrVG.

[2093] Vgl. *HK-KSchG/Höland*, § 1 Anh. 1 Rn. 57.

[2094] Vgl. *Wendeling-Schröder*, DB 2002, 206 f.

[2095] Vgl. *Berkowsky*, NZA 1996, 1065 (1070).

[2096] Vgl. *Ulrich Fischer*, BB 2003, 522 (523), zum Verhältnis zwischen der Anhörung des Arbeitnehmers vor der Verdachtskündigung und der Betriebsratsanhörung gem. § 102 BetrVG.

[2097] Vgl. *Hanau*, BB 1972, 451 (454).

[2098] Vgl. *Neef*, NZA 2001, 361 (362), zu einem Fall, in dem der Betriebsrat einem nicht angehörten Arbeitnehmer keine Auskunft über die Betriebsratsanhörung geben wollte, da der Arbeitgeber ihn zur Verschwiegenheit verpflichtet habe.

[2099] Siehe dazu bereits unter C. IV. 3. b. bb.

Eine alternative Vorgehensweise hinsichtlich einer Beteiligung des Betriebsrats an Kündigungen bietet auch § 102 Abs. 6 BetrVG, wonach Arbeitgeber und Betriebsrat vereinbaren können, dass Kündigungen der *Zustimmung des Betriebsrats* bedürfen und dass bei Meinungsverschiedenheiten über die Berechtigung der Nichterteilung die Einigungsstelle entscheidet. Über die Bedeutung der Vorschrift in der betrieblichen Praxis bestehen keine zuverlässigen Angaben[2100]. Das *BAG* hat eine entsprechende (tarifliche) Regelung jüngst als „kollektivrechtlich verfahrensmäßige Absicherung des individuellen Kündigungsschutzes ... auf kollektiver Ebene" bezeichnet[2101]. Eine solche Regelungsbefugnis hat das *BAG* dabei auch den Tarifvertragsparteien ausdrücklich anerkannt[2102], was hier nicht weiter diskutiert werden soll. Jedenfalls ist durch dieses und ein weiteres Urteil aus dem Jahr 2000[2103] die Rechtsunsicherheit im Zusammenhang mit § 102 Abs. 6 BetrVG nicht beseitigt worden. Nach wie vor ist hier im Einzelnen vieles streitig. Dies gilt etwa für die Frage, ob auch die außerordentliche Kündigung wegen des zwingenden Charakters des § 626 BGB an die Zustimmung des Betriebsrats gebunden werden kann[2104]. Außerdem ist umstritten, ob infolge einer Vereinbarung nach § 102 Abs. 6 BetrVG das Widerspruchsrecht des Betriebsrats nach § 102 Abs. 3 BetrVG und die damit verbundene Weiterbeschäftigungspflicht des Arbeitgebers auf Verlangen des Arbeitnehmers nach § 102 Abs. 5 BetrVG entfällt[2105]. Immerhin hat das *BAG* inzwischen klargestellt, dass die Zustimmung zur Kündigung nicht in das freie Ermessen des Betriebsrats gestellt ist[2106]. Folgerichtig entscheidet auch die Einigungsstelle über eine Rechtsfrage, so dass § 76 Abs. 5 Satz 4 BetrVG nicht gilt[2107]. Vor diesem Hintergrund wird die Einschaltung der Einigungsstelle gem. § 102 Abs. 6 BetrVG für „funktionswidrig und rechtspolitisch verfehlt" erachtet[2108]. In der Tat erscheint die Zwischenschaltung der Einigungsstelle angesichts des Umstands verzichtbar, dass dem Arbeitsgericht eine volle Überprüfung der Entscheidung vorbehalten bleiben muss[2109]. Dann ist aber davon auszugehen, dass der Weg über § 102

[2100] Vgl. bereits *Blankenburg/Schönholz/Rogowski* (1979), S. 59, wonach Kündigungen in Großbetrieben teilweise nur noch mit Zustimmung des Betriebsrats vorgenommen würden; einschränkend zu der „überraschend hohen Verbreitungsrate solcher Zustimmungsvereinbarungen" von 33 bzw. 62 % allerdings *Falke/Höland/Rhode/Zimmermann* (1981), S. 121 ff. und S. 185 f.: Zustimmung sei oftmals untechnisch im Sinne einer bloßen Anhörung zu verstehen und damit deklaratorisch; vgl. *Rieble*, AuR 1993, 39 (40), demzufolge die Vorschrift in der betrieblichen Praxis keine große Rolle spiele.

[2101] NZA 2001, 271 (273).

[2102] NZA 2001, 271 (273 f.) = SAE 2001, 169 mit im Ergebnis zustimmender Anmerkung *Gutzeit*, SAE 2001, 172 (174 ff.) = AP zu § 102 BetrVG 1972 Nr. 121 mit ablehnender Anmerkung *Kraft*.

[2103] NZA 2001, 495.

[2104] Nicht entschieden in *BAG*, NZA 2001, 271 (272); siehe auch *Richardi/Thüsing*, § 102 Rn. 286.

[2105] Entgegen *FESTL*, § 102 Rn. 125, vom *BAG*, NZA 2001, 495 (497), ebenfalls noch unentschieden.

[2106] NZA 2001, 271 (273 f.); so schon *Henssler*, RdA 1991, 268 (274), demzufolge der Betriebsrat keinen eigenen Beurteilungsspielraum habe und lediglich als „Kontrollinstanz" fungiere; einschränkend *Rieble*, AuR 1993, 39 (40 ff.).

[2107] So *BAG*, NZA 2001, 495 (497); *Richardi/Thüsing*, § 102 Rn. 299.

[2108] *Henssler*, RdA 1991, 268 (275).

[2109] Siehe den Fall in *BAG*, NZA 2001, 495 (496): Eine Regelung hatte vorgesehen, dass die Einigungsstelle „verbindlich" entscheidet, gleichwohl muss nach Ansicht des *BAG* die Anrufung des Ar-

Abs. 6 BetrVG in der Regel zu einer Verzögerung des Kündigungsverfahrens führen wird[2110]. So hat das *BAG* jüngst die direkte Anrufung des Arbeitsgerichts unter Umgehung der Einigungsstelle zwar nicht mit dieser, aber mit folgender Begründung zugelassen: „Dabei wird darauf abgestellt, dass es kaum als sinnvoll erscheine, Arbeitgeber und Betriebsrat zu einem Verfahren vor der Einigungsstelle zu zwingen, wenn sie es für überflüssig hielten."[2111] Damit ähnelt das Prozedere dem der §§ 99 Abs. 4 und 103 Abs. 2 BetrVG. Mehr noch als bei diesen Vorschriften ist allerdings problematisch, dass das durch die Anrufung des Arbeitsgerichts ausgelöste Beschlussverfahren[2112] (und ggf. das vorhergehende Einigungsstellenverfahren) auf Kosten des Arbeitgebers durchgeführt wird. Hinzu kommt, dass dem Arbeitnehmer eine arbeitsgerichtliche Überprüfung der Kündigung im Urteilsverfahren unbenommen bleibt[2113]. Eine präjudizielle Bindungswirkung der Entscheidung im Beschlussverfahren ist selbst dann zweifelhaft, wenn man dem Arbeitnehmer in diesem Verfahren eine Beteiligtenstellung im Sinne des § 83 ArbGG zuerkennt; auch diese Frage ist höchstrichterlich noch nicht geklärt[2114].

In Anbetracht dieser Unwägbarkeiten kann den Betriebsparteien kaum empfohlen werden, den steinigen Weg über § 102 Abs. 6 BetrVG zu gehen. Der durch diese Vorschrift eingeräumte Gestaltungsspielraum ist nicht risikolos nutzbar und birgt zumindest nach Ausspruch der Kündigung weiteres Konfliktpotenzial in sich[2115]. Hauptproblem scheint hierbei zu sein, dass die Betriebsparteien letztlich eine Vereinbarung über den Kopf des Arbeitnehmers hinweg treffen. Die Zustimmung des Betriebsrats zu einer arbeitgeberseitigen Kündigung wird indes nur dann zu deren erhöhten Akzeptanz auf Seiten des Arbeitnehmers führen, wenn er die mit einem solchen Zustimmungsverfahren einhergehende, verstärkte Mitverantwortung des Betriebsrats billigt. Damit erlangt der Aspekt der Freiwilligkeit auch insoweit Bedeutung, was an späterer Stelle nochmals aufgegriffen werden soll[2116]. Es wird jedenfalls keinen Sinn machen, die Zustimmung des Betriebsrats nach Ausspruch der Kündigung zu verlangen, nachdem

---

beitsgerichts stets zulässig sein; vgl. zur Aufrechterhaltung des bisherigen Rechtsschutzes im Kontext mit alternativen Konfliktbehandlungen bereits im allgemeinen Teil unter B. III. 1.

[2110] Vgl. etwa *BAG*, NZA 2001, 271 (274), wonach betriebliche Maßnahmen des Arbeitgebers allenfalls verzögert würden; ähnlich *Henssler*, RdA 1991, 268 (274): unzumutbare Verschleppung der betrieblich notwendigen Kündigung; dagegen spräche nach *FESTL*, § 102 Rn. 130, die Möglichkeit einer schnelleren Entscheidung für eine Vereinbarung gem. § 102 Abs. 6 BetrVG.

[2111] NZA 2001, 271 (273); a.A. *FESTL*, § 102 Rn. 126 m.w.N.; siehe zum Aspekt der Freiwilligkeit in Bezug auf alternative Konfliktbehandlungen bereits im allgemeinen Teil unter B. III. 6.

[2112] Vgl. *BAG*, NZA 2001, 271 (274).

[2113] *Rieble*, AuR 1993, 39 (46).

[2114] *GK-BetrVG/Raab*, § 102 Rn. 212 f, einerseits; *FESTL*, § 102 Rn. 128 f., andererseits.

[2115] Siehe gleichwohl zur Gestaltung von entsprechenden Betriebsvereinbarungen *Mauer/Schüßler*, BB 2000, 2518 ff., die allerdings bei ihren Ausführungen an mehreren Stellen auf die mit einer derartigen Gestaltung verbundene unsichere Rechtslage verweisen.

[2116] Siehe dazu unter C. IV. 3. d. cc. (2).

zuvor schon das Anhörungsverfahren gem. § 102 Abs. 1 und Abs. 2 BetrVG durchgeführt wurde[2117].

Letzterer Gedanke führt unmittelbar zu der in Theorie und Praxis weitgehend bedeutungslosen Vorschrift des § 3 KSchG[2118]. Demnach kann – zumindest der nach dem KSchG geschützte – Arbeitnehmer binnen einer Woche nach der Kündigung *Einspruch beim Betriebsrat* einlegen, wenn er diese für sozial ungerechtfertigt hält. Erachtet der Betriebsrat den Einspruch für begründet, so hat er zu versuchen, eine Verständigung mit dem Arbeitgeber herbeizuführen. Ob § 3 KSchG als „eine der verkanntesten Normen im Arbeitsrecht überhaupt aufgewertet"[2119] bzw. als „im Arbeitsrecht schlafende Prinzessin wachgeküsst"[2120] werden sollte, ist zweifelhaft. Dies liegt maßgeblich daran, dass dem Kündigungseinspruch eine zusätzliche Schutzfunktion allenfalls dann zukommt, wenn der Betriebsrat den Arbeitnehmer nach § 102 Abs. 2 Satz 4 BetrVG nicht schon vor Ausspruch der Kündigung angehört hat[2121]. Infolgedessen wird eine Reaktivierung des § 3 KSchG nur unter dem Gesichtspunkt diskutiert, dass eine solche vorherige Anhörung des Arbeitnehmers in kleineren und mittleren Betrieben regelmäßig nicht stattfindet[2122]. Wie eben dargelegt, ist indes zu favorisieren, die Anhörung des Arbeitnehmers vor Ausspruch der Kündigung de lege ferenda zwingend festzuschreiben. Dann wäre § 3 KSchG in der Tat obsolet. Auch ist – wie schon gesagt – ein Eingreifen vor Ausspruch der Kündigung zweckdienlicher als ein reaktives Vorgehen danach. Als „Rettungsanker" wird man es jedenfalls bei der Vorschrift des § 3 KSchG belassen können, allerdings nur unter der Voraussetzung, dass der Kündigungseinspruch zu einer Hemmung der Klagefrist des § 4 KSchG führt[2123]; dies wird derzeit überwiegend noch abgelehnt[2124]; obige Ausführungen zur Entschärfung der arbeitsrechtlichen Ausschlussfristen gelten insoweit entsprechend[2125].

Fraglich ist schließlich, ob eine Beteiligung des Betriebsrats nicht auch bei alternativen Formen der Beendigung (obligatorisch oder fakultativ) vorgesehen sein sollte. Eine zwingende Beteiligung des Betriebsrats wird beispielsweise beim Aufhebungsvertrag schon de lege lata vertreten. Demnach sei eine entsprechende Anwendung des § 102 BetrVG geboten, weil eine Verhandlungsparität zwischen Arbeitgeber und Arbeitnehmer nicht gegeben sei, insbesondere könnten Wissensvorsprung und Überrumpe-

---

[2117] Siehe zu dieser Streitfrage *KR/Etzel*, § 102 BetrVG Rn. 250; *Richardi/Thüsing*, § 102 Rn. 296.

[2118] *ErfKArbR/Ascheid*, § 3 KSchG Rn. 4; *APS/Künzl*, § 3 KSchG Rn. 3; *von Hoyningen-Huene/Linck*, § 3 Rn. 12; siehe zur praktischen Bedeutungslosigkeit dieser Vorschrift bereits *Höland* (1985), S. 207.

[2119] *Möhn*, NZA 1995, 113.

[2120] *Ulrich Fischer*, NZA 1995, 1133.

[2121] So auch *ErfKArbR/Ascheid*, § 3 KSchG Rn. 4.

[2122] *Möhn*, NZA 1995, 113 (114).

[2123] In diesem Sinne zu Recht *Möhn*, NZA 1995, 113 (114); *Ulrich Fischer*, NZA 1995, 1133; wohl auch *KDZ/Zwanziger*, § 3 KSchG Rn. 10.

[2124] *ErfKArbR/Ascheid*, § 3 KSchG Rn. 4; *APS/Künzl*, § 3 KSchG Rn. 3.

[2125] Siehe dazu bereits unter C. IV. 1. a. aa.

332

lungswirkung ausgeglichen bzw. vermieden werden, zumal der Betriebsrat die Möglichkeit habe, über die arbeits-, sozial- und steuerrechtlichen Konsequenzen eines Aufhebungsvertrags aufzuklären[2126], ein Eingriff in die Privatautonomie liege nicht vor und zudem diene dies einem kollektiven Zweck[2127]. Angesichts der oben vorgeschlagenen Maßnahmen de lege ferenda wie etwa ein Widerrufsrecht für alle alternativen Beendigungsformen erscheint eine Einschaltung des Betriebsrats jedoch verzichtbar[2128]. Vor allem aber sollte man deshalb davon absehen, weil es sich bei diesen Alternativen im Gegensatz zur einseitigen Beendigungsform der Kündigung um zweiseitige – sprich einvernehmliche – Beendigungsformen handelt. Hier könnte eine zwingende Einschaltung des Betriebsrats hinderlich sein, z.B. wenn bei Verhandlungen auf Seiten des Arbeitnehmers bereits ein Rechtsanwalt beteiligt ist[2129]. Auch vermag der überspannte Verweis auf kollektive Interessen den Eingriff in die Privatautonomie bei einvernehmlichen Beendigungsformen nicht zu rechtfertigen. Gleichwohl sollte der Betriebsrat in diesen Fällen auf Verlangen des Arbeitnehmers eingeschaltet werden können – de lege ferenda.

d. Beschwerdeverfahren

Während alle Welt von Mediation zur Vermeidung gerichtlicher Verfahren spricht, sollte das vom Gesetzgeber jedenfalls für Beschwerden vorgesehene Verfahren nicht in Vergessenheit geraten.

Buschmann[2130]

Es fehlen – das haben 28 Jahre Praxis gezeigt – institutionalisierte betriebliche Kommunikations-, Vorschlags- und Beschwerdewege, die das Ausüben der Individualrechte zur Normalität werden lassen.

Blanke/Rose[2131]

Die obigen Ausführungen haben gezeigt, dass die betriebsverfassungsrechtlichen Vorschriften der §§ 84, 85 BetrVG bzw. deren restriktive Auslegung durch Rechtsprechung und Literatur eine Etablierung des innerbetrieblichen Beschwerdeverfahrens behindern[2132]. Problematisch ist auch, dass dem Beschwerdeführer kein *eigener* betrieblicher Durchsetzungsweg an die Hand gegeben wird; es bleibt dem Betriebsrat überlassen, das Verfahren vor die Einigungsstelle zu bringen, sofern ein solches überhaupt zulässig ist, der Arbeitnehmer jedenfalls kann sich allenfalls mit einer Klageer-

---

[2126] Einschränkend zur Beratung von Arbeitnehmern in sozialversicherungs- und steuerrechtlichen Fragen aber *LAG Köln*, NZA-RR 2001, 255 f.; vgl. jüngst *BAG*, NZA 2003, 1284 (1285).
[2127] *Keppeler*, AuR 1996, 263 (265 f.); siehe zum insoweit problematischen Aufhebungsvertrag bereits unter C. III. 1. a. aa.
[2128] Siehe dazu bereits unter C. IV. 3. b. bb.
[2129] In diesem Sinne auch *Pauly*, ZRP 1997, 228 (231).
[2130] AuR 1999, 365 f.
[2131] RdA 2001, 92 (94), im Zuge der jüngsten Reform des BetrVG.
[2132] Siehe dazu bereits unter C. III. 1. c.

hebung im Urteilsverfahren behelfen. Insofern erscheint das gesetzliche Beschwerde-verfahren aus heutiger Sicht halbherzig, auch bleiben Vereinbarungen nach § 86 BetrVG bisher selten[2133].

Wie die einleitenden Zitate andeuten, kann es in Bezug auf Alternativen zum beste-henden betriebsverfassungsrechtlichen Beschwerdesystem um zweierlei gehen: zum einen um die Ausgestaltung des Beschwerdeverfahrens durch den Gesetzgeber (bb.) und zum anderen um eine Ausgestaltung durch Tarifvertrag oder Betriebsvereinbarung (cc.). Auch an dieser Stelle sollen die generellen Vorteile des Beschwerdeverfahrens vorab skizziert werden (aa).

aa. Vorteile des Beschwerdeverfahrens

Zweifelsohne kommt Beschwerden eine wichtige Funktion gesellschaftlicher Konflikt-regulierung zu, zumal Beschwerden ebenso unvermeidlich wie alltäglich sind[2134]. Dass die inner- gegenüber der außerbetrieblichen und dabei vor allem gerichtlichen Kon-fliktbehandlung aus rechtssoziologischer aber auch konflikttheoretischer Hinsicht in hohem Maße vorzugswürdig ist, gilt hier gleichermaßen[2135]. Durch ein innerbetriebli-ches Konfliktbehandlungssystem sollen individuelle Arbeitsplatzkonflikte möglichst informell und nahe am Ursprung des Konflikts behandelt werden, nicht zuletzt weil die Aufklärungsmöglichkeiten für innerbetriebliche Beschwerden im Betrieb selbst naturgemäß größer sind (Konfliktnähe)[2136]. Die Nichtöffentlichkeit des Verfahrens ist gewährleistet, Kommunikationsdefizite können abgebaut werden und eine zukunfts-orientierte Sichtweise wird ermöglicht[2137]. Dabei wird eine innerbetriebliche „Lösung" des Konflikts in der Regel schneller und kostengünstiger zu erlangen sein[2138]. Auch aus der personalwirtschaftlichen Perspektive ist eine Wiederbelebung des Beschwer-deverfahrens sinnvoll, da die Beschwerde als Kommunikationskanal und Ventilfunkti-on einem betriebsklimatischen Zweck dient und Ausdruck des kooperativen Führungs-stils ist. Folge ist eine erhöhte Mitarbeiterzufriedenheit, die wiederum die Arbeitsmo-ral der Arbeitnehmer und damit die Produktivität des Unternehmens steigert[2139].

Schließlich kann eine konstruktiv vorgebrachte Beschwerde Anstoß für Verbesse-rungsvorschläge sein und damit auch aus Sicht des Arbeitgebers nutzbar gemacht wer-

---

[2133] So zu Recht *Blanke/Rose*, RdA 2001, 92 (94).

[2134] *Breisig*, WSI-Mitt. 1996, 576; vgl. dazu die Ausführungen zur „konfliktfreien Gesellschaft" bereits im allgemeinen Teil unter B. II. 1.

[2135] Siehe dazu bereits unter C. IV. 3. a.

[2136] Vgl. *Lembke*, ZKM 2002, 111 (116).

[2137] Siehe ansonsten zu den Grenzen gerichtlicher Konfliktbehandlung bereits im allgemeinen Teil unter B. I. 2. b.

[2138] *Lembke*, ZKM 2002, 111 (116); siehe aber zur Ambivalenz des Zeit- und Kostenarguments bereits im allgemeinen Teil unter B. II. 2.

[2139] Dazu *Breisig* (1996), S. 41 ff.; siehe auch *Lembke*, ZKM 2002, 111 (116).

den[2140]. Positiv gesehen sind betriebliche Konflikte das „Salz in der Suppe" des betrieblichen Alltags[2141]. Sie erhöhen die Qualität der Entscheidungen, stimulieren Kreativität und Innovationen und fördern das Engagement der Arbeitnehmer, was zugleich der interaktiven Seite der betrieblichen Organisationslehre entspricht, die betriebliche Konflikte als funktionale Erscheinungen versteht[2142].

bb. Gesetzgeberische Ausgestaltung des Beschwerdeverfahrens

Wenn bereits gesagt wurde, dass eine weitere Ausgestaltung der Individualrechte der §§ 81 ff. BetrVG an sich zu den wichtigsten Aufgaben der jüngsten Reform des BetrVG gehört hätte und diese gerade hier ihre größten Defizite zeigt[2143], dann gilt dies insbesondere auch an diesem Punkt. Anknüpfend an obige Probleme des Beschwerdeverfahrens sollte vorab klargestellt werden, dass eine Beschwerdemöglichkeit in allen und damit auch nicht betriebsratsfähigen Betrieben gegeben ist. Des Weiteren ist das Beschwerdeverfahren von jeglichen Einschränkungen zu befreien[2144]. Arbeitnehmern sollte gestattet sein, sich *anonym zu beschweren*[2145], soweit dadurch die Abhilfemöglichkeit nicht vereitelt wird. Dies wird in der Regel nur dann in Betracht kommen, wenn mehrere Arbeitnehmer von einer beschwerdefähigen Maßnahme betroffen sind. Wenn beispielsweise der Arbeitgeber einen schlechten Umgangston mit nur einem Arbeitnehmer an den Tag legt, wird er erfahren müssen, um welchen Arbeitnehmer es sich dabei handelt. Anders stellt sich die Situation dar, wenn in einem kleineren Betrieb die ganze Belegschaft hiervon betroffen ist.

Unmittelbar damit einher geht die Forderung, *Popularbeschwerden* zuzulassen[2146]. Unter Berufung auf § 80 Abs. 1 Nr. 3 BetrVG wird dagegen eingewandt, dass sich ein Arbeitnehmer nicht zum Fürsprecher bzw. Anwalt anderer Arbeitnehmer oder der Belegschaft als solcher machen könne[2147]. Soweit der Arbeitnehmer dadurch in Konkurrenz zum Betriebsrat tritt, mag dies durchaus seine Richtigkeit haben. Was aber, wenn der Betriebsrat eine Beschwerde nicht aufgreift, untätig bleibt oder generell inaktiv ist? Immerhin geht der Verweis auf § 80 Abs. 1 Nr. 3 BetrVG für Betriebe ohne Betriebsrat ersichtlich ins Leere. Zumindest in diesen Betrieben müsste also eine Popularbeschwerde anerkannt werden. Weshalb sollte man es einem Arbeitnehmer verwehren, sich zum (informellen) Anwalt anderer Arbeitnehmer „aufzuspielen"? Ein solches Un-

[2140] Vgl. *Breisig*, WSI-Mitt. 1996, 576; allerdings ist eine Funktionalisierung der Beschwerde für rein betriebliche Zwecke bis hin zu einer Beschwerde*pflicht* (!) abzulehnen, siehe ders. (1996), S. 221.
[2141] So *Ponschab/Dendorfer*, AnwBl 2000, 650 (651).
[2142] So *Dendorfer/Breiter*, BB Beilage zu Heft 46/2002, 33 (34); siehe zu den Chancen betrieblicher Konflikte auch *Tigges-Mettenmeier*, ZKM 2001, 172 f., und *Eidenmüller/Hacke*, Personalführung 3/2003, 20 f.
[2143] Siehe dazu bereits unter C. IV. 3. b. aa.
[2144] Siehe dazu bereits unter C. III. 1. c. aa.
[2145] Vgl. auch *Breisig* (1996), S. 266 f.
[2146] Eindringlich dazu *Breisig* (1996), S. 267 f., und S. 285 ff.
[2147] *Löwisch*, DB 1972, 2304 (und 2305); *Wiese* (1981), S. 627.

terfangen werden sich regelmäßig ohnehin nur Arbeitnehmer mit einer tendenziell stärkeren Position im Betrieb zutrauen; es soll ja auch Arbeitnehmer geben, die einen „guten Draht" zu ihrem Vorgesetzten haben. Gerade solchen Arbeitnehmern sollte man aber den Beschwerdeweg nicht nehmen, wenn sie ihn eigenverantwortlich beschreiten wollen. Aber selbst in Betrieben mit Betriebsrat ist ein grundsätzliches Umdenken angebracht[2148]. Vor dem Hintergrund der neuerdings diskutierten direkten Partizipation und den damit verbundenen obigen Überlegungen hinsichtlich differenzierter Beteiligungsformen de lege ferenda erscheint dies sogar geboten[2149].

In Betrieben mit Betriebsrat ist daran zu denken, *Beschwerden gegen den Betriebsrat* zu ermöglichen. Die Neuwahl des Betriebsrats alle vier Jahre (§ 13 Abs. 1 Satz 1 BetrVG) ist eine zu stumpfe und der Weg über § 23 Abs. 1 BetrVG – abgesehen von den hohen Anforderungen – eine zu scharfe Waffe. Zu Recht ist im Zuge der jüngsten Reform des BetrVG die freilich etwas ketzerische Frage aufgeworfen worden: „Wer schützt eigentlich vor dem Betriebsrat?"[2150]. Dies gilt nicht nur für den Fall, dass der Betriebsrat eine Beschwerde eines Arbeitnehmers ignoriert, sondern für alle Fälle, in denen der Betriebsrat die direkte Partizipation eines Arbeitnehmers blockiert[2151]. Beispielsweise soll der Arbeitnehmer im Fall des § 86a BetrVG keinen Anspruch auf Weiterverfolgung des Vorschlags durch den Betriebsrat haben, sondern die Art und Weise der Behandlung des Vorschlags soll im Belieben des Betriebsrats stehen[2152]; es scheint nicht einmal die Verpflichtung des Betriebsrats zu bestehen, den Arbeitnehmer über den Ausgang seiner Angelegenheit zu informieren[2153]. Diese Rechtslage birgt die Gefahr der Willkür in sich, so dass sich Konstellationen ergeben können, in denen ein vermittelndes Tätigwerden durch den Arbeitgeber zweckmäßig ist, jedenfalls sollte man ihm nicht jegliche Einwirkungsmöglichkeit auf den Betriebsrat schon im Ansatz versagen[2154]. Dass dem Arbeitgeber dabei keine Abhilfemöglichkeit zusteht bzw. ihm keine Entscheidungsgewalt zukommt, steht einer Vermittlung schon nach allgemeinen Grundsätzen nicht entgegen.

In Bezug auf das kollektive Beschwerdeverfahren gem. § 85 Abs. 2 BetrVG muss man in Erwägung ziehen, die in Satz 3 enthaltene Einschränkung für *Rechtsansprüche* aufzugeben[2155]. Die mit der derzeitigen Regelung verbundenen erheblichen Auslegungs-,

---

[2148] So *Breisig* (1996), S. 286.
[2149] Siehe dazu bereits unter C. IV. 3. b. aa.
[2150] *Neef*, NZA 2001, 361 ff.
[2151] So auch *Blanke/Rose*, RdA 2001, 92 (97).
[2152] Dies bemängeln ebenfalls *Annuß*, NZA 2001, 367, *Richardi/Annuß*, DB 2001, 41 (46), und *Blanke/Rose*, RdA 2001, 92 (96).
[2153] Dies kritisiert auch *Neef*, NZA 2001, 361 (363); siehe aber *FESTL*, § 86a Rn. 7.
[2154] Vgl. aber *Stege/Weinspach/Schiefer*, § 84 Rn. 4, die eine Beschwerdemöglichkeit gegen den Betriebsrat schon de lege lata vertreten.
[2155] Auch in den USA ist der Beschwerdebegriff bemerkenswerterweise an eine Verletzung von Rechten geknüpft, vgl. *Breisig* (1996), S. 26 f.; *Buschmann* (1999), S. 316 und 318.

Abgrenzungs- und Anwendungsschwierigkeiten würden ausgeräumt[2156] und Widersprüchlichkeiten betreffend die unterschiedliche Behandlung von Regelungs- und Rechtsstreitigkeiten vermieden[2157]. Zweifelsohne würde das Einigungsstellenverfahren im Falle einer Öffnung auch für individuelle Rechtsstreitigkeiten erheblich aufgewertet. Im Zuge der jüngsten Reform des BetrVG hatte der DGB eine solche Öffnung vorgeschlagen, jedoch wurde dieser Vorschlag nicht umgesetzt, womöglich weil man einer „Parallelinstanz der Rechtsfindung" namens Einigungsstelle in Streitigkeiten zwischen Arbeitgeber und Arbeitnehmer skeptisch gegenüberstand[2158]. Man sollte dies nochmals überdenken, zumal unter dem Aspekt des Rechts als Rahmenordnung für die allgemeine Rechtsdurchsetzung eine Regelung dahin gehend getroffen werden könnte, dass die Einigungsstelle bei höchstrichterlich noch nicht geklärten Rechtsfragen nicht angerufen werden kann[2159]. Es stünde jedenfalls nicht zu befürchten, dass die Einigungsstelle Arbeitnehmern nach Gutdünken Rechtsansprüche zuerkennt, denn auch die Einigungsstelle wäre an zwingende gesetzliche Bestimmungen gebunden und dürfte sich über bestehende Tarifverträge, Betriebsvereinbarungen und Arbeitsverträge nicht hinwegsetzen[2160]. Dabei ist nochmals daran zu erinnern, dass eine insoweit tätige Einigungsstelle aus verfassungsrechtlichen Gründen nicht verbindlich entscheiden kann[2161]. Andererseits müsste de lege ferenda klargestellt werden, dass ein Arbeitnehmer nicht berechtigt ist, ein betriebsverfassungsrechtliches Einigungsstellenverfahren durch den Betriebsrat zu initiieren, nachdem er mit seinem Anliegen bereits vor dem Arbeitsgericht gescheitert ist[2162]. So wäre er faktisch – und nicht zuletzt zu seinem eigenen Schutz[2163] – dazu gehalten, zunächst intern eine gütliche Einigung anzustreben, bevor er sich an das Arbeitsgericht wendet. Ein in diesem Zusammenhang weiteres, de lege ferenda zu bewältigendes Problem ist die Gefahr von Doppelprozessen, also das Nebeneinander von Klagen der Arbeitnehmer im Urteilsverfahren und der Anfechtung von Einigungsstellensprüchen durch die Betriebspartner im Beschlussverfahren[2164]. Hier müsste man eine Regelung finden, die nicht nur eine Anhörung, sondern eine Beteiligung des Arbeitnehmers im Rahmen des Einigungsstellenverfahrens vorsieht, zudem erscheint es sachgerechter, den Spruch der Einigungsstelle bei individuellen Rechtsstreitigkeiten allein im Urteilsverfahren überprüfen zu lassen. Auch müsste der Arbeitnehmer verpflichtet werden, ein bereits durch den Betriebsrat initiiertes Einigungsstellenverfahren abzuwarten, bevor er das Urteilsverfahren einleitet. Hintergrund

---

[2156] Siehe dazu bereits unter C. III. 1. c. bb.

[2157] Vgl. schon *Adomeit*, BB 1972, 53 (54 f.).

[2158] Vgl. dazu *Blanke/Rose*, RdA 2001, 92 (96).

[2159] Siehe zur produktiven Leistung der Justiz vor allem zur Gewährleistung der Rechtssicherheit bereits im allgemeinen Teil unter B. II. 6. a.

[2160] In diesem Sinne *Buschmann* (1999), S. 325.

[2161] Siehe dazu die Nachweise oben unter C. III. 1. c. bb.

[2162] Vgl. exemplarisch *Hromadka*, NJW 1972, 183 (185).

[2163] Vgl. *Moll/Klunker*, RdA 1973, 361 (367), wonach eine Rechtsbeschwerde vor einer Einigungsstelle dem Arbeitnehmer eine günstigere Position verschafft.

[2164] Vgl. bereits *Dütz*, DB 1971, 674 (679).

dieser Forderung ist die Überlegung, dass der Arbeitnehmer insofern die Herrschaft über das Beschwerdeverfahren behält, als er jederzeit seine Beschwerde zurücknehmen und damit das weitere Verfahren hinfällig machen kann[2165]; der Betriebsrat kann dann lediglich die in der Beschwerde angesprochene Thematik als allgemeine Angelegenheit nach § 80 Abs. 1 Nr. 3 BetrVG weiterverfolgen, ohne jedoch die Berechtigung zu haben, aus diesem Grund die Einigungsstelle anzurufen oder das Einigungsstellenverfahren weiterzubetreiben[2166]. Eine dahin gehende Wartepflicht des Arbeitnehmers kann jedenfalls nicht bereits aus der arbeitsvertraglichen Treuepflicht gefolgert werden[2167]. Umgekehrt könnte an eine Suspendierung bzw. aufschiebende Wirkung der Arbeitgeberanweisung gedacht werden, wenn der Betriebsrat bzw. die Einigungsstelle eine Beschwerde nach § 85 BetrVG aufgreift[2168].

Es soll allerdings nicht verschwiegen werden, dass ein Einigungsstellenverfahren bei individuellen Rechtsstreitigkeiten auch Hürden mit sich bringt, die sich einer gesetzlichen Regelung weitgehend entziehen. Dies gilt zum einen in Bezug auf den Einlassungszwang auf Seiten des Arbeitgebers. Unter dem Aspekt der Freiwilligkeit erscheint es fragwürdig, ob ein erzwingbares Einigungsstellenverfahren bei arbeitnehmerseitigen Rechtsansprüchen zu der erforderlichen Kompromissbereitschaft auf Seiten des Arbeitgebers führt[2169]. Problematisch ist weiter, dass die Einigungsstellenverfahren bei individuellen Rechtsstreitigkeiten auf Kosten des Arbeitgebers durchgeführt würden (siehe § 76a Abs. 1 BetrVG gegenüber § 12a ArbGG im Urteilsverfahren); daraus erhellt im Übrigen auch die Forderung, die Anfechtung von Einigungsstellenverfahren bei individuellen Rechtsstreitigkeiten nicht im Beschlussverfahren zuzulassen (siehe § 12 Abs. 5 ArbGG gegenüber § 12 Abs. 1 ArbGG). Es darf nicht verkannt werden, dass die Kostenbelastung des Arbeitgebers durch ein Einigungsstellenverfahren beträchtlich gesteigert wird[2170]. Diesbezügliche Kritik ist bereits zum geltenden § 85 Abs. 2 BetrVG geäußert worden[2171]; sie wird angesichts der hier erwogenen Öffnung des Einigungsstellenverfahrens für Rechtsansprüche ebenso geübt werden[2172].

[2165] *ErfKArbR/Kania*, § 85 BetrVG Rn. 3; vgl. *BAG* vom 28.6.1984, AP zu § 85 BetrVG 1972 Nr. 1.

[2166] Vgl. *Nebendahl/Lunk*, NZA 1990, 676.

[2167] *Moll/Klunker*, RdA 1973, 361 (368); *Hallmen* (1997), S. 165.

[2168] *Ulrich Fischer*, NZA 2000, 167 (171), und *Wendeling-Schröder*, NZA 2001, 357 (360), zu einem dahin gehenden Vorschlag des DGB im Zuge der jüngsten Reform des BetrVG.

[2169] Vgl. bereits *Löwisch*, DB 1972, 2304 (2306); *Moll/Klunker*, RdA 1973, 361 (367); siehe auch die grundlegende Kritik am betrieblichen Einigungsstellenverfahren als Zwangsschlichtung von *Feudner*, DB 1997, 826 ff.; siehe zum Prinzip der Freiwilligkeit bereits im allgemeinen Teil unter B. III. 6.

[2170] Kritisch *Bauer*, NZA 1992, 433 (434 f.), zur „unzulänglichen Kostenregelung" des § 76a BetrVG und dem damit verbundenen „unwürdigen Honorargefeilsche"; siehe auch *D. Neumann*, RdA 1997, 142 ff., der angesichts dieser Umstände auf die Möglichkeit der staatlichen Schlichtung nach dem Kontrollratsgesetz Nr. 35 verweist; weiterführend zur ökonomisch-organisatorischen Gesamtbeurteilung der Einigungsstelle *Oechsler/Schönfeld* (1989), S. 49 ff.

[2171] Siehe etwa *Schaub* (2000), § 61 Rn. 67; siehe den Fall des *LAG Düsseldorf*, NZA 1990, 703, in dem der Betriebsrat die Bestellung von insgesamt zehn (!) Beisitzern beantragt hatte.

[2172] Vgl. bereits *Dedert*, BB 1986, 320, zur Zuständigkeit der Einigungsstelle für Abmahnungen.

Schließlich stellt sich die kritische Frage nach der Verfahrensdauer des Einigungsstellenverfahrens. Durch das erst jüngst in Kraft getretene Job-AQTIV-Gesetz ist zwar eine weitere Beschleunigung des Einigungsstellenverfahrens angestrebt worden[2173], so dass sich nun die Frage hinsichtlich der Bestellung der Personen der Einigungsstelle durch einstweilige Verfügung erst recht erübrigen dürfte[2174]. Es bleibt aber fraglich, ob die Institutionalisierung eines Einigungsstellenverfahrens für individuelle Rechtsstreitigkeiten nicht doch einen zu hohen Zeitaufwand mit sich bringt[2175]. Entsprechend den Ausführungen im allgemeinen Teil hängt dies letztlich von der Erfolgsquote eines auch für Rechtsansprüche geöffneten Einigungsstellenverfahrens ab[2176]. Wenn man davon ausgeht, dass sich Einigungsstellenverfahren in der Praxis durch eine hohe Vergleichsquote auszeichnen, könnte mit einer solchen Öffnung eine gewisse Entlastung der Arbeitsgerichtsbarkeit erreicht werden[2177]. Gleichwohl stellt sich die Frage, ob die Einigungsstelle überhaupt die richtige Stelle für die Behandlung individueller Rechtsstreitigkeiten ist. Infolgedessen bietet sich als Alternative eine echte betriebliche „Beschwerdestelle" an: Wenn man ein kosten- und mehr oder minder zeitaufwendiges Einigungsstellenverfahren bei Rechtsstreitigkeiten vermeiden will, sollte man womöglich lieber eine Vereinbarung nach § 86 BetrVG anstreben[2178].

Anknüpfend an die bereits kritisierte Entscheidung des *LAG Hamburg*[2179] könnte noch an eine Ausgestaltung des § 85 Abs. 2 BetrVG dahin gehend gedacht werden, die es dem Betriebsrat ausdrücklich gestattet, bei Meinungsverschiedenheiten zwischen Betriebsrat und Arbeitgeber über die Berechtigung der Beschwerde eine externe Konfliktperson hinzuzuziehen[2180]. Schließlich sollte der Arbeitgeber de lege ferenda verpflichtet werden, Arbeitnehmer über die Beschwerderechte zu informieren: Nicht nur das Recht zur Kommunikation, sondern auch das Recht zur Beschwerde muss im Betrieb kommuniziert werden[2181].

cc. **Ausgestaltung des Beschwerdeverfahrens durch Tarifvertrag oder Betriebsvereinbarung nach § 86 BetrVG**

Zweckmäßig sind Vereinbarungen nach § 86 BetrVG deshalb, um das Beschwerdeverfahren im Interesse eines reibungslosen Betriebsablaufs zu formalisieren und damit

---

[2173] *Düwell*, BB 2002, 98 (100): Wiederherstellung der alten Rechtslage durch das Alleinentscheidungsrecht des Vorsitzenden gem. § 98 Abs. 1 Satz 1 ArbGG (siehe auch § 98 Abs. 1 Satz 6 Hs. 2 ArbGG); unverzügliches Tätigwerden der Einigungsstelle nach § 76 Abs. 1 Satz 1 BetrVG.

[2174] Vgl. zuletzt *ArbG Siegburg*, DB 2002, 278 m.w.N.; vgl. auch *FESTL*, § 76 Rn. 27 m.w.N.

[2175] Vgl. bereits *Dütz*, DB 1972, 383 (388).

[2176] Vgl. dazu bereits unter B. II. 2.

[2177] Ähnlich *Buschmann* (1999), S. 319; siehe aber zur Erwartungshaltung gegenüber einer Entlastung der Justiz durch alternative Konfliktbehandlungen bereits im allgemeinen Teil unter B. I. 3. c. bb.

[2178] Zutreffend *Lembke*, ZKM 2002, 111 (113); siehe ausführlich dazu sogleich unter C. IV. 3. d. cc.

[2179] Siehe dazu bereits unter C. IV. 3. c. aa.

[2180] So *Budde*, mediations-report 1/2001, 3, in Bezug auf einen Mediator.

[2181] Vgl. dazu bereits unter C. IV. 3. b. aa.

zugleich eine gleichförmige Behandlung der Beschwerden sicherzustellen. Außerdem ermöglicht die Vorschrift, das gesetzliche Beschwerdeverfahren an die betrieblichen Verhältnisse anzupassen[2182]. Selbst in kleineren Betrieben ist es sinnvoll, die betriebliche Beschwerde- oder besser Konfliktbehandlungskultur durch Bereithalten eines entsprechenden Verfahrens gezielt zu stärken. Sofern die Betriebsparteien tätig werden, ergeben sich gewisse Überschneidungen zum Mitbestimmungsrecht gem. § 87 Abs. 1 Nr. 1 und jetzt auch Nr. 13 BetrVG[2183]; diese erscheinen indes vernachlässigenswert[2184]. Eine institutionalisierte Anlaufstelle mag sich tendenziell nur für größere Betriebe anbieten[2185]. Gleichwohl sollte die Einrichtung einer solchen Stelle nicht vom Bestehen eines Betriebsrats abhängig gemacht werden, wenngleich der Wortlaut des § 86 Satz 2 BetrVG darauf schließen lässt („an die Stelle der Einigungsstelle", die wiederum einen Betriebsrat voraussetzt). Hier ist an solche Fälle zu denken, in denen sich ein Betrieb zwar nicht für einen Betriebsrat, aber doch für eine betriebliche Anlaufstelle im Falle individueller Arbeitsplatzkonflikte entscheidet. Sofern insoweit keine Vereinbarung zwischen den Tarifvertragsparteien erzielt werden kann, sollte es dem Arbeitgeber ermöglicht werden, mit der Belegschaft eine entsprechende Übereinkunft zu erzielen; dies entspräche ebenfalls den obigen Überlegungen hinsichtlich differenzierter Beteiligungsformen de lege ferenda[2186]. Ansonsten bleibt es jedem Arbeitgeber selbst überlassen, dem Betrieb ein maßgeschneidertes, betriebliches Konfliktbehandlungssystem für individuelle Arbeitskonflikte aufzuerlegen, soweit er dadurch nicht die Rechte der Arbeitnehmer jenseits seines Direktionsrechts einseitig beschneidet. Vielmehr muss der Arbeitgeber in betriebsratslosen Betrieben bei der Gestaltung und Verankerung des Beschwerdeverfahrens federführend und initiativ sein[2187]. Zu favorisieren ist freilich, wenn ein solches innerbetriebliches Konfliktbehandlungssystem durch Tarifvertrag oder Betriebsvereinbarung geregelt wird, so wie es die Vorschrift des § 86 BetrVG vorsieht[2188]. Dabei genießt der Tarifvertrag nach dem Grundsatz „lex superior derogat legi inferiori" Vorrang. Es genügt die Tarifgebundenheit des Arbeitgebers (und wenigstens eines Arbeitnehmers)[2189], um die unmittelbare und zwingende Geltung des Tarifvertrags gem. §§ 3 Abs. 2, 4 Abs. 1 Satz 2 TVG für alle Arbeitnehmer des Betriebs auszulösen. Für Betriebsvereinbarungen folgt Entsprechendes aus § 77 Abs. 4 Satz 1 BetrVG[2190].

[2182] GK-BetrVG/Wiese, § 86 Rn. 2; Hallmen (1997), S. 194; Lembke, ZKM 2002, 111 (115).

[2183] Siehe dazu bereits unter C. IV. 3. c. aa.

[2184] Beachtenswert erscheint allerdings das aus § 87 Abs. 1 BetrVG folgende Initiativrecht, welches dem Betriebsrat ermöglicht, die Einigungsstelle anzurufen, ErfKArbR/Kania, § 87 BetrVG Rn. 9.

[2185] Vgl. auch den Artikel in der FTD vom 23.6.2000, S. 38, wonach Großbetriebe zunehmend eigene, interne Mediationsabteilungen einrichten würden.

[2186] Siehe dazu bereits unter C. IV. 3. b. aa.

[2187] Siehe auch Breisig (1996), S. 282.

[2188] In diesem Sinne auch Breisig (1996), S. 283.

[2189] ErfKArbR/Franzen, § 3 TVG Rn. 25 f.

[2190] Zum Ganzen auch Lembke, ZKM 2002, 111 (116).

Im Folgenden soll die Möglichkeit der Einrichtung sowohl eines innerbetrieblichen Konfliktbehandlungsverfahrens (1) als auch einer innerbetrieblichen Konfliktbehandlungsstelle (2) näher untersucht werden.

(1) Einrichtung innerbetrieblicher Konfliktbehandlungsverfahren

Ausgangspunkt für das Einrichten eines innerbetrieblichen Konfliktbehandlungsverfahrens ist § 86 Satz 1 BetrVG, wonach die Einzelheiten des Beschwerdeverfahrens durch Tarifvertrag oder Betriebsvereinbarung sowie – de lege ferenda –hilfsweise zwischen Arbeitgeber und Belegschaft geregelt werden können. Die betriebliche Praxis kennt vereinzelt Beschwerderegelungen zumindest im Ansatz in sog. Arbeits- und Betriebsordnungen, die allerdings nicht auf § 86 Satz 1 BetrVG fußen, sondern eher als Instrument der generellen Regelung von Arbeitsverhältnissen dienen, zudem machen sie nur einen kleinen Teil der in ihnen verankerten Regelung aus[2191]. Die hier vertretenen gesetzgeberischen Maßnahmen[2192] verfehlen ihren Zweck, wenn sie nicht auch auf der betrieblichen Ebene umgesetzt werden.

Es wurde bereits bei der Darstellung der Konfliktsituation im Rahmen der Rechtstatsachenforschung darauf hingewiesen, dass die Hemmschwelle, einen Konflikt in Arbeitsbeziehungen zu thematisieren, groß ist[2193]. Diese Hemmungen müssen Arbeitnehmern genommen werden, d.h. es müssen Anreize geschaffen werden, einen Konflikt tatsächlich auszutragen. Ansätze einer Relativierung der Beschwerdebarrieren können sein[2194]: klare Aussage des Betriebs im Sinne einer positiven Beschwerdekultur; entsprechendes Training der Führungskräfte[2195]; Zulassung anonymer Beschwerden[2196]; Anbieten von Alternativen bzw. möglichst vieler Optionen[2197]. Insbesondere die Schaffung einer *positiven Beschwerdekultur* scheint dabei von entscheidender Bedeutung zu sein. Der Konflikt muss grundsätzlich als fortschrittsfördernd und existenzsichernd anerkannt werden. Deshalb reicht es nicht aus, innerbetriebliche Kanäle zur Konfliktartikulation etwa in Form von Beschwerdeverfahren bloß zur Verfügung zu stellen. Sie müssen eingebettet sein in ein entsprechendes „Klima", das die Arbeitnehmer zu ihrer aktiven und konstruktiven Nutzung ermutigt. Dabei setzt eine positive Beschwerdepolitik ein entsprechendes Bekenntnis und Verhalten der Betriebsleitung voraus. Sie muss eindeutig signalisieren, dass Beschwerden erwünscht sind und ohne Angst vor Benachteiligung vorgebracht werden können, dass sie sorgfältig und wohlwollend auf ihren Gehalt und ihre Berechtigung hin geprüft werden (Feedback) und

---

[2191] *Breisig* (1996), S. 210 f.; weiterführend zu Arbeits- und Betriebsordnungen *U. Preis* (1993), S. 73 ff., insbesondere S. 80 in Bezug auf das betriebsverfassungsrechtliche Beschwerdeverfahren.

[2192] Siehe dazu bereits unter C. IV. 3. d. bb.

[2193] Siehe dazu bereits unter C. II. 3.

[2194] Nach *Breisig* (1996), S. 50 ff. und 290.

[2195] Siehe dazu noch im abschließenden Teil unter D. I. 3. b. cc.

[2196] Siehe dazu bereits unter C. IV. 3. d. bb.

[2197] Siehe zur Vielfalt alternativer Konfliktbehandlungen bereits im allgemeinen Teil unter B. III. 3.

dass ggf. auch Entscheidungen der Vorgesetzten revidiert werden (sog. konsistentes Verhalten in der post-konfliktären Phase)[2198]. Eine so verstandene betriebliche Beschwerdekultur kann sich letztlich auch als geeignetes Mittel zu Bewältigung besonders diffiziler Konflikte wie etwa Mobbing erweisen[2199]. Bestenfalls sollten entsprechende Betriebsvereinbarungen abgeschlossen werden[2200]. Hierin ist der eigentliche Mehrwert eines mehr oder minder formalisierten innerbetrieblichen Konfliktbehandlungsverfahrens zu sehen. Darüber hinaus ermöglicht ein solches, keiner streng formellen Rechtsbindung unterliegendes Verfahren, auch rechtlich unerhebliche, aber sachlich oder persönlich wichtige Aspekte zu würdigen[2201]. Gerade dies wurde bereits im allgemeinen Teil als Grenze gerichtlicher Konfliktbehandlung unter dem Aspekt der Verrechtlichung und der streitgegenständlichen Beschränkung des Konflikts ausgemacht[2202]. Hierin liegt dann zwar keine entlastende, aber eine nicht minder anerkennenswerte betriebsbefriedende Funktion alternativer Konfliktbehandlungen[2203]. Die weitere Ausgestaltung des Beschwerderechts als Individualrecht zieht freilich eine gewisse Abkehr vom traditionellen Verständnis der deutschen Mitbestimmungskultur nach sich[2204].

Ungeachtet der unterschiedlichen Systeme der Arbeitsbeziehungen können an dieser Stelle auch die Erfahrungen aus den USA mit dem bereits im allgemeinen Teil skizzierten „grievance procedure" nutzbar gemacht werden[2205]. Während der nichtgewerkschaftliche Sektor vielfältige Möglichkeiten zur Geltendmachung einer Beschwerde entwickelt hat, die sich als programmatische Beschwerdeverfahren bezeichnen lassen (a), sind im gewerkschaftlichen Bereich weit reichende Beschwerderechte innerhalb eines Stufensystems als prozedurales Beschwerdeverfahren bekannt (b). Überlegenswert ist auch die Umsetzung eines personenzentrierten Beschwerdeverfahrens (c).

(a) Programmatische Beschwerdeverfahren

Gemäß der in US-amerikanischen Unternehmen oftmals vorzufindenden „open door"-Politik sollte es Arbeitnehmern nicht weiter schwer fallen, einen Konflikt zu themati-

---

[2198] Siehe zum Ganzen *Breisig* (1998), S. 299 ff.; siehe auch *Dendorfer/Breiter*, BB Beilage zu Heft 46/2002, 33 (38), Grundsatzerklärung (Policy Statement) der Unternehmensführung und Schaffung von Akzeptanz und Anreizen für alternative Konfliktbehandlungen; *Dendorfer*, ZKM 2001, 167 (168), zur Grundsatzentscheidung betreffend die Etablierung eines Konfliktmanagements „Ja gerne – auch im Unternehmen".

[2199] Vgl. *Ohm*, AiB 2000, 659 (662).

[2200] *Ohm*, AiB 2000, 659 (661), zu Eckpunkten für eine Betriebsvereinbarung zum Beschwerdeverfahren; vgl. dazu die Ausführungen bereits unter C. IV. 3. c. aa.

[2201] So auch *Hommerich/Niederländer/Stock*, AuA 1993, 175 (176), zu möglichen neuen Formen betrieblicher Konfliktregelung.

[2202] Siehe dazu bereits unter B. I. 2. b. aa. (5) und B. I. 2. b. aa. (8).

[2203] Siehe zum überschätzten Filterpotenzial alternativer Konfliktbehandlungen bereits im allgemeinen Teil unter B. I. 3. c. bb. (2).

[2204] Vgl. *Breisig* (1996), S. 265.

sieren. Dies gilt jedenfalls dann, wenn hierfür eine relativ zwanglose Struktur bereitgehalten wird[2206]. Dabei gilt zu beachten, dass die allzu starke Formalisierung gerichtlicher Verfahren im allgemeinen Teil als Grenze gerichtlicher Konfliktbehandlung ausgemacht wurde[2207]. Auch der Beschwerdemechanismus lebt davon, dass der Einzelfall aus der bürokratischen Routine herausgehoben wird und zerstört sich deshalb selbst, wenn er seinerseits zur Routine wird, zumal die Möglichkeit besteht, die Beschwerde an der innerbetrieblichen Bürokratie abprallen zu lassen[2208]. Folglich sollte man sich bei der Entwicklung von entsprechenden Beschwerdeordnungen auf Mindestbedingungen beschränken, die sich gleichzeitig als grundlegende Verfahrensgarantien erweisen[2209]. Zu denken ist an ein Programm, das relativ konsistenten Regeln unterliegt und für Arbeitnehmer transparent und nachvollziehbar ist[2210]. Zu regeln wären etwa Gegenstand und Berechtigung (evtl. auch des Arbeitgebers) der Beschwerde, (freiwillige) Namensnennung, Vertretungsmöglichkeit, Form und Frist der Einlegung, Adressat (nicht zwingend der Beschwerdegegner), etwaige Stufen[2211], Entscheidungskompetenz, Frist der Behandlung und Feedback sowie Benachteiligungsschutz[2212]. Aus Sicht des Arbeitnehmers vorteilhaft ist einerseits eine fakultative Schriftlichkeit und der Verzicht auf jedwede Fristvorgabe auf Seiten des Beschwerdeführers, andererseits aber die Festlegung von Fristen der Beschwerdebehandlung und Feedback an Beschwerdeführer[2213]. An entsprechenden Vorlagen mangelt es jedenfalls nicht[2214]. Die Entwicklung eines betrieblichen Handbuchs zum kooperativen Umgang mit Konflikten sollte jedenfalls auch in kleineren Betrieben möglich sein[2215].

[2205] Vgl. *Breisig*, WSI-Mitt. 1996, 576 (583); siehe zum „grievance procedure" bereits unter B. I. 6. c.

[2206] Vgl. *Colvin*, WSI-Mitt. 2001, 743 (744).

[2207] Siehe dazu bereits unter B. I. 2. b. aa. (1).

[2208] *W. Gottwald*, ZRP 1982, 28 (29); *Röhl* (1982b), S. 98; vgl. auch *Richardi*, § 86 Rn. 1; *MünchHdbArbR/von Hoyningen-Huene*, § 303 Rn. 36, demzufolge eine allzu formalisierte Beschwerdeordnung manchen Arbeitnehmern hinderlich erscheine und keineswegs das Vertrauensverhältnis zwischen Arbeitnehmer und Arbeitgeber fördere; vermittelnd *Breisig* (1996), S. 50 f.: einerseits Schutz und Rechtssicherheit, andererseits abschreckende Bürokratie und Beeinträchtigung der Flexibilität.

[2209] Siehe zu den Verfahrensgarantien bei alternativen Konfliktbehandlungen bereits im allgemeinen Teil unter B. II. 3. b.

[2210] Siehe zur Transparenz und Zugänglichkeit alternativer Konfliktbehandlungen bereits im allgemeinen Teil unter B. III. 4. a.

[2211] Siehe zum prozeduralen Beschwerdeverfahren sogleich unter C. IV. 3. c. bb. (1) (b).

[2212] Siehe *Breisig* (1996), S. 30 ff. und S. 208 ff., zu zwei praktischen Beispielen (*Kodak* und *Thyssen*); vgl. ders., WSI-Mitt. 1996, 576 (577); vgl. auch *GK-BetrVG/Wiese*, § 86 Rn. 5; *FESTL*, § 86 Rn. 3.

[2213] *Breisig* (1996), S. 288 ff.; siehe auch *Hallmen* (1997), S. 195: mündliches Vorbringen und schriftliche Niederlegung sowie Zweckmäßigkeit von Fristregelungen (als Sollvorschrift).

[2214] Siehe die auf § 86 Satz 1 BetrVG basierenden Beschwerdeordnungen von *Rogowski* (1983), S. 204 f., und *Hallmen* (1997), S. 191 ff.; siehe auch *Breisig* (1996), S. 245 ff., betreffend tarifvertragliche Vorschlags- und Reklamationsrechten, die sich jedoch als allzu formalisiert erweisen, so dass laut nicht ganz unberechtigter Kritik von Arbeitgeberseite eine „erhebliche Einschränkung der Handlungsfähigkeit des Betriebs" zu befürchten steht.

[2215] Siehe *Dendorfer/Breiter*, BB Beilage zu Heft 46/2002, 33 (38), und *Dendorfer*, DB 2003, 135 (139), betreffend die Implementierung eines betrieblichen Konfliktmanagements durch ein ADR-Handbuch bzw. ADR-Guidelines.

In diesem Kontext bietet sich eine Darstellung des US-amerikanischen „Offen gesagt"-Verfahrens („speak up", „speak out" oder „speak easy") an, welches auch in deutschen Betrieben vereinzelt schon jetzt praktiziert wird[2216]. Ausgangspunkt ist in der Regel die schriftliche und letztlich anonyme Einsendung einer Beschwerde, Anfrage, Anregung oder dergleichen auf einem eigens dafür vorgesehenen Formular[2217], die von einer für den jeweiligen Sachverhalt zuständigen „Programmleitung"[2218] in vorgegebenen Fristen beantwortet wird. Ein solches Verfahren sieht folgendermaßen aus: Das Formular liegt an frequentierten und gut zugänglichen Orten im Unternehmen aus. Der Einreicher füllt das Formular aus und schickt es an die jeweilige Programmleitung. Die Programmleitung hält den Namen unter Verschluss und schickt das Formular an die betroffene Fachabteilung. Diese bearbeitet das Anliegen und nimmt dazu Stellung. Die Programmleitung prüft die Stellungnahme auf Vollständigkeit, Verständlichkeit und darauf, dass der Kern des Anliegens durch die Stellungnahme getroffen wird, und leitet die Stellungnahme an den Einreicher weiter. Auf dessen Wunsch kommt es zu einem Gespräch zwischen ihm und der Fachabteilung. Ein „Programmausschuss", das ist eine hochrangig besetzte Beratungs- und Kontrollinstanz in Form einer Kommission[2219], nimmt das Anliegen zur Kenntnis und veranlasst die Veröffentlichung, sofern es sich um ein Thema von allgemeinem Interesse handelt und die Zustimmung des Einsenders zur Veröffentlichung vorliegt. Außerdem stellt der Programmausschuss den Informationsfluss bis einschließlich zur Geschäftsführung sicher.

Wie bereits erwähnt, kann indes der Zwang, sich auf einem offiziellen Formular schriftlich artikulieren zu müssen, als Beschwerdebarriere gedeutet werden[2220]. Daher sollten zumindest daneben auch möglichst zwanglose Verfahren im Sinne des „Offene Tür"-Verfahrens bereitgehalten werden, bei denen es im Prinzip nur darum geht, eine Beschwerde beim (unmittelbar) Vorgesetzten formlos vorzutragen[2221]. Arbeitgeber müssen hierfür geeignete Kommunikationsforen einrichten. Ansatzpunkt bildet in Betrieben mit Betriebsrat die (formalisierte) Betriebsversammlung gem. den §§ 42 ff. BetrVG, die jedoch in ihrer Zusammensetzung und ihrem Anwendungsbereich beschränkt ist[2222]. Arbeitgeber sollten darüber hinaus ihren Arbeitnehmern regelmäßig Gelegenheit geben, etwaige betriebliche Missstände offen anzusprechen. In Betrieben mit Betriebsrat bietet sich beispielsweise an, die Vorschrift des § 39 BetrVG für

---

[2216] Ausführlich zu den programmatischen Beschwerdeverfahren *Breisig* (1996), S. 141 f., sowie vor allem S. 215 ff. zu einigen praktischen Beispielen in Deutschland (*Bayerische Hypotheken- und Wechselbank, Hewlett Packard* und *IBM*).

[2217] Siehe zu einem entsprechenden „Offen gesagt"-Formular *Breisig* (1996), S. 217.

[2218] Dies wird in der Regel – wenngleich nicht zwingend – der Betriebsrat sein; siehe aber zum personenzentrierten Beschwerdeverfahren noch unter 3. c. bb. (1) (c).

[2219] Siehe zur innerbetrieblichen Konfliktbehandlungsstelle noch unter C. IV. 3. d. cc. (2).

[2220] Siehe auch *Breisig* (1996), S. 223.

[2221] Siehe zum „Offene Tür"-Verfahren ebenfalls *Breisig* (1996), S. 140 f.

[2222] Vgl. dazu bereits unter C. III. 1. a. aa.

Sprechstunden in Bezug auf Konflikte am Arbeitsplatz nutzbar zu machen[2223]. Entsprechende Maßnahmen dürfen sich jedoch nicht auf Betriebe mit Betriebsrat beschränken, die sich wohlgemerkt gegenüber betriebsratslosen Betrieben in der Minderheit befinden[2224]. Die Implementierung eines betrieblichen Konfliktmanagements stellt freilich für viele Betriebe eine große Herausforderung dar, die es erst zu bewältigen gilt; hierzu wird im abschließenden Teil bei der Frage der Institutionalisierung betrieblicher Konfliktbehandlungen noch näher Stellung genommen[2225]. Schließlich bedarf es angesichts veränderter, schnelllebiger Arbeitsbedingungen eines vermehrten Einsatzes technologischer Mittel bei der innerbetrieblichen Konfliktbehandlung[2226]. Moderne Organisationen sind heutzutage vielfältigen Globalisierungs- und Vernetzungsrisiken ausgesetzt und benötigen, um diesen zu begegnen, ein effizientes Konflikt- und Kommunikationsmanagement. Geographische Distanz und limitierte Zeit- und Kostenbudgets der Akteure lassen ein internetbasiertes Verfahren für kommunikative Koordination unabdingbar erscheinen[2227]. Damit einher geht nicht zuletzt eine entsprechende Ausstattung des Betriebsrats[2228].

(b) Prozedurale Beschwerdeverfahren

Prozedurale Beschwerdeverfahren sind relativ stark formalisierte Stufenverfahren, die von ihrer Grundstruktur her am ehesten an die Modelle im gewerkschaftlichen Bereich in den USA erinnern („grievance procedure") und in der Regel entlang eines regulären Instanzenzugs bzw. Stufen („steps") verlaufen[2229]. Einen ähnlichen Ansatz verfolgt der Employment Act 2002 in England, der Arbeitnehmer im Rahmen des „grievance procedure" seit Oktober 2004 dazu anhält, sich auf dem Beschwerdewege in regelmäßig drei Stufen (schriftlicher Antrag; erstes Treffen; ggf. zweites Treffen) mit dem Arbeitnehmer zum Zwecke einer gütlichen Einigung zusammenzusetzen[2230].

Es liegt nahe, dass sich arbeitsrechtliche Reaktionen und Sanktionen auf Konflikte und Fehlverhalten regelmäßig nach dem Umfang und dem Gewicht des einzelnen Konflikts und seinem jeweiligen Entwicklungsstadium richten. Daher sollte ein arbeits-

---

[2223] Vgl. *FESTL*, § 39 Rn. 1.

[2224] Siehe zur Verbesserung des Betriebsklimas durch mehr Kommunikation im bestehenden Arbeitsverhältnis noch unter C. IV. 3. e. aa.

[2225] Siehe dazu noch unter D. I. 1. d.

[2226] Siehe dazu bereits einleitend unter C. IV.

[2227] Vgl. *Dendorfer/Breiter*, BB Beilage zu Heft 46/2002, 33 (38), betreffend die Implementierung eines betrieblichen Konfliktmanagements; vgl. auch *Ahrweiler*, ZKM 2002, 209 ff., zum „computergestützten Konfliktmanagement in modernen Organisationen"; weiterführend zu „ADR und Internet" bzw. der sog. Online Dispute Resolution (ODR) *von Lewinski*, ZKM 2004, 108 ff.

[2228] Siehe etwa *Junker/Band/Feldmann*, BB Beilage 10 zu Heft 48/2000, 14 ff.; *Beckschulze/Henkel*, DB 2001, 1491 (1498 ff.); *Hilber/Frik*, RdA 2002, 89 (95 ff.); vgl. auch *Hopfner/Schrock*, DB 2004, 1558 ff., und *Däubler*, DB 2004, 1558 ff., zur Diskussion betreffend die Gewerkschaften.

[2229] *Breisig* (1996), S. 142 ff., S. 254 f. und S. 291 f.; siehe auch ders., WSI-Mitt. 1996, 576 (580); siehe zum „grievance procedure" bereits im allgemeinen Teil unter B. I. 6. c.

rechtlicher Konflikt je nach dem Grad der konkreten Verhärtung der einzelnen Positionen erforderlichenfalls mehrere Stufen durchlaufen. Denkbar wäre beispielsweise, dass ein arbeitsrechtlicher Konflikt zunächst mit einem Einzelgespräch zwischen Arbeitgeber und Arbeitnehmer oder unter Arbeitnehmern beginnt, in weiteren Schritten dritte interne oder externe Personen zugezogen und anschließend der Betriebsrat oder spezielle betriebliche Institutionen eingeschaltet werden[2231]. Auch de lege lata lassen sich Ansatzpunkte für solche mehrstufigen Beschwerdeverfahren festmachen. Ein entsprechender Instanzenzug könnte etwa wie folgt aussehen[2232]. Auf der ersten Stufe erfolgt gem. § 84 Abs. 1 Satz 1 BetrVG eine direkte Auseinandersetzung des Arbeitnehmers mit dem Arbeitgeber. Führt dies nicht weiter, so kann der Arbeitnehmer auf der zweiten Stufe gem. § 84 Abs. 1 Satz 2 BetrVG die Hinzuziehung eines Betriebsratsmitglieds oder eines externen Konfliktbeauftragten als Vermittler verlangen. Bleibt auch dies erfolglos, wird auf der dritten Stufe gem. § 85 Abs. 1 BetrVG der Betriebsrat hinzugezogen. Schließlich verbleibt als letzte innerbetriebliche Konfliktbehandlung auf der vierten Stufe die Anrufung der betrieblichen Beschwerdestelle gem. §§ 85 Abs. 2, 86 Satz 2 BetrVG[2233]. Freilich muss dies alles – de lege ferenda – auch in Bezug auf Rechtsstreitigkeiten möglich sein[2234].

Was das Verhältnis zwischen § 84 und § 85 BetrVG anbelangt, so dürfte es einleuchten, wenn eine Regelung vorsieht, dass nicht beide Verfahren gleichzeitig eingeleitet werden können, um eine überflüssige Belastung des Betriebs zu vermeiden[2235]. Jedoch sollte der Übergang von einem zum anderen Verfahren nach Ablauf einer bestimmten Frist möglich sein, sofern sich Arbeitgeber (im Fall des § 84 BetrVG) oder Betriebsrat (im Fall des § 85 BetrVG) nicht binnen einer bestimmten Frist zu der Beschwerde äußern[2236]. Es dürfte zwar unzulässig sein, den Arbeitnehmer nur auf eines der beiden Verfahren zu verweisen[2237], es sollte aber gestattet sein, Arbeitnehmer entsprechend dem Charakter eines prozeduralen Beschwerdeverfahrens *zunächst* auf das Verfahren nach § 84 und sodann § 85 BetrVG zu verweisen (oder umgekehrt)[2238]. Auch sollte sichergestellt werden, dass Arbeitnehmer den Ausgang eines Beschwerdeverfahrens abwarten, bevor sie das Arbeitsgericht anrufen, sofern das Beschwerdeverfahren nicht unzumutbar lange dauert und auch sonst keine Nachteile für den Arbeitnehmer zu er-

---

[2230] Siehe dazu bereits im allgemeinen Teil unter B. I. 6. d. aa.

[2231] *Prütting* (2002), S. 959; vgl. *Dendorfer/Breiter*, BB Beilage zu Heft 46/2002, 33 (39), betreffend die Implementierung eines betrieblichen Konfliktmanagements mittels Flow Chart: interne Konfliktlösung; interne Unterstützung; externe Unterstützung; rechtsförmige Lösung; vgl. schließlich *Eidenmüller/Hacke*, Personalführung 3/2003, 20 (25), zu einem Konfliktmanagementsystem bei *Siemens*.

[2232] *Lembke*, ZKM 2002, 111 (116).

[2233] Siehe zur innerbetrieblichen Konfliktbehandlungsstelle noch unter C. IV. 3. d. cc. (2).

[2234] Siehe dazu bereits unter C. IV. 3. d. bb.

[2235] *GK-BetrVG/Wiese*, § 86 Rn. 6; a.A. *Richardi/Thüsing*, § 86 Rn. 2.

[2236] Vgl. *GK-BetrVG/Wiese*, § 86 Rn. 6.

[2237] *GK-BetrVG/Wiese*, § 86 Rn. 6.

[2238] *Lembke*, ZKM 2002, 111 (115); unklar *Richardi/Thüsing*, § 86 Rn. 2.

warten sind[2239]. Eine dahin gehende Vereinbarung kann nach obigen Ausführungen auch eine Schlichtungsklausel im Arbeitsvertrag vorsehen[2240]. Nach der bisher h.M. soll es allerdings den Tarif- und Betriebsparteien verwehrt sein, die Durchführung eines innerbetrieblichen Beschwerdeverfahrens zur Prozessvoraussetzung für eine gerichtliche Geltendmachung von Ansprüchen durch den Arbeitnehmer zu machen. § 85 Abs. 2 Satz 3 BetrVG stelle eine zwingende Regelungsschranke dar, wonach die Rechtsdurchsetzungsmöglichkeiten bei Rechtsansprüchen des Arbeitnehmers nicht beschränkt werden dürften. Andernfalls liefe dies auf eine Änderung des ArbGG hinaus und bedeutete einen unzulässigen faktischen Rechtswegverzicht des Arbeitnehmers[2241]. Zumindest für den Arbeitsvertrag scheint dies zwar in der Tat problematisch (siehe § 307 Abs. 2 Nr. 1 BGB), wohl aber nicht für die Betriebsvereinbarung und den Tarifvertrag (siehe § 310 Abs. 4 Satz 1 BGB und § 86 Satz 1 BetrVG). Sofern man das Beschwerdeverfahren de lege ferenda auch für Rechtsstreitigkeiten öffnet[2242], erübrigt sich diese Streitfrage ohnehin.

Schließlich ist auch hier das bereits im allgemeinen Teil thematisierte Prinzip der *Freiwilligkeit* zu beachten[2243]. Entsprechende Regelungen sollten eher als Anreiz dienen, einen Konflikt auf den betrieblichen Beschwerdeweg zu bringen, so dass auch hier möglichst zwanglose Verfahren zu favorisieren sind. Allerdings könnte erwogen werden, das Verfahren lediglich einseitig obligatorisch auszugestalten, und zwar für den Arbeitgeber, zumal dieser an der Einführung eines betrieblichen Konfliktbehandlungsverfahrens maßgeblich beteiligt ist. Insbesondere muss auch der Arbeitgeber den Ausgang des Verfahrens grundsätzlich abwarten, bevor seine Anweisung durch den Arbeitnehmer befolgt werden muss, sofern keine Dringlichkeit besteht. Will man indes auch den Arbeitnehmer zu einem prozeduralen Beschwerdeverfahren zwingen, muss in jedem Fall gewährleistet werden, dass kein Einigungszwang besteht und der Ausstieg aus dem Konfliktbehandlungsverfahren jederzeit möglich ist.

(c)   Personenzentrierte Beschwerdeverfahren

Als Alternative zum Betriebsrat kann nach dem Vorbild des US-amerikanischen personenzentrierten Beschwerdeverfahrens auch der Einsatz eines betrieblichen Ombudsmanns für das deutsche Recht fruchtbar gemacht werden[2244]. In deutschen Betrieben sind solche Verfahren nahezu unbekannt[2245]. Auch das französische Recht kennt sog. Personaldelegierte („délégués du personnel"), deren Aufgaben denjenigen von

---

[2239] Vgl. zur Entschärfung der arbeitsrechtlichen Ausschlussfristen bereits unter C. IV. 1. a. aa.

[2240] Siehe dazu bereits unter C. IV. 2. a. bb.

[2241] *Moll/Klunker*, RdA 1973, 361 (368 f.); ebenso *MünchHdbArbR/von Hoyningen-Huene*, § 303 Rn. 35, *FESTL*, § 86 Rn. 2, und *Lembke*, ZKM 2002, 111 (115), jedoch ohne nähere Begründung.

[2242] Siehe dazu bereits unter C. IV. 3. d. bb.

[2243] Siehe dazu bereits unter B. III. 6.

[2244] Ausführlich dazu *Breisig* (1996), S. 137 ff.

[2245] *Breisig* (1996), S. 214 f.

Ombudsleuten der Belegschaft ähneln. Sie stellen das Beschwerdeorgan dar und haben u.a. dem Arbeitgeber individuelle Anliegen vorzutragen sowie – ähnlich den §§ 75, 80 BetrVG – über den Schutz der Persönlichkeits- und Freiheitsrechte zu wachen[2246]. Daneben kennt das französische Recht auf der eher kollektiven Ebene sog. Mitsprachegruppen („groupes d'expression directe"), die mit unmittelbaren Beschwerde- und Vorschlagsrechten ausgestattet sind, die allerdings auch in Frankreich bisher keine große Bedeutung erlangen konnten[2247].

Ansatzpunkt im deutschen Recht ist wiederum § 86 Satz 1 BetrVG. Konkret geht es um die Festlegung der zuständigen Stelle im Sinne des § 84 Abs. 1 BetrVG; dies muss nicht der Betriebsrat sein[2248]. Dementsprechend kommt die Einsetzung eines speziellen Beschwerdebeauftragten in Betracht, der allen Beschwerden nachzugehen und deren Berechtigung vorab zu prüfen hat[2249]. Vorzugsweise ist der Beschwerdebeauftragte eine Person aus den Reihen der Arbeitnehmer, womöglich sogar ein leitender Angestellter, sofern dessen Neutralität bzw. Unparteilichkeit nicht in Frage steht[2250]. Zumindest in größeren Betrieben könnte man auch den Einsatz (interner oder externer) betrieblicher Konfliktlotsen bzw. -manager oder Mediatoren erwägen[2251]. Dies mag zwar insofern problematisch sein, als derartige Stellen in Konkurrenz mit dem Betriebsrat treten, so dass die Gefahr besteht, dass die Einheitlichkeit der Interessenvertretung gefährdet wird (was wiederum auf Widerstand bei den Gewerkschaften stoßen dürfte)[2252]. Dieser Einwand gilt aber nur für Betriebe mit Betriebsrat, die sich wie gesagt gegenüber Betrieben ohne Betriebsrat in der Minderzahl befinden.

(2) Einrichtung innerbetrieblicher Konfliktbehandlungsstellen

Der Terminologie dieser Abhandlung folgend soll die hier vorgeschlagene, zu institutionalisierende betriebliche Anlaufstelle für die Behandlung von Konflikten am Arbeitsplatz als „Konfliktbehandlungsstelle" bezeichnet werden. Gesetzlicher Ansatzpunkt ist § 86 Satz 2 BetrVG, wonach an die Stelle der Einigungsstelle eine „betriebliche Beschwerdestelle" treten kann[2253]. Damit aber deutlich gemacht wird, dass es um mehr als nur „Beschwerden" geht, empfiehlt sich der allgemeinere Begriff der Konfliktbehandlung. Die Konfliktbehandlungsstelle ist so auch besser von der betriebsver-

---

[2246] Dazu *Junker*, RIW 2002, 81 (82 und 83).

[2247] Dazu *Körner*, NZA 2001, 429 (430); siehe auch *Buschmann* (1999), S. 315 f.

[2248] Vgl. *ErfKArbR/Kania*, § 86 BetrVG Rn. 1.

[2249] Vgl. *GK-BetrVG/Wiese*, § 86 Rn. 5.

[2250] Siehe zu den Verfahrensgarantien bei alternativen Konfliktbehandlungen bereits im allgemeinen Teil unter B. II. 3. b.

[2251] *Dendorfer*, DB 2003, 135 (139); vgl. *Dendorfer/Breiter*, BB Beilage zu Heft 46/2002, 33 (38), zur Implementierung eines Konfliktmanagements; vgl. zum Einsatz von Konfliktlotsen und Mediatoren bereits unter C. IV. 3. c. aa. bzw. noch unter C. IV. 5. b. dd. (2).

[2252] Dazu *Breisig*, (1996), S. 223 f., vor dem Hintergrund des „Verhandlungsmonopols" des Betriebsrats gegenüber dem Arbeitgeber; siehe auch ders., WSI-Mitt. 1996, 576 (581).

[2253] Vgl. auch *Eidenmüller/Hacke*, Personalführung 3/2003, 20 (24).

fassungsrechtlichen Einigungsstelle gem. § 76 BetrVG abzugrenzen[2254]. Bei der Einrichtung innerbetrieblicher Konfliktbehandlungsstellen ist von zwei Prämissen auszugehen, die vorstehenden Ausführungen entnommen werden können: Zum einen müssen Rechtsstreitigkeiten einer innerbetrieblichen Konfliktbehandlung ebenfalls zugänglich sein[2255], zum anderen sollte zuvor das nicht institutionalisierte Konfliktbehandlungsverfahren durchlaufen werden[2256]. Das anschließende Verfahren vor einer institutionalisierten Konfliktbehandlungsstelle wird regelmäßig das letzte Glied in der Kette der betrieblichen Konfliktlösungsmechanismen sein[2257]; es ist als solches auch im Hinblick auf § 4 ArbGG nicht zu beanstanden[2258].

(a) Die ehemaligen Konfliktkommissionen der DDR und die ehemaligen Schiedsstellen für Arbeitsrecht in den neuen Bundesländern

In diesem Zusammenhang bietet sich zunächst ein Blick auf die ehemaligen Konfliktkommissionen in der DDR und die daran anschließenden ehemaligen Schiedsstellen für Arbeitsrecht in den neuen Bundesländern an. Zwar sind die mit diesen Institutionen gemachten Erfahrungen nicht ohne weiteres auf die derzeitige Situation übertragbar, für mögliche neue Formen der Konfliktbehandlung sind sie aber gleichwohl wertvoll[2259]. Bei diesen Institutionen handelte es sich jedenfalls weder um echte Gerichte noch um gerichtliche Vorverfahren, sondern um ein „nichtrichterliches Vorschaltverfahren auf betrieblicher Ebene"[2260]. Daraus rechtfertigt sich deren Darstellung im Kontext mit der innerbetrieblichen Konfliktbehandlungsstelle.

Die *Konfliktkommissionen* in der ehemaligen DDR waren in Betrieben mit über 50 Mitarbeitern zwingend vorgeschrieben, ansonsten fakultativ. Von den Gewerkschaften vorgeschlagene und von der Belegschaft gewählte Gewerkschaftsmitglieder schlichteten als juristische Laien in allen arbeitsrechtlichen Streitigkeiten einschließlich Verfehlungen von Arbeitnehmern. Erst danach konnte das zuständige Kreisgericht angerufen werden. Die Konfliktkommissionen verfolgten freilich überwiegend erzieherische Zwecke[2261]. So lief die Zweckbestimmung dieser Kommissionen auf die „Herstellung

---

[2254] Gleichwohl schlägt *Grotmann-Höfling* (1995), S. 163, bei seinem betrieblichen Lösungsmodell die Bezeichnung „betriebliche Einigungsstelle" (BEST) vor; dagegen favorisiert *Thau*, AuA 1996, 303 (305), in Anlehnung an die ehemaligen Schiedsstellen für Arbeitsrecht in den neuen Bundesländern die Bezeichnung „betriebliche Schiedsstelle".

[2255] Siehe dazu bereits unter C. IV. 3. d. bb.

[2256] Siehe dazu bereits unter C. IV. 3. d. cc. (1).

[2257] Vgl. *B. Fischer* (1992), S. 87 f., zu den ehemaligen Schiedsstellen für Arbeitsrecht in den neuen Bundesländern; vgl. bereits *Dütz*, DB 1972, 383 (388), in Bezug auf die Anrufung der Einigungsstellen, wonach zunächst alle Einigungsmöglichkeiten ausgeschöpft sein sollten.

[2258] Siehe zur Zulässigkeit gerichtlicher Vorverfahren im Arbeitsrecht bereits unter C. III. 4. b.

[2259] In diesem Sinne auch *Grotmann-Höfling* (1995), S. 159.

[2260] So zu Recht *Prütting* (1999), S. 751.

[2261] Zum Ganzen *D. Berg*, NZA 1990, 19 f.; *B. Fischer* (1992), S. 12 ff.; weiterführend *O. Fischer* (1999), S. 13 ff.; zu rechtstatsächlichen Untersuchungen der Konfliktkommissionen aus dem Jahr

von Konformität"[2262] bzw. eine „völlige Unterwerfung des Individuums unter die Staatsgewalt"[2263] hinaus und wurde daher als „Disziplinierungsinstitut der sozialistischen Doktrin"[2264] bezeichnet.

Im Zuge der Wiedervereinigung traten an die Stelle der Konfliktkommissionen die *Schiedsstellen* für Arbeitsrecht in den neuen Bundesländern. Diese sollten gem. Art. 6 Abs. 3 des Staatsvertrags vom 18.5.1990 „bis zum Aufbau einer besonderen Arbeitsgerichtsbarkeit" fortbestehen[2265]. Grundlage ihrer Tätigkeit bildete das Schiedsstellengesetz vom 29.6.1990[2266]. Sodann ordnete der Einigungsvertrag vom 31.8.1990 in Anlage II Kapitel VIII Sachgebiet A Abschnitt III Nr. 3 die unbefristete bzw. nicht ausdrücklich zeitlich begrenzte Fortgeltung des Schiedsstellengesetzes an[2267]. Bei diesen Schiedsstellen sollte es sich zwar nicht um eine Weiterentwicklung der Konfliktkommissionen handeln, sondern sie sollten die Kammern für Arbeitssachen bei den Kreisgerichten im Gebiet der ehemaligen DDR als „Vorverfahren in Arbeitssachen" entlasten[2268]. Gleichwohl wurde bei der Entwicklung dieser Schiedsstellen auf bestimmte positive Erfahrungen der Arbeit der Konfliktkommissionen zurückgegriffen. Etwa die Möglichkeit, auf schnelle, einfache und unkomplizierte Art zu einer Beilegung der Streitigkeit zu kommen, was für Arbeitgeber und Arbeitnehmer gleichermaßen vorteilhaft war. Arbeitsrechtliche Streitfälle sollten ohne großen Aufwand und finanzielle Belastung unmittelbar und wesentlich schneller als bei Inanspruchnahme des Gerichts im Betrieb gelöst werden. Wesentlicher Unterschied zu den Konfliktkommissionen war vor allem die paritätische Besetzung der Schiedsstellen, zudem war die Vertretung der Beteiligten durch Verfahrensbevollmächtigte grundsätzlich zulässig[2269].

Problem war aber dann, wie weiter verfahren werden sollte, um die Rechtseinheit im wiedervereinten Deutschland wiederherzustellen. In Betracht kam entweder die Abschaffung der Schiedsstellen in den neuen oder ihre Ausdehnung auf die alten Bundesländer[2270]. Man entschied sich für Ersteres. Eine Ausdehnung des Anwendungsbereichs der Schiedsstellen auch auf die alten Bundesländer wurde in Anbetracht der oftmals unterstellten „offenkundigen Erfolglosigkeit" dieser Einrichtungen nicht er-

---

1989 *Niederländer* (1995), S. 95 ff.; zum konflikttheoretischen Hintergrund der Konfliktkommissionen *Hegenbarth* (1980), S. 60 f.

[2262] So *Bünger/Moritz* (1983), S. 183.

[2263] So *Ramm*, ZRP 1989, 136 (141).

[2264] So *Heitmann* (1994), S. 36.

[2265] Dazu *Kissel*, NZA 1990, 545 f.; *Rieble*, NZA 1991, 841; *B. Fischer* (1992), S. 22 f.

[2266] Abgedruckt bei *Nägele*, BB Beilage 30 zu Heft 24/1990, 19 ff.; *B. Fischer* (1992), S. 120 ff.; dazu ders. (1992), S. 23 ff.

[2267] Dazu *Kissel*, NZA 1990, 833 (836); *Rieble*, NZA 1991, 841 f.; *B. Fischer* (1992), S. 25 ff.

[2268] *Ponschab/Czarnetzki*, BB Beilage 8 zu Heft 9/1991, 22.

[2269] *Matthias/Schröder*, NJ 1990, 141; zu einer ausführlichen Synopse zwischen dem Verfahren vor den Konfliktkommissionen und den Schiedsstellen *B. Fischer* (1992), S. 76 ff.; ausführlich zu den Schiedsstellen ders. (1992), S. 29 ff.; *O. Fischer* (1999), S. 143 ff.

[2270] Dazu *Rieble*, NZA 1991, 841 (842).

wogen. Da sich auch die Arbeitgebervereinigungen, die Gewerkschaften, der Deutsche Richterbund und die Präsidenten der Landesarbeitsgerichte für eine Aufhebung der Schiedsstellen ausgesprochen hatten[2271], war klar, dass es im rechtspolitischen Raum keine Stimme mehr gab, die Schiedsstellen aufrechtzuerhalten[2272]. Dabei wurde geltend gemacht, dass die Akzeptanz für einen obligatorischen vorgerichtlichen Streitbeilegungsversuch nach dem Aufbau der eigenständigen Arbeitsgerichtsbarkeit in den neuen Bundesländern gesunken sei, insbesondere sei der fehlende Einigungsdruck Mitursache für das Scheitern gewesen. Dies sei nicht von ungefähr gekommen, denn das arbeitsgerichtliche Verfahren biete im Unterschied zu anderen gerichtlichen Verfahren mit der Güteverhandlung vor dem Vorsitzenden ein sehr erfolgreiches gerichtsinternes Schlichtungsverfahren, das seit 1927 im Praxistest sei und dessen Akzeptanz sich in einer Erfolgsquote von etwa 50 % widerspiegle[2273]. Kritisiert wurde auch die Verkürzung des Instanzenzugs für Arbeitgeber und Arbeitnehmer, die mangels Schiedsstellen kein Vorverfahren anrufen müssten, was sachlich nicht zu rechtfertigen sei[2274], außerdem seien die Schiedsstellen kein geeignetes Mittel, dem zu erwartenden Ansturm von arbeitsrechtlichen Streitigkeiten sachgerecht zu begegnen, jedenfalls könne dem Arbeitgeber eine solche hausinterne Schiedsstelle neben der betriebsverfassungsrechtlichen Einigungsstelle auf Dauer nicht zugemutet werden[2275]. Konsequenz dieser Sichtweise war das durch das Aufhebungsgesetz vom 20.12.1991 angeordnete Außerkrafttreten des Schiedsstellengesetzes spätestens zum Ablauf des 31.12.1992[2276].

Dabei hatte erst kurz zuvor das damalige Bundesministerium für Arbeit und Sozialordnung eine wissenschaftliche Analyse über die Tätigkeit der Schiedsstellen in Auftrag gegeben[2277]. Ohne das Untersuchungsergebnis abzuwarten, schaffte man den Untersuchungsgegenstand ab[2278]. Nachdem die Schiedsstellen durch Gesetz aufgehoben worden waren, konnten die Initiatoren dieser Untersuchung in ihrem eigenen Gutachten lesen, wie nützlich die Tätigkeit in der Übergangszeit einzuschätzen war, vor allem dass ein Ergebnis im Rahmen dieses Schiedsstellenverfahrens sehr viel eher ausführ-

---

[2271] *Müller*, AuA 1992, 112 (114), und *Prütting* (1999), S. 752, mit Verweis auf BT-Drucks. 12/1483, S. 4 f.

[2272] *Blankenburg*, NJ 1993, 113 (114).

[2273] *Düwell* (1999), S. 755; ähnlich *Kissel*, RdA 1994, 323 (326).

[2274] In diesem Sinne auch *Künzl*, AuA 1992, 54 (55 f.).

[2275] *Nägele*, BB Beilage 30 zu Heft 24/1990, 19 (22).

[2276] Abgedruckt bei *B. Fischer* (1992), S. 124; dazu *Schwedes* (1994), S. 154.

[2277] Siehe den Forschungsbericht von *Hommerich/Niederländer/Stock/Wolff* (1993); zusammenfassend *Hommerich/Niederländer/Stock*, AuA 1993, 175 ff.; siehe auch die zeitgleiche rechtliche und empirische Analyse von *B. Fischer* (1992).

[2278] Was *Beck/Rosendahl/Schuster* (1992), S. 552, zutreffend als „(gelinde gesagt) logisch kaum nachvollziehbar" bezeichnen; ähnlich kritisch *Rieble*, NZA 1991, 841 (842), demzufolge die Entscheidung der Präsidenten der Landesarbeitsgerichte betreffend die Abschaffung der Schiedsstellen zum damaligen Zeitpunkt vor dem Hintergrund der bisherigen praktischen Erfahrungen „unsinnig" gewesen sei; kritisch auch *Heitmann* (1994), S. 36.

bar sei und eine für beide Seiten befriedigendere Lösung darstelle als die Entscheidung der Arbeitsgerichte[2279]. Überhaupt kann als wichtigste positive Erkenntnis des innerbetrieblichen Schiedsstellenverfahrens gelten, dass es im Gegensatz zum arbeitsgerichtlichen Verfahren eine die Arbeitsbeziehungen weitgehend aufrechterhaltendere Funktion hatte[2280]. In fast 60 % der vor die Schiedsstellen gebrachten Fälle wurde das Arbeitsverhältnis nach Beendigung des Verfahrens fortgesetzt[2281]. Zudem wurde den Schiedsstellen eine „quantitativ erhebliche Erledigungsrate bzw. Auffangfunktion arbeitsrechtlicher Konflikte" bescheinigt[2282]. Dabei wurde sie auch als allgemein-, rechts- und berufsberatende Institution in Anspruch genommen[2283]. Dieser Umstand und die niedrige Einspruchsquote nach einem Schiedsspruch sprachen für eine im Allgemeinen „hohe Akzeptanz der Schiedsstellen bei den Beschäftigten"[2284]. Die Kritik an den Schiedsstellen bezog sich auf eher temporäre und durchaus behebbare Mängel, während die Stärken grundsätzlicher Art und mit der besonderen Konstruktion der Schiedsstellen als Organ außergerichtlicher Streitbeilegung verbunden waren[2285].

Auch außerhalb dieses Forschungsberichts gab es positive Stimmen. Der Gedanke, mehr auf Sach- und Fachverstand sowie Kenntnis der konkreten betrieblichen Situation denn auf „bloßem" juristischem Verstand beruhende Entscheidungen herbeizuführen und zugleich die Arbeitgerichtsbarkeit zu entlasten, sei durchaus erwägenswert[2286]. Außerdem würden die Schiedsstellen gut in die rechtspolitische Landschaft betreffend eine alternative Streiterledigung passen[2287]. Zudem dürfe nicht übersehen werden, dass die Schiedsstellen überwiegend betriebsbedingte Kündigungen im Rahmen von Massenentlassungen zu entscheiden hatten. Die Unternehmen und der Arbeitsmarkt im Osten hätten sich in dieser Zeit in einer desolaten Lage befunden, so dass die Schiedsstellen vor enorme und sie bisweilen womöglich sogar überfordernde Anforderungen gestellt waren[2288]. Deutsch-deutsche Verständigungsschwierigkeiten hätten ihr Übriges

---

[2279] So treffend *Blankenburg*, NJ 1993, 113 (115); vgl. auch *Hage/Heilmann*, AuA 1997, 339, wonach dezidierte Konsequenzen für mögliche neue Formen betrieblicher Konfliktregelung zu Diskussion gestellt worden seien.

[2280] Siehe zu dieser Kritik bereits im allgemeinen Teil unter B. I. 2. b. aa. (9) und B. I. 2. b. cc. sowie im besonderen Teil unter C. II. 4.

[2281] Siehe nur *B. Fischer* (1992), S. 89.

[2282] *Hommerich/Niederländer/Stock*, AuA 1993, 175 (176); *Hage/Heilmann*, AuA 1997, 339 (342); siehe auch *B. Fischer* (1992), S. 94 ff., zur Entlastung der Gerichte und Effizienz des Schiedsstellenverfahrens.

[2283] *Hommerich/Niederländer/Stock*, AuA 1993, 175 (176).

[2284] *Hommerich/Niederländer/Stock*, AuA 1993, 175 (177).

[2285] *Hommerich/Niederländer/Stock*, AuA 1993, 175 (177).

[2286] *Heitmann* (1994), S. 36; unter Entlastungsgesichtspunkten auch *Grotmann-Höfling* (1995), S. 159; vgl. *Beck/Rosendahl/Schuster* (1992), S. 565.

[2287] *Kissel*, NZA 1990, 545 (546); ähnlich *Beck/Rosendahl/Schuster* (1992), S. 558, denen zufolge die Schiedsstellen gut in die rechtspolitische Landschaft „Schlichten statt Richten" passten.

[2288] *Ponschab/Czarnetzki*, BB Beilage 8 zu Heft 9/1991, 22 (23); vgl. *Beck/Rosendahl/Schuster* (1992), S. 552: arbeitsrechtliche Notstandslage; ähnlich *Hommerich/Niederländer/Stock*, AuA 1993, 175: ganz spezielle Ausnahmebedingungen.

getan[2289]. Schließlich habe sich die Nähe der Schiedsstellen zu den Konfliktkommissionen der DDR in der rechtspolitischen Diskussion belastend ausgewirkt und eine sachliche Beurteilung erschwert[2290]. Damit ist aber auch klar, dass die rechtspolitischen Erwägungen hinsichtlich einer innerbetrieblichen Konfliktbehandlungsstelle de lege ferenda nicht für alle Zeiten vom Tisch sein dürften[2291].

(b) **Die Konfliktbehandlungsstelle im Allgemeinen, das Verfahren und ihre Zusammensetzung**

Wie bereits wiederholt dargelegt wurde, ist es im Grundsatz erstrebenswert, Rechtskonflikte einer innerbetrieblichen Behandlung samt innerbetrieblicher Durchsetzungsmöglichkeit zuzuführen[2292]. Dies gilt in besonderem Maße vor dem Hintergrund der Grenzen gerichtlicher Konfliktbehandlung und der damit verbundenen kritischen Würdigung der Arbeitsgerichtspraxis[2293]. Von daher sind die ehemaligen Schiedsstellen für Arbeitsrecht in den neuen Bundesländern mit den hier vorgeschlagenen innerbetrieblichen Konfliktbehandlungsstellen vergleichbar, zumal bei den Schiedsstellen Elemente aus den Regelungen über die Einigungsstelle nach dem BetrVG erkennbar waren bzw. zwischen beiden Institutionen eine starke strukturelle Identität bestand[2294]. Gleichwohl wurde bisher eine Parallele zum betriebsverfassungsrechtlichen Beschwerdeverfahren und dabei insbesondere zu § 86 Satz 2 BetrVG nahezu nicht gezogen[2295]. Wie die Schiedsstellen sollen innerbetriebliche Konfliktbehandlungsstellen eine betriebsinterne, sachnahe und schnelle Konfliktbehandlung anbieten[2296]. Der Streit wird nicht vor Gericht gezerrt und kann ohne größere Öffentlichkeit und ohne große Formalitäten konfliktnah ausgetragen werden[2297]. Wie die Schiedsstellen können

---

[2289] Gleichwohl positiv zur Tätigkeit der Schiedsstellenmitglieder *Beck/Rosendahl/Schuster* (1992), S. 548, die diesen ein „großes Kompliment" machen.

[2290] So zu Recht *Schwedes* (1994), S. 153; vgl. auch *Beck/Rosendahl/Schuster* (1992), S. 553 f., zu dem letztlich haltlosen Vorwurf, die Schiedsstellen seien ein „Sammelbecken alter Seilschaften".

[2291] So treffend *Müller*, AuA 1990, 112 (114); siehe instruktiv zum Für und Wider der Schiedsstellen *Beck/Rosendahl/Schuster* (1992), S. 545 ff., und AuA 1992, 233 ff.

[2292] Siehe dazu bereits oben unter C. IV. 3. a. und C. IV. 3. d. aa.

[2293] Vgl. *Beck/Rosendahl/Schuster* (1992), S. 559 f.; *B. Fischer* (1992), S. 97 ff.; siehe zu den Grenzen gerichtlicher Konfliktbehandlung und der kritischen Würdigung der Arbeitsgerichtspraxis bereits unter B. I. 2. b. bzw. C. III. 5. b. bb. (2).

[2294] *Kissel*, NZA 1990, 545 (546), und 833 (836); *Nägele*, BB Beilage 30 zu Heft 24/1990, 19 (21); *Rieble*, NZA 1991, 841 (842 f.).

[2295] Vgl. *Hommerich/Niederländer/Stock/Wolff* (1993), S. 88, wonach bei etwaigen „neuen Formen betrieblicher Konfliktregelung" keine Konkurrenz mit anderen betrieblichen Regelungsmechanismen wie etwa der Einigungsstelle oder dem betrieblichen Beschwerdeverfahren entstehen dürfe; vgl. auch *Hommerich/Niederländer/Stock*, AuA 1993, 175 (177), wonach mögliche Überschneidungen mit anderen (betriebsverfassungsrechtlichen) Einrichtungen zu berücksichtigen und gegebenenfalls in einer Neuregelung zu bereinigen seien; vgl. ferner *B. Fischer* (1992), S. 86 f.

[2296] Vgl. *Rieble*, NZA 1991, 841 (843); vgl. auch ders., BB 1991, 471 (473); vgl. schließlich *B. Fischer* (1992), S. 90 ff.: Konfliktnähe und zügige Rechtsschutzgewährung.

[2297] Vgl. *Beck/Rosendahl/Schuster* (1992), S. 557 f.; vgl. auch *Rieble*, BB 1991, 471 (473), zum „Geheimhaltungsinteresse des Arbeitgebers".

die Konfliktbehandlungsstellen als „unbürokratisches, dezentrales und ortsnahes Instrument frühzeitiger Konfliktbearbeitung und -bereinigung" betrachtet werden[2298]. Außerdem trägt die Geltendmachung von Rechtsansprüchen bzw. die Austragung von Rechtsstreitigkeiten vor der betriebsinternen Konfliktbehandlungsstelle während des fortwährenden Arbeitsverhältnisses deutlich weniger zu einer weiteren Konfrontation zwischen den Arbeitsvertragsparteien und damit zu einer geringeren Eskalation des Konflikts bei[2299]. Der entscheidende und für eine positive Entwicklung der Konfliktbehandlungsstellen letztlich ausschlaggebende Unterschied ist indes darin zu sehen, dass die Errichtung der Schiedsstellen von staatlicher Seite aufoktroyiert wurde, während es hier um eine von den Tarif- oder Betriebsparteien gemeinsam getragene, eigenverantwortliche Entscheidung zugunsten einer innerbetrieblichen Konfliktbehandlungsstelle geht[2300]. Die Tarif- oder Betriebsparteien können so selbst abwägen, ob die Vorteile einer solchen Stelle (betriebsinterne, sachnahe und schnelle Konfliktbehandlung) ihre Nachteile (Kostenlast des Arbeitgebers und mögliche Verzögerung gerichtlichen Rechtsschutzes) überwiegen[2301].

Auch ist die „echte" innerbetriebliche Streitschlichtung der Einigungsstelle nach dem BetrVG vorzuziehen[2302]; Letztere muss ja nicht im Betrieb schlichten. Kosten und Dauer des Verfahrens können durch eine institutionalisierte Konfliktbehandlungsstelle selbst in den Fällen minimiert werden, in denen gem. § 76 Abs. 1 Satz 2 BetrVG eine „ständige Einigungsstelle" errichtet wurde. Dem entspricht, dass den ehemaligen Schiedsstellen für Arbeitsrecht in den neuen Bundesländern nachgesagt wurde, sie hätten ausgesprochen effektiv und zügig gearbeitet, wenn sie einmal eingerichtet waren[2303]. Dabei hat der Arbeitgeber für die sachlichen Voraussetzungen wie z.B. die Bereitstellung geeigneter Räume und Sachmittel zu sorgen[2304]. Eine so institutionalisierte innerbetriebliche Konfliktbehandlungsstelle sollte dann auch zur Folge haben, dass es den Beteiligten leichter fällt, die Stelle *freiwillig* anzurufen, so dass sich ein Anrufungszwang erübrigen könnte. Will man indessen die Anrufung der Konfliktbehandlungsstelle zur Prozessvoraussetzung machen[2305], so ist jedenfalls auch hier zu beachten, dass ein Ausstieg jederzeit möglich ist und kein Einigungszwang besteht[2306].

[2298] *Hommerich/Niederländer/Stock*, AuA 1993, 175 (176).

[2299] In diesem Sinne auch *B. Fischer* (1992), S. 90, zu den Schiedsstellen.

[2300] Zu den praktischen Schwierigkeiten bei der Schiedsstellenerrichtung *Beck/Rosendahl/Schuster* (1992), S. 547 f.; *Blankenburg*, NJ 1993, 113 (114); *Hommerich/Niederländer/Stock*, AuA 1993, 175.

[2301] So treffend *Rieble*, NZA 1991, 841 (843); vgl. *Grotmann-Höfling* (1995), S. 177 f., zur Akzeptanzeinschätzung betrieblicher Einigungsstellen.

[2302] Vgl. *G. von Hoyningen-Huene* (1994), S. 414.

[2303] *Beck/Rosendahl/Schuster* (1992), S. 558.

[2304] Vgl. *E. Schröder*, AuA 1990, 215 (217), zu den ehemaligen Schiedsstellen für Arbeitsrecht in den neuen Bundesländern; vgl. auch *Dendorfer/Breiter*, BB Beilage zu Heft 46/2002, 33 (38), zur Implementierung eines betrieblichen Konfliktmanagements durch „Schaffung der strukturellen, finanziellen und organisatorischen Voraussetzungen durch die Bereitstellung entsprechender Ressourcen".

[2305] Vgl. *Rieble*, NZA 1991, 841 (842).

[2306] Siehe zum Prinzip der Freiwilligkeit bereits im allgemeinen Teil unter B. III. 6.

Obige Ausführungen zum prozeduralen Beschwerdeverfahren gelten insoweit entsprechend[2307]. Anknüpfend an dieses Stufenverfahren ist schließlich daran zu erinnern, dass die innerbetriebliche Konfliktbehandlungsstelle das letzte Glied in der Kette der betrieblichen Konfliktlösungsmechanismen sein sollte. Zusammenfassend soll durch innerbetriebliche Konfliktbehandlungsstellen dreierlei erreicht werden: erstens eine Entlastung der Arbeitsgerichte in rechtspolitischer, zweitens eine größtmögliche und vor allem arbeitsplatzerhaltende Befriedungswirkung betrieblicher Konflikte in rechtssoziologischer und drittens eine möglichst geringe Belastung der Betriebe in ökonomischer Hinsicht[2308].

Dabei besteht die Kompetenz, das Verfahren unter Beachtung rechtsstaatlicher Grundsätze abweichend von § 76 BetrVG zu regeln[2309]. Möglicherweise sollte dies de lege ferenda klargestellt werden[2310]. Diesen Freiraum sollte die Konfliktbehandlungsstelle im Sinne einer effektiven Erfüllung ihrer vornehmlichen Schlichtungsfunktion ausfüllen. Nachdem sie den Parteien nach dem Grundsatz des rechtlichen Gehörs ausreichend Gelegenheit gegeben hat, ihre unterschiedlichen Ansichten in tatsächlicher und rechtlicher Hinsicht vorzutragen, sollte sie auch Vorschläge zur gütlichen Beilegung des Konflikts machen[2311]. Insgesamt sollte das Verfahren eher informell gehandhabt werden und weitgehend mündlich erfolgen. Etwaige Entscheidungen wären aber zumindest knapp zu begründen. Einen wesentlichen Punkt stellt auch die Zusammensetzung der Konfliktbehandlungsstelle dar. Diese sollte abweichend von § 76 Abs. 2 BetrVG geregelt werden können[2312]. Dabei gilt zu bedenken, dass eine freie paritätische Mitbestimmung gerade auch unter verfassungsrechtlichen Aspekten das Höchstmaß der Arbeitnehmerbeteiligung und die Grenze des Sozialstaatsprinzips ist[2313]. Gleichzeitig erscheint die paritätische Besetzung der Konfliktbehandlungsstelle zum Schutze der Arbeitnehmer unabdingbar, womöglich kann dann auf einen unparteiischen Vorsitzenden ganz verzichtet werden[2314]. Entscheidet man sich für einen solchen

---

[2307] Siehe dazu bereits unter C. IV. 3. d. cc. (1) (b).

[2308] Vgl. *Grotmann-Höfling* (1995), S. 163, sowie weiterführend S. 172 ff. zu den rechtspolitischen und ökonomischen Überlegungen.

[2309] A.A. *Richardi/Thüsing*, § 86 Rn. 11; wie hier *GK-BetrVG/Wiese*, § 86 Rn. 10; *Lembke*, ZKM 2002, 111 (115); vgl. *Grotmann-Höfling* (1995), S. 176; vgl. auch zu den Verfahrensgarantien bei alternativen Konfliktbehandlungen bereits im allgemeinen Teil unter B. II. 3. b.

[2310] Siehe zu einem entsprechenden Formulierungsvorschlag *Budde*, mediations-report 1/2001, 3.

[2311] Vgl. *Fiebig*, DB 1995, 1278, zum Verfahren vor der Einigungsstelle.

[2312] A.A. *Richardi/Thüsing*, § 86 Rn. 10; wie hier *GK-BetrVG/Wiese*, § 86 Rn. 9; *Hallmen* (1997), S. 197; *Lembke*, ZKM 2002, 111 (115).

[2313] So schon treffend *Obermayer*, DB 1971, 1715 (1719); vgl. *Falke/Gessner* (1982), S. 297 f.: Streitregelungseinrichtungen für spezifische Interaktionssysteme und deren Konflikte, sofern bei einem typischen gesellschaftlichen Interessengegensatz etwa von Arbeitnehmern und Arbeitgebern eine paritätische Beteiligung vorgesehen sei ("demokratische Legitimierung der Verfahren").

[2314] *GK-BetrVG/Wiese*, § 86 Rn. 9; *Hallmen* (1997), S. 197; anders *Lembke*, ZKM 2002, 111 (115), demzufolge keine paritätische Besetzung erforderlich sei, sondern es könne auch nur ein "externer Spezialist in professionellen Konfliktlösungsverfahren", z.B. ein Mediator, bestellt werden; siehe dazu auch noch unter C. IV. 5. b. dd. (2).

Vorsitzenden, kommen neben der Beteiligung von Arbeitgeber und Betriebsrat bzw. Betriebsangehörigen (pensionierte) Arbeitsrichter, Rechtsanwälte oder – unter dem Aspekt des Vorwurfs der Einseitigkeit freilich eher bedenklich – Unternehmer in Betracht[2315].

Hier können wiederum die im Zusammenhang mit den ehemaligen Schiedsstellen für Arbeitsrecht in den neuen Bundesländern gewonnen Erfahrungen nutzbar gemacht werden. Unter der Prämisse, dass unmittelbar erworbene Kenntnis betrieblicher Zusammenhänge kein Ersatz für deren richtige rechtliche Einordnung ist[2316] und – umgekehrt – bloße Rechtskenntnis nicht das Verständnis der betrieblichen Zusammenhänge ersetzt[2317], sprach man sich überwiegend für eine Verbindung beider Aspekte betreffend die Zusammensetzung der Schiedsstellen aus. Die personelle Besetzung müsse Gewähr dafür bieten, dass die erzielten Vergleiche mit dem geltenden Recht vereinbar seien, so dass die Mitglieder der Schiedsstellen über Grundkenntnisse des einschlägigen Rechts, zugleich aber auch über genaue Kenntnisse der betrieblichen Verhältnisse verfügen müssten, überdies müsse das Gremium neben dem neutralen Vorsitzenden paritätisch besetzt sein[2318]. Unter den Angehörigen des Betriebs wurden dabei auf Arbeitgeberseite Organmitglieder oder leitende Angestellte und auf Seite der Arbeitnehmer – aufgrund ihrer arbeitsrechtlichen Kenntnisse (§ 37 Abs. 6 und Abs. 7 BetrVG) – vor allem Betriebsratsmitglieder ausgemacht[2319]. Aufgrund ihrer besonderen Nähe zum Arbeitgeber sprach man sich jedoch dagegen aus, leitende Angestellte zu Vorsitzenden der Schiedsstellen zu bestellen[2320].

In rechtsvergleichender Hinsicht gelangte man schon früh zu der Erkenntnis, dass es eines solchen Vorsitzenden womöglich sogar nicht bedürfe. Begründet wurde dies damit, dass es bei den zunächst rein paritätisch besetzten französischen Gerichten eine geringe Zahl von Stimmenpatts gebe, da die Schlichter lieber einen Kompromiss schließen würden, als ein Patt herbeizuführen und so den Fall an den Vorsitzenden aus der Hand zu geben[2321]. Man könnte noch einen Schritt weiter bzw. über das gebotene

---

[2315] Vgl. *Adomeit*, NJW 2001, 1033, zur Bestellung des Vorsitzenden beim betriebsverfassungsrechtlichen Einigungsstellenverfahren; vgl. auch *ErfK/ArbR/Kania*, § 76 BetrVG Rn. 7, wonach außer Berufsrichter der Arbeitsgerichtsbarkeit „auch andere Sachkundige" bestellt werden können; vgl. schließlich *Lewerenz/Moritz* (1983), S. 80, zur Frage der juristischen Kompetenz des Vorsitzenden.
[2316] So *Künzl*, AuA 1992, 54 (55); vgl. *Beck/Rosendahl/Schuster* (1992), S. 554 f., zur (mangelnden) juristischen Qualifikation der Schiedsstellenmitglieder; vgl. aber *Grotmann-Höfling* (1995), S. 170 f., demzufolge juristischer Sachverstand nicht erforderlich sei.
[2317] So *Beck/Rosendahl/Schuster* (1992), S. 550.
[2318] *Hommerich/Niederländer/Stock*, AuA 1993, 175 (177); vgl. aber wiederum *Grotmann-Höfling* (1995), S. 171, demzufolge eine gleiche Anzahl von Beisitzern ohne Vorsitzenden zu einer höheren Einigungsquote zwinge und den Parteien mehr Zufriedenheit gebe, vgl. § 76 Abs. 3 BetrVG.
[2319] *Oetker*, AuA 1991, 175 (176 f.); ähnlich *E. Schröder*, AuA 1990, 215.
[2320] Vgl. *Beck/Rosendahl/Schuster* (1992), S. 550.
[2321] Was nach *Bünger/Moritz* (1983), S. 180, den Erhalt der äußerlichen Funktionsfähigkeit dieser Stellen zur Folge habe; siehe auch *Kraushaar*, NZA 1988, 123 (124).

Höchstmaß der Arbeitnehmerbeteiligung hinaus gehen und das US-amerikanischen „Peer review"-Verfahren zum Vorbild für die Zusammensetzung einer innerbetrieblichen Konfliktbehandlungsstelle machen. Bei diesem Verfahren wird die Entscheidung über die Beschwerde in die Hände von Anhörungsausschüssen gelegt, denen dem Beschwerdeführer gleichgestellte Arbeitnehmer („peer employees") angehören und die gegenüber den ebenfalls den Anhörungsausschüssen angehörigen Führungskräften in der Mehrzahl sind. Die Angehörigen des Anhörungsausschusses werden dabei nach dem Zufallsprinzip ausgewählt. Aus Sicht des Arbeitnehmers bietet dieses Prozedere eine größtmögliche Verfahrensgerechtigkeit. Ob sich allerdings auch deutsche Arbeitgeber dazu durchringen, erscheint zweifelhaft, zumal nicht übersehen werden darf, dass diese Verfahren in den USA nicht ohne Grund fast ausnahmslos im nichtgewerkschaftlichen Sektor zur Anwendung kommen: Sie dienen gewerkschaftsfreien Unternehmen als Bollwerk gegen eine unabhängige Vertretung der Arbeitnehmer durch eine Gewerkschaft[2322].

Von vorstehenden Erwägungen sollte man sich auch bei der Zusammensetzung einer innerbetrieblichen Konfliktbehandlungsstelle leiten lassen[2323]. Der Vorschlag geht dahin, diese Stellen mit arbeitsrechtlich versierten Betriebsangehörigen aus den Reihen der Arbeitgeber und Arbeitnehmer zu besetzen. In komplexen Fällen bietet sich zudem die Einschaltung eines neutralen Dritten an. Bei der Bestellung eines solchen Vorsitzenden muss jedenfalls ein gleichwertiger Einfluss von Arbeitgeber- und Arbeitnehmerseite gewährleistet sein[2324]. Dass die erzielten Vergleiche überdies mit dem geltenden Recht vereinbar sein müssen, haben bereits die Ausführungen im allgemeinen Teil ergeben[2325]. Außerdem müssen Unabhängigkeit und Neutralität der Konfliktbehandlungsstelle gewährleistet sein[2326]. Daher könnte man daran denken, nur solche Betriebsangehörige einzusetzen, die weder in der betriebsinternen Rechts- noch Personalabteilung beschäftigt sind[2327]. Die Mitglieder der Konfliktbehandlungsstelle sind jedenfalls formal über die Vorschriften der §§ 78, 119 Abs. 1 Nr. 2 und Nr. 3 BetrVG geschützt[2328]. Insoweit wäre eines der grundlegenden Defizite der ehemaligen Schiedsstellen für Arbeitsrecht in den neuen Bundesländern ausgeräumt[2329]. Ferner wäre an einen speziellen Kündigungsschutz betriebsangehöriger Mitglieder der Konfliktbe-

---

[2322] Siehe zum Ganzen *Colvin*, WSI-Mitt. 2001, 743 (744 f.); vgl. zur Peer-Mediation und zur „peer education" noch unter C. IV. 5. b. dd. (2) bzw. im abschließenden Teil unter D. I 3. b. aa.

[2323] Vgl. auch *O. Fischer* (1999), S. 208 f. und S. 212.

[2324] *FESTL*, § 86 Rn. 4; *ErfKArbR/Kania*, § 86 BetrVG Rn. 1.

[2325] Siehe zur Wahrung des materiellen Rechts und der juristischen Kompetenz des Schlichters bereits unter B. III. 5. b.

[2326] Vgl. *Beck/Rosendahl/Schuster* (1992), S. 555 ff., zu den ehemaligen Schiedsstellenmitgliedern; vgl. schon *Grunsky*, NJW 1978, 1832 (1834), zur Unabhängigkeit eines innerbetrieblichen Organs.

[2327] So jedenfalls *O. Fischer* (1999). S. 210.

[2328] *Lembke*, ZKM 2002, 111 (115).

[2329] Vgl. *Beck/Rosendahl/Schuster* (1992), S. 547: keine zureichenden gesetzlichen Sicherungen zur Gewährleistung der Schiedsstelleneinrichtung.

handlungsstelle zu denken[2330]. Aus Arbeitgebersicht dürfte schließlich die strafbewehrte Geheimhaltungspflicht gem. den §§ 79 Abs. 2, 120 Abs. 1 Nr. 1 BetrVG von Interesse sein[2331].

(c) Die Konfliktbehandlungsstelle bei Bestehen und Auflösung des Arbeitsverhältnisses

Die Konfliktbehandlungsstelle sollte letztlich als „omnikompetente" Stelle für Rechtskonflikte am Arbeitsplatz betrachtet werden[2332]. Im bestehenden Arbeitsverhältnis müsste die betriebliche Anlaufstelle für Beschwerden aller Art zugänglich sein, beispielsweise auch für diffizile Angelegenheiten wie (sexuelle) Belästigung am Arbeitsplatz[2333] oder Mobbing[2334] und vor allem für jegliche Rechtsstreitigkeiten. Indes sollte sich die Konfliktbehandlungsstelle bei höchstrichterlich (noch) nicht geklärten Rechtsfragen für unzuständig erklären. Dies entspräche den Ausführungen im allgemeinen Teil betreffend eine Steuerung des Einsatzes alternativer Konfliktbehandlungen[2335]. Man könnte dann nicht mehr einwenden, dass solche Stellen für eine uneingeschränkte Anwendung des materiellen Arbeitsrechts hinderlich seien[2336]. Überdies wäre an eine eingeschränkte Zuständigkeit im Falle streitentscheidender Tarif- und Betriebsnormen zu denken[2337]. Man müsste der Konfliktbehandlungsstelle jedenfalls die Kompetenz zusprechen, das Verfahren in tatsächlich (z.B. bezüglich Beweisfragen) und rechtlich schwierigen Fragen an das Arbeitsgericht abzugeben, so wie es bei den ehemaligen Schiedsstellen für Arbeitsrecht in den neuen Bundesländern der Fall war (ähnlich einer sog. Kompetenz-Kompetenz)[2338]. Die Konfliktbehandlungsstelle sollte schließlich auch dann nicht tätig sein, wenn der Arbeitnehmer nicht mehr im Betrieb ist[2339].

Auch in Kündigungssachen bietet sich eine Entscheidung auf betrieblicher Ebene an, um den jeweiligen betrieblichen Besonderheiten stärker als bisher Rechnung zu tragen (z.B. bei betriebsbedingten Kündigungen)[2340]. In Abgrenzung zu § 102 BetrVG könnte die „Beteiligung an der Kündigung" derart ausgestaltet sein, dass zwar mehr als eine

---

[2330] Vgl. *Hommerich/Niederländer/Stock*, AuA 1993, 175 (177).

[2331] *Lembke*, ZKM 2002, 111 (115 f.).

[2332] In diesem Sinne auch *Grotmann-Höfling* (1995), S. 170, demzufolge die Nutzbarmachung des betrieblichen Sachverstands nicht auf Streitgegenstände beschränkt sei.

[2333] Vgl. *Schlachter*, NZA 2001, 121 (122), zur sexuellen Belästigung am Arbeitsplatz mit Verweis auf § 3 Abs. 1 Satz 1 BeschSchG.

[2334] Vgl. *Kerst-Würkner*, AuR 2001, 251 (260), zu einer dahin gehenden Betriebsvereinbarung; dazu bereits unter C. IV. 3. c. aa.

[2335] Siehe dazu bereits unter B. II. 6. b.

[2336] Vgl. zu dieser Kritik *Künzl*, AuA 1992, 54 (55), betreffend die ehemaligen Schiedsstellen für Arbeitsrecht in den neuen Bundesländern.

[2337] So jedenfalls *O. Fischer* (1999), S. 209.

[2338] Vgl. *Kissel*, NZA 1990, 833 (835).

[2339] Vgl. *E. Schröder*, AuA 1990, 215 (216), zu den ehemaligen Schiedsstellen für Arbeitsrecht in den neuen Bundesländern; vgl. auch § 37 Abs. 2 Nr. 3 ArbNErfG betreffend bei Erfindungsstreitigkeiten.

[2340] Vgl. bereits *Grunsky*, NJW 1978, 1832 (1833); *Preibisch* (1982), S. 328.

bloße Anhörung des Betriebsrats (Abs. 1), aber weniger als dessen Zustimmung unter anschließender Heranziehung der Einigungsstelle (Abs. 6) erfolgen muss, sofern der konkrete Fall hierfür geeignet erscheint. Auf eine solche Möglichkeit wurde bereits im Zuge der Alternativdiskussion Anfang der 80er Jahre hingewiesen. Die Schlichtung unter Leitung einer nicht zur streitigen Entscheidung berufenen Person sei unter Umständen funktionstüchtiger als ein gerichtliches Vergleichsverfahren, wenn das Schlichtungsverfahren *vor Ausspruch der Kündigung* durchgeführt werden müsste: „Zu denken ist dabei etwa an eine von Arbeitgeber und Betriebsrat paritätisch besetzte Schlichtungsstelle, die durch eine betriebsfremde Person als neutralen Schlichter zu ergänzen wäre."[2341] Dieses Verfahren ließe sich mit der weiter oben de lege ferenda geforderten *Anhörung des Arbeitnehmers* vor Ausspruch der Kündigung unproblematisch verbinden[2342]. Außerdem kann es nicht nur bei der Kündigung, sondern bei jeglicher im Raum stehenden Auflösungsart des Arbeitsverhältnisses durchgeführt werden (z.B. beim Aufhebungsvertrag oder auch nur bei der nachträglichen Befristung)[2343].

Ein solches Verfahren vor Ausspruch der Kündigung ist dem deutschen Arbeitsrecht nicht unbekannt. Es wird in § 22 Abs. 4 Satz 1 BBiG – wenngleich nicht direkt – angesprochen. Wie für die außerordentliche Kündigung eines „normalen" Arbeitsverhältnisses (§ 626 Abs. 2 BGB) sieht § 22 Abs. 4 Satz 1 BBiG für die Kündigung eines Berufsausbildungsverhältnisses aus wichtigem Grund eine Ausschlussfrist vor. Dazu bestimmt § 22 Abs. 4 Satz 2 BBiG, dass die Frist gehemmt ist, solange „ein vorgesehenes Güteverfahren vor einer außergerichtlichen Stelle eingeleitet" ist. Das in § 22 Abs. 2 Satz 2 BBiG angesprochene Verfahren ist streng von dem des § 111 Abs. 2 ArbGG zu unterscheiden[2344], da im letzteren Fall das Schlichtungsverfahren erst nach Ausspruch der Kündigung stattfindet. Ob ein Güteverfahren vor Ausspruch der Kündigung durchzuführen ist, bestimmt sich aus dem Berufsausbildungsvertrag, einer kollektiven Regelung oder einer Satzung z.B. der zuständigen Innung[2345]. Die Frage der Hemmung der Frist des § 626 Abs. 2 BGB stellt sich übrigens auch bei der Anrufung einer innerbetrieblichen Konfliktbehandlungsstelle; hier wäre ein Rückgriff auf § 203 BGB – notfalls de lege ferenda – möglich[2346]. Hingegen gilt für den Arbeitnehmer die Frist des § 4 KSchG (noch) nicht, wenn das Verfahren vor Ausspruch der Kündigung durchgeführt wird. Auch stellen sich ersichtlich keine Fragen in Bezug auf einen etwaigen Weiterbeschäftigungsanspruch[2347].

[2341] *Lewerenz/Moritz* (1983), S. 81.
[2342] Siehe dazu bereits unter C. IV. 3. b. bb. und C. IV. 3. c. bb.
[2343] Siehe auch dazu bereits unter C. IV. 3. c. bb.
[2344] Siehe dazu bereits unter C. III. 4. b. aa.
[2345] Weiterführend *Leinemann/Taubert*, § 15 BBiG Rn. 104 ff.
[2346] Siehe zur Entschärfung der arbeitsrechtlichen Ausschlussfristen bereits unter C. IV. 1. a. aa.

e. Innovative, innerbetriebliche Konfliktbehandlungen

Als innovativ sind solche Konfliktbehandlungsverfahren zu bezeichnen, die als noch nicht etabliert gelten können. Auch hier ist die Situation im bestehenden Arbeitsverhältnis von derjenigen bei der Auflösung des Arbeitsverhältnisses zu unterscheiden. Während im ersten Fall Möglichkeiten zur Verbesserung des Betriebsklimas angesprochen werden sollen (aa.), geht es im zweiten Fall um Maßnahmen, die auf eine Aufrechterhaltung des Arbeitsverhältnisses anstelle seiner Auflösung abzielen (bb.).

aa. Verbesserung des Betriebsklimas durch mehr Kommunikation im bestehenden Arbeitsverhältnis

Dass die Kommunikation im bestehenden Arbeitsverhältnis einen hohen Stellenwert bei der Entwicklung alternativer Konfliktbehandlungen im Arbeitsrecht einnimmt, ist bereits an mehreren Stellen deutlich geworden[2348]. Auch im Kontext mit den programmatischen Beschwerdeverfahren wurde Arbeitgebern angetragen, geeignete Kommunikationsforen einzurichten, um Arbeitnehmern Gelegenheit zu geben, etwaige betriebliche Probleme offen ansprechen zu können, wobei dahin gehende Maßnahmen für Betriebe mit und ohne Betriebsrat gleichermaßen gelten sollten[2349].

(1) Mitarbeiterversammlung

Eine Verbesserung des Betriebsklimas durch mehr Kommunikation kann schon dann erreicht werden, wenn regelmäßig Mitarbeiterversammlungen stattfinden. Wie bereits erwähnt, sind diese von den in den §§ 42 ff. BetrVG normierten Betriebsversammlungen abzugrenzen, da Letztere sowohl in ihrer Zusammensetzung als auch ihrem Anwendungsbereich beschränkt sind, zumal sie nur in Betrieben mit Betriebsrat durchgeführt werden können[2350]. Solche Mitarbeiterversammlungen werden vereinzelt schon jetzt in deutschen Betrieben praktiziert. Sie werden in regelmäßigen, etwa einmal monatlichen Zeitabständen abgehalten und finden auf einer eher informellen Basis statt. Bisweilen sind sie in soziale Anlässe eingebettet, beispielsweise im Rahmen eines gelegentlichen abendlichen Umtrunks zum Ende der oder im Anschluss an die reguläre(n) Arbeitszeit, wobei Arbeitnehmern die Teilnahme an solchen Veranstaltungen freigestellt ist. Hier kommt es in der Regel zu einem regen Informationsaustausch unter Arbeitskollegen, aber auch zwischen Arbeitgeber und Arbeitnehmern. Dieser dient nicht nur der Aufbereitung bereits entstandener betrieblicher Konflikte, sondern zugleich führt ein solcher im präventiven Sinne zur Vermeidung ihrer Entstehung.

[2347] Vgl. dazu die Kritik von *Künzl*, AuA 54 (55 f.), an den ehemaligen Schiedsstellen für Arbeitsrecht in den neuen Bundesländern; weiterführend *B. Fischer* (1992), S. 70 ff.; vgl. auch die Ausführungen zur Weiterbeschäftigung bereits unter C. IV. 1. c. bb.
[2348] Siehe dazu insbesondere bereits unter C. IV. 3. b. aa.
[2349] Siehe dazu bereits unter C. IV. 3. d. cc. (1) (a).
[2350] Vgl. dazu bereits unter C. III. 1. a. aa.

(2) Mitarbeiterbefragung

Mitarbeiterbefragungen sind ebenfalls als innovativ zu bezeichnen, weil sie bisher nur in größeren Betrieben praktiziert werden und wenig institutionalisiert sind[2351]. Bei diesen geht es vorwiegend darum, Arbeitnehmer zu befragen, ob bzw. inwieweit Verbesserungen in Bezug auf die wirtschaftliche oder persönliche Betriebskultur angestrebt werden können. Solche Mitarbeiterbefragungen haben einen primär präventiven Charakter, können aber ebenso gut zur Aufbereitung vergangener Unstimmigkeiten hilfreich sein. Sie unterliegen nach ihrem Sinn und Zweck jedenfalls dann nicht dem Mitbestimmungsrecht des § 94 BetrVG, wenn sie sich nur auf den Inhalt, den Umfang und die Bedeutung eines Arbeitsplatzes beziehen, nicht aber objektiv geeignet sind, Rückschlüsse auf die Leistung oder Eignung der Befragten zuzulassen. In diesem Fall sind sie lediglich als mitbestimmungsfreie arbeitsplatzbezogene Maßnahmen zu qualifizieren und von den mitbestimmungspflichtigen arbeitnehmerbezogenen Mitarbeiterbeurteilungen abzugrenzen[2352]. Um jedoch diesbezügliche Streitigkeiten schon im Ansatz zu vermeiden, bieten sich anonymisierte Mitarbeiterberfragungen an. Schließlich sind Mitarbeiterbefragungen auch in Bezug auf die Effektivität von betrieblichen Beschwerdeverfahren sinnvoll, ferner kommt eine statistische Auswertung der Beschwerdeaktivitäten in Betracht[2353].

(3) Fusionsmanagement

Unternehmenszusammenschlüsse bzw. Fusionen sind eine Folge des volkswirtschaftlichen Wandels. Die zunehmende Globalisierung hat in den letzten Jahren eine Vielzahl von Fusionen mit sich gebracht. Für den Erfolg einer Fusion und der mit ihr beabsichtigten Synergieeffekte ist entscheidend, wie schnell und mit wie wenig Reibungsverlusten es gelingt, die unterschiedlichen Unternehmensteile zu integrieren[2354]. In rechtlicher Hinsicht sind dabei auch zahlreiche arbeitsrechtliche Regelungen zu beachten[2355]. Eher personalwirtschaftlich betrachtet erfordert der Zusammenschluss von Unternehmen zugleich eine Implementierung eines Konfliktmanagementsystems, damit

---

[2351] Siehe etwa *Müller/Küntscher*, AuA 2001, 454 ff., zur Mitarbeiterbefragung bei *Siemens*; vgl. auch *Baukrowitz/Boes*, Mitbestimmung 6/2001, 42, zur IT-Branche, wonach individuelle und teambezogene Verhandlungsformen wie Mitarbeitergespräche gerade bei größeren Unternehmen im Trend lägen.
[2352] A.A. offenbar *LAG Hessen*, NZA-RR 2002, 200 f., betreffend eine Befragung, deren Hauptziel es war, über Fortschritte bei der Veränderung der Firmenkultur in Bezug auf eine angestrebte Umsatzsteigerung zu unterrichten; a.A. offenbar auch *Löwisch/Kaiser*, § 87 Rn. 46, zu § 87 Abs. 1 Nr. 1 BetrVG mit verfehlter Fundstellenangabe; wie hier *LAG Hessen*, CR 1990, 274 (275 f.), und *FESTL*, § 94 Rn. 7, zu Arbeitsplatzerhebungsbogen sowie *ErfKArbR/Kania*, § 94 BetrVG Rn. 4, und *GK-BetrVG/Kraft/Raab*, § 94 Rn. 94, zu Arbeitsplatzbewertungen; siehe auch *Breisig* (1998), S. 216 ff.
[2353] *Breisig* (1996), S. 298 f.; vgl. *Dendorfer/Breiter*, BB Beilage zu Heft 46/2002, 33 (38), betreffend die Implementierung eines betrieblichen Konfliktmanagements: kontinuierliche Kommunikation zwischen Management und Mitarbeitern über die Entwicklung des Konfliktmanagementsystems und Einführung eines Berichtswesens.
[2354] *Dielmann*, Personal 2000, 100.
[2355] Dazu etwa *Thannheiser*, AuA 2001, 100 ff.

Rechtskonflikte am Arbeitsplatz nach der Fusion aufgrund der oftmals veränderten Arbeitsbedingungen erst gar nicht entstehen können. Besondere Schwierigkeiten sind dann zu erwarten, wenn zwei grundlegend verschiedene Unternehmenskulturen aufeinander treffen[2356]. Diese sind zumeist durch unterschiedliche Produkt- oder Dienstleistungsplatten, Arbeitsmethoden sowie Mitarbeiterqualifikationen und -kompetenzen bedingt[2357]. In der Praxis bedient man sich hierbei sog. Fusions- oder Integrationsmanagerteams, deren Aufgabe es im Wesentlichen ist, die mit Fusionen unweigerlich einhergehenden betrieblichen Komplikationen vorwiegend auf dem Kommunikationswege zu bewältigen[2358]. Solche Teams sollten bestenfalls paritätisch besetzt sein[2359]. Gelingt es diesen Teams nicht, alle Streitigkeiten betriebsintern zu erledigen, sollte die Durchführung einer Mediation erwogen werden[2360]. Entsprechendes muss im Übrigen auch für Unternehmensübernahmen gelten[2361].

bb.   Aufrechterhaltung statt Auflösung des Arbeitsverhältnisses

> Ausbaufähig erscheint ... der gesamte Bereich einer arbeitsmarktpolitisch verantwortungsvollen Personalpolitik (§ 2 SGB III).
>
> *Zachert*[2362]

Der oben thematisierte Harmonisierungsbedarf zwischen Arbeits- und Sozialrecht[2363] kann auch bedeuten, alternativ zur Auflösung eines Arbeitsverhältnisses alle nur erdenklichen Möglichkeiten auszuloten, dieses aufrechtzuerhalten und dabei insbesondere den Ausspruch einer Kündigung zu vermeiden. In arbeitsmarktpolitischer Hinsicht von Bedeutung ist insoweit die sozialversicherungsrechtliche Vorschrift des § 2 SGB III. Nicht zuletzt aufgrund von § 2 Abs. 2 Nr. 2 SGB III, wonach Arbeitgeber die Inanspruchnahme von Leistungen der Arbeitsförderung sowie Entlassungen von Arbeitnehmern durch betriebliche Maßnahmen vermeiden sollen, sieht sich die Rechtsprechung zur betriebsbedingten Kündigung bzw. zur freien unternehmerischen Ent-

---

[2356] *Dielmann*, Personal 2000, 100 (101); weiterführend zum Konfliktmanagement in global agierenden Unternehmen *Schatz*, ZKM 2000, 204 ff.; *Hinrichs*, ZKM 2003, 257 ff.; siehe auch *Grebe*, ZKM 2000, 254 ff.; *Kluge/Vitols*, Mitbestimmung 7/2001, 40 ff.; vgl. ferner *D. Busch*, ZKM 2004, 251 ff., zur interkulturellen Mediation.

[2357] *Tigges-Mettenmeier*, ZKM 2001, 172 (174 f.).

[2358] Siehe dazu etwa den Artikel in der SZ vom 14.12.2000, S. 27, zum Fusionsmanager bei der *EADS*; siehe auch den Artikel in der SZ vom 13./14.7.2002, S. VI/19: Info-Meeting und Diskussionsforen gegen den Fusions-Frust.

[2359] *Dielmann*, Personal 2000, 100.

[2360] Siehe dazu auch den Artikel in der FTD vom 23.6.2000, S. 38, zur Mediation bei Fusionen sowie Umstrukturierungen; siehe auch *Ponschab/Dendorfer*, BB Beilage 2 zu Heft 16/2001, 1 (4); vgl. auch *Hermenau*, ZKM 2000, 12 (14), zu Umstrukturierungen; *Eyer/Koch*, Personal 2000, 653 ff., zu Standortverlegungen; siehe zur Mediation näher noch unter C. IV. 5. b.

[2361] *Tigges-Mettenmeier*, ZKM 2001, 172 (174 f.); vgl. *Grobys*, NZA 2002, 1 (2 ff.), zu den durch das WpÜG festgelegten Informationspflichten gegenüber der Belegschaft.

[2362] (1999), S. 726.

[2363] Siehe dazu bereits unter C. IV. 1. a. bb.

scheiding neuerdings starken Zweifeln ausgesetzt[2364]. Die Frage der Einfluss- bzw. Gestaltungswirkung des § 2 SGB III auf das Kündigungsrecht braucht an dieser Stelle nicht weiter vertieft zu werden[2365]. In konfliktspezifischer Hinsicht von Interesse ist vielmehr die Frage, welche konkreten Möglichkeiten einer verantwortungsvollen Personalpolitik auch unter rechtlichen Gesichtspunkten in Betracht kommen. In betriebsverfassungsrechtlicher Hinsicht hat die *Beschäftigungssicherung* im Zuge der jüngsten Reform des BetrVG durch die neu eingeführten §§ 80 Abs. 1 Nr. 8, 92a BetrVG auch auf kollektiver Ebene eine erhebliche Aufwertung erfahren[2366].

(1) Weiterbeschäftigung und Weiterbildung

In individualarbeitsrechtlicher Hinsicht ist der Arbeitgeber wegen des Verhältnismäßigkeitsgrundsatzes ohnehin gehalten, die Kündigung als „ultima ratio" erst dann auszusprechen, wenn keine mildere Maßnahme bzw. Alternative in Betracht kommt[2367]. Daneben folgt aus § 1 Abs. 2 Satz 1 und Satz 2 Nr. 1b KSchG der allgemeine Grundsatz, dass vor Ausspruch einer Kündigung die Möglichkeit der *Weiterbeschäftigung* im Betrieb oder Unternehmen (grundsätzlich aber nicht im Konzern) geprüft werden muss[2368]. Zu denken ist dabei insbesondere auch an eine Weiterbeschäftigung unter geänderten Arbeitsbedingungen (vgl. § 1 Abs. 2 Satz 3 KSchG und die in § 2 KSchG normierte Änderungskündigung). Nicht erst vor Gericht oder bei außergerichtlichen (anwaltlichen) Verhandlungen, sondern bereits betriebsintern sollten vor diesem Hintergrund alle Möglichkeiten einer vergleichsweisen Weiterbeschäftigung in Erwägung gezogen werden. Hier bieten sich folgende Kompromisslösungen an, die sich auch kombinieren lassen[2369]: Wiedereinstellung unter Anrechnung der bisherigen Beschäftigungszeit mit oder ohne Ausgleichszahlung für die Zwischenzeit; befristete Fortsetzung des Arbeitsverhältnisses (Befristung nach dem TzBfG); Fortsetzung des Arbeitsverhältnisses zu abgeänderten Arbeitsbedingungen, bei betriebsbedingten Gründen unter Reduzierung der Arbeitszeit (Teilzeitarbeit nach dem TzBfG), bei personenbedingten Gründen unter Zuweisung eines anderen geeigneten Arbeitsplatzes, bei verhaltensbedingten Gründen unter Leistung von Schadensersatz, unter ausdrücklicher Anerkennung einer ordnungsgemäßen Abmahnung wegen eines bestimmten Fehlverhalten, unter Abgabe vertrauensbildender Faktoren zu Protokoll oder unter Zahlung einer Spende an eine gemeinnützige Einrichtung (bei Straftaten). Überlegenswert ist auch

---

[2364] *Kittner/Kohler*, BB Beilage 4 zu Heft 13/2000, 1 (21).

[2365] Befürwortend *Schaub*, NZA 1997, 810 f.; verneinend *Bauer/Haußmann*, NZA 1997, 1100 ff.; *Ettwig*, NZA 1997, 1152 f.; *Heinze*, NZA 2000, 5 (7); *von Hoyningen-Huene/Linck* (2002), § 1 Rn. 139a; differenzierend *Rolfs*, NZA 1997, 17 (18 f.); *Löwisch*, NZA 1998, 729 ff.; *Preis*, NZA 1998, 449 ff.

[2366] Dazu *Ulrich Fischer*, DB 2002, 322 ff.; *Wendeling-Schröder/Welkoborsky*, NZA 2002, 1370 ff.; siehe auch *U. Steiner*, NZA 2005, 657 ff., aus grundgesetzlicher Sicht.

[2367] Siehe nur *von Hoyningen-Huene/Linck* (2002), § 1 Rn. 139 ff.

[2368] Siehe *von Hoyningen-Huene/Linck* (2002), § 1 Rn. 142 ff., sowie Rn. 390 ff. speziell zur betriebsbedingten Kündigung; zur betriebsbedingten Kündigung auch *Gaul/Kühnreich*, BB 2003, 254 ff.

[2369] Siehe bereits *Lewerenz/Moritz* (1983), S. 81, im Zuge der Alternativdiskussion Anfang der 80er Jahre.

eine Versetzung in ein „befreundetes" Unternehmen[2370] oder für den Fall einer letztlich doch nicht vermeidbaren Kündigung die Hilfe zur Existenzgründung bei Garantie eines gewissen Auftragsvolumens[2371].

Alternativ kann versucht werden, die Weiterbeschäftigung des Arbeitnehmers durch zumutbare Umschulungs- oder Fortbildungsmaßnahmen zu erreichen (vgl. abermals § 1 Abs. 2 Satz 3 KSchG). Die selten praktizierte *Weiterbildung* bzw. *Umqualifizierung* wird in arbeitsmarktpolitischer Hinsicht sogar als „Kern des Beschäftigungsproblems" bezeichnet (vgl. § 2 Abs. 2 Satz 2 Nr. 1 und Abs. 4 SGB III), die auch im Kündigungsschutzrecht nach dem Gedanken „Qualifikation vor Demission" Berücksichtigung finden müsse, zumal die betriebliche Berufsbildung nun auch kollektivrechtlich durch den neuen § 97 Abs. 2 BetrVG abgestützt werde: der Betrieb als Berufsschule der Nation, nicht nur anfänglich, sondern auf Dauer[2372].

(2) Outplacement

Der Begriff Outplacement dürfte mittlerweile in Personalabteilungen hinreichend bekannt sein[2373]. Gleichwohl ist Outplacement nach wie vor als innovativ zu bezeichnen. Wenngleich die Outplacement-Beratung in der Praxis immer mehr an Bedeutung gewinnt[2374], hat sie sich in Deutschland noch nicht etabliert[2375]. Bei den Arbeitsrechtlern scheint Outplacement keinen großen Stellenwert einzunehmen, jedenfalls wird die Thematik in der Literatur kaum diskutiert[2376]. Beim „Transfer in den nächsten Job"[2377] bzw. der „Jobhilfe für Entlassene"[2378] soll es zwar letztlich zu einer Auflösung des Arbeitsverhältnisses kommen, zugleich aber soll dem Arbeitnehmer durch die Beratung verholfen werden, später ein neues Arbeitsverhältnis zu begründen[2379]. Insoweit wird proklamiert, dass Outplacement nach kurzer Zeit bis zu 90 % der Gekündigten in die

---

[2370] Siehe zum Outplacement sogleich unter 3. d. bb. (2).

[2371] Vgl. *Henkel*, NZA 2000, 929 (931), betreffend „Elemente der Mediation im arbeitsgerichtlichen Verfahren".

[2372] So *Hanau*, NJW 2002, 1240 (1242); vgl. *Wendeling-Schröder/Welkoborsky*, NZA 2002, 1370 (1371): zur „mittelbar beschäftigungssichernden Wirkung" des neuen § 97 Abs. 2 BetrVG: Verbesserung der Beschäftigungsfähigkeit der Arbeitnehmer; vgl. ferner *FESTL*, § 97 Rn. 9 f., die in individualarbeitsrechtlicher Hinsicht noch die Vorschrift des § 81 Abs. 4 Satz 2 BetrVG nennen.

[2373] Siehe aber noch den Artikel in der SZ vom 27.4.2001, S. 54, unter dem Titel „Die Kunst der sanften Kündigung", wonach es immer noch Personalleiter gebe, die den Begriff Outplacement nie gehört hätten.

[2374] So der Bericht in der Computerwoche 51/52/2000, S. 70.

[2375] So der Bericht in der Computerwoche 50/2001, S. 52.

[2376] Erstmals wohl *Schulz*, BB 1990, 1054 f.; ausführlich dann *Kibler*, RdA 1996, 366 ff.; am Rande auch *Schaub/Linck* (2005), § 122 Rn. 14; selbst im Personalbuch wird Outplacement nur am Rande, und zwar im Zusammenhang mit der privaten Arbeitsvermittlung und deren steuerlichen Implikation, diskutiert, siehe *Küttner/Huber* (2005), 58 Rn. 11; siehe zur steuerlichen Implikation auch *BFH*, DStR 2002, 257 (258); *Macher*, NZA 2000, 1278.

[2377] So SZ vom 16./17.3.2002, S. V1/19.

[2378] So Computerwoche 40/2002, S. 42.

[2379] *Schulz*, BB 1990, 1054; *Kibler*, RdA 1996, 366 f.

Arbeitswelt zurück bringe[2380]. Neben dieser im Ergebnis beschäftigungssichernden Zielsetzung erweist sich Outplacement auch insofern als sinnvolle Maßnahme, als bei dieser Art der einvernehmlichen Trennung drohende Konflikte bereits im Ansatz entschärft und Spannungen abgebaut werden sollen[2381]. Dennoch scheint es noch an der nötigen Akzeptanz zu fehlen. In den Augen der Arbeitnehmer erscheint im Falle einer Entlassung oftmals eine Abfindung attraktiver als eine Outplacement-Beratung, da sie überzeugt sind, auch ohne fremde Hilfe eine neue Arbeitsstelle zu finden. Dies ist allein schon deshalb bedauerlich, weil die Beratung für den Arbeitnehmer zu einer wesentlich lukrativeren Lösung führen kann. Auch aus Sicht des Arbeitgebers bietet Outplacement Vorteile: Sie sparen sich teure Arbeitsgerichtsprozesse oder Personalkosten und vermeiden Imageverluste nach innen und außen, vielmehr trägt Outplacement zur Entwicklung einer sozialverantwortlichen Unternehmenskultur bei[2382].

Eine solche Möglichkeit sollte nicht erst vor Gericht eruiert[2383], sondern als Alternative zur vorschnellen Auflösung des Arbeitsverhältnisses in das betriebliche Konfliktmanagement implementiert werden[2384]. In rechtlicher Hinsicht bedarf es dabei freilich der freiwilligen Mitwirkung aller Beteiligten, da sich solche Maßnahmen nicht einseitig verordnen lassen. Lässt sich allerdings der Arbeitnehmer auf ein Outplacement-Verfahren ein, ist er in hohem Maße zur Mitwirkung verpflichtet. Eine dahin gehende Vereinbarung lässt sich vor allem auch in einem Aufhebungs- oder Abwicklungsvertrag treffen[2385]. Möglicherweise ist auch der Betriebsrat heranzuziehen[2386]. Insofern ist Outplacement als „hochkooperativ" zu bezeichnen. Es dürfte jedoch nicht möglich sein, die Durchführung eines solchen Verfahrens unter Verzicht auf den gesetzlichen Kündigungsschutz bereits im Arbeitsvertrag zu vereinbaren[2387]. Abhilfe könnte hier nur der Gesetzgeber schaffen: „Musste man sich bisher trotz Kündigungsschutz oftmals mit dem Verlust seines Arbeitsplatzes abfinden, sollte es Ziel eines modernen Kündigungsschutzes sein, sich in ein neues Arbeitsverhältnis einzufinden. Also: Von der Abfindung zur Einfindung"[2388].

[2380] Siehe SZ vom 15./16.11.2003, S. V1/15, unter dem Titel „Freisetzung für Fortgeschrittene".

[2381] Vgl. *Schulz*, BB 1990, 1054 f.: Outplacement als Konfliktbewältigung bei der Trennung; *Hegenbarth* (1980), S. 53 f., lässt sich entnehmen, dass auch Outplacement eine Form der Konfliktaustragung ist, nämlich die Meidung von Konflikten; vgl. dazu bereits im allgemeinen Teil unter B. II. 1.

[2382] *Schulz*, BB 1990, 1054 f.; *Kibler*, RdA 1996, 366 (367).

[2383] Vgl. *Henkel*, NZA 2000, 929 (931), betreffend „Elemente der Mediation im arbeitsgerichtlichen Verfahren.

[2384] Vgl. *Dendorfer/Breiter*, BB Beilage zu Heft 46/2002, 33 (38): Outplacement als „neue Lösung".

[2385] Instruktiv zu den vertraglichen Beziehungen bei der Outplacement-Beratung *Kibler*, RdA 1996, 366 (369 ff.).

[2386] Vgl. *Kibler*, RdA 1996, 366 (372 f.).

[2387] Vgl. *Kibler*, RdA 1996, 366 (371), zur Situation in den USA und Belgien.

[2388] So jüngst *Ulrich Fischer*, NJW-Editorial Heft 28/2003, S. III.

(3) **bei angespannter Konjunkturlage: Einführung von Kurzarbeit sowie Beschäftigungs- und Qualifizierungs- bzw.** Auffanggesellschaften

Im Zuge einer angespannten Konjunkturlage oder gar eines Konjunkturrückgangs (Rezession) kommt dem „Personalabbau in schwierigen Zeiten" auch unter rechtlichen Gesichtspunkten eine hohe Bedeutung zu[2389]. Am Beispiel der ehemaligen Schiedsstellen für Arbeitsrecht in den neuen Bundesländern hat sich gezeigt, dass bei anstehenden – übrigens regelmäßig anzeigepflichtigen und sperrbefristeten (§§ 17, 18 KSchG) – Massenentlassungen eine innerbetriebliche Konfliktbehandlungsstelle, die mit der Aufgabe betraut ist, zahlreiche Kündigungen von Arbeitsverhältnissen zu bewältigen, wenig erfolgsversprechend ist[2390]. Dabei gilt auch zu bedenken, dass sich Stellenabbau nicht immer lohnt, weil sich Entlassungen als unwirtschaftlich erweisen können[2391]. Alternativ können beschäftigungssichernde betriebliche Entscheidungen getroffen werden, die sich ebenfalls zugleich als personalpolitisch verantwortungsvoll erweisen sollten[2392]. Auf eher kollektiver Ebene bieten sich zur Vermeidung von Massenentlassungen ganzheitliche Maßnahmen wie z.b. die Einführung von Kurzarbeit (oder Sabbatical) auf weite Teile der Belegschaft an. Etwa seit Sommer 2001 sind diese Maßnahmen in der Praxis (abermals) weit verbreitet, vor allem Arbeitnehmer in großen Unternehmen sind hiervon betroffen.

Unter *Kurzarbeit* wird allgemein eine vorübergehende Verkürzung der betriebsüblichen normalen Arbeitszeit verstanden. Dementsprechend ist Sinn und Zweck der Kurzarbeit die vorübergehende wirtschaftliche Entlastung des Betriebs und mittelbar des Arbeitsmarkts durch Senkung der Personalkosten unter gleichzeitiger Erhaltung der Arbeitsplätze[2393]. Für die Arbeitnehmer wird die Kurzarbeit auch dadurch akzeptabel, dass sie Ansprüche auf Kurzarbeitergeld gem. den §§ 169 ff. SGB III erlangen können, die den Ausfall des Arbeitsentgelts jedenfalls weitgehend ausgleichen[2394]. Arbeitsgesetzlich verankert ist die Kurzarbeit in § 19 KSchG, allerdings nur im Kontext mit Massenentlassungen. Aus Sicht des Arbeitgebers von Interesse dürfte auch die Rechtsprechung des *BAG* sein, wonach für den Fall eines vorübergehenden Arbeitsmangels als mildere Maßnahme gegenüber einer betriebsbedingten Kündigung im

---

[2389] Insoweit beachtenswert jüngst *Ehlers*, NJW 2003, 2337 ff.; siehe etwa SZ vom 6.12.2001, S. 27, zum Stellenabbau in Deutschland.

[2390] Siehe dazu bereits unter C. IV. 3. d. cc. (2) (a).

[2391] Siehe etwa SZ vom 18./19.8.2001, S. 50: Stellenabbau lohnt sich nicht; SZ vom 18.10.2001, S. 50: Entlassungen sind unwirtschaftlich.

[2392] Vgl. *Ehlers*, NJW 2003, 2337 (2342 ff.), zu einem möglichen „Beschäftigungspakt" und einem entsprechenden Vorschlag für eine Betriebsvereinbarung.

[2393] *Küttner/Kreitner* (2005), 266 Rn. 1; *Wendeling-Schröder*, DB 2002, 206 (209).

[2394] Siehe *Bachner/Schindele*, NZA 1999, 130 (131 ff.), zu den sozialversicherungsrechtlichen Aspekten der Gewährung von Strukturkurzarbeitergeld; siehe auch *C. Meyer*, BB 2004, 490 ff., zum Transfer-Kurzarbeitergeld; siehe ferner *OLG Köln*, NJW 2003, 438, zur Berechnung des Trennungsunterhalts bei längerer Kurzarbeit.

Einzelfall auch die Einführung von Kurzarbeit in Betracht kommen kann[2395]. Die hierfür erforderliche Rechtsgrundlage ist oftmals in Tarifverträgen, im Hinblick auf das Mitbestimmungsrecht des Betriebsrat gem. § 87 Abs. 1 Nr. 3 BetrVG aber auch in Betriebsvereinbarungen zu finden[2396]. In Betrieben ohne Betriebsrat kann der Arbeitgeber Kurzarbeit jedenfalls nicht mittels seines Direktionsrechts einseitig verordnen, sondern es bedarf – damit der Arbeitgeber nicht in Annahmeverzug gerät – einer entsprechenden Vertragsänderung mittels Änderungskündigung oder besser einvernehmlicher Vereinbarung[2397]. Eine solche Vereinbarung dürfte aber wiederum nicht – zumindest de lege lata (§§ 307 bzw. 308 Nr. 4 BGB[2398]) – bereits im Arbeitsvertrag getroffen werden können, weil dies einer unzulässigen Umgehung des Kündigungsschutzes, der bekanntlich auch Inhaltsschutz ist, Vorschub leisten könnte[2399].

Auf rein kollektiver Ebene angesiedelt sind schließlich die sog. *Beschäftigungs- und Qualifizierungs- bzw. Auffanggesellschaften*, auch Gruppen-Outplacement genannt[2400], die hier zumindest der Vollständigkeit halber erwähnt werden sollen. Diese lassen sich ebenfalls im betrieblichen Konfliktmanagement verorten[2401]. Ihre Grundlage und zugleich Berechtigung erhält eine solche Gesellschaft durch den Transfersozialplan, der als Alternative zum sonst üblichen Abfindungssozialplan entwickelt wurde[2402]. Ziel des Transfersozialplans ist es, den von einem Arbeitsplatzabbau betroffenen Arbeitnehmern durch vielfältige gezielte Qualifizierungs- und Transferleistungen neue Beschäftigungsmöglichkeiten zu eröffnen, sie entweder in ein neues Arbeitsverhältnis oder aber in die Selbständigkeit zu vermitteln. Zu diesem Maßnahmenpaket gehören neben einer professionellen Outplacement-Beratung und Einstellungshilfen für den potentiellen neuen Arbeitgeber auch und vor allem Beschäftigungs- und Qualifizierungsgesellschaften (BQG)[2403]. Zum Teil wird versucht, die in einer BQG „geparkten"

[2395] Siehe dazu *APS/Kiel*, § 1 KSchG Rn. 570 ff.; *von Hoyningen-Huene/Linck*, § 1 Rn. 384 ff.; vgl. aber *Küttner/Kreitner* (2005), 266 Rn. 16.

[2396] *Küttner/Kreitner* (2005), 266 Rn. 3 f.; vgl. *ErfKArbR/Kania*, § 87 BetrVG Rn. 35 f.; *FESTL*, § 87 Rn. 150 ff.; vgl. aber *Bachner/Schindele*, NZA 1999, 130 (133 f.), die ein Mitbestimmungsrecht des Betriebsrats verneinen; vgl. schließlich *Ehlers*, NJW 2003, 2337 (2342 ff.), dessen „Beschäftigungspakt" auch die Einführung von Kurzarbeit vorsieht.

[2397] *APS/Kiel*, § 1 KSchG Rn. 574; *Wendeling-Schröder*, DB 2002, 206 (209 f.).

[2398] Zur Inhaltskontrolle von Änderungsvorbehalten *Schnitker/Grau*, BB 2002, 2120 (2122 ff.); *Gotthardt* (2003), Rn. 292 f. und 312 ff.; vgl. dazu die Ausführungen zur Flexibilisierung des Arbeitsvertrags bereits unter C. IV. 2. b.

[2399] A.A. offenbar *Schaub/Linck* (2005), § 47 Rn. 7; *Küttner/Kreitner* (2005), 266 Rn. 5; dagegen unterscheidet *ErfKArb/Preis*, §§ 305-310 BGB Rn. 55, zu Recht zwischen Änderungsvorbehalten betreffend Arbeitszeit (wirksam) und Arbeitsdauer (unwirksam); vgl. bereits *Canaris*, AuR 1966, 129 (135 f.), einerseits und *Säcker/Oetker*, ZfA 1991, 131 (135), andererseits.

[2400] Vgl. schon *Schulz*, BB 1990, 1054 (1055).

[2401] Vgl. auch *Dendorfer/Breiter*, BB Beilage zu Heft 46/2002, 33 (38): Auffanggesellschaften als „neue Lösung".

[2402] Erstmals ausführlich wohl *H. Wolff*, NZA 1999, 622 ff.

[2403] Ausführlich dazu *Gaul/Kliemt*, NZA 2000, 674 ff.; *Gaul/Otto*, NZA 2004, 1301 ff.; *Lembke*, BB 2004, 773 ff.; siehe auch *Bort*, NZA 2004, 1263, zu den auf dem 18. Passauer Arbeitsrechtssymposi-

Arbeitnehmer später in eine neu gegründete Auffanggesellschaft zu aus Arbeitgeber-sicht günstigeren Arbeitsbedingungen zu überführen[2404]. Der Gesetzgeber hat diesem praktischen Bedürfnis durch die im Zuge der jüngsten Reform eingeführte Vorschrift des § 112 Abs. 5 Nr. 2a BetrVG Rechnung getragen und dabei erneut beschäftigungs-fördernde Aspekte mit denen des Arbeitsrechts zu harmonisieren versucht[2405].

4. Einrichtung außerbetrieblicher Konfliktbehandlungsstellen

Nach dem Vorbild des Ombudsverfahrens im Banken- und Versicherungsrecht könnte auch im Arbeitsrecht die Einrichtung außerbetrieblicher Konfliktbehandlungsstellen erwogen werden. Solche Stellen würden einmal als Zugangsinstitut dienen, an die Konflikte leichter herangetragen werden könnten, sofern innerbetrieblich keine Mög-lichkeit besteht oder dies erfolglos versucht wurde[2406]. Sie könnten darüber hinaus für eine Kanalisierung der an sie herangetragenen Arbeitskonflikte zuständig sein, d.h. auch als Verweisungsinstitution fungieren[2407]. Ganz allgemein beruht die Wirksamkeit einer externen Beschwerde darauf, dass die Beschwerdestelle auch ohne Weisungs- und Einwirkungsbefugnis im Einzelfall immerhin so viel Druck von außen ausüben kann, dass der Streitfall bei den Beschwerdegegnern aus der bürokratischen Routine herausgehoben und noch einmal individuell bearbeitet werden kann[2408]. Dies gilt umso mehr, als sich die betroffenen Verbände mit dieser Stelle in hohem Maße identifizie-ren.

a. Ombudsverfahren im Banken- und Versicherungsrecht

Die EG-Kommission hatte 1990 eine „Empfehlung zur Transparenz der Bankkonditi-onen bei grenzüberschreitenden Finanztransaktionen" verabschiedet (und im Jahr 1999 eine entsprechende Richtlinie erlassen), die ein Schlichtungsverfahren für grenzüber-schreitende Überweisungen vorsah (siehe § 14 UKlaG i.V.m. §§ 675a ff. BGB[2409]), so dass für die Kreditwirtschaft Handlungsbedarf bestand. Vor diesem Hintergrund wurde 1992 das Ombudsmannverfahren der privaten Banken in Deutschland entwickelt. Da-

---

um diskutierten zwei Arten von „Beschäftigungssuchgesellschaften"; siehe zur steuerlichen Implikati-on *Pröpper*, DB 2001, 2170 ff., und *Pitterle*, DB 2002, 762 f.

[2404] Dazu *Küttner/Kania* (2005), 98 Rn. 5.

[2405] *Hanau*, NJW 2001, 2513 (2518); siehe zu dieser Forderung bereits ders. (2000), C 39, C 69 f. und C 89, in seinem vorbereitenden Gutachten zur arbeits- und sozialrechtlichen Abteilung des 63. Deut-schen Juristentags 2000 in Leipzig; vgl. zum neuen § 112 Abs. 5 Nr. 2a BetrVG etwa *FESTL*, §§ 112, 112a Rn. 233 ff.; *Wendeling-Schröder/Welkoborsky*, NZA 2002, 1370 (1375 ff.).

[2406] Siehe zum überschätzten Filterpotenzial alternativer Konfliktbehandlungen bereits im allgemeinen Teil unter B. I. 3. c. bb. (2) sowie zu deren Transparenz und Zugänglichkeit bereits im allgemeinen Teil unter B. III. 4. a. und noch im abschließenden Teil unter D. I. 2. a. aa.

[2407] Vgl. *W. Gottwald* (1981), S. 260, zur Multifunktionalität der Öffentlichen Rechtsauskunfts- und Vergleichsstelle (ÖRA) in Hamburg; siehe zur Vielfalt und Flexibilität alternativer Konfliktbehand-lungen bereits im allgemeinen Teil unter B. III. 3.

[2408] Vgl. *Röhl* (1982b), S. 100.

[2409] Siehe zu den sog. Kundenbeschwerden bereits im allgemeinen Teil unter B. I. 5.

bei hat man auch die bereits bestehenden Schlichtungsstellen im europäischen Ausland zum Vorbild genommen[2410]. Den Banken ging es vor allem darum, die für sie wichtigen Kundenbeziehungen durch die Einschaltung staatlicher Gerichte nicht zu belasten[2411]. Das Ombudsverfahren ist in der Öffentlichkeit auf überwiegend positive Resonanz gestoßen und hat sich in der Praxis als schnelles, kostengünstiges und unbürokratisches Verfahren bewährt[2412]. Einzelne Verfahrensmängel wurden behoben[2413]. Die Eingaben gegen die Mitgliedsinstitute des Bundesverbands deutscher Banken haben sich in den letzten Jahren mehr als verdreifacht[2414]. Das so gesehen erfolgreiche Bankenombudsverfahren nahm wiederum die Versicherungswirtschaft Ende 2001 zum Anlass, ihrerseits ein entsprechendes Verfahren einzurichten[2415].

Die Verfahrensordnung des Ombudsmanns der privaten Banken legt gewisse verfahrensrechtliche Mindestgarantien fest[2416]. Die Bestellung des Ombudsmanns erfolgt zwar durch den Vorstand des Bundesverbands deutscher Banken, allerdings sind nun die Verbraucherverbände zu beteiligen[2417]. Der Ombudsmann muss die Befähigung zum Richteramt besitzen[2418] und ist in seiner Eigenschaft als Schlichter unabhängig und nicht an Weisungen gebunden. Das Verfahren steht primär allen Verbrauchern offen. Jedoch soll der Ombudsmann die Schlichtung ablehnen, wenn die Schlichtung die Klärung einer grundsätzlichen Rechtsfrage beeinträchtigen würde[2419]. Zunächst wendet sich der Beschwerdeführer an die Kundenbeschwerdestelle beim Bundesverband, die eine Vorprüfung vornimmt und sodann das Verfahren an den Ombudsmann abgibt. In dem Verfahren werden beide Seiten gehört, wobei die Durchführung einer Beweisaufnahme letztlich im Ermessen des Ombudsmanns steht[2420]. Einen etwa erforderlichen Schlichtungsspruch erlässt der Ombudsmann auf der Grundlage gesetzlicher Bestimmungen unter Berücksichtigung von Billigkeitserwägungen[2421]. Der Schlichtungsspruch ergeht schriftlich und enthält eine kurze und verständliche Begrün-

---

[2410] Dazu *Hoeren*, NJW 1992, 2727 ff.; vgl. auch *Bach-Heuker*, ZKM 2002, 212 ff., zum Vergleich des Ombudsverfahrens der privaten Banken mit der Wirtschaftsmediation in der Bankwirtschaft.
[2411] Vgl. *Heinsius*, WM 1992, 478.
[2412] *Parsch*, WM 1993, 238; *Hoeren*, NJW 1994, 362 (363 ff.); *Schmittmann*, AnwBl 2000, 118 (120).
[2413] Dazu *Scherpe*, WM 2001, 2321 (2322 ff.).
[2414] Vgl. *Däubler-Gmelin*, WM 2002, 1342.
[2415] Dazu *Knauth*, WM 2001, 2325 ff.; *Römer*, ZKM 2002, 212 ff.; ders., NJW 2005, 1251 ff.; siehe auch die Berichte in der SZ vom 12.9.2001, S. 32, und 27.9.2001, S. 25; siehe schließlich NJW Heft 46/2003, S. XVI, zu einer durchaus positiven zweijährigen Bilanz des Versicherungsombudsmanns.
[2416] Die jeweils gültige Fassung ist abrufbar unter www.bdb.de/ombudsman (1.9.2005); zu den Verfahrensgarantien bei alternativen Konfliktbehandlungen bereits im allgemeinen Teil unter B. II. 3. b.
[2417] Siehe zu dieser Verfahrensänderung *Scherpe*, WM 2001, 2321 (2322).
[2418] Siehe zur juristischen Kompetenz des Schlichters bei alternativen Konfliktbehandlungen bereits im allgemeinen Teil unter B. III. 5. b.
[2419] *Scherpe*, WM 2001, 2321 (2323 f.); siehe zur Steuerung des Einsatzes alternativer Konfliktbehandlungen bereits im allgemeinen Teil unter B. II. 6. b.
[2420] *Scherpe*, WM 2001, 2321 (2322).
[2421] Siehe zur Wahrung des materiellen Rechts bei alternativen Konfliktbehandlungen bereits im allgemeinen Teil unter B. III. 5. b.

dung[2422]. Er ist für die Bank bindend, wenn der Beschwerdegegenstand den jeweils nach dem GVG maßgeblichen Höchstbetrag für vermögensrechtliche Klagen vor den Amtsgerichten (derzeit 5.000 Euro) nicht übersteigt. Schlichtungssprüche mit einem höheren Beschwerdegegenstand entfalten für beide Parteien keine Bindungswirkung, können indessen von diesen angenommen werden[2423]. Die Kosten des Verfahrens trägt der Bundesverband, jedoch trägt jede Partei ihre eigenen Kosten und die ihres Vertreters selbst.

Die Verfahrensordnung der deutschen Versicherungswirtschaft ähnelt weitgehend derjenigen der privaten Banken[2424]. Im Gegensatz zum Bankenombudsverfahren kann der Ombudsmann im Versicherungswesen nach seiner Amtszeit nicht wieder gewählt werden. Dies stärkt seine Unabhängigkeit, weil er nicht in Verdacht gerät, bei seinen Entscheidungen auf eine etwaige Wiederwahl Rücksicht zu nehmen[2425]. Außerdem ist der Beschwerdeführer gehalten, seine Beschwerde zunächst dem Versicherungsunternehmen vorzutragen. Für das Ombudsverfahren im Versicherungsgewerbe stehen dem Beschwerdeführer sämtliche Kommunikationswege offen, sogar ein Call-Center ist eingerichtet[2426]. Schließlich soll die Transparenz des Ombudsverfahrens mittels einer entsprechenden Öffentlichkeitsarbeit sichergestellt werden[2427].

b. Ombudsverfahren im Arbeitsrecht

Es fällt offenbar schwer, entsprechende Beschwerdestellen auch im Arbeitsrecht ins Leben zu rufen. Illustrieren lässt sich dies an dem Misstrauen, das solchen überbetrieblichen Institutionen im Rahmen des gesetzlichen Beschwerdeverfahrens entgegengebracht wird. Im Hinblick auf § 86 Satz 2 BetrVG wird zum Teil vertreten, dass die Einigungsstelle nicht durch eine tarifliche Schlichtungsstelle ersetzt werden könne; der Anwendungsbereich des § 76 Abs. 8 BetrVG sei insoweit eingeschränkt[2428]. Gegen eine solche Befugnis spreche insbesondere, dass mit der Übertragung auf eine betriebliche Beschwerdestelle eine den betrieblichen Verhältnissen angepasste Regelung ermöglicht werden sollte, und die Einrichtung einer tariflichen Schlichtungsstelle diesem Ziel nicht gerecht würde[2429]. Dabei wird indes übersehen, dass Arbeitnehmer in solchen Betrieben faktisch beschwerdelos gestellt werden, in denen ein betriebliches Beschwerdeverfahren nicht effektiv ist – sei es weil es sich um einen kleineren Betrieb

---

[2422] Siehe zu dieser Verfahrensänderung *Scherpe*, WM 2001, 2321 (2324).

[2423] Kritisch dazu *Scherpe*, WM 2001, 2321 (2324).

[2424] Die jeweils gültige Fassung ist abrufbar unter www.versicherungsombudsmann.de (1.9.2005).

[2425] *Knauth*, WM 2001, 2325 (2327); *Römer*, ZKM 2002, 212 (213).

[2426] *Römer*, ZKM 2002, 212 (213).

[2427] *Knauth*, WM 2001, 2325 (2329).

[2428] *GK-BetrVG/Wiese*, § 86 Rn. 7; *Richardi/Thüsing*, § 86 Rn. 9; *Hallmen* (1997), S. 196 f.; a.A. aber *ErfKArbR/Kania*, § 86 BetrVG Rn. 1; *FESTL*, § 86 Rn. 5; *DKK/Buschmann*, § 86 Rn. 4.; vgl. *Rieble*, RdA 1993, 140 ff., zur Legitimation der tariflichen Schlichtungsstelle nach § 76 Abs. 8 BetrVG.

[2429] Stellvertretend *Hallmen* (1997), S. 196 f.

(ohne Betriebsrat) handelt oder das interne Beschwerdeverfahren schlichtweg nicht praktiziert wird.

Die Einrichtung verbandlicher bzw. staatlicher Beschwerdestellen für Betriebe ohne oder mit einem schwachen Betriebsrat wird schon seit geraumer Zeit zu Recht gefordert[2430]. Auch das Beispiel der ehemaligen Schiedsstellen für Arbeitsrecht in den neuen Bundesländern hat gezeigt, dass entsprechende Einrichtungen in außerbetrieblichen Institutionen denkbar sind[2431]. Insbesondere für kleinere Betriebe erscheint die Einrichtung einer innerbetrieblichen Konfliktbehandlungsstelle nicht sinnvoll bzw. zu aufwendig[2432]. Für solche, regelmäßig betriebsratslose Klein- und Mittelbetriebe bieten sich außerbetriebliche Konfliktbehandlungsstellen auch deshalb an, weil hier eine traditionelle Vertretung durch betriebliche Repräsentationsorgane offensichtlich nicht greift[2433]. Über den Anwendungsbereich solcher Betriebe hinaus ist indes noch an solche Fälle zu denken, in denen die innerbetriebliche Beschwerde faktisch nicht greift, etwa weil es um eine „heikle" Beschwerde gegen den Vorgesetzten geht[2434].

Überlegenswert erscheint damit eine gesetzlich oder vertraglich durch die Tarifvertragsparteien (§ 4 Abs. 2 TVG) legitimierte Instanz, die als überbetriebliche Vertretung gegenüber Arbeitnehmern Beratungsaufgaben in Bezug auf arbeits- und sozialversicherungsrechtliche Fragestellungen wahrnehmen und gegenüber Arbeitgebern möglicherweise Konsultationsrechte geltend machen könnte[2435]. Man könnte sich dabei an das soeben dargestellte Ombudsverfahren der Banken- und Versicherungswirtschaft anlehnen bzw. auf deren Verfahrensordnungen zurückgreifen. Das Verfahren müsste ebenfalls möglichst wenig formalisiert und transparent sein. Es sollte von Arbeitnehmern einseitig angerufen werden können, zur Wahrung des materiellen Rechts aber nicht in Rechtsfragen grundsätzlicher Bedeutung[2436]. Eine etwaige streitige, vornehmlich am materiellen Recht orientierte Entscheidung ist kurz und verständlich zu

---

[2430] *Blankenburg/Schönholz/Rogowski* (1979), S. 131; *Bünger/Moritz* (1983), S. 183, zu an Billigkeitsentscheidungen orientierten branchenspezifischen Schlichtungskommissionen für Kleinbetriebe, wobei das Verfahren möglichst nicht verrechtlicht und unformalisiert sein solle; ebenda, S. 184, zur obligatorischen Erörterung einer Kündigung zwischen Arbeitgeber und einer anderen Stelle (Gewerkschaft oder Arbeitsamt) in Betrieben ohne Betriebsrat.
[2431] Siehe nur *Hommerich/Niederländer/Stock*, AuA 1993, 175 (177), zu möglichen neuen Formen betrieblicher Konfliktregelung.
[2432] *Thau*, AuA 1996, 303 (305).
[2433] *Düll/Ellguth*, WSI-Mitt. 1999, 165 (175 f.).
[2434] Vgl. *G. von Hoyningen-Huene*, BB 1991, 2215 (2217 f.): Belastend sei die Angst vor Unglaubwürdigkeit und damit verbundener negativer Konsequenzen für den Arbeitsplatz, hinzu komme die Sorge über das mögliche bekannt werden der Vorfälle innerhalb der Belegschaft (Aspekt der Vertraulichkeit), wobei § 84 Abs. 3 BetrVG diese Bedenken lediglich formalrechtlich außer Kraft setze; vgl. zur positiven Beschwerdekultur im innerbetrieblichen Konfliktbehandlungsverfahren bereits unter C. IV. 3. d. cc. (1).
[2435] So *Düll/Ellguth*, WSI-Mitt. 1999, 165 (175 f.); vgl. jüngst *Schoen*, ZKM 2004, 19 (21).
[2436] Vgl. bereits *Bünger/Moritz* (1983), S. 181.

begründen und sollte zumindest in bestimmten, geringwertigen Streitigkeiten für Arbeitgeber einseitig bindend sein[2437]. Wünschenswert ist auch eine klarstellende gesetzliche Regelung, wonach Arbeitnehmer das Recht haben, sich bei diesen außerbetrieblichen Konfliktbehandlungsstellen zu beschweren, ohne deshalb Nachteile befürchten zu müssen (vgl. § 84 Abs. 3 BetrVG)[2438]. Am besten sollte der Arbeitgeber den Arbeitnehmer bei Begründung eines Arbeitsverhältnisses hierauf hinweisen müssen. Allerdings sollte auch klar sein, dass die Anrufung der außerbetrieblichen Konfliktbehandlungsstelle insofern subsidiär ist, als sich der Arbeitnehmer zunächst im Betrieb um Abhilfe bemühen muss[2439]. Entsprechendes sieht bereits § 17 Abs. 2 Satz 1 ArbSchG vor[2440]. Allerdings dürfen die Anforderungen an einen solchen „Vorrang der innerbetrieblichen Beschwerde" nicht überspannt werden[2441]. Die außerbetriebliche Konfliktbehandlungsstelle lässt sich schließlich in das oben vorgestellte prozedurale Beschwerdeverfahren implementieren, so dass auf die dortigen Ausführungen ergänzend verwiesen werden kann[2442].

Außerdem ist es notwendig, dass sich sowohl Arbeitnehmer- als auch Arbeitgeberseite in hohem Maß mit der Institution identifizieren. Dies sollte durch eine Beteiligung der betroffenen Arbeitnehmer- und Arbeitgeberkreise an der Wahl der Repräsentanten gewährleistet werden. Konkret ist dabei an eine Ernennung der arbeitsrechtlichen Ombudsleute auf Vorschlag der Arbeitgeberverbände und Gewerkschaften zu denken[2443]. Entsprechend dem Ombudsmann im Banken- und Versicherungswesen kommen dabei als Ombudsleute vor allem (ehemalige hochrangige) Arbeitsrichter in Betracht, womöglich aber auch besonders qualifizierte Fachanwälte für Arbeitsrecht[2444]. Problematisch an anwaltlichen Ombudsleuten im Arbeitsrecht ist indes, dass Anwälte zumeist ausgewiesene Arbeitgeber- oder Arbeitnehmeranwälte sind, so dass deren Neutralität in Frage steht[2445]. Erwägenswert erscheint grundsätzlich auch eine Beteiligung von Verbands- und Gewerkschaftssekretären im Sinne einer paritätischen Besetzung, je-

---

[2437] Vgl. ebenfalls bereits *Bünger/Moritz* (1983), S. 181.

[2438] Vgl. *P. Berg*, AiB 1992, 253 (255).

[2439] *FESTL*, § 84 Rn. 1; *ErfKArbR/Kania*, § 84 BetrVG Rn. 2; vgl. *G. von Hoyningen-Huene*, NZA 1989, 121 (125), und (1995), S. 178 f., der aus dem betriebsverfassungsrechtlichen Verhandlungsprinzip zwischen Arbeitgeber und Betriebsrat ableitet, dass außenstehende Stellen erst angerufen werden dürften, wenn eine innerbetriebliche Einigung nicht erzielt worden sei; vgl. auch *D. Graser* (2000), S. 207 ff., zur „Pflicht zur vorherigen internen Beanstandung" im Kontext mit „Whistleblowing"; dazu jüngst *Bürkle*, DB 2004, 2158 ff.; vgl. schließlich *BAG*, NZA 2004, 427 (428 ff.), mit Besprechung *Herbert/Oberrath*, NZA 2005, 193 ff., zur Kündigung eines Arbeitnehmers wegen „Whistleblowing".

[2440] Vgl. bereits *Denck*, DB 1980, 2132 f.

[2441] *Hallmen* (1997), S. 169 ff.; vgl. *DKK/Buschmann*, § 84 Rn. 3.

[2442] Siehe dazu bereits unter C. IV. 3. d. cc. (1) (b).

[2443] Vgl. wiederum bereits *Bünger/Moritz* (1983), S. 181; vgl. ferner *R. Hohmann*, NZA 2002, 651 (653), zur Berufung der ehrenamtlichen Richter der Arbeitsgerichtsbarkeit.

[2444] Vgl. bereits *Schuster* (1983), S. 115, zu zivilrechtlichen Gütestellen.

[2445] Vgl. *Bauer*, NZA 1999, 11 (15 f.), mit dem Hinweis, dass das Arbeitsrecht teilweise „ideologiebefrachtet" sei.

doch könnte dies wiederum den Verfahrensaufwand unnötig erhöhen[2446].[Die außerbetrieblichen Konfliktbehandlungsstellen sollten jedenfalls nicht bei den Arbeitgeberverbänden oder Gewerkschaften angesiedelt sein, um nicht den Eindruck der Voreingenommenheit bzw. Befangenheit entstehen zu lassen[2447]. Sie könnten indes bei den Industrie- und Handels- oder Handwerkskammern und damit auch branchenspezifisch eingerichtet werden, was zugleich ihre Sachnähe sicherstellen sollte[2448]/ Dessen ungeachtet müssen Arbeitgeberverbände und Gewerkschaften mit Unterstützung des Staates für die Einrichtung und Finanzierung dieser Stellen verantwortlich zeichnen, zumal diese zum wesentlichen Nutzen ihrer Mitglieder tätig werden[2449].

5. Innovative Konfliktbehandlungen unter besonderer Berücksichtigung der Mediation

Die im Folgenden beschriebenen innovativen Konfliktbehandlungsformen sind sowohl inner- wie auch außerbetrieblich einsetzbar, weshalb sie erst an dieser Stelle erörtert werden.

a. Alternative Dispute Resolution

Wie bereits im allgemeinen Teil ausgeführt, haben sich in den USA unter dem Titel „Alternative Dispute Resolution" vielfältige Formen alternativer Konfliktbehandlung entwickelt[2450]. Herauszuheben ist dabei sicherlich die Mediation, deren Einsatz auch im Arbeitsrecht lohnend erscheint (b.). Darüber hinaus könnten noch andere ADR-Formen für das Arbeitsrecht nutzbar gemacht werden (c.).

b. Mediation

> Wenn die Mediation ein menschliches Wesen wäre, wäre sie das Resultat einer wahren Liebesgeschichte.
>
> *Alexander*[2451]

Die Mediation erfreut sich in jüngerer Zeit überwältigender – um nicht zu sagen: überzogener – Beliebtheit[2452]. Sie ist jedenfalls Gegenstand etlicher Publikationen, deren

---

[2446] Vgl. *M. Neumann*, ZRP 1986, 286 (287 f.), zu den Schieds- und Schlichtungsstellen der freien Wirtschaft, demzufolge die Trägerverbände und -organisationen aufgerufen seien, die paritätische Besetzung dieser Stellen zu garantieren, damit diese von ihrer Zusammensetzung her auch eine Gewähr für die Unabhängigkeit ihrer Tätigkeit böten.

[2447] Vgl. *Grotmann-Höfling* (1995), S. 158.

[2448] *Thau*, AuA 1996, 303 (305), vgl. bereits *Bünger/Moritz* (1983), S. 181.

[2449] Siehe zur Institutionalisierung betrieblicher Konfliktbehandlungen noch im abschließenden Teil unter D. I. 1. d.

[2450] Siehe dazu bereits unter B. 6. c.

[2451] ZKM 2001, 161.

[2452] *Stickelbrock*, JZ 2002, 633 (641), zufolge ist der Siegeszug der Mediation in den letzten Jahren unaufhaltsam; siehe zur „Mediationseuphorie" bereits im einführenden Teil unter A. I. 2. c.

Anzahl mittlerweile nahezu unüberschaubar ist[2453]. Im Folgenden kann es nur um eine knappe Darstellung der Mediation im Allgemeinen, ihres Nutzens und ihres Einsatzgebiets unter besonderer Berücksichtung des Arbeitsrechts gehen.

aa. Mediation im Allgemeinen

Mediation ist eine in den USA entwickelte Form zur außergerichtlichen, von den Beteiligten selbst erarbeiteten, einvernehmlichen Lösung von Konflikten mit Hilfe eines unparteiischen Vermittlers[2454] bzw. unter Mediation wird die Einschaltung eines neutralen Dritten ohne Entscheidungsgewalt zur eigenverantwortlichen Konfliktbehandlung mit dem Ziel einer gemeinsam erarbeiteten Vereinbarung verstanden[2455]. In der Mediation werden insbesondere die Erfahrungen aus der Konfliktforschung an der Harvard Law School bzw. dem Harvard Negotiation Project verwendet[2456]. Bei der dort entwickelten Methode des sachbezogenen Verhandelns steht die Erforschung gemeinsamer Interessen und des größtmöglichen Nutzens für beide Parteien im Vordergrund, nicht aber die Durchsetzung einer Position. Die Parteien wirken aktiv und eigenverantwortlich an einer interessengerechten Konfliktlösung mit[2457]. Die Wurzeln der Mediation greifen freilich weit zurück[2458].

Die Besonderheit der Mediation liegt darin, dass sie *keine Rechtsprechung* ist. Rechtsprechung (im weitesten Sinne) ist die Tätigkeit eines hierzu bestimmten Dritten, um eine gegenwärtige Streitigkeit oder künftige Streitigkeiten zu regeln und dadurch die Störung oder Bedrohung des Friedens zu beseitigen; damit deckt der Begriff Rechtsprechung die ganze Fülle der Streitentscheidung ab[2459]. Bei der Mediation findet indessen *keine Streitentscheidung* statt[2460]. Die Mediation beruht in hohem Maße auf Privat- bzw. Parteiautonomie[2461]. Allerdings stellt es keine Besonderheit dar, dass die

---

[2453] Siehe insbesondere das von *Haft/Schlieffen* im Jahr 2002 herausgegebene „Handbuch Mediation"; prägnant jüngst *Neuenhahn*, NJW 2004, 663 ff.

[2454] So die Definition im *Creifelds* (2002).

[2455] *Breidenbach* (1995), S. 137; *Strempel*, ZRP 1998, 319 (321); *Eidenmüller* (2000), S. 51.

[2456] Dazu *Bühring-Uhle* (1995), S. 75 f.; *Fisher/Ury/Patton* (2000), S. 260 f.

[2457] *Haft* (2002a), S. 76 f., betont, dass dabei die Verhandlung und nicht die Mediation im Zentrum stehe; siehe bereits ders., AnwBl 1989, 458 (459); siehe auch *Eidenmüller* (2000), S. 39 ff., mit dem insoweit bezeichnenden Titel „Verhandlungsmanagement durch Mediation".

[2458] Dazu *Haft* (2002a), S. 79; weiterführend *Kemmann/Gante-Walter*, ZKM 2001, 273 ff.; *Hehn* (2002), S. 151 ff.; siehe zum Zusammenhang zwischen sokratischer Mäeutik und Mediation *Martens*, ZKM 2001, 16 ff.; siehe weiter *R. Wassermann*, NJW 1998, 1685 (1686), wonach hinter der Propagierung der Mediation erkennbar der Glaube an die konfliktlösende Kraft des „Palavers", stehe, also des Gesprächs und des Verhandelns, wie Soziologen in Anknüpfung an die Ethnologie, die „geistige Mutter des Verfahrens", sagten; siehe schließlich *Wesel* (2001), Rn. 348.

[2459] *Ramm*, ZRP 1989, 136 (138); ähnlich *Walter*, ZZP 103 (1990), 141 (146); siehe zu einer begrifflichen Klarstellung auch *Hehn/Rüssel*, ZKM 2001, 62 ff.

[2460] Vgl. bereits *P. Gottwald*, ZZP 95 (1982), S. 245 (255): Während ein Schlichter das Handtuch werfen könne, müsse der Richter jeden Konflikt entscheiden.

[2461] Ausführlich dazu *Breidenbach* (1995), S. 203 ff.; siehe gleichwohl zu den Rechtsgrundlagen der Mediation *Heß/Sharma* (2002), S. 675 ff.

Mediation freiwillig stattfindet, da die Streitentscheidung sowohl auf Freiheit als auch auf Macht beruhen kann[2462]. Die Philosophie der Mediation geht schlagwortartig davon aus, dass ein Konflikt nicht statisch, sondern ein dynamisches Konfliktgeschehen ist, wobei die Chancen für kooperative Lösungen durch frühzeitige Interventionsmöglichkeiten steigen. Die Vermittlung durch einen Mediator setzt dort ein, wo Verhandlungen der Parteien untereinander scheitern. Ansatzpunkte für seine Tätigkeit sind die Verhandlungshürden, welche die Parteien an einer kooperativen Regelung hindern. Mediation ist kein Ersatz für das Gerichtsverfahren, sondern eine Wahlmöglichkeit, die eine Ergänzung der Konfliktbehandlungsformen darstellt; insofern ist die Mediation komplementär[2463].

Der Ablauf des Verfahrens der Mediation wird üblicherweise in mehrere Phasen eingeteilt. In der Literatur finden sich insoweit unterschiedliche Darstellungen, insbesondere wird eine Einteilung der Mediation in fünf[2464], sechs[2465] oder sogar sieben[2466] Phasen vertreten. Dies ist nicht weiter problematisch, vielmehr entspricht es dem Wesen der Mediation, dass sie sich nicht in ein festes Schema einordnen lässt, sondern die Entwicklung und Durchführung eines auf die jeweiligen Bedürfnisse der Parteien zugeschnittenen Verfahrens ermöglicht, ohne dass die Philosophie bzw. Grundprinzipien der Mediation beeinträchtigt werden[2467]. Eine beispielsweise fünfphasige Mediation lässt sich vereinfacht wie folgt beschreiben: In der ersten Phase werden die Charakteristika des Verfahrens durch den Mediator erläutert sowie die Regeln besprochen und festgelegt. In Phase zwei stellen die Parteien ihre Sichtweise dar, es erfolgt eine Art Bestandsaufnahme. Der Mediator fasst zusammen, definiert die zu behandelnden Konfliktpunkte und entwickelt gemeinsam mit den Parteien die nächsten Schritte. In der dritten Phase hält der Mediator die Parteien dazu an, ihre Positionen zurückzustellen und die dahinter liegenden Interessen zu erarbeiten. Der Mediator versucht auf diese

---

[2462] *Ramm*, ZRP 1989, 136 (139).

[2463] Zum Ganzen *Strempel* (1998a), S. 14, und ZRP 1998, 319 (321 f.); siehe zur Ergänzung herkömmlicher Konfliktbehandlungen bereits im allgemeinen Teil unter B. III. 2. a.

[2464] *Strempel* (1998), S. 14 f., und ZRP 1998, 319 (322): (1) Einführung und Vorbereitung der Mediation, Abschluss des Mediationsvertrags; (2) Sammlung der zur Verhandlung anstehenden Regelungspunkte; (3) Entwicklung neuer Optionen und Wahlmöglichkeiten; (4) Verhandeln, Entscheidung der Parteien und Protokollierung der Vereinbarung; (5) Vorbereitung, Durchführung und Überprüfung der Vereinbarung; *Dendorfer*, DB 2003, 135 (137): (1) Eröffnungsphase; (2) Informations- und Themensammlung; (3) Interessenklärung; (4) Bildung und Bewertung von Optionen; (5) Vereinbarung und Umsetzung; siehe auch den Artikel in der SZ vom 16.1.2002, S. 24, unter dem Titel „Zum Mediator statt zum Richter":

[2465] *Kessen/Troja* (2002), S. 395 ff.: (1) Vorbereitung und Mediationsvertrag; (2) Informations- und Themensammlung; (3) Interessenklärung; (4) kreative Suche nach Lösungsoptionen; (5) Bewertung und Auswahl der Optionen; (6) Vereinbarung und Umsetzung; vgl. *J. Hohmann*, ZKM 2003, 48 ff., zu den sechs Phasen eines Verhandlungsmodells auf der Grundlage des Harvard-Konzepts.

[2466] *Eidenmüller* (2000), S. 66 ff.: (1) Einstieg in die Mediation, (2) Bestandsaufnahme, (3) Festlegen des Mediationsprozesses, (4) Erforschen der Interessen und Nichteinigungsalternativen, (5) Entwicklung von Lösungen, (6) Bewerten von Lösungen, (7) Detaillieren eines Lösungspakets.

[2467] Vgl. *Eidenmüller* (2000), S. 66.

Weise, Verständnis für die jeweils andere Position zu wecken, außerdem soll eruiert werden, worum es den Parteien wirklich geht. In Phase vier sollen die Parteien mit Unterstützung des Mediators Lösungsoptionen entwickeln, wobei diese Optionen zugleich bewertet werden. Der Blick richtet sich dabei auf die Zukunft und eine für alle nützliche Lösung. In der letzten Phase wird für den Fall einer Einigung die einvernehmlich erzielte Lösung von den beiden Parteien unterzeichnet, zudem werden etwaige künftige weitere Schritte festgelegt.

bb.   Nutzen und Grenzen der Mediation

Der *Nutzen* der Mediation liegt im Wesentlichen in ihren Vorteilen gegenüber dem gerichtlichen Verfahren, wenn man sich die bereits im allgemeinen Teil behandelten Nachteile bzw. Grenzen gerichtlicher Konfliktbehandlung vor Augen führt[2468]. Im Gegensatz zum Gerichtsverfahren vermeidet die Mediation eine Verrechtlichung bzw. dient der Dethematisierung von Recht. Der Konflikt wird als Interessenkonflikt behandelt, die Wünsche und Bedürfnisse der Parteien werden aufbereitet und es erfolgt eine Komplexitätsverarbeitung korrespondierend dem Sinnerleben der Parteien. Im Vordergrund der Mediation steht dabei die selbstbestimmte und zukunftsorientierte Konfliktregelung[2469]. Selbst dem gerichtlichen Vergleich scheint die Mediation überlegen[2470]. Zwar bestehen durchaus Gemeinsamkeiten zwischen den Vergleichsbemühungen des Richters und der Mediation, gleichwohl sind einige Vorteile der Mediation gegenüber dem gerichtlichen Vergleich auszumachen[2471]. Der Mediator befindet sich mangels Entscheidungskompetenz nicht in dem bereits oben dargelegten Rollenkonflikt zwischen Vermittler und Entscheider und unterfällt auch nicht einem derart starken Vergleichsdruck wie der Richter[2472]. Das Mediationsverfahren ist nicht öffentlich und vertraulich. Der Mediator kann sich nicht zuletzt im Hinblick auf das oftmals vereinbarte Stundenhonorar regelmäßig mehr Zeit als der Richter für den Fall nehmen. Zudem zeichnet sich der Mediator in aller Regel durch eine höhere spezifische Sachkunde und vor allem höhere Verhandlungs- und Vergleichskompetenz aus[2473]. Außerdem kann sich der Mediator eher in die Moderation zurückziehen, während der Richter seine verfahrensleitende Funktion kaum verlassen kann[2474]. Berichtet wird jedenfalls von einem besseren Kommunikationsfluss zwischen den Parteien innerhalb der Media-

---

[2468] Siehe dazu bereits unter B. I. 2. b.

[2469] Zum Ganzen bereits *W. Gottwald* (1981), S. 42 ff., betreffend die Vermittlung als Vorläufer der Mediation; ähnlich ders., AnwBl 2000, 265 (268); vgl. auch *Katzenmeier*, ZZP 115 (2002), 51 (72 ff.).

[2470] Siehe zu den Grenzen gerichtlicher Konfliktbehandlung in Bezug auf den gerichtlichen Vergleich bereits im allgemeinen Teil unter B. I. 2. b. bb.

[2471] *W. Gottwald*, AnwBl 2000, 265 (268 f.); vgl. *P. Gottwald* (2001), S. 142 ff.

[2472] Siehe zu den Rollenkonflikten zwischen Richten und Schlichten sowie Recht und Ökonomie innerhalb gerichtlicher Verfahren bereits unter C. III. 5. a. bb.

[2473] Vgl. *Eidenmüller* (2000), S. 71 ff., zu den Mediationstechniken; vgl. auch *Lembke*, ZKM 2002, 111, zur Möglichkeit des Einsatzes spezifischer (erlernter) Verhandlungstechniken im Rahmen der Mediation.

[2474] Siehe zur „Mediation versus Moderation" *Sturm*, ZKM 2004, 4 ff.

tion[2475]. Für die Parteien von Bedeutung ist auch die in der Mediation vorhandene Gelegenheit, die emotionale Seite eines Konflikts sowie subjektive Vorstellungen der Parteien bezüglich Gerechtigkeit zu berücksichtigen[2476]. Wichtig erscheint schließlich die dem Mediator gegebene Möglichkeit, Einzelgespräche zu führen, um die Interessenlage und die Vorstellungen der Parteien im Hinblick auf eine gütliche Beilegung besser erfahren zu können[2477].

Wesentlich ist auch ein weiterer positiver Nutzen der Mediation. Ganz allgemein kann in Bezug auf die Mediation von einer „höheren Verfahrenszufriedenheit" und „höheren Implementations- und Befolgungsrate" gesprochen werden[2478]. Dies haben auch zwei im Rahmen der *Strukturanalyse der Rechtspflege* wissenschaftlich begleitete Modellversuche ergeben. Nach erfolgreichem Durchlaufen des Mediationsverfahrens meinten regelmäßig beide Verfahrensbeteiligte, dass sie sich jetzt von dem anderen besser verstanden fühlten und zutrauten, auch künftig konstruktiv zusammenzuarbeiten[2479]. Internationale Erfahrungen mit der Mediation zeigen ebenfalls, dass die Streitparteien zwar zunächst große Zurückhaltung gegenüber der Mediation haben und lieber den gewohnten Weg zu den Gerichten gehen. Aber ebenso eindeutig ist, dass alle Beteiligten, die einmal eine Mediation durchlaufen haben, dieses Verfahren äußerst positiv beurteilen[2480]. Die Beteiligten eines Mediationsverfahrens sind mit dem auf Freiwilligkeit beruhenden Verfahren regelmäßig zufriedener, und zwar unabhängig davon, ob sie das Ergebnis als für sich persönlich vorteilhaft oder weniger vorteilhaft empfinden. Darüber hinaus ist die Wahrscheinlichkeit, dass die von den Beteiligten selbst entwickelte Lösung implementiert und befolgt wird, größer als die entsprechende Wahrscheinlichkeit bei Verfahren, die mit einer verbindlichen Entscheidung durch den (Schieds-)Richter enden[2481]. Erklärbar ist dies wiederum mit der die Mediation beherrschenden Privat- bzw. Parteiautonomie: Wenn man das Gefühl hat, den Ablauf eines bestimmten Verfahrens beeinflussen zu können bzw. beeinflusst zu haben, wird man diesem Verfahren und seinen Ergebnissen regelmäßig positiv gegenüberstehen.

[2475] Instruktiv zu den Grundlagen erfolgreicher Kommunikation in der Mediation *Dörrenbächer* (2002), S. 336 ff.; siehe auch *Streckhardt*, ZKM 2001, 112 ff., über die Sprache als Werkzeug in der Mediation.

[2476] *Coleman*, ZKM 2001, 204 ff.; *E. Müller*, ZKM 2003, 200 ff.; *Schmitz*, ZKM 2004, 217 ff.; vgl. *Röhl* (1987), S. 475, demzufolge es auch bei einem Nullsummenkonflikt noch positive Gefühle und Anerkennung als moralische Persönlichkeit zu verteilen gebe; weiterführend *Breidenbach* (1995), S. 58 ff., zum emotionellen Konfliktverhalten.

[2477] Dazu *Eidenmüller* (1999), S. 526 f.; *Duve/Zürn*, ZKM 2001, 108 ff.; vgl. im Zuge der Einführung des § 15a EGZPO *Schwackenberg*, AnwBl 1997, 524 (527), und *Grisebach*, AnwBl 1997, 528 (529).

[2478] Siehe dazu auch die Ausführungen zur Implementation von Gerichtsentscheidungen bereits im allgemeinen Teil unter B. I. 2. b. cc.

[2479] Siehe zu diesen Modellversuchen in Familienstreitigkeiten *Strempel/Rennig*, ZRP 1994, 144 (148), und *Leutheusser-Schnarrenberger*, NJW 1995, 2441 (2445).

[2480] *Ponschab/Kleinhenz*, DRiZ 2002, 430 (434).

[2481] *Ponschab/Dendorfer*, BB Beilage 2 zu Heft 16/2001, 1 (2); *Dendorfer*, DB 2003, 135 (137).

Wenn man weiter einer Lösung zugestimmt bzw. diese selbst entwickelt hat, dann akzeptiert man das Ergebnis offenbar[2482].

Zurückzukommen ist schließlich auf das Verhandlungskonzept der Harvard Law School, auf dem die Mediation fußt. Hier spielen zwei Überlegungen eine zentrale Rolle: Die eine besagt, sich in Verhandlungen nicht auf Positionen, sondern auf Interessen zu konzentrieren, die andere besagt, Entscheidungsmöglichkeiten bzw. Optionen zum beiderseitigen Vorteil zu entwickeln, dass man also – bildlich gesprochen – den Kuchen vergrößern soll, damit mehr zum Teilen ist[2483]. Es wurde bereits weiter oben aufgezeigt, dass intuitive Verhandlungen über Positionen den Weg der (nachteiligen) kompetitiven Wertverteilung gehen[2484]. Demgegenüber ermöglichen rationale Verhandlungen über Interessen (vorteilhafte) kooperative bzw. wertschöpfende Lösungen[2485]. Diese Kuchenvergrößerung erfordert freilich viel *Kreativität*[2486]. An diesem Punkt setzt auch die Mediation an. Gegenüber dem bereits im allgemeinen Teil kritisierten gerichtlichen „Alles-oder-Nichts-Prinzip" wird in diesem Zusammenhang von einer „Win-win-Situation" gesprochen[2487]. Attraktiver als ein „Nullsummenspiel" ist für die Parteien die Möglichkeit, bei der Behandlung des Konflikts durch interessengerichtetes Zusammenwirken einen Kooperationsgewinn zu erzielen. Eine solche Situation setzt voraus, dass es jeder Partei möglich ist, einen Teil ihrer Position, den sie weniger schätzt, aufzugeben, um dafür von ihrem Gegenüber etwas zu erhalten, was für sie verhältnismäßig mehr wert ist. Auf den Punkt gebracht: Unterschiedliche Wertschätzung ermöglicht Wertschöpfung. Damit verbessert jede Partei ihre Position gegenüber einer Situation ohne Einigung. Der Kooperationsgewinn hängt von der Fähigkeit jeder Partei ab, eigene Ziele zu realisieren, während sie gleichzeitig andere Bedürfnisse des Verhandlungspartners befriedigt[2488]. Veranschaulichen lässt sich dies an dem viel zitierten Beispiel betreffend die Verteilung einer einzigen Orange im Haus zwischen zwei Schwestern[2489]. Beide *beanspruchen* die Orange für sich allein. Sobald

---

[2482] *Eidenmüller* (2000), S. 57 f.; weiterführend zur Zufriedenheit der Parteien als inhaltliche Qualität der Konfliktbeendigung *Breidenbach* (1995), S. 190 ff.; vgl. auch die Ausführungen zur Fremdbestimmung statt eigenverantwortlicher Konfliktbehandlung im Rahmen der gerichtlichen Konfliktbehandlung bereits im allgemeinen Teil unter B. I. 2. b. bb. (2).

[2483] *Haft*, AnwBl 1989, 458 (459); vgl. *Hoffmann-Riem*, ZRP 1997, 190 (195); weiterführend zu den genannten zentralen Überlegungen des Harvard-Konzepts *Fisher/Ury/Patton* (2000), S. 68 ff. und S. 89 ff.; zur Unterscheidung zwischen Positionen und Interessen *Schäfer/Schäfer/Reh*, ZKM 2004, 121 (123 ff.).

[2484] Siehe zur kompetitiven Verhandlungsmethode bereits unter C. III. 2. a. cc.

[2485] Siehe *Haft*, BB Beilage 10 zu Heft 40/1998, 15 (17 ff.), zum Interessenausgleich beim rationalen Verhandeln; instruktiv zum rationalen Verhandeln auch ders. (2000a), S. 69 ff.; siehe schließlich ders. (2002a), S. 83 ff., zur Herausarbeitung der Interessen.

[2486] Instruktiv dazu wiederum *Haft* (2000a), S. 100 ff.

[2487] Siehe zum „Alles-oder-Nichts-Prinzip" bereits unter B. I. 2. b. bb. (1).

[2488] Zum Ganzen *Breidenbach* (1995), S. 72.

[2489] Siehe zu diesem Beispiel *Breidenbach* (1995), S. 72; *Hoffmann-Riem*, ZRP 1997, 190 (194 f.); siehe auch *W. Gottwald*, AnwBl 2000, 265 (268), mit einem weiteren anschaulichen Beispiel.

sie indes erkennen, dass die eine nur an dem Saft *interessiert* ist, während die andere die Schale zur Zubereitung eines Kuchens benötigt, liegt die *beiden* Interessen dienende Lösung auf der Hand. Die Besonderheit der Mediation besteht nun darin, den Parteien zu helfen, die Kooperationshürden zu überwinden sowie die Interessen zu erforschen und die Einigungsoptionen zu entwickeln[2490]. Außerdem hilft der Mediator den Parteien bei der Anwendung neutraler bzw. objektiver Beurteilungskriterien[2491]. Damit wird zugleich deutlich, dass der Erfolg der Mediation mit der Person des Mediators steht und fällt. Der Mediator muss eine hohe fachliche Kompetenz aufweisen[2492] und darüber hinaus gewissen ethischen sowie moralischen Ansprüchen genügen bzw. standhalten[2493].

Natürlich stößt die Mediation bisweilen auch an ihre *Grenzen*. Insoweit ist auf die Ausführungen im allgemeinen Teil betreffend die Grenzen alternativer Konfliktbehandlung zu verweisen[2494]. Zu dem (ambivalenten) Zeit- und Kostenargument wurde bereits hinreichend Stellung genommen[2495]. Außerdem gilt auch hier, dass eine grundsätzliche Rechtsfrage nicht durch eine Mediation „entschieden" werden sollte[2496] und das Einlassen auf die Mediation einen Machtverzicht des Stärkeren impliziert[2497]. Hierüber zu befinden, ist vornehmlich Sache der die Durchführung einer Mediation erwägenden Parteien[2498]. Denn selbst in den Fällen, in denen die Durchführung einer Mediation z.B. bezogen auf ihr Einsatzgebiet grundsätzlich geeignet zu sein scheint, kann es ausnahmsweise gleichwohl angebracht sein, ein Gerichtsverfahren durchzuführen[2499]. Jedenfalls ist die Kritik an der Mediation nicht immer berechtigt. So heißt es etwa: Dass sich, wie Optimisten meinten, die Akzeptanz bereits daraus ergebe, dass die Lösung des Streits von den Parteien mit Unterstützung des Mediators selbst erarbeitet werde, müsse bezweifelt werden. Der Praktiker wisse, dass es mit der passiven Rolle des Vermittlers in der Regel nicht getan sei, sondern dass dieser aktiv eingreifen müsse. Entscheidend sei die Kompetenz des Vermittlers, und zwar die juristische[2500].

[2490] Vgl. *Breidenbach* (1995), S. 83 f.; *Eidenmüller* (2000), S. 69 sowie weiterführend S. 47 ff. und 51 ff. zur Überwindung von Verhandlungshindernissen durch Verhandlungsmanagement bzw. Mediation als Form des Verhandlungsmanagements durch Dritte.

[2491] Vgl. *Eidenmüller* (2000), S. 70; weiterführend *Fisher/Ury/Patton* (2000), S. 121 ff.

[2492] Dazu *Eidenmüller* (2000), S. 80 ff.

[2493] Dazu *Schwarzmann*, MittBayNot 2001, 456 ff.

[2494] Siehe dazu bereits unter B. II.

[2495] Siehe dazu bereits unter B. II. 2.

[2496] Siehe dazu bereits unter B. II. 6. b.

[2497] Siehe dazu bereits unter B. II. 7. b. aa.

[2498] Vgl. *P. Gottwald* (2001), S. 146 f.

[2499] *Ponschab/Kleinhenz*, DRiZ 2002, 430 (434), mit einer Entscheidungshilfe zu der Frage „Mediation oder Gerichtsverfahren?"; siehe zu einem ähnlichen Fragenkatalog jüngst *Monßen*, AnwBl 2004, 7 (8 f.); weiterführend zu den Einigungskriterien für und gegen die Mediation *Duve* (2000a), S. 127 ff.; *Zimmer* (2001), S. 95 ff., zu den Chancen und Risiken der Mediationsmethode.

[2500] So *R. Wassermann* RuP 1998, 74 (78); vgl. ders., NJW 1998, 1685 (1686).

Durch diese Aussage werden gleich mehrere Problemfelder miteinander vermengt, darüber hinaus ist ihr zu widersprechen. Bereits im allgemeinen Teil und soeben wurde dargelegt, dass die der Mediation immanente eigenverantwortliche Konfliktbehandlung als solche grundsätzlich besser ist als eine richterliche Fremdbestimmung. In der Tat wird hierdurch die Akzeptanz des Ergebnisses erheblich gesteigert. Zudem sagt die Aktivität eines Vermittlers nichts über dessen juristische Kompetenz aus. Auch Richter geben sich bisweilen bei der Entscheidungsfindung bzw. in der mündlichen Verhandlung eher von ihrer passiven Seite und überlassen zunächst den Parteien und ihren Anwälten das Feld, so dass sich allen Hinweis- und Aufklärungspflichten zum Trotz ihre einzige, nach außen zu Tage tretende Aktivität letztlich auf die Bekanntgabe der Entscheidung beschränkt. Im Zusammenhang mit der Mediation gebracht zeugt der Vorwurf der passiven Rolle eines Mediators nicht gerade von einem Verständnis des Verfahrensablaufs einer Mediation. Der Mediator greift ebenso aktiv, bisweilen sogar noch aktiver als ein Richter in die Verhandlungen zwischen den Parteien ein, zumal er im Gegensatz zum Richter gerade nicht die Option hat, bei einem Scheitern der Verhandlungen mit einer oktroyierten Entscheidung durchzugreifen[2501]. Davon zu unterscheiden ist die Frage, ob bzw. inwieweit der Mediator juristische Kompetenz aufweisen sollte. Die Wichtigkeit der Wahrung des materiellen Rechts und der damit einhergehenden juristischen Kompetenz des Schlichters bzw. Mediators wurde bereits im allgemeinen Teil betont[2502]. Mediation bedeutet nicht, dass an der Rechtslage vorbeigeredet wird. Vielmehr muss der Mediator in der Lage sein, die Rechtslage zuverlässig einzuschätzen, um das Wertschöpfungspotenzial einer Mediation im Vergleich zum Schieds- oder Gerichtsverfahren beurteilen und die Beteiligten entsprechend beraten zu können[2503]; zu den damit verbundenen Konsequenzen für das RBerG wird noch im abschließenden Teil Stellung genommen[2504]. Auf dem Gebiet der Wirtschaftsmediation spielt das Recht sogar eine Schlüsselrolle[2505]. Evident ist dies auch in Fällen, in de-

---

[2501] Instruktiv zu den Einwirkungsmöglichkeiten des Mediators *Breidenbach* (1995), S. 149 ff.; siehe auch *Fuchtmann*, ZKM 2003, 254 ff., zum aktiven Zuhören als wesentlichem Erfolgsfaktor einer Mediation; vgl. jüngst *LG Bonn*, NJW 2002, 3260 (3261), zu sachbezogenen Äußerungen eines Ombudsmanns: Die Rolle des Vermittlers schließe es nicht aus, dass er seine eigene Einschätzung des Streitstoffs mitteile. Das Gegenteil treffe vielmehr zu. Ein erfolgreiches Zusammenführen von gegensätzlichen Personen beinhalte die positive und negative Stellungnahme hierzu im Sinne einer Bewertung. Insofern nehme der Ombudsmann die Rolle eines Schiedsgutachters oder Mediators ein, deren Äußerungen, mögen sie auch abträglich sein, ebenfalls nicht rechtswidrig sein. Von daher könne der Ombudsmann wegen Einschätzung der Dinge vor einem staatlichen Gericht nicht belangt werden.

[2502] Siehe dazu bereits unter B. III. 5. b.

[2503] So *Eidenmüller* (2000), S. 57 und S. 62 f.; weiterführend *Ripke* (2002), S. 137 ff., zur Rolle des Rechts und der Gerechtigkeit in der Mediation; *Hager*, ZKM 2003, 52 ff., zu Mediation und Recht; vgl. *Breidenbach* (1995), S. 192 ff., zur Verwirklichung des (objektiven) Rechts als Qualität von Konfliktbehandlung.

[2504] Siehe dazu im Kontext mit den rechtlichen Rahmenbedingungen der Mediation unter D. I. 2. a. aa.

[2505] So *Henssler*, NJW 2003, 241 (243); ausführlich *Risse*, BB Beilage 9 zu Heft 27/1999, 1 ff. (vor allem 3 ff.), mit folgendem Fazit: „Die umfassende Erörterung der Rechtslage ist daher ein unverzichtbarer Bestandteil jeder Wirtschaftsmediation."

nen sich die Parteien eines anwaltlichen Beistands bedienen, was wiederum zur Folge haben kann, dass sich der Mediator eher in die Moderation zurückzieht[2506].

Kritisiert wird schließlich, dass die Parteien die Mediation dazu „missbrauchen" könnten, eine realistische Einschätzung der Erfolgsaussichten ihres Verfahrens zu erhalten. Nicht selten scheint die Einleitung eines ADR-Verfahrens durch eine Partei nur der Versuch eines Probelaufs bzw. einer „fishing expedition" zu sein, um die Argumente und Stärken der anderen Partei kennenzulernen und zu testen, bevor sie dann in einem gerichtlichen Verfahren streitig ausgetragen und verbindlich entschieden werden[2507]. Der Missbrauch der Mediation zur Sicherung strategischer Vorteile ist im Einzelfall sicher nicht ganz von der Hand zu weisen[2508]. Hierbei dürfte es sich jedoch um Ausnahmefälle handeln, die eine Diskreditierung der Mediation als solche nicht rechtfertigen. Im Übrigen gilt zu bedenken, dass die vorherige Einschätzung der rechtlichen Erfolgsaussichten für sich genommen prozessvermeidend wirken kann, was angesichts einer etwaigen Gerichtsentlastung nicht minder wünschenswert ist[2509]. Es gibt sogar ADR-Verfahren, die gerade darauf abzielen[2510]. Die rechtlichen Probleme der Mediation (etwa betreffend die Verfahrensgarantien, Gewährleistung der Vertraulichkeit, berufsrechtlichen Regeln und Ausbildungsstandards) können an dieser Stelle außer Betracht bleiben. Diese stehen einer Durchführung und Etablierung der Mediation nicht im Wege und erweisen sich insoweit auch nicht als Nachteile der Mediation[2511], sondern geben dazu Anlass, geeignete Rahmenbedingungen umzusetzen[2512].

cc. Einsatzgebiete der Mediation

Besonders geeignet erscheint die Mediation vor allem in den Fällen, in denen eine persönliche Verletzung auf der Beziehungsebene hinter der Auseinandersetzung steht[2513]. Daneben ist insbesondere an Fälle zu denken, in denen die Parteien in einer dauerhaften Beziehung stehen, die es aufrechtzuerhalten gilt[2514]. Insoweit sei an die Diskussion

---

[2506] Siehe *Wesel*, NJW 2002, 415 (416), demzufolge in der Wirtschaftsmediation regelmäßig Anwälte mit am Tisch säßen; siehe auch *Risse*, BB Beilage 9 zu Heft 27/1999, 1 (6).

[2507] *Böckstiegel*, DRiZ 1996, 267 (273); vgl. *Zimmer* (2001), S. 103 f., zur Ausnutzung der Offenheit des Mediationsverfahrens zur Informationsbeschaffung; vgl. auch *Schlosser*, JZ 1991, 599 (602), zur „fishing expedition" im französischen Recht.

[2508] *Gans*, ZKM 2001, 66 (71 f.); *Dendorfer*, DB 2003, 135 (138), vgl. *Schubert*, AiB 2000, 524 (527), zur Mediation im Arbeitsrecht.

[2509] Vgl. dazu die Ausführungen über die Eskalation des Konflikts innerhalb gerichtlicher Verfahren und Rechtsbindung der richterlichen Schlichtungsfunktion im allgemeinen Teil unter B. I. 2. b. aa. (7) bzw. im besonderen Teil unter C. 5. a. aa.

[2510] Siehe zur „Early Neutral Evaluation" und zum „Mini-Trial" noch unter C. IV. 5. c.

[2511] Siehe dazu bereits im allgemeinen Teil unter B. II.

[2512] Siehe dazu noch im abschließenden Teil unter D. 2. a.

[2513] *Hoffmann-Riem*, ZRP 1997, 190 (195), siehe zu den auch in Arbeitsbeziehungen auftauchenden personenbezogenen Konflikten bereits im einführenden Teil unter A. I. 1. b.

[2514] *Rüssel*, NJW 2000, 2800 (2802); siehe speziell zur Wirtschaftsmediation *Dendorfer*, DB 2003, 135 (137): Sicherung bestehender Vertrags- und Geschäftsbeziehungen.

im allgemeinen Teil betreffend die Ungeeignetheit bestimmter Konflikte für gerichtliche Verfahren erinnert, wonach vornehmlich *Sozial- und Wirtschaftsbeziehungen* einer alternativen Konfliktbehandlung zugänglich sind[2515].

Dementsprechend entstand der Gedanke der Mediation zumindest in Deutschland aus den Problemen familienrechtlicher Streitigkeiten und nahm von da aus seinen Weg in andere Rechtsgebiete bis hin zu grundlegenden Änderungen des Prozessrechts[2516]. Sodann hat die Mediation unter dem Begriff der Wirtschaftsmediation auch im Wirtschaftsrecht immer mehr Anhänger gefunden. Dies belegen nicht nur zahlreiche Publikationen in diesem Bereich[2517], sondern zeigt sich auch an deren zunehmenden Bedeutung in der Praxis[2518]. Unter Wirtschaftsmediation wird in Abgrenzung zur Mediation im Arbeitsrecht lediglich die Mediation zwischen Unternehmen verstanden[2519]. Freilich begeisterte man sich für die Mediation aus unterschiedlichen Gründen. Während es in familienrechtlichen Streitigkeiten vordergründig um persönliche Beziehungen geht, die sich im gerichtlichen Verfahren nur begrenzt behandeln lassen, stehen in Wirtschaftskonflikten naturgemäß wirtschaftliche Belange im Vordergrund. Insofern erstaunt, dass die Mediation in arbeitsrechtlichen Konflikten im Vergleich zu diesen Rechtsgebieten eher unterrepräsentiert ist. Denn das Arbeitsrecht bildet gewissermaßen die Schnittstelle zwischen Familien- und Wirtschaftsrecht, da es sowohl um persönliche als auch um wirtschaftliche Interessen geht[2520].

dd.   Mediation im Arbeitsrecht

> Zu wünschen ist, daß diese therapeutische Art der Konfliktlösung auch im Arbeitrecht Verbreitung findet. Denn insbesondere in Kündigungsfällen steckt oft viel Sozialpsychologie.
>
> *Düwell*[2521]

[2515] Siehe dazu bereits unter B. I. 2. c.

[2516] So *Egermann*, AnwBl 2003, 271; *Stickelbrock*, JZ 2002, 633 (641), bezeichnet das Familienrecht als eines der Hauptanwendungsgebiete der Mediation; zur Mediation im Familienrecht *Breidenbach* (1995), S. 259 ff.; *Mähler/Mähler*, NJW 1997, 1262 (1263); *Ulrike Fischer* (2000), S. 309 ff.; *Coester*, Kind-Prax 2003, 79 ff. und 119 ff.

[2517] *Duve/Eidenmüller/Hacke* (2003); *Risse* (2003); siehe auch ders., WM 1999, 1864 ff.; *Steinbrück*, AnwBl 1999, 574 ff.; *Risse*, NJW 2000, 1614 ff.; *Stubbe*, BB 2001, 685 ff.; *Risse/C. Wagner* (2002), S. 987 ff.; *Dendorfer*, DB 2003, 135 ff.; siehe weiter *Eidenmüller*, BB Beilage 10 zu Heft 40/1998, 19 ff., und ders. (1999) sowie *Uhlenbruck*, BB 2001, 1641 ff., betreffend Unternehmenssanierungen; *Casper/Risse*, ZIP 2000, 437 ff., betreffend von Beschlussmängelstreitigkeiten.

[2518] Zur Bedeutung der Wirtschaftsmediation SZ vom 26.9.2001, S. 26, und 9.10.2001, S. 52, wonach im Jahr 2000 in Deutschland Fälle mit einem Streitwert von 600 Millionen DM gelöst wurden, und zwar in durchschnittlich 2,5 Tagen und mit einer 80 %igen Erfolgsquote; gleichwohl spielt die Wirtschaftsmediation als Konfliktlösungsinstrument im deutschen Wirtschaftsleben noch keine größere Rolle, mediations-report 7/2003, 2, mit Verweis auf eine Akzeptanzstudie von Wirtschaftsmediation.

[2519] Vgl. *Stubbe*, BB 2001, 685 (686 f.); ders., ZKM 2003, 32 (33).

[2520] Zur fließenden Grenze zwischen Wirtschafts- und Familienmediation *Eyer*, ZKM 2000, 277 ff.

[2521] (1999), S. 754.

Diese Aussage eines *BAG*-Richters lässt aufhorchen. Zwar gibt es schon jetzt verstärkt Bemühungen, Mediation im arbeitsrechtlichen Kontext zu thematisieren. In der Praxis ist aber noch eine gewisse Zurückhaltung bzw. Skepsis zu beobachten[2522]. Die „Mediation im Arbeitsrecht" hat jedenfalls im jüngeren Schrifttum viel Beachtung erfahren[2523]. Zudem wird über erste Erfahrungen mit dem Einsatz der Mediation in der betrieblichen Praxis berichtet[2524].

Auch im arbeitsrechtlichen Mediationsverfahren können die Ursachen eines Streits aufgedeckt und die Interessen der Parteien umfassend erforscht werden. Im Gegensatz zum Arbeitsrichter wird der Mediator für den Streitfall mehr Zeit aufwenden können[2525]. Der Mediator hilft den Parteien, interessengerechte und auf den konkreten Konfliktfall zugeschnittene Lösungen zu finden, allerdings unter Berücksichtigung der betrieblichen Belange und Besonderheiten des betrieblichen Gesamtsystems. Das Verfahren ist dazu prädestiniert, das Vertrauensverhältnis zwischen Arbeitgeber und Arbeitnehmer wiederherzustellen und das Arbeitsverhältnis aufrechtzuerhalten. Selbst wenn die Regelung der Beendigung des Arbeitsverhältnisses im Vordergrund steht, sichert die Mediation im Regelfall akzeptable Lösungen durch ein rationales Verfahren[2526]. Die Zufriedenheit der an einer Mediation im Arbeitsrecht Beteiligten mit den erzielten Ergebnissen ist jedenfalls groß[2527]. Dazu mag auch beitragen, dass es die arbeitsrechtliche Mediation ermöglicht, der zwischenmenschlichen bzw. emotionalen Seite eines Konflikts Aufmerksamkeit zu schenken[2528]. In diesem Kontext ist darauf hinzuweisen, dass Mediation immer auch einen präventiven Charakter hat, wenn sie rechtzeitig eingesetzt wird, was dazu führen kann, dass die betriebliche Konfliktlage allgemein entschärft wird und sich mittelfristig die gesamte Betriebs- bzw. Unterneh-

---

[2522] *Lembke*, ZKM 2002, 111.
[2523] *Stevens-Bartol* (1997), S. 141 ff.; *Thau/Pusch*, AuA 1997, 343 ff.; *Budde* (1998), S. 99 ff.; *Prütting* (1999), S. 743 ff.; *Bitzer/Bösl/Liebsch*, Personal 2000, 482 ff.; *Budde* (2000), S. 497 ff.; *Hermenau*, ZKM 2000, 12 ff.; *Ponschab/Dendorfer*, AnwBl 2000, 650 ff.; *Richter/Schwartz*, AuA 2000, 582 ff.; *Schubert*, AiB 2000, 524 ff.; *Dendorfer*, ZKM 2001, 167 ff.; *Lembke* (2001), Rn. 167 ff.; *Ponschab/Dendorfer*, BB Beilage 2 zu Heft 16/2001, 1 ff.; *Tigges-Mettenmeier*, ZKM 2001, 172 ff.; *Munk*, ZKM 2002, 219 ff.; *Otto*, ZKM 2002, 19 ff.; *Proksch*, ZKM 2002, 63 ff.; *Prütting* (2002), S. 950 ff.; *Wrede*, ZfA 2002, 457 ff.; *Eidenmüller/Hacke*, Personalführung 3/2003, 20 ff.; *Proksch/Königswieser*, ZKM 2004, 168 ff.; *HS/Hümmerich* (2005), § 1 Rn. 253 ff.
[2524] *Althaus/Hinrichs/Hustert*, ZKM 2001, 120 (121 f.), zur Mediation bei *British American Tobacco* Deutschland; zu einem Praxisfall auch *Budde* (2000), S. 523 ff.; *Morawe*, ZKM 2001, 291 f.; *Griese*, ZKM 2003, 266 ff.
[2525] Insoweit bezeichnend der Bericht in der SZ vom 7./8./9.6.2003, S. 26, über die Situation am *ArbG München* mit dem Titel „Schicksal im Halb-Stunden-Takt".
[2526] Zum Ganzen *Ponschab/Dendorfer*, BB Beilage 2 zu Heft 16/2001, 1 (4); zur Mediation als geeignete Konfliktlösungsstrategie in modernen Unternehmen auch *Tigges-Mettenmeier*, ZKM 2001, 172 (175 f.); zu den Vorteilen der Mediation gegenüber herkömmlichen arbeitsrechtlichen Instrumentarien *Wrede*, ZfA 2002, 455 (457 ff.); siehe schließlich *Budde* (2000), S. 505 f.
[2527] *Wrede*, ZfA 2002, 457 (459 f.); siehe auch *Eidenmüller/Hacke*, Personalführung 3/2003, 20 (23), zu den Erfahrungen bei dem US-amerikanischen Unternehmen *US Postal Service*.

menskultur ändert[2529]. Im Übrigen sprechen für den Einsatz der Mediation im Arbeitsrecht weitgehend dieselben Argumente, wie sie schon für den Einsatz alternativer innerbetrieblicher Konfliktbehandlungen festgemacht wurden[2530].

Das oben angesprochene Orangen-Beispiel lässt sich auch auf arbeitsrechtliche Streitigkeiten übertragen. Der Arbeitnehmer ist oftmals bzw. bisweilen nicht mehr an einer Rückkehr in den Betrieb *interessiert*, sondern erstrebt eine Abfindung, muss aber auf Weiterbeschäftigung bzw. Unwirksamkeit der Kündigung klagen, während der Arbeitgeber dem Arbeitnehmer die Weiterbeschäftigung anbieten muss, um die Abfindungshöhe herabzusetzen bzw. das Annahmeverzugsrisiko zu vermeiden, obwohl er den Arbeitnehmer loswerden *will*[2531]. Oder anders ausgedrückt: Der Arbeitnehmer will eine Kompensation für erlittene Ungerechtigkeit, der Arbeitgeber will mit seiner Kündigung recht behalten, letztlich wollen also beide dasselbe, nämlich eine Auflösung des Arbeitsverhältnisses[2532]. Aber selbst in den nicht seltenen Fällen, in denen der Arbeitnehmer an einem Verbleib im Betrieb *interessiert* ist, kann eine Mediation ergeben, dass auch der Arbeitgeber den Arbeitnehmer weiterbeschäftigen *will*, beispielsweise auf einem anderen Arbeitsplatz oder zu geänderten Arbeitsbedingungen. Gleichwohl führen beide einen letztlich vermeidbaren Arbeitsgerichtsprozess betreffend die Rechtmäßigkeit der Kündigung mit dem regelmäßigen Resultat eines Abfindungsvergleichs[2533].

(1) Konkrete Einsatzgebiete

Freilich gilt zu bedenken, dass es keine generelle Mediationstauglichkeit gibt[2534]. Im Folgenden sollen daher einige konkrete Einsatzgebiete der Mediation im Arbeitsrecht benannt werden[2535].

[2528] Vgl. *Ponschab/Dendorfer*, BB Beilage 2 zu Heft 16/2001, 1 (7); vgl. auch *Gans*, ZKM 2001, 66 (70), zur Mediation bei *Siemens* USA betreffend Konflikte am Arbeitsplatz.
[2529] *Reitemeier* (2001), S. 18 f.; *Ponschab/Dendorfer*, BB Beilage 2 zu Heft 16/2001, 1 (6); auch *Prütting* (2002), S. 960, weist auf den präventiven Charakter der Mediation im Arbeitsrecht hin und spricht von einer dadurch bedingten „Klimaverbesserung im Betrieb" und einer „generell besseren Streitkultur"; vgl. *Dendorfer/Breiter*, BB Beilage zu Heft 46/2002, 33 (37); vgl. auch *Knapp/Novak*, ZKM 2002, 4 ff.; zur Berücksichtigung der Unternehmenskultur in der Mediation.
[2530] Vgl. *Ponschab/Dendorfer*, AnwBl 2000, 650 (651 f.); dies., BB Beilage 2 zu Heft 16/2001, 1 (6 f.); siehe dazu unter C. IV. 3. a.
[2531] Siehe schon *Lewerenz/Moritz* (1983), S. 82 f.; vgl. auch *Rottleuthner* (1982), S. 151.
[2532] *Budde* (2000), S. 513 f.
[2533] Siehe zur Erledigungsstruktur vor den Arbeitsgerichten und zur gesetzlichen Abfindungsregelung bereits unter C. II. 4. bzw. C. IV. 1. c. aa.
[2534] So zu Recht *Prütting* (2002), S. 959; vgl. auch *Wrede*, ZfA 2002, 455 (466 f.); differenzierend aber *Schubert*, AiB 2000, 524 (526 f.).
[2535] Vgl. zum Folgenden *Budde* (2000), S. 502 ff.; *Schlüchtern/Schwartz*, AuA 2000, 582 (584 f.); *Ponschab/Dendorfer*, BB Beilage 2 zu Heft 16/2001, 1 (4); *Prütting* (2002), S. 962 ff.; *Dendorfer*, DB 2003, 135 (139); vgl. schließlich *Hage/Heilmann*, AuA 1997, 339 (340), zur betrieblichen Konfliktbewältigung.

Zu nennen sind in erster Linie Streitigkeiten zwischen Arbeitgeber und Arbeitnehmer etwa im Leistungs- oder Vertrauensbereich sowie über die Gestaltung von Arbeitsbedingungen, beispielsweise betreffend die Arbeitszeit. Dies gilt auch in den Fällen, in denen ein Betriebsrat beteiligt ist. Zudem scheint die Mediation bei Auseinandersetzungen unter Arbeitnehmern bzw. Kollegen aufgrund der in diesen Fällen vorherrschenden persönlichen Beziehungen bestens geeignet zu sein. Ein konkretes Einsatzgebiet der Mediation ist vor allem auch die rechtlich schwer zu fassende Problematik Mobbing[2536] – und dies trotz bzw. gerade aufgrund der hierzu ergangenen jüngeren Rechtsprechung[2537]. Ähnlich rechtlich schwer fassbar und damit für die Mediation geeignet sind Fälle (sexueller) Belästigung am Arbeitsplatz[2538]. Daneben sind Konfliktfälle vorstellbar, in denen eine gerichtliche Klärung mangels rechtlicher Relevanz ausgeschlossen ist[2539]. Zu denken ist an Konfliktsituationen, die unstreitig im Wege des arbeitgeberseitigen Direktionsrechts „gelöst" werden können, oder bei Verteilung von Sachmitteln, Büroräumen oder Dienstfahrzeugen[2540]. Zu nennen sind im bestehenden Arbeitsverhältnis schließlich Streitigkeiten zwischen verschiedenen Abteilungen bzw. Geschäftsbereichen, die häufig aufgrund unklarer Verantwortlichkeiten entstehen[2541]. Im Rahmen der durch die jüngste Reform des BetrVG reglementierten Gruppenarbeit kann es ebenfalls zu Konflikten zwischen Gruppen, aber auch innerhalb der Gruppe aufgrund gruppendynamischer Prozesse oder durch Überforderung weniger leistungsfähiger Mitarbeiter kommen, die typischerweise in Einzelkonflikte umgewandelt werden und auf die dann fälschlicherweise mit herkömmlichen Konfliktbehandlungsverfahren reagiert wird[2542].

Anknüpfend an obiges Zitat bietet sich die Durchführung einer Mediation auch im Zusammenhang mit der Beendigung bzw. Kündigung von Arbeitsverhältnissen an. Dies gilt einmal für die Vorstufe der Kündigung, nämlich in Bezug auf Abmahnungsstreitigkeiten[2543], im besonderen Maße aber auch für Kündigungsstreitigkeiten selbst, und

---

[2536] *Budde* (2000), S. 504; *Kolodej*, ZKM 2000, 62 (63 f.); *Ponschab/Dendorfer*, BB Beilage 2 zu Heft 16/2001, 1 (4); *Reitemeier* (2001), S. 18; *Prütting* (2002), S. 962 f.; *Dendorfer*, DB 2003, 135 (139); ausführlich dazu *Klein* (2002), S. 91 ff.; *Kolodej*, ZKM 2003, 159 ff.

[2537] Siehe dazu bereits unter C. III. 1. a. aa.

[2538] *Hermenau*, ZKM 2000, 12 (13 f.); *Prütting* (2002), S. 963.

[2539] Siehe dazu die Ausführungen zum überschätzten Filterpotenzial alternativer Konfliktbehandlungen bereits im allgemeinen Teil unter B. I. 3. c. bb. (2).

[2540] *Ponschab/Dendorfer*, AnwBl 2000, 650 (653); vgl. dazu auch die Diskussion betreffend den Ausschluss der Rechtsansprüche im Einigungsstellenverfahren nach § 85 Abs. 2 BetrVG de lege lata bereits unter C. III. 1. c. bb.

[2541] *Eidenmüller/Hacke*, Personalführung 3/2003, 20 (24), betreffend Konflikte zwischen Unternehmensbereichen.

[2542] *Budde* (2000), S. 506; *Dendorfer*, DB 2003, 135 (139); siehe auch *Fritsch*, ZKM 2001, 127 ff., zur Mediationsarbeit in der Teamentwicklung; zu einem entsprechenden Praxisfall *Sick*, ZKM 2001, 144 ff.; zur Mediation mit vielen Beteiligten *Schwarz*, MittBayNot 2001, 294 ff.; siehe schließlich zur Konfliktbehandlung betreffend die Gruppenarbeit bereits unter C. IV. 3. c. aa.

[2543] *Prütting* (2002), S. 962.

zwar unabhängig davon, ob diese personen-, verhaltens- und betriebsbedingt sind[2544]. Explizit genannt sei hier die Druckkündigung, die ein mediatives Eingreifen unter mehreren Beteiligten erforderlich macht[2545]. Schließlich können die vermittlungsspezifischen Vorteile einer Mediation auch bei der Sozialauswahl oder – sofern eine Beendigung des Arbeitsverhältnisses letztlich unumgänglich ist – bei der Erteilung von Arbeitszeugnissen sowie Herausgabe von Arbeitspapieren nutzbar gemacht werden[2546].

Lediglich der Vollständigkeit halber soll noch darauf hingewiesen werden, dass die Mediation im Arbeitsrecht nicht nur bei den soeben benannten eher zwischenmenschlichen Streitigkeiten einsetzbar ist, sondern auch im mehr geschäftlichen bzw. kollektiven Bereich in Betracht kommt[2547]. Dies gilt vor allem für Konflikte zwischen Arbeitgeber und Betriebsrat zu Fragen der Mitbestimmungsrechte nach dem BetrVG[2548]. Schon jetzt sieht sich die Einigungsstelle durch die Mediation einem gewissen Konkurrenzdruck ausgesetzt[2549]. Endlich erscheint die Mediation auch für Tarifauseinandersetzungen geeignet[2550].

(2)   Arbeitsrechtliche Mediatoren

Auch im Falle der arbeitsrechtlichen Mediation muss der Rechtslage die gebotene Aufmerksamkeit geschenkt werden. Erfolgreiche Mediation kann im Arbeitsrecht in der Regel nur von Personen ausgeübt werden, die in rechtlicher Hinsicht vertiefte oder zumindest gewisse Fachkenntnisse aufwiesen[2551]. Wichtig ist auch die Unabhängigkeit und Neutralität vor allem betriebsinterner Mediatoren[2552]. Jedenfalls immer dann, wenn zwischen dem potentiellen Schlichter bzw. Vermittler und dem oder einem der Streitenden eine Machtbeziehung besteht, ist eine Mediation im Allgemeinen zum

---

[2544] *Wrede*, ZfA 2002, 455 (466 f.); siehe auch *Ehlers*, NJW 2003, 2337 (2342 f.), zur Mediation beim Personalabbau.

[2545] *Prütting* (2002), S. 964; *Richter/Brüggemann*, AuA 2002, 300 (302).

[2546] *Prütting* (2002), S. 963 f.

[2547] Siehe zur Unterscheidung zwischen zwischenmenschlichen und geschäftlichen Streitigkeiten *Prütting* (2002), S. 959; ausführlich zur Mediation im kollektiven Arbeitsrecht *Lembke* (2001), Rn. 317 ff.

[2548] *Budde* (2000), S. 507 ff.; *Ponschab/Dendorfer*, BB Beilage 2 zu Heft 16/2001, 1 (6); *Dendorfer*, DB 2003, 135 (139); *Ponschab/Dendorfer*, AnwBl 2000, 650 (652 f.), betreffend ein auf dem 51. Anwaltstag 2000 in Berlin durchgeführtes Rollenspiel; *Luther*, ZKM 2000, 187 f, zu einem Praxisfall betreffend die Mitbestimmung.

[2549] *Eyer/Redmann*, Personal 1999, 618 ff.; *Eyer*, AuA 2000, 308 ff.; *Kramer*, ZKM 2004, 259 ff., und NZA 2005, 135 ff.; vgl. auch *Ulrich Fischer*, DB 2000, 217 ff., zu den mediativen Elementen des Einigungsstellenvorsitzes.

[2550] *Budde* (2000), S. 511 f.; *Ponschab/Dendorfer*, BB Beilage 2 zu Heft 16/2001, 1 (4); siehe auch das Interview in Personal 1999, 620, zur Mediation aus Sicht der Tarifvertragsparteien; siehe schließlich die Mitteilung im mediations-report 7/2002, 6.

[2551] So *Prütting* (1999), S. 746, und (2002), S. 965.

[2552] Siehe *Ponschab/Dendorfer*, AnwBl 2000, 650 (654); dies., BB Beilage 2 zu Heft 16/2001, 1 (7); instruktiv zur Unparteilichkeit und Neutralität des Mediators *Breidenbach* (1995), S. 169 ff.; siehe weiter *Stumpp*, ZKM 2000, 34 ff., zur Unabhängigkeit des Mediators; vgl. schließlich *Lotz*, AnwBl 2002, 202 ff., zur Unparteilichkeit und Unabhängigkeit des parteinannten Schiedsrichters.

Scheitern verurteilt, ein Vorgesetzter sollte also nicht als Mediator tätig sein[2553]. Während man in größeren Betrieben eher auf qualifiziertes, innerbetriebliches Personal zurückgreifen kann, wird man bei kleineren und mittleren Betrieben den Einsatz externer Mediatoren erwägen[2554].

In Betrieben mit einem Betriebsrat kommen vorrangig Betriebsratsmitglieder als Mediatoren in Betracht[2555]. Sie kennen die betrieblichen Verhältnisse und können so gezielt auf die Ausräumung des Ursprungkonflikts hinwirken sowie für die Beteiligten sachgerechte Lösungsoptionen effektiv herausarbeiten. Zudem weisen sie arbeitsrechtliche Kenntnisse auf. Das BetrVG bietet hierfür im Rahmen des Beschwerdeverfahrens bereits jetzt geeignete Rahmenbedingungen. Betreffend Betriebs- oder Geschäftsgeheimnisse besteht eine strafbewehrte Regelung (§§ 79 Abs. 1, 120 Abs. 1 Nr. 1 BetrVG), und trotz Nichtvorliegens einer besonderen Schweigepflicht (vgl. §§ 82 Abs. 2 Satz 3, 83 Abs. 1 Satz 3 BetrVG) ist der Betriebsrat aufgrund des allgemeinen Persönlichkeitsrechts des Arbeitnehmers zur vertraulichen Behandlung von Tatsachen verpflichtet, die den persönlichen Lebensbereich berühren (vgl. § 120 Abs. 2 BetrVG). Der Betriebsrat selbst ist durch strafbewehrte Schutzbestimmungen (§§ 78, 119 Abs. 1 Nr. 2 und Nr. 3 BetrVG) geschützt. An der Neutralität des Betriebsrats dürften im Hinblick auf § 2 Abs. 1 BetrVG an sich keine Zweifel bestehen, zumal dem Betriebsrat durch die Vorschrift des § 84 Abs. 1 Satz 2 BetrVG schon de lege lata die Rolle als Vermittler zugewiesen ist. Allerdings mag es sein, dass es ihm unter psychologischen Aspekten in der Praxis leichter fällt, in einer Streitigkeit unter Arbeitnehmern neutral zu sein, als in einer Auseinandersetzung zwischen Arbeitgeber und Arbeitnehmer[2556]. In letzteren Fällen wäre an den Einsatz unternehmens- bzw. konzerninterner Betriebsratsmitglieder zu denken[2557]. Selbstverständlich muss der mediativ tätige Betriebsrat entsprechend ausgebildet sein bzw. geschult werden, was im abschließenden Teil noch näher zu besprechen sein wird[2558].

Der Einsatz externer „echter" Mediatoren kann zumindest in Betrieben mit Betriebsrat über die Vorschrift des § 80 Abs. 3 BetrVG erfolgen. Hierzu wurde bereits weiter oben im Zusammenhang mit der innerbetrieblichen Konfliktbehandlung des Betriebsrats im bestehenden Arbeitsverhältnis Stellung genommen[2559]. Es wäre freilich wünschens-

---

[2553] So *Reitemeier* (2001), S. 97.

[2554] So *Schlüchtern/Schwartz*, AuA 2000, 582 (585).

[2555] *Hermenau*, ZKM 2000, 12 (13); kritisch aber *Schubert*, AiB 2000, 524 (527); weiterführend *Mark*, ZKM 2004, 255 ff.; vgl. dazu auch die Ausführungen zum Betriebsrat als Konfliktbehandler bereits unter C. IV. 3. c. aa.

[2556] Zum Ganzen *Lembke*, ZKM 2002, 111 (112 und 114).

[2557] Vgl. dazu *Ponschab/Dendorfer*, AnwBl 2000, 650 (654); dies., BB Beilage 2 zu Heft 16/2001, 1 (7).

[2558] *Lembke*, ZKM 2002, 111 (114); vgl. *Schubert*, AiB 2000, 524 (527 f.); siehe zur Ausbildung in den Betrieben noch im abschließenden Teil unter D. I. 3. b. cc.

[2559] Siehe dazu bereits unter C. IV. 3. c. aa.

wert, wenn man die Einsatzmöglichkeit eines Mediators durch eine Erweiterung des § 80 Abs. 3 BetrVG ausdrücklich festlegen würde[2560]. Die Vertraulichkeit wäre über die §§ 80 Abs. 4, 79 Abs. 1, 120 Abs. 1 Nr. 3 und Nr. 3a BetrVG gewahrt. Wegen ihrer vertieften arbeitsrechtlichen Kenntnisse kommen als externe Mediatoren vor allem Fachanwälte für Arbeitsrecht in Betracht[2561]. Problematisch ist hier aber wiederum die etwaige Einseitigkeit mancher ausgewiesener Arbeitgeber- oder Arbeitnehmeranwälte[2562]. Dieses Problem würde sich bei Arbeitsrichtern nicht stellen[2563]. In jedem Fall bedürfen sie ebenfalls einer entsprechenden Ausbildung[2564]. In Betrieben ohne Betriebsrat besteht ohne Mitwirkung des Arbeitgebers für die Belegschaft keine Möglichkeit, einen Mediator heranzuziehen. Hier bleibt nur der Appell an den Arbeitgeber mit Verweis auf die beschriebenen Vorzüge der Mediation.

Dem Rechtsgedanken des durch die jüngste Reform des BetrVG eingeführten § 80 Abs. 2 Satz 3 folgend könnte schließlich erwogen werden, Arbeitnehmer als betriebsinterne Mediatoren in Konflikten unter Kollegen einzusetzen[2565]. Vorbild einer solchen innovativen Konfliktbehandlung liefert die sog. Peer-Mediation, sprich eine Mediation unter Gleichen. Eine „peer group" ist durch eine relative Gleichheit der Lebensbedingungen, des Umfelds, der Kultur und der Lebensziele gekennzeichnet. Die kontinuierliche „peer group" schafft ein Klima, in dem die Gruppenmitglieder weniger Angst voreinander haben, und bietet die Gelegenheit zu einer beständigen Auseinandersetzung mit den Fragen, Einstellungen und Lebenskonzepten der anderen Teilnehmer. Für ein Streitschlichtermodell bedeutet Peer-Mediation, dass die Mediatoren in ihrer Bezugsgruppe anerkannt sind, Einfluss auf die Gruppenentwicklung und das Gruppenklima ausüben und so eine größere Effizienz in die Schlichtung bringen können als vergleichbare Positionen von außen[2566]. Der vermittelnde Arbeitnehmer wäre über die strafbewehrte Vorschrift des § 119 Abs. 1 Nr. 3 BetrVG geschützt und gem. § 120 Abs. 1 Nr. 3b BetrVG zur Geheimhaltung verpflichtet. Auch er müsste entsprechend ausgebildet werden[2567].

[2560] Siehe dazu den Gesetzgebungsvorschlag von *Budde*, abgedruckt in mediations-report 1/2001, 3, im Zuge der jüngsten Reform des BetrVG.

[2561] So *Prütting* (1999), S. 746, und (2002), S. 965; siehe zum Rechtsanwalt als Mediator bzw. Sachverständigen noch unter C. IV. 6. a. bb. (2) bzw. (3).

[2562] Vgl. dazu die Ausführungen im Zusammenhang mit den anwaltlichen Ombudsleuten im Arbeitsrecht bereits unter C. IV. 4. b.

[2563] Vgl. *Trossen*, ZKM 2003, 41 f., zum „Richter als geborenen Mediator".

[2564] Siehe dazu noch im abschließenden Teil unter D. I. 3. b. bb.

[2565] Mit *I. Natzel*, NZA 2001, 872 (873), wäre diese Möglichkeit sogar vor Hinzuziehung eines externen Mediators zu prüfen, allerdings gilt mit *Oetker*, NZA 2002, 465 (468), zu bedenken, dass „Auskunft" ein Minus zur „Beratung" ist; siehe jüngst auch *Oetker*, NZA 2003, 1233 (1236).

[2566] Zum Ganzen *Reitemeier* (2001), S. 97; vgl. *Eidenmüller* (2000), S. 81 f.; vgl. zum „Peer review"-Verfahren und zur „peer education" bereits unter C. IV. 3. d. cc. (2) (b) bzw. noch im abschließenden Teil unter D. I. 3. b. aa.

[2567] Siehe dazu noch im abschließenden Teil unter D. I. 3. b. cc.

c. Sonstige innovative Konfliktbehandlungen

Es könnten indes noch weitere innovative ADR-Formen für das Arbeitsrecht nutzbar gemacht werden. Dies gilt einmal für die in der Praxis häufigen Fälle, in denen eine Aufrechterhaltung des Arbeitsverhältnisses nicht möglich ist und es lediglich um die Aushandlung einer Abfindungszahlung geht. Das sonst übliche Basargefeilsche[2568] könnte beispielsweise mittels einer *„Final-Offer-Arbitration"* überwunden werden. Bei diesem (Schieds-)Verfahren legt jede Partei nach einer vorangegangen Verhandlung jeweils ein „final offer", also ein letztes Angebot vor, zu dem sie vergleichsbereit wäre. Der (Schieds-)Richter muss sich zwischen diesen beiden Angeboten entscheiden, er darf keine Teilforderung zusprechen. Er hat sich für das Angebot auszusprechen, das näher an dem vorher ausgearbeiteten (Schieds-)Spruch liegt, den er aufgrund der Rechtslage gefällt hätte. Einfach ausgedrückt: Es gewinnt der vernünftigere der beiden Vorschläge. Dieser „Wettlauf um tragfähige Einigungsvorschläge" steigert ersichtlich die Vergleichsbereitschaft der Parteien, allerdings darf nicht übersehen werden, dass das Verlustrisiko bei stark divergierenden Angeboten unakzeptabel hoch sein kann[2569]. Weniger risikoreich ist die *„High/Low-Arbitration"*, bei der die letzten Angebote der Parteien nur den Entscheidungsraum eingrenzen, innerhalb dessen die (schieds-)richterliche Lösung liegen muss[2570]. Im Wege der privatautonomen Gestaltung lassen sich diese Vorgehensweisen auch außerhalb des im Arbeitsrecht nicht durchführbaren Schiedsverfahrens vereinbaren[2571]. Diese Verfahren bieten sich im Übrigen auch für Gehalts- und Lohntarifverhandlungen an.

Denkbar erscheint auch eine *„Shuttle Diplomacy"*, bei der ein Mediator versucht, sich in getrennten, vertraulichen Einzelgesprächen mit den Parteien einen Eindruck zu verschaffen, für wie belastbar beide Parteien ihre Positionen halten und wo das „letzte Angebot" liegt, so dass er beurteilen kann, wie weit die Parteien tatsächlich auseinander liegen und ob die Kluft als überbrückbar erscheint[2572]. Im Arbeitsrecht eher problematisch sind Kostenübernahmevereinbarungen im Sinne einer *„Michigan Mediation"*. Der Grundgedanke solcher Vereinbarungen geht dahin, die Ablehnung eines Vergleichsvorschlags des Mediators für eine Partei mit einer finanziellen Sanktion zu verknüpfen, die dann eingreift, wenn diese Ablehnung – rückblickend betrachtet – unbegründet oder unvernünftig erscheint[2573]. Bei solchen Vereinbarungen dürfte das Risiko

---

[2568] Siehe kritisch dazu bereits unter C. III. 2. a. cc. und C. III. 5. b. bb. (2).

[2569] Zum Ganzen *Risse*, BB Beilage 2 zu Heft 16/2001, S. 16 (17 ff.); *Eidenmüller*, RIW 2002, 1 (8 f.); *Risse*, ZKM 2004, 244 (245); weiterführend *Walz*, SchiedsVZ 2003, 119 ff.

[2570] Dazu *Risse*, BB Beilage 2 zu Heft 16/2001, S. 16 (20 f.); *Eidenmüller*, RIW 2002, 1 (10); *Risse*, ZKM 2004, 244 (245).

[2571] Siehe dazu bereits unter C. III. 3. b. aa.

[2572] Dazu *Risse*, NJW 2000, 1614 (1616 f.); *Stubbe*, BB 2001, 685 (688 f.).

[2573] Dazu *Risse*, BB Beilage 2 zu Heft 16/2001, S. 16 (21 f.); *Eidenmüller*, RIW 2002, 1 (8); *Risse*, ZKM 2004, 244 (245 f.); kritisch aber *Boysen*, ZRP 1996, 291 (294), zu einem entsprechenden Vorschlag aus der „Entlastungsdiskussion".

für den regelmäßig auch wirtschaftlich strukturell unterlegenen Arbeitnehmer zu groß sein[2574].

Bei eher komplexen Streitgegenständen bietet sich schließlich das Verfahren der *„Early Neutral Evaluation"* an. Bei dieser geht es darum, dass die Parteien von einem neutralen Dritten eine verlässliche Prognose über ihre jeweiligen Erfolgsaussichten erhalten, die dieser deutlicher bzw. nicht so verhalten und verklausuliert wie sowie unbefangener als ein Richter im frühen Stadium eines Prozesses abgeben kann[2575]. Eine ähnliche Wirkung erzielt der *„Mini-Trial"*, der jedoch vorwiegend bei gescheiterten Großprojekten zur Anwendung gelangt[2576]. Lediglich der Vollständigkeit halber sei in diesem Kontext noch die aus dem englischen Recht stammende und auch im deutschen Schiedsgerichtsverfahren praktizierte *„Pre-Trial Discovery"* genannt, bei der es um eine umfassende Aufbereitung des Tatsachenstoffs geht[2577].

6. Außergerichtliche Konfliktbehandlung

Auch hier ist zwischen Anwaltschaft (a.) und Gewerkschaften bzw. Arbeitgeberverbänden (b.) zu unterscheiden.

a. Anwaltschaft

> Rate ab von gerichtlichen Auseinandersetzungen. Überrede, wann immer du kannst ... zu Kompromissen. Erkläre ... wieso der offenkundige Sieger häufig der wahre Verlierer ist – infolge saftiger Honorare, Kosten und vergeudeter Zeit. Als Friedensstifter hat der Rechtsanwalt die unvergleichliche Chance, Gutes zu tun. Auch dann gibt es noch genügend Möglichkeiten, Geld zu verdienen.
>
> *Abraham Lincoln*[2578]

Die vorstehende Aussage ähnelt dem am Anfang dieser Abhandlung zitierten Ausspruch von *Voltaire* – diesmal aus anwaltlicher Sicht[2579]. Nachdem zunächst das weitere Schlichtungspotenzial der Anwaltschaft aufgezeigt wird (aa.), werden alternative Vorgehensweisen dargestellt (bb.).

[2574] Vgl. dazu die Ausführungen zum strukturellen Machtungleichgewicht im Arbeitsrecht bereits im allgemeinen Teil unter B. II. 7. a.; vgl. auch die Ausführungen zu den gerichtlichen Kostenanreizen noch im abschließenden Teil unter D. 2. c. aa.

[2575] Dazu *Hilber*, BB Beilage 2 zu Heft 16/2001, S. 22 (23 ff.); siehe auch *W. Gottwald*, AnwBl 2000, 265 (270); *Prütting*, AnwBl 2000, 273 (277).

[2576] Dazu *Eidenmüller*, RIW 2002, 1 (7 f.); siehe auch *Helm/Bechtold*, ZKM 2002, 159 f., am Beispiel des Großanlagenbaus.

[2577] Vgl. dazu *Greger*, JZ 1997, 1077 (1080).

[2578] Zitiert bei *Zimmermann* (1998), S. 181.

[2579] Siehe auch die Forderung des ehemaligen hamburgischen Justizsenators und jetzigen Bundesverfassungsrichters *Hoffmann-Riem*, ZRP 1997, 190 (196): „Ein guter Anwalt geht, wenn es irgend möglich ist, nicht zum Gericht."

aa. Weiteres Schlichtungspotenzial der Anwaltschaft

Die oben erwähnte hohe „Erfolgsquote" von gut 70 % bei der außergerichtlichen Erledigung zivilrechtlicher Fälle durch die Anwaltschaft mag auf den ersten Blick dafür sprechen, dass Rechtsanwälte auch im Arbeitsrecht einen erheblichen Teil der Konflikte von den Gerichten fern halten könnten, wenn man sie nur ließe. Mit dieser Quote wird nicht selten die große Bedeutung der anwaltlichen Streitschlichtung hervorgehoben. Vielmehr dient sie bisweilen als Beleg für die These, dass Schlichtung *allein* Anwaltssache sei[2580]. Anders gewendet könnte man allerdings die justizentlastende Funktion der Anwaltschaft insofern bemängeln, als sich fast jeder dritte Bürger nach dem Gang zum Anwalt vor den Toren des Gerichts wiederfindet[2581]. Zudem verrät ein Blick hinter die Kulissen, den man in diesem Zusammenhang zumeist vermisst[2582], dass in der „Erfolgsquote" ausdrücklich auch reine Beratungsmandate erfasst sind; dass diese nicht vor Gericht gebracht werden, ist keine große anwaltliche Kunst. Auch bleiben hierbei tatsächliche Befriedung und/oder Befriedigung der Mandantenvorstellungen unberücksichtigt. Letzteres könnte man auch als „Grenzen anwaltlicher Konfliktbehandlung" bezeichnen, analog zu den bereits im allgemeinen Teil behandelten Grenzen gerichtlicher Konfliktbehandlung[2583].

Dies vermag für sich genommen die große Bedeutung der Anwaltschaft in der außergerichtlichen Streitbeilegung nicht wesentlich in Frage zu stellen[2584]. Ernüchternd ist indes eine weitere Feststellung der Untersuchung. Man könnte meinen, dass die Vertretung beider Konfliktparteien durch Rechtsanwälte zu einer vermehrten außergerichtlichen Fallerledigung führt. Die Vermutung, dass innerhalb eines solchen „professionellen Kollegialsystems" eine Tendenz zur außergerichtlichen Einigung besteht, hat *Wasilewski* jedoch empirisch widerlegt: Sind beide Seiten von Beginn an anwaltsvertreten, sinkt die Quote bei der außergerichtlichen Erledigung auf 27%[2585]. Es scheint

---

[2580] So Rechtsanwälte *Schwackenberg*, AnwBl 1997, 524 (525 und 526), und *Busse*, AnwBl 1997, 522 (524); auch Rechtsanwalt *Ponschab*, AnwBl 1997, 520 (521), bezeichnet Anwälte als „prädestinierte Konfliktlöser"; zu Recht weist Notar *Wilke*, MittBayNot 1998, 1 (4), auf die nicht minder erhebliche Schlichtungsfunktion der Notare hin – freilich nicht im Arbeitsrecht; ebenfalls kritisch zur „völligen Monopolisierung der Schlichterfunktion bei der Anwaltschaft" *G. Wagner*, JZ 1998, 836 (845).

[2581] In diesem Sinne *Greger*, JZ 1997, 1077 (1079), für den dies „viel zu viel" sei; ähnlich *Haß*, AnwBl 1989, 462 (463): immer noch zu viel; selbstkritisch auch *Matschke*, AnwBl 1993, 259.

[2582] Exemplarisch Rechtsanwalt *Busse*, AnwBl 1997, 522, der lediglich auf die Zusammenfassung der Untersuchung von *Wasilewski* (1990), S. 92, verweist und überdies von einer (unbestätigten) Erledigungsquote von 75 % ausgeht.

[2583] Siehe weiterführend zur arbeitnehmerseitigen Zufriedenheit und zum Erfolg der Arbeitnehmer mit der Rechtsvertretung vor den Arbeitsgerichten *Camin* (1984), S. 159 ff.; siehe zu den Grenzen gerichtlicher Konfliktbehandlung bereits unter B. I. 2.

[2584] Nach *Strempel*, ZRP 1989, 133 (135), belegt dieses „überraschende Ergebnis" die „wichtige Aufgabe der Rechtsanwälte im außerforensischen Bereich".

[2585] (1990), S. 72; aufgegriffen haben dies die Professoren *Breidenbach* (1995), S. 300, und *Stadler*, NJW 1998, 2479 (2482), sowie Notar *Wilke*, MittBayNot 1998, 1 (3); Erklärungsversuche dafür liefert Rechtsanwalt *Ponschab*, AnwBl 1993, 430.

also gerade nicht so zu sein, dass anwaltliche Schlichtung am besten gelingt, wenn beide streitenden Parteien anwaltlich vertreten sind[2586]. Eine erleichterte außergerichtliche Konfliktbehandlung mit einer nicht anwaltlich vertretenen Partei mag vereinzelt nachvollziehbare Gründe haben (etwa: ein Rechtsanwalt wird nicht hinzugezogen, weil man hierin mangels Erfolgsaussicht keine Notwendigkeit sieht; oder umgekehrt – freilich unbefriedigend: der Verzicht auf Konsultierung eines Rechtsanwalts erfolgt in Unkenntnis der guten Erfolgsaussicht; schließlich – so oftmals im Arbeitsrecht: Angst vor einer Konfrontation mit dem Gegner und damit einer Eskalation des Konflikts, was zugleich einen Rechtsverzicht nach sich zieht). Jedenfalls lässt sich daraus ersehen, dass offenbar nicht alle Rechtsanwälte geeignete Schlichter oder gar Mediatoren sind[2587].

Auch fragt sich, ob ein möglichst frühzeitiger Kontakt des Rechtssuchenden mit dem Anwalt außergerichtliche Lösungen erleichtern kann[2588]. Man könnte meinen, dass die „wirtschaftliche Vernunft" dafür spreche, einen Prozess möglichst zu vermeiden, da ein Prozess im Vergleich zur außergerichtlichen Erledigung im Allgemeinen sehr viel mehr Zeit bei nur begrenzt höheren Gebühren koste[2589]. Dessen ungeachtet werden andere Beobachtungen gemacht[2590]. Erfahrungen aus der Justizpraxis belegten, dass manche Anwälte von vornherein zu schnell den Weg der justizförmigen Konfrontation einschlagen[2591]. Vermittelnd lässt sich aber auch sagen: In dem Maße, in dem anwaltliche Tätigkeit in ein Netzwerk von vorgerichtlichen Instanzen eingefügt ist, kann sie zugleich helfen, Rechtsansprüche zu verwirklichen als auch Prozesse zu vermeiden, also sowohl entlastende als auch belastende Wirkung für die Justiz haben[2592]. Dem entspricht, dass es Gründe gibt, die einen Kompromiss aus der Sicht des Rechtsanwalts sowohl verhindern als auch fördern[2593]. Die Faktoren, die die Häufigkeit des Verhandelns beeinflussen, sind jedenfalls vielschichtig. Zu nennen sind aus Anwaltssicht: Einstellung zum Verhandeln, persönliche Eigenschaften, Erfahrung und Sachstand, finanzielle Motive; aus Mandantensicht: Mandant selbst, Beziehung zwischen Mandant und Gegenpartei; in prozessualer Hinsicht: Prozessrisiko, Prozessausgang, formelles Prozessrecht, Grundsatzurteil und Erlangen eines Vollstreckungstitels; allgemein: Zeit- und Kostenfaktor, Art des Streitgegenstands. Dabei dominieren Zeit- und Kostenfaktor und erst zweitrangig geht es um das Prozessrisiko und die bessere Befriedungswirkung insbesondere für soziale Beziehungen[2594].

[2586] So aber Rechtsanwalt *Busse*, AnwBl 1997, 522.

[2587] So auch Rechtsanwalt *Grisebach*, AnwBl 1997, 528.

[2588] Dies bejahend *Leutheusser-Schnarrenberger*, NJW 1995, 2441 (2446), unter Berufung auf die Studie von *Stock/Thünte/Wolff* (1995) im Rahmen der *Strukturanalyse der Rechtspflege*.

[2589] *Busse*, NJW 1994, 49.

[2590] Siehe wiederum *Wasilewski* (1990), S. 72 und 94.

[2591] *Greger*, JZ 1997, 1077 (1079).

[2592] *Blankenburg/Verwoerd*, DRiZ 1987, 169 (171).

[2593] Dazu *Röhl* (1980), S. 290 f.

[2594] Zum Ganzen *Berghuis-van der Wijk* (1982), S. 73 ff.

Daraus erhellt, dass es wohl noch erheblicher berufspolitischer Anstrengungen bedarf, die außergerichtliche Streitbeilegung als zentrale Berufsfunktion des Rechtsanwalts im Bewusstsein vieler Berufsangehörigen zu verankern und im wohlverstandenen Mandanteninteresse auch innerhalb des Kollegialsystems umzusetzen[2595]. Der Anwaltschaft soll damit keineswegs jegliche Bedeutung in der Streitschlichtung abgesprochen werden. Im Gegenteil: Es geht allein darum, die enorme Bedeutung der anwaltlichen Schlichtung weiter ins Bewusstsein zu heben. Insofern sollte kritisch hinterfragt werden, ob nicht auch bzw. gerade die Anwaltschaft mehr zu einer alternativen Konfliktbehandlung beitragen kann. Eine relativ hohe Quote bei der außergerichtlichen Schlichtung bedeutet überdies nicht, dass Anwälte insoweit ausgelernt hätten[2596]. Es ist anzustreben, die Prozesshäufigkeit weiter zu vermindern, was durch eine Verbesserung der vorprozessualen Beratung und entsprechende Gebührenanreize erreicht werden kann[2597]. Vielmehr liegt hier die Chance für die Anwaltschaft, das eigene Image auszubessern. Die Zuwendung der Anwaltschaft zu den Methoden der außergerichtlichen Streitbeilegung kann das traditionell negativ geprägte Öffentlichkeitsbild von der Anwaltstätigkeit ins Positive verändern[2598]. Zugleich liegt hierin eine große Chance für die Anwaltschaft, neue Beratungsfelder zu erschließen, zumal so Erwerbsmöglichkeiten für die in den Anwaltsberuf strömenden jungen Juristen geschaffen werden[2599]. Auch eine betriebswirtschaftliche „kundenorientierte" Sichtweise (weg vom Verkäufer- hin zum Käufermarkt) verlangt, neue „Beratungsprodukte" zu entwickeln[2600]. Dies

---

[2595] So treffend *Wasilewski* (1990), S. 72; ähnlich *Strempel*, ZRP 1989, 133 (135), der zu dem Schluss gelangt, dass der außerforensische Bereich anwaltlicher Tätigkeit weiter expansionsfähig sei, da noch immer mehr Gerichtsprozesse initiiert würden als es erforderlich erscheine.

[2596] Siehe zur Juristenausbildung als zentralen Punkt für den Erfolg alternativer Konfliktbehandlungen noch im abschließenden Teil unter D. I. 3. b. bb.

[2597] Vgl. *H.-B. Schäfer*, DRiZ 1995, 461 (467); siehe zu den anwaltlichen Gebührenanreizen noch im abschließenden Teil unter D. I. 2. c. aa.

[2598] So *Dendorfer*, DB 2003, 135 (138); vgl. *Hommerich*, AnwBl 2004, 453 (455); vgl. dazu auch zur (vermeintlichen) Prozessfreude der Anwaltschaft bereits im allgemeinen Teil unter B. I. 3. b. bb. (1).

[2599] So *R. Wassermann*, RuP 1998, 74 (77), weiter heißt es, der Gang zum Anwalt müsse so selbstverständlich werden wie der zum Hausarzt; ähnlich bereits *Hoffmann-Riem*, ZRP 1997, 190 (196), demzufolge die Anwaltschaft ihr immenses Know-how in der Konfliktbewältigung ausbauen solle, zumal es infolge der Anwaltsschwemme einen Anreiz gebe, das Betätigungsfeld zu erweitern; vgl. auch ders., JZ 1999, 421 (423), wonach die starke Expansion des Anwaltstands zu dessen vermehrten Drängen in das Feld neuartiger Konfliktverarbeitung führen würde.

[2600] Vgl. *A. Krämer*, AnwBl 2000, 340; ähnlich *Hommerich*, AnwBl 2002, 253 (258), demzufolge die Anwaltschaft den zunehmenden Wettbewerb als Chance nutzen könne, ihr Dienstleistungsangebot zu erweitern und zu perfektionieren, sie müsse die Hemmschwelle der Inanspruchnahme von Recht senken und die Nachfrage nach rechtlichen Dienstleistungen – gerade auch im konfliktvermeidenden Bereich – könne für immer mehr Menschen zu einer Selbstverständlichkeit werden; ähnlich jüngst auch *Neuenhahn/Neuenhahn*, NJW 2005, 1244 ff., zur Begleitung des Mandanten in der Mediation als neue Dienstleistung des Anwalts mit Zukunftsperspektive; vgl. auch *Streck*, AnwBl 2000, 335 (337), zum künftig „besonderen Marktangebot" der Prozessführung; kritisch zum Marketingaspekt *Trossen*, ZKM 2001, 159, in Bezug auf die Mediation: „Anwälte glauben, die Mediation könne ihnen einen neuen Markt erschließen, wenn sie diese als eine Alternative zum Gerichtsverfahren anbieten. Die Anwälte irren jedoch, wenn sie glauben, die Mediation sei geeignet, ihnen neue Einkommensquellen zu erschließen."; vgl. schließlich ders. (2002), S. 453.

fällt umso leichter, wenn man bedenkt, dass im allgemeinen Teil für das Bereitstellen einer Vielzahl unterschiedlicher Konfliktbehandlungen geworben wurde[2601].

Vorstehende Ausführungen gelten auch für den Arbeitsrechtsanwalt[2602]. Unter der Prämisse, dass insbesondere die arbeitsrechtlichen Gesetzesmängel beseitigt werden[2603], sollte es auch diesem möglich sein, sich vermehrt der alternativen, vornehmlich außergerichtlichen Konfliktbehandlung zuzuwenden. Richtigerweise gilt dies auch für den im betrieblichen Bereich auftretenden Anwalt. Vor dem Hintergrund der Schwierigkeiten der Gewerkschaften, den Organisationsgrad zu halten, sowie eines gewissen Bedeutungsverlusts der Arbeitgeberverbände werden hier künftig noch mehr Anwälte beauftragt werden. Bei der betrieblichen Konfliktbehandlung ist der Anwalt dann als Verhandler, Stratege, Realist und vor allem Berater gefragt, auch wird er vermehrt als Kommunikator auftreten müssen[2604].

bb.   Alternative Vorgehensweisen

Im Folgenden werden alternative anwaltliche Vorgehensweisen konkretisiert. Dabei erfolgt eine Unterscheidung zwischen dem Anwalt als einseitigem (1) und zweiseitigem (2) Interessenvertreter im Allgemeinen, bevor zu dem alternativen Anwalt speziell im Arbeitsrecht Stellung genommen wird (3).

(1)   Der Anwalt als einseitiger Interessenvertreter

Der Konflikt-, zumindest aber Prozessvermeidung wegen hat der Anwalt als einseitiger Interessenvertreter künftig mehr Augenmerk auf die Vertragsgestaltung zu legen[2605]. Der anwaltlicher Beruf ist nicht nur ein rechtsanwendender, sondern im hohen Maße auch ein rechtsetzender. Aufgabe des Anwalts ist es, aus seiner Rechtssetzung keine Prozesse entstehen zu lassen[2606]. Anders ausgedrückt: Bei der Gestaltung von vertraglichen Beziehungen schafft der Anwalt in Ergänzung des Gesetzesrechts, oft aber auch auf gesetzlich ungeregelten Gebieten eine gesicherte privatrechtliche Basis für den Waren- oder Leistungsaustausch und damit für eine im Staatsinteresse liegende funktionierende Wirtschaft[2607]. Verantwortlich zeichnen muss der Anwalt aber nicht

---

[2601] Siehe dazu bereits unter B. III. 3.

[2602] Anders offenbar noch *Grotmann-Höfling* (1995), S. 153 f., der auf das Auflösungsinteresse nach Ausspruch der Kündigung hinweist.

[2603] Siehe zum gesetzgeberischen Handlungsbedarf im Bereich des materiellen Arbeitsrechts bereits unter C. IV. 1.

[2604] Vgl. *Ulrich Fischer*, NZA 2000, 167 (175), für den betriebverfassungsrechtlichen Bereich.

[2605] Siehe dazu die Ausführungen betreffend die Vertragsgestaltung als Mittel zur Konflikt- bzw. Prozessvermeidung bereits im allgemeinen Teil unter B. I. 3. b. gg. (1).

[2606] So treffend *Haß*, AnwBl 1989, 462 (463); vgl. *Gans*, ZKM 2001, 66 (69 f.), zur Vertragsverhandlung und Vertragsgestaltung aus der Sicht des Unternehmensjuristen.

[2607] So *Schott*, BRAK-Mitt. 2001, 204 (206).

nur für die (materielle) Vertragsgestaltung, sondern auch für eine Einbeziehung von (formellen) Schlichtungsklauseln in den Vertrag[2608].

Im Konfliktsfall sollte der Anwalt folgendes Prozedere beachten, dass zwar im Grundsatz selbstverständlich klingen mag, im Anwaltsalltag aber oft nicht bedacht wird[2609]: Der Tatsachenstoff ist vollständig zu erfassen, Informationen des Mandanten sind kritisch zu sichten und zu erweitern, weil der Mandant oft seine Position nicht oder nicht richtig sieht oder er nur einfach glaubt, zuviel an Informationen verwirre den Anwalt. Schon die Aufklärung des Sachverhalts muss ergeben, wie weit ein Rechtskonflikt und wie weit ein Sachkonflikt vorliegt. Vielleicht geht der Streit auch nur um Tatsachen oder um tatsächliche Wertungen, deren Rechtsfolgen von vornherein feststehen. Aus einem reinen Sachkonflikt keinen Prozess entstehen zu lassen, sollte so schwierig nicht sein. Verbleibt ein Rechtskonflikt, ist er an der aus Gesetz oder Vertrag herleitbaren Rechtssicherheit zu messen. Am Ende der Vorbereitung steht ein Votum, das auf die besondere Sicht des Mandanten eingehen muss, in verständlicher Sprache gehalten und insbesondere bei negativem Ergebnis nachvollziehbar sein muss. Auch aus wirtschaftswissenschaftlicher Sicht kann angenommen werden, dass ein Weg zur Vermeidung unnützer Prozesse ganz allgemein in der besseren Aufklärung über die Prozesschancen liegt, was wiederum primär Aufgabe der Anwaltschaft ist[2610]. Um überoptimistischen Einschätzungen entgegenzuwirken und so eine einvernehmliche Lösung zu ermöglichen, bietet sich eine *Prozessrisikoanalyse* an[2611]. Der Nutzen der Prozessrisikoanalyse lässt sich wie folgt skizzieren[2612]: größere Transparenz und Präzision in der Bewertung von Prozessrisiken, rationale Entscheidung zwischen Prozessführung und Vergleich[2613], besseres Verständnis der Ergebnisrelevanz einzelner Einflussfaktoren und verbesserte Kommunikation zwischen Rechtsanwalt und Mandant. Nicht zuletzt ist ein solcher, den Konflikt versachlichender „Reality-Check" geeignet, das so errechnete Ergebnis gegenüber dem Mandanten in einer nachvollziehbareren Weise begründen und damit auch vertreten zu können[2614].

[2608] Siehe dazu bereits unter C. IV. 2. a.

[2609] Nach *Haß*, AnwBl 1989, 462 (463 f.), unter dem Aspekt „Vorprüfung der Prozessaussichten"; siehe zu der Vorbereitungsphase bzw. Verhandlung mit dem Mandanten auch *Ponschab/Schweitzer* (1997), S. 117 ff.

[2610] Vgl. *H.-B. Schäfer*, DRiZ 1995, 461 (466), der zudem für eine Abschaffung des Anwaltsmonopols eintritt.

[2611] Instruktiv dazu *Eidenmüller*, ZZP 113 (2000), 5 ff.; siehe schon *Adams* (1981), S. 3 ff.; ausführlich zu Chancen und Risiken im Rechtsstreit auch *Zankl* (1972), S. 1 ff.; nicht zu verwechseln ist dies mit der *Prozessfinanzierung*, die im Individualarbeitsrecht allenfalls bei der Auflösung von Arbeitsverhältnissen sog. Topmanager eine Rolle spielen dürfte, instruktiv dazu *Dethloff*, NJW 2000, 2225 ff.

[2612] Nach *Eidenmüller*, ZZP 113 (2000), 5 (14 ff.).

[2613] Siehe sogleich zum rationalen Verhandlungsstil.

[2614] Dazu *Neuenhahn*, ZKM 2002, 245 (247), betreffend den Einsatz der Prozessrisikoanalyse in der Mediation; siehe zum Stellenwert von Prozessrisikoanalysen als Mediationsinstrument auch *Eidenmüller*, ZZP 113 (2000), 5 (18 ff.).

Jedenfalls sind Anwälte verpflichtet, den Mandanten nicht nur über die materielle Rechtslage, sondern auch über alle in Frage kommenden Verfahrensschritte umfassend aufzuklären. Anwälte haben die Möglichkeit, ihrem Mandanten neuartige Verfahren vorzustellen und zu empfehlen[2615]. Die Leistung der Anwälte beschränkt sich nicht darauf, Anweisungen auszuführen, sondern Anwälte sind ebenso aufgefordert, Alternativen zu erarbeiten[2616]. Hierzu sollte auch gehören, den Mandanten über etwaige alternative Konfliktbehandlungen sowie deren Vor- und Nachteile umfassend zu informieren[2617]. Unternehmen könnten ebenfalls daran denken, extern tätige Rechtsanwälte ausdrücklich zu verpflichten, die Möglichkeiten einer alternativen Konfliktbehandlung vorab zu eruieren[2618]. Verhaltenspflichten externer Rechtsberater, wonach Anwälte angehalten sind, jeden Fall im Hinblick auf seine Mediationseignung zu begutachten, existieren bereits in einigen Unternehmen[2619].

Lässt sich letztlich eine Auseinandersetzung mit dem Gegner nicht vermeiden, so gilt Folgendes zu beachten, was zwar trivial klingen mag, aber von nicht zu vernachlässigender Bedeutung ist: Ein erster Schritt wäre schon damit getan, dass Anwälte zunächst einmal mittels heutzutage vielfältig zur Verfügung stehender Kommunikationsmittel mit der Gegenpartei direkt in Kontakt treten, *bevor* sie überhaupt Klage einreichen oder diese erwidern. Während es heute noch in vielen Fällen üblich ist, dass der Anwalt eines Anspruchsstellers den Gegner persönlich unter Fristsetzung zur Leistung auffordert und ihm nach Ablauf der Frist Klageerhebung androht, empfiehlt es sich in vielen Fällen, dem womöglich noch nicht anwaltlich vertretenen Gegner anzuraten, einen geeigneten Anwalt aufzusuchen, damit dieser sich mit dem Anwalt des Anspruchstellers in Verbindung setzt, um etwa vorhandene Einwände oder Gegenrechte sogleich sachkundig zu äußern und so eine Klärung herbeizuführen[2620]. Für den Fall des Aufeinandertreffens zweier Anwälte sei dabei vor allem auch an eine *mündliche* Kontaktaufnahme gedacht. Bestenfalls sollten die Chancen einer gütlichen Streitbeilegung unter Anwesenheit der Parteien in einem persönlichen Treffen diskutiert bzw. verhandelt werden. Dies führt unmittelbar zum nächsten Punkt: dem Verhandeln.

Im Gegensatz zum bereits kritisierten kompetitiven Verhandlungsstil[2621] ist in den meisten Fällen ein eher *kooperativer Verhandlungsstil* angebracht[2622]. Zunächst müs-

---

[2615] *Budde* (2000), S. 522.

[2616] *Ponschab*, AnwBl 2001, 591 (593).

[2617] Siehe dazu noch im abschließenden Teil unter D. I. 3. a. bb.

[2618] Vgl. *Dendorfer*, DB 2003, 135 (139), zur Implementierung eines Konfliktmanagements im Unternehmen.

[2619] Vgl. *Gans*, ZKM 2001, 66 (70), zur Verankerung von Mediation bei *Siemens* USA.

[2620] So schon *Matschke*, AnwBl 1993, 259.

[2621] Siehe dazu bereits unter C. III. 2. a. cc.

[2622] Grundlegend zur „Kooperation statt Konfrontation" bzw. zu den „neuen Wegen anwaltlichen Verhandelns" *Ponschab/Schweizer* (1997), insbesondere S. 61 ff. und S. 164 ff.; vgl. auch *Heussen*, ZKM 2001, 80 (81 f.), zum „konstruktiven Verhalten" und „ergebnisorientierten Verhandlungsstil".

sen sich die Parteien ihrer Ziele und die Möglichkeiten, ihre Ziele zu erreichen, bewusst sein. Außerdem muss danach gefragt werden, wie sich die Parteien wechselseitig unterstützen können, ihre jeweiligen Ziele zu erreichen. Darüber hinaus bedarf es gewisser Grundüberzeugungen, die das kooperative Verhandeln unterstützen. Auf dem Weg zu einer kooperativen Lösung können etwa folgende Maßnahmen von Nutzen sein: Verhandeln der Vorgehensweise; Vertrauen aufbauen; Trennung von Absicht und Verhalten; Realisierung der Ziele beider Seiten; Entwicklung einer gemeinsamen Vision; Planung der Schritte auf dem Weg zum gemeinsamen Ziel; Abschluss einer bindenden Vereinbarung. Im Vordergrund der kooperativen Verhandlungsmethode stehen die Trennung von Sach- und Beziehungsebene, die Konzentration auf Interessen statt auf Positionen, die Suche nach Optionen bzw. Kuchenvergrößern sowie die Anwendung neutraler Entscheidungskriterien. Im Sinne der „Win-win-Strategie" geht es dabei insbesondere darum, Kooperationsgewinne zu erzielen[2623]. An dieser Stelle wird deutlich, dass der hier aufgezeigte kooperative Verhandlungsstil dem oben im Rahmen der Mediation vorgestellten rationalen Verhandlungsmodell entspricht[2624]. Freilich ist der kooperative bzw. rationale Verhandlungsstil nicht immer der Richtige. Es gibt durchaus Situationen, in denen ein anderer Verhandlungsstil angebracht ist[2625].

Das kooperative Verhandlungsmodell zeigt zugleich, welche Fähigkeiten ein Verhandler benötigt[2626]: Ein Verhandler muss sowohl strategische als auch kreative[2627] Fähigkeiten besitzen. Er muss die Methode des Brainstorming und dabei die Unterscheidung zwischen dem Finden möglicher Lösungsmodelle und deren Bewertung beherrschen. Hinzu kommen müssen die Fähigkeit zur Bewältigung von Komplexität und die damit verbundene Vereinfachungsmethode. Außerdem kennt ein guter Verhandler die Psychologie des Verhandelns[2628]; es gibt nicht nur eine Wissenschaft, sondern auch eine Kunst des Verhandelns. Er hat einerseits kooperativ beim Umgang mit Sachproblemen und andererseits kompetitiv bei der Abwehr ungeeigneter Spielregeln zu sein. Des Weiteren zeichnet er sich durch die Fähigkeit zum Umgang mit Fairness und Unfair-

---

[2623] Siehe etwa *Schöpflin*, JA 2000, 157 (159 ff.); *Walz*, MittBayNot 2000, 405 (406 f.); instruktiv zu den Kooperationsgewinnen und ihren Quellen *Kapfer*, MittBayNot 2001, 558 ff.; instruktiv zur „Kreativität und Kuchenvergrößerung" im Rahmen von Verhandlungen *Haft* (2000a), S. 100 ff.

[2624] Dazu *Haft* (2000a), S. 166 ff.; siehe zum rationalen Verhandlungsmodell im Rahmen der Mediation bereits unter C. IV. 5. b. bb.

[2625] Zu den unterschiedlichen Verhandlungsmöglichkeiten *Ponschab/Schweitzer* (1997), S. 85 ff.: kompetitives Verhandeln; weiches Verhandeln; Kamikaze-Verhandeln; kooperatives Verhandeln; Gewinnen um jeden Preis; keine Verhandlung; vgl. *H. Falke*, AnwBl 2004, 16 (17 ff.), zu den vier Elementen der Konfliktbewältigung: Konfrontation und Kooperation als Konfliktstrategie sowie Delegation und Autonomie als Methoden der Konfliktbearbeitung.

[2626] Nach *Haft* (2002b), S. 202 ff.; siehe schon ders., AnwBl 1989, 458 (459 ff.), BB Beilage 10 zu Heft 40/1998, 15 (18 f.), und (2000b), S. 393 f.

[2627] Insoweit äußerst lesenswert *Greiter* (2002), S. 286 ff., über die „Suche nach kreativen Lösungen" mit 77 Denkanstößen und 33 Beispielen hingewiesen; siehe auch ders., ZKM 2004, 65 ff.

[2628] Instruktiv zur Sozialpsychologie des Verhandelns *Klinger/Bierbrauer* (2002), S. 236 ff.; siehe auch *Heussen*, ZKM 2000, 216 f., zu den psychologischen Faktoren bei Vertragsverhandlungen.

ness, zur Abwehr von Verstrickungsgefahren, zum Umgang mit Macht sowie zur Arbeit mit der Phasenstruktur der Verhandlung (Einleitung-, Informations-, Argumentations- und Entscheidungsphase) aus. Ein Verhandler muss vor allem ein guter Zuhörer sein. Schließlich besitzt ein guter Verhandler die Fähigkeit zur Abwehr von Manipulationsgefahren. Letztlich geht es also um Verhaltensregeln, die ein Verhandler zu beachten hat. Der Anwalt hat in diesem Sinne umzudenken und seine Rolle als reiner Prozessanwalt mit der Rolle des kreativen Konfliktmanagers zu tauschen, jedenfalls aber seine Konflikt- und Prozessstrategien entsprechend zu ändern[2629].

Bei allen anwaltlichen Schlichtungsbemühungen sind indes gewisse *Grenzen* zu beachten. Auch hier gilt: Beschränkt sich z.b. der Konflikt auf die Klärung einer umstrittenen, womöglich höchstrichterlich noch nicht entschiedenen Rechtsfrage, so erscheinen Verhandlungen tendenziell unangebracht. Zur Gewährleistung des Rechts als Rahmenordnung muss vor allem der Rechtsanwalt entscheiden, ob es sich lohnt, eine Rechtsangelegenheit vor Gericht zu bringen und dort durch alle Instanzen durchzukämpfen[2630]. Insoweit kommt den Anwälten eine gewichtige Schlüsselfunktion zu[2631]. Gleichwohl muss auch in solchen Fällen dem Mandanten die Freiheit zugestanden werden, strittige Rechtfragen nicht durch das Gericht entscheiden zu lassen. Ebenso ist der Gefahr zu entgegnen, dass Berufsjuristen mit vereinter Kraft den störrischen Laien zum Vergleich drängen[2632]. Dies ist nur dann gewährleistet, wenn die letzte Entscheidung über Urteil und Kompromiss in der Freiheit des Mandanten liegt, und zwar auch gegenüber seinem Anwalt[2633].

(2)   Der Anwalt als zweiseitiger Interessenvertreter

Anwälte kämpfen zumindest dann nicht ausschließlich für die Interessen eines Mandanten, wenn sie als Schlichter oder Mediator tätig sind[2634]. Es wird oftmals übersehen, dass der Anwalt nicht nur einseitiger Interessenvertreter sein muss[2635]. Infolgedessen kann und muss eine alternative Vorgehensweise für Anwälte auch darin liegen, sich verstärkt als Schlichter oder *Mediator* einzusetzen[2636]. Für die Mediation kennzeichnend ist die den Anwälten vertraute Interessenvertretung, die ohnehin mediative

---

[2629] Vgl. *Ponschab*, AnwBl 2001, 591 (593); *Trossen*, ZKM 2001, 159 (160).

[2630] Siehe zur Steuerung des Einsatzes alternativer Konfliktbehandlungen bereits im allgemeinen Teil unter B. II. 6. b.

[2631] In diesem Sinne auch *Greger*, JZ 1997, 1077 (1079), zumal Anwälte an der Schnittstelle zwischen der außergerichtlichen Bereinigung des an sie herangetragenen Rechtskonflikts und der Einschaltung der staatlichen Gerichtsbarkeit fungierten; vgl. jüngst *Hacke*, SchiedsVZ 2004, 80.

[2632] *Stürner*, JR 1979, 133 (137), bezeichnet dies als „Standesbündnis gegen den Laien".

[2633] Siehe dazu die Ausführungen bereits unter C. III. 2. a. aa.

[2634] *Heussen*, AnwBl 1998, 551 (552); vgl. *L. Koch*, AnwBl 2003, 560 (563), im Zuge der jüngsten Reform der Juristenausbildung.

[2635] Siehe etwa *Streck*, AnwBl 2003, 253: „Der Anwalt ist einseitig und parteiisch."; vgl. jüngst ders., AnwBl 2004, 266 (267): „Der Anwalt kann nicht Diener zweier Herren sein."

[2636] Ausführlich zum Rechtsanwalt als Mediator *Friedrichsmeier* (2002), S. 527 ff.

Elemente enthält[2637]. Von daher ist die Mediation gerade auch aus anwaltlicher Sicht äußerst interessant[2638]. Gesetzlicher (vgl. § 3 Abs. 1 BRAO) bzw. berufsrechtlicher Anhaltspunkt ist § 18 BORA[2639]: „Wird der Rechtsanwalt als Vermittler, Schlichter oder Mediator tätig, unterliegt er den Regeln des Berufsrechts."

Dabei stellt die Mediation für die Anwaltschaft in zweifacher Hinsicht eine große Herausforderung dar: Sie verlangt nicht nur das Erlernen von in Teilbereichen anwaltsuntypischen Verhaltensmustern für eine Konfliktbeilegung[2640], sondern sie sieht die Anwaltschaft auch in Konkurrenz zu Berufen, mit denen traditionell wenig Berührungspunkte bestehen, insbesondere zu Angehörigen der psychosozialen Berufe wie z.B. Diplom-Pädagogen und Psychologen[2641]. Dass Anwälte dabei gleichwohl den berufsrechtlichen Rahmenbedingungen unterliegen, macht die Situation nicht einfacher[2642]. Der Annahme eines Mediationsmandats durch den Anwaltmediator steht jedenfalls das Verbot der Vertretung widerstreitender Interessen nicht entgegen. Der mediativen Tätigkeit des Rechtsanwalts liegt keine von § 43a Abs. 4 BRAO erfasste Interessenkollision, sondern eine Interessengleichheit der Parteien zugrunde[2643]. Allerdings ist der Anwaltmediator durch die in § 45 BRAO festgelegten Tätigkeitsverbote beschränkt. So kann beispielsweise ein Rechtsanwalt in Angelegenheiten, mit denen er bereits als Parteivertreter befasst war, nicht mehr in einer anderen Funktion außer als Rechtsanwalt und deshalb auch nicht als Mediator tätig werden[2644]. Umgekehrt kann ein Rechtsanwalt nach einer Schlichtung oder Mediation nicht als einseitiger Interessenvertreter einer der beiden Parteien auftreten[2645].

[2637] *Breidenbach* (1995), S. 299; siehe zur Berücksichtigung der Interessen im Rahmen der Mediation bereits unter C. IV. 5. b. bb.

[2638] Pointiert *L. Koch*, AnwBl 2003, 399 f.: „Kein Beruf wie der der Rechtsanwälte ist gesetzlich und satzungsmäßig hierfür besser ausgerüstet."

[2639] Ausführlich dazu *Feuerich/Weyland*, § 18 BORA Rn. 1 ff.; *HP/Koch*, § 18 BORA Rn. 1 ff.; *Prütting*, BRAK-Mitt. 2003, 210 (211), verweist in diesem Zusammenhang noch auf § 15a EGZPO.

[2640] Siehe zum ausbildungsspezifischen Ansatz noch im abschließenden Teil unter C. IV. 3. c. bb.

[2641] *Henssler/Kilian*, ZAP 2001, 601 f.

[2642] Dazu etwa *Henssler/Kilian*, ZAP 2001, 602 ff.; siehe zur strafrechtlichen Verantwortung von Juristen in Mediationsverfahren *T. Meyer*, AnwBl 2000, 80 ff.

[2643] *Feuerich/Weyland*, § 18 BORA Rn. 3; *Strempel*, AnwBl 1993, 434 (435); *Ewig*, AnwBl 1996, 147; *Henssler/Schwackenberg*, MDR 1997, 409 (410); *Henssler* (2000), S. 91 ff.; *Henssler/Kilian*, ZAP 2001, 605; *Goll*, AnwBl 2003, 274 (275).

[2644] *Ewig*, AnwBl 1996, 147 (148); *Henssler/Schwackenberg*, MDR 1997, 409 (410); *Henssler* (2000), S. 95; *Henssler/Kilian*, ZAP 2001, 605 f.; *Wolf/Weber/Knauer*, NJW 2003, 1488 (1490 f.), mit einem anschaulichen Beispiel aus dem Arbeitsrecht; siehe aber *Feuerich/Weyland*, § 18 BORA Rn. 4, wonach dies bei allseitigem Einverständnis grundsätzlich zulässig sein soll.

[2645] *OLG Karlsruhe*, NJW 2001, 3197 (3198), wonach der Rechtsanwalt eine Partei nach Beendigung der Mediation in derselben Angelegenheit nicht weiter beraten und vertreten dürfe; *OLG Karlsruhe*, ZKM 2003, 133 (135), mit Anmerkung *Kilian*; *Feuerich/Weyland*, § 18 BORA Rn. 3; *Strempel*, AnwBl 1993, 434 (435); *Ewig*, AnwBl 1996, 147 (148); *Henssler/Schwackenberg*, MDR 1997, 409 (410); *Henssler* (2000), S. 96; *Prütting*, BRAK-Mitt. 2003, 210 (211); vgl. *Preibisch* (1982), S. 224 f., zur Mitwirkung des Richters und Sachverständigen im Vorverfahren.

De lege ferenda ist schließlich eine Neubewertung des Verbots der Vertretung widerstreitender Interessen auf dem Gebiet der vorsorgenden Rechtspflege bzw. für die Tätigkeit des Anwalts im Interessenausgleich zu erwägen[2646]. Konkret wird etwa eine Gleichstellung von Mediator und Vertragsgestalter gefordert: „Was dem Rechtsanwalt als Mediator recht ist, kann ihm nämlich als Vertragsgestalter nur billig sein. Wenn Beteiligte mit unterschiedlichen Interessen einen Anwalt damit betrauen wollen, einen ausformulierten Vorschlag dazu zu erstellen, wie ihre Interessen in einem Vertragswerk zu einem vernünftigen Ausgleich zu bringen sind – was in aller Welt soll unter dem Gesichtspunkt der Integrität der Rechtspflege dagegen sprechen, dem Anwalt die Wahrnehmung solcher Aufgaben zu gestatten. Wichtig ist nur, dass der Anwalt gegenüber den Beteiligten seine Rolle klarstellt, vor allem ihnen sagt, dass sie beide seine Mandanten sind. Wenn klar ist, dass nur einer der Beteiligten den Anwalt bezahlen soll, muss der Anwalt besonders unmissverständlich klarstellen, dass er sich dennoch als von beiden Beteiligten mandatiert betrachtet."[2647] Dem wird entgegengehalten, dass der Vorschlag des Anwalts, von vornherein eine gemeinsame Regelung im Wege einer die Interessen beider Parteien berücksichtigenden Mediation anstreben zu wollen, de lege lata einen Vertragsbruch darstelle und womöglich rechtlich in einen Parteiverrat münde[2648]. Diese Kritik ist allenfalls formal betrachtet richtig, sie stellt jedenfalls keine Kritik in der Sache dar, sondern lässt vielmehr den Reformbedarf erkennen, für den in jüngerer Zeit zu Recht eingetreten wird.

(3) Der alternative Anwalt im Arbeitsrecht

Vorstehende Ausführungen gelten auch für den alternativen Anwalt im Arbeitsrecht. Auch für den auf das Arbeitsrecht spezialisierten Anwalt bzw. Fachanwalt für Arbeitsrecht gilt, sich künftig mehr mit der *Vertragsgestaltung* zu beschäftigen. Dies gilt umso mehr, als der Arbeitsvertrag nach der jüngsten Reform des Schuldrechts eine erhebliche Aufwertung erfahren hat[2649]. Dem Arbeitsrechtsanwalt wird hier in besonderem Maße Kreativität abverlangt[2650]. Zu bedenken gilt dabei auch: Wer seinem Mandanten immer nur sagt, wie es nicht geht, läuft Gefahr, das Mandat kurz oder lang zu verlieren[2651]. Unter Umständen könnte (de lege ferenda) daran gedacht werden, dass ein Anwalt bei der Abfassung des Arbeitsvertrags sowohl den Arbeitgeber als auch den Arbeitnehmer vertritt. Im Arbeitsrecht stellen sich indes zwei besondere Probleme. Dieser Anwalt dürfte kein sog. Arbeitgeber- oder Arbeitnehmeranwalt sein[2652]. Zudem

---

[2646] Dazu *Schlosser*, NJW 2002, 1376 ff.; vgl. jüngst *Knöfel*, NJW 2005, 6 (9 f.).

[2647] *Schlosser*, NJW 2002, 1376 (1378); vgl. *Wegmann* (1998), S. 30 ff.

[2648] So *Egermann*, AnwBl 2003, 271 (272 f.).

[2649] Siehe dazu bereits unter C. IV. 2. b.

[2650] Siehe *HS/Hümmerich* (2005), § 1 Rn. 49 ff., zum dahin gehenden Anforderungsprofil des Arbeitsrechtsanwalts; siehe auch *Bauer*, NZA 1999, 11 (13).

[2651] So *Bauer*, NZA 1999, 11 (13).

[2652] Vgl. dazu im Zusammenhang mit den anwaltlichen Ombudsleuten im Arbeitsrecht und den arbeitsrechtlichen Mediatoren bereits unter C. IV. 4. b. bzw. C. IV. 5. b. dd. (2).

hätte er die strukturelle Unterlegenheit des Arbeitnehmers gegenüber seinem künftigen Arbeitgeber bereits in diesem Stadium zu beachten und ggf. auszugleichen[2653]. In jedem Fall sollte es für den vertragsgestaltenden Arbeitsrechtsanwalt möglich sein, Arbeitsverträge mit *Schlichtungsklauseln* zu versehen[2654], sofern ein innerbetriebliches Konfliktbehandlungssystem besteht.

Die Frage, ob im Konfliktfall überhaupt eine Klage eingereicht oder diese erwidert wird, muss auch im Arbeitsrecht wohl überlegt sein. Hierfür bietet sich ebenfalls eine *Prozessrisikoanalyse* an[2655]. Des Weiteren erscheint die direkte mündliche bzw. persönliche Kontaktaufnahme mit dem Gegner, um eine gütliche Einigung zu erzielen, gerade im Arbeitsrecht aufgrund der dort oftmals vorzufindenden persönlichen Beziehungen erfolgsversprechend. Dies gilt beispielsweise auch vor Erwiderung der Klage (vgl. § 47 Abs. 2 ArbGG), damit die Fronten zwischen den Parteien nicht von vornherein unnötig verhärtet werden[2656]. Außerdem bedarf auch der Arbeitsrechtsanwalt der soeben dargestellten *Verhandlungskompetenz*, wobei er die Verhandlungstechnik als Anwaltskunst und als Konfliktbewältigungselement gleichermaßen beherrschen sollte[2657]. Schließlich sollte Arbeitsrechtsanwälten selbst der innerbetriebliche Bereich nicht verschlossen sein. Vielmehr sollte es Arbeitnehmern überlassen bleiben, sich im Rahmen eines betrieblichen Konfliktbehandlungsverfahrens oder vor einer betrieblichen Konfliktbehandlungsstelle eines anwaltlichen Beistands bzw. Vertreters zu bedienen[2658].

Auch in *materieller* Hinsicht tut der Arbeitsrechtsanwalt gut daran, sich mit etwaigen Alternativen bei der Behandlung arbeitsrechtlicher Konflikte auseinander zu setzen. Dies gilt gerade auch in den Fällen, in denen der Anwalt als externer Rechtsberater durch die Personalabteilung beauftragt wird, so dass auch diese ihren Rechtsanwalt dazu anhalten könnte, alle nur erdenklichen Möglichkeiten einer alternativen, vornehmlich außergerichtlichen Streitbeilegung zu ermitteln[2659]. Eine arbeitsrechtliche Alternative könnte insbesondere die Aufrechterhaltung des Arbeitsplatzes im Betrieb sein, anstatt wie bisher üblich das Arbeitsverhältnis mittels einer Abfindungszahlung aufzulösen. Zu der Frage, welche konkreten Alternativen erarbeitet werden können,

---

[2653] Vgl. dazu die Ausführungen bereits im allgemeinen Teil unter B. II. 7. b. aa.

[2654] Siehe zu arbeitsvertraglichen Schlichtungsklauseln bereits unter C. IV. 2. a.

[2655] Ansatzweise zur Prozessrisikoanalyse im Arbeitsrecht schon *Schmidt-Menschner*, AnwBl 1994, 172 f.

[2656] Vgl. *Opolony*, JuS 2000, 894 (897).

[2657] Siehe *HS/Hümmerich* (2005), § 1 Rn. 155 ff., zum dahin gehenden Anforderungsprofil des Arbeitsrechtsanwalts; vgl. auch *Bauer*, NZA 1999, 11 (13).

[2658] Vgl. *Ziege*, NZA 1990, 926 (929 f.), zur betriebsverfassungsrechtlichen Einigungsstelle.

[2659] Vgl. *Dendorfer*, DB 2003, 135 (139), zur Implementierung eines Konfliktmanagements im Unternehmen.

wurde bereits Stellung genommen[2660]. In jedem Fall muss gewährleistet sein, dass Anwälte das ihrige Erledigungsinteresse nicht dem der Arbeitnehmer aufdrängen. Es mag sicherlich aufwendiger sein, sich um die Aufrechterhaltung des Arbeitsplatzes zu bemühen, doch entspricht gerade dies in nicht wenigen Fällen dem Interesse des Arbeitnehmers[2661]. Dem im KSchG enthaltenden Bestandsschutzgedanken würde der Anwalt so in hohem Maße gerecht werden, zudem leistete er in arbeitsmarktpolitischer Hinsicht einen Beitrag zur Bekämpfung der Arbeitslosigkeit. Ansonsten kann hier wohl nur ein Appell an den anwaltlichen Berufsethos erfolgen.

Welches Mittel steht dem Anwalt bei der Durchsetzung des Ausgehandelten zur Verfügung? Insoweit ist daran zu erinnern, dass bereits das geltende Verfahrensrecht den Parteien die Möglichkeit eröffnet, eine einvernehmliche Konfliktregelung mit einem vollstreckbaren außergerichtlichen *Anwaltsvergleich* durchzusetzen (§ 796a ZPO)[2662]. Über die Vorschrift des § 62 Abs. 2 Satz 1 ArbGG besteht eine solche Möglichkeit freilich auch in individualarbeitsrechtlichen gütlichen Einigungen[2663]. Dass der Anwaltsvergleich von der Praxis nicht angenommen wird, ist schwer nachvollziehbar, zumal die Absicht des Gesetzgebers, durch die Einführung des Anwaltsvergleichs die Gerichte zu entlasten, ersichtlich auch in rechtspolitischer Hinsicht begrüßenswert ist[2664]. Die verstärkte Nutzbarkeit des Anwaltsvergleichs lässt sich durchaus als alternative Konfliktbehandlung im Arbeitsrecht darstellen[2665].

Schließlich sollten sich Arbeitsrechtsanwälte verstärkt als Schlichter, Vermittler oder *Mediator* einsetzen[2666]. In dieser Funktion könnten Arbeitsrechtsanwälte beispielsweise im Rahmen eines innerbetrieblichen Konfliktbehandlungsverfahrens auftreten oder Mitglied einer innerbetrieblichen Konfliktbehandlungsstelle sein[2667]. Zum Rechtsanwalt als Sachverständigen im Sinne des § 80 Abs. 3 BetrVG wurde ebenfalls bereits Stellung genommen[2668]. Es lässt sich allerdings nicht leugnen, dass sich in der Recht-

---

[2660] Siehe zu den innovativen, innerbetrieblichen Konfliktbehandlungen betreffend eine Aufrechterhaltung statt Auflösung des Arbeitsverhältnisses bereits unter C. IV. 3. e. bb.

[2661] Siehe zum Willen des Arbeitnehmers hinsichtlich einer Rückkehr in den Betrieb bereits unter C. II. 4.

[2662] Dazu *Hansens*, AnwBl 1991, 113 ff.; *Ziege*, NJW 1991, 1580 ff.; *Lindemann*, AnwBl 1991, 457 ff. und 1180 ff.

[2663] Dazu *Voit/Geweke*, NZA 1998, 400 ff.

[2664] *Zawar* (2001), S. 564; vgl. *Nerlich*, MDR 1997, 416.; vgl. *Hoffmann-Riem*, ZRP 1997, 190 (196), und JR 1999, 421 (425), der sich für entsprechende Vollstreckungsanreize ausspricht.

[2665] Skeptisch aber *Düwell* (1999), S. 753, unter dem Abschnitt „Alternativen zur gerichtlichen Konfliktlösung"; kritisch auch *Wrede*, ZfA 2002, 455 (465), betreffend die Mediation im Arbeitsrecht.

[2666] Vgl. *Ponschab/Dendorfer*, AnwBl 2000, 650 (654).

[2667] Vgl. *Ziege*, NZA 1990, 926 (927 f.), zum Anwalt als Mitglied der betriebsverfassungsrechtlichen Einigungsstelle; skeptisch *Henssler*, RdA 1999, 38 (44), demzufolge sich der Anwalt als externer Berater in dem Modell der innerbetrieblichen Konfliktbehandlung nur schwer – zumindest aber nicht nahtlos – einfüge.

[2668] Siehe dazu im Zusammenhang mit der innerbetrieblichen Konfliktbehandlung und Mediation bereits unter C. IV. 3. c. aa. bzw. C. IV. 5. b. dd. (2).

sprechung insoweit ein widersprüchliches Bild ergibt – zumindest auf der kollektiven Ebene. Einerseits soll der Rechtsanwalt bei Verhandlungen über den Abschluss eines Sozialplans einseitiger Interessenvertreter und nicht Sachverständiger sein[2669]. Auch bei einer sonstigen Beratung über konkrete Mitbestimmungsfragen sei er kein Sachverständiger[2670]. Andererseits soll er beim Abschluss von Betriebsvereinbarungen als Sachverständiger fungieren[2671]. Mehr Klarheit verschafft hier selbst ein Blick in die Kommentarliteratur nicht[2672]. Offenbar tut sich die Rechtsprechung auch auf der kollektiven Ebene schwer, den Arbeitsrechtsanwalt als zweiseitigen Interessenvertreter anzuerkennen, obwohl das Gesetz mit der Vorschrift des § 80 Abs. 3 BetrVG hierfür konkrete Anhaltspunkte liefert. Es gilt, diese Rechtsprechung zu überdenken.

b.   Gewerkschaften und Arbeitgeberverbände

Trotz bzw. gerade in Anbetracht ihrer bedeutenden Streitschlichtungsfunktion[2673] haben auch Verbandsvertreter bei der individuellen Rechtsberatung und -vertretung mehr noch als bisher Alternativen zu erarbeiten, und zwar insbesondere wenn es darum geht, das Arbeitsverhältnis nicht aufzulösen, sondern fortzusetzen[2674]. Zwar ist anzunehmen, dass Verbandsvertreter ohnehin schon in großem Stil arbeitsplatzerhaltend tätig sind. Dass sie aber insoweit ausgelernt hätten, kann nicht gesagt werden. Indiz hierfür sind die Schwierigkeiten, die Gewerkschaften auf kollektiver Ebene offenbar mit betrieblichen Bündnissen für Arbeit[2675] und Firmen- bzw. Haustarifverträgen zur Beschäftigungssicherung[2676] haben[2677]. Jedenfalls sollten Verbandsvertreter bei der individuellen Rechtsberatung und -vertretung konsequenterweise lediglich die individuellen Interessen des vertretenen Arbeitnehmers im Auge behalten und diesen nicht zugunsten belegschaftlicher Interessen „bauernopfern".

Des Weiteren müssen Arbeitsverbände den von ihnen angebotenen Rechtsschutz verstärkt auf den innerbetrieblichen Bereich ausrichten, beispielsweise durch Einschaltung eigener Verbandsvertreter oder Finanzierung anwaltlichen Beistands im Rahmen

---

[2669] *BAG* vom 13.5.1998, AP zu § 80 BetrVG 1972 Nr. 55.

[2670] *BAG* vom 15.11.2000, EzA zu § 40 BetrVG 1972 Nr. 92.

[2671] *BAG* vom 26.2.1992, AP zu § 80 BetrVG 1972 Nr. 48.

[2672] Siehe nur *FESTL*, § 80 Rn. 86 f.: Die Grenze zur Tätigkeit als Sachverständiger werde erst überschritten, wenn es um die Erstellung eines Rechtsgutachtens gehe, das losgelöst von konkreten Konfliktfällen Handlungsalternativen für den Betriebsrat aufzeigen solle, jedoch brauche er hierbei nicht neutral zu sein (was ihn dann aber als *einseitigen* Interessenvertreter erscheinen lässt).

[2673] Siehe dazu bereits unter C. III. 2. b.

[2674] Siehe zu den innovativen, innerbetrieblichen Konfliktbehandlungen betreffend eine Aufrechterhaltung statt Auflösung des Arbeitsverhältnisses bereits unter C. IV. 3. e. bb.

[2675] Siehe dazu die Nachweise bereits unter C. II. 3.

[2676] Siehe dazu die Nachweise bereits unter C. II. 3.

[2677] Lobenswert dagegen das im August 2001 zwischen der Volkswagen AG und der IG Metall abgeschlossene innovative (kollektive) VW-Projekt namens 5.000 mal 5.000, dazu *Haipeter*, Mitbestimmung 9/2001, 34 ff., und *Schwitzer*, AuR 2001, 441 ff.; siehe auch den Bericht in der SZ vom 29.8.2001, S. 2: Musterbeispiel für die Schaffung neuer Arbeitsplätze.

eines innerbetrieblichen Konfliktbehandlungsverfahrens. Insbesondere vor dem Hintergrund der Vorschrift des § 86 BetrVG sollten die Tarifvertragsparteien für die Einrichtung eines innerbetrieblichen Konfliktbehandlungsverfahrens oder Institutionalisierung einer innerbetrieblichen Konfliktbehandlungsstelle in besonderer Weise verantwortlich zeichnen[2678]. Dies gilt im Übrigen auch für die Implementierung einer außerbetrieblichen Konfliktbehandlungsstelle, sprich einem Ombudsverfahren im Arbeitsrecht[2679].

Schließlich ist an eine Neukonzeption des gewerkschaftlichen Rechtsschutzes zu denken. Bis dato sehen die gewerkschaftlichen Satzungen einen unbedingten Rechtsschutz ihrer Mitglieder vor (siehe etwa § 19 ver.di, § 27 IG Metall, § 12 IG BAU, § 13 IG BCE). Die Einleitung eines arbeitsgerichtlichen Verfahrens sollte explizit von den Erfolgsaussichten des Verfahrens abhängig gemacht werden[2680], wie dies auch bei der Rechtsschutzversicherung der Fall ist (§ 18 ARB 2002). Zur sachgerechten Beurteilung der Erfolgsaussichten empfiehlt sich hier ebenfalls eine Prozessrisikoanalyse[2681].

7.   Schiedsgerichtsbarkeit

Im Folgenden soll der Frage nachgegangen werden, ob bzw. inwieweit eine Ausweitung der Schiedsgerichtsbarkeit im Arbeitsrecht erstrebenswert ist.

a.   Argumente für eine Ausweitung der Schiedsgerichtsbarkeit im Sinne des § 101 Abs. 2 ArbGG

Grunsky hat die „Alleinzuständigkeit der staatlichen Gerichte zur Entscheidung arbeitsrechtlicher Streitigkeiten" schon früh kritisiert[2682]: Zu beanstanden sei, dass die Verfügungsbefugnis der Parteien im Verfahrensrecht stärker als im materiellen Recht beschnitten werde. Das eigentliche Problem des „leichtfertigen Aufgebens bestehender Rechte" liege jedenfalls darin, dass die Disposition zu einem Zeitpunkt getroffen werde, in dem der Arbeitnehmer nicht ernsthaft davon ausgehe, ihm könne das Recht zustehen, so dass er die Verfügung deshalb als mehr oder weniger inhaltsleere Formalität ansehe. Gegen derartig übereiltes Aufgeben möglicher Rechtspositionen solle der Arbeitnehmer entsprechend § 38 Abs. 3 Nr. 1 ZPO geschützt werden, d.h. eine Schiedsvereinbarung nach Entstehen der Streitigkeit müsse zulässig sein. Soweit es um den Ausschluss der Zuständigkeit staatlicher Gerichte durch Kollektivvereinbarungen ge-

---

[2678] Siehe dazu ausführlich bereits unter C. IV. 3. d. cc.; siehe auch zur Institutionalisierung betrieblicher Konfliktbehandlungen noch im abschließenden Teil unter D. I. 1. d.

[2679] Siehe dazu bereits unter C. IV. 4. b.

[2680] So *Grotmann-Höfling* (1995), S. 117 f., der darauf hinweist, dass in der Praxis trotz mangelnder Erfolgsaussichten Prozesse geführt würden; jedoch dürfe man nicht übersehen, dass es auch bei fehlender Erfolgsaussicht einer arbeitnehmerseitigen Klage kaum eine Situation gebe, in denen nicht auf einen Vergleichsvorschlag des Gerichts spekuliert werden könne, so *Thau*, AuA 1996, 303 (304).

[2681] Siehe dazu bereits unter C. IV. 6. a. bb. (1).

[2682] Zum Folgenden NJW 1978, 1832 (1833 ff.).

he, biete sich ein eigentümliches und in sich widersprüchliches Bild. Die weitreichende materiellrechtliche Regelungsbefugnis der Tarifvertragsparteien finde im prozessualen Raum keine Entsprechung. Dagegen gehe die Regelungsbefugnis der Tarifvertragsparteien hinsichtlich der Ausnahme für bestimmte (bereits im allgemeinen Teil behandelte[2683]) Berufgruppen im Prozessrecht sogar weiter als im materiellen Recht. Der Schutz des dem Arbeitgeber typischerweise unterlegenen Arbeitnehmers lasse es zwar rechtfertigen, einer Individualvereinbarung die Wirksamkeit zu versagen, nicht aber, wenn die Zuständigkeit eines anderen Entscheidungsorgans als eines staatlichen Gerichts auf der kollektiven Ebene vereinbart werde. Da die Parteien einer Kollektivvereinbarung die Möglichkeit hätten, die materielle Rechtsordnung ihrer Mitglieder auszugestalten, bestehe kein Grund, ihnen eine entsprechende Befugnis im Bereich des Verfahrensrechts vorzuenthalten, zumal die prozessuale Möglichkeit, ein staatliches Gericht anrufen zu können, gegenüber dem materiellen Inhalt der verteidigten Rechtsstellung nichts Höherwertiges sei. Die Konsequenz daraus müsse sein, dass in einer Kollektivvereinbarung die Zuständigkeit eines anderen Entscheidungsorgans als eines staatlichen Gerichts vorgesehen werden können sollte. Die § 38 ZPO zugrunde liegende Wertung stehe dem nicht entgegen. Soweit sich allerdings ein Anspruch aus zwingenden gesetzlichen Bestimmungen ergebe, die nicht der Dispositionsbefugnis der Parteien der Kollektivvereinbarung unterlägen, dürften diese auch nicht die Möglichkeit haben, die prozessuale Verwirkungsmöglichkeit über den Kopf der Parteien des Arbeitsverhältnisses hinweg zu beschneiden. Die §§ 101 ff. ArbGG sollten in diesem Sinne geändert werden.

Die Überordnung der staatlichen Gerichtsbarkeit über die Schiedsgerichtsbarkeit wurde auch in zivilprozessualer Hinsicht kritisiert[2684]. Dabei gilt zu bedenken, dass sich auch der *BGH* gehalten sieht, dafür Sorge zu tragen, dass keine Partei durch Unterwerfung unter ein Schiedsgericht der grundlegenden Rechte beraubt wird, die ihr aus rechtsstaatlichen Erwägungen garantiert sind[2685]. Spätestens nach der Schiedsverfahrensnovelle aus dem Jahr 1998 muss nun von der Gleichwertigkeit des Rechtsschutzes durch staatliche Gerichtsbarkeit und private Schiedsgerichte ausgegangen werden[2686]. Damit scheint aber auch der bisherige weitgehende Ausschluss der Schiedsgerichts-

---

[2683] Siehe dazu bereits unter C. III. 3. b. bb.

[2684] Pointiert *Ramm*, ZRP 1989, 136 (141): „Die Selbstverständlichkeit, mit der die ZPO die staatliche Gerichtsbarkeit überordnet, läßt sich nun nicht aus einer besonderen Gewährleistung der Unabhängigkeit der staatlichen Richter herleiten – sie ist in keiner Rechtsordnung, auch nicht in der pluralistischen Demokratie, über jeden Zweifel erhaben und wird bei den privaten Schiedsrichtern nur auf andere Weise hergestellt. Auch in seiner fachlichen Ausbildung ist nicht der staatliche Richter überlegen – dieses Argument ist im Zeitalter massenhafter Juristenausbildung höchst zweifelhaft und ohnehin dann gegenstandslos, wenn vom privaten Schiedsrichter dieselbe juristische Qualifikation verlangt wird."

[2685] So *Böckstiegel*, DRiZ 1996, 267 (269).

[2686] Siehe nur *Voit*, JZ 1997, 120, mit Verweis auf BT-Drucks. 13/5274 zum Wegfall des § 1025 Abs. 2 ZPO a.F. („wirtschaftliche und soziale Überlegenheit").

barkeit im Arbeitsrecht seine Rechtfertigung verloren zu haben[2687]. Gleichwohl sah sich der Gesetzgeber bei der Umgestaltung des Schiedsverfahrensrechts im Jahr 1998 nicht dazu veranlasst, eine Änderung der §§ 101 bis 110 ArbGG herbeizuführen[2688]. Offenbar befürchtete man, dass dies zu einer Aufweichung der Verhandlungsparität zu Gunsten der Arbeitgeber führen könnte. Das Arbeitnehmerschutzargument scheint allerdings nur vorgeschoben zu sein[2689]. Insbesondere kann nicht davon ausgegangen werden, dass generell die Anrufung der staatlichen Gerichte für den Arbeitnehmer günstiger sein muss als die Anrufung eines Schiedsgerichts, zumal die Schiedsgerichtsbarkeit u.a. auch deswegen geschaffen worden ist, weil die Schiedsgerichte für den betreffenden Bereich eine größere Sachkenntnis besitzen, als dies bei den staatlichen Gerichten der Fall ist[2690]. Vor diesem Hintergrund wird eine Ausweitung der Bühnenschiedsgerichtsbarkeit auch auf andere geeignete Tarifbereiche wie beispielsweise den öffentlichen Dienst (z.B. betreffend Eingruppierungen, Vergütung, Sozialbezüge etc.), die Chemische Industrie oder den Metalltarifbereich befürwortet[2691].

Dabei sollte aber klar sein, dass das arbeitsgerichtliche Schiedsverfahren einer Reform bedarf[2692]. Nicht zuletzt angesichts des fünfstufigen Instanzenzugs und der damit verbundenen überlangen Verfahrensdauer werden zu Recht Forderungen erhoben, das Schiedsverfahren nach den Regelungen der ZPO auszugestalten. Da Schiedssprüche nach den §§ 1025 ff. ZPO eine wesentlich stärkere rechtliche Bestandskraft hätten und Aufhebungsklagen nur in bestimmten, eng umgrenzten Fällen zulässig seien, könne mit einer entsprechenden Handhabung eine wirkliche Entlastung der Arbeitsgerichte erreicht werden, insbesondere wenn sich die gerichtliche Überprüfungsmöglichkeit auf Verfahrens- und grobe Rechtsfehler beschränkte[2693]. Auch die jüngste Reform des Schiedsverfahrensrechts hatte das Ziel, die richterliche Intervention in das Schiedsverfahren zu beschränken[2694].

[2687] Anders offenbar noch *GMPM/Germelmann*, § 101 Rn. 32.

[2688] Siehe BT-Drucks. 13/5274.

[2689] In diesem Sinne auch *Gruber* (1998), S. 224 f.

[2690] Dies eingestehend auch *GMPM/Germelmann*, § 101 Rn. 24.

[2691] *F.-K. Vogel*, NZA 1999, 26 (28 f.); siehe auch *Gruber* (1998), S. 221 ff.

[2692] Dazu *Gruber* (1998), S. 228 ff.

[2693] So *Heilmann*, AuR 1997, 424 (426), zu den Reformvorschlägen im Vorfeld des Arbeitsgerichtsbeschleunigungsgesetzes 2000; siehe auch *Gruber* (1998), S. 230 f.; *F.-K. Vogel*, NZA 1999, 26 (27).

[2694] Siehe *Kröll*, NJW 2001, 1173 (1174 f.), wonach die Eingangszuständigkeit für die meisten Fragen nun beim *OLG* läge (§ 1062 ZPO), was sich nicht nur instanzenzugverringernd auswirke, sondern auch zu einer Konzentration der schiedsrechtsrelevanten Verfahren auf wenige Gerichte führe, zudem sei eine Rechtsbeschwerde zum *BGH* nur unter sehr engen Voraussetzungen möglich (§ 1065 ZPO), in Verfahren zur Aufhebung von Schiedssprüchen oder deren Vollstreckbarerklärung könne sie nur auf die von Amts wegen zu beachtenden Gründe gestützt werden oder auf Gründe, die bereits vor dem *OLG* geltend gemacht worden seien.

b. **Argumente gegen eine Ausweitung der Schiedsgerichtsbarkeit im Sinne des § 101 Abs. 2 ArbGG**

Grunsky lässt sich zweierlei entgegenhalten. Zum einen erscheint es halbherzig, materielle Ansprüche kollektiv auszuhandeln, um sie dann individuell vor einem Schiedsgericht geltend zu machen. Anstatt der Ausweitung einer durch die Tarifparteien institutionalisierten Schiedsgerichtsbarkeit wäre daher eher die Zulassung einer arbeitsrechtlichen Kollektivklage konsequent[2695]. Zum anderen besteht die Gefahr einer Rechtswegzersplitterung, wenn eine arbeitsrechtliche Schiedsgerichtsbarkeit in eine wesentliche Konkurrenz zur Arbeitsgerichtsbarkeit tritt[2696]. Man mag sich zwar über das Arbeitnehmerschutzargument hinwegsetzen, unter dem Gesichtspunkt der einheitlichen Rechtsanwendung ist eine Ausweitung der Schiedsgerichtsbarkeit aber nicht ratsam. Möglich wäre insoweit allenfalls eine Steuerung des Einsatzes der Schiedsgerichtsbarkeit, so wie sie bereits im allgemeinen Teil für den Einsatz alternativer Konfliktbehandlungen generell aufgezeigt wurde[2697]. Eine solche Steuerung dürfte sich jedoch bei innerbetrieblichen oder außergerichtlichen Konfliktbehandlungen leichter bewerkstelligen lassen als bei einer dem Gerichtsverfahren aufgrund der stark angenäherten Rechtsorientierung und Formalisierung ohnehin strukturell vergleichbaren Schiedsgerichtsbarkeit, wie bereits die Ausgestaltung des Aufhebungsverfahrens erkennen lässt[2698]. Von daher ist auch die Angst um den Bestand der Arbeitsgerichtsbarkeit nicht ganz unbegründet[2699]. Überdies dürften ökonomische Überlegungen einer Ausweitung der Schiedsgerichtsbarkeit widersprechen[2700]. Zweifelhaft ist auch, ob das Schiedsverfahren für die Bedürfnisse des Normalbürgers bzw. Arbeitnehmers überhaupt von Interesse ist, wenn man bedenkt, dass die Schiedsgerichtsbarkeit im Zivilverfahren insbesondere bei (grenzüberschreitenden) Wirtschaftskonflikten in Anspruch genommen wird[2701].

Im Arbeitsrecht kommt noch ein Weiteres hinzu, was sich Folgendermaßen treffend auf den Punkt bringen lässt[2702]: „Was steht eigentlich entgegen, die Arbeitsgerichte und Landesarbeitsgerichte als Klassenschiedsgerichte zu qualifizieren? Die Einbindung der Klassenvertreter, der Arbeitsrichter und der Landesarbeitsrichter, in die Berufsrichtermentalität und in das staatliche Gerichtswesen oder letztlich nur die Kontrolle der Unterinstanzen durch das *BAG*, in dessen *Senaten* die Berufsrichter überwie-

---

[2695] Siehe dazu noch unter C. IV. 9. c.

[2696] Dies erkennt auch *Grunsky*, NJW 1978, 1832 (1836), der von der Gefahr einer „Zuständigkeitszersplitterung" spricht.

[2697] Siehe dazu schon unter B. II. 6. b.

[2698] Vgl. *Röhl* (1987), S. 523, demzufolge zwischen staatlicher und Schiedsgerichtsbarkeit aus rechtssoziologischer Sicht keine scharfe Grenze bestehe, denn auch im Schiedsgericht werde ein Konflikt als Rechtsstreit ausgetragen.

[2699] Anders aber *Gruber* (1998), S. 223 f.

[2700] *Grotmann-Höfling* (1995), S. 161.

[2701] Vgl. *Prütting*, JZ 1985, 261 (264).

[2702] *Ramm*, ZRP 1989, 136 (137 f.).

gen, als Revisionsgericht? Und läßt sich nicht sogar die Lösung des *BAG* vom Gesetz bis zu einem gewissen Grad aus der schiedsrichterlichen Komponente erklären, die die Bundesarbeitsrichter verkörpern? ... Es läßt sich noch weiter fragen: Was tut der staatliche Richter, der sich nicht als ‚Subsumtionsmaschine' ansieht, sondern der das Recht ‚findet' und ‚schöpft', der nach Generalklauseln und unbestimmten Rechtsbegriffen entscheidet, der Nebenpflichten oder außervertragliche Pflichten entwickelt oder immer weiter ausdehnt oder der sich gar über das Gesetz hinwegsetzt? *Richtet* er wirklich oder entscheidet er vielmehr nach Billigkeit – und was ist dies anders als Schlichtung?" Damit scheint es, als würde die besondere Ausgestaltung des arbeitsgerichtlichen Verfahrens Schiedsgerichte überflüssig machen[2703]. Die Arbeitsparteien können wohl kaum einen unabhängigeren Schiedsrichter finden, als ihnen die Arbeitsgerichtsbarkeit ohnehin schon bietet. Darüber hinaus wird aufgrund der paritätischen Besetzung der Arbeitsgerichte mit fachkundigen Angehörigen der Arbeitnehmer- und Arbeitgeberseite sowie der Schnelligkeit und Kostengünstigkeit des arbeitsgerichtlichen Verfahrens eine private Schiedsgerichtsbarkeit für arbeitsrechtliche Streitigkeiten nicht als notwendige Ergänzung des staatlichen Rechtsschutzes angesehen, so dass der Hauptanreiz für den Abschluss von Schiedsvereinbarungen wegfällt[2704]. Mit einer Ausweitung der arbeitsgerichtlichen Schiedsgerichtsbarkeit ist damit nichts gewonnen.

Dies gilt letztlich auch unter dem Aspekt der im allgemeinen Teil proklamierten Vielfalt alternativer Konfliktbehandlungen[2705]. Es wurde bereits eingehend dargelegt, dass die *innerbetriebliche* Konfliktbehandlung vorzugswürdig ist[2706]. Es erscheint nicht sinnvoll, einem derart ausdifferenzierten Konfliktbehandlungsverfahren oder gar einer betrieblichen Konfliktbehandlungsstelle[2707] ein Schiedsverfahren nachfolgen zu lassen, das niemals verbindlich sein kann (§ 110 ArbGG). Freilich kann dieses Argument für Betriebe ohne Konfliktbehandlungsverfahren oder -stelle nicht Platz greifen. Gerade für diese empfiehlt sich indes der Aufbau einer außerbetrieblichen Konfliktbehandlungsstelle[2708]. Es würde jedenfalls den Rechtsweg überfrachten, wenn man neben den vorgeschlagenen Maßnahmen auch noch eine umfassende Schiedsgerichtsbarkeit institutionalisieren wollte.

Dies bestätigt schließlich eine rechtsvergleichende Sichtweise. So übernehmen die US-amerikanischen arbeitsrechtlichen Schiedsgerichte weitgehend die Funktion einer speziellen Arbeitsgerichtsbarkeit, die es dort im Gegensatz zu Deutschland nicht gibt[2709].

[2703] *Kissel*, RdA 1999, 53 (54).

[2704] *Thau*, AuA 1996, 303 (304 f.); *Leinemann*, BB 1997, 2322 (2324).

[2705] Siehe dazu bereits unter B. III. 3.

[2706] Siehe dazu bereits unter C. IV. 3. a. und C. IV. 3. d. aa.

[2707] Siehe dazu bereits unter C. IV. 3. d. cc.

[2708] Siehe dazu bereits unter C. IV. 4. b.

[2709] Diesen Aspekt lässt *Gruber* (1998), S. 221 ff., bei seiner rechtsvergleichenden Betrachtung nahezu unberücksichtigt.

Es stellt sich die Frage, ob trotz der verschiedenen Unsicherheiten, mit denen das Gebiet derzeit behaftet ist, die Schiedsgerichtsbarkeit im Kontext des einzelnen Arbeitsverhältnisses letztlich zu einer Institution wird, welche die Funktion eines spezialisierten Arbeitsgerichts erfüllt[2710]. Oder anders gewendet: Es verwundert nicht, dass Kehrseite dieses Systems die schwache Ausprägung des gerichtlichen Verfahrens in Arbeitssachen ist[2711]. Der einzige Unterschied ist wohl darin zu sehen, dass sich die Legitimation und Akzeptanz der US-amerikanischen Schiedsgerichtsbarkeit daraus ergibt, dass hinter ihr mit Arbeitgebern und Gewerkschaften zwei (etwa) gleich starke, dauerhaft präsente Akteure stehen[2712]. Dies lässt sich indes ebenso gut durch innerbetriebliche und außerbetriebliche Konfliktbehandlungsstellen bewerkstelligen. Ähnlich ist die Situation in der Volksrepublik China: Auch dort übernimmt die Schiedsgerichtsbarkeit eine Art Ersatzfunktion für das Fehlen einer eigenständigen Arbeitsgerichtsbarkeit[2713]. Und wenn inzwischen auch in England über die Entwicklung eines außergerichtlichen Schiedsverfahrens nachgedacht wird, dann sind diese Bestrebungen lediglich vor dem Hintergrund zu sehen, dass es zwischen den Employment Tribunals und den Zivilgerichten in Arbeitssachen nach wie vor Abgrenzungsschwierigkeiten gibt[2714] – Schwierigkeiten, die wir in Deutschland gerade nicht haben.

8. Gerichtliches Vorverfahren

Bei den oben vorgeschlagenen inner- und außerbetrieblichen Konfliktbehandlungsverfahren bzw. -stellen geht die Initiative von den Betriebs- bzw. Tarifvertragsparteien aus, während hier die Institutionalisierung eines gerichtlichen Vorverfahrens von staatlicher Seite aus in Rede steht. Wie bereits dargelegt, kann der Gesetzgeber dabei die Anrufung einer vorgerichtlichen Schlichtung auch obligatorisch ausgestalten, sofern die abschließende Entscheidungskompetenz den Gerichten vorbehalten bleibt, so dass die §§ 4, 101 ff. ArbGG einer Ausweitung gerichtlicher Vorverfahren nicht entgegenstehen[2715].

Im allgemeinen Teil wurde bereits aufgezeigt, dass es durchaus Streitigkeiten gibt, bei denen die Durchführung eines Rechtsstreits in Anbetracht der Grenzen gerichtlicher Konfliktbehandlung ungeeignet erscheint, und dass vor allem arbeitsrechtliche Streitigkeiten hierzu zu zählen sind[2716]. Es gibt also durchaus Fälle, in denen gerichtliche Vorverfahren sinnvoll sein können, so etwa im Arbeitsrecht. Allen arbeitsrechtlichen Vorverfahren gemeinsam ist die Zielsetzung, den Arbeits- und Betriebsfrieden sowie das Vertrauensverhältnis zwischen Arbeitnehmer und Arbeitgeber aufrechtzuerhalten

---

[2710] So *Kittner/Kohler*, BB Beilage 4 zu Heft 13/2000, 1 (18).
[2711] *Buschmann* (1999), S. 317.
[2712] *Kittner/Kohler*, BB Beilage 4 zu Heft 13/2000, 1 (28).
[2713] Siehe dazu bereits im allgemeinen Teil unter B. I. 6. a.
[2714] Siehe dazu bereits im allgemeinen Teil unter B. I. 6. d. aa.
[2715] Siehe dazu bereits unter C. III. 4. b.
[2716] Siehe dazu bereits unter B. I. 2. d.

bzw. wiederherzustellen. Das Erfolgsrezept arbeitsrechtlicher Vorverfahren liegt zusammenfassend in der Schlichtungstauglichkeit der Materie, der Spezialisierung des Schlichtungsgremiums in juristischen wie in Fachfragen, in der Erfahrung und Routine, die ein solches Gremium im Lauf der Zeit mit der speziellen Materie sammelt sowie in der Kostenfreiheit des Verfahrens[2717]. Nahezu alle, zumindest aber viele der im allgemeinen Teil beschriebenen Grenzen gerichtlicher Konfliktbehandlung lassen sich bei diesen Vorverfahren weitgehend aus dem Weg räumen.

Ein arbeitsgerichtliches Vorverfahren kommt in zweierlei Hinsicht in Betracht. Einmal könnte erwogen werden, den im Zivilprozess geltenden § 15a EGZPO auch auf arbeitsgerichtliche Streitigkeiten auszudehnen (a.). Außerdem könnte an eine Einrichtung von staatlicher Seite instrumentalisierter Schlichtungsstellen gedacht werden (b.).

a.   Erweiterung des § 15a EGZPO auf arbeitsrechtliche Streitigkeiten

Das bereits oben angesprochene Verfahren der vorgerichtlichen obligatorischen Schlichtung ist im Folgenden näher zu betrachten. Dabei geht es zunächst um eine kritische Würdigung des § 15a EGZPO de lege lata, d.h. es wird aufzuzeigen sein, welche allgemeinen Probleme das neue Verfahren in Zivilsachen mit sich bringt (aa.). Im Anschluss daran sind die gewonnenen Erkenntnisse auf das Arbeitsrecht zu übertragen, d.h. es soll de lege ferenda der Frage nachgegangen werden, ob sich eine Erweiterung des § 15a EGZPO auf arbeitsrechtliche Streitigkeiten lohnt (bb.).

aa.   Kritische Würdigung des § 15a EGZPO

Will man § 15a EGZPO einer kritischen Würdigung unterziehen, kommt man nicht umhin, auf die Historie eines solchen obligatorischen Güteverfahrens hinzuweisen[2718]. Bereits in den Jahren zwischen 1924 bis 1950 hat es mit der Regelung des § 495a ZPO (1924) einen zwingenden Gütetermin vor dem Amtsgericht gegeben. Uneinig ist man sich bereits darin, ob der neuerliche Versuch einer vorgerichtlichen Zwangsschlichtung mittels der Vorschrift des § 15a EGZPO mit dem damaligen Verfahren verglichen werden kann[2719], oder ob § 495a ZPO (1924) nicht eher mit der jüngst auch im Zivilprozess eingeführten Güteverhandlung vergleichbar ist[2720]. Der entscheidende Unterschied zwischen § 278 Abs. 2 ZPO und § 495a ZPO (1924) dürfte darin liegen, dass das damalige Güteverfahren nicht in das Gerichtsverfahren integriert war, sondern es handelte sich – ebenso wie jetzt das Verfahren gem. § 15a EGZPO – um ein *selbständiges* Güteverfahren, obschon insoweit eine Gemeinsamkeit besteht, als das Gütever-

---

[2717] So *Jansen* (2001), S. 155.

[2718] Vgl. auch *Jansen* (2001), S. 79 ff. und S. 353 f.

[2719] In diesem Sinne *Stadler*, NJW 1998, 2479 (2480); *G. Wagner*, JZ 1998, 836 (843 Fn. 76); *Ayad*, ZRP 2000, 229; *Lauer*, NJW 2004,1280 (1282); vgl. auch *Rosenberg* (1949), S. 487.

[2720] In diesem Sinne *Schwackenberg*, AnwBl 1997, 523 (524); *W. Gottwald*, BRAK-Mitt. 1998, 60 (61); unklar *Stickelbrock*, JZ 2002, 633 (638 einerseits und 640 andererseits).

fahren vom Amtsrichter selbst durchgeführt wurde[2721]. Jedenfalls werden die mit § 495a ZPO (1924) gemachten Erfahrungen in einem negativen Licht dargestellt. So hätte das Verfahren „vielfach nicht der Förderung der Rechtspflege, sondern der Prozeßverschleppung" gedient[2722], bzw. der zum Streit Entschlossene hätte darin nur ein „lästiges Vorspiel vor der entscheidenden Schlacht" gesehen[2723]. Auch die Anfang der 80er Jahre vom damaligen Bundesjustizministerium ins Leben gerufene Arbeitsgruppe „Alternativen im gerichtlichen Verfahren" hatte im Hinblick auf das gescheiterte obligatorische Güteverfahren in der Zeit von 1924 bis 1950 vor einem vom Streitverfahren *abgetrennten* obligatorischen Güteverfahren gewarnt[2724]. Man mag hiergegen zwar einwenden, dass manches, was vor hundert, fünfzig oder auch nur dreißig Jahren gesehen wurde, sich heute anders darstellen könne[2725]. Es muss aber schon zu denken geben, dass nun auch die Vorschläge für ein europäisches Zivilprozessgesetzbuch dem obligatorischen Schlichtungsverfahren vor Prozessbeginn angesichts negativer Erfahrungen in einigen Ländern eine Absage erteilt haben[2726].

An der neuen Regelung des § 15a EGZPO wird beklagt, dass deren Umsetzung zu einer „bedauerlichen, die Praxis verunsichernden und belastenden Rechtszersplitterung" und damit zu einer erheblichen Rechtsunsicherheit führen werde[2727]. § 15a EGZPO lässt nämlich dem Landesgesetzgeber einen Handlungsspielraum, d.h. *ob* das obligatorische Schlichtungsverfahren überhaupt eingeführt wird (§ 15a Abs. 1 EGZPO), und einen gewissen Gestaltungsspielraum, d.h. *wie* das Verfahren im Einzelnen ausgestaltet sein soll (§ 15a Abs. 5 EGZPO)[2728]. Einschränkend wird jedoch vorgebracht, dass der Regelung insofern eine positive Fernwirkung zukommen könne, als sie zur Verbreitung des Gütegedankens und zum Entstehen einer flächendeckenden Schlichtungsinfrastruktur beitrage[2729], zumal nicht alle Länder über eine solche Infrastruktur

---

[2721] Vgl. *G. Wagner*, JZ 1998, 836 (843 Fn. 76); vgl. aber *W. Gottwald*, BRAK-Mitt. 1998, 60 (61); vgl. zur Unterscheidung zwischen integriertem und isoliertem Güteverfahren auch *Röhl*, DRiZ 1983, 90 (92 ff.).

[2722] *Rosenberg* (1949), S. 487; darauf hinweisend auch *Busse*, AnwBl 1997, 522 (523); ausführlich zur Kritik, aber auch zu den praktischen Erfolgen *Jansen* (2001), S. 84 ff.

[2723] *P. Gottwald*, ZZP 95 (1982), S. 245 (255).

[2724] *W. Gottwald*, ZRP 1982, 28 (30); ders., BRAK-Mitt. 1998, 60 (61), spricht im Zusammenhang mit der Geschichte obligatorischer Güteverfahren von einer Geschichte des Scheiterns.

[2725] So *Schuster* (1983), S. 117; gegen dieses Argument *Stadler*, NJW 1998, 2479 (2480).

[2726] Dazu *Roth*, ZZP 109 (1996), 271 (278); vgl. *Ayad*, ZRP 2000, 229, im Zuge der jüngsten Reform des Zivilprozesses.

[2727] *Eichele*, ZRP 1997, 393; *Greger*, ZRP 1998, 183 (184); *R. Wassermann*, NJW 1998, 1685 (1686); *Hartmann*, NJW 1999, 3745 (3746 und 3749), der darauf hinweist, dass damit bis zu 16 inhaltlich verschiedene Länderregelungen ermöglicht würden, und diese Art der Hochhaltung des Föderalismus als „bundesstaatliche Drückebergerei" bezeichnet; kritisch auch *Zietsch/Roschmann*, NJW Beilage zu Heft 51/2001, 3 (8), am Beispiel der praktischen Umsetzung in den Ländern; *P. Gottwald* (2001), S. 473; siehe weitere Nachweise bei *Jansen* (2001), S. 217 Fn. 847.

[2728] Dazu *Zöller/Gummer*, § 15a EGZPO Rn. 27 ff.; *Hartmann*, NJW 1999, 3745 (3748 f.); siehe NJW Beilage zu Heft 51/2001 zur Umsetzung des § 15a EGZPO in den Ländern.

[2729] *Greger*, JZ 2000, 842 (844 Fn. 17); vgl. *Prütting* (1998), O 29.

bereits verfügten[2730]. Die Aufspaltung in Landesrecht wird auch deshalb für gerecht-
fertigt gehalten, weil die bundesweit zu fördernde außergerichtliche Streitbeilegung
auf die Erfahrungen aufbauen und sich diese nutzbar machen könne, die mit den in den
Ländern vorhandenen, unterschiedlichen Schlichtungsmodellen gemacht würden[2731].
Allein schon aus diesem Grund kann es sich bei der derzeitigen Regelung des § 15a
EGZPO lediglich um ein befristetes Experiment handeln[2732].

Hauptangriffspunkt der obligatorischen Streitschlichtung ist der bereits im allgemeinen
Teil ausführlich behandelte Aspekt der Freiwilligkeit[2733]. Insoweit wird auch auf die
Vorschrift des § 495a ZPO (1924) verwiesen, dessen obligatorische Ausgestaltung
zum Scheitern geführt habe[2734]. Die künftige Prozessgeschichte werde zeigen, ob dieses historische Scheitern am Zwangscharakter lag, der dem Wesen freiwilliger Einigung eigentlich fundamental widerspreche, oder an der Institution des richterlichen
Schlichters. Vieles spreche eher für die verhängnisvolle Wirkung des Zwangscharak-
ters, so dass man dem neuerlichen Versuch eine Zukunft auf breiterer Basis für alle
Streitsachen nicht prognostizieren könne[2735]. Zu kritisieren ist jedenfalls, dass die Geeignetheit zur obligatorischen vorgerichtlichen Schlichtung nicht streitwertabhängig
ist[2736]. Vor allem bei kleineren Verfahren haben Amtsgerichte keine konfliktentscheidende, sondern vielfach lediglich eine Rechtsdurchsetzungsfunktion, insbesondere
fungieren Gerichte oftmals nur als „Titulierungsinstitute gegenüber leistungsunwilligen oder -unfähigen Schuldnern"[2737]. Immerhin wurde das Mahnverfahren von der
obligatorischen Streitschlichtung ausgenommen (§ 15a Abs. 2 Nr. 5 EGZPO), so dass
die Möglichkeit der raschen Titulierung unbestrittener Forderungen erhalten bleibt[2738].

[2730] *Jansen* (2001), S. 217.

[2731] *Zöller/Gummer*, § 15a EGZPO Rn. 2; *Leutheusser-Schnarrenberger*, NJW 1995, 2441 (2447);
siehe auch die Gesetzgebungsnachweise bei *Jansen* (2001), S. 217 Fn. 846; vgl. dazu schon *Schuster*
(1983), S. 119, betreffend die Erprobung eines zivilrechtlichen Güteverfahrens für den regionalen
Bereich.

[2732] *Jansen* (2001), S. 221; *Friedrich*, NJW 2002, 798; *A. Kempe*, AnwBl 2003, 393; vgl. dazu auch
die Ausführungen betreffend die Institutionalisierung alternativer Konfliktbehandlungen noch im abschließenden Teil unter D. I. 1.

[2733] Siehe dazu bereits unter B. III. 6.

[2734] *Jansen* (2001), S. 231; vgl. *Stickelbrock*, JZ 2002, 633 (637 f).

[2735] So *Stürner* (2001), S. 10.

[2736] *Boysen*, ZRP 1996, 291 (293), spricht von einer „Fast-food-Justiz zweiter Klasse" für geringe
Streitwerte; kritisch auch *van Bühren*, AnwBl 1998, 582; *Stadler*, NJW 1998, 2479 (2483); *Hartmann*,
NJW 1999, 3745 (3746); *P. Gottwald* (2001), S. 474; *Zimmer* (2001), S. 156 f.; vgl. dazu schon
W. Gottwald (1981), S. 219 f., betreffend den undifferenzierten Einsatz alternativer Verfahren unge-
achtet des Konfliktzusammenhangs.

[2737] Siehe zur Ungeeignetheit bestimmter Konflikte für gerichtliche Verfahren bereits im allgemeinen
Teil unter B. I. 2. c.

[2738] *Zöller/Gummer*, § 15a EGZPO Rn. 13; diese Ausnahmeregelung wurde in der Gesetzgebungspha-
se eindringlich gefordert, *Dembinsky*, BRAK-Mitt. 1998, 66 (67 f.); differenzierend *Karliczek*, ZKM
2000, 111.

Des Weiteren wird kritisiert, dass § 15a EGZPO zu einer Verlängerung und Verteuerung des Verfahrens bei ergebnisloser Schlichtung führe[2739]. Dass dieses Argument jedoch ambivalent ist, wurde bereits im allgemeinen Teil aufgezeigt; hier kommt es maßgeblich auf den jeweiligen Ablauf des Verfahrens bzw. auf die jeweilige Erfolgsquote an[2740]. Hinsichtlich der Kosten des Verfahrens befindet man sich allerdings in einem gewissen Dilemma, denn erfahrene und erfolgreiche Richter, Rechtsanwälte oder Notare werden ihre Zeit und ihr Engagement nicht auf eine Sache verwenden wollen, die sie womöglich ehrenamtlich oder zumindest für eine sehr bescheidene Gebühr durchführen müssen[2741]. Ferner wird die Geeignetheit der Gütestellen im Sinne des § 15a Abs. 3 EGZPO im Hinblick auf eine etwaige mangelnde Neutralität von privaten branchengebundenen und berufsständischen Schlichtungsstellen in Zweifel gezogen[2742]. Zweifelsfragen wirft schließlich auch die Person des Schlichters auf[2743].

Die Anwaltschaft sieht sich zwar aus „gewichtigen berufspolitischen Gründen" gezwungen, an der obligatorischen Schlichtung zu partizipieren[2744], zugleich wird aber darauf hingewiesen, dass angesichts der unbefriedigenden Vergütungsregelung nur empfohlen werden könne, das Schlichtungsverfahren zu umgehen[2745]. Von daher ist nicht weiter verwunderlich, dass das erste veröffentlichte Urteil zur obligatorischen Schlichtung die Streitfrage betraf, ob in bestimmten Fällen der Antrag auf Erlass eines Mahnbescheids eine „unzulässige Umgehung" der obligatorischen Schlichtung darstellen könne[2746]. Tatsächlich ist in der Praxis ein verstärktes Ausweichen auf das Mahnverfahren zu konstatieren[2747]. Ebenfalls bezeichnend ist, dass diskutiert wurde, ob das

---

[2739] *Eichele*, ZRP 1997, 393 (394); *R. Wassermann*, NJW 1998, 1685 (1686); *Stadler*, NJW 1998, 2479 (2483 f.); siehe jüngst auch *Beunings*, AnwBl 2004, 82 (86), die dieses Problem auf den Zwangscharakter des § 15a EGZPO zurückführt.

[2740] Vgl. *F. Weiß* (1998), O 40; siehe dazu bereits unter B. II. 2.

[2741] So treffend *Prütting* (1998), O 24; ausführlich zur Vergütungsregelung im Rahmen des § 15a EGZPO *Jansen* (2001), S. 273 ff.

[2742] Dazu *Jansen* (2001), S. 233 ff.

[2743] Dazu *Jansen* (2001), S. 297 ff.; siehe auch *Stadler*, NJW 1998, 2479 (2483).

[2744] *Grisebach*, AnwBl 1997, 528 (530); *Eichele*, ZRP 1997, 393 (394 f.), spricht von einem neuen Tätigkeitsfeld für Anwälte; *R. Wassermann*, RuP 1998, 74 (78): „Man will ... nicht den Omnibus verpassen."

[2745] *N. Schneider*, AnwBl 2001, 327 (332); kritisch auch *Schütt*, MDR 2002, 68; einschränkend aber *A. Kempe*, AnwBl 2003, 393 (396 f.).

[2746] Das *AG Rosenheim*, NJW 2001, 2030 (2031 f.), hatte dies im konkreten Fall bejaht; vgl. *BGH*, NJW-RR 2005, 501 (503), *LG Baden-Baden*, NJW-RR 2002, 935, *LG Kassel*, NJW 2002, 2256, *LG München I*, ZKM 2003, 278 (279), mit Anmerkung *G. Wagner* (a.A. Vorinstanz *AG München*, NJW-RR 2003, 515), *AG Brakel*, NJW-RR 2002, 935, und *AG Halle*, NJW 2001, 2099: keine Umgehung durch Klageerweiterung bzw. -änderung; *LG Aachen*, NJW-RR 2002, 1439: kein Schlichtungszwang bei Zusammentreffen von schlichtungsbedürftigem und nicht schlichtungsbedürftigem Antrag; zum Ganzen auch *Friedrich*, NJW 2002, 3223 (3224 f.), und NJW 2003, 3534 (3535); *Stickelbrock*, JZ 2002, 633 (636 f.).

[2747] Siehe *Steike*, RAK-Mitt. OLG München III/2001, 3, und RAK-Mitt. OLG München I/2003, 5; *Stickelbrock*, JZ 2002, 633 (638); *Lauer*, NJW 2004, 1280 (1281).

Schlichtungsverfahren im Prozess nachgeholt werden kann[2748]; die Nachholung sollte auch dann entbehrlich sein, wenn die Schlichtung offenkundig ergebnislos wäre[2749]. Allerdings hat der *BGH* jüngst entschieden, dass das Schlichtungsverfahren nicht nachgeholt werden kann[2750]. Offenbar erfreut sich die obligatorische Schlichtung gerade auch bei der Anwaltschaft nicht der erhofften Beliebtheit[2751]. Möglich ist auch, dass die Zwangsschlichtung selbst unter den Anwälten noch nicht hinlänglich bekannt ist[2752]. In jedem Fall aber wird sie in der Bevölkerung weitgehend unentdeckt geblieben sein. Ungeachtet ihres verpflichteten Charakters wird das Schlichtungsgesetz in der Öffentlichkeit kaum wahrgenommen[2753]. Vor diesem Hintergrund fällt ein erstes Fazit zu § 15a EGZPO zumindest aus Anwaltssicht überwiegend negativ aus[2754]. Allerdings wird bisweilen von guten Erfahrungen mit der obligatorischen Streitschlichtung im Zivilprozess berichtet[2755].

bb. § 15a EGZPO im Arbeitsrecht

Wie bereits oben dargelegt wurde, gilt § 15a EGZPO nicht für arbeitsrechtliche Streitigkeiten, die vor den Arbeitsgerichten geltend gemacht werden müssen[2756]. Die Ausklammerung arbeitsrechtlicher Streitigkeiten aus der obligatorischen Streitschlichtung wurde damit gerechtfertigt, dass durch das ArbGG ein eigener Rechtszug mit eigenen Formen gütlicher Beilegung geöffnet sei[2757]. Diese Begründung kann mittlerweile in dieser Form keine Geltung mehr beanspruchen, da nun auch im Zivilprozess eine Güteverhandlung eingeführt wurde – freilich mit flexiblerer Einsatzmöglichkeit als im

---

[2748] Dafür *OLG Hamm*, MDR 2003, 387; *LG München II*, NJW-RR 2003, 355 f.; *LG Duisburg*, ZKM 2004, 92; *AG Königstein*, NJW 2003, 1954 f.; *SJ/Schlosser*, § 15a EGZPO Rn. 1; *Zöller/Gummer*, § 15a EGZPO Rn. 25; *Unberath*, JR 2001, 355 (356 ff.); *Friedrich*, NJW 2002, 798 (799 f.), und NJW 2003, 3534 f.; *A. Kempe*, AnwBl 2003, 393 (394); dagegen *LG Ellwangen*, NJW-RR 2002, 936; *AG Nürnberg*, NJW 2001, 3489, und NJW-RR 2002, 430; *TP/Hüßtege*, § 15a EGZPO Rn. 2; vgl. auch *GMPM/Prütting*, § 111 Rn. 19, zur Parallelproblematik bei § 111 Abs. 2 ArbGG.

[2749] *LG München II*, NJW-RR 2003, 355 (356).

[2750] NJW 2005, 437 (438 f.).

[2751] Bezeichnend jüngst *Bitter*, NJW 2005, 1235 ff., betreffend zulässige und unzulässige Strategien zur Vermeidung eines Schlichtungsverfahrens.

[2752] Siehe dazu die Nachricht der Internetredaktion Verlag C.H. Beck vom 15.7.2004.

[2753] Siehe dazu den Bericht in der SZ vom 15.3.2002, S. V2/39: Wer wird denn gleich vor Gericht gehen? – Trotz Schlichtungsgesetz: Deutschlands Streithähne nehmen kaum die Gelegenheit wahr, ihre Konflikte außergerichtlich zu lösen; mediations-report 11/2002, 2: Der große Run ist ausgeblieben; vgl. zur Akzeptanz der bestehenden alternativen Schlichtungsangebote bereits im allgemeinen Teil unter B. II. 5. b.

[2754] So der Präsident der Rechtsanwaltskammer München *Ernst*, NJW-Editorial Heft 9/2002, S. III; ebenfalls kritisch jüngst *Lauer*, NJW 2004, 1280 ff.

[2755] So der Präsident der Rechtsanwaltskammer Frankfurt *Knopp* mit Verweis auf eine 40%ige Erfolgsquote, NJW Heft 50/2002, S. XVI; ähnlich *Steike*, RAK-Mitt. OLG München I/2003, 5 f., mit Verweis auf eine steigende Erfolgsquote von 33,33 % im Jahr 2001 auf 53,33 % im Jahr 2002; vgl. *Wesche*, MDR 2003, 1029 (1031 ff.), zur Reduzierung des Geschäftsanfalls bei den Amtsgerichten.

[2756] Siehe dazu bereits unter C. III. 4. b.

[2757] *Schwackenberg*, AnwBl 1997, 524 (526).

Arbeitsrecht[2758]. Insbesondere wäre auch im ArbGG eine Regelung denkbar, wonach die Güteverhandlung entfällt, wenn bereits ein Einigungsversuch vor einer außergerichtlichen Gütestelle stattgefunden hat (vgl. § 278 Abs. 2 Satz 1 Hs. 2 ZPO); dies würde dann auch auf § 15a EGZPO abzielen[2759]. Andererseits ist daran zu erinnern, dass die vergleichbare Vorschrift des § 111 Abs. 2 Satz 8 ArbGG durch das Arbeitsgerichtsbeschleunigungsgesetz 2000 erst kürzlich abgeschafft wurde[2760].

Trotz der generellen Schlichtungstauglichkeit von arbeitsrechtlichen Konflikten gerade auch in Bezug auf arbeitsgerichtliche Vorverfahren erscheint eine Erweiterung des § 15a EGZPO auf das Arbeitsrecht nicht angebracht[2761]. Es wurde bereits im allgemeinen Teil aufgezeigt, dass eine *obligatorische* Schlichtung nicht zuletzt auch bei arbeitsrechtlichen Streitigkeiten problematisch ist[2762]. Man mag eine zwangsweise verordnete *innerbetriebliche* Schlichtung mit den erheblichen Vorteilen, die eine solche innerbetriebliche Konfliktbehandlung mit sich bringt[2763], rechtfertigen[2764]. Für eine außerbetriebliche obligatorische Zwangsschlichtung kann dies aber nicht gleichermaßen gelten. Hierfür bedürfte es einer besonderen Rechtfertigung, die sicher nicht vom Streitwert abhängig sein kann[2765]. Überdies wäre mit einer Erweiterung des § 15a EGZPO auf arbeitsrechtliche Streitigkeiten bis zu einer Höhe von 750 Euro nicht viel gewonnen, da solche Auseinandersetzungen in der Rechtswirklichkeit selten und damit auch unter Entlastungsgesichtspunkten vernachlässigenswert sind; von schlichtungsspezifischem Interesse wären vielmehr die vielen Bestandsschutzstreitigkeiten[2766]. Zu favorisieren könnte allenfalls die Einrichtung von besonderen arbeitsrechtlichen Schlichtungsstellen sein, die dann aber auch nicht unter den Deckmantel des § 15a EGZPO fallen müssen. Jedenfalls in dieser Form ist eine Ausweitung des § 15a EGZPO auf arbeitsrechtliche Streitigkeiten nicht zu empfehlen.

b.   **Einrichtung weiterer arbeitsrechtlicher obligatorischer Schlichtungsstellen im Sinne des § 111 Abs. 2 ArbGG**

Ansatzpunkt für die Einrichtung arbeitsrechtlicher Schlichtungsstellen, wie sie vergleichbar auch im Zivilrecht bestehen[2767], bietet im Arbeitsrecht der bereits behandelte

---

[2758] Siehe dazu bereits unter C. III. 5. b. bb. (1).

[2759] Vgl. nur *TP/Reichold*, § 278 Rn. 7.

[2760] Siehe dazu bereits im allgemeinen Teil unter B. II. 2.

[2761] Wie hier *Prütting* (1999), S. 753.

[2762] Siehe dazu bereits unter B. III. 6.

[2763] Siehe dazu bereits unter C. IV. 3. a. und C. IV. 3. d. aa.

[2764] Vgl. auch die Ausführungen zum prozeduralen Beschwerdeverfahren und zur innerbetrieblichen Konfliktbehandlungsstelle bereits unter C. IV. 3. d. cc. (1) (b) bzw. C. IV. 3. d. cc. (2) (b).

[2765] Auch *Preibisch* (1982), S. 328, empfiehlt nur dann die Einführung weiterer Vorverfahren, wenn ein besonderer Rechtfertigungsgrund gegeben ist.

[2766] Siehe zur Erledigungsstruktur vor den Arbeitsgerichten bereits unter C. II. 4.

[2767] Vgl. *Greger*, JZ 2000, 842 (844), nach dem Vorbild von § 27a UWG und § 29 AGBG a.F. (§ 14 UKlaG); siehe dazu bereits im allgemeinen Teil unter B. I. 5.

§ 111 Abs. 2 ArbGG betreffend Ausbildungsstreitigkeiten, so dass im Folgenden die weitere Ausgestaltung dieser Vorschrift in Frage steht – freilich unter der Prämisse, dass die bereits beschriebenen Schwächen des bestehenden Schlichtungsverfahrens ausgeräumt werden[2768].

Einem früheren Gesetzgebungsvorschlag des Landes Brandenburg zum Arbeitsgerichtsbeschleunigungsgesetz 2000 zufolge sollte nach § 111 Abs. 2 ArbGG ein neuer Abs. 3 mit folgendem Wortlaut eingefügt werden[2769]: „Zur Beilegung von Streitigkeiten zwischen Arbeitnehmern und Arbeitgebern über die tarifliche Ein- und Umgruppierung sowie darauf beruhende Zahlungen können die zuständigen Tarifvertragsparteien Ausschüsse bilden, denen Arbeitgeber- und Arbeitnehmervertreter in gleicher Zahl angehören müssen. Abs. 2 Satz 2 bis 7 gilt entsprechend." Diese Regelung sollte außer der Entlastung der Arbeitsgerichte auch einer effizienteren Rechtsfindung dienen, weil die Sachnähe und die Praxiserfahrung der Arbeitsparteien ungefiltert in ein solches Verfahren einfließen könnten[2770]. Es wurde sogar dafür plädiert, diese Ausschüsse dem normalen Prozess nicht nur als „Vorgeplänkel" vorzuschalten, sondern diesen sogar zu ersetzen, denn ausreichender Rechtsschutz sei angesichts des Verfassungsrangs der Tarifautonomie und des damit verbundenen einigermaßen ausgewogenen Machtverhältnisses zwischen den Tarifvertragsparteien bei der Ausgestaltung eines solchen Verfahrens gewahrt. Außerdem sei kein Grund ersichtlich, warum zivilrechtlichen Schiedsvereinbarungen ein höherer Stellenwert im Sinne einer größeren Richtigkeitsgewähr zugesprochen werde, so dass sich die gerichtliche Rechtmäßigkeitskontrolle auf Missbrauchsverdacht und Verfahrensfragen beschränken könne[2771].

Über den Bereich von Eingruppierungsstreitigkeiten hinaus sollen beispielsweise auch Kündigungsschutzverfahren einem arbeitsgerichtlichen Vorverfahren unterzogen werden, allerdings – und an diesem Punkt wird nicht richtig differenziert –vor einer *inner-betrieblichen* Instanz[2772]. So wird gelegentlich fälschlicherweise eine Parallele zwischen dem Verfahren, das de lege lata in Berufsausbildungsstreitigkeiten existiert, und den ehemaligen Schiedsstellen für Arbeitsrecht in den neuen Bundesländern gezogen[2773]. Es wurde jedoch bereits darauf hingewiesen, dass diese Schiedsstellen dem innerbetrieblichen Bereich zuzuordnen sind[2774]. Genau aus diesem Grund sollte von einer Einrichtung weiterer arbeitsrechtlicher obligatorischer Schlichtungsstellen im

---

[2768] Siehe dazu bereits unter C. III. 4. b. aa.

[2769] Abgedruckt in AuR 1997, 434 f.

[2770] *Heilmann*, AuR 1997, 424 (425); siehe zu dieser Forderung für Eingruppierungsstreitigkeiten bereits *Preibisch* (1982), S. 328; aus neuerer Zeit auch *Düwell* (1999), S. 757.

[2771] So *Heilmann*, AuR 1997, 424 (426); vgl. die Ausführungen betreffend die Argumente für eine Ausweitung der Schiedsgerichtsbarkeit im Sinne des § 101 Abs. 2 ArbGG bereits unter C. IV. 7. a.

[2772] Vgl. bereits *Preibisch* (1982), S. 328.

[2773] Siehe etwa *Thau*, AuA 1996, 303 (305), der sich jedenfalls letztlich auch für ein *innerbetriebliches* Vorverfahren ausspricht.

[2774] Siehe dazu bereits unter C. IV. 3. d. cc. (2) (a).

Sinne des § 111 Abs. 2 ArbGG abgesehen werden; diese würden nämlich außerbetrieblich tätig. In Bezug auf Streitigkeiten aus dem ArbNErfG wird diese Differenzierung etwa wie folgt richtig getroffen: Es sei zu bedauern, dass es sich in der Mehrzahl der von der „Schiedsstelle" entschiedenen Streitigkeiten um solche zwischen einem Arbeitgeber und einem ausgeschiedenem Arbeitnehmer handle. Daraus lasse sich ersehen, dass allenfalls eine *innerbetriebliche* obligatorische Schlichtung vorzuziehen sei[2775]. Auch der Forschungsbericht zu den ehemaligen Schiedsstellen für Arbeitsrecht in den neuen Bundesländern hat sich dafür ausgesprochen, die Schlichtungsausschüsse für Berufsausbildungsstreitigkeiten entfallen zu lassen, um die Kostenbelastung auf Seiten der Arbeitgeber im Falle einer Weiterentwicklung dieser Schiedsstellen gering zu halten[2776]. Dies würde keinen wesentlichen Einschnitt bedeuten, da für solche Streitigkeiten die Möglichkeit verbliebe, tarifliche Schlichtungsstellen zu vereinbaren, wohingegen die „Schiedsstelle" nach dem ArbNErfG erhalten bleiben könne[2777].

Auf den Punkt gebracht: Gegenüber den bereits weiter oben proklamierten innerbetrieblichen Konfliktbehandlungsstellen – ggf. flankiert durch außerbetriebliche Konfliktbehandlungsstellen – ist mit einer Einrichtung außerbetrieblicher, überdies obligatorischer Schlichtungsstellen im Sinne des § 111 Abs. 2 ArbGG letztlich nichts gewonnen[2778]. Im Fokus sollte vielmehr zunächst eine Ausgestaltung des zu favorisierenden innerbetrieblichen Konfliktbehandlungsbereichs stehen[2779]. Hier gelten schließlich ähnliche Erwägungen, wie sie schon wider eine Ausweitung der Schiedsgerichtsbarkeit im Sinne des § 101 Abs. 2 ArbGG angestellt wurden[2780]. Es würde den Rechtsweg überfrachten, wollte man neben den im Rahmen dieser Abhandlung vorgeschlagenen Maßnahmen auch noch für eine Einrichtung weiterer arbeitsrechtlicher obligatorischer Schlichtungsstellen im Sinne des § 111 Abs. 2 ArbGG plädieren.

9. Gerichtliches Verfahren

Die Diskussion um Alternativen *zum* Gerichtsverfahren gibt Gelegenheit, auch über Alternativen *im* Gerichtsverfahren nachzudenken. Dass auch insoweit von alternativen Konfliktbehandlungen gesprochen werden kann, wurde bereits angemerkt[2781].

Bereits im Rahmen der Alternativdiskussion zu Beginn der 80er Jahre hat man erkannt, dass die Parteien ermuntert werden sollten, aus der Eskalation eines Gerichtsverfahrens auszusteigen, etwa indem man Güteverhandlungen und Vergleichsbemühungen im Verfahren fördert oder die Ausrichtung auf eine zweite und dritte Instanz

---

[2775] So *Bartenbach/Volz* (2001), Rn. 434.
[2776] *Hommerich/Niederländer/Stock/Wolff* (1993), S. 81.
[2777] *O. Fischer* (1999), S. 206 f.
[2778] Siehe zu den Konfliktbehandlungsstellen bereits unter C. IV. 3. d. cc. bzw. C. IV. 4. b.
[2779] Siehe dazu bereits unter C. IV. 3. a. und C. IV. 3. d. aa.
[2780] Siehe dazu bereits unter C. IV. 7. b.
[2781] Siehe dazu bereits im einführenden Teil unter A. I. 1. a.

dort entmutigt, wo eine Behandlung in erster Instanz ausreichen könnte[2782]. Letzteres ist indes nicht unbedenklich und nur unter dem Vorbehalt zuzulassen, dass dies nicht einen Abbau des Rechtsschutzes nach sich zieht[2783]. Etwaige Optimierungsmöglichkeiten sind nicht nur aus der Sicht der Rechtssuchenden, sondern auch aus moderner staatlicher Betrachtung sinnvoll, denn die Bereitstellung einer einfachen, schnellen und kostengünstigen Rechtspflege entspricht gerade auch im Bereich der Arbeitsgerichtsbarkeit zugleich staatlichem Kosten-Nutzen-Denken[2784]. Dabei sind zwei Lösungsansätze denkbar: Einmal eine Optimierung des Gerichtsverfahrens (a.) und zum zweiten dessen Ergänzung durch alternative Konfliktbehandlungen (b.). Überlegenswert erscheint schließlich die Einführung einer Kollektivklage (c.).

a. Optimierung gerichtlicher Verfahren

Erstrebenswert ist zunächst eine Optimierung des gerichtlichen Verfahrens, sei es der Güteverhandlung oder der mündlichen Verhandlung. Dabei geht es zum Teil um Vorschläge, die sich auf den allgemeinen Zivilprozess beziehen, jedoch auch für das arbeitsgerichtliche Verfahren fruchtbar gemacht werden können.

Im Rahmen dieser Abhandlung von vornherein ausgeschieden werden können Reformvorschläge, die auf eine sog. *Vereinfachung des Arbeitsgerichtsverfahrens* abzielen. Zu diesem (zweifelhaften) Ansatz im gerichtlichen Bereich wurde bereits im allgemeinen Teil (kritisch) Stellung genommen[2785]. Überdies hat dieser Ansatz keine gütliche Einigung der Parteien zum Gegenstand. So sollte beispielsweise der Vorschlag, das amtsgerichtliche, vereinfachte Verfahren gem. § 495a ZPO auch für das arbeitsgerichtliche Verfahren nutzbar zu machen, besser nicht aufgegriffen werden[2786]. Es ist schon zweifelhaft, ob dies tatsächlich gewisse Beschleunigungseffekte erzielt[2787]. Jedenfalls sollten die vor den Amtsgerichten mit der Vorschrift des § 495a ZPO gemachten negativen Erfahrungen Warnung genug sein[2788]. Es soll jedoch nicht verschwiegen werden, dass es durchaus sinnvolle Ansätze einer „Vereinfachung des erstinstanzli-

---

[2782] Siehe nur *Blankenburg*, ZRP 1982, 6 (8).

[2783] Siehe dazu die Ausführungen betreffend die Aufrechterhaltung des bisherigen Rechtsschutzsystems auch unter verfassungsrechtlichen Aspekten bereits im allgemeinen Teil unter B. III. 1.

[2784] So *Müller-Glöge*, RdA 1999, 80; kritisch aber *Hoffmann-Riem*, ZRP 1997, 190 (195 f.), demzufolge Gerichte schon jetzt Möglichkeiten hätten, kooperative Konfliktbewältigung zu betreiben, und sie würden diese auch praktizieren, allerdings habe dies kaum Entlastungseffekte für die Gerichtsbarkeit; siehe zum rechtspolitischen Hintergrund der Alternativdiskussion bereits im allgemeinen Teil unter B. I. 3.

[2785] Siehe dazu bereits unter B. I. 3. c. aa. (1).

[2786] A.A. *Grotmann-Höfling* (1995), S. 110 f., unter dem Abschnitt „Alleinentscheidung des Vorsitzenden in Bagatellsachen"; *Hartmut Koch*, NJW 1991, 1856 (1858), spricht sich ebenfalls für eine zumindest modifizierte Übertragung des § 495a ZPO im Arbeitsgerichtsprozess aus.

[2787] So aber *Müller-Glöge*, RdA 1999, 80 (81).

[2788] Siehe die negativen Erfahrungsberichte bei *Kunze*, NJW 1995, 2750 (2751), *Rottleuthner*, NJW 1996, 2473 (2745 ff.), und *Kornblum*, ZRP 1999, 382 (383).

chen Verfahrens" oder einer „Verbesserung des Rechtsmittelsystems" im Arbeitsrecht gibt[2789].

Dass die arbeitsgerichtliche *Güteverhandlung* aufrechterhalten bleiben sollte, dürfte trotz der an ihr geäußerten Kritik[2790] außer Frage stehen[2791]. Wer Gegenteiliges vertritt, übersieht bereits, dass sich der mit einer Abschaffung der Güteverhandlung verbundene organisatorische Aufwand kaum bewerkstelligen ließe, insbesondere im Hinblick auf die gesetzlich vorgesehene ausnahmslose Beteiligung der ehrenamtlichen Richter in der mündlichen Verhandlung bzw. im Kammertermin. Entsprechendes gilt für eine womöglich wünschenswerte Hinzuziehung der ehrenamtlichen Richter in der Güteverhandlung, mag auch deren passive Anwesenheit dem Wortlaut des § 54 Abs. 1 Satz 1 ArbGG nicht entgegenstehen[2792]. Umgekehrt erscheint es aber ebenso wenig angebracht, die Güteverhandlung allein in die Hände der ehrenamtlichen Richter zu legen[2793]. Wenn die Güteverhandlung weiterhin der „intensiven Rechtserörterung" dienen soll[2794], ist der Berufsrichter in der Güteverhandlung unverzichtbar[2795].

Die zu thematisierenden Optimierungsmöglichkeiten (arbeits-)gerichtlicher Verfahren beziehen sich größtenteils auf Güte- und mündliche Verhandlungen gleichermaßen. Sie betreffen die Verbesserung der Verhandlungsatmosphäre (aa.), von Kommunikation und Kooperation (bb.) sowie der (arbeits-)richterlichen Schlichtungstätigkeit (cc.).

aa.   Verbesserung der Verhandlungsatmosphäre

Ausgangspunkt der folgenden Ausführungen bieten die bereits im allgemeinen Teil aufgezeigten Grenzen gerichtlicher Konfliktbehandlung. Dabei wurden als nachteilige Gesichtspunkte bei der Durchführung gerichtlicher Verfahren u.a. die Öffentlichkeit und Gerichtsatmosphäre genannt[2796].

Wie bereits gesagt, besteht in arbeitsgerichtlichen Güteverhandlungen die Möglichkeit, die *Öffentlichkeit* allein schon aus Zweckmäßigkeitsgründen auszuschließen (§ 52

[2789] Siehe nur *Berscheid*, ZfA 1989, 47 (74 ff. und 110 ff.), im Zuge des Arbeitsgerichtsbeschleunigungsgesetzes 2000.

[2790] Siehe zur kritischen Würdigung der arbeitsgerichtlichen Güteverhandlung in der Praxis bereits unter C. III. 5. b. bb. (2).

[2791] A.A. *Grunsky*, NJW 1978, 1832 (1837), der für eine Abschaffung der Güteverhandlung plädiert, da sie zeitlich zu früh liege, zudem stelle die Zweiteilung der Verhandlung in eine Güte- und eine streitige Verhandlung eine in der Sache nicht überzeugende künstliche Grenzziehung dar; kritisch auch *Weichsel* (1994), S. 532, betreffend Kündigungsschutzverfahren: Wenn diese fast ausnahmslos zur Beendigung des Arbeitsverhältnisses führten, dränge sich förmlich die Frage auf, ob der Gütetermin in diesen Verfahren nicht überflüssig sei.

[2792] Dazu *Kramer* (1999), S. 131 ff.

[2793] So aber *Kraushaar*, NZA 1987, 761 (764).

[2794] So auch *Kraushaar*, NZA 1987, 761 (764).

[2795] Wie hier *Blinkert/Eylert*, NZA 1989, 872 ff.

Satz 3 ArbGG), um Vergleichsgespräche zwischen den Parteien zu erleichtern[2797]. Dazu reicht beispielsweise bereits aus, dass das Gericht meint, die Parteien seien „unter vier Augen" kompromissbereiter[2798]. Es wäre wünschenswert, wenn von dieser Regelung verstärkt Gebrauch gemacht würde, um ein offeneres Gespräch zwischen den Parteien zu ermöglichen[2799]. So findet auch der Güteversuch vor den französischen Arbeitsgerichten unter Ausschluss der Öffentlichkeit statt[2800].

Wenn man davon ausgeht, dass betriebswirtschaftliche Kriterien auch in der Justiz immer mehr an Bedeutung gewinnen[2801], ist die Justiz als „Dienstleistungsbetrieb" unter dem Aspekt der „Kundenzufriedenheit" künftig besonders gefordert[2802]. Da das Gesetz über die formelle Ausgestaltung der Güte- bzw. mündlichen Verhandlung weitgehend schweigt, kann die Zufriedenheit der Parteien durch eine für sie verständliche Sprache, nachvollziehbare Erläuterung der Sach- und Rechtslage sowie insbesondere durch eine bessere *Gerichtsatmosphäre* insgesamt gesteigert werden[2803]. Der moderne Zivilprozess sollte sich von dem bisher üblichen Schlagabtausch in eine echte mündliche Verhandlung verwandeln[2804], womöglich sogar am runden Tisch[2805]. So ist auch im Schiedsgerichtsverfahren deutlich zu merken, wie entkrampfend und konstruktiv eine lockere Verhandlungsatmosphäre wirken kann[2806]. In der Tat erscheint beispielsweise die traditionelle Sitzordnung in der Güteverhandlung für eine gütliche Beilegung des Rechtsstreits wenig förderlich: Sitzen sich die Parteien frontal gegenüber, ist dies Ausdruck der kämpferischen Einstellung, sitzen sie nur dem Gericht zugewandt, hindert dies eine Kommunikation zwischen den Parteien. Zumindest in der Güteverhandlung sollte man daher die Verhandlungen an einem runden Tisch führen. Auch das Verhandeln in einem neutralen Zimmer mit neutraler Kleidung führt zu einem völlig anderen Klima als die klassische Gerichtsverhandlung[2807].

bb. Verbesserung von Kommunikation und Kooperation

Vor dem Hintergrund der ebenfalls bereits im allgemeinen Teil behandelten Kommunikationsdefizite zwischen den Parteien (infolge der richterlichen Verhandlungsfüh-

[2796] Siehe dazu bereits unter B. I. 2. b. aa. (2).
[2797] *GMPM/Germelmann*, § 52 Rn. 26.
[2798] *Grunsky*, § 52 Rn. 5.
[2799] Vgl. *Müller-Glöge*, RdA 1999, 80 (84).
[2800] *Kraushaar*, NZA 1987, 761 (764).
[2801] Siehe dazu und zur (vermeintlichen) Überlegenheit der Justiz gegenüber alternativen Konfliktbehandlungen bereits im allgemeinen Teil unter B. I. 3. a. aa. bzw. B. II. 5. a.
[2802] Instruktiv dazu *Freudenberg*, ZRP 2002, 79 ff.
[2803] *Freudenberg*, ZRP 2002, 79 (82).
[2804] Siehe zur stärkeren Betonung der mündlichen Verhandlung sogleich unter C. IV. 9. a. bb.
[2805] So schon *Schuster* (1983), S. 117, zum zivilrechtlichen Güteverfahren; vgl. zum arbeitsgerichtlichen Verfahren bereits *Blankenburg/Schönholz/Rogowski* (1979), S. 145.
[2806] Siehe *Greger*, JZ 1997, 1077 (1080), unter dem Aspekt der „Konfliktsteuerung durch Verfahrensausgestaltung".

rung)[2808] hat es sich auch die jüngste Reform des Zivilprozesses zum Ziel gemacht, die Qualität und Akzeptanz richterlicher Entscheidungen durch eine intensivere Prozessleitung und verbesserte *Kommunikation* zwischen den Parteien zu fördern, ohne dies jedoch in nennenswerter Form umzusetzen[2809]. Die Stärkung der materiellen Prozessleitung durch das Gericht beschränkte sich vornehmlich auf eine „Erweiterung" der richterlichen Hinweis- und Aufklärungspflichten[2810]. Diese unzureichende Umsetzung scheint inzwischen auch der Gesetzgeber selbst insofern erkannt zu haben, als er künftig einer verbesserten *Kooperation* im Zivilprozess Vorschub leisten will: Dem „Übergang vom gegnerischen zu einem mehr kooperativen Klima zu Erleichterung der einvernehmlichen Konfliktbeilegung" komme eine besondere Bedeutung zu[2811]. Forderungen nach mehr Kommunikation und Kooperation wurden übrigens schon einmal unter dem Motto „Der soziale Zivilprozess" erhoben[2812].

Mit Blick auf die bereits im allgemeinen Teil skizzierten englischen „Civil Procedure Rules" (CPR) aus dem Jahr 1999[2813] können für den deutschen Zivilprozess noch weitergehende Reformvorschläge zur Verbesserung von Kommunikation und Kooperation[2814] nutzbar gemacht werden[2815], die sich grundsätzlich auch auf den Arbeitsgerichtsprozess übertragen lassen. Dies betrifft schlagwortartig eine stärkere Beachtung des vorprozessualen Stadiums, eine intensivere Prozessleitung (im Sinne eines „active case management" und nicht nur in Form erweiterter Hinweis- und Aufklärungspflichten[2816]) sowie eine kreativere Vergleichspraxis[2817]. Zumindest in komplexeren Angelegenheiten bietet sich dabei einmal eine aktive Verfahrensgestaltung durch Einführung eines echten Vorbereitungstermins nach dem Vorbild der englischen „case management conference" an[2818]. Auch die Möglichkeit direkter Kommunikation zwischen Gericht und Parteien bzw. Rechtsanwälten zur Vorbereitung des Verhandlungstermins wird in der bisherigen Praxis viel zu wenig genutzt. Moderne Kommunikationsmittel

---

[2807] *Trossen* (2002), S. 106.

[2808] Siehe dazu bereits unter B. I. 2. b. aa. (6).

[2809] Siehe *Greger*, JZ 2002, 1020 f., mit Verweis auf BT-Drucks. 14/4722, S. 58.

[2810] Siehe dazu bereits unter C. III. 5. a. cc. und C. III. 5. b. aa.

[2811] So *Stünker*, ZRP 2003, 17, im Kontext mit den Schwerpunkten der rechtspolitischen Vorhaben in der 15. Legislaturperiode.

[2812] Dazu die gleichnamige Monographie von *Wassermann* (1978), insbesondere S. 84 ff., S. 97 ff. und S. 144 ff.: prozessuale Eigenschaft statt Richter- oder Parteiherrschaft; von der Verhandlungs- zur Kooperationsmaxime; vom geschlossenen zum offenen Verhandlungstyp.

[2813] Siehe dazu bereits unter B. I. 6. d. aa.

[2814] Zur „parties' duty to co-operate" nach den neuen englischen CPR *Zuckerman* (2003), 1.104 ff.; *Ayad*, IDR 2005, 123 (126 und 128 ff.); siehe auch *Sobich*, JZ 1999, 775 (777); ferner *Rumberg/Eicke*, RIW 1998, 19 (22), zum Woolf-Report.

[2815] Siehe nur *Greger*, JZ 2000, 842 (845 ff.), vor und vor allem JZ 2002, 1020 ff., nach der jüngsten deutschen Zivilprozessreform.

[2816] Zu den „case management objectives and powers" nach den neuen englischen CPR *Zuckerman* (2003), 10.48 ff.

[2817] Ausführlich dazu *Greger*, JZ 2002, 1020 (1026 ff.); vgl. auch *Engelhardt*, ZRP 2004, 233 (235).

[2818] Dazu *Sobich*, JZ 1999, 775 (778); ferner *Rumberg/Eicke*, RIW 1998, 19 (21), zum Woolf-Report.

bieten den Vorteil eines schnellen und gezielten Informationsaustauschs, so dass schon jetzt ein effizientes Gerichtsverfahren praktiziert werden kann. Beispielhaft seien hier die Erörterung der Möglichkeiten einer Strukturierung oder Beschränkung des Prozessstoffs und einer gütlichen Einigung mittels Telefonkonferenz sowie die Aufforderung der Parteien zu weiteren Sachinformationen per E-Mail genannt[2819].

Mehr Zielorientierung könnte womöglich auch eine stärkere Betonung des *Mündlichkeitsprinzips* mit sich bringen[2820]. Die mittelbare Prozessführung in Form von Anwaltsschriftsätzen birgt die Gefahr von Missverständnissen, Verdunklung und juristischen Scheingefechten und führt eher zu einer Verhärtung der Positionen als zur Verständigung zwischen den Konfliktparteien[2821]. Zumindest bis zur Güteverhandlung wäre – abgesehen von einem kurzen schriftlichen Klageantrag – an einen Verzicht auf Schriftsätze zu denken[2822]. Auch sind die Parteien bzw. ihre Anwälte zu mehr Sachlichkeit in ihren nicht selten polemischen Schriftsätzen aufgefordert[2823]. Abgesehen von einem strukturierten und sachlichen Vortrag müssen die tatsächlichen Umstände zudem vollständig vorgetragen werden, so wie es § 138 Abs. 1 ZPO (i.V.m. §§ 46 Abs. 2 ArbGG) zwingend festschreibt. Eine derartige Förderung umfassender Aufklärung im Rahmen des Verhandlungsgrundsatzes geht mit stärkeren Aufklärungspflichten der Parteien einher[2824]. Der neue § 142 Abs. 1 Satz 1 ZPO (i.V.m. §§ 46 Abs. 2 ArbGG) betreffend die richterliche Anordnung zur Urkundenvorlegung bleibt insoweit hinter den Möglichkeiten zurück[2825]. Jedenfalls ist eine solche Anordnung im Arbeitsrecht bisher ohne größeren praktischen Anwendungsbereich geblieben[2826]. Relevant könnte die Urkundenvorlegung im Arbeitsrecht beispielsweise im Kontext mit der

---

[2819] *Greger*, JZ 2002, 1020 (1027); vgl. jüngst *Lapp*, BRAK-Mitt. 2004, 17 (18), zur mündlichen Verhandlung in einem „Chatroom".

[2820] Vgl. *Salje*, DRiZ 1996, 292 (295 f.), betreffend Möglichkeiten zur Verbesserung der Rechtsfindung durch Prozessvergleiche; vgl. aus rechtsvergleichender Sicht auch *Kraushaar*, NZA 1988, 123 (125 f.), zum ausgeprägten Mündlichkeitsprinzip vor den französischen Arbeitsgerichten; vgl. aber *Knauer/Wolf*, NJW 2004, 2857 (2861 f.), zu den jüngsten Einschränkungen des Mündlichkeitsprinzips durch das Erste Justizmodernisierungsgesetz.

[2821] So treffend *Greger*, JZ 2000, 842 (846).

[2822] Vgl. schon *Schuster* (1983), S. 116 f., zum zivilrechtlichen Güteverfahren: kurzer schriftlicher Güteantrag, kurze schriftliche Stellungnahme hierzu, ansonsten aber weitgehender Verzicht auf den Austausch von Schriftsätzen; vgl. auch *Greger*, JZ 1997, 1077 (1081), der sogar für ein totales Schriftsatzverbot plädiert.

[2823] *Trossen* (2002), S. 471, demzufolge Richter den Parteien die negative Auswirkung von Polemik in den Schriftsätzen verdeutlichen sollten.

[2824] *Schlosser*, JZ 1991, 599 ff. (Besprechung von *BGH*, NJW 1990, 3151), und NJW 1992, 3275 ff. (Besprechung von *BVerfG*, NJW 1992, 1875); grundlegend zur Aufklärungspflicht der Parteien des Zivilprozesses schon *Stürner* (1976); im europäischen Kontext *Roth*, ZZP 109 (1996), 271 (291 ff.).

[2825] Dazu *Zöller/Greger*, § 142 Rn. 1: Um nicht in Widerstreit mit der Verhandlungsmaxime zu geraten, dürfe die Vorlageanordnung nicht zur Ausforschung nicht vorgetragener Sachverhaltselemente führen; siehe auch ebenda, Rn. 2: Die Anordnung der Urkundenvorlegung stehe zwar im Ermessen des Richters, bei der Ermessensausübung seien aber auch berechtigte Belange des Geheimnis- oder Persönlichkeitsschutzes zu berücksichtigen.

[2826] Dazu jüngst *Schwab/Wildschütz/Heege*, NZA 2003, 999 (1000).

Vorlage von Unterlagen zur Sozialauswahl werden[2827]. Insbesondere bei den im Arbeitsrecht oftmals anzutreffenden Vier-Augen-Gesprächen (z.B. zwischen Vorgesetztem und Arbeitnehmer, aber auch unter Kollegen) bietet sich ferner die verstärkte Nutzbarmachung der Parteianhörung (§ 141 ZPO) und Parteivernehmung (§ 448 ZPO) an[2828], etwa bei Mobbing-Fällen[2829]. Insoweit bedarf nicht zuletzt auch die höchstrichterliche Rechtsprechung einer gewissen Korrektur[2830].

Von großer Wichtigkeit erscheint schließlich das regelmäßig *persönliche Erscheinen der Parteien* zumindest in der Güteverhandlung. Es dürfte außer Frage stehen, dass es eine gütliche Einigung bzw. den Abschluss eines Vergleichs erleichtert, wenn die Parteien im Termin anwesend sind und selbst hören, wie das Gericht den Sach- und Streitstand beurteilt[2831]. Die Parteien sind die wichtigsten Erkenntnismittel zur Aufklärung des Sachverhalts und zur Aufhellung der hinter dem Rechtsstreit stehenden Interessen und Motive. Soll der Prozess nicht nur Ort juristischer Auseinandersetzung, sondern Mittel zur Bereinigung eines realen Rechtskonflikts sein, so ist ihre persönliche Anwesenheit eine wichtige Voraussetzung für das Erreichen des Prozessziels. Wichtig ist, die Parteien von Anfang an unmittelbar in den Prozess einzubinden, weil dadurch der Prozessstoff eingegrenzt, der Sachverhalt verdeutlicht und Möglichkeiten zu einer konstruktiven Lösung des Konflikts eruiert werden können[2832]. Das persönliche Erscheinen der Parteien zur Güteverhandlung ist der beste Schutz gegen eine inhaltsleere Verhandlung mit schlecht vorbereiteten Anwälten oder Richtern[2833]. Hinzu kommt die generell höhere Verfahrenszufriedenheit der an der Güteverhandlung anwesenden Parteien, die ihren „day in court" hatten[2834]. Außerdem ist rechtstatsächlich belegt, dass die persönliche Anwesenheit der Parteien einen erheblichen Einfluss auf die Vergleichsverhandlungen hat[2835]. Indes ist die anwaltliche Unsitte, den Parteien eine solche Anwesenheit aus (vermeintlich?) taktischen Erwägungen abzuraten, nach

---

[2827] Durch das am 1.1.2004 in Kraft getretene Gesetz zu Reformen am Arbeitsmarkt im Zuge der „Agenda 2010" wurde betreffend die Sozialauswahl die Rechtslage nach dem Arbeitsrechtlichen Beschäftigungsförderungsgesetz aus dem Jahr 1996 wiederhergestellt, dazu etwa *Thüsing/Stelljes*, BB 2003, 1673 ff.; *Bader*, NZA 2004, 65 (73 ff.); *Quecke*, RdA 2004, 86 (87 ff.); *Willemsen/Annuß*, NJW 2004, 177 ff.

[2828] In diesem Sinne jüngst auch *Kocher*, NZA 2003, 1314 ff., die im Ergebnis für eine Neuinterpretation des § 448 ZPO eintritt; instruktiv zur Parteianhörung und Parteivernehmung *Lange*, NJW 2002, 476 ff.; vgl. schon *Schlosser*, NJW 1995, 1404 ff., zur Waffengleichheit im Zivilprozess in Bezug auf Gespräche unter vier Augen.

[2829] Siehe dazu *LAG Thüringen*, NZA-RR 2001, 347 (357 f.); siehe auch *Kerst-Würkner*, AuR 2001, 251 (258); *Rieble/Klumpp*, ZIP 2002, 369 (380 f.); *Wickler*, DB 2002, 477 (482 f.).

[2830] Siehe *BAG*, NZA 2002, 731 (733 f.), zur Anfechtung eines Aufhebungsvertrags; siehe auch *BGH*, NJW 2002, 2247 (2249); NJW 2003, 3636.

[2831] So schon *T. Weber*, DRiZ 1978, 166 (167); *P. Gottwald*, ZZP 95 (1982), S. 245 (257); siehe zur vergleichsfördernden Wirkung speziell im Arbeitsrecht *Müller-Glöge*, RdA 1999, 80 (86 f.).

[2832] So treffend *Greger*, JZ 2000, 842 (846).

[2833] So *Däubler-Gmelin*, ZRP 2000, 458 (460), im Zuge der jüngsten Reform des Zivilprozesses.

[2834] *Budde* (2000), S. 516.

[2835] *Falke/Höland/Rhode/Zimmermann* (1981), S. 825.

wie vor weit verbreitet[2836]. § 51 Abs. 1 Satz 1 ArbGG lässt die Anordnung des persönlichen Erscheinens der Parteien in jeder Lage des Rechtsstreits (also gerade auch in der Güteverhandlung) fakultativ zu, sie hat also allein nach pflichtgemäßem Ermessen zu erfolgen[2837]. Dabei soll die Anordnung unterbleiben, wenn eine Partei jede Einlassung verweigert oder eindeutig erklärt hat, dass sie sich nicht vergleichen wolle[2838]. Dies erscheint zweifelhaft und fordert eine gesetzlich geregelte Anwesenheitsverpflichtung der Parteien geradezu heraus[2839]. Auf Seiten des Arbeitgebers könnte dabei an eine Anwesenheitspflicht des Vorgesetzten oder zuständigen Personalleiters gedacht werden, wobei eine Befreiung von dieser Verpflichtung nur in Ausnahmefällen möglich sein sollte[2840].

cc. Verbesserung der richterlichen Schlichtungsfähigkeit

Die Vergleichskultur vor den deutschen (Arbeits-)Gerichten erscheint zumindest in qualitativer Hinsicht verbesserungsfähig[2841]. Ob ein ausdrückliches gesetzliches „Verbot der Druckausübung" zu einer Verbesserung der Rechtsfindung durch Prozessvergleiche führt, sei dahin gestellt[2842]. Eine kreative Vergleichspraxis dürfte in jedem Fall durch eine Verbesserung der richterlichen Schlichtungsfähigkeit erreicht werden.

Zur (arbeits-)richterlichen Schlichtungsfunktion ist bereits ausreichend Stellung genommen worden[2843]. Die beschriebenen theoretischen Grenzen sind klar und müssen in der Praxis ernst genommen werden. Zu denken ist dabei an zweierlei: Zum einen geht es um die Frage, *ob* ein Vergleich im konkreten Einzelfall überhaupt Sinn macht. Hier muss beispielsweise auch berücksichtigt werden, dass sich das Gericht bei umstrittenen Rechtsfragen mit etwaigen Vergleichsbemühungen zurückhalten sollte[2844].

[2836] Dazu *Falke/Höland/Rhode/Zimmermann* (1981), S. 423, wenngleich immerhin etwa drei Viertel der Arbeitnehmer den Verhandlungen beiwohnen.

[2837] *GMPM/Germelmann*, § 51 Rn. 6; *Grunsky*, § 51 Rn. 3; jüngst auch *Kahlert*, NJW 2003, 3390 ff.

[2838] So *GMPM/Germelmann*, § 51 Rn. 14.

[2839] Vgl. *Salje*, DRiZ 1996, 292 (294), zum Zivilprozess betreffend Möglichkeiten zur Verbesserung der Rechtsfindung durch Prozessvergleiche; kritisch *Pukall/Kießling*, WM Sonderbeilage Nr. 1/2002 zu Heft 1/2002, S. 16, die es als rechtspolitisch höchst bedenklich bezeichnen, dass § 278 Abs. 3 Satz 2 ZPO auch auf § 141 Abs. 3 Satz 1 ZPO verweise, weil keine Partei zu einer gütlichen Einigung gezwungen werden könne; anders *Greger*, NJW 2002, 3049 (3050), demzufolge wegen der mit der Einführung der Güteverhandlung verfolgten Intention des Gesetzgebers zur einvernehmlichen Konfliktregelung eine Vertretung gem. § 141 Abs. 3 Satz 2 ZPO nur selten möglich sei.

[2840] Vgl. *Foerste*, NJW 2001, 3103 (3104), zu § 278 Abs. 3 ZPO mit Verweis auf BT-Drucks. 14/6036, S. 121, wonach ein persönliches Erscheinen in atypischen Fällen, unter Umständen also für (anonyme) Großunternehmen im Rechtsstreit mit Verbrauchern, nicht zumutbar sei; ähnlich jüngst *Kahlert*, NJW 2003, 3390 (3391), für Großunternehmen oder Organisationen, in denen das prozesserhebliche Wissen auf mehrere Personen verteilt ist.

[2841] Vgl. *Greger*, JZ 2002, 1020 (1027), zum Zivilprozess.

[2842] Dafür *Salje*, DRiZ 1996, 292 (295 f.), zum Zivilprozess.

[2843] Siehe dazu bereits unter C. III. 5. a.

[2844] In diesem Sinne schon *Arndt*, NJW 1967, 1585 (1586 f.), demzufolge kein Richter rechtlichen Grundproblemen durch Vergleichsbemühungen ausweichen sollte; ähnlich *Wolf*, ZZP 89 (1976), 270

Dies haben die Ausführungen im allgemeinen Teil zum Recht als Rahmenordnung gezeigt[2845]. Zum anderen geht es um die Frage, *wie*, d.h. mit welchen Mitteln, die Parteien dazu bewegt werden können, einen solchen Vergleich abzuschließen[2846]. Hier sind alternative Überlegungen gegenüber den bereits angestellten schwierig, da die dargelegten Grenzen der richterlichen Schlichtungsfunktion allein schon aus verfassungsrechtlichen Gründen erhalten bleiben müssen. Es wäre zwar wünschenswert, wenn sich Arbeitsrichter für Vergleichsgespräche mehr Zeit ließen und so ein tiefes Eindringen in den Konfliktstoff sowie ausgiebige Verhandlungen ermöglicht würden, um die Fortsetzung des Arbeitsverhältnisses zu erreichen[2847]. Dies erscheint aber vor dem Hintergrund der Belastung der Arbeitsgerichtsbarkeit ebenso wenig möglich wie eine Aufstockung des Richterpersonals vor dem Hintergrund der angespannten Finanzsituation des Staats[2848]. Möglicherweise kann indes durch die soeben vorgeschlagene Verbesserung von Kommunikation und Kooperation und die dadurch erhoffte Effizienzsteigerung des Prozesses mehr Freiraum für richterliche Vergleichsgespräche geschaffen werden[2849]. Auch bleibt abzuwarten, ob sich die arbeitsrichterliche Belastung durch den Einsatz der im Rahmen dieser Abhandlung vorgeschlagenen alternativen Konfliktbehandlungen tatsächlich reduzieren lässt[2850].

In den meisten Fällen werden die Beteiligten ohnehin darin übereinstimmen, *ob* ein Vergleich in der konkreten Situation Sinn macht und *wie*, sprich in welchem Rahmen, etwaige Lösungen gesucht werden müssen[2851]. Jedoch ist gerade diese „Übereinstimmung" bisweilen in einem kritischen Licht zu sehen, wie die obigen Ausführungen ergeben haben, vor allem wenn es Arbeitsrichtern und Anwälten lediglich darum geht, dass der Arbeitsplatz des Arbeitnehmers durch den Arbeitgeber – zumal im Widerspruch zur geltenden Rechtslage[2852] – freigekauft werden soll[2853]. Hier sollten auch

---

(291 f.), demzufolge der Richter bei der Abwägung zwischen Vergleich und Urteil die Vereinheitlichung und Fortbildung des Rechts im Auge haben müsse; vgl. *Lewerenz/Moritz* (1983), S. 78, zur Konkretisierung oder Fortbildung des Rechts als für ein Urteil geeignete Prozesskonstellation.

[2845] Siehe dazu bereits im allgemeinen Teil unter B. II. 6.

[2846] Vgl. schon *Stürner*, DRiZ 1976, 202 (203): Maßstäbe für das „Wann" und „Wie" der gütlichen Schlichtung bzw. Frage nach dem „Ob" und „Wie"; vgl. auch *Musielak*, NJW 2000, 2769 (2771), im Zuge der jüngsten Reform des Zivilprozesses zum „Ob" und „Wie" der Güteverhandlung.

[2847] In diesem Sinne bereits *Lewerenz/Moritz* (1983), S. 77 f., die dies als alternative Vergleichs- und Urteilspraxis bezeichnen.

[2848] *Lewerenz/Moritz* (1983), S. 83 f., weisen letztlich ebenfalls auf die organisatorischen Schranken der richterlichen Tätigkeit hin und sehen lediglich die Reformperspektive, andere Schlichtungsmöglichkeiten zu forcieren; siehe zur anhaltenden Finanzkrise des Staates als Hintergrund rechtspolitischer Erwägungen zur Entlastung der Justiz bereits im allgemeinen Teil unter B. I. 3. a.

[2849] Vgl. *Greger*, JZ 2002, 1020 (1027), zum Zivilprozess.

[2850] Siehe dazu bereits im allgemeinen Teil unter B. I. 3. c. bb.

[2851] So schon zu Recht *L. Wenzel*, NJW 1967, 1587 (1593), jedoch sind die von ihm genannten Beteiligten „Anwälte und Richter" um die Parteien selbst zu erweitern.

[2852] Siehe allerdings zur gesetzlichen Abfindungsregelung bereits unter C. IV. 1. c. aa.

[2853] Zur kritischen Würdigung der arbeitsgerichtlichen Güteverhandlung in der Praxis bereits unter C. III. 5. b. bb. (2).

Arbeitsrichter bemüht sein, etwaige Alternativen mit den Parteien und deren Rechtsvertretern zu erörtern[2854]. Zu Möglichkeiten der Aufrechterhaltung statt Auflösung des Arbeitsverhältnisses ist ebenfalls bereits Stellung genommen worden[2855]. Selbst wenn eine solche nahe liegt, kann es angebracht sein, zur Erhaltung des Bestandsschutzes Vergleichsbemühungen zwischen den Parteien weiter zu fördern, um letztlich der Auflösung des Arbeitsverhältnisses als ultima ratio zu entgegnen[2856].

Neue bzw. zumindest erneuerte Denkanstöße können darüber hinaus insofern gegeben werden, als es um die richterlichen *Vergleichstechniken* geht[2857]. Erneuert deshalb, weil diese Frage ebenfalls bereits Gegenstand der Alternativdiskussion zu Beginn der 80er Jahre war[2858], obschon ohne nennenswerte Umsetzung in der Folgezeit[2859]. Die Streitschlichtung muss Teil der *Juristenausbildung* sein[2860]. (Arbeits-)Richter sollten sich mit Techniken professioneller Verhandlungsführung und Mediation beschäftigen, etwa zur Bedeutung unterschiedlicher Wahrnehmung von Konfliktsituationen, Interessen und Präferenzen, zu Einigungshindernissen und Verfahrensgerechtigkeit. Ihnen sollten zumindest das aktive Zuhören[2861] und das Paraphrasieren als klassische Kommunikationstechniken geläufig sein. Hohen Wert hätte auch ein professionelles Feedback zum eigenen Verhandlungsstil. Im Ergebnis ist also eine Neubewertung der richterlichen Tätigkeit angesagt[2862]. Nur unter diesen Umständen wird sich an der derzeitigen Vergleichspraxis etwas ändern lassen. Unter dem Aspekt der Steigerung der richterlichen Fähigkeit zur Herbeiführung eines gütlichen Ausgleichs geht es freilich nicht um „Manipulationen zu Vergleichszwecken" etwa durch psychologische Schulung und gruppendynamische Kurse[2863]. Einer solchen Fehlentwicklung sollte man ebenfalls durch eine entsprechende Schlichtungsausbildung entgegensteuern.

[2854] Siehe schon *Lewerenz/Moritz* (1983), S. 81.

[2855] Siehe dazu bereits unter C. IV. 3. e. bb.

[2856] Siehe schon *Wolf*, ZZP 89 (1976), 270 (287), zur Kollision zwischen § 296 ZPO a.F. (§ 278 Abs. 1 ZPO) und § 300 ZPO.

[2857] Vgl. *R. Wassermann*, NJW 1998, 1685 (1686), demzufolge die richterliche Mediatorentätigkeit ausgebaut werden sollte, statt ein neues Verfahren einzuführen; ähnlich *Henkel*, NZA 2000, 929 (931): Erweiterung der richterlichen Verhandlungskompetenz.

[2858] Siehe dazu die Beiträge von *Röhl* (1983c), S. 209 ff., *Struck* (1983), S. 217 ff., und *Kircher* (1983), S. 225 ff.; vgl. *Lewerenz/Moritz* (1983), S. 77.

[2859] Dass sich Richter Vergleichstechniken in Fortbildungskursen seit jeher vermitteln lassen, steht dabei außer Frage, vgl. *W. Gottwald* (1981), S. 71; vgl. auch *Rogowski* (1982), S. 162, demzufolge die Richterakademie in Trier „seit kurzem" jährliche Kurse im Rahmen der beruflichen Weiterbildung von Richtern betreibe, die dem richterlichen Verhalten beim Prozessvergleich gewidmet seien.

[2860] Vgl. *Ayad*, ZRP 2000, 229 (232), und *Musielak*, NJW 2000, 2769 (2771), zur Einführung der Güteverhandlung im Zuge der jüngsten Reform des Zivilprozesses; zur Juristenausbildung als zentralen Punkt für den Erfolg alternativer Konfliktbehandlungen im abschließenden Teil unter D. I. 3. b. bb.

[2861] Siehe jüngst *Fuchtmann*, ZKM 2003, 254 ff., zum aktiven Zuhören als wesentlichem Erfolgsfaktor einer Mediation.

[2862] Zum Ganzen *Henkel*, NZA 2000, 929 (931 f.); vgl. jüngst *Wesche*, ZRP 2004, 49 (51 f.).

[2863] Skeptisch *Stürner*, JR 1979, 133 (136): „sublimere Formen der Manipulation"; vgl. *Röhl/Röhl*, DRiZ 1979, 33 (37).

In der Praxis ist oft zu beobachten, dass sich Arbeitsrichter im Laufe der Zeit ihre Schlichtungsqualitäten im Wege des „training on the job" bzw. „learning by doing" selbst aneignen. Dem geht allerdings ein längerer Prozess voraus. Diesen Langzeit-lernprozess müssen unerfahrene Arbeitsrichter erst durchleben. Und genau an diesem Punkt besteht Nachholbedarf. Eigene Beobachtungen arbeitsgerichtlicher Güteverhandlungen haben ergeben, dass hinsichtlich der Intensität – um nicht zu sagen: Qualität – arbeitsrichterlicher Vergleichsbemühungen ein Jung-Alt-Gefälle auszumachen ist[2864]. Angesichts dahin gehender Ausbildungsdefizite junger Arbeitsrichter ist dies nicht weiter verwunderlich. Wohlgemerkt: Es geht hier nicht um die schlichte (quantitative) Vergleichsquote, zumal diese unabhängig von der Dauer der Zugehörigkeit zum Arbeitsgericht zu sein scheint[2865], als vielmehr um die Frage der interessengerechten Durchsetzung eines Vergleichs in qualitativer Hinsicht.

b. Ergänzung gerichtlicher Verfahren durch alternative Konfliktbehandlungen

Empfehlenswert ist zudem eine Ausweitung der gerichtsbezogenen alternativen Konfliktbehandlung[2866]. Der Umstand, dass die außergerichtliche Streitschlichtung momentan weit ab von unserer Zivilprozessordnung ist[2867], ist kritisch zu hinterfragen[2868]. Das US-amerikanische Vorbild der sog. court-related ADR kann als Grundlage einer entsprechenden Diskussion auch in Deutschland dienen[2869]. Aber auch den englischen „Civil Procedure Rules" (CPR) aus dem Jahr 1999 kommt eine Vorbildfunktion zu[2870].

[2864] Dem entspricht, dass (nur) erfahrene und fähige Arbeitsrichter zu Vorsitzenden von betriebsverfassungsrechtlichen Einigungsstellen bestellt und auch sehr häufig als unparteiische Vermittler von den Tarifvertragsparteien zur tariflichen Schlichtung beigezogen werden, *Düwell* (1999), S. 755.

[2865] So *Rottleuthner* (1978), S. 120; vgl. *Falke/Höland/Rhode/Zimmermann* (1981), S. 829.

[2866] Oftmals auch als „gerichtsverbundene", *W. Gottwald*, AnwBl 2000, 265, oder „gerichtsnahe", ders. (2002), S. 421, Konfliktbehandlung bezeichnet; die von *Trossen* (2002), S. 444, vorgenommene Unterscheidung zwischen „gerichtsnaher" und „integrierter" Mediation jedenfalls nicht recht nachvollziehbar (siehe insbesondere Rn. 67 und 74); vgl. ders., ZKM 2001, 159 (161); kritisch *Fücker*, ZKM 2004, 36 ff., betreffend die „strukturellen Hemmnisse gerichtsnaher Mediation".

[2867] Vgl. *Wesel*, NJW 2002, 415 (416).

[2868] Dass das Thema „Auslotung richterlicher Möglichkeiten zur Streitbeilegung während des Verfahrens" der bisherigen zeitlichen Tendenz der Überlegungen in Bezug auf die außergerichtliche Streitbeilegung zuwider laufe, wie *Prütting*, AnwBl 2000, 273 (274), meint, ist nicht recht ersichtlich, da durch gerichtsbezogene ADR-Verfahren die bereits bei Gericht anhängigen Streitigkeiten lediglich von dort wieder in die außergerichtliche Konfliktbehandlung überführt werden sollen.

[2869] *W. Gottwald*, AnwBl 2000, 265 ff.; siehe zum Einbau nichtrichterlicher Vermittlung in das justizielle Verfahren bereits ders. (1981), S. 266 ff.; zur gerichtsverbundenen Schlichtung in den USA und deren positiven Auswirkungen *Jorde* (1982), S. 205 ff. und S. 213 ff.; zu Modellen alternativer Konfliktlösung an amerikanischen Zivilgerichten *Krapp*, ZRP 1994, 115 ff.; zu den Anregungen aus den USA für die deutsche Rechtsordnung bzw. zur Verhandlungsunterstützung durch Dritte im deutschen Zivilprozessrecht *Duve* (1999), S. 409 ff. und S. 440 ff.; siehe schließlich *Zimmer* (2001), S. 127 ff.; *Scherer*, ZKM 2003, 227 ff., mit einem Praxisbericht.

[2870] *Greger*, JZ 2002, 1020 (1028); ausführlich dazu jüngst *Wagner*, ZKM 2004, 100 ff.; *Ayad*, IDR 2005, 123 ff.; siehe auch *Zuckerman* (2003), 1.116 ff., zum „promoting settlement" nach den neuen englischen CPR.

Entsprechende Anregungen hatte es auch im Vorfeld der jüngsten Reform des Zivilprozesses gegeben[2871].

Die im Zuge der Zivilprozessreform neu eingeführte Vorschrift des § 278 Abs. 5 Satz 2 ZPO sieht lediglich, aber immerhin vor: „In geeigneten Fällen kann das Gericht den Parteien eine außergerichtliche Streitschlichtung vorschlagen." Es ist zu bedauern, dass die Möglichkeit nicht genutzt wurde, alternative Konfliktbehandlungen noch weitergehend auszugestalten. Die nun vorgesehene Regelung des § 278 Abs. 5 Satz 2 BGB bleibt hinter den gesetzgeberischen Möglichkeiten zurück[2872]. Der Richter hat zwar ein Vorschlagsrecht (keine Vorschlagspflicht), er kann diesen für ihn zunächst bequemen Weg aber nicht erzwingen, d.h. es besteht keine Annahmepflicht der Parteien[2873]. Dies und die Tatsache, dass sich der Gesetzgeber jeglicher sonstigen näheren Ausgestaltung der außergerichtlichen Streitschlichtung enthalten hat, lässt die Regelung als recht halbherzig erscheinen[2874]. So mag es auch nicht verwundern, wenn prophezeit wird, dass das Gericht von der gesetzlich eingeräumten Möglichkeit, die Parteien in eine außergerichtliche Streitschlichtung zu bringen, wohl allenfalls in Ausnahmefällen Gebrauch machen werde[2875]. Gleichwohl ist § 278 Abs. 5 Satz 2 ZPO ein Schritt in die richtige Richtung, zumal gewichtige Argumente für die Integration alternativer Streitschlichtungselemente in den Prozess sprechen[2876]. In rechtspolitischer Hinsicht werden die Gerichte durch die Delegation von Rechtsstreitigkeiten entlastet, zudem wird die Nachfrage nach alternativen Konfliktbehandlungen durch die Justiz stimuliert. Darüber hinaus wird der Gesetzgeber nicht nur von der kaum bzw. jedenfalls nicht befriedigend lösbaren Aufgabe enthoben, die zur Schlichtung geeigneten Fälle im Vornhinein mittels einer vorgerichtlichen Schlichtung zu definieren[2877], vielmehr entfällt der durch eine vorgerichtliche Schlichtung bedingte Kosten- und Zeitverlust. Schließlich bleiben den Parteien in rechtssoziologischer Hinsicht die nachteiligen Aspekte bei der Durchführung gerichtlicher Verfahren erspart[2878], ohne jedoch auf eine gewisse richterliche Aufklärung der Sach- und Rechtslage verzichten zu müssen[2879].

[2871] Siehe insbesondere *Greger*, ZRP 1998, 183 ff., zu § 279 ZPO a.F. unter dem Aspekt der richterlichen „Diversion statt Flaschenhals".

[2872] Dazu *Ayad*, ZRP 2000, 229 (und 233 f.); ebenso *Duve*, Anwalt 3/2001, 16, mit dem bezeichnenden Titel „Chance für Mediation? ZPO-Reform wird zu eng angelegt"; vgl. *Grisebach*, DAV-Mitt. Mediation 2/2001, 5 (6).

[2873] *Monßen*, ZKM 2001, 116 f., und AnwBl 2004, 7 (9).

[2874] In diesem Sinne auch *Grisebach*, DAV-Mitt. Mediation 2/2001, 5 (7); kritisch zur „unbezahlbaren Schlichtung nach § 278 Abs. 5 Satz 2 ZPO" auch *Hansens*, JurBüro 2003, 69.

[2875] So *Herzler*, NJ 2001, 617 (618); ebenfalls skeptisch zum „Zurück in den außergerichtlichen Raum" *Hartmann*, NJW 2001, 2577 (2582).

[2876] Dazu *Katzenmeier*, ZZP 115 (2002), 88 ff.; positiv jüngst auch *Bamberger*, ZRP 2004, 137 (138).

[2877] Vgl. zur dahin gehenden Kritik an § 15a Abs. 1 Satz 1 EGZPO bereits unter C. IV. 8. a. aa.

[2878] Siehe dazu bereits im allgemeinen Teil unter B. I. 2. b.

[2879] Siehe zum Ganzen *G. Wagner*, JZ 1998, 836 (843 f.); vgl. *Spindler/Apel/Spalckhaver*, ZKM 2003, 192 ff., zu den Anreizstrukturen der „gerichtsnahen Mediation" für Richterschaft, Anwaltschaft, Parteien und Rechtsschutzversicherungen; jüngst *Götz von Olenhusen*, ZKM 2004, 104 (105 f. und 107).

Bei der zu fördernden „Anwendung des zeitgemäßen Outsourcing-Gedankens auf den Zivilprozess"[2880] können die US-amerikanischen Erfahrungen mit dem *Multi-Door Courthouse* nutzbar gemacht werden[2881]. Diese zeigen allen voran, dass jedes alternative Verfahren gegenüber dem gerichtlichen Verfahren, aber auch gegenüber seinen Alternativen, einen spezifischen zusätzlichen Nutzen, seinen eigenen Mehrwert haben kann. Zweckmäßig ist daher eine Vernetzung bzw. Kombination der verschiedenen Verfahren[2882]. Dies führt letztlich zu der bereits im allgemeinen Teil proklamierten Vielfalt alternativer Konfliktbehandlungen und Flexibilität bei ihrem Einsatz[2883]. Unter anderem sind hier folgende Alternativen zu nennen[2884]: Anwaltsvergleich, Schlichtungs- bzw. Gütestelle oder Mediation mit der Möglichkeit der Rückverweisung sowie Schiedsgutachten und Schiedsverfahren. Aber auch die bereits benannten US-amerikanischen ADR-Verfahren wie z.B. Early Neutral Evaluation, Mini-Trial oder Pre-Trial Discovery können hier von Nutzen sein[2885]. Um in das richtige Verfahren zu gelangen, müssen möglichst von Beginn an Weichenstellungen im Sinne eines „Fensters" zu dem passenden Verfahren geboten werden. Im Übrigen muss sich die Streitigkeit für die außergerichtliche Streitschlichtung sowohl in persönlicher als auch sachlicher Hinsicht eignen[2886]. Dazu bedarf es einer Art richterlichen Fallmanagements sowohl vor als auch nach Verhandlungsbeginn[2887]. Hierfür bietet sich vornehmlich die Güteverhandlung an, denkbar ist aber auch eine Verfahrensverhandlung, die eigens dazu dient, ein geeignetes Konfliktbehandlungsverfahren zu erörtern[2888]. Erforderlich ist weiter ein gezielter Einsatz der Schlichtungsbemühungen, wie dies auch im allgemeinen Teil unter dem Gesichtspunkt der Steuerung alternativer Konfliktbehandlungen diskutiert wurde. Um dem Recht als Rahmenordnung Rechnung zu tragen, sollten keine Rechtsfragen von grundsätzlicher Bedeutung in eine außergerichtliche Schlichtung verwiesen werden[2889]. Schließlich ist der geeignete Zeitpunkt für eine etwaige Verweisung des Rechtsstreits an eine außergerichtliche Institution auszumachen und ferner sind Leistungsanreize im Schlichtungswesen zu schaffen[2890].

[2880] So treffend *Greger*, ZRP 1998, 183 (186).

[2881] Erstmals wohl *W. Gottwald*, BRAK-Mitt. 1998, 60 (62); jüngst auch *Wesche*, ZRP 2004, 49 (51); ausführlich *Birner* (2003), S. 205 ff., zum Multi-Door Courthouse im deutschen Rechtssystem; siehe dazu auch die Ausführungen bereits im allgemeinen Teil unter B. I. 6. c.

[2882] *W. Gottwald*, AnwBl 2000, 265 (267).

[2883] Siehe dazu bereits unter B. III. 3.

[2884] Nach *Greger*, ZRP 1998, 183 (184).

[2885] Vgl. *Monßen*, ZKM 2003, 116 (117), und AnwBl 2004, 7 (9 f.); siehe zu den ADR-Verfahren bereits im allgemeinen Teil unter B. I. 6. c. und im besonderen Teil unter C. IV. 5. c.

[2886] Vgl. *Schneeweiß*, DRiZ 2002, 107 (109 ff.), sowie *Monßen*, ZKM 2003, 116 f., und AnwBl 2004, 7 f., zu § 278 Abs. 5 Satz 2 ZPO; *Ponschab/Kleinhenz*, DRiZ 2002, 430 (433 f.), mit einer Entscheidungshilfe betreffend die Frage „Mediation oder Gerichtsverfahren?".

[2887] *W. Gottwald*, AnwBl 2000, 265 (267 und 271 f.); vgl. ders., WM 1998, 1257 (1263 f.).

[2888] Siehe den Gesetzgebungsvorschlag der BRAK zu § 278 ZPO, abgedruckt in ZKM 2002, 45 (46 f.).

[2889] Vgl. *Wagner*, ZKM 2004, 100 (102); siehe dazu auch bereits im allgemeinen Teil unter B. II. 6.

[2890] Vgl. *Greger*, ZRP 1998, 183 (184 f.); siehe zu den Kostenanreizen noch im abschließenden Teil unter C. I. 2. c. aa.

Der gesetzliche Regelungsbedarf ist eher als gering zu bezeichnen, zumal das Verfahren selbst angesichts der zahlreichen Verfahrensalternativen weitgehend frei ausgestaltet werden muss. Einen entsprechenden Gesetzgebungsvorschlag hat es schon im Vorfeld der Zivilprozessreform gegeben[2891]. Seit Anfang 2002 liegt nun ein vom Ausschuss Mediation der BRAK erarbeiteter Gesetzgebungsvorschlag zu § 278 ZPO betreffend eine „gerichtsnahe Mediation" vor[2892]. Eine interessante Frage dabei ist, ob es unter den im allgemeinen Teil aufgezeigten verfassungsrechtlichen Gesichtspunkten möglich[2893] und dem Aspekt der Freiwilligkeit sinnvoll[2894] ist, dass der Richter den Rechtsstreit *zwingend* an eine außergerichtliche Institution verweisen kann. Insoweit wird überwiegend geltend gemacht, dass sich zumindest gerichtsverbundene ADR-Verfahren im Rahmen des geltenden Verfahrensrechts halten müssten, so dass sie nur auf freiwilliger Basis stattfinden könnten und sich innerhalb dessen halten müssten, was die Parteien aufgrund ihrer Verfahrensautonomie vereinbaren könnten[2895]. Beachtlich ist der Vorschlag, dem Gericht zumindest die Kompetenz zuzusprechen, anzuordnen, dass sich die „Parteien alsbald über die unterschiedlichen Möglichkeiten der Streitbehandlung, insbesondere über den Charakter des Mediationsverfahrens, aufklären lassen" müssen[2896]. Jedenfalls muss sichergestellt werden, dass der Ausstieg aus dem alternativen Verfahren jederzeit möglich ist.

Erwähnenswert sind in diesem Zusammenhang schließlich einige, auf der Idee des US-amerikanischen Multi-Door Courthouse basierende deutsche *Modellversuche*. Dabei dürfte das baden-württembergische Justizministerium mit seinem Modellversuch einer gerichtsbezogenen alternativen Konfliktbehandlung sowohl am *AG Stuttgart* als auch *LG Stuttgart* in den Jahren 2000 und 2001 die Pionierarbeit geleistet haben. Auf der Grundlage der – wohlgemerkt – derzeitigen Rechtslage sei es nur vereinzelt gelungen, Parteien noch zur Durchführung einer Mediation zu bewegen, wenn das gerichtliche Verfahren bereits anhängig gewesen sei. Bessere Erfolge habe allerdings die Informationsstelle für noch nicht anhängige Streitsachen erzielt, wobei die Richter als „Fall-

---

[2891] *Greger*, ZRP 1998, 183 (186); vgl. ansatzweise schon *Stürner* (1983), S. 151.

[2892] Abgedruckt in ZKM 2002, 45 ff., mit Anmerkung *Ewig*.

[2893] Siehe dazu bereits unter B. III. 1.

[2894] Siehe dazu bereits unter B. III. 6.

[2895] *W. Gottwald*, AnwBl 2000, 265 (267); *Schneeweiß*, DRiZ 2002, 107 (108 ff.), plädiert ebenfalls für einen „Vorrang der Privatautonomie"; *Monßen*, ZKM 2003, 116 (117), beruft sich diesbezüglich auf die Rechtsweggarantie des Art. 19 Abs. 4 GG; vgl. *Birner*, ZKM 2003, 149 (152 f.), zur Effizienz durch Privatautonomie bei der Wahl des Verfahrens; vgl. auch *G. Wagner*, JZ 1998, 836 (844), mit Verweis auf die Rechtslage in Frankreich; vgl. aber *Greger*, ZRP 1998, 183 (186):„unanfechtbarer Beschluss" über die Verweisung an die Gütestelle; *Grisebach*, DAV-Mitt. Mediation 2/2001, 5 (6): nach Anhörung der Parteien; vgl. schließlich die Nachricht der Internetredaktion Verlag C.H. Beck vom 5.2.2004 zu dem vom DAV geforderten „Verweisungsrecht" des Gerichts.

[2896] So der Gesetzgebungsvorschlag der BRAK, ZKM 2002, 45 (46 f.); ähnlich der „Draft Proposal for a Directive on Certain Aspects of Mediation in Civil and Commercial Matters" der Europäischen Kommission (Art. 3.1 Satz 2), ZKM 2004, 149.

manager" bzw. „Türverweiser" fungierten[2897]. So hat dann auch der Modellversuch „a.be.r." (außergerichtliche Beilegung von Rechtsstreitigkeiten) im LG-Bezirk Nürnberg-Fürth das eher bescheidene Ziel, die Möglichkeiten der außergerichtlichen Streitschlichtung der breiten Öffentlichkeit nur bekannt zu machen[2898]. Freilich: Aller Anfang ist schwer[2899]. Es wird indes inzwischen auch von durchaus erfolgreichen Modellversuchen berichtet[2900]. In dem auf drei Jahre angelegten Modellprojekt „Gerichtsnahe Mediation in Niedersachsen" wird den Prozessparteien an sechs Modellgerichten (zwei Amtsgerichten, zwei Landgerichten sowie einem Sozial- und Verwaltungsgericht) auch nach Klageerhebung die Möglichkeit eröffnet, ihren Konflikt mit Hilfe eines als Mediator tätigen Richters einvernehmlich beizulegen[2901]. Dabei ist der am *LG Göttingen* bis dato vorgeschlagenen Mediation in 75 % der Fälle zugestimmt worden, wobei die Vergleichsquote 90 % betrug[2902].

Es sollte außer Frage stehen, dass die Vorschrift des § 278 Abs. 5 Satz 2 ZPO (über §§ 46 Abs. 2 Satz 1 ArbGG i.V.m. § 495 ZPO) auch im *arbeitsgerichtlichen Verfahren* anwendbar ist und in durchaus sinnvoller Weise fruchtbar gemacht werden kann. Etwas anderes ergibt sich auch nicht daraus, dass die Güteverhandlung für das Arbeitsgerichtsverfahren speziell geregelt ist und sich die „zwingende Notwendigkeit gerichtlicher Schlichtung ... bestens bewährt" hat bzw. – siehe obige Ausführungen zur kritischen Würdigung der arbeitsgerichtlichen Güteverhandlung in der Praxis[2903] – haben soll[2904]. Vielmehr ist eine solche richterliche Diversion „bei verwandtschaftlichen oder

---

[2897] *Goll*, AnwBl 2003, 274 (275); siehe zu diesem Diversionsmodell auch *Greger*, ZKM 2003, 240 (241 ff.); siehe dazu auch mediations-report 8/2003, 2; siehe ferner *Peter/Bosch*, ZKM 2002, 73 (75), zu einem ernüchternden Pilotversuch am Bezirksgericht Zürich: Von den sechs (von 72 angefragten) verfahrenen Fällen, die letztlich für die Mediation im Rahmen einer „settlement week" gewonnen werden konnten, kam es lediglich in einem Fall zum Abschluss eines Vergleichs, was daran gelegen haben dürfte, dass die Konflikteskalation mit zunehmender Verfahrensdauer eine gütliche Einigung nahezu unmöglich machte; siehe zur Eskalation des Konflikts als nachteiligem Aspekt gerichtlicher Konfliktbehandlung bereits im allgemeinen Teil unter B. I. 2. b. aa. (7).
[2898] Siehe zu diesem Distributionsmodell *Greger*, ZKM 2003, 240 f., und ZKM 2004, 196 (197 f.); *Huther*, ZKM 2004, 247 (248 f.); dazu auch NJW Heft 44/2002, S. XII, DAV-Mitt. Mediation 3/2002, 17, mediations-report 11/2002, 1, und 5/2003, 3; siehe ferner Internetredaktion Verlag C.H. Beck vom 23.5.2001, NJW Heft 26/2001, S. X, und mediations-report 9/2003, 2 f., zum Mediationsbüro des *AG Hannover*.
[2899] Bezeichnend die Mitteilung im mediations-report 9/2003, 3, unter Berufung auf den Münchner Merkur vom 17.7.2003, wonach Münchner Richter die Mediation überwiegend ignorieren.
[2900] Eine vom DAV veröffentlichte Übersicht über die Entwicklung der gerichtsnahen Mediation findet sich unter http://www.anwaltverein.de/01/depesche/texte05/mediation.pdf (1.9.2005).
[2901] *Spindler/Apel/Spalckhaver*, ZKM 2003, 192; siehe zu diesem Integrationsmodell auch *Greger*, ZKM 2003, 240 (243 f.); dazu bereits mediations-report 2/2002, 3, und 8/2002, 1.
[2902] Dazu *Rüstow*, AnwBl 2003, 633 f.; *Götz von Olenhusen*, ZKM 2004, 104; *Huther*, ZKM 2004, 247 (250); siehe *Böttger/Hupfeld*, ZKM 2004, 155 ff., zur Begleitforschung des Projekts.
[2903] Siehe dazu bereits unter C. III. 5. b. bb. (2).
[2904] A.A. *Schmidt/Schwab/Wildschütz*, NZA 2000, 337 (341); a.A. offenbar auch *Holthaus/Koch*, RdA 2002, 140 (148), wonach § 54 ArbGG dem § 278 ZPO vorgehe; wie hier aber *GMPM/Germelmann*, § 54 Rn. 3a.

wirtschaftlichen Verflechtungen" bzw. immer dann besonders angebracht, wo die Beteiligten im Hinblick auf das weitere Zusammenleben an einer möglichst einvernehmlichen Konfliktbeilegung interessiert sein müssen[2905] – also auch im Arbeitsrecht[2906].
Speziell im Arbeitsrecht wäre hierbei an eine Verweisung des Rechtsstreits an eine
innerbetriebliche oder außerbetriebliche Konfliktbehandlungsstelle zu denken[2907].
Denkbar ist aber auch eine Verweisung des Rechtsstreits an eine Mediation; ein entsprechendes Pilotprojekt wurde jetzt am *ArbG Bonn* ins Leben gerufen[2908]. Wer
schließlich erlebt hat, dass sich die Angebote der Arbeitsparteien hinsichtlich einer
Abfindungslösung – wie so oft – nur um einige hundert oder tausend Euro voneinander bewegen, mag auch eine durch das Arbeitsgericht initiierte Durchführung einer
Final-Offer- oder High/Low-Arbitration für sinnvoll erachten[2909].

Ferner ist auf die durch die jüngste Reform des Zivilprozesses eingeführte Vorschrift
des § 278 Abs. 6 ZPO hinzuweisen, die den Abschluss eines schriftlichen Prozessvergleichs auch außerhalb der mündlichen Verhandlung ermöglicht[2910]. Diese Möglichkeit besteht freilich auch im arbeitsgerichtlichen Verfahren, wobei dieses Ergebnis
nicht nur den Gesetzesmaterialien zu entnehmen ist, sondern auch Sinn macht[2911].

c. Einführung einer arbeitsrechtlichen Kollektivklage unter Berücksichtung der jüngsten Reform des Schuldrechts

Diskussionswürdig ist endlich die Einführung einer arbeitsrechtlichen Kollektivklage.
Zwar hat der Betriebsrat gegen den Arbeitgeber nach der ständigen Rechtsprechung
des *BAG* einen Erfüllungs- und (allgemeinen) Unterlassungsanspruch hinsichtlich kollektiv begründeter Rechte, beispielsweise auf Durchführung einer Betriebsvereinbarung oder Unterlassung einer vom Arbeitgeber beabsichtigten, die Beteilungsrechte
des Betriebsrats missachtenden Maßnahme[2912]. Und auch die Gewerkschaft kann sich

---

[2905] So schon *Greger*, ZRP 1998, 183 (185).
[2906] Vgl. dazu die Ausführungen zur Ungeeignetheit bestimmter Konflikte für das gerichtliche Verfahren bereits im allgemeinen Teil unter B. I. 2. c.
[2907] Siehe zu diesen Konfliktbehandlungsstellen bereits unter C. IV 3. d. cc. (2) bzw. C. IV. 4. b.
[2908] Siehe dazu die Mitteilung im mediations-report 6/2003, 3.
[2909] Siehe zu diesen innovativen Konfliktbehandlungen bereits unter C. IV. 5. c.
[2910] Dazu *Foerste*, NJW 2001, 3103 (3105); *Gehrlein*, MDR 2003, 421 (422); *Bamberger*, ZRP 2004,
137 (138); *Beunings*, AnwBl 2004, 82 (86); vgl. *Hirtz*, AnwBl 2004, 503 (504), und *Knauer/Wolf*,
NJW 2004, 2857 (2858 f.), zur Änderung durch das Erste Justizmodernisierungsgesetz; kritisch *Nungeßer*, NZA 2005, 1027 ff.; aus Anwaltssicht von Interesse *OLG München*, NJW-RR 2003, 788 (789):
keine Verhandlungsgebühr gem. § 35 BRAGO; a.A. *Buchmüller*, AnwBl 2004, 88 ff. m.w.N.
[2911] Ausführlich dazu *Holthaus/Koch*, RdA 2002, 140 (141 f.); siehe auch *Schmidt/Schwab/Wildschütz*,
NZA 2001, 1161 (1165); *Schwab/Wildschütz/Heege*, NZA 2003, 999 (1001); *Nungeßer*, NZA 2005,
1027 (1028); vgl. bereits *Berscheid*, ZfA 1989, 47 (86 f.), mit einer entsprechenden Forderung; vgl.
ferner *Dahlem/Wiesner*, NZA 2004, 530 ff.
[2912] *FESTL*, § 23 Rn. 96 ff., § 77 Rn. 227 f., und § 87 Rn. 595 ff.; jüngst *LAG Baden-Württemberg*, BB
2002, 1751 (1754 ff.), mit Anmerkung *Bayreuther*: Vorgehen des Betriebsrats von *DaimlerChrysler*
wegen Einhaltung der Arbeitszeit vor dem Hintergrund einer entsprechenden Betriebsvereinbarung

nach neuester Rechtsprechung des *BAG* gegen eine tarifwidrige Betriebsabrede mittels eines Unterlassungsanspruchs erwehren[2913]. Der Betriebsrat hat aber gegen den Arbeitgeber keinen Anspruch darauf, dass dieser kollektiv begründete, individualrechtliche Ansprüche der Arbeitnehmer erfüllt. Zudem ist der Betriebsrat nicht berechtigt, die durch eine Betriebsvereinbarung normativ begründeten individuellen Rechte der Arbeitnehmer als fremde Rechte im eigenen Namen klageweise geltend zu machen[2914].

Vor diesem Hintergrund stellt sich die Frage, ob eine solche Möglichkeit zumindest in Teilbereichen geschaffen werden sollte, so wie es beispielsweise der Entwurf eines Arbeitsvertragsgesetzes in den §§ 114 Abs. 2, 161 vorsah[2915]. Dahin gehende Forderungen werden insbesondere im Hinblick auf das strukturelle Machtungleichgewicht zwischen Arbeitgeber und Arbeitnehmer[2916] sowie unter Berufung auf ausländische Vorbilder fortwährend erhoben[2917]. Begründet wird dies auch mit Zugangsbarrieren, denen Beschäftigte bei der Inanspruchnahme von Rechtsschutzinstitutionen gegenüberstehen[2918], kollektiven Aspekten arbeitsrechtlicher Maßnahmen und der damit verbundenen Prozessökonomie, Verbandsinteressen bei der Umsetzung von Tarifverträgen[2919] sowie verfassungsrechtlichen Anforderungen an einen effektiven Rechtsschutz[2920]. Außerdem wird eine arbeitsrechtliche Kollektivklage gerade auch angesichts der zahlreichen betriebsratslosen Betriebe gefordert[2921]. Schließlich gibt es auf europäischer Ebene starke Tendenzen in Richtung arbeitsrechtliches Verbandsklagerecht[2922].

(a.A. Vorinstanz *ArbG Stuttgart*: Überwachungs-, aber kein Durchsetzungsrecht, die Arbeitnehmer müssten ihre Ansprüche selbst geltend machen, selbst wenn dies aus Karrieregründen unterbleibe), dazu auch die Nachrichten der Internetredaktion Verlag C.H. Beck vom 26.6.2002 und 11.7.2002.

[2913] *BAG*, NZA 1999, 887 (889 ff.); *FESTL*, § 77 Rn. 235 f.

[2914] Siehe etwa die Beschlüsse vom 17.10.1989 – 1 ABR 75/88, AP zu § 112 BetrVG 1972 Nr. 53 = NZA 1990, 414, und vom 5.5.1992 – 1 ABR 1/92 (n.v.); *FESTL*, § 77 Rn. 228 und § 80 Rn. 14; vgl. *Kissel*, RdA 1994, 323 (332), unter dem Abschnitt „Soziale Befriedungsfunktion".

[2915] Siehe zur Kodifikation des Arbeitsrechts bereits unter C. IV. 1. b.

[2916] Siehe dazu bereits im allgemeinen Teil unter B. II. 7. a.

[2917] Ausführlich zum Kollektivverfahren im Arbeitsrecht zuletzt *Pfarr/Kocher*, NZA 1999, 358 ff.; siehe auch *DKK/Buschmann*, § 80 Rn. 17 ff.; *Däubler*, AuR 1995, 305 ff.

[2918] Vgl. dazu die Ausführungen zur Thematisierung des Arbeitsrechts und Anrufung der Arbeitsgerichte bereits unter C. III. 3.

[2919] Vgl. *Gamillscheg*, AuR 1994, 354 ff., zur Durchsetzungsschwäche des Tarifvertrags; *Grotmann-Höfling* (1995), S. 123 ff., zur Prozessstandschaft bei tarifvertraglichen Rechten.

[2920] Zu den Argumenten für eine Kollektivklage *Pfarr/Kocher*, NZA 1999, 358 ff.

[2921] *P. Berg*, AiB 1992, 253 (255).

[2922] Siehe *Bauer*, NJW 2001, 2672 (2675), zu dem in Art. 9 Abs. 2 der Antidiskriminierungs-Richtlinie 2000/78/EG festgelegten Verbandsklagerecht der Gewerkschaften; *Hansen*, NZA 2001, 985 (988), zu dem darauf fußenden Klagerecht der Behindertenverbände gem. § 63 SGB IX; siehe aber *Hadeler*, NZA 2003, 77 (80), über die Richtlinie 2002/73/EG zur Änderung der Gleichbehandlungsrichtlinie 76/207/EWG: kein Umsetzungsbedarf im deutschen Recht; siehe jedoch *Armbrüster*, ZRP 2005, 41 (43), zum Klagerecht von Antidiskriminierungsverbänden im geplanten Antidiskriminierungsgesetz; kritisch dazu *von Steinau-Steinrück/Scheider/Wagner*, NZA 2005, 28 (31); zum aktuellen Stand des Antidiskriminierungsrechts *Klumpp*, NZA 2005, 848 ff.

Man sollte sich zumindest zu dem durchringen, was man erst kürzlich im Zuge der jüngsten Reform des Schuldrechts verpasst hat. Dort entstand nämlich die Frage, ob mit der Öffnung des AGB-Rechts auf Arbeitsverträge gleichermaßen eine verfahrensrechtliche Änderung im Sinne eines Verbandsklagerechts einhergehen sollte. Der Gesetzgeber hat sich indes mit eher fadenscheinigen Gründen dagegen entschieden und in § 15 UKlaG eine Ausnahme vom Anwendungsbereich der verbraucherschützenden Verbandsklagen für das Arbeitsrecht vorgesehen[2923]. Das System der Unterlassungsansprüche erscheine im Bereich des Arbeitsrechts in der im UKlaG vorgesehenen Form nicht zweckmäßig. Dies führte zur Zuständigkeit der ordentlichen Gerichte, so dass sich Zivilgerichte mit der Frage unwirksamer Klauseln in Arbeitsverträgen beschäftigen müssten, obwohl dies ein Bereich sei, der typischerweise den Arbeitgerichten vorbehalten sei. In diesem Kontext wäre auch die schwierige Frage zu beantworten, ob solche Klagen im streitigen Verfahren oder arbeitsgerichtlichen Beschlussverfahren entschieden werden sollten. Eine Anwendung des UKlaG würde auch weit über den Bereich hinausgehen, für den bisher im Arbeitrecht eine Unterlassungsklage diskutiert werde. Dies sowie die Frage, wer solche Ansprüche geltend machen können sollte, bedürfe einer besonderen Diskussion. Das ändere aber an den bestehenden Klagemöglichkeiten der Gewerkschaften nichts und stehe auch der richterlichen Rechtsfortbildung nicht entgegen[2924]. Wahrhaftig: Die Diskussion ist eröffnet[2925].

Damit hat der Gesetzgeber einmal mehr (s)ein Problem vor den Toren der Justiz abgelagert, obwohl es doch Aufgabe der Legislative sein sollte, den Weg für die Judikative vorzuzeichnen. Dass für solche Verbandsklagen freilich ausschließlich die Arbeitsgerichte zuständig sein müssten, ist evident und hätte der Gesetzgeber – sozusagen mit einem Federstrich – festschreiben können. Dass weder Wettbewerbsverbände noch Industrie- und Handelkammern aktivlegitimiert sein sollten, sondern Gewerkschaften und womöglich auch Betriebsräte, liegt ebenso auf der Hand. Ob die Kollektivklage im Urteils- oder Beschlussverfahren erhoben werden sollte, ist in der Tat eine schwierige Frage. Jedenfalls der auf kollektive Streitigkeiten beruhende Unterlassungsanspruch muss nach der Rechtsprechung des *BAG* im Beschlussverfahren geltend gemacht werden[2926]. Infolgedessen muss man Enthaltsamkeit des Gesetzgebers zumindest in arbeitsrechtlicher Hinsicht als ein „erhebliches Defizit" der Schuldrechtsreform bezeichnen[2927]. Dies ist umso bedauerlicher, als gerade zu dieser Thematik in der Vergangenheit bereits konkrete Vorschläge vorlagen[2928].

[2923] Zu den verbraucherschützenden Verbandsklagen nach neuem Recht *E. Schmidt*, NJW 2002, 25 ff.

[2924] BT-Drucks. 14/7052, S. 189 f.

[2925] Vgl. *Däubler*, NZA 2001, 1329 (1337).

[2926] *BAG*, NZA 2001, 1037 (1038 ff.), und *FESTL*, § 77 Rn. 237, für die Gewerkschaft; *FESTL*, § 77 Rn. 227, für den Betriebsrat.

[2927] *Reinecke*, DB 2002, 583 (587).

[2928] Siehe nur *Reinecke*, NZA Sonderbeilage zu Heft 3/2000, 23 (33), unter dem Aspekt der „Vertragskontrolle im Arbeitsrecht": „Das Recht zur Geltendmachung der Ansprüche auf Unterlassung und

Ferner würde sich in diesem Zusammenhang anbieten, die nicht minder praxisrelevante Frage, ob Kollektivverfahren auf Individualverfahren durchschlagen, einer gesetzlichen Regelung zuzuführen[2929]. Umgekehrt könnte man schließlich dem im Fall des § 99 Abs. 4 BetrVG betroffenen Arbeitnehmer ein eigenes Antragsrecht gewähren, so wie es überwiegend gefordert wird[2930].

V. Zusammenfassung

Die Ausführungen im besonderen Teil haben die Breite und Vielfalt in Bezug auf alternative Konfliktbehandlungen im Arbeitsrecht aufgezeigt. Dies gilt einmal hinsichtlich des gesetzgeberischen Handlungsbedarfs im materiellen Arbeitsrecht, aber auch bei der Vertragsgestaltung im Individualarbeitsrecht. Der Schwerpunkt alternativer Konfliktbehandlungen im Arbeitsrecht muss im innerbetrieblichen Bereich liegen. In bestehenden Arbeitsverhältnissen gewährleistet mehr Kommunikation letztlich auch eine sachgerechte Konfliktaustragung. Aber auch bei der Auflösung von Arbeitsverhältnissen ist der betroffene Arbeitnehmer stärker zu beteiligen. Sofern ein Betriebsrat besteht, ist dieser unterstützend als Vermittler heranzuziehen. Besonders gefordert sind die Betriebs- und Tarifparteien betreffend eine Ausgestaltung eines innerbetrieblichen Konfliktbehandlungsverfahrens. In Anlehnung an die ehemaligen Schiedsstellen für Arbeitsrecht in den neuen Bundesländern scheint auch eine Reaktivierung betrieblicher Konfliktbehandlungsstellen angebracht, flankiert durch ein außerbetriebliches arbeitsrechtliches Ombudsverfahren nach dem Vorbild des Banken- und jetzt auch Versicherungsombudsmanns. Auch für die Mediation finden sich im Arbeitsrecht genügend „Einbruchsstellen"[2931]. Angesichts dieses breiten, überwiegend innerbetrieblichen Konfliktbehandlungsrepertoires empfiehlt sich im Arbeitsrecht weder eine Ausweitung der Schiedsgerichtsbarkeit noch der vorgerichtlichen Schlichtung. Empfehlenswert sind jedoch Optimierungen im gerichtlichen Bereich.

Widerruf (§ 13 Abs. 2 AGBG) ist auf Gewerkschaften und Arbeitgeberverbände, unter Umständen auch auf Betriebsräte zu erstrecken; die Zuständigkeit (§ 14 AGBG) muss bei den Arbeitsgerichten liegen."

[2929] Siehe jüngst *BAG*, NZA 2003, 432 (433 f.); grundlegend dazu *Nottebom* (2002); siehe auch dies., RdA 2002, 292 ff., und *Dütz* (1992), S. 487 ff.

[2930] Ausführlich dazu *Richardi*, NZA 1999, 617 (619 ff.); dafür auch *Löwisch*, DB 1999, 2209 (2215); kritisch aber *Neef*, NZA 2001, 361 (362).

[2931] Vgl. *Lembke*, ZKM 2002, 111.

D. **Abschließender Teil**

Welche Rahmenbedingungen sind für die angesprochenen alternativen Konfliktbehandlungsverfahren im Arbeitsrecht zu schaffen (I.)? Welche Zukunft haben alternative Verfahren im Arbeitsrecht (II.)?

I. **Schaffung geeigneter Rahmenbedingungen für eine Etablierung alternativer Konfliktbehandlungen im Arbeitsrecht**

Es leuchtet ein, dass geeignete Rahmenbedingungen geschaffen werden müssen, um die hier vorgeschlagenen Alternativen umzusetzen[2932]. Bereits im allgemeinen Teil wurden dahin gehende generelle Schlussfolgerungen gezogen, die nun unter Berücksichtigung der aus dem besonderen Teil gewonnen Erkenntnisse weiter konkretisiert werden sollen. Dabei stellt sich vorab die Frage nach der Zuständigkeit bzw. Aufgabenverteilung der für eine Etablierung alternativer Konfliktbehandlungen im Arbeitsrecht in der Pflicht stehenden öffentlichen, privaten, aber insbesondere auch betrieblichen Institutionen (1.). Sodann sollen konkrete Umsetzungsvorschläge für eine solche Etablierung unterbreitet werden. In erster Linie besteht diesbezüglich ein rechtlicher Umsetzungsbedarf (2.). Nicht zu vernachlässigen ist indes, dass zugleich ein tatsächlicher Umdenkensprozess zu erfolgen hat, der wiederum durch entsprechende rechtliche Maßnahmen unterstützt werden muss (3.).

1. **Institutionalisierung alternativer Konfliktbehandlungen**

Bei einer Institutionalisierung alternativer Konfliktbehandlungen ist allerdings Vorsicht geboten. Institutionen zur Erweiterung des derzeitigen Angebots lassen sich nicht allein am grünen Tisch entwickeln, vielmehr müssen sie ganz pragmatisch unter realen Bedingungen erprobt und systematisch einer begleitenden Forschung und Erfolgskontrolle unterzogen werden[2933]. Vor allem bei etwaigen gesetzgeberischen Maßnahmen ist eine *Gesetzesfolgenabschätzung* in prospektiver, begleitender und retrospektiver Hinsicht unabdingbar[2934]. Vor diesem Hintergrund wurden an den entsprechenden Stellen im Rahmen dieser Abhandlung die rechtstatsächlichen Auswirkungen gesetzgeberischer Maßnahmen im Auge behalten, beispielsweise welche Folgen eine verstärkte betriebliche Konfliktbewältigung in der Rechtswirklichkeit nach sich ziehen könnte. Dass die Entwicklung alternativer Angebote mit gewissen Unsicherheiten behaftet ist, lässt sich freilich nicht vermeiden, ist aber letztlich hinnehmbar, zumal wenn ein bestimmtes Verfahren nach intensiver wissenschaftlicher Erforschung grünes Licht erhält – wie dies etwa bei einer verstärkten betrieblichen Konfliktbehandlung der Fall sein könnte. Es ist indes an eine probeweise Einführung alternativer Verfahren zu denken. Konkret biete sich hierfür die zeitliche Befristung mit anschließender Auswertung

[2932] Vgl. *D. von Hoyningen-Huene* (2000), S. 179.
[2933] Vgl. bereits *de Wirth*, ZRP 1982, 188 (191); *Frommel*, ZRP 1983, 31 (32).
[2934] Dazu *Karpen*, ZRP 2002, 443 (444 f.).

der gefundenen Ergebnisse an[2935]. Der Gesetzgeber sollte sich nicht davor scheuen, eine letztlich nicht erfolgreiche Maßnahme wieder rückgängig zu machen, was ihm ersichtlich leichter fällt, wenn er diese von vornherein befristet[2936]. Vereinfacht lässt sich: Experimente wagen, aber Produktbeobachtungs- und Rückrufpflichten einplanen[2937].

Übertragen auf die Ausführungen im Rahmen dieser Abhandlung bedeutet dies: Die „Institutionalisierung" gesetzgeberischer Maßnahmen im Bereich des materiellen Arbeitsrechts[2938] und der Vertragsgestaltung im Individualarbeitsrecht[2939] liegt auf der Hand; hier sind der Gesetzgeber bzw. die Arbeitsparteien gefordert. Entsprechendes gilt für alle gesetzgeberischen Maßnahmen auf dem Gebiet des Verfahrensrechts[2940]. Zur Institutionalisierung inner- und außerbetrieblichen Konfliktbehandlungen[2941] wird noch gesondert Stellung genommen[2942]. Auch die Mediation (im Arbeitsrecht)[2943] bedarf gewisser (gesetzgeberischer) Rahmenbedingungen, was noch an einigen Stellen dieses abschließenden Teils zum Ausdruck kommen wird[2944]. Vor dem Hintergrund der bereits jetzt erfolgten gerichtlichen Modellversuche lassen sich schließlich fünf Stufen für eine vorbereitende Umsetzung gerichtsbezogener alternativer Konfliktbehandlungen[2945] in die Praxis ausmachen[2946]: Auf der ersten Stufe müssen die Schlüsselpersonen identifiziert und gewonnen werden, die in die Planung, Umsetzung und Begleitforschung des Modellvorhabens einbezogen werden sollen. Auf der zweiten Stufe geht es darum, die Konzeption des Projekts und der Begleitforschung zu erarbeiten. Es folgt auf der dritten Stufe die Vorstellung und Präsentation des Projekts in der Öffentlichkeit. Die vierte Stufe gilt der Ausführung des Vorhabens, der Datensammlung und Evaluation. Abgeschlossen wird das Experiment auf der fünften Stufe mit einem Abschlussbericht der Begleitforscher, der den Anforderungen empirischer Sozialforschung genügen muss und nicht nur eine Meinungsbildung der Organisatoren wiedergibt.

[2935] *Redeker*, NJW 2002, 2756 (2758), zur retrospektiven Gesetzesfolgenabschätzung.

[2936] Instruktiv zur „besseren Gesetzgebung" *Redeker*, NJW 2002, 2756 ff., mit folgenden Einteilung: Gesetzgebungslehre, prospektive und retrospektive Gesetzesfolgenabschätzung; Institutionalisierung, Verfahren und Begründung von Gesetzen; jüngst auch ders., ZRP 2004, 160 ff.

[2937] *W. Gottwald*, BRAK-Mitt. 1998, 60 (64 f.).

[2938] Siehe dazu bereits im besonderen Teil unter C. IV. 1.

[2939] Siehe dazu bereits im besonderen Teil unter C. IV. 2.

[2940] Siehe dazu bereits im besonderen Teil unter C. IV. 9. a. und C. IV. 9. c.

[2941] Siehe dazu bereits im besonderen Teil unter C. IV. 3 bzw. C. IV. 4.

[2942] Siehe dazu noch unter D. I. 1. d.

[2943] Siehe dazu bereits im besonderen Teil unter C. IV. 5. (b. dd.).

[2944] Instruktiv zur Institutionalisierung der Mediation in Deutschland sowie zu Vor- und Nachteilen einer solchen Institutionalisierung *Alexander*, ZKM 2001, 162 (164 ff.); vgl. *Priscoli*, ZKM 2000, 244 (246), zur Institutionalisierung und Professionalisierung von Mediation.

[2945] Siehe dazu bereits im besonderen Teil unter C. IV. 9. b.

[2946] Nach *W. Gottwald*, AnwBl 2000, 265 (272).

Herausgehoben werden sollen im Folgenden die primäre staatliche Zuständigkeit (a.), das Mitwirken privater Institutionen (b.), die interdisziplinäre Zusammenarbeit mit Nichtjuristen (c.) und – wie gesagt – die Institutionalisierung betrieblicher Konfliktbehandlungen (d.).

a. Primäre staatliche Zuständigkeit

Primär ist der Gesetzgeber aufgerufen, geeignete Rahmenbedingungen für eine erfolgreiche Etablierung alternativer Konfliktbehandlungen zu schaffen und auszubauen[2947]. Insoweit kann von einer „staatlichen Gewährleistungsverantwortung für ein angebotsorientiertes System rechtlicher Konfliktbewältigung" gesprochen werden[2948]. So sollte sich beispielsweise durch eine staatliche Förderung der Mediation erreichen lassen, dass Konflikte vermehrt im Wege privater Selbstregulierung bereinigt werden[2949].

Fraglich ist dabei, inwieweit die praktische Umsetzung in die Zuständigkeit des Bundes bzw. der Länder fällt[2950]. Zumindest für die gerichtsbezogene alternative Konfliktbehandlung ist als Ausgangspunkt Art. 72, 74 Nr. 1 GG heranzuziehen, wonach sich das konkurrierende Gesetzgebungsverfahren auf das „gerichtliche Verfahren" erstreckt[2951]. Exemplarisch hierfür mag die Diskussion zur Gesetzgebungskompetenz betreffend § 15a EGZPO dienen. Diesbezüglich wurde geltend gemacht, dass die Erforderlichkeitsklausel des Art. 72 Abs. 2 GG keine „Wahrung der Rechtseinheit per se" gebiete, zumal dem Bundesgesetzgeber insoweit eine Einschätzungsprärogative zukomme und gerade auf dem Gebiet des Güteverfahrens die Vorzüge der föderalen Ordnung wie Vielfaltsicherung, sachnähere und den regionalen Gegebenheiten Rechnung tragende Regelungsmöglichkeiten sowie föderativer Wettbewerb zur Geltung kommen sollten[2952]. Das Problematische an dieser Sichtweise allerdings ist, dass dies aufgrund der unterschiedlichen Regelungen in den Ländern zu einer (intransparenten)

[2947] *Goll*, ZRP 1998, 314 (315), und AnwBl 2003, 274 f., zur Notwendigkeit gesetzgeberischen Handelns; aus rechtsvergleichender Sicht auch *D. von Hoyningen-Huene* (2000), S. 183 ff., zur fördernden Rolle des niederländischen Staats betreffend außergerichtliche Streitbehandlung; vgl. ADR-Grünbuch, Zusammenfassung, zur fördernden Rolle der EU betreffend alternative Verfahren zur Streitbeilegung im Zivil- und Handelsrecht.

[2948] So *Hoffmann-Riem*, ZRP 1997, 190 (193 und 196), der zugleich betont, dass es dabei nicht um einen Verantwortungsrückzug gehe, sondern lediglich um eine „Veränderung der Modalitäten der Verantwortungsübernahme".

[2949] Vgl. *Greger*, JZ 2000, 842 (844); vgl. aber *Hutner*, ZKM 2002, 201 (203 ff.), der den Grundsatz der Privatautonomie in der Mediation hochhält, was gegen dispositive Gesetzesvorschriften spreche, sondern zu favorisieren seien Vereinbarungen über vorformulierte Verfahrensordnungen, die Regelungen mit Partei-, Staats- und Mediatorbezug enthielten.

[2950] *Leutheusser-Schnarrenberger*, NJW 1995, 2441 (2443), im Zusammenhang mit der *Strukturanalyse der Rechtspflege*.

[2951] Vgl. Art. 92 Hs. 2 GG zur Kompetenzverteilung zwischen Bundes- und Landesgerichten; vgl. auch *Kircher* (1983), S. 230 (Anm. 1), der hinsichtlich der Durchführung praxisbezogener Lehrveranstaltungen auf Art. 91b GG verweist.

[2952] *Jansen* (2001), S. 184 ff.; zweifelnd *Hartmann*, NJW 1999, 3745 (3746).

Rechtszersplitterung geführt hat[2953]. Dies lässt sich wiederum nur insofern rechtfertigen, als § 15a EGZPO als eine Art Pilotprojekt angesehen wird, wobei den Ländern Gelegenheit gegeben wird, mit dem obligatorischen Schlichtungsverfahren zumindest in Teilbereichen Erfahrungen für die künftig weiter auszubauende außergerichtliche Streitbeilegung zu sammeln[2954].

Originär fällt damit dem Bundesgesetzgeber die Rolle zu, geeignete Rahmenbedingungen für alternative Konfliktbehandlungen zu schaffen. Im Rahmen der *Strukturanalyse der Rechtspflege* wurde allerdings darauf hingewiesen, dass eine Förderung der außergerichtlichen Streitbeilegung nicht vom Bund allein vorangebracht werden könne, zumal die wenigsten der bereits bestehenden Beratungs- und Schlichtungsstellen auf Bundesrecht beruhten. Ein breit angelegter Ausbau der Infrastruktur dieser Stellen sei daher primär Sache der Länder und Kommunen sowie berufständischer Organisationen und Verbände. Weiter sei es Aufgabe der Landesjustizverwaltungen bzw. Justizministerien, die umfassende örtliche Vernetzung dieser Einrichtungen in Modellprojekten zu erproben[2955]. Auch müssten neue Gütestellen erforderlichenfalls landesrechtlich anerkannt werden[2956]. Es bleibt jedenfalls zu hoffen, dass etwaige Streitigkeiten zwischen Bund und Ländern auf diesem Gebiet gerade auch vor dem Hintergrund finanzpolitischer Erwägungen nicht zu einer Blockade der Bemühungen um eine Ausweitung alternativer Konfliktbehandlungen führen. Man wird sich wohl darüber im Klaren sein müssen, dass allein ein Zusammenwirken zwischen Bund und Ländern zur Schaffung geeigneter Rahmenbedingungen für eine solche Etablierung erfolgsversprechend sein kann[2957]. In jedem Fall müssen auf lange Sicht national einheitliche und flächendeckende Strukturen geschaffen werden[2958], speziell im Arbeitsrecht beispielsweise auch bei einem Aufbau außerbetrieblicher Konfliktbehandlungsstellen.

b. Mitwirkung privater Institutionen

Wie bereits angedeutet, bedarf eine Institutionalisierung alternativer Konfliktbehandlungen auch der Mitwirkung privater Institutionen. Dies führt letztlich zu einer Verantwortungsteilung und Zusammenarbeit von Staat und Privaten sowohl im Bereich der Justiz, namentlich bei gerichtsbezogenen alternativen Konfliktbehandlungen, als

---

[2953] Siehe dazu bereits im besonderen Teil unter C. IV. 8. a. aa.; vgl. auch zur Transparenz alternativer Konfliktbehandlungen bereits im allgemeinen Teil unter B. III. 4. a. bzw. noch unter D. I. 2. a. aa.

[2954] Siehe dazu ebenfalls bereits im besonderen Teil unter C. IV. 8. a. aa.

[2955] Siehe *Leutheusser-Schnarrenberger*, NJW 1995, 2441 (2445 f. und 2447); vgl. *Heitmann*, DRiZ 1998, 124 (128). vgl. auch *Meyer-Teschendorf*, ZRP 1998, 132 (135 Fn. 29), und *Greger*, JZ 2000, 842 (844 Fn. 17), zur Einführung des § 15a EGZPO, die zum Entstehen einer flächendeckenden Schlichtungsinfrastruktur führen könne; vgl. ferner *D. von Hoyningen-Huene* (2000), S. 180 ff., zur ausgeprägten Rechtsberatungs- und Verweisungsinfrastruktur in den Niederlanden.

[2956] Vgl. *Greger*, ZRP 1998, 183 (185), zur richterlichen Diversion.

[2957] Vgl. *Strempel/Rennig*, ZRP 1994, 144 (145): Die Umsetzung der Resultate aus dem Bereich der Schnittstelle betreffe teils den Bund, teils die Länder.

[2958] Vgl. *D. von Hoyningen-Huene* (2000), S. 189 f.

auch außerhalb der spruchrichterlichen Tätigkeit, wie etwa im Arbeitsrecht beim Aufbau außerbetrieblicher Konfliktbehandlungsstellen[2959]. Man kann diesen Wandel staatlicher Aufgabenwahrnehmung als „Teilprivatisierung richterlicher Aufgaben" bezeichnen[2960]. Auf diese Weise hält der moderne Outsourcing-Gedanke auch in die Justiz Einzug. Angesprochen sind damit berufsständische Organisationen, Verbände und andere private Einrichtungen[2961]. In den USA und England bieten eine Reihe von kommerziell organisierten Institutionen schon seit längerer Zeit Modelle für die Ausgestaltung von ADR-Verfahren und die Vermittlung von Schlichtern an[2962]. In Deutschland sei insoweit die *Centrale für Mediation* (CfM) hervorgehoben, die seit 1999 umfassende Informationen auf dem Gebiet der alternativen Konfliktbehandlung herausgibt (durch die zweimonatlich erscheinende Zeitschrift für Konfliktmanagement (ZKM) und den monatlich veröffentlichten mediations-report) sowie hierzu Veranstaltungen organisiert, aber auch zahlreiche Publikationen und Seminare in diesem Bereich unterstützt. Daneben bietet auch die *Arbeitsgemeinschaft Mediation* des DAV vor allem für Rechtsanwälte Informationsblätter und -veranstaltungen rund um das Thema Mediation an[2963].

Unter anderem spezialisiert auf dem Gebiet des Arbeitsrechts seien als bereits bestehende private Institutionen der *Bundesverband für Mediation in Wirtschaft und Arbeitswelt* (BMWA)[2964] und die *Gesellschaft für Wirtschaftsmediation und Konfliktmanagement* (GWMK)[2965] genannt. Von herausragender Bedeutung für eine Institutionalisierung alternativer Konfliktbehandlungsverfahren in den Betrieben ist indes ein *Mitwirken der Betriebs- und Tarifparteien*, sofern der Gesetzgeber die hierfür erforderlichen Rahmenbedingungen schafft. Gewerkschaften und Arbeitgeberverbänden kommt hierbei eine Schlüsselfunktion zu, die sich nicht nur darauf beschränken sollte, außerbetriebliche Konfliktbehandlungsstellen ins Leben zu rufen. Vielmehr sind die Arbeitsverbände aufgefordert, die Implementierung innerbetrieblicher Alternativverfahren aktiv zu unterstützen.

c. Interdisziplinäre Zusammenarbeit mit Nichtjuristen

Zweifelsohne müssen sich alternative Konfliktbehandlungsverfahren an den Leitlinien des materiellen Rechts orientieren[2966]. Gleichwohl handelt es sich bei der alternativen

---

[2959] Siehe *Hoffmann-Riem*, ZRP 1999, 421 ff.

[2960] Siehe *Ritter*, NJW 2001, 3440 (3446 f. und 3347 f.).

[2961] Vgl. *Leutheusser-Schnarrenberger*, NJW 1995, 2441 (2443 und 2446), im Zusammenhang mit der *Strukturanalyse der Rechtspflege*.

[2962] Vgl. *Böckstiegel*, DRiZ 1996, 267 (272); vgl. bereits *W. Gottwald* (1981), S. 242, demzufolge nicht zuletzt aus finanziellen Gründen alternative Konfliktbehandlungen völlig unabhängig vom Justizsystem sein müssten.

[2963] Zu weiteren Institutionen im Bereich der Mediation *Hehn/Rüssel*, NJW 2001, 347 ff.

[2964] Dazu *Hehn/Rüssel*, NJW 2001, 347 (349).

[2965] Dazu *Lüer*, BB Beilage 9 zu Heft 27/1999, 32; *Hehn/Rüssel*, NJW 2001, 347 (349).

[2966] Zur Wahrung des materiellen Rechts bereits unter B. III. 5. b. und noch unter D. I. 2. b.

Konfliktbehandlung um ein Tätigkeitsfeld, auf dem sich zwei Kreise überschneiden[2967]. Insbesondere die *Mediation* verfolgt methodisch einen interdisziplinären Ansatz, weil sie u.a. die Erkenntnisse der Konfliktforschung, Verhandlungsforschung, Kommunikationsforschung sowie der Friedensforschung mit der juristischen Seite der Kautelarjurisprudenz und Vertragsgestaltung verbindet[2968]. Anstatt einen Verdrängungs- oder Abschottungswettbewerb zu führen, hat sich für die Mediation die interprofessionelle Zusammenarbeit zwischen den betroffenen Berufsgruppen in Form von Co-Mediationen oder Mediationsteams bewährt. Infolgedessen ist eine solche Kooperation nicht nur wünschenswert, sondern geboten[2969].

Eine solche interdisziplinäre Zusammenarbeit kommt dabei in zweierlei Hinsicht in Betracht. Zum einen kann es darum gehen, bei der Konfliktbehandlung den technischen Sachverstand eines Dritten zu bemühen, also einen Sachverständigen zur Klärung eines technischen Problems hinzuzuziehen. Zum anderen ist an eine Zusammenarbeit zwischen Juristen und Angehörigen psychosozialer Berufe zu denken[2970]. Im Arbeitsrecht wird, zumal in personalisierten Kleinbetrieben oder bei Konflikten zwischen Arbeitnehmern, eher Letzteres relevant werden. Aufgabe des nichtjuristischen Co-Mediators sollte es jedenfalls sein, einer allzu starken Verrechtlichung des Konflikts entgegenzusteuern. Ferner ermöglicht die Bildung von Mediationsteams eine effizientere Arbeitsteilung zwischen mehreren Mediatoren, so dass sich jeder auf bestimmte Funktionen spezialisieren kann. Dies kann vor allem in komplexen Konfliktsituationen vorteilhaft sein[2971]. Speziell im Arbeitsrecht ist hier an Auseinandersetzungen auf der tendenziell kollektiven Ebene zu denken, beispielsweise in Mobbing-Fällen mit regelmäßig mehreren Beteiligten sowie bei Streitigkeiten zwischen Gruppen, Abteilungen oder Geschäfts- bzw. Unternehmensbereichen.

d. Institutionalisierung betrieblicher Konfliktbehandlungen

Betreffend eine Institutionalisierung betrieblicher Konfliktbehandlungen gelten obige Ausführungen zu Beginn dieses abschließenden Teils entsprechend[2972]. Auch hier bedarf es einer Erprobung der neuen Verfahren in der betrieblichen Wirklichkeit[2973]. Je nach Größe des Betriebs kann sich freilich die Einführung betrieblicher Konfliktbehandlungen als äußerst komplexe Aufgabe erweisen.

[2967] So etwa *Wesel*, NJW 2002, 415, zur sog. Co-Mediation.

[2968] *Stempel* (2002), S. 127.

[2969] *Budde*, ZAP 2000, 695 (702); *L. Koch*, ZKM 2001, 89 (92 f.); *Henssler*, NJW 2003, 241 (246); ausführlich *Henssler/Kilian*, ZKM 2000, 55 ff.; *Bernhardt/Winograd* (2002), S. 571 ff.; siehe auch *Keydel/Knapp*, ZKM 2003, 57 ff., mit einem Praxisbericht; siehe schließlich *L. Koch*, ZKM 2001 89 (92 f.), zu den berufsrechtlichen Fragen.

[2970] Vgl. *Spörer/Frese* (2002), S. 98.

[2971] Vgl. *Eidenmüller* (2000), S. 82 f.

[2972] Siehe dazu bereits unter D. I. 1.

[2973] *Hage/Heilmann*, AuA 2000, 26 (28); *Dendorfer/Breiter*, BB Beilage zu Heft 46/2002, 33 (38); siehe auch *O. Fischer* (1999), S. 213, betreffend die Bildung betrieblicher Schiedsstellen.

Besondere Beachtung verdient in diesem Kontext das von *Ponschab/Dendorfer* jüngst vorgestellte „ConflictManagementDesign©", welches detaillierte Vorschläge zur Implementierung eines betrieblichen Konfliktmanagements macht[2974]. An erster Stelle steht dabei die Untersuchung des bestehenden Konfliktmanagementsystems (Analyse und Bewertung des bestehenden Konfliktsystems; Zusammenstellung gesetzlicher Vorgaben; Ursachenforschung; Benchmarking). Daran anschließend sind bestimmte Maßnahmen auf der Managementebene zu treffen (Grundsatzerklärung bzw. Policy Statement der Unternehmensführung; Schaffung von Akzeptanz, Transparenz und Anreizen in Bezug auf alternative Konfliktbehandlungen; Definition der Erwartungen der Mitarbeiter; Festlegung der Verantwortlichkeiten; Schaffung der strukturellen, finanziellen und organisatorischen Voraussetzungen). Sodann folgt das Design eines Konfliktmanagementsystems (Schaffung eines proaktiven Konfliktsystems; Festlegung der notwendigen Maßnahmen und Strategien; Informationsmaßnahmen; Ausbildung und Einsatz von innerbetrieblichen Konfliktlotsen oder Mediatoren; Training und Workshops zur präventiven Konflikterkennung; Anweisungen für den Konfliktfall; Einbeziehung von alternativen Streitbeilegungsmethoden in die Unternehmensdokumente bzw. das Vertragsmanagement; Einsatz von Prozessbegleitern; Start eines Pilot-Projekts; Implementierung eines Frühwarnsystems). Schließlich bedarf es der Evaluation und Fortentwicklung des Konfliktmanagementsystems (Ergebnis- und Erfolgskontrolle des neuen Konfliktmanagementsystems zur Feststellung seiner Qualität, Effektivität; kontinuierliche Kommunikation zwischen Management und Mitarbeitern; Sicherstellung der Flexibilität des Konfliktmanagementsystems; stetige Weiterentwicklung und Berücksichtigung neuer Lösungen).

Viele dieser Maßnahmen sind auch im Rahmen dieser Abhandlung im Einzelnen dargestellt. Eine dahin gehende konkrete bzw. komprimierte Anleitung sollte es Betrieben erleichtern, die empfohlenen Maßnahmen auch tatsächlich umsetzen zu können. Dass dies möglich ist, zeigen erste Praxisberichte einer solchen Umsetzung in Betrieben bzw. Unternehmen[2975]. Auch für den Einsatz der betriebsinternen Mediation müssen spezifische Strukturen geschaffen werden[2976]. Schließlich gilt für die Einrichtung (ständiger) inner- und außerbetrieblicher Konfliktbehandlungsstellen nichts anderes.

Die *Finanzierung* innerbetrieblicher Konfliktbehandlungsstellen sollte nicht durch den Steuerzahler erfolgen, also anders als es das Schiedsstellengesetz betreffend die ehemaligen Schiedsstellen für Arbeitsrecht in den neuen Bundesländern vorsah. Zwar handelte es sich dabei um eine Art „gesellschaftliche Rechtsprechung", es sollte aber gewährleistet werden, dass der Staat zumindest auf die betriebsinternen Stellen keinen

---

[2974] (2002), S. 1022 ff.; dazu auch *Dendorfer*, ZKM 2001, 167 (171 f.); *Dendorfer/Breiter*, BB Beilage zu Heft 46/2002, 33 (37 f.); instruktiv auch *Eidenmüller/Hacke*, Personalführung 3/2002, 20 (25 ff.).
[2975] Exemplarisch *Dendorfer*, ZKM 2001, 167 ff., zur Implementierung eines Konfliktmanagements in der *Maritim* Hotelgruppe.
[2976] *Ponschab/Dendorfer*, BB Beilage 2 zu Heft 16/2001, 1 (7 f.).

Einfluss hat[2977]. Die Kosten trügen also die Arbeitgeber, finanziell unterstützt durch die Arbeitgeberverbände, aber auch durch die Gewerkschaften, zumal wenn sie etwa bei der Zusammensetzung der Stellen Einfluss nehmen sollten. Im Gegenzug könnte man beispielsweise daran denken, die Arbeitgeber insoweit zu entlasten, als die Verhandlungen außerhalb der Arbeitszeit durchzuführen wären, so dass keine Kosten infolge der Freistellung von der Arbeit entstünden. Dies würde auch für die Arbeitnehmer keine unzumutbare Belastung darstellen, weil sich diese den Gang zum Arbeitsgericht ersparten (was wiederum den gewerkschaftlichen Rechtsschutz entlastet)[2978]. Ohnehin ist im besonderen Teil auf die erheblichen Vorteile der innerbetrieblichen Konfliktbehandlung und des Beschwerdeverfahrens sowohl für die Arbeitnehmer- als auch Arbeitgeberseite hingewiesen worden[2979], was etwaige Kosten auf beide Seiten letztlich amortisieren sollte. Bleibt die Finanzierung der außerbetrieblichen Konfliktbehandlungsstellen, die durch die Arbeitgeberverbände und Gewerkschaften zu erfolgen hat, unter Umständen aber auch eine staatliche Unterstützung rechtfertigt.

2. Rechtlicher Umsetzungsbedarf

Umsetzungsbedarf in Bezug auf eine Etablierung der im besonderen Teil vorgestellten alternativen Konfliktbehandlungen besteht in erster Linie auf der rechtlichen Ebene. Dies betrifft zum einen formelle bzw. verfahrensrechtliche Aspekte (a.). Außerdem bedarf es einer Normierung materieller (b.) und wirtschaftlicher (c.) Aspekte betreffend eine solche Etablierung.

a. Formelle bzw. verfahrensrechtliche Aspekte

Aufbauend auf den Schlussfolgerungen sowohl im allgemeinen wie besonderen Teil können an dieser fortgeschrittenen Stelle weiterführende Überlegungen formeller (aa.) bzw. verfahrensrechtlicher (bb.) Art in Bezug auf die Schaffung geeigneter Rahmenbedingungen für eine Etablierung von Alternativverfahren angestellt werden.

aa. Formelle Aspekte

Es ist bereits an mehreren Stellen dieser Abhandlung deutlich geworden, dass eine Erschwerung des gerichtlichen Zugangs gerade auch unter verfassungsrechtlichen Gesichtspunkten nicht Ergebnis einer Ausweitung vor allem außergerichtlicher Konfliktbehandlungen sein kann, sondern dass sich diese Verfahren weitgehend als *Ergänzung* zum derzeit bestehenden Rechtsschutz verstehen[2980]. Empfehlenswert erscheint dabei das Bereitstellen einer größeren Zahl verfügbarer Optionen[2981]. Vor diesem Hintergrund kann es durch den Ausbau der vornehmlich innerbetrieblichen Konfliktbehand-

---

[2977] *O. Fischer* (1999), S. 214.
[2978] Vgl. *O. Fischer* (1999), S. 215.
[2979] Siehe dazu bereits unter C. IV. 3. a. und C. IV. 3. d. aa.
[2980] Siehe dazu bereits im allgemeinen Teil unter B. I. 1., B. III. 1. und B. III. 2.

lung, freilich flankiert durch außerbetriebliche Konfliktbehandlungsstellen, zu der in rechtspolitischer Hinsicht gewünschten Entlastung der Arbeitsgerichte kommen, ohne den arbeitsgerichtlichen Rechtsschutz beschränken zu müssen; vielmehr sollte dieser wie vorgeschlagen optimiert werden.

Wie ebenfalls bereits erwähnt, wurde im Rahmen der *Strukturanalyse der Rechtspflege* als vordringliche Maßnahme zur Prozessvermeidung empfohlen, die *Transparenz* der spezifischen Angebote der verschiedenen Institutionen und Berufsgruppen zu erhöhen und die Zugänglichkeit dieser Stellen für die Bürger zu verbessern[2982]. Organisatorisch könne dies etwa durch die Einrichtung zentraler örtlicher Orientierungs- und Anlaufstellen umgesetzt werden, die bei Justiz- oder kommunalen Behörden, Rechtsanwaltskammern oder anderen Trägern örtlicher Beratungs- und Schlichtungsstellen gemeinsam aufgebaut und beispielsweise an die Rechtsantragsstelle bei dem Amtsgericht oder an eine kommunale Behörde angebunden werden sollten, zudem könne eine umfassende örtliche Vernetzung dieser Einrichtungen die Inanspruchnahme der Beratungs- und Schlichtungsstellen erleichtern[2983]. Speziell im Arbeitsrecht mögen vor allem die außerbetrieblichen Konfliktbehandlungsstellen als entsprechende Zugangsinstitutionen dienen, die branchenspezifisch und örtlich vernetzt eingerichtet werden könnten[2984]. Wichtig ist auch, die Transparenz des innerbetrieblichen Konfliktbehandlungsverfahrens zu gewährleisten[2985]. Ferner findet bereits jetzt ein fruchtbarer Austausch über den Einsatz alternativer Konfliktbehandlungen in der betrieblichen Praxis statt[2986]. Auch dies hat letztlich positive Auswirkungen auf die Transparenz und Zugänglichkeit alternativer Verfahren im Arbeitsrecht.

Von Interesse sind an dieser Stelle schließlich die *rechtlichen Rahmenbedingungen der Mediation*: „Nicht ohne Komik, außergerichtliche Streitschlichtung als Gegenstand gerichtlicher Streitigkeiten."[2987] Dies betrifft einmal das Thema Mediation und RBerG, zu dem Gerichtsentscheidungen[2988] und zahlreiche Stellungnahmen in der Literatur[2989]

[2981] Siehe dazu bereits im allgemeinen Teil unter B. III. 3.

[2982] Siehe dazu bereits im allgemeinen Teil unter B. III. 4. a.

[2983] *Leutheusser-Schnarrenberger*, NJW 1995, 2441 (2445 und 2446).

[2984] Vgl. dazu bereits im besonderen Teil unter 3. d. cc. (2) (b).

[2985] Vgl. *Breisig* (1996), S. 298.

[2986] Siehe dazu im Zusammenhang mit der Mediation im Arbeitsrecht bereits im besonderen Teil unter C. IV. 5. b. dd.

[2987] So treffend *Wesel*, NJW 2002, 415 (416); ähnlich *Haffke*, DAV-Mitt. Mediation 1/2003, 6, der die Lage als paradox bezeichnet; instruktiv zum „Recht der Mediation" jüngst *Duve*, AnwBl 2004, 1 ff.

[2988] *OLG Rostock*, NJW-RR 2002, 642, mit Anmerkungen *Duve*, BB 2001, 1869, *L. Koch*, EWiR 2002, 165, und *Mankowski*, ZKM 2001, 293; Vorinstanz *LG Rostock*, NJW-RR 2001, 1290, mit Anmerkungen *Duve*, BB 2001, 692, *Monßen*, AnwBl 2001, 169, und *Trossen*, ZKM 2000, 238; *LG Hamburg*, NJW-RR 2000, 1514; *LG Leipzig*, NJW 2004, 3874.

[2989] *Duve/Tochtermann*, ZKM 2001, 284 ff.; *Eckardt*, ZKM 2001, 230 ff.; *Strack*, ZKM 2001, 184 ff.; *Coester*, Kind-Prax 2003, 119 (121 f.); *Haffke*, DAV-Mitt. Mediation 1/2003, 6 ff.; *Henssler*, NJW 2003, 241 ff.; *Kretschmer*, NJW 2003, 1500 ff.

vorliegen. Zweifeln lässt sich bereits daran, ob die Mediation überhaupt eine geschäftsmäßige Besorgung fremder Rechtsangelegenheiten im Sinne des Art. 1 § 1 RBerG ist. Zudem erscheint die Privilegierung des Schiedsrichters gem. Art. 1 § 2 RBerG gegenüber dem Mediator getreu dem Grundsatz „a maiore ad minus" nicht recht verständlich. Jedenfalls spricht viel dafür, den Erlaubnistatbestand des Art. 1 § 5 RBerG für nichtanwaltliche Mediatoren zumindest dann eingreifen zu lassen, wenn die Rechtsberatung durch den Mediator eine der Hauptsache dienende Nebenfunktion bleibt bzw. die für die Mediation wichtige Rechtsberatung von anderen Verfahrensbeteiligten übernommen wird[2990]. In diese Richtung gehen auch aktuelle Reformbestrebungen, das RBerG in Sachen nichtanwaltliche Mediation liberaler zu gestalten[2991]. Auch die Frage der Bezeichnung als Mediator war Gegenstand berufsgerichtlicher Rechtsprechung und des Schrifttums[2992]. Diese Frage hat der *BGH* inzwischen dahin gehend geklärt, dass sich ein Rechtsanwalt bei Nachweis einer geeigneten Ausbildung über die Grundsätze der Mediation als Mediator bezeichnen darf[2993]. Gesetzlich verankert ist dies nun in § 7a BORA, ohne allerdings konkrete Vorgaben an die Anforderungen der Ausbildung zu machen[2994]. Vermehrt ins Blickfeld geraten sind in jüngerer Zeit auch die haftungsrechtlichen Rahmenbedingungen für die Tätigkeit als Mediator[2995]. Es ist nicht Gegenstand dieser Abhandlung, all diese Fragen eingehend zu erörtern. Im Kontext mit dem hier zu diskutierenden rechtlichen Umsetzungsbedarf erscheint jedoch der Appell an den Gesetzgeber angebracht, nach ausländischen Vorbildern wie z.B. dem US-amerikanischen Uniform Mediation Act[2996] oder dem österreichischen Mediationsgesetz[2997] gesetzgeberisch tätig zu werden. Zu verweisen ist schließlich auf den Verhaltenskodex für Mediatoren und den Richtlinienvorschlag zur Mediation der Europäischen Kommission[2998].

[2990] Siehe nur *Coester*, Kind-Prax 2003, 119 (121 f.); siehe zur Rolle des Rechts in der Mediation bereits im besonderen Teil unter C. IV. 5. b. bb.

[2991] Siehe zunächst den Entwurf eines Rechtsbesorgungsgesetzes (RBG) der BRAK (§ 3 Abs. 1 Nr. 7 RBG-E), abgedruckt in BRAK-Mitt. 2004, 163 ff., und die Begründung des Gesetzesentwurfs, BRAK-Mitt. 2004, 166 (168 und 171); siehe jetzt § 2 Abs. 3 Nr. 3 RDG-E in dem vom Bundesministerium der Justiz veröffentlichten Referentenentwurf eines Gesetzes zur Neuregelung des Rechtsberatungsrechts (Rechtsdienstleistungsgesetz – RDG) mit erster Bewertung des BRAK, BRAK-Mitt. 2004, 222; siehe auch *Klose*, ZKM 2004, 226 (229 f.); *Prütting*, BRAK-Mitt. 2004, 244 (246).

[2992] *AnwGH Nordrhein-Westfahlen*, BRAK-Mitt. 2000, 196, mit Anmerkungen *Duve*, Anwalt 2/2000, 18, *Kilian*, AnwBl 2000, 694, *Schwartz*, MDR 2000, 612, *Seip*, BAV-Mitt. 2000, 218, und *Wegmann*, ZKM 2000, 142; *AnwGH Baden-Württemberg*, NJW 2001, 3199, mit Anmerkungen *Ewig*, ZKM 2001, 196 und *Römermann*, ZKM 2001, 251; *AnwGH Rheinland-Pfalz*, ZKM 2002, 84; aus der Literatur: *Ewig*, ZKM 2000, 85 f.; *Römermann*, ZKM 2000, 83 f.

[2993] NJW 2002, 2948.

[2994] Vgl. dazu die amtliche Bekanntmachung der Satzungsversammlung des BRAK, BRAK-Mitt. 2002, 122 (123).

[2995] Dazu *Leibner*, NJW 2002, 3521 f.; *Prütting* (2002b), S. 824 ff.; *Nölting*, ZKM 2004, 231 ff.

[2996] Siehe dazu bereits im allgemeinen Teil unter B. I. 6. c. und noch sogleich unter D. I. 2. a. bb.

[2997] Dazu *Oberhammer/Domej*, ZKM 2003, 144 ff.; *Köper*, ZKM 2004, 161 ff.

[2998] Abgedruckt in ZKM 2004, 148 ff.; dazu *Mähler/Kerntke*, ZKM 2004, 151 ff.

bb. Verfahrensrechtliche Aspekte

Dass für jegliche Formen alternativer Konfliktbehandlungen grundlegende Verfahrensgarantien zu beachten sind, wurde bereits dargelegt[2999]. Dabei gilt allerdings zu beachten, dass man sich insoweit auf das Notwendige beschränken sollte, zumal wenn man bedenkt, dass die allzu starke Formalisierung vornehmlich gerichtlicher Konfliktbehandlungen als Nachteil betrachtet wurde[3000]; vor einer Überreglementierung alternativer Verfahren ist also zu warnen[3001]. Es kann einzig darum gehen, einen gewissen, aber ausreichenden verfahrensrechtlichen Mindestschutz insbesondere der Arbeitnehmer betreffend eine sachgerechte Konfliktbehandlung zu gewährleisten. Hierzu gehört beispielsweise auch – wie bereits im besonderen Teil aufgezeigt –, die *Unabhängigkeit* und *Neutralität* bzw. Unparteilichkeit der inner- und außerbetrieblichen Konfliktbehandlungsstellen und arbeitsrechtlichen Mediatoren sicherzustellen[3002]. Womöglich bietet sich auch hier eine dahin gehende allgemeine oder speziell arbeitsrechtsrechtliche gesetzliche Regelung an.

Praktisch bedeutsam ist zudem die in der Literatur viel diskutierte Frage, wie mit den im Rahmen eines Schlichtungs- oder Mediationsverfahrens erlangten Informationen in einem etwaigen späteren Gerichtsprozess umgegangen werden soll[3003]. Allein schon aus verfassungsrechtlichen Gründen unzulässig ist eine zwingende Bindung des Gerichts an die in alternativen Verfahren getroffene Beweiserhebung (sachliche Unabhängigkeitsgewähr des Art. 92 GG)[3004]. Umgekehrt könnte nur die einverständliche Übernahme der Beweisergebnisse eines außergerichtlichen Verfahrens in das gerichtliche Verfahren verfassungsrechtlich unbedenklich sein[3005]. Derzeit lässt sich eine umfassende Sicherung der *Vertraulichkeit* des Schlichtungs- oder Mediationsverfahrens nicht durch eine extensive Interpretation etwa bestehender Zeugnisverweigerungsrechte (vgl. § 383 Abs. 1 Nr. 6 ZPO), sondern nur auf der Grundlage entsprechender prozessrechtlicher Beweisverzichtsvereinbarungen bewerkstelligen[3006]. Bestenfalls sollte dem Missbrauch von im Rahmen einer Schlichtung oder Mediation erlangten Informa-

---

[2999] Siehe dazu bereits im allgemeinen Teil unter B. II. 3. b. und B. III. 5. a.

[3000] Siehe dazu bereits im allgemeinen Teil unter B. I. 2. b. aa. (1).

[3001] Vgl. *Schuster* (1983), S. 116, zum zivilrechtlichen Güteverfahren; vgl. auch *Goll*, ZRP 1998, 314 (316 und 317 f.), zur obligatorischen Streitschlichtung im Zivilprozess; vgl. ferner *Berger*, RIW 2001, 881 (882 f.), zum Verlust des „esprit" der Schiedsgerichtsbarkeit.

[3002] Siehe dazu bereits unter C. IV. 3. d. cc. (2) (b), C. IV. 4. b. und C. IV. 5. b. dd. (2).

[3003] *Eckardt/Dendorfer*, MDR 2001, 786 ff.; *Groth/von Bubnoff*, NJW 2001, 338 ff.; *Mähler/Mähler*, ZKM 2001, 4 ff.; *G. Wagner*, NJW 2001, 1398 ff.; *C. Hartmann* (2002), S. 712 ff.; *B. Neuhaus*, ZKM 2002, 8 ff.; siehe auch *Eidenmüller*, RIW 2002, 1 (4), im internationalen Kontext; zu dieser Problematik bereits *Preibisch* (1982), S. 211 ff.

[3004] *Pitschas*, ZRP 1998, 96 (102), mit Verweis auf *MD/Herzog*, Art. 92 Rn. 69 ff.

[3005] So *Stadler*, NJW 1998, 22479 (2487).

[3006] Zu dieser „Lösung mit Hilfe des Prozessvertragsrechts" *G. Wagner*, NJW 2001, 1398 ff.; siehe auch *Wrede*, ZfA 2002, 455 (463 f.), zur Mediation im Arbeitsrecht; weiterführend zur Zulässigkeit von Beweisverzichtsvereinbarungen *Walter*, ZZP 103 (1990), 141 (166 f.).

tionen legislativ begegnet werden[3007]. So könnte gesetzlich ausgeschlossen werden, dass ein Schlichter oder Mediator in einem späteren Gerichtsverfahren gezwungen werden kann, als Zeuge oder Sachverständiger auszusagen[3008]. Zu Recht werden daher in Anlehnung an den US-amerikanischen Uniform Mediation Act[3009], das europäische Grünbuch über alternative Verfahren zur Streitbeilegung[3010] und das UNCITRAL Model Law on International Commercial Conciliation gewisse Verfahrensregeln betreffend die Mediation („default mediation rules") gefordert[3011]. Andernfalls wird man auf die Verfahrensordnungen des BMWA[3012] oder der GWMK zurückgreifen müssen.

Des Weiteren muss die Rechtsdurchsetzung alternativer Konfliktbehandlungen bzw. die *Zwangsvollstreckung* aus einer gütlichen Einigung gewährleistet sein[3013]. Erwogen wird insoweit die Zulässigkeit eines Schiedsspruchs mit vereinbartem Wortlaut nach Durchführung eines Mediationsverfahrens[3014]. Im Arbeitsrecht steht einem solchen Schiedsspruch ohnehin die Regelung des § 101 Abs. 3 ArbGG entgegen[3015]. Gangbar ist aber auch im Arbeitsrecht der Weg über den bereits im besonderen Teil behandelten Anwaltsvergleich[3016]. Sofern man weiter davon ausgeht, dass sich (arbeitsrechtliche) Mediatoren als Gütestellen im Sinne des § 794 Abs. 1 Nr. 1 ZPO anerkennen lassen, wäre auch dies eine Möglichkeit zur Sicherung der Vollstreckbarkeit im Arbeitsrecht (§ 62 Abs. 2 Satz 1 ArbGG)[3017].

Schließlich muss die Gewährung von *Kostenhilfe* für alternative Konfliktbehandlungen ermöglicht werden[3018]. Während sich der Bundesgesetzgeber etwa bei der Einführung der – wohlgemerkt – obligatorischen Streitschlichtung gem. § 15a EGZPO dazu offenbar keine Gedanken gemacht hat, haben immerhin die Bundesländer erkannt, dass auch in diesem Fall Kostenhilfe zu gewähren ist[3019]. Speziell im Arbeitsrecht stellt sich das Problem, ob auch beim ebenfalls vorgerichtlichen Schlichtungsverfahren für Aus-

---

[3007] Vgl. *Stürner* (2001), S. 17 f., zu den Verwertungsverboten betreffend den Schutz der Schlichtung auf europäischer Ebene.

[3008] *Prütting* (1998), O 25 f., der zugleich darauf hinweist, dass für Rechtsanwälte insoweit § 18 BORA i.V.m. § 43a Abs. 2 BRAO gelte.

[3009] Siehe dazu bereits im allgemeinen Teil unter B. I. 6. c. und soeben unter D. I. 2. a. aa.

[3010] Siehe dazu bereits im allgemeinen Teil unter B. I. 6. d. bb.

[3011] *Eidenmüller*, BB Beilage 7 zu Heft 46/2002, 14 (15 ff.).

[3012] Dazu *Lenz/Rosenbach*, ZKM 2002, 156 ff.

[3013] Dazu bereits *Prütting*, JZ 1985, 261 (268); ausführlich *Lörcher* (2002), S. 747 ff.; siehe auch *Eidenmüller*, RIW 2002, 1 (5 f.), im internationalen Kontext.

[3014] Dazu *Lörcher*, DB 1999, 789 f.; *Grziwotz*, ZKM 2000, 265 (267 f.), und MDR 2001, 305 ff.; *Berger*, RIW 2001, 7 (16 f.); *Eidenmüller*, RIW 2002, 1 (6).

[3015] *Wrede*, ZfA 2002, 455 (464 f.); vgl. die Ausführungen im besonderen Teil unter C. III. 3. b. aa.

[3016] *Wrede*, ZfA 2002, 455 (465); vgl. *Grziwotz*, ZKM 2000, 265 (267); siehe zum Anwaltsvergleich bereits im besonderen Teil unter C. IV. 6. a. bb. (3).

[3017] *Wrede*, ZfA 2002, 455 (465); vgl. *Grziwotz*, ZKM 2000, 265 (266 f.).

[3018] *Prütting*, JZ 1985, 261 (270), und (1998), O 32; siehe auch die Stellungnahme der BRAK, BRAK-Mitt. 2002, 69 (74 f.), zur Mediationskostenhilfe.

[3019] Dazu *Jansen* (2001), S. 343 ff.; siehe auch *Friedrich*, NJW 2003, 3534 (3535).

bildungsstreitigkeiten gem. § 111 Abs. 2 ArbGG Prozesskostenhilfe gewährt wird, was die h.M. verneint[3020]. Gesetzgeberische Abhilfe tut hier Not[3021]. Vielmehr ist der Gesetzgeber gefordert, diese Problematik grundsätzlich zu klären.

b. Materielle Aspekte

Hinsichtlich der materiellen Aspekte alternativer Konfliktbehandlungen ergeben sich ebenfalls weitere, an dieser Stelle zu präzisierende Schlussfolgerungen. Zum gesetzgeberischen Handlungsbedarf im Bereich des materiellen Arbeitsrechts und der damit verbundenen Entschärfung der Gesetzesmängel wurde bereits Stellung genommen[3022].

An dieser Stelle steht vielmehr die *Transparenz des materiellen Rechts* in Bezug auf alternative Konfliktbehandlungen und vor dem Hintergrund des Rechts als Rahmenordnung in Frage[3023]. Eine Transparenz der nichtstaatlichen Rechtsprechung kann dadurch geschaffen werden, dass auch nichtstaatliche Entscheidungen veröffentlicht bzw. zumindest zugänglich gemacht werden[3024]. Hier können neue Techniken wie insbesondere eine Veröffentlichung im Internet eine neue Qualität von Transparenz schaffen[3025]. Problematisch ist in diesem Kontext freilich der Aspekt der Vertraulichkeit. Um das Geheimhaltungsbedürfnis der Parteien eines alternativen Verfahrens zu wahren, ist an anonymisierte Veröffentlichungen zu denken, so dass sich interessierte Kreise ein Bild von alternativen Konfliktbehandlungen machen können[3026]. Dass etwa in der deutschen Schiedsgerichtsbarkeit eine erhöhte Transparenz erreicht worden ist, lässt sich bereits daraus ersehen, dass im Jahr 2003 eine eigenständige Zeitschrift zum Schiedsverfahrensrecht – die sog. SchiedsVZ – erschienen ist. Hinzu kommt die von der DIS gemeinsam mit dem Rechenzentrum für Europäische und Internationale Zusammenarbeit (RIZ) betriebene Datenbank, in der alle Entscheidungen zum Schiedsrecht im Volltext abrufbar sind[3027]. Entsprechende Überlegungen wurden in der Vergangenheit auch in Bezug auf das bankenrechtliche Ombudsverfahren angestellt[3028]. Jedenfalls der neu ins Leben gerufene versicherungsrechtliche Ombudsmann wird ihm als geeignet erscheinende Entscheidungen und Empfehlungen allgemein zugänglich im Internet veröffentlichen, darüber hinaus interessieren sich hierfür zunehmend die versicherungsrechtlichen Fachzeitschriften[3029]. Auf diese Weise lässt sich sogar von alter-

---

[3020] *Leinemann/Taubert*, § 15 BBiG Rn. 158; *GMPM*, § 111 ArbGG Rn. 69; a.A. *Grunsky*, § 111 Rn. 16.
[3021] So auch die Forderung der BRAK, BRAK-Mitt. 2000, 130.
[3022] Siehe dazu bereits im allgemeinen Teil unter B. III. 4. b. und im besonderen Teil unter C. IV. 1.
[3023] Siehe dazu bereits im allgemeinen Teil unter B. III. 4. b.
[3024] Vgl. *Ramm*, ZRP 1989, 136 (143).
[3025] Vgl. *Däubler*, NJW 2000, 2250 (2251).
[3026] Vgl. *D. von Hoyningen-Huene* (2000), S. 197.
[3027] *Kröll*, NJW 2003, 791 f.
[3028] *Scherpe*, WM 2001, 2321 (2325), zum Vorwurf der „Geheimjustiz".
[3029] *Römer*, ZKM 2002, 212 (215); siehe auch *Knauth*, WM 2001, 2325 (2329), zur Öffentlichkeitsarbeit des Versicherungsombudsmanns durch Jahresberichte mit detaillierten Statistiken und einem re-

nativen Konfliktbehandlungen eine produktive Leistung insbesondere zur Gewährleistung der Rechtssicherheit erhoffen[3030]. Nichts anderes kann schließlich für außerbetriebliche Konfliktbehandlungsstellen gelten.

Wie bereits erwähnt, müssen sich auch alternative Konfliktbehandlungsverfahren an den *Leitlinien des materiellen Rechts* orientieren. Reines Billigkeits- und Zweckmäßigkeitsdenken, das sich über die Grundprinzipien des Rechts hinwegsetzt, darf nicht die Grundlage für derartige Verfahren bilden[3031]. Infolgedessen wurden im besonderen Teil vor allem Betriebsangehörige mit arbeitsrechtlichen Kenntnissen, ggf. unterstützt durch arbeitsrechtlich versierte Verbandssekretäre, Arbeitsrichter und Fachanwälte für Arbeitsrecht, als geeignete Personen für eine innerbetriebliche Konfliktbehandlung ausgemacht[3032]. Daraus erhellt auch, dass – wie ebenfalls bereits im besonderen Teil herausgearbeitet – zumindest bei gerichtlichen Verfahren und damit auch in der Güteverhandlung der Berufsrichter als „Schlichter" erhalten bleiben muss[3033].

c. Wirtschaftliche Aspekte

Zu erwägen sind zudem (weitere) finanzielle Anreize für alternative, vornehmlich außergerichtliche Konfliktbehandlungen. Denn es steht außer Frage, dass dahin gehende Regelungen auf die Quantität und Intensität der Inanspruchnahme gerichtlicher und außergerichtlicher Verfahren wirken, vor allem können monetäre Anreize die Beteiligten dazu anhalten, sich verstärkt alternativen Konfliktbehandlungen zu widmen[3034]. Die Untersuchungsergebnisse aus dem Bereich Schnittstelle im Rahmen der *Strukturanalyse der Rechtspflege* deuteten ebenfalls darauf hin, dass Änderungen des Kosten- und Gebührenrechts außergerichtliche Konfliktlösungen attraktiver machen könnten[3035]. Immer „wenn's ums Geld geht" – zumal so offensichtlich –, ist man an einen neuralgischen Punkt gelangt, der im Folgenden näher zu untersuchen ist.

---

gelmäßig erscheinenden Newsletter mit ausgesuchten anonymisierten Fallberichten, wobei alle Materialien – neben weiteren Informationen – auch auf der Internetseite einsehbar seien.

[3030] Siehe auch rechtsvergleichender Sicht auch *D. von Hoyningen-Huene* (2000), S. 198 f., zum Beitrag der niederländischen außergerichtlichen Konfliktbehandlungsstellen zur Rechtsentwicklung: Die häufige Veröffentlichung von Entscheidungen trage dazu bei, dass die von ihnen entwickelte Rechtsprechung nicht nur intern nachvollzogen werden könne, sondern auch darüber hinaus bekannt sei, wodurch sich das notwendige Maß an Berechenbarkeit einstelle, das Voraussetzung für Vertrauen sei.

[3031] So *Schuster* (1983), S. 115, zu den zivilrechtlichen Gütestellen bzw. deren Güteverhandlungen und Gütevorschlägen; zur Wahrung des materiellen Rechts und zur juristischen Kompetenz des Schlichters bereits im allgemeinen Teil unter B. III. 5. b.

[3032] Siehe dazu bereits unter C. IV. 3. d. cc. (b) (2).

[3033] Siehe dazu bereits unter C. IV. 9. a.

[3034] *Hoffmann-Riem*, JZ 1999, 421 (424), bezeichnet dies als „Handlungslogik der Akteure", daneben seien aber auch soziale Anreize, etwa ein Gewinn an sozialer Anerkennung oder die Abwehr des Verlusts sozialer Achtung, denkbar; vgl. auch ders., ZRP 1997, 190 (196), zur anwaltlichen Konfliktbewältigung; vgl. bereits *Schuster* (1983), S. 117, zu zivilrechtlichen Gütestellen.

[3035] *Strempel/Rennig*, ZRP 1994, 144 (145).

aa. Gerichtliche Kosten- und anwaltliche Gebührenanreize unter besonderer Berücksichtigung der jüngsten Reform des Kosten- und Gebührensrechts

Empfehlen sich gerichtliche Kosten- und anwaltliche Gebührenanreize, um die Bereitschaft für eine außergerichtliche Streitbeilegung zu steigern? Oder umgekehrt: Ist eine stärkere kosten- und gebührenmäßige Belastung der gerichtlichen Rechtsschutz in Anspruch nehmenden Parteien ratsam? Dabei dürfen wiederum die Besonderheiten des Arbeitsrechts nicht außer Acht gelassen werden.

Man kann sich freilich auf den Standpunkt stellen, der Gesetzgeber habe sich bewusst dafür entschieden, dass sich die Durchführung eines Gerichtsverfahrens „kostenmäßig streitverschärfend" auswirkt, denn wer vor Gericht gehe, solle dies nicht aus Rechthaberei, aus Lust am Streit tun, sondern zunächst das materielle Prozessrisiko abschätzen[3036]. Es ist unzweifelhaft, dass der Gesetzgeber durch die Festlegung von Prozesskosten die Rentabilität von Prozessen zu beeinflussen vermag – Kostenbarrieren bringen eine Rechtswegsperre mit sich"[3037]. So bezweckte der Gesetzgeber auch mit dem Kostenrechtsänderungsgesetz 1994, den Gang zum Gericht allgemein zu verteuern[3038]. Dem ist umgekehrt zu entnehmen, dass nichtgerichtliche Konfliktbehandlungen finanziell begünstigt werden sollten; gesetzliche Kostenanreize beispielsweise zur Mediation gibt es unter geltendem Recht derzeit nicht[3039]. Bei dieser Sichtweise, Parteien stärker mit den Kosten eines Rechtsstreits zu belasten, darf allerdings die produktive Funktion der Justiz als Produzentin eines öffentlichen Guts nicht außer Betracht bleiben[3040]. Außerdem wird es als unbillig empfunden, das Kostenargument beispielsweise zur Durchsetzung eines Vergleichs zu bemühen[3041]. Jedenfalls dürfe eine Erhöhung der Gerichtskosten „nur unter rechts- und sozialstaatlich vertretbaren Erwägungen" erfolgen[3042]. Gleichwohl sei anzustreben, Parteien je nach tatsächlichem Aufwand mit den Prozesskosten stärker zu belasten[3043]. In Anlehnung an die englischen „Civil Procedure Rules" (CPR) mehren sich in letzter Zeit die Stimmen, die sich für eine flexiblere Kostenregelung aussprechen, die dem von den Parteien tatsächlich verursachten Aufwand Rechnung trägt[3044]. Danach hat das Gericht bei der ermessenabhängigen Kostenent-

---

[3036] So *P. Gottwald*, ZZP 95 (1982), 245 (249); vgl. dazu die Ausführungen zur (vermeintlichen) Prozessfreude der Rechtssuchenden bereits im allgemeinen Teil unter B. I. 3. b. aa.

[3037] Siehe nur *Adams* (1981), S. 46 ff., mit anschaulichen Beispielen.

[3038] Vgl. *H.-B. Schäfer* DRiZ 1995, 461 (465).

[3039] Instruktiv dazu jüngst *Mankowski*, ZKM 2004, 8 (9 ff.).

[3040] *H.-B. Schäfer*, DRiZ 1995, 461 (464 f.), zudem verkenne diese Sichtweise den eher zu hohen Kostendeckungsgrad der Gerichte (jedoch liege dieser bei den Arbeits- und Sozialgerichten unter 10 %); zur produktiven Leistung der Justiz insbesondere zur Gewährleistung der Rechtssicherheit bereits im allgemeinen Teil unter B. II. 6. a.

[3041] Vgl. *van Bühren*, AnwBl 1991, (501) 503.

[3042] *Hoffmann-Riem*, ZRP 1997, 190 (196).

[3043] *Ernst*, NJW-Editorial Heft 9/2002, S. III.

[3044] *G. Wagner*, JZ 1998, 836 (846); *Greger*, JZ 2000, 842 (848 f.); siehe auch *Stürner* (2001), S. 18 f., im europäischen Kontext.

scheidung eine Vielzahl von Kriterien zu berücksichtigen und das gesamte, auch vorprozessuale Verhalten der Parteien mit einzubeziehen[3045]. Erste Gerichtsentscheidungen hierzu liegen vor, so ist in mehreren Fällen der in der Sache obsiegenden Partei
eine Kostenerstattung verweigert worden, weil sie ein Mediationsverfahren nicht
ernsthaft in Betracht gezogen hatte[3046]. Entsprechende Vorschläge hat es auch schon
vor Inkrafttreten der englischen CPR im Jahr 1999 für das deutsche Recht gegeben[3047].
Die jüngste Reform des Kostenrechts hat diese Vorschläge jedoch nicht aufgegriffen.

Ähnliche Erwägungen gelten hinsichtlich einer Umgestaltung des anwaltlichen Gebührenrechts. So ging man bereits im Rahmen der *Strukturanalyse der Rechtspflege* davon
aus, dass bei der Förderung der außergerichtlichen Streitbeilegung im Zivilrecht der
insoweit zentralen Rolle der Rechtsanwaltschaft Rechnung getragen werden müsse[3048].
Um die dahin gehende Bereitschaft der Anwaltschaft zu stärken, hat man beispielsweise mit dem Kostenrechtsänderungsgesetz 1994 die anwaltliche Vergleichsgebühr von
bis dahin 10/10 auf 15/10 der vollen Gebühr angehoben[3049]. Solche Überlegungen
wurden freilich in rechtspolitischer Hinsicht zur Entlastung der Justiz getätigt[3050].
Auch aus wirtschaftswissenschaftlicher Sicht steigt die Intensität und damit Qualität
der Beratung, wenn Anwälte für die reine Beratung im Verhältnis zur Prozessführung
höhere, zumindest aber verbesserte Gebühren erhalten[3051]. Einigkeit bestand jedenfalls
darin, die Gebührenstruktur der BRAGO zu überarbeiten, die auf der Prämisse beruh-

---

[3045] *Newmark*, SchiedsVZ 2003, 23 ff., der zugleich auf die positiven Auswirkungen dieser Kostenregelung hinweist; siehe auch *Zuckerman* (2003), 26.40 ff.; *Ayad*, IDR 2005, 123 (131 f.).

[3046] Grundlegend jüngst *Halsey v Milton Keynes* [2004] EWCA Civ 576; dazu *Engelhardt*, ZRP 2004,
233 ff.; siehe auch *Greger/Engelhardt*, ZKM 2003, 4 f.; *Newmark*, SchiedsVZ 2003, 23 (25 ff.); *Ayad*,
IDR 2005, 123 (132 f.); weitere Nachweise in mediations-report 12/2003, 3.

[3047] *Seetzen*, DRiZ 1980, 177 (179), und *Bartels*, ZRP 1996, 297 (298), zur Ablehnung eines Gütever-
suchs; vgl. *Jansen* (2001), S. 284 ff.: entweder Sanktion durch Ordnungsgeld oder durch Kostenregelung; umgekehrt *Ernst*, NJW-Editorial Heft 9/2002, S. III: Einräumung finanzieller Vorteile für denjenigen, der freiwillig die Schlichtung in Anspruch nehme (Erlass der Schlichtungskosten bei Einigung;
Erlass oder Reduzierung der Gerichtskosten bei nachfolgenden Gerichtsverfahren).

[3048] *Leutheusser-Schnarrenberger*, NJW 1995, 2441 (2446).

[3049] Dagegen ist beispielsweise in Frankreich eine Vergleichsgebühr gänzlich unbekannt, was dazu
führt, dass die Einschaltung von Anwälten eine gütliche Einigung – gerade auch im Arbeitsrecht –
erschwert, siehe *Binkert/Rinker*, AuR 2000, 163 (164).

[3050] *Hoffmann-Riem*, JZ 1999, 421 (425), der zugleich auf die Ambivalenz einer außergerichtlichen
Gebührenerhöhung hinweist; ähnlich ders., ZRP 1997, 190 (196), demzufolge eine zu starre Steuerung
über das anwaltliche Gebührenrecht die Gefahr von Rechtswegsperren für wenig zahlungskräftige
Bürger berge (aber selbst dies könne sich rechnen).

[3051] So *H.-B. Schäfer*, DRiZ 1995, 461 (467); vgl. *K. Lindemann* (1983), S. 45, aus anwaltlicher Sicht;
kritisch aber *Stürner*, JR 1979, 133 (137): Eine solche Umgestaltung des Gebührenrechts bleibe fragwürdig, zumal ein Prozess durch zwei oder drei Instanzen immer mehr Verdienst erbringen müsse als
ein Vergleich in erster Instanz oder vor der Einschaltung des Gerichts: „Hier bleibt nur der Appell an
das Berufsethos und die Hoffnung auf die Erhaltung einer wirtschaftlich starken und unabhängigen
Anwaltschaft."; beachtlich auch *Röhl* (1987), S. 497, wonach es schwieriger sei, die Gebühren gegenüber dem Mandanten zu legitimieren, wenn der Anwalt nicht vor Gericht gezogen sei; vgl. dazu die
Ausführungen zur (vermeintlichen) Prozessfreude der Anwaltschaft bereits im allgemeinen Teil unter
B. I. 3. b. bb. (1).

te, dass Anwälte in erster Linie forensisch tätig sind, so dass die Gebührenvorschriften über die außergerichtliche anwaltliche Tätigkeit nicht mehr der Bedeutung entsprachen, die diese Tätigkeit inzwischen erlangt hat[3052]. Das zum 1.7.2004 in Kraft getretene Rechtsanwaltsvergütungsgesetz (RVG) im Zuge des Kostenrechtsmodernisierungsgesetzes soll hier Abhilfe schaffen[3053]. Während für den vorsorgenden Bereich eine flexible Beratungsgebühr anfällt, wird bei streitigen Auseinandersetzungen zwischen einer Geschäftsgebühr für außergerichtliche und einer Verfahrensgebühr für gerichtliche Verfahren differenziert. Bei gerichtlichen Verfahren kommt eine Terminsgebühr hinzu, die auch dann anfällt, wenn der Anwalt an einer auf die Erledigung des Gerichtsverfahrens gerichteten Besprechung ohne Beteiligung des Gerichts mitwirkt. Besondere Bedeutung für eine gütliche Einigung erlangt auch eine neu strukturierte *Einigungsgebühr*[3054]. Schließlich wird der anwaltliche Mediator in § 34 RVG insofern besonders erwähnt, als dieser auf eine Gebührenvereinbarung hinwirken soll, wobei eine Vereinbarung von Stundensätzen der gängigen Praxis entspricht[3055]. Allerdings wird bereits jetzt kritisiert, dass durch das RVG doch wieder der Anreiz geschaffen werde, zu Gericht zu gehen[3056].

Im Individualarbeitsrecht ist indes die Besonderheit zu beachten, dass zwischen Arbeitgeber und Arbeitnehmer gerade auch ein wirtschaftliches Ungleichgewicht besteht[3057]. So zeichnet sich das Arbeitsgerichtsverfahren gegenüber dem normalen Zivilverfahren – jedenfalls auf der normativen Ebene des Prozessrechts – durch niedrigere Gerichtskosten (§ 12 ArbGG) und weitere kostentechnische Besonderheiten aus: geringere Verfahrensgebühren (einmalige Gebühr und Höchstgebühr); Fälligkeit erst nach Beendigung des jeweiligen Rechtszugs; keine Vorschusspflicht; Nichterhebung[3058]. Das wirtschaftliche Ungleichgewicht spiegelt sich auch in der Verteilung des Prozessrisikos wider, da die Regelung des § 12a Abs. 1 Satz 1 ArbGG eine Übernah-

---

[3052] *Scharf*, AnwBl 2000, 722; *Ebert*, BRAK-Mitt. 2000, 284 (285).

[3053] Dazu *Hartung*, NJW 2004, 1409 ff; *N. Schneider*, AnwBl 2004, 129 ff.; kritisch zum Kostenrechtsmodernisierungsgesetz *Lappe*, NJW 2004, 2409 ff.

[3054] Siehe dazu die Stellungnahme der BRAK, BRAK-Mitt. 2002, 69 (73 f.), sowie die Stellungnahmen der BRAK und des DAV, BRAK-Mitt. 2003, 268 (269), und AnwBl 1/2004, V f.; *Ebert*, BRAK-Mitt. 2000, 284 (285 f.); *Hartung*, NJW 2004, 1409 (1411 ff.); *N. Schneider*, AnwBl 2004, 129 (135 ff.); siehe speziell zum Arbeitsrecht *Notz*, NZA 2004, 681 (683 ff.).

[3055] Siehe dazu die Stellungnahme der BRAK, BRAK-Mitt. 2002, 69 (74), sowie die Stellungnahmen der BRAK und des DAV, BRAK-Mitt. 2003, 268 (269 f.), und AnwBl 1/2004, V (VI f.); ausführlich zur Mediatorenvergütung nach dem RVG *Hartung/Römermann*, § 34 Rn. 15 ff.; *Horst*, ZKM 2004, 179 ff.; vgl. bereits *K.-A. Krämer*, ZKM 2000, 274 ff., zur Honorarvereinbarung des Anwaltmediators; vgl. jüngst *Henssler*, NJW 2005, 1537 ff., zu aktuellen Praxisfragen von Vergütungsvereinbarungen.

[3056] So etwa *Langheid*, NJW-Editorial Heft 45/2003, S. III; a.A. *Schons*, BRAK-Mitt. 2004, 202 (203), demzufolge das RVG noch viel stärker als die BRAGO die außergerichtliche Konfliktlösung fördere.

[3057] Vgl. die Ausführungen zum strukturellen Machtungleichgewicht im Arbeitsrecht unter B. II. 7. a.

[3058] Siehe *Grotmann-Höfling* (1995), S. 52; bisweilen kritisch, aber dennoch befürwortend zum kostengünstigen arbeitsgerichtlichen Verfahren *Müller-Glöge*, RdA 1999, 80 (89): Das Verfahren könne seinen schnellstmöglichen Lauf nehmen, zudem sei die Regelung aus Gründen der materiellen Gerechtigkeit und der Chancengleichheit zu begrüßen.

me der eigenen Anwaltskosten anordnet. Hierdurch soll das Risiko der Kostentragungspflicht verringert und damit die finanzielle Chancengleichheit der Arbeitnehmer gewährleistet werden[3059]. Außerdem schafft diese Kostenregelung Anreize zum Vergleichsabschluss[3060]. Bei einer Umgestaltung des arbeitsrechtlichen Kostenrechts ist sozialen Gesichtspunkten im besonderen Maße Rechnung zu tragen[3061]. Die jüngste Reform des GKG im Zuge des Kostenrechtsmodernisierungsgesetzes lässt insoweit jedoch jegliche Differenzierung vermissen. Zwar wird wie im geltenden Recht das Gebührenniveau unter dem der Verfahren nach der ZPO bleiben, jedoch werden die Prozessparteien stärker an den Kosten der Verfahren beteiligt. Ansonsten beschränkt sich das Gesetz lediglich darauf, die Verfahrensgebühr derjenigen Instanz wegfallen zu lassen, in der sich die Parteien vergleichen, um grundsätzlich jede Form der Verständigung zwischen Arbeitgeber und Arbeitnehmer in besonderer Weise auch gebührenrechtlich zu fordern[3062]. Hier wäre freilich ein weiter gehender Ansatz wünschenswert gewesen.

Ferner muss sichergestellt werden, dass alternative Verfahren die Behandlung eines Konflikts nicht verteuern[3063]. Dies hat zum einen in den Fällen zu gelten, in denen eine Schlichtung dem gerichtlichen Verfahren vorgeschaltet ist, darüber hinaus aber auch dann, wenn im Gerichtsverfahren an eine außergerichtliche Schlichtungsinstitution verwiesen wird. Hier bedarf es einer kostenrechtlichen Regelung zur Anrechnung der Gerichtskosten und Anwaltsgebühren[3064].

bb. Sonstige wirtschaftliche Aspekte

Des Weiteren ist in Bezug auf *Rechtsschutzversicherungen* ein vermehrter Einsatz von Policen mit Selbstbeteiligung zu begrüßen[3065]. Man könnte auch dahin gehen, eine Ermäßigung des Versicherungsbeitrags für Versicherte vorzusehen, die sich alternati-

---

[3059] Vgl. *Thau*, AuA 1996, 303 (305); vgl. aber *Camin* (1984), S. 154, der auf die Ambivalenz der Kostenregelung hinweist, da auch der im Prozess obsiegende Arbeitnehmer seinen eigenen Rechtsvertreter zu bezahlen habe.

[3060] Vgl. *Thau*, AuA 1996, 303 (305); vgl. auch *Kraushaar*, ZRP 2000, 463 (465), im Zuge der jüngsten Reform des Zivilprozesses: Damit entfalle das unwürdige Gefeilsche vor Gericht um die Kostentragung, die nicht selten den Vergleich in letzter Minute blockiere; vgl. ferner *Weimar*, NZA 2003, 540 ff., zu Grundsatzfragen der Kostenregelung im arbeitsgerichtlichen Vergleich.

[3061] Vgl. bereits *Bünger/Moritz* (1983), S. 184: Anreiz zum Verhandeln durch Anhebung der Gerichtsschwelle durch höhere Kosten, vielleicht nur für den Arbeitgeber.

[3062] BT-Drucks. 15/1971, S. 175; ausführlich *Natter*, NZA 2004, 686 ff.; eher kritisch zur Umgestaltung des arbeitsgerichtlichen Kostenrechts *Hansens*, AnwBl 2004, 142 (147 f.).

[3063] Siehe zu den Verfahrenskosten für den Fall des Scheiterns alternativer Konfliktbehandlungen bereits im allgemeinen Teil unter B. II. 2.

[3064] Vgl. *Greger*, ZRP 1998, 183 (185), zur richterlichen Diversion: Abführung der Gerichtskosten an den Träger der Gütestelle.

[3065] *Leutheusser-Schnarrenberger*, NJW 1995, 2441 (2445); *Grotmann-Höfling* (1995), S. 155; vgl. auch zur nur vermeintlich prozesstreibenden Wirkung der Rechtsschutzversicherungen bereits im allgemeinen Teil unter B. I. 3. b. cc. (1).

ven Konfliktbehandlungsverfahren[3066]. In jedem Fall dürfen sich Rechtsschutzversicherungen dem alternativen Bereich nicht wie bisher entziehen[3067]. Ggf. ist
der Gesetzgeber gefordert, auch Rechtsschutzversicherungen insoweit mehr in die
Pflicht zu nehmen. Bis dato sieht lediglich die Schadensregulierung gem. § 5 Abs.
1d ARB eine Erstattung von Gebühren eines Schieds- und Schlichtungsverfahrens vor,
jedoch nur bis zur Höhe der im Falle der Anrufung eines zuständigen staatlichen Gerichts erster Instanz entstandenen Gebühren. Von daher verwundert es nicht, dass diese
Vorschrift praktisch bedeutungslos ist[3068]. Auch zur Mediation fällt eine Anfrage beim
Gesamtverband der Deutschen Versicherungswirtschaft eher ernüchternd aus: Die
Kosten für Mediationsverfahren seien gem. § 5 Abs. 1d ARB nur „unter bestimmten
Umständen" gedeckt, im Übrigen sei eine Neuregelung sei in naher Zukunft nicht zu
erwarten, da ein entsprechender Markt mangels Nachfrage nicht bestehe[3069].

Anknüpfend an die Ausführungen zum Rechtsversicherungsschutz im Arbeitsrecht[3070]
ist schließlich zu fordern, dass dem außergerichtlichen Beratungsbedarf durch eine
ausdrückliche Einstandspflicht auf Seiten der Versicherungen Rechnung getragen
wird. Jedenfalls müssen die insoweit entstandenen Irritationen beseitigt werden, andernfalls sind Rechtsschutzversicherungen für den Arbeitnehmer praktisch wertlos[3071].

3. Tatsächlicher Umdenkensprozess

Ein tatsächlicher Umdenkensprozess hat in zweierlei Hinsicht stattzufinden. Zum einen ist aufzuzeigen, dass eine neue Streitkultur zu einer Etablierung alternativer Konfliktbehandlungen beitragen kann (a.). Zum anderen geht es um den Ausgleich kon-
fliktbehandelnder Ausbildungsdefizite (b.). Es muss also nicht nur ausgebildete
Schlichter oder Mediator geben, die über die nötigen Techniken zur sachgerechten
Konfliktbehandlung verfügen, sondern auch auf der Seite der Streitparteien muss die
Bereitschaft vorhanden sein, sich auf eine Schlichtung oder Mediation einzulassen[3072].

a. Neue Streitkultur

Unter dem Begriff „Neue Streitkultur" wird der sozialpsychologische Aspekt alternativer Konfliktbehandlungen verstanden[3073]. Nicht nur der Staat hat geeignete Rahmen-

---

[3066] So *Ernst*, NJW-Editorial Heft 9/2002, S. III.
[3067] Siehe zu den aktuellen Problemen der Rechtsschutzversicherungen in Bezug auf Schlichtung und
Mediation G. *Bauer*, NJW 2001, 1536 (1538), NJW 2002, 1542 (1546), und NJW 2005, 1472 (1475).
[3068] Vgl. *Spörer*, ZKM 2001, 209 (210 f.).
[3069] *Brundiek*, mediations-report 1/2003, 6.
[3070] Siehe dazu bereits im allgemeinen Teil unter B. I. 3. b. cc. (2).
[3071] Vgl. *Hümmerich*, AnwBl 1995, 321 (333); vgl. auch *Grotmann-Höfling* (1995), S. 155.
[3072] Vgl. *Reitemeier* (2001), S. 23.
[3073] *R. Wassermann*, RuP 1998, 74; ders., NJW 1998, 1685; *Düwell* (1999), S. 754; *Rüssel*, NJW 2000,
2800 (2802); *Ritter*, NJW 2001, 3440 (3441); vgl. *Hoffmann-Riem*, ZRP 1997, 190 (197); ders., JZ
1999, 421 (425); *Strempel*, ZRP 1998, 319.

bedingungen für eine Etablierung alternativer Konfliktbehandlungen (im Arbeitsrecht) zu schaffen, sondern auch die Juristen haben die neue Streitkultur zu verinnerlichen, was bei diesen zu einem veränderten Rollenverständnis führen muss (aa.). Des Weiteren bedarf es einer dahin gehenden Aufklärung der Öffentlichkeit bzw. des Rechtssuchenden (bb.). Entsprechende Überzeugungsarbeit ist dabei in den Betrieben zu leisten (cc.). Ein grundsätzliches „Umdenken in der Streitkultur"[3074] bedeutet weg vom „Kampf um's Recht"[3075] hin zu einer „Kultur kooperativer Konfliktbewältigung im Recht"[3076] bzw. beinhaltet die „Schaffung einer stärker auf Konsens ausgerichteten Streitkultur"[3077].

Dabei gilt zu beachten, dass eine solche Streitkultur entwickelt werden muss und nur schwerlich verordnet werden kann[3078]. Nicht zuletzt deshalb erscheint es bedenklich, dass man die obligatorische Streitschlichtung als Einstieg für eine Bewusstseinsänderung in der Öffentlichkeit verstanden wissen wollte, während die fakultative Streitschlichtung das Ziel der Bemühungen sein sollte[3079]. Dies birgt die Gefahr in sich, dass letztlich der gesamte Schlichtungsgedanke geopfert wird. Sollte sich nämlich herausstellen, dass die Streitparteien die zwangsweise verordnete Schlichtung nur dort, wo sie unvermeidbar ist, als eine vorgeschaltete Instanz ohne wirkliche Einigungsbemühung durchlaufen und auch die zur Schlichtung eingesetzten Personen keinen Anreiz sehen, Zeit und Mühe zu investieren, so besteht die Gefahr, daß der Versuch der außergerichtlichen Streitbeilegung oder Mediation frühzeitig für gescheitert erklärt wird[3080].

aa. Neues Rollenverständnis der Juristen

Die Fähigkeit zur neutralen Konfliktvermittlung setzt neben einem ausbildungsspezifischen Ansatz erhebliche kooperative Umorientierungen in Bezug auf die eigene emotionale Einstellung und soziale Handlungskompetenz voraus[3081]. Nicht zuletzt die Qualität der Mediation wird zentral von der eigenen inneren Haltung des Mediators bestimmt. Erst aus einer für die Mediation angemessenen Haltung heraus können die (erlernten) Interventionstechniken und Instrumente für einen Konfliktlösungsprozess för-

---

[3074] So *Stadler*, NJW 1998, 2479 (2480).

[3075] So die gleichnamige Abhandlung von *Ihering* (1877).

[3076] So *Hoffmann-Riem*, ZRP 1997, 190 (197); *Strempel*, ZRP 1998, 319, spricht insoweit von einer „konsensuellen Konfliktregelung".

[3077] So *Düwell* (1999), S. 756.

[3078] Vgl. *Nöh-Schüren*, ZRP 1998, 448 (450), im Zuge der Einführung des § 15a EGZPO.

[3079] So *Schwackenberg*, AnwBl 1997, 524 (525 und 527), im Zuge der Einführung des § 15a EGZPO, wobei die Bewusstseinsänderung oft nur durch „Zwang" erreicht werden könne.

[3080] So treffend *Stadler*, NJW 1998, 2479 (2480), im Zuge der Einführung des § 15a EGZPO; siehe die Ausführungen zum Aspekt der Freiwilligkeit bereits im allgemeinen Teil unter B. III. 6.

[3081] Vgl. *Hoffmann-Riem*, ZRP 1997, 190 (196); siehe zur Juristenausbildung als zentralen Punkt für den Erfolg alternativer Konfliktbehandlungen noch unter D. I. 3. b. aa.

derlich eingesetzt werden[3082]. Hierzu bedarf es zunächst einer Reflexion der eigenen konfliktspezifischen Denk- und Verhaltensmuster[3083]. Unter Umständen ist dann eine Persönlichkeitsentwicklung erforderlich, um als Mediator erfolgreich tätig zu sein[3084]. Jedenfalls sind gewisse soziale Kernkompetenzen für einen Mediator unerlässlich[3085].

Dies gilt in besonderem Maße für die Anwaltschaft, deren (weiteres) nicht unerhebliches Schlichtungspotenzial bereits im besonderen Teil aufgezeigt wurde[3086]. Unter den verschiedenen Anwaltsrollen ist vor allem die des neutralen Konfliktvermittlers auszubauen. Insoweit müssen Anwälte von dem sicherlich weiter wichtigen Rollenverständnis als (einseitiger) Parteienvertreter wegkommen, wenn sie konfliktvermittelnd tätig werden wollen[3087]. Zumindest aber ist ein verändertes Rollenverständnis auf Seiten der Anwälte dergestalt erforderlich, dass streitige und nichtstreitige Auseinandersetzungen als grundsätzlich gleichwertige Formen einer anwaltlichen Konfliktbehandlung angesehen werden müssen.

bb. Aufklärung der Öffentlichkeit

Wenn im allgemeinen Teil das gesteigerte Bewusstsein der Bürger in Bezug auf die gerichtliche Inanspruchnahme als eine der Ursachen der Überlast der Justiz ausgemacht[3088] und die bisher mangelnde Inanspruchnahme außergerichtlicher Schlichtungsstellen konstatiert wurde[3089], so wird deutlich, dass es für eine Etablierung alternativer Konfliktbehandlungen noch einiger Öffentlichkeitsarbeit bedarf. Dies gilt umso mehr, als das Interesse der Rechtssuchenden an solchen Verfahren bereits geweckt wurde[3090].

Auch die Rechtspolitik hat inzwischen erkannt, dass sich ein Umdenken in der Streitkultur bzw. ein Wandel im Bewusstsein der Rechtssuchenden im Hinblick auf die Inanspruchnahme der Gerichte für die Bewältigung von Konflikten letztlich nur durch

---

[3082] *Patera*, ZKM 2001, 226 (227); vgl. *Oboth*, ZKM 2001, 236 (237), zur Frage „Persönlichkeit versus Technik?"; *Bartussek*, ZKM 2004, 199 ff., zur Bedeutung und Wirkung der Körpersprache in der Mediation.

[3083] *Patera*, ZKM 2001, 226 ff., zur Reflexkompetenz als Qualitätskriterium für künftige Mediatoren.

[3084] *Oboth*, ZKM 2001, 236 ff., zur Persönlichkeitsentwicklung als notwendiger Bestandteil der Mediationsausbildung.

[3085] *Falk*, ZKM 2000, 109 f.; weiterführend *Patera/Gamm*, ZKM 2000, 247 ff., zu den unterschiedlichen sozialen Kernkompetenzen der Mediation: Prozess- und Reflexionskompetenz, Ambiguitätstoleranz, Kommunikationstoleranz, emotionale sowie Konfliktkompetenz; ferner *Gräfin von Schlieffen*, ZKM 2000, 52 ff., zu den Anforderungen an den Mediator.

[3086] Siehe dazu bereits unter C. IV. 6. a. aa.

[3087] So *Hoffmann-Riem*, ZRP 1997, 190 (196), unter dem Aspekt einer auf die Konfliktbewältigung abgestimmten professionellen Orientierung der Anwaltschaft; siehe zum Anwalt als zweiseitigen Interessenvertreter bereits im besonderen Teil unter C. IV. 6. bb. (2).

[3088] Siehe zur Prozessfreude der Rechtssuchenden bereits unter B. I. 3. b. aa.

[3089] Siehe zur Akzeptanz der bestehenden alternativen Schlichtungsangebote bereits unter B. II. 5. b.

[3090] Siehe zum gesellschaftspolitischen Hintergrund der Alternativdiskussion bereits unter B. I. 4.

eine entsprechende Öffentlichkeitsarbeit bewerkstelligen lässt. Insoweit heißt es, dass der Unterscheid zwischen der autoritativen Streitentscheidung durch die Gerichte einerseits und der auf Konsens ausgerichteten Streitbeilegung andererseits eindringlich vermittelt werden müsse. Insbesondere müssten die Rechtssuchenden von den Vorzügen der außergerichtlichen Streitbeilegung überzeugt werden[3091]. Eine intensive Öffentlichkeitsarbeit ist jedenfalls der Bevormundung des Rechtssuchenden vorzuziehen[3092]. Erforderlich ist ein verändertes Verständnis des Bürgers über Art und Inhalt des Rechtsschutzes. Solange er nämlich die Verantwortlichkeit für eine Streitlösung ausschließlich beim Richter sieht, solange wird er ein außergerichtliches Schlichtungsverfahren nur als Durchlaufstadion auf dem Weg zum Richter betrachten. Stattdessen muss sich der Rechtssuchende seiner diesbezüglichen Eigenverantwortlichkeit bewusst werden und alternative Konfliktbehandlungen als echte Chance einer Streitbeilegung erkennen[3093].

Der Wandel weg vom Kampf hin zu einer mehr auf Einigung ausgerichteten Streitkultur in der Bevölkerung lässt sich insbesondere auch durch die Mediation erreichen. Um das derzeit bestehende Spannungsfeld zwischen Angebot und Nachfrage in Bezug auf die Mediation aufzulösen, muss diese allerdings besser vermarktet werden[3094]. Die fortlaufende Propagierung alternativer Konfliktbehandlungen hat durch alle Institutionen zu erfolgen, die unmittelbar Zugang zum rechtssuchenden Publikum haben[3095]. Gefordert sind hier wiederum vor allem die Rechtsanwälte, deren Aufgabe es ist, ihre Mandanten über alternative Verfahren umfassend aufzuklären[3096]. Um dem gewissen Nachdruck zu verleihen, empfiehlt sich womöglich eine dahin gehende berufsrechtliche Regelung, so wie sie beispielsweise in England besteht[3097]. Schließlich beruhen gerichtsbezogene Konfliktbehandlungen auf der Idee, Rechtssuchenden außergerichtliche Verfahren nicht nur nahe zu legen, sondern diese auch bekannt zu machen[3098].

cc. Überzeugungsarbeit in den Betrieben

Für eine Etablierung alternativer Konfliktbehandlungen speziell im Arbeitsrecht ist eine entsprechende Überzeugungsarbeit in den Betrieben zu leisten, damit es dort e-

---

[3091] *Leutheusser-Schnarrenberger*, NJW 1995, 2441 (2446); *Hoffmann-Riem*, ZRP 1997, 190 (197); *Heitmann*, DRiZ 1998, 124 (125); weiterführend *D. von Hoyningen-Huene* (2000), S. 195 ff.

[3092] *Busse*, AnwBl 1997, 522 (523).

[3093] *Pitschas*, ZRP 1998, 96 (99).

[3094] *Alexander*, ZKM 2001, 162 (165); instruktiv *Krauter/Lüer/Ripke* (2002), S. 477 ff., insbesondere S. 490 ff. zu den vier Phasen eines Marketingkonzepts: Diagnose, Geschäftstätigkeits- und Strategiebestimmung, Maßnahmeplanung sowie Umsetzung und Kontrolle; siehe ferner *Lambrette/Herrmann*, ZKM 2002, 117 ff., betreffend eine Untersuchung zur Vermarktung von Wirtschafts- und Arbeitsmediation.

[3095] *Ernst*, NJW-Editorial Heft 9/2002, S. III, im Zuge des „Misserfolgs" des § 15a EGZPO.

[3096] Siehe dazu bereits im besonderen Teil unter C. IV. 6. a. bb. (1).

[3097] *Kisselbach/Smith*, AnwBl 2001, 593.

[3098] Siehe dazu bereits im besonderen Teil unter C. IV. 9. b.

benfalls zu einer Veränderung der Streitkultur kommt[3099]. Zielvorstellung ist, das Konfliktbehandlungsprogramm im Betrieb als kontinuierliche Einrichtung zu etablieren, um über Jahre eine Streitkultur zu schaffen, bei der die außergerichtliche Schlichtung in betrieblichen Auseinandersetzungen zum Grundverständnis im betrieblichen Alltag gehört[3100].

Um dahin zu gelangen, ist es unabdingbar, die unterschiedlichen innerbetrieblichen Konfliktbehandlungsverfahren im Betrieb publik zu machen. Die Erhöhung des Bekanntheits- und Nutzungsgrads der betrieblichen Konfliktbehandlung erfordert eine aktive Informations- und Werbearbeit in der Belegschaft. Hier bieten sich Informationsmaterialien und -veranstaltungen an, insbesondere Betriebs- und Mitarbeiterversammlungen[3101] sowie informatorische Aushänge am Schwarzen Brett[3102]. Genauso wie schließlich der Erfolg einer Mediation auf dem endgültigen Konsens der Parteien beruht, beruht die Überzeugungsarbeit, Mediation in einem Unternehmen zu etablieren, auf einem breiten betrieblichen Konsens[3103].

b.   Ausgleich konfliktspezifischer Ausbildungsdefizite

Unerlässlich ist es auch, konfliktspezifische Ausbildungsdefizite auszugleichen. Dies betrifft zum einen den Ansatz im allgemeinen Bildungssystem (aa.), zum anderen die Juristenausbildung (bb.) und speziell im Arbeitsrecht die Ausbildung in den Betrieben (cc.). Unter Umständen bedarf es hierfür auch eines rechtlichen Umsetzungsbedarfs.

aa.   Ansatz im allgemeinen Bildungssystem

Wenn eben im Zusammenhang mit der neuen Streitkultur auf die Wichtigkeit der Öffentlichkeitsarbeit hingewiesen wurde, dann hängt dies wiederum eng mit dem hier anzusprechenden Ansatz im allgemeinen Bildungssystem zusammen. Es leuchtet ein, dass sich ein Bewusstseinswandel in der Öffentlichkeit am besten durch einen solch erzieherischen Ansatz bewerkstelligen lässt[3104]. Der Umgang mit Konflikten muss frühzeitig gelernt werden[3105]. Dazu bedarf es einer entsprechenden *Schulbildung*.

[3099] Vgl. *Dendorfer/Breiter*, BB Beilage zu Heft 46/2002, 33 (37); vgl. auch *Reitemeier* (2001), S. 18 f., *Ponschab/Dendorfer*, BB Beilage 2 zu Heft 16/2001, 1 (6), und *Prütting* (2002), S. 960, in Bezug auf die Mediation im Arbeitsrecht.

[3100] Vgl. *Reitemeier* (2001), S. 22.

[3101] Siehe dazu bereits im besonderen Teil unter C. IV. 3. e. aa. (1).

[3102] *Breisig* (1996), S. 298; *Reitemeier* (2001), S. 91; vgl. auch *Dendorfer*, ZKM 2001, 167 (169), zur Umsetzung eines betrieblichen Konfliktmanagementsystems unter dem Gesichtspunkt „Information First"; vgl. ferner *G. von Hoyningen-Huene*, BB 1991, 2215 (2216), der für die Fälle der Belästigung am Arbeitsplatz aus § 81 Abs. 1 und § 75 Abs. 2 BetrVG sogar eine Informationspflicht des Arbeitgebers folgert.

[3103] *Gans*, ZKM 2001, 66 (67); weiterführend *Eyer*, ZKM 2002, 272 ff., zum Marketing für Mediation im Arbeitsrecht.

[3104] Vgl. *Hoffmann-Riem*, ZRP 1997, 190 (193), zur „privaten Streitbewältigung", wonach die Nutzung gesellschaftlicher und alltäglicher Konfliktlösungsmechanismen, die auch sonst im Privatleben

Was auf den ersten Blick hinsichtlich der praktischen Umsetzung eher Skepsis hervorruft, erweist sich bei genauerer Betrachtung durchaus als gangbar. Erste Modellprojekte bestehen bereits. An einigen Grundschulen wird Mediation von Schülern für Schüler nach dem Vorbild der „peer education" – gemeint ist die Erziehung unter Gleichen – praktiziert[3106]. Künftig soll Mediation an allen Schulen angeboten werden[3107]. Auch an Gymnasien können sich Schüler zu Streitschlichtern ausbilden lassen und schließen ihre Ausbildung mit einer theoretischen und praktischen Prüfung ab[3108]. Dabei scheint das sich später im Arbeitsleben fortsetzende Phänomen *Mobbing* Hauptanknüpfungspunkt für einen Ansatz im allgemeinen Bildungssystem zu sein. So können sich Schüler im Rahmen des Wahlfachs Mediation zu Mediatoren ausbilden lassen, um sich anschließend erfolgreich um Konflikte jedweder Art und dabei insbesondere Mobbing-Fälle zu kümmern[3109]. Schließlich wurde an der Ludwig-Maximilians-Universität München das Projekt „Mobbing unter Schülern" ins Leben gerufen[3110]. All diese Initiativen dienen zumindest mittelbar der Befriedung im Arbeitsleben, da Schüler frühzeitig lernen, mit sozialen Konflikten umzugehen, wie sie auch bei der späteren Arbeit im Betrieb auftauchen können. Ferner ist in diesem Zusammenhang an eine kostenlose Rechtsberatung durch Rechtsanwälte für Kinder und Jugendliche gerade auch in Bezug auf alternative Konfliktbehandlungen zu denken[3111].

---

genutzt würden, mit fortschreitender Anonymität und dem damit verbundenen Abbau gesellschaftlicher Konfliktlösungsfähigkeit verkümmere; sie wieder zu aktivieren erfordere eine große kulturelle Anstrengung, die schon im Bildungssystem ansetzen müsse.

[3105] Vgl. auch *Düwell* (1999), S. 754, zur „Mediation als Alternative zum gerichtlichen Verfahren" und dabei zu einem vom nordrhein-westfälischen Ministerium für Schule und Weiterbildung initiierten Pilotprojekt.

[3106] Siehe dazu den Artikel in der SZ vom 15.9.2000, Beilage S. 47: Die Schülerlotsen; siehe auch *Simsa*, ZKM 2003, 247 ff., zur Schulmediation in Deutschland; weiterführend etwa *Mickley* (1998), S. 115 ff., zur Mediation in der Gesamtschule; *U. Müller* (2001) zu zwei Trainingsprogrammen zur Streitschlichtung und Lebenskompetenzförderung an Schulen (Projekttag zur konstruktiven Konfliktlösung; Ausbildung zur Peer-Mediation); *Drechsler-Schubkegel* (2001) zu Material für die Unterstützung der Lehrkraft in der Sekundarstufe I betreffend Konfliktlösung durch Schüler; siehe zum „Peer review"-Verfahren und zur Peer-Mediation bereits im besonderen Teil unter C. IV. 3. d. cc. (2) (b) bzw. C. IV. 5. b. dd. (2).

[3107] Siehe dazu die Mitteilung im mediations-report 7/2002, 3, mit Verweis auf die SZ vom 16.5.2002.

[3108] Siehe dazu den Artikel in der SZ vom 25.3.2002, S. N2: Die Streitschlichter.

[3109] Siehe dazu den Artikel in der SZ vom 10.11.2000, S. L6: Verhandeln statt verhauen; *Griese*, ZKM 2002, 168 ff., zu einem Projekt gegen Mobbing im Schulalltag.

[3110] Siehe dazu den Artikel in der SZ vom 7.3.2001, S. 47: Mehr Angst vor Intrigen als vor körperlicher Gewalt.

[3111] Vgl. dazu den Artikel in der SZ vom 25.2.2002, S. 46: Rechtsanwälte beraten Jugendliche.

bb. Die Juristenausbildung als zentraler Punkt für den Erfolg alternativer Konfliktbehandlungen

> Man muss nicht nur wissen, wo die juristischen Probleme des Streits liegen, in dem zu schlichten ist. Man muss auch die psychologischen und sozialen Hintergründe verstehen und – noch wichtiger – psychologische Grundkenntnisse und Grundregeln erwerben, um als professioneller Schlichter – Mediator – arbeiten zu können.
>
> *Wesel*[3112]

Auch wenn sich in der Öffentlichkeit ein solcher Bewusstseinswandel allein durch einen Ansatz im allgemeinen Bildungssystem nur schwerlich durchsetzen lassen wird, so ist jedenfalls als zentraler Punkt die Juristenausbildung zu beachten[3113]. Die fortschreitende Ausweitung der nichtstaatlichen Rechtsprechung auf allen Ebenen führt dazu, mit dem Schlichter und Mediator ein neues juristisches Berufsfeld zu schaffen, das gerade auch in der Juristenausbildung berücksichtigt werden muss[3114]. Infolgedessen ist die Forderung nach einer gezielten Schlichter- oder Mediationsausbildung berechtigt; diese sollte weniger Gegenstand einer Zusatz- als vielmehr Inhalt der allgemeinen Juristenausbildung sein[3115].

Unter Juristenausbildung versteht man primär die *Ausbildung* in der Studien- und Referendarszeit (1). Jedoch haben zahlreiche Juristen, die ihre eigentliche Ausbildung bereits abgeschlossen haben, bisher keinerlei Ausbildung betreffend alternative Konfliktbehandlungen erhalten; entsprechende Kenntnisse müssen daher auch im Rahmen einer *Fortbildung* erworben werden (2)[3116].

(1) Ausbildung der Studenten und Referendare unter Berücksichtigung der jüngsten Reform der Juristenausbildung

Die Kritik an der bisherigen Juristenausbildung ließ sich etwa wie folgt treffend beschreiben: „Nach ... durchschnittlich acht Jahren Ausbildung in einem Beruf, den 95 % der Juristen nicht ausüben, nämlich dem Richteramt, sieht der so ausgebildete Jurist eben in allen Konflikten im Regelfall ein Rechtsproblem und wird versuchen, diesen Konflikt eben mit seinem juristischen Handwerkszeug zu lösen, indem er rechtlich entscheidet."[3117]

[3112] NJW 2002, 415 (416).
[3113] Siehe dazu bereits die Beiträge von *Röhl* (1983c), S. 209 ff., *Struck* (1983), S. 217 ff., und *Kircher* (1983), S. 225 ff.
[3114] Vgl. bereits *Ramm*, ZRP 1989, 136 (145).
[3115] Vgl. *Schwackenberg*, AnwBl 1997, 524 (526).
[3116] In diesem Sinne auch *Trossen*, ZKM 2001, 159 (160).
[3117] *Ponschab*, AnwBl 2001, 591.

Das Thema Juristenausbildung hat sich in den letzten Jahren als Dauerbrenner erwiesen. Vermehrt ins Blickfeld geraten sind dabei auch die Ausbildungsdefizite im Verhandlungsmanagement sowie der vor- und außergerichtlichen Konfliktbehandlung. Dass die Methodik der Rechtsberatung und -gestaltung gegenüber dem forensisch ausgetragenen Konflikt zunehmend an Bedeutung gewinne und die Streitentscheidung hinter die Streitschlichtung zurücktrete, müsse im Zuge einer Reform der Juristenausbildung sowohl in der Studien- als auch Referendarszeit berücksichtigt werden[3118]. Insbesondere Verhandlungsmanagement und Mediation müssten in die Juristenausbildung Einzug finden[3119]. Vorbild sollten hier einmal mehr die USA sein, wo alternative Konfliktbehandlungen an den Universitäten schon seit längerer Zeit institutionalisiert sind[3120]. Auch die Rechtspolitik hat sich dieser Thematik seit etwa 2000 verstärkt angenommen. Studenten sollten nicht nur nach der Rechtslage gefragt werden, sondern lernen, nach der Interessenlage zu argumentieren, zu beraten und Handlungsalternativen entwickeln[3121]. Da die einvernehmliche Streitbeilegung zusehends an Bedeutung gewinne, wüchsen die Anforderungen an interdisziplinäre Fähigkeiten und Kenntnisse in Wirtschafts- und Sozialwissenschaften, Rhetorik, Verhandlungsmanagement, Streitschlichtung und Mediation[3122]. Verhandeln sei eine Fertigkeit, die jeder ausgebildete Jurist jedenfalls in Grundzügen beherrschen sollte[3123].

Mit dem am 1.7.2003 in Kraft getretenen Gesetz zur Reform der Juristenausbildung hat der Gesetzgeber die Zeichen der Zeit offenbar erkannt. In einem neuen § 5a Abs. 3 Satz 1 DRiG heißt es nun: „Die Inhalte des Studiums berücksichtigen die rechtsprechende, verwaltende und rechtsberatende Praxis einschließlich der hierfür erforderlichen Schlüsselqualifikationen wie Verhandlungsmanagement, Gesprächsführung, Rhetorik, Streitschlichtung, Mediation, Vernehmungslehre und Kommunikationsfähigkeit." Gem. § 5d Abs. 1 Satz 1 DRiG muss dies auch bei staatlichen und universitären Prüfungen Berücksichtigung finden. Außerdem bestimmt § 59 Abs. 1 BRAO für die Referendarsausbildung beim Rechtsanwalt, dass Gegenstand der Ausbildung auch die außergerichtliche Anwaltstätigkeit sein soll. Dies sind zumindest erste gute Ansät-

---

[3118] *Ahlers*, BRAK-Mitt. 2001, 200 (201 f. und 203).

[3119] Ausführlich *Schöbel*, JuS 2000, 372 ff.

[3120] Dazu *Strempel* (1998b), S. 372 ff.; *Harald Koch*, JuS 2000, 320 (323 f.); *Breßler*, JuS 2000, 1141 ff., mit einem Bericht über Mediation und Negotiation an einer US-amerikanischen Law School.

[3121] So der ehemalige nordrhein-westfälische Justizminister *Dieckmann*, SZ vom 4.9.2001, S. 6.

[3122] So der ehemalige bayerische Justizminister *M. Weiß*, SZ vom 23.10.2001, S. 52.

[3123] Siehe die Pressemitteilung des Bayerischen Justizministeriums Nr. 32/2000 vom 3.3.2000, abgedruckt in NJW 2000, Heft 14, S. XX, wonach bayerische Rechtsreferendare in „Workshops zum Verhandlungsmanagement" die Möglichkeit erhielten, das erforderliche Wissen für effektives Verhandeln zu erwerben und dieses Wissen im Rahmen eines praktischen Verhandlungstrainings sogleich zu erwerben; siehe auch die gemeinsame Bekanntmachung des Bayerischen Staatsministeriums der Justiz und der Bayerischen Rechtsanwaltskammer vom 8.1.2001, betreffend Richtlinien für die Ausbildung der Rechtsreferendare bei Rechtsanwälten, die vorsehen, dass Rechtsreferendare u.a. in die prozessverhütende Tätigkeit der Rechtsanwälte eingeführt werden sollten, wobei hierunter Vergleichsverhandlungen, Schlichtung und Mediation verstanden werden.

ze einer Institutionalisierung alternativer Konfliktbehandlungen in der Universitäts- und Referendarausbildung. Allerdings stellt sich die schwierige Frage, wie diese Ausbildungsziele praktisch umgesetzt werden können. Hier sind die juristischen Fakultäten und Landesjustizprüfungsministerien, aber auch die Praktiker, sprich Richter und Rechtsanwälte, besonders gefordert[3124]. Geklärt werden muss, in welcher Veranstaltung, in welcher Lehrform und mit welchen Vorkenntnissen eine entsprechende wissenschaftlich fundierte Ausbildung überhaupt sinnvoll erfolgen kann. Des Weiteren besteht das Problem, von welchem Dozenten mit welcher Kompetenz die Schlüsselqualifikationen wie etwa Verhandlungsmanagement oder Mediation vermittelt werden können. Diese lassen sich zwar auch unabhängig von einem juristischen Studium erlernen, im Rahmen einer richter- oder anwaltsorientierten Ausbildung kommt es aber gerade darauf an, dass dies mit den entsprechenden juristischen Kenntnissen verbunden wird. Die Kooperation mit Praktikern wird ebenso notwenig sein wie die Ausschöpfung universitärer Ressourcen in Bezug auf nichtjuristische Professionen, die sich wissenschaftlich mit der Vermittlung von Lehre (Didaktik, Pädagogik, Lernpsychologie) und psychosozialen Berufen beschäftigen[3125].

(2) Fortbildung der Richter und Rechtsanwälte

Sowohl Richtern als auch Rechtsanwälten kommt eine Schlüsselfunktion in Bezug auf alternative Konfliktbehandlungen zu. Ein allgemeiner Appell an die Richter, sie sollten den Bürger spüren lassen, dass „die Repräsentanten des Rechtsstaates" in ihnen „nicht Rechtsfälle" sähen[3126], wird an diesen zwar nicht spurlos vorbeigehen, letztlich aber weitgehend wirkungslos bleiben. Insoweit bedarf es schon größerer Anstrengungen, um einen entsprechenden Bewusstseinswandel auch bei Richtern herbeizuführen. Es ist zu bedauern, dass die Initiatoren der jüngsten Reform des Zivilprozesses bei der Einführung der Güteverhandlung im Zivilprozess nicht auch an eine entsprechende Fortbildung der Richter gedacht haben, obwohl dies vereinzelt angemahnt wurde[3127]. Die im besonderen Teil geforderte Verbesserung der (arbeits-)richterlichen Schlichtungsfähigkeit beinhaltet eben auch eine entsprechende Fortbildung der bereits praktizierenden (Arbeits-)Richter[3128].

[3124] Siehe bereits *W. Gottwald*, BB Beilage 9 zu Heft 27/1999, 21 ff, zur Konfliktbehandlungslehre an Hochschulen; siehe auch die Beiträge in *Haft/Schlieffen* (2002), S. 1297 ff., zur Mediation.

[3125] Weiterführend etwa *Gilles/Fischer*, NJW 2003, 707 (709 f.); *N. Fischer*, AnwBl 2003, 319 (323); *Barton/Jost/Brei/Oezmen*, BRAK-Mitt. 2003, 151 (154); *Jost/Oezmen*, ZKM 2004, 272 ff.; skeptisch *Burgi*, NJW 2003, 2804 (2805), demzufolge die Juristischen Fakultäten gegenwärtig weder über Kapazität noch über Kompetenz verfügen würden; gleichwohl wurden beispielsweise an den Juristischen Fakultäten der Universität München und Erlangen-Nürnberg im Wintersemester 2003/2004 erstmals Lehrveranstaltung zur Mediation angeboten, mediations-report 10/2003, 3.

[3126] So der bayerische Ministerpräsident *Stoiber* im Zusammenhang mit der jüngsten Reform des Zivilprozesses, SZ vom 3.11.2000, S. L8.

[3127] Siehe etwa *Ayad*, ZRP 2000, 229 (231); *Musielak*, NJW 2000, 2769 (2771).

[3128] Siehe dazu bereits unter C. IV. 9. a. cc.

Auf einen solchen Bewusstseinswandel haben sich Rechtsanwälte gleichermaßen einzustellen, zumal diese maßgeblich an der Öffentlichkeitsarbeit mitzuwirken haben[3129]. Dies lässt sich ebenfalls nur durch eine entsprechende Zusatzausbildung für bereits berufstätige Anwälte erreichen. Auch daran scheint der Gesetzgeber im Zuge der Einführung der obligatorischen Streitschlichtung nicht gedacht zu haben. Die „Befähigung zum Schlichteramt" erfordert indes eine qualitätssichernde Aus- bzw. Fortbildung aller im Rahmen des neuen § 15a EGZPO tätig werdenden Streitmittler[3130]. Nichts anderes gilt für die Fortbildung zum Mediator[3131]. Hier sind nicht zuletzt auch Ausbildungsstandards wünschenswert[3132]. Speziell im Arbeitsrecht könnte man daran denken, die im Rahmen der Juristenausbildung geforderten Schlüsselqualifikationen (nochmals) zum Gegenstand des Fachanwaltslehrgangs zum machen. Es dürfte unbestreitbar sein, dass eine hochqualifizierte Fachanwaltschaft auf dem Gebiet des Arbeitsrechts nicht nur das Ansehen des Berufsstands, sondern die Entwicklung des Arbeitsrechts allgemein fördert[3133]. Hierzu gehört eben auch die richtige Beurteilung, was vor die Arbeitsgerichte gehört – und was nicht[3134].

cc. Ausbildung in den Betrieben

> Von der Stärke der Konfliktkompetenz der Mitarbeiter profitiert das ganze Unternehmen.
>
> *Klein*[3135]

In arbeitsrechtlicher Hinsicht bedarf es auch einer Ausbildung in den Betrieben, um alternative, insbesondere innerbetriebliche Konfliktbehandlungen etablieren zu können. Entsprechende Ausbildungsmaßnahmen lassen sich schlagwortartig wie folgt benennen: Training und Workshops zur präventiven Konflikterkennung und kooperativen Konfliktbewältigung bzw. Vermittlung kooperativer Verhandlungstechniken für Vorgesetzte, Betriebsräte und Mitarbeiter sowie Einbeziehung kooperativer Führungsmethoden in die Personalbeurteilung, zudem Schulung der Unternehmensjuristen in die Methoden alternativer Konfliktbehandlungen und Schaffung eines betrieblichen Handbuchs betreffend den kooperativen Umgang mit Konflikten[3136].

[3129] Siehe dazu bereits unter D. I. 3. a. bb.

[3130] *Breidenbach/Gläßer*, ZKM 2001, 11 ff., vor allem 15 f. zu den Anforderungen an die Schlichterqualifikation; *Schwarzmann/Walz* (2000), S. 154 ff., zur Verhandlungsführung durch den Schlichter.

[3131] *Duve* (2000b), S. 153 ff., vor allem S. 168 f. zur Kommunikation als Grundlage der Verhandlungssteuerung; weiterführend *Fuchtmann*, ZKM 2003, 254 ff., zum aktiven Zuhören als wesentlichem Erfolgsfaktor einer Mediation; *Ripke*, ZKM 2004, 70 ff., zum Praphrasieren in der Mediation.

[3132] Siehe etwa *Rosenbach/Lenz*, ZKM 2002, 72 f., zu den Ausbildungsstandards des BMWA.

[3133] So *Henssler*, RdA 1999, 38 (43).

[3134] Vgl. *Grotmann-Höfling* (1995), S. 75, demzufolge die Erfahrung lehre, dass der Fachkundige die Chancen eines Verfahrens realistischer einschätze und den Mandanten entsprechend berate.

[3135] (2002), S. 7.

[3136] Instruktiv *Dendorfer*, ZKM 2001, 167 (168 ff.), über Personenkreis, Inhalt und Durchführung der Seminare; siehe auch *Dendorfer/Breiter*, BB Beilage 7 zu Heft 46/2002, 33 (38); *Dendorfer*, DB 2003, 135 (139).

Durch den Einsatz des Betriebsrats als Konfliktbehandler bzw. Vermittler an sich entstehen dem Arbeitgeber keine zusätzlichen Kosten, da der Arbeitgeber die Kosten für die Tätigkeit des Betriebsrats ohnehin trägt (§§ 37 Abs. 2, 40 BetrVG). Allerdings ist eine Anfangsinvestition insofern notwendig, als der Betriebsrat in der Verhandlungs- und Mediationslehre ausgebildet werden muss. Dabei ist davon auszugehen, dass sich die hiermit verbundenen Kosten mit einem erfolgreichen Einsatz von Verhandlung und Mediation durch Betriebsräte rasch amortisieren[3137]. Nach Ansicht des *BAG* kann die Teilnahme eines Betriebsratsmitglieds an einer Schulungsveranstaltung zum Thema „Mobbing" gem. § 37 Abs. 6 Satz 1 BetrVG erforderlich sein, sofern der Betriebsrat eine betriebliche Konfliktlage darlegt, aus der sich für ihn ein Handlungsbedarf zur Wahrnehmung seiner gesetzlichen Aufgabenstellung ergibt und zu deren Erledigung er das auf der Schulung vermittelte Wissen benötigt[3138]. Wenn man davon ausgeht, dass in nahezu jedem Betrieb Konflikte zwischen Arbeitgeber und Arbeitnehmer sowie unter Arbeitnehmern bestehen, bei denen der Betriebsrat als Vermittler bzw. Mediator hinzugezogen werden kann, dürfte der konkrete Schulungsbedarf unschwer substantiiert darzulegen sein[3139]. Schulungen über Gesprächs-, Diskussions- und Verhandlungsführung gewährt die Rechtsprechung indes nur bei Vorliegen besonderer Gründe[3140]. Diese restriktive, jedenfalls aber unausgewogene Judikatur muss de lege lata überdacht werden[3141]. De lege ferenda ist an eine Änderung des § 37 Abs. 6 Satz 1 BetrVG zu denken, die sich zu Veranstaltungen im Bereich der Entwicklung sozialer Kompetenzen, des Konfliktmanagements und der Mediation bekennt[3142].

Wenn des Weiteren Vermittlungen durch Gleichgestellte zum betrieblichen Alltag gehören sollen, etwa im Rahmen der Peer-Mediation[3143], dann sind kommunikative bzw. kooperative Kompetenzen eine wichtige Voraussetzung für alle, die in einem solchen Betrieb arbeiten[3144]. Betriebsverfassungsrechtlicher Ansatzpunkt für eine entsprechende Ausbildung der Arbeitnehmer ist insoweit § 98 Abs. 6 BetrVG[3145]. Betreffend den Einsatz interner Konfliktlotsen oder Mediatoren ist auch auf das Modellprojekt QUAK (Qualifizierung betrieblicher Konfliktlotsen) zu verweisen, das Kenntnisse zu Konfliktgrundlagen, zur kooperativen Verhandlungsführung, zur Kommunikation im Kon-

---

[3137] *Lembke*, ZKM 2002, 111 (112 und 115).

[3138] NZA 1997, 781 (782); vgl. *ArbG Kiel*, NZA-RR 1998, 212 (213), wonach konkrete Anhaltspunkte für Mobbing-Tendenzen im Betrieb vorhanden sein müssen.

[3139] So *Lembke*, ZKM 2002, 111 (115).

[3140] Siehe die Rechtsprechungsnachweise bei *FESTL*, § 37 Rn. 153.

[3141] Kritisch auch *Schubert*, AiB 2000, 524 (527 f.).

[3142] Siehe bereits den Gesetzgebungsvorschlag von *Budde*, mediations-report 1/2001, S. 3, im Zuge der jüngsten Reform des BetrVG.

[3143] Siehe dazu bereits im besonderen Teil unter C. IV. 5. b. dd. (2).

[3144] *Reitemeier* (2001), S. 22 f., zum „Lernziel soziale Kompetenz".

[3145] Vgl. *G. von Hoyningen-Huene*, BB 1991, 2215 (2216 f.), betreffend Seminare über wechselseitige Respektierung im Betrieb im Kontext mit Belästigungen und Beleidigungen von Arbeitnehmern durch Vorgesetzte.

flikt, zur Mediation sowie zu den organisatorischen und arbeitsrechtlichen Rahmenbedingungen des Einsatzes von Konfliktlotsen vermittelte[3146]. Bedeutsam ist schließlich die Ausbildung der betriebsangehörigen Mitglieder der innerbetrieblichen Konfliktbehandlungsstellen, die ebenfalls einer Schulung bedürfen, die nicht nur arbeitsrechtliche Grundkenntnisse vermittelt, sondern ganz besonders auch sozialwissenschaftliche Techniken der Verhandlungsführung, des Interessenausgleichs und der Konfliktbewältigung[3147].

4. Zusammenfassung

Die Schaffung geeigneter Rahmenbedingungen für eine Etablierung alternativer Konfliktbehandlungen ist sowohl eine staatliche als auch private Angelegenheit. Zunächst ist der Gesetzgeber gefordert, den rechtlichen Umsetzungsbedarf insbesondere in Bezug auf die verfahrensrechtliche und wirtschaftliche Absicherung alternativer Verfahren zu erkennen und entsprechend tätig zu werden. Wichtig ist auch die formelle und materielle Transparenz alternativer Konfliktbehandlungen. Hierbei kommt privaten Institutionen eine wichtige Bedeutung zu. Um zu einer neuen Streitkultur in der Gesellschaft zu gelangen, sind vor allem Rechtsanwälte und Richter aufgefordert, die Rechtssuchenden über Alternativen zum und im Gerichtsverfahren aufzuklären. Die praktische Durchführung dieser Alternativen erfordert eine entsprechende Aus- und Fortbildung. Für eine Institutionalisierung alternativer Verfahren im Arbeitsrecht müssen die Betriebs- und Tarifparteien in besonderem Maße verantwortlich zeichnen. Sie haben eine nicht unerhebliche Überzeugungs- und Ausbildungsarbeit in den Betrieben zu leisten.

II. Die Zukunft alternativer Konfliktbehandlungen

Was bleibt ist ein Ausblick auf die Zukunft alternativer Konfliktbehandlungen sowohl im Allgemeinen (1). als auch im Arbeitsrecht (2.).

1. im Allgemeinen

Die Zukunft alternativer Konfliktbehandlung im Allgemeinen hängt entscheidend davon ab, ob es gelingt, die rechtssoziologischen und rechtspolitischen Ziele der Alternativdiskussion miteinander in Einklang zu bringen. Dass dies prinzipiell möglich ist, wurde im Rahmen dieser Arbeit aufgezeigt. Es geht also nicht darum, zu entscheiden, wie viel Zeit und Geld wir einsparen und wie viel Rechtsstaatlichkeit wir dabei aber behalten wollen[3148]. In Anbetracht der neuerlichen Schlichtungs- bzw. Mediationseuphorie scheint der Zeitpunkt für eine Etablierung alternativer Konfliktbehandlun-

---

[3146] Dazu *Dendorfer*, ZKM 2001, 167 (168).
[3147] So *Hommerich/Niederländer/Stock*, AuA 1993, 175 (177); vgl. *Grotmann-Höfling* (1995), S. 171; *O. Fischer* (1999), S. 213.
[3148] So aber noch *Prütting*, JZ 1985, 261 (271).

gen günstig zu sein, zumal entsprechende Diskussionen auch in vielen anderen (europäischen) Ländern geführt werden. Dazu ist es erforderlich, alternative Verfahren durch eine Verbesserung ihrer Infrastruktur gezielt zu stärken. Voraussetzung hierfür ist auch ein Zusammenwirken zwischen staatlichen und privaten Institutionen unter Beteiligung von Wissenschaft und Praxis, namentlich Richtern und Rechtsanwälten, wie sich exemplarisch an den gerichtsbezogenen Alternativverfahren verdeutlichen lässt. Nur auf diese Weise können Alternativen zum und im Gerichtsverfahren künftig einer breiteren Öffentlichkeit vor- und in deren Bewusstsein gestellt werden. Letztlich muss man sich indes darüber im Klaren sein, dass die Zukunft alternativer Verfahren mit ihrer erfolgreichen Durchführung in der Praxis steht und fällt.

2. im Arbeitsrecht

Die Zukunft alternativer Konfliktbehandlungen im Arbeitsrecht liegt ersichtlich im betrieblichen Bereich. Dies gilt für kleine, mittlere und große Betriebe gleichermaßen[3149]. Nur im Betrieb besteht die Möglichkeit, Rechtskonflikte am Arbeitsplatz möglichst frühzeitig zu erkennen und weitgehend unformalisiert zu behandeln. Betreffend eine Etablierung innerbetrieblicher Konfliktbehandlungsverfahren sowie Institutionalisierung inner- und außerbetrieblichen Konfliktbehandlungsstellen kommt den jeweiligen Betriebs- und Tarifparteien eine herausragende Bedeutung zu. Ohne ihr Mitwirken wird es keine Zukunft für alternative Verfahren im Arbeitsrecht geben. Die Mediation im Arbeitsrecht ist nur ein Verfahren der Konfliktbearbeitung neben anderen, je nach Konfliktart und Konflikteskalationsstufe ebenso sinnvollen Interventionen[3150]. Lässt sich einmal ein Konflikt nicht auf dem Betriebsweg erledigen, wird es darauf ankommen, dass Arbeitgeber, Fachanwälte für Arbeitsrecht, aber auch Arbeitsrichter Alternativen entwickeln, die vor allem darauf abzielen müssen, eine Auflösung des Arbeitsverhältnisses bzw. die Arbeitslosigkeit des Arbeitnehmers zu vermeiden. Die übliche Abfindungspraxis ließe sich so zumindest ein Stück weit revidieren.

III. Schlussbemerkung

Um nochmals auf das dieser Abhandlung vorangestellte Zitat des französischen Schriftstellers und Philosophen *Voltaire* zurückzukommen: Ist nicht die Wahl zwischen dem Führen eines Prozesses und einer außerforensischen Auseinandersetzung letztlich eine Wahl zwischen Kampf – um nicht zu sagen: Krieg – und Frieden?

Dies mag freilich polemisch erscheinen. Dass eine derartige Parallele indes nicht fern liegt, zeigen bereits die Ausführungen von *Ihering* in seiner Abhandlung über den „Kampf um's Recht", wonach das Ziel des Rechts der Friede sei, das Mittel dazu sei der Kampf, der Zivilprozess sei mithin geregelter und legaler Kampf der Parteien um

---

[3149] Differenzierend noch *Frommel*, ZRP 1983, 31 (35).
[3150] So treffend *Budde* (2000), S. 518.

ein streitiges Privatrecht[3151]. Auch das *BVerfG* spricht in Anlehnung an den „Kampf um das Recht" von den anwaltlichen und richterlichen „Berufswaffen"[3152]. Wer aber kämpfen will, rüstet auf, zumindest psychologisch[3153]. Oder mit dem Zivilprozess-rechtsgelehrten *Heffter* drastisch formuliert: „Der gerichtliche Prozeß ... stellt einen geregelten Kriegszustand dar... Jede Einmischung des Richters in dieses ... kriegeri-sche Verhältnis muß als unrechtmäßig erscheinen."[3154]. Andernorts ist von einer „Ka-pitulation des deutschen Gesetzgebers vor der prozessualen Militanz" die Rede[3155]. Positiv gewendet könnte man allerdings auch sagen: „Rechtsprechung im weitesten Sinne ist die Tätigkeit eines hierzu bestimmten Dritten, um eine gegenwärtige Streitig-keit oder künftige Streitigkeit zu regeln und dadurch die Störung oder Bedrohung des Friedens zu beseitigen. Unter Friede ist dabei nicht allein der Rechtsfriede gemeint, sondern der soziale Friede innerhalb der Grenzen des Staates oder jenseits derselben, wenn die internationale private und die völkerrechtliche Schiedsgerichtsbarkeit über diese Grenzen hinausgreift. Es ist, mit einem Wort, der Friede schlechthin."[3156] Nicht zuletzt die Mediation verfolgt methodisch einen interdisziplinären Ansatz, indem sie die Erkenntnisse aus der *Friedensforschung* für sich nutzbar zu machen versucht[3157].

Eine „Kriegsverhütung durch friedliche Streitschlichtung" wird auch im Arbeitsrecht proklamiert[3158]. Insbesondere auf kollektiver Ebene scheint das „Schlichten als Frie-densstiftung im Betrieb" bereits anerkannt[3159]. Geltung beansprucht dies freilich auch für friedensstiftende Maßnahmen in Bezug auf Rechtskonflikte am Arbeitsplatz, sprich im individuellen Bereich. Letztlich soll also durch alternative Konfliktbehandlungen im Arbeitsrecht etwas Wesentliches erreicht werden: Friede im Betrieb!

[3151] (1877), S. 1 und S. 14.

[3152] *BVerfG*E 76, 171 (192 f.), betreffend den anwaltlichen und richterlichen Sprachgebrauch.

[3153] So *P. Gottwald*, ZZP 95 (1982), 245 (248).

[3154] Zitiert bei *P. Gottwald*, ZZP 95 (1982), 245 (259).

[3155] Dazu *Greger*, JZ 1997, 1077 (1077 und 1078 f.).

[3156] So *Ramm*, ZRP 1989, 136 (138), zu einem neuen Oberbegriff der Rechtsprechung; vgl. bereits *Arndt*, NJW 1967, 1585, zur „Friedensaufgabe des Richters"; *Stürner*, DRiZ 1976, 202 (203), betref-fend Grundfragen richterlicher Streitschlichtung, wonach der Vergleich anders als das Urteil häufig Versöhnung und Frieden schaffen könne; vgl. auch *Schott*, BRAK-Mitt. 2001, 204 (206), mit Verweis auf den Theologen *Zahrnt* zur friedensstiftenden Funktion des Rechtsanwalts.

[3157] Vgl. *Strempel* (2002), S. 127; vgl. auch *Trossen*, ZKM 2001, 159 (160), mit Verweis auf das Har-vard-Konzept: friedensstiftender Aspekt der Mediation; mediations-report 8/2003, 3, unter Verweis auf die Wirtschaftswoche vom 17.7.2003: Mediator als Friedensstifter; vgl. aber *Hohmann/Vierling*, ZKM 2001, 207, wonach alternative Konfliktbehandlungen ebenfalls kämpferische Auseinander-setzungen beinhalten.

[3158] So der Titel des Aufsatzes von *Stuby* (1999), S. 773.

[3159] *Söllner*, ZfA 1982, 1 (7 ff.); vgl. *Oechsler/Schönfeld* (1989), S. 3 f., zur Funktion der Einigungs-stelle, den betrieblichen Frieden wiederherzustellen.

Literaturverzeichnis

Aufsätze, Beiträge, Monographien und Entscheidungsanmerkungen:

Adams, Michael, Ökonomische Analyse des Zivilprozesses, Königstein 1981

Adomeit, Klaus, Thesen zur betrieblichen Mitbestimmung nach dem neuen Betriebsverfassungsgesetz, BB 1972, 53 bis 56

Ders., Betriebsräte – noch zeitgemäß?, NJW 2001, 1033 bis 1035

Ders., Arbeitsmarktreform – was ist das?, NJW 2001, 3314 bis 3315

Ders., Die Agenda 20-10 – sozialphilosophisch, NJW 2003, 2356 bis 2358

Adomeit, Klaus / Thau, Jens T., Welche wesentlichen Inhalte sollte ein nach Art. 30 des Einigungsvertrages zu schaffendes Arbeitsvertragsgesetz haben?, ZRP 1992, 350 bis 353

Ahlers, Dieter, Reform der Juristenausbildung, BRAK-Mitt. 2001, 200 bis 204

Ahrweiler, Petra, Computergestütztes Konfliktmanagement in modernen Organisationen, ZKM 2002, 209 bis 212

Aigner, Tatjana, Rechtsschutz gegen Mobbing verstärkt, BB 2001, 1354 bis 1356

Alewell, Dorothea / Koller, Petra, Arbeitsrechtliche Ressourcen und Einschätzungen in Personalabteilungen deutscher Unternehmen – Einige empirische Befunde, BB 2002, 990 bis 992

Alexander, Nadja, Die Institutionalisierung von Mediation – Entwicklungen in den USA, Australien und Deutschland, ZKM 2001, 162 bis 166

Annuß, Georg, Mitwirkung und Mitbestimmung der Arbeitnehmer im Regierungsentwurf eines Gesetzes zur Reform des BetrVG, NZA 2001, 367 bis 371

Ders., Schwierigkeiten mit § 3 I Nr. 3 BetrVG?, NZA 2002, 290 bis 294

Ders., AGB-Kontrolle im Arbeitsrecht: Wo geht die Reise hin?, BB 2002, 458 bis 463

Ders., Der Arbeitnehmer als solcher ist kein Verbraucher!, NJW 2002, 2844 bis 2846

Ders., Betriebsverfassung als Teil der Arbeitsmarktordnung, NJW-Editorial Heft 37/2003, S. III

Althaus, Pia-Maria / Hinrichs, Florian / Hustert, Sven, Bedarf und Einsatzbereiche der Wirtschaftsmediation in der deutschen Unternehmenspraxis, ZKM 2001, 120 bis 127

Altmann, Gerhard / Fiebiger, Heinrich / Müller, Rolf, Mediation – Konfliktmanagement für moderne Unternehmen, 2. Auflage, Weinheim und Basel 2001

Appel, Clemens / Kaiser, Brigitte, Gesetz zur Beschleunigung des arbeitsgerichtlichen Verfahrens, AuR 2000, 281 bis 287

Armbrüster, Christian, Antidiskriminierungsgesetz – ein neuer Anlauf, ZRP 2005, 41 bis 44

Arndt, Adolf, Private Betriebs-„Justiz", NJW 1965, 26 bis 28

Ders., Die Friedensaufgabe des Richters, NJW 1967, 1585 bis 1587

Atkinson, Jamie, Disciplinary and grievance procedure: in practice, (2003) NLJ 153, 1638 bis 1639

Aust-Dodenhoff, Karin, Die Arbeitsgerichtsbarkeit auf dem Weg zur ordentlichen Gerichtsbarkeit, NZA 2004, 24 bis 26

Ayad, Patrick, Zivilprozessreform: Optimierung des Rechtsschutzes und effektiverer Richtereinsatz?, ZRP 2000, 229 bis 235

Ders., Schuldrechtsreform: Das Gesetz zur Modernisierung des Schuldrechts in der Vertragspraxis, DB 2001, 2697 bis 2705

Ders., The Use of Incentives to Settle in English Civil Procedure, IDR 2005, 123 bis 134

Bach-Heuker, Christiane, Das Ombudsmannverfahren der privaten Banken und Wirtschaftsmediation in der Bankenwirtschaft – ein Vergleich, ZKM 2001, 212 bis 214

Bachner, Michael / Schindele, Friedrich, Beschäftigungssicherung durch Interessenausgleich und Sozialplan – Der Beitrag struktureller Kurzarbeit zur Vermeidung von Arbeitslosigkeit, NZA 1999, 130 bis 136

Bader, Peter, Die Anhörung des Betriebsrats – eine Darstellung anhand der neueren Rechtsprechung, NZA-RR 2000, 57 bis 63

Ders., Zur möglichen Flexibilisierung des Schwellenwertes im Kündigungsschutzrecht, NZA 2003, 249 bis 259

Ders., Das Gesetz zu Reformen am Arbeitsmarkt: Neues im Kündigungsschutzgesetz und im Befristungsrecht, NZA 2004, 65 bis 76

Balzer, Miriam / Dieners, Peters, Die neue „Schiedsstelle" der pharmazeutischen Industrie – Konsequenzen für Arzt und Unternehmen, NJW 2004, 908 bis 909

Bamberger, Georg, Die Reform der Zivilprozessordnung – Eine Wirkungskontrolle, ZRP 2004, 137 bis 141

Bartels, Hinrich, Effektivierung des Zivilverfahrensrechts, ZRP 1996, 297 bis 300

Barton, Stephan / Jost, Fritz / Brei, Kathrin / Oezmen, Verda, Eckpunkte des anwaltsorientierten Studiums, BRAK-Mitt. 2003, 151 bis 154

Bartussek, Walter S., Als MediatorIn in der Mitte sein – Bedeutung und Wirkung der Körpersprache in der Mediation, ZKM 2004, 199 bis 204

Barwasser, Franz H., Zur sog. Beschleunigungsnovelle zum ArbGG (Erfahrungen aus der Sicht der ersten und zweiten Instanz), AuR 1984, 171 bis 176

Bauer, Günter, Rechtsentwicklung bei den Allgemeinen Bedingungen für die Rechtsschutzversicherung (ARB) in den Jahren 2000/01, NJW 2001, 1536 bis 1541

Ders., Rechtsentwicklung bei den Allgemeinen Bedingungen für die Rechtsschutzversicherung bis Anfang 2002, NJW 2002, 1542 bis 1548

Ders., Rechtsentwicklung bei den Allgemeinen Bedingungen für die Rechtsschutzversicherung bis Anfang 2005, NJW 2005, 1472 bis 1476

Bauer, Jobst-Hubertus, Einigungsstellen – Ein ständiges Ärgernis!, NZA 1992, 433 bis 436

Ders., Der Rechtsanwalt in der Arbeitsgerichtsbarkeit, in: Festschrift zum 100jährigen Bestehen des Deutschen Arbeitsgerichtsverbandes, Neuwied, Kriftel und Berlin 1994, S. 285 bis 314

Ders., Grundregeln erfolgreicher Verhandlungsführung, NZA 1994, 578 bis 580

Ders., Vom Umgang mit dem arbeitsrechtlichen Mandat – Erfahrungen eines Kollegen, NZA 1999, 11 bis 19

Ders., Einführung in die Vertragsgestaltung im Arbeitsrecht, JuS 1999, 356 bis 361, 452 bis 456, 557 bis 561, 660 bis 664, 765 bis 770

Ders., Europäische Antidiskriminierungsrichtlinien und ihr Einfluss auf das deutsche Arbeitsrecht, NJW 2001, 2672 bis 2677

Ders., Neue Spielregeln für Aufhebungs- und Abwicklungsverträge durch das geänderte BGB?, NZA 2002, 169 bis 173

Ders., Ein Vorschlag für ein modernes und soziales Kündigungsschutzrecht, NZA 2002, 529 bis 533

Ders., Sofortprogramm für mehr Sicherheit im Arbeitsrecht, NZA 2002, 1001 bis 1004

Ders., Mutlose Kündigungsschutzreform, NZA 2003, 366 bis 369

Ders., Arbeitsrechtlicher Wunschkatalog für mehr Beschäftigung, NZA 2005, 1046 bis 1051

Bauer, Jobst-Hubertus / Diller, Martin / Göpfert, Burkard, Zielvereinbarungen auf dem arbeitsrechtlichen Prüfstand, BB 2002, 882 bis 887

Bauer, Jobst-Hubertus / Haußmann, Katrin, Die Verantwortung des Arbeitgebers für den Arbeitsmarkt, NZA 1997, 1100 bis 1102

Bauer, Jobst-Hubertus / Hümmerich, Klaus, Nichts Neues zu Aufhebungsvertrag und Sperrzeit oder: Alter Wein in neuen Schläuchen, NZA 2003, 1076 bis 1079

Bauer, Jobst-Hubertus / Kock, Martin, Arbeitsrechtliche Auswirkungen des neuen Verbraucherschutzrechts, DB 2002, 42 bis 46

Bauer, Jobst-Hubertus / Krets, Jérome, Gesetz für moderne Dienstleistungen am Arbeitsmarkt, NJW 2003, 537 bis 545

Bauer, Jobst-Hubertus / Krieger, Steffen, Neuer Abfindungsanspruch – 1 a daneben, NZA 2004, 77 bis 79

Dies., Das Ende der außergerichtlichen Beilegung von Kündigungsstreitigkeiten?, NZA 2004, 640 bis 642

Dies., Kündigungsschutz-Schwellenwert: Ein Buch mit sieben Siegeln!, DB 2004, 651 bis 653

Bauer, Jobst-Hubertus / Opolony, Bernhard, Arbeitsrechtliche Änderungen in der Gewerbeordnung, BB 2002, 1590 bis 1594

Bauer, Jobst-Hubertus / Preis, Ulrich / Schunder, Achim, Der Regierungsentwurf eines Gesetzes zu Reformen am Arbeitsmarkt vom 18.6.2003, NZA 2003, 704 bis 707

Dies., Das Gesetz zu Reformen am Arbeitsmarkt – Reform oder nur Reförmchen?, NZA 2004, 195 bis 199

Baukrowitz, Andrea / Boes, Andreas, Bewegung in den Arbeitsbeziehungen, Mitbestimmung 6/2001, 42 bis 45

Baumgärtel, Gottfried, Gleicher Zugang zum Recht für alle – Ein Grundproblem des Rechtsschutzes, Köln 1976

Baur, Fritz, Betriebsjustiz, JZ 1965, 163 bis 167

Beck, Thorsten / Rosendahl, Hans / Schuster, Norbert, Die Schiedsstellen für Arbeitsrecht in den fünf neuen Bundesländern – Nekrolog auf eine umstrittene Institution, in: Däubler/Bobke/Kehrmann (Hrsg.), Arbeit und Recht: Festschrift für Albert Gnade zum 65. Geburtstag, Köln 1992, S. 545 bis 566

Dies., Abschied von den Schiedsstellen für Arbeitsrecht, AuA 1992, 233 bis 237

Dies., Außergerichtliche Regulierung von Arbeitskonflikten, AuA 1992, 303 bis 305

Becker, Friedrich / Bader, Peter, Bedeutung der gesetzlichen Verjährungsfristen und tariflichen Ausschlußfristen im Kündigungsrechtsstreit, BB 1981, 1709 bis 1716

Becker, Friedrich / Rommelspacher, Peter, Ansatzpunkte für eine Reform des Kündigungsrechts, ZRP 1976, 40 bis 44

Becker-Schaffner, Reinhard, Die Rechtsprechung zum Umfang der Pflicht zur Mitteilung der Kündigungsgründe gem. § 102 Abs. 1 BetrVG, DB 1996, 426 bis 430

Beckschulze, Martin / Henkel, Wolfram, Der Einfluss des Internets auf das Arbeitsrecht, DB 2001, 1491 bis 1506

Behrens, Fritz, Außergerichtliche Streitschlichtung in Zivilsachen, RuP 1997, 73 bis 76

Behrens, Peter, Die Bedeutung der ökonomischen Analyse des Rechts für das Arbeitsrecht, ZfA 1989, 209 bis 238

Behrens, Walther / Richter, Juliane, Teilzeitarbeit in Schweden, den Niederlanden und Deutschland – EIAS-Tagung am 9. und 10.11.2001 in Münster, NZA 2002, 138 bis 140

Behrens, Walther / Rinsdorf, Hauke, Beweislast für die Zielerreichung bei Vergütungsansprüchen aus Zielvereinbarungen, NZA 2003, 364 bis 366

Benda, Ernst, Richter im Rechtsstaat, DRiZ 1979, 357 bis 363

Ders., Formerfordernisse im Zivilprozeß und das Prinzip der Fairneß, ZZP 98 (1985), 365 bis 377

von Benda-Beckmann, Keebet, Implementieren – Was heißt das? Die Implementation von Gerichtsurteilen aus der Sicht der Rechtsethnologie, in: Blankenburg/Voigt (Hrsg.), Implementation von Gerichtsentscheidungen, Jahrbuch für Rechtssoziologie, Band 11, Opladen 1987, S. 23 bis 42

Bender, Rolf, Funktionswandel der Gerichte?, ZRP 1974, 235 bis 238

Ders., Das staatliche Schiedsgericht – ein Ausweg aus der Krise des Zivilprozesses?, DRiZ 1976, 193 bis 197

470

Bender, Wolfgang / Schmidt, Jan, KSchG 2004: Neuer Schwellenwert und einheitliche Klagefrist, NZA 2004, 358 bis 366

Benecke, Martina, „Mobbing" am Arbeitsplatz, NZA-RR 2003, 225 bis 232

Bengelsdorf, Peter, Der gesetzes- und verfassungswidrige Zugriff auf die arbeitsrechtliche Beendigungsfreiheit, NZA 1994, 193 bis 200

Ders., Privatautonomie und Aufhebungsvertrag, DB 1997, 874 bis 879

Bepler, Klaus, Der schwierige Weg in die Dritte Instanz, AuR 1997, 421 bis 424

Ders., Änderungen im arbeitsgerichtlichen Verfahren durch das Anhörungsrügengesetz, RdA 2005, 65 bis 78

Berdecki, Eduard, Ungleicher Kündigungsschutz bei Wohnungen und Arbeitsplätzen?, BB 1973, 806 bis 807

Berg, Detlef, Die Konfliktkommissionen im Arbeitsrecht der DDR, NZA 1990, 19 bis 20

Berg, Peter, Beschäftigte in Kleinbetrieben – Arbeitnehmer zweiter Klasse? Anforderungen an eine Arbeitsrechtsreform für Arbeitnehmer in Kleinbetrieben, AiB 1992, 253 bis 255

Berger, Klaus Peter, Das neue Schiedsverfahrensrecht in der Praxis – Analyse und aktuelle Entwicklungen, RIW 2001, 7 bis 20

Ders., Integration mediativer Elemente in das Schiedsverfahren, RIW 2001, 881 bis 889

Ders., Aushandeln von Vertragsbedingungen im unternehmerischen Verkehr – Stellen, Handeln, Behandeln, Verhandeln, Aushandeln...?, NZW 2001, 2152 bis 2154

Berghuis-van der Wijk, Irma J., Vermitteln oder Prozessieren? Faktoren, die die Häufigkeit gütlicher Streitbeilegung von Rechtsanwälten beeinflussen, in: Blankenburg/Gottwald/Strempel (Hrsg.), Alternativen in der Ziviljustiz – Berichte, Analysen, Perspektiven, Köln 1982, S. 65 bis 93

Bergwitz, Christoph, Die Bedeutung des Nachweisgesetzes für die Darlegungs- und Beweislast beim Arbeitsvertrag, BB 2001, 2316 bis 2320

Berkowsky, Wilfried, Die Unterrichtung des Betriebsrats bei Kündigungen durch den Arbeitgeber, NZA 1996, 1065 bis 1071

Ders., Die verhaltensbedingte Kündigung, NZA-RR 2001, 1 bis 20 und 57 bis 76

Bernhardt, Hanspeter / Winograd, Bianca, Die Zusammenarbeit von Rechtsanwälten und Psychologen, in: Haft/Schlieffen (Hrsg.), Handbuch Mediation, München 2002, S. 571 bis 606

Berscheid, Ernst-Dieter, Arbeitsgerichtsnovelle und Rechtspflege-Vereinfachungsgesetz – Ein Plädoyer für eine umfassende Reform, ZfA 1989, 47 bis 164

Berwanger, Jörg, Zielvereinbarungen und ihre rechtlichen Grundlagen, BB 2003, 1499 bis 1504

Ders., Noch einmal: Zielvereinbarungen auf dem Prüfstand, BB 2004, 551 bis 554

Beunings, Rita, Die obligatorische Streitschlichtung im Zivilprozess, AnwBl 2004, 82 bis 87

Beyer, Heinrich / Fehr, Ulrich / Nutzinger, Hans. G., Unternehmenskultur und innerbetriebliche Kooperation – Anforderungen und praktische Erfahrungen, Wiesbaden 1995

Bichler, Hubert, Erfahrungen mit der Novellierung des ArbGG, AuR 1984, 176 bis 180

Bielenski, Harald / Hartmann, Josef / Pfarr, Heide / Seifert, Hartmut, Die Beendigung von Arbeitsverhältnissen: Wahrnehmung und Wirklichkeit – Neue empirische Befunde über Formen, Ablauf und soziale Folgewirkungen, AuR 2003, 81 bis 91

Bien, Florian, Die betriebsbedingte Kündigung im französischen Recht, NZA 2000, 984 bis 993

Bierbrauer, Günter, Gerechtigkeit und Fairneß im Verfahren – Ein sozialpsychologischer Ansatz zur Beilegung von Konflikten, in: Blankenburg/Gottwald/Strempel (Hrsg.), Alternativen in der Ziviljustiz – Berichte, Analysen, Perspektiven, Köln 1982, S. 317 bis 325

Bierbrauer, Günter / Falke, Josef / Giese, Bernhard / Koch, Klaus-F. / Rodingen, Hubert, Zugang zum Recht, Bielefeld 1978

Binkert, Gerhard / Eylert, Mario, Beteiligung der ehrenamtlichen Richter in der Güteverhandlung vor dem Arbeitsgericht?, NZA 1989, 872 bis 874

Binkert, Gerhard / Reber, Daniele, Gegenwartsprobleme der französischen und britischen Arbeitsgerichtsbarkeit, AuR 2000, 163 bis 166

Birk, Rolf, Die provozierte Auflösung des Arbeitsverhältnisses, in: Lieb/Noack/Westermann (Hrsg.), Festschrift für Wolfgang Zöllner: Zum 70. Geburtstag, Band II, Köln 1998, S. 687 bis 696

Birnbaum, Christian, Was sind die „im Arbeitsrecht geltenden Besonderheiten"?, NZA 2003, 944 bis 950

Birner, Marietta, Das Multi-Door Courthouse – Ein Ansatz zur multi-dimensionalen Konfliktbehandlung, Köln 2003

Dies., Institutionalisierung von außergerichtlichen Verfahren – Das Multi-Door Courthouse-Modell, ZKM 2003, 149 bis 153

Bischof, Hans Helmut, Schlanker Staat – Große oder Vernünftige Justizreform, ZRP 1999, 353 bis 356

Bitter, Georg, Die Crux mit der obligatorischen Streitschlichtung nach § 15a EGZPO – Zulässige und unzulässige Strategien zur Vermeidung eines Schlichtungsverfahrens, NJW 2005, 1235 bis 1239

Bitzer, Bernd / Bösl, Marianne / Liebsch, Kerstin, Der Mediator als Lotse im Konfliktfall, Personal 2000, 482 bis 485

Blanke, Thomas / Rose, Edgar, Betriebsverfassung 2001: Flexible Mitbestimmung in modernen Zeiten, RdA 2001, 92 bis 104

Blankenburg, Erhard, Recht als gradualisiertes Konzept – Begriffsdimension der Diskussion um Verrechtlichung und Entrechtlichung, in: Blankenburg/Klausa/Rottleuthner (Hrsg.), Alternative Rechtsformen und Alternativen zum Recht, Jahrbuch für Rechtssoziologie und Rechtstheorie, Band 6, Opladen 1980, S. 83 bis 98

Ders., Thesen zur Umverteilung von Rechtschancen, in: Blankenburg/Gottwald/Strempel (Hrsg.), Alternativen in der Ziviljustiz – Berichte, Analysen, Perspektiven, Köln 1982, S. 29 bis 39

Ders., Schlichtung und Vermittlung – Alternativen zur Ziviljustiz?, ZRP 1982, 6 bis 8

Ders., Mehr Justiz, aber weniger Gerechtigkeit?, ZRP 1986, 262 bis 267

Ders., Droht die Überforderung der Rechtspflege?, ZRP 1992, 96 bis 102

Ders., Vorzeitiges Ende der Schiedsstellen für Arbeitsrecht, NJ 1993, 113 bis 115

Blankenburg, Erhard / Fiedler, Jann, Die Rechtsschutzversicherungen und der steigende Geschäftsanfall der Gerichte, Tübingen 1982

Blankenburg, Erhard / Gottwald, Walther / Strempel, Dieter, Alternativen in der Ziviljustiz – Berichte, Analysen, Perspektiven, Köln 1982

Blankenburg, Erhard / Klausa, Ekkehard / Rottleuthner, Hubert, Alternative Rechtsformen und Alternativen zum Recht, Jahrbuch für Rechtssoziologie und Rechtstheorie, Band 6, Opladen 1980

Blankenburg, Erhard / Rogowski, Ralf, Implementation von Arbeitsgerichtsentscheidungen – Die Arbeitsgerichtsbarkeit, in: Blankenburg/Voigt (Hrsg.), Implementation von Gerichtsentscheidungen, Jahrbuch für Rechtssoziologie, Band 11, Opladen 1987, S. 168 bis 169

Blankenburg, Erhard / Schönholz, Siegfried / Rogowski, Ralf, Zur Soziologie des Arbeitsgerichtsverfahrens – Die Verrechtlichung von Arbeitskonflikten, Neuwied und Darmstadt 1979

Blankenburg, Erhard / Verwoerd, Jan, Weniger Prozesse durch mehr Rechtsberatung, DRiZ 1987, 169 bis 178

Blankenburg, Erhard / Voigt, Rüdiger, Implementation von Gerichtsentscheidungen, in: Blankenburg/Voigt (Hrsg.), Implementation von Gerichtsentscheidungen, Jahrbuch für Rechtssoziologie, Band 11, Opladen 1987, S. 10 bis 22

Bobisch, Klaus, Die anwaltslose Gesellschaft, AnwBl 2001, 459 bis 462

Boecken, Wienfried, Welche arbeits- und ergänzenden sozialrechtlichen Regelungen empfehlen sich zur Bekämpfung der Arbeitslosigkeit?, ZRP 2000, 317 bis 321

Boecken, Wienfried / Hümmerich, Klaus, Gekündigt, abgewickelt, gelöst, gesperrt – Der Abwicklungsvertrag als Lösung des Beschäftigungsverhältnisses mit der Folge einer Arbeitslosen-Sperrzeit? – Anmerkungen zum BSG-Urteil vom 18.12.2003, DB 2004, 2046 bis 2050

Boecken, Wienfried / Topf, Henning, Kündigungsschutz: zurück zum Bestandsschutz durch Ausschluss des Annahmeverzuges, RdA 2004, 19 bis 26

Boewer, Dietrich, Der Wiedereinstellungsanspruch, NZA 1999, 1121 bis 1132 und 1177 bis 1184

Böckstiegel, Karl-Heinz, Schlichten statt Richten – Möglichkeiten und Wege außergerichtlicher Streitbeilegung, DRiZ 1996, 267 bis 273

Böhm, Wolfgang, § 623 BGB: Risiken und Nebenwirkungen – Quasi una glossa ordinaria, NZA 2000, 561 bis 564

Böhnisch, Wolf / Freisler-Traub, Andrea / Reber, Gerhard, Der Zusammenhang zwischen Zielvereinbarung, Motivation und Entgelt – Eine theoretische Analyse, Personal 2000, 38 bis 42

Böttger, Andreas / Hupfeld, Jörg, Mediatoren im Dienste der Justiz – Begleitforschung zum Modellprojekt „Schlichten statt richten", ZKM 2004, 155 bis 160

Borgmann, Bernd, Neuregelung arbeitsrechtlicher Grundnormen in der Gewerbeordnung, MDR 2003, 305 bis 307

Borgmann, Bernd / Faas, Thomas, Das Weisungsrecht zur betrieblichen Ordnung nach § 106 S. 2 GewO, NZA 2004, 241 bis 244

Borgmann, Brigitte, Der Anwalt und sein Mandant: Die Beratung – Teil I, Allgemeine Grundsätze, BRAK-Mitt. 2001, 215 bis 216

Dies., Der Anwalt und sein Mandant: Die Beratung – Teil II, Der Vergleich, BRAK-Mitt. 2001, 291 bis 292

Bort, Heike, Beendigung von Arbeitsverhältnissen nach dem Arbeitsmarktreformgesetz – 18. Passauer Arbeitsrechtssymposium, NZA 2004, 1263

Boysen, Uwe, Alle Jahre wieder – zu einem neuen Entlastungsgesetz für die Zivilrechtspflege, ZRP 1996, 291 bis 296

Bredow, Jens, Deutsche Institution für Schiedsgerichtsbarkeit (DIS), BB Beilage 15 zu Heft 28/1992, 4

Breidenbach, Stephan, Mediation – Struktur, Chancen und Risiken von Vermittlung im Konflikt, Köln 1995

Ders., Mediation – Komplementäre Konfliktbehandlung durch Vermittlung, AnwBl 1997, 135 bis 138

Breidenbach, Stephan / Gläßer, Ulla, „Befähigung zum Schlichteramt"? – Zum Erfordernis einer qualitätssichernden Ausbildung aller im Rahmen des neuen § 15a EGZPO tätig werdenden Streitmittler, ZKM 2001, 11 bis 16

Breisig, Thomas, Betriebliche Konfliktregulierung durch Beschwerdeverfahren in Deutschland und in den USA, München und Mering 1996

Ders., Innerbetriebliche Konfliktregulierung durch Beschwerden aus der Belegschaft – Eine vergleichende Analyse von Beschwerdeverfahren und -politiken in den USA und Deutschland, WSI-Mitt. 1996, 576 bis 583

Ders., Personalbeurteilung, Mitarbeitergespräch, Zielvereinbarungen – Grundlagen, Gestaltungsmöglichkeiten und Umsetzung in Betriebs- und Dienstvereinbarungen, Frankfurt am Main 1998

Breßler, Steffen, Mediation und Negotiation an einer US-amerikanischen Law School, JuS 2000, 1141 bis 1143

Brors, Christiane, Das Widerrufsrecht des Arbeitnehmers – Neue Überschneidungsbereiche zwischen Zivil- und Arbeitsrecht?, DB 2002, 2046 bis 2048

Dies., Die individualarbeitsrechtliche Zulässigkeit von Zielvereinbarungen, RdA 2004, 273 bis 281

Brundiek, Wolfgang, Mediation – Kostenübernahme durch Rechtsschutzversicherer, mediations-report 1/2003, 6

Bruns, Patrick, Beschwerden (un)erwünscht?, AuA 2001, 444 bis 446

Buchmüller, Uwe, Keine Verhandlungsgebühr gemäß § 35 BRAGO bei Vergleichsabschluss nach § 278 Abs. 6 ZPO?, AnwBl 2004, 88 bis 91

Buchner, Herbert, Neuregelung des Arbeitsverhältnisrechts – Anmerkungen zum Diskussionsentwurf für ein Arbeitsvertragsgesetz, DB 1992, 1930 bis 1932

Ders., Welche arbeits- und ergänzenden sozialrechtlichen Regelungen empfehlen sich zur Bekämpfung der Arbeitslosigkeit?, NZA 2000, 905 bis 914

Ders., Betriebsverfassungs-Novelle auf dem Prüfstand, NZA 2001, 633 bis 640

Ders., Notwendigkeit und Möglichkeiten einer Deregulierung des Kündigungsschutzrechts, NZA 2002, 533 bis 536

Ders., Reformen des Arbeitsmarkts – Was brauchen und was können wir?, DB 2003, 1510 bis 1517

Budde, Andrea, Mediation in Wirtschaft und Arbeit, in: Strempel (Hrsg.), Mediation für die Praxis – Recht, Verfahren, Trends, 1. Auflage, Berlin und Freiburg 1998, S. 99 bis 111

Dies., Mediation im Arbeitsrecht, in: Henssler/Koch (Hrsg.), Mediation in der Anwaltspraxis, Bonn 2000, S. 497 bis 533

Dies., Chancen der Mediation in anwaltlichen Geschäftsfeldern, ZAP 2000, 695 bis 706

Dies., Wünsche an ein neues Betriebsverfassungsgesetz, mediations-report 1/2001, 3

Dies., Mediation und Arbeitsrecht – Rahmenbedingungen für die Implementierung von Mediation im Betrieb, Berlin 2003

Budde, Andrea / Luoma, Marketta, Mediation im Arbeitsrecht – Seminarunterlagen, Köln 2000

van Bühren, Hubert W., Rechtsschutz-Versicherungen – Partner der Anwaltschaft?, AnwBl 1991, 501 bis 507

Ders., Zwangsschlichtung – Nein Danke!, AnwBl 1998, 582 bis 583

Ders., Richterliche Arbeitserleichterung, AnwBl 2003, 619

Bühring-Uhle, Christian, Das Harvard Negotiation Project, in: Gottwald/Strempel (Hrsg.), Streitschlichtung – Rechtsvergleichende Beiträge zur außergerichtlichen Streitbeilegung, Köln 1995, S. 75 bis 76

Bünger, Dieter / Moritz, Klaus, Schlichtung im Arbeitsverhältnis – Funktionsbedingungen paritätischer Kommissionen, in: Voigt (Hrsg.), Gegentendenzen zur Verrechtlichung, Jahrbuch für Rechtssoziologie und Rechtstheorie, Band 9, Opladen 1983, S. 172 bis 185

Bürger, Michael, Betriebsratsalltag zwischen Kooperations- und Konfliktfähigkeit, Mitbestimmung 2/1992, 38 bis 41

Bürkle, Jürgen, Weitergabe von Informationen über Fehlverhalten in Unternehmen (Whistleblowing) und Steuerung auftretender Probleme durch ein Compliance-System, DB 2004, 2158 bis 2161

Büttner, Hermann, Bericht und erste Erfahrungen mit der neuen Revision in Zivilsachen, BRAK-Mitt. 2003, 202 bis 210

Burgi, Martin, Die glückende Reform: Zur neuen Juristenausbildung an den Universitäten, NJW 2003, 2804 bis 2805

Busch, Dominic, Was ist das Besondere an interkultureller Mediation?, ZKM 2004, 251 bis 255

Busch, Ralf, Vorschläge zur Reform des Arbeitsrechts, BB 2003, 470 bis 476

Buschmann, Rudolf, Die betriebsverfassungsrechtliche Beschwerde, in: Klebe/Wedde/Wolmerath (Hrsg.), Recht und soziale Arbeitswelt: Festschrift für Wolfgang Däubler zum 60. Geburtstag, Frankfurt am Main 1999, S. 311 bis 326

Busse, Felix, Sind Rechtsanwälte Schuld an der Überforderung des Rechtsstaates?, AnwBl 1994, 49 bis 55

Ders., Die obligatorische Streitschlichtung – Eine Herausforderung für die Anwaltschaft, AnwBl 1997, 522 bis 524

Ders., Justizreform so, ein schöne Illusion?, NJW 2000, 785 bis 786

Ders., Justizreform vor dem Abschluss – Wenig Begeisterung, doch der Frust ist überwunden, NJW 2001, 1545 bis 1547

Ders., Freie Advokatur – Entwicklungen, Bedeutung, Perspektiven für die Rechtspflege, AnwBl 2001, 130 bis 136

Butzke, Volker, Beteiligung des Betriebsrats im Individualinteresse einzelner Arbeitnehmer, BB 1997, 2269 bis 2273

Camin, Michael, Rechtsberatung und Rechtsvertretung von Arbeitnehmern vor dem Arbeitsgericht Berlin, in: Rottleuthner (Hrsg.), Rechtssoziologische Studien zur Arbeitsgerichtsbarkeit, Schriften der Vereinigung für Rechtssoziologie, Band 9, Baden-Baden 1984, S. 137 bis 164

Canaris, Claus-Wilhelm, Funktionelle und inhaltliche Grenzen kollektiver Gestaltungsmacht bei der Betriebsvereinbarung, AuR 1966, 129 bis 140

Casper, Matthias / Risse, Jörg, Mediation von Beschlussmängelstreitigkeiten, ZIP 2000, 437 bis 446

Classen, Helga / Koller, Bernhard, „Wir sind Quasibetriebsräte", Mitbestimmung 6/2001, 48 bis 51

Coester, Michael, Zur Verhandlungspflicht der Tarifvertragsparteien, ZfA 1977, 87 bis 109

Ders., Das Problem des Richterrechts, ZRP 1978, 176

Ders., Anmerkung zum Urteil des BAG vom 12.1.2000 – 7 AZR 48/99, SAE 2001, 222 bis 225

Ders., Gütliche Einigung und Mediation in familienrechtlichen Konflikten, Kind-Prax 2003, 79 bis 84 und 119 bis 123

Coester-Waltjen, Dagmar, Inhaltskontrolle von Verträgen außerhalb des AGBG, AcP 190 (1990), 1 bis 33

Coleman, Petra, Gefühle als wichtiger Antrieb in Mediationsverhandlungen? – Wenn die emotionale Seite mit ins Spiel kommt, ZKM 2001, 204 bis 206

Colvin, Alexander, Gerechtigkeit ohne Gewerkschaft und Betriebsrat? Konfliktschlichtung in gewerkschaftsfreien Betrieben in den USA, WSI-Mitt. 2001, 743 bis 748

Dabringhausen, Michaela, Gute Organisatoren, aber schlechte „Leader", REFA-Nachrichten 1/2003, 16 bis 20

Däubler, Wolfgang, Das soziale Ideal des Bundesarbeitsgerichts, Frankfurt am Main und Köln 1975

Ders., Grundstrukturen der Betriebsverfassung – Eine kurze rechtsdogmatische Betrachtung, AuR 1982, 6 bis 12

Ders., Ein Arbeitsvertragsgesetz?, AuR 1992, 129 bis 137

Ders., Kollektive Durchsetzung individueller Rechte?, AuR 1994, 305 bis 312

Ders., Mobbing und Arbeitsrecht, BB 1995, 1347 bis 1351

Ders., Recht für den Bürger?, NJW 2000, 2250 bis 2251

Ders., Die Auswirkungen der Schuldrechtsmodernisierung auf das Arbeitsrecht, NZA 2001, 1329 bis 1337

Ders., Abfindung statt Kündigungsschutz?, NJW 2002, 2292 bis 2293

Ders., Neues zur betriebsbedingten Kündigung, NZA 2004, 177 bis 184

Ders., Transparenzprinzip auch für den Gesetzgeber?, NJW 2004, 993 bis 994

Ders., Gewerkschaftliche Informationen und Werbung im Netz, DB 2004, 2101 bis 2105

Ders., Zielvereinbarungen als Mitbestimmungsproblem, NZA 2005, 793 bis 797

Däubler-Gmelin, Herta, Reform des Zivilprozesses, ZRP 2000, 33 bis 38

Dies., Justizreform, ZRP 2000, 457 bis 463

Dies., Eine Erfolgsgeschichte von Anfang an: 10 Jahre Ombudsmannverfahren des Bundesverbands deutscher Banken, WM 2002, 1342 bis 1343

Dahlem, Wolfgang / Wiesner, Wolfgang, Arbeitsrechtliche Aufhebungsverträge in einem Vergleich nach § 278 VI ZPO, NZA 2004, 530 bis 532

Dauster, Manfred, Eckpunkte einer Justizreform, ZRP 2000, 338 bis 345

Dedert, Uwe, Zuständigkeit der Einigungsstelle für Abmahnungen, BB 1986, 320 bis 321

Dendorfer, Renate, Ja gerne – ein Slogan wird zur Unternehmensphilosophie – Konfliktmanagement im Unternehmen, ZKM 2001, 167 bis 172

Ders., Wirtschaftsmediation: Die Abkehr von der Streithansel-Kultur – Wirtschaftlicher Erfolg durch alternative Streitbeilegung, DB 2003, 135 bis 140

Dendorfer, Renate / Breiter, Kai, Basel II – Risikominimierung durch Konfliktmanagement im Unternehmen, BB Beilage 7 zu Heft 46/2002, 33 bis 40

Dickens, Linda / Hart, Moira / Jones, Michael / Weekes, Brian, Gesetzlicher Schutz gegen „unfair dismissal" in Großbritannien, in: Ellermann-Witt/Rottleuthner/Russig, Kündigungspraxis, Kündigungsschutz und Probleme der Arbeitsgerichtsbarkeit, Opladen 1983, S. 145 bis 172

Dielmann, Klaus, Fusionen aus personalwirtschaftlicher Sicht, Personal 2000, 478 bis 480

Dieterich, Thomas, Grundgesetz und Privatautonomie im Arbeitsrecht, RdA 1995, 129 bis 136

Ders., Mitbestimmung im Umbruch, AuR 1997, 1 bis 8

Ders., Betriebliche Bündnisse für Arbeit und Tarifautonomie, DB 2001, 2398 bis 2403

Ders., Flexibilisiertes Tarifrecht und Grundgesetz, RdA 2002, 1 bis 17

Dilcher, Gerhard / Windbichler, Christine, Die juristischen Bücher des Jahres, NJW 2001, 3521 bis 3525

Dembinsky, Anja, Das Schlichtungsverfahren – ein sinnlose Zwangsinstanz?, BRAK-Mitt. 1998, 66 bis 68

Denck, Johannes, Arbeitsschutz und Anzeigerecht des Arbeitnehmers, DB 1980, 2132 bis 2139

Dethloff, Nina, Prozessfinanzierung, NJW 2000, 2225 bis 2230

Dies., Zugang zur Revisionsinstanz, ZRP 2000, 428 bis 432

Dörrenbächer, Peter, Erfolgreiche Kommunikation, in: Haft/Schlieffen (Hrsg.), Handbuch Mediation, München 2002, S. 339 bis 362

Dollmann, Bernd, Chancen und Risiken im Umgang mit dem allgemeinen Weiterbeschäftigungsanspruch in Bestandsschutzstreitigkeiten, BB 2003, 2681 bis 2688

Doms, Thomas, Neue ZPO – Umsetzung in der anwaltlichen Praxis, NJW 2002, 777 bis 780

Dorn, Christian, Die Verfassungsmäßigkeit des geänderten Rechtsmittelrechts der ZPO – Die Anforderungen des Justizgewährleistungsanspruches an Erste Instanz und Rechtsmittelinstanzen, AnwBl 2002, 208 bis 212

Dorndorf, Eberhard, Abfindung statt Kündigungsschutz, BB 2000, 1938 bis 1943

Drechsler-Schubkegel, Karla, Schüler lösen Konflikte – Verbesserung des Klassenklimas, Abbau von Aggressionen, Ausbildung von Streitschlichtern, Mediation im Schulprogramm, 1. Auflage, Donauwörth 2001

Düll, Herbert / Ellguth, Peter, Atypische Beschäftigung: Arbeit ohne betriebliche Interessenvertretung, WSI-Mitt. 1999, 165 bis 176

Dütz, Wilhelm, Rechtsstaatlicher Gerichtsschutz im Privatrecht – Zum sachlichen Umfang der Zivilgerichtsbarkeit, Bad Homburg 1970

Ders., Verbindliche Einigungsverfahren nach den Entwürfen zu einem neuen Betriebsverfassungsrecht, DB 1971, 674 bis 680 und 723 bis 725

Ders., Zwangsschlichtung im Betrieb – Kompetenz und Funktion der Einigungsstelle nach dem BetrVG 1972, DB 1972, 383 bis 392

Ders., Verfahrensrecht der Betriebsverfassung, AuR 1973, 353 bis 372

Ders., Die Beilegung von Arbeitsrechtsstreitigkeiten in der Bundesrepublik Deutschland, RdA 1978, 291 bis 303

Ders., Vertragliche Spruchstellen für Arbeitsrechtsstreitigkeiten – Zum Verhältnis von Schiedsgericht, Schiedsgutachten und außergerichtlichen Vorverfahren in der Rechtsprechung des Bundesarbeitsgerichts, in: Mayer-Maly/Richardi/Schambeck/Zöllner (Hrsg.), Arbeitsleben und Rechtspflege: Festschrift für Gerhard Müller, Berlin 1981, S. 129 bis 147

Ders., Arbeitsgerichtliches Beschlußverfahren und Individualprozeß, in: Däubler/Bobke/Kehrmann (Hrsg.), Arbeit und Recht: Festschrift für Albert Gnade zum 65. Geburtstag, Köln 1992, S. 487 bis 501

Düwell, Franz Josef, Welche Zukunft haben die Gerichte für Arbeitssachen? – Betrachtungen eines Arbeitsrichters zur aktuellen Debatte über Pläne zur Entlastung der Justiz und zur Reform ihrer Struktur, in: Klebe/Wedde/Wolmerath (Hrsg.), Recht und soziale Arbeitswelt: Festschrift für Wolfgang Däubler zum 60. Geburtstag, Frankfurt am Main 1999, S. 745 bis 759

Ders., Änderungen im Arbeitsrecht durch das Job-AQTIV-Gesetz, BB 2002, 98 bis 100

Ders., BB-Forum: Arbeitsgerichtsbarkeit vor dem Aus?, BB 2003, 2745 bis 2747

Dunlop, John T. / Zack, Arnold M., Mediation and Arbitration of Employment Disputes, San Francisco 1997

Dury, Walter, Justiz vor dem Kollaps?, DRiZ 1999, 160 bis 164

Duve, Christian, Alternative Dispute Resolution (ADR) – die außergerichtliche Streitbeilegung in den USA, BB Beilage 10 zu Heft 40/1998, 9 bis 14

Ders., Mediation und Vergleich im Prozeß, Köln 1999

Ders. (2000a), Einigungskriterien für die Mediation, in: Henssler/Koch (Hrsg.), Mediation in der Anwaltspraxis, Bonn 2000, S. 127 bis 152

Ders. (2000b), Ausbildung zum Mediator, in: Henssler/Koch (Hrsg.), Mediation in der Anwaltspraxis, Bonn 2000, S. 153 bis 184

Ders., Chance für Mediation? ZPO-Reform wird zu eng angelegt, Anwalt 3/2001, 16 bis 18

Ders., Das Grünbuch über alternative Verfahren zur Streitbeilegung, BB Beilage 7 zu Heft 46/2002, 6 bis 12

Ders., Brauchen wir ein Recht der Mediation? – Zur Zukunft rechtlicher Rahmenbedingungen für die Mediation in Deutschland und Europa, AnwBl 2004, 1 bis 6

Duve, Christian / Eidenmüller, Horst / Hacke, Andreas, Mediation in der Wirtschaft – Wege zum professionellen Konfliktmanagement, Köln 2003

Duve, Christian / Tochtermann, Peter, Nicht-anwaltliche Mediation – Rechtsberatung oder Wirtschaftstätigkeit?, ZKM 2001, 284 bis 287

Duve, Christian / Zürn, Andreas, Gemeinsame Gespräche oder Einzelgespräche – Vom Nutzen des Beichtstuhlverfahrens in der Mediation, ZKM 2001, 108 bis 112

Ebel, Hermann, Die Berufung im Zivilprozessrechtsreformgesetz, ZRP 2001, 309 bis 314

Eberle, Catrin, Geltendmachung der Unwirksamkeit der mündlichen Kündigung, NZA 2003, 1121 bis 1126

Ebert, Dieter, Strukturreform der BRAGO – Entwurf der Expertenkommission für ein Rechtsanwaltsvergütungsgesetz, BRAK-Mitt. 2001, 284 bis 287

Eckardt, Bernd, Nichtanwaltliche Mediation als verbotene Rechtsberatung?, ZKM 2001, 230 bis 233

Eckardt, Bernd / Dendorfer, Renate, Der Mediator zwischen Vertraulichkeit und Zeugnispflicht – Schutz durch Prozessvertrag, MDR 2001, 786 bis 792

Egermann, Frank, Medi(t)ation, AnwBl 2003, 271 bis 273

Egger, Hartmut, Die Rechte des Arbeitnehmers und des Betriebsrats auf dem Gebiet des Arbeitsschutzes – Bestandsaufnahme und Reformüberlegungen, BB 1992, 629 bis 636

Egli, Urs, Vergleichsdruck im Zivilprozeß – Eine rechtstatsächliche Untersuchung, Berlin 1996

Ehlers, Harald, Personalabbau in schwierigen Zeiten – Ein Plädoyer für einen Beschäftigungspakt und die Mediation, NJW 2003, 2337 bis 2344

Ehrich, Christian, Unwirksamkeit eines Aufhebungsvertrages wegen „Überrumpelung" durch den Arbeitgeber, NZA 1994, 438 bis 440

Eichele, Karl, Obligatorische vorgerichtliche Schlichtung?, ZRP 1997, 393 bis 395

Eidenmüller, Horst, Effizienz als Rechtsprinzip – Möglichkeiten und Grenzen der ökonomischen Analyse des Rechts, Tübingen 1995

Ders., Mediationstechniken bei Unternehmenssanierungen, BB Beilage 10 zu Heft 40/1998, 19 bis 25

Ders., Unternehmenssanierung zwischen Markt und Gesetz – Mechanismen der Unternehmensreorganisationen und Kooperationspflichten im Reorganisationsrecht, Klön 1999

Ders., Verhandlungsmanagement durch Mediation, in: Henssler/Koch (Hrsg.), Mediation in der Anwaltspraxis, Bonn 2000, S. 39 bis 86

Ders., Prozeßrisikoanalyse, ZZP 113 (2000), 5 bis 23

Ders. (2001a), Vertrags- und Verfahrensrecht der Wirtschaftsmediation – Mediationsvereinbarungen, Mediationsverträge, Mediationsvergleiche, Internationale Mediationsfälle, Köln 2001

Ders. (2001b), Vertrags- und verfahrensrechtliche Grundfragen der Mediation: Möglichkeiten und Grenzen privatautonomen Konfliktmanagements, in: Breidenbach/Coester-Waltjen u.a. (Hrsg.), Konsensuale Streitbeilegung – Akademisches Symposium zu Ehren von Peter F. Schlosser aus Anlass seines 65. Geburtstags, Bielefeld 2001, S. 45 bis 99

Ders., Hybride ADR-Verfahren bei internationalen Wirtschaftskonflikten, RIW 2002, 1 bis 11

Ders., A Legal Framework for National and International Mediation Proceedings, BB Beilage 7 zu Heft 46/2002, 14 bis 19

Ders., Die Auswirkung der Einleitung eines ADR-Verfahrens auf die Verjährung, SchiedsVZ 2003, 163 bis 170

Eidenmüller, Horst / Hacke, Andreas, Institutionalisierung der Mediation im betrieblichen Konfliktmanagement, Personalführung 3/2003, 20 bis 29

Ellermann-Witt, Rolf, Arbeitnehmer vor Gericht – Eine empirische Untersuchung zur Chancengleichheit in Arbeitsgerichtsverfahren, Berlin 1983

Ellermann-Witt, Rolf / Rottleuthner, Hubert / Russig, Harald (Hrsg.), Kündigungspraxis, Kündigungsschutz und Probleme der Arbeitsgerichtsbarkeit, Opladen 1983

Elsing, Siegfried H., Internationale Schiedsgerichts als Mittler zwischen den prozessualen Rechtskulturen, BB Beilage 7 zu Heft 46/2002, 19 bis 26

Engelen-Käfer, Ursula, Rechtsschutzversicherung oder gewerkschaftliche Interessenvertretung vor Gericht, AuR 1995, 300 bis 305

Engelhardt, Matthias, ADR – Neue Leitmotive für den Zivilprozess, ZRP 2004, 233 bis

Engelmann, Gabriele, 63. Deutscher Juristentag: Abteilung Arbeits- und Sozialrecht, NZA 2000, 1322 bis 1323

Ennemann, Bernd, Anwaltschaft und Rechtsschutzversicherung – Ein Spannungsverhältnis?, NZA 1999, 628 bis 635

Erdmann, Ernst-Gerhard, Zur Entwicklung der Aufgaben der Arbeitgeberverbände, in: Festschrift zum 100jährigen Bestehen des Deutschen Arbeitsgerichtsverbandes, Neuwied, Kriftel und Berlin 1994, S. 187 bis 219

Ernst, Jürgen, Die Schlichtung, Ende oder Neuanfang?, NJW-Editorial Heft 9/2002, S. III

Estermann, Josef, Sozioökonomische Bedingungen und Arbeitsgerichtsbarkeit, in: Rottleuthner (Hrsg.), Rechtssoziologische Studien zur Arbeitsgerichtsbarkeit, Schriften der Vereinigung für Rechtssoziologie, Band 9, Baden-Baden 1984, S. 63 bis 101

Ettwig, Volker, Keine Änderung im Kündigungsschutzrecht durch das neue SGB III – Zum Beitrag von Schaub, NZA 1997, 800 f., NZA 1997, 1152 bis 1153

Ewig, Eugen, Mediation aus der Sicht der Anwaltschaft, BRAK-Mitt. 1996, 147 bis 149

Ders., Dem Psychologen der Mediator – den Rechtsanwälten nur der Schwerpunkt? – Zur Zulässigkeit der Bezeichnung „Mediator" als Rechtsanwalt, ZKM 2000, 85 bis 86

Ders., Anmerkung zum Gesetzgebungsvorschlag der BRAK zu § 278 ZPO (gerichtsnahe Mediation) – erarbeitet vom Ausschuss Mediation der BRAK, ZKM 2002, 47 bis 48

Ders., Das Grünbuch der EU über alternative Verfahren zur Streitbeilegung, ZKM 2002, 149 bis 151

Eyer, Eckhard, Alternative Strategie zur Konfliktlösung, AuA 2000, 308 bis 311

Ders., Im Mittelstand ist die Grenze zwischen Wirtschafts- und Familienmediation fließend, ZKM 2000, 277 bis 281

Ders., Marketing für Mediation im Arbeitsrecht, ZKM 2002, 272 bis 274

Eyer, Eckhard / Koch, Werner, Wirtschaftsmediation bei der Standortverlagerung, Personal 2000, 653 bis 657

Eyer, Eckhard / Redmann, Britta, Wirtschaftsmediation als Alternative zu Stillstand und Einigungsstelle, Personal 1999, 618 bis 619

Fahl, Katja, Arbeit und Betriebsverfassung im modernen Unternehmen – 15. Arbeitsrechtssymposium an der Universität Passau, NJW 2002, 41 bis 43

Fahr, Peter, Mediation und Verjährung, ZKM 2000, 198 bis 201

Falk, Gerhard, Kunst oder soziale Kompetenz: Lässt sich Mediation lernen?, ZKM 2000, 109 bis 110

Falke, Hans, Der Anwalt als umfassender Konfliktmanager – Oder: Vom Vorteil der Kooperation – und ihre Grenzen, AnwBl 2004, 16 bis 20

Falke, Josef (1983a), Vergleichspraxis der Arbeitsgerichte in Kündigungsangelegenheiten, in: Gottwald/Hutmacher/Röhl/Strempel (Hrsg.), Der Prozeßvergleich – Möglichkeiten, Grenzen und Forschungsperspektiven, Köln 1983, S. 87 bis 107

Ders. (1983b), Kündigungspraxis und Kündigungsschutz – Unterschiede zwischen einzelnen Arbeitnehmer- und Arbeitgebergruppen sowie bestimmten Kündigungstypen, in: Ellermann-Witt/Rottleuthner/Russig, Kündigungspraxis, Kündigungsschutz und Probleme der Arbeitsgerichtsbarkeit, Opladen 1983, S. 13 bis 43

Falke, Josef / Gessner, Volkmar, Konfliktnähe als Maßstab für gerichtliche und außergerichtliche Streitbehandlung, in: Blankenburg/Gottwald/Strempel (Hrsg.), Alternativen in der Ziviljustiz – Berichte, Analysen, Perspektiven, Köln 1982, S. 289 bis 315

Falke, Josef / Höland, Armin / Rhode, Barbara / Zimmermann, Gabriele, Kündigungspraxis und Kündigungsschutz in der Bundesrepublik Deutschland, Band I und Band II, Bonn 1981

Falkenberg, Rolf-Dieter, „Unsinn" des allgemeinen Kündigungsschutzes in Deutschland? – Erwiderung auf *Rühle,* DB 1991, S. 1378 ff., DB 1991, 2486 bis 2487

Ders., Die Chance für eine Kodifikation des Arbeitsrechts: Artikel 30 des Einigungsvertrags, in: Boewer/Gaul (Hrsg.), Festschrift für Dieter Gaul, Neuwied, Kriftel und Berlin 1992, S. 83 bis 95

Fastrich, Lorenz, Richterliche Inhaltskontrolle im Privatrecht, München 1992

Ders., Inhaltskontrolle im Arbeitsrecht nach der Bürgschaftsentscheidung des Bundesverfassungsgerichts vom 19.10.1993, RdA 1997, 65 bis 80

Feudner, Bernd W., Die betriebliche Einigungsstelle – ein unkalkulierbares Risiko, DB 1997, 826 bis 829

Ders., Betriebsbedingte Kündigung quo vadis?, NZA 2000, 1136 bis 1143

Ders., Arbeitsrecht und Wirtschaft: Zur Frage einer stärkeren Einbeziehung ökonomischer Gesichtspunkte bei der arbeitsgerichtlichen Rechtsfindung, DB 2003, 2334 bis 2339

Fiebig, Andreas, Grundprobleme der Arbeit betrieblicher Einigungsstellen, DB 1995, 1278 bis 1281

Ders., Der Arbeitnehmer als Verbraucher, DB 2002, 1608 bis 1610

Fischer, Bertram, Die Schiedsstellen für Arbeitsrecht in den neuen Bundesländern: Rechtliche und empirische Analyse eines Übergangsphänomens, Bremen 1992

Fischer, Nikolaj, Verfassungsrechtliche Probleme des „neuen" zivilprozessualen Revisionsrechts, AnwBl 2002, 139 bis 143

Ders., Die neue, „anwaltsorientierte" Juristenausbildung – Oder: „studium iurisprudentiae semper reformandum", AnwBl 2003, 319 bis 325

Fischer, Olaf, Die Konfliktkommissionen in der DDR und die Schiedsstellen für Arbeitsrecht in den neuen Bundesländern, 1. Auflage, Göttingen 1999

Fischer, Ulrich, Nochmals: Ist § 3 KSchG obsolet?, NZA 1995, 1133

Ders., Einigungsstellenvorsitz – Quasi richterliche oder Mediationstätigkeit sui generis?, DB 2000, 217 bis 221

Ders., Die Vorschläge von DGB und DAG zur Reform des Betriebsverfassungsgesetzes, NZA 2000, 167 bis 175

Ders., Beschäftigungsförderung nach dem neuen Betriebsverfassungsrecht, DB 2002, 322 bis 324

Ders., Kündigungsschutz – Non plus ultra oder Auslaufmodell?, NJW-Editorial Heft 12/2002, S. III

Ders., Kann das Kündigungsschutzrecht vom Fußball lernen?, NJW-Editorial Heft 28/2003, S. III

Ders., Die formularmäßige Abbedingung des Beschäftigungsanspruchs des Arbeitnehmers während der Kündigungsfrist, NZA 2004, 233 bis 237

Fischer, Ulrich / Gross, Roland, Über Linientreue, Abweichlertum und den Kündigungsschutz – oder: Wie viel Diskussion verträgt das Land, AnwBl 2003, 575

Fischer, Ulrike, Mediation im Familienrecht, in: Henssler/Koch (Hrsg.), Mediation in der Anwaltspraxis, Bonn 2000, S. 309 bis 353

Fisher, Roger / Ury, William / Patton, Bruce M., Das Harvard-Konzept: Sachgerecht verhandeln – erfolgreich verhandeln, Frankfurt am Main und New York 2000 (Originalausgabe: Getting to Yes, Boston 1991)

Flechsig, Norbert P. / Hendricks, Kirsten, Konsensorientierte Streitschlichtung im Urhebervertragsrecht – Die Neuregelung der Findung gemeinsamer Vergütungsregeln via Schlichtungsverfahren, ZUM 2002, 423 bis 432

Flotho, Manfred, Schneller – besser – billiger, BRAK-Mitt. 2000, 107 bis 109

Foerste, Ulrich, Die Güteverhandlung im künftigen Zivilprozess, NJW 2001, 3103 bis 3105

Francken, Johannes Peter, Zur Notwendigkeit einer einheitlichen Klagefrist für alle Bestandsschutzstreitigkeiten im Arbeitsgerichtsgesetz, NZA 1999, 796 bis 798

Ders., Das Neue Steuerungsmodell und die Arbeitsgerichtsbarkeit, NZA 2003, 457 bis 462

Franke, Dietmar, Das vereinfachte Wahlverfahren nach § 14a BetrVG – Nachbesserung ist geboten, DB 2002, 211 bis 213

Franke, Stefan, Wieviele Gerichtsbarkeiten brauchen wir?, ZRP 1997, 333 bis 336

Franzen, Martin, Die unternehmerische Entscheidung in der Rechtsprechung des BAG zur betriebsbedingten Kündigung, NZA 2001, 805 bis 812

Ders., Die Freiheit der Arbeitnehmer zur Selbstbestimmung nach dem neuen BetrVG, ZfA 2001, 423 bis 450

Freckmann, Anke, Abwicklungs- und Aufhebungsverträge – in der Praxis noch immer ein Dauerbrenner, BB 2004, 1564 bis 1567

Freedman, Sidney H., Alternativen für die Justiz aus der Sicht der Kommission der Europäischen Gemeinschaften, in: Blankenburg/Gottwald/Strempel (Hrsg.), Alternativen in der Ziviljustiz – Berichte, Analysen, Perspektiven, Köln 1982, S. 285 bis 287

Freitag, Peter, Über die Freiwilligkeit freiwilliger Leistungen, NZA 2002, 294 bis 296

Freudenberg, Ulrich, Das Verhältnis von Richter und Verfahrensbeteiligten – Überlegungen zur „Kundenzufriedenheit" mit der Rechtsprechung, ZRP 2002, 79 bis 83

Freund, Herbert, Der gerichtliche Vergleich – Methode rationaler Konfliktlösung oder naive Utopie?, DRiZ 1981, 221 bis 224

Friedrich, Fabian M., Zum Nachholen des obligatorischen außergerichtlichen Schlichtungsverfahrens gem. § 15a EGZPO nach Klageerhebung, NJW 2002, 798 bis 800

Ders., Aktuelle Entscheidungen zu § 15a EGZPO, NJW 2002, 3223 bis 3225

Ders., Verjährungshemmung durch Güteverfahren, NJW 2003, 1781 bis 1783

Ders., Aktuelle Entscheidungen zum obligatorischen außergerichtlichen Schlichtungsverfahren, NJW 2003, 3534 bis 3536

Friedrichsmeier, Hans, Der Rechtsanwalt als Mediator, in: Haft/Schlieffen (Hrsg.), Handbuch Mediation, München 2002, S. 527 bis 545

Frikell, Michael, Außergerichtliche Streitbeilegung in Bauschen – Eine Darstellung am Beispiel des Münchner Bauschiedsgerichts, ZKM 2000, 158 bis 161

Fritsch, Andrea, Mediationsarbeit in der Teamentwicklung, ZKM 2001, 127 bis 131

Frommel, Monika, Entlastung der Gerichte durch Alternativen zum zivilen Justizverfahren?, ZRP 1983, 31 bis 36

Fuchtmann, Engelbert, Aktives Zuhören – wesentlicher Erfolgsfaktor einer Mediation, ZKM 2003, 254 bis 256

Fücker, Michael, Strukturelle Hemmnisse gerichtsnaher Mediation, ZKM 2004, 36 bis 39

Funke, Rainer, Grundlagen für eine Strukturreform, DRiZ 1998, 120 bis 123

Funken, Katja, Die Mediationspraxis in Australien, ZKM 2002, 52 bis 55

Gaier, Reinhard, Das neue Berufungsverfahren in der Rechtsprechung des BGH, NJW 2004, 2041 bis 2046

Gamillscheg, Franz, Durchsetzungsschwächen des Tarifvertrags, AuR 1994, 354 bis 359

Ders., Zur Weiterbeschäftigung während der Kündigung, in: Hanau (Hrsg.), Richterliches Arbeitsrecht: Festschrift für Thomas Dieterich zum 65. Geburtstag, München 1999, S. 185 bis 200

Gans, Walter G., Verankerung von Mediation in Unternehmen, ZKM 2001, 66 bis 72

Ganz, Wilfried / Schrader, Peter, Das Regreßrisiko bei Ausschlußfristen, NZA 1999, 570 bis 575

Gaul, Björn, Aufhebungs- und Abwicklungsvertrag: Aktuelle Entwicklungen im Arbeits- und Sozialversicherungsrecht, BB 2003, 2457 bis 2463

Gaul, Björn / Kliemt, Michael, Aktuelle Aspekte einer Zusammenarbeit mit Beschäftigungsgesellschaften, NZA 2000, 674 bis 678

Gaul, Björn / Kühnreich, Matthias, Weiterbeschäftigung statt betriebsbedingter Kündigung, BB 2003, 254 bis 257

Gaul, Björn / Otto, Björn, Das Widerrufsrecht bei Aufhebungsverträgen – Konsequenzen der Änderung verbraucherrechtlichen Vorschriften im BGB, DB 2002, 2049 bis 2050

Dies., Aktuelle Aspekte einer Zusammenarbeit mit Beschäftigungsgesellschaften, NZA 2004, 1301 bis 1308

Geffken, Rolf, Made in Taiwan – Das Individual-Arbeitsrecht und das kollektive Arbeitsrecht in der Republik China, NZA 1999, 182 bis 186 und 248 bis 250

Ders., Die Tücken vergleichenden Arbeitsrechts – China's Gesetz unter deutscher Schablone – zugleich Kritik an: Schneider, NZA 1998, 743 ff., NZA 1999, 691 bis 692

Ders., Zielvereinbarungen – Eine Herausforderung für Personalwesen und Arbeitsrecht, NZA 2000, 1033 bis 1039

Gehrlein, Markus, Erste Erfahrungen mit der reformierten ZPO – Erstinstanzliche Verfahren und Berufung, MDR 2003, 421 bis 430

Geiger, Udo, Neues zu Aufhebungsvertrag und Sperrzeit, NZA 2003, 838 bis 841

Geimer, Reinhold, Schiedsgerichtsbarkeit und Verfassung (aus deutscher Sicht), in: Schlosser (Hrsg.), Integritätsprobleme im Umfeld der Justiz – Schiedsgerichtsbarkeit und Verfassungsrecht, Bielefeld 1994, S. 113 bis 199

Germelmann, Claas-Hinrich, Bühnenschiedsgerichte und Arbeitsgerichtsbarkeit, NZA 1994, 12 bis 19

Ders., Grenzen der einvernehmlichen Beendigung von Arbeitsverhältnissen, NZA 1997, 236 bis 245

Ders., Die Schließung einer staatlichen Bühne – Einige Probleme des Bühnenarbeitsrechts, ZfA 2000, 149 bis 177

Ders., Neue prozessuale Probleme durch das Gesetz zur Beschleunigung des arbeitsgerichtlichen Verfahrens, NZA 2000, 1017 bis 1025

Gessner, Volkmar, Recht und Konflikt – Eine soziologische Untersuchung privatrechtlicher Konflikte in Mexiko, Tübingen 1976

Gester, Heinz, Tendenzen und Gefahren der Verrechtlichung im Arbeitsrecht, in: Strempel (Hrsg.), Mehr Recht durch weniger Gesetze?, Köln 1987, S. 63 bis 69

Giesen, Richard / Besgen, Nicolai, Fallstricke des neuen Abfindungsanspruchs, NJW 2004, 185 bis 189

Gilberg, Dirk, Die Unternehmerentscheidung vor Gericht, NZA 2003, 817 bis 821

Gilles, Peter, Ziviljustiz und Rechtsmittelproblematik – Vorstudie zur Analyse und Reform der Rechtsmittel in der Zivilgerichtsbarkeit, Beiträge zur Strukturanalyse der Rechtspflege, Köln 1992

Ders., Rechtsstaat und Justizstaat in der Krise, NJ 1998, 225 bis 229

Gilles, Peter / Fischer, Nikolaj, Juristenausbildung 2003 – Anmerkungen zur neuesten Ausbildungsreform, NJW 2003, 707 bis 711

Görk, Stefan, „Mediation" – Eine (begriffliche) Chimäre?, NJW-Editorial Heft 40/2003, S. III

Götz, Hilmar, Berufsbildungsrecht – Eine systematische Darstellung des Rechts der Berufsbildung, der beruflichen Fortbildung und der Umschulung, München 1992

Götz von Olenhusen, Peter, Gerichtsmediation – Richterliche Konfliktvermittlung im Wandel, ZKM 2004, 104 bis 107

Goldberg, Stephen B. / Green, Eric D. / Sander, Frank E. A., Dispute Resolution, Boston und Toronto 1985

Goll, Ulrich, Obligatorische Streitschlichtung im Zivilprozeß – Chancen und Probleme, ZRP 1998, 314 bis 318

Ders., Rechtsmittelreform – Umbau oder Abbau des Rechtsstaats?, BRAK-Mitt. 2000, 4 bis 6

Ders., Wie viel Freiheit benötigt, wie viel Zwang verträgt die Mediation?, AnwBl 2003, 274 bis 276

Gotthardt, Michael, Arbeitsrecht nach der Schuldrechtsreform, 2. Auflage, München 2003

Ders., Der Arbeitsvertrag auf dem AGB-rechtlichen Prüfstand, ZIP 2002, 277 bis 289

Gottwald, Peter, Die Bewältigung privater Konflikte im gerichtlichen Verfahren, ZZP 95 (1982), 245 bis 264

Ders., Mediation und gerichtlicher Vergleich: Unterschiede und Gemeinsamkeiten, in: Lüke/Mikami/Prütting, Festschrift für Akira Ishikawa zum 70. Geburtstag am 27. November 2001, Berlin und New York 2001, S. 137 bis 157

Gottwald, Walther, Streitbeilegung ohne Urteil – Vermittelnde Konfliktregelung alltäglicher Streitigkeiten in den Vereinigten Staaten aus rechtsvergleichender Sicht, Tübingen 1981

Ders., Alternativen zum zivilen Justizverfahren, ZRP 1982, 28 bis 30

Ders., Alternativen in der Rechtspflege, BRAK-Mitt. 1998, 60 bis 66

Ders., Modelle der freiwilligen Streitschlichtung unter besonderer Berücksichtigung der Mediation, WM 1998, 1257 bis 1264

Ders., Konfliktbehandlungslehre an Hochschulen – Beispiel für eine notwendige Integration von Theorie und Praxis, BB Beilage 9 zu Heft 27/1999, 21 bis 28

Ders., Streitschlichtung und Mediation, Betrifft JUSTIZ 1999, 117 bis 130

Ders., Alternative Streitbehandlungsformen: Erprobungsversuche für gerichtsverbundene Modellversuche, AnwBl 2000, 265 bis 273

Ders., Gerichtsnahe Mediation, in: Haft/Schlieffen (Hrsg.), Handbuch Mediation, München 2002, S. 421 bis 443

Ders., Gerichtsnahe Mediation in Australien – Antworten von „Down Under" auf deutsche Fragen, ZKM 2003, 6 bis 12 und 109 bis 115

Gottwald, Walther / Hutmacher, Wolfgang / Röhl, Klaus F. / Strempel, Dieter, Der Prozeßvergleich – Möglichkeiten, Grenzen und Forschungsperspektiven, Köln 1983

Gräfin von Schlieffen, Katharina, Anforderungen an einen Mediator, ZKM 2000, 52 bis 54

Gragert, Nicola, Kündigungsschutz in Kleinbetrieben, NZA 2000, 961 bis 970

Gragert, Nicola / Wiehe, Henning, Das BAG im Strudel neuer Medien – Die gesetzliche Schriftform rechtsgeschäftlicher Handlungen im Arbeitsrecht, NZA 2001, 311 bis 314

Dies., Das Aus für die freie Auswahl in Kleinbetrieben – § 242 BGB!, NZA 2001, 934 bis 937

Graser, Alexander, Kündigungsschutz und Sozialrecht, ZRP 2003, 119 bis 121

Graser, Daniela, Whistleblowing – Arbeitnehmeranzeigen im US-amerikanischen und deutschen Recht, München 2000

Gravenhorst, Wulf, Anhörungsrügegesetz und Arbeitsgerichtsverfahren, NZA 2005, 24 bis 27

Grebe, Hartmut, Kulturelle Assimilation in Industrie und Geschäftswelt, ZKM 2000, 254 bis 256

Greger, Reinhard, Vom „Kampf ums Recht" zum Zivilprozeß der Zukunft, JZ 1997, 1077 bis 1083

Ders., Diversion statt Flaschenhals, ZRP 1998, 183 bis 186

Ders., Justizreform? Ja, aber ..., JZ 2000, 842 bis 851

Ders., Justizreform – und nun?, JZ 2002, 1020 bis 1029

Ders., Zweifelsfragen und erste Entscheidungen zur neuen ZPO, NJW 2002, 3049 bis 3053

Ders., Die Verzahnung von Mediation und Gerichtsverfahren in Deutschland, ZKM 2003, 240 bis 245

Ders., Stand und Perspektiven der außergerichtlichen Streitbeilegung in Bayern, ZKM 2004, 196 bis 199

Greger, Reinhard / Engelhardt, Matthias, „Take mediation seriously or face the consequences", ZKM 2003, 4 bis 6

Greiter, Ivo, Die Suche nach kreativen Lösungen, in: Haft/Schlieffen (Hrsg.), Handbuch Mediation, München 2002, S. 286 bis 313

Ders., „Vergiften ist unpassend" – Kreativitätstechniken in der Mediation, ZKM 2004, 65 bis 69

Griese, Katharina, Klassenklima – ein Projekt gegen das Mobbing im Schulalltag, ZKM 2002, 168 bis 173

Dies., Konfliktworkshop in einem Logistikzentrum – Eine hierarchieübergreifende Mediation, ZKM 2003, 266 bis 270

Grisebach Klaus, Das DAV-Modell zur obligatorischen Schlichtung – weitergedacht, AnwBl 1997, 528 bis 530

Ders., Die gerichtsgebundene Mediation – Das Multi-Door-Court-House – Erfahrungen und Experimente in Deutschland, Frankreich und England mit der gerichtsgebundenen oder gerichtlich geförderten Mediation, DAV-Mitt. Mediation 2/2001, 5 bis 8

Grobys, Marcel, Arbeitsrechtliche Aspekte des Wertpapiererwerbs- und Übernahmegesetz, NZA 2002, 1 bis 7

Ders., Erstattungspflicht des Arbeitgebers für Arbeitslosengeld bei einvernehmlicher Beendigung des Arbeitsverhältnisses, NZA 2002, 660 bis 664

Ders., AGB-Kontrolle von Arbeits- und Dienstverträgen nach dem Schuldrechtsmodernisierungsgesetz, DStR 2002, 1002 bis 1009

Ders., Schmerzensgeld für alle?, NJW-Editorial Heft 40/2002, S. III

Ders., Der gesetzliche Abfindungsanspruch in der betrieblichen Praxis, DB 2003, 2174 bis 2177

Grosjean, Sascha R., Die Rechtsprechung zur formellen (Un-)Wirksamkeit von Betriebsratsbeschlüssen, NZA-RR 2005, 113 bis 123

Gross, Roland, Neugestaltung des Zugangs zum Bundesarbeitsgericht?, AnwBl 2003, 487 bis 491

Groth, Klaus-Martin / von Bubnoff, Daniela, Gibt es „gerichtsfeste" Vertraulichkeit bei der Mediation?, NJW 2001, 338 bis 342

Grotmann-Höfling, Günter, Strukturanalyse des arbeitsgerichtlichen Rechtsschutzes – Konfliktlösung durch eine Betriebliche Einigungsstelle (BEST), Frankfurt am Main 1995

Ders., Prozeßflut – und keine Ende? Verringerung der Verfahren in der Arbeitsgerichtsbarkeit durch außergerichtliche Maßnahmen, BB 1996, 158 bis 163

Ders., Anwaltliche Schlichtung im Arbeitsrecht, AnwBl 1996, 488 bis 491

Ders., Arbeitsrechtliche Streitkultur in der Bundesrepublik im Zeichen der Harmonie?, AuR 2000, 166 bis 167

Gruber, Wolfgang, Die Schiedsgerichtsbarkeit in Arbeitsstreitigkeiten in den USA und in Deutschland, München 1998

Grüner, Hans, Kommunikation in Arbeitsgerichtsverhandlungen – Versuch einer Analyse, in: Rottleuthner (Hrsg.), Rechtssoziologische Studien zur Arbeitsgerichtsbarkeit, Schriften der Vereinigung für Rechtssoziologie, Band 9, Baden-Baden 1984, S. 165 bis 200

Grunewald, Benno, Mobbing – arbeitsrechtliche Aspekte eines neuen Phänomens, NZA 1993, 1071 bis 1073

Grunsky, Wolfgang, Die Schlichtung arbeitsrechlicher Streitigkeiten und die Rolle der Gerichte, NJW 1978, 1832 bis 1838

Ders., Grenzen der Rechtsgewährung im Zivilverfahrensrecht, DRiZ 1983, 390 bis 395

Ders., Ausschlußfristen und Verjährung, in: Heinze/Söllner (Hrsg.), Arbeitsrecht in der Bewährung: Festschrift für Otto Rudolf Kissel zum 65. Geburtstag, München 1994, S. 283 bis 296

Grziwotz, Herbert, Mediationsvergleiche – Zur Durchsetzung von Mediationsvereinbarungen, ZKM 2000, 265 bis 269

Ders., Mediationsvergleich – „Nachgeformter" Schiedsvergleich?, MDR 2001, 305 bis 308

Gutzeit, Martin, Anmerkung zum Urteil des *BAG* vom 21.6.2000 – 4 AZR 379/99, SAE 2001, 172 bis 177

Habscheid, Walther J., Das neue Recht der Schiedsgerichtsbarkeit, JZ 1998, 445 bis 450

Hacke, Andreas, Der ADR-Vertrag – Vertragsrecht und vertragliche Gestaltung der Mediation und anderer alternativer Konfliktlösungsverfahren, Heidelberg 2001

Ders., Rechtsanwälte als Parteivertreter in der Wirtschaftsmediation, SchiedsVZ 2004, 80 bis 87

Hadeler, Indra, Die Revision der Gleichbehandlungsrichtlinie 76/207/EWG - Umsetzungsbedarf für das deutsche Arbeitsrecht, NZA 2003, 77 bis 81

Hähnchen, Susanne, Elektronische Akten bei Gericht – Chancen und Hindernisse, NJW 2005, 2257 bis 2259

Haffke, Bernhard, Multiprofessionelle Ausübung und Vernetzung der Mediation – Einschränkungen durch das Rechtsberatungsgesetz? Welche gesetzlichen Neuregelungen erscheinen notwendig/sinnvoll?, DAV-Mitt. Mediation 1/2003, 6 bis 12

Haft, Fritjof, Das Verhalten des Anwalts bei der außergerichtlichen Lösung von Konflikten, AnwBl 1989, 458 bis 462

Ders., Intuitives und rationales Verhandeln, BB Beilage 10 zu Heft 40/1998, 15 bis 19

Ders., Mediation – Palaver oder neue Streitkultur, in: Geimer (Hrsg.), Wege zur Globalisierung des Rechts – Festschrift für Rolf A. Schütze zum 65. Geburtstag, München 1999, S. 255 bis 268

Ders. (2000a), Verhandlung und Mediation – Die Alternative zum Rechtsstreit, 2. Auflage, München 2000

Ders. (2000b), Mediation – ein Weg zur außergerichtlichen Konfliktbeilegung in Europa, in: Köbler/Heinze/Gerhard (Hrsg.), Europas universale rechtsordnungspolitische Aufgabe im Recht des dritten Jahrtausends: Festschrift für Alfred Söllner zum 70. Geburtstag, München 2000, S. 391 bis 405

Ders. (2002a), Verhandlung und Mediation, in: Haft/Schlieffen (Hrsg.), Handbuch Mediation, München 2002, S. 75 bis 86

Ders. (2002b), Intuitive und rationale Verhandlung, in: Haft/Schlieffen (Hrsg.), Handbuch Mediation, München 2002, S. 197 bis 209

Hage, Marion / Heilmann, Joachim, Perspektiven für betriebliche Konfliktbewältigung, AuA 1997, 339 bis 342

Dies., Mobbing – ein modernes betriebliches Konfliktfeld, BB 1998, 742 bis 748

Dies., Betriebliche Konfliktlösung – Alternative zur Justiz, AuA 2000, 26 bis 28

Hager, Günter, Konflikt und Konsens – Überlegungen zu Sinn, Erscheinung und Ordnung alternativer Streitschlichtung, Tübingen 2001

Ders., Mediation und Recht, ZKM 2003, 52 bis 56

Haipeter, Thomas, 5 000 mal 5 000, Mitbestimmung 9/2001, 34 bis 37

Haller, Robert / Koch, Ulrike, Mobbing – Rechtsschutz im Krieg am Arbeitsplatz, NZA 1995, 356 bis 360

Hallmen, Bettina, Die Beschwerde des Arbeitnehmers als Instrument innerbetrieblicher Konfliktregelung, Frankfurt am Main 1997

Hanau, Peter, Praktische Fragen zur Neuregelung der Mitbestimmung in personellen Angelegenheiten, BB 1972, 451 bis 455

Ders., Arbeitsgerichtsbarkeit – Anspruch und Wirklichkeit, NZA 1986, 809 bis 813

Ders., Die Kodifikation des Arbeitsvertragsrechts auf dem 59. Deutschen Juristentag 1992 in der Intensivstation, RdA 1992, 392 bis 393

Ders., Arbeitsrecht und Arbeitsgerichtsbarkeit von Kaiser Wilhelm II. bis Bundeskanzler Dr. Kohl – Gedanken zum 100jährigen Bestehen des Deutschen Arbeitsgerichtsverbandes, NZA 1993, 338 bis 341

Ders., Welche arbeits- und ergänzenden sozialrechtlichen Regelungen empfehlen sich zur Bekämpfung der Arbeitslosigkeit, Gutachten C für den 63. Deutschen Juristentag, in: Ständige Deputation des Deutschen Juristentages (Hrsg.), Verhandlungen des 63. Deutschen Juristentages Leipzig 2000, Band I Gutachten, München 2000, C 1 bis C 92

Ders., Denkschrift zu dem Regierungsentwurf eines Gesetzes zur Reform des Betriebsverfassungsrechts, RdA 2001, 65 bis 76

Ders., Probleme der Neuregelung der Betriebsverfassung, ZIP 2001, 1981 bis 1987

Ders., Die Reform der Betriebsverfassung, NJW 2001, 2513 bis 2519

Ders., Offene Fragen zum Teilzeitgesetz, NZA 2001, 1168 bis 1175

Ders., Gebremster Schub im Arbeitsrecht, NJW 2002, 1240 bis 1243

Ders., Arbeitsrecht im ökonomischen (Zerr-)Spiegel – Ein Kommentar zu zwei prominenten Neuerscheinungen, NJW 2005, 1173 bis 1174

Hanau, Peter / Hromadka, Wolfgang, Richterlicher Kontrolle flexibler Entgeltregelungen in Allgemeinen Geschäftsbedingungen, NZA 2005, 73 bis 78

Hansen, Jessica, Die Änderungen im Schwerbehindertenrecht durch das SGB IX, NZA 2001, 985 bis 988

Hansens, Heinz, Der Anwaltsvergleich gemäß § 1044b ZPO, AnwBl 1991, 113 bis 121

Ders., ZPO-Reform – Praktische Auswirkungen auf die Tätigkeit des Rechtsanwalts, AnwBl 2002, 125 bis 139

Ders., Die unbezahlbare Schlichtung nach § 278 Abs. 5 S. 2 ZPO, JurBüro 2003, 69

Ders., Kostenrechtsmodernisierungsgesetz – Änderungen im GKG und das neue JVEG, AnwBl 2004, 142 bis 152

Hartmann, Christoph, Sicherung der Vertraulichkeit, in: Haft/Schlieffen (Hrsg.), Handbuch Mediation, München 2002, S. 712 bis 746

Hartmann, Peter, Das neue Gesetz zur Förderung der außergerichtlichen Streitbeilegung, NJW 1999, 3745 bis 3750

Ders., Zivilprozess 2001/2002: Hunderte wichtiger Änderungen, NJW 2001, 2577 bis 2598

Hartung, Wolfgang, Das neue Rechtsanwaltsvergütungsgesetz – Ein Überblick über praxisrelevante Neuerungen des Vergütungsrechts, NJW 2004, 1409 bis 1420

Haß, Peter, Prozeßvermeidung durch Rechtsanwälte – Wege und Vorzüge, AnwBl 1989, 462 bis 467

Hay, Peter, Zur konsensualen Streitbeilegung in Zivil- und Handelssachen in den USA, in: Breidenbach/Coester-Waltjen u.a. (Hrsg.), Konsensuale Streitbeilegung – Akademisches Symposium zu Ehren von Peter F. Schlosser aus Anlass seines 65. Geburtstags, Bielefeld 2001, S. 101 bis 119

Hegenbarth, Rainer, Sichtbegrenzungen, Forschungsdefizite und Zielkonflikte in der Diskussion über Alternativen zur Justiz, in: Blankenburg/Klausa/Rottleuthner (Hrsg.), Alternative Rechtsformen und Alternativen zum Recht, Jahrbuch für Rechtssoziologie und Rechtstheorie, Band 6, Opladen 1980, S. 48 bis 82

Ders., Privatisierte Konfliktregelung: Entrechtung durch Entrechtlichung?, in: Blankenburg/Gottwald/Strempel (Hrsg.), Alternativen in der Ziviljustiz – Berichte, Analysen, Perspektiven, Köln 1982, S. 257 bis 268

Hehn, Marcus, Nicht gleich vor den Richter... – Mediation und rechtsförmliche Konfliktregelung, Bochum 1996

Ders., Entwicklung und Stand der Mediation – ein historischer Überblick, in: Haft/Schlieffen (Hrsg.), Handbuch Mediation, München 2002, S. 150 bis 171

Hehn, Marcus / Rüssel, Ulrike, Institutionen im Bereich der Mediation in Deutschland, NJW 2001, 347 bis 349

Dies., Der Mediator – kein Schlichter oder (Schieds-)Richter – Der Versuch einer begrifflichen Klarstellung im sprachlichen Wirrwarr der Mediationsliteratur, ZKM 2001, 62 bis 66

Heilmann, Joachim, Reformvorschläge zur Entlastung der Arbeitsgerichte, AuR 1997, 424 bis 427

Heinze, Meinhard, Verfahren und Entscheidung der Einigungsstelle, RdA 1990, 262 bis 281

Ders., Konfliktlösungsmechanismen – Wie können Streik und Aussperrung überwunden werden?, in: Klebe (Hrsg.), Recht und soziale Arbeitswelt: Festschrift für Wolfgang Däubler zum 60. Geburtstag, Frankfurt am Main 1999, S. 431 bis 436

Ders., Einwirkungen des Sozialrechts ins Arbeitsrecht?, NZA 2000, 5 bis 7

Ders., Zukunft der Arbeitsbeziehungen, NZA 2001, 1 bis 5

Heister-Neumann, Elisabeth, „Große Justizreform" – Der Weg zu einer zukunftsfähigen Justiz, ZRP 2005, 12 bis 15

Heitmann, Steffen, Arbeitsrecht im Systemwandel, in: Festschrift zum 100jährigen Bestehen des Deutschen Arbeitsgerichtsverbandes, Neuwied, Kriftel und Berlin 1994, S. 31 bis 37

Ders., Möglichkeiten der Justizentlastung, DRiZ 1998, 124 bis 128

Henkel, Wolfram, Elemente der Mediation im arbeitsgerichtlichen Verfahren, dargestellt am Modell des Kündigungsschutzprozesses, NZA 2000, 929 bis 932

Helm, Ulrich / Bechtold, Anke F., Der Mini-Trail – Ein Modell zur Konfliktlösung im Großanlagenbau, ZKM 2002, 159 bis 160

Hendel, Dieter, Ressourcenknappheit und Rechtsgewährung – Überlegungen zu einer Ökonomie des Zivilprozesses, DRiZ 1980, 376 bis 384

Ders., Der Prozeßvergleich als Instrument der Ressourcenökonomie – Zielverschiebungen in der Vergleichspraxis und daran anknüpfende rechtspolitische Empfehlungen, in: Gottwald/Hutmacher/Röhl/Strempel (Hrsg.), Der Prozeßvergleich – Möglichkeiten, Grenzen und Forschungsperspektiven, Köln 1983, S. 125 bis 139

Hennige, Susanne, Das Verfahrensrecht der Einigungsstelle, Köln 1996

Heinsius, Theodor, Verbraucher und Ombudsmann, WM 1992, 478

486

Henssler, Martin, Die Entscheidungskompetenz der betriebsverfassungsrechtlichen Einigungsstelle in Rechtsfragen, RdA 1991, 268 bis 275

Ders., Arbeitsrecht und Anwaltschaft, RdA 1999, 38 bis 48

Ders., Anwaltrechtliches Berufsrecht und Mediation, in: Henssler/Koch (Hrsg.), Mediation in der Anwaltspraxis, Bonn 2000, S. 87 bis 126

Ders., Arbeitsrecht und Schuldrechtsreform, RdA 2002, 129 bis 140

Ders., Mediation und Rechtsberatung, NJW 2003, 241 bis 249

Ders., Aktuelle Praxisfragen anwaltlicher Vergütungsvereinbarungen, NJW 2005, 1537 bis 1541

Henssler, Martin / Kilian, Matthias, Die interprofessionelle Zusammenarbeit bei der Mediation, ZKM 2000, 55 bis 59

Dies., Das Mediationsmandat – Rechtliche Rahmenbedingungen, ZAP 2001, 601 bis 610

Henssler, Martin / Schwackenberg, Katja, Der Rechtsanwalt als Mediator, MDR 1997, 409 bis 412

Hepple, Bob / Morris, Gillian S., The Employment Act 2002 and the crisis of individual employment rights, (2002) ILJ 31, 245 bis 269

Herbert, Manfred / Oberrath, Jörg-Dieter, Schweigen ist Gold? – Rechtliche Vorgaben für den Umgang des Arbeitnehmers mit seiner Kenntnis über Rechtsverstöße im Betrieb, NZA 2005, 193 bis 199

Hermenau, Christina, Die Anwendung von Mediation in der Interessenwahrnehmung von Beschäftigten, ZKM 2000, 12 bis 15

Herschel, Wilhelm, Bemerkungen zum Recht der Einigungsstelle, AuR 1974, 257 bis 266

Hertzfeld, Herbert, Auflösungsantrag bei Unwirksamkeit der Kündigung aus „anderen als den in § 1 II und III KSchG bezeichneten Gründen", NZA 2004, 298 bis 301

Herzler, Jürgen, Neue Zivilprozessrecht ab 1.1.2002 – Eine Reform und ihre praktischen Auswirkungen, NJ 2001, 617 bis 625

Heß, Burkhard / Sharma, Daniel, Rechtsgrundlagen der Mediation, in: Haft/Schlieffen (Hrsg.), Handbuch Mediation, München 2002, S. 675 bis 711

Heuchemer, Frank-Karl / Insam, Alexander, Keine Sperrzeit nach Freistellung im Aufhebungsvertrag, BB 2004, 1562 bis 1564

Dies., Keine Bevorzugung von Abwicklungsverträgen gegenüber Aufhebungsverträgen bei der Verhängung von Sperrzeiten, BB 2004, 1679 bis 1681

Heuse, Robert, Arbeitsvertragsgesetzentwurf '92 – ein neuer Kodifikationsversuch, BB 1992, 1145 bis 1148

Heussen, Benno, Stärken und Schwächen der Anwaltschaft – Analysen, Kritik, Prognosen, AnwBl 1998, 551 bis 560

Ders., Psychologische Faktoren bei Vertragsverhandlungen, ZKM 2000, 216 bis 217

Ders., Verhandlungsstil, ZKM 2001, 80 bis 83

Hilber, Marc, Alternative Konfliktbeilegung: Early Neutral Evaluation und das selbständige Beweisverfahren gemäß §§ 485 ff. ZPO, BB Beilage 2 zu Heft 16/2001, 22 bis 30

Ders., Der Uniform Mediation Act – Aktuelle Bestrebungen zur Vereinheitlichung des US-amerikanischen Mediationsrechts, BB Beilage 5 zu Heft 25/2003, 9 bis 16

Hilber, Marc D. / Roman, Frik, Rechtliche Aspekte der Nutzung von Netzwerken durch Arbeitnehmer und Betriebsrat, RdA 2002, 89 bis 97

Hinrichs, Ulrike, Konfliktmanagement in global agierenden Unternehmen – Interkulturelle Konfliktanker, ZKM 2003, 257 bis 260

Hirsch, Günter, Schiedsgerichte – ein Offenbarungseid für die staatlichen Gerichte?, SchiedsVZ 2003, 49 bis 52

Hirtz, Bernd, Modernes Zivilverfahrensrecht? – Zivilprozessuale Änderungen des Ersten Justizmodernisierungsgesetz, AnwBl 2004, 503 bis 505

Hobeck, Paul A., Wirtschaftsmediation – Quo Vadis?, NJW-Editorial Heft 7/2003, S. III

Höland, Armin, Das Verhalten von Betriebsräten in der Kündigungssituation, in: Ellermann-Witt/ Rottleuthner/Russig, Kündigungspraxis, Kündigungsschutz und Probleme der Arbeitsgerichtsbarkeit, Opladen 1983, S. 67 bis 84

Ders., Das Verhalten des Betriebsrats bei Kündigungen – Recht und Wirklichkeit im betrieblichen Alltag, Frankfurt am Main und New York 1985

Hoeren, Thomas, Das neue Verfahren für die Schlichtung von Kundenbeschwerden im deutschen Bankgewerbe, NJW 1992, 2727 bis 2732

Ders., Der Bankenombudsmann in der Praxis – Ein erstes Resümee, NJW 1994, 362 bis 365

Hoffmann-Riem, Wolfgang, Konfliktbewältigung in einer angebotsorientierten Rechtsschutzordnung, ZRP 1997, 190 bis 198

Ders., Justizdienstleistungen im kooperativen Staat – Verantwortungsteilung und Zusammenarbeit von Staat und Privaten im Bereich der Justiz, JZ 1999, 421 bis 430

Ders., Modernisierung von Recht und Justiz – Eine Herausforderung des Gewährleistungsstaates, 1. Auflage, Frankfurt am Main 2001

Hohenstatt, Klaus-Stefan / Dzida, Boris, Die „maßgeschneiderte" Betriebsverfassung – Der neue § 3 BetrVG – 10 Fragen aus der Praxis, DB 2001, 2498 bis 2503

Hohmann, Harald, WTO-Streitbeilegung im Jahr 2001, RIW 2003, 352 bis 361

Hohmann, Jutta, Notizen zum Harvard-Konzept – Die Phasen eines Verhandlungsmodells auf der Grundlage des Harvard-Konzepts, ZKM 2003, 48 bis 52

Hohmann, Jutta / Vierling, Bernhard, Notizen zum Harvard-Konzept – eine archaische Kampfform, ZKM 2001, 207 bis 209

Hohmann, Roger, Delegation der Berufung der ehrenamtlichen Richter auf die Landesarbeitsgerichte?, NZA 2002, 651 bis 654

Hohmeister, Frank Udo, Das Wirksamwerden einer Kündigung – Zur Fiktionswirkung des § 7 KSchG, ZRP 1994, 141 bis 144

Holthaus, Michael / Koch, Ulrich, Auswirkungen der Reform des Zivilprozessrechts auf arbeitsgerichtliche Verfahren, RdA 2002, 140 bis 160

Hommerich, Christoph, Marketing für Mediation, AnwBl 2001, 258 bis 265

Ders., Aufbruch in die Welt der Dienste – Anwalt 2010, AnwBl 2002, 253 bis 258

Ders., Die Rechtsanwaltschaft unter Modernisierungszwang, AnwBl 2004, 453 bis 457

Hommerich, Christoph / Niederländer, Loni / Stock, Johannes, Schiedsstellen für Arbeitsrecht – Erfahrungen und Perspektiven, AuA 1993, 175 bis 178

Hommerich, Christoph / Niederländer, Loni / Stock, Johannes / Wolff, Heimfried, Schiedsstellen für Arbeitsrecht in den neuen Bundesländern, Bonn 1993

Hopfner, Sebastian / Schrock, Michael, Die Gewerkschaften im elektronischen Netzwerk des Arbeitgebers, DB 2004, 1558 bis 1561

Horst, Peter M., Mediatorenvergütung – Neuerungen durch das RVG, ZKM 2004, 178 bis 182

Hoß, Axel / Ehrich, Christian, Hinweis- und Aufklärungspflichten des Arbeitgebers beim Abschluß von Aufhebungsverträgen, DB 1997, 625 bis 628

von Hoyningen-Huene, Dagmar, Außergerichtliche Konfliktbehandlung in den Niederlanden und Deutschland, Köln 2000

von Hoyningen-Huene, Gerrick, Streitschlichtung im Betrieb, NZA 1987, 577 bis 581

Ders., Das Betriebsverhältnis – Eine Skizze zum betriebsverfassungsrechtlichen Kooperationsverhältnis, NZA 1989, 121 bis 125

Ders., Belästigungen und Beleidigungen von Arbeitnehmern durch Vorgesetzte, BB 1991, 2215 bis 2221

Ders., Das unbekannte Management-Handbuch: Das Betriebsverfassungsgesetz, in: Heinze/Söllner (Hrsg.), Arbeitsrecht in der Bewährung: Festschrift für Otto Rudolf Kissel zum 65. Geburtstag, München 1994, S. 387 bis 416

Ders., Grundfragen der Betriebsverfassung: Mitbestimmung – Betriebsrat – Betrieb – Betriebszugehörigkeit, in: Farthmann/Hanau/Isenhardt/Preis (Hrsg.), Arbeitsgesetzgebung und Arbeitsrechtsprechung: Festschrift zum 70. Geburtstag von Eugen Stahlhacke, Neuwied, Kriftel und Berlin 1995, S. 173 bis 183

Hromadka, Wolfgang, Betriebsverfassungsgesetz 72, NJW 1972, 183 bis 186

Ders., Ein Arbeitsvertragsgesetz für Deutschland – Der Entwurf des Arbeitskreises „Deutsche Rechtseinheit im Arbeitsrecht", in: Boewer/Gaul (Hrsg.), Festschrift für Dieter Gaul, Neuwied, Kriftel und Berlin 1992, S. 357 bis 396

Ders., Ein Arbeitsvertragsgesetz – Der Diskussionsentwurf des Arbeitskreises „Deutsche Rechtseinheit im Arbeitsrecht", NJW 1992, 1985 bis 1993

Ders., Das Leistungsbestimmungsrecht des Arbeitgebers, DB 1995, 1609 bis 1615

Ders., Das allgemeine Weisungsrecht, DB 1995, 2601 bis 2606

Ders., Inhaltskontrolle von Arbeitsverträgen, in: Hanau (Hrsg.), Richterliches Arbeitsrecht: Festschrift für Thomas Dieterich zum 65. Geburtstag, München 1999, S. 251 bis 278

Ders., Das neue Teilzeit- und Befristungsgesetz, NJW 2001, 400 bis 405

Ders., Kündigungsschutz und Unternehmerfreiheit, AuA 2002, 261 bis 266

Ders., Entwurf für ein neues, modernes Kündigungsschutzgesetz, NZA 2002, 783 bis 784

Ders., Unternehmerische Freiheit – ein Problem der betriebsbedingten Kündigung?, ZfA 2002, 383 bis 399

Ders., Bündnisse für Arbeit – Angriff auf die Tarifautonomie?, DB 2003, 42 bis 47

Huber, Michael, Modernisierung der Justiz? – Anmerkungen zu dem die ZPO betreffenden Teil des beabsichtigten Justizmodernisierungsgesetzes, ZRP 2003, 268 bis 272

Ders., Die Reform der ZPO – eine Wirkungskontrolle der Verfahrensneuerungen in der ersten Instanz, NJW Beilage zu Heft 27/2004, 3 bis 4

Hülsemann, Christoph, Abfindungsklauseln: Kontrollkriterien der Rechtsprechung, NJW 2002, 1673 bis 1680

Hümmerich, Klaus, Abschied vom arbeitsrechtlichen Aufhebungsvertrag, NZA 1994, 200 bis 205

Ders., Arbeitsrecht und Rechtsschutzversicherung, AnwBl 1995, 321 bis 333

Ders., Acht aktuelle Vorteile beim Abwicklungsvertrag – Ein Leistungsvergleich zwischen Aufhebungs- und Abwicklungsvertrag nach neuem Recht, BB 1999, 1868 bis 1873

Ders., Die arbeitsgerichtliche Abfindung – Ein Beitrag zur Abfindungspraxis und zur gesetzlichen Neuregelung, NZA 1999, 342 bis 358

Ders., Neues zum Abwicklungsvertrag, NZA 2001, 1280 bis 1285

Ders., Erweiterte Arbeitnehmerrechte durch Verbraucherschutz, AnwBl 2002, 671 bis 681

Ders., Gestaltung von Arbeitsverträgen nach der Schuldrechtsreform, NZA 2003, 753 bis 764

Ders., Alea iacta est – Aufhebungsvertrag kein Haustürgeschäft, NZA 2004, 809 bis 817

Ders., Aufhebungs- und Abwicklungsvertrag in einem sich wandelnden Arbeitsrecht, NJW 2004, 2921 bis 2931

Ders., Widerrufsvorbehalte in Formulararbeitsverträgen, NJW 2005, 1759 bis 1561

Hümmerich, Klaus / Holthausen, Joachim, Der Arbeitnehmer als Verbraucher, NZA 2002, 173 bis 181

Hümmerich, Klaus / Holthausen, Joachim / Welslau, Dietmar, Arbeitsrechtliches im Ersten Gesetz für moderne Dienstleistungen am Arbeitsmarkt, NZA 2003, 7 bis 14

Hunold, Wolf, Zur Fragwürdigkeit des Einigungsstellenverfahrens über eine Mitarbeiterbeschwerde, DB 1993, 2282 bis 2286

Ders., Die Sorgfaltspflichten des Einigungsstellenvorsitzenden, insbesondere im Verfahren über einen Sozialplan, NZA 1999, 785 bis 791

Ders., Die Rechtsprechung zum Direktionsrecht des Arbeitgebers, NZA-RR 2001, 337 bis 347

Ders., Aktuelle Fragen des Befristungsrechts unter Berücksichtigung von §§ 14, 16 TzBfG, NZA 2002, 255 bis 262

Ders., Ausgewählte Rechtsprechung zur Vertragskontrolle im Arbeitsverhältnis, NZA-RR 2002, 225 bis 233

Ders., Betriebsrat – Hilfsbremser oder Co-Manager?, AuA 2002, 215 bis 216

Ders., Unzureichende Arbeitsleistung als Abmahn- und Kündigungsgrund, BB 2003, 2345 bis 2351

Ders., Die neueste Rechtsprechung zu § 8 TzBfG, NZA-RR 2004, 225 bis 232

Huther, Edda, Gerichtsnahe Mediation aus der Sicht der bayerischen Justiz, ZKM 2004, 247 bis 251

Hutner, Armin, Entwicklung und Bedarf internationaler Mediationsgesetzgebung, ZKM 2002, 201 bis 206

Ders., Die Mediationsvereinbarung – Regelungsgegenstände und vertragsrechtliche Qualifizierung, SchiedsVZ 2003, 226 bis 232

Ide, Günter, Die Stellung der ehrenamtlichen Richter, in: Festschrift zum 100jährigen Bestehen des Deutschen Arbeitsgerichtsverbandes, Neuwied, Kriftel und Berlin 1994, S. 253 bis 264

von Ihering, Rudolf, Der Kampf um's Recht, 5. Auflage, Wien 1877

Isaac, Daniel / Sanderson, Emma, Aiming for conciliation, (2004) SJ 148, 812 bis 813

Jagodzinski, Wolfgang / Raiser, Thomas / Riehl, Jürgen, Rechtsschutzversicherung und Streitverhalten – Bericht über eine empirische Untersuchung im Auftrag des Bundesministeriums der Justiz, NJW 1993, 2769 bis 2775

Dies., Rechtsschutzversicherungen und Rechtsverfolgung, Beiträge zur Strukturanalyse der Rechtspflege, Köln 1994

Jansen, Nicola, Die außergerichtliche obligatorische Streitschlichtung nach § 15a EGZPO, St. Augustin 2001

Dies., Die historische Entwicklung des Güteverfahrens in Deutschland, ZKM 2003, 24 bis 30

Jones, Marc, Employment Act 2002: Employment Tribunal Reform, (2003) Emp Law & Lit 8(1), 25 bis 27

Ders., Employment Act 2002: Statutory Dispute Resolution, (2003) Emp Law & Lit 8(1), 27 bis 32

Jorde, Thomas M., Gerichtsverbundene Schlichtung in den Vereinigten Staaten, in: Blankenburg/ Gottwald/Strempel (Hrsg.), Alternativen in der Ziviljustiz – Berichte, Analysen, Perspektiven, Köln 1982, S. 205 bis 218

Jost, Fritz / Oezmen, Verda, Mediation in der Juristenausbildung, ZKM 2004, 272 bis 276

Jungk, Antje, Vergleich geschlossen – Mandant unzufrieden? – Neuere Rechtsprechung zur Beratung beim Vergleich, AnwBl 2001, 51 bis 53

Junker, Abbo, Individualwille, Kollektivgewalt und Staatsintervention im Arbeitsrecht, NZA 1997, 1305 bis 1319

Ders., Betriebsverfassung in Klein- und Mittelbetrieben – Ein europäischer Vergleich, NZA 2002, 131 bis 138

Ders., Der Standort der deutschen Betriebsverfassung in Europa, RIW 2002, 81 bis 87

Ders., Arbeitsrecht zwischen Markt und gesellschaftspolitischen Herausforderungen: Differenzierungen nach der Unternehmensgröße und familiengerechte Strukturen im Arbeitsrecht, NJW Beilage zu Heft 27/2004, 10 bis 17

Junker, Abbo / Band, Maren / Feldmann, Marko, Neue Kommunikationsmittel und Rechte des Betriebsrats, BB Beilage 10 zu Heft 48/2000, 14 bis 22

Junker, Abbo / Dietrich, Ute, Schwellenwerte in arbeitsrechtlichen Gesetzen, NZA 2003, 1057 bis 1068

Kahlert, Henner, Anordnung des persönlichen Erscheinens im Zivil- und Arbeitsgerichtsprozess, NJW 2003, 3390 bis 3392

Kaiser, Günther / Metzger-Pregizer (Hrsg.), Betriebsjustiz – Untersuchungen über die soziale Kontrolle abweichenden Verhaltens in Industriebetrieben, 1. Auflage, Berlin 1976

Kamanabrou, Sudabeh, Verfassungsrechtliche Aspekte eines Abfindungsschutzes bei betriebsbedingten Kündigungen, RdA 2004, 333 bis 340

Kammerer, Klaus, Der Schlichtungsausschuß nach dem Mitarbeitervertretungsrecht der Evangelischen Kirche, BB 1985, 1986 bis 1992

Kapfer, Anja, Kooperationsgewinne und ihre Quellen, MittBayNot 2001, 558 bis 561

Karliczek, Ernst, Zur obligatorischen Streitschlichtung in Zivilsachen – Schlichtungserfahrungen eines Richters, ZKM 2000, 111 bis 113

Karpen, Ulrich, Gesetzfolgenabschätzung – Ein Mittel zur Entlastung von Bürgern, Wirtschaft und Verwaltung?, ZRP 2002, 443 bis 446

Karwacki, Angelika Christiane, Der Anspruch der Parteien auf einen fairen Zivilprozeß, Köln 1984

Kast, Matthias / Freihube, Dirk, Neue Hoffnung für betriebliche „Bündnisse für Arbeit" nach dem Urteil des BAG vom 19.3.2003?, BB 2003, 2569 bis 2574

Katzenmeier, Christian, Zivilprozeß und außergerichtliche Streitbeilegung, ZZP 115 (2002), 51 bis 92

Kaube, Gernot / Volz, Franz-Eugen, Die Schiedsstelle nach dem Gesetz über Arbeitnehmererfindungen beim Deutschen Patentamt – Einzelheiten des Schiedsstellenverfahrens, RdA 1981, 213 bis 219

Kehrmann, Karl, Die Entwicklung des gewerkschaftlichen Rechtsschutzes, in: Festschrift zum 100jährigen Bestehen des Deutschen Arbeitsgerichtsverbandes, Neuwied, Kriftel und Berlin 1994, S. 169 bis 186

Kemmann, Ansgar / Gante-Walter, Markus, Zur Begriffsgeschichte der Mediation, ZKM 2001, 273 bis 276

Kempe, Axel, Die Stellung des Rechtsanwalts im obligatorischen Schichtungsverfahren nach § 15a EGZPO, AnwBl 2003, 393 bis 397

Kempe, Hans-Joachim, Zielvereinbarungen – Ende der Mitarbeiterbeurteilung, AuA 2002, 166 bis 170

Keppeler, Frank, Der Aufhebungsvertrag – wirklich ein mitbestimmungsfreier Raum?, AuR 1996, 263 bis 266

Kern, Jan H. / Kreutzfeldt, Heiko, Arbeitsrechtliche Abwicklungsverträge vor dem Ende?, NJW 2004, 3081 bis 3082

Kerscher, Helmut, Bericht vom Leipziger Juristentag, ZRP 2000, 533 bis 535

Kerst-Würkner, Brigitte, Das schleichende Gift „Mobbing" und die Gegenarznei, AuR 2001, 251 bis 261

Kessen, Stefan / Troja, Markus, Die Phasen und Schritte der Mediation als Kommunikationsprozess, in: Haft/Schlieffen (Hrsg.), Handbuch Mediation, München 2002, S. 393 bis 420

Keßler, Ulrich G., Der Auflösungsantrag nach § 9 KSchG im Spiegel der Judikatur, NZA-RR 2002, 1 bis 12

Keydel, Birgit / Knapp, Peter, Zwei plus zwei gleich fünf – Praxisbericht zum Thema Co-Mediation, ZKM 2003, 57 bis 60

Kibler, Franz, Outplacement – ein neues Instrument der Personalwirtschaft, RdA 1996, 366 bis 374

Kienast, Rainer / Schmiedl, Wolfgang, Rechtsprechung zum Widerrufsrecht bei arbeitsrechtlichen Aufhebungsverträgen nach §§ 312, 355 BGB, DB 2003, 1440 bis 1447

Kilger, Hartmut, Einheit des Anwaltsberuf 2003, AnwBl 2003, 449 bis 451

Kilian, Matthias, Entwicklungen in der englischen Arbeitsgerichtsbarkeit, NZA 1999, 1088 bis 1092

Ders., Anwaltliche Erfolgshonorare und die bevorstehende Reform des Vergütungsrechts, ZRP 2003, 90 bis 95

Kircher, Peter, Der Vergleich im Zivilprozeß als Gegenstand von Aus- und Fortbildung in der Justizpraxis, in: Gottwald/Hutmacher/Röhl/Strempel (Hrsg.), Der Prozeßvergleich – Möglichkeiten, Grenzen und Forschungsperspektiven, Köln 1983, S. 225 bis 230

Kirchhof, Hans-Georg, Die Überlastung der Justiz, BRAK-Mitt. 2000, 14 bis 16

Kissel, Otto Rudolf, 60 Jahre Arbeitsgerichtsbarkeit, DB 1987, 1485 bis 1491

Ders., Arbeitsrecht und Staatsvertrag, NZA 1990, 545 bis 552

Ders., Die Arbeitsgerichtsbarkeit in den Ländern Brandenburg, Mecklenburg-Vorpommern, Sachsen, Sachsen-Anhalt und Thüringen ab 3.10.1990, NZA 1990, 833 bis 837

Ders., Defizite im arbeitsgerichtlichen Rechtsschutz, in: Festschrift zum 100jährigen Bestehen des Deutschen Arbeitsgerichtsverbandes, Neuwied, Kriftel und Berlin 1994, S. 19 bis 30

Ders., Wandel im Arbeitsleben – Wandel in der Arbeitsrechtsprechung?, NJW 1994, 217 bis 221

Ders., 40 Jahre Arbeitsgerichtsbarkeit, RdA 1994, 323 bis 333

Ders., Arbeitsrecht und Gerichtsverfassung, RdA 1999, 53 bis 59

Kisselbach, Pamela / Smith, Herbert, Neutral Evaluation und andere Methoden der alternativen Konfliktbeilegung in England, AnwBl 2001, 593 bis 594

Kittner, Michael / Kohler, Thomas C., Kündigungsschutz in Deutschland und in den USA, BB Beilage 4 zu Heft 13/2000, 1 bis 30

Klages, Helmut, Ursachenfaktoren der Inanspruchnahme der Ziviljustiz, DRiZ 1983, 395 bis 402

Klein, Hans-Michael, Konflikte am Arbeitsplatz, 1. Auflage, Berlin 2002

Kleinhenz, Gerhard, Welche arbeits- und ergänzenden sozialrechtlichen Regelungen empfehlen sich zur Bekämpfung der Arbeitslosigkeit, Gutachten B für den 63. Deutschen Juristentag, in: Ständige Deputation des Deutschen Juristentages (Hrsg.), Verhandlungen des 63. Deutschen Juristentages Leipzig 2000, Band I Gutachten, München 2000, B 1 bis B 78

Kliemt, Michael, Der neue Teilzeitanspruch – Die gesetzlichen Neuregelung der Teilzeitarbeit ab dem 1.1.2001, NZA 2001, 63 bis 71

Ders., Das neue Befristungsrecht, NZA 2001, 296 bis 307

Klinger, Edgar W. / Bierbrauer, Günter, Sozialpsychologie des Verhandelns, in: Haft/Schlieffen (Hrsg.), Handbuch Mediation, München 2002, S. 236 bis 263

Klose, Alexander, Auf dem Weg zu einem Rechtsdienstleistungsgesetz, ZKM 2004, 226 bis 230

Kluge, Norbert / Vitols, Sigurt, Works Councils – Managers of cross-cultural change, Mitbestimmung 7/2001, 40 bis 43

Klumpp, Steffen, Diskontinuität und ihre Folgen für das Antidiskriminierungsrecht, NZA 2005, 848 bis 854

Knapp, Peter / Novak, Andreas, Die Bedeutung der Kultur in der Mediation, ZKM 2002, 4 bis 8

Knauer, Christoph / Wolf, Christian, Justiz modern?, NJW-Editorial Heft 31/2004, S. III

Dies., Zivilprozessuale und strafprozessuale Änderungen durch das Erste Justizmodernisierungsgesetz – Teil 1: Änderungen der ZPO, NJW 2004, 2857 bis 2865

Knauth, Klaus-Wilhelm, Versicherungsombudsmann – private Streitbeilegung für Verbraucher, WM 2001, 2325 bis 2329

Knöfel, Oliver L., Gilt das Verbot der widerstreitenden Interessen auf für Tätigkeiten außerhalb des Anwaltsberufs?, NJW 2005, 6 bis 10

Koch, Harald, Prozessrechtslehre aus Anwaltssicht – Ein Plädoyer für den Perspektivenwechsel in der Juristenausbildung, JuS 2000, 320 bis 327

Koch, Hartmut, Neues im arbeitsgerichtlichen Verfahren, NJW 1991, 1856 bis 1859

Koch, Ludwig, Aktuelle Fragen des Berufsrechts für Anwaltmediatoren, ZKM 2001, 89 bis 95

Ders., Mediation aus anwaltlicher Sicht – wenig interessant?, AnwBl 2003, 399 bis 400

Ders., Anwaltsorientierte Juristenausbildung während des Studiums, AnwBl 2003, 561 bis 563

Koch, Walter, Kündigungsschutz im unternehmerischen Alltag, ZfA 2002, 445 bis 453

Kocher, Eva, Für eine Gleichbehandlung von Parteien und Zeugen – Zum Beweis des Inhalts eines Vier-Augen-Gesprächs, NZA 2003, 1314 bis 1317

Köper, Roman, Eine Qualitätsstudie des Österreichischen Zivilrechts-Mediations-Gesetzes, ZKM 2004, 161 bis 164

Köppen, Martina, Rechtliche Wirkungen arbeitsrechtlicher Zielvereinbarungen, DB 2002, 374 bis 379

Körner, Marita, Das andere Modell: Die französische Betriebsverfassung, NZA 2001, 429 bis 435

Köster, Anette, Die Beschleunigung der Zivilprozesse und die Entlastung der Zivilgerichte in der Gesetzgebung von 1879 bis 1993, Frankfurt am Main, Berlin, Bern, New York, Paris und Wien 1995

Kohler, Thomas C., Betriebliche Interessenvertretung in den Vereinigten Staaten: Ein Überblick, AuR 1998, 434 bis 437

Kolodej, Christa, Mobbing: Konflikteskalation am Arbeitsplatz und ihre Bewältigung, ZKM 2000, 62 bis 64

Dies., Mobbing vermeiden und bekämpfen – Mediationsstrategien, ZKM 2003, 159 bis 163

Kornblum, Udo, Für eine „lupenreine" dreistufige Zivilgerichtsbarkeit, ZRP 1999, 382 bis 386

Kracht, Stefan, Rolle und Aufgabe des Mediators – Prinzipien der Mediation, in: Haft/Schlieffen (Hrsg.), Handbuch Mediation, München 2002, S. 363 bis 392

Krämer, Andreas, Neue Anforderungen an das anwaltliche Marketing, AnwBl 2000, 337 bis 342

Krämer, Karl-Anton, Die Honorarvereinbarung des Anwaltmediators, ZKM 2000, 274 bis 277

Kraft, Alfons, Das Anhörungsverfahren gemäß § 102 BetrVG und die „subjektive Determinierung" der Mitteilungspflicht, in: Heinze/Söllner (Hrsg.), Arbeitsrecht in der Bewährung: Festschrift für Otto Rudolf Kissel zum 65. Geburtstag, München 1994, S. 611 bis 627

Kramer, Barbara, Die Güteverhandlung – Prozessuale Schlichtung in Arbeitssachen, Lohmar und Köln 1999

Dies., Modernisierung der Justiz: Das Neue Steuerungsmodell, NJW 2001, 3449 bis 3453

Dies., Mediation als Alternative zur Einigungsstelle im Arbeitsrecht, ZKM 2004, 259 bis 263

Dies., Mediation als Alternative zur Einigungsstelle im Arbeitsrecht, NZA 2005, 135 bis 140

Krapp, Thea, Modelle zur alternativen Konfliktlösung an amerikanischen Zivilgerichten, ZRP 1994, 115 bis 119

Dies., Zivilrechtliche Schlichtung an japanischen Gerichten, in: Gottwald/Strempel (Hrsg.), Streitschlichtung – Rechtsvergleichende Beiträge zur außergerichtlichen Streitbeilegung, Köln 1995, S. 77 bis 84

Dies., Schlichtung in der Republik China (Taiwan), in: Gottwald/Strempel (Hrsg.), Streitschlichtung – Rechtsvergleichende Beiträge zur außergerichtlichen Streitbeilegung, Köln 1995, S. 85 bis 94

Krause, Rüdiger, Vereinbarte Ausschlussfristen, RdA 2004, 36 bis 47 und 106 bis 121

Kraushaar, Bernhard, Für eine Angleichung des deutschen und der französischen Arbeitsgerichtsbarkeit – Anregungen für eine Novellierung des Arbeitsgerichtsgesetzes, NZA 1987, 761 bis 765

Ders., Bericht über einen sechswöchigen Studienaufenthalt in Paris, NZA 1989, 123 bis 127

Ders., Reform der Zivilprozessordnung- Mutig oder mutwillig?, ZRP 2000, 463 bis 466

Krauter, Armin / Lüer, Dieter W. / Ripke, Lis, Vermarktung der Mediation, in: Haft/Schlieffen (Hrsg.), Handbuch Mediation, München 2002, S. 477 bis 509

Kreindler, Richard H., Aktuelle (Streit-)Fragen bei der Anwendung der ICC-Schiedsgerichtsordnung 1998 – Praxisüberblick, RIW 2002, 249 bis 256

Kretschmer, Reinhard, Nichtanwaltliche Mediation und Rechtsberatungsgesetz, NJW 2003, 1500 bis 1502

Kreutz, Marcus, Arbeitnehmermitbestimmung als Berührungspunkt von Recht und Ökonomie – Eine Einführung in die Property-Rights-Theorie am Beispiel der gesetzlichen Mitbestimmung, NZA 2001, 472 bis 477

Krimphove, Dieter, Arbeitsrecht und Betriebsgröße, NZA 2002, 724 bis 726

Kröger, Martin / Rösler, Hannes, Grenzen und Chancen des Rechts zur Steuerung des Arbeitsmarkts, ZRP 2001, 473 bis 475

Kröll, Stefan, Das neue deutsche Schiedsrecht vor staatlichen Gerichten: Entwicklungslinien und Tendenzen 1998-2000, NJW 2001, 1173 bis 1184

Ders., Die Entwicklung des Rechts der Schiedsgerichtsbarkeit 2001/2002, NJW 2003, 791 bis 797

Ders., Die Entwicklung des Rechts der Schiedsgerichtsbarkeit in den Jahren 2003 und 2004, NJW 2005, 194 bis 199

Kroiß, Ludwig, Das neue Zivilprozeßrecht, Bonn 2001

Krüger, Ulrich, Alternative Konfliktregulierung und Verbraucherinsolvenzverfahren – Probleme, Prinzipien und Lösungsansätze aus einem europäischen Vergleich, NZI 2000, 151 bis 160

Krugmann, Michael, Die Rechtsweggarantie des GG – Zum Gebot eines qualitativen Rechtsschutzes, ZRP 2001, 306 bis 309

Künzl, Reinhard, Arbeitsrechtliche Sondergerichtsbarkeit abwägen – Schiedsstellentätigkeit zur Diskussion gestellt, AuA 1992, 54 bis 56

Küttner, Wolfdieter, Rechtsschutzversicherung und Arbeitsrecht, NZA 1996, 453 bis 464

Ders., Arbeitsrecht und Vertragsgestaltung, RdA 1999, 59 bis 64

Kunkel, Roland, Konfliktmanagement in der Metall- und Elektroindustrie, ZKM 2001, 22 bis 24

Kunze, Axel, § 459a ZPO – Mehr Rechtsschutz ohne Zivilprozeßrecht?, NJW 1995, 2750 bis 2753

Lacabarats, Alain, Mediation in der französischen Gerichtspraxis, ZKM 2003, 153 bis 155

Lachmann, Jens-Peter / Lachmann, Andreas, Schiedsvereinbarungen im Praxistest – Im Blickpunkt: Formerfordernisse, Einbeziehung und Inhaltskontrolle nach dem AGB-Gesetz, BB 2000, 1633 bis 1640

Lakies, Thomas, Neu ab 1. Mai 2000: Verbessertes Arbeitsgerichtsverfahren und Schriftform für die Beendigung von Arbeitsverhältnissen, BB 2000, 667 bis 670

Ders., Das Weisungsrecht des Arbeitgebers (§ 106 GewO) – Inhalt und Grenzen, BB 2003, 364 bis 369

Ders., AGB-Kontrolle: Ausschlussfristen vor dem Aus?, NZA 2004, 569 bis 576

Lambrette, Katrin / Herrmann, Melanie, Vermarktung von Wirtschafts- und Arbeitsmediation, ZKM 2002, 117 bis 121

Lange, Hans Dieter, Parteianhörung und Parteivernehmung, NJW 2002, 476 bis 483

Lange, Sonja / Müller, Christian, Justizmodernisierung und Justizbeschleunigung in der Diskussion, ZRP 2003, 410 bis 414

Langer, Karl A., Schiedsgerichte in Arbeitssachen, in: Festschrift zum 100jährigen Bestehen des Deutschen Arbeitsgerichtsverbandes, Neuwied, Kriftel und Berlin 1994, S. 465 bis 482

Langer, Thomas, Monopole als Handlungsinstrumente der öffentlichen Hand, Berlin 1998

Langheid, Theo, „Misslungen: Das neue Gebührenrecht", NJW-Editorial Heft 45/2003, S. III

Lapp, Thomas, Elektronischer Rechtsverkehr – auf dem Weg zur Justiz von morgen, BRAK-Mitt. 2004, 17 bis 18

Lappe, Friedrich, Modernes Justizkostenrecht? – Kritisches zum Kostenmodernisierungsgesetz, NJW 2004, 2409 bis 2412

Laskawy, Dirk Helge, Ausschlussfristen im Arbeitsrecht: Verständnis und Missverständnisse, DB 2003, 1325 bis 1331

Lauer, Jürgen, Erfahrungen mit der außergerichtlichen Streitbeilegung in Ausführung des § 15a EGZPO, NJW 2004, 1280 bis 1282

Lechner, Herbert, Die Rechtsprechung des BGH zum neuen Berufungsrecht im Lichte der Intention des Gesetzgebers, NJW 2004, 3593 bis 3599

Leeb, Hermann, Entlastung der Justiz – Notwendigkeit, Gefahren, Chancen, BB Beilage 10 zu Heft 40/1998, 3 bis 6

Leibner, Wolfgang, Haftungsrechtliche Rahmenbedingungen für die Tätigkeit als Mediator, NJW 2002, 3521 bis 3522

Leinemann, Wolfgang, Die geschichtliche Entwicklung der Arbeitsgerichtsbarkeit bis zur Errichtung des BAG, NZA 1991, 961 bis 966

Ders., Die Arbeitsgerichte – bewährte Gerichtsbarkeit mit gefährdeter Zukunft?, BB 1997, 2322 bis 2328

Lembke, Mark, Staatliche Schlichtung in Arbeitsstreitigkeiten nach dem Kontrollratsgesetz Nr. 35, RdA 2000, 223 bis 235

Ders., Mediation im Arbeitsrecht – Grundlagen, Techniken und Chancen, Heidelberg 2001

Ders., Innerbetriebliche Streitigkeiten – Mediation im Rahmen des Beschwerdeverfahrens nach §§ 84 bis 86 BetrVG, ZKM 2002, 111 bis 116

Ders., Umstrukturierung in der Insolvenz unter Einschaltung einer Beschäftigungs- und Qualifizierungsgesellschaft, BB 2004, 773 bis 782

Lenz, Cristina / Rosenbach, Arnim, Verfahrensordnung Mediation, ZKM 2002, 156 bis 158

Lettl, Tobias, Der arbeitsrechtliche Kündigungsschutz nach den zivilrechtlichen Generalklauseln, NZA-RR 2004, 57 bis 65

Leutheusser-Schnarrenberger, Sabine, Wege zur Justizentlastung – Erkenntnisse aus der Strukturanalyse der Rechtspflege (SAR), NJW 1995, 2441 bis 2448

Lewerenz, Karl-Jochen / Moritz, Klaus, Durchsetzung des Arbeitsrechts im Prozeß oder interessengerechte Konfliktlösung? – Vergleich und Urteil im Kündigungsschutzprozeß, in: Gottwald/Hutmacher/ Röhl/Strempel (Hrsg.), Der Prozeßvergleich – Möglichkeiten, Grenzen und Forschungsperspektiven, Köln 1983, S. 73 bis 86

von Lewinski, Kai, Alternative Dispute Resolution und Internet, ZKM 2004, 108 bis 112

Lilienfeld, Tatjana / Spellbrink, Wolfgang, Für eine sperrzeitrechtliche Neubewertung des Abwicklungsvertrages im Lichte des § 1a KSchG, RdA 2005, 88 bis 97

Linde, Godela, Beschwerde und Einigungsstellenverfahren bei sexueller Belästigung am Arbeitsplatz, AuR 1995, 398 bis 399

Linde, Klaus / Lindemann, Viola, Der Nachweis tarifvertraglicher Ausschlussfristen, NZA 2003, 649 bis 656

Lindemann, Klaus, Der Prozeßvergleich aus anwaltlicher Sicht, in: Gottwald/Hutmacher/Röhl/Strempel (Hrsg.), Der Prozeßvergleich – Möglichkeiten, Grenzen und Forschungsperspektiven, Köln 1983, S. 45 bis 47

Lindemann, Peter, Schlanker Staat und Justiz, ZRP 1999, 200 bis 205

Lindner, Josef Franz, Grundrechtsfestigkeit des arbeitsrechtlichen Kündigungsschutzes?, RdA 2005, 166 bis 170

Lingemann, Stefan, Allgemeine Geschäftsbedingungen und Arbeitsvertrag, NZA 2002, 181 bis 192

Linnekohl, Karl, Cyberspace und Arbeitsbeziehungen – Zur informationstechnologischen Transformation des Arbeitsrechts, BB 2001, 42 bis 46

Linnekohl, Karl / Kilz, Gerhard / Reh, Dirk A., Die arbeitsrechtliche Bedeutung des Begriffs der „Deregulierung", BB 1990, 2038 bis 2043

Linsenmaier, Wolfgang, Von Lyon nach Erfurt – Zur Geschichte der deutschen Arbeitsgerichtsbarkeit, NZA 2004, 401 bis 408

Lipinski, Wolfgang, Der neue § 14 Abs. 2a TzBfG: sachgrundlose kalendermäßige Befristung eines Arbeitsvertrags nach der Gründung eines Unternehmens, BB 2004, 1221 bis 1223

Lipp, Volker, Europäische Justizreform, NJW 2001, 2657 bis 2663

Lorenz, Stephan, Arbeitsrechtliche Aufhebungsverträge, Haustürwiderrufsgesetz und „undue influence", JZ 1997, 277 bis 282

Lörcher, Gino, Mediation: Rechtskraft über Schiedsspruch mit vereinbartem Wortlaut?, DB 1999, 789 bis 790

Ders., Durchsetzbarkeit von Mediationsergebnissen, in: Haft/Schlieffen (Hrsg.), Handbuch Mediation, München 2002, S. 747 bis 761

Löwisch, Manfred, Schutz und Förderung der freien Entfaltung der Persönlichkeit der im Betrieb beschäftigten Arbeitnehmer (§ 75 Abs. 2 BetrVG 1972), AuR 1972, 359 bis 365

Ders., Die Beschwerderechte des Arbeitnehmers nach den §§ 84 und 85 BetrVG 72, DB 1972, 2304 bis 2308

Der., Fragen des schiedsrichterlichen Verfahrens zwischen Tarifvertragsparteien nach § 101 Abs. 1 ArbGG, ZZP 103 (1990), 22 bis 33

Ders., Die besondere Verantwortung der „Arbeitnehmer" für die Vermeidung von Arbeitslosigkeit, NZA 1998, 729 bis 730

Ders., Arbeitsrecht und wirtschaftlicher Wandel, RdA 1999, 69 bis 80

Ders., Betriebsverfassung in der Wirtschaft der Gegenwart – Überlegungen zur Reform des Betriebsverfassungsrechts, DB 1999, 2209 bis 2216

Ders., Änderungen der Betriebsverfassung durch das Betriebsverfassungs-Reformgesetz – Teil I: Die neuen Regelungen im organisatorischen Teil, Teil II: Die neuen Regelungen zur Mitwirkung und Mitbestimmung, BB 2001, 1734 bis 1746 und 1790 bis 1798

Ders., Kleinmut im Arbeitsrecht, BB 2003, 738 bis 739

Ders., Die kündigungsrechtlichen Vorschläge der „Agenda 2010", NZA 2003, 689 bis 695

Ders., Neuregelung des Kündigungs- und Befristungsrechts durch das Gesetz zu Reformen am Arbeitsmarkt, BB 2004, 154 bis 162

Lotz, Burkhard, Die Unparteilichkeit und Unabhängigkeit des parteiernannten Schiedsrichters, AnwBl 2002, 202 bis 208

Lüer, Dieter W., Die Gesellschaft für Wirtschaftsmediation und Konfliktmanagement (GWMK), BB Beilage 9 zu Heft 27/1999, 32

Luhmann, Niklas, Funktionen und Folgen formaler Organisationen, Berlin 1964

Ders., Legitimation durch Verfahren, Neuwied am Rhein und Berlin 1969

Luther, Marianne, Befragung firmeninterner „Kunden" und Mitbestimmungsrecht des Betriebsrats, ZKM 2000, 187 bis 188

Macher, Ludwig, Volle Steuerpflicht einer Outplacementberatung, NZA 2000, 1278

Macke, Peter, Aktuelles Forum „Obligatorische Streitschlichtung im Zivilprozeß", NJW Beilage zu Heft 23/1998, 28 bis 29

Mackenroth, Geert, Qualitätsdiskussion in der Justiz: Alter Wein in neuen Schläuchen?, DRiZ 2000, 301 bis 311

Mackenroth, Geert / Teetzmann, Hanspeter, Mehr Selbstverwaltung der Justiz – Markenzeichen zukunftsfähiger Rechtsstaaten, ZRP 2002, 337 bis 343

Mähler, Hans-Georg / Kerntke, Wilfried, Initiativen der EU – Verhaltenskodex und Richtlinienvorschlag, ZKM 2004, 151 bis 155

Mähler, Hans-Georg / Mähler, Gisela, Streitschlichtung – Anwaltssache, hier: Mediation, NJW 1997, 1262 bis 1266

Dies., Missbrauch von in der Mediation erlangten Informationen, ZKM 2001, 4 bis 10

Mästle, Tobias, Sexuelle Belästigungen im Betrieb – angemessene Reaktionsmöglichkeiten des Arbeitgebers, BB 250 bis 252

Maier, Hans Jakob, Zur Tätigkeit von Schiedsgerichten, in: Blankenburg/Gottwald/Strempel (Hrsg.), Alternativen in der Ziviljustiz – Berichte, Analysen, Perspektiven, Köln 1982, S. 61 bis 64

Mankowski, Peter, Ablehnung eines Mediationsangebots und Prozesskostenhilferecht, ZKM 2003, 197 bis 200

Ders., Gibt es gesetzliche Kostenanreize zur Mediation bereits unter geltendem Recht?, ZKM 2004, 8 bis 12

Mareck, Guido, Die Weiterbeschäftigung im Kündigungsschutzverfahren nach § 102 Abs. 5 – ein steiniger Weg, BB 2000, 2042 bis 2045

Mark, Henriette, Mediation und Betriebsräte – Betriebsräte als Mediatoren, ZKM 2004, 255 bis 258

Martens, Ekkehard, Sokratische Mäeutik und Mediation heute, ZKM 2001, 16 bis 19

Matthes, Hans-Christoph, Der betriebsverfassungsrechtliche Weiterbeschäftigungsanspruch, in: Däubler/Bobke/Kehrmann (Hrsg.), Arbeit und Recht: Festschrift für Albert Gnade zum 65. Geburtstag, Köln 1992, S. 225 bis 234

Matthias, Heinz / Schröder, Elke, Die Errichtung und das Verfahren der Schiedsstellen für Arbeitsrecht, NJ 1990, 341 bis 343

Matthiessen, Michael / Shea, Dennis, Wirksamkeit von tariflichen und arbeitsvertraglichen Ausschlussklauseln nach der Schuldrechtsreform?, DB 2004, 1366 bis 1368

Mauer, Reinhold, Zielbonusvereinbarungen als Vergütungsgrundlage im Arbeitsverhältnis, NZA 2002, 540 bis 549

Maurer, Reinhold / Schüßler, Antje, Gestaltung von Betriebsvereinbarungen nach § 102 Abs. 6 BetrVG, BB 2000, 2518 bis 2520

Meilicke, Heinz, Das Bundesarbeitsgericht – Selbsternannter Sondergesetzgeber zu Lasten der Arbeitgeber: Rechtsfortbildung oder Rechtsbeugung?, 2. Auflage, Bonn 1985

Meinel, Gernod, Agenda 2010 – Regierungsentwurf zu Reformen am Arbeitsmarkt, DB 2003, 1438 bis 1439

Mengel, Anja, Kein Widerrufsrecht bei Aufhebungsverträgen!, BB 2003, 1278 bis 1280

Mennemeyer, Siegfried / Dreymüller, Dagmar, Verzögerungen der Arbeitnehmeranhörung bei der Verdachtskündigung, NZA 2005, 382 bis 386

Meschkutat, Bärbel / Stackelbeck, Martina / Langenhoff, Georg, Der Mobbing-Report – Repräsentativstudie für die Bundesrepublik Deutschland, Dortmund und Berlin 2002

Meyer, Cord, Transfer-Maßnahmen und Transfer-Kurzarbeitergeld nach §§ 216a und b SGB III, BB 2004, 490 bis 494

Meyer, Torben, Die strafrechtliche Verantwortung von Juristen im Mediationsverfahren, AnwBl 2000, 80 bis 83

Meyer-Teschendorf, Klaus G. / Hofmann, Hans, Eine neue Balance zwischen rechtsstaatlicher Sicherheit und Optimierung der Justiz – Vorschläge des Sachverständigenrates „Schlanker Staat" zur Modernisierung und Entlastung der Justiz, ZRP 1998, 132 bis 138

Mickley, Angela, Mediation in und mit einer siebenten Klasse in der Gesamtschule, in: Strempel (Hrsg.), Mediation für die Praxis – Recht, Verfahren, Trends, 1. Auflage, Berlin und Freiburg 1998, S. 115 bis 123

Mikosch, Ernst, Vertrauensvolle Zusammenarbeit der Tarifvertragsparteien, in: Hanau (Hrsg.), Richterliches Arbeitsrecht: Festschrift für Thomas Dieterich zum 65. Geburtstag, München 1999, S. 365 bis 385

Möhn, Heinz-Josef, Ist § 3 KSchG obsolet?, NZA 1995, 113 bis 114

Moll, Wilhelm / Klunker, Hans-Jürgen, Das Beschwerderecht nach dem Betriebsverfassungsgesetz 1972, RdA 1973, 361 bis 369

Monßen, Hans-Georg, Bringt die ZPO-Reform den Durchbruch für die Mediation?, ZKM 2003, 116 bis 118

Ders., Die gerichtsnahe Mediation – Ein Beitrag zu § 278 Abs. 5 S. 2 ZPO, AnwBl 2004, 7 bis 11

Moorman, Jane, It's good to talk, (2004) Emp LJ 51(Jun) Supp (Employment & Human Resources 2004), 5 bis 7

Morasch, Hellmut / Blankenburg, Erhard, Schieds- und Schlichtungsstellen – ein noch entwicklungsfähiger Teil der Rechtspflege, ZRP 1985, 217 bis 223

Morawe, Doris, Es gibt sie doch, die Wirtschaftsmediation..., ZKM 2001, 291 bis 292

Morgenroth, Sascha / Leder, Tobias, Die Besonderheiten des Arbeitsrechts im allgemeinen Zivilrecht, NJW 2004, 2797 bis 2799

Moritz, Klaus, Kündigungsschutz in der betrieblichen Praxis, AuR 1983, 10 bis 16

Ders., Implementation regulativer Normen durch die Arbeitsgerichtsbarkeit, in: Blankenburg/Voigt (Hrsg.), Implementation von Gerichtsentscheidungen, Jahrbuch für Rechtssoziologie, Band 11, Opladen 1987, S. 170 bis 183

Mückenberger, Ulrich, Perspektiven einer deutschen Arbeitsvertragsrechtsreform?, ZRP 1992, 457 bis 460

Mühlhausen, Peter, Das Bestreiten der Betriebsratsanhörung mit Nichtwissen, NZA 2002, 644 bis 650

Müller, Elke, Subjektive Ungerechtigkeit und Gerechtigkeitskonflikte in der Mediation, ZKM 2003, 200 bis 203

Müller, Frohmut, Entwicklung und Organisation der Arbeitsgerichtsbarkeit, AuA 1992, 112 bis 115

Ders., Arbeitsgerichtsbeschleunigungsgesetz – Verfahren einfacher und schneller abschließen, AuA 2000, 204 bis 207

Müller, Hans-Friedrich, Abhilfemöglichkeiten bei Verletzung des Anspruchs auf rechtliches Gehör nach der ZPO-Reform, NJW 2002, 2743 bis 2747

Müller, Uta E. C., Schule – Konflikte – Mediation, Zwei Trainingsprogramme zur Streitschlichtung und Lebenskompetenzführung an Schulen, Nürnberg 2001

Müller, Sandra / Küntscher, Ralph, Mitarbeiterbefragung – Blick in den Spiegel, AuA 2001, 454 bis 456

Müller-Glöge, Rudi, Arbeitsrecht und Verfahrensrecht, RdA 1999, 80 bis 90

Münchbach, Werner / Lotz, Michael, Justizreform – Reform oder gut verkaufter Abbau des Rechtsschutzsystems?, ZRP 1999, 374 bis 382

Munk, Jörg Udo, Mediation in der Arbeitswelt, ZKM 2002, 219 bis 223

Musielak, Hans-Joachim, Reform des Zivilprozesses, NJW 2000, 2769 bis 2779

Nägele, Stefan, Die Schiedsstellen für Arbeitsrecht in der DDR, BB Beilage 30 zu Heft 24/1990, 19 bis 23

Ders., Eine neues Arbeitsrecht als Investitionsmotor?, BB 2003, 739 bis 740

Nägele, Stefan / Chwalisz, Patrizia, Schuldrechtsreform – Das Ende arbeitsvertraglicher Ausschlussfristen, MDR 2002, 1341 bis 1348

Nassall, Wendt, Irrwege. Wege. – Die Rechtsmittelzulassung durch den BGH, NJW 2003, 1345 bis 1350

Natter, Eberhard, Die Auswirkungen des Gesetzes zur Modernisierung des Kostenrechts auf das arbeitsgerichtliche Verfahren, NZA 2004, 686 bis 692

Natzel, Benno, Verfahren bei Streitigkeiten auf Grund des Berufsausbildungsgesetzes, DB 1971, 1665 bis 1672

Natzel, Ivo, Die Delegation von Aufgaben an Arbeitsgruppen nach dem neuen § 28a BetrVG, DB 2001, 1362 bis 1364

Ders., Hinzuziehung internen wie externen Sachverstands nach dem neuen Betriebsverfassungsgesetz, NZA 2001, 872 bis 874

Ders., Schutz des Arbeitnehmers als Verbraucher?, NZA 2002, 595 bis 597

Ders., Äpfel oder Birnen? Beschäftigung oder Arbeitsrecht?, NZA 2003, 835 bis 838

Nebeling, Martin / Schmid, Rüdiger, Zulassung der verspäteten Kündigungsschutzklage nach Anfechtung eines Abwicklungsvertrags wegen arglistiger Täuschung, NZA 2002, 1310 bis 1314

Nebendahl, Mathias / Lunk, Stefan, Die Zuständigkeit der Einigungsstelle bei Beschwerden nach § 85 Abs. 2 BetrVG, NZA 1990, 676 bis 680

Neef, Klaus, Das Kündigungsschutzrecht zur Jahrtausendwende, NZA 2000, 7 bis 9

Ders., Wer schützt vor dem Betriebsrat?, NZA 2001, 361 bis 364

Nerlich, Jörg, Außergerichtliche Streitbeilegung mittels Anwaltsvergleich, MDR 1997, 416 bis 419

Newmark, Christopher, Agree to mediate ... or face the consequences – A review of the English' courts approach to mediation, SchiedsVZ 2003, 23 bis 27

Niebler, Michael / Schmiedl, Wolfgang, Sind Abweichungen vom Tarifvertrag zur Beschäftigungssicherung zulässig?, BB 2001, 1631 bis 1636

Niederländer, Loni, Schieds- und Schlichtungsstellen in der ehemaligen DDR, in: Gottwald/Strempel (Hrsg.), Streitschlichtung – Rechtsvergleichende Beiträge zur außergerichtlichen Streitbeilegung, Köln 1995, S. 95 bis 110

Nielebock, Helga, „Fünf oder zwei Gerichtsbarkeiten"?, NZA 2004, 28 bis 30

Nelle, Andreas / Hacke, Andreas, Obligatorische Mediation: Selbstwiderspruch oder Reforminstrument?, ZKM 2001, 56 bis 62

Dies., Die Mediationsvereinbarung – Vertragliche Regelungen zur Vereinbarung von Mediationsverfahren, ZKM 2002, 257 bis 264

Neuenhahn, Hans-Uwe, Erarbeitung der Prozessrisikoanalyse und deren Einsatz in der Mediation, ZKM 2002, 245 bis 247

Ders., Mediation – ein effizientes Konfliktlösungsinstrument auch in Deutschland, NJW 2004, 663 bis 665

Neuenhahn, Hans-Uwe / Neuenhahn, Stefan, Die Begleitung des Mandanten in der Mediation – Eine neue Dienstleistung des Anwalts, NJW 2005, 1244 bis 1248

Neuhaus, Burkhard, Vertrauen in Vertraulichkeit?, ZKM 2002, 8 bis 11

Neuhaus, Kai-Jochen, Richterliche Hinweis- und Aufklärungspflicht der alten und neuen ZPO: Überblick und Praxishilfen, MDR 2002, 438 bis 444

Neumann, Dirk, Kurze Geschichte der Arbeitsgerichtsbarkeit, NZA 1993, 342 bis 345

Ders., Einigungsstelle und Schlichtung, RdA 1997, 142 bis 144

Neumann, Manfred, Zur außergerichtlichen Schlichtung, ZRP 1986, 286 bis 288

Nickl, Werner, Außergerichtliche Streitbeilegung nach § 15a EGZPO durch Mediation?, AnwBl 2004, 12 bis 14

Nicklisch, Fritz, Schiedsgerichtsverfahren mit integrierter Schlichtung – Positive Erfahrungen mit Langzeitprojekten, RIW 1998, 169 bis 173

Niehues, Karl, Unternehmensorientierte Mitbestimmung – insbesondere in Klein- und Mittelbetrieben, DB 1995, 285 bis 288

Nitzsche, Dagobert, Ausgewählte rechtliche und praktische Probleme der gewerblichen Prozesskostenfinanzierung, München 2003

Nöh-Schüren, Dagmar, Justizielle schiedsgerichtliche Experimente – Chance oder Nullsummenspiel?, ZRP 1998, 448 bis 450

Nölting, Hubertus, Die Haftung von Mediatoren, ZKM 2004, 231 bis 235

Nottebom, Nicole, Rechtskrafterstreckung präjudizieller Entscheidungen im arbeitsgerichtlichen Verfahren, Frankfurt am Main 2000

Dies., Parteiübergreifende Wirkungen von Entscheidungen im Beschlussverfahren, RdA 2002, 292 bis 298

Notter, Nikolaus H., Die Sicherung des Rechts auf den Arbeitsplatz, DB 1976, 772 bis 774

Ders., Der Richter am Arbeitsgericht als Mediator, DB 2004, 874 bis 876

Notz, Andreas, Das neue Gebührenrecht aus anwaltlicher Sicht, NZA 2004, 681 bis 686

Oberhammer, Paul / Domej, Tanja, Ein rechtlicher Rahmen für die Mediation in Österreich, ZKM 2003, 144 bis 149

Obermayer, Klaus, Verfassungsrechtliche Bedenken gegen den Regierungsentwurf eines Betriebsverfassungsgesetzes, DB 1971, 1715 bis 1724

Oboth, Monika, Persönlichkeitsentwicklung als notwendiger Bestandteil der Mediationsausbildung, ZKM 2001, 236 bis 239

Oechsler, Walter A. / Schönfeld, Thorleif, Die Einigungsstelle als Konfliktlösungsmechanismus – Eine Analyse der Wirkungsweise und Funktionsfähigkeit, Frankfurt am Main 1989

Oetker, Hartmut, Die Schiedsstellen für Arbeitsrecht im Rechtsschutzsystem, AuA 1991, 175 bis 178

Ders., Die Hinzuziehung eines Beraters bei Betriebsänderungen – Der neue § 111 S. 2 BetrVG, NZA 2002, 465 bis 473

Ders., Der sachkundige Arbeitnehmer als Auskunftsperson des Betriebsrats, NZA 2003, 1233 bis 1239

Ohm, Thomas, Das Beschwerderecht gemäß §§ 84 ff. BetrVG, AiB 2000, 659 bis 662

Opolony, Bernhard, Die Besonderheiten des arbeitsgerichtlichen Urteilsverfahrens aus anwaltlicher Sicht, JuS 2000, 894 bis 898

Ders., Die Nichtverlängerungsmitteilung bei befristeten Bühnenarbeitsverhältnissen, NZA 2001, 1351 bis 1355

Ders., 25 Jahre ArbGG 1979 – Ein Blick zurück nach vorne, NZA 2004, 519 bis 524

Ders., Aktuelles zum Annahmeverzugslohn im Rahmen von Kündigungsschutzverfahren, BB 2004, 1386 bis 1389

Oppolzer, Alfred, Individuelle Freiheit und kollektive Sicherheit im Arbeitsrecht – Neue Herausforderungen für das Arbeitsrecht, AuR 1998, 45 bis 56

Ortloff, Karsten-Michael, Der Richter als Mediator?, ZKM 2002, 199 bis 201

Otto, Klaus-Stephan, Offen sein für viele Wege – Konfliktlösung in Unternehmen und Organisation, ZKM 2002, 19 bis 22

Papier, Hans-Jürgen, Die richterliche Unabhängigkeit und ihre Schranken, NJW 2001, 1089 bis 1094

Ders., Zur Selbstverwaltung der Dritten Gewalt, NJW 2002, 2585 bis 2593

Parsch, Leo, Erste Erfahrungen mit dem Ombudsmann-Verfahren, WM 1993, 238

Patera, Mario, Reflexionskompetenz – Qualitätskriterium für (künftige) MediatorInnen, ZKM 2001, 226 bis 229

Patera, Mario / Gamm, Ulrike, Soziale Kernkompetenzen in der Mediation – Anforderungen an Qualifizierungsmaßnahmen für Mediatoren, ZKM 2000, 247 bis 250

Pauly, Holger, Einräumung eines befristeten Widerrufsrechts de lege ferenda, ZRP 1997, 228 bis 231

Peter, James T. / Bosch, Peter, Pilotversuch am Bezirksgericht Zürich, ZKM 2002, 73 bis 76

Peters, Louis, Anwaltliche Fragezeichen bei geplanter obligatorischer Streitschlichtung, AnwBl 1997, 531 bis 533

Peters-Lange, Susanne / Gagel, Alexander, Arbeitsförderungsrechtliche Konsequenzen aus § 1a KSchG, NZA 2005, 740 bis 744

Pfaff, Stephan Oliver, Angaben zu den arbeitsrechtlichen Folgen einer Umwandlung sein auch bei fehlendem Betriebsrat erforderlich, BB 2002, 1604 bis 1609

Pfarr, Heide / Bothfeld, Silke / Bradtke, Marcus / Kimmich, Martin / Schneider, Julia / Ullmann, Karen, Personalpolitik und Arbeitsrecht – Differenzierung nach der Unternehmensgröße? – Ein Beitrag des Projekts „Regulierung des Arbeitsmarkts (REGAM)" des Wirtschafts- und Sozialwissenschaftlichen Instituts (WSI) in der Hans-Böckler-Stiftung, RdA 2004, 193 bis 200

Pfarr, Heide / Bothfeld, Silke / Kaiser, Lutz C. / Kimmich, Martin / Peuker, Andreas / Ullmann, Karen, REGAM-Studie: Die Einschätzung der Geltung des Kündigungsschutzgesetzes in den Kleinbetrieben, BB 2003, 2061 bis 2063

Dies., REGAM-Studie: Hat der Kündigungsschutz eine prohibitive Wirkung auf das Einstellungsverhalten der kleinen Betriebe?, BB 2003, 2286 bis 2289

Dies., REGAM-Studie: Das Arbeitsrecht in der Wahrnehmung der Betriebe, BB 2003, 2622 bis 2625

Dies., REGAM-Studie: Die Kündigungs-, Klage- und Abfindungspraxis in den Betrieben, BB 2004, 106 bis 110

Dies., REGAM-Studie: Hat das Kündigungsschutzgesetz präventive Wirkungen?, BB 2004, 325 bis 329

Pfarr, Heide M. / Kocher, Eva, Kollektivverfahren im Arbeitsrecht – Arbeitnehmerschutz und Gleichberechtigung durch Verfahren, NZA 1999, 358 bis 365

Pfeiffer, Gerd, Knappe Ressource Recht, ZRP 1981, 121 bis 125

Piekenbrock, Andreas, Der Zugang zum BGH als Verfassungsproblem: Eine unendliche Geschichte?, AnwBl 2004, 329 bis 333

Pitschas, Rainer, Der Kampf um Art. 19 IV GG, ZRP 1998, 96 bis 103

Pitterle, Richard, Anmerkung zu „Steuerfreie Abfindungen gem. § 3 Nr. 9 EStG auch bei Transfersozialplan und Beschäftigungs- und Qualifizierungsgesellschaft?", DB 2002, 671 bis 672

Plänkers, Gudrun, Das System der institutionalisierten Konfliktregelung in den industriellen Arbeitsbeziehungen in der Bundesrepublik Deutschland, Pfaffenweiler 1990

Plander, Harro, Der Betrieb als Verhandlungsobjekt im Betriebsverfassungs- und sonstigen Arbeitsrecht, NZA 2002, 483 bis 492

Ponschab, Reiner, Anwaltliche Schlichtung – Privatisierung der Justiz, Interessenwahrung oder Parteiverrat?, AnwBl 1993, 430 bis 434

Ders., Wege zur anwaltlichen Schlichtung, AnwBl 1997, 145 bis 151

Ders., Streitschlichtung – Anwaltssache, AnwBl 1997, 520 bis 522

Ders., Der Anwalt als professioneller Konfliktlöser, AnwBl 2001, 591 bis 593

Ponschab, Reiner / Czarnetzki, Axel, Das Verfahren vor den Schiedsstellen für Arbeitsrecht aus anwaltlicher Sicht, BB Beilage 8 zu Heft 9/1991, 22 bis 24

Ponschab, Reiner / Dendorfer, Renate, Mediation im Unternehmen, AnwBl 2000, 650 bis 654

Dies., Mediation in der Arbeitswelt – eine ökonomisch sinnvolle Perspektive, BB Beilage 2 zu Heft 16/2001, 1 bis 8

Dies., ConflictManagementDesign® im Unternehmen, in: Haft/Schlieffen (Hrsg.), Handbuch Mediation, München 2002, S. 1022 bis 1053

Ponschab, Reiner / Dudek, Michael, Die Schlichtungsstelle zur Beilegung kaufmännischer Streitigkeiten, AnwBl 2000, 308 bis 309

Ponschab, Reiner / Kleinhenz, Barbara, Richter oder Schlichter? – Streitbeilegung innerhalb und außerhalb des Gerichts, DRiZ 2002, 430 bis 435

Ponschab, Reiner / Schweizer, Adrian, Kooperation statt Konfrontation – Neue Wege anwaltlichen Verhandelns, Köln 1997

Popp, Gerfried J., Ein kleiner Unterschied? – Aufhebungs- oder Abwicklungsvertrag, AuA 2001, 148 bis 154

Preibisch, Wolfgang, Außergerichtliche Vorverfahren in Streitigkeiten der Zivilgerichtsbarkeit, Berlin 1982

Preis, Bernd, Beobachtungen eines Arbeitsrichters zum Prozeßverhalten von Parteien aus dem Ostteil von Berlin, in: Rennig/Strempel (Hrsg.), Justiz im Umbruch – Rechtstatsächliche Studien zum Aufbau der Rechtspflege in den neuen Bundesländern, Köln 1996, S. 293 bis 300

Preis, Ulrich, Auslegung und Inhaltskontrolle von Ausschlußfristen in Arbeitsverträgen, ZIP 1989, 885 bis 900

Ders., Grundfragen des Vertragsgestaltung im Arbeitsrecht, Neuwied, Kriftel und Berlin 1993

Ders., Kompensation von Ungleichgewichtslagen in der Rechtsprechung der Arbeitsgerichte und Zivilgerichte – ein Vergleich, AuR 1994, 139 bis 152

Ders., Die Verantwortung des Arbeitgebers und der Vorrang betrieblicher Maßnahmen vor Entlassungen (§ 2 I Nr. 2 SGB III) – Programmsatz oder verbindlicher Rechtssatz?, NZA 1998, 449 bis 458

Ders., Neuorientierung in der arbeitsrechtlichen Gesetzgebung, NZA 2000, 9 bis 13

Ders., Bekämpfung der Arbeitslosigkeit – Eine Herausforderung für Arbeits- und Sozialrecht?, NJW 2000, 2304 bis 2312

Ders., Reform des Bestandsschutzrechts im Arbeitsverhältnis, RdA 2003, 65 bis 81

Ders., Reform des Bestandsschutzrechts im Arbeitsverhältnis – Entwurf eines Kündigungsschutzgesetzes (KSchG 2003), NZA 2003, 252 bis 259

Ders., Die „Reform" des Kündigungsschutzrechts, DB 2004, 70 bis 79

Ders., Widerrufsvorbehalte auf dem höchstrichterlichen Prüfstand, NZA 2004, 1014 bis 1019

Preis, Ulrich / Elert, Nicole, Erweiterung der Mitbestimmung bei Gruppenarbeit?, NZA 2001, 371 bis 375

Preis, Ulrich / Gotthardt, Michael, Schriftformerfordernis für Kündigungen, Aufhebungsverträge und Befristungen nach § 623 BGB, NZA 2000, 348 bis 361

Dies., Das Teilzeit- und Befristungsgesetz, DB 2001, 145 bis 152

Preis, Ulrich / Roloff, Sebastian, Die Inhaltskontrolle vertraglicher Ausschlussfristen, RdA 2005, 144 bis 159

Priscoli, Jerome Delli, Die Institutionalisierung und Professionalisierung von Mediation, ZKM 2000, 244 bis 247

Pröpper, Martin, Präventive Vereinbarung zwischen Arbeitgeber und Arbeitnehmer über das Widerspruchsrecht für den Fall eines Betriebsübergangs – Gestaltungsmöglichkeit oder Umgehungsgeschäft?, DB 2000, 2322 bis 2326

Ders., Steuerfreie Abfindungen gem. § 3 Nr. 9 EStG auch bei Transfersozialplan und Beschäftigungs- und Qualifizierungsgesellschaft?, DB 2001, 2170 bis 2173

Proksch, Stephan, Unternehmensinterne Mediation: Zukunftskonzept oder Zufallstreffer?, ZKM 2002, 63 bis 66

Proksch, Stephan / Königswieser, Ulrich, Brauchen Unternehmen Mediation? – Neue Erkenntnisse zum Konfliktverhalten von Unternehmen, ZKM 2004, 168 bis 172

Prütting, Hanns, Schlichten statt Richten?, JZ 1985, 261 bis 271

Ders., Anmerkung zum Urteil des *BGH* vom 23.11.1983 – VII ZR 197/82, ZZP 99 (1986), 93 bis 98

Ders., Die Rechtsanwaltschaft im Umbruch?, AnwBl 1990, 346 bis 352

Ders., Referat zum Aktuellen Forum Verfahrensrecht auf dem 62. Deutschen Juristentag Bremen 1998, in: Ständige Deputation des Deutschen Juristentages (Hrsg.), Verhandlungen des 62. Deutschen Juristentages Bremen 1998, Band II/1 Sitzungsberichte (Referate und Beschlüsse), München 1998, O 11 bis O 35

Ders., Streitschlichtung und Mediation im Arbeitsrecht, in: Isenhardt/Preis (Hrsg.), Arbeitsrecht und Sozialpartnerschaft: Festschrift für Peter Hanau, Köln 1999, S. 743 bis 753

Ders., Mediation und gerichtliches Verfahren – ein nur scheinbar überraschender Vergleich, BB Beilage 9 zu Heft 27/1999, 7 bis 13

Ders., Rechtsmittelreform 2000 oder: Der Staat spart und der Rechtsstaat leidet, Köln 2000

Ders., Alternative Streitbehandlungsformen: Richterliche Gestaltungsspielräume für alternative Streitbehandlung, AnwBl 2000, 273 bis 278

Ders., Haftung, in: Haft/Schlieffen (Hrsg.), Handbuch Mediation, München 2002, S. 824 bis 837

Ders., Mediation im Arbeitsrecht, in: Haft/Schlieffen (Hrsg.), Handbuch Mediation, München 2002, S. 950 bis 966

Ders., Rechtsanwälte als Richter aus der Sicht der Wissenschaft, BRAK-Mitt. 2003, 210 bis 214

Ders., Rechtsberatung im Wandel, BRAK-Mitt. 2004, 244 bis 249

Pünnel, Leo / Isenhardt, Udo, Die Einigungsstelle des BetrVG 1972, 4. Auflage, Neuwied, Kriftel und Berlin 1997

Pukall, Friedrich / Kießling, Erik, Verfahrensneuerungen durch das Zivilprozessreformgesetz vom 27.7.2001 und andere, die ZPO ändernde Gesetze, WM Sonderbeilage Nr. 1/2002 zu Heft 1/2002

Pulte, Peter, Betriebsgröße und Arbeitsrecht, BB 2001, 2370 bis 2378

Quecke, Martin, Die Änderungen des Kündigungsschutzgesetzes zum 1.1.2004, RdA 2004, 86 bis 106

Raab, Thomas, Individualrechtliche Auswirkungen der Mitbestimmung des Betriebsrats gem. §§ 99, 102 BetrVG, ZfA 1995, 479 bis 536

Ders., Die Arbeitsgruppe als neue betriebsverfassungsrechtliche Beteiligungsebene – Der neue § 28a BetrVG, NZA 2002, 474 bis 482

Ders., Der erweiterte Anwendungsbereich der Klagefrist gemäß § 4 KSchG, RdA 2004, 321 bis 333

Ders., Der Abfindungsanspruch nach § 1a KSchG, NZA 2005, 1 bis 12

Rabe von Pappenheim, Henning, Individualarbeitsrecht, in: Büchner u.a. (Hrsg.), Außergerichtliche Streitbeilegung, 1. Auflage, München und Berlin 1998, S. 121 bis 201

Raeschke-Kessler, Hilmar, Die Rechtsmittelreform im Zivilprozess von 2001 – ein Fortschritt?, AnwBl 2004, 321 bis 328

Raiser, Thomas, Richterrecht heute – Rechtssoziologische und rechtspolitische Bemerkungen zur richterlichen Rechtsfortbildung im Zivilrecht, ZRP 1985, 111 bis 117

Ramm, Thilo, Schiedsgerichtsbarkeit, Schlichtung und Rechtsprechungslehre, ZRP 1989, 136 bis 145

Ratayczak, Jürgen, Novellierungsvorschläge des DGB zum Betriebsverfassungsgesetz, WSI-Mitt. 1999, 761 bis 770

Rawls, John, Eine Theorie der Gerechtigkeit, Frankfurt am Main 1975 (Originalausgabe: A Theory of Justice)

Rebhahn, Robert, Abfindung statt Kündigungsschutz? – Rechtsvergleich und Regelungsmodelle, RdA 2002, 272 bis 291

Redeker, Konrad, Mündliche Verhandlung – Sinn und Wirklichkeit, NJW 2002, 192 bis 193

Ders., Auf der Suche nach besserer Gesetzgebung, NJW 2002, 2756 bis 2759

Ders., Verfahrensgrundrechte und Justizgewährungsanspruch, NJW 2003, 2956 bis 2958

Ders., Wege zur besseren Gesetzgebung, ZRP 2004, 160 bis 163

Reichenbach, Sandy Bernd, Konventionalstrafe für den vertragsbrüchigen Arbeitnehmer, NZA 2003, 309 bis 313

Reichold, Hermann, Betriebsverfassung ohne „Betrieb"? – Zur Strukturreform des Betriebsverfassungsgesetzes aus privatrechtsdogmatischer Sicht, NZA 1999, 561 bis 570

Ders., Die reformierte Betriebsverfassung 2001 – Ein Überblick über die neuen Regelungen des Betriebsverfassungs-Reformgesetzes, NZA 2001, 857 bis 865

Ders., Grundlagen und Grenzen der Flexibilisierung im Arbeitsvertrag, RdA 2002, 321 bis 333

Ders., Durchbruch zu einer europäischen Betriebsverfassung – Die Rahmen-Richtlinie 2002/14/EG zur Unterrichtung und Anhörung der Arbeitnehmer, NZA 2003, 289 bis 299

Reidel, Katharina, Die einstweilige Verfügung auf (Weiter-)Beschäftigung – eine vom Verschwinden bedrohte Rechtsschutzform?, NZA 2000, 454 bis 463

Reim, Uwe, Arbeitnehmer und/oder Verbraucher, DB 2002, 2434 bis 2438

Reinecke, Gerhard, Vertragskontrolle im Arbeitsverhältnis, NZA Sonderbeilage zu Heft 3/2000, 23 bis 33

Ders., Kontrolle Allgemeiner Arbeitsbedingungen nach dem Schuldrechtsmodernisierungsgesetz, DB 2002, 583 bis 588

Ders., Flexibilisierung von Arbeitsentgelt und Arbeitsbedingungen nach dem Schuldrechtsmodernisierungsgesetz, NZA 2005, 953 bis 961

Reiserer, Kerstin / Lemke, Thomas, Verbesserter Rechtsschutz für Mobbingopfer - Handlungsmöglichkeiten des Betroffenen, MDR 2002, 249 bis 254

Reitemeier, Jürgen, Mediation und Streitschlichtung – Friedenslösung mit einem Mediator, Praxisbeispiele und Betriebsvereinbarungen, Kissing 2001

Reiter, Christian, Kündigung vor Ablauf der Anhörungsfrist nach § 102 BetrVG, NZA 2003, 954 bis 958

Renk, Heidemarie, Außergerichtliche Streitschlichtung als Entlastung der Justiz, DRiZ 1998, 57 bis 59

Rensen, Hartmut, § 139 ZPO n.F. – Stärkung der ersten Instanz oder alles beim Alten?, AnwBl 2002, 633 bis 640

Reuter, Dieter, Können verbandsangehörige Arbeitgeber zum Abschluss von Haustarifverträgen gezwungen werden?, NZA 2001, 1097 bis 1106

Ders., Unternehmerische Freiheit und betriebsbedingte Kündigung, RdA 2004, 161 bis 167

Richardi, Reinhard, Arbeitsvertragsgesetz und Privatautonomie, NZA 1992, 769 bis 777

Ders., Richterrecht als Rechtsquelle, in: Lieb/Noack/Westermann (Hrsg.), Festschrift für Wolfgang Zöllner: Zum 70. Geburtstag, Band II, Köln 1998, S. 935 bis 948

Ders., Reform des Betriebsverfassungsgesetzes?, NZA 2000, 161 bis 167

Ders., Formzwang im Arbeitsverhältnis, NZA 2001, 57 bis 63

Ders., Gestaltung der Arbeitsverträge durch Allgemeine Geschäftsbedingungen nach dem Schuldrechtsmodernisierungsgesetz, NZA 2002, 1057 bis 1064

Ders., Die neue Klagefrist bei Kündigungen, NZA 2003, 764 bis 766

Ders., Misslungene Reform des Kündigungsschutzgesetzes durch das Gesetz zu Reformen am Arbeitsmarkt, DB 2004, 486 bis 490

Richardi, Reinhard / Annuß, Georg, Der neue § 623 BGB – Eine Falle im Arbeitsrecht?, NJW 2000, 1231 bis 1235

Dies., Neues Betriebsverfassungsgesetz: Revolution oder strukturwahrende Reform?, DB 2001, 41 bis 46

Richter, Gabriele, Psychische Belastungen am Arbeitsplatz, AuR 2001, 46 bis 51

Richter, Achim / Brüggemann, Markus, Muss der Chef Arbeitnehmer vor Entlassung anhören?, AuA 2002, 300 bis 304

Ricken, Oliver, Annahmeverzug und Prozessbeschäftigung während des Kündigungsrechtsstreits, NZA 2005, 323 bis 330

Richter, Achim / Schwartz, Hansjörg, Mediation – Ringen um Konsens, AuA 2000, 582 bis 585

Rieble, Volker, Die Kontrolle der Einigungsstelle in Rechtsstreitigkeiten, BB 1991, 471 bis 475

Ders., Schiedsstellen für Arbeitsrecht – nur eine Episode?, NZA 1991, 841 bis 843

Ders., § 102 Abs. 6 BetrVG – eine funktionslose Vorschrift?, AuR 1993, 39 bis 47

Ders., Die tarifliche Schlichtungsstelle nach § 76 Abs. 8 BetrVG, RdA 1993, 140 bis 153

Ders., Die Betriebsverfassungs-Novelle 2001 in ordnungspolitischer Sicht, ZIP 2001, 133 bis 143

Rieble, Volker / Gistel, Cornelia, Betriebsratszugriff auf Zielvereinbarungsinhalte?, BB 2004, 2462 bis 2467

Rieble, Volker / Klumpp, Steffen, Mobbing und die Folgen, ZIP 2002, 369 bis 381

Dies., Widerrufsrecht des Arbeitnehmer-Verbrauchers?, ZIP 2002, 2153 bis 2161

Riesenhuber, Karl / von Steinau-Steinrück, Zielvereinbarungen, NZA 785 bis 793

Rimmelspacher, Bruno, Tatsachen und Beweismittel in der Berufungsinstanz, ZZP 107 (1994), 421 bis 462

Ders., Verbesserung des zivilgerichtlichen Verfahrens erster Instanz, ZRP 1999, 177 bis 180

Ripke, Lis, Recht und Gerechtigkeit in der Mediation, in: Haft/Schlieffen (Hrsg.), Handbuch Mediation, München 2002, S. 137 bis 149

Dies., Paraphrasieren mit beiderseitigen Situationsdefinitionen, ZKM 2004, 70 bis 72

Risse, Jörg, Die Rolle des Rechts in der Wirtschaftsmediation, BB Beilage 9 zu Heft 27/1999, 1 bis 7

Ders., Wirtschaftsmediation im nationalen und internationalen Handelsverkehr, WM 1999, 1864 bis 1872

Ders., Wirtschaftsmediation, NJW 2000, 1614 bis 1620

Ders., Neue Wege der Konfliktbewältigung: Last-Offer-Schiedsverfahren, High/Low-Arbitration und Michigan-Mediation, BB Beilage 2 zu Heft 16/2001, 16 bis 22

Ders., Wirtschaftsmediation, München 2003

Ders., Konfliktmanagement und ADR, ZKM 2004, 244 bis 247

Risse, Jörg / Wagner, Christof, Mediation im Wirtschaftsrecht, in: Haft/Schlieffen (Hrsg.), Handbuch Mediation, München 2002, S. 987 bis 1021

Ritter, Ernst-Hasso, Justiz – verspätete Gewalt in der Wettbewerbsgesellschaft, NJW 2001, 3440 bis 3448

Robert, Lars, Betriebliche Bündnisse für Arbeit versus Tarifautonomie?, NZA 2004, 633 bis 640

Röckrath, Gereon, Zur Zuständigkeit für die Sachentscheidung nach Aufhebung eines Schiedsspruchs, NZA 1994, 678 bis 682

Röhl, Klaus F., Der Vergleich im Zivilprozeß – Eine Alternative zum Urteil?, in: Blankenburg/Klausa/Rottleuthner (Hrsg.), Alternative Rechtsformen und Alternativen zum Recht, Jahrbuch für Rechtssoziologie und Rechtstheorie, Band 6, Opladen 1980, S. 279 bis 316

Ders. (1982a), Rechtspolitische und ideologische Hintergründe der Diskussion über Alternativen in der Justiz, in: Blankenburg/Gottwald/Strempel (Hrsg.), Alternativen in der Ziviljustiz – Berichte, Analysen, Perspektiven, Köln 1982, S. 15 bis 27

Ders. (1982b), Die Beschwerde als Alternative zur Justiz: Formlos, fristlos, aber nicht furchtlos, in: in: Blankenburg/Gottwald/Strempel (Hrsg.), Alternativen in der Ziviljustiz – Berichte, Analysen, Perspektiven, Köln 1982, S. 97 bis 107

Ders. (1983a), Der Vergleich, in: Röhl (Hrsg.), Der Vergleich im Zivilprozeß – Untersuchungen an einem großstädtischen Amtsgericht, Opladen 1983, S. 171 bis 238

Ders. (1983b), Der gerichtliche Vergleich – Strukturierung des Themenbereichs, in: Gottwald/Hutmacher/Röhl/Strempel (Hrsg.), Der Prozeßvergleich – Möglichkeiten, Grenzen und Forschungsperspektiven, Köln 1983, S. 11 bis 34

Ders. (1983c), Gibt es eine lehr- und lernbare Technik des Vergleichs?, in: Gottwald/Hutmacher/Röhl/Strempel (Hrsg.), Der Prozeßvergleich – Möglichkeiten, Grenzen und Forschungsperspektiven, Köln 1983, S. 209 bis 216

Ders., Erfahrungen mit Güteverfahren, DRiZ 1983, 90 bis 97

Ders., Rechtssoziologie, Köln, Berlin, Bonn und München 1987

Röhl, Sabine / Röhl, Klaus F., Alternativen zur Justiz?, DRiZ 1979, 33 bis 38

Römer, Wolfgang, Schlichtungsstelle für Versicherungen, ZKM 2002, 212 bis 215

Ders., Der Ombudsmann für private Versicherungen, NJW 2005, 1251 bis 1255

Römermann, Volker, Praxisprobleme mit der Bezeichnung „Mediator" für Rechtsanwälte, ZKM 2000, 83 bis 84

Röttgen, Norbert, Beschleunigte Justiz, ZRP 2003, 345 bis 348

Rogowski, Ralf, Die aktive Rolle des Richters im Prozeßvergleich – Überblick über die rechtssoziologische Forschung zur vermittelnden Rolle des Zivilrichters in der Bundesrepublik Deutschland, in: Blankenburg/Gottwald/Strempel (Hrsg.), Alternativen in der Ziviljustiz – Berichte, Analysen, Perspektiven, Köln 1982, S. 171 bis 187

Ders., Die Bedeutung des amerikanischen Beschwerdeverfahrens (grievance procedure) mit abschließender Schlichtung (arbitration) für die Kündigungsabwicklung, in: Ellermann-Witt/Rottleuthner/Russig, Kündigungspraxis, Kündigungsschutz und Probleme der Arbeitsgerichtsbarkeit, Opladen 1983, S. 197 bis 228

Rokumoto, Kahei, Tschotei (Schlichtung) – Eine japanische Alternative zum Recht: Verfahren, Praxis und Funktionen, in: Blankenburg/Klausa/Rottleuthner (Hrsg.), Alternative Rechtsformen und Alternativen zum Recht, Jahrbuch für Rechtssoziologie und Rechtstheorie, Band 6, Opladen 1980, S. 390 bis 407

Rolfs, Christian, Arbeitsrechtliche Aspekte des neuen Arbeitsförderungsrechts, NZA 1997, 17 bis 23

Ders., Schriftform für Kündigungen und Beschleunigung des arbeitsgerichtlichen Verfahrens, NJW 2000, 1227 bis 1231

Ders., Arbeitsrechtliche Vertragsgestaltung nach der Schuldrechtsreform, ZGS 2002, 409 bis 412

Ders., Über den Nutzen der Fachgerichtsbarkeiten, NJW-Editorial Heft 51/2003, S. III

Rosenbach, Armin / Lenz, Christina, Die neuen Ausbildungsstandards des BMWA – Qualitätssicherung in der Wirtschaftsmediation, ZKM 2002, 72 bis 73

Roth, Herbert, Die Vorschläge der Kommission für ein europäisches Zivilprozeßgesetzbuch – das Erkenntnisverfahren, ZZP 109 (1996), 271 bis 313

Rottleuthner, Hubert, Probleme der Beobachtungen von Gerichtsverhandlungen – dargestellt am Beispiel richterlicher Vergleichsstrategien und kompensatorischen Verhaltens in Arbeitsgerichtsverfahren, in: Hassemer/Hoffmann-Riem/Weiss (Hrsg.), Interaktion vor Gericht, Schriften der Vereinigung für Rechtssoziologie, Band 2, Baden-Baden 1978, S. 109 bis 131

Ders., Alternativen in Arbeitskonflikten, in: Blankenburg/Klausa/Rottleuthner (Hrsg.), Alternative Rechtsformen und Alternativen zum Recht, Jahrbuch für Rechtssoziologie und Rechtstheorie, Band 6, Opladen 1980, S. 263 bis 278

Ders., Alternativen im gerichtlichen Verfahren, in: Blankenburg/Gottwald/Strempel (Hrsg.), Alternativen in der Ziviljustiz – Berichte, Analysen, Perspektiven, Köln 1982, S. 145 bis 152

Ders. (1983a), Befriedung durch Vergleich?, in: Gottwald/Hutmacher/Röhl/Strempel (Hrsg.), Der Prozeßvergleich – Möglichkeiten, Grenzen und Forschungsperspektiven, Köln 1983, S. 185 bis 190

Ders. (1983b), Der arbeitsgerichtliche Kündigungsschutz: Rechtstatsachen und offene Fragen, in: Ellermann-Witt/Rottleuthner/Russig, Kündigungspraxis, Kündigungsschutz und Probleme der Arbeitsgerichtsbarkeit, Opladen 1983, S. 85 bis 96

Ders., Rechtssoziologische Studien zur Arbeitsgerichtsbarkeit, Schriften der Vereinigung für Rechtssoziologie, Band 9, Baden-Baden 1984

Ders., Zur Ausdifferenzierung der Justiz – Einige theoretische Folgerungen, in: Rottleuthner (Hrsg.), Rechtssoziologische Studien zur Arbeitsgerichtsbarkeit, Schriften der Vereinigung für Rechtssoziologie, Band 9, Baden-Baden 1984, S. 313 bis 356

Ders., Zur Implementation arbeitsgerichtlicher Entscheidungen, in: Blankenburg/Voigt (Hrsg.), Implementation von Gerichtsentscheidungen, Jahrbuch für Rechtssoziologie, Band 11, Opladen 1987, S. 184 bis 196

Ders., Umbau des Rechtsstaats? Zur Entformalisierung des Zivilprozesses im Bereich der Bagatellverfahren – Ergebnisse einer rechtstatsächlichen Untersuchung zur Praxis von § 495a ZPO, NJW 1996, 2473 bis 2477

Rudolph, Kurt, Der Vergleich im Zivilprozeß aus der Sicht des Richters, in: Gottwald/Hutmacher/ Röhl/Strempel (Hrsg.), Der Prozeßvergleich – Möglichkeiten, Grenzen und Forschungsperspektiven, Köln 1983, S. 35 bis 38

Russig, Harald, Anmerkungen zum Verhältnis von Kündigungsschutzdiskussion, betrieblicher Beschäftigungspolitik und arbeitsmarkttheoretischen Kontroversen, in: Ellermann-Witt/Rottleuthner/ Russig, Kündigungspraxis, Kündigungsschutz und Probleme der Arbeitsgerichtsbarkeit, Opladen 1983, S. 277 bis 303

Rühle, Hans Gottlob, Sinn und Unsinn des allgemeinen Kündigungsschutzes in Deutschland – Plädoyer für eine Neuordnung des Kündigungsschutzrechts, DB 1991, 1378 bis 1381

Rüssel, Ulrike, Das Gesetz zur Förderung der außergerichtlichen Streitbeilegung – der Weg zu einer neuen Streitkultur?, NJW 2000, 2800 bis 2802

Rüstow, Angelika, AG Mediation – Mitgliederversammlung und Fachtagung am 19. und 20. September 2003 in Bonn, AnwBl 2003, 633 bis 634

Rüthers, Bernd, Von Sinn und Unsinn des geltenden Kündigungsschutzrechts, NJW 2002, 1601 bis 1609

Ders., Mehr Beschäftigung durch Entrümpelung des Arbeitsrechts?, NJW 2003, 546 bis 552

Rumberg, Carsten / Eicke, Tim, Der „Woolf Report" – Reform des englischen Zivilprozesses, RIW 1998, 19 bis 22

Säcker, Franz Jürgen / Oetker, Hartmut, Tarifliche Kurzarbeits-Ankündigungsfristen im Gefüge des Individualarbeitsrecht und des kollektiven Arbeitsrechts, ZfA 1991, 131 bis 186

Salje, Peter, Der mißbräuchliche Prozeßvergleich – ein Beispiel für kapazitätsgesteuerte Gerechtigkeit?, DRiZ 1994, 285 bis 296

Sander, Frank E. A., Dispute Resolution within and outside the Courts – An Overview of the US Experience, in: Gottwald/Strempel (Hrsg.), Streitschlichtung – Rechtsvergleichende Beiträge zur außergerichtlichen Streitbeilegung, Köln 1995, S. 19 bis 29

Sanders, Pieter, UNCITRAL's Model Law on Conciliation, BB Beilage 7 zu Heft 46/2002, Die erste Seite

Schackow, Albert, Die Kunst, Prozesse zu verhüten, AnwBl 1967, 258 bis 266

Schäfer, Erik, Die ICC ADR Regeln, ZKM 2002, 188 bis 198

Schäfer, Hans-Bernd, Kein Geld für die Justiz – Was ist uns der Rechtsfrieden wert?, DRiZ 1995, 461 bis 471

Schäfer, Mathias / Schäfer, Christiane / Reh, Otfried, Thema, Position, Interesse – Eine Definition von Schlüsselbegriffen der Mediation, ZKM 2004, 121 bis 125

Schaefer, Thomas, Was ist denn neu an der neuen Hinweispflicht?, NJW 2002, 849 bis 853

Scharf, Ulrich, Die Gebührenstrukturvorschläge des DAV, Allgemeine Regeln und Gebühren für die außergerichtliche Anwaltstätigkeit, AnwBl 2000, 722 bis 724

Schatz, Hans-Jürgen, Vom nationalen zum globalen Unternehmen – Zusammenschlüsse brauchen Konfliktmanagement, ZKM 2000, 204 bis 206

Schaub, Günther, Die Rechtsschutzversicherung im Arbeitsrecht, NZA 1989, 865 bis 869

Ders., Die arbeitsrechtliche Abmahnung, NJW 1990, 872 bis 877

Ders., Die besondere Verantwortung von Arbeitgeber und Arbeitnehmer für den Arbeitsmarkt – Wege aus der Krise oder rechtlicher Zündstoff, NZA 1997, 810 bis 811

Ders., Gesetz zur Vereinfachung und Beschleunigung des arbeitsgerichtlichen Verfahrens, NZA 2000, 344 bis 348

Ders., Die Bestellung und Abberufung der Vorsitzenden von Einigungsstellen, NZA 2000, 1087 bis 1089

Schellhammer, Kurt, Zivilprozeßreform und erste Instanz, MDR 1081 bis 1085

Scherer, Gabriele, Court-Annexed ADR in den USA, ZKM 2003, 227 bis 230

Scherpe, Jens M., Der Bankenombudsmann – Zu den Änderungen der Verfahrensordnung seit 1992, WM 2001, 2321 bis 2325

Scheuch, Silke / Lindner, Richard, Zur Auslegung der Zulassungstatbestände des § 543 Abs. 2 ZPO, NJW 2003, 728 bis 730

Dies., Trendwende in der Zulassungspraxis des BGH?, NJW 2005, 112 bis 114

Schiefer, Bernd, Auswirkungen des Kündigungsschutzes auf die betriebliche Praxis, ZfA 2002, 427 bis 444

Ders., Kündigungsschutz und Unternehmerfreiheit – Auswirkungen des Kündigungsschutzes auf die betriebliche Praxis, NZA 2002, 770 bis 777

Ders., Anspruch auf Teilzeitarbeit nach § 8 TzBfG – Die ersten Entscheidungen, NZA-RR 2002, 393 bis 407

Ders., Teilzeit- und Befristungsgesetz – ein erstes Resümee nach einem Jahr, BB Heft 22/2002, Die erste Seite

Ders., Betriebsbedingte Kündigung – Kündigungsursache und Unternehmerentscheidung, NZA-RR 2005, 1 bis 12

Schiefer, Bernd / Korte, Walter, Die Durchführung von Betriebsratswahlen nach neuem Recht, NZA 2002, 57 bis 69 und 113 bis 121

Schiefer, Bernd / Worzalla, Michael, Neues – altes – Kündigungsrecht, NZA 2004, 345 bis 358

Schilken, Eberhard, Probleme der außergerichtlichen obligatorischen Streitschlichtung aufgrund der Öffnungsklausel nach § 15a EGZPO, in: Lüke/Mikami/Prütting, Festschrift für Akira Ishikawa zum 70. Geburtstag am 27. November 2001, Berlin und New York 2001, S. 471 bis 484

Schimmelpfennig, Hans-Christoph, Inhaltskontrolle eines formularmäßigen Änderungsvorbehalts – Zum Widerrufsvorbehalt in Arbeitsverträgen nach der Schuldrechtsreform, NZA 2005, 603 bis 610

von Schlabrendorff, Fabian, Internationaler Schiedsgerichtshof der Internationalen Handelskammer (ICC), SchiedsVZ 2003, 34 bis 36

Schlachter, Monika, Sexuelle Belästigung am Arbeitsplatz – Inhalt und Funktion des Arbeitsplatzbezugs, NZA 2001, 121 bis 126

Schleusener, Axel Aino, Zur Widerrufsmöglichkeit von arbeitsrechtlichen Aufhebungsverträgen nach § 312 BGB, NZA 2002, 949 bis 952

Schliemann, Harald, Die Aufgabe(n) der Schlichtungsstellen der evangelischen Kirchen in Deutschland und ihr(e) Verfahren, NZA 2000, 1311 bis 1319

Schlosser, Peter F., Vereins- und Verbandsgerichtsbarkeit, München 1972

Ders., Die lange deutsche Reise in die prozessuale Moderne – Zugleich eine Besprechung des Urteils des *BGH* vom 11.6.1990, JZ 1991, 599 bis 608

Ders., Das Bundesverfassungsgericht und der Zugang zu den Informationsquellen im Zivilprozeß, NJW 1992, 3275 bis 3277

Ders., EMRK und Waffengleichheit im Zivilprozeß, Besprechung des Urteils vom *EGMR* vom 27.10.1993 – 37/1992/282/460, NJW 1995, 1404 bis 1406

Ders., Anwaltsrechtliches Verbot der Vertretung widerstreitender Interessen, NJW 2002, 1376 bis 1381

Schmidt, Eike, Zugang zur Berufungsinstanz, ZZP 108 (1995), 147 bis 166

Ders., Verbraucherschützende Verbandsklagen, NJW 2002, 25 bis 30

Schmidt, Ingrid, Zum Harmonisierungsbedarf arbeits- und sozialrechtlicher Konfliktlösungen, AuR 2001, 420 bis 423

Dies., Rede der neuen Präsidentin des BAG zur Amtseinführung, NZA 2005, 601 bis 603

Schmidt, Jan, § 4 S. 4 KSchG und Gesetz zu Reformen am Arbeitsmarkt, NZA 2004, 79 bis 82

Schmidt, Karsten, Schiedsklauseln und Schiedsverfahren im Gesellschaftsrecht als prozessuale Legitimationsprobleme – Ein Beitrag zur Verzahnung von Gesellschafts- und Prozessrecht, BB 2001, 1857 bis 1864

Schmidt, Klaus / Schwab, Norbert / Wildschütz, Martin, Der Referentenentwurf zur Reform des Zivilprozesses aus arbeitsgerichtlicher Sicht, NZA 2000, 337 bis 344

Dies., Neues zur Reform des Zivilprozesses aus arbeitsgerichtlicher Sicht, NZA 2000, 849 bis 857

Dies., Die Auswirkungen der Reform des Zivilprozesses auf das arbeitsgerichtliche Verfahren, NZA 2001, 1161 bis 1168 und 1217 bis 1227

Schmidt-Menschner, Sabine, Gewinne ich meinen Arbeitsgerichtsprozeß?, AnwBl 1994, 172 bis 173

Schmidt-von Rhein, Georg, Neue Ansätze in der außergerichtlichen Konfliktregelung, ZRP 1984, 119 bis 122

Ders., Zivilprozess und außergerichtliche Streitschlichtung – Eine vergleichende Betrachtung anhand eines Fallbeispiels aus der Bausschlichtung, ZKM 2000, 201 bis 204

Schmidtchen, Dieter / Weth, Stephan, Der Effizienz auf der Spur – Die Funktionsfähigkeit der Justiz im Lichte der ökonomischen Analyse des Rechts, Baden-Baden 1999

Schmiedl, Wolfgang, Variable Vergütung trotz fehlender Zielvereinbarung?, BB 2004, 329 bis 332

Schmittmann, Jens. M., Der Banken-Ombudsmann als unabhängiger und neutraler Schlichter, AnwBl 2000, 118 bis 120

Schmitz, Ulrich, Subjektive Gerechtigkeitsvorstellungen in der Wirtschaftsmediation, ZKM 2004, 217 bis 222

Schmude, Lothar / Eichele, Karl, Berufungsverfahren nach dem Zivilprozessreformgesetz, BRAK-Mitt. 2001, 255 bis 262

Schnabel, Herbert, Zur Anwendung des § 279 ZPO – Grenzen des richterlichen Vergleichs, in: Gottwald/Hutmacher/Röhl/Strempel (Hrsg.), Der Prozeßvergleich – Möglichkeiten, Grenzen und Forschungsperspektiven, Köln 1983, S. 53 bis 61

Schneeweiß, Wolfram, Die außergerichtliche Streitschlichtung nach § 278 Abs. 5 ZPO, DRiZ 2002, 107 bis 111

Schneider, Egon, Die missglückte ZPO-Reform, NJW 2001, 3756 bis 3758

Ders., Befangenheitsablehnung wegen verweigerter Terminsänderung, Untätigkeit und verletzter Hinweispflicht, AnwBl 2002, 9 bis 11

Ders., ZPO-Reform 2002 – Ein kritisches Resümee, MDR 2003, 901 bis 906

Schneider, Norbert, Kosten und Gebühren im obligatorischen außergerichtlichen Streitschlichtungsverfahren nach den Ausführungsgesetzen zu § 15a EGZPO, AnwBl 2001, 327 bis 332

Ders., Kostenrechtsmodernisierungsgesetz – Das neue Rechtsanwaltsvergütungsgesetz, AnwBl 2004, 129 bis 141

Schneider, Volker, Regelung arbeitsrechtlicher Streitigkeiten in der Volksrepublik China – Stand und Entwicklungstendenzen, NZA 1998, 743 bis 746

Schnitker, Elmar / Grau, Timon, Klauselkontrolle im Arbeitsvertrag – Zur Vereinbarkeit von Änderungs-, Anpassungs- und Widerrufsvorbehalten mit dem Recht der Allgemeinen Geschäftsbedingungen, BB 2002, 2120 bis 2126

Schöbel, Heino, Verhandlungsmanagement und Mediation in der Juristenausbildung, JuS 2000, 372 bis 377

Schoen, Thorsten, Streitprävention als Bestandteil des unternehmerischen Konfliktmanagements, ZKM 2004, 19 bis 22

Schöne, Steffen, Die Novellierung der Gewerbeordnung und die Auswirkungen auf das Arbeitsrecht, NZA 2002, 829 bis 833

Schönholz, Siegfried, Prozeßvergleich als Alternative zum Urteil – Reaktionen der Betroffenen, in: Blankenburg/Gottwald/Strempel (Hrsg.), Alternativen in der Ziviljustiz – Berichte, Analysen, Perspektiven, Köln 1982, S. 153 bis 170

Ders. (1984a), Alternativen im Gerichtsverfahren – Zur Konfliktlösung vor dem Arbeitsgericht unter besonderer Berücksichtigung des Prozeßvergleichs, Amsterdam und Berlin 1984

Ders. (1984b), Bedingungen und Merkmale der Erledigungsweise im Arbeitsgerichtsverfahren, insbesondere des Abschlusses von Prozeßvergleichen und der Thematik in der Verhandlung, in: Rottleuthner (Hrsg.), Rechtssoziologische Studien zur Arbeitsgerichtsbarkeit, Schriften der Vereinigung für Rechtssoziologie, Band 9, Baden-Baden 1984, S. 263 bis 290

Ders., Die Fortsetzung von Arbeitsverhältnissen nach einem Arbeitsgerichtsverfahren, in: Blankenburg/Voigt (Hrsg.), Implementation von Gerichtsentscheidungen, Jahrbuch für Rechtssoziologie, Band 11, Opladen 1987, S. 197 bis 218

Schöpflin, Martin, Verhandeln und Mediation, JA 2000, 157 bis 164

Schons, Herbert P., Das neue RVG – Trojanisches Pferd oder Sparnagel der deutschen Anwaltschaft?, BRAK-Mitt. 2004, 202 bis 203

Schott, Ekkehart, Von der Freiheit des Advokaten, BRAK-Mitt. 2001, 204 bis 208

Schrader, Peter, Neues zu Ausschlussfristen, NZA 2003, 345 bis 351

Schrader, Peter / Schubert, Jens, AGB-Kontrolle von Arbeitsverträgen – (Teil 1): Tätigkeit, Arbeitszeit und Vergütung, NZA-RR 2005, 169 bis 179

Dies., AGB-Kontrolle von Arbeitsverträgen – Grundsätze der Inhaltskontrolle arbeitsvertraglicher Vereinbarungen (Teil 2): Gestaltung des Arbeitsverhältnisses, Vertragsstrafe und Ausschlussfristen, NZA-RR 2005, 225 bis 237

Schrader, Peter / Straube, Gunnar / Schubert, Jens, Ade Arbeitsgerichtsbarkeit?, NZA 2004, 899 bis 900

Schregle, Johannes, Die Beilegung von Arbeitsstreitigkeiten in Japan – einige Gedanken zur Rechtsvergleichung, in: Klebe (Hrsg.), Recht und soziale Arbeitswelt: Festschrift für Wolfgang Däubler zum 60. Geburtstag, Frankfurt am Main 1999, S. 1029 bis 1033

Schreiber, Klaus, Der Schiedsvertrag in Arbeitsstreitigkeiten, ZfA 1983, 31 bis 48

Schroeder, Werner / Schonard, Pascal, Die Effektivität des WTO-Streitbeilegungssystems – Zur Umsetzung von Streitschlichtungsentscheidungen in Theorie und Praxis, RIW 2001, 658 bis 664

Schröder, Elke, Zum Gesetz über die Errichtung und das Verfahren der Schiedsstellen für Arbeitsrecht, AuA 1990, 215 bis 218

Schröder, Rudolf, Zur Funktion des Mediators, AnwBl 2003, 575 bis 576

Schubert, Michael, Mediation im Arbeitsrecht und in der Betriebsratsarbeit, AiB 2000, 524 bis 528

Schubmann-Wagner, Dieter, Wie beurteilen unsere Kunden die Justiz? – Ziele und Ergebnisse der ersten Bürger-, Rechtsanwalts- und Notarbefragung in NRW, ZRP 2003, 408 bis 410

Schütt, D. E., Anwaltsgebühren bei außergerichtlichen Güteverfahren, MDR 2002, 68

Schütze, Rolf A., Schiedsgericht und Schiedsverfahren, 3. Auflage, München 1999

Ders., Deutsche Institution für Schiedsgerichtsbarkeit e.V. (DIS), SchiedsVZ 2003, 178 bis 180

Schuhmacher, Elmar / Thiemann, Stephan, Mediation und neues Insolvenzrecht – Möglichkeiten und Grenzen alternative Konfliktlösungen im Insolvenzverfahren, DZWIR 1999, 441 bis 446

Schuldt, Jürgen, Sperrzeit bei betrieblich veranlasster einvernehmlicher Auflösung des Arbeitsverhältnisses, NZA 2005, 861 bis 861

Schulz, Dieter, Trennung – eine Katastrophe oder eine Chance für den Neubeginn?, BB 1990, 1054 bis 1055

Schumacher, Lutz, Die Nutzung U.S.-amerikanischer Erfahrungen für die obligatorische außergerichtliche Streitbeilegung, ZKM 2001, 19 bis 21

510

Schuster, Paul, Das Güteverfahren: Ein Alternative in der Ziviljustiz?, in: Gottwald/Hutmacher/Röhl/ Strempel (Hrsg.), Der Prozeßvergleich – Möglichkeiten, Grenzen und Forschungsperspektiven, Köln 1983, S. 109 bis 123

Schwab, Norbert / Wildschütz, Martin / Heege, Heinz-Werner, Disharmonien zwischen ZPO und ArbGG – Anmerkungen aus der Praxis, NZA 2003, 999 bis 1005

Schwackenberg, Wolfgang, Einführung einer obligatorischen Schlichtung – Zum Modell des Deutschen Anwaltvereins, AnwBl 1997, 524 bis 527

Schwarz, Henning, Verhandlung und Mediation mit vielen Beteiligten, MittBayNot 2001, 294 bis 297

Schwarzmann, Johannes, Ethisches Dilemmata: Verhandlung als Frage der Moral, MittBayNot 2001, 456 bis 463

Schwarzmann, Johannes / Walz, Robert, Das Bayerische Schlichtungsgesetz – Kommentar und Leitfaden zur Verhandlungsführung für den Schlichter, München 2000

Schwedes, Rolf, Der Wiederaufbau der Arbeitsgerichtsbarkeit in den neuen Bundesländern, in: Festschrift zum 100jährigen Bestehen des Deutschen Arbeitsgerichtsverbandes, Neuwied, Kriftel und Berlin 1994, S. 147 bis 167

Schwitzer, Helga, Das IGM-Tarifsystem 5.000 mal 5.000 bei Volkswagen – Mindeststandards und neue Regelungsansätze, AuR 2001, 441 bis 444

Seetzen, Uwe, Entlastung der Justiz durch Vorschaltung des Schiedsmanns?, DRiZ 1980, 177 bis 180

Seifert, Achim, Arbeitsrechtliche Sonderregeln für kleine und mittlere Unternehmen – Zur Auflösung des Spannungsverhältnisses von Mittelstands- und Arbeitnehmerschutz, RdA 2004, 200 bis 210

Seiler, Frank, Die Erfolgsaussichten der Revision als Zulassungskriterium, NJW 2005, 1689 bis 1691

Selbherr, Paul, Rechtsmittelsystem und dreigliedriger Gerichtsaufbau, BRAK-Mitt. 2000, 11 bis 14

Sendler, Horst, Normenflut und Richter, ZRP 1979, 227 bis 232

Siegel, Otmar, Alternativen zur Justiz: Der Schiedsmann, in: Blankenburg/Gottwald/Strempel (Hrsg.), Alternativen in der Ziviljustiz – Berichte, Analysen, Perspektiven, Köln 1982, S. 55 bis 59

Sievers, Nadja, Mediation als alternative Konfliktlösungsmöglichkeit auch in Deutschland? – Eine rechtsvergleichende Untersuchung am Beispiel der argentinischen mediación previa, Frankfurt am Main, Berlin, Bern, New York, Paris und Wien 2001

Sick, Ulrich, Mediation in der unternehmerischen Praxis, ZKM 2001, 144 bis 148

Ders., Die richtige Mediationsklausel im Vertrag – Voraussetzung in der Praxis für die Nutzung der Vorteile der Mediation, BB Beilage 5 zu Heft 23/2003, 25 bis 27

Simsa, Christiane, Schulmediation in Deutschland, ZKM 2003, 247 bis 250

Singer, Reinhard, Wann ist widersprüchliches Verhalten verboten? Zu den Rechtsfolgen der form- und grundlosen Eigenkündigung eines Arbeitnehmers, NZA 1998, 1309 bis 1315

Ders., Arbeitsvertragsgestaltung nach der Reform des BGB, RdA 2003, 194 bis 204

Sobich, Philip, Die Civil Procedure Rules 1999 – Zivilprozeßrecht in England, JZ 1999, 775 bis 780

Sodan, Helge, Qualitätsmaßstäbe für die Justiz?, NJW 2003, 1494 bis 1496

Söllner, Alfred, „Schlichten ist kein Richten" – Gedanken zur Schlichtung im Tarifvertragswesen und zur Tätigkeit betriebsverfassungsrechtlicher und personalvertretungsrechtlicher Einigungsstellen, ZfA 1982, 1 bis 17

Ders., Der verfassungsrechtliche Rahmen für Privatautonomie im Arbeitsrecht, RdA 1989, 144 bis 150

Ders., Die Arbeitsgerichtsbarkeit im Wandel der Zeit, in: Festschrift zum 100jährigen Bestehen des Deutschen Arbeitsgerichtsverbandes, Neuwied, Kriftel und Berlin 1994, S. 1 bis 17

Spindler, Gerald / Apel, Katharina / Spalckhaver, Judith, Rechtsökonomische Grundlagen der gerichtsnahen Mediation, ZKM 2003, 192 bis 197

Spörer, Thomas, Die Versicherungswirtschaft – Multiplikator oder Klient der Mediation, ZKM 2001, 209 bis 211

Spörer, Thomas / Frese, Christian, Interdisziplinarität der Mediation, in: Haft/Schlieffen (Hrsg.), Handbuch Mediation, München 2002, S. 87 bis 103

Stackmann, Nikolaus, Die Neugestaltung des Berufungs- und Beschwerdeverfahrens in Zivilsachen nach dem Zivilprozessreformgesetz, NJW 2002, 781 bis 789

Stadler, Astrid, Außergerichtliche obligatorische Streitschlichtung – Chance oder Illusion?, NJW 1998, 2479 bis 2487

Staudinger, Ansgar / Eidenmüller, Horst, Verjährungshemmung leicht gemacht: Prospekthaftung der Telekom vor der Gütestelle, NJW 2004, 23 bis 26

Steike, Jörn, Erste Erfahrungen mit dem Bayerischen Schlichtungsgesetz, RAK-Mitt. OLG München, III/2001, 3 bis 5

Ders., Das Bayerische Schlichtungsgesetz in der Praxis, RAK-Mitt. OLG München I/2003, 5 bis 6

von Steinau-Steinrück, Robert / Hurek, Christoph R., Die im Arbeitsrecht geltenden Besonderheiten – Der Nebel lichtet sich!, NZA 2004, 965 bis 967

von Steinau-Steinrück, Robert / Schneider, Volker / Wagner, Tobias, Der Entwurf eines Antidiskriminierungsgesetzes: Ein Beitrag zur Kultur der Antidiskriminierung?, NZA 2005, 28 bis 32

Steinbrück, Ralph, Wirtschaftsmediation und außergerichtliche Konfliktlösung – Chancen für Unternehmen, Anwälte und Gerichte, AnwBl 1999, 574 bis 579

Steiner, Michael, Das Bild der Justiz in Gerichtsshows, ZRP 2003, 245 bis 247

Steiner, Udo, Regieren Richter die Deutschen?, AnwBl 2004, 673 bis 676

Ders., Beschäftigung und Beschäftigungsförderung aus grundgesetzlicher Sicht, NZA 2005, 657 bis 662

Steinmeyer, Heinz-Dietrich / Jürging, Axel, Überlegungen zu einer gesamtdeutschen Kodifikation des Arbeitsvertragsrechts, NZA 1992, 777 bis 785

Stevens-Bartol, Eckart, Mediation im Arbeitsrecht, in: Breidenbach/Eidenmüller/Hassemer (Hrsg.), Mediation für Juristen – Konfliktbehandlung ohne gerichtliche Entscheidung, Köln 1997, S. 141 bis 145

Stickelbrock, Barbara, Gütliche Streitbeilegung, JZ 2002, 633 bis 643

Stock, Johannes / Thünte, Petra-Ida / Wolff, Heimfried, Schnittstellen von außer- und innergerichtlicher Konfliktbearbeitung im Zivilrecht – Bestandsaufnahme und Probleme in den neuen Bundesländern verglichen mit den Erfahrungen in den alten Bundesländern, Beiträge zur Strukturanalyse der Rechtspflege, Köln 1995

Stock, Johannes / Wolff, Heimfried / Thünte, Petra-Ida, Strukturanalyse der Rechtspflege – Bilanz eines Forschungsprogramms des Bundesministeriums der Justiz, Köln 1996

Stoecker, Felix William, Die obligatorische Streitschlichtung nach § 15a EGZPO im Vergleich zur Mediationspraxis in den USA, ZKM 2000, 105 bis 109

Strack, Roland, Mediation und Rechtsberatung, ZKM 2001, 184 bis 188

Strathmann, Stephanie, Wiedereinstellungsanspruch eines wirksam gekündigten Arbeitnehmers: Tendenzen der praktischen Ausgestaltung, DB 2003, 2438 bis 2441

Straub, Dieter, Erste Erfahrungen mit dem Teilzeit- und Befristungsgesetz, NZA 2001, 919 bis 927

Streck, Michael, Der Rechtsanwalt im 21. Jahrhundert, AnwBl 2000, 335 bis 337

Ders., Rechtsanwälte als Gestalter der Gesellschaft, AnwBl 2003, 253 bis 256

Ders., Meine Anwältin – Wem gehört der Anwalt – Licht und Schatten der Interessenvertretung, AnwBl 2004, 266 bis 269

Strecker, Christoph, Möglichkeiten und Grenzen der Streitbeilegung durch Vergleich, DRiZ 1983, 97 bis 104

Streckhardt, Antje M., Sprache als Werkzeug der Mediation, ZKM 2001, 112 bis 114

Streeck, Wolfgang, Betriebsrat light für Kleinunternehmen?, AuA 1999, 369 bis 370

Strempel, Dieter, „Alternativen in der Ziviljustiz" – Bericht über Bestandsaufnahme und Forschungsvorhaben des Bundesministers der Justiz, in: Voigt (Hrsg.), Gegentendenzen zur Verrechtlichung, Jahrbuch für Rechtssoziologie und Rechtstheorie, Band 9, Opladen 1983, S. 186 bis 195

Ders., „Alternativen in der Ziviljustiz" – Bericht über Erfahrungen und neue Perspektiven in den USA als Anstoß für die weitere Entwicklung in der Bundesrepublik, DRiZ 1983, 86 bis 90

Ders., „Alternativen in der Ziviljustiz" – Gerichtliche und außergerichtliche Streitbeilegung in Japan im Vergleich zur Bundesrepublik Deutschland, JZ 1983, 596 bis 599

Ders., Schnittstelle zwischen forensischer und außerforensicher Konfliktregelung, ZRP 1989, 133 bis 136

Ders., Der japanische Beitrag zur Fortentwicklung außerforensischer und vermittelnder Konfliktregelung in der Bundesrepublik Deutschland, in: Wege zum japanischen Recht: Festschrift für Zentaro Kitagawa zum 60. Geburtstag, Berlin 1992, S. 789 bis 799

Ders., Anwaltliche Schlichtung – Privatisierung der Justiz, Interessenwahrung oder Parteiverrat?, AnwBl 1993, 434 bis 436

Ders. (1998a), Mediation in Rechtspflege und Gesellschaft – Eine Einführung, in: Strempel (Hrsg.), Mediation für die Praxis – Recht, Verfahren, Trends, 1. Auflage, Berlin und Freiburg 1998, S. 7 bis 18

Ders. (1998b), Neuer Ausbildungsinhalt: Außergerichtliche Konfliktregelung (Mediation), in: Strempel (Hrsg.), Juristenausbildung zwischen Internationalität und Individualität – auch ein Problem der Gesetzgebung, Baden-Baden 1998, S. 365 bis 377

Ders., Außergerichtliche Konfliktlösung (Mediation) – Kosten und Nutzen einer neuen Streitkultur, ZRP 1998, 319 bis 322

Ders., Mediation: Chancen vorgerichtlicher Konfliktbearbeitung, NJ 1999, 461 bis 463

Ders., Rechtspolitische Aspekte der Mediation, in: Haft/Schlieffen (Hrsg.), Handbuch Mediation, München 2002, S. 104 bis 136

Strempel, Dieter / Rennig, Christoph, Strukturanalyse der Rechtspflege (SAR) – Ergebnisse, Umsetzung, Ausblick, ZRP 1994, 144 bis 150

Strick, Kerstin, Freiwilligkeitsvorbehalt und Widerrufsvorbehalt – Der Wille als Bedingung, NZA 2005, 723 bis 726

Struck, Gerhard, Zur Erarbeitung von Vergleichsvorschlägen: Die Vergleichsstation in der Relation, in: Gottwald/Hutmacher/Röhl/Strempel (Hrsg.), Der Prozeßvergleich – Möglichkeiten, Grenzen und Forschungsperspektiven, Köln 1983, S. 217 bis 224

Stubbe, Christian, Wirtschaftsmediation und Claim Management, BB 2001, 685 bis 692

Ders., Was ist Wirtschaftsmediation? – Eine unterschätzte Konfliktquelle, ZKM 2003, 32 bis 34

Stuby, Gerhard, Kriegsverhütung durch friedliche Streitschlichtung? – einige völkerrechtliche Überlegungen mit Blick auf das Arbeitsrecht, in: Klebe (Hrsg.), Recht und soziale Arbeitswelt: Festschrift für Wolfgang Däubler zum 60. Geburtstag, Frankfurt am Main 1999, S. 773 bis 783

Stück, Volker, Kündigung durch den Arbeitgeber – Die häufigsten Fehler bei der Betriebsratsanhörung, MDR 2000, 1053 bis 1064

Stünker, Joachim, Schwerpunkte der rechtspolitischen Vorhaben in der 15. Legislaturperiode, ZRP 2003, 17 bis 18

Stürner, Rolf, Die Aufklärungspflicht der Parteien des Zivilprozesses, Tübingen 1976

Ders., Grundfragen richterlicher Streitschlichtung, DRiZ 1976, 202 bis 205

Ders., Die Aufgabe des Richters, Schiedsrichters und Rechtsanwalts bei der gütlichen Streiterledigung, JR 1979, 133 bis 138

Ders., Die richterliche Aufklärung im Zivilprozeß, Tübingen 1982

Ders., Die Rechtsschutzqualität des richterlichen Vergleichs und die Regelung des § 279 ZPO, in: Gottwald/Hutmacher/Röhl/Strempel (Hrsg.), Der Prozeßvergleich – Möglichkeiten, Grenzen und Forschungsperspektiven, Köln 1983, S. 147 bis 152

Ders., Die Stellung des Anwalts im Zivilprozeß, JZ 1986, 1089 bis 1095

Ders., Aktuelles Forum – Eckpunkte einer Justizreform, NJW Beilage zu Heft 25/2000, 31 bis 36

Ders., Formen der konsensualen Prozessbeendigung in den europäischen Zivilprozessrechten, in: Breidenbach/Coester-Waltjen u.a. (Hrsg.), Konsensuale Streitbeilegung – Akademisches Symposium zu Ehren von Peter F. Schlosser aus Anlass seines 65. Geburtstags, Bielefeld 2001, S. 5 bis 30

Stumpp, Hans Ulrich, Die Sicherung der Unabhängigkeit des Mediators, ZKM 2000, 34 bis 36

Sturm, Robert, Mediation versus Moderation – Innovative Konzepte im Vergleich, ZKM 2004, 4 bis 8

Taubert, Thomas, Neuregelungen im Berufsbildungsrecht, NZA 2005, 503 bis 508

Thannheiser, Achim, Fusion von Unternehmen – Welche arbeitsrechtlichen Regelungen gelten?, AuA 2001, 100 bis 105

Thau, Jens T., Möglichkeiten zur Verringerung von Arbeitsgerichtsverfahren, AuA 1996, 303 bis 306

Ders., Arbeitsrecht in den USA, 1. Auflage, München und Berlin 1998

Thau, Jens T. / Pusch, Tobias, Chancen der Mediation im Arbeitsrecht, AuA 1997, 343 bis 344

Thon, Horst / Roth, Ralf, Vergangenheit und Zukunft der Arbeitsgerichte, AuR 2000, 161 bis 163

Thüsing, Gregor, Die Entwicklung des U.S.-amerikanischen Arbeitsrechts in den Jahren 1997 und 1998, NZA 1999, 635 bis 643

Ders., One size fits all? – Vorschläge zur Betriebsverfassung für Kleinbetriebe, NZA 2000, 700 bis 704

Ders., Was sind die Besonderheiten des Arbeitsrechts?, NZA 2002, 591 bis 595

Ders., Inhaltskontrolle von Formulararbeitsverträgen nach neuem Recht – Ein Blick auf die grundlegenden Weichenstellungen ein Jahr danach, BB 2002, 2666 bis 2674

Ders., Vereinbarte Betriebsratsstrukturen, ZIP 2003, 693 bis 706

Ders., Ein Arbeitsrecht für den Mittelstand!, NJW-Editorial Heft 27/2003, S. III

Ders., Arbeitsrecht zwischen Markt und Arbeitnehmerschutz, NJW 2004, 2576 bis 2579

Ders., Angemessenheit durch Konsens – Zu den Grenzen der Richtigkeitsgewähr arbeitsvertraglicher Vereinbarungen, RdA 2005, 257 bis 270

Thüsing, Gregor / Lambrich, Thomas, AGB-Kontrolle arbeitsvertraglicher Bezugnahmeklauseln – Vertragsgestaltung nach der Schuldrechtsreform, NZA 2002, 1361 bis 1370

Thüsing, Gregor / Leder, Tobias, Neues zur Inhaltskontrolle von Formulararbeitsverträgen – Ein Streifzug durch die Rechtsprechung nach der Schuldrechtsreform, BB 2004, 42 bis 47

Dies., Die Entwicklung des US-amerikanischen Arbeitsrechts in den Jahren 2001, 2002 und 2003, NZA 2004, 1310 bis 1317

Thüsing, Gregor / Stelljes, Volker, Fragen zum Entwurf eines Gesetzes zu Reformen am Arbeitsmarkt, BB 2003, 1673 bis 1681

Treber, Jürgen, Neuerungen durch das Anhörungsrügegesetz, NJW 2005, 97 bis 101

Trittin, Wolfgang / Backmeister, Thomas, Arbeitsgerichtsbeschleunigungsgesetz, DB 2000, 618 bis 622

Tigges-Mettenmeier, Barbara, Mediation in flexiblen Unternehmensstrukturen und offenen Unternehmenssituationen, ZKM 2001, 172 bis 176

Trittin, Wolfgang, Umbruch des Arbeitsvertrags: Von der Arbeitszeit zum Arbeitsergebnis, NZA 2001, 1003 bis 1011

Trossen, Arthur, Integrierte Mediation, ZKM 2001, 159 bis 161

Ders., Integrierte Mediation, in: Haft/Schlieffen (Hrsg.), Handbuch Mediation, München 2002, S. 444 bis 476

Ders., Der Richter als geborener Mediator, ZKM 2003, 41 bis 42

Ders., Auch die Mediation vertritt eine Position, ZKM 2003, 270 bis 273

Tschöpe, Ulrich, Verhaltensbedingte Kündigung – Eine systematische Darstellung im Lichte der BAG-Rechtsprechung, BB 2002, 778 bis 785

Ders., Der allgemeine Kündigungsschutz – Stiefkind europäischer Rechtsanpassung, NZA-RR 2003, 393 bis 400

Ders., Weiterbeschäftigung während des Kündigungsschutzrechtsstreits: Neue Trends beim Annahmeverzug des Arbeitgebers, DB 2004, 434 bis 437

Tschöpe, Ulrich / Pirscher, Andrea, Der Arbeitnehmer als Verbraucher? – Eine immer noch offene Frage, RdA 2004, 358 bis 367

Uhlenbruck, Wilhelm, Gerichtliche oder außergerichtliche Sanierung? – Eine Schicksalsfrage Not leidender Unternehmen?, BB 2001, 1641 bis 1648

Unberath, Hannes, Keine „vorschnelle" Abweisung der Klage wegen Fehlens der obligatorischen Streitschlichtung, JR 2001, 355 bis 358

Väth, Erhard, Vorgerichtliche Streitschlichtung durch Schiedspersonen, ZKM 2000, 150 bis 152

Valentin, Achim, Arbeitgeberseitige Belehrungspflicht im Rahmen des § 4 KSchG de lege lata?, AuR 1990, 276 bis 285

van Venrooy, Gerd J., Gedanken zur arbeitsgerichtlichen Güteverhandlung, ZfA 1984, 337 bis 380

Vester, Claus, Für eine analoge Anwendung von § 58 Abs. 2 Satz 2 GKG auf vom Gericht vorgeschlagene Vergleiche, NJW 2002, 3225 bis 3227

Viefhues, Wolfram, Das Gesetz über die Verwendung elektronischer Kommunikationsformen in der Justiz, NJW 2005, 1009 bis 1016

Viefhues, Wolfram / Volesky, Karl-Heinz, Neue Konzepte zur Gerichts- und Arbeitsorganisation in Verbindung mit dem Einsatz moderner Informationstechnik in der ordentlichen Gerichtsbarkeit, DRiZ 1996, 13 bis 21

Vogel, Friedrich-Karl, Die Bühnenschiedsgerichtsbarkeit – ein Modell für Tarifvertragsgerichte zur arbeitrechtlichen Streitbeilegung?, NZA 1999, 26 bis 29

Vogel, Jörg, Kündigungsschutz leitender Angestellter, NZA 2002, 313 bis 318

Voigt, Rüdiger, Gegentendenzen zur Verrechtlichung – Verrechtlichung und Entrechtlichung im Kontext der Diskussion um den Wohlfahrtsstaat, in: Voigt (Hrsg.), Gegentendenzen zur Verrechtlichung, Jahrbuch für Rechtssoziologie und Rechtstheorie, Band 9, Opladen 1983, S. 17 bis 41

Voit, Wolfgang, Privatisierung der Gerichtsbarkeit, JZ 1997, 120 bis 125

Voit, Wolfgang / Geweke, Götz, Der vollstreckbare Anwaltsvergleich nach der Einfügung der §§ 796a-796c ZPO durch das Schiedsverfahrens-Neuregelungsgesetz, NZA 1998, 400 bis 403

Volmer, Bernhard, Zehn Jahre Tätigkeit der Schiedsstellen für Arbeitnehmererfindungen, BB 1968, 253 bis 260

Voßkuhle, Andreas, Bruch mit einem Dogma: Die Verfassung garantiert Rechtsschutz gegen den Richter, NJW 2003, 2193 bis 2200

Vultejus, Ulrich, Kostenstruktur der Ordentlichen und der Arbeitsgerichtsbarkeit, DRiZ 1994, 297 bis 303

Wagner, Gerhard, Prozeßverträge – Privatautonomie im Verfahrensrecht, Tübingen 1998

Ders., Obligatorische Streitschlichtung im Zivilprozeß: Kosten, Nutzen, Alternativen, JZ 1998, 836 bis 846

Ders., Alternative Streitbeilegung und Verjährung, NJW 2001, 182 bis 188

Ders., Sicherung der Vertraulichkeit von Mediationsverfahren durch Vertrag, NJW 2001, 1398 bis 1400

Ders., Das neue Verjährungsrecht – Ein Segen für die außergerichtliche Streitbeilegung, ZKM 2002, 103 bis 108

Ders., Das Zweite Schadensersatzänderungsgesetz, NJW 2002, 2049 bis 2064

Ders., Gerichtlich veranlasste Mediation: England als Vorreiter – Neue Entscheidungen der Londoner Gerichte, ZKM 2004, 100 bis 103

Wagner, Klaus-R., Einsatzmöglichkeiten notarieller Streitvermeidung und Streitentscheidung, NJW 2001, 2128 bis 2134

Wagner, Volkmar, Mediationsklauseln in Allgemeinen Geschäftsbedingungen, BB Beilage 2 zu Heft 16/2001, 30 bis 32

Wahsner, Roderich, Arbeitsbeziehungen jenseits des großbetrieblichen Sektors der Wirtschaft in der Bundesrepublik Deutschland, AuR 2000, 209 bis 215

Walker, Wolf-Dietrich, Zur Zulässigkeit von Betriebsbußen, in: Heinze/Söllner (Hrsg.), Arbeitsrecht in der Bewährung: Festschrift für Otto Rudolf Kissel zum 65. Geburtstag, München 1994, S. 1205 bis 1224

Walter, Gerhard, Dogmatik der unterschiedlichen Verfahren zur Streitbeilegung, ZZP 103 (1990), 141 bis 170

Walz, Robert, Grundlegende Verhandlungsstrategien, MittBayNot 2000, 405 bis 407

Ders., Final-Offer-Arbitration – oder: Drittentscheidung anhand verbindlicher Angebote, SchiedsVZ 2003, 119 bis 123

Wank, Rolf, Die Reform des Kündigungsrechts und der Entwurf eines Arbeitsvertragsgesetzes 1992, RdA 1992, 225 bis 234

Ders., Die wesentlichen Inhalte eines Arbeitsvertragsgesetzes, DB 1992, 1826 bis 1830

Wasilewski, Rainer, Streitverhütung durch Rechtsanwälte, Köln 1990

Wassermann, Rudolf, Der soziale Zivilprozeß – Zur Theorie und Praxis des Zivilprozesses im sozialen Rechtsstaat, Neuwied und Darmstadt 1978

Ders., Zur „Prozeßfreude" der Bundesbürger, NJW 1995, 1943 bis 1944

Ders., Neue Streitkultur?, NJW 1998, 1685 bis 1686

Ders., Brauchen wir eine neue Streitkultur?, RuP 1998, 74 bis 79

Ders., Der Teufel steckt im Detail – Neuer Anlauf zur Justizreform, NJW 1999, 2646 bis 2647

Wassermann, Wolfram, Kampf der mitbestimmungsfreien Zone? – Überlegungen zu einer den Bedingungen in Kleinbetrieben angemessenen Weiterentwicklung der Betriebsverfassung, WSI-Mitt. 1999, 770 bis 782

Ders., Die Reform des Betriebsverfassungsrechts eröffnet Entwicklungschancen, WSI-Mitt. 2002, 84 bis 90

Weber, Claus, Materielle und prozessuale Folgen des Nachweisgesetzes bei Nichterteilung des Nachweises, NZA 2002, 641 bis 644

Weber, Ingrid, Der Entwurf des Arbeitsvertragsgesetzes auf dem Prüfstand des Europäischen Gemeinschaftsrechts und der Gleichberechtigung nach Art. 3 GG, BB 1992, 1345 bis 1350

Weber, Theodor, Gütliche Beilegung und Verhandlungsstil im Zivilprozeß, DRiZ 1978, 166 bis 169

Weber, Ulrich / Ehrich, Christian, Anfechtung eines Aufhebungsvertrages – der verständig denkende Arbeitgeber, NZA 1997, 414 bis 422

Wegmann, Bernd, Außergerichtliche Streitbeilegung, insbesondere Mediation, und Vertragsgestaltung, in: Strempel (Hrsg.), Mediation für die Praxis – Recht, Verfahren, Trends, 1. Auflage, Berlin und Freiburg 1998, S. 29 bis 41

Weichsel, Manfred, Rechtstatsachen und Statistik, in: Festschrift zum 100jährigen Bestehen des Deutschen Arbeitsgerichtsverbandes, Neuwied, Kriftel und Berlin 1994, S. 523 bis 536

Weigand, Frank-Bernd, Alternative Streiterledigung – „Alternative Dispute Resolution" auch in Deutschland?, BB 1996, 2106 bis 2110

Weiß, Frank, Referat zum Aktuellen Forum Verfahrensrecht auf dem 62. Deutschen Juristentag Bremen 1998, in: Ständige Deputation des Deutschen Juristentages (Hrsg.), Verhandlungen des 62. Deutschen Juristentages Bremen 1998, Band II/1 Sitzungsberichte (Referate und Beschlüsse), München 1998, O 37 bis O 49

Weiß, Manfred, Auszüge aus der Rede des Bayerischen Staatsministers der Justiz auf der Kammerversammlung 2000, RAK-Mitt. OLG München II/2000, 5 bis 8

Weimar, Robert, Grundsatzfragen der Kostenregelung im arbeitsgerichtlichen Vergleich, NZA 2003, 540 bis 543

Wendeling-Schröder, Ulrike, Individuum und Kollektiv in der neuen Betriebsverfassung, NZA 2001, 357 bis 361

Dies., Das Arbeitsrecht in Betrieben ohne Betriebsrat, DB 2002, 206 bis 211

Wendeling-Schröder, Ulrike / Welkoborsky, H., Beschäftigungssicherung und Transfersozialplan – Neue Handlungsfelder auf Grund BetrVG-Novelle und EG-Recht, NZA 2002, 1370 bis 1378

Wenzel, Gerhard, Menschlichere Justiz – Aufgabe der Justizverwaltung, DRiZ 1980, 161 bis 167

Wenzel, Joachim, Das neue zivilprozessuale Revisionszulassungsrecht in der Bewährung, NJW 2002, 3353 bis 3359

Wenzel, Leonhard, 75 Jahre deutsche Arbeitsgerichtsbarkeit – Rückblick auf die Geschichte eines Gerichtszweigs, JZ 1965, 697 bis 702 und 749 bis 754

Ders., Güteversuch, Vergleichsdruck und Drohung von der Richterbank – Die prozessualen Lehren der Entscheidung des *BGH* vom 6.7.1966, NJW 1967, 1587 bis 1593

Ders., Der neue Arbeitsgerichtsprozeß nach der Vereinfachungsnovelle, AuR 1977, 257 bis 268

Werner, Bernhard, Sozialrechtliche Folgen des Abwicklungsvertrags, NZA 2002, 262 bis 263

Wesche, Steffen, Obligatorische Schlichtung für kleine Streitwerte – Eine kritische Zwischenbilanz aus der Praxis, MDR 2003, 1029 bis 1035

Ders., Zwangsschlichtung oder Schlichtungsanreize?, ZRP 2004, 49 bis 52

Wesel, Uwe, Die Geschichte des Rechts, 2. Auflage, München 2001

Ders., Streitschlichtung im Schatten des Leviathan, NJW 2002, 415 bis 416

Weth, Stephan, Die Justiz – ein ungeliebtes Kind?, NJW 1996, 2467 bis 2473

Ders., Besonderheiten der Arbeitsgerichtsbarkeit, NZA 1998, 680 bis 688

Ders., Justizminister im Reformrausch? – Zum geplanten Umbau der Justiz, ZRP 2005, 119 bis 123

Wickler, Peter, Wertorientierungen in Unternehmen und gerichtlicher Mobbingschutz, DB 2002, 477 bis 484

Ders., Ausgleich immaterieller Schäden bei mobbingbedingten Persönlichkeits- und Gesundheitsverletzungen, AuR 2004, 87 bis 93

Wiese, Günther, Der Persönlichkeitsschutz des Arbeitnehmers gegenüber dem Arbeitgeber, ZfA 1971, 273 bis 317

Ders., Individualrechte in der Betriebsverfassung, RdA 1973, 1 bis 9

Ders., Zur Zuständigkeit der Einigungsstelle nach § 85 Abs. 2 BetrVG, in: Mayer-Maly/Richardi/Schambeck/Zöllner (Hrsg.), Arbeitsleben und Rechtspflege: Festschrift für Gerhard Müller, Berlin 1981, S. 625 bis 646

Ders., Das neue Vorschlagsrecht der Arbeitnehmer nach § 86a BetrVG, BB 2001, 2267 bis 2270

Ders., Die Mitbestimmung des Betriebsrats über Grundsätze zur Durchführung von Gruppenarbeit nach § 87 Abs. 1 Nr. 13 BetrVG, BB 2002, 198 bis 203

Wieser, Eberhard, Zivilprozeßreform – Rechtliche Probleme der Güteverhandlung nach § 278 ZPO n.F., MDR 2002, 10 bis 11

Wilhelm, Gerhard, Anhörung des Arbeitnehmers vor Ausspruch einer Abmahnung, NZA-RR 2002, 449 bis 456

Wilke, Axel, Schlichten statt Prozessieren – Der Beitrag des Notars, MittBayNot 1998, 1 bis 8

Willemsen, Heinz Josef, Kündigungsschutz – vom Ritual zur Rationalität, NJW 2000, 2779 bis 2787

Willemsen, Heinz Josef / Annuß, Georg, Kündigungsschutz nach der Reform, NJW 2004, 177 bis 184

Willemsen, Heinz Josef / Grau, Timon, Alternative Instrumente zur Entgeltflexibilisierung im Standardarbeitsvertrag, NZA 2005, 1137 bis 1142

Winte, Hans-Heinrich, Große Justizreform – Quo Vadis?, ZRP 1999, 387 bis 394

Ders., Zivilprozessrechtsreform: Die wichtigsten Änderungen für das erstinstanzliche Verfahren und das Gerichtsverfassungsgesetz, BRAK-Mitt. 2001, 246 bis 254

Winters, Karl-Peter, Der Rechtsanwaltsmarkt – Chancen, Risiken und zukünftige Entwicklung, Köln 1990

de Wirth, Hans, Innovationsanstöße aus der Diskussion um „Alternativen in der Ziviljustiz", ZRP 1982, 188 bis 191

Witte, Leo, Zur Lage der Justiz, DRiZ 1980, 201 bis 205

Winterstetter, Bernhard, Ökonomische Aspekte der Mediation, in: Haft/Schlieffen (Hrsg.), Handbuch Mediation, München 2002, S. 510 bis 525

Wisskirchen, Gerlind, Novellierung arbeitsrechtlicher Vorschriften in der Gewerbeordnung, DB 2002, 1886 bis 1889

Ders., Aktuelle Rechtsprechung zum Anspruch auf Teilzeit, DB 2003, 277 bis 281

Wolf, Christian / Weber, Matthias M. / Knauer, Christoph, Gefährdung der Privatautonomie durch therapeutische Mediation?, NJW 2003, 1488 bis 1491

Wolf, Manfred, Normative Aspekte richterlicher Vergleichstätigkeit, ZZP 89 (1976), 260 bis 293

Ders., Rechts- und Verfahrensgarantien beim Prozeßvergleich, in: Gottwald/Hutmacher/Röhl/Strempel (Hrsg.), Der Prozeßvergleich – Möglichkeiten, Grenzen und Forschungsperspektiven, Köln 1983, S. 153 bis 162

Wolff, Alexander, Die qualifizierte Abfindungsvereinbarung nach § 1a KSchG – eher Steine als Brot für die Praxis, BB 2004, 378 bis 381

Wolff, Hinnerk, Personalplanung durch „Transfersozialplan" – Neues Konzept der Arbeitgeber der chemischen Industrie, NZA 1999, 622 bis 627

Wolter, Henner, Reformbedarf beim Kündigungsrecht aus Arbeitnehmersicht – Praxiserfahrungen und Schlussfolgerungen, NZA 2003, 1068 bis 1076

Wolmerath, Martin, Die Mitbestimmung des Betriebs- und Personalrats bei psychosozialen Belastungen am Arbeitsplatz, AuR 2001, 416 bis 419

Ders., Mobbing im Betrieb – Rechtsansprüche und deren Durchsetzung, 2. Auflage, Baden-Baden 2004

Worzalla, Michael, Das Beschäftigtenschutzgesetz in der Praxis, NZA 1994, 1016 bis 1021

Wrede, Beatrice, Möglichkeiten und Chancen der Mediation bei der Beendigung von Arbeitsverhältnissen, ZfA 2002, 455 bis 467

Zachert, Ulrich, Bausteine einer modernen Arbeitsverfassung in der sozialen Demokratie, in: Hanau (Hrsg.), Richterliches Arbeitsrecht: Festschrift für Thomas Dieterich zum 65. Geburtstag, München 1999, S. 699 bis 729

Ders., Beschäftigungssicherung durch Tarifvertrag als Prüfstein für Umfang und Grenzen durch Tarifautonomie, DB 2001, 1198 bis 1202

Ders., Globalisierung und Arbeitswelt – Rechtliche Perspektiven, AG 2002, 35 bis 41

Zankl, Peter, Chancen und Risiken im Rechtsstreit – Konfliktrisiko – Prozeßaussichten – Rechtliches Risiko – Beweisrisiko – Vergleichsaussichten – Gewinnchancen – Kostenrisiko – Prestigerisiko, Berlin 1972

Zawar, Rolf, Zehn Jahre vollstreckbarer Anwaltsvergleich, in: Lüke/Mikami/Prütting, Festschrift für Akira Ishikawa zum 70. Geburtstag am 27. November 2001, Berlin und New York 2001, S. 559 bis 568

von Zelewski, Andrea, Die Beilegung arbeitsrechtlicher Streitigkeiten in Südafrika, NZA 2001, 196 bis 201

Ziege, Hans-Joachim, Der Rechtsanwalt im Einigungsstellenverfahren gem. § 76 BetrVG, NZA 1990, 926 bis 930

Ders., Der vollstreckbare außergerichtliche Vergleich nach § 1044b ZPO (Anwaltsvergleich), NJW 1991, 1580 bis 1586

Zietsch, Udo A. / Roschmann, Kristin, Die Regelungen des vorprozessualen Güteverfahrens – Erläuterungen und Umsetzung der Regelung in § 15a EGZPO durch die einzelnen Landesgesetzgeber, NJW Beilage zu Heft 51/2001, 3 bis 8

Zimmer, Gerald, Außergerichtliche Streitbeilegung in Deutschland – Eine Bestandsaufnahme im Lichte US-amerikanischer Erfahrungen, Frankfurt am Main 2001

Zitscher, Wolfram, Eine neue Art der Prozeßbeschleunigung und Verfahrensbereinigung, ZfA 1979, 559 bis 570

Zöllner, Wolfgang, Betriebsjustiz, ZZP 83 (1970), 365 bis 393

Ders., Regelungsspielräume im Schuldvertragsrecht – Bemerkungen zur Grundrechtsanwendung im Privatrecht und zu den sogenannten Ungleichgewichtslagen, AcP 196 (1996), 1 bis 36

Ders., Vorsorgende Flexibilisierung durch Vertragsklauseln, NZA 1997, 121 bis 129

Ders., Der Arbeitsvertrag: Restposten oder Dokument der Selbstbestimmung? – Zum Stellenwert der Arbeitsvertragsfreiheit, NZA Sonderbeilage zu Heft 3/2000, 1 bis 7

Zuck, Rüdiger, Die Berufsfreiheit der freien Berufe, NJW 2001, 2055 bis 2059

Zuckerman, Adrian A. S., Justice in Crisis: Comparative Dimensions of Civil Procedure, in: Zuckerman (Hrsg.), Civil Justice in Crisis: Comparative Perspectives of Civil Procedure, Oxford 1999, S. 3 bis 32

Ders., Civil Procedure, London und Edinburgh 2003

Zumfelde, Meinhard, Die Arbeitsgerichtsbarkeit auf dem Prüfstand, NZA 2002, 374 bis 375

Kommentare, Lehrbücher und Handbücher:

Ascheid, Reiner / Preis, Ulrich / Schmidt, Ingrid (Hrsg.), Kündigungsrecht – Großkommentar zum gesamten Recht der Beendigung von Arbeitsverhältnissen, 2. Auflage, München 2004 (zitiert: *APS/ Bearbeiter*)

Backmeister, Thomas / Trittin, Wolfgang, Kommentar zum Kündigungsschutzgesetz und weiteren wichtigen Vorschriften des Kündigungsrechts, 3. Auflage, München 2004

Bartenbach, Kurt / Volz, Franz-Eugen, Arbeitnehmererfindungsrecht einschließlich Verbesserungsvorschlagswesen, 2. Auflage, Neuwied und Kriftel 2001

Dies., Arbeitnehmererfindungsgesetz – Kommentar zum Gesetz über Arbeitnehmererfindungen, 4. Auflage, Köln, Berlin, Bonn und München 2002

Bauer, Jobst-Hubertus, Arbeitsrechtliche Aufhebungsverträge – Arbeits-, gesellschafts-, steuer- und sozialversicherungsrechtliche Hinweise zur einvernehmlichen Beendigung von Dienst- und Arbeitsverhältnissen, 7. Auflage, München 2004

Becker, Friedrich / Etzel, Gerhard / Bader, Peter / Fischermeier, Ernst / Friedrich, Hans-Wolf / Lipke, Gert-Albert / Pfeiffer, Thomas / Rost, Friedhelm / Spilger, Andreas Michael / Vogt, Norbert / Weigand, Horst / Wolff, Ingeborg, Gemeinschaftskommentar zum Kündigungsschutzgesetz und zu sonstigen kündigungsschutzrechtlichen Vorschriften, 7. Auflage, München 2004 (zitiert: *KR/Bearbeiter*)

Blankenburg, Erhard, Mobilisierung des Rechts – Eine Einführung in die Rechtssoziologie, Berlin, Heidelberg und New York 1995

519

Däubler, Wolfgang / Kittner, Michael / Klebe, Thomas (Hrsg.), Betriebsverfassungsgesetz, 9. Auflage, Frankfurt am Main 2004 (zitiert: *DKK/Bearbeiter*)

Dorndorf, Eberhard / Weller, Bernhard / Hauck, Friedrich / Höland, Armin / Kriebel, Volkhart / Neef, Klaus, Heidelberger Kommentar zum Kündigungsschutzgesetz, 4. Auflage, Heidelberg 2001 (zitiert: *HK-KSchG/Bearbeiter*)

Dieterich, Thomas / Müller-Glöge, Rudi / Preis, Ulrich / Schaub, Günther (Hrsg.), Erfurter Kommentar zum Arbeitsrecht, 6. Auflage, München 2006 (zitiert: *ErfKArbR/Bearbeiter*)

Düwell, Franz Josef / Lipke, Gert-Albert (Hrsg.), Arbeitsgerichtsverfahren – Kommentar für die Praxis, 2. Auflage, Frankfurt am Main 2005 (zitiert *DL/Bearbeiter*)

Kraft, Alfons / Wiese, Günther / Kreutz, Peter / Oetker, Hartmut / Raab, Thomas / Weber, Christoph / Franzen, Martin, Gemeinschaftskommentar zum Betriebsverfassungsgesetz, Band I und Band II, 8. Auflage, Neuwied und Kriftel 2005 (zitiert: *GK-BetrVG/Bearbeiter*)

Feuerich, Wilhelm E. / Weyland, Dag, Bundesrechtsanwaltsordnung Kommentar, 6. Auflage, München 2003

Fitting, Karl / Engels, Gerd / Schmidt, Ingrid / Trebinger, Yvonne / Linsenmaier, Wolfgang, Betriebsverfassungsgesetz, 22. Auflage, München 2004 (zitiert: *FESTL*)

Galperin, Hans / Löwisch, Manfred, Kommentar zum Betriebsverfassungsgesetz, Band I und Band II, 6. Auflage, Heidelberg 1982

Germelmann, Claas-Hinrich / Matthes, Hans-Christoph / Prütting, Hanns / Müller-Glöge, Rudi, Arbeitsgerichtsgesetz, 5. Auflage, München 2004 (zitiert: *GMPM/Bearbeiter*)

Grunsky, Wolfgang, Arbeitsgerichtsgesetz, 7. Auflage, München 1995

Hartung, Wolfgang / Römermann, Volker, Praxiskommentar zum Rechtsanwaltsvergütungsgesetz, München 2004

Henssler, Martin / Prütting, Hanns (Hrsg.), Bundesrechtsanwaltsordnung Kommentar, 2. Auflage, München 2004 (zitiert: *HP/Bearbeiter*)

von Hoyningen-Huene, Gerrick / Linck, Rüdiger, Kündigungsschutzgesetz, 13. Auflage, München 2002

Hümmerich, Klaus / Spirolke, Matthias (Hrsg.), Das arbeitsrechtliche Mandat, 3. Auflage, Bonn 2005 (zitiert: *HS/Bearbeiter*)

Jarass, Hans D. / Pieroth, Bodo, Grundgesetz für die Bundesrepublik Deutschland, 7. Auflage, München 2004 (zitiert: *JP/Bearbeiter*)

Jauernig, Othmar, Zivilprozeßrecht, 28. Auflage, München 2003

Kittner, Michael / Däubler, Wolfgang / Zwanziger, Bertram, Kündigungsschutzrecht – Kommentar für die Praxis zu Kündigungen und anderen Formen der Beendigung des Arbeitsverhältnisses, 6. Auflage, Frankfurt am Main 2004 (zitiert: *KDZ/Bearbeiter*)

Küttner, Wolfdieter, Personalbuch 2005 – Arbeitsrecht, Lohnsteuerrecht, Sozialversicherungsrecht, 12. Auflage, München 2005 (zitiert: *Küttner/Bearbeiter*)

Lachmann, Jens-Peter, Handbuch für die Schiedsgerichtspraxis, 2. Auflage, Köln 2002

Larenz, Karl / Canaris, Claus-Wilhelm, Methodenlehre der Rechtswissenschaft, 3. Auflage, Berlin, Heidelberg und New York 1995

Leinemann, Wolfgang / Taubert, Thomas, Berufsbildungsgesetz Kommentar, München 2002

Löwisch, Manfred / Kaiser, Dagmar, Betriebsverfassungsgesetz Kommentar, 5. Auflage, Heidelberg 2002

Lüke, Gerhard / Wax, Peter, Münchener Kommentar zur Zivilprozeßordnung, Band 1, §§ 1-354, 2. Auflage, München 2000 (zitiert: *MünchKommZPO/Bearbeiter*)

von Mangoldt, Hermann / Klein, Friedrich / Starck, Christian, Das Bonner Grundgesetz, Band 3: Artikel 79-146, München 2001 (zitiert: *MKS/Bearbeiter*)

Maunz, Theodor / Dürig, Günter, Grundgesetz Kommentar, München 2003 (zitiert: *MD/Bearbeiter*)

Palandt, Bürgerliches Gesetzbuch, 64. Auflage, München 2005 (zitiert: *Palandt/Bearbeiter*)

Raiser, Thomas, Das lebende Recht – Rechtssoziologie in Deutschland, 3. Auflage, Baden-Baden 1999

Rehbinder, Eckard, Vertragsgestaltung, 2. Auflage, Neuwied, Kriftel und Berlin 1993

Rehbinder, Manfred, Rechtssoziologie, 4 Auflage, Berlin und New York 2000

Richardi, Reinhard, Betriebsverfassungsgesetz, 9. Auflage, München 2004

Richardi, Reinhard / Wlotzke, Otfried (Hrsg.), Münchener Handbuch zum Arbeitsrecht, Band 1 (Individualarbeitsrecht I), Band 2 (Individualarbeitsrecht II) und Band 3 (Kollektives Arbeitsrecht), 2. Auflage, München 2000 (zitiert: *MünchHdbArbR/Bearbeiter*)

Rosenberg, Leo, Lehrbuch des deutschen Zivilprozessrechts, 4. Auflage, München und Berlin 1949

Rosenberg, Leo / Schwab, Karl Heinz / Gottwald, Peter, Zivilprozessrecht, 16. Auflage, München 2004

Schaub, Günther, Arbeitsgerichtsverfahren – Handbuch, 7. Auflage, München 2001

Schaub, Günther / Koch, Ulrich / Linck, Rüdiger, Arbeitsrechts-Handbuch – Systematische Darstellung und Nachschlagewerk für die Praxis, 11. Auflage, München 2005 (zitiert: *Schaub/Bearbeiter*)

Schlosser, Peter F., Das Recht der internationalen privaten Schiedsgerichtsbarkeit, 2. Auflage, Tübingen 1989

Schwab, Karl Heinz / Walter, Gerhard, Schiedsgerichtsbarkeit Kommentar, 7. Auflage, München 2005

Stahlhacke, Eugen / Preis, Ulrich / Vossen, Reinhard, Kündigung und Kündigungsschutz im Arbeitsverhältnis, 9. Auflage, München 2005 (zitiert: *SPV/Bearbeiter*)

von Staudinger, Julius, Kommentar zum Bürgerlichen Gesetzbuch – Gesetz zur Regelung des Rechts der Allgemeinen Geschäftsbedingungen (AGBG), 13. Bearbeitung, Berlin 1998 (zitiert: *Saudinger/Bearbeiter*)

Stege, Dieter / Weinspach, F. K. / Schiefer, Bernd, Betriebsverfassungsgesetz – Handkommentar für die betriebliche Praxis, 9. Auflage, Köln 2002

Stein, Friedrich /Jonas, Martin, Zivilprozessordnung, Band 9, §§ 916-1068, 22. Auflage, Tübingen 2002 (zitiert: *SJ/Bearbeiter*)

Thomas, Heinz / Putzo, Hans, Zivilprozessordnung, 26. Auflage, München 2004 (zitiert: *TP/Bearbeiter*)

Ulmer, Peter / Brandner, Hans Erich / Hensen, Horst-Dieter, AGB-Gesetz: Kommentar zum Gesetz zur Regelung des Rechts der Allgemeinen Geschäftsbedingungen, 9. Auflage, Köln 2001 (zitiert: *UBH/Bearbeiter*)

Wassermann, Rudolf, Reihe Alternativkommentare, Kommentar zur Zivilprozeßordnung, Neuwied und Darmstadt 1987 (zitiert: *AK-ZPO/Bearbeiter*)

Wiedemann, Herbert, Tarifvertragsgesetz mit Durchführungs- und Nebenvorschriften, 6. Auflage, München 1999 (zitiert: *Wiedemann/Bearbeiter*)

Wolf, Manfred / Horn, Norbert / Lindacher, Walter F., AGB-Gesetz: Gesetz zur Regelung des Rechts der Allgemeinen Geschäftsbedingungen – Kommentar, 4. Auflage, München 1999 (zitiert: *WHL/Bearbeiter*)

Zöller, Richard, Zivilprozessordnung, 25. Auflage, Köln 2005 (zitiert: *Zöller/Bearbeiter*)

Literaturnachweise ohne Verfasserangaben:

Amtliche Bekanntmachung der Satzungsversammlung der BRAK: Fachanwaltschaften, Prüfungsgespräch, Mediation, Interessen und Tätigkeitsschwerpunkte, BRAK-Mitt. 2002, 122 bis 123

DAV und BRAK zum Entwurf eines Rechtsanwaltsvergütungsgesetzes, AnwBl 2004, V bis VIII

Entwurf der BRAK zu einem Gesetz zur Regelung der außergerichtlichen Besorgung fremder Rechtsangelegenheiten (Rechtsbesorgungsgesetz – RBG), BRAK-Mitt. 2004, 163 bis 173

Erste Stellungnahme der BRAK zum Rechtsdienstleistungsgesetz (RDG), BRAK 2004, 222
Justizreform – Zivilprozess, DAV-Forum „Justizreform – Zivilprozess" am 4. und 5. Februar 2000 in
Berlin, AnwBl Sonderheft zu 5/2000, 1 bis 127
Justizreform – Zivilprozess, Stellungnahme des Ausschusses „Justizreform" des DAV zum Referen-
tenentwurf eines „Gesetzes zur Reform des Zivilprozesses" (ZPO-RG), AnwBl Sonderheft zu 5/2000,
s. 1 bis s. 53
Justizreform – Zivilprozess, Vorläufiges Ergebnis und Thesen des Ausschusses „Justizreform" des
Deutschen Anwaltvereins vorgelegt zum DAV-Forum „Justizreform – Zivilprozess" am 4. und 5. Feb-
ruar 2000 in Berlin, AnwBl 2000, 178 bis 183
Kommission der Europäischen Gemeinschaften, Grünbuch über alternative Verfahren zur Streitbeile-
gung im Zivil- und Handelsrecht, KOM (2002) 196 endgültig (zitiert: ADR-Grünbuch)
Mitteilungen zum 49. Deutschen Anwaltstag vom 7. bis 10.5.1997 in Frankfurt a.M., NJW 1997, 1760
bis 1765
Mitteilungen zum Deutschen Richtertag 1995, NJW 1996, 106 bis 110
Stellungnahme der BRAK und des DAV zum Referentenentwurf eines Gesetzes zur Modernisierung
des Kostenrechts (Kostenrechtsmodernisierungsgesetz – KostRMoG), BRAK-Mitt. 2003, 268 bis 272
Strukturreform der BRAK zum Entwurf eines Gesetzes über die Vergütung der Rechtsanwälte
(Rechtsanwaltsvergütungsgesetz – RVG-E) der Expertenkommission „BRAGO-Strukturreform",
BRAK-Mitt. 2002, 69 bis 77
Zweite repräsentative WSI-Befragung von Betriebs- und Personalräten in Deutschland – Handout zur
Pressekonferenz vom 5.3.2001

Sonstige Quellennachweise:
Creifelds, Carl, Rechtswörterbuch, 17. Auflage, München 2002
Duden, Fremdwörterbuch, Band 5, 6. Auflage, Mannheim, Wien und Zürich 1997
Zimmermann, Dorothea, Zimmermanns Zitatenlexikon für Juristen, 1. Auflage, Köln 1998

Computerwoche
Financial Times Deutschland (FTD)
Frankfurter Allgemeine Zeitung (FAZ)
Handelsblatt (HB)
Internetredaktion Verlag C.H. Beck
mediations-report
Nachrichtenmagazin Focus
Süddeutsche Zeitung (SZ)
Wirtschaftswoche

Peter Lang · Europäischer Verlag der Wissenschaften

Ulrich Thewes

Außergerichtliche Streitschlichtung nach dem Gütestellen- und Schlichtungsgesetz Nordrhein-Westfalen (GüSchlG NRW)

Frankfurt am Main, Berlin, Bern, Bruxelles, New York, Oxford, Wien, 2005.
XLVI, 177 S.
Europäische Hochschulschriften: Reihe 2, Rechtswissenschaft. Bd. 4233
ISBN 3-631-54181-3 · br. € 39.–*

In Zeiten knapper Staatsfinanzen und andauernder Forderungen nach einem schlanken Staat ist die außergerichtliche Streitbeilegung zu einem häufig gebrauchten Schlagwort geworden. Ihre Förderung gilt als zentrales Instrument zur Entlastung der Gerichte von der zunehmenden Zahl bürgerlicher Rechtsstreitigkeiten. Mit der Öffnungsklausel des § 15 a EGZPO hat der Bundesgesetzgeber die außergerichtliche Streitschlichtung institutionalisiert. In acht Bundesländern wurde die Öffnungsklausel umgesetzt und damit das präforensische Schlichtungserfordernis als Zulässigkeitsvoraussetzung bestimmter zivilprozessualer Klagen eingeführt. Diese Untersuchung beleuchtet die Anwendungsprobleme sowie die tatsächlichen Auswirkungen der Umsetzung der bundesrechtlichen Öffnungsklausel am Beispiel des Gütestellen- und Schlichtungsgesetzes Nordrhein-Westfalen.

Aus dem Inhalt: Gesetzgeberische Begründung · Anwendungsbereich und Ausschlussgründe · Rechtliche Qualifikation, rechtliche Folgen und rechtliche Probleme des Schlichtungserfordernisses · Auswirkungen der Einführung des obligatorischen außergerichtlichen Schlichtungsverfahrens · Perspektive des obligatorischen außergerichtlichen Schlichtungsverfahrens

Frankfurt am Main · Berlin · Bern · Bruxelles · New York · Oxford · Wien
Auslieferung: Verlag Peter Lang AG
Moosstr. 1, CH-2542 Pieterlen
Telefax 00 41 (0) 32 / 376 17 27

*inklusive der in Deutschland gültigen Mehrwertsteuer
Preisänderungen vorbehalten

Homepage http://www.peterlang.de